海上雁荡

4

5

流金樂清

2

3

1 灵峰全景/叶金涛摄

2 乐清湾一滩涂之晨/张建春摄

3 灵山飞瀑/范道敏摄

4 玉甑晨晖/钱海挺摄

5 云海雁山/叶金涛摄

2007年，乐清市旅游事业取得了辉煌成果：

乐清市被国家旅游局正式命名为“中国优秀旅游城市”

雁荡山风景区荣膺全国首批5A级旅游景区。

雁荡山世界地质公园顺利通过联合国教科文组织的验收，并成功开园。

中雁荡山风景区被评为全国4A级旅游景区。

城北乡黄檀硐村入选首批中国景观村落。

全年全市各景区共接待游客378.87万人次，同比增长22.3%。实现旅游收入24.32亿元，同比增长21.9%。

乐清市经济贸易局

召开乐清市实施工业发展“22222工程”会议

局领导陪同市府领导下企业视察工作

2007年全市工业总产值突破千亿元大关

“十一五”目标：全市单位GDP能耗下降20%

2007年，乐清市实现工业总产值1008.7亿元，同比增长24.49%，从而成为温州首个工业年产值超千亿元的县（市）。

2007年乐清市原预计工业产值达到920亿元。市政府提出了“重投入、破难题、优服务、整秩序、冲千亿”的工业发展十五字方针，出台了扶持工业经济发展的新50条政策及鼓励企业技术创新、提高科研投入的税前扣除政策等，开展了“为工业企业服务周”活动，鼓励各类开发企业与社会资金投资建设标准厂房，努力破解制约工业经济发展难题，为工业经济发展提供了强有力支撑，从而使“千亿”目标成为跳起来可够得着的苹果。

2007年，乐清市人民政府深入贯彻落实科学发展观，全面贯彻党的十七大精神，按照省委“创业富民、创新强省”总战略和推进温州“第三次跨越”的要求，认真落实国家和省、市出台的一系列节能工作方针政策，进一步完善节能政策体系和体制、机制，着力推进结构节能、技术节能和管理节能工作，加快结构调整和经济发展方式转变，强化宣传教育，全民的节能意识和自觉性不断提高，实现了节能降耗工作的新突破。

“十一五”目标：全市单位GDP能耗下降20%，即至2010年，单位GDP能耗由2005年的0.68吨标准煤/万元下降到0.54吨标准煤/万元，年均单位GDP能耗下降4.4%。

召开工业企业“四个一批”项目推进汇报会

隆重举行乐清市节能降耗宣传周文艺巡回演出

“依法节能 全民行动”大型文艺晚会在乐清剧院隆重举行

YUEQING BAY HARBOR AREA

乐清湾港区开发建设管理委员会

电话：0577-61608112

传真：0577-61608107

邮箱：yqwgq@zj.com

邮编：325600

地址：浙江省乐清市宁康东路168号8楼

马建河摄

乐清湾港区位于“温台沿海产业带”的中段，北起乐清市南塘镇黄家里，南至黄华镇岐头山，接近瓯江口产业区，背倚国家级风景旅游名胜区雁荡山，东南两面由玉环岛、洞头岛、鹿西岛和大、小门岛环抱形成屏障，水深条件优越，腹地资源充裕，集疏运功能发达，城市依托体系完善，是一个正在建设中的集港口运输、临港工业、现代物流、船舶修造和海上休闲旅游为一体的综合性深水避风良港。

根据规划，目前正在实施的乐清湾港区一期建设工程，横跨蒲岐、南岳、南塘、天成等4个乡镇，规划区域60.8平方公里，岸线北起黄家里，南至西干河，全长16.6公里，布置码头43个，其中5万吨级以上泊位18个，规划具有装卸储存、中转换装、多式联运、组织代理、信息服务等功能，设计吞吐能力8200万吨、集装箱595TEU。根据有关测算，乐清湾港区全部建成后，其产出相当于再造一个乐清的经济总量。乐清湾港区建设工程是乐清市参与温州“第三次跨越”战略分工的主战场，是将乐清建设成集工贸、旅游、港口为一体的现代化中等城市的重要载体。

当前，乐清湾港区的开发建设已开始全面启动，按照实施计划，到2015年，一期南区（启动区）6个5万吨级泊位将基本建成，通区主干道和其他市政配套设施基本完备，国内外航线和货物喂给体系将初步形成，仓储和集疏散功能有序构建，吞吐能力达到2000余万吨。届时，一个设施先进、功能完善、管理高效、效益显著、文明环保的现代化、多功能、综合性的东方大港将矗立在乐清湾畔。

广播电视台
温州中测环保检测技术有限公司
BANK OF CH

乐清市互动数
乐清市互动数
BROAD VISION DIGTAL MED

新网络

新广电

新生活

乐清市卫生局

乐清市卫生局局长陈利义

温州市市长邵占维在仙溪镇调研农村公共卫生工作

创建“卫生强市”

实施“农民健康工程”

完善公共卫生体系建设

保障全市人民身体健康

实施食品安全专项整治

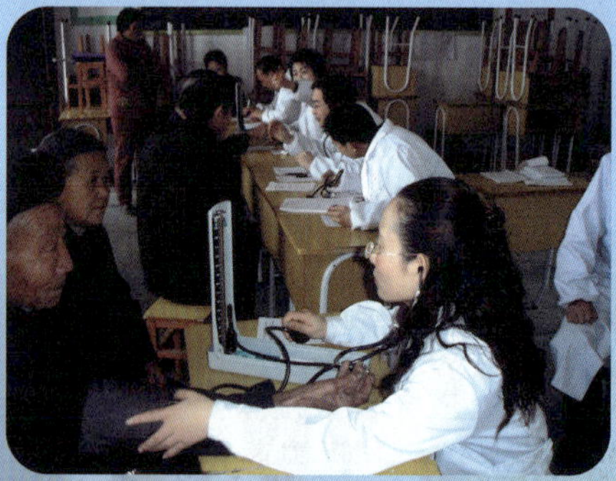

举办送医送药送健康义诊活动

深入农村开展公共卫生服务

在希望的田野上

乐清市第六届名茶评比会

市农业局（林业局）局长朱志成陪同市府领导参加市首届“农村合作银行杯”杨梅评比会

继续解放思想，坚持改革开放，推动科学发展，加强农业基础，坚持走中国特色农业现代化道路，竭力提高农业综合生产能力，有效保障国家粮食安全和主要农产品供给，促进农业增产，农民增收，农村繁荣。2007年，全市实现农林牧渔业总产值20.27亿元，同比增长8.46%。

吴杰摄

REGENT
维真彩印
WENZHOU
Package and commereial printing specialist
Reformed and reality
强强连手
维真&海德堡
WENZHOU REGENT PRNTING CO., LTD.
共 创 印 艺 巅 峰
HEIDELBERG
Speedmaster
⊙⊙科技领先，专业制胜，维真凭借雄厚的资本与技术实力，搭建起行业领先的生产平台。
⊙⊙维真先后从德国、日本、瑞士等国大量引进代表世界一流水平的大型成套印刷及印后加工设备，拥有海德堡胶印机、小森胶印机、三菱UV上光胶印机......等世界一流设备
温州维真印务有限公司
地址:浙江省乐清市天成工业区
电话:0577-62529980 62529599
传真:0577-62536659
Http://www.cnregent.com
出版物定点印刷单位
Package
and
commereial printing specialist

乐清年鉴

乐清市地方志编纂委员会 编
乐 清 年 鉴 编 辑 部

线装书局

图书在版编目（CIP）数据

乐清年鉴. 2008/乐清市史志办编. —北京：线装书局，2008.11
ISBN 978-7-80106-854-5

Ⅰ. 乐… Ⅱ. 乐… Ⅲ. 乐清市—2008—年鉴 Ⅳ. Z525.54

中国版本图书馆CIP数据核字（2008）第160594号

乐清年鉴 2008

主　　办：浙江省乐清市人民政府地方志办公室
主　　编：南秀芝
责任编辑：崔建伟　高晓彬
责任校对：马　波
出版发行：线装书局
　　　　　地　址：北京鼓楼西大街41号（100009）
　　　　　电　话：010-64025034　64045283
　　　　　网　址：www.xzhbc.com
经　　销：新华书店
印　　刷：温州维真印务有限公司
开　　本：889×1194mm　1/16
印　　张：30.5
字　　数：960千字
版　　次：2008年11月第1版　2008年11月第1次印刷
印　　数：1～3000册
广告经营许可证号：京西工商广字第8011号（1-1）

定　　价：198.00元

编辑说明

一、《乐清年鉴》是中共乐清市委和乐清市人民政府主办、乐清市地方志办公室承办的综合性地方年鉴。它的编辑宗旨是：全面、系统地记录乐清经济、政治、文化和社会发展的基本情况，为各级党政机关、研究部门、社会各界和海外人士了解和研究乐清提供基本资料。

二、《乐清年鉴》是2005年开始编纂的，每年出版一卷。2008年卷是以邓小平理论、“三个代表”重要思想和党的十七大精神为指针，以科学发展观统领整个编纂工作，如实记述了2007年乐清市贯彻落实党的各项方针政策的情况以及全市各系统、各部门、各行各业的新成就、新经验、新情况、新矛盾，客观地反映了乐清的经济社会建设和发展。

三、《乐清年鉴》（2008）编撰框架分类目、分目、条目三个层次，以条目为主要载体。全卷共设37个类目，依次为：特载、市情概况、大事记、组织机构、中国共产党乐清市委员会、中国共产党乐清市纪律检查委员会（监察局）、乐清市人民代表大会、乐清市人民政府、中国人民政治协商会议乐清市委员会、民主党派、人民团体、政法、军事、外事·侨务·涉台事务、农业经济、工业经济、企业、商贸、市场、金融、旅游业、信息业、交通运输、经济管理、城乡建设、环境保护、社会生活事务、科学、教育、文化、卫生、体育、大众传媒、乡镇、魅力新农村、2007·感动乐清、名录。卷首列各级领导视察乐清照片、乐清市卫星影像图、乐清市行政区划图、乐清市中心区建设照片、乐清便览、乐清金名片等。卷中涵盖的内容文字由乐清市各有关部门、单位指定专人负责撰写，经供稿单位领导审核后由年鉴编辑部定稿；照片由各有关部门、单位提供；乐清市卫星影像图与乐清市行政区划图分别由市规划建设局、市地名办提供。资料力求全面、真实、准确，具有一定的权威性和连续性。企事业单位（部门）的形象宣传，除安排特定的版面外，其余均按所属领域分别归入对应类目。

四、《乐清年鉴》（2008）中的有关数据，除乐清市统计部门正式公布的外，均由乐清市各有关部门、企业事业单位和行业协会提供，并经供稿单位领导审核。由于数字来源、统计方法或统计口径不同，不同部门提供的同一项数字也可能有不一致的。这些数子虽经编辑人员反复核实，但仍有一些难以统一。读者如看到同一项目或名称的数字不一致，请以市统计部门正式公布的“2007年乐清市国民经济和社会发展统计公报”上的数据为准。另外，由于是统计制度的变化，某些统计数字与上年不可比。年鉴中收录的驰名、著名、知名、名牌商标，国家免检产品，中国名牌、浙江名牌、温州名牌、乐清名牌产品，逸闻及名录等条目，只是根据有关部门、单位提供的资料收编，很难全面，各个项目中收录的难免有遗漏。年鉴中一些分目标题过长，名称采用俗成的简化称谓，全称在条目中补述。

五、《乐清年鉴》（2008）的编纂工作，是在中共乐清市委、乐清市人民政府的高度重视下，在市地方志编纂委员会的直接指导下，依靠广大撰稿人、摄影者共同完成的。《乐清年鉴》得到了各有关部门、企事业单位的大力支持、通力合作，在此谨表示衷心的感谢。由于我们人手不足、水平有限、成书时间仓促，书中难免有疏漏和差错之处，敬请广大读者批评指正。

《乐清年鉴》编辑部

2008年9月

乐清市地方志编纂委员会

《乐清年鉴》编辑部

主　　编　南秀芝

副 主 编　郑邦松

编　　辑　（按姓氏笔画排列）

石妙寿　冯晓微　林建兵　周清波

徐国萍　徐保土　高瞩寰　黄　意

蔡中宣

版面策划　罗　庚

编　　务　叶旭拉

撰稿人（以下排名不分先后）

朱　聃（市委办）
朱　建（市人大）
胡旭阳（市人大）
王回来（市府办）
陈徽琴（市府办）
连淑铮（市政协）
程　蒙（市政协）
张志杰（市纪委）
张海斌（市人武部）
张琴霞（市政法委）
王海亮（市人民法院）
章育旺（市检察院）
鲍建平（市公安局）
卓秉渝（市司法局）
童建义（市委组织部）
童瑞乐（市委组织部）
叶永来（市委组织部）
巨　南（市委宣传部）
谢加平（市委统战部）
叶建阳（市委统战部）
包　雪（民革乐清市总支）
黄邦盛（民建乐清市总支）
陈海珍（民盟乐清市委）
柯文央（农工乐清市总支）
胡明俊（市委老干部局）
金　燕（市委党校）
傅瑶琳（市委党史室）
厉海鸥（市档案局）
李　华（市档案局）
金信波（市保密局）
杨浩锋（市信访局）
朱淑静（市党工委）
林　铭（市发展和改革局）
南　群（市发展和改革局）
朱科樾（市发展和改革局）
许志勇（市发展和改革局）
倪建微（市经济协作办）
朱有发（市人事局）
高　磊（市法制办）
赵乐平（市打私办）
蔡文选（市行政服务中心）
李　江（市招投标中心）
钟伟国（市机关事务局）
南秀芝（市志办）
包小艳（市工商联）
卢建玲（市总工会）
黄淑贤（团市委）
陈晓冰（市残联）
郑红红（市妇联）
虞旭昆（市科协）
赵素丹（市文联）
王　晓（市社科联）
高沪秋（市侨联）
薛　品（市台办）
林谢宏（市人防办）
苏程俊（市武警中队）
金腾龙（市边防大队）
陈彬钎（市消防大队）
方　铭（市预备役营）
徐燕鑫（市农林局）
章兴顺（市水利局）
董华清（市海洋与渔业局）
陈建海（市畜牧兽医局）
陈霞晖（市农机总站）
夏　艳（市扶贫老区办）
方圣忠（市革命老区开发建设管委会）
倪相达（市经贸局）
林建明（市经贸局）
黄丽蓉（市供销总社）
陈纪爽（市粮食局）
林　伟（市烟草专卖局）
金永锡（市盐务局）
林　彬（市外经贸局）
仇德龙（市财政局）
徐宣建（市地税局）
陈胜哲（市国税局）
叶傲蕾（市工商局）
陈剑亮（市质监局）
孙　周（市国土资源局）
章近霄（市审计局）
章早竞（市统计局）
黄　艳（市食品药品监督管理局）
郑　静（市安全生产监督管理局）
倪扬建（市规划建设局）
王小洁（市中心区管委会）
阮珍丹（市市政园林局）
金锡勇（市旧城改造指挥部）
倪郁洁（市旧村改造指挥部）
徐玉平（市房管局）
朱海咏（市地名办）
屠旭锋（市文明办）
叶凌宇（市环保局）
张锦镔（市气象局）
张灵燕（市测绘队）
董　赞（市交通局）
王益锋（甬台温铁路乐清段工程建设指挥部）
林加忠（港航管理局乐清分局）
陈清露（市旅游局）
王祥斌（雁荡山风景旅游管理局）
郑　哲（中雁风景旅游管理局）
黄慧慧（市供电局）
徐　洁（市邮政局）
潘怡妗（市电信局）
章　义（市民政局）
彭祥圣（市慈善总会）
陈洪辉（市劳动和社会保障局）
陈昭明（市人口和计划生育局）

陈　莉（市民族宗教局）
黄彬彬（市老龄委）
徐贤光（市关工委办）
吴金烈（市科技局）
屠吉敏（市教育局）
林　琴（市教育园区建设管委会）
陈鸣丹（市文化广电新闻出版局）
张　全（乐清日报社）
陈淑丰（市广播电视台）
朱宇满（市广播转播台）
张　引（市卫生局）
陈志飞（市体育事业发展局）
姚国丹（市外侨办）
熊安娜（市经济开发区）
吴云峰（温州海关乐清办事处）
陈　霜（乐清湾港区开发管委会）
赵晓宾（乐成镇人民政府）
倪庆渊（柳市镇人民政府）
林时强（虹桥镇人民政府）
干正全（北白象镇人民政府）
朱　斌（大荆镇人民政府）
徐远志（七里港镇人民政府）
黄勋荣（黄华镇人民政府）
林格拉（磐石镇人民政府）
钱素丹（翁垟镇人民政府）
臧晓微（象阳镇人民政府）
杨晓海（白石镇人民政府）
王海燕（城北乡人民政府）
陈芸芸（蒲岐镇人民政府）
王　娜（南岳镇人民政府）
赵章卿（石帆镇人民政府）
章利敏（淡溪镇人民政府）
罗秀峰（天成乡人民政府）
林贤华（四都乡人民政府）
金林勇（南塘镇人民政府）
何品丹（清江镇人民政府）
姜建富（芙蓉镇人民政府）
包　会（雁湖乡人民政府）

王　义（岭底乡人民政府）
叶永强（雁荡镇人民政府）
黄丽娅（湖雾镇人民政府）
赵海飞（仙溪镇人民政府）
胡笑伟（双峰乡人民政府）
葛　颖（镇安乡人民政府）
倪迟芳（智仁乡人民政府）
卓礼丰（龙西乡人民政府）
叶淑珍（福溪乡人民政府）
陈君微（中国人民银行乐清市支行）
刘嵩山（中国银监会温州监管分局乐清办事处）
干建林（中国农业银行乐清市支行）
宋鸿清（中国农业发展银行乐清市支行）
韩　闽（中国工商银行乐清市支行）
吴清姝（中国建设银行乐清市支行）
林　林（中国银行乐清市支行）
施无畏（上海浦东发展银行乐清市支行）
万仕钊（温州市银行乐清支行）
章福平（中信银行股份有限公司温州乐清支行）
朱　峰（乐清市农村合作银行）
吴淑研（交通银行温州乐清支行）
南休丹（中国人民财产保险公司乐清支公司）
缪红丹（中国人寿保险股份有限公司乐清支公司）
周宏洋（中国太平洋财产保险股份有限公司乐清支公司）
柴君飞（中国太平洋人寿保险股份有限公司乐清支公司）
叶可强（中国移动公司乐清分公司）
陈旭艳（中国移动公司乐清分公司）
叶利瑾（中国联通乐清分公司）
傅旭丹（中国网通乐清分公司）
陈金照（市电气行业协会）
胡应松（市电子行业协会）
林飞珠（市五金钻头行业协会）

王松波（市机械模具行业协会）
杨春年（市船舶行业协会）
李小康（市服装行业协会）
叶英英（市市包装印刷行业协会）
王　权（建筑行业协会）
张群泳（市工艺美术行业协会）
周　毅（市头盔行业协会）
王正红（正泰集团有限公司）
陈首旦（德力西集团有限公司）
林晓丽（天正集团有限公司）
张振本（人民电器集团有限公司）
张　洁（长城电器集团有限公司）
李宇旌（兴乐集团有限公司）
马式泰（耀华电器集团有限公司）
邱　桀（华通机电集团有限公司）
帅建敏（华仪电器集团有限公司）
林良晓（沪光集团有限公司）
马荣美（环宇集团有限公司）
臧志芬（合兴集团有限公司）
张　伟（温州罗格朗电器有限公司）
陈通煜（森泰电器有限公司）
匡永滋（万控集团有限公司）
徐志刚（福达合金材料股份有限公司）
周家水（长宏钢铁有限公司）
蒋建军（新亚电子有限公司）
罗源有（水固集团有限公司）
余光舜（方大控股有限公司）
傅久红（吉隆宝薄板有限公司）
王丹红（吉隆宝薄板有限公司）
陈郑铃（浙江章光101有限公司）
王永涛（巨邦电气有限公司）
宋学库（精益电器集团有限公司）
郑祥淼（浙江长雄塑料有限公司）
黄　峰（浙江幸福摩托车有限公司）

（单位办公室集体撰稿的未列如此名单）

摄影者

（以下排名不分先后）

支绍乐	马建河	叶金涛	吴　杰
吴钿旺	张财康	张建春	张联喜
罗　庚	金长华	金锐秀	郑郁郁
赵良福	范道敏	胡建钢	徐文轶
钱海挺	倪德西		

（单位或单位办公室提供的照片不一一列名）

7月16日，全国政协副主席张榕明（中）率全国政协委员视察团视察德力西集团　　德力西集团提供

4月24日，浙江省委书记赵洪祝（左）视察正泰集团　　正泰集团提供

12月24日，越共中央书记处书记、国会副主席丛氏放（右一）等一行到正泰工业园区考察非公企业党建工作　　正泰集团提供

7月3日，温州市市委书记王建满（左八）视察中雁荡山　　中雁荡山风景旅游管理局提供

11月20日，温州市市长邵占维（前排右二）亲临环宇集团考察调研　　金长华摄

7月26日，乐清市市委书记黄正强（中）带领市四套班子和有关部门领导到市消防大队亲切慰问消防官兵　　　市政法委提供

2007年10月，潘孝政市长检查乐清湾港区围海涂工程建设情况　　吴钿旺摄

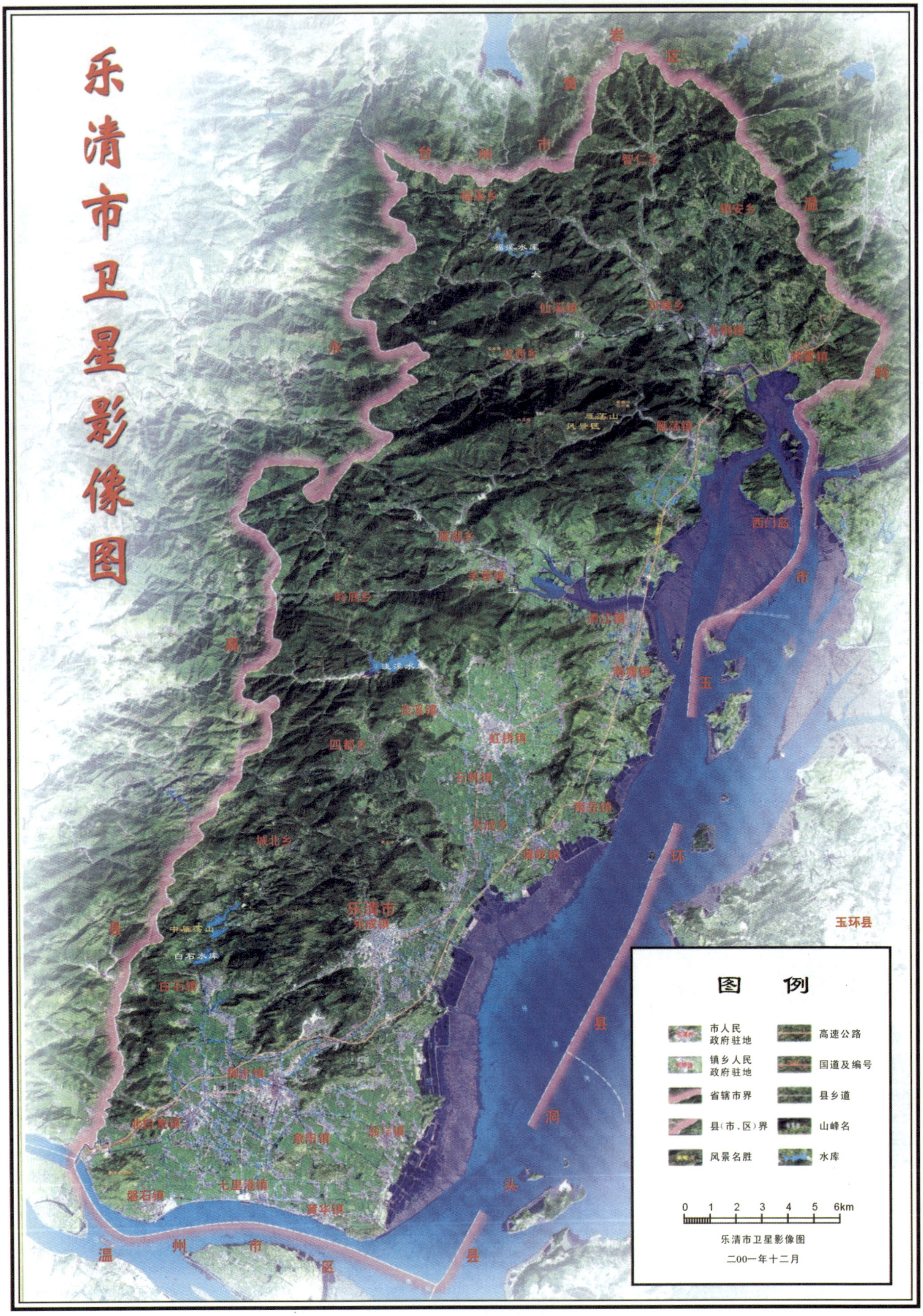

乐清市卫星影像图
黄岩区
台州市
温岭
永嘉县
玉环县
玉环县
洞头县
温州市区
西门岛
乐清市
乐成镇
虹桥镇
四都乡
城北乡
白石镇
白石水库
中雁荡山
柳市镇
北白象镇
磐石镇
七里港镇
象阳镇
翁垟镇
黄华镇
智仁乡
镇安乡
仙溪镇
双峰乡
大荆镇
雁荡镇
清江镇
南塘镇
淡溪镇
石帆镇
天成乡
南岳镇
蒲岐镇
岭底乡
芙蓉镇
雁湖乡
福溪水库
淡溪水库
图例
市人民政府驻地
高速公路
镇乡人民政府驻地
国道及编号
省辖市界
县乡道
县(市、区)界
山峰名
风景名胜
水库
0 1 2 3 4 5 6km
乐清市卫星影像图
二00一年十二月

乐清市行政区划图

台州市
永嘉县
玉环县
温州市
洞头列岛
起家江
小岭
太湖山
小坑岙
智仁乡
岭里
大岩头
下六坪
象周
四角丘
福溪乡
长垟
后岙
坎头
镇安乡
大岭头
叶家垟
新坊
溪头
下垟
凤溪
福溪水库
溪心
平园
李宅基
甸岭下
仙垟谢
大园
大岩
蔡家岭
高塘
里湖
里穷
双南
仙溪镇
花坦
双溪
下屿垣
双峰乡
永丰
干岭
大荆镇
硐岭头
大公山
龙西乡
溜洲堂
隔溪
湖雾镇
久防
山岙头
贵坑
雁荡山
南园
砖头
响岭头
兰田
庄屋
选坑
叶山
李家山
白溪街
雁荡镇
上灵岩
白沙岛
舟山
双坑
楼村
巨坑庵
环山
下塘
西门岛
小舟山
西门岛
峃岭
长徼
朴头
湖上垟
五亩田
包宅
小芙
雁湖乡
筋竹
正江山
潘公龙
后垟
芙蓉镇
跳头
建新
张庄
岭底乡
兰屿浦
方江屿
清江
上岙
东田
江沿
清江镇
小横床岛
淡溪水库
龙潭
清江底
蒋宅
小东塘
瑶南
大乌石
石龙头
长斋
埭头
硐垟
坞头
桥南
南塘镇
西林
龙泽
东
淡溪镇
下埠宅
虹桥镇
21
江岙
丁岙
北村
大嵩上岙
后塘
石角龙
四都乡
孙家垟
下雷
平盘山
清
岭下
里二
里三
樟岙
陈坦
后屿
黑岙
玛瑙
左原岭头
石帆镇
郭路
南岳镇
湾
郭公山
黄坦洞
佐溪
岩宕
天成乡
华一
扁鳗礁
城北乡
仰根
万东坑
竹屿
蒲岐
大乌岛
山峰垟
赤水垟
龙台头
黄底
龙山头
牛鼻洞
蒲岐镇
娄川
垟下
八金田
浦口屿
秦垟南
东塔
15
上垅
水塘山
中石门
中雁
下垅
乐清市
坝头
钟前水库
黄村
乐成镇
中雁荡山
白石水库
岩前
南草垟
黄庄
大岙
新村
湖上岙
水深
石马南
盲岱
白石镇
密川
乐东
万岙
界岱
项岙
凤凰
沙后
乐成
茗山
盐盆
店后
方斗岩
下雍
18
印屿
盛岙
万南
高友巩墓
仙垟
柳市镇
沙角
汤西
高东
横带桥东岸
北白象镇
象阳镇
翁垟镇
白鹭屿
瑞里
东仁宕
后西岑
白鹭屿
琯头
董石
西新城
楼下
南山前
磐石镇
万仓
七里港镇
黄华镇
19
图例
比例尺 1:190 000

乐清市区新貌

倪德西摄

乐清市晨沐广场

倪德西摄

乐清便览

人 口

全市年末总户数：37.85万户
全市年末户籍总人口：119.58万人

区 域

全市陆域总面积	1223.3平方公里
海域总面积	270平方公里
海岸线长	193.3公里
全市有镇	21个
乡	10个
村委会	910个
社区（居委会）	49个

经 济 综 情

主要指标	全市实现生产总值360.92亿元 实现农业总产镇20.27亿元 实现工业总产镇1008.7亿元 人均GDP（按户籍人中计算）30355元 第一产业增加值12.72亿元 第二产业增加值228.13亿元 第三产业增加值120.07亿元 农村居民人均纯收入10438元 城镇居民人均可支配收入22736元 全市人均住房面积 44.4平方米 完成社会消费品零售总额96.38亿元 实现商品市场成交额78亿元 完成外贸出口总额11.2亿美元 全市财政总收入46.17亿元 全年地方财政收入21.63亿元
民营经济	民营企业总数11160户 个体工商户总数31037户 无区域企业133家 全年产值超5000万元的企业231家 全年产值超亿元的企业119家 全年产值超10亿元的企业13家 全市有中国驰名商标27个

交通运输	全市境内等级公路总里程1202公里 高速公路总里程65.77公里 公路通村率100% 全市有载客汽车48734辆（包括自备车） 全市有载货汽车13513辆（包括自备车） 全年完成社会旅客运输量6375.5万人次 全年完成货物运输量1122.18万吨 全年完成港口吞吐量1301万吨 货运船沿海88艘、内河108艘、总载货吨数28.65万吨
通　信	全市固定电话用户38万余户 全市小灵通用户23万余户 全市宽带用户10万余户 全市移动电话用户130多万户
电　力	全市总营业户数43.77万户 全年完成售电量30.09亿千瓦时
教　育	全市拥有各类全日制学校259所 其中小学159所 初中64所（不包括设有高中班的学校） 普高21所 中等职业学校15所 在校学生18.50万人 专任教师10334人 全市有幼儿园294所 省级、温州市级教育强镇（乡）26个
科　技	全年列入国家火炬计划13项 全年列入国家星火计划27项 全年列入省重大科技专项5项 全年列入省高新技术产业化项目1项 年内认定国家级高新技术企业3家 年内认定省高新技术企业15家 全年专利授权（公告）数1497件

气　象

一般气候状况	全市年降水量1798.1毫米 全市年平均气温19.7℃ 全市全年日照时数1757.8小时 全年无霜期330天
极端气象记录	历年最高气温36.6摄氏度（1998年7月16日） 历年最低气温-5.8摄氏度（1973年12月26日） 历年最大风速28米/秒（1975年8月12日） 历年日最大降雨量446.7毫米（1981年9月23日）

乐清市金名片

中国地名文化遗产千年古县

2006年8月，联合国地名专家组中国分部命名乐清市为“中国地名文化遗产千年古县”。

全国文化先进市

1999年12月，乐清市被文化部评为“全国文化先进市”。

全国体育先进市

1996年9月，国家体委命名乐清市为“全国体育先进市”。

乐清市金名片

全国科技进步示范市

2004年乐清市被科学技术部评为"全国科技进步示范市"。

全国科普示范市

2007年11月，中国科学技术协会发文命名乐清市为第三批"全国科普示范县(市、区)"。

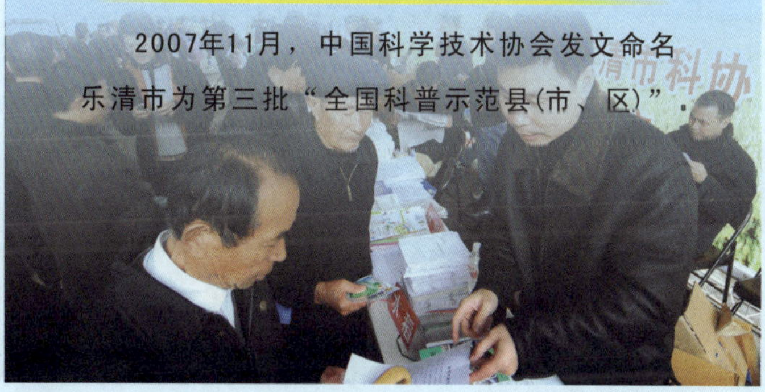

中国优秀旅游城市

2007年11月28日，国家旅游局发文命名乐清市为"中国优秀旅游城市"。

乐清市金名片

全国粮食生产先进市
2006年12月23日，农业部授予乐清市“全国粮食生产先进市”称号。

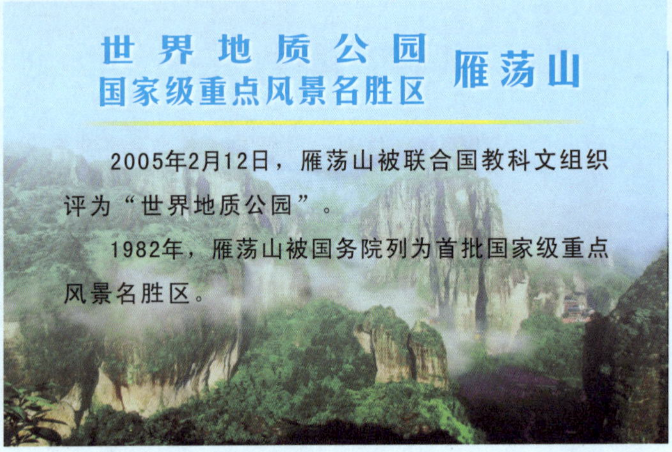
世界地质公园
国家级重点风景名胜区
雁荡山
2005年2月12日，雁荡山被联合国教科文组织评为“世界地质公园”。
1982年，雁荡山被国务院列为首批国家级重点风景名胜区。

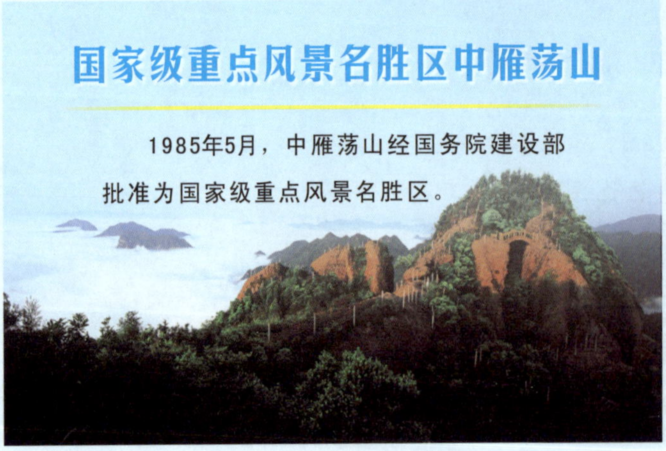
国家级重点风景名胜区中雁荡山
1985年5月，中雁荡山经国务院建设部批准为国家级重点风景名胜区。

乐清市金名片

天然良港——乐清湾

乐清湾位于浙江南部瓯江入海口北侧，西岸是乐清市，为潮流通道形港湾，是一个难得的天然良港。乐清湾平均水深2～6米，最深区达41米，可建造万吨级以上泊位36个。位于乐清湾被称为乐清海上门户的黄华七里港区，是我国20个重点港口之一。

中国电器之都——柳市镇

2002年2月，柳市镇被中国机电工业联合会授予“中国电器之都”称号。

中国电子元器件生产基地——虹桥镇

2003年8月，中国地区开发促进会授予虹桥镇“中国电子元器件生产基地”称号。

中华全国钻头（建工）产业基地—芙蓉镇

2003年2月，经全国工商联批准，芙蓉镇荣获“中华全国钻头（建工）产业基地”称号。

中国民间艺术之乡—象阳镇

2000年5月象阳镇被国家文化部命名为“中国民间艺术之乡”。

中国精密模具生产基地

2003年9月，中国地区开发促进会授予乐清市“中国精密模具生产基地”称号。

乐清市金名片

中国防爆电器生产基地

2004年7月30日，中国电器工业协会授予乐清市“中国防爆电器生产基地”称号。

中国断路器生产基地

2004年12月，中国地区开发促进会命名乐清市为“中国断路器生产基地”。

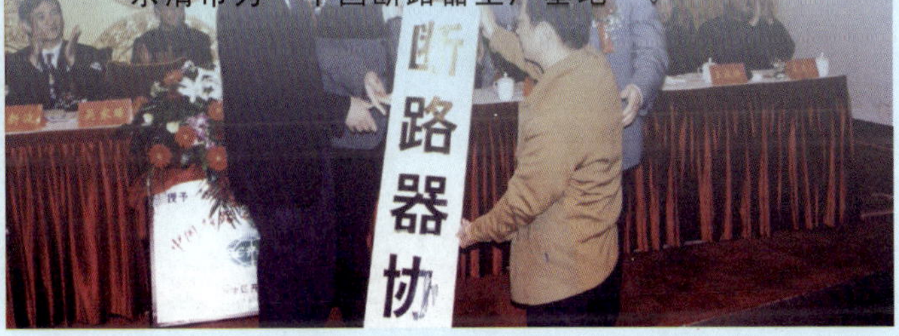

中国休闲服装名城

2004年1月，中国纺织工业协会、中国服装协会命名乐清市为“中国休闲服装名城”。

乐清市金名片

中国鲨鱼加工基地

2004年11月，中国地区开发促进会授予乐清市“中国鲨鱼加工基地”称号。

中国泥蚶之乡

2004年11月，中国地区开发促进会命名乐清市为“中国泥蚶之乡”。

中国牡蛎之乡

2004年11月，中国地区开发促进会命名乐清市为“中国牡蛎之乡”。

目 录

大事记

组织机构

中国共产党乐清市委员会

中国共产党乐清市纪律检查委员会(监察局)

乐清市人民代表大会

乐清市人民政府

中国人民政治协商会议乐清市委员会

民 主 党 派

人 民 团 体

政 法

军　事

外事・侨务・涉台事务

农　业　经　济

工　业　经　济

企　业

商　贸

市　　场

金　　融

旅　游　业

信 息 业

交 通 运 输

经　济　管　理

城 乡 建 设

环　境　保　护

社　会　生　活　事　务

科　学

教　育

文　化

卫　生

体　育

大　众　传　媒

乡　镇

魅力新农村

2007·感动乐清

名　录

特　载

市委工作报告

坚持又好又快发展　着力构建和谐社会
以优异成绩迎接党的十七大胜利召开

在市委十二届二次全体（扩大）会议上的报告

2007年1月17日

中共乐清市委书记　黄正强

一、认真总结，客观分析，坚定又好又快发展的信心

2006年以来，全市上下认真贯彻中央、省委和温州市委一系列重大决策部署，以科学发展观统领经济社会发展全局，扎实推进经济、政治、文化和社会建设，大力加强党的建设，实现了"十一五"发展的良好开局。全市预计实现生产总值300亿元，同比增长15.0%；财政总收入37.62亿元，其中地方财政收入17.68亿元，分别增长19.6%和21.1%；社会消费品零售总额82.2亿元，增长18.7%；城镇居民人均可支配收入20633元，增长13.8%；农村居民人均现金收入9322元，增长11.1%。主要体现在以下四个方面：

一是抓发展更加坚定，经济保持稳健运行。积极推进经济结构调整和增长方式转变，全市预计实现工业总产值797亿元，增长19.8%；其中规模以上工业企业完成工业产值569.4亿元，增长23.2%。大力推进自主创新，科技实力不断增强，列入国家火炬计划12项、星火计划15项。品牌创建卓有成效，新增中国名牌产品和中国驰名商标9个，总数达23个，品牌经济成为全市经济增长的重要依托。现代农业稳步发展，农业产业化进程加快，域外农业成为全省农业发展的亮点，获得"2006年度全国粮食生产先进县（市）"称号。不断扩大对外开放，外贸自营出口7.97亿美元，增长46.5%；大力推进"以民引外，民外合璧"，实际利用外资5821万美元，选商引资质量明显提高。第三产业发展态势良好，商贸、金融、物流等行业快速发展，旅游经济增势强劲，全年接待游客309.8万人次，增长47.5%。

二是抓统筹更加协调，城乡面貌明显变化。完成市域总体规划修编，扎实推进中心区建设，市行政管理中心、市民活动中心顺利结顶，城市中心大道、公共卫生大楼、浙能乐清电厂、甬台温铁路乐清段等重点工程项目建设进展顺利，城市形象日益提升，基础设施更趋完善。新农村建设有序推进，旧村改建和环境整治成效显著，11个村被评为省级"全面小康建设示范村"，荣获省"县级村庄整治建设工作优胜奖"。加快生态市建设，城北乡被评为全国环境优美乡，4个乡镇被评为省级生态乡镇，电镀业污染整治通过省现场验收。加大欠发达地区发展扶持力度，深入实施"五动富民计划"，扶贫工作取得阶段性成效。

三是抓和谐更加有力，社会政治稳定有序。"六城联创"步步深入。广泛开展社会主义荣辱观教育，大力推进"文明百村行动"，乐成、柳市跨入省级文明镇行列，"文化三团"下乡服务等群众性活动蓬勃开展。社会事业全面进步。狠抓素质教育，高标准普及学前到高中的十五年教育，成功创建省教育强市；积极发展体育事业，成功创建省体育强市；推进文化大市建设，荣获联合国"千年古县"称号，乐清黄杨木雕、乐清细纹刻纸列入第一批国家级非物质文化遗产代表作名录；继续打好人口计生工作攻坚战。社会保障协调推进。健全城乡社保体系，加大社会救助、社会互助和灾害救助力度，不断扩大社会保险覆盖面，企业职工养老保险参保近14万人，城乡低保、农村五保实现应保尽保；推行农民健康体检，全面实施新型农村合作医疗，参合农民83.9万人。平安建设不断深化。深入推进“平安千村工程”，加强社会治安综合治理，扎实开展“扫黑枪、除黑恶、反两抢、禁赌毒”专项斗争，全面推广村居调解、信访、治保“三位一体”工作机制，做好信访工作，加强安全生产，全市社会政治和谐稳定。

四是抓队伍更加严格，党的建设扎实推进。深化先进性教育和科学发展观教育，积极开展学习党章、郑九万精神等活动，逐步建立党的先进性建设长效机制。成功召开市第十二次党代会，选举产生了新一届市委领导班子；圆满完成乡镇党委换届，各级领导班子建设得到全面加强。深入实施“三级联创”活动和“先锋工程”，认真抓好农村指导员下派工作，积极开展村级组织活动场所规范化建设，纵深推进非公企业党建工作，切实加强社区和新社会组织的党建工作，基层组织建设扎实有力。坚持从严治党，认真落实党风廉政建设责任制，不断完善惩治和预防腐败体系建设，全面推行农村基层党风廉政建设“十项制度”，深入开展商业贿赂专项治理工作，切实加强机关效能建设，组织开展社会各界评议机关活动，严肃查处了一批违纪违法案件，党风廉政建设和反腐败斗争深入推进。坚持总揽全局、协调各方，全力支持人大、政府、政协履行职能，高度重视统战工作，充分发挥各民主党派、工商联、无党派人士以及工青妇等群团组织作用，加强党管武装和老干部、外事侨务、对台、民族宗教等工作，进一步形成了同心同德、共谋发展的良好局面。

在充分肯定成绩的同时，我们必须清醒地看到经济社会发展中出现的新情况和新问题，真正做到居安思危、未雨绸缪。一是在经济发展中，粗放型经济增长方式的格局没有根本改变，要素制约突出，经济发展与资源环境的矛盾比较尖锐，发展的软环境亟待继续优化。二是在社会发展中，城乡差距继续拉大，基层基础建设比较薄弱，社会事业发展明显滞后于经济发展。三是在社会稳定中，社会转型引发的各种矛盾增多，毒情和“六合彩”形势严峻，维护社会和谐的任务还很艰巨，等等。对于这些问题，我们要引起高度重视，采取切实有效的措施，积极加以解决。

2007年是深入贯彻落实科学发展观、推进和谐社会建设的重要一年，是新一届党委、政府任期的起始之年，也是实施“十一五”规划的深化之年。这一年，随着党的十七大的胜利召开，随着宏观调控的加强和改善，国内发展环境和发展势头将会总体趋好，有利于我们推动科学发展与和谐建设。但同时国际竞争和区域竞争日趋激烈，环境资源与发展的矛盾更显突出，将使我市面临更大的压力。我们要进一步增强又好又快发展的紧迫感和责任感，顺应时势，积极进取，牢牢把握科学发展的主动权。

2007年全市工作的指导思想是：以邓小平理论和“三个代表”重要思想为指导，以科学发展观统揽全局，围绕“抓发展、求和谐、走前列”总要求，认真贯彻落实市十二次党代会精神，突出经济社会又好又快发展这条主线，深入实施“五大战略”和拓展“五大载体”，努力实现速度、质量、效益相协调，消费、投资、出口相协调，人口、资源、环境相协调，着力加强党的先进性和执政能力建设，加快建设集工贸、旅游、港口为一体的现代化中等城市，以优异成绩迎接党的十七大的胜利召开。建议今年全市经济社会发展的主要调控预期目标为：生产总值增长13%，财政总收入增长13.2%，全社会固定资产投资增长17%，社会消费品零售总额增长13%，城镇居民人均可支配收入增长9%，农村居民人均现金收入增长9%，万元GDP综合能耗下降4%，人口自然增长率控制在8‰以内。

根据上述指导思想和预期目标，在2007年工作中，关键要把握以下四条原则：

一是坚持好中求快谋发展。“又好又快”发展是有机统一的整体。首先要把“好”摆在首位，注重优化结构，转变增长方式，提高质量和效益；又要好中求快，优中求进，在“好”的基础上推动“快”发展，努力保持经济平稳较快增长。

二是坚持统筹协调促发展。坚持按客观规律办事，十分注重统筹发展。要进一步注重工业化与城市化相协调，坚定不移地抓新型工业化，毫不动摇地抓城乡一体化；进一步注重经济发展与生态环境相协调，推进可持续发展，提升环境的整体竞争力；进一步注重区域协调发展，把加快欠发达地区发展摆在更加突出的位置，实现区域良性互动。

三是坚持改革创新求发展。改革开放是乐清又好又快发展的活力所在。要适应新形势新要求，坚持用创新的精神、创新的思路、创新的举措破解难题，加大重点领域和关键环节的改革力度。要不断提高对外开放的质量和水平，有效增强国际竞争力。坚持“走出去”与“引进来”相结合，既要“立足乐清发展乐清”，又要“跳出乐清发展乐清”，充分利用“两种资源、两个市场”，不断拓展新的发展空间。

四是坚持和谐稳定保发展。必须把建设和谐社会摆到更加突出的位置。既要坚持以人为本、以民为先，实现好、维护好、发展好最广大人民的根本利益；又要坚持效率优先、兼顾公平的原则，注重激发社会活力，加快建立健全社会公平保障体系，促进社会公平和正义，达到发展速度、改革力度和群众可承受程度的有机统一，维护社会安定团结，推动和谐发展。

二、突出重点，明确任务，又好又快推进2007年各项工作

2007年的工作，我们重点要抓好以下三个方面：

（一）好中求快提升发展水平。要把经济发展的质量和效益放在更加突出的位置，创新发展模式，提高发展质量，努力开创科学发展的生动局面。主要是做好以下五项工作：

第一，加快推进经济结构调整。坚定地走新型工业化道路，以结构调整和转变增长方式为主线，不断提升经济发展水平。要以产业集群发展促进结构调整。注重规模带动，依托众多“国”字号基地，推进电器、电子、服装、钻头、煤机、头盔等支柱产业集聚集约发展，形成一批具有明显优势的产业集群。注重投入引导，提高项目开工建设率和竣工投产率，加快形成以先进制造业为主的产业带。注重平台承载，加快经济开发区、乐清工业园区和象阳、乐成等产业功能区建设，一手抓扶优扶强，一手抓中小企业发展，积极引导传统家庭工业向现代家庭工业转变，努力为产业发展提供完善的集群空间和强大的承载能力。要以自主创新促进结构调整。要引导创新要素向企业集中，鼓励企业加大研发投入和人才储备，推动形成以企业为主体、市场为导向、产学研相结合的自主创新体系，扎实推进创新型城市建设。积极引进国内外一流科研机构，大力推进国家火炬计划智能电器产业基地和省级智能电器特色产业基地的建设，争取把乐清科技孵化器打造成省级孵化器，为企业搭建技术创新的良好平台。切实抓好自主品牌建设，力争再创3个中国驰名商标和中国名牌产品。要以“民外合璧”促进结构调整。把“民外合璧”作为提升我市民营经济的重要路径，认真做好搭台、牵线、架桥文章，引进更多的先进技术、先进管理和海外智力，引导上规模企业与国际大集团进行嫁接，引导在外乐清人回乡投资，实现优势互补、内外联动、合作共赢，努力打造我市经济发展的“双引擎”。优化商品结构，推动外贸出口从数量型、创汇型向质量型、效益型转变。要以集约节约促进结构调整。以节能、节地、节水、节材为重点，采取强有力措施，加快建设资源节约型和环境友好型社会。大力发展循环经济，组织实施循环经济“6541示范工程”，形成一批循环经济示范企业、园区和乡镇。要以要素保障促进结构调整。从总体上看，土地、电、水等资源要素仍然是制约我市发展的主要瓶颈。供地方面，要挖掘增量土地，加快2.5万亩海涂围垦建设步伐，大力推进土地整理、宅基地整理和淡溪、石帆等地低丘缓坡开发利用，推行工业用地“招拍挂”；要盘活存量土地，切实提高土地利用率。供电方面，加快220千伏乐成、北白象输变电等工程建设，加强科学调度，努力实现用电供需基本平衡。供水方面，开工建设楠溪江引水隧道和乐清水厂工程，完成大荆雁荡供水工程、柳市项目水厂改造主体工程等建设，缓解“用水难”问题。

第二，加快培育新的经济增长点。要强化目标，加大力度，培育好现代服务业、临港产业、高新技术产业这“三大经济增长点”。大力发展现代服务业。把旅游业作为现代服务业的主导产业，加大财政投入，加快雁荡山景区创建首批5A级景区和中雁荡山景区创建4A级景区步伐，抓紧芙蓉池旅游休憩区开发工作，抓好沙门岛海洋度假村、桃花岛海上乐园等配套设施建设，精心做好“山上、海上、晚上”文章，进一步打响乐清旅游品牌。积极发展生活性服务业，大力发展生产性服务业，支持发展新兴服务业，启动中心区商业步行街等项目建设，不断提高服务业的比重和水平。大力发展临港产业。今年是乐清湾港区开发建设的启动年。要加大政策处理力度，加快港区一期南区陆域形成工程建设，促进港区道路、供水、供电等基础设施的配套建设，切实做好重大项目在港区的落户，壮大提升船舶制造业，努力形成港口码头区、临港产业区、现代物流区、船舶制造区这“四区”联动开发的建设局面。大力发展高新技术产业。深入实施重大科技专项和关键技术攻关，力求在智能电器、新材料、电子信息、海洋生物医药等领域实现新突破，努力形成具有相当规模、特色鲜明的高新技术产业群，发展一批省级和国家级高新技术企业，高新技术产业增加值占规模以上工业增加值的比重达28%。

第三，加快新型城市化进程。坚持把城市化作为带动城乡发展的主抓手，不断提升城市综合竞争力。要拓展市域空间。加快实施市域总体规划，积极引导城市中心向南翼柳白片和七里港区、北翼虹桥片和乐清湾临港产业功能区拓展，打造“一心两翼”中心城市格局。加快大荆小城市、雁荡旅游小城市这两个城市副中心以及清江片区城镇建设，构筑“一主两副”市域框架体系。要推进新区建设。建成行政管理中心、市民活动中心、三环路等工程，继续推进二环路、晨曦路等中心区骨干道路建设，加快康居工程、五星级宾馆、滨海片区大型居住区等商住项目建设，切实做好环河景观等项目的前期工作，研究解决“城中村”改造，尽快展现新区风貌。实质性启动旧城改造，完成首期启动点的拆迁，开工建设安置房。要完善功能配套。加快推进甬台温铁路乐清段、温州绕城高速北线乐清段、城市中心大道、104国道湖雾至清江段改建、农村联网公路等工程建设。加强城镇环卫设施建设，建成市污水处理厂，基本完成市区垃圾卫生填埋场建设任务，争取开工建设柳市垃圾焚烧场，不断增强城市公共服务功能。要优化城市环境。理顺城管体制，完善市容环境卫生长效管理机制，加大道路交通管理力度。以国家园林城市创建为载体，加快金、银溪城市防洪及综合整治工程进度，加快中心公园建设，启动东塔公园扩建工程，开展绿化大行动，做美做优城市环境。

第四，加快新农村建设步伐。坚持把解决好“三农”问题作为工作的重中之重，大力推进新农村建设，着力提升统筹水平。要发展新产业提升农业层次。用工业的理念发展现代农业，大力提高农业产业化水平，推进农业规模化、集约化。支持农业龙头企业、各类农民专业合作组织和种养大户加快发展，积极培育农产品知名品牌。积极发展“域外农业”。稳定粮食播种面积，切实提高粮食综合生产能力。加强农业基础设施建设，开展小流域治理，开工建设钟前水库除险加固工程，加快续建标准海塘和城乡防洪工程，增强农业可持续发展能力。要建设新社区改变农村面貌。完善村庄布局规划，突出中心村建设，全面推进旧村改建和环境整治，深入实施“文明百村行动”和“清洁乡村行动”，着力改变农村“脏乱差”。加大公共资源向农村覆盖的力度，财政新增事业经费和固定资产投资增量主要用于农村，不断提高农村公共事业水平。要运用新知识提高农民素质。全面开展新农村主题教育活动，组织“首届乐清市十佳魅力新农村”等三个“十佳”评选活动。深入实施“农村劳动力素质培训工程”，积极构建农民学习平台，大力发展农村职业教育，加强各种类型的职业技能培训，注重培养各类实用的专业人才，提高农村劳动力的转移就业能力和创业能力。

第五，加快欠发达地区发展。要继续加大对欠发达地区的扶持，深入实施“五动富民计划”，努力增强欠发达地区发展能力，确保全市13个欠发达乡镇农民人均现金收入超过全国平均水平。要积极改善欠发达地区发展条件。突出交通、通讯、供电、环保等基础设施的一体化建设，加快实施山老区联线改造工程，努力改善欠发达地区群众的生产生活条件。突出生态旅游特色，积极发展农家乐、休闲农业等旅游项目，促进市民旅游重心转移到山老区。要加快欠发达地区内聚外迁步伐。采取复垦移民、技能移民、分散移民等多管齐下的移民方式，推动人口内聚欠发达地区中心村，外迁周边发达城镇。加快下山移民点建设，认真解决移民就业、子女就学等问题，切实降低下山移民的安居成本。要继续加大扶贫工作力度。深入开展“三帮一”共富工程和“一户一册一干部”活动，完善有关扶贫政策措施，加强扶贫资金和项目管理，有针对性地帮助困难群众解决实际问题。广泛动员全社会力量参与扶贫工作，进一步拓宽帮扶渠道，构建全社会大扶贫体系，努力在全社会形成一个关心、支持、参与欠发达地区发展的大气候。

（二）稳中求进推进和谐社会建设。要围绕构建和谐社会“二十八字”总要求，深化“五大载体”，着眼全局，统筹兼顾，整体推进和谐社会建设。

第一，深化创建促进社会文明。以创建省示范文明城市为龙头，以创建中国优秀旅游城市和省级生态市为重点，扎实推进“六城联创”进程。要打好旅游行业秩序、旅游交通管理、城市市容市貌三大战役，达到“三优一满意”，确保完成旅游创优目标；要以“811”环境污染整治和生态村镇建设为重点，加强对电镀、钻头、线缆拆解等3个摘帽“严管区”的整治工作力度，开展铸造行业整治工作，力争完成1个全国环境优美乡镇创建和10个省级生态乡镇创建，率先通过全省首批省级生态市验收。继续开展群众性精神文明创建活动，广泛开展以“讲文明、促和谐”为主题的和谐乡镇、和谐社区、和谐村庄、和谐企业、和谐家庭、和谐单位等和谐创建活动，深化文明行业、文明单位建设，着力提高城乡文明程度；持久开展学习型城市建设和荣辱观教育，以加强和改进未成年人思想道德建设为重点，着力提高市民文明素质；继续加大“青山白化”治理力度，健全殡葬改革工作，开展丧事集中办理，提升社会文明程度。

第二，以人为本关注社会民生。从解决人民群众最关心、最直接、最现实的民生问题入手，深入实施“保障工程”，加快城镇职工基本养老保险、基本医疗保险、失业保险、工伤保险、生育保险“五险合一”进程，不断扩大覆盖面。完善企业职工基本养老保险制度，年内实现企业退休人员管理服务社会化。探索符合我市实际的新型农村养老保险制度，健全被征地农民基本生活保障制度，完善新型农村合作医疗制度，大力开展政策性农村住房保险，提高农村社保水平。加强社保基金监管，确保社保基金安全。大力促进社会救济、优抚安置和社会互助等事业发展，认真落实城乡最低生活保障、农村五保和城镇“三无”人员集中供养等制度，切实做好因病致贫、因病失学、因残失业、因灾受困群众的救助工作，确保困难群众的基本生活。发展社会福利和慈善事业，加快城乡养老院建设。实施积极的就业政策，千方百计增加就业岗位，高度重视零就业家庭的就业。深入开展“和馨行动”，完善最低工资标准制度和工资协商调解机制，有效维护新乐清人的合法权益。

第三，统筹兼顾推进社会事业。巩固提升省级教育强市创建成果，积极实施素质教育，大力发展农村教育，重视发展职业教育，合理配置教育资源，促进教育公平，加快教育园区建设，努力推进教育现代化。注重科技进步，加大科技投入，搞好科普宣传，年内通过全国科普示范市验收。要把公共卫生特别是农村公共卫生工作作为建设卫生强市的重要内容，加快建立覆盖城乡居民的基本卫生保健制度，加大公共卫生设施投入，提升公共卫生医疗水平；强化对食品、药品、餐饮卫生的监管，全面推行农民健康体检，加强传染性疾病的防治，保障人民群众公共卫生安全；加强医德医风建设，构建和谐医患关系。要把和谐文化作为加快“文化大市”建设的重点，扎实推进文化“六大工程”，深化文化体制改革，大力发展文化事业，做大做强文化产业；注重历史文化遗产和民间艺术的保护和开发，做好乐清黄杨木雕、乐清细纹刻纸等非物质文化遗产的传承；积极实施文化精品工程，编纂《乐清地方文献丛书》，繁荣文艺创作；推进公益性文化设施建设，抓好新一轮广播电视“村村通”工程，丰富基层文化生活；加强文化市场尤其是网吧的管理，促进文化市场健康发展。实施“小康健身工程”，广泛开展全民健身运动，促进体育事业全面发展。以控制人口数量、提高人口素质、改善人口结构为主线，保持强攻猛进态势，进一步抓好人口计生工作。

第四，强化基层维护社会稳定。要把维护稳定放在重中之重的位置，切实担负起“促一方发展、保一方平安”的政治责任。要正确处理人民内部矛盾，完善预测预警、排查化解、应急处置、责任追究、维稳保障等工作机制，落实干部下访约访制度，健全村居调解、信访、治保“三位一体”工作体系，拓宽人民诉求表达渠道，努力把矛盾消除在萌芽状态。对于群体性突发事件，领导干部一定要在第一时间掌握情况，靠前指挥、果断决策、妥善处置，防止小事演变成大事、局部问题演变成影响一个地方的问题。要认真抓好社会治安综合治理，深化“平安千村工程”，调整完善外口管理服务机制，推进乡镇综治中心规范化建设和“综治进民企”活动，加强专业化巡防机动队伍和群防群治队伍建设，加快网络视频监控系统建设，构建起人防、物防、技防相结合的社会治安防控网络。坚持“严打”方针，继续深入开展“扫黑枪、除黑恶、反两抢、禁赌毒”专项斗争，大力实施禁毒人民战争，加大“六合彩”治理力度，打击村霸、地霸、行霸和各种恶势力，出重拳、用重典，严厉打击各类违法犯罪活动。切实加强安全生产工作，认真落实安全生产责任制，着力抓好交通、消防等专项整治，坚决遏制各类安全事故的发生。

第五，公正民主推进法治建设。深入开展“法治乐清”建设，突出抓好法制教育，积极开展“五五”普法工作；突出抓好依法行政，严格规范行政行为，深化政务公开，扎实推进法治政府建设；突出抓好司法公正，加强政法队伍建设，规范执法行为，维护社会公平正义；突出抓好基层民主政治建设，努力提高基层工作的法治化水平，逐步在全社会形成讲法治、重法治、求法治的良好氛围。加强和改善党对人大、政协工作的领导，支持和保障人大及其常委会依法履行职能，推进人民政协政治协商、民主监督和参政议政的制度化、规范化、程序化。巩固和发展新时期爱国统一战线，加强与民主党派、工商联、无党派人士的合作共事，重视新的社会阶层人士统战工作，做好民族宗教、侨务、对台工作。充分发挥工青妇以及文联、侨联、残联、科协、社科联等社团组织联系群众的桥梁和纽带作用，重视发挥行业协会和商会的职能作用。加强人民武装工作，开展双拥共建活动，巩固军政军民团结。

（三）固本强基推进党的建设。以“迎接党的十七大胜利召开和学习贯彻十七大精神”为主线，以先进性建设和执政能力建设为重点，全面加强党的建设。

第一，凝聚人心，加强思想政治建设。坚持把思想政治建设放在首位，以领导班子理论学习中心组为龙头，以创建学习型机关为抓手，深入实施“领导干部素质工程”，发挥党校理论教育主阵地作用，认真抓好党员干部政治理论学习，深化对科学发展观、和谐社会的科学内涵与精神实质的理解。强化宣传工作统一思想、凝聚人心的作用，为迎接宣传贯彻党的十七大精神营造良好的社会氛围。巩固和深化先进性教育成果，形成一套行之有效的先进性教育长效机制。高度重视意识形态工作，切实把握正确导向，有效调控社会舆论，不断提高舆论引导水平。

第二，提高素质，加强领导班子和干部队伍建设。深入贯彻落实《党政领导干部选拔任用工作条例》和《公务员法》，重点抓好“一把手”的培养、选拔、使用和监督。围绕市人大、市政府、市政协换届，坚持正确的用人导向，配齐配强市直机关部门领导干部。加强换届后新班子的教育培训和实践锻炼，组织开展以“团结和谐干在实处，科学发展走在前列”为主要内容的树新形象、创新业绩主题实践活动，认真上好“学九万、掂分量”为主题的“第一课”，不断提高领导班子的综合素质和整体能力。深化干部人事制度改革，健全领导班子和领导干部目标管理机制，完善届中、届末考察和实绩考核制度。加强后备干部选拔和管理，重视培养选拔年轻干部、女干部、党外干部，切实做好老干部工作。推进“人才强市”建设，注重引进高层次人才，加大人才培养力度，开工建设人才大厦，努力为乐清发展提供强有力的人才支撑。

第三，夯实基础，加强基层组织建设。深化“三级联创”活动，深入实施“先锋工程”，扎实推进“五村共建”和基层党组织结对共建活动，不断提高基层党组织建设新农村的本领。推进乡镇综合配套改革，增强乡镇服务功能和调控能力。逐步实施“一村（社区）一名大学生计划”，深化农村工作指导员制度。加强村务规范化建设，构建村两委关系协调机制、分工负责制度和矛盾控制化解制度，完善村党组织领导下的村民自治运行机制。深入开展“争五星、创五好”活动，不断推进以构建活力和谐企业为目标的非公企业党建工作。搞好“四好科室”创建，努力促进机关党建工作。加强社区、新社会组织党建工作。积极发展党内民主，健全完善党内关怀机制，以党内和谐促进社会和谐。

第四，抓源治本，加强党风廉政建设。坚持标本兼治、综合治理、惩防并举、注重预防的方针，认真执行党风廉政建设责任制，纵深推进教育、制度、监督并重的惩治和预防腐败体系建设。发扬党的光荣传统和优良作风，全面加强思想作风、学风、工作作风、领导作风、干部生活作风建设，弘扬新风正气，抵制歪风邪气。加强党风廉政建设宣传教育，推进廉政文化“六进”工作。深化农村党风廉政建设“十项制度”，加强“四大中心”规范化建设，积极探索从源头上治理腐败的有效途径。加大查办案件工作力度，继续推进商业贿赂专项治理工作。坚持纠建并举，切实纠正损害群众利益的不正之风。加强党内监督，做好领导干部任期审计，完善诫勉谈话、提醒教育、行政问责等制度，促进领导干部廉洁从政。加强机关效能建设，开展“阳光投诉”、“满意不满意”机关评比活动。在领导干部中力倡八方面好风气，把党风廉政建设和反腐败斗争引向深入，以优良的党风促政风带民风，营造和谐的党群干群关系。

三、鼓足干劲，狠抓落实，确保2007年目标任务全面完成

干好2007年工作，关键在于狠抓落实。要把抓落实作为推进工作的常态，在抓落实上谋实招、下苦功、出实效。

第一，要以饱满的激情抓落实。没有饱满的工作激情，就没有前进的动力。各乡镇、各部门必须保持积极向上、奋发有为的工作激情。一要有克难攻坚的勇气。面对发展中遇到的各类问题和挑战，各级干部要敢于迎难而上，破难而进，始终保持不畏艰难的斗志，努力以奋发有为的精神状态推动各项工作的落实。二要有争创一流的意识。当前，我市发展态势良好，许多方面走在全省前列，但我们也要清醒看到区域竞争已呈现你追我赶、争先恐后的态势，前有标兵、后有追兵，如果稍有懈怠，就可能在新一轮发展中落伍掉队。各级干部必须勇于创新，奋勇争先，始终站在改革发展的潮头，争创一流的业绩，实现新的发展。三要有一以贯之的干劲。做工作、干事业，重在执行、贵在坚持。对在工作中已看准的、认定的，并经实践证明是有效的，就要“咬定青山不放松”、“紧盯目标有作为”，坚定而又坚决地干下去。我们着力实施的“五大战略”和“五大载体”等，都是符合乐清实际、切实可行的，必须一以贯之，一抓到底，抓出成效。

第二，要以务实的作风抓落实。领导干部不仅要想干事、肯干事、敢干事，还要会干事、能干事、干成事。一要善于抓深入。对市委、市政府确定的各项重点工作，必须细化目标，分解任务，设计载体，环环相扣，层层深入，在“好”的基础上实现“快”，在追求和谐的前提下破解难题，在各种矛盾不断显现的条件下推进协调发展。二要善于抓具体。抓落实是具体的，一具体就认真，一具体就深入，一具体就见效。推进科学发展，各级干部必须亲历亲为，身体力行，善于“解剖麻雀”，拿出具体措施和办法，付诸具体行动和实践，以具体落实推进全局发展。三要善于抓合力。团结是战斗力的基础。有团结，才能有协作，才能推进事业。近年来，全市上下心齐、气顺、风正、劲足，团结协作、合力创业的氛围很好，我们要继续发扬、不断巩固。各级党组织要把强化班子合力作为大事来抓，不断提高党员干部的综合素质，增强团结协作的自觉性。各级领导干部特别是“一把手”，要当好团结的表率，带头维护团结，形成上下同心、共促发展的强大合力。

第三，要以高效的服务抓落实。广大党员干部要进一步增强服务创优的意识，在改进作风、提高效率上下功夫，以优质高效的服务促进各项工作的落实。一是责任要更明确。要建立健全工作责任制，把目标任务进一步细化、量化、具体化，真正做到责任到人、措施到位，形成一级抓一级、层层抓落实的责任网络。二是考核督查要更有力。坚持“年初建帐、年中查帐、年终交帐”，完善激励考评机制，实行全程跟踪督查考核，着重在重大项目、重点工程、重要事项等工作上督出压力、督出进度、督出成效。三是部门服务要更到位。各部门要创新服务方式，量化工作标准，公开办事承诺，做到特事特办、急事急办、难事巧办。部门之间要加强协调，真正做到主动服务不推诿、协调服务不扯皮，以过硬的素质、优良的作风、奋发有为的精神状态履行好党和人民赋予的神圣职责。

6月27日上午，北白象镇隆重召开新党员入党宣誓大会，该镇的160多位新党员参加了宣誓大会　　下载自《乐清日报》网

市人大常委会工作报告

在乐清市第十四届人民代表大会第一次会议上

2007年2月7日

乐清市人大常委会主任　周必华

一、加强工作监督，促进全市经济社会协调发展

常委会认真贯彻落实科学发展观，不断改进监督方式，积极拓宽监督领域，努力提高监督实效，有力地促进了全市经济社会的协调发展。

加强对事关经济社会发展重大问题的监督。常委会高度关注我市重点工程建设。6次组织专职委员和人大代表进行视察检查，部分常委会组成人员和人大代表还专题约见市政府及有关部门主要领导，就有关问题达成共识；主任会议两次专题听取有关部门的情况汇报，以文件形式向市政府提出建议；常委会连续三年听取市政府的情况报告，要求集中财力、突出重点、适度调整，确保事关国计民生的重点项目先上快上，切实纠正多头管理等现象，及时化解工程建设进程中的诸多矛盾，从而有力地促进了重点工程建设。我市城乡供水日益紧张，成为可持续发展的一个“瓶颈”问题。对此，常委会组织有关单位负责人赴外地进行专题调研，对全市供水规划和体制运行情况作出审议意见，督促市政府出台了水资源开发利用规划和城乡供水总体规划，理顺了供水管理体制，明确了域外引水目标。保护生态环境是实现人与自然和谐发展的重要举措。常委会就此作出了关于推进生态市建设的决定，并组织人员实地视察，进行跟踪监督，使企业环保整治、电镀加工点整合工作取得了较大成效，城市污水处理厂建设工作也取得了实质性进展。常委会还先后对加快城市化进程、基础设施建设、旧城改建、旧村改造、新农村建设、教育园区建设、提高教师待遇、行政审批制度改革、预防并消除乡镇财政赤字、标准海塘与滩涂围垦建设、城市环卫设施建设等工作进行调研、视察，并实行跟踪监督，有力地推动了这些工作的开展。

深化对计划和预算执行情况的监督。常委会密切关注全市宏观经济的运行情况，坚持经济运行分析会制度，借以加强对国民经济和社会发展计划执行情况的监督。同时抓住重点，采用程序性审查与实质性审查相结合的办法，深化对财政预算执行情况的监督。一是预算监督从本级延伸到部门，听取了教育、交通、科技、水利四个部门关于综合预算编制情况的报告，使财政性资金收支更加规范，增强了预算的约束力。二是督促市政府规范预算外统筹资金的使用管理，明确市本级财政资金审批各个环节的目标和职责。市政府及财政部门就此出台了《乐清市本级财政资金拨付管理基本规程》。三是重视发挥审计监督作用，每年在听取同级审计报告后，跟踪听取市政府关于整改结果的报告。由于监督有力，审计报告所涉及到的问题在预期内都能得到较好的整改。

抓住人民群众关注的热点问题进行监督。抗击“非典”期间，常委会多次召开主任会议，专题听取有关部门的汇报，三次组织人员赴全市各地督查落实有关工作，并听取和审议了市政府关于贯彻实施《传染病防治法》情况的报告。在抗击几次强台风工作中，常委会领导积极投身第一线，参与救灾抢险和灾后重建工作。针对台风袭击暴露出来的城市防洪排洪能力薄弱等问题，常委会组织人员实地察看了重点区域的水淹情况，认真科学地分析洪灾原因，建议市政府采取果断措施，切实加强城市防洪能力建设。市政府高度重视常委会意见，着手完善城市防洪总体规划，启动了7大城市防洪工程建设。针对我市地下工程建设相对滞后，河道侵占与河水污染情况严重等群众反映强烈的问题，常委会采用实地察看、走访市民、请教专家、群众座谈、查阅历史资料等形式进行深入细致的调查研究，形成工作建议，并连续三次听取市政府关于城市防洪工程建设和河道整治工作进展情况的报告，审议通过了《乐清市河道整治规划实施方案》，从而有力地推进了防洪工程建设和河道整治工作。我市山老区农民因病致贫、因病返贫现象比较突出，而现行的山老区贫病医药费减免政策已不能有效解决现实问题，对此，常委会明确要求市政府制定相关政策，从根本上解决问题。市政府很快出台了《乐清市社会医疗救助暂行办法》，并在全市推行了新型农村合作医疗制度。此外，常委会还就禁毒、打击“六合彩”、维护社会治安、殡葬改革、山老区人民医疗卫生保障、失土农民生活保障、应急避险移民、抗台救灾资金使用等工作，组织视察调查，听取审议市政府有关工作报告，提出意见建议，使上述工作得到了较好落实。

二、加强法律监督，加快我市依法治市进程

常委会把加强法律监督摆在重要

位置，突出重点，精心选题，注重解决问题，推进了法律法规在我市的有效执行。

大力推进普法教育。认真审议了“一府两院”关于依法治市实施方案情况的报告，作出了同意实施的决定，并于去年听取了落实情况的报告。组织检查组赴乡镇检查，督促市政府认真贯彻执行“四五”普法决议。对地方组织法、代表法、选举法等法律法规进行了广泛深入的宣传，同时结合“12·4”全国法制宣传日，对有关部门及单位的执法工作进行了督查，使普法工作切合实际，走向深入。坚持实行“拟任干部任前法律知识考试”、“拟任干部会上表态发言”、“对新任干部颁发任命书”等制度，从而增强了被任命干部的法制意识和人大意识。坚持每年组团前往杭州、金华或衢州等地的监狱和劳教所，对乐清籍“两劳”人员进行帮教，扩大了普法工作的涵盖面。

精心组织执法检查。四年来，常委会在全市范围内对刑事诉讼法、道路交通安全法、义务教育法、档案法、土地管理法、环境保护法、中小企业促进法、科技进步法等27部法律法规组织了执法检查。在执法检查过程中，注重人大检查与政府自查相结合，全面检查与重点审议相结合，法律监督与舆论监督相结合，强调边查边改，抓好整改落实，促进了相关法律法规在我市的贯彻实施。按照省人大常委会的统一部署，常委会以安全生产、工资支付、劳动合同签订为重点，对我市电器、电子等八大重点行业执行劳动法的情况进行了检查。通过检查，有关部门查处了一批违法案件，规范了劳动用工制度，纠正了少数企业拖欠职工尤其是拖欠外来务工人员工资的行为，增强了全社会的劳动法制意识。针对行政诉讼中存在的问题，常委会专门组织力量对我市贯彻实施行政诉讼法情况进行全面检查，专题听取情况汇报，要求建立行政机关首长出庭应诉制度，落实行政执法责任制和错案责任追究制，提高审判质量和法官业务素质，真正在实践中体现执法为民、司法为民。市政府及时出台了《乐清市行政机关首长出庭应诉工作暂行办法》，局长出庭应诉行政诉讼案件逐步增加。在土地管理法执法检查中，常委会以检查土地管理部门自身执法情况为重点，组织人员深入基层全面检查，抓住行政行为不够规范、档案管理比较混乱、历史遗留问题较多等重点问题，向市政府及土地管理部门提出了整改意见，使之得到了较好的整改。

认真开展“两项评议”。常委会先后对3位副市长、9位局长、2位“两院”副职领导进行述职评议，对国土资源局、房管局进行行政执法评议。整个评议工作始终注重实效，坚持实事求是的评议原则，并把整改工作贯穿于评议全过程。被评议部门和干部密切配合，虚心听取意见，认真整改，法律意识、责任意识、人大意识进一步增强。在评议双方的共同努力下，述职评议和行政执法评议工作取得了较好的成效，各项工作都有了新的进展。

努力做好信访工作。四年来，常委会机关共受理人民群众来信2798件，接待群众来访9500余人次，基本上做到了来访认真接待，来信及时转办或督办。对一些代表和群众反映强烈、社会影响较大的信访案件，能做到派员调查，专题交办。重点调查了乐成、虹桥、北白象、蒲岐等镇的历史遗留涉土案件，通过深入了解案件实情，分别形成调查报告，提交有关部门，促使其依法妥善处理历史遗留问题，维护了社会稳定。

三、发挥代表作用，推动基层民主政治建设

常委会认真贯彻中共中央〔2005〕9号文件精神，加强和改进代表工作，充分发挥代表的主体作用，推动了基层民主政治建设。

切实抓好代表建议的督办。四年来，常委会共收到代表提出的建议、批评和意见1437件。常委会及时进行分类、整理，移交“一府两院”及有关部门办理，并从中筛选出部分代表建议作为重点督办内容列入常委会工作议题。通过组织代表面商会、专题调查、上门督查和将部分代表反映强烈或不满意的建议返回承办单位重新办理等多种方式，加强了督办和催办工作，代表对建议办理的满意率逐年提高。

积极为代表履职创造条件。组织人大代表进行法律知识和业务培训，提高了代表的整体素质。建立四个代表活动专业小组，组织他们参与调查研究、执法检查和“两项评议”等活动，有效提高了监督的专业性和针对性，较好地发挥了代表在闭会期间的作用。建立市人大代表辞职制度，接受22位乡镇领导因工作变动而辞去市第十三届人大代表职务，并相应地进行了代表的补选和增选。坚持“一府两院”半年工作情况报告制度，会前分片审议，会上听取片区代表的中心发言，为代表知情督政提供了条件。坚持常委会组成人员走访、联系代表制度，认真听取和反映代表的意见和呼声，积极帮助代表解决实际问题。

加强对乡镇人大的联系指导。指导乡镇人大依法开好人代会，做好选民评议代表、代表述职、代表评议政府等工作。经常了解乡镇人大工作开展情况，积极帮助其解决工作中遇到的困难和问题。组织乡镇人大开展调查研究、学习考察，召开乡镇人大工作经验交流会，促进了乡镇人大之间的横向联系。

依法开展人大代表换届选举工作。去年下半年以来，常委会组织开展了市、乡（镇）两级人大代表换届选举工作，认真分析和把握新形势下代表换届选举所面临的新情况、新问题和新矛盾，做到精心安排、周密部署，及时提出指导性意见。常委会领导分片负责，深入基层调查研究，了解工作动态，加强检查指导，及时化解各种矛盾，保证了换届选举工作的顺利进行。依法选举产生了市人大代表375名、乡（镇）人大代表2013名。

四、注重自身建设，提高常委会履职水平

常委会努力适应新形势发展的需要，不断加强自身建设，着力提高履职水平，整体素质得到提高。

加强理论和业务学习。扎实开展

先进性教育活动，形成了“肯干事、会干事、干实事”的良好氛围。坚持和完善机关每周学习会制度，注重学习的多样化和实效性。结合每月工作安排，组织学习相关法律法规，同时邀请市政府部门领导解读相关法律法规，汇报部门工作情况，促进了人大与政府部门之间的联系和沟通，提高了常委会组成人员和机关干部的法律、政策和业务水平。完成了《乐清人大志》的编写、审定及出版工作。

注重思想和作风建设。认真学习贯彻市委《关于进一步加强人大工作的意见》，增强做好人大工作的事业心和责任心，努力提高办事效率和服务水平。确立以民为本和求真务实的理念，重视与代表和群众的密切联系，经常深入基层了解社情民意，及时反映代表和群众的呼声。坚持“公民旁听常委会会议”、“会前公告常委会会议建议议程和日期”、“审判和检察人员任前公示”等各项规章制度，增强了人大工作的透明度。

重视人大工作的理论研究和对外宣传。加强人大理论学习与研究，积极参与上级人大组织的理论研讨会。召开人大宣传工作会议，制定宣传报道奖励办法。密切与新闻单位的联系，认真办好《乐清人大信息》，建立乐清人大信息网站，加强和扩大了对外宣传。积极开展与兄弟县（市、区）人大常委会之间的工作经验交流，促进了相互提高。四年来，常委会共接待外来考察人员418批次，其中省部级以上126批次，促进了对外交流，提高了乐清的知名度。

在充分肯定成绩的同时，应当看到，对照经济发展和社会全面进步所提出的要求，对照党和人民的期望，常委会的工作还存在较大差距，主要是：监督工作仍是一个较为薄弱的环节；代表活动深度、广度有待拓展，代表在闭会期间的作用有待进一步发挥；对乡镇人大工作指导还不够有力；常委会自身建设尚需进一步加强。这些问题都有待在今后的工作中努力加以解决。

回顾人大常委会走过的历程，我们深深地体会到，要做好人大工作，切实发挥好常委会的作用，必须切实把握好以下六点：

第一，必须坚持党的领导。常委会应自觉地把人大工作置于市委的领导之下，在决定重大事项、开展重要监督活动时，都要事先报告市委；工作中遇到重要情况和重要问题时，要及时向市委汇报请示，依靠市委的领导推进人大工作。只有坚持和依靠党的领导，人大工作才不会迷失方向，才能有所作为。

第二，必须坚持依法监督。常委会应把依法监督放在特别重要的位置，强调心中有法，言必合法，行必循法。提出问题要有理有据，作出决定、决议要符合法律精神，并把依法监督和大力支持结合起来，把跟踪监督和共同研究解决问题结合起来。只有坚持依法监督、公平公正，人大工作才会有权威。

第三，必须坚持服从发展大局。常委会要坚持以科学发展观为指导，不断增强中心意识、大局意识和服务意识。要选好角度，注意从人大的性质和工作特点出发，找准与经济工作的结合点，有效地开展工作监督和法律监督，以保障我市的改革、发展和稳定大局。只有坚持服从发展大局，人大工作才能发挥重要作用。

第四，必须坚持人民利益高于一切。常委会要坚持执政为民、以人为本，密切与人民群众的联系。要通过精心选题，加强对人民群众普遍关注的事项的监督，努力把维护和实现广大人民群众的根本利益贯穿于人大工作的始终。只有坚持人民群众利益高于一切，人大工作才能赢得人民群众的信任和支持。

第五，必须坚持讲求监督实效。常委会要坚持议大事、管大事、抓大事。要突出重点，每年抓准几个事关国计民生的突出问题和群众反映强烈的热点问题，全程关注，跟踪监督，一抓到底，力求在促进解决一些实际问题上下功夫。只有坚持讲求监督实效，人大工作才能有地位。

第六，必须坚持与时俱进。常委会要始终保持朝气蓬勃和奋发进取的精神状态，在法律监督、工作监督、干部任免、代表活动及自身建设等工作上，都要在实践中不断加以改进，同时在方式方法上也要有所创新，以有效地提高整体工作水平。只有坚持与时俱进，人大工作才能不断发展，充满生机活力。

乐清市第十四届人民代表大会第一次会议　　市档案馆提供

市政府工作报告

在乐清市第十四届人民代表大会第一次会议上

2007年2月6日

乐清市市长 潘孝政

一、过去四年工作的回顾

过去四年，我们始终坚持做大总量、提高质量，经济综合实力进一步壮大。去年，全市实现生产总值301.5亿元，年均增长14.1%；财政总收入37.62亿元，其中地方财政收入17.68亿元，年均分别增长19.7%和21.2%。现代农业稳步发展，建成优质特色农产品生产基地29.4万亩，获得3张“国字号”农业金名片，年销售收入超亿元农业龙头企业达4家，域外农业成为全国农业发展的亮点，我市荣获全国粮食生产先进县（市）称号。大力推进先进制造业基地建设，工业经济增长的质量和效益不断提高。去年实现工业总产值797.3亿元，年均增长18.1%，规模以上企业产值占工业总产值的比重达71.2%，年销售额超亿元企业达87家，4家企业跨入中国企业500强行列。工业电器、电子元器件、钻头等传统优势产业层次得到提升，船舶制造等临港产业加快发展，乐清湾港区开发建设全面启动。累计完成工业项目供地7293亩，经济开发区、产业功能区的集聚功能进一步增强。大力推进技术进步与创新，新增国家级企业技术中心1家、省级以上高新技术企业19家，开发省级以上新产品923项。质量基础管理工作得到加强，品牌创建成效显著，新增中国驰名商标9个、中国名牌产品12个、国家免检产品29个。第三产业进一步做大，社会消费品零售总额年均增长12.3%，旅游总收入、游客人次年均分别增长38.3%和25.7%，雁荡山跻身“世界地质公园”行列，房地产、金融保险、信息服务等产业有了较快发展。

过去四年，我们始终坚持深化改革、扩大开放，发展活力日益增强。认真实施《行政许可法》，加快行政管理体制改革，深化“效能革命”，推进行政审批制度改革，累计取消605项审批项目，行政审批提速42.1%。加快企业改革和制度创新，实现了华仪电气A股上市，累计完成13家国有、42家集体企业的改制任务。推进农村综合改革，全面推行村账乡（镇）委托代理等制度，大力实施农村税费改革，累计免征农业税3395万元。投资、财政、金融、医药、住房制度等各项改革不断深化。加快建设信用乐清，认真开展无证无照经营、食品药品安全、低压电器质量等综合治理，市场经济秩序进一步规范。建成海关和出入境检验检疫乐清办事机构，通关能力明显增强，外贸出口快速增长，去年全市完成出口总额7.98亿美元，年均增长34.1%。深入实施选商引资工程，大力推进“以民引外、民外合璧”，正泰等企业与世界500强成功合资合作，全市累计实际利用外资1.32亿美元，引资工作实现重大突破，我市荣获“长三角最具投资价值县（市）”称号。

过去四年，我们始终坚持以城带乡、城乡互动，城市化进程不断加快。大力实施城乡一体化战略，加大城乡建设力度，城市化水平达52%。中心区建设全面推进，行政管理中心、市民活动中心主体工程基本完成，建成旭阳路、四环路、丹霞路延伸等城市主干道路和晨沐广场等一批市政设施，中心区形象日益凸显。旧城改造完成启动点拆迁户房屋评估工作。柳市、虹桥等城镇建设步伐明显加快。完成266个村的旧村改建与环境整治任务，21个村被评为省“全面小康建设示范村”，改造农村供水管网113.4公里，康庄工程“双百”目标如期实现，新农村建设取得良好开局。大力推进重点工程建设，累计完成全社会固定资产投资261.1亿元，建成104国道柳市过境段改线、白石水库除险加固、220千伏象阳输变电等一批重点工程，甬台温铁路乐清段、山老区联线公路、城市中心大道、浙能乐清电厂、市区污水处理一期工程等一批重大项目加快建设，启动了七大城乡防洪工程，城乡基础设施明显改善。

过去四年，我们始终坚持统筹兼顾、协调发展，社会事业取得全面进步。“六城联创”工作扎实开展，荣获省级文明城市、省双拥模范城称号，文明百村行动入选全国地方精神文明建设十件大事。文化大市建设全面推进，乐清被联合国授予“千年古县”称号，乐清黄杨木雕、乐清细纹刻纸被列入首批国家级非物质文化遗产代表作名录，广场文化等群众性文化活动蓬勃开展。加强区域科技创新体系建设，推进产学研结合，建成科技孵化创业服务基地，我市荣获全国首批科技进步示范县（市）称号，科技综合实力居全省县（市、区）第三位。全社会对教育的投入力度进一步加大，新建扩建公立、民办中小学校舍分别达39.3万平方米和13.4万平方米，建成乐清中学新校区，成功创建省教育强市。公共卫生体系初步形成，实现市人民医院整体搬迁。全民健身运动蓬勃开展，荣获省体育强市称号。加强生态市建设，大力开展环境污染整治，建成全国环境优美乡2个、省级生态乡镇6个。强化计生工作责任，营造克难攻坚态势，人口和计划生育工作取得一定成效。老龄、妇幼和残疾人等工作得到加强，人民武装、人防、外事侨务、台湾事务、民族宗教、广播电视、新闻、统计、档案等工作取得新成绩。

过去四年，我们始终坚持以人为本、执政为民，和谐社会建设成效显著。城镇居民人均可支配收入由12862元增加到20633元，农村居民人均纯收入由6326元增加到9322元，人民生活水平明显提高。社会保险覆盖面不断扩大，新型农村合作医疗制度和社会医疗救助制度全面推行，城乡享受最低生活保障对象达1.2万人，农村五保和城镇“三无”对象集中供养率分别达90.3%和100%。编制了欠发达地区发展规划，认真实施“五动富民计划”，累计落实扶贫资金1.37亿元，欠发达地区的生产生活条件有了改善。开展应急避险移民工作，建成“温暖家园”。自觉接受人大及其常委会的法律监督、工作监督和政协的民主监督，四年共办理议案、建议、提案2325件。推进法治政府建设，行政执法监督和行政复议工作得到加强，依法行政水平有了提高。圆满完成“四五”普法教育，公民法律意识得到增强。社会治安综合治理各项措施进一步落实，“严打”、禁毒斗争和禁赌专项行动深入开展。建立市信访联合接待中心，信访工作得到加强。加强应急管理，编制了一系列应急预案。高度重视安全生产工作，安全生产形势总体平稳。大力加强廉政建设，办好“四大中心”，积极推行政务公开，防腐机制进一步健全，累计查处行政案件195件，195人受到政纪处分，反腐败斗争取得新的成绩。

在肯定成绩的同时，我们也清醒地看到，乐清在发展中仍然面临不少矛盾和问题，政府工作也存在一些缺点和不足。主要是：自主创新能力不强，经济增长方式还比较粗放，节能降耗和污染减排的任务十分艰巨；土地、电力、水资源、人才等要素制约严重，经济社会发展的支撑条件亟待改善；城市防洪、排污、垃圾处理等基础设施建设滞后，城市化进程相对缓慢；城乡、区域差距依然较大，欠发达地区发展不快；人口和计生工作压力很大，看病难、看病贵问题没有根本解决；刑事案件总量较大，毒情和“六合彩”形势严峻，影响公共安全的因素不少；一些政府部门和工作人员责任心不强、工作作风不实、办事效率不高，发展软环境有待进一步优化。对这些问题，我们必须高度重视，认真研究，在发展中切实加以解决。

二、今后五年的奋斗目标和主要任务

今后五年，是我市加快建设全面小康社会、提前基本实现现代化的关键时期。在五年的政府工作中，我们要以邓小平理论和“三个代表”重要思想为指导，以科学发展观统领经济社会发展全局，紧紧围绕“抓发展、求和谐、走前列”的总体思路，继续实施经济国际化、产业集群化、城乡一体化、管理现代化、发展环境优化“五大战略”，拓展六城联创、文化大市、平安乐清、五动富民计划、法治乐清“五大载体”，加快建设集工贸、旅游、港口为一体的现代化中等城市。

全市经济社会发展的主要奋斗目标是：

建设实力乐清。到2011年，生产总值超560亿元，财政总收入超65亿元，地方财政收入超33亿元，城镇居民人均可支配收入和农村居民人均纯收入分别达28700元和13300元，率先基本实现全面小康社会的战略目标，当好温州的领头雁、浙江的排头兵、全国的先行者。

建设活力乐清。全社会思想观念更加解放，创业热情得到充分释放，全民创业、自主创业、科技创业成为社会生活的主流；政府工作富有创造性、探索性，行政效能明显提高，市场化改革更加到位，海内外资金、人才、技术、信息等资源在我市充分汇流集聚，乐清成为全国最具活力的县（市）之一。

建设魅力乐清。建成国家卫生城市、国家环保模范城市、国家园林城市和中国优秀旅游城市，全力营造空气清新、河水清洁、绿树成荫、景色怡人的人居环境；彰显资源禀赋，张扬城市个性，实现名山与港湾相辉映、历史与现代相交融，把乐清打造成山海特色鲜明的现代名城。

建设人文乐清。优秀传统文化和地方特色文化得到大力弘扬，历史文化遗存得到充分保护，城市文脉得到有效传承，敢为人先的乐清精神进一步发扬，城市人文气息更加浓郁。获得“全国文明城市创建工作先进城市”称号，人民群众精神文化生活更加充实，城市文明程度明显提高。

建设和谐乐清。到2011年，民主更加健全，法制更加完备，社会更加有序，社会保障体系更加完善，社会事业发展整体水平进入全省前列，人人安居乐业，人与人和谐相处，人与自然和谐共生，人民群众的幸福感和安全感明显提高。

乐清改革开放近三十年的生动实践告诉我们，发展最有说服力、发展最有凝聚力、发展最有战斗力。为实现今后五年的奋斗目标，我们必须始终坚持发展不动摇，紧紧扭住发展不放松，依靠发展壮大经济实力，依靠发展致富全市人民，依靠发展促进社会和谐，使发展成为全市工作的主旋律和最强音。

（一）坚定不移地推进率先发展

坚持做优一产、做强二产、做大三产，促进三次产业全面升级，形成以现代农业为基础、先进制造业为主体、现代服务业为支撑的产业发展新格局。在确保粮食综合生产能力的前提下，扶持提升水产养殖、瓜果蔬菜、花卉苗木、畜禽饲养、茶叶等优势特色产业，加快构筑现代农业的产业体系，推进农业产业化经营，强化科技和人才支撑，实现品种创新、品质创优、品牌创响，进一步提高农业发展水平。充分发挥中国电器之都等“国字号”产业金名片的作用，加快经济开发区、乐清工业园区和产业功能区建设，广泛应用高新技术、先进适用技术改造提升传统产业，发展形成工业电器、电子信息等国际性产业集群，壮大五金工具、休闲服装、圣诞礼品、煤机等特色产业。加快乐清湾港区内道路、供水、供电等基础设施建设，联动开发港口码头区、临港产业区、现代物流区、船舶制造区，建成6300亩的起步区和5个5万吨级泊位，大力发展船舶制造、能源、石化、建材等产业，使乐清湾港区成为我市最重要的经济增长极。做好品牌培育和质量提升工作，继续扶优扶强，到2011年，年销售额超亿元企业增加到100家以上、超10亿元企业增加到15家以上。以把乐清打造成为世界级的山海旅游胜地为目标，加快雁荡山、中雁荡山、灵山等景区开发建设，进一步提高雁荡山在国内外的知名度，到2011年，实现年接待游客500万人次以上，旅游收入超30亿元。改造提升传统商贸业，加快发展现代物流业，积极发展金融保险、会展、中介、社区服务等服务业，加快建立符合市场经济要求的现代服务业体系。

（二）坚定不移地推进创新发展

深化行政管理体制改革，优化机构设置，更加注重履行社会管理和公共服务职能。继续推进行政审批制度改革，进一步减少和规范行政审批事项，简化办事程序，加快电子政务建设，努力提高行政效率。加快建立新型的乡镇管理体制和运行机制，增强乡镇调控和服务能力。分类推进事业单位改革。完善公共财政体制和国有资产监管体制。深化国有集体企业改革，努力实现国有资本从竞争性领域全面退出。支持民营企业制度创新，积极推动企业上市，进一步提升民营经济活力。加大科技投入，做好共性关键技术攻关和推广应用，开发一批具有自主知识产权的新技术、新产品，推进国家智能电器产业基地、国家工业电器检测中心和中科院上海国家技术转移中心乐清办事处建设，加快创建国家专利示范（试点）城市，切实增强自主创新能力，推动“乐清制造”向“乐清创造”转变。实施人才强市战略，为创新发展提供人才保证和智力支持。坚持量质并举、重在质量的原则，不断优化招商机制，推动“以民引外、民外合璧”，力争在引进大项目和世界知名企业上取得大的突破。优化出口商品结构，推动加工贸易转型升级，加快转变贸易增长方式，完善贸易壁垒应对机制，确保外贸出口总额年均增长25%以上。鼓励优势企业在国内外开发资源、开拓市场，进一步提升国际竞争力。

（三）坚定不移地推进统筹发展

实施市域总体规划，构筑以乐成片为中心、以柳白片和七里港区为南翼、以虹桥片和乐清湾港区为北翼的中心城市格局，培育形成面积约62平方公里、人口规模达65万的现代化中等城市主中心；加快大荆小城市、雁荡旅游小城市两个城市副中心和清江片城镇建设，逐步形成“一主两副”的市域框架体系，城市化水平提高到60%以上。大力推进中心区特别是滨海片区建设，加快行政、文化、商贸、体育四大功能区建设，建成晨曦路、二环路、三环路、六环路等道路，加快建设市区中心公园、环河景观，全力打造最具人气、最有品位、最富特色的新城。加快旧城改造步伐，加大金银溪治理力度。强化城市综合管理，做好“两沿五口”整治，严厉打击违法建设行为，切实维护规划的严肃性。大力推进社会主义新农村建设，加大旧村改建与环境整治力度，深化文明百村行动和“清洁乡村行动”，建成一批新型农村社区。加大财政转移支付力度，深入实施“五动富民计划”，深化“两个结合、两个转移”，做好下山脱贫移民和应急避险移民工作，增强欠发达地区自我发展能力，到今年年底，全市13个欠发达乡镇农民人均纯收入达到全国平均水平，今后五年年均增速高于全省水平。做好城乡基础设施的共建共享，建成甬台温铁路乐清段、甬台温高速公路复线乐清段、温州绕城高速公路北线乐清段、104国道湖雾至清江段及虹桥过境段改建、城市中心大道等主干道路和一批客货运中心，加快沿江大道、市区至乐清湾港区大通道建设，建成楠溪江供水工程引水隧道和乐清水厂、七大城乡防洪工程，建成浙能乐清电厂和1个500千伏、5个220千伏、11个110千伏输变电工程，建成虹桥片区污水处理工程，加快垃圾处理、管道燃气等市政设施建设，完善3G通信网络、电视综合业务网、宽带网络等信息传输系统，加快构建现代化的基础设施体系。

（四）坚定不移地推进协调发展

发展和谐丰富的社会文化。实施文化“六大工程”，建成乐清影城、科技博览中心、新图书馆等一批重点文化设施，推进农村文化阵地建设，做到“乡乡有标准文化站、村村有文化活动室”；重视历史文化遗存的保护和开发，打响乐清黄杨木雕、乐清细纹刻纸等非物质文化遗产品牌，加快实现乐清文脉物化；认真编纂《乐清地方文献丛书》，鼓励创作一批反映乐清地域特色和人文精神的文化精品；深化文化体制改革，发展文化产业，全面建设文化大市。加快教育园区建设，调整优化校网布局，加强农村基础教育，推动城乡教育公平均衡发展，高标准普及十五年教育，加强职业和成人教育，努力使劳动者人人有知识、个个有技能。进一步完善卫生基础设施，强化公立医院公共服务职能，加强卫生服务机构建设，提高疾病预防控制能力和医疗救治服务水平，建成省卫生强市。完善城乡体育设施，广泛开展全民健身运动，积极发展竞技体育。加强人口和计划生育工作，进一步完善服务管理机制，有效治理出生人口性别比偏高等问题，提高出生人口素质，稳定低生育水平，将总人口控制在122万以内。高度重视国防事业，扎实做好双拥优抚工作，争创全国双拥模范城。加强统计、档案、地方志等工作。

（五）坚定不移地推进集约发展

按照“减量化、再利用、资源化”的原则，加强节能、节水、节地、节材和资源综合利用，逐步形成节约资源的生产方式和消费模式，到2011年，实现万元GDP综合能耗比2006年降低20%左右，自来水管网漏失率降低23%，工业用地产出率提高到40亿元/平方公里以上。加强对土地、水和海洋资源的开发管理，实行严格的耕地保护制度，加大土地整理、缓坡地开发力度，争取5年内围涂造地2.5万亩。大力发展循环经济，全面推行清洁生产，推进工业园区的生态化改造。贯彻生态环保优先原则，重点解决危害群众健康的水、大气、土壤等重大环境问题，力争空气环境质量优于国家二级标准以上，城市污水收集率达75%，城乡生活垃圾无害化处理率达95%，环境综合指数提高到90分以上；加快生态市建设，建立健全生态保护补偿机制，大力推进农村平原绿化和城市园林绿化，城市绿地率达35%，人均公园绿地面积达8.5平方米，80%的乡镇建成生态乡镇，资源节约型和环境友好型社会建设取得明显成效。

（六）坚定不移地推进和谐发展

进一步扩大社会保险覆盖面，到2011年企业职工基本养老保险参保人数增加到14万以上。完善被征地农民基本养老保障制度，实现即征即保，积极探索建立新型农村养老保险制度。加大社会救助、社会互助和灾害救助力度，发展慈善事业和红十字事业。加快经济适用房建设，逐步解决城镇低收入家庭的住房困难。加强劳动保护和监管，维护务工人员的合法权益。进一步加强民主法制建设。自觉接受市人大及其常委会的法律监督、工作监督和市政协的民主监督，认真办理人大代表议案、建议和政协提案，听取各民主党派、工商联、无党派人士和工会、共青团、妇联等人民团体的意见，虚心接受群众和舆论的监督。健全重大事项社会公示制度和社会听证制度，推进政务公开，完善村（居）自治。全面推进依法行政，严格行政执法责任制和过错追究制。继续抓好“五五”普法教育，不断增强全民法律意识，重视司法救助和法律援助制度建设。大力推进平安乐清建设，全面落实社会治安综合治理各项措施，严厉打击严重刑事犯罪活动，坚决打击村霸地霸，全力打好禁毒人民战争，狠狠打击“六合彩”等新型赌博行为，增强人民群众的安全感。推进社区建设，完善基层服务和管理网络。拓宽社情民意表达渠道，高度重视、妥善化解各类人民内部矛盾。认真贯彻民族宗教政策，做好外事侨务和台湾事务工作。进一步整顿和规范市场经济秩序，推进信用乐清建设。切实加强公共安全应急管理，强化对食品、药品、餐饮卫生的监管，落实安全生产责任，严格安全生产管理和执法监督，及时消除事故隐患，防止重特大事故的发生。从人民群众最关心、最直接、最现实的利益问题入手，每年集中办好一批实事工程，让人民群众得到更多的实惠。

三、2007年主要工作安排

2007年是新一届政府任期的第一年，改革发展稳定的任务十分繁重。今年，全市经济社会发展的主要预期目标是：生产总值增长13%；财政总收入增长13.2%，其中地方财政收入增长13.9%；全社会固定资产投资增长17%；城镇居民人均可支配收入增长9%，农村居民人均纯收入增长9%；人口自然增长率控制在8‰以内，万元生产总值综合能耗下降4%，化学需氧量排放量下降3.22%，二氧化硫排放量下降3.2%。

为实现上述目标，今年要突出抓好以下九个方面工作。

（一）积极发展现代农业，加快建设社会主义新农村。继续实行工业反哺农业、城市支持农村和多予少取放活的方针，切实巩固和加强农业基础，全面发展农村经济，努力增加农民收入。完善种粮扶持政策，不断提高粮食单产。大力发展高效生态农业，重点抓好8万亩优质特色农产品生产基地和万亩围塘养殖基地建设。深入实施农产品品牌战略，加快建立农民专业合作、供销合作、信用合作“三位一体”的农村新型合作体系，提高农业产业化经营水平。大力推进科技兴农，加大对种子种苗和农业标准化、信息化、机械化的支持力度。鼓励农业“走出去”，做大域外农业。加强水利基础设施建设，开工建设钟前水库除险加固工程，开展小流域治理，建成标准海塘10公里，完成河道整治40公里，增强农村经济社会可持续发展能力。加大公共资源向农村覆盖的力度，大力推进社会主义新农村建设“三大行动”，完成村庄布点规划，推进旧村改建与环境整治。深化农村综合改革，积极推行政策性农村住房保险和农业保险。认真实施欠发达地区发展规划，深化“五动富民计划”，安排4200万元专项扶贫资金，用于欠发达地区基础设施建设、公共事业发展和产业培育。继续开展“农村劳动力素质培训工程”，全年计划培训农民3万人。

（二）大力增强自主创新能力，推进先进制造业基地建设。以提高项目开工建设率和竣工投产率为抓手，加快经济开发区二期、三期建设，开工建设乐清工业园区和象阳、乐成等产业功能区，力争完成工业性投入50亿元，实现工业总产值920亿元。积极引进大院名校共建创新载体，引导企业加大技术改造和创新投入，争取新增省级以上新产品200项、国家火炬星火计划项目20项，实施共性关键技术6项，推进传统优势产业的改造提升，大力发展智能电器、电子信息、新材料等高新技术产业和船舶制造等临港产业。深入实施品牌培育和质量提升工程，抓好重点行业产品质量隐患整治，争创国家级、省级名牌产品4个，驰名、著名商标8个。大力推进乐清湾港区建设，争取实现5000亩围（海）涂工程主堤坝的合龙，完成2000亩工业用地的三通一平，加快区内主干道路建设，开工建设中欧船业等重点项目，掀起港区开发建设高潮。

（三）做大做强旅游业，全面提升服务业发展水平。加快雁荡山创建国家首批5A级旅游景区步伐，抓好“一水、两面、三线、四口”整治，加大旅游宣传促销力度，打响雁荡山“世界地质公园”品牌；加强中雁荡山景区基础设施建设，积极创建4A级旅游景区；加快芙蓉池、桃花岛、沙门岛等旅游资源的开发，做精做优鲨鱼美食、休闲渔业、农家乐、名人故里游、红色旅游、工业旅游等特色旅游。加快“退二进三”进程，改造提升各类专业市场，新增三星级专业市场1个，深入实施乡镇连锁超市和村庄放心店工程，推进中心区商业步行街等项目建设，提升商贸流通业的规模和档次，实现社会消费品零售总额93亿元。积极发展资本、技术、土地、劳动力等要素市场。做好市会展中心前期工作。合理引导房地产市场，促进房地产业健康发展。

（四）加快经济国际化进程，进一步增强发展的活力。以经济开发区、乐清湾港区、中心区为主阵地，以先进制造业、基础设施和现代服务业为重点领域，注重“以民引外、民外合璧”，通过选商引资引进更多的先进技术和管理，力争全年实际利用外资7000万美元、内资3.6亿元。适应我国加入世贸组织过渡期结束的新形势，进一步加强对企业应对反补贴、反倾销等贸易技术壁垒的指导与协调，健全进出口风险预警机制，鼓励高新技术产品、高附加值产品、农产品和服务产品出口，保持外贸出口较快增长，争取出口总额超10亿美元。支持企业建立境外加工基地、营销网络和研发机构，提高国际化经营水平。积极参与区域经济交流与合作，加强与在外乐清人的联系，实现乐清人经济与乐清经济的互动发展。

（五）强势推进城市建设，不断完善城乡基础设施。推进二环路、三环路、晨曦路等中心区主干道路和市区中心公园建设，开工建设银溪路、东山公园等工程，建成行政管理中心、市民活动中心，做好环河景观等工程前期工作，加大乐清影城、大型超市等项目的招商力度，加快建设天豪五星级宾馆、中驰花园等一批上档次商住项目，促进中心区人气和商气的集聚。完成旧城改造首期启动点的拆迁，开工建设安置房。推进七里港区二期、甬台温铁路乐清段、温州绕城高速公路北线乐清段、城市中心大道、104国道湖雾至清江段及虹桥过境段改建、山老区联线公路、柳翁公路改建、沙门岛大桥及接线、农村联网公路等工程建设，做好乐清火车站站前路、雁荡旅游环线公路、万翁公路盐盘至翁垟段改造等工程前期工作。大力加强城乡防洪体系建设，加快乐成中运河和公利浦整治、虹桥东干河下游段整治、双屿水闸扩建工程建设，开工建设虹桥流域东排工程。

（六）着力缓解要素制约，改善经济社会发展支撑条件。加强土地集约利用，推行工业用地“招拍挂”制度，严格执行建设项目用地投资强度和建筑容积率“双控”标准。用好省留计划农转用指标，加快虹桥、淡溪、石帆等地缓坡地的开发利用，建成翁垟等地的标准厂房。采取更加有力措施，加快胜利塘北片、乐海、蒲岐镇安塘围垦工程建设步伐，完成土地整理3.2万亩。开工建设220千伏乐成、北白象输变电和110千伏双峰、岐头、虹南输变电等工程，完成88个行政村的农村电气化建设和改造，继续做好有序用电和节约用电，努力实现用电供需基本平衡。加快楠溪江供水工程引水隧道和乐清水厂、柳市项目水厂改造、南清芙项目水厂改造等工程建设，建成大荆雁荡供水工程，深入实施“农民饮用水工程”，抓好供水管网改造，切实解决偏远地区饮水难问题。发挥好信用担保机构的作用，鼓励金融机构创新金融产品和服务方式，加大对中小企业和农户的信贷投入。

（七）加强社会事业建设，促进经济社会协调发展。全面推进“六城联创”，确保实现创建省示范文明城市阶段性目标。以农村为重点进一步加强基础教育，深入实施农村中小学“四项工程”，在提高九年义务教育质量的基础上突出抓好学前三年和高中段教育。开工建设市职业中专、乐成公立寄宿学校，加快雁荡山旅游学校建设，做好市成教中心、大荆中学扩建和虹桥中学、柳市中学、柳市职业学校、虹桥职业学校迁扩建等工程前期工作。加强科普工作，建成全国科普示范市。加快人才大厦工程建设，努力解决外来高层次人才的实际困难。建成市公共卫生中心，加快市人民医院综合楼、妇幼保健院迁扩建工程建设，做好市二医、市三医迁扩建工程前期工作，加强社区卫生服务机构和农村卫生室建设，整顿和规范医疗服务市场，努力解决群众看病难、看病贵问题。加强疾病预防控制和卫生监督执法。加快建设乐清图书大厦、科技博览中心，加强文化市场特别是网吧的管理。深化文化特色村、体育特色村、科普示范村、卫生特色村创建活动，繁荣节庆文化、广场文化，倡导健康文明的生活方式。推进全民健身运动和竞技体育发展。打好计划生育攻坚战，进一步扭转计生落后局面。切实维护妇女、未成年人合法权益，关心和发展老龄、残疾人事业，做好大中型水库移民后期扶持工作。加强烟花爆竹燃放管理，坚决遏制丧事大操大办，开展丧事集中办理试点和青山白化专项治理，大力推行生态殡葬。

（八）强化社会管理，维护社会稳定与公共安全。继续保持严打高压态势，深入开展“扫黑枪、除黑恶、反两抢、禁赌毒”等专项斗争，加强社会治安综合治理，深入实施“平安千村工程”，加大对治安重点区域和突出治安问题的整治力度，实现治安形势好转。加强对外来人员的管理和服务，构建新乐清人与本地乐清人的和谐关系。依法规范信访秩序，完善矛盾纠纷排查调处工作制度，妥善处理社会矛盾和群体性事件。依法加强对宗教事务的管理，严厉打击邪教组织，坚决遏制非法宗教活动。完善应急管理体制，健全应急预案体系，提高应对和处置各类突发公共事件的能力。加强安全生产工作，开展交通、消防等安全生产专项整治，努力实现安全生产四项指标全面下降。依法取缔无证无照经营行为，加强对食品、药品和餐饮卫生的监管，认真做好森林防火、防汛防旱和动植物防疫等工作。

（九）抓好民生工程建设，努力提高人民生活质量。推进社会保险扩面工作，新增基本养老保险6500人。稳步推进被征地农民基本养老保障工作，加快建立城镇居民医疗保障制度，完善农村新型合作医疗制度和城乡最低生活保障制度。加强企业退休人员社会化管理服务工作。加快建设市康居工程。深入实施清水河道工程，建成市区污水处理一期工程，加快污水收集管网建设。开工建设市区垃圾卫生填埋场和柳市垃圾焚烧发电厂工程，做好城市东片垃圾无害化处理工程前期工作，建立“户集、村收、镇运、市处理”的垃圾处理系统。大力推广节能先进技术和装备，加快淘汰一批不符合国家能耗标准的落后设备和装置，依法关闭一批整改无效的高耗能、高污染企业，积极开展橡胶、冶炼等行业的污染整治，加快表面处理生态科技工业园建设，做好温州电厂二期脱硫改造，全面推行清洁生产，建成2个循环经济示范企业。大力创建生态镇、村，新增全国环境优美乡镇1个、省级生态乡镇10个，建成省级生态市。

各位代表！乐清发展的目标已经明确，要把蓝图变为现实，需要我们大力加强政府自身建设，扎扎实实抓好各项工作的落实。一是以端正的学风促进落实。大力推进学习型政府建设，倡导终身学习的思想，营造浓厚的学习氛围，让勤奋好学成为广大公务员的一种时尚和自觉行动，在学习中开拓视野，在学习中创新思维，在学习中增强抓落实的能力。二是以良好的作风抓好落实。牢记“两个务必”，心系人民群众，发扬求真务实精神，大兴求真务实之风，始终保持昂扬的斗志、争先的干劲、克难的勇气。对事关群众切身利益的事情，真正重视，真情解决，为民解忧，为民谋利；对事关乐清发展全局的重点工作和关键工程，咬定目标，克难攻坚，务求实效，一步一个脚印地把我们的事业推向前进。三是以清新的政风推动落实。加强行政执法监督，强化行政效能监察，对拖而不办、吃拿卡要的不作为、乱作为行为，从严查办，决不姑息。深入持久地开展反腐倡廉工作，建立健全反腐倡廉工作机制，加强财政监督和审计监督，严厉查处各类违纪违法案件，坚决惩处腐败分子。

《政府工作报告》有关名词解释

1、康庄工程“双百”目标：康庄工程建设中等级公路通村率和通村公路硬化率均达到100%的目标。

2、六城联创：以创建全国文明城市为龙头，同步推进国家卫生城市、国家环保模范城市、国家园林城市、中国优秀旅游城市和国家双拥模范城创建。

3、五动富民计划：实施产业驱动、项目带动、移民行动、社会事业推动、社会各界联动计划，进一步增强欠发达地区加快发展的内外动力，推进欠发达地区经济社会的全面协调可持续发展。

4、四大中心：市行政服务中心、招投标中心、机关效能监察投诉中心、机关会计核算中心。

5、“两沿五口”整治：整治104国道沿线500米范围和高速公路沿线800米范围；改造104国道东入城口（乐清收费站）、104国道与温州大桥分界处入境口、甬台温高速公路乐清出入口、雁荡出入口和湖雾岭隧道口等五个“口”。

6、两个结合、两个转移：把欠发达地区农民的生产与市民的菜篮子结合起来，把扶贫与旅游开发结合起来，把山老区的农副产品从山里转移到山外，把市民的旅游重心转移到山老区，变欠发达地区的生态优势为经济优势，变潜在优势为现实优势。

7、文化“六大工程”：文明素质工程、文化资源工程、文化精品工程、文化产业工程、文化阵地工程和文化人才工程。

8、乐清文脉物化：就是对乐清历代形成的文化脉络的继承和发扬，并转化成一种现实可见、可体会的形式。

9、社会主义新农村建设“三大行动”：农村环境卫生大整治行动、“攻三通（通路、通水、通电）、破三难（看病难、就学难、养老难）”行动、“百企联百村、共建新农村”行动。

10、“一水、两面、三线、四口”整治：“一水”是指景区水资源恢复保护工程，“两面”是指景区沿路建筑立面和三个主要景区入口门面的改造工程，“三线”是指景区内电力线、广播电视线、通讯线下地工程，“四口”是指三个主要景区入口和高速公路雁荡山出口的环境整治工程。

11、农村中小学“四项工程”：家庭经济困难学生资助扩面工程、爱心营养餐工程、食宿改造工程和教师素质提升工程。

乐清市第十四届人民代表大会第一次会议胜利闭幕　　市档案馆提供

市政协常委会工作报告

在政协第十一届乐清市委员会第一次会议上

2007年2月5日

乐清市政协主席　张国谦

一、四年来的工作回顾

（一）围绕中心，服务大局，在促进发展方面取得新成绩

促进发展是政协履行职能的第一要务。四年来，政协常委会紧紧围绕全市改革发展大局，加强对全市经济社会发展中重大问题的调查研究，通过政协例会等形式，提出意见和建议，为市委、市政府提供决策参考。四年中，常委会共组织开展专题调研32项，形成调查报告17份、大会发言材料135份，共举行全委会议4次，常委会议22次，主席会议51次，各类专题议政会议57次，围绕全市改革发展大局建言立论、献计献策，提出的大量意见和建议，被市委、市政府以及有关部门在决策和工作中采纳。

将全市发展战略和大政方针的制定列为协商议政的重要内容。在市政府的大力支持下，政协领导和政协委员参加各类规划评审，政府及其工作部门到政协征求工作意见已形成制度。2005年，常委会把为编制“十一五”规划建言献策作为履行职能的重点。各专门委员会、参加政协的各党派团体和政协委员围绕编制“十一五”规划的一些重大问题深入开展调查研究，形成一批有价值、有份量的意见和建议，被吸收进《纲要》正式文本。

高度重视“三农”问题。在常委会引导下，委员们就发展效益农业、增加农民收入、改善农村生产生活条件、保障农民权益等问题提出了大量的意见和建议，其中许多得到有关部门采纳。2006年，常委会围绕推动新农村建设，抓住农村环境整治这个突破口开展调研，提出深入发动群众，加强规划管理，实行污水、垃圾无害化处理，盘活存量建设用地，完善投入机制，理顺“城中村”管理关系等六方面建议。市委、市政府高度重视调查意见，在开展的农村环境整治活动中，采纳了政协调研的有关建议。

始终关注发展软环境的改善和政府效能的提高。常委会积极组织委员通过调研、视察、提案、大会发言等形式，就机关效能建设提出意见，帮助有关部门改善服务，提高效率。2005年，常委会还针对行政机关行政诉讼败诉率居高不下的问题组织视察，提出的关于行政机关“一把手”必须出席行政诉讼的建议被温州市委采纳，现温州市已出台相关规定。四年来，有14位委员受市委、市政府邀请担任机关效能督察员，有52位委员被推荐担任党政部门和窗口行业的特约监督员或行风评议员。

努力为推动民营经济的进一步发展建言献策。四年来，常委会分别就加快中小企业发展、促进船舶工业健康有序发展、加快经济开发区建设等工作开展调研视察，认真听取各方面意见，积极向市委、市政府进言。就拓展民营经济发展空间开展调研，提出的4方面56条建议，多数得到市委、市政府的采纳，调查报告还被省政府办公厅以信息方式转发。

（二）紧贴民意，加强监督，促进了一些社会热点问题的解决

深入了解民情，真实反映民意，针对群众反映强烈的热点问题开展民主监督是政协的重要职能。四年来，市政协常委会充分发挥政协接触面广、渠道畅通的优势，深入挖掘社情民意，及时向党委、政府反映人民群众的愿望和要求，为党政领导体察民情民意，掌握社会动态提供依据。同时，根据群众反映的情况，扎实履行民主监督职能，推动了一些社会热点问题的解决。

丧葬礼俗落后是长期困挠我市社会的难点问题。2006年，常委会开展了针对殡葬改革的专题调查，向市政府提出了《关于切实推进殡葬改革的建议案》，明确指出我市殡改工作存在问题的症结在于决心不大，没有解决好骨灰安置场所；认为丧葬陋习不革除，损害了政府威望，破坏了生态环境，败坏了社会风气，致使劳民伤财；提出了加快建设经济实用的公益性骨灰安置设施，创新青山白化治理工作思路，大力推进丧葬礼俗改革等3方面14点建议，产生了很大的社会反响。

教育、卫生事业发展与群众利益密切相关。2003年，常委会针对群众反映比较强烈的义务教育发展不均衡问题，组织进行调查，在我市较早提出了教育公平原则。2004年，根据群众对我市学前教育管理混乱情况的反映，常委会进行了深入调查，并将掌握的情况向市政府作了反映，市政府对此非常重视，召开了我市历史上第一次学前教育工作会议，并对全市幼儿园进行整顿，规范了我市学前教育事业的发展。2003年“非典”疫情发生后，公共卫生体系建设和医疗卫生事业发展成为社会关注的焦点。常委会在“非典”发生期间及之后的几年中，多次就这两项工作组织调研和视

察，并两次组织专题讨论，提出的一批建议得到市政府的采纳。

常委会还高度关注社会法制领域的民意诉求，引导委员围绕法治社会建设深入了解民意，积极建言献策，切实履行民主监督职责。前年，常委会组织委员参加了虹桥防保站私分疫苗差价案的庭审；去年，又组织委员参加了某土地行政争议案件的庭审，根据法律分别提出监督意见，受到司法部门的重视。禁毒和打击地下“六合彩”始终是委员关注的焦点问题。

十届一次会议以来，常委会还就城市防洪建设、弱势群体帮扶、未成年人思想道德建设、宗教政策的落实等热点问题开展了一系列调研活动。2005年“麦莎”、“海棠”台风在我市引发了历史上罕见的洪涝灾害，人民群众对此反映十分强烈。针对台风中暴露出城市防洪方面存在的问题，常委会迅速组织委员和水利专家开展调研，提出的多项建议在我市城市防洪建设中得到实施，调查报告还获得全省政协系统调研成果三等奖。

（三）凝聚人心，扩大团结，在构建和谐社会中发挥了重要作用

加强团结合作，积极营造融洽和谐的工作氛围。经常与参加政协的各党派、团体交流工作情况，就共同关心的问题联合开展调研视察，形成了参政议政的合力；建立了政协党组成员联系党派制度，市政协领导经常主动与党派成员交流谈心，鼓励他们充分发挥参政议政作用，支持他们通过大会发言、提案、反映社情民意等形式参政议政；对党派团体以各种形式提出的意见、建议，都及时向市委、市政府反映。增设了无党派人士界别，为无党派人士提供参政议政的平台，加强了与宗教界人士的联系，根据他们的愿望和要求组织一些调研视察活动，协调解决所提问题。加强横向联系，四年共接待来乐考察的全国各级政协来宾896批，其中全国政协16批、省级政协222批。在热情接待的同时，积极宣传乐清，推介乐清。主动接受上级政协的工作指导，积极配合上级政协开展的各项调研视察活动，共承办上级委托的工作活动14次，参加各级政协组织的工作交流活动38次。

加强海外联谊，深入贯彻“和平统一、一国两制”的方针。针对台湾当局分裂祖国的“两国论”和“一边一国”论，组织党派团体和各界人士深入揭批，深刻认识其危害；举办“台海形势”报告会，深入学习和广泛宣传《反分裂国家法》，坚定了全体委员维护祖国统一的信心。以中秋、迎春茶话会和在外政协委员座谈会等为载体，邀请社会各界和“三胞”代表，与市委、市政府领导共商乐清发展大计；开展了《归侨侨眷权益保护法》视察活动，促进了依法护侨和为侨服务工作；协助有关部门做好台胞侨胞接待服务工作，积极为三胞及三胞眷属排忧解难，维护其合法权益；四年来，市政协委员中有196人次出访40多个国家和地区，加强了与港澳台同胞、海外华侨、华人的联系和沟通。

延伸工作网络，广泛开展片组、界别活动。通过片组、界别广泛组织委员进行考察、视察等活动。四年来，共开展片组、界别活动102次，参加委员达2600余人次。据不完全统计，四年来，委员及委员企业为赈灾、扶贫、教育等社会公益事业捐资达6000多万元，形成了关爱弱势群体、扶贫济困的良好氛围。2005年，根据部分委员的倡议，在企业家委员中开展了“关爱员工，做和谐劳动关系带头人”的活动，对于促进社会和谐起到了积极作用。

（四）关注人文，传承历史，为文化建设作出了积极贡献

重视传统优秀文化的挖掘和弘扬，努力为文化事业发展建言献策。建设“文化大市”是中共乐清市委作出的重大决策，而挖掘、保护、传承地方优秀传统文化则是建设“文化大市”的重要内容。常委会秉承政协重视历史文化的优良传统，把保护历史文化遗存、弘扬传统优秀文化摆在十分突出的位置，充分发挥人才优势，积极组织力量开展研究。2006年是市政协的“历史文化年”，启动了《乐清上下一千六百年》丛书的编纂工作，并率先完成其中的人物篇，收录了乐清历史文化名人200多位，比较详细地记述了他们的生平事迹，从一个侧面反映了乐清的人文特色和发展脉络。就保护乐清历史文化遗存进行了为期两个月的调查，深入到14个乡镇39个文保单位和文保点了解保护情况，勉励广大群众珍惜爱护文物，督促当地党委、政府切实做好保护历史文化遗存、传承优秀传统文化的工作，同时分别从人文起源、历史人物、人类斗争史、人口变迁、文物、教育、民风民俗、民间艺术、风景旅游等九个方面，对乐清文化发展脉络作出了比较系统的梳理。关于乐清历史文化遗存概况的调查报告在《乐清日报》发表后，引起较大反响，对广大市民深入认识乐清的人文历史起到一定的帮助作用，提出的意见和建议受到市政府和文化部门的高度重视。

整合各方力量，认真做好文史工作。2004年，市政协在浙江省率先成立了文史资料研究会，创办了《乐清文史》，并以此为平台，广泛深入地开展文史资料的征集和编纂工作，充分发挥了文史资料“存史、资政、团结、育人”的作用。四年中，共征集各类文史资料150余万字，编发《乐清文史》5期，出版了《春潮拍岸百业兴》、《乐清湾畔弄潮儿》、《乐清上下一千六百年（人物编）》等三部文史资料集。全力配合全国政协开展的《温州民营企业兴起和发展》史料征集工作，提供史料11篇5万余字。2005年，经验介绍文章《依靠社会力量 解读文史工作》被省政协推荐到华东地区文史协作会议上交流。

依托诗书画院，积极开展诗书画创作活动。四年中，诗书画院共组织笔会、采风、书画展等活动12次，出版了《书画雁荡》书画集，配合省政协办好了华东六省一市政协书画精品展，有一大批院友作品参加了省内外各类书画展，并获得各级奖项，为我市的文化事业发展作出了应有的贡献。除重视创作外，诗书画院还积极参与社会公益活动。2005年，组织院友向市公安局看守所捐赠书画作品

84件，以改善看守所的关押环境，帮助在押人员加强自我改造。

（五）内强素质，外树形象，夯实了履行政协职能的基础

加强思想建设。组织委员深入学习邓小平理论和“三个代表”重要思想，学习中共十六大和中央全会精神，帮助委员增强政治意识，提高履行职能的能力和水平。适时举办专题学习会，深入学习《政协章程》、《中共中央关于进一步加强中国共产党领导的多党合作和政治协商制度建设的意见》（中发[2005] 5号）、《中共中央关于加强人民政协工作的意见》（中发[2006] 5号），牢固把握新时期人民政协工作的方针、原则，明确履行职能的方向和重点，增强责任感、使命感。按照市委的统一部署，2005年，在政协委员和政协机关的共产党员中开展了先进性教育活动，使全体党员不但受到了思想政治教育，还经历了一次党内生活的严格锻炼。2006年，进一步完善了政协机关周一学习日制度，开展了多种形式的学习，使机关干部的综合素质得到相应的提高。

推进“三化”建设。按照中央要求，积极推进政协工作规范化、制度化、程序化建设，切实保障各项工作有序进行。先后制定和完善了全委会议、常委会议、主席会议、调研视察、提案工作、委员学习和机关管理等制度。在完善规章制度的基础上，认真抓好落实，使政协工作更加规范、有序地开展。

强化机关效能建设。四年来，常委会把提高效能、改善服务，为广大委员创造更好的参政议政条件作为机关建设的首要目标，着力提高机关干部的大局意识、服务意识。机关全体工作人员齐心协力，细致安排好各项调研、视察和会议活动，热情接待委员、群众来访，认真做好各项工作。

搞好宣传工作。加强与新闻媒体的联系。四年来，各级新闻媒体共报道市政协工作600余次，对于树立市政协的良好形象起到了积极作用。2006年，省政协《联谊报》分别对市政协提案工作和弘扬历史文化、推进殡葬改革、整治农村环境等调研活动作了专题报道。注重自我宣传，在开展各项工作活动时，主动向广大干部群众宣传政协的性质、地位和作用，四年共编发《乐清政协》简报43期、《政协信息》39期，扩大了政协的社会影响。

十届市政协的工作，经过四年的探索和实践，积累了一些有益的经验：一是必须坚持党的领导，始终把与党委、政府合力合拍作为政协工作的基本原则。二是必须坚持团结和民主两大主题，始终把凝心聚力作为政协工作的主要基调。三是必须坚持以民为本，始终把维护和实现群众利益作为政协工作的出发点和落脚点。

十届市政协工作取得了很大进展，但也存在一些问题和不足。比如，如何通过改进工作和加强宣传，进一步提高社会各方面对政协工作重要性的认识；如何按照中共中央的要求，进一步推进政治协商、民主监督、参政议政的制度化、规范化和程序化；如何深化政协的专题调研，提出可供党政机关决策参考的更高质量、更具价值的意见和建议；如何进一步加强同党政机关的经常联系，拓展委员知情参政的渠道；如何进一步丰富委员活动的形式，更充分地调动和发挥全体委员的积极性等等。

二、对新一届政协的工作建议

（一）坚持以科学发展观统揽政协工作，努力促进我市经济社会又好又快发展

深刻认识科学发展观的主要内容、基本要求和精神实质，把科学发展观的要求贯彻到人民政协履行职能的各项工作之中。积极致力于促进率先发展，紧紧围绕推进产业结构调整、推进产业升级、发展临港产业等重要问题开展专题调研活动，搞好建言献策。要为创新发展多献务实之策，把提升自主创新能力、提升民营经济发展水平、提高对外开放水平、实现在外乐清人经济和本土经济互动发展等重大问题作为调查研究的重点。要为推进统筹发展献计出力，加强对城市化和城乡一体化发展规律的研究，组织委员就提高城市综合实力和整体竞争力、促进区域经济协调发展、加快新农村建设步伐等重大问题，深入进行研讨论证。要为持续发展多做有益工作，着重围绕破解要素制约、建设资源节约型和环境友好型社会、优先发展教育事业等问题深入开展调研，提高建言献策的针对性和实效性。

（二）牢牢把握团结民主两大主题，努力为政治文明建设贡献力量

认真贯彻《中共中央关于加强人民政协工作的意见》，坚持“长期共存、互相监督、肝胆相照、荣辱与共”的方针，促进参加政协的各党派、各团体的团结合作。着力搭建好服务平台，努力为各民主党派、工商联、无党派人士的意见和建议能够进入决策程序创造条件；加强反映社情民意信息工作，拓宽各界群众表达意见的渠道，把各方面的利益诉求和愿望主张引导到民主与法制的轨道上来。加大民主监督力度，加强对国家宪法、法律和法规实施，重大方针政策贯彻执行、国家机关工作人员工作的监督；积极探索新形势下开展民主监督的有效途径和方法，推动民主监督与国家权力机关监督、行政机关监督、司法机关监督、舆论监督相结合。进一步做好提案工作，鼓励和支持政协各组成单位和全体委员在调查研究的基础上提出高质量的提案，进一步加大提案督办力度，主动加强与委员和有关方面的沟通联系，为提案办理搞好协调服务。发挥政协的界别作用和委员的主体作用，加强与委员所在单位的联系，争取他们更加支持委员履行职能。

（三）充分发挥政协的独特优势，努力为构建和谐乐清献计出力

坚持以人为本促和谐。紧紧围绕与人民群众利益密切相关的热点、难点问题履行职能，推动群众关注的问题得到及时解决，协助党委政府实现好、维护好、发展好人民群众的根本利益，为构建和谐社会奠定坚实的群众基础。坚持增进团结促和谐。加强对新的社会阶层的团结，不断为全面建设小康社会增添新力量；进一步发挥好宗教界委员的作用，促进宗教和

睦，维护社会稳定；加强与社会各界人士的联系，切实做好协调关系、凝心聚力的工作，为构建和谐社会提供广泛的力量支持。坚持发展文化促和谐。按照“存史资政、团结育人”的要求，继续做好政协文史资料征集出版工作，弘扬以爱国主义为核心的民族精神和以改革创新为核心的时代精神，为构建和谐社会提供有力的精神支撑。

（四）主动适应新形势新任务的要求，进一步加强政协自身建设

坚持以邓小平理论和“三个代表”重要思想统揽政协工作，深入学习贯彻《中共中央关于加强人民政协工作的意见》，不断增强创新意识，进一步提高履行职能的质量和水平。要把思想建设摆在突出位置，组织和推动委员学习理论，引导委员把社会荣誉和社会责任统一起来，认真履行职责，创造新的成绩。要继续加强政协制度建设，把政协工作的规范化、制度化和程序化建设提高到一个新水平。大力加强作风建设，继承和发扬人民政协平等议事、民主协商、求同存异、体谅包容、广交朋友等优良传统。继续深入开展机关效能建设，改善办公条件，提高办事效率、服务质量和工作水平，为委员履行职能、发挥作用提供更加优质的服务。

中国人民政治协商会议第十一届乐清市委员会第一次会议　　市档案馆提供

市社会发展计划草案的报告

关于乐清市2006年国民经济和社会发展计划执行情况与2007年国民经济和社会发展计划草案的报告

在乐清市第十四届人民代表大会第一次会议上

2007年2月6日

乐清市发展和改革局局长 廖凯敏

一、2006年国民经济和社会发展计划执行情况

2006年，在市委、市政府的正确领导下，全市上下坚持以科学发展观统领全局，按照“抓发展，求和谐，走前列”的总体要求，认真贯彻实施“十一五”发展规划，较好地完成了市十三届人大四次会议提出的国民经济和社会发展主要预期目标，保持了“十五”以来快速健康发展的势头，“十一五”开局良好。全市实现生产总值301.5亿元，可比增长14.1%，其中：第一产业12.2 亿元，第二产业187.7亿元，第三产业101.6亿元，可比增长分别为2.1%、14.8%和14.5%。全市财政总收入37.62亿元，增长19.6%，其中地方财政收入17.68亿元，增长21.1%。

（一）农业经济稳步发展，新农村建设取得新进展。全年实现农业总产值18.8亿元，同比增长3 .7%。粮食生产基本稳定，全市粮食播种面积40.86万亩，总产量16.7万吨。农业“走出去”战略深入实施，在外建立了27万亩粮食生产基地，荣获“全国粮食生产先进县（市）”称号；高效生态农业快速发展，实施无害化工程20万亩，新增山区特色农业基地2000亩，通过国家级绿色、有机农产品认证共5家，获得省优质农产品金奖4个；农业产业化经营步伐加快，34家企业被评为农业龙头企业，新发展了14家农民专业合作社；新农村建设扎实推进，新增11个省级“全面小康建设示范村”，全市266个村进行了旧村改建和环境整治工作，农村人居环境和生活质量明显改善。

（二）工业经济持续快速发展，经济质量取得新提高。工业经济继续保持较快增长，全市实现工业总产值797.3亿元，同比增长19.8%。规模经济巩固壮大，经济增长质量明显提高，规模以上企业实现产值567.7亿元，同比增长23%，占全部工业总产值比重达71.2%。完成销售产值539.8亿元，同比增长23.4%，产销率达95.1%。实现利税55.2亿元，同比增长15.1%，经济效益综合得分204.08分，比上年提高3.22 分；科技创新步伐加快，全年新增技改项目143项，计划总投资52.39亿元，规模以上企业实现新产品产值61.1亿元，同比增长11.7%；体制创新取得新突破，华仪电气成功上市，成为我市首家上市公司，为我市企业融资打开新通道。品牌创建成效显著，2006年新增中国驰名商标5个、中国名牌产品4个、国家免检产品20个。

（三）第三产业加快发展，经济增长凸显新亮点。制定出台了《关于加快服务业发展的若干意见》，积极扶持服务业发展。城乡消费市场活跃，全社会消费品零售总额82.25亿元，同比增长18.7%，增长速度创“十五”以来历史新高，全市31个乡镇全部建立了新型商业连锁超市；旅游经济取得突破性进展，接待旅游人数达309.8万人次，实现旅游收入19.95亿元，同比分别增长47.5%和44.2%；交通物流业得到长足发展，全社会交通货运量达1003万吨，交通客运量6064万人。临港物流业快速发展，七里港区集装箱吞吐量达21万标准箱，比上年增加近1倍；金融对经济发展的支撑作用明显提高，年末全市金融机构存、贷款余额同比分别增长23.2%和31.4%，比上年同期上升7个和18.3个百分点；信息通讯、社会中介等服务业全面稳步发展。

（四）固定资产投资适度增长，城市建设迈出新步伐。全年完成全社会固定资产投资77.25亿元，同比增长9.2%。重点工程建设进展顺利，城市化进程稳步推进，全市在建重点工程累计完成投资16.97亿元，同比增长28%，超额完成年度投资计划。建成大荆雁荡供水工程、南岳货运（战备滚装）码头、虹南公路虹桥段建设工程、乡村康庄工程、黄坦坑水库电站等5个项目;开工建设了110KV输变电工程、城市防洪及综合整治工程、城市防洪中运河整治工程等5个项目；城市中心大道、104国道湖雾至清江段改建、山老区联线公路改建、乐海围垦、柳翁公路改建、市区污水处理等项目建设正在加紧施工。全市完成工业性投资39.74亿元，同比增长28.2%，乐清湾港区建设全面启动，临港工业加快发展，船舶基地建设顺利开展。全年完成房地产开发投资13.5亿元，市中心区经济适用房一期工程建设顺利启动，将有效缓解我市中低收入家庭住房紧张问题。

（五）招商引资成绩喜人，开放型经济取得新跨越。外贸出口持续高速增长，全年实现外贸进出口总额8.3亿美元，其中出口7.98亿美元，同比增长均为46.6%。全年新获得进出口自营权生产企业193家，新建境外企业11家，总投资118.3万美元；招商引资力度继续加大，新批外商投资企业28家，全市合同利用外资1.46亿美元，同比增长2.6%，实际利用外资0.58亿美元，同比增长13.9%，均超额完成温州下达任务计划。

（六）循环经济积极发展，生态市建设取得新成就。制定出台了《发展循环经济建设节约型社会的意见》、《关于工业循环经济发展的实施意见》。积极开展循环经济项目建设，我市2个项目列入省循环经济“991”重点建设，4个项目列入温州市发展循环经济“551行动计划”；大力推进企业清洁生产和节能降耗工作，继续加大对高耗能、高排放、高污染行业的整治力度，化学需氧量和二氧化硫排放量分别比上年削减了3%；全面推进生态市建设，编制完成了23个生态乡镇实施方案，其中4个乡镇通过上级生态乡（镇）达标验收，四都乡、城北乡获“全国环境优美乡镇”称号。

（七）社会事业协调发展，人民生活质量有了新改善。编制完成并组织实施《“十一五”科学技术发展规划纲要》，市财政每年增拨1000万元科技经费设立“乐清市自主创新专项资金”，全市专利授权数达1007件。创建省“教育强市”圆满成功，全市高等教育毛入学率达31%，高考上线人数7336人；全年新建校舍近6万平方米，雁荡山旅游学校迁扩建工程进展顺利。“文化大市”活动扎实开展，我市入选全国100个“千年古县”行列，高氏家族墓晋升为全国重点文物保护单位。卫生事业全面加强，参加新型农村合作医疗的农民达83.9万名，覆盖率87.7%，建成了大荆、北白象等6家卫生监督分所，市公共卫生大楼基本建成，市人民医院综合大楼开工建设。“体育强市”活动积极开展，全年举办了近70次全民体育比赛和活动。

人民群众生活水平不断提高，城镇居民人均可支配收入、农村居民人均纯收入分别为20633元和9322元，分别增长13.8%和11.1%；社会保障体系逐步健全，再就业工作完成情况良好，城镇登记失业率2.93%，比上年下降0.57个百分点，共13.4万人参加了城镇职工基本养老保险，3275名被征地农民纳入社会保障范围，比上年增加3082人，农村五保和城镇“三无”人员集中供养率分别达90.3%和100%；“六城联创”工作顺利开展，“平安乐清”、“法治乐清”建设扎实推进。

在经济社会保持良好发展态势的同时，我们也要清醒地看到存在的一些问题和困难：资源、环境压力继续加大，土地资源制约，电网建设滞后，尤其是节能降耗和污染减排任务艰巨；第三产业占经济比重低于全省平均水平；具有自主知识产权的核心技术相对欠缺，难以适应产业升级要求；和谐社会构建、社会主义新农村建设任务仍然艰巨等等。这些都需要在2007年以及今后更长一段时间工作中引起关注，并采取切实有效的措施加以解决。

二、2007年国民经济和社会发展计划主要预期目标和任务

2007年是“十一五”各项目标任务全面深入实施的关键之年，综合各方面因素，拟定2007年国民经济和社会发展主要预期指标如下：

——全市生产总值增长13%以上，其中第一产业增长2%，第二产业增长13%，第三产业增长14%；

——财政总收入增长13.2%，其中地方财政收入增长13.9%；

——全社会固定资产投资增长17%；

——社会消费品零售额增长13%；

——进出口总额增长25%；

——农村居民人均纯收入增长9%；

——城镇居民人均可支配收入增长9%；

——人口自然增长率控制在8‰以内；

——城镇新增就业人数0.6万人，城镇登记失业率3.5%以内；

——万元生产总值综合能耗降低4%；

——化学需氧量削减3.22%，二氧化硫排放削减3.2%。

根据上述目标要求，2007年全市国民经济和社会发展工作要按照科学发展观和构建社会主义和谐社会的总体要求，以“十一五”规划为指导，重点做好以下几方面工作：

（一）优化产业结构，确保国民经济又好又快发展

保护耕地，稳定粮食生产。进一步优化产业结构和产业布局，大力发展高效、生态、特色农业。建立现代农村经济组织，推进产业化经营、规模化生产。加强农业保障体系建设，增强农业抗灾防险能力。

继续实施品牌立市战略，鼓励和支持自主创新，重点扶持具有自主知识产权、拥有自主品牌和参与制定行业标准的企业，充分发挥科技“孵化器”作用，在扶强创优的同时，注重中小企业创新体系建设。努力打造先进制造业基地，整合现有资源，外引内联，提升传统工业，努力培育电工电器、电子信息等国际性产业集群。加大乐清湾港区建设力度，推动港口码头区、临港产业区、现代物流区、船舶制造基地联动开发建设，加快形成临港经济新亮点。

促进第三产业健康快速发展。积极扩大消费需求，努力提升消费对经济增长的拉动作用。积极实施《关于加快服务业发展的若干意见》，加大对服务业在市场准入、财政、价格等方面的政策支持。努力创建“中国优秀旅游城市”，大力发展旅游经济，加快发展与工业生产密切相关的生产性服务业，加快电子商务、物流、会展等服务业的全面发展。

稳步发展外向型经济。实施标准战略，鼓励企业开展国际注册和认证。实施品牌战略，鼓励自有品牌出口。建立健全出口预警机制、产业损害预警机制和反技术壁垒工作机制。继续做好招商引资工作，进一步提高吸纳外资水平和外资利用质量。

（二）强化基础设施，大力推进城乡一体化建设

加强宏观调控，在优化投资结构

的基础上确保投资稳步增长。合理调整财政性建设资金投向，全年计划安排重点建设项目37项，年度计划投资19.11亿元，重点投向城市基础设施、社会发展和新农村设施建设。开工建设乐清湾港区围涂（海）、虹桥流域东排、钟前水库除险加固、楠溪江供水工程－乐清水厂、柳市项目水厂改造、市区银溪路、市区垃圾卫生填埋处理、乐成和象北220KV输变电、双峰歧头虹南110KV输变电等12个重大项目；建成市行政管理中心、市区三环路、市区污水处理一期、柳翁公路改建等9个项目；继续大力推进城市中心大道、104国道湖雾至清江及虹桥段改建、山老区联线公路改建、市区二环路和晨曦路、市康居工程、沙门岛大桥及接线工程、市标准海塘建设和围海、城市防洪等16个重大项目建设进程；扎实开展城市东片垃圾无害化处理、虹桥片区污水处理、市会展中心、南清芙水厂、芙蓉池开发、福溪水库除险加固、市区至乐清湾港区大通道、万翁公路（盐盘至翁垟段）改造、雁荡旅游环线公路（大荆中庄至仙溪卓屿）、火车站进出道路等项目的前期工作；继续推进社会主义新农村建设“三大行动”，加大农村基础设施建设和农业产业化投资力度，加快旧城、旧村改造改建步伐，深化环境整治。深入实施“五动富民计划”，积极改善欠发达地区发展条件，大力推进供水、供电、道路和垃圾处理等方面建设，积极稳妥地做好移民工作，不断促进区域协调发展。引导和支持高新技术产业、先进制造业和房地产投资建设，确保社会投资稳步健康增长。

（三）发展循环经济，努力实现经济社会可持续发展

认真实施《发展循环经济建设节约型社会的意见》和《工业循环经济发展规划》，加强经济开发区等经济密集地区的区域性循环经济发展，大力倡导清洁生产，切实做好节能降耗减排工作，力争万元生产总值能耗降低4%，化学需氧量、二氧化硫排放量分别削减3.22%和3.2%。在加快造地和围垦，拓展发展空间的同时，以节能节水节材节地为重点，加强资源节约和综合利用，切实提高资源综合利用效率和水平。发展循环型农业，建设生态农业示范园区，控制农业面源污染，鼓励绿色食品生产。发展循环型服务业，积极倡导绿色消费，努力建设节约型社会。深入实施《乐清生态市建设规划》，进一步加大环境治理和保护力度，不断推进“生态115工程”。

全市一批重点工程相继开工和建成，甬台温铁路建设者正在紧张施工　　下载自乐清日报网

（四）发展社会事业，全面构建社会主义和谐社会

扎实推进“六城联创”，着力发展社会事业，推动经济社会全面、协调发展，加大公共财政对基础教育、公共卫生、公益文化等社会事业重点领域投入。开工建设乐成公立寄宿学校、市职业中等学校等重大项目；建成市民活动中心、市公共卫生大楼、雁荡山旅游学校等重大项目；加快市人民医院综合大楼、市妇幼保健院、市区中心公园等项目建设进度；扎实开展市科技馆、图书馆、市委党校、市二医和市三医迁扩建、大荆中学扩建、虹桥和柳市中学迁扩建、虹桥和柳市职业学校迁扩建等项目的前期工作，推动社会建设与经济建设、政治建设协调发展。进一步扩大基本养老保险、基本医疗保险、失业保险、工伤保险、生育保险覆盖面，大力推进政策性农村住房保险，完善新型农村合作医疗制度和医疗救助制度；完善和落实促进就业再就业的扶持政策，重点做好就业困难人员、大中专毕业生和农村劳动力转移等就业工作，建立和完善社会救助长效机制；促进居民特别是农村居民收入提升，加强收入分配调节，规范收入分配秩序，努力缩小收入差距；深入开展“平安乐清”建设，抓好食品药品安全专项整治，积极预防和妥善处置各类突发公共事件，有针对性地做好应急预案，加强安全生产管理，加大社会综合治理力度。

（五）深化体制改革，为经济社会发展注入新的活力

支持和引导企业建立现代企业制度，积极发展上市企业，加快培养具有较强竞争力的市场主体。建立健全信用体系建设，大力建设“信用乐清”；创新公共财政体系，优化财政支出结构，增强预算的透明度和约束力；深化投资体制改革，健全全社会投资引导和调控机制，建立科学规范的政府投资决策机制，完善核准制和备案制；推动农村综合改革，创新农村规划体系，开展研究主体功能区差别化政策，探索建立生态补偿机制；加快转变政府职能，切实把政府职能转到经济调节、市场监管、社会管理和公共服务上来，加大电子政务推广应用，以信息化加速推动科学高效的政府工作机制建立。

市财政预算草案的报告

关于乐清市2006年财政预算执行情况和2007年财政预算草案的报告

在乐清市第十四届人民代表大会第一次会议上

2007年2月6日

乐清市财政局局长　叶乐安

一、关于2006年全市财政预算执行情况

2006年，我们坚持以邓小平理论和“三个代表”重要思想为指导，牢固树立和认真落实科学发展观，积极贯彻市委的各项重大决策和部署，着力构建“三个三”工作措施长效机制，强化收入征管，优化支出结构，深化财税改革，加强财税监督管理，全市财政预算执行情况良好，财政收入超额完成年初市人代会确定的任务，财政支出通过调整和优化支出结构，保证了各项重点支出需要，有力地促进了全市经济建设、事业发展和社会稳定。

2006年全市财政总收入为37.62亿元，完成年度预算的105.7%，比上年收入实际增长19.6%，按可比口径计算比上年增长12.6%。其中：地方财政收入17.68亿元，完成年度预算的108.0%，比上年实际增长21.1%，按可比口径计算比上年增长9.4%;上划中央财政收入19.94亿元，完成年度预算的103.7%，比上年实际增长18.3%，按可比口径计算比上年增长15.3%。全市财政总支出为18.48亿元，完成年度预算的92.0%，比上年实际增长12.6%，按可比口径计算比上年增长9.7%；其中：市本级财政支出11.64亿元，完成年度预算的91.5%，比上年增长8.0%。按照现行分税制财政体制和国家有关政策规定测算，预计2006年全市财政收支平衡，略有结余。由于2006年省与我市之间的体制结算还需要一段时间，全市和市本级财政最后决算结果待省财政厅批准后再向市人大常委会专题报告。

（一）充分发挥财税职能作用，促进经济持续健康发展。围绕实施“五大战略”和自主创新体系建设，采取政策引导、资金扶持、税费优惠等措施，着力扶持产业结构升级和优化，推动经济增长方式转变。一是加大对农业的投入力度。2006年全市财政预算内外支农资金达3.42亿元，比上年增长27.6%。其中：“千库保安”、标准海塘、海涂围垦、河道整治和小流域治理、“乡村康庄工程”、山老区联线等农业农村基础设施建设资金1.92亿元；农业综合开发资金1432万元，受益农田10000多亩；用于粮食生产、粮食收购和农资增支综合直补资金953万元；支持农业特色基地建设和农业龙头企业发展资金520万元；落实禽流感等动植物疫病防控和防灾救灾经费847万元，保障各项防控措施落到实处。二是加大对工业经济的扶持力度。大力支持先进制造业基地和乐清湾港区建设；安排自主创新专项资金，支持企业技术创新改造和引进消化吸收；落实2848万元，支持企业做大做强、技术改造、发展对外贸易和推进标准化管理、品牌建设等，向上级争取各类补助资金1045万元并及时予以拨付；税务部门及时办理出口退税3.76亿元，减免、抵免税收6200万元。三是大力支持以旅游业为重点的第三产业发展。落实700万元资金，支持雁荡山游客集散中心等旅游设施建设；安排服务业发展专项资金，及时落实有关优惠政策，加大对现代服务业发展的扶持力度。四是大力支持重点工程建设。千方百计筹措8.68亿元资金，支持围垦、污水处理、供水、行政中心、城市防洪、104国道湖雾至清江段等30多个重点工程项目建设，加快现代化中等城市建设步伐。同时，落实资金支持“两沿五口”整治工作。

（二）强化收入征管，促进财政收入持续稳定增长。为确保完成全年收入任务，我们积极采取各种措施，大力组织财政收入。加强税源管理和收入分析预测，强化重点税源监控，把握组织收入的主动权。进一步加大营业税征管力度，转变建筑用石资源税征收方式，扩大土地增值税预征范围，开展房产税、城镇土地使用税专项纳税评估和税源信息采集，地方小税种继续保持较高的增幅。认真落实房地产宏观调控的有关税收政策。扩大个人所得税全员管理。加快征管改革步伐，推行税源间接控管。突出税收管理重点，向管理要税收，认真做好税务登记证换证、清理漏征漏管户、清理欠税、纳税评估等征管基础工作，夯实征管基础。继续推进税收信息化建设，加强税法宣传，优化纳税服务。加快政府非税收入征管体系建设，贯彻落实教育费附加和地方教育费附加新政策；全面推广“五费合征”，建立社保费申报缴纳制度，继续扩大社保费征缴面，养老保险费的支付能力达38.4个月；进一步加强对土地出让金、水利资金、残疾人保障金等非税收入收缴管理，不断优化政府财力结构。2006年地方财政收入占财政总收入的比重为47.0%，比上年提高0.6个百分点；地方税收占地税部门组织税收收入的44.5%，比上年提高4.2个百分点；地税部门组织的非税收入6.28亿元，增幅达34.7%，其中：社保费收入4.17亿元，增长35.4%，占地税部门组织各项收入的21.2%，比上年提高2.8个百分点。

（三）优化财政支出结构，促进社会和谐稳定。按照科学发展观和公共财政的要求，调整和优化财政支出结构，集中财力确保重点支出需要。一是大力支持新农村建设。统筹安排财政资金，实施财政支持新农村建设“六大计划”。2006年，新增1568万元资金对全市中小学学杂费免收给予专项转移支付，落实教育“四项工程”专项资金730万元、校舍改建和信息化及设备补助资金8900万元；落实农村基层组织保障资金1466万元，开展对农村党员的远程教育。落实“农民健康工程”专项资金3667万元，支持推广新型农村合作医疗、农民健康体检和农村公共卫生服务等；安排“农民饮用水工程”200万元、“百村示范、千村整治”工程1700万元、“平安千村工程”1100万元，改善农村和农民生活条件。二是加大教育、科技、文化、卫生、社会保障、生态等各项社会事业的投入。社会事业支出增幅高于一般性地方财政支出水平。预算内教育事业支出5.39亿元，保证教师工资及时足额发放和中小学校的正常运转。科技支出4146万元，有力地支持了自主创新、产学研活动、共性关键技术攻关、科技创新平台建设和农业科技进步。全市文体广播事业费支出5064万元，落实783万元资金支持省级体育强市创建工作。医疗卫生支出1.17亿元，支持建立三级卫生网络体系和多层次健康保障体系。加大社会保障和社会救助财政投入，落实再就业专项资金，并对下岗再就业人员和吸收下岗人员的企业给予税收减免等优惠；计提1500万元被征地农民养老保险资金；用于城乡最低生活保障、孤寡老人集中供养、贫困残疾人救助、社会优抚和定补等对困难群众的专项补助资金达4886万元，并适当提高了补助标准；支持推进企业退休人员社会化管理和离退休干部免费乘坐市内公交。建立健全生态补偿机制，落实生态模范城市和环保治理专项经费1013万元。着力保障公检法司正常经费，政法支出1.06亿元，并补助“扫黑枪、除黑恶、反两抢、禁赌毒”等公检法专项工作经费1114万元。三是加大对欠发达地区的支持力度。安排3600万元扶贫资金，支持欠发达地区经济和社会事业发展；欠发达乡镇政府切块支出比上年增加568万元，同比增长25.1%；对乡镇各类转移支付资金达5659万元，对乡镇债务化解和困难补助分别达300万元和289万元。

（四）深化财税改革，促进公共财政管理体制的完善。继续推进部门预算、国库集中收付、政府采购、收支两条线管理等各项财政改革。进一步细化预算编制，改进预算编制方法，科学制定支出标准。集中核算的单位和工程项目已分别扩大至324个和57个，集中核算的功能进一步完善。加强政府采购计划管理，增强采购信息透明度，全面推行政府采购协议供货和定点采购管理制度，2006年全市政府采购规模达1.40亿元，资金节约率为10.6%。认真做好政府收支分类改革实施前的培训、数据转换、科目衔接等各项准备工作。加快“金财工程”建设步伐，全面启用部门预算编制软件。大力支持农村综合改革，制订出台新一轮乡镇财政管理体制。

（五）强化财税执法监督，促进依法理财治税。认真贯彻落实市委建设“法治乐清”的决定精神，制订财税法制宣传教育“五五”规划，落实行政执法责任制。认真组织开展《财政违法行为处罚处分条例》和地方税收执法检查,进一步推进依法理财治税工作。强化财政预算资金安排、审批、拨付等环节的监督检查，完善财政内部监控制度。加强财政专项资金管理，开展财政专项资金检查和会计信息质量检查，查处违规资金400多万元，并依法做出行政处罚和处理。认真落实《浙江省财政支出绩效评价试行办法》，实施再就业专项资金绩效评价试点。强化对重点工程等重大投资项目的评审监督，全年共完成评审项目49个，净核减不合理资金1257万元。加强对国有资产的监管，完成海运公司等国有企业的改制。加强政府性债务管理，制订《乐清市加强政府性债务管理的实施办法》，全面开展政府性债务核查，建立政府性债务财政统一归口管理制度，计提偿债准备金。认真开展财政系统商业贿赂专项治理工作。依法开展税收专项稽查和大案要案稽查，打击偷、抗税等各种涉税违法犯罪活动。依法清理催收财政周转金273万元，并激活一批债权。

在肯定成绩的同时，我们也清醒地认识到，财政工作还存在许多问题和不足：财政增收压力加大，地方财政收入比重偏低，优化收入结构任务艰巨；公共财政支出刚性不断增强，支出结构调整难度不断加大，财政收支矛盾依然突出；建设性资金筹措困难加大，防范和化解财政风险的任务较重；财政管理水平和财政资金使用效益有待进一步提高；乡镇财政困难日益加重等。对此，我们将高度重视，在今后的工作中采取有效的措施，认真加以解决。

二、2007年全市财政预算草案

2007年我市财政预算安排的指导思想是：以邓小平理论和“三个代表”重要思想为指导，认真贯彻党的十六大、十六届六中全会和中共乐清市委十二届党代会精神，全面落实科学发展观，加快构建社会主义和谐社会。按照“一要吃饭、二要建设、三要有所积累、四要增强调控能力”的理财原则，贯彻落实稳健的财政政策，狠抓增收节支，强化收入征管，优化支出结构，健全公共财政体系，推进财政改革，强化财政监管，提高财政资金的规范性、安全性和有效性，为加快建设集工贸旅游港口为一体的现代化中等城市作出新贡献。

按照上述指导思想，结合我市经济社会发展目标，2007年我市财政收支预算（草案）拟作如下安排：全市财政总收入为42.60亿元，同比增长

13.2%。其中地方财政收入20.13亿元，同比增长13.9%；上划中央财政收入22.47亿元，同比增长12.7%。市财政当年预算总支出安排20.47亿元，可比增长9.5%。其中：市本级预算支出安排12.88亿元，可比增长8.5%；乡镇级预算支出安排7.59亿元，可比增长11.2%。（乐清市2006年主要收支项目完成情况和2007年收支预算建议表附后）

三、2007年财政工作主要任务

为全面完成2007年的预算任务，我们主要抓好以下几方面工作：

（一）充分发挥财税职能作用，着力促进经济又好又快发展。转变发展观念，调整发展思路，在“实施五大战略”，实现“率先发展、创新发展”中充分发挥财税的职能作用。认真贯彻“多予少取放活”的方针，继续加大对农业的投入力度，整合支农资金，大力支持新农村建设；完善农业补贴政策，完善农业和农村基础设施建设，提高农业综合开发水平，加快农业科技进步，大力支持发展现代农业，支持农业和农村经济结构战略性调整，夯实国民经济基础。积极培育先进制造业基地，加快发展临港产业。大力支持区域科技创新体系建设，促进三大创新平台建设，着力发展高新技术产业，提升改造传统产业。加大对循环经济的支持力度，促进资源节约型、环境友好型社会建设。加大对科技型、成长型、中小型企业的扶持力度，培育更多旗舰式的大型企业。继续支持外经贸发展和招商引资工作，深入实施品牌战略，提高对外贸易的质量和效益。落实促进以旅游业为重点的现代服务业发展的政策措施，支持旅游设施建设，提高服务业的比重和水平。积极、合理、有效地利用政府性债务资金，支持重点工程建设，加快城市化进程。

（二）大力组织财政收入，着力壮大地方财政实力。遵循经济决定财税、财税反作用于经济的基本规律，认真研究、分析经济形势和税收改革动态，提高对财税经济形势的判断分析能力，增强工作的主动性和预见性。加强分税种、分行业和重点税源企业的收入分析预测，认真贯彻加强日常税源管理的工作规范，依法加强税收征管，努力提高营业税、房产税、土地使用税、城建税等地方税种在税收收入中的比重，进一步优化税收收入结构。贯彻车船税和城镇土地使用税改革措施和房地产交易税收一体化管理工作。加大税法宣传力度，进一步优化纳税服务，严厉打击涉税违法行为，整顿和规范税收秩序。做好社保费征管工作，加强对非税收入的征管，规范非税收入收缴程序，不断优化政府财力结构。做大做好财政“蛋糕”，着力壮大地方财政实力，为地方经济和社会发展提供坚实的财力保障。

（三）进一步优化支出结构，着力支持和谐社会建设。按照公共财政和构建和谐社会的要求，进一步调整和优化支出结构，确保重点支出需要，促进“五大载体”的实施。财政支出要重点投向“三农”、教育、卫生、文化、就业再就业服务、社会保障、生态环境、公共基础设施、社会治安等社会公共需要领域，促进公共服务均等化，着力解决好人民群众最关心、最直接、最现实的利益问题。按照实现统筹发展的要求，加大对社会主义新农村建设的支持力度，确保预算内财政支农支出按法定比例增长，继续落实支农投入“三个高于”的要求，加快农村新社区建设、农村社会事业发展和培育新农民，支持饮用水、垃圾处理等民生工程建设。按照实现和谐发展的要求，逐步将农村义务教育全面纳入公共财政保障范围，落实好义务教育免收学杂费、“四项工程”等政策，加大对学前教育、高中段和职业教育的投入。加大对“文化大市”建设的投入，推进文化体制改革和“六项工程”的实施。落实卫生事业财政补助增长机制，推进公共卫生体系和“农民健康工程”的实施。不断增加财政对“保障工程”的投入，支持就业再就业、社会保障和社会救助体系建设。积极筹措财政资金，进一步加大对生态和环境保护的投入。进一步加快欠发达地区开发建设步伐，加大财政转移支付力度，推进“两个结合，两个转移”，落实大中型水库移民后期扶持政策。认真落实公检法司经费保障制度，支持各部门建立突发事件应急机制，维护社会稳定。

（四）积极推进财政改革创新，着力增强依法理财科学理财能力。深化各项预算管理制度改革，推动财政管理的科学化、现代化和法治化。按照新的政府收支科目编制预算，扎实做好改革后的预算执行实施工作，使政府预算更加全面、公开和透明。认真总结会计集中核算的经验，积极推进国库集中支付制度改革。进一步扩大政府采购规模，规范政府采购行为，加强对协议供货制度的管理，建立健全政府采购监管体系。继续深化“收支两条线”改革，规范土地出让金等政府非税收入收缴管理，加快政府非税收入征管体系建设。大力推进“金财工程”一体化建设，提升财政现代化管理水平。认真落实行政单位和事业单位国有资产管理办法，切实加强行政事业单位国有资产管理;大力支持国有企业改制，确保国有资产保值增值。继续抓好农村综合改革，推进农村义务教育管理体制、县乡财政管理体制、化解镇村债务、建立村级组织运转保障机制改革。

（五）加强财税监督管理，着力提高财政资金使用的规范性、安全性和有效性。加强预算管理，加大对各项财政支出审核力度，控制和压缩一般性支出，堵住支出漏洞。加强结余资金管理，积极推进绩效评价工作，强化财政专项资金监督检查，提高财政资金的使用效益。建立健全各项专项资金管理办法，加强财政投资项目监督管理，实现对财政资金运行事前、事中和事后的全过程监控。全面落实《乐清市政府性债务管理实施办法（暂行）》，强化政府性债务监管，努力规避和化解财政风险。切实抓好财政周转金清理回收扫尾工作。强化对违反财政法律法规行为的监督检查。贯彻实施新企业会计准则，推进企业财务管理法制化建设。

市情概况

自然地理

概况　乐清市地处浙江东南沿海的瓯江口北岸，西北为雁荡山山脉，东南为海积平原，地势自西北向东南倾斜，陆地面积1223.3平方公里，海域面积270平方公里。境内河（溪）流众多，河（溪）流皆源于西北山区，短而流急，流向东南，注入乐清湾。乐琯运河和乐虹运河横贯南部，连接众多河道，构成虹桥、乐成、柳市三块水网平原。

山脉　有西北部的北雁荡山山脉、中部横亘的白龙山山脉、西南部的白石山（中雁荡山）山脉。北雁荡山系括苍山南缘支脉，总面积203平方公里，距今1.28～1.08亿年，由破火山演化而成，呈东北向西南走向，主峰百岗尖海拔1056.6米；北雁荡山虽属低山区，但锐峰飞瀑造型奇特、神韵优美、意境深邃，是中外驰名的国家5A级风景名胜区，2005年被联合国教科文组织评为世界地质公园。白龙山自永嘉与乐清界上的正江山向东延伸，然后转南直至没入乐清湾，其范围包括清江以南，淡溪以北，主峰海拔716米，次高峰山顶岩石裸露，次第排列，风光独秀。白石山（中雁荡山）位于市境南部，自淡溪向西南延伸，分两支，东支跌宕起伏没入乐清湾，西支回环至磐石没入瓯江；道士岩海拔457米，是中雁荡山风景的中枢，远眺海天相接，俯视湖光山色相映成趣，分外迷人。

溪流、运河　市境共分大荆、清江、虹桥、乐成、柳市五大水系，总长1034公里，水面面积1997万平方米，蓄水量4069万立方米，年均径流总量13.78亿立方米。

大荆溪亦名蒲溪，由仙溪、双峰溪、东林溪汇集流入乐清湾，主流长32公里，流域面积330平方公里。清江古名柽江、芙蓉港，汇集黄金溪、前垟溪、筋竹溪之水流入乐清湾，主流长30公里，流域面积76平方公里。白石溪，白石山之水流入钟前和白石水库下泄，与白象、柳市二河相接，长16公里，流域面积68.1平方公里。

乐琯运河，汇集金溪、银溪之水，东连乐虹运河，西通温州瓯江，河长28.8公里，平均河宽38米。乐虹运河，乐成至虹桥，河长21.4公里，平均河宽27米。柳市河自白石溪起，向东南流经湖头，至柳市镇与乐琯运河汇合到三条桥分成凰屿河、白浦河、泮垟河，后分别入瓯江；慎江水闸重建后，主流与乐琯运河汇合，入瓯江。柳市河全长14.6公里，平均河宽56.4米，蓄水量241万立方米。

瓯江北口是浙江省第二大河，属感潮河段，是温州港的主航道。境内段长约14.2公里，江面宽1.3公里，七里港近岸深槽长6公里、水深11米左右，建港条件优越。

平原　分沿海平原和溪谷平原。沿海平原主要有虹桥、乐成、柳市三大平原。虹桥平原：位于市境中部，三面环山，南端敞开与乐清湾相连，长约11公里，宽约8.5公里，面积约63平方公里。乐成平原：地处虹桥平原之南，西边依山，东濒乐清湾，长约10公里，宽约5.5公里，面积约35平方公里。柳市平原：位于瓯江口北侧，东傍乐清湾，北、西部依山，长约16公里，宽约15公里，面积约113平方公里。溪谷平原沿溪流下游分布，规模小，形态受溪流制约，成因属洪水冲积，主要分布在四都、淡溪、芙蓉、大荆等地，面积小者4平方公里，大者10平方公里，均以旱地为主。

乐清湾　古名白沙湾，系浅海港湾，呈葫芦形，南北长约47公里，东西宽4.5～14公里，深入内陆纵深37公里，面积约470平方公里，有众多的岛礁和广阔的滩涂。

乐清湾有大小岛屿14个，明礁8处，暗礁1处，是雁荡山山脉延伸部分海侵后形成。白沙岛、西门岛、小横床岛常年有人居住，其他为无人岛。西门岛：面积6.37平方公里，主峰海拔398.6米，为乐清市最大岛，有4个行政村，20个自然村。乐清湾海岸线曲折，陆地海岸线长129.6公里。滩涂面积21.1万亩，主要分布在乐清湾西岸，分白溪港涂、东阶涂、清江涂、浦马涂、里岙涂、沙港涂、盐田涂、县西滩等，滩涂向湾内延伸最长达3公里。除各溪入海处有沙砾滩外，余均为海相沉积的软粘泥涂，盛产牡蛎、蚶、蛏及藻类。

历史沿革

历史变迁　东晋建县之初，县境包括木榴屿（今玉环县）及温岭半岛，北面与临海县（今黄岩区境）接壤，南限瓯江，西界象浦，与永宁县（今温州市区和永嘉县）相邻。隋、唐、五代、宋、元各个时期，县境变迁未详。至明，据明永乐《乐清县志》记载，乐清县四境“东西相距二百五里，南北相距一百九十五里，东南距西北一百九十里，东北距西南二百六十里”，四至“东至海渡一十里，越渡至温岭一百三十里为黄岩县界；西至楠溪桐岭六十里为永嘉县界；南至海五里，越海至玉环乡南社一百三十里为海洋；北至接莆岭六十里为永嘉县界”。

明成化十二年（公元1476年），乐清县划山门乡三个都和玉环乡三个都共六个都三十二个里之地给太平县(今温岭市)，县境东部与太平县交界。

清雍正六年(公元1728年)六月，析乐清县玉环乡设立玉环厅；嘉庆年间，乐清县分水山以南海中岛屿（今玉环、洞头诸岛）再划给玉环厅。光绪年间，“县境东西广一百七十里，南北袤六十五里”，“东至海十里，至湖雾一百二十里为太平县界，西至象浦东奥五十里为永嘉县界，南至海五里，北至接莆岭六十里为永嘉县界”，“东南至海十里，西南至琯头五十里为永嘉界，东北至盘山岭一百二十里为黄岩县界，西北至楠溪桐岭六十里为永嘉县界”。

民国期间县境无多大变化。

1949年5月县境解放，中共浙南特委一度设立黄乐县，乐清县大荆区划给黄乐县，西门岛划给温岭县，双溪县（今永嘉县）两港区划给乐清县。此时乐清县境北至白箬岭，西至楠溪。8月，黄乐县撤销，大荆区重归乐清县，两港区划还给双溪县。1950年5月，属温岭县的西门岛划还给乐清县。1951年，将乐清县翁垟镇所属的小门山岛划给玉环县。1956年，属温岭县的湖雾乡划给乐清县，永嘉县大岭头、嗌崪两村分别划入乐清县甸岭乡、岭底乡。此时起至今，县境未变。

建置沿革　晋孝武宁康二年（公元374年），分永嘉郡之永宁县置乐成县，属永嘉郡，建县从此开始。南朝宋、齐、梁、陈因之。

隋文帝开皇九年（公元589年），废永嘉郡立处州，乐成属处州。开皇十二年，改处州为括州，省乐成县入永嘉县，地属括州永嘉县。炀帝大业三年（公元607年），改州为郡，括州改为永嘉郡，乐成地属永嘉郡永嘉县。

唐武德五年（公元622年），析永嘉县复置乐成县，属东嘉州。武德七年，复省乐成县入永宁县；上元二年（公元675年）置温州，乐成地属温州永嘉县。载初元年（公元689年），分永嘉县复置乐成县，为上县，属温州。天宝元年（公元742年），改温州为永嘉郡，乐成县属之。乾元元年（公元758年），永嘉郡复改为温州，乐成县属之。

五代后梁开平二年（公元908年），为避梁太祖父朱诚之讳，奏改县名为乐清，属温州。后晋天福四年（公元939年），乐清县属吴越国温州静海军节度。

宋太平兴国三年（公元978年），温州降为军事州，乐清县属两浙路温州军事州。政和七年（公元1117年），温州升为应道军节度，乐清县属之。

南宋建炎三年（公元1129年），罢军额复温州，乐清县属两浙东路温州。咸淳元年（公元1265年），温州升为瑞安府，乐清县属之。

元至元十三年（公元1276年），乐清县入元版图，属江淮行省浙东道温州路。至正二十七年（公元1367年）乐清县归附于朱吴。

明洪武元年（公元1368年），改路为府，乐清县属浙江行省温州府。洪武九年，改行省为布政使司，乐清县属浙江布政使司温州府。

清顺治三年（公元1646年），乐清县入清版图，至宣统三年（公元1911年）均隶属浙江省布政使司温处道温州府。辛亥革命爆发后，温州成立军政分府，乐清属之。

民国元年（公元1912年）7月，废温州军政分府，乐清县属于浙江省。民国3年（公元1914年）5月，原温处道辖境设瓯海道，乐清县属瓯海道。民国16年废道制，乐清县又直属浙江省。民国21年，在温州设浙江省第十县政督察区，民国22年称第四特区、第三特区，民国23年称第八行政督察区，民国37年称第五行政督察区，乐清县均隶属之。

1949年5月，乐清县解放，隶属浙江省第五专区。10月，第五专区改名为温州专区，乐清县属之。1968年，温州专区改为温州地区，乐清县属之。1981年9月，温州地、市合并，称温州市，实行市辖县体制，乐清县归温州市管辖。

1993年9月18日，经国务院批准，民政部复浙江省人民政府，同意撤销乐清县，设立乐清市（县级），由省直辖，以原乐清县的行政区域为乐清市的行政区域。1993年10月7日，浙江省人民政府将乐清市的行政管理委托温州市人民政府代管，乐清市辖21个镇、10个乡，市政府所在地为乐成镇人民路2号。

行政区划

撤区扩镇并乡　1992年5月，根据中共浙江省委指示精神，乐清县实行撤区扩镇并乡，对全县行政区划进行调整,撤销6个区，把61个镇乡扩并为31个镇乡。

撤乡建镇　1996年11月21日，经浙江省民政厅批准，淡溪乡撤乡建镇，以原乡行政区域为镇行政区域，实行镇管村体制。1997年12月2日，经浙江省民政厅批准，石帆乡撤乡建镇，以原乡行政区域为镇行政区域，实行镇管村体制。

更名　1994年1月29日，经浙江省民政厅批准，慎江镇更名为七里港镇，原隶属关系及行政区域均保持不变。1997年6月27日，经浙江省民政厅批准，雁芙乡更名为雁湖乡，原隶属关系及行政区域均保持不变。

勘界　根据浙江省人民政府

《关于全面开展勘界工作的通知》精神，1997年3月至1999年8月，历时二年多，乐清市民政局与市境边界的几个县（市、区）民政局联合进行了行政区域界线勘定工作。1997年10月10日，龙湾区与乐清市3公里边界线勘定，瓯海区与乐清市20.3公里边界线勘定，龙湾区龙湾镇白楼下村、瓯海区灵昆镇桑昆村、乐清市黄华镇黄华堡村的边界线勘定；1997年11月6日，龙湾区龙湾镇黄山村、永加县七都镇前沙村、乐清市磐石镇南门外村的边界线勘定；1998年4月15日，永嘉、乐清、黄岩、温岭的边界线勘定；1998年11月5日，永嘉县与乐清市120.23公里边界线勘定。

人口民族

人口　2007年末，乐清市总人口1195852人，其中男性623300人，占52.12%，女性572552人，占47.88%。18岁以下（不含18岁）的269583人，占22.54%；18～34岁349659人，占29.24%；35～59岁432896人，占36.20%；60岁以上（含60岁）的143714人，占12.02%。非农业人口123292人，未落实常住户口人员19949人。

民族　全市境内以汉族人口为主，有多种民族人口居住，汉族占全市人口的绝大多数，少数民族只占极小的比重，本市户口的少数民族主要是畲族。根据2000年11月1日零时第五次全国人口普查数据，全市少数民族人口7752人（大部分为外来人口，即外来在乐清务工人员），占总人口的0.65%。全市有少数民族24个，其中人口在100人以上的少数民族9个，人口在500人以上的少数民族4个，分别是：土家族（2378人），主要分布在北白象、乐成、虹桥、柳市；苗族（2109人），主要分别在柳市、北白象、乐成、虹桥；畲族（1586人），主要分布在乐成、仙溪、大荆、柳市；侗族（851人），主要分布在柳市、乐成、七里港、虹桥。

2007年末乐清市人口统计表

地区	总户数	总人口			总人口中	
		合计	男	女	非农业户口	未落常住户口人员
乐清市	378536	1195852	623300	572552	123292	19949
乐成镇	55757	154632	79593	75039	55424	2843
柳市镇	30350	105060	54119	50941	11564	2667
虹桥镇	30484	101385	52565	48820	20368	2600
大荆镇	22756	65782	33818	31964	6160	986
北白象镇	29999	102576	52918	49658	6255	2394
翁垟镇	16716	57767	29839	27928	2912	917
蒲岐镇	10025	35245	18325	16920	905	155
芙蓉镇	8576	26256	13694	12562	1093	360
仙溪镇	9881	26864	14327	12537	766	269
黄华镇	10703	36911	19253	17658	2114	159
南塘镇	7244	22532	11717	10815	762	190
白石镇	8055	28778	15197	13581	799	484
磐石镇	5367	16763	8622	8141	1839	345
清江镇	12134	36622	19259	17363	1671	348
七里港镇	8696	25155	12892	12263	1975	277
南岳镇	6807	25133	13212	11921	388	425
象阳镇	10321	36958	19182	17776	1114	423
湖雾镇	7344	20082	10590	9492	702	109

续表一

雁荡镇	18944	53360	27900	25460	2693	58
淡溪镇	7314	26257	14018	12239	442	581
石帆镇	9368	34502	18159	16343	614	535
智仁乡	6484	19708	10647	9061	336	408
镇安乡	5206	14747	7871	6876	215	399
福溪乡	2462	6299	3330	2969	133	53
双峰乡	8124	23445	12244	11201	527	408
龙西乡	5209	12889	7160	5729	247	165
雁湖乡	4710	16277	8647	7630	210	76
岭底乡	5264	17365	9358	8007	221	76
四都乡	4325	15168	8295	6873	220	488
天成乡	5841	19905	10382	9523	516	387
城北乡	4070	11429	6167	5262	107	364

2007年末乐清市人口年龄结构表

地　区	总人口合计	年龄结构			
		18岁以下（不含18岁）	18～34岁	35～59岁	60岁以上（含60岁）
乐清市	1195852	269583	349659	432896	143714
乐成镇	154632	34751	46557	56123	17201
柳市镇	105060	23784	32599	37008	11669
虹桥镇	101385	24501	29714	35772	11398
大荆镇	65782	14146	17473	25412	8751
北白象镇	102576	21938	31968	36673	11997
翁垟镇	57767	12501	17964	20718	6584
蒲岐镇	35245	7964	10707	12592	3982
芙蓉镇	26256	5922	7311	9549	3474
仙溪镇	26864	5939	6980	10189	3756
黄华镇	36911	7458	11075	13749	4629
南塘镇	22532	4736	6572	8425	2799
白石镇	28778	6639	8451	10253	3435
磐石镇	16763	3582	4940	6293	1948
清江镇	36622	7896	10429	13577	4720
七里港镇	25155	5313	7700	9096	3046
南岳镇	25133	5925	7319	8886	3003
象阳镇	36958	8391	11100	13140	4327
湖雾镇	20082	4393	5461	7472	2756

续表一

雁荡镇	53360	11331	14597	20323	7109
淡溪镇	26258	6651	7578	9050	2979
石帆镇	34502	8553	10364	11862	3723
智仁乡	19708	4739	5032	7228	2709
镇安乡	14747	3415	3768	5473	2091
福溪乡	6299	1429	1561	2226	1083
双峰乡	23445	5452	5853	8969	3171
龙西乡	12889	3101	3454	4695	1639
雁湖乡	16277	3966	4458	5805	2048
岭底乡	17365	3947	5264	6121	2033
四都乡	15168	3838	4202	5257	1871
天成乡	19905	4753	5903	7001	2248
城北乡	11429	2629	3305	3959	1536

2007年乐清市人口变动情况统计表

地区	出生			死亡			迁入		迁出	
	合计	女	男	合计	男	女	省内迁入	省外迁入	迁往省内	迁往省外
乐清市	18658	8229	10429	5747	3325	2422	12961	2606	11168	2377
乐成镇	2138	928	1210	646	397	249	3772	469	3868	481
柳市镇	1864	800	1064	472	268	204	2649	329	2199	259
虹桥镇	2103	950	1153	435	244	191	814	168	623	170
大荆镇	769	353	416	372	203	169	315	109	420	166
北白象镇	1499	662	837	512	278	234	815	217	387	222
翁垟镇	1035	465	570	280	165	115	486	132	260	126
蒲岐镇	507	235	272	186	100	86	565	87	217	32
芙蓉镇	464	218	246	122	69	53	138	53	161	26
仙溪镇	299	153	146	151	89	62	107	47	168	48
黄华镇	659	293	366	175	115	60	303	58	196	82
南塘镇	326	146	180	104	60	44	83	28	37	42
白石镇	462	190	272	131	84	47	217	47	111	33
磐石镇	288	130	158	87	45	42	118	46	126	43
清江镇	548	222	326	168	99	69	168	43	190	52
七里港镇	337	137	200	110	63	47	174	48	108	87
南岳镇	436	208	228	117	65	52	202	42	144	27
象阳镇	762	316	446	170	104	66	349	80	166	94
湖雾镇	317	143	174	103	56	47	97	42	227	24

续表一

雁荡镇	617	259	358	337	202	135	186	92	107	83
淡溪镇	257	100	157	119	65	54	216	27	179	16
石帆镇	599	248	351	153	81	72	292	54	159	29
智仁乡	287	143	144	111	64	47	52	56	121	28
镇安乡	179	90	89	93	53	40	53	49	137	34
福溪乡	74	31	43	34	21	13	20	14	54	9
双峰乡	276	127	149	151	96	55	82	62	178	62
龙西乡	208	84	124	41	20	21	52	47	101	26
雁湖乡	236	110	126	73	42	31	96	29	112	16
岭底乡	385	180	205	71	47	24	113	35	142	13
四都乡	143	58	85	64	41	23	87	19	114	21
天成乡	367	154	213	110	63	47	211	44	93	17
城北乡	217	96	121	49	26	23	129	33	63	8

资　　源

水资源　一、河流。乐清市境内河流除瓯江北口横贯南部边境外，其余溪流发源于雁荡山脉。西北山区万壑争流，东南平原河道纵横，清江横亘中部，共有河流、溪流1758条，分为大荆、清江、虹桥、乐成、柳市五大水系，总长1034公里，水面面积1997万平方米，蓄水量4069万立方米。二、地下水。乐清市境地下水补给源是雨水，用降水入渗法计算，总量为每年1.28亿立方米。其中清江一带含水层厚25米；虹桥平原埋藏三个含水层：第一层水质微咸，第二、三层含淡水；乐成平原的南门、山前一带含水层含淡水，水量丰富，南草垟一带含水层数增多，不能饮用；柳市平原有两个淡水含水层。温泉位于淡溪镇黄塘村，水量丰富，水质清冽、味甘，尤宜于淡水养殖，开发价值大。雁湖乡上垟村的西石梁洞与东联乡水坑村的大垄山、能山、山塘山一带，属偏硅酸饮用天然矿泉水，平均日流量15立方米左右。

海洋资源　一、海域。乐清湾位于市境东部，介于北纬27°5′～28°23′、东经120°57′～121°16′之间，东及东北界玉环县、温岭市，南接温州湾，西及西北为乐清市。乐清湾南北狭长，口宽内窄，呈胡芦形，南北长约47公里，东西宽4.5～14公里，内陆纵深37公里，总面积为463.6平方公里，分属乐清、玉环、温岭三县（市）所有，其中乐清市占249平方公里。乐清湾属浅海港湾，一般水深10米左右，最深处41米；湾内底质为泥，湾口为泥沙混合底，并有面积约7平方公里的沙带（穿带屿）。湾中有岛屿14个、海礁9个。1975年玉环县漩门港围堵后，乐清湾成为半封闭性海湾，据1979年6月实测：中部茅埏山岛（属玉环县）附近表层水温26.13℃，南部盐盆、海屿外侧表层水温为24.79℃。海水盐度夏季低、秋季高，年平均为26.04‰。乐清湾内自然饵料丰富，有浮游动物130余种。沿岸滩涂广阔，并不断淤积发展。湾底年淤积达5～10厘米。海涂涂面平整，土质肥沃，大量繁殖着底栖藻类，是养殖蚶、蛏、牡蛎等三大贝类和海带、紫菜等藻类的理想场所。湾内水产资源丰富，有鱼类190余种，贝类70余种，甲壳类60余种，成为沿岸各县市主要的近海捕捞鱼场。湾底堆积着丰富的贝壳层。二、潮汐。乐清湾潮波为港湾协振动状态，潮流为规则半日潮，一天两高两低极为明显。湾口涨潮流向西，落潮流向东，流速1～1.5节；湾内涨潮流向北，落潮流向南，流速2～3节。涨潮时海水呈漫滩状，落潮时滩水归槽。涨潮历时大于落潮历时，差值在半小时左右，最大可达1小时。湾内进潮量大，每潮平均为6.5亿立方米；潮差亦大，最大潮差8.34米（仅次于杭州湾），平均潮差4.54米，潮汐理论蕴藏量234万千瓦，占全省的潮汐蕴藏量的8%左右。

矿产资源　一、铁矿。有四都牛洞和铁场、淡溪里岙、西联陈岙、南阳等5处，矿体呈脉状，受断裂构造控制，成因属火山气热充填型。各个矿体长小于100米，厚小于1.1米。矿石中含有磁铁、穆磁铁、镜铁等矿物，品位较低，工业意义小。二、铅锌矿。仅甸岭毛平湾1处。矿脉产于东西向断裂带中，成因属火山气热充填型。矿石中含有方铅、闪锌等矿物，并含有银，工业意义小。三、锰矿。仅有硐垟下埭头1处。矿脉产于东西向断裂带中，成因属风化淋滤型。矿石中只含软锰矿物，品位高，工业意义小。四、高岭土矿。有芙蓉镇兰屿浦、清江镇和乐成镇慎海的岭脚、石龙、上叶等5处，矿体除清江矿床呈筒状外，其余呈层状、被覆状，成因属凝灰岩风化。每个矿体长50～200米，厚数米至数十米，品位较高，有开发价值。五、陶土矿。位于大荆镇的东林，层状产出，岩性是黄色泥岩或粉砂岩，储量约1亿吨，有开发价值。六、磨刀石。位于湖雾镇岭头村，岩性是流纹岩，有两个矿带、19个矿体，矿带呈脉状、透镜状，长50～400米，宽2～6米，有开发价值。七、石板材矿。位于湖雾镇岭头村，岩性是流纹质含角砾晶屑、玻屑凝灰岩，有开发价值。

森林资源 一、森林植物。全市森林植物共有99科520多种，以壳斗科、樟科、木兰科、桑科、蔷薇科、豆科、冬青科、山茶科等植物为多。森林植被类型可分为亚热带常绿阔叶林（主要树种有桉树、黑荆树、木麻黄、榕树、樟树等）、亚热带常绿和落叶阔叶混交林（主要树种有木荷、青冈、麻栎、枫香等）、针叶阔叶混交林或针叶纯林（主要树种有杉木、柳杉、柏木、马尾松、棕 、油茶、油桐等）以及竹林。主要发展树种有：用材林以杉木、柳杉为主，还有柏木、苦楝、樟树等；薪炭林以马尾松为主；防护林以木麻黄为主；经济林有黑荆树、油茶、油桐、乌桕、板栗等；四旁绿化有按树、水杉、悬铃木、池杉、银桦、广玉兰和龙柏等。二、珍稀树种。属国家级重点保护的珍稀植物有17种，隶属13科，绝大部分分布在雁荡山景区。其中二级保护树种有银杏、福建柏、鹅掌楸、钟萼木；三级保护树种有江南油杉、凹叶厚朴、沉水樟、天竺桂、蛛网萼、半枫荷、花榈木、胡豆莲、野大豆、银雀树、银种花、方竹等。三、竹类。有8属25种，有丛生竹、散生竹和混生竹三个类型，总面积3.59万亩，其中毛竹3.05万亩，占85%，另有杂竹、野生竹近5400亩。竹种资源丰富，乡土原生竹种有毛竹、粉单竹、大木竹、箬竹、苦竹、观音竹、方竹、金竹、实心竹、龟背竹、紫竹等十多种。引种栽培竹种有麻竹、绿竹、金镶玉竹和青皮竹等。产区集中在北部山区的低山地带，以龙西、仙溪、智仁、叶家垟、甸岭和福溪等地居多。1971年以来，淡溪、四都、南阳、城北等地发展毛竹基地3500亩；1986年以来，智仁乡马家山和福溪乡御营、湖岙等地改竹用山为笋用山200亩，提高了竹林的经济效益。四、经济林。以油茶、油桐、乌桕三种木本油料（又称三籽油料）为主，还有果、茶、桑等特产经济林。五、雁荡山风景林。北宋以前，雁荡山基本保留以常绿阔叶林为主的原始森林。据《广雁荡山志》载，从大荆入驿有“古樟十人抱”，经响岭头“数十大树不知名，能仁寺东旧有大松一株，苍秀古怪，望之如虬龙，称万年松”。1985年调查，雁荡山风景林多数为原生树种，属国家保护的风景树种达10多种，有银杏、金钱树、杜仲、鹅掌楸、凹叶厚朴、沉水樟、半枫荷等，雁荡润楠为雁荡山的特有树种。

旅游资源 一、雁荡山。位于乐清市境东北，东起羊角洞，与温岭市相连；南至芙蓉镇，襟带清江；西极锯板岭（界牌岭），与永嘉县邻界；北达六坪山，与黄岩区接壤。东西横25公里，南北纵18公里，总面积450平方公里。山境东濒乐清湾，有亚热带海洋风调剂，夏无酷暑，冬无严寒，气候宜人，空气清新，山青水秀，驰名中外，被誉为“海上名山”、“寰中绝胜”。1982年被国务院列为全国第一批44个重点风景名胜区之一。2005年2月，雁荡山顺利通过联合国教科文组织的评审，成功跻身世界地质公园行列，实现了从国家级风景区到世界级旅游品牌的跨越。雁荡山脉系括苍山脉分支，景区内山势高差悬殊，一般高程500米至800米。景区被雁湖大尖、雁湖岗、百岗尖、乌岩尖隔分为南北两部分，主要景区散布于南区。最高百岗尖，海拔1056米。整个山体为晚侏罗纪的火山岩所覆盖，岩性以流纹岩、凝灰岩为主。由于火山喷发和长期风化、水蚀作用，岩体裸露，形成各式各样的奇峰、怪石、幽洞、飞泉，造就今天的奇秀风光。二、中雁荡山。旧名白石山，位置在乐清市区以西，系火山岩断裂层构成。玉甑峰卓立天心，东漈、西漈蜿蜒萦抱，种种形态，类似雁荡，又处于雁荡山与南雁荡山之间，故名“中雁荡山”。全山分划四景区，即玉甑景区、西漈景区、东漈景区、甑阳景区。1958年在中雁荡山修建了白石湖、钟前湖、龙山湖三处水库，三水库如三颗明珠嵌在山腹，峦光水色，互相掩映，更显出中雁荡山容之美。1985年景区扩展至凤凰山、杨八洞、刘公谷。1989年5月，国家建设部批准，将中雁荡并入雁荡山，成为国家重点风景名胜区。三、灵山。位于城北乡境内，东连雁荡山国家级风景区梅溪文化村，西邻中雁荡山风景区，南距市中心5公里，北接永嘉楠溪江，灵山全境分飞水谷、摇晃岩、灵山顶、天湖、龙潭瀑、会贤台、天柱岩、黄檀硐等八大景区，总面积46.7平方公里，山体呈现“灵山”字形，故以之命名。境内峰奇、石怪、洞幽、林茂、水盛，堪称人间仙境、世外桃源。南宋状元王十朋诗云：“飞瀑来从小雁荡，灵源颇类大龙湫”。四、荟萃拾锦。白龙山景区面积20平方公里，主峰海拔716米。峰顶有双岩并峙称丫髻岩，亦名为丫髻峰。硐垟洞，内有宫观建筑，下有淡溪水库，波光粼粼，景色幽美。左原系南宋状元王十朋家乡，有龟山、卧虎山、戏彩岩、杜鹃岩、棋盘岩、散水岩、人面岩、天柱岩、嘶水涧等20余景，王十朋各有题诗。乐成八景分别名为箫台明月、东塔云烟、白鹤晨钟、紫芝晚磬、双瀑飞泉、西岑松雪、云门福地、盖竹洞天，它们各有特色，或形、或声、或水、或山、或洞，引人入胜。茗山海拔502米，上有龙潭，大旱不竭，还有天亭、天坛、停云观等建筑，登高望远，天海一线。大乌岛在乐清湾海中，属南岳镇，近年因岛上植有桃树，今又称桃花岛；岛孤立海中，四周碧波浩荡，东与玉环山相望，风光别具一格。

国民经济和社会发展

国民经济持续快速健康发展 2007年，全市上下坚持以科学发展观统领全局，认真贯彻落实国家宏观调控政策，努力构建和谐社会，国民经济和社会保持平稳较快协调发展，较好地完成了市十四届人大一次会议确定的国民经济和社会发展主要预期目标。全市经济总量大步提升，发展水平再上高位，经济效益喜获硕果，居民收入持续增长。2007年，全市实现生产总值360.92亿元，同比增长14.7%，其中：第一产业增加值12.72亿元，第二产业增加值228.13亿元，第三产业增加值120.07亿元，除农业经济因受自然灾害影响外，二、三产业增加值同比分别增长15.8%和14.5%；全市财政总收入46.17亿元，同比增长22.7%，其中地方财政收入21.63亿元，同比增长22.3%；城镇居民人均可支配收入22736元，农村居民人均纯收入10438元，同比分别增长11.2%和12.0%。

市发展和改革局（粮食局）"作风建设年"活动再动员大会　　市发展和改革局提供

产业层次不断提升优化　一是农业经济保持稳定。2007年全市农业总产值实现20.27亿元，在自然灾害影响中仍保持增长；全市粮食总产量13.92万吨，早稻单产创历史新高；畜禽产品产量达5.7万吨，肉、禽、蛋等农产品市场供应稳定。农业产业化经营步伐加快，全年新发展农民专业合作社44家。二是2007年全市工业产值在温州各县（市、区）中首次超千亿元，达1008.7亿元，同比增长24.4%。企业自主创新能力明显增强，全年实现新产品产值89.7亿元，同比增长49.2%，比上年提高37.5个百分点。工业经济增长质量稳步提高，2007年工业经济效益综合得分为211.18分，比上年提高8.09分，实现利润总额44.46亿元，同比增长22.2%。三是服务业发展亮点突出。全年全市完成社会消费品零售总额96.38亿元，同比增长17.2%；接待旅游人数378.9万人次，实现旅游收入24.3亿元，同比分别增长22.3%和21.9%。创建中国优秀旅游城市圆满成功，雁荡山入选首批国家5A级旅游景区，黄檀硐村入选首批中国景观村落。至年末全市金融机构存、贷款余额分别增长22.2%和24.6%。交通物流、信息通讯、金融保险等服务业全面发展。

重大项目建设顺利推进　进一步深化投资体制改革，加强政府投资项目管理，克难攻坚，做好服务，实现投资理性增长。2007年全市完成全社会固定资产投资97.55亿元，同比增长19.5%；市本级37个重点工程累计完成投资19.2亿元，同比增长13%，超额完成了年度投资计划，其中乐清湾港区围（海）涂等20个项目日都完成计划任务的100%以上。2007年有7个项目顺利建成，累计完成投资3.5亿元，它们分别为：市区污水处理一期、行政管理中心、公共卫生大楼、市民活动中心、公安指挥中心、市区三环路、110千伏西岸输变电等工程；乐清湾港区围（海）涂、楠溪江引供水、柳市项目水厂改造、虹桥流域东排、市区垃圾卫生填埋处理、钟前水库除险加固、乐成公立寄宿学校、市区银溪路等工程先后开工建设，累计完成投资3.97亿元。

开放型经济再上新台阶　国际贸易持续快速增长，2007年全市进出口总额完成12亿美元,其中出口总额11.2亿美元，分别增长43.7%和39.8%。全年新批外商投资企业13家，新设立境外企业6家，完成境外投资1032.2万美元，160家生产企业新获进出口自营权。招商选资工作成效显著，利用外资质量进一步提高，全年全市合同利用外资1.5亿美元，实际利用外资8007万美元，实际到位内资6.4亿元。企业上市工作大力推进，研究制定了《乐清市关于培育和鼓励企业上市的实施意见（试行）》，建立了全市后备上市企业资源储备库，积极培育上市企业梯队，3家企业被列为温州市拟上市企业。

转型发展工作卓有成效　积极推进节能减排工作，2007年全市万元生产总值综合能耗下降4.6%，二氧化硫排放量下降4.8%，降幅均大于年初计划目标。狠抓循环经济发展工作，编制完成了《乐清湾港区循环经济示范区建设规划》，着手引进港区循环经济项目建设。生态市建设扎实推进,市区垃圾卫生填埋等项目建设有序开展，省级初级阶段生态市通过评审，全市共11个乡镇通过上级生态乡(镇)达标验收，其中1个乡镇被评为全国环境优美乡镇，城北秦垟南村等3个村申报国家级生态村。探索建立生态补偿机制，制定出台了对生态环境功能禁止准入区实行生态补偿的政策措施。

社会事业全面协调进步　各项社会事业健康协调发展。科技创新能力不断提高，2007年全市列入国家火炬计划13项、星火计划27项，专利授权数达1497件，1个国家863项目通过验收，新增国家级高新技术企业3家；市科技孵化创业中心成功创建省级专业性科技企业孵化器，正泰集团研发中心被认定为国家级企业技术中心；科学普及工作深入城乡，获得了全国科普示范市殊荣。教育事业健康发展，2007年创建省级教育强镇（乡）1个、省级示范学校6所，新建校舍5.77万平方米，乐成公立寄宿学校、雁荡山旅游学校的迁扩建工程扎实推进。卫生设施建设全面加强，市公共卫生大楼顺利竣工，市人民医院综合大楼、妇幼保健院迁扩建工程建设加快。农村医保深入开展，全市共有82.4万农民参加了新型农村合作医疗，参合率达86.2%，省级卫生城市顺利通过复查验收。文化事业欣欣向荣，竞技体育和群众体育蓬勃发展。就业、人口和计划生育工作进一步加强。社会保障体系不断完善，社保扩面工作取得新成绩，全市共15.34万人参加城镇职工基本养老保险，3.8万名被征地农民纳入社会保障范围，均超额完成年度预期目标。新型社会救助体系进一步完善，农村“五保”、城镇“三无”对象集中供养率分别达93%和100%。首年农业政策性保险工作顺利开展，参保农户1925户，超额完成了省下达任务；政策性农村住房保险全面铺开，投保农户达26.6万户，占全市农户总数的92.6%。经济适用房、廉租房加快建设。“平安乐清”、“法治乐清”建设扎实推进，社会秩序保持稳定。

人民生活水平继续提高　城乡居民收入稳步增长，2007年全部职工平均工资为21562元，比上年增长16.9%；城镇居民人均可支配收入为22736元，比上年增长11.2%；人均消费支出为17034元，比上年增长21.1%，其中人均食品支出4749元，比上年增长18.8%，城镇居民恩格尔系数为27.9%。农村居民人均纯收入为10438元，比上年增长12.0%，首次突破万元大关。每百户农民家庭拥有汽车8辆，电视机129台，家用电脑32台。年末城镇居民人均住房面积达44.8平方米，农村居民人均住房面积

“十五”以来乐清市国民经济和社会发展主要指标情况示意图

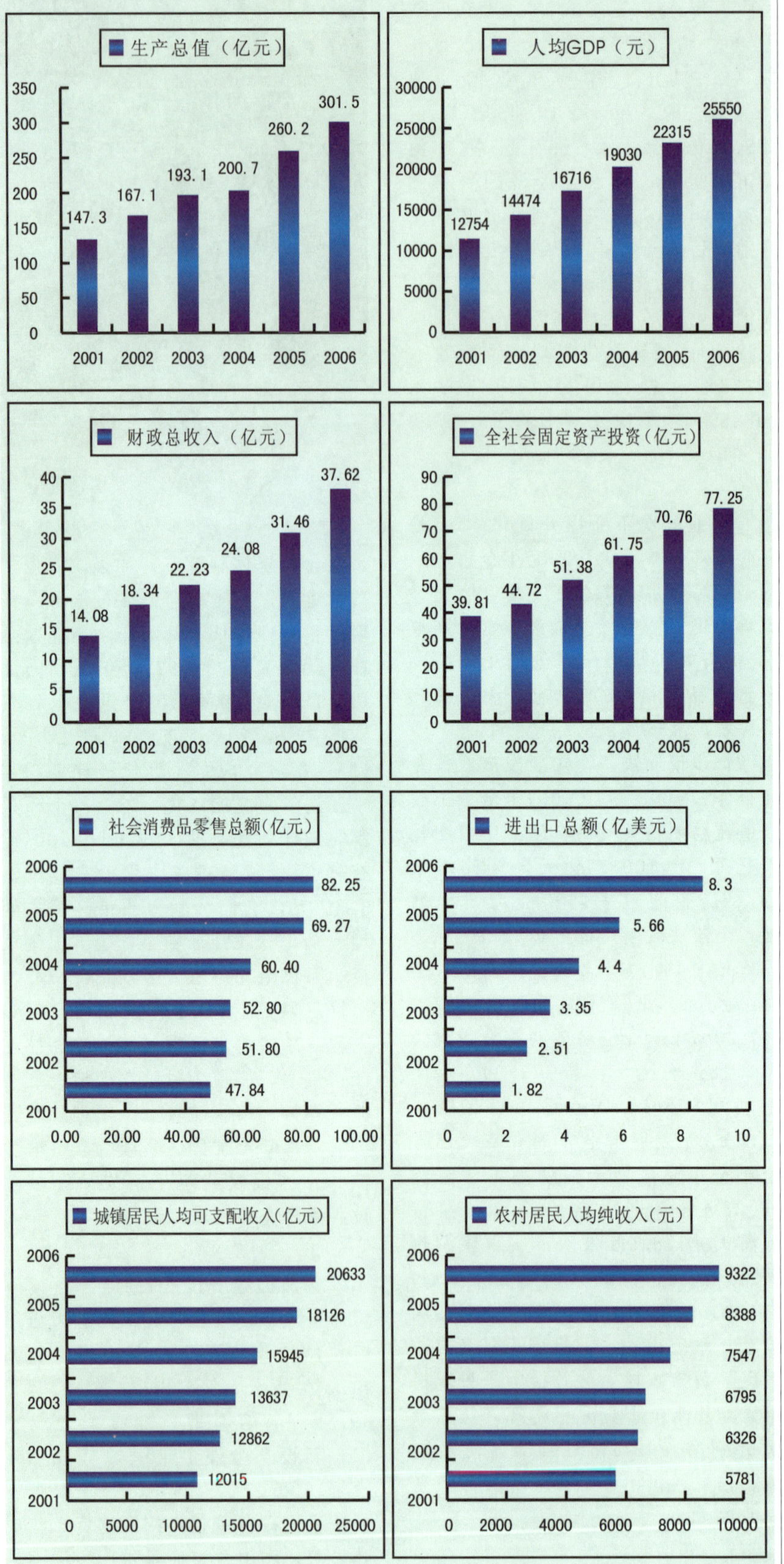

2007年乐清市国民经济和社会发展统计公报（摘要）

2007年，乐清人民在市委、市政府的正确领导下，以科学发展观统领经济社会发展全局，紧紧围绕“三次跨越”的战略任务，积极抓住宏观调控下的发展机遇，实施了一系列促进经济社会发展的重大政策措施，国民经济实现稳健快速地发展，和谐社会建设继续推进，社会事业全面进步，城乡居民生活水平不断提高。

综述 据初步核算，全年地区生产总值为360.92亿元，按可比价计算，比去年同期增长14.7%，高出温州市平均水平0.4个百分点。分产业看，第一产业增加值12.72亿元，同比增长-1.1%；第二产业增加值228.13亿元，同比增长15.8%，其中工业增加值219.22亿元，同比增长16.5%；第三产业增加值120.07亿元，同比增长14.5%，三产产业结构调整为3.5：63.2：33.3。人均GDP（按户籍人口计算）为30355元，首次突破3万元大关，按可比价格计算，比去年增长13.4%。

城市居民消费价格总水平比去年上涨4.1%，其中食品类和衣着类分别上涨6.7%和2.0%，家庭设备及用品类和医疗保健类分别上涨1.2%和0.4%。全年商品零售价格上涨3.3%。

社会事业全面发展，市政设施日臻完善。科技创新能力不断提高，教育事业健康发展，文化市场欣欣向荣，计生工作进一步加强。全市通过省级“初级阶段生态市”验收，入选“省示范文明城市”申报名单，跨入“中国优秀旅游城市”行列。人民生活水平不断提高，社会治安秩序基本稳定。

经济运行中的主要问题：经济发展方式有待进一步转变；现代服务业比重偏低，国民经济产业结构有待优化；节能降耗和污染减排的任务十分艰巨；经济社会发展与资源的矛盾仍然突出；城市化进程相对缓慢。

农业 农业生产保持稳定。全市认真落实各项支农惠农政策，尽量减轻台风对农业的影响，全年实现农业总产值20.27亿元，按可比价计算，同比增长0.7%，从内部结构来看，农业呈“农牧渔增、林业降”的态势：农业产值7.15亿元，同比增长0.3%；畜牧业产值3.76亿元，比上年增长10.3%；渔业产值8.76亿元，同比增长3.5%；林业产值0.10亿元，同比下降45.7%；农林牧渔服务业产值0.49亿元，增长77.7%。

农民种粮积极性有所下降。全年农作物总播种面积40231公顷，比去年下降3.1%，其中粮食播种面积26165公顷，比去年下降5.2%。早稻单产创历史新高，达到412公斤/亩，全年实现粮食总产13.92万吨。

农业企业品牌建设不断加强。全市评定56家农业龙头企业，年销售额达12.89亿元，其中超亿元的2家。获省著名商标1个，浙江名牌产品1个；38个农产品基地已通过无公害农产品产地认证，有国家级无公害农产品16个，绿色食品认证1个；农村专业合作社新增44家，累计工商在册登记166家。

农业投入力度加大。全年农林水事务支出2.35亿元，增长25.6%，水利建设资金8000万元。农业科技推广力度不断加大，全市建立早中晚稻测土施肥核心示范方1.6万亩，农村清洁能源利用率达到70%，全市拥有农业机械总动力28.6万千瓦。

森林资源保护加强。全年完成绿化营造林1.41万亩，建设生态公益林16.8万亩，全面推行采伐公示制，并加强森林防火工作，森林火灾受害率为0.91%。

畜牧业生产稳定推进，重点加强了对生猪生产的扶持力度，全市畜禽产品产量达14115吨，市场供应稳定。

工业 工业经济快速增长，对GDP的贡献进一步加大。2007年全市工业呈现出一季度增长迟缓、二季度回升、三季度和四季度快速增长的态势，全年完成工业总产值1008.7亿元，同比增长24.4%，比上年同期提高了4.6个百分点，成为温州市首个工业产值超千亿元的县市。完成工业增加值219.22亿元，同比增长16.5%，工业对GDP的贡献率达63.9%，增幅提高4.2个百分点。其中国有及500万元以上企业总产值748.12亿元，同比增长23.8%，增幅高出上年同期0.8个百分点。全市工业经济在运行中出现以下几个特点：一是规模经济支撑作用进一步凸现，全年全市规模以上企业产值占工业总产值的74.2%，比重比上年同期提高3个百分点。产值超5000万元的企业有231家，比上年同期增加43家，其中超亿元的企业达119 家，超10亿元企业13家，比上年增2家。二是工业经济效益质量明显提高。2007年1～12月份全市十一项评价考核指标总得分211.18分，比上年同期提高8.09分，高出温州市平均水平3.86分。实现利润总额为44.46亿元，同比增长22.2%，成本费用利润率为6.68%。三是企业自主创新能力增强，实现新产品产值89.7亿元，同比增长49.2%，比上年提高37.5个百分点。产品质量进一步提高，2007年新增中国驰名商标26个，累计37个。获国家免检产品5个，累计32个；获浙江名牌产品12个，累计33个。

固定资产投资 全年全社会固定资产投资97.55亿元，同比增长19.5%。工业性投入因浙能电厂的拉动而保持强劲的增势，全年完成投资额55.71亿元，同比增长40.9%。投资规模在500万元以上的项目有210个，累计完成投资80.90亿元，同比增长21.5%，其中35个重点项目总投资规模为108.94亿元，同比增长7.6%。

房地产投资继续受到国家宏观调控政策的影响，全年完成总投资15.11亿元，同比下降1.9%。但是商品房销售保持旺盛，全年商品房销售面积为31.31万平方米，同比增长30.5%，其中住宅面积为30.35万平方米，同比增长32.8%。

交通、邮电和旅游 推进县乡

公路建设，不断完善城乡公路网络。2007年三大重点建设项目破难而进，全年完成投资10.41亿元。加快县乡道改造进度，3个县道拓宽改建项目共完成年度投资4375万元，并对13座危桥进行改造，加大道路养护力度，道路等级不断提高。境内等级公路里程1202公里，其中一级及一级以上公路111公里，高速公路66公里。

邮政电信业务取得新发展。全年完成邮电业务总收入13.63亿元，比上年增长11.6%。

旅游事业取得新进展。紧紧围绕建设旅游强市的目标，不断加快景区配套设施建设和环境整治工作。启动了雁荡山景区环境综合整治“一水、二面、三线、四口”工程，乐清市荣获国家级风景名胜区综合整治工作优秀单位称号，雁荡山被评为全国首批5A级旅游景区，中雁荡山被评为4A级旅游景区，黄檀硐村入选首批中国景观村落。全年全市接待旅游人数378.9万人次，实现旅游收入24.3亿元，同比分别增长22.3%和21.9%。创建中国优秀旅游城市圆满成功。

对内贸易和对外经济 消费品市场保持稳定发展。全年贸易业实现增加值9.92亿元，比上年增长7.7%。全年完成社会消费品零售总额96.38亿元，同比增长17.2%，其中城镇消费品零售总额23.91亿元，比上年增长18.7%，农村消费品零售额72.46亿元，比上年增长16.7%。分行业看，批发零售业消费品零售总额79.15亿元，住宿与餐饮消费品零售总额17.22亿元，同比分别增长13.3%和39.0%。

商品市场相对稳定。全市拥有商品市场66家，共实现成交额78亿元，同比增长1.9%。成交额超亿元的商品市场12家。

外贸出口保持良好发展态势。在人民币不断升值的压力下，积极应对贸易摩擦和出口退税政策调整，加快转变外贸增长方式，全市出口总额达11.2亿美元，首次超过10亿美元大关，同比增长39.8%；新设立境外企业6家，160家生产企业新获进出口自营权。招商选资工作成效显著，全年实际利用外资8007万美元、实际到位内资6.4亿元，同比分别增长37.6%和67.8%。同时“走出去”战略深入实施，全市完成境外投资1032.2万美元，通领科技等一批企业实现跨国发展。

财政、金融 财政收支规模大幅提升,年增收额再创新高。全年全市财政总收入46.17亿元，同比增长22.7%，年增收8.55亿元，是历史上增收额最多的一年。地方财政收入突破20亿元大关，达21.63亿元，同比增长22.3%，年增收近4亿元。在收入总量实现持续快速增长的同时，更注重支出结构的优化，新增财力主要用于民生方面支出，全年地方财政总支出23.63亿元，增长27.9%。其中预算内社会保障和就业支出1.57亿元，同比增长34.8%；医疗卫生支出1.38亿元，同比增长16.3%；教育支出7.71亿元，同比增长31.5%。

经济金融和谐发展。全市信贷资金受国家宏观调控“银根收紧”政策的影响，贷款环境呈上半年相对宽松下半年逐步紧缩的状态。12月末，我市金融系统存款金额378.35亿元，同比增长22.2%，其中居民储蓄存款191.46亿元,同比增长13.2%；金融系统贷款金额343.61亿元，同比增长24.6%，增幅比上年同期下降了6.8个百分点，其中工业贷款158.75亿元，增长95.7%，增幅下滑58.4个百分点；商业贷款同比下降31.9%，

教育和科技 全市拥有各类全日制学校259所，其中小学159所，普通中学85所，中等职业学校15所。拥有专任教师10334人，其中小学4754人，普通中学4786人，职业学校794人。学前教育和义务教育得到加强，3～5周岁幼儿入园率为97.10%，6～11周岁初等教育阶段学龄儿童入学率、在校生巩固率、升初中比例均达100%，初中毕业生入高中比例为97.01%。青壮年非盲率达99.2%。

全年新建校舍5.77万平方米，排除中小学危房6400平方米，改造破旧房1.68万平方米，全年教育装备总投入达2986.3万元。年内创建省级教育强镇（乡）1个、温州市级教育强镇（乡）2个，省、温州市级教育强镇（乡）总数达26个。

积极培育高新技术企业，取得一批科技成果。全年列入国家火炬计划13项、星火计划27项，列入省重大科技专项5项、省科技型中小企业创新基金项目1项、省高新技术产业化项目1项。获省级科技进步奖1项、温州市科技进步奖14项。2007年认定国家级高新技术企业3家、省高新技术企业15家；新增国家企业技术中心1家，累计2家。全年专利授权（公告）数达1497件，同比增长49%，其中发明专利219件，实用新型专利758件，同比分别增长45%和62%；获得国外专利15件。科技孵化器服务功能不断完善，已被认定为省级专业性科技企业孵化器，累计入驻企业40家。

文化、卫生、体育 文化活动精彩纷呈，文化事业蓬勃发展。全市以创建文化大市为目标，认真做好文化活动的组织和策划工作。先后成功举办了“军旗飘扬”军民联欢晚会、“虹桥杯”全市青年歌手演唱大赛、“人口杯”大奖赛等文化活动，联办了温州市首届农民艺术节闭幕式大型文艺演出。各乡镇共组织开展各类文化活动300多场。稳步推进文化遗产保护，申报创建乐清市中国民间艺术之乡。继黄杨木雕、细文刻纸之后，乐清龙档、乐清首饰龙、乐清蓝夹缬向文化部申报第二批国家级非物质文化遗产代表作。市图书馆全年新购置藏书19303册，总藏量达23.18万件；全年接待读者14.76万人次，外借图书21.61万册。

新型农村合作医疗稳步开展，全市参合农民达82.4万人，参合率达到86.2%，参合人数居温州市首位。疾病预防控制能力不断加强，适龄儿童“五苗”基础免疫接种率平均达99%。继续推进爱国卫生工作，巩固省级卫生城市创建成果。地方财政全年用于医疗卫生支出1.38亿元，同比

增长16.3%。卫生人才队伍不断加强，年末拥有医院和卫生院数45个、医疗床位1892张、执业医生1712人、执业助理医师1333人、注册护士737人。

积极开展群众体育，增强人民体质。围绕“全民健身与奥运同行”主题，共举办各级比赛和活动136次，创建市体育特色村10个，累计达80个。体育产业迅速发展，全市现有各类经营性体育场所370家。

城市建设和环境保护 城市建设步伐加大，城市功能不断完善。中心区建设全面推进，建成行政管理中心、市民活动中心、公共卫生中心等工程，二环路、三环路、晨曦路等10多条骨干道路建设加快。市政基础设施建设稳步推进，服务不断完善。建制镇建成市政道路10.2公里，面积60.3万平方米，新增绿化（公共）面积3.9万平方米，总投资2.31亿元。市污水处理工程初步建成；供水设施建设不断完善。

加强环境污染治理投入，积极推进节能减排工作。全年环境污染治理投资总额1.50亿元，城市环境基础设施建设完成投资额4.75亿元。全市建立了143家污染源动态信息管理系统，确定50家为乐清市级重点监控污染源单位。加强主要污染物减排任务，二氧化硫排放量下降4.8%，工业固体废物综合利用率达99.7%。生态村镇建设取得重大进展，新增1个全国环境优美乡镇、4个省级生态乡镇、3个温州市级生态镇、29个温州市级生态村，全市通过省级“初级阶段生态市”验收。

人民生活和社会保障 人民生活水平继续提高，城乡居民收入稳步增长。全年全部职工平均工资21562元，比上年增长16.9%。据抽样调查表明，全年城镇居民人均可支配收入22736元，比上年增长11.2%；人均消费支出为17034元，比上年增长21.1%，其中人均食品支出4749元，比上年增长18.8%，城镇居民恩格尔系数为27.9%。农村居民人均纯收入为10438元，比上年增长12.0%，首次突破万元大关。每百户农民家庭拥有汽车8辆，电视机129台，家用电脑32台。年末城镇居民人均住房面积达44.8平方米，农村居民人均住房面积达44.4平方米。

社会救助体系不断健全，社会保障水平不断提高。目前全市共有低保对象12913人，其中城镇居民低保对象435人，农村低保对象12478人。年发放低保金1558.77万元，动态物价补贴232.07万元。全市农村五保对象611名，集中供养率达到93%。避灾工作建设全面开展，共建成避灾场所132个，总建筑面积达18.5万平方米。市慈善总会和市民营企业扶贫济困总会全年支出619万元。

社会保险覆盖面不断扩大，社会保障体系进一步完善。全市参加基本养老保险人数达到18.16万人，其中企业职工参加养老保险人数达到15.34万人，机关事业单位参加养老保险人数2.82万人。全市参加基本医疗保险人数6.47万人，其中参保的职工数为5.42万人。全市参加工伤保险22.67万人、生育保险3.02万人、失业保险7.43万人。

人口和计生 全市年末总户数378536户，总人口1195852人，其中非农业人口123292人。全市出生人口15463人（其中当年出生为14067人），人口死亡5747人，出生率为13.01‰，死亡率为4.83‰，人口自然增长率为8.17‰。

注：

1、本公报所列各项数据为年度初步统计数，最终以年报数为准。

2、生产总值和各产业增加值绝对数按现价计算，增长速度按可比价计算。

精神文明建设

概况 2007年是乐清市省示范文明城市创建再申报年，也是创建工作夯实基础的关键一年。一年来，群众性精神文明创建活动蓬勃开展，社区服务工作不断优化，文明素质工程全面铺开，市容市貌与交通秩序进一步改善，为全市经济建设和社会各项事业发展创造了良好的软硬件环境。

省示范文明城市创建全面铺开，各项工作深入推进 2007年，全市以“六城联创”为主抓手，广泛开展系列文明创建活动，主要做了四方面工作。

一是完成申报任务，形成创建格局。市委、市政府高度重视创建工作，调整了创建全国文明城市领导小组成员，并召开了领导小组成员会议，印发了《乐清市创建全国文明城市目标任务分解表》和《乐清市创建省示范文明城市各责任部门任务分工》，明确了创建目标，建立了8个专项工作组与1个督查组，确定了68个责任部门，全市形成了各级领导高度重视、各责任部门分工负责、全民共同参与的创建大格局，完成了省示范文明城市的申报任务。

二是开展全面宣传，增强创建氛围。在市区重要路口设立了一批公益广告牌，在《乐清日报》、乐清广播电视台与乐清网络新闻中心等媒体开设了“文明出行”等创建专栏，“文明网”、“8890市民服务网”全面改版，编印了乐清市精神文明建设系列丛书——《乐清市文明城市创建文集（九）、（十）》，刊出20期《文明城市创建信息》，制作了以“市容市貌与交通秩序集中整治”、“文明出行”等为主题的倡议书、公开信、宣传图片和宣传礼品等，向全市各单位、各乡镇、各村居社区进行文明城市创建工作的立体宣传，营造了浓厚的创建氛围。同时编发了《市民文明细节》，发放了《文明礼仪伴我行》宣传挂图，为传播文明礼仪知识、引领社会风尚提供了生动教材。

三是推进各项整治，改善生活环境。集中整治了市容市貌和交通秩序，对市区南大街等20条主要道路进行全方位的调查摸底，梳理出287个整治点，选定10条重点整治街路，制作重点街路整治点平面效果图和整治音像光盘。建立了联席会议制度，狠抓“创优”、“创卫”迎检工作，坚持每周两次巡查督导和评分通报，下发巡查通报22期。市领导还带队对车站、中心菜场、清远路等市区重点路段进行现场督查。同时加强了垃圾中转场等环卫设施的建设，修补了破损道路，强化了道路保洁，拆除了背街小巷临时棚，狠抓了对占道经营、流动摊贩的整治工作。全年纠正各类违章行为8400起，取缔占道经营3200多起，整治流动摊点4800多起，拆除违章建筑面积32.4万平方米。在交通秩序整治中，加强了早晚交通高峰期的定点疏导，并对市区的交通管理现状、存在问题、整治工作思路进行了全方位的调研，形成了综合治理工作方案。实行户外广告治理，通过多次调研摸清全市户外广告现状，并起草了《关于乐清市户外广告的现状及整治意见》，开展了拆除违章灯箱广告行动，共拆除违章灯箱广告577个。进一步巩固“两沿”整治与“五口”改造工作成效，开展了第二期绿化建设，完成绿化3.5万平方米。

四是加快城市建设，完善配套设施。市民活动中心、行政管理中心、公共卫生中心以及二环路、三环路、晨曦路等市区干道建设全面推进；完成旧城改造首期启动点拆迁工作，开工建设拆迁安置房。海涂围垦、电网攻坚顺利推进，楠溪江引供水工程、甬台温铁路乐清段、温州绕城高速北线乐清段、浙能乐清电厂、乐虹平原防洪一期工程等一批重点工程加快推进。生态市创建步伐加快，建成市污水处理厂，开工建设大荆、市区垃圾无害化处理工程。

2007年，乐清市入选“省示范文明城市”申报名单，跨入“中国优秀旅游城市”行列，并积极作好迎接省卫生城市复查工作。

政府为民服务体系不断优化，社区建设不断完善　2007年，市文明办坚持以“群众满意不满意”为标准，把群众的需要作为创建工作的第一信号，围绕提高市民生活质量抓创建。为民服务体系不断优化。8890市民服务中心通过热线和网站服务平台服务市民，为市民解决求助5.2万多项，完结率和市民满意率均为100%。8890市民服务热线和网站现有服务信息20大类、2000多个子项目、3.7万多条，加盟服务企业510多家。日常生活类服务范围在四大集镇的基础上扩展至9个镇，咨询类和事务类服务扩展至全市31个乡镇。8890市民服务中心定期组织加盟商和爱心志愿者，开展各类“服务进社区”活动，贴心服务市民。2007年，8890市民服务中心荣获“全国社区服务优秀项目奖”。

社区文明建设进一步完善。市文明办指导社区完成了换届选举工作，配足配强社区工作人员队伍；邀请温州市文明办领导、温州大学教授开展各类创建业务培训、举办和谐社区讲座，组织社区干部到先进地区考察学习；组织社区（小区）与辖区单位共建，营造良好的全民创建氛围；开展社区环境卫生竞赛活动，对市区重要路段、街道和社区的环境卫生、绿化美化、周边环境实行集中整治，每月进行一次考评并给予奖励；建立社区保洁队伍，配置专业保洁员135名，每社区5～6名，实行全天保洁，各社区还都组建了督查队伍和志愿者队伍，每天定时段进行实地检查。加强社区文化阵地建设，乐怡、乐湖社区组建了“广场迪士高”健身舞蹈队，市区社区不少小区都组织开展了“广场舞”活动，一股健身之风逐步向柳市等其他乡镇扩展；丹霞社区成立了“民乐苑”、“太极拳辅导站”，举办了“社区民间文化艺术展”，经常性开展腰鼓队、木兰扇、太极拳等各类活动；云浦社区的“小梨园”剧社、东城社区的“东塔艺苑”队、南城社区的“邻居节”各具特色；举办了市第四届“四进社区”迎春文艺汇演，形式多样、内容丰富的娱乐健身活动活跃了社区居民的文化生活。同时，大力开展了创建文明社区（小区）、绿色社区（小区）等各项活动，定期进行检查评比和推荐评比，推荐乐湖社区为温州市一星级文明社区，推荐丹霞社区为温州市二星级文明社区，推荐民丰、乐怡两个社区为温州市三星级文明社区；乐怡、民丰、西城等3个社区被评为温州市级绿色社区；全年还创建成5个乐清市级文明社区、2个乐清市级文明小区。

市民思想道德素质全面提高，宣传教育活动有效开展　全市围绕未成年人思想道德建设和文明礼仪宣传教育，文化建设扎实推进，创建学习型社会工作亮点纷呈。2007年，一批作品入选省、温州市精神文明建设“五个一”工程；市文明办荣获省公益广告设计大赛组织奖和温州市未成年人思想道德建设先进集体称号。

未成年人思想道德建设进一步加强。健全了市未成年人思想道德建设联席会议制度，并把全年各项具体工作分解成10件实事，分别落实到27个部门和单位；制定了《乐清市未成年人思想道德建设工作目标考核暂行办法》和《乐清市2007年未成年人思想道德建设工作目标考核细则》，对未成年人思想道德建设工作开展了3次全市性的督查，及时通报了各单位在工作中涌现出的好经验、好做法。2007年，市未成年人思想道德建设形式更加多样，特色更加彰显。开展了“争当代理家长，关爱留守儿童，共建和谐乐清”大型公益活动，向全社会征集了924位代理家长与留守儿童结对，并成立了“留守儿童之家”和“代理家长指导中心”；充分发挥全市现有21个爱国主义教育基地的示范作用，新增市级爱国主义教育基地3个，整合“红色旅游线”，对未成年人进行革命传统教育和爱国主义教育；全面推广古诗文经典诵读工程，开辟了《语文小报》“古诗文经典诵读”专栏，创立了两个周末“古诗文经典诵读”亲子互动班，免费向全社会开放，开展全市古诗文知识竞赛，印发“乐清历史文化名人”系列宣传画，在温州市未成年人思想道德建设工作大会上交流了“以经典诵读工程为抓手，创新未成年人思想道德建设机制”的成功经验，并被中央《精神文明导刊》采用。开展了以“知荣辱、树新风”为主题的爱国主义读书教育活动，举办了“小手拉大手，交通安全进万家”少年儿童书信大赛，进行了“未成年人最喜爱的文化产品”问卷调查和评选活动，这些活动持续时间长、参加人数多、覆盖面广，赢得了社会各层面的广泛关注和好评。对未成年人思想道德建设做到教育与管理两手抓，开展“网吧”专项治理，对“网吧”营业场所接纳未成年人的情况进行严肃查处；开展校园周边文化环境净化专项执法整治大行动，共出动检查人员550人次，检查校园周边各类经营户811户次。

市民素质教育进一步推进。倡导健康、文明的生活方式，全年开展“健康生活进万家”等各类群众性活动近2000场（次），约12万人次被吸引到活动中来。发动社会团体和广大市民中具有专业知识的本土专家组成市民素质讲师团，教育面覆盖所有的“文明百村行动”村和文明行业、机关、单位及服务示范点。“文明出行，文明乐清”宣传教育实践活动深入人心，《乐清日报》开设“文明出行”专栏，乐清电视台等单位联合开展“百姓生活、文明先行”活动；在出租车、公交车、客运车上张贴文明提示语，开展星级出租车驾驶员评比，在主要路口和道路设立了公益广告路牌。开展“情系新农村，温暖千万家”迎春送对联活动，印制了1.2万幅以新农村建设为主题的春联送至全市31个乡镇，倡导文明过节。在市区推行丧事集中办理，殡葬改革力度继续加大。在市机关、乡镇18个单位中开展了“八小时外在哪里”活动，努力倡导科学文明、健康向上的生活作风。全市开展了“助人为乐模范”、“见义勇为模范”、“诚实守信模范”、“敬业奉献模范”和“孝老爱亲模范”推选活动，大力开展“好外婆捐肾救外孙女”典型事迹系列宣传，树立可亲、可学的道德楷模；同时总结推广乐清市非公企业精神文明创建经验，大力宣传“新乐清人”先进典型，正泰等3家企业获得温州市首届“非公企业十佳精神文明活动创新奖”，11人被评为“百名新温州人”。2007年，全市还围绕“作风建设年”活动，推行先知、先行的政务礼仪，加强干部作风建设，提高公务员文明素质。市政府制定了《乐清市公务员文明礼仪规范》，向全市公务员发放《规范》单行本5000份，向全市10多万干部群众发送文明礼仪原创短信，组织市文明礼仪讲师团成员开展文明礼仪宣讲，全市机关单位掀起了学习礼仪的热潮。

城北乡黄檀硐村入选首批“中国景观村落”　　下载自乐清日报网

群众性和谐创建活动蓬勃开展，城乡统筹发展取得突破　农村精神文明建设整体推进，文明村镇创建再上台阶。2007年，柳市镇被温州市文明委授予四星级文明镇，黄华镇被授予二星级文明镇，岭底乡张庄村等6个村被温州市委命名为第四批温州市级文明村。全市“文明百村行动”态势良好，“文明百村行动”的内涵不断丰富、深化，针对当前农村工作实际，确定了以乡风文明建设为主线的新方向，“文明百村行动”村扩展至310个，“双百结对共建文明”活动也逐步规范化、自主化、经常化。2007年还创造性地推出了“多彩乡村•文明风行”活动，在每个“文明百村行动”村中确立一项可以长期、常年坚持的群众性精神文明创建活动，并持之以恒地开展，逐渐形成各村的文明创建特色和风格，并结合乡风评议活动的开展，选取虹桥镇、淡溪镇、岭底乡分别作为全市三种类型乡镇的试点，积极探索活动方式、方法，扎实推进乡风文明建设。

文明细胞创建工程有序开展，在“量”上求突破，在“质”上求飞跃。2007年，地税白象分局等3个单位被命名为省级文明单位，49个单位被命名为乐清市级文明单位。开展新一批文明行业、文明服务示范点的申报工作，新增温州市级文明单位13个、乐清市级文明行业1个、乐清市级文明服务示范点10个。开展“四进行业”（即文明礼仪、规范服务、素质塑造、健康新风进行业）活动，召开文明行业创建工作座谈会和温州市级交流会，举办各级文明单位创建工作业务培训，指导各级文明单位、文明服务示范点台账工作，各单位文明创建工作质量有了新的提高。

大 事 记

十件大事

1月15日 “建桥杯”乐清2006十大平民英雄评选结果揭晓，石进才、叶希铨、李岫洁、陈夏友、林士仪、金清峰、郑建业、胡超、黄邦勤、反扒志愿者（集体）榜上有名。

2月1日上午 华仪电气在上海证券交易所正式复牌，当天以22.01元的高价开盘。

7月10日（美国当地时间） 美国新墨西哥州联邦分区法院判定：中国通领科技集团制造销往美国的GFCI产品，不侵犯莱伏顿公司美国专利。

7月16日 全国第二家、浙江第一家有限合伙企业温州东海创业投资有限合伙企业在乐清揭牌。

10月27日上午9时 乐清和永嘉人民翘首期盼多年的楠溪江引供水工程全线开工典礼在永嘉县沙头镇潮际村拦河闸工地举行。

11月16日 德力西与施耐德组建的新公司——中法合资德力西电气有限公司揭牌。

11月28日 国家旅游局发文命名乐清市为“中国优秀旅游城市”。

12月27日 两位乐清籍科学家杨焕明、王克明当选中科院院士。

12月 乐清市处置民间非法金融活动领导小组办公室成立。这是针对全市民间非法金融活动、“六合彩”、“山头赌博”和“担保公司”等问题严重影响金融经济秩序和社会和谐稳定而成立的。该办公室坚持打击与引导并举，实施“打击、化解、教育、防范”八字方针，工作取得了成效。截止年底，立案11起，刑拘14人，逮捕1人，成功化解案件7起，挽回经济损失约5900万元，民间非法金融活动基本得到控制。

2007年 乐清市人大常委会在全国首创了“广场政治”这一人大监督机制，并被有关媒体和学术机构评为2007年“十大地方公共决策实验”。

一 月

9日 “中华慈善事业突出贡献奖暨第二届中华慈善人物”评选结果在北京揭晓，南存辉、胡成中被授予“中华慈善事业突出贡献奖”并荣获“中华慈善人物” 称号。

9～11日 浙江省禁毒委对乐清市“千人县”毒品问题专项整治考核验收后，认为乐清市三年整治成效显著，予以摘帽转入正常禁毒工作。

10日 中国品牌研究院公布《中国最有价值商标500强》排行榜，“正泰” 以28.11亿元商标价值位居中国最有价值商标低压电器行业第一，并位居温州上榜商标第一位。

11日 第五届中国工艺美术大师评审表彰大会在北京人民大会堂举行，乐清市从事黄杨木雕的王笃纯和虞定良、从事细纹刻纸的林邦栋受表彰（温州地区仅3人）。至此，全市共有6位工艺美术创作者获“中国工艺美术大师”称号，另3位是高公博、虞金顺和已故的叶润周。

11日 国家环保总局发文公布第六批全国环境优美乡镇名单，城北乡榜上有名。

12日 国家博物馆收藏了王笃纯的《乡音》和林邦栋的《鱼乐图》。王笃纯和林邦栋为第五届“中国工艺美术大师”。

13～14日 由乐清市体育事业发展局主办、民丰社区协办的乐清市围棋协会成立大会暨首届“建桥杯”乐清围棋天元赛在民丰社区活动中心举办。此次比赛分个人赛高、低段组和团体赛高、低段组，经过2天激烈的角逐，决出了各个组别的排名。

15日 “建桥杯”乐清2006十大平民英雄评选结果揭晓，石进才、叶希铨、李岫洁、陈夏友、林士仪、金清峰、郑建业、胡超、黄邦勤、反扒志愿者（集体）榜上有名。此次评选产生的十大平民英雄，来自乐清社会各个阶层，有70多岁的退休教师，也有20多岁的青年；有企业家，也有普通职员；有本地乐清人，也有新乐清人。他们或见义勇为，或热心公益，或乐于助人，或拾金不昧，以对社会的大爱服务社会、奉献社会，诠释了“英雄”两字的含义。活动由乐清日报社组织发起，温州建桥房地产开发有限公司赞助，乐清上班族论坛提供全程网络协作协办。

17日 中共乐清市委十二届二次全体（扩大）会议召开。会议的主要议题是：深入贯彻落实中共十六届六中全会、中央经济工作会议、中共浙江省委十一届十一次全会、中共温州市委九届十一次全会和中共乐清市第十二次党代会精神，回顾总结2006年工作，研究部署2007年任务，审议通过《中共乐清市委关于认真贯彻党的十六届六中全会精神，构建社会主义和谐社会的实施意见》。市委常委会主持会议。市委书记黄正强代表市委常委会作工作报告。市委副书记、市委常委郑建海，市委常委邹跃新、陈胜峰、张亨利、朱赛月、吴云峰、连新良出席会议。参加会议的有市委委员、候补委员，市纪委委员，市人大常委会、市政府、市政协班子党员领导，各乡镇党委书记、党员乡（镇）长，市机关直属各单位党员主要负责人，担任过副县实职以上的离退休干部等。会议认为，2006年以来，全市上下认真贯彻中央、省委和温州市委一系列重大决策部署，以科学发展观统领经济社会发展全局，扎实推进经济、政治、文化和社会建设，大力加强党的建设，实现了“十一五”发展的良好开局。会议指出，2007年全市工作的指导思想是：以邓小平理论和“三个代表”重要思想为指导，以科学发展观统揽全局，围绕“抓发展、求和谐、走前列”总要求，认真贯彻落实市第十二次党代会精神，突出经济社会又好又快发展这条主线，深入实施“五大战略”和拓展“五大载体”，努力实现速度、质量、效益相协调，消费、投资、出口相协调，人口、资源、环境相协调，着力加强党的先进性和执政能力建设，加快建设集工贸、旅游、港口于一体的现代化中等城市，以优异成绩迎接党的十七大的胜利召开。会议强调，在2007年工作中，关键要把握好四条原则：坚持好中求快谋发展；坚持统筹协调促发展；坚持改革创新求发展；坚持和谐稳定保发展。会议认为，2007年的工作，重点要抓好三方面。一是好中求快提升发展水平。加快推进经济结构调整，加快培育新的经济增长点，加快新型城市化进程，加快新农村建设步伐，加快欠发达地区发展。二是稳中求进推进和谐社会建设。深化创建促进社会文明，以人为本关注社会民生，统筹兼顾推进社会事业，强化基层维护社会稳定，公正民主推进法治建设。三是固本强基推进党的建设。凝聚人心，加强思想政治建设；提高素质，加强领导班子和干部队伍建设；夯实基础，加强基层组织建设；抓源治本，加强党风廉政建设。

18日晚 由浙江广电集团、浙江省农办联合主办的“首届浙江魅力新农村”推选活动颁奖晚会隆重举行。会上，石帆镇前林村获得经济发展奖。“首届浙江魅力新农村”推选活动从2006年9月开始，经过两轮展播和推选，评委会结合观众投票数和大众评审团的实地评审结果，确定了20个村为“首届浙江魅力新农村”。该活动设立了经济发展奖、环境优美奖、乡风文明奖等3个“首届浙江魅力新农村”单项奖。

19日凌晨1时 中国•天力管件有限公司收到加拿大边境服务署（CBSA）发来的邮件，称天力公司的涉案产品不存在政府补贴。2006年6月，加拿大边境服务署（CBSA）立案对原产或进口于中国的铜制管件进行反倾销和反补贴合并调查，案件涉及20多家企业，但仅乐清的天力管件公司和诸暨一家企业应诉。天力公司涉案金额达100多万美元。2006年6月22日，北京德恒律师事务所律师进驻天力公司，进行为期10天的实地答卷辅导。2006年10月30日至11月5日，加拿大CBSA官员来天力公司进行实地核查，同时就乐清市政府对本案的补贴部分进行核查。2006年11月13～17日，乐清市涉及反补贴调查的13个部门、单位在杭州接受了核查。此案是中国入世以来，WTO成员国正式立案对中国产品进行的第4起反补贴调查。县级政府直接接受调查，在中国还是第一次。2007年1月18日，CBSA公布终裁结果。

21日 正泰集团董事长南存辉当选为第十一届全国人大代表。南存辉作为来自民营企业的代表已连续第三次当选为全国人大代表。

21日 浙南水产有限公司通过了“QS”认证，成为乐清市水产行业首家获此认证的企业。

23日 位于磐石镇南门村的市地方储备粮中心库一期工程通过验收。这是乐清市最大的地方储备粮中心库，设计可容纳粮食2.5万多吨。工程分两期建设，一期工程于2005年4月动工，历时20个月。一期工程由4幢库容为2000吨的粮库和1幢器材库组成，总建筑面积为4200平方米，设计使用年限为50年，粮库堆载高度为5米，总投资1760万元。

24～25日 全国安全生产工作会议在京召开。会议宣读了全国安全生产先进工作者名单，乐清市安监局傅利铭榜上有名。

25日 中国政协十届常委会第二十次会议在北京闭幕，会议表决通过了政协第十一届全国委员会参加单位、委员名额和委员人选名单，天正集团董事长高天乐、德力西集团董事局主席胡成中连任第十一届全国政协委员。

26日晚 “首届温州市十佳魅力乡村”评选揭晓，乐清市石帆镇前林村入选，北白象镇前西岑村荣获乡风文明奖单项奖。“首届温州市十佳魅力乡村”推选活动自2006年10月开始，历经3个多月的综合评审。

27日 第四届中国经济发展论坛暨中国经济人物颁奖盛典在北京人民大会堂隆重举行，正泰集团股份有限公司董事长南存辉等10人荣获“中国经济十大新闻人物”称号。“中国经济十大新闻人物”评选活动由《经济日报》和《中华工商时报》共同举办，已连续成功举办了三届。

28日上午　在北京人民大会堂召开的中国财富论坛高峰年会上，“财富中国10大创新型企业”和“财富中国10大最具责任感人物”评选揭晓，兴乐集团及集团名誉董事长虞一杰榜上有名。兴乐集团获奖理由是：依靠技术创新，于2006年5月率先开发出省级新产品铜包铝电线电缆，破解了这一产品原材料与价格之间的难题。虞一杰获奖理由是：致力民族工业的发展和民族文化的传承，坚持“业兴民乐、和谐兴乐”企业使命，关注社会和谐进步，先后出资3000多万元用于社会公益和慈善事业。

28日下午　首届“中国十大企业思想家”颁奖典礼在钓鱼台国宾馆隆重举行，郑元豹榜上有名受表彰。“中国十大企业思想家”评选活动由邓小平思想研究会主办，数十家全国较有影响力的媒体全线加盟，评选委员会由思想界、经济界著名学者、政府相关部门专家、国内著名商学院院长、各大主流媒体总编辑组成。

31日晚上　2006年度“风云浙商”颁奖盛典在杭州举行，中国通领科技集团董事长陈伍胜被评选为2006年度“风云浙商”之一。通领科技集团生产的GFCI(接地故障漏电保护)系列产品，在美国抢占了50个州的主流市场，年出口将近2000万美元。面对美国电气巨头莱伏顿公司的起诉，在历时近两年的专利官司中，陈伍胜积极应诉，终于获得确保胜诉的马克曼命令。这是中国企业首次拿到美国法院的胜诉的马克曼命令。

本月　兴乐集团在北京0811奥运电网工程电缆招投标项目中中标两亿多元，获得了该项目总金额8亿多元的三分之一以上份额。

二　月

1日上午　华仪电气在上海证券交易所正式复牌，当天以22.01元的高价开盘。华仪电气作为温州第一家上市的电器企业和乐清首家上市公司，对于引领乐清民企转换经营模式、建立现代企业经营制度具有里程碑式的意义。

3日　市旧城改造首期启动点范围内的208户住户、被拆迁单位、社会各界人士及市委办、市府办、市发改局、市财政局等相关部门负责人汇聚一堂，召开了拆迁动员大会。大会公布了酝酿已久的乐成镇东门片一期旧城改造的房屋评估结果，并决定进入签订拆迁协议等实质性操作阶段。2006年10月，市旧城改造指挥部在首期启动地块开展了由被拆迁户自主选择评估机构的活动，最终确定江南房地产估价所为评估机构；经1个多月的评估，首期启动点内的208户住户及被拆迁单位房产全部评估结束。2月1日，市旧城改造指挥部领到了市房管局颁发的拆迁许可证。市房管局还颁布了拆迁公告，规定拆迁期限为2007年2月1日至8月1日。

4日　新世纪大酒店荣膺四星级旅游饭店称号，这是乐清市继雁荡山山庄后成功晋级四星的又一家旅游饭店。

7日　温州建桥建设工程有限公司晋升为房屋建筑工程施工总承包一级资质企业。这是乐清首家房屋建筑一级总承包资质企业。

8日　正泰集团股份有限公司执行总裁南存飞当选上海市松江区政协副主席。

5~9日　中国人民政治协商会议第十一届乐清市委员会第一次会议在乐清剧院召开。会议应出席委员349人，实到338人，符合章程规定人数。十届市政协主席张国谦向大会作工作报告。十届市政协副主席陈俊懋向大会报告市政协十届一次会议以来的提案工作情况。市政协十届一次会议以来，共收到提案1072件，经审查立案1040件，其中党派团体提案80件，委员提案960件，办复率为100%。通过反馈意见，委员对提案的办理结果满意和基本满意率达96.9%。会议选举产生了政协第十一届乐清市委员会常务委员，选举章纪泉为政协第十一届乐清市委员会主席，杨书元、林培根、李丹、徐扬、谷燎原、陈亦殊为政协第十一届乐清市委员会副主席，殷乐铭为政协第十一届乐清市委员会秘书长。会议通过了《政协第十一届乐清市委员会第一次会议决议》，通过了《政协第十一届乐清市委员会第一次会议提案审查委员会关于十一届一次会议提案审查情况的报告》。

6～10日　乐清市第十四届人民代表大会第一次会议在乐清剧院召开。会议应出席代表375名，实到代表360名，符合法定人数。市长潘孝政代表市人民政府向大会作政府工作报告。报告共分三部分，一是过去四年工作的回顾，二是今后五年的奋斗目标和主要任务，三是2007年主要工作安排。报告指出，2006年，全市实现生产总值301.5亿元，同比增长14.1%；财政总收入37.62亿元，其中地方财政收入17.68亿元，同比分别增长19.7%和21.2%。报告指出，今后五年是乐清加快建设全面小康社会、提前基本实现现代化的关键时期，要以科学发展观统领经济社会发展全局，紧紧围绕“抓发展、求和谐、走前列”的总体思路，继续实施经济国际化、产业集群化、城乡一体化、管理现代化、发展环境优化“五大战略”，拓展六城联创、文化大市、平安乐清、五动富民计划、法治乐清“五大载体”，加快建设集工贸、旅游、港口于一体的现代化中等城市。全市经济社会发展的主要奋斗目标是建设实力乐清、活力乐清、魅力乐清、人文乐清、和谐乐清。报告指出，2007年全市经济社会发展的主要预期目标是：生产总值增长13%，财政总收入增长13.2%，全社会固定资产投资增长17%，城镇居民人均可支配收入增长9%，农村居民人均纯收入增长9%。会议还听取了市发改局局长廖凯敏所作的《关于乐清市2006年国民经济和社会发展计划执行情况、2007年国民经济和社会发展计划草案的报告》、市财政局局长叶乐安所作的《关于乐清市2006年财政预算执行情况和2007年财政预算草案的报告》。会议选举赵乐强为乐清市第十四届人民代表大会常务委员会主任，潘孝政为乐清市人民政府市长，王建华、周素芬、周明涛、倪蓉棣、张亨根、陈景飞为乐清市第十四届人民代表大会常务委员会副主任，王军、陈向东、胡晓翔、方青、李银巧、胡成剑为乐清市人民政府副市长，丁筱海为乐清市人民法院院长，黄曙峰为乐清市人民检察院检察长。会议表决通过了《关于乐清市人民政府工作报告的决议》、《关于乐清市2006年国民经济和社会发展计划执行情况、2007年国民经济和社会发展计划的决议》、《关于乐清市2006年财政预算执行情况和2007年财政预算的决议》、《关于乐清市人大常委会工作报告的决议》、《关于乐清市人民法院工作报告的决议》、《关于乐清市人民检察院工作报告的决议》。

14日　乐清市殡仪馆新馆投入使用。殡仪馆新馆集悼念、火化、殡仪服务等为一体，是综合性殡仪服务基地。

23日　2007乐清工业博览会暨2006“中国电器之都”十大营销精英颁奖典礼在市区丹霞路的金茂广场举行。赵乐强、章纪泉、陈胜峰、陈向东等市四套班子领导和温州市、乐清市的有关部门、行业协会领导及嘉宾参加了开幕式。博览会展馆设有800多个展位，来自国内外的420家企业的数万种电器精品同台亮相，展品涉及变压器、开关、仪器仪表、成套设备、电线电缆、电子元器件、电器零部件等数千个种类上万个规格的电器精品，一批国内知名品牌电器与国外巨头ABB、富士、施耐德、欧姆龙、LG的产品交相辉映。2007乐清工业博览会由温州机械工业联合会主办，乐清市断路器行业协会、乐清防爆电气行业协会、乐清气动行业协会等21家商会、协会协办，会期3天。本次博览会得到了国家、省市各级政府部门的高度重视，一些部门还发来贺电贺信。博览会还推出了“虎牌电气之约”电气产业高峰论坛、民营企业资本运作论坛、乐清企业家慈善结对活动暨大型慈善演绎会等活动。

2月23～27日　第七届中国电器文化节暨2007中国（温州）国际电力电工及高低压电器展览会举行。本届电器文化节首次采取“节”、“展”分开的举办模式。“和谐电力发展与装备高层论坛”、“电气产业商峰论坛”、“民营企业资本运作论坛”、乐清企业家慈善结对活动、大型文艺演出等文化活动在柳市镇举办；与文化节配套的产品展示活动在温州国际会展中心举行。

25日凌晨　镇安乡南平村周某杀死母亲砍伤妻子后自焚，留下了3个孩子和受伤的妻子。这个恶性事件随即引起了社会的广泛关注和讨论。

三　月

2日　雁荡山茶场场长金山发从浙江省人民大会堂领回了亮闪闪的奖牌，其“雁白云”牌商标被浙江省工商局认定为著名商标，成为乐清市茶叶行业第一个浙江省著名商标。

2日　《中国人事报》公布了享受2006年国务院颁发的政府特殊津贴人员名单，市王家黄杨木雕研究所所长王笃芳名列其中。王笃芳是继桉树专家陶德生、101治秃专家赵章光、黄杨木雕艺术家高公博后的乐清市第4位获此殊荣者。王笃芳曾被联合国教科文组织授予“民间艺术大师”称号，被中国文联授予“中国十大民间艺术家”称号。

8日　乐清市第十四届人大常委会第一次会议举行。会议决定任命王家华为乐清市人民政府副市长。

12日　由中国品牌研究院负责推选的首批300家“全国重点保护品牌”揭晓，“正泰”榜上有名。在中国低压电器行业以及乐清企业中，仅此一个品牌上榜。

14日　中国质量中心（CQC）乐清联络办公室正式挂牌成立。这是中国首家县市级CQC联络办公室。乐清市3C证书持有量占浙江省的近三分之一。该办公室的成立，为认证中心与基层质监信息互通、更好地实施认证制度、提升获证产品质量搭建起了一个良好的工作平台。

20日　乐清市政府发文公布了乐清市第一批非物质文化遗产代表作名录，入选的非物质文化遗产代表作分民间音乐、民间舞蹈、曲艺、民间美术、传统手工技艺和民俗6大类共17项，即乐清山歌《对鸟》、慎江号子、芙蓉板凳龙、水涨大贫跳、乐清莲花和乐清道情、乐清对口白、乐清黄杨木雕、乐清细纹刻纸、乐清龙档、乐清竹壳雕、乐清首饰龙、象阳金漆圆木、镇安马灯、蒲岐抬阁、南岳高跷、翁垟渔灯、蒲岐老鼠嫁囡。

28日　在北京举行的第六次全国信访工作会议上，乐清市信访局林剑敏被授予“全国信访系统先进工作者”荣誉称号。在全国100名信访系统先进工作者中，浙江省有4位，林剑敏是温州市惟一获此称号者。

四　月

3日　第二次全国残疾人抽样调查总结表彰电视电话会议召开，乐清市被评为第二次全国残疾人抽样调查先进县，抽样调查队副队长市卫生局医政科科长南克平被评为第二次全国残疾人抽样调查先进个人。

5日 全国工商联党组书记、副主席全哲洙视察正泰、德力西。

7～8日 第二届中国人力资源管理大奖颁奖典礼及峰会在全国人大会议中心举行。会上，德力西集团获得“中国人力资源管理大奖十佳企业”称号，集团董事局主席胡成中获得“中国人力资源管理大奖十佳人物”称号，集团员工撰写的论文获得“第二届中国人力资源管理大奖成果金奖”。

15日 柳市镇马仁桥村护村队员姚仁全在与盗贼搏斗时，身中3刀，献出了年轻的生命。为此，温州市社会治安综合治理委员会、温州市见义勇为基金管理委员会特授予姚仁全“温州市见义勇为勇士”称号。姚仁全为安徽省颍上县关屯乡孔洋村人。姚仁全事迹引起了温州和颍上两地的广泛关注。

20日 国家质量监督检验检疫总局党组书记李传卿一行视察正泰。

20日 乐清市婚姻登记中心正式成立并举行揭牌仪式。市婚姻登记中心负责全市的婚姻登记办理，按照婚姻登记机关规范化建设的要求，中心分设咨询处、结婚登记大厅、颁证大厅、离婚处、办公区等。

20～22日 “2007中国（杭州）国际名茶暨第二届浙江绿茶博览会”在杭州武林广场浙江展览馆举行。在绿茶博览会“名优产品”评比中，雁荡山土特产有限公司的“雁山龙湫”牌雁荡毛峰、芳芯绿雁茶叶有限公司的“芳芯绿雁”牌雁荡毛峰荣获金奖，乐清市大龙湫茶业有限公司的“大龙湫”牌雁荡毛峰、智仁茶叶专业合作社的“智早”牌智仁早茶、楠源泉农业开发有限公司的“鹤盛”牌鹤盛香茗获得优质奖。

24日 中共浙江省委书记赵洪祝视察正泰。

26日 是第七届世界知识产权日。这天正泰集团股份有限公司状告施耐德低压（天津）有限公司侵犯专利权纠纷案在温州市中级人民法院大审判庭开庭，正泰向施耐德提起3.3亿元的赔偿诉求，成为目前国内已知的索赔金额最大的知识产权纠纷案。同时成为被告的还有宁波保税区斯达电气设备公司乐清分公司。这是温州市首起本土企业状告跨国企业专利侵权的案件。原告方正泰集团股份有限公司认为：正泰集团公司早在1999年就获得一种高分断小型断路器的实用新型专利证书，而2004年以来，施耐德低压（天津）有限公司生产的C65系列小型断路器落入该“高分断小型断路器”的实用新型专利权的保护范围，侵犯其专利权，给正泰集团公司造成巨额损失。因此，正泰集团公司向生产商施耐德低压（天津）有限公司提起诉讼，索赔3.3亿元人民币，同时向销售商宁波保税区斯达电气设备公司乐清分公司提出50万元的索赔。被告方施耐德低压（天津）有限公司辩称：正泰该专利不具有专利性，是无效专利，施耐德公司是在获得申请在先的专利合法授权基础上进行生产，而涉案专利所披露的技术方案，也早已在国内外公开，成为公知技术，因此不存在侵权行为；正泰由温州东瓯会计师事务所出具的《审计报告》没有对成本进行审计，未能确定产品利润，不能作为确定赔偿的依据，所以原告提出的巨额损害赔偿缺乏事实和法律依据。9月29日，此专利侵权案一审落槌，温州市中级人民法院作出一审宣判，被告施耐德侵权事实成立，需向正泰集团赔偿3.3亿元人民币。

27日 乐清市营销员协会统战工作站在柳市镇成立。这是全国首个新社会组织统战工作站。

29日 乐清湾港区一期南区围（海）涂工程正式开工建设，总圈围面积4939.6亩，围堤总长5021.6米，隔堤2894.6米。这是乐清湾港区的主体核心工程之一，也是乐清市第一个采用大型土工织物充填袋技术筑堤的项目，工程共有两个施工合同段20个工作面。乐清湾港区已规划出码头作业区、临港工业区、现代物流区和船舶制造基地等四块。乐清湾港区建成后并通过招商引资，其临港产业基地的年经济产出可达1000多亿元，按照乐清市2006年工业总产值797.3亿元计算，相当于再“造”一个乐清市的经济规模。

本月 乐清籍运动员张晓周获全国拳击锦标赛48公斤级亚军。

本月 乐清市人大常委会决定：在一年中以分时召开3次常委会专题会议的方式，听取市政府7位分管副市长的年初工作思路、年中工作进展情况和年末工作成果的汇报，人大常委会依法对其组织审议和监督，人们称这一举措为“三考副市长”。市人大常委会主任赵乐强这样解释“三考副市长”：过去人大监督工作有点像在包厢里唱卡拉OK，唱完大家鼓鼓掌。现在人大要做的是让包厢里的卡拉OK到广场上去唱，因此乐清人大监督也就有了个新名叫“广场政治”，“广场政治”提供了一个“让权力在阳光下运作”的初级范本。“广场政治”是市十四届人大对人大监督机制的创新之举，这种做法在全国尚属首例，引起了全国各大媒体的广泛关注。乐清“广场政治”还入选了由决策杂志社、国家行政学院政治学部、北京大学政治发展与政府管理研究所、清华大学公共管理学院政府创新研究中心联合主办的2007年“十大地方公共决策实验”。

本月 为进一步加强流动人口计生管理，乐清市首次实行公安派出所、乡镇计生办合署办公。同时全市招聘了832名专兼职流动人口协管员，建立了流动人口协管员队伍，专门从事流动人口计生信息排摸、分类以及登记上报工作。

五　月

6日　“全民健身与奥运同行”2007年全国龙舟精英赛在江苏常州武进太湖湾水上休闲乐园水域落下帷幕。来自北京、上海、天津、广东、湖南等全国各地的10多支队伍参加了这次比赛，中国龙舟之乡的广东顺德勒流龙舟队夺得冠军，应邀参赛的乐成镇石马龙舟队夺得亚军。石马龙舟队曾参加全国第十四届屈原杯“锦标赛”250米、500米、1000米直道比赛，获过第三名的好成绩。“全民健身与奥运同行”2007年全国龙舟精英赛由国家体育总局社会体育指导中心、中国龙舟协会、江苏省体育局、常州市人民政府主办。

8日　乐清市雁荡山风景名胜区正式升为国家5A级旅游景区。国家5A级旅游景区是中国景区级别划分的最高等级标准。2006年3月，国家旅游局正式出台了国家5A级旅游景区(点)的行业标准，并启动了首批评选活动。经过一年的评选和对外公示，经全国旅游景区质量等级评定委员会正式批准，雁荡山被列入全国首批66个国家5A级旅游景区名单，浙江省西湖风景名胜区、普陀山风景名胜区也同在此列。雁荡山于1982年列为国家首批重点风景名胜区，后相继荣获“全国文明风景旅游区示范点”、“国家4A级旅游区”称号。2005年2月，被联合国教科文组织评为世界地质公园。

12日（美国当地时间）　乐清市民营企业通领科技集团在美国亚特兰大市举行奠基仪式，通领集团亚特兰大工业园区正式开工。该园区计划用地100万多平方米，一期工程投资3000万美元。该工业园是通领科技集团在2006年10月和美国亚特兰大市签约的。该工业园建成后预计可年产1亿美元的专利GFCI（接地故障漏电保护装置）产品；目前全球仅5家企业生产这种产品，通领是其中一家。这是温州民营企业首次在美国建立工业园。

17日　乐清市阳光政务信息服务工程启动会议及乐清市114阳光政务信息服务热线正式启用仪式举行。5月上旬，根据浙江省政府的统一部署和乐清市政府的具体安排，中国电信乐清分公司完成了全市第一批加入阳光政务信息服务平台、与社会公众联系密切的36个市直职能部门与114阳光政务综合信息服务平台的技术转接工作，并于5月17日正式向广大市民提供热线服务。这标志着中国电信乐清分公司阳光政务信息服务工程第一阶段的工作任务顺利完成。

17日　全国厂务公开民主管理工作先进单位表彰电视电话会议在北京隆重举行。会上，德力西集团荣获“全国厂务公开民主管理工作先进单位”称号。

20日　人民电器集团有限公司董事长郑元豹当选为“中国工业经济十大风云人物”，并应邀出席在北京人民大会堂和钓鱼台国宾馆举行的颁奖典礼活动。

25日　在北京召开的“全国公安系统英雄模范立功集体表彰大会”上，市公安局刑侦大队大队长林宣成荣获“全国优秀人民警察”称号。

30日　来自约旦、沙特、阿尔及利亚等18个阿拉伯国家的对华友好组织代表团参观考察位于上海的正泰输配电设备产业基地。

31日　以“科学发展与浙商责任”为主题的2007浙商大会在杭州举行，南存辉、王均金、王水福、汪力成、邱继宝、楼永良、郑永强、刘卫高、徐孝方、郑元豹等10名浙商获得“2007浙商社会责任大奖”。这次大奖是根据企业缴纳的税收、解决的就业人数、慈善捐款数额等综合指标评选得出的。浙江商人目前被称为中国第一大商帮，据统计，浙江约有440万在外创业人员，投资总额约6400亿元，年销售收入约13000亿元。浙商除在发展当地经济、提供就业机会方面作出重大贡献外，还是中国目前最大的慈善群体，在2007年胡润慈善榜中，有18位浙商入选慈善榜，并居各省首位。

六　月

3日　由中宣部、中国文联和中国民间文艺家协会联合举办的首批166名“中国民间文化杰出传承人”颁奖命名仪式在北京人民大会堂举行，乐清的王笃芳和陈余华入选。经中宣部、中国文联批准，中国民间文艺家协会自2005年起至2007年3月，在全国实施“中国民间文化杰出传承人调查认定和命名”抢救项目。全国共有156个项目的166位民间艺术家获得“中国民间文化杰出传承人”称号，浙江省仅3人入选。黄杨木雕大师王笃芳出生于黄杨木雕世家，其父王凤祚系黄杨木雕一代宗师。细纹刻纸大师陈余华是已故著名剪纸艺术大师陈朝芬之子，15岁随父学艺。

7日　中共乐清市委十二届三次全体会议召开。会议由市委常委会主持，市委委员、市委候补委员、市纪委委员参加了会议。会议审议通过了《中共乐清市委议事规则》

9日　市细纹刻纸大师林邦栋先生在北京中国非物质文化遗产专题展上进行现场表演时，受到前来参观的温家宝总理的高度肯定和赞许。

16日晚　中央电视台新闻频道《每周质量报道》栏目报道了乐清市华东头盔厂涉嫌生产劣质头盔事件。节目播出后，乐清市立即启动了处置产品质量违法突发案件应急预案，市政府组织质监、工商、公安执法人员及乐成镇工作人员连夜赴慎海对华东头盔厂生产的劣质头盔进行查封并展开调查。

6月中旬以来　市公安局组织

专人并携带设备专程赶赴北京，为乡亲办理二代身份证。乐清市在京务工、经商人员有10万多人，在京办理“二代证”，每人可节约近千元，预计总共可节约近亿元。办理“二代证”在京绿色通道的设立，有效解决了长期在京务工、经商的乐清籍人员的办证难问题。

21～25日 乐清市首届“农村合作银行杯”杨梅评比会暨淡溪杨梅节在淡溪镇黄塘村举行。这次杨梅节主要活动有：举行全市杨梅大比拼，并评出奖项；开展以杨梅为主题的摄影比赛；举办杨梅展示展销活动、文艺演出活动；还开辟了两条旅游专线，市民们还可以到杨梅园采东魁杨梅，游淡溪“八景”，品“农家十味”。杨梅大比拼结果：一等奖2名，分别是岭底乡杨梅合作社的“屿山”牌荸荠种杨梅、大崧东魁杨梅专业合作社的“仙魁”牌东魁杨梅；二等奖3名，分别是岭底乡农副产品有限公司的“岭泉”牌荸荠种杨梅、虹达水果种植专业合作社的“淡溪”牌东魁杨梅、乐成镇湖上岙村委选送的水梅；三等奖共5名，分别是淡溪镇茅垟村的东魁杨梅、淡溪镇西林村的东魁杨梅、清江镇珠屿水果专业合作社的东魁杨梅、石帆镇东魁良种繁育场的东魁杨梅、同木水果种植场的东魁杨梅。

25日下午 北白象镇和磐石镇交界的小龙坪山上，7人进凉亭躲雨遭遇雷击，造成5死1伤。该7人当天正在承包修建毗邻芝湾村的小龙坪山上一段60多米长的山路。5名遇难者都是男性，其中4人是永嘉县乌牛镇人，另1人是丽水市青田县人。

本月 为降低全市农村肝病发病率，构建健康和谐新农村，乐清市全面启动“千村肝病防治工程”，防治范围覆盖全市各个乡镇村庄。全市计划用两年多时间，开展组织医疗专家小组到各村庄免费开展肝病防治巡回讲座和肝病图片展、发放最新肝病知识防治手册、进行义务现场采血检查肝病、组织中美两国近20名国际顶级肝病权威专家举办国际最新肝病防治动态学术报告并开展大型专家会诊等活动。全市目前大约有13%的人群受过肝炎病毒的感染，属于肝病高发地区。此项工程得到了美国堪萨斯大学病毒研究中心、中国肝病防治基金会、中国医药生物技术协会、北京希波医学研究所等国内外肝病权威机构的支持和帮助。

七　月

10日（美国当地时间） 美国新墨西哥州联邦分区法院判定：中国通领科技集团制造销往美国的GFCI产品，不侵犯莱伏顿公司美国专利。通领科技集团历时3年、耗资300万美元诉讼费的跨国官司尘埃落定，成为首次拿到美国法院马克曼命令、而且是胜诉的马克曼命令的中国企业。这是美国法院下达的第一份中国企业在中美知识产权官司中获胜的判决书，它改写了中美知识产权诉讼史上中国企业未能完胜的历史，该案将成为中国企业海外依法维权的成功典范，对中国企业跨国经营及应对涉外知识产权诉讼有着重要启示意义。美国媒体评价该案“其重大的政治意义远远超出了商业价值”。莱伏顿公司为世界500强企业、百年企业。通领科技依靠自主创新，打造以GFCI为主的6个系列产品，构建了一条融研发、制造、贸易为一体的新兴产业链，是全球生产GFCI产品的龙头企业。

11日 中国企业联合会、中国企业家协会、中国企业管理科学基金会发文表彰第六届全国优秀创业企业家，正泰集团公司董事长南存辉、德力西集团董事局主席胡成中等61位企业家榜上有名。

11日 正泰集团股份有限公司执行总裁南存飞当选为“第十四届上海十大杰出青年”。

12日 全国总工会副主席、党组书记、书记处第一书记孙春兰一行来乐清调研创建劳动关系和谐企业有关问题。在乐清期间，参观了德力西集团。

16日 以全国政协副主席张榕明为团长的全国政协委员视察团视察乐清企业劳动关系和工会建设。在乐清期间，参观了德力西集团。

16日 全国第二家、浙江第一家有限合伙企业温州东海创业投资有限合伙企业在乐清揭牌。东海创业投资有限合伙企业执行合伙人、基金管理人是北京杰思汉能资产管理有限公司董事长王伟东，其原为中国证监会官员、博时基金管理公司创始人、北京大学投资银行博士后。东海创业投资有限合伙企业合伙人为：佑利控股胡旭苍、民扬集团刘逢燕、环宇集团王拓宇、方大工具林昌方、科都电气郑春开、八达电气刘云其、兴乐集团林岩林、三科电器周熙文等乐清8家企业老总或董事长和佑利控股集团有限公司自然人代表张建文。东海创投是浙江首家按照国际模式设立的私募股权投资机构，首期基金规模为5亿元，全部来自于温州本地民营资本。基金专注投资于拥有良好商业模式、处于高速增长行业中的快速成长期公司和拟上市企业，基金计划将资金主要用于投资温州本土成长性良好的拟上市企业。基金管理人收取一定的基金管理费和20%业绩提成。东海创投采用的是有限合伙企业的组织形式，是国外创业投资基金普遍采用并被证明是一种行之有效的非常成熟模式。东海创投是中国经济最发达的长三角地区的首家真正意义上的人民币私募股权基金。

7月中旬 人民电器集团联手英国格莱格公司，在中国沿海地区建立了两大船舶出口制造基地，初步实现了从轻工业向重工业、从大陆经济向海洋经济的战略跨越。

22～25日 由中国数学会奥林匹克委员会主办的国际性数学赛

事——第八届青少年数学国际城市邀请赛在长春举行，中国大陆及港澳台地区、菲律宾、南非、印度、新加坡、泰国等65支代表队的265名选手参加了比赛。乐成镇公立寄宿学校代表浙江省参赛，夺得比赛总冠军。比赛主试委员会由中外数学专家组成，比赛分个人赛和队际赛两项，主办方在赛前将统一的试卷翻译成中文、英文、泰文三种语言，由选手自由选用。乐成镇公立寄宿学校凭借个人赛与队际赛中的优异表现揽下本次赛事惟一的总冠军。在个人赛中，乐成镇公立寄宿学校的郑志伟、黄可达、李嘉伦、高澄宇等四人获得金牌。青少年数学国际城市邀请赛自1999年举办第一届青少年数学国际城市邀请赛以来，迄今已先后在菲律宾、印度等地举办了7届。

30日 在市中心区A－j9部分地块国有土地使用权拍卖会上，该地块最终以7.78亿元成交拍卖。该地块出让土地面积30492平方米，拍卖起始价为3.6亿元,计划建造住宅区，建筑面积为91400多平方米。根据拍卖成交价格，每平方米建筑面积仅地价成本将超过8000元。

31日 第三届全国校园才艺选拔赛结果揭晓，乐清市蕾丝舞蹈艺术中心选送的三人舞《茶壶嘟嘟》、独舞《敦煌乐鼓》、独舞《鱼儿》、独舞《京韵》均获得少儿组一等奖，独舞《花腰红》获得初中组一等奖。此次活动由中国关心下一代工作委员会和中央电视台联合举办，经过海选、初赛、复赛，全国各地共有300多件舞蹈作品参加北京总决赛。总决赛共产生舞蹈幼儿组、少儿组、初中组一等奖各10名。

本月 “第一届国际女摄影家作品展”在意大利成功举办，来自世界各地的47位女摄影家的160幅作品参加了展出，乐清市高级摄影师叶君奋的作品参加了展览。叶君奋现为中国摄影家协会会员、浙江省女摄影家协会副主席。

本月 浙江省第一辆美沙酮维持治疗流动车开进乐清市社区。美沙酮维持治疗是禁毒工作和预防艾滋病工作中的一项重要措施。为了给符合条件的海洛因成瘾者提供更加便利的维持治疗，乐清市在全省率先启动社区美沙酮维持治疗流动干预，提供了社区药物维持治疗流动车，并开通了虹桥、柳市两个服药点。

本月 浙江省首批新农村建设科技示范县（市、区）名单揭晓，乐清市榜上有名，成为温州市首个获此殊荣的县（市、区）。首批新农村建设科技示范县（市、区）将获得浙江省科技厅统一安排的引导经费150万元，浙江省海洋水产养殖研究所和温州市农科院将为其提供技术支撑。

本月 乐清市铸造行业工会与铸造行业协会签定了全市铸造行业职工工资（工价）集体协商协议书，规定在铸造行业114家会员企业中，同工种同水平的员工都能按时按月拿到同价位的计件报酬，以保障该行业7600多名员工的合法权益。同时成立工资发放小组，接受员工投诉，及时进行监督。这一做法将减少劳资纠纷，更加有利于保护劳动者的合法权益，也为铸造业健康有序发展打下了基础。行业工价统一核定在温州地区尚属首次。

本月 虹桥镇东街村被全国老龄办、中宣部等部门授予“全国敬老模范村”荣誉称号。东街村在乐清市首创民间养老机制，从1993年开始，每月给本村农村户口60岁以上的老人发放养老金。最早每人每月只有15元，随着村集体收入的不断提高，发放的养老金也逐年增加，2001年增至每人503元，并逐步向农民“退休制”过渡。村里还为每一位老人办了医疗保险、财产保险、人身意外保险等，年终给每位老人发放1000元口粮款。

本月 乐清市政府印发了《乐清市灵活就业人员基本医疗保险暂行办法》。11月，乐清市政府印发了《乐清市城镇居民医疗保险暂行办法》。两文件的出台，将灵活就业人员、未成年人、老年居民、丧失劳动能力的残疾人、低保对象都纳入了基本医疗保险范围，这标志着全市“三位一体”医疗保障体系已初步形成。

本月 柳市镇政府对一违法生育对象征收社会抚养费101万元。

八　月

1日 市政府启动应急供水预案。6～7月，乐清市降雨量不到历年同期平均降雨量的一半，水资源短缺严重影响着人们的日常生活和工农业生产。于是，市政府决定拿出1500万元资金用于域外购水，缓解了黄华、七里港、磐石、北白象等镇的缺水之痛。

6日 全国工商联在北京公布了2006年度上规模民营企业调研结果，乐清市9家企业跻身中国民营企业500强行列。9家入围企业是：正泰集团股份有限公司（第18位）、德力西集团有限公司（第25位）、天正集团有限公司（第26位）、人民电器集团有限公司（第28位）、长城电器集团有限公司（第63位）、兴乐集团有限公司（第109位）、耀华电器集团有限公司（第195位）、华通机电集团有限公司（第314位）、华仪电器集团有限公司（第351位）。正泰集团股份有限公司以营业收入总额179.626亿元，名列第18位，继续位居温州本地企业“大哥大”位置。2006年度民营企业500强的入围门槛比往年大幅度提高，营业收入指标由2005年度的13.36亿元提高至18.3亿元，升幅为36.98%。

7日 在杭州结束的2007年浙江省传统体育项目学校游泳比赛上，乐清市实验小学代表队获总团体第一名，并在个人项目上，夺得11个冠军。这次比赛为期3天，有11支参赛队伍。乐清市实验小学代表队在9岁组、8岁组和7岁组3个组别赛中分列团体第1名、第4名和第2名。

11日 中雁荡山风景名胜区创建国家AAAA级景区通过全国旅游景区质量管理等级评定委员会评审组的评审验收。中雁荡山于1985年被浙江省人民政府批准为省级风景名胜区，1989年国务院批准中雁荡山划入雁荡山国家重点风景名胜区。

16日 “中国首届行业网站年会及百强峰会”闭幕。会上，乐清市百方网被评为中国首届行业网站百强电气类第一名。

17日 全市首批共108家安全生产标准化管理A类企业得到确认。从2005年8月开始，全市就开展了安全生产标准化管理活动。根据《生产性企业安全生产标准化管理考评认定标准》规定，凡是安全生产标准化管理考评达不到A类的生产性企业，取消其评优、评先、评级的资格以及其他评定资格。

22日 第七届全国县域经济基本竞争力百强县（市）出炉，浙江省共有25个县（市）上榜，名列第17位。乐清市较上一届名列第20位有小幅提前。

22日 市编制委员会发出《关于建立市行政审批管理办公室的通知》，正式批准成立市行政审批管理办公室，并明确市行政审批管理办公室为市政府行政审批制度改革领导小组的常设办事机构，与市行政服务中心合署办公。

22日 乐成镇总工会成立暨镇工会第六次代表大会召开。乐成镇总工会的成立，开创了全市乡镇一级设立总工会的先河，是全市乡镇工会组织体制的重大创新。

22日 “中福在线”乐清清远路销售大厅举行开业仪式。“中福在线”具有即买中即兑、在线投注、视频互动、趣味性强等特点，它的公益性和趣味性引领着娱乐消费的新时尚。

28日～10月18日 《乐清乡土》专题片陆续在央视七套播出。为向海内外推介乐清独特的文化底蕴、民间艺术、自然风光，《乐清乡土》专题片精心选取了首批中国景观村落城北乡黄檀硐古村、乐清黄杨木雕、乐清细纹刻纸、乐清首饰龙、世界地质公园雁荡山的飞渡表演、海上牧场乐清湾的休闲渔业、游泳风光等题材。

29日 市漏电断路器同业协会联盟标准《漏电断路器电子组件板通过技术条件》审查通过。这是全市各行业的首个联盟标准，也是低压电器同业协会的新创举。

29日 市广播电视台的“乐清市互动数字电视项目与有线广播电视网络双向化改造工程”通过了国家广电总局广科院专家的可行性论证。市广播电视台于2006年4月在全国率先启动有线电视网络双向化改造试点工作，把普通电视接收终端变成为家庭媒体信息终端。

29日 温州市政府第六次常务会议审议并通过了《温州港乐清湾港区控制性详细规划》。

30日上午6时30分 甬台温铁路凤凰山（中雁荡山）隧道顺利贯通，历时638天。该隧道全长7979米，为双线铁路隧道，是甬台温铁路的最长隧道，也是目前浙江省内的铁路最长隧道。

8月下旬 在第四届中国•焦作国际太极拳交流大赛上，白石镇上陈村的陈进海获得了太极推手擂台赛男子C组（36～50周岁）70公斤级的亚军。第四届中国·焦作国际太极拳交流大赛是由中国武术协会主办的。

九　月

1日 中国企业联合会、中国企业家协会在湖北武汉向社会公布了2007中国企业500强年度排行榜，乐清市民营企业正泰集团股份有限公司、德力西集团有限公司、人民电器集团有限公司、长城电器集团有限公司榜上有名。其中，正泰集团股份有限公司名列第214位，营业收入为179.62亿元；德力西集团有限公司名列第253位，营业收入为150.45亿元；人民电器集团有限公司名列第264位，营业收入为146.10亿元；长城电器集团有限公司名列第400位，营业收入为92.10亿元。温州市也仅以上4家企业入围。“2007中国企业500强”名单中，国有及国有控股企业共349家，占500强企业总数的69.8%；实现年营业收入14.9万亿元，占500强企业总收入的85.2%，500强企业年营业总收入为17.49万亿元。

5日 北京举行首都见义勇为英模事迹报告会，乐清籍在京个体经营户陈夏友等6位见义勇为先进个人作了精彩报告。陈夏友1972年出生，岭底乡人，在北京经营服装生意。12年中陈夏友抓了500多个贼，享誉京城，荣获2006年度“全国见义勇为先进分子”称号。

14日 华仪集团注册商标“华仪HEAG”被国家工商行政管理总局商标局认定为中国驰名商标。这是乐清继正泰、德力西、天正、人民之后的第5个经国家工商总局（行政途径）认定的中国驰名商标。

20日 国家统计局公布2006年度中国大企业集团竞争力500强名单，乐清市企业正泰、德力西、人民、兴乐、天正、环宇、长城等7家企业榜上有名。此次评价的指标体系是国家统计局按照影响企业集团竞争力的因素分为能力指标和机制指标两种，能力指标包括生存、发展、潜力三类共计47个指标，机制指标则分为制度、决策、激励、管理和创新五类共计11个指标；评价范围是2004～2006年国家统计局《企业集团统计年报》中年营业收入和资产总计均在5亿元及以上的全部企业集团。

20日　国家发改委、科技部、财政部、海关总署、税务总局联合发布2007年第58号公告，正泰集团股份有限公司技术中心被认定为第14批国家级企业技术中心。

21日　乐清市人口和计划生育局与乐成镇联合举办了全市首届人口生育文化节。

28日　虹桥镇行政服务中心揭牌仪式隆重举行。首批进驻虹桥镇行政服务中心的部门有市公安局虹桥派出所、市规划建设局虹桥管理所、市国土资源局虹桥管理所、虹桥房产管理所以及城管、计生、农村合作医疗等镇属职能办公室，共7个单位，派驻工作人员19名，中心涉及办事服务事项38项。该中心的成立，进一步延伸了市行政服务中心的服务阵地，方便了群众办事。

本月底　市有关部门已为775名留守儿童找到代理家长。该项工作是上半年开始的。市有关部门因地制宜，按照自愿、爱心、奉献的原则，率先实行“代理家长”制，为留守儿童寻找代理家长。同时成立了市留守儿童教育指导中心，具体负责留守儿童结对关爱行动的指导和研究，还出台了市留守儿童教育指导中心工作制度（试行）。

本月　朱建平以判断力较强的优势被选为国家特奥足球队的守门员。10月2日，他参加了在上海举行的2007年世界特殊奥运会，他所在的中国队（他为守门员）在这届特奥会上获得季军。朱建平今年20岁，是乐成镇半沙村人。2003年，朱建平就读于乐清市特殊教育学校培智班一年级。

本月　在重庆市举行的全国游泳锦标赛上，乐清籍运动员施浩然荣获男子4×100米自由泳接力冠军；乐清籍运动员郑芸芸荣获女子4×200米自由泳接力冠军。

9月～12月　全市31个乡镇举行第二轮乡镇团委统一换届工作，并在南塘、象阳、雁荡等3个镇进行镇团委班子直选试点，探索建立团代表常任、团代表提案、代表组活动、民主恳谈会等乡镇团委换届配套制度。

十　　月

7日15时30分　2007年16号台风“罗莎”在苍南霞关附近的浙闽交界处登陆。这是历史上有记载的登陆浙江最晚的一个台风。该台风对乐清的电力、交通、水利等基础设施造成了严重损害。全市31个乡镇都遭受灾害，受灾人口24.42万人，倒塌房屋480间；作物受灾面积19.07千公顷，成灾面积11.55千公顷，绝收面积9.36千公顷；水产养殖损失6.12千公顷；停产工矿企业721个；公路中断18条，毁坏路基20.06千米；损坏堤防28处，损坏灌溉设施68处。全市直接经济损失达2.39亿元。

10日　采用市场商业化运作，市人才交流中心与乐清焦点文化传媒有限公司联合创办了《乐清人才报》。市人才交流中心作为主办方负责报刊的统筹、指导和审核工作，焦点文化传媒有限公司负责报刊的策划、采编和业务工作。《乐清人才报》为半月刊，招聘信息量每期为1000～2000条之间，发行量为4万份，全市设立了152个免费赠送网点。《乐清人才报》还与乐清人才网捆邦联营，乐清人才网网页版面进行了全面改版，以达到信息资源共享。

11日下午　浙江省第九届精神文明建设“五个一工程”表彰大会在杭州举行。乐清市选送的由詹成樊谱曲，余茗湖、赵威明、林晓勇演唱，朱丽青、陈建旺辅导的歌曲《醉秋》荣获省“五个一工程”奖。浙江省第九届精神文明建设“五个一工程”共评出69件优秀作品。

12日　乐清市统战民生基金正式设立。这是全国设立的首个县级统战民生基金。

12日　德国TUV莱茵集团、温州检验认证公司、温州出入境检验检疫局乐清办事处低压电器实验室联合在乐清举行TUV莱茵认可实验室授牌仪式，这是德国TUV莱茵在中国设立的首个低压电器实验室。德国TUV莱茵是德国官方授权的政府监督机构和享誉全球的欧洲最早国际认证公司，有着130多年的第三方认证检测经验。低压电器零部件产品通过德国TUV莱茵认证，也就拿到了进入国际市场的“通行证”，同时还能与众多的GS认证整机厂配套，其权威性世界公认。该实验室拥有专家、博士等科技人员，具备短路通断能力、约定操作试验等120多个项目的检测能力，完全能满足相关认证检测。

12日　帆顺船业集团12000吨二级化学品船成功上水。该船是黄华造船基地建造的吨位最大、科技含量最高的化学品船，该船成功上水标志着黄华造船基地的造船能力和技术又向前迈进了一大步。

18日18时40分　市委统战部、乐清广播电视台联合主办的大型电视专题节目《统战之窗》正式开播，首播内容为乐清市创建设立统战民生基金情况。《统战之窗》以专题报道为主，旨在更广泛、更深入宣传乐清统战工作。每期节目10～15分钟，在乐清电视台二套18：40播出，每月播出一期。这是全省创办的首个县级统战电视专题固定栏目。

24日　第三届乐清市“十佳”青年评选结果揭晓，王琦、叶庞星、叶启春、杨旭忠、范长河、赵路、俞国平、黄永坤、虞文品、霍文明等

10人榜上有名。此次评选是由市委宣传部、团市委、市青年联合会、市文明办、乐清日报社、乐清广播电视台等单位联合举办的。

26日　乐清民营企业正泰集团股份有限公司的二期厂房光伏发电系统生产基地在杭州开工建设，总投资10亿元，预计2008年7月完成投产。该项目建成后，可将正泰太阳能现有产能扩大4倍，达到100兆瓦，可实现产值20亿元。正泰于2006年10份成立了浙江正泰太阳能科技有限公司，首期投资3000万美元，专业从事太阳能电池、组件和光伏应用产品的研发、生产和销售。

27日上午9时　乐清和永嘉人民翘首期盼多年的楠溪江引供水工程全线开工典礼在永嘉县沙头镇潮际村拦河闸工地举行。与此同时，乐清市隧道出水口开工仪式在北白象镇下庠出水口工地同步举行。楠溪江引供水工程是一项以供水为主兼有防洪、发电等功能的综合性水利工程，所谓供水为主是指引楠溪江水向乐清市虹柳平原、洞头县北片、玉环岛以及永嘉部分地区提供城镇生活用水。该工程静态总投资5.6亿，动态总投资约10亿元。

27～29日　首届乐清高新产品博览会和第八届乐清模具设备及塑料机械展览会在市体育馆召开，来自全国16个省市的175家企业参加了展销。此次参展企业都为高新技术企业和科技成长型中小企业，175家参展企业中乐清企业占37%。此次展览总面积达10000多平方米，设智能电器展区、电子IT产业配套展区、高新产品综合展区、知识产权交易区、农业科技展区等五大展区，共460多个展位。首届乐清高新产品博览会和第八届乐清模具设备及塑料机械展览会现场成交额达8000多万元，其中高新产品成交额占30%；达成合作意向1.8亿元，创下历届会展的最高纪录。首届乐清高新产品博览会在市体育馆还举行了颁奖盛典，给23个金鼎奖、5个发明创新奖的获奖单位分别颁发了奖杯和荣誉证书。“首届乐清高新产品博览会”由市质量技术监督局、市农业局、市经贸局、市工商联、市科学技术协会等五家单位主办，乐清日报社、乐清广播电视台、浙江省断路器行业协会、乐清市电气行业协会、乐清市营销员协会、乐清市电工仪表行业协会、乐清市小型断路器同业协会、乐清市继电器行业协会、乐清市包装印刷行业协会、乐清市经济师协会、乐清市煤机行业协会、乐清市气动元件行业协会、乐清市表面工程协会、乐清市机械模具协会等单位联合协办。本次展会旨在展示乐清科技实力，进一步拓展科技产品市场，鼓励自主创新、发明创造，提高广大干部群众科技意识，促进乐清市高新产品开发。本届高博会组织阵容强大，下设组委会、指导委员会、专家委员会，在北京、上海、宁波、义乌、台州、中国电器之都——柳市、中国电子元器件产业基地——虹桥等地设立了联络处，还与浙报集团等十多家主流媒体、20多家集团企业报、50多个专业杂志社及多家大型网站携手合作。

30日　人民电器集团成功签约开发承包越南最大的水电项目——太安水电站，成为首家中国民营企业跨国开发水电项目总承包商。

本月　在江苏省扬州市举行的全国跆拳道冠军赛上，乐清籍运动员董凤鸣荣获女子63公斤级冠军。

十　一　月

5日　乐清市8890市民服务中心经中国社会工作协会评选，喜获“全国社区服务优秀项目奖”。

8～11日　在宁波举行的全国拳击冠军赛上，乐清籍运动员张晓周获得48公斤级冠军。

8～12日　由中国根艺美术学会主办的中国第十一届根艺石艺精品展在北京中国人民革命军事博物馆举行，乐清市郑方杨、鲍松平合作的黄杨根雕《济公系列》和郑亦平的黄杨根雕《达娃》荣获“刘开渠根艺奖”金奖。该奖项是全国根艺美术界的最高奖。

11月上旬　城北乡黄檀硐村入选首批“中国景观村落”，这是温州市惟一入选首批“中国景观村落”的村庄。黄檀硐村有着800多年的历史，海拔高400多米，历史上盛产靛青，现以种植水稻、番薯、生姜和茶叶等农作物为主。该村村古、林茂、水美、石奇、洞怪，村内古屋、古庙宇、古祠堂、古匾、古木雕装饰以及古老的习俗文化存留尚好。“中国景观村落”活动由中国古村落发展研究会发起，中国国土经济学会主办，并得到联合国教科文组织的支持。首批共选出中国景观村落（整体）15个、经典村落景观（单项）8个。

16日　德力西集团与施耐德电气公司组建的新公司——中法合资德力西电气有限公司揭牌，双方正式确立了合作伙伴关系。合资公司产品将使用“德力西”商标。这是浙江省迄今为止最大的一家“民外合璧”企业。中法合资德力西电气有限公司的成立，使两大电气巨头从竞争变成了“竞合”，实现了优势互补，促进了产业升级。

23日　中国科学技术协会发文命名第三批全国科普示范县（市、区），乐清市榜上有名。

23日　乐清市率先成立浙江省首支男性反家庭暴力志愿队伍，12名男性成为首批志愿者。男性志愿者们将开展“白丝带运动”的宣传，参加家庭暴力事件的调解和心理疏导，并提供法律援助服务。

27日　来华访问的法国总统萨科齐在上海外滩18号6楼会见了胡成中等十位中国著名企业家。

28日 国家旅游局发文命名乐清市为“中国优秀旅游城市”。2006年，乐清全市城市绿化面积达254.3公顷，建城区绿化覆盖率达31.97%，建城区噪声平均值为54.3分贝，城市空气污染指数为59，城市饮用水达标率为100%。近年来，乐清市先后编制了《乐清市旅游发展总体规划》、《乐清市滨海旅游发展规划》、《雁荡山旅游发展总体规划》、《中雁荡山风景名胜区总体规划》、《灵山风景名胜区总体规划》等一系列城市旅游规划和景区规划。雁荡山跨入世界地质公园行列，成为国家首批5A级旅游景区；中雁荡山被评为国家4A级旅游景区。灵山景区建设加快，正泰集团成为全国工业旅游示范点，海上休闲渔业成为旅游新热点。

29日上午 乐清市水环境处理有限责任公司挂牌仪式在磐石镇西横河村举行，这标志着乐清市污水处理工程即将完工并进入实质性营运阶段。该公司由乐清市国有资产监督管理委员会出资，性质为国有独资企业，负责市污水处理厂、污水输送管线及沿途泵站的营运管理。

30日 第五次浙江省人民调解工作会议在杭州召开。会上，乐清市荣获全省人民调解工作先进县（市、区）称号，这是温州市惟一获此殊荣的县（市、区）；柳市法庭荣获“全省指导人民调解工作先进集体”称号，这是温州法院系统唯一获此殊荣的法庭。

30日 第八届中国民间文艺“山花奖”在苏州颁发，中国民间文化杰出传承人王笃芳的黄杨木雕精品《大唐马球竞技》和中国工艺美术大师林邦栋的细纹刻纸精品《西部开发新路》喜摘“山花奖”中的民间工艺美术奖，这是乐清市民间艺术家首次荣获“山花奖”。“山花奖”是国家级民间文艺大奖，由中国文学艺术界联合会和中国民间文艺家协会共同颁发，每两年评奖一次，获奖作品和获奖个人代表着国内本领域、本专业的最高水准。本届“山花奖”分为六大奖项：民间工艺美术奖、民间文艺作品奖、民间艺术表演奖、民间文艺学术著作奖、民间文艺终身成就奖和民俗影视奖。

十 二 月

1日开始 乐清市实施市区范围内丧事活动统一集中到市殡仪馆办理，在殡仪馆完成遗体守灵、悼念告别等办丧事项。实行丧事集中办理，是为了进一步革除丧葬陋俗，树立文明新风。

1日 中国移动乐清分公司客户数字突破100万户，同时实现了乐清所有行政村的移动信号100%覆盖。

1日下午 乐清首饰龙捐赠仪式在中国艺术研究院隆重举行，这是继2006年3月乐清龙档被中国艺术研究院收藏后的又一乐清民间艺术瑰宝捐赠活动。此次被中国艺术研究院收藏的首饰龙，是北白象镇80多岁的中国工艺美术大师林邦栋和其子林顺奎花了300多天精心制成的。这架首饰龙长约5米、高3米、宽2米，龙身分四层，有80多个楼阁、亭台，浓缩了《封神榜》、《西游记》等80多出戏，刻画了近300个形态各异、从事各行各业的古今人物，重现了磨粉、锯板、算命等36个行当的生动场景，一个个场景犹如一幅幅活生生的乐清民俗风情画卷。

1～5日 2007浙江农业博览会举行。乐清有11个优质农产品参展农博会，其中有6个农产品赢得本届博览会金奖，获金奖数比2006年增加了2个。获得金奖的6个农产品分别是：温州虹丰粮油集团公司的“虹丰”牌大米、乐清市南阳柑桔专业合作社的“欧璞”牌南阳蜜桔、市雁荡山茶场的“雁白云”牌雁荡毛峰、市金龙水产有限公司的“龙贝”牌净化泥蚶、温州海美鲜集团有限公司的“海美”牌“鲨力”胶囊、市佐佩食品开发有限公司的“佐佩”牌醉泥螺。

6～7日 全国第三届个体民营协会代表大会在北京人民大会堂召开，到会代表400人。会议通过民主协商，采取无记名投票的方式，选出理事127人。理事会又选出常务理事57人、会长1人、副会长21人。乐清市政协委员、东厦建设集团有限公司董事长陈振江当选全国个体民营协会副会长。

7～8日 乐清市残疾人联合会第五次代表大会召开。来自全市各行业的200名代表参加了会议。大会听取并通过了市残疾人联合会工作报告，通过了乐清市出席温州市残联第五次代表大会代表候选人名单，通过了市残疾人4个专门协会的主席、副主席候选人名单。主席团第一次会议一致同意市委副书记郑建海、市人大常委会副主任王建华、市政协副主席林培根担任主席团名誉主席，副市长胡成剑担任主席团主席，蔡贞桂担任市残联执行理事会理事长。大会还选举产生了市残疾人4个专门协会的主席和副主席。

10日 乐清湾基础建设有限公司与世界港口行业排名第一的迪拜环球港口集团签订了两个5万吨级多用途码头的合资建设意向书。迪拜环球港口集团将投资12亿元，建设乐清湾最大的大宗散杂货码头。

11日 浙江名牌战略推进委员会审议认定409个工业产品为2007年浙江名牌产品。温州市华龙雕刻有限公司的黄杨木雕产品榜上有名。这是温州市工艺美术界的第一个名牌产品。温州市华龙雕刻有限公司为乐清市叶家黄杨木雕第六代传人叶小泉创办，该公司被浙江省政府授予“浙江省重点传统工艺美术品种保护单位”称号。

18日 东厦建设集团有限公司从国家建设部领取了一级资质证书。

乐清房地产企业共有46家，其中二级资质企业3家，其余都是三级或暂定资质企业。东厦建设集团有限公司晋升一级资质，填补了乐清市房地产一级资质企业的空白。

19～20日　乐清市8个村通过浙江省"全面小康建设示范村"验收，全市累计已有29个省级"全面小康建设示范村"，"全面小康建设示范村"村数居全省各县（市、区）第一。

20日　天正集团董事长高天乐连任第九届民建中央常委。

24日　国家质量监督检验总局局长李长江率国务院产品质量与食品安全专项整治行动检查验收组视察正泰电气股份有限公司。

24日　以越共中央书记处书记、国会副主席丛氏放为团长的越南高级党政干部考察团一行16人到正泰工业园区考察非公企业党建工作。

25日　乐清市江南船舶有限公司建造的2.3万吨散货船"瑞盛10号"在七里港顺利上水。该船于2007年1月28日开始制造，总长159.8米，宽24.4米，型深14.0米，吃水深9.8米，航速13节，是温州市造船史上载重吨位最大的轮船。该船采用全分段制造技术，船体不易变形，而且造船效率高。

25日上午　乐清市首个采用卫生填埋技术的垃圾无害化处理场——大荆蒲湾垃圾无害化处理工程正式开工建设。该工程总投资1680万元，一期工程完工后可日处理垃圾180吨。库区总容量80万立方米，使用年限12年。该项目可使大荆、雁荡片区4镇5乡受益。

26日　倪德西主编的《乐清华侨志》由中国文史出版社出版。该志共10章45万字。

26日至2008年1月1日　2007中国剪纸艺术大赛在温州市展览馆举行，来自全国28个省（市、自治区）的400余幅作品参赛展览。展览期间评出了这次大赛的获奖作品。大赛评出全国剪纸最高奖"金剪刀"奖5名，乐清市的全国刻纸特级技师金钱妹的乐清细纹刻纸新作《西游记》榜上有名。这是继中国工艺美术大师林邦栋之后乐清市夺得的又一把"金剪刀"。漫画家周明心的漫画剪纸《刀下留人》在此次大赛中获得金奖，其他剪纸高手捧回了3个银奖和5个铜奖。本次比赛由中华民族文化促进会剪纸艺术委员会、温州市文联、浙江省工艺美术行业协会联合举办。

27日　乐清籍科学家杨焕明、王克明当选中科院院士。54岁的生物科学家杨焕明教授是乐成镇南岸村人，现为中国科学院北京基因组研究所所长，他主持完成的"人类基因组计划——中国卷"使中国成为被称为"二十一世纪登月计划"的宏伟项目的成员国。材料物理学家王克明教授1939年3月出生于黄华镇三村，1961年毕业于山东大学并留校工作至今，长期从事离子束与固体相互作用及材料改性的研究。

27日　为了宣传、褒扬爱心，引导更多的人参与爱心活动，《乐清日报》启动了"中凯杯2007乐清爱心使者"评选活动。经推荐、投票、评审，确定干香菊、王小玲、叶定献、林丽、赵成付赵良辉父子、钟德君、郑春开、戚露丹、特教学校语训班教师（集体）、乐清义工在线(集体)等10名为"2007年乐清爱心使者"，乐成镇四中九（1）班（集体）、曹刚、朱忠存（朱爱心）、干彩娟、黄乐飞、金勤南、陆兰香、蒋林叨、小区管理员和楼道长(集体)等9名获"爱心使者"提名奖。

27～28日　乐清市域总体规划与土地利用总体规划衔接专题报告会审在杭州顺利通过。

28日　乐清中学举行统战工作站成立暨授牌仪式。乐清中学统战工作站为温州市首家县级统战工作站。

本月　大荆雁荡供水工程建成，东片群众首次吃上卫生达标水。此工程的建成，大大缓解了乐清东片缺水问题，促进了东片的经济和社会发展。

本月　乐清市处置民间非法金融活动领导小组办公室成立。2007年以来，乐清民间非法金融活动、"六合彩"、"山头赌博"和"担保公司"等问题纠缠在一起，影响了社会稳定。为此，自3月份以来，市委、市府召开了一系列专题会议进行研究和部署，坚持打击与引导并举，处置工作取得了一定的成效。为了加强对民间非法金融活动的处置和化解，市政府专门成立了乐清市处置民间非法金融活动领导小组办公室，实施"打击、化解、教育、防范"八字方针，深入开展有关处置化解工作，严厉打击民间非法金融活动，维护了金融经济秩序和社会和谐稳定。

本年　全市31个乡镇有5000多户农户（企业）在全国30个省（市、自治区）从事农业生产经营，在外建立了35万亩网络式粮食生产基地，其中订单收购25万亩，为全市提供优质大米8万多吨，产值达10亿元。

本年　全市基本完成山林延包和换发林权证等各项任务。这次山林延包的主要内容是：以20世纪80年代的林业"三定"和完善林业生产责任制为基础，将原山林所有权证和自留山使用证四至核对清楚后换发成《中华人民共和国林权证》，四至核对清楚后的承包山的山林承包期将延长到2055年12月31日。统管山四至核对清楚后也将一并发放林权证。

本年　乐清市工业总产值突破千亿元大关，达1008.7亿元，成为温州市首个工业总产值超千亿元的县(市)。

组 织 机 构

市 级 机 构

中共乐清市第十二届委员会

书　记　黄正强
副书记　潘孝政　郑建海
常　委　黄正强　潘孝政
郑建海　王　军
胡松权
张德玉（—2007.04）
邹跃新　陈胜峰
张亨利　朱赛月(女)
吴云峰　连新良
薛克风（2007.04—）
委　员（按姓氏笔画为序）
丁筱海　王　军
王友闻　王家华
叶乐安　朱赛月(女)
李银巧　连新良
吴云峰　谷燎原
邹跃新　张亨利
张德玉（—2007.04）
陈向东　陈旭光
陈利义　陈建春
陈胜峰
陈宣安（—2007.04）
郑建海　赵乐强
赵明皓　胡成剑
胡松权　胡晓翔
南晓燕(女)
徐祥钦　黄正强
黄勤乐　黄曙峰
章纪泉　谢明荣
詹必华　蔡成渭
廖凯峰　廖凯敏
潘云夫　潘孝政
薛克风（2007.04—）
候补委员（按得票多少排列）
章显岳　林仕明
余协献　朱志成
施跃华　陈华禄
翁文军

中共乐清市委工作部门和直属机构

办公室
主　任　徐祥钦
副主任　吴存好（—2007.03）
林剑敏　朱小敏
陈绍鲁　李学平
王　誉
林仕明（2007.12—）

农村工作办公室
主　任　李学平
副主任　胡修茂（—2007.12）
项近森（2007.03—）
王升安（2007.03—）

扶贫老区工作办公室
主　任　薛建敏（女，—2007.03）
项近森（2007.03—）
副主任　周怀云（—2007.03）

信访局
局　长　林剑敏
副局长　余江艇（—2007.12）
林新益（—2007.03）
林云志（2007.03—）
刘小岳（2007.03—）
黄仁芬（女，2007.03—）

政策研究室
主　任　朱小敏
副主任　董海波（—2007.12）
林　浩（2007.12—）

督查室
主　任　陈雪冰（—2007.12）
李　生（2007.12—）

组织部
部　长　张亨利
常务副部长
赵思平
副部长　吴朋梅（—2007.03）
陈旭光　张忠强
黄云义
陈宣安（—2007.04）
王瑞莹（2007.03—）
副部职组织员
包小闯（2007.03—）
陈乐供（2007.03—）

社会工作委员会
书　记　陈旭光
副书记　张立中（2007.03—）

宣传部
部　长　陈胜峰
常务副部长
瞿维妙（女）
副部长　陈华荣
孔庆元（—2007.03）
项宏志　周朝清
王　东（2007.03—）
宣传口党委书记
陈胜峰
副书记　陈华荣　范乐明

统战部
（台湾工作办公室、台湾事务办公室）
部　长　朱赛月（女）
常务副部长
陈纪旺（—2007.03）

周宏扬（2007.03—）
副部长　周宏扬（—2007.03）
王江涌　王建琴（女）
胡里生
台办主任　王江涌
台办副主任
陈颂民

政法委员会
书　记　赵乐强（—2007.01）
郑建海（2007.01—）
副书记　章纪泉（—2007.01）
王　军（2007.01—）
胡松权　许大凤
叶安光　项昌林
政治处主任
陈蓓芬（女，2007.08—）

社会治安综合治理委员会办公室
主　任　许大凤
副主任　方荣权

市委610办公室
主　任　许大凤
副主任　郑可孟

建设“平安乐清”领导小组办公室
主　任　许大凤
副主任　叶安光

直属机关工作委员会
书　记　陈建春
副书记　郑志强　江标元
纪工委书记
牟建云
副局级组织员
何明才（—2007.03）

老干部局
局　长　吴朋梅（—2007.03）
王瑞莹（2007.03—）
副局长　朱立功（—2007.12）
郑春乾（2007.12—）
胡凌云（女，2007.12—）

关心下一代工作委员会办公室
主　任　吴朋梅（—2007.03）
王瑞莹（2007.03—）
副主任　陈益彬

档案局（档案馆）
局长（馆长）
吴金汉
副局长（副馆长）
林玉琴（女）
郑晓春
党组书记　吴金汉

党史研究室
主　任　黄云义
副主任　王升安　（—2007.03）
林　强（2007.08—）

市委党校
校　长　赵乐强（—2007.01）
郑建海（2007.01—）
常务副校长
李永鑫
副校长　吴喜进　梁　彬
胡旭亮（2007.03—）

精神文明建设指导委员会办公室
主　任　孔庆元（—2007.03）
王　东（2007.03—）
副主任　叶旭莹　南　云
邵国清

中共乐清市纪律检查委员会
书　记　邹跃新
副书记　赵顺鹏　杨建光
常　委　邹跃新　赵顺鹏
杨建光　蔡海燕（女）
张胜平　李　锋
李光珠

办公室
主　任　李　锋（—2007.08）

信访室（市政府行政监察举报中心）
主　任　陈　龙

案件审理室
主　任　李建权

宣传教育室
主　任　倪　炯（—2007.08）

执法监察室
主　任　李光珠（—2007.08）
徐　珍（女，2007.08—）

党风廉政建设室
主　任　陈亦宇

纪检监察一室
主　任　王世治（—2007.03）

纪检监察二室
主　任　吴思存（2007.08—）

乐清市第十三届人民代表大会常务委员会　（—2007.02）
主　任　周必华
副主任　王建华（女）
倪蓉棣　朱赛月（女）
张亨根　陈景飞
委　员（按姓氏笔画为序）
包秀松　叶宝芬（女）
叶祥尧　卢素卿（女）
吕夏娃（女）
连千寿　陈加文
陈景飞　余若鹏
杨晓阳　郑元飞
郑春乾　周宏星
林昌方　林定森
林紫金　林黎明
赵建平（女）
南晓燕（女）
夏金钿　赖国贵
党组书记　周必华
副书记　王建华（女）

乐清市第十四届人民代表大会常务委员会　（2007.02—）
主　任　赵乐强
副主任　王建华（女）
周素芬（女）
周明涛　倪蓉棣
张亨根　陈景飞
委　员（按姓氏笔画为序）
卢素卿（女）
叶贤兰　叶宝芬（女）
叶祥尧　李成文
杨寒立　连千寿
吴安武　陈千奎
陈国华　陈桓平
陈健敏　陈海英（女）
林昌方　周建华

郑元飞　赵典虞
赵思平　南晓燕（女）
姚修升　高娥微（女）
黄李忠　黄银多
黄道成　黄勤乐
赖国贵
党组书记　赵乐强
副书记　王建华（女）

市人大工作部门
办公室
主　任　郑春乾（—2007.03）
姚修升（2007.03—）
副主任　钱忠萍（女）

法制工作委员会
主　任　周宏星（—2007.03）
黄银多（2007.03—）
副主任　杨寒立（2007.03—）
郑爱媚（女）
林道钰（—2007.03）

教科文卫体工作委员会
主　任　陈加文（—2007.03）
吴安武（2007.03—）
副主任　吕夏娃（女，—2007.03）
高娥微（女，2007.03—）
朱孔西（2007.12—）

财政经济工作委员会
主　任　林定森（—2007.03）
陈海英（女，2007.03—）
副主任　何向荣（女，—2007.03）
朱　健（2007.12—）

农村经济城市建设工作委员会
主　任　林紫金（—2007.03）
赵典虞（2007.03—）
副主任　杨晓阳（—2007.03）
陈桓平（2007.03—）

代表工作委员会
主　任　叶宝芬（女）
副主任　陈登林（—2007.03）
郑立平
叶贤兰（2007.03—）

乐清市人民政府
市　长　潘孝政
副市长　章纪泉（—2007.02）
王　军
吴建华（—2007.02）
周素芬（女，—2007.02）
林培根（—2007.02）
周明涛（—2007.02）
陈向东　胡晓翔
王家华
方　青（女，2007.02—）
李银巧（2007.02—）
胡成剑（2007.02—）
党组书记　潘孝政
党组副书记
章纪泉（—2007.02）
王　军（2007.02—）

乐清市人民法院
院　长　丁筱海
副院长　薛化升　朱鹏鸣
鲍潇舲（女）
黄道强（2007.03—）
党组书记　丁筱海
党组副书记
薛化升（2007.03—）
张守奎（2007.12—）
纪检组长　张守奎
政治处主任
黄道强（—2007.07）
范道敏（2007.07—）

执行局
局　长　吴健乐

柳市人民法庭
庭　长　张立雄

虹桥人民法庭
庭　长　范道敏（—2007.07）

大荆人民法庭
庭　长　方孔强（—2007.07）
卢庆哲（2007.07—）

乐清市人民检察院
检察长　黄曙峰
副检察长　赵新建　谷　丰
徐小平
党组书记　黄曙峰
党组副书记
赵新建（2007.03—）
纪检组长　楼贤生（2007.05—）
政治处主任
钱立波（2007.05—）

反贪污贿赂局
局　长　吴海潮（2007.05—）

乐清市人民政府工作部门和直属机构
办公室
主　任　赵明皓
副主任　朱胜坚　杨云彪
朱志成（—2007.03）
潘旭东　王爱芬（女）
赵顺川（—2007.03）
张其贵（2007.03—）
吴呈钱（2007.03—）
周文中（2007.03—）
董海波（2007.12—）
党组书记　赵明皓
纪检组长　程桔明（—2007.12）
周建海（2007.12—）

外事侨务办公室
主　任　陈汉春（—2007.03）
吴寿喜（2007.03—）
副主任　吴寿喜（—2007.03）
金道华　周越女（女）
党组书记　陈汉春（—2007.07）
吴寿喜（2007.07—）

法制办公室
主　任　黄银多（—2007.03）
朱胜坚（2007.03—）
副主任　陈　霞（女）
吴步钦（2007.08—）

督查室
主　任　周文中（—2007.03）
周晓阳（2007.12—）

应急管理办公室
主　任　董海波（2007.12—）

地方志编纂委员会办公室
主　任

人民政府驻北京联络处
主　任　章纪光

副主任　　林云志（2007.03—）
党委书记　章纪光

人民政府驻杭州办事处
主　任　　韩小强
副主任　　项小青（女，—2007.07）

人民政府驻上海工作处
主　任　　仇展炜
副主任　　林士中
党委书记　项国忠（2007.12—）

发展和改革局（粮食局）
局　长　　廖凯敏
副局长（发展和改革局）
　　　　　李忠银（—2007.12）
　　　　　李守亮（—2007.03）
　　　　　吴人江（—2007.01）
　　　　　施成栋
　　　　　郑济斌（—2007.10）
　　　　　杨晓阳（2007.03—）
　　　　　钱尧仁（2007.12—）
副局长（粮食局）
　　　　　陈定华
　　　　　陈良福（2007.12—）
党委书记　廖凯敏
纪委书记　金聪巧

经济贸易局
局　长　　朱玉成（—2007.03）
　　　　　赵顺川（2007.03—）
副局长　　陈桓平（—2007.03）
　　　　　杨近法　　臧国华
　　　　　仇保雷
　　　　　张　帆（2007.10—）
党委书记　朱玉成
副书记　　胡士爱
　　　　　赵顺川（2007.03—）
纪委书记　郑春乾（—2007.12）
　　　　　陈邦俊（2007.12—）

教育局
局　长　　朱　毅（—2007.03）
　　　　　王友闻（2007.03—）
副局长　　林加权
　　　　　王瑞莹（—2007.03）
　　　　　王松英（女）
　　　　　叶建新
　　　　　连　明（2007.12—）
党委书记　朱　毅（—2007.12）
　　　　　王友闻（2007.12—）
副书记　　林加权
　　　　　王友闻
　　　　　（2007.03—2007.12）
纪委书记　刘安美（女，2007.03—）

市人民政府教育督导室
主　任　　周素芬(女)
副主任　　连　明（2007.12—）
　　　　　谷燎原　　朱　毅
　　　　　林加权　　王瑞莹
　　　　　王　誉　　王松英(女)
　　　　　林　开

教师进修学校
校　长　　何传松

乐清中学
校　长　　吕　品（—2007.07）
　　　　　叶文杰（2007.12—）

职业中等专业学校
校　长　　章明朗
党支部书记
　　　　　章明朗

浙江广播电视大学乐清分校
校　长　　连　明（—2007.12）

科学技术局
局　长　　李海斌
副局长　　陈汉乐
　　　　　游康贵（—2007.08）
　　　　　徐崇铭
　　　　　何向荣（女，2007.03—）
党组书记　李海斌
副书记　　陈汉乐

民族宗教事务局
局　长　　王建琴（女）
副局长　　朱孔西（—2007.12）
党组书记　王建琴（女）

公安局
局　长　　胡松权
常务副局长
　　　　　刘国珍（2007.03—）
副局长　　范晓东（—2007.03）
　　　　　刘国珍（—2007.03）
　　　　　陈建中（2007.03—）
　　　　　钱吉伟（—2007.07）
　　　　　徐良悟　　杨相岳
督察长　　陈建中（—2007.03）
　　　　　叶　坚（2007.03—）
政　委　　李　明
副政委　　陈建中（—2007.03）
　　　　　谷乐荣（2007.03—）
党委书记　胡松权
副书记　　李　明
　　　　　刘国珍（2007.03—）
纪委书记　陈建中（—2007.03）
　　　　　叶　坚（2007.03—）
政治处主任
　　　　　谷乐荣

公安局交通巡逻警察大队
大队长　　谷冶宏
教导员　　周建平（—2007.12）

监察局
局　长　　赵顺鹏
副局长　　张京生（—2007.03）
　　　　　蔡海燕（女，2007.03—）
　　　　　张胜平　　瞿豪敏

机关效能监察投拆中心
主　任　　瞿豪敏（—2007.08）
　　　　　倪　炯（2007.08—）

民政局
局　长　　詹必华（—2007.03）
　　　　　吴存好（2007.03—）
副局长　　薛建敏（女，—2007.12）
　　　　　屠定金（—2007.09）
　　　　　王盛瑜
　　　　　王贤明（—2007.10）
　　　　　周怀云（2007.03—）
　　　　　杨　刚（2007.12—）
党组书记　詹必华（—2007.03）
　　　　　吴存好（2007.03—）
纪检组长　周　勤（—2007.12）
　　　　　支小琴（女，2007.12—）

老龄工作委员会办公室
主　任　　潘以珂

司法局

局　长　夏功良
副局长　方晓丹（女）
钱　洁（女）　陈　彬
党组书记　夏功良

财政局
局　长　叶乐安
副局长　周庆耀　董法朗
孔庆元（2007.03—）
总会计师　钱乐洋
党组书记　徐　扬（—2007.02）
叶乐安（2007.02—）
副书记　叶乐安（—2007.02）
周庆耀　郑汉胜
纪检组长　陈宣定

国有资产监督管理委员会办公室
主　任　叶乐安
副主任　郑汉胜

人事局
局　长　张忠强
副局长　陈亦殊（女）
王万春
党组书记　张忠强

机构编制委员会办公室
主　任　张忠强
副主任　郑维才

劳动和社会保障局
局　长　陈新生
副局长　余式林
吴安武（—2007.03）
周衍仲　黄赛芬（女）
党组书记　陈新生
纪检组长　王源开

规划建设局
局　长　李银巧（—2007.03）
詹必华（2007.03—）
副局长　姚修升（—2007.03）
何小曙
王振光（—2007.03）
许创海
林瑾瑜（2007.03—）
总工程师　林瑾瑜（—2007.03）
陈志良（2007.03—）
党委书记　高建光
副书记　李银巧（—2007.03）
姚修升（—2007.03）
詹必华（2007.03—）
何小曙（2007.03—）
纪委书记　周　勤（2007.12—）

温州市七里规划管理分局
局　长　郑祥和

交通局
局　长　王友闻（—2007.03）
范晓东（2007.03—）
副局长　胡庆凯　方孔吾
邵朱林（—2007.07）
吴国华
郑小荣（2007.12—）
党委书记　王友闻（—2007.03）
范晓东（2007.03—）
党委副书记
胡庆凯（2007.03—）
纪委书记　姚强迪（—2007.03）
王世治（2007.03—）

公路运输管理所（公路稽征所）
所　长　李琼林

公路管理段
段　长　方孔吾（—2007.12）
赵盈峰（2007.12—）

长途汽车运输总公司
总经理　孔宁举
党委书记　蔡　燕（女，—2007.07）

水利局
局　长　南　远
副局长　吴呈兴　卢康金
林圣福
詹恭学（—2007.10）
臧培坚
党组书记　南　远
纪检组长　叶贤兰（—2007.03）
何顺绪（2007.03—）

农业局（林业局）
局　长　王育泉（—2007.03）
朱志成（2007.03—）
副局长（农业局）
赵宣楼（—2007.03）
朱阿通
彭成荣（—2007.03）
黄向永（—2007.10）
张美赋（2007.03—）
副局长（林业局）
罗柳富
党委书记　王育泉（—2007.12）
朱志成（2007.12—）
党委副书记
朱志成
（2007.03—2007.12）
朱阿通（2007.03—）
纪委书记　徐振华

农机管理总站
站　长　张美赋（—2007.12）
施达勤（2007.12—）

畜牧兽医局（市动物卫生监督所）
局长（所长）
方妙华

海洋与渔业局
局　长　倪孟乐
副局长　李琼文　李振南
伍善庆
人武部长　张贤胜
党组书记　倪孟乐
纪检组长　卢爱武（女）

文化广电新闻出版局
局　长　朱方志（—2007.03）
郑晓峰（2007.03—）
副局长　吴良明　南凝平（女）
戴成福
金可洪（2007.12—）
党组书记　朱方志（—2007.03）
郑晓峰（2007.03—）
纪检组长　施行银

卫生局
局　长　陈利义
副局长　朱银媚（女，—2007.12）
林加森　郑安祥
朱燕燕（女，2007.03—）
余江艇（2007.12—）
吴培兴（2007.12—）
党委书记　陈利义
副书记　连正郭

纪委书记　连正郭

爱国卫生运动委员会办公室
主　任　郑安祥

人民医院
院　长　褚茂平（—2007.07）
　　　　陈余钿（2007.07—）
党委书记　蔡小松（—2007.12）
　　　　王曼虹（女，2007.12—）

疾病预防控制中心
主　任　杨曙光

卫生监督所
所　长　余江艇（2007.12—）

人口和计划生育局
局　长　刘　勇（—2007.03）
　　　　翁文军（2007.03—）
副局长　陈乐之（女）
　　　　林　红（女，2007.03—）
党组书记　刘　勇（—2007.03）
　　　　翁文军（2007.03—）
纪检组长　陈联荣

审计局
局　长　李少斐（—2007.03）
　　　　刘　勇（2007.03—）
副局长　陈海英（女，—2007.03）
　　　　余淑华（女）　王继青
　　　　张曼芬（女，2007.03—）
党组书记　李少斐
纪检组长　袁　杰

统计局
局　长　金超英（女）
副局长　何爱珠（女）
　　　　张建州（2007.12—）
党组书记　金超英（女）

农村经济调查队
队　长　张建州

环境保护局
局　长　余协献
副局长　孔万林
　　　　钱尧仁（—2007.12）
　　　　朱松强
　　　　应开荣（2007.03—）
　　　　周建平（2007.12—）
党组书记　余协献
副书记　项国忠（—2007.12）
　　　　胡修茂（2007.12—）
纪检组长　项国忠（—2007.12）
　　　　胡修茂（2007.12—）

生态市建设工作领导小组办公室
主　任　余协献
副主任　郑道福

安全生产监督管理局
局　长　施旭晨
副局长　张建义（—2007.03）
　　　　傅利铭　郑京钗
　　　　周培江（2007.12—）
党组书记　施旭晨

人民防空办公室（民防局）
主任（局长）
　　　　林佳节
　　　　（2007.08起兼任民防局局长）
副主任（副局长）
　　　　郑元强
　　　　（2007.08起兼任民防局副局长）

人民政府打击走私与海防口岸管理办公室
主　任　万寿余
副主任　林贤西　陈福国

广播电视台
台　长　郑晓峰（—2007.03）
　　　　陈华禄（2007.03—）
副台长　王旭良　张　龙
　　　　林　午
　　　　陈爱珍（女，2007.12—）
总工程师　陈宣程
党组书记　郑晓峰（—2007.03）
　　　　陈华禄（2007.03—）
副书记　朱维辉
纪检组长　朱维辉

房产管理局
局　长　张银麟（—2007.03）
　　　　吴朋梅（2007.03—）
副局长　钟贞德
　　　　吴呈钱（—2007.03）
　　　　陈存松（—2007.10）
　　　　梁赛华
　　　　朱立功（2007.12—）
党组书记　张银麟
副书记　钟贞德
　　　　吴朋梅（2007.03—）
纪检组长　周海芬（女）

市康居工程建设指挥部
指　挥　钟贞德（2007.03—）

对外贸易经济合作局
局　长　杨爱琴（女）
副局长　叶存真
　　　　杨颖俊（—2007.01）
　　　　项加明（2007.07—）
党组书记　杨爱琴（女）

市政园林局
局　长　施跃华
副局长　赵志坚
　　　　郑达成（—2007.07）
　　　　林福喜　赵祥川
　　　　张京生（2007.03—）
　　　　张锦江（2007.12—）
总工程师　杨晓东
党委书记　施跃华
副书记　郑巨隆
纪委书记　郑巨隆

供水集团有限责任公司
总经理　赵祥川
党委书记　赵祥川

污水处理工程建设指挥部
指　挥　周明涛（—2007.02）
　　　　李银巧（2007.02—）
常务副指挥
　　　　赵志坚
副指挥　高凌云

农村改水办公室
主　任　屠　晓（2007.03—）

市级机关事务管理局、市委市政府接待处
局长（处长）
　　　　蔡贞洛
副局长　郑小荣（—2007.12）

郑旭龙　倪火春
程桔明（2007.12—）
党组书记　蔡贞洛

体育事业发展局
局　长　钱云生（—2007.03）
倪荣平（2007.03—）
副局长　胡尧芦　万建旭
刘　斌（2007.12—）
党组书记　钱云生（—2007.12）
倪荣平（2007.12—）
党组副书记
倪荣平
（2007.03—2007.12）

风景旅游管理局
局　长　王　东（—2007.03）
张金财（2007.03—）
副局长　陈万钦（—2007.03）
石子娟（女）
徐立志（2007.03—）
包建华（2007.12—）
党组书记　王　东（—2007.03）
张金财（2007.03—）

人民政府经济技术协作办公室
（招商局）
主任（局长）
黄道中
副主任（副局长）
陈明乾
姚公辉（2007.07—）
党组书记　黄道中

移民安置办公室
主　任　薛建敏（女，—2007.12）
蔡小松（2007.12—）
副主任　张连钱　胡秀芬（女）

行政审批管理办公室
（行政服务中心）
主　任　翁文军（—2007.03）
李守亮
（2007.03—，2007.08起
兼任行政审批管理办公室主任）
副主任　潘瑞林
（2007.08起兼任
行政审批管理办公室副主任）
钱志芳
（2007.08起兼任
行政审批管理办公室副主任）
党组书记　翁文军（—2007.03）
李守亮（2007.03—）

中雁荡山风景旅游管理委员会
主　任　胡志云
副主任　罗定阳　史战胜
张卓鹏

乐清经济开发区管理委员会
主　任　陈华禄（—2007.03）
张建义（2007.03—）
副主任　陈昌匡
姚公辉（—2007.07）
项加明（—2007.07）
叶云华　吴以博
郑良义（2007.07—）
朱小恭（2007.07—）
党委书记　陈华禄（—2007.03）
张建义（2007.03—）
纪委书记　徐益勤

乐清湾港区开发建设管理委员会
主　任　卢纪清
副主任　赵联强　杨　智
党委书记　卢纪清
纪委书记　卓大巨

乐海围垦工程建设指挥部
指　挥　吴建华（—2007.04）
胡成剑(2007.04—)
常务副指挥
吴以博
副指挥　夏长青　吴朋生

教育园区建设管理委员会
主　任　倪荣平（—2007.03）
林加权（2007.03—）
副主任　周庆栋　连林福
党组书记　倪荣平（—2007.03）
林加权（2007.03—）

中心区开发建设管理委员会
主　任　倪海云
副主任　陈庆林（—2007.12）
袁宏智　胡里碎
钱彦芳
张海旭（2007.12—）
党组书记　倪海云
纪检组长　潘洪德

禁毒专项斗争指挥部
总指挥　赵乐强（—2007.01）
郑建海（2007.01—）
副总指挥　章纪泉（—2007.01）
王　军（2007.01—）
副总指挥、指挥
胡松权
副指挥　范晓东（—2007.03）
郑晓东　陈宣贤
党组书记　刘国珍(2007.07—)

旧城改造指挥部
指　挥　连加清（—2007.05）
邵朱林（2007.07—）
副指挥　林云志（—2007.03）
张海旭（—2007.12）
李建云（2007.12—）
党组书记　连加清（—2007.05）
邵朱林（2007.07—）
纪检组长　赵玉宏（女）

旧村改造指挥部
指　挥　谢炳献
副指挥　卢祥宝
张其贵（—2007.03）
党组书记　谢炳献

招投标市场管理委员会
主　任　董法朗
副主任　王金南

招投标中心
主　任　张曼芬（女，—2007.03）
卢正文（2007.03—）

引水工程建设指挥部
指　挥　周明涛（—2007.05）
李银巧（2007.05—）
常务副指挥
郑圣余
副指挥　周洪宝
林道龙（2007.12—）

甬台温铁路乐清段工程建设指挥部
指　挥　章纪泉（—2007.10）
王　军（2007.10—）

常务副指挥
章华宋
副指挥 叶日尚 连岩志
谢圣仁（2007.12－）
党组书记 章华宋（2007.12－）

市中心大道工程建设指挥部
总指挥 周明涛（－2007.04）
李银巧（2007.04－）
常务副总指挥
吴国华
副总指挥 林佳禄(2007.03－)
倪海滨(2007.03－)

温州绕城高速公路北线乐清段工程建设指挥部
指 挥 章纪泉（－2007.02）
王 军（2007.02－）
副指挥 郑春和

二轻工业总公司
总经理 应开荣（－2007.03）
彭成荣（2007.03－）
副总经理 沈 彤
党委书记 应开荣（－2007.03）
彭成荣（2007.03－）
纪委书记 陈邦俊（－2007.12）

经济技术开发总公司
副总经理 杜建海
党支部书记
杜建海

供销合作社联合社
（温州金鹰集团公司）
主任（总经理）
夏建明
副主任（副总经理）
赵顺招
盛永福
党委书记 夏建明

政协第十届乐清市委员会
（－2007.02）
主 席 张国谦
副主席 陈俊懋 倪德西
杨书元 李 丹
方 青（女）
秘书长 殷乐铭
副秘书长 陈纪旺 陈维国
张金琪 胡光定
金亚平 黄 晞
常 委 马彩忠 王汝杰
元春根 叶旭华
叶任杰 叶君奋（女）
卢爱迪（女）
朱信敏 张一平
张金琪 杨永湖
陈纪旺 陈维国
吴泽林 何建国
谷春萍（女）
周仕焕 周 成
周朝进 金亚平
金绍平 金福音
范明明（女）
施中旦 胡成国
胡光定 胡志明
胡应潘 柳知春
赵典虞 殷乐铭
徐莲萍（女）
倪君权 高娥微（女）
章云友 黄元明
黄升祥 黄 晞
黄勤乐 释了我
温兴荣 潘教武
党组书记 张国谦
党组副书记
陈俊懋

政协第十一届乐清市委员会
（2007.02－）
主 席 章纪泉
副主席 杨书元 林培根
李 丹 徐 扬
谷燎原 陈亦姝（女）
秘书长 殷乐铭
副秘书长 周宏扬(2007.06－)
陈维国 张金琪
林月和(女，2007.06－)
林 坚(2007.06－)
胡里生(2007.06－)
朱锦成(2007.06－)
常 委 马彩忠 王达武
仇文荣 叶旭华
叶君奋（女）
卢爱迪（女）
朱信敏 朱锦成
刘美利（女）
江浙浙（女）
吴泽林 何友成
何文军 何明才
何建国 张 永
张一平 张伟成
张金琪 陈旭红（女）
陈维国 陈道荣
范明明（女）
林 坚 林小露（女）
林月和（女）
林道钰 周宏扬
周晓丹（女）
项宏志 胡志兴
胡志明 胡金财
南胜攀 钱 洁（女）
倪君权 徐莲萍（女）
黄云义 黄元明
黄志安 程安林
释显宝（女）
党组书记 章纪泉
党组副书记
杨书元

办公室
主 任 殷乐铭
副主任 卢品才 郑 朴

提案委员会
主 任 卢爱迪（女）
副主任 吴存好（－2007.06）
赵明皓（－2007.06）
王小莉（－2007.05）
陈绍鲁（2007.06－）
王爱芬（女，2007.06－）
何明才（2007.03－）

文史资料委员会
主 任 黄元明
副主任 梁世干（－2007.06）
蔡中宣（－2007.06）
许宗斌（－2007.06）
王纪芳（－2007.06）
项宏志（2007.06－）
陈首旦（2007.06－）
卢友中（2007.06－）
杨 坚
李振南（2007.06－）

经济建设委员会

主　任　温兴荣（—2007.03）
何友成（2007.03—）
副主任　董法朗
李学平（—2007.06）
赵宣楼（—2007.06）
赵祥川（2007.06—）
胡庆凯（2007.06—）
钱尧仁
胡修茂（2007.06—）
胡永斌（2007.12—）

科教文卫体委员会
主　任　谷春萍（女，—2007.03）
周晓丹（女，2007.03—）
副主任　胡纪德（—2007.06）
王瑞莹（—2007.06）
钱云生（—2007.06）
游康贵（—2007.06）
阮金锋（—2007.06）
陈汉乐（2007.06—）
王松英（女，2007.06—）
林加森（2007.06—）
南凝平（女，2007.06—）
万建旭（2007.06—）
叶旭华（2007.03—）

社会与法制委员会
主　任　何友成（—2007.03）
林道钰（2007.03—）
副主任　刘安美（女，—2007.06）
王汝杰（—2007.06）
薛建敏（女，—2007.06）
王江涌（—2007.06）
黄勤乐（—2007.06）
周宏扬（2007.06—）
刘国珍（2007.06—）
谷　丰（2007.06—）
鲍潇舲（女，2007.06—）
钱　洁（女，2007.06—）

港澳台侨委员会
主　任　吴泽林
副主任　陈靖之(—2007.06)
项小青（女，—2007.06）
吴寿喜（2007.06—）
陈颂民（2007.06—）

中国人民解放军乐清市人民武装部
部　长　薛克风
政治委员　张德玉（—2007.03）
唐书林（2007.03—）
副部长　姜　新
党委书记　张德玉（—2007.03）
唐书林（2007.03—）
副书记　薛克风

乐清市各民主党派和工商联
民革乐清市总支
主　委　张亨根
副主委　陈维国　叶旭华

民盟乐清市委会
主　委　方　青（女）
副主委　张金琪　何文军

民建乐清市总支
主　委　林月和（女）
副主委　胡光定

农工党乐清市总支
主　委　李　丹
副主委　金亚平　陈呈新
林　坚

工商业联合会（总商会）
会　长　陈道荣
副会长　胡里生　王晓武
陈余良　朱信敏
张　永　施雷杰
郑元豹　叶祥尧
李成文　陈呈新
赖国贵　潘笃华
林昌方　刘美利（女）
叶仁洁
党组书记　胡里生

主要群众团体
乐清市总工会
主　席　谷燎原
副主席　周晓丹（女，—2007.03）
黄升祥（—2007.01）
黄道成　徐乐荣
党组书记　谷燎原
党组副书记
黄道成

共青团乐清市委
书　记　黄勤乐
副书记　林小露（女）
党组书记　黄勤乐

乐清市妇女联合会
主　席　南晓燕（女）
副主席　高娥微（女，—2007.03）
江浙浙（女）
党组书记　南晓燕（女）

乐清市科学技术协会
主　席　赵典虞（—2007.03）
黄　晞（2007.03—）
副主席　许学东　周朝义
夏振乐（2007.12—）
赵宣楼　臧国华
王松英（女）
陈日曙　游康贵
党组书记　赵典虞（—2007.03）
黄　晞（2007.03—）

乐清市归国华侨联合会
主　席　倪德西
副主席　干　劲（女）
叶品波　余云义
张一平

乐清市文学艺术界联合会
主　席　张文兵
副主席　张保利　倪蓉棣
詹成樊　刘瑞坤
叶君奋（女）
倪朔野　高公博

乐清市残疾人联合会
理事长　蔡贞桂
副理事长　臧国力
陈成磊（2007.12—）
党组书记　蔡贞桂

乐清市社会科学界联合会
主　席　项宏志

乡镇机构

乐成镇
党　委
书　记　胡成剑（—2007.3）
蔡成渭（2007.3—）

副书记　王振光（2007.3—）
　　王　敏
纪委书记　陈瑶乐
委　员　陈瑶乐　李方涛
　　陈凌云
　　郑来鸿（女,—2007.10）
　　连建浩　金伍英（女）
　　管国强
　　胡里碎（2007.3—）
　　徐　云（女,2007.12—）

人　大
主　席　陈国华
副主席　黄贤进　孙建芬（女）

政　府
镇　长　蔡成渭（—2007.3）
　　王振光（2007.3—）
副镇长　李方涛　陈凌云
　　吴建荣　郑　义

柳市镇
党　委
书　记　连新良
副书记　程天青　项洪富
纪委书记　干利民
委　员　郑佑成　干利民
　　叶晓敏　杨素丹（女）
　　陈　平　蒋献生
　　虞维克（—2007.10）
　　严茂丰（2007.7—）
　　连正坚（2007.12—）

人　大
主　席　陈　民
副主席　王祥清　赵章彬

政　府
镇　长　程天青
副镇长　叶晓敏　杨素丹（女）
　　吴思哲　林金乐

虹桥镇
党　委
书　记　夏雨祥（—2007.3）
　　谢明荣（2007.3—）
副书记　黄　靖　蔡昌光
纪委书记　黄海强
委　员　张　帆（—2007.10）
　　黄海强　周万炯
　　徐　燕（女）　杨光良
　　丁加力　林　秀
　　刘寅初（2007.7—）

人　大
主　席　许大龙
副主席　瞿建林

政　府
镇　长　黄　靖
副镇长　周万炯　徐　燕（女）
　　刘年余　高奇华

北白象镇
党　委
书　记　潘云夫
副书记　刘寅豹　张　慧
纪委书记　胡　义
委　员　胡　义　王剑林
　　黄爱丽（女）　章华宽
　　林　坚（—2007.7）
　　黄　衡　薛　凯
　　金献青（2007.7—）

人　大
主　席　张　慧
副主席　陈立达　黄玲迪（女）

政　府
镇　长　刘寅豹
副镇长　王剑林　黄爱丽（女）
　　周琳彬　郑加平

大荆镇
党　委
书　记　林仕明（—2007.12）
　　刘翔璋（2007.12—）
副书记　刘翔璋（—2007.12）
　　徐晓斌
纪委书记　戴本松
委　员　戴本松　徐亚丁
　　金良洪
　　李友定（—2007.12）
　　唐旭峰（2007.9—）

人　大
主　席　廖思鹏
副主席　郭华进　鲍庆敏

政　府
镇　长　刘翔璋
副镇长　李友定（—2007.12）
　　詹荷琳（女）　黄龙球
　　张文亮

磐石镇
党　委
书　记　郑志超
副书记　郑周文
纪委书记　洪　蛮
委　员　洪　蛮　潘　强
　　周建光　朱成武

人　大
主　席　郑志超
副主席　黄文杰

政　府
镇　长　万昌春
副镇长　潘　强　曹红武（女）
　　陈伟华

七里港镇
党　委
书　记　余春双（女）
副书记　林乐海　钱　宗
纪委书记　郑锡平
委　员　郑锡平　张山清
　　林　益　陈　武
　　林金存（2007.7—）
　　陈祥浩（2007.10—）

人　大
主　席　余春双（女）
副主席　陈贤胜

政　府
镇　长　林乐海
副镇长　张山清　陈新乐
　　倪海泉　潘力俭

黄华镇
党　委
书　记　谢明荣（—2007.3）
　　汤建鹏（2007.3—）
副书记　方励明
　　林新益（2007.3—）
纪委书记　方励明

委　员　陈祥浩（—2007.10）
　　　　郑源传　　蔡乐孟
　　　　郑昌富　　林建斌
　　　　贾德任（2007.7—）
　　　　陈　磊（2007.12—）

人　大
主　席　赵志荣
副主席　郑向群

政　府
镇　长　汤建鹏（—2007.3）
　　　　林新益（2007.3—）
副镇长　郑源传　　李振德
　　　　黄赛珍（女）　　季德强

翁垟镇
党　委
书　记　包光许
副书记　杨颖俊　　陈余海
纪委书记　王小英（女）
委　员　王小英（女）　　周　经
　　　　周克胜　　郑亦东
　　　　林茂华（2007.7—）

人　大
主　席　陈　峰
副主席　杨达中　　徐云星

政　府
镇　长　杨颖俊
副镇长　周　经　　郑存孟
　　　　王晓周
　　　　郑良义（—2007.7）
　　　　郑来鸿（女，2007.10—）

象阳镇
党　委
书　记　张金财（—2007.3）
　　　　薛冰峰（2007.3—）
副书记　朱迁进　　王乐鹏
纪委书记　胡锦锋
委　员　胡锦锋　　卢达华
　　　　吴盛兴　　陈微燕（女）
　　　　朱　锋（2007.7—）
　　　　虞维克（2007.10—）

人　大
主　席　黄贤强

政　府
镇　长　朱迁进
副镇长　卢达华　　陈文举
　　　　陈海敏　　苏海坚

白石镇
党　委
书　记　胡志云（—2007.12）
　　　　罗定阳（2007.12—）
副书记　罗定阳（—2007.12）
　　　　郑良斌
纪委书记　余桂芬（女）
委　员　余桂芬（女）
　　　　赵建政　　孔凡杰
　　　　黄向永（2007.10—）

人　大
主　席　胡志云
副主席　钱云化

政　府
镇　长　罗定阳
副镇长　朱明理（—2007.12）
　　　　戴安华　　戴慧乐
　　　　陈存松（2007.10—）

城北乡
党　委
书　记　郑巨化
副书记　郑胜芳　　吴旭松
纪委书记　吴旭松
委　员　包建花（女）
　　　　方旭东（2007.3—）

人　大
主　席　郑巨化
副主席　陈荣抱

政　府
乡　长　郑胜芳
副乡长　张　柳　　赵海祥

蒲岐镇
党　委
书　记　包建武
副书记　胡宁统　　吴良成
纪委书记　王寿媚（女）
委　员　王寿媚（女）
　　　　周海生（—2007.12）
　　　　杨　志　　钱向永
　　　　支升雲（2007.7—）

人　大
主　席　包建武
副主席　倪孟盛

政　府
镇　长　胡宁统
副镇长　周海生（—2007.12）
　　　　陈育飞　　徐祥忠
　　　　赵海滨
　　　　林　坚（2007.10—）

南岳镇
党　委
书　记　仇康亮
副书记　金智芳（女）　　叶国强
纪委书记　施洪贤
委　员　施洪贤　　周丕龙
　　　　蔡国栋　　许海峰

人　大
主　席　仇康亮
副主席　林鹏霄

政　府
镇　长　金智芳（女）
副镇长　周丕龙　　庄再忠
　　　　何文军　　胡　越
　　　　詹恭学（2007.10—）

石帆镇
党　委
书　记　徐耀野
副书记　周勤荣　　李　海
纪委书记　郑龙辉
委　员　郑龙辉　　卢国华
　　　　余月芙（女）　　王里程

人　大
主　席　徐耀野
副主席　叶连周

政　府
镇　长　周勤荣
副镇长　卢国华　　侯兴瑶
　　　　李步奋

淡溪镇

党　委

书　记　汤建生

副书记　阮金锋（—2007.10）

　　赵典力

纪委书记　倪晓燕（女）

委　员　倪晓燕（女）

　　周明山　支亦灵

　　谢建钦

人　大

主　席　汤建生

副主席　蒋大华

政　府

镇　长　阮金锋（—2007.10）

副镇长　周明山　王文明

　　林道龙（—2007.12）

天成乡

党　委

书　记　朱启仁（—2007.10）

　　阮金锋（2007.10—）

副书记　朱燕燕（女,—2007.3）

　　吴志良

纪委书记　程银喜

委　员　程银喜　屠方辉

　　阮永良　陈金克

人　大

主　席　朱启仁（—2007.10）

　　阮金锋（2007.10—）

副主席　郑大同

政　府

乡　长　朱燕燕（女,-2007.3）

　　林月和（女,2007.3—）

副乡长　屠方辉　管献铸

　　周秋莲（女）

四都乡

党　委

书　记　臧朋福

副书记　周育海　陈晓炬

纪委书记　卢建江

委　员　卢建江　程　剑

　　王最勇　吴　波

人　大

主　席　臧朋福

副主席　吴金旺

政　府

乡　长　周育海

副乡长　徐正豹　吴志微（女）

　　王　旦

南塘镇

党　委

书　记　余若鹏

副书记　吴天峰　王亦武

纪委书记　潘松福

委　员　潘松福　周庆泽

　　赵文灿　何小飞

人　大

主　席　余若鹏

副主席　赵章相

政　府

镇　长　吴天峰

副镇长　周庆泽　黄云飞

　　林月和（女,—2007.3）

　　郑济斌（2007.10—）

清江镇

党　委

书　记　廖凯峰

副书记　周　峰　黄圣泉

纪委书记　阮联清

委　员　阮联清

　　朱小恭（—2007.7）

　　章国林　赵雷宇

　　章五松（2007.7—）

人　大

主　席　廖凯峰

副主席　林佳和　朱孟吕

政　府

镇　长　周　峰

副镇长　朱小恭（—2007.7）

　　陈　俊　吴荷芬（女）

　　王贤明（2007.10—）

芙蓉镇

党　委

书　记　赵旺杰

副书记　张贤孟　陈敏

纪委书记　朱贤新

委　员　朱贤新　万国标

　　蔡　虹（女）

　　薛立飚（2007.7—）

　　郑　鸥（2007.8—）

人　大

主　席　赵旺杰

副主席　梁永祥

政　府

镇　长　张贤孟

副镇长　万国标　陈　鹏

　　金文博

雁湖乡

党　委

书　记　吴思昌

副书记　徐恭胜　朱和章

纪委书记　朱和章

委　员　林洪源　王兴忠

人　大

主　席　吴思昌

副主席　刘益鹏

政　府

乡　长　徐恭胜

副乡长　张　勇　周兰芬（女）

岭底乡

党　委

书　记　徐青平

副书记　王月虎

纪委书记　叶如鹏

委　员　叶如鹏　陈宝才

　　卓赛龙　陈建琴（女）

　　盛　华

人　大

主　席　王月虎

副主席　李捍峰

政　府

乡　长　徐青平

副乡长　陈宝才　洪剑喜

　　赵阿玲（女）

雁荡镇

党　委

书　记　章显岳

副书记　项近森（—2007.3）

　　　　陈万钦（2007.3—）

　　　　赵来海

纪委书记　周安法

委　员　周安法　江德周

　　　　杨飞岳　金玲萍（女）

　　　　林道孟（2007.7—）

人　大

主　席　方建平

副主席　周方进　林辽弟

政　府

镇　长　项近森（—2007.3）

　　　　陈万钦（2007.3—）

副镇长　江德周　杨振铎

　　　　薛方理　刘　晓

湖雾镇

党　委

书　记　鲍平桂

副书记　杨乐丹　张本锋

纪委书记　黄乐艳（女）

委　员　黄乐艳（女）

　　　　干方红　章显林

　　　　王杰福

人　大

主　席　鲍平桂

副主席　郑小成

政　府

镇　长　杨乐丹

副镇长　干方红　林建华

　　　　徐祥荣

仙溪镇

党　委

书　记　章人来

副书记　陈传标　刘金丹（女）

纪委书记　阮卫剑

委　员　阮卫剑　张　海

　　　　朱向东　张建芬（女）

人　大

主　席　章人来

副主席　孔宪尚

政　府

镇　长　陈传标

副镇长　张　海　严伟良

　　　　钟　宇

双峰乡

党　委

书　记　干祥法

副书记　章卫之　项丽明（女）

纪委书记　朱飞燕（女）

委　员　朱飞燕（女）　马锡林

　　　　叶尔克　盛永乐

人　大

主　席　干祥法

副主席　吕仁宝

政　府

乡　长　章卫之

副乡长　马锡林　周安瑛

　　　　李选呈

镇安乡

党　委

书　记　陈　坚

副书记　陈　坚　陈　呈

纪委书记　陈　呈

委　员　章纪华　王剑乐（女）

　　　　陈方存

人　大

主　席　陈　呈

副主席　周小云

政　府

乡　长　陈　坚

副乡长　章纪华　仇永亲

　　　　李建福

智仁乡

党　委

书　记　胡长虹

副书记　叶志吉　王崇锰

纪委书记　王崇锰

委　员　方旭东（—2007.3）

　　　　张　洁（女）

　　　　倪晓谷（2007.8—）

人　大

主　席　胡长虹

副主席　鲍洪亮

政　府

乡　长　叶志吉

副乡长　陈海崎　吴　晨

龙西乡

党　委

书　记　章海根

副书记　金严保

纪委书记　金严保

委　员　盛建瓯　夏慧燕（女）

　　　　郑海滨

人　大

主　席　金严保

政　府

乡　长　章海根

副乡长　盛建瓯　朱知平

　　　　张　伟

福溪乡

党　委

书　记　谢忠诚

副书记　李志洪

纪委书记　李志洪

委　员　潘周锋　徐香君（女）

　　　　周丕斌

人　大

主　席　李志洪

副主席　叶利华

政　府

乡　长　谢忠诚

副乡长　潘周锋　叶正希

省直、温直“双管”单位机构

温州发电有限责任公司
总经理　李建国
副总经理　章良利
　杨敬东（—2007.05）
　金向东（—2007.05）
　李根银（2007.08—）
总工程师　赵　阳
党委书记　施援朝（—2007.05）
　施建杰（2007.05—）
党委副书记
　李建国
纪委书记　陈伟忠（—2007.05）
　陈利忠（2007.05—）
工会主席　陈利忠（—2007.05）
　陈伟忠（2007.05—）

温州市雁荡山风景旅游管理局
局　长　吴云峰
副局长　章小招　林鉴摄
　郑华进
　梁　平（2007.04—）
党委书记　吴云峰
副书记　章小招　章显岳
纪委书记　鲍　军

乐清日报社
总　编　陈华荣
副总编　杨　坚　金龙江
　陈靖之
党组书记　陈华荣

市国家税务局
局　长　夏法鹏
副局长　梁　志　陈海洪
党组书记　夏法鹏
纪检组长　张立峰
总经济师　林　玮（2007.02—）

市地方税务局
局　长　徐　扬（—2007.06）
　叶乐安（2007.06—）
副局长　林志勇　王成华

市地方税务局稽查局
局　长　王　洪

市工商行政管理局
局　长　王建伟
副局长　蔡小成　郑祥羽
　曾　聪
党委书记　王建伟
纪委书记　叶昌隆

市工商行政管理局柳市分局
局　长　洪晓明

市工商行政管理局虹桥分局
局　长　蔡　斌

市国土资源局
局　长　陈献峰
副局长　林国初
　薛冰峰（—2007.04）
　陈光宣（2007.04—）
　屠俊勇
党委书记　陈献峰
副书记　王勇敏
纪委书记　叶金豹

市质量技术监督局
局　长　王守根
副局长　郑相春（—2007.08）
　施　慧（2007.08—）
　刘　东
党委书记　王守根

市食品药品监督管理局
局　长　卢纪良
副局长　林雄美　陈金才
党组书记　卢纪良
纪检组长　郑　冲

温州市国家安全局乐清分局
局　长　郑元敏

温州出入境检验检疫局乐清办事处
主　任　陈文荣
副主任　王成炬

温州海关驻乐清办事处
主　任　王文波
副主任　施联义　黄晓呈

市烟草专卖局
（省烟草公司乐清市公司）
局长（经理）　林锦光
副局长　李建林
副经理　邢加圣
党组书记　林锦光
纪检组长　李建林

市盐务管理局（市盐业化工公司）
局长（经理）
　丁爱国
副局长（副经理）
　倪学敏　王锦芳（女）
党委书记　丁爱国

市供电局（电力公司）
局长（经理）
　陈士国
副局长（副经理）
　孙　雄　徐甘霖
　曾朝阳
党委书记　施永生
党委副书记
　刘雪花（女）
纪委书记　刘雪花（女）

市气象局
局　长　庄千宝
副局长　赵玉微（女）
党组书记　庄千宝

市邮政局
局　长　管明辉
副局长　杨琦玮　赵智春
党委书记　丁爱斌
党委委员　郑时奔

省电信有限公司乐清分公司
总经理　唐和平
副总经理　臧恒华　郑晓东
党委书记　唐和平
纪检书记　臧恒华

中国移动通信集团浙江有限公司乐清分公司
总经理　白　伟（—2007.10）
　刘　克（2007.10—）

中国联通有限公司乐清分公司

总经理　　董宏兴

中国人民银行乐清市支行

副行长　　许道飞（主持工作）
　　　　　宋征威（2007.06—）
　　　　　金　毅
　　　　　王剑波
党组副书记
　　　　　许道飞
纪检组长　王剑波

中国银监会温州银监分局乐清办事处

主　任　　郑晓峰

中国工商银行乐清市支行

行　长　　李丽霞（女）
副行长　　徐　锋　　谢炳真
党委书记　李丽霞（女）

中国农业银行乐清市支行

行　长　　詹云国
副行长　　姚佰成　　汤见见
　　　　　刘　阳（2007.12—）
　　　　　黄福友
　　　　　薛陆艽（2007.01—）
党委书记　詹云国
纪委书记　姚佰成

中国建设银行股份有限公司乐清市支行

行　长　　冯茂慧（—2007.04）
　　　　　夏　雷（2007.04—）
副行长　　杨五一　　黄晓海
　　　　　包义俊
党委书记　冯茂慧（—2007.04）
　　　　　夏　雷（2007.04—）

中国银行股份有限公司乐清市支行

行　长　　金一民
副行长　　苏立京　　金建英（女）
　　　　　谢维法
党总支书记
　　　　　金一民

乐清农村合作银行

董事长　　郑　锋
行　长　　高剑飞
副行长　　黄定表
　　　　　卓建宁（2007.07—）
监事长　　徐剑杰
党委书记　郑　锋
纪委书记　徐剑杰

中国农业发展银行乐清市支行

行　长　　赵灿熙
副行长　　张小昌（—2007.03）
党支部书记
　　　　　赵灿熙

中国人民财产保险股份有限公司乐清支公司

经　理　　周新乐
副经理　　赵智敏　　赵崇乐

中国人寿保险股份有限公司乐清市支公司

经　理　　夏尔明（2007.11—）
副经理　　焦秋慧（女）

温州甬台温高速公路有限公司乐清管理处

主　任　　吴应哲（—2007.01）
　　　　　朱丐周（2007.01—）
副主任　　周　强　　陈建武

温州乐清湾海事处

处　长　　叶一鸣
副处长　　朱意静（—2007.02）
　　　　　戴贤明
　　　　　金志斌（2007.02—）
党总支书记
　　　　　叶一鸣

温州市港航管理局乐清分局

局　长　　薛洪炯
副局长　　王瑞忠　　叶建国
　　　　　陈　凯（2007.09—）
党支部书记
　　　　　薛洪炯

温州市住房公积金管理中心乐清分中心

主　任　　叶　晓

乐清市行政管理中心主楼透视图　　　　市中心区管委会提供

中国共产党乐清市委员会

综　述

2007年，中共乐清市委认真贯彻党中央、省委和温州市委一系列重大决策部署，扎实推进经济、政治、文化和社会建设，大力加强党的建设，经济社会呈现强劲发展态势。全年全市实现生产总值360.92亿元，同比增长14.7%；财政总收入46.2亿元，同比增长22.7%，其中地方财政收入21.63亿元，同比增长22.3%；城镇居民人均可支配收入22736元，农村居民人均纯收入10438元，同比分别增长11.2%、12.0%。全年主要抓了以下几方面的工作：

抓发展，经济运行态势良好　积极推进发展方式转变，深入开展“为工业企业服务周活动”，结构调整迈出了较大步伐。全年完成工业总产值1008.7亿元，同比增长24.4%，成为温州市首个工业总产值超千亿元县（市）；新增超10亿元企业3家，总数达13家。加快自主创新，新增国家级高新技术企业3家、国家企业技术中心1个，乐清市获得“全国科普示范市”称号。品牌创建卓有成效，全市已拥有中国驰名商标和中国名牌产品39个。强化投入支撑，全年完成工业性投入55亿元，同比增长41.1%；经济开发区二、三期工程和乐成、象阳产业功能区建设有力推进，标准厂房建设开工16.8万平方米、完工6.45万平方米。乐清湾港区建设迈出实质性步伐。大力发展循环经济，狠抓节能降耗，全市万元生产总值综合能耗同比下降4.6%。高效生态农业发展迅速，农业产业化进程加快，积极构建“三位一体”农村新型合作体系，加强农田水利基础设施建设，政策性农业保险工作名列全省前茅。对外开放不断扩大，全市完成自营出口总额11.2亿美元，同比增长39.8%；实际利用外资8007万美元，实际利用内资6.4亿元，同比分别增长37.6%和67.8%；招商选资质量提高，德力西集团与世界500强企业施耐德电气合资。第三产业发展较快，完成三产增加值120.07亿元，同比增长14.5%；实现全社会消费品零售总额96.38亿元，同比增长17.2%；雁荡山“世界地质公园”顺利开园，雁荡山被评为国家首批5A级景区，中雁荡山被评为国家4A级景区，全市旅游接待人数达378.9万人次，同比增长22.3%，实现旅游收入24.3亿元，同比增长22.3%。

抓统筹，城乡建设协调推进　城市建设加快推进，配套设施逐步完善，市民活动中心、行政管理中心、公共卫生中心以及二环路、三环路、晨曦路等市区干道建设全面推进；完成旧城改造首期启动点拆迁工作，开工建设拆迁安置房。重点工程进展顺利，在建33项重点工程，累计实现投资额19.20亿元。海涂围垦、电网攻坚顺利推进，楠溪江引供水工程、甬台温铁路乐清段、温州绕城高速北线乐清段、浙能乐清电厂、乐虹平原防洪一期工程等一批重点工程加快推进。新农村建设呈现新貌，深化了“五个一”的建设思路，全年共投入建设资金2.18亿元，启动133个村的旧村改建与环境整治工作，新增8个省级“全面小康建设示范村”、13个温州市级“全面小康建设示范村”。以“五动富民计划”为载体，4个欠发达乡镇达标上线目标如期实现，5个达标乡镇巩固提高，富民攻坚成效明显。

抓民生，社会建设卓有成效　认真落实最低生活保障、被征地农民基本养老保障和基本生活保障制度，完善社会保险费征收制度，全年新增企业职工养老保险19035人，新增工伤保险128127人，共有37948人参加被征地农民基本养老保障。加大统筹城乡教育发展力度，促进了教育均衡发展。市、乡镇、村居（社区）三级卫生服务网络不断健全，乡镇卫生院全部配齐“新六件”设备；参加合作医疗的农民达82.4万人，参合人数为温州市之最。以“六城联创”为主抓手，广泛开展文明创建系列活动，乐清市入选“省示范文明城市”申报名单，跨入了“中国优秀旅游城市”行列；8890市民服务中心荣获“全国社区服务优秀项目奖”。文化建设扎实推进，学习型社会亮点纷呈，一批作品入选省、温州市精神文明建设“五个一”工程。在市区推行丧事集中办理，殡葬改革力度继续加大。人口计生工作保持攻坚态势，整体水平有了提高。生态市创建步伐加快，建成市污水处理厂，大荆、市区垃圾无害化处理工程开工建设；全市新增1个全国环境优美乡镇、4个省级生态乡镇。科学有效应对台风等自然灾害，夺取了防汛抗旱的胜利。

抓稳定，社会政治和谐有序

花大力气抓好平安稳定工作，加大社会治安“打、防、控”力度，扎实推进和谐社会建设。积极推进“平安乐清”建设，深入开展“平安千村工程”、“平安千企工程”创建活动，精心组织社会治安“清风”等专项行动，乐清市获“省无毒社区创建先进市”称号。进一步提高预防化解社会矛盾能力，推行村居（社区）调解、信访、治保“三位一体”工作机制，构建信访九大机制，健全人民调解制度，严格实施信访工作目标考核办法，实现了信访总量、重复访量、集体访量、越级上访量“四下降”，乐清市获“全省人民调解工作先进市”称号。全面开展重点行业和重点领域隐患排查治理，产品质量和食品安全专项整治通过省政府验收，流动人口服务管理机制逐步完善；狠狠打击清理民间非法金融活动，严厉打击“法轮功”等邪教组织和非法宗教活动，确保了社会政治稳定。“法治乐清”建设各项工作落实到位，认真实施“五五”普法，大力推进依法行政、公正司法，法治化进程加快。市人大创新改进监督工作，建立“年初建帐、年中查帐、年末交帐”制度，为推进民主政治建设，加强和改进人大监督工作作了有益尝试。市政协切实履行职能，在建言立论、民主监督、反映社情民意等方面作了大量工作。爱国统一战线不断壮大，各民主党派、工商联、无党派人士和工青妇等群团组织的作用进一步得到发挥，党管武装、老干部、老龄委和外事侨务、港澳台等工作得到加强。

抓作风，党的建设不断加强 坚持以提高党的执政能力和先进性建设为主线，以“作风建设年”活动为重点，全面加强了党的各项建设。一是理论建设，坚持用最新的科学理论武装党员、教育群众、指导实践、推动工作，在全省率先开展了十七大精神主题宣传教育活动。二是领导班子建设，圆满完成了市人大、政府、政协和市直机关领导班子换届，积极开展部门领导班子和领导干部综合考核评价试点工作，较好地实现了领导班子各要素的优化组合。三是基层组织建设，不断深化“三级联创”活动和“先锋工程”建设，圆满完成了村级组织换届选举试点工作，积极推进村级办公场所规范化建设，组织实施村务评议活动试点工作，搞好乡镇党员服务中心建设。非公党建和机关、学校、社区、新社会组织等领域党的建设工作不断加强，党建工作覆盖面有效拓展。四是作风建设，紧紧围绕“作风建设年”活动和“树新形象、创新业绩”主题实践活动，以学习讨论为首要任务，在全市深入开展了率先实现“第三次跨越”解放思想大讨论活动；以调查研究为重要途径，广泛开展了领导干部蹲点调研活动；以优化发展软环境为重要内容，深化了“阳光行动”、“六型机关”考核、“满意不满意”机关评比等活动，推行“六条禁令”，积极打造机关服务品牌；以“办实事、解难题、排民忧、化纠纷、促发展”活动为重要载体，开展了“走进矛盾、破解难题”主题实践活动，取得了良好成效。五是反腐倡廉建设，认真落实党风廉政建设责任制，不断完善惩治和预防腐败体系，加大了源头预防和治理力度，强化了农村基层党风廉政建设“十项制度”，健全“四大中心”，严肃查处了一批违法违纪案件，党风廉政建设和反腐败斗争深入推进。

重要会议

市委十二届二次全体（扩大）会议 1月17日召开。会议深入贯彻党的十六届六中全会、中央经济工作会议、省委十一届十一次全会、温州市委九届十一次全会和乐清市第十二次党代会精神，总结2006年工作，部署2007年任务，审议通过了《中共乐清市委关于认真贯彻党的十六届六中全会精神，构建社会主义和谐社会的实施意见》。市委委员、候补委员，市纪委委员，市人大、市政府、市政协班子党员领导，各乡镇党委书记、党员乡镇长，市机关直属各单位党员主要负责人，担任过副县实职以上的党员离退休干部参加了会议。

全市新农村建设工作会议 3月14日召开。会议认真贯彻中央、省、温州市农村工作会议和《中共中央国务院关于积极发展现代农业，扎实推进社会主义新农村建设的若干意见》（中发〔2007〕1号）精神，总结2006年全市新农村建设工作情况，部署2007年工作任务。市四套班子成员，乡镇党委书记、乡镇长、分管农业副乡镇长、村党组织书记或村委会主任，市机关直属各单位主要负责人，农村工作指导员联络组组长等参加会议。

全市“法治乐清”建设暨政法综治禁毒工作会议 3月20日召开。会议贯彻落实全国、省政法工作会议和温州市平安建设暨政法工作电视电话会议精神，总结2006年全市“法治乐清”建设工作和政法综治禁毒工作，部署2007年工作任务。市四套班子成员，市委“法治乐清”建设领导小组、市禁毒委、市“平安千村工程”领导小组及办公室全体成员，各乡镇党委书记或乡镇长、分管领导及综治办、禁毒办、司法所负责人，重点村居（社区）党组织书记或村居（社区）委员会主任，市机关直属各单位主要负责人，政法各部门中层正职以上干部，重点企业负责人等参加会议。

“解放思想，转变作风，率先实现‘第三次跨越’”讨论会 4月28日召开。会议围绕“解放思想，转变作风，率先实现‘第三次跨越’”这一主题，开展了大讨论，并对全市工作提出诸多建议。市四套班子成员，市人武部政委、法院院长、检察院检察长，市“作风建设年”活动领导小组成员，各乡镇党委书记、乡镇长，市机关直属各单位主要负责人，担任过副县实职以上离退休干部参加了会议。

市委十二届三次全体会议 6月7日召开。会议审议通过了《市委议事规则》。市委委员和候补委员、市纪委委员参加了会议。

市委十二届四次全体（扩大）会议 7月24日召开。会议认真贯彻胡锦涛总书记在中央党校的重要讲话、省第十二次党代会、温州市委十届二次全体（扩大）会议精神，回顾总结上半年工作，研究部署下半年任务。市委委员、候补委员，市纪委委员，市人大、市政府、市政协领导班子党员领导，各乡镇党委书记、党员乡镇长，市机关直属各单位党员主要负责人，担任过副县实职以上的党员离退休干部参加了会议。

全市领导干部会议 10月25日召开。会议认真学习了党的十七大精神，部署全市学习贯彻意见。市委委员、候补委员，市纪委委员，各乡镇党委书记、乡镇长，市机关直属各单位主要负责人，担任过副县实职以上的离退休干部参加了会议。

重要文件

《关于认真贯彻党的十六届六中全会精神构建社会主义和谐社会的实施意见》（乐委〔2007〕1号）

《关于在全市开展“作风建设年”活动的实施意见》（乐委〔2007〕2号）

《中共乐清市委议事规则》（乐委〔2007〕3号）

《关于大力推进乐清湾港区开发建设的决定》（乐委〔2007〕4号）

《关于认真学习宣传贯彻党的十七大精神的通知》（乐委〔2007〕5号）

《关于在全市农村开展建设社会主义新农村主题教育活动的通知》（乐委发〔2007〕1号）

《关于进一步完善为民办实事长效机制的意见》（乐委发〔2007〕24号）

《关于印发〈市委、市政府2007年重要工作责任制〉的通知》（乐委发〔2007〕38号）

《关于2007年度深化机关“效能革命”的实施意见》（乐委发〔2007〕45号）

《关于进一步加强和改进乡镇机关党的建设的意见》（乐委发〔2007〕81号）

《关于印发〈乐清市乡镇领导班子工作规则〉的通知》（乐委发〔2007〕101号）

《关于全面推进农村合作“三位一体”建设的实施意见》（乐委发〔2007〕109号）

《关于深入开展创建学习型社会活动的意见》（乐委发〔2007〕116号）

《关于促进工业经济又好又快发展的若干意见》（乐委发〔2007〕122号）

组织工作

扎实开展领导班子主题实践活动 根据市委关于“作风建设年”活动的部署，在全市领导班子中开展“科学发展创新业、为民办事树风范”主题实践活动，着力改进各级领导班子和领导干部的工作作风。广泛开展领导干部蹲点调研活动，通过组织领导干部到基层体验生活、召开座谈会、走访约谈群众、访贫问苦、上党课等“五个一”活动，加强领导干部与群众的沟通和联系，增进与群众的感情。据统计，全年全市各级领导干部到基层蹲点共召开座谈会536次，走访农户4752户，慰问困难党员群众1563户，上党课337课。积极开展“走进矛盾、破解难题”专项活动，采取领导干部蹲点“访”难题、驻村干部进村“找”难题、专项活动全面“摸”难题、现场接待日“听”难题等多种形式，积极排摸和破解经济社会发展中的各类难题。据统计，全年市级领导干部共破解难题123个，各乡镇、部门领导干部破解难题538个，特别是解决了一些群众吃水难、企业用电难等事关民生、事关发展、事关稳定的重点难点问题，还落实了民生关爱基金等帮扶措施。同时，注重干部作风长效机制建设，制定实施了加强干部作风监督若干意见、乡镇领导干部全员驻村制度和领导干部下基层蹲点调研制度等，进一步巩固和深化了主题实践活动成果。

切实加强领导班子和干部队伍建设 全力做好市人大、市政府、市政协换届选举的组织工作，圆满完成了各项选举任务。认真开展市直机关领导班子换届工作，选好配强机关部门领导班子，并及时对市直机关换届进行了“回头看”，通过谈心活动，了解掌握干部的思想动态。重视乡镇换届后领导班子运行机制建设，指导各乡镇修订完善工作规则。开展党政工作部门领导班子和领导干部综合考核评价试点工作，加强民意调查、实绩分析等方面的探索研究，提高了干部综合考核评价的针对性和实效性。及时调整充实科（局）级后备干部队伍，重新确定副科（局）级后备干部541人。认真做好公务员考录、登记、管理和非领导职务审核评定工作，公务员信息数据库进一步健全。加强对干部的教育培训，全年共举办“党政一把手”作风建设研讨班、新任科（局）级领导干部培训班等50期。建立中青年后备干部“导师带培制”，加强对后备干部实践能力的培养。注重机关干部文化素养教育，不断丰富机关干部的业余文化生活。坚持领导干部任前公示、中层干部任前预审和干部监督记分等制度，修订完善了干部选拔任用全程记实制度，开展乡镇党政领导干部经济责任审计试点，进一步加强了对干部日常工作、生活的监督。认真落实“三真”要求，开展了优秀乡镇干部评选活动。分批组织全市2275名乡镇干部进行健康体检，营造了关心爱护乡镇干部的良好氛围。

全面推进基层组织建设 深入开展基层党组织“先锋工程”创建活动，建立农村基层组织“创优评星”制度，全市有9个乡镇党委和197个村党组织达到“五好”标准。认真做好村级组织换届选举前期准备工作，开展了重点村排查整顿工作和村干部经济责任离任审计工作；按照“村数适中、村类多样、有推广意义”的原则，在七里港、城北两乡镇开展村级组织换届选举“整乡试点”工作，探索完善村党组织“两推一选”和村委会“自荐海选”的选举方式，并通过媒体强势引导、文化渗透引导、选前谈话引导，大力培育村级换届选举文化，取得了较好的成效。温州市委专门在乐清市召开现场会，介绍乐清市的经验做法。深入开展与基层党组织结对共建活动，各结对党组织帮助农村解决实际问题689个。全面实施“农村党员人才工程”，全市共652个村建立了人才库，共有各类农村人才4250名；认真做好高校毕业生到农村和社区工作，推行农村工作指导员专职化制度，有力促进了农村人才队伍建设。扎实推进非公企业“党组织组建年”和“活力和谐企业建设年”活动，全市规模以上企业新建党组织112个，正泰集团、德力西集团被评为“温州市活力和谐企业”。深入开展村企党组织共建活动，采取一企一村、多企一村、一企多村结对等方式，引导企业积极参与结对共建活动，全市已有62家非公企业与周边村开展了结对共建活动。按照“区域化设置、网格化管理、实体化运作”的思路，积极探索工业园区党建工作，形成大企业牵头、小企业参与的园区党建工作新氛围。加强非公企业党建示范点建设，2007年确定54家企业为党建示范点创建企业。加强非公企业党务工作者队伍建设，全年组织262名非公企业党务工作者进行集中培训。认真做好社区党建工作，指导11个社区完成了换届选举工作，在乐成镇选配了7名社区专职干部。同时，机关、学校、社会团体等领域的党建工作也得到进一步加强。

继续深化党员教育管理　认真抓好中央先进性教育四个长效机制的落实，健全党内关怀机制，全年共支出市、乡两级党员关爱基金174万元。加大发展党员工作力度，完善测评、公示、征求意见等环节，探索建立发展党员调查员队伍，强化对发展党员工作的日常管理。开展农村党员联系服务群众试点工作，着力解决农村党员脱离群众的问题。加强乡镇党员服务中心建设，12个乡镇建立了党员服务中心，开通服务专用电话51门。在全面完成910个村的远程教育播放站点建设的基础上，开展远程教育“学用推进年”活动，加强户外远程教育播放点建设，建成晨沐广场、东塔公园等13个“户外播放点”；加强远程教育学用示范站点建设，通过定期组织村支部书记和站点管理员到示范点参加观摩活动，充分发挥了示范点“看得见、摸得着”的示范效应；制作开发《再访强村》等乡土教材，坚持“会前10分钟”党建知识短课教育，提高了远程教育学用功效；利用远程教育这一平台，依托浙江大学、浙江广播电视大学等院校，大力开展党员干部和实用人才技能培训和学历教育；同时还在8个乡镇和308个防汛重点村安装视频互动系统，发挥了远程教育在抗台防汛中的作用。认真执行《关于做好〈中国共产党流动党员活动证〉管理的通知》，采取邮寄、送上门等各种方式，全年为流动党员办理活动证3215个。

不断提升人才工作水平　注重人才工作运行机制建设，建立健全了人才工作重大事项通报、督促检查和重点行业企业人才监测统计等制度。积极开展“人才宣传月活动”，在乐清电视台、《乐清日报》开设专栏，录制专业技术拔尖人才十年成果电视专题片，并对全市15名第六轮专业技术拔尖人才、25名第四轮优秀青年专业人才、14名高技能人才和80名农村实用人才进行了表彰，营造了“四个尊重”的良好氛围。认真实施“双百人才培训计划”，分别组织89名企业经营管理人才到中央党校、70名专业技术人才到上海大学进行培训，选送28名乐清市首届优秀企业家赴欧洲培训考察。加强博士后人才智力开发基地、硕士研究生实践基地和企业博士后工作流动站建设，大力引进高层次人才。拓宽技能人才培养途径，健全了5个技工培训中心机构，组织开展了职业学校技能竞赛，有效解决了非公企业技能人才缺乏的问题。积极开展“支医、支教、支农”三服务活动和“市拔尖人才与中学生成才之路面对面”活动，积极为各种人才发挥作用提供用武之地。组织开展“人才服务月”活动，整合经贸、人事、劳动和社会保障等部门资源，深入企业为人才提供服务。认真落实人才关爱措施，组织40名高层次人才赴新疆健康疗养，为720名人才安排了健康体检。做好市人才联谊会换届选举工作，进一步完善组织体制和活动制度，强化了联谊会的凝聚联络功能。

大力加强组织部门自身建设　开展了组织系统“科学发展创新业、为民办事树风范”主题实践活动，加强组织部门作风建设，努力塑造“开放、亲和、严谨”的组织部门新形象。积极推进“学习型机关”创建活动，在坚持周一学习夜、部委理论中心组学习会等制度的基础上，党总支把全年的学习分成政治理论、组工业务、人文知识等不同专题，进行集中学习。开展“建设和谐乐清组工干部做什么”大讨论活动，引导组工干部找准组织工作在经济社会发展中的功能定位。开展“好书月月读”活动，每月指定一本好书要求部机关干部业余自学，并撰写不少于1000字的学习体会文章。结合全年组织工作的重点、难点任务，确定了《组工文化建设的主要目标及其实现途径研究》等15个调研课题，深入基层开展调研，着力解决组织工作面临的新情况、新问题。开展“开门纳谏”活动，分别召开由市离退休老干部、乡镇和机关单位负责人等7个层面人员参加的座谈会，广泛征求对组织工作和组织部门的意见建议，并以责任制的形式进行分解落实。编印了《乐清市委组织部办事指南》，发放到各部门各乡镇，以提高组织工作效能；健全部务成员联系乡镇制度，在中层干部中开展“深入基层、优化‘三服务’”活动，积极帮助基层解决实际困难和问题；同时还确定了如乡镇财政总会计身份确定难等7个难题，由部务成员带队深入基层，认真予以破解。

宣 传 工 作

概况　2007年，全市宣传系统在市委的领导下，高举中国特色社会主义伟大旗帜，以邓小平理论和“三个代表”重要思想为指导，深入学习贯彻党的十七大精神，全面贯彻落实科学发展观和构建社会主义和谐社会的要求，继续解放思想，坚持改革开放，按照年初全市宣传思想工作会议确定的工作思路，开拓创新，扎实工作，转变作风，讲求实效，取得了一系列重要成果：学习宣传贯彻十七大精神走在全省前列，在省委党的十七大精神主题宣传教育工作会议上作典型发言，受到了省委有关领导的充分肯定；新农村主题教育活动工作获得省级先进，并出版了《乐清湾畔春潮涌——社会主义新农村建设三十佳》一书；率先在全市开展了解放思想大讨论活动；创建学习型社会特色鲜明，成效显著；建立应对突发性公共事件快速反应机制，有效规避各级新闻媒体负面报道30篇，为全市各项工作的开展营造了良好的舆论氛围；成功举办了“农村合作银行杯•和谐乐清”群众性歌咏比赛，唱响社会和谐之歌；市文物馆参加国家“文化遗产日”评奖活动，获得了全国“文化遗产日奖”；加快推进文化大市建设，文化精品工程成效显著，乐清传统民间工艺的代表作品——“乐清首饰龙”继“乐清龙档”之后被中国艺术研究院永久收藏。2007年，全市宣传系统圆满完成了市委、市政府赋予的各项工作任务，实现了年度工作目标，为乐清经济社会发展提供了有力的精神动力、智力支持、思想保证和良好的舆论环境。

广泛深入开展学习宣传贯彻十七大精神活动　党的十七大是在全国改革发展关键阶段召开的一次十分重要的会议，是全党、全国各族人民政治生活中的大事。十七大胜利闭幕后，全市宣传系统周密部署，精心组织，将学习宣传和全面贯彻十七大精神作为全市一个时期的首要政治任务，并以“高举旗帜、科学发展、创业创新、率先跨越”为主题，扎扎实实地开展了学习十七大精神的各项活动，取得了阶段性成效。一是认真做好学习贯彻十七大精神的发动准备工作。十七大胜利闭幕后，乐清市迅速召开专题工作会议，研究部署宣传贯彻十七大精神，及时下发《关于认真学习宣传贯彻党的十七大精神的通知》。组织新闻媒体开设了“科学发展创和谐，喜迎党的十七大”栏目，及时报道了十六大以来乐清市的工作经验和成就；开设了“学习贯彻十七大精神，率先实现第三次跨越”、“十七大精神在乐清”等栏目，先后报道播放了100多篇文章和电视片，还在《空中党校》栏目中播出了7档专题，及时向广大群众解读十七大精神，报道了各乡镇、各部门学习贯彻十七大精神的动态。二是全面抓好学习宣传贯彻十七大精神的开局基础。分别邀请省委党校郭祥才教授和郑仓元教授为全市机关干部作十七大专题报告；按照“讲足、讲清、讲活、讲透”的宣传要求，全市分层次、有重点、多形式地开展了宣讲活动，并组建了十七大精神宣讲团，分八个专题进村入企开展宣讲。三是积极推进学习宣传贯彻十七大精神活动的深入开展。全市在第一时间通过组织宣讲团宣讲、开展文艺演出、宣传车巡回宣传和广播电视报纸媒体宣传等多种形式和途径，到村居、学校、企业等单位全面深入宣传十七大精神。同时下发了100套《十七大精神宣传组图》，举办了全市“喜庆党的十七大”书画展，组建全市学习宣传贯彻十七大精神文艺宣传队进村入企演出20场，12个乡镇自行组织文艺宣传小分队深入到村头、厂区进行演出，受到群众的热烈欢迎。按照“分灶吃饭、按需送课、分类施讲、全员覆盖”的思路，依托面向党员机关干部、社区居民、农村农民、企业员工和学生等不同群体的乡村大讲堂、市民大讲堂、周六大讲堂、“雁山论坛”高端报告会等四大载体，将十七大精神的学习宣传覆盖到全市市民。

扎实推进理论武装工作　全市宣传系统以加强党的思想政治建设为重点，以提高基层党建整体水平为目标，认真抓好解放思想大讨论活动，运用多种形式，分层次、有重点、重实效地抓好理论学习工作。一是抓好以率先实现“第三次跨越”为主题的解放思想大讨论活动。召开了解放思想大讨论活动动员大会；市四套班子领导率先垂范，于4月28、29日集中两天时间，开展了专题讨论；根据市委、市府的战略部署，召开了市委统一安排的6个系列座谈会，针对不同群体设置不同主题，发动各个阶层展开深入讨论，全市还通过党委（党组）理论中心组学习会、专题报告会、“学习夜”、现场互动学习会等，开展各类学习讨论120多次。积极参加温州市组织的“乐清为跨越做什么”征文活动，选送了8篇文章，其中获二等奖2篇、三等奖1篇。广播、电视、报纸等新闻媒体也都开辟了专栏、专题，刊播解放思想大讨论报道200多条，印发《简报》19期，广泛发动干部群众积极参与大讨论活动，营造了浓厚的舆论氛围。通过层层发动，全市迅速掀起了率先实现“第三次跨越”解放思想大讨论活动的热潮。二是抓好理论中心组的理论学习工作。按照“八个一”的要求，进一步抓好市委理论中心组学习工作，编制了2007年中心组学习计划，拟定了必读书目。加强对乡镇、机关理论中心组学习的指导和监督，继续实施乡镇党委理论学习中心组旁听制度和宣传部领导联乡制度。根据中央和省、温州市委有关精神，开展了十六届六中全会精神、省第十二次党代会精神、“6•25”讲话精神、温州党代会精神等多个专题学习，还邀请了李林、蔡定剑、郑仓元等专家学者作专场报告，开阔了广大党员干部的视野，促进了理论联系实际能力的提升。2007年，市委理论中心组共进行了14轮次9天的集中学习，编印了9期《理论学习参阅资料》，发放到全市各乡镇、部门，购置理论书籍600多册为领导提供理论参考。三是抓好理论巡回授课宣讲。通过召开集中备课会，组织市委讲师团成员和部分乡镇宣传委员参加省、温州市举办的十七大精神学习交流培训活动，提高了讲师团成员的知识储备、备课质量和理论宣教能力，加强了讲师团自身队伍建设。组织市委讲师团在全市开展了十六届六中全会精神、“6•25”讲话精神、温州市党代会精神、党的十七大精神等专题的巡回授课宣讲，先后到乡镇、部门、企业、农村巡回宣讲达100多场。同时，针对全市理论教育讲师团成员欠缺的现状，市委宣传部还对乡镇宣传委员开展了专题培训，有效地补充了师资力量。

围绕中心工作加大舆论宣传力度 围绕市委、市政府的中心工作，主动参与、精心策划，认真组织各大媒体开展舆论宣传工作，开展丰富多彩的宣传活动，为全市的经济社会发展营造了良好的舆论氛围。一是精心组织策划了“两会”宣传。“两会”期间及“两会”前后一段时间内，全面宣传报道了乐清市在经济建设、城市建设、精神文明建设、党的建设以及社会各项事业中所取得的成绩和典型事迹。同时全力做好社会治安综合治理专项斗争宣传工作，组织新闻媒体召开了专项行动新闻工作会议，讨论制定了宣传工作方案，推出了动态的、专题的、典型的系列新闻报道和姚仁全英勇事迹跟踪报道，在报纸上和广播电视台共刊登播放了70多篇稿件，为专项斗争的顺利开展营造了良好的舆论氛围。二是隆重推出纪念建党86周年和建军80周年系列宣传报道。为热烈庆祝中国共产党成立86周年和中国人民解放军建军80周年，为迎接党的十七大的胜利召开，市委宣传部主动向各单位、各乡镇了解纪念活动安排情况，并编印成纪念建党86周年系列活动宣传折页，及时向群众传达各单位和乡镇的活动安排，并在晨沐广场组织了文艺演出。组织新闻媒体隆重推出“七一”系列报道共100多篇，以鲜活的人物事例、以讲述的形式广泛深入地宣传了基层党组织党建工作的新思路和新经验，宣传了党员干部、军人和军嫂在新时期的创业风采和无私奉献精神，宣传了广大人民群众的拥军深情，系列宣传活动收到了良好的舆论效果。三是扎实推进社会主义新农村主题教育活动。传播文明乡风，倡导新风尚，开展“新农村三十佳”评选活动，出版了《乐清湾畔春潮涌——社会主义新农村建设三十佳》。积极开展社会主义荣辱观和文明礼仪教育宣传，农村文明素质工程深入推进。向全市基层干部群众发放文明礼仪原创短信10万余条，分发《市民文明细节》、《礼仪知识ABC》资料等近3万册。围绕十六届六中全会精神、社会主义新农村建设等重点内容，通过市委讲师团下乡讲课、发动乡镇宣传委员讲课、乡镇理论中心组集中讲课等多种途径，向农村党员干部群众进行宣讲教育，全年共举办各种报告会近600场次，听众达9万多人次，党员受教面达100%，群众受教面达98%，社会主义新农村主题教育活动为全市的新农村建设提供了强有力的精神动力、舆论力量和思想保证。

深入开展精神文明创建活动 一是深入持久地开展学习型城市建设。充分利用网络、报纸、电视、广播等现代化传播手段，努力实现全方位、多角度的学习型城市建设宣传。进一步完善乐清学习网，全年编发《建设学习型城市简报》12期。推广“母亲学堂”，努力提高农村群众文化素质。创新性地打造了学习型城市建设六大品牌，开展了“红五月”和“金秋读书节”两个“重点月”系列活动。“雁山论坛高端报告会”邀请学者专家来乐作讲座，让市民享受到高层次的文化大餐。2007年先后邀请了著名礼仪专家金正昆、卫生部首席健康教育专家洪昭光、文化名人于丹和学者吴晓波等进行专题讲座，深受全市广大干部群众的好评。二是群众性精神文明建设有声有色。文明城市创建硕果累累，“六城联创”深入开展，省示范文明城市创建开局良好，社区服务工作不断优化，文明素质工程全面铺开，市容市貌与交通秩序不断改善。文明村镇创建迈上新台阶，柳市镇被温州市文明委授予四星级文明镇，黄华镇被授予二星级文明镇，岭底乡张庄村等六村庄被温州市委命名为第四批温州市级文明村。政府为民服务彰显特色，乐清市8890市民服务中心不断扩大服务范围，在四大集镇的基础上扩展到9个镇，咨询类和事务类两大服务向全市31个乡镇扩展；同时还定期开展各类“服务进社区”活动，贴心服务市民，全年为市民解决求助5.2万人次，完结率和市民满意率均为100%，深受社会各界好评。三是未成年人思想道德建设进一步加强。坚持市未成年人思想道德建设联席会议制度，全年进行了3次全市性未成年人思想道德建设工作督查；启动了“争当代理家长，关爱留守儿童，共建和谐乐清”大型公益活动，加强未成年人活动场所建设，对现有的21个爱国主义教育基地进行了复评，并命名了第五批乐清市级爱国主义教育基地3个；以政府为主导全面推广了古诗文经典诵读工程。

加快推进文化大市建设 积极开展群众性的社区、企业、军营、校园文化活动，成功举办了“农村合作银行杯•和谐乐清”群众性歌咏比赛、“万泰房产杯”乐清歌谣电视大赛、“两会”专场文艺精品晚会、“军旗飘扬”军民联欢晚会、“虹桥杯”全市青年歌手演唱大赛、“迎中秋、庆国庆”大型文艺演出、“雁荡山啤酒杯”老年文艺会演、“人口杯”、“三独”大奖赛等文化活动，尤其是“农村合作银行杯•和谐乐清”群众性歌咏比赛，来自全市各乡镇、机关、企事业单位共27支队伍4000多名参赛队员参加，引起了社会各界和新闻媒体的高度关注。大力扶持健康艺术和精品文化，声乐《醉秋》、戏曲《杨贵妃后传》、舞蹈《乐清湾渔火》等优秀节目获温州市第四届精神文明建设“五个一工程”入选作品奖，其中声乐《醉秋》荣获浙江省精神文明建设“五个一工程”入选作品奖，市委宣传部荣获温州市第四届精神文明建设“五个一工程”组织奖；乐清合唱团在浙江省第八届广场文化艺术节暨第五届嘉兴南湖合唱节演出中荣获金奖。不断加强文化基础设施建设，乐清日报报业大楼建成使用，市民活动中心、乐清图书大厦主体工程和新图书馆大楼前期工作全面开展，广播电视转星调整工作、互动数字电视项目进入正常运营阶段。全面实施农村数字电影放映2131工程，高友玑纪念馆落成并对外开放，积极筹办乐清“第二届工艺美术节，成功举办了庆祝第二个“文化遗产日”系列宣传活动，认真组织开展了“文物保护征文比赛”活动，市文物馆参评获得了全国“文化遗产日奖”。加强非物质文化遗产的保护、挖掘和弘扬，加快非物质文化遗产的申报工作，积极申报创建乐清市为中国民间艺术之乡。继黄杨木雕、细纹刻纸之后，乐清龙档、乐清首饰龙、乐清蓝夹缬又向文化部申报第二批国家级非物质文化遗产代表作；乐清市细纹刻纸的代表人物林邦栋和陈余华名列第一批国家级非物质文化遗产项目代表性传承人；选送乐清细纹刻纸作品参加中国非物质文化遗产专题展，林邦栋先生的作品巧夺天工，得到了前来观展的温家宝总理的高度赞赏。

拓展外宣渠道促进文化交流 一是做好“结合”文章。以中国电器文化节、旅游休闲博览会、广交会、温州轻工博览会等各种节会活动为载体，通过发放宣传品、组织图片展示等形式，广泛宣传乐清的经济贸易、自然风光、民间艺术、人文历史和投资政策，从而提高了乐清在国内外的美誉度和影响力。二是拓展外宣渠道。坚持“走出去”和“请进来”相结合的方针，多层次、多渠道组织邀请海内外媒体采访报道乐清、宣传乐清；认真做好《经济日报》“又好又快发展新看点”、《中国改革报》“改革开放30周年”、中央电视台《复兴之路》摄制组采访“柳市八大王”、省委外宣办《漫步浙江》杂志记者采访报道乐清民间工艺等系列采访活动的协调工作，在《温州日报》、《温州晚报》多次组织了图文并茂的彩色专版宣传，从人文历史、自然资源、经济发展、基础设施和社会事业建设等多个方面展示了乐清的发展经验和建设成就及未来的发展蓝图，同时抢抓机会进一步宣传乐清市的非物质文化遗产成果和民营经济发展成果。2007年，国内有关主流媒体报道乐清经济建设、政治、文化和社会各项事业发展取得成就的新闻信息近1500条，为乐清市各项工作的顺利开展创造了良好的舆论氛围。三是精心策划拍摄《乐清乡土》专题片。与中央电视台七套联合摄制了反映乐清乡土韵味的专题片，向海内外人士推介乐清独特的文化底蕴、民间艺术、自然风光。专题片精心选取首批中国景观村落——城北乡黄坦洞古村落、乐清黄杨木雕、乐清细纹刻纸、乐清首饰龙、世界地质公园——雁荡山的飞渡表演、海上牧场乐清湾的休闲渔业旅游风光等内容进行拍摄，制作成三档专题，于2007年8月份陆续在中央电视台七套《乡土》栏目中播出，扩大了乐清在全国的知名度。

加强宣传思想战线队伍建设 一是宣传干部队伍建设。按照“政治强、业务精、纪律严、作风正、能打硬仗”的要求，加强市委讲师团、市社科联、宣传系统干部队伍建设；结合率先实现“第三次跨越”解放思想大讨论活动和学习宣传贯彻十七大精神，认真抓好宣传系统干部职工的思想教育，同时健全了舆情信息网络，加强了舆情动态的收集报道，提高舆情分析质量，重视搜集网上舆情，增强了全市宣传干部职工的政治意识、责任意识、大局意识和发展意识；加强乡镇宣传委员的培训，为提高基层宣传干部的综合素质和工作水平创造了良好的条件。二是做好党员教育工作。一年来，党员教育工作在巩固中创新，在服务中提高。各基层党校年度教学工作安排具体，党员教育重点任务明确，据统计，全年各乡镇组织党课教育次数平均10次以上，部门企事业单位党（政）校开展党课教育次数平均为7至8次。虹桥镇党（政）校被评为浙江省先进示范基层党校，全市的温州市级基层党校通过了温州市的检查考核。另外，市委宣传部还组织全市基层党教骨干参加了温州市举办的十七大精神培训班。继续办好广播宣传栏目《空中党校》和内部刊物《党员教育参考》，全年播出《空中党校》40期，刊发《党员教育参考》6期，发放省编《党员读本》10000册，为党员教育提供了教材。

统 战 工 作

概况 中共乐清市委统战部是中共乐清市委主管统一战线工作的职能部门，与乐清市台办合署办公。2007年，在乐清市委的正确领导下，全市各级统战部门坚持以邓小平理论和“三个代表”重要思想为指导，牢固树立科学发展观，紧紧围绕市委工作的总体部署和目标要求，推出了以“民生情、统战行”为主题的“一十百千万工程”系列活动：开展一个“民生情、统战行”主题活动；在新的社会阶层和新的经济组织、新的社会组织及社区中建立了十个统战部或统战站；在100多个单位中配备了分管领导，落实统战工作，形成统战网络；开展了“情系千家统战家庭”和“统战知识进万家”活动。通过系列活动，广泛团结统一战线各界人士，谋发展、保稳定、促和谐，为全市政治建设、社会建设、经济建设、文化建设作出了积极贡献，进一步巩固和发展了全市统一战线“大团结、大联合”的良好局面。

重要会议 乐清市统战（宗教）工作会议于3月7日隆重举行。会议由副市长胡晓翔主持，市委副书记郑建海作重要讲话，市委常委、统战部长朱赛月总结上年全市统战工作，并布置2007年工作任务。出席会议的还有市人大副主任张亨根等。

6月5日，召开了乐清市统战调研

宣传信息工作会议。温州市委统战部副部长潘一新、市委常委统战部长朱赛月出席会议并讲了话。会议强调，统战调研、宣传、信息工作是统战部门的三项基础性工作，与会同志要充分认识做好统战调研、宣传、信息工作的重要性，牢固树立全局意识、政治意识和责任意识，以饱满的热情和昂扬的精神状态创造性地开展工作，为开创新世纪新阶段全市统战工作新局面作出新的更大的贡献。

6月19日召开党风廉政建设和反腐败工作情况通报会。这是乐清市首次召开面向各民主党派、工商联和无党派人士的党风廉政建设和反腐败工作情况通报会。通报会由市纪委、市委统战部和市监察局联合举办，市委常委、统战部长朱赛月出席会议并讲了话，市纪委副书记、市监察局局长赵顺鹏通报了全市党风廉政建设和反腐败工作情况。党风廉政建设和反腐败斗争是一项长期、复杂而艰巨的工作，向各民主党派、工商联和无党派人士通报党风廉政建设和反腐败工作情况，是乐清市委贯彻落实全国、省、温州市统战工作会议精神的一项重要举措，是深入开展“作风建设年”活动的一项重要举措，也是健全监督制度、完善监督机制的一项重要举措。

自身作风建设迈上新台阶 2007年，市委统战部认真学习贯彻党的十七大精神，积极开展“作风建设年”活动，自身建设得到全面加强，调研、信息、宣传等工作取得了丰硕成果，先后获得省级先进奖项5个、温州市先进奖项18项。党的十七大召开以后，推出“十个一”活动，积极做好党的十七大精神学习宣传贯彻工作。发动统一战线成员举办“民生情、统战行”迎接十七大书画展，并整理编辑成书，市委书记黄正强题写书名。创办《统战之窗》电视专题节目，省委统战部长王培民题写片名。印发《统战知识学习手册》。启动《乐清统战史》编纂工作。整合统一战线资源，编好18期《乐清统战简报》。办好《乐清商人》，建好市委统战部、乐清工商联、乐清外侨办三家网站。信息工作居温州市第一名，获全省县级二等奖。部班子成员牵头分块开展调研。成立《乐清私营企业管理、技术人员统战工作调查与分析》课题调研组，形成近2万字的调研成果，获得了省统战理论优秀调研成果二等奖、温州市统战理论优秀调研成果一等奖。

多党合作事业和谐进展 进一步加强中国共产党领导的多党合作和政治协商制度建设，政党关系更加和谐。一是政治协商范围进一步拓宽，全年安排协商会、通报会、座谈会等7次，内容涉及市委工作部署、人事安排、重大活动等事项，参与协商的代表结构更全面。二是参政议政的支持力度进一步加强，逐步加大各级人大代表党外候选人提名工作力度，全方位支持政协委员在人民政协中履行参政议政职能，启动了党外人士的政治安排、实职安排和后备干部推荐工作的制度化进程，与组织部门在建立党外干部工作联席会议制度方面达成了初步共识。三是民主监督工作制度进一步规范，统一全市特约人员聘任制度，做好第三届市委、市政府特邀督察员的推荐工作，开展了特约人员培训；与市纪委、市监察局联合出台关于定期向党外人士通报党风廉政建设和反腐败工作情况的规范性文件；同时还健全了党员领导与党外人士的谈心交友制度。四是进一步完善民主党派、工商联、无党派人士自身建设措施，出台了《市委统战部关于进一步加强与民主党派联系的通知》，发挥好党派例会、读书会等协商议事平台的作用，努力做好职能科室建设和党派专职干部教育管理工作。

切实做好民族宗教稳定工作 对少数民族贫困地区开展扶贫慰问送温暖活动，给少数民族聚居村仙溪镇东辽村送去了近4万元的扶贫款；积极配合温州市编写《少数民族古籍总目提要•畲族卷》，成立了撰写领导小组，收集了有关资料；全市开展了清真食品状况调查，切实为少数民族人士做好服务工作。针对乐清市宗教方面敏感问题多、不稳定因素多、突发事件多等实际情况，2007年成立了民族宗教科，加强对宗教活动的管理，严格控制大型宗教活动，严厉打击非法宗教活动，妥善处置和解决一些地方的宗教教产纠纷；同时组织宗教团体参与新农村建设和社会公益事业，积极引导宗教与社会主义社会相适应。引导市道教协会捐资200万元帮助建设大荆镇中心小学综合楼。

新社会阶层统战工作有新突破 开展统战工作进企业、进社区、进医院、进协会、进学校的“五进”活动。建立了全国首家新社会组织统战工作站（即乐清市营销员协会统战工作站），成立了温州市首家中学统战工作站（即乐清中学统战工作站），并积极实施企业家素质提升工程。重视基层商会和异地商会建设，指导做好乐成、虹桥等商会的换届工作，成立了慎海工业园区商会，积极筹建北白象商会；2007年新增异地商会1个，异地商会总数达到10个。加强对外联络工作，积极筹建乐清市总商会大厦和中小企业投资担保体系，为乐清民营经济发展助力。

港澳台和海外统战工作载体不断创新 推出“五个一”系列活动纪念香港回归十周年，做好侨法宣传，出版《乐清华侨史》，向乐清籍香港同胞、眷属及社会各界介绍十年来两地交流、交往的光辉成就。启动“走进台湾”系列图片巡回展，发放《涉台知识学习手册》等资料，在全市中学生中开展了“台湾在我心中”主题班会活动。开展台胞台属、台资台属企业和“大陆新娘”基本情况调查；开通寻亲热线，帮助台属寻找失散的亲人。加强对外交流交往，加大对第二、三代台胞的沟通联络，增进乡情，扩大共识，一年来接待来乐台胞260多人次、台轮3航次，同时组织经贸考察团赴台和海外进行了考察交流。做好台胞及侨胞信访工作，及时为广大港澳台同胞和归侨、侨眷、海外侨胞排忧解难，化解纠纷，去年共接待来访50多人次，受理来信14件，办结率为98%。

民生服务领域进一步拓展 充分发挥统一战线智力密集、联系广泛、实力雄厚的优势，积极调动广大统一战线成员参与“民生情、统战行”主题活动。在仙溪镇上北阁村开展蹲点调研活动，帮助该村理清发展思路，并组织捐助28万元，向市财政争取了100万元用于该村基础设施建设。开展“企业结对促发展、能人扶贫帮脱贫”活动，给福溪、双峰两个乡的100户家庭送上5万元扶贫款。给9名贫困民主党派成员和黄埔同学会老会员的后辈送上1.15万元助学款。协助、组织各民主党派开展送科技下乡、送教下乡、送文化下乡、送医送药下乡等扶贫送温暖活动。安排统一战线干部走访了千户统战家庭，加强联络，促进沟通。组织市政协委员提交了一批事关民生的提案。

创建市统战民生基金 10月12日，乐清市统战民生基金成立仪式隆重举行，这是全国设立的首个县级统战民生基金，筹措捐款330万元。该项基金由市委统战部牵头创建，是市委统战部坚持以人为本、坚持以统战集体的力量关注民生的重大举措，也是统战部门为凝聚各界人心创新推出的重要载体。该项基金主要用于帮助解决统一战线中的贫困人士和其他社会人士的生活、就医、子女读书等具体困难。

老干部工作

概况 2007年，乐清市老干部工作在市委、市府领导的重视下，在各乡镇、各部门的支持和配合下，坚持以邓小平理论和“三个代表”重要思想为指导，全面落实科学发展观，深入开展“作风建设年”活动，坚持以人为本、服务为先，全面提升“双高期”离休干部管理与服务工作，各方面工作取得了新的进展。

市离休干部新春团拜会 市老干部局提供

夯实离休干部管理与服务工作的社会基础 2007年，乐清市各级党委政府、涉老部门深入学习贯彻全国“双先”表彰会议精神，对老干部工作重要性的认识进一步提高，继续将老干部工作纳入组织工作统一规划，加大了对老干部工作的力度。继续深入执行《市直部门不定期向老干部通报工作制度》。2007年，市纪委、市旧村改造指挥部、市房管局、市旧城改造指挥部等部门领导及时向老干部进行工作通报，加强了党和政府与老干部的沟通和联系。在春节前夕和纪念抗战70周年期间，市四套班子领导以及各乡镇、各单位分别慰问了老干部，老干部局还首次对异地在乐的离休干部进行了慰问。另外，乐清市公交公司为老同志送上免费乘车证，乐清市经济开发区管委会、乐成镇政府为老同志分别征订了2007年度《浙江老年报》和《乐清日报》，以实际行动体现了对老干部的关怀。2007年，柳市镇离休干部活动小组等五个离休干部学习组、乐清市财政局等四个单位和邵光权等五位离休干部、郑建海等五位机关部门工作人员获得温州市老干部工作先进集体和先进个人荣誉。

全面落实离休干部的政治、生活待遇 2007年，市老干部局努力实践党和国家有关政策、法规，以制度的形式积极落实离休干部的政治和生活待遇。在政治待遇的落实上，进一步完善了老干部思想政治建设的组织保障，组织全市离休干部党支部书记、学习组组长进行了培训，增强了离休干部党组织的创造力、凝聚力、战斗力。不断创新老干部思想政治建设的组织形式，建立了全局机关干部联系参加到各离休干部学习组学习的制度，定期召开离休干部学习组长例会、形势通报会，并举办了县处级以上离休干部理论学习班、离休干部党支部书记培训班等，及时把党的路线、方针、政策和上级有关精神传达到每位老干部。为了进一步丰富老干部思想政治学习的内容，市老干部局采用了“请进来、走出去”的方式，邀请有关单位专家来乐清为老干部作了《温州如何实现第三次跨越》、《胡锦涛“6•25”重要讲话辅导报告》等专题讲座，召开了十七大精神专题学习会。同时，先后组织女离休干部分别到横店学习考察，组织全市离休干部党支部书记、学习组组长参观新安江水电站，组织全市离休干部参观乐清市经济技术开发区、乐清市中心区，组织市新四军研究会会员参观浙能乐清电厂，从而开阔了老干部的视野，丰富了老干部的精神、文化生活。在落实生活待遇上，一是加大解决老同志特殊困难的工作力度，并专门组织召开了协调会议，较好地解决了住公房离休干部的货币化分房问题。二是加大易地安置乐清离休干部的工作力度，组织人员分赴江西、云南、甘肃等省离休干部原所在单位，为部分省外易地安置离休干部解决了年终生活困难补助。三是加大离休干部医疗保健工作力度，组织全市近600位离休干部进行了健康体检和健康疗养。四是加大解决改革发展过程中遇到的老干部生活待遇问题的工作力度，根据上级精神，结合乐清市实际，将红军时期参加革命工作的老干部护理费的发放标准提高到每人每月800元，同时也提高了离休干部遗属生活困难补助费标准。

全市离休干部党支部书记、学习组组长参观新安江水电站　　市老干部局提供

发挥“窗口”功能扩大离休干部工作社会影响　进一步扩大离休干部活动中心和老年大学这“两个窗口”的规模，充分发挥“两个窗口”老有所学的功能作用。活动中心现下属有9个协会，共有会员300多人；2007年老年大学的办学规模达到22门课程、30个班级，在校学员人数达到1000余人。“两个窗口”立足于老同志实际情况，努力创新活动形式，丰富活动内容，举办了“红叶黄花秋意浓”老年大学校庆文艺晚会、“争做现代老人”主题征文比赛，组织市老干部苍松艺术团参加了“和谐南岳”文艺专场演出，组织市老干部书画协会举办了“纪念中国共产党成立86周年暨香港回归10周年老干部书画展”，举行了离休干部钓鱼活动、象棋围棋比赛，老同志们寓乐于学，生活快乐充实。进一步发挥“两个窗口”在老有所为上的作用，老干部书法协会在南岳镇杏湾大会堂举行了“墨宝贺新春、真情敬乡农”楹联义送活动；乐清老年大学合唱团参加了由乐清市委宣传部主办的“农村合作银行杯•和谐乐清”歌咏比赛，市老干部苍松艺术团到各学区开展“知荣辱、树新风、促和谐”宣传教育巡回演出，受教育学生达6000多人；乐清老年大学关心下一代工作委员会为仙溪镇第三小学（甸岭小学）送去了价值6000余元的小学生学习及生活用品。2007年，乐清老年大学太极拳代表队荣获浙江省传统武术锦标赛太极拳24式项目第一名，乐清市老干部苍松艺术团荣获全国中老年才艺大赛“夕阳红金奖”、“夕阳美金奖”；乐清老年大学被评为2006年度乐清市级文明单位。

离休干部热情参加钓鱼活动　　市老干部局提供

提升离休干部管理与服务工作水平　2007年，以“作风建设年”活动为契机，以建设一支“常抱敬老之心、善谋为老之策、多做助老之事”的队伍为目标，加强了对老干部工作队伍人员的思想教育。局机关党支部出色完成了“作风建设年”活动各个阶段的工作，并开展了以《“双高期”离休干部需求取向和服务分析》为主题的调研活动，对当前乐清市离休干部服务工作进行了深入细致的探讨和分析，并向市委、市府提出了工作建议。同时开展了“六型机关”创建工作，召开了“八个方面的良好风气”专题学习会，进一步强化了老干部工作队伍人员的服务意识。以参观、培训为载体，加强老干部工作队伍人员的业务培训，鼓励工作人员参加在职教育，并分别组织老年大学工作人员和学委会成员赴江苏学习兄弟县市老年大学的成功经验，机关工作人员还参加了省局举办的老干部工作业务培训，老干部工作队伍人员的服务能力得到切实提升。市老干部局坚持以提高服务质量为准则，不断创新工作机制，在开展“六型机关”创建工作中，在原有的联乡工作基础上，将全局机关人员联到各学习组，并制作了工作人员联组工作手册，将解决离休干部特殊、实际困难作为联乡工作的重要内容，全年局机关干部共参加各离休干部学习组学习130余人次，慰问了60多位行动不便、长期卧病的离休干部，局机关工作人员的服务能力与服务质量得到了离休干部们认可和赞誉。

党校工作

概况 2007年，中共乐清市委党校（乐清市行政学校、市社会主义学校）深入贯彻《干部教育培训工作条例》，坚持“党校姓党”，落实“作风建设年”活动要求，大胆创新，扎实工作，圆满完成各项任务，有效地推进了党校事业的新发展。校委会以及机关支部、离退休支部、工会等都开展了“作风建设年”、“学习型机关”等内容丰富、各具特色的活动，并与结对的乡（镇）、村开展了相应的共建和扶贫工作。校委班子求真务实作风得到进一步发扬，全校教职工精神面貌持续奋发向上，刻苦钻研本职业务蔚然成风，学校工作绩效明显提高。

主体班次培训 2007年共举办主体班次培训31期，培训干部5921人次。其中科（局）级领导干部培训班2期，64人；乡镇、部门党政一把手“作风建设”专题研讨班1期，58人；中青年干部培训班1期，32人；招录赴农村工作的高校毕业生培训班2期，77人；第二、三轮社会主义新农村建设理论培训班20期，1190人；全市公务员必修课培训班5期，4500人次。主体班次的教学内容设置坚持以“三个代表”重要思想和科学发展观为指导，不忘“党校姓党”办学原则，突出马克思主义中国化的最新成果，引导学员准确把握当代马克思主义理论发展成果的科学内涵和精神实质；同时紧紧围绕全市工作实际，针对不同班次的特点，科学、合理地安排教学内容，增强教育培训工作的现实应用性。针对全市广大干部总体学历层次较高、具备较丰富基础知识的总体特点，改变了以往那种单一的、面对面的、满堂灌式的教学方法，大胆创新，采取专题研究、多媒体教学、学员相互研讨以及现场体验等多种教学新方式，积极探索新路，收到了良好效果。

校外理论宣讲 根据市委统一安排，党校教师深入各乡镇、部门、社区，开展胡锦涛同志6•25讲话、十七大精神和党史党建、时事政策等专题宣讲活动，全年共宣讲110多场次，充分发挥了党校理论宣传的主阵地作用，基层反映良好。

科研和信息化建设 高度重视科研工作，不断完善科研机制，切实做到“教学出题目，科研做文章，成果进课堂、进决策”，充分发挥科研为教学服务、为党委政府决策服务的作用，努力实现教研一体化的转型。出台了《科研小组承接校级课题管理办法》，整合全校教工资源，依据教师专业不同，把全校教师分成三个科研小组，确定小组年度课题任务，激发教工的科研积极性，并在经费上加以支持。同时，进一步加强与外单位的科研合作，先后与市纪委、工商局等部门建立了科研合作机制，实现了与合作单位科研资源共享，扩大了党校的科研影响力，教职员工进一步了解乐清实际，研究乐清社会，增强了教学科研工作的现实性和针对性，并使科研成果直接服务于部门工作。2007年，乐清党校主办的《乐清理论》定期发行四期，约33万字。论文获奖5项，其中省级2项，县市级3项；公开发表论文5篇，其中核心刊物刊载1篇，地市级报刊（《温州日报》）刊登4篇；主持并完成课题3项，其中校级课题1项，和外单位合作课题2项。

加快信息化建设步伐，切实改善科研工作条件，先后建成校园网、远程教学网，并租用了“中国期刊数据总库”。制定《党校网站管理办法》，完善网站管理制度；开辟多渠道信息报送，建立科室信息报送责任制，保证信息不漏报、不少报、不迟报。校网内容更新及时，自7月至12月底，全校共发布信息165条（不包括浮动广告），全面反映了党校的工作动态。

函授学历教育 2007年，乐清党校函授在校生总数达到723人，其中本科公共管理、法律两个专业学员共310人，专科公共管理、社区管理、农村管理三个专业学员共413人。全年共招新生258人，本科公共管理112人，专科农村管理98人，浙经大行政管理48人。全年函授毕业人数为本科公共管理、法律两个专业共83人，专科公共管理、农村管理两个专业共187人。

队伍建设 以建设一支熟知理论、紧跟形势、懂得民情的师资队伍为主要目标，全面加强教职工队伍建设。一是注重教学人才培养，不断提高师资水平。以提高师资熟悉市情、深化理论思考为目的，邀请市直部门领导、各领域专家在校委理论中心组学习会上和学校政治学习会上介绍各行各业相关情况，与教师互相探讨交流，启发教师的教学思考，并汇编了有关资料6期。同时加大师资培训力度，利用暑假安排了11位专兼职教师赴北京大学马克思主义学院参加胡锦涛同志6•25讲话培训班学习；党的十七大闭幕后，先后派出9名教师，分三批外出参加十七大精神师资培训班；12月，派出一名青年教师赴省委党校参加公共管理专业的师资培训。全年共外派师资培训27人次，并有一名教师脱颖而出，被评为温州市级名师。二是创新人才引进机制，充实师资力量。根据教学、科研工作需要，在有关部门的支持下，引进了两位硕士研究生和两位本科生，优化了教师队伍学历层次和学科结构；同时，完善外聘客座教授网络，整合社会名师资源，弥补了党校的师资力量不足。三是强化工作竞争机制，加快人事制度改革。11月，出台了《中层干部任期制》，干部能上能下制度化，建立公平公正、催人向上的人事机制，为每一位干部创造了平等的竞争机会。一年来，通过竞争上岗选拔了2名中层正职、5名中层副职，充实了中层干部队伍。另外，严格按照《教师专业技术职务聘任制实施方案》，聘任了一名高级讲师。

硬件建设 通过各方面努力，乐清市委党校迁扩建工程顺利完成供

论文获奖、发表及课题结项一览表

	题目（项目）	作者（负责人）	授奖情况	主联办单位	发表刊物	级别等次	时间
获奖论文	论马克思“人的自由发展”理论	谢安民	浙江省委党校理论研讨会			省级三等奖	2007. 07
	论改进我市公务员培训中的思想政治教育	谢安民	乐清宣传部和谐社会与思想政治工作研讨会			县（市）级二等奖	2007. 07
	乐清市城乡统筹发展研究	李永鑫等	2006年度乐清市党政系统优秀调研成果评比			县（市）级一等奖	2007. 10
	嵌入全球价值链的地方产业集群升级研究	李利群	2006年度乐清市党政系统优秀调研成果评比			县（市）级二等奖	2007.10
	探索兴办养老保险基地之路	刘腾等	2007年度浙江省委党校系统优秀调研成果评选			省级优秀奖	2007.11
论文发表	产业集群结构演进的路径分析	李利群			《生产力研究》	核心	2007. 08
	以马克思主义实践哲学构建和谐主体性	谢安民			《温州日报》	地市级	2007. 02. 03
	理解思想政治教育的双重内涵	谢安民			《温州日报》	地市级	2007. 09. 15
	积极发挥基层党校在新农村建设中作用	林仕川			《温州日报》	地市级	2007.06.09
	十七大报告彰显党的思想建设理论创新	林仕川			《温州日报》	地市级	2007.11.11
课题结项	探索兴办养老保险基地之路	刘 腾		乐清市老龄委联办			2007.10
	乐清市村务公开形式创新研究	谢安民		乐清市纪委联办			2007.12
	县级党校马克思主义理论研究薄弱问题分析	谢安民		本校主办			2007.10

地手续办理工作，为全面启动迁扩建工程，打下了良好基础。食堂危房拆建工程已完成主体结构。

档 案 工 作

概况 2007年，乐清市档案局把档案工作主动融入乐清市率先实现第三次跨越的全局性工作之中，实现了档案事业的持续健康发展。市档案局被评为省档案系统先进集体、乐清市延长山林承包工作先进集体。

档案工作主动服务大局 根据“三农”档案工作体系的要求，市档案局积极开展第二批“省、市行政村示范档案室”创建活动，取得了良好的成绩：石帆镇前林村、虹桥镇东街村被评为省级“新农村示范档案室”，岐头一村等14个行政村被评为温州市级“新农村示范档案室”。坚持重点建设项目档案管理制度，对全市46家省、市级重点建设项目档案情况进行了登记备案；认真贯彻《浙江省重点建设项目档案专项验收管理办法》，参与城市中心大道、三环路等一批重点工程项目竣工的档案验收。积极做好与群众切身利益密切相关的社会民生档案的指导工作，联合市劳动局、社会保障局、民政局和卫生局等部门，指导建立完善社会养老、医疗、失业、工伤、生育等五大保险及城市居民最低生活保障救济等方面的档案，并做到建档内容齐全、归档材料完整。企业档案工作深入开展，注重先进引路，组织了50多名民营企业档案人员参观了德力西集团、正泰集团档案室，推进全市民营企业档案工作，全市重点民营企业建档率达100%。2007年，德力西集团仪器仪表有限公司和兴乐集团有限公司两家民营企业的档案工作通过了省良好标准考核认定。机关档案工作日益规范，及时转发了国家档案局第8号令《机关文件材料归档范围和文书档案保管期限的规定》，对机关单位文件材料归档范围和档案保管期限以及报批审查制度的执行提出了明确的要求；按照市委、市政府的统一安排，对全市31个乡镇、72个机关单位的档案工作进行了年度考核、量化评分。市地税局城关分局、市地税局柳市分局通过省一级档案工作目标管理认定，温州市住房公积金管理中心乐清分中心、市地税局北白象分局、市地税局沿江分局通过省二级档案工作目标管理认定，市供电局达到省优秀标准，中央储备粮温州直属库、市招投标中心通过温州市级档案工作目标管理认定。

档案基础业务更加扎实 档案资源建设不断深化。2007年，全市共接收各类档案9756卷、资料和报刊157册、照片410张、光盘18张；同时还征集了省委书记赵洪祝来乐视察的光盘，征集和补充了名人档案15卷，征集实物19件，代管档案5265卷。档案保护抢救工作稳步开展，严守规章制度和操作规程，注意消除事故隐患；积极向省财政局申报抢救补助经费12万元，用于民国地籍图的修复和复制，进一步延长了珍贵档案的生命。提高档案资源开发利用率，根据《浙江省档案馆管理办法》，市档案局于4月1日起免费提供档案利用服务；全年共接待9506人次，查阅档案资料及现行文件利用10277卷次，出具证明1013 份，提供复印3358份12784页，并编写了三万多字的《乐清市2006年大事记》、《2006年度档案利用效果实例选编》，完成了《乐清市民营经济发展大事记（第一稿）》的编写任务。

档案馆功能作用日益凸现 逐步加快档案信息化建设，依靠政府网络建立了OA系统，构建了局（馆）自动化办公平台，实现了与市政府网的互联互通。加强对重要档案的保护，扫描家谱1189页，加快了档案目录机读化进程，完成机读目录数26万多条。充分发挥爱国主义教育基地功能作用，自2004年爱国主义教育基地开放以来，共接待来自机关、企事业单位、中小学校及社会各界参观人员26000多人次，把爱国主义教育基地真正办成了社会教育课堂，受到了广泛的赞誉。

档案法制氛围日渐浓厚 以《档案法》颁布20周年为契机，召开了纪念《档案法》颁布20周年座谈会，进一步宣传了《档案法》和档案事业。9月份，市人大、市档案局有关人员组成档案执法检查组，对9个乡镇机关执行《档案法》情况进行了抽查，并对执行情况好的单位给予肯定，对执行情况不足的单位提出了改进意见，促进了档案工作的规范管理。

档案管理人员素质进一步提升 结合新时期档案事业发展的需要，市档案局组织36名档案管理人员参加了省、温州市组织的档案上岗培训和档案业务知识更新培训。同时，市档案局举办了3期档案业务培训班，来自行政村、重点建设项目单位、民营企业的300多名档案管理人员参加了培训。2007年还组织开展了档案专业技术职称评审工作，申报确认助理馆员资格3名、管理员资格3名。

保 密 工 作

概况 2007年，根据上级保密部门和市委、市府的部署和要求，全市保密干部和涉密人员认真履行保密工作职能，坚持科学发展观，积极开展保密宣传教育、监督检查，做好秘密载体和涉密计算机管理工作，圆满完成了各项工作任务，全市没有发生失泄密事件，为创建和谐乐清发挥了应有作用。

保密宣传 为增强广大干部群众保密法制观念，认真抓好保密法宣传教育。及时制订“五五”保密法制宣传教育规划，落实了“五个”抓；突出加强了对领导干部、重点涉密人员、国家公务员的保密教育，努力提高专兼职保密干部学习、遵守、执行保密法律法规的自觉性和领导干部依法行政的水平。同时做好《保密工作》杂志的征订，把征订工作作为保

2007年档案事业基本情况表

内容	单位	数量
一、档案事业管理机构及人员		
1、管理机构	个	1
2、专职人员	人	17
二、档案馆基本情况		
1、县（市）级国家综合档案馆	个	1
2、档案馆面积	平方米	2118
其中库房面积	平方米	1044
三、县（市）级国家综合档案馆馆藏档案情况		
1、全宗	个	204
2、案卷	卷	88262
（1）建国前档案	卷	14540
	件	
民国档案	卷	14456
	件	2074
革命历史档案	卷	84
（2）建国后档案	卷	73722
3、录音录像影片档案	盘	169
4、照片档案	张	6822
5、底图张	张	
6、案卷排架长度	来	903.59
四、本年档案资料利用情况		
1、利用档案卷	卷次	9597
	件次	
	人次	8979
2、利用资料册	册次	680
	人次	527

密宣传的一项重要内容来抓，按上级要求完成了征订任务。

保密管理 认真抓好秘密载体和涉密计算机网络的管理。根据温州市加强涉密载体保密管理要求，按照严格管理、严密防范、确保安全、方便工作的原则，深入各涉密部门、重点部位，做好保密制度的完善和责任的落实，规范定密、解密工作，做好秘密文件和内部资料的收集并统一送造纸厂销毁，积极推进全市保密管理工作的制度化、规范化、法制化建设。坚持涉密信息不上网、上网信息不涉密的原则，做好内部防范和检查，落实岗位责任制，完善人防、物防、技防措施，进一步加强了涉密计算机及其网络的管理。

保密督查 积极开展保密监督检查。全年会同市公安局、经贸局、工商行政管理局、电信局、规划建设局、教育局等单位，先后6次深入各涉密部门、重点部位对密级测绘成果、高考和中考试卷保密室及考点、造纸企业和废纸品收购站、秘级文件和涉密网络、市内各门户网站及秘密定点复制单位进行了保密检查，共检查秘级图纸264幅计408张、水准点50点、高考和中考考点21个、造纸企业和废纸品收购站24家，主要门户网站16家、秘密定点复制单位4家。通过及时检查和整改，全市保密工作得到有效落实。

信访工作

概况 2007年，市信访局受理群众信访总量为6449件（人）次，其中初信初访4032件（人）次，重复信访2417件（人）次。接待群众来访1105批4788人次，其中集体访158批3215人次。受理群众来信1803件，其中联名信99件11065人，市领导阅批来信1661件。受理复查申请92件，作出复查意见书86件。市长专线电话受理中心受理群众来电14026个次，市长信箱受理群众网上信访606件。上级交办的61件要信要访和摘要送市领导阅批的171件信访问题都按时报结，一般来信问题报结率达97.4%，来访问题报结率达97%，来电问题报结率达99.3%。

落实信访工作责任，健全信访工作机制 3月22日，市委、市政府与30个乡镇和30个重点部门的主要领导签订了《乐清市信访工作目标管理责任书》。市委、市政府推出信访事项责任认定、信访工作责任追究、信访工作“一票否决”、信访工作经济奖罚、信访问题综合调处、北京处访、进京访问题处理、重点工程和建设项目信访风险评估、信访法制宣传教育等九大措施，并出台了《进一步加强信访工作的若干意见》，健全了信访工作机制。

领导亲自参与信访工作 市领导对信访工作批示39次，包案解决重点信访75件，协调处理集体访54件；每月15日党政领导接待日共接待群众539批1355人次。全年市领导下访272次，接待群众478批1078人次，解决问题201个。同时，每隔一周的周二下午安排一位部门主要负责人接听市长专线电话，全年有2位副市长、20位部门主要负责人参与接听，共受理群众来电515个次。

与媒体建立联动机制，广泛深入开展信访宣传 电视、报纸、网络等媒体定期宣传信访法律法规及有关违法信访典型案例，全年《乐清日报》48次刊发有关内容、乐清电视台16次播放有关报道，宣传信访工作相关事项。高考、中考前，市信访局根据有关信访，与环保部门及新闻媒体等单位工作人员夜间深入施工现场勘察，通过媒体报道有效制止了噪音污染。

处置违法信访行为，加强重信重访治理 4月，市公安局依法对围堵市政府大门、扰乱公共秩序的8名违法上访人员予以拘留；8月，市公安局和市信访局联合出台了《关于进一步规范信访秩序的若干意见》。7月至9月，全市开展重信重访专项治理活动，市领导挂牌包案督办重要问题38个；乡镇、部门领导与147个信访挑头人员、老访户捆绑结对，落实帮扶调处任务。

排查信访问题，化解矛盾纠纷 市信访局开展了23次集中排查活动，排出信访问题不稳定因素686宗（件）。3月至9月，全市开展排查化解矛盾纠纷活动，市信访局排查交办63个重点问题，有关乡镇和部门共排出170件问题，大部分问题得到妥善化解。11月下旬，市信访局派出三个检查组，对各乡镇和市机关部门开展信访工作综合督查，对检查出来的问题当场予以业务指导，落实整改措施。

向上级领导及时报送信访信息 对群众集体访、异常信访动态及典型工作经验，市信访局及时向上级信访部门和市委、市政府报送信息，全年报送《乐清信访》35期、《信访情况通报》6期、《信访反映》146期、《市长专线电话简报》12期、《市长专线电话要情专报》7期。

开通短信、视频信访 6月，开通13695712345短信投诉平台，群众可以发手机短信反映问题。12月7日，开通QQ和V2通视频信访，市民加入QQ号152185185或通过V2通远程教育视频互动系统，就可向市信访局反映问题。

加强信访业务培训和调研 8月份，举办全市信访干部培训班，230多位乡镇、部门单位分管领导和信访干部参加了培训。全年开展了多个信访课题调研，完成了《理顺群众情绪，构建和谐环境》、《乐清市新时期党群干群关系现状分析及建议》等调研文章。

市信访工作受到各级领导表彰 在2007年省、温州市信访工作目标考核中，全市31个乡镇和市直机关部门全部达标，乐清市均被评为优秀单位，受到省委、省政府和温州市委、市政府的通报表彰。2007年度，市委、市政府评出6个信访维稳工作成绩突出单位、9个信访工作先进单位和42位信访工作先进个人。市信访局办公室、办信督查科、综合协调科和接访科被乐清市委、市府评为四好科室，市长专线电话受理中心被评为一星“四好科室”。市信访局工作人员还代表温州地区参加全省信访系统“创建”活动演讲比赛荣获三等奖。2007年，林剑敏被评为全国信访系统先进工作者，市信访局被评为全省信访系统先进集体，市委、市政府被评为省2006～2007年度信访工作先进集体。

市直机关党建

概况 2007年，市直机关各党组织以邓小平理论和“三个代表”重要思想为指导，深入贯彻落实科学发展观，紧紧围绕市委市政府的中心工作，拓展思路，创新方法，丰富载体，全面加强市直机关党的思想、组织、作风、制度建设和反腐倡廉建设，使机关党员干部的素质得到进一步提高，党员的先锋模范作用得到更好的发挥，为全市经济社会又好又快发展提供了有力的思想政治保障。

创刊《乐清机关建设》 刊登了市府办、工商局、市政园林局等十几个单位的文章二十来篇，内容涵盖理论研究、作风建设、工作创新、典型推广等各方面，为新时期加强机关党建工作、交流党建经验提供了新的平台。

举办“青年·跨越·责任”互动学习会 邀请市委常委宣传部长陈胜峰、市委常委组织部长张亨利等领导为机关青年答疑释惑。15位青年代表参加学习会的170多名青年，向有关领导提出了15个不同层面的问题，并得到圆满解答。

评选表彰先进 2007年，市直机关涌现出一大批具有时代特征、业绩突出的先进集体和先进个人。6月份工委组织评选，共评选出先进基层党组织32个、十佳党支部书记10名、优秀党务工作者42名，优秀共产党员36名，并进行了表彰。

深入进行机关作风督察 市直机关作风督察组坚持对机关单位的上班纪律、办事效率、服务态度、环境卫生、公车使用等情况进行督察，全年共开展8次督察活动，下发限期整改通知书4份，受理举报电话16次。

开展“社会各界评议满意和不满意单位”活动 市直机关组织社会各界八个层面人员对乐清市101个机关部门和窗口单位进行了测评，发放测评表8953份，收回有效测评表8119份，对各单位提出意见689条，并根据测评情况对综合排名前五名和排名前进十名以上的单位以及排名最后的三个“不满意单位”进行通报，表彰了先进，鞭策了后进。

加强文明机关创建工作 严格对照文明机关各项标准，组织开展复评和对第六批新申报单位的考核工作。2007年，市政协、党史研究室、工商联等三个单位通过文明机关验收。第四批共12个市级文明机关和1个限期整改单位通过复评。

深入创建“四好科室（站所）”活动 首次将创建范围扩大到乡镇机关。2007年共有352个科室（站所）被评为“四好科室（站所）”，其中市直机关科室287个，乡镇机关科室65个；65个科室被评为一星级“四好科室（站所）”，其中市直机关科室61个，乡镇机关科室4个；39个市直机关科室被评为二星级“四好科室（站所）”。

探索建立市乡（镇）党建二级联动机制 根据《关于进一步加强和改进乡镇机关党的建设》（乐委发〔2007〕81号）精神，通过发放调查表、召开座谈会、实地走访、上门指导等各种形式，掌握了乡镇机关党建工作存在的问题，及时指导和督促乡镇机关建立机关党工委或党总支。截止10月，全市31个乡镇机关均建立了党工委或党总支。

政策研究

深入开展调查研究 围绕市委第十二届二次、三次、四次全会报告，组织协调专项课题研究。围绕经济社会发展的现实性课题，扎实开展对策性和比较性研究。在经济发展领域，完成了系统的临港产业研究；在社会发展领域，完成了《新乐清人管理服务工作调研报告》、《乐清市旧村改造工作调查报告》等各项调研课题。

积极提供参谋服务 认真编发《乐清政研》，刊登具有全局性、针对性、借鉴性的调研文章和具有深度分析的参考信息，为领导决策提供参谋服务，全年共刊发14期。组织开展2007年全市党政系统优秀调研论文评选活动，评选出优秀成果33篇，编辑出版了《2007年度乐清市党政系统调研文章评比汇编》，为全市上下积极开展调查研究，向市委、市政府工作建言献策提供了重要平台。

精心组织年终考核 承担温州市对乐清市2007年度工作目标责任制考核的各项迎考工作，协调全市有关单位细致入微地做好迎接考核的各项准备，为考核最终取得温州市第一名的好名次打下扎实基础。牵头开展乡镇工作目标责任制考核工作，出台《2007年度乐清市乡镇工作目标责任制考核实施细则》，精心组织，周密安排，推动考核工作圆满完成。

认真落实“法治乐清”建设 承担了“法治乐清”建设日常性工作。起草了一系列关于加强和改进法治工作的措施和意见，建立“法治乐清”工作目标责任制考核机制，将其列入各乡镇、各部门工作目标责任制考核内容，推动“法治乐清”建设工作在全市顺利开展，“法治乐清”建设工作年终考核居温州市第一，跨入全省先进行列。

党史研究

概况 2007年，中共乐清市委党史研究室认真贯彻落实党的十七大精神和省委党史工作会议、浙委〔2007〕119号文件精神，围绕中心，服务现实，开拓创新，扎实工作，成绩显著。8月，市委党史研究室被省委党史研究室、省人事厅评为全省党史系统先进集体。

贯彻落实省委党史工作会议和省委文件精神 召开全体党史干部会议，组织传达学习省委党史工作会议和省委《关于进一步加强党史工作的意见》（浙委〔2007〕119号）文件精神，大家信心大增，倍受鼓舞；向市委常委会作党史工作专题汇报，市委常委会专题研究党史工作，并下发会议纪要，提出要进一步加强乐清市党史工作，广泛深入开展宣传教育，确保经费投入，强化党史干部队伍建设，努力把乐清党史资源大市建设成为党史工作强市。同时，市委党史研究室还修订完善了乐清市党史工作五年规划和今后的工作思路。

广泛深入开展“抗损”课题调研 乐清市抗战时期人口伤亡和财产损失（简称“抗损”）课题调研工作启动于2006年8月。2007年，市委党史研究室克难攻坚、严谨细致，扎实推进了“抗损”课题调研工作。一是蹲点查阅、复印、摘抄了乐清、温州等地档案馆内的所有关于乐清“抗损”课题的档案文献资料，指派人员跟随温州市委党史研究室人员赴省档案馆和南京二史馆查阅档案，取得了宝贵的第一手史实资料。二是召开由各乡镇组工干部参加的“抗损”调研工作会议和座谈会，多次专题研究“抗损”工作，布置社会调查任务；到受敌人危害较重、被敌人占踞时间较长的乡镇进行走访调研，并对日军侵乐期间修建的各种军事设施、慰安所及有关细菌战、放毒等情况开展重点调研。三是聘请多位工作责任心强、对抗战历史了解的离退休干部和大学生，发动各乡镇组工干部和村居委会、老协负责同志1000多人，对全市31个乡镇927个村（居）的29400多名75岁以上、记忆力较清晰的知情人、当事人进行了走访调查，镇、村社会调查率达到100%，有情况反映的知情人达3500多人，被调查人均规范填写了社会调查表，做到史实准确无误、经得起历史检验，此次社会调查弥补了档案资料的不足。四是对涉及重大专题、关键数据的史实资料和社会调查资料进行查漏补缺、深入走访，做到逐条梳理、逐页过目；据不完全统计，共查阅档案资料1000多卷,复印材料7000余页,收集口述材料3万多字。市委党史研究室对收集的所有档案资料、文献资料、口述材料、图片资料、影音资料进行了分析研究、归类管理、有序排列，并按规定一丝不苟、有条不紊地填制了明细表、资料目录、统计表等并输入电脑，同时还撰写了“抗损”大事记、专题报告、调研报告，基本摸清了乐清抗战期间的人口伤亡和财产损失情况。

做好永乐总队纪念馆改扩建及布展设计 2007年，永乐人民抗日自卫游击总队纪念馆进行了改扩建。市委党史研究室多次到岭底泽基实地调研，召开协调会，协助岭底乡党委、政府做好土建工程的经费预算、立项设计、征地和建筑功能的布局完善等工作。纪念馆土建工程于2007年4月开工建设，主体工程已于10月结顶。市委党史研究室对纪念馆的布展进行了认真设计，多次召开纪念馆布展设计意见征求会，并根据市领导、有关老同志及各个方面的意见拟制了纪念馆布展设计方案。另外，向有关乡镇和有关老同志收集征购用于纪念馆布展的枪支弹药、生活用具等实物。

加强党史征编和研究 做好党史二卷征编工作，多途径全面征集记录或反映1949年至今的乐清市社会主义时期党史资料，进一步完善党史二卷的编写纲目、编写方案、编写计划；积极安排参编人员参加省委党史研究室组织举办的理论业务培训班，以提高参编人员的理论业务水平；协调有编写任务的部门单位搞好社会主义时期党史专题第一批选题的编写工作，年内已有10多个专题完成了撰写任务。继续做好民主革命时期党史的深化研究工作，征集有关黄乐县的历史资料和回忆文章，编辑并准备出版有关黄乐县的书刊。指导征编福溪乡党史、岙前村革命斗争史等，党史的资政育人作用得到进一步发挥。

大力开展党史和革命传统宣教 在革命老区，通过深入走访老党员、游击队员和实地考察日军工事，挖掘到许多鲜为人知的革命故事，在有关新闻媒体作了深刻报道，使乐清的革命历史更加深入人心，起到了很好的教育宣传作用。编辑出版了两期党史通讯刊物《雁荡风云》，并扩大了发行范围，发行面覆盖了在国内各地的有关乐清籍老同志、全省党史系统和全市市直机关各单位、各乡镇党委政府、各类各级学校、知名企业等，充分发挥了党史刊物的宣传教育作用。市委党史研究室顾问发挥自身的政治优势，把教育好下一代作为自己义不容辞的义务，时常应邀到学校、机关团体宣讲革命理想、革命历史、革命传统，收到了显著的教育效果。市委党史研究室还积极配合有关单位开展了纪念建党86周年座谈和慰问活动，与市新四军历史研究会一起，召开了纪念新四军成立70周年、括苍支队成立60周年座谈会，协助省电视台来乐拍摄《新四军在浙江》专题片，有力地宣传了革命前辈的丰功伟绩和光荣斗争历史。

中国共产党乐清市纪律检查委员会（监察局）

综　　述

2007年，全市各级纪检监察机关以邓小平理论和“三个代表”重要思想为指导，认真贯彻上级纪委全会精神，按照市委、市政府提出的率先实现“第三次跨越”的发展战略，开拓创新、全面履职、狠抓落实，党风廉政建设和反腐败工作取得了新的成效，呈现出良好的发展态势：党风廉政建设向基层延伸，领导干部廉洁从政行为进一步得到规范，查办党员干部违纪违法案件保持着强劲的势头，纠风治乱工作不断深化，抓本治源不断推进制度创新。

重要会议

贯彻中纪委七次全会精神专题学习会　1月11日，召开全体机关干部专题学习会，认真学习中纪委七次全会公报和胡锦涛总书记讲话精神，并结合市纪委、市监察局工作实际开展了热烈的讨论。通过学习讨论，与会人员充分认识到加强领导干部作风建设的极端重要性和紧迫性，并表示一定要认真贯彻落实好中纪委七次全会部署的反腐倡廉各项工作任务。

市党风廉政建设工作会议　3月16日，全市党风廉政建设工作会议召开，会上通报了2006年党风廉政建设责任制落实情况，表彰了先进，并对2007年工作进行了部署。

市纪委第二次全体（扩大）会议　3月26日，市纪委召开第二次全体（扩大）会议。会议总结回顾了2006年反腐倡廉各项工作情况，研究部署了2007年全市党风廉政建设和反腐败工作的各项任务。市委常委、市纪委书记邹跃新代表中共乐清市纪委常委会向大会作题为《加强作风建设，全面履行职责，努力取得反腐倡廉工作的新成效》的工作报告。市委书记黄正强在会上作重要讲话。市纪委委员、乡镇纪委书记、市直各单位纪委书记（纪检组长）、温州市直属单位纪委书记（纪检组长）或分管领导、市纪委中层以上干部参加会议。

村级财务管理规范化工作会议　为进一步推行村级财务管理规范化工作，完善村账委托代理制度，10月31日召开了全市村级财务管理规范化工作会议。会议由副市长胡成剑主持。会上，市委常委、市纪委书记邹跃新总结了全市村级财务管理规范化工作取得的成效，并部署了下阶段工作任务；市委常委、组织部长张亨利宣读了上半年村账乡镇委托代理工作考核情况的通报；市委副书记郑建海就进一步加强村级财务规范化管理工作了讲话。

中共乐清市纪委第二次全体(扩大)会议召开　市纪委提供

上级领导来乐考察、督查、调研

省委常委、省纪委书记王华元考察正泰集团　3月7日，省委常委、省纪委书记王华元考察正泰集团，勉励非公企业在经济社会发展和党风廉政建设工作中积极发挥作用。

省委督查组来乐督查“作风建设年”活动　8月29日，以省委副秘书长、省委办公厅主任潘家玮为组长的省委督查组来乐清市督查“作风建设年”活动。市委书记黄正强汇报了活动开展情况。省委督查组还到市招投标中心、市国土资源局进行了现场察看。省委督查组认为，在整个活动中，乐清不仅完成了“规定动作”，而且结合自身实际，创新载体，开展了许多特色鲜明的“自选动作”活动，促进了干部作风转变，促进了工作落实，初步达到了“干部受教育、群众得实惠、工作有推进”的目的。

省纪委副书记马光明来乐调研 11月15日，省纪委副书记马光明来乐清市调研2008～2012年惩治和预防腐败体系构建情况。马光明副书记听了汇报后，充分肯定了乐清市结合实际构建惩防体系的做法，并要求将惩防体系构建贯穿于整个党风廉政建设始终，在实际工作中不断地加以拓展、补充、完善；要求处理好总体框架、总体目标与近期要点、重点领域、重点部门的关系。马光明副书记还对乐清市创建农村基层党风廉政建设示范村活动提出了要求。

省纪委副书记洪巨平来乐调研 12月17日，省纪委副书记洪巨平来乐清市调研信访和案件查办工作。洪巨平副书记听了汇报后，对乐清市近年来的纪检监察信访和案件查办工作给予了充分的肯定，对2008年的工作提出了新的要求。洪巨平副书记强调，在查办案件方面要关注新情况、新问题，尽可能把问题解决在初期，查处案件既要坚决，有案必查，又要规范文明；在信访工作方面要提高基层解决信访的能力、解决疑难信访的能力和对信访工作综合分析的能力。

党风廉政建设

落实党风廉政建设责任制 全面实施“三书两报告”制度，进一步完善责任追究工作机制和配套制度。年初通报了全市2006年度党风廉政建设责任制落实情况，及时反馈了存在问题，表彰了先进。尔后，向市委、市府领导上报了《关于党风廉政建设责任分工及有关事宜的报告》，促进有关领导各司其职，抓好责任制，确保“一岗双责”落到实处；向32个牵头单位印发了《关于党风廉政建设责任分工及有关事宜的函》，将工作内容、工作要求及时告知牵头单位，确保各项工作的有效落实。2007年，市纪委、监察部门分组对乡镇和市直单位的党风廉政建设责任制落实情况进行了检查考核，发现问题及时提出整改意见。12月18～22日，市委、市政府领导还亲自带队，听汇报、查资料、明查暗访、抽样调查，对31个乡镇和市机关直属单位的党风廉政建设责任制落实情况进行了检查考核，还对2007年纪检监察工作目标管理责任制落实情况一并进行了考核。

开展党风廉政宣传教育 不断深化党风廉政宣传教育，努力构筑牢固的反腐倡廉思想防线。6月18日，组织新提任领导干部57人赴杭州南郊监狱接受“现身说法”警示教育。每月一期的《廉政视窗》以喜闻乐见的方式，向广大干部群众介绍了全市党风廉政和反腐败工作取得的成果。在《乐清日报》上开设专栏，对全市反腐倡廉工作和“作风建设年”活动进行了宣传报道。深入推进以进机关为重点、进企业为特色的廉政文化“六进”活动，在德力西集团、松成电子有限公司等10家非公企业开展了廉政文化建设，传播廉政文化。

加强干部廉政监督 2007年，市纪委监察部门进行任前廉政谈话57人、诫勉谈话45人；开展了“三礼”、“一号双机”等专项清理，收到党员干部主动上交的礼品、礼券、礼卡共计5笔，折价金额共计15400元,清理与办公电话捆绑计费的小灵通455台；进一步落实公车管理“三公开、两定点”规定，组织进行了5次公车私用突击检查，对违规行为进行了新闻曝光、通报批评等处理。继续推行“三项费用”公开制度，对市直部门的公务接待费、车修车燃费和差旅费等三项费用在政府内部网站上公布。同时认真做好集体公费外出活动审批工作，积极开展了考核奖励性补贴清理工作。

夯实反腐倡廉工作基础 从源头上抓好农村反腐倡廉工作，认真实施农村基层党风廉政建设“十项制度”，将“十项制度”的工作内容和目标任务分解到各部门，发挥部门的职能优势，做好监督检查，并加大农村违纪违法案件的查办力度，确保“十项制度”落到实处；同时还把农村基层党风廉政建设“十项制度”纳入村居两委主要干部新农村建设工作培训内容，有针对性地开展再宣传、再教育。开展专题调研，通过召开座谈会、走访村民、征求意见等多种途径，深入分析腐败原因，积极提出对策。组织力量对全市31个乡镇的村账乡镇委托代理工作情况进行了全面检查，对村账不及时纳入中心管理的重点村作为整治重点开展整治。

抓本治源促进廉政建设 启动非行政许可审批事项的清理、规范工作，35个部门上报了300项非行政许可审批事项。建立健全行政审批网络体系，柳市镇便民服务中心、虹桥镇行政服务分中心已投入运行，北白象镇、大荆镇行政服务分中心在筹建中。6月底，建立了建设工程项目招投标资格后审机制，改资格预审为资格后审，即在开标后对投标人的投标资格按照招标文件规定的资格条件和标准、按照“七个一致”要求进行审查，有效遏制了招投标过程中串标、围标和卖标等现象；同时引入了电子评标辅助系统，减轻了评标专家的工作量，增强了对投标文件的实质性评审。全年全市顺利实行公开招投标48次，节约资金6169.12万元，节约率达25.2%。落实“收支两条线”规定，政务公开、厂务公开、村务公开的实效性逐步提高，党务公开、公用事业单位办事公开积极推进。

执纪与纠风

严厉惩治腐败 全年共受理信访举报833件（次），初核288件；全市各级纪检监察机关立案查处违纪违法案件212件，其中万元以上大案36件、要案8件；给予党政纪处分132人，移送司法机关24人，为国家和集体挽回经济损失540多万元。查处了一批影响较大的典型案件，如：

土地部门多名工作人员的受贿窝案、串案，石帆镇竹屿村部分村干部在集体土地征收过程中的受贿案，胜利塘北片围垦工程建设中骗取补偿款案等。通过对违纪违法案件的查处，严惩了腐败分子，震慑了违纪违法者，教育了广大党员干部，赢得了民心。

解决热点问题 继续推进商业贿赂专项治理工作，查处案件13件，涉案金额300多万元。开展教育乱收费治理工作，对全市50多所中小学收费情况进行了检查，查处各类违规收费金额150多万元，已责令全部清退，并对2名责任人进行了处理。深入开展群众关注度高、反映强烈的企业减负专项整治和行政事业性收费清理工作，严肃查处各类乱办班、乱收费行为。查处了柳市镇城管中队、柳市交警中队向长虹村乱摊派2万元问题，已责令其清退。对乐成工商分局在办理民营企业年检时，搭车收取会员费问题进行了调查，并落实了整改措施，有效维护了企业和群众的合法权益。

强化行政监察 加强对政府投资的重点建设工程项目中标后的监督，抽查了白沙岛海塘围垦、乐清湾港口围垦等14个项目，并形成专题调查报告，为市政府领导决策提供依据。全面开展土地违法违规案件专项整治，加大对土地违法违规典型案件的查处力度，全年立案调查7件，案件已移送公安部门侦查。做好土地违法相关责任追究工作，2007年会同相关部门查处违法用地案件33起，处理有关责任人20人。开展外来施工企业登记备案情况的监督检查，查处了市规划建设局有关工作人员把关不严、工作失职等行为，对3名责任人给予党纪处分。开展了党政机关办公楼等楼堂馆所建设项目的清理工作。对北白象镇印屿石虎岙采石场“4·30”坍塌事故进行了查处，对相关人员予以责任追究。加强效能监察，全年共受理投诉件151件（次），19名党员干部受到效能告诫处理，给予党内严重警告处分2名、行政记过处分1名。

严格依法依纪办案 建立反腐败协调领导小组，形成反腐倡廉工作合力。改进办案方式方法，出台实施《市纪委本级自办案件交流协商会议制度》、《案件查处流程与时限记录制度》，进一步完善案件备案制度和回访制度，推进了案件审理的制度化、规范化。加强信访工作，全年妥善处理、办结上级转办的信访件172件，有效维护了十七大召开期间的社会稳定。结合查处3起在村级工程建设过程中骗取、截留财政专项拨款的案件，对部门财政拨款过程中存在的问题进行了认真剖析，提出了完善制度的建议，发挥了办案的治本功能。坚持实事求是原则，全年查核举报失实的信访件55件，为一批党员干部澄清了是非。

牵头抓“作风建设年”活动

概况 牵头抓“作风建设年”活动，切实履行组织协调职责，主动承担各项具体工作，自觉地把反腐倡廉工作纳入市委、市政府的总体部署。由于思想重视，部署周密，工作程序严格，活动紧扣主题，载体精心设计，“作风建设年”活动收到良好的实效。“八小时里干什么”、“八小时外在哪里”、“村情民意考一考”等活动还受到省市纪委领导的表扬。“作风建设年”活动有力推进了全市经济和社会的又好又快发展，为率先实现乐清的“第三次跨越”提供了优良的作风保障。

抓教育 不定期召开重大违纪案件的案情通报会，并宣传正面典型，教育广大干部充分认识优化发展软环境的重要性。开展“八小时外在哪里”活动，积极倡导机关干部在“社交圈”、“家庭圈”形成良好的作风，形成科学文明、健康向上的生活方式。

抓制度 实施工作规范化建设工程，加强机关效能建设绩效评估和考核，出台了社会评机关、阳光投诉和效能监察半月谈等一系列制度，进一步加大了监督制约力度。

抓查处 研究出台了干部作风监督十八条规定和机关干部人员作风建设“六条禁令”，并以“四个一律”确保有效执行。坚持不定期开展“八小时里干什么”大巡查活动，发现违规违禁行为，严肃予以查处。

抓落实 以“六兴六建”为内容，制定出台了“六型机关”考核办法，并组织人员对乡镇、市直机关进行考核。

自身队伍建设

带头开展“作风建设年”活动，切实改进作风，不断提升执纪理念。市记委、市监察局领导亲自带队，分组到北白象镇前西岑等6个村蹲点调研，吃住在农户，走村入户，召开座谈会，查阅资料，了解情况，帮助村两委理清发展思路、解决实际问题。加强制度建设，建立办案陪护人员资源库，选调60多名干部建立了一支政治坚定、素质过硬、稳定可靠的陪护队伍。开展“走进矛盾、化解难题”活动，实行疑难、复杂信访件领导包案制度，排摸了16个重点村的重点信访件，由领导包干负责。加强组织建设，对乡镇、市直机关进行纪检监察工作目标管理责任制考核，充分发挥基层纪检监察组织的作用。加强业务指导，对乡镇和市直机关纪检监察干部进行培训，提高干部队伍的整体水平。积极开展调查研究工作，全年完成各类调研文章15篇，其中邹跃新、赵顺鹏、李建权等同志撰写的《乐清市规范建设工程招投标市场的调查和思考》、《关于加强财政拨款资金管理的几点看法》、《柳市镇非公有制企业行风建设现状以及初探》等3篇文章分别获得温州市纪检监察系统调研文章评比的一、二、三等奖。

乐清市人民代表大会

重要会议

市第十四届人民代表大会第一次会议 2007年2月6日至10日举行，出席大会代表372名，大会共举行5次全体会议、4次主席团会议、1次财政预算审查委员会会议。会议听取和审议了乐清市人民政府工作报告、乐清市人大常委会工作报告、乐清市人民法院工作报告和乐清市人民检察院工作报告；审查、批准了乐清市2006年国民经济和社会发展计划执行情况的报告及2007年国民经济和社会发展计划；审查、批准了乐清市2006年财政预算执行情况的报告和2007年财政预算。会议选举产生了乐清市第十四届人民代表大会常务委员会主任、副主任（7名）、委员（26名），选举产生了乐清市人民政府市长、副市长（8名），选举产生了乐清市人民法院院长、乐清市人民检察院检察长，选举产生了出席温州市第十一届人民代表大会代表（71名）。会议收到代表10人以上联名提出的议案241件，其中政法方面18件、财经方面40件、城建交通方面105件、农经方面29件、教科文卫体方面27件、其他方面22件，收到建议、批评和意见146件，合计387件。议案、建议由大会主席团授权市人大常委会处理，并交有关机关和组织研究办理。

市人大代表视察七里港区　　市人大常委会提供

市第十四届人大常委会第一次会议 3月8日举行。主要议程：1、人事任免；2、其他事项。会议决定任命王家华为乐清市人民政府副市长；任命姚修升为乐清市人大常委会办公室主任，黄银多为乐清市人大常委会法制工作委员会主任，杨寒立为乐清市人大常委会法制工作委员会副主任，陈海英为乐清市人大常委会财政经济工作委员会主任，吴安武为乐清市人大常委会教科文卫体工作委员会主任，高娥微为乐清市人大常委会教科文卫体工作委员会副主任，赵典虞为乐清市人大常委会农村经济城市建设工作委员会主任，陈桓平为乐清市人大常委会农村经济城市建设工作委员会副主任，叶贤兰为乐清市人大常委会代表工作委员会副主任。会议决定免去郑春乾的乐清市人大常委会办公室主任职务，周宏星的乐清市人大常委会法制工作委员会主任职务，林道钰的乐清市人大常委会法制工作委员会副主任职务，林定森的乐清市人大常委会财政经济工作委员会主任职务，陈加文的乐清市人大常委会教科文卫体工作委员会主任职务，吕夏娃的乐清市人大常委会教科文卫体工作委员会副主任职务，林紫金的乐清市人大常委会农村经济城市建设工作委员会主任职务。

市第十四届人大常委会第二次会议 4月12日举行。主要议程：1、市委副书记、政法委书记郑建海讲话；2、人事任免；3、审议通过《乐清市人大常委会2007年工作要点》；4、审议通过《乐清市人大常委会关于乐清市第十四届人民代表大会第一次会议代表议案的处理意见》；5、审议通过《乐清市第十四届人大常委会代表资格审查委员会名单》；6、市人大常委会主任赵乐强颁发任命书并讲话；7、其他事项。会议决定任命赵明皓为乐清市人民政府办公室主任，廖凯敏为乐清市发展和改革局（粮食局）局长，赵顺川为乐清市经济贸易局局长，王友闻为乐清市教育局局长，李海斌为乐清市科学技术局局长，王建琴为乐清市民族宗教事务局局长，胡松权为乐清市公安局局长，赵顺鹏为乐清市监察局局长，吴存好为乐清市民政局局长，夏功良为乐清市司法局局长，叶乐安为乐清市财政局局长，张忠强为乐清市人事局局长，陈新生为乐清市劳动和社会保障局局长，詹必华为乐清市规划建设局局长，范晓东为乐清市交通局局长，南远为乐清市水利局局长，朱志成为乐清市农业局（林业局）局长，倪孟乐为乐清市海洋与渔业局局长，郑晓峰为乐清市文化广电新闻出版局局长，陈利义为乐清市卫生局局长，翁文军为乐清市人口和计划生育局局长，刘勇为乐清市审计局局长，金超英为乐清市统计局局长，余协献为乐清市环境保护局局长，施旭晨为乐清市安全生产监督管理局局长；任命黄道强为乐清市人民法院副院长。会议免去杨晓阳的乐清市人大常委会农村经济城市建设工作委员会副主任职务，何向荣的乐清市人大常委会财政经济工作委员会副主任职务，陈登林的乐清市人大常委会代表工作委员会副主任职务，陈峰的乐清市人大常委会办公室副主任职务。会议任命蔡湘哓、黄艳艳、陈天烁、李乐、何淑娜为乐清市人民法院人民陪审员，免去高娥微、黄乐珍、黄利昌的乐清市人民法院人民陪审员职务。会议审议通过了《乐清市人大常委会2007年工作要点》，作出了《乐清市人大常委会关于乐清市第十四届人民代表大会第一次会议代表议案处理的决定》，通过了《乐清市第十四届人大常委会代表资格审查委员会名单》。

市第十四届人大常委会第三次会议　5月10日举行。主要议程：1、听取市政府各分管副市长关于2007年工作思路的汇报；2、其他事项。会议在分别听取各副市长工作汇报后，分常委会组成人员、乡镇人大主席、市民代表3个组进行了讨论审议。

市第十四届人大常委会第四次会议　7月10日举行。主要议程：1、听取市人民法院、市人民检察院关于上半年工作情况的报告；2、听取市人民政府关于创建中国优秀旅游城市工作情况的报告；3、听取市人民政府关于乐清市欠发达地区医疗设施建设情况的报告；4、其他事项。会议还进行了财政预决算监督方面的业务培训。

市第十四届人大常委会第五次会议　7月31日举行。主要议程：1、听取和审议市人民政府《关于乐清市2006年财政决算和2007年1至6月份财政预算执行情况的报告》；2、听取和审议市人民政府《关于乐清市2006年本级财政预算执行情况和其他财政收支的审计工作报告》；3、听取市人民政府《关于乐清市2007年上半年全市经济运行情况的报告》；4、听取市人大常委会《关于乐清市2006年财政决算和本级财政预算执行情况及其他财政收支审计工作情况的调查报告》；5、听取市人民政府《关于乐清市生态建设、环保执法、节能减排工作情况的报告》和《关于乐清市夏季供水情况的报告》；6、审议通过《乐清市人民代表大会代表议案处理办法》；7、分组讨论；8、听取各组讨论情况汇报并进行集中审议；9、人事任免；10、其他事项。会议作出了《乐清市人大常委会关于批准乐清市2006年财政决算的决议》和《乐清市人大常委会关于对乐清市2006年财政决算的报告和财政预算执行情况及其他财政收支的审计工作报告的审议意见》，通过了《乐清市人民代表大会代表议案处理办法》。会议决定任命张立雄为乐清市人民法院审判委员会委员，方孔强为乐清市人民法院审判委员会委员、刑事审判庭庭长，卢庆哲为乐清市人民法院大荆人民法庭庭长，林敏哲为乐清市人民法院行政审判庭庭长，倪庆忠为乐清市人民法院民事审判第一庭庭长，王岳峰为乐清市人民法院民事审判第二庭庭长，陈庆林为乐清市人民法院民事审判第三庭庭长，黄鑫为乐清市人民法院大荆人民法庭副庭长；免去范道敏的乐清市人民法院虹桥人民法庭庭长职务，方孔强的乐清市人民法院大荆人民法庭庭长职务，林方通的乐清市人民法院民事审判第一庭庭长职务，倪庆忠的乐清市人民法院民事审判第三庭庭长职务，陈炳新的乐清市人民法院行政审判庭庭长职务，林敏哲的乐清市人民法院刑事审判庭庭长职务，卢庆哲的乐清市人民法院刑事审判庭副庭长职务。

市第十四届人大常委会第六次会议　9月26日至28日举行。主要议程：1、听取市人大常委会各工委《关于乐清市第十四届人大常委会公告（第一号）执行情况及有关问题的调查报告》；2、听取市人民政府各分管副市长《关于2007年年中工作及市人大常委会一号公告落实情况的报告》；3、听取市人民政府《关于乐清市房地产市场问题的报告》；4、听取市人民政府《关于乐清市违法用地和土地执法监察工作情况的报告》；5、分组讨论；6、听取有关意见反馈；7、市委书记黄正强作重要讲话；8、人事任免；9、其他事项。

乐清市第十四届人大常委会第三次会议　　市人大常委会提供

会议在听取各副市长工作报告后，分常委会组成人员、乡镇人大主席、市民代表3个组进行了讨论审议。会议任命徐建钦为乐清市人民法院刑事审判庭副庭长，叶纪迈为乐清市人民法院民事审判第二庭副庭长，韦开云为乐清市人民法院立案庭副庭长，陈小莲为乐清市人民法院少年刑事审判庭副庭长，胡丹霞为乐清市人民法院柳市人民法庭副庭长，郑剑为乐清市人民法院大荆人民法庭副庭长，徐劲风为乐清市人民法院虹桥人民法庭副庭长；免去叶纪迈的乐清市人民法院柳市人民法庭副庭长职务，陈小莲的乐清市人民法院大荆人民法庭副庭长职务，徐金华的乐清市人民法院执行庭副庭长职务，朱方星的乐清市人民法院民事审判第二庭副庭长职务，郑永沛的乐清市人民法院行政审判庭副庭长职务。

市第十四届人大常委会第七次会议 11月27日举行。主要议程：1、听取市人民政府《关于乐清市2006年财政预算执行情况及其他财政收支的审计决定整改落实情况的报告》；2、听取市人民政府《关于贯彻实施〈中华人民共和国职业病防治法〉情况的报告》；3、听取市人民政府《关于贯彻实施〈中华人民共和国归侨侨眷权益保护法〉情况的报告》；4、听取和审议市人民政府《关于乐清市十四届人大一次会议代表建议、批评和意见办理情况的报告》；5、人事任免；6、其他事项。会议通过了《乐清市人大常委会对市人民政府〈关于市十四届人大一次会议人大代表建议、批评和意见办理情况的报告〉的审议意见》。会议免去吴步钦的市人民检察院检察委员会委员、检察员职务；任命赵晓峰、黄学伟为市人民法院审判员，免去胡公听的市人民法院人民陪审员职务。

监督工作

法制工作监督 围绕市人大常委会“三次”专门会议，高度关注打击“六合彩”、“打黑除恶”等社会治安问题,组织开展专题调查，向市政府提出意见和建议,并实行跟踪督查,一督到底。对《工会法》贯彻执行情况开展执法检查，要求各级政府和有关部门切实维护职工的合法权益。认真做好规范性文件备案审查工作，收到市政府作出的16件规范性文件的备案，并登记发送给相关工委审查。高度重视司法公正，化解社会矛盾，市人大常委会督促公检法机关对洪某的错捕错判案件和刘某的错拘错捕案件予以纠正，并对刘某给予国家赔偿。积极协助上级人大对有关《浙江省青年志愿者服务条例》、全省村级组织换届选举工作、外来人口管理、温州“两院”规范执法行为等方面进行调研，一些意见被上级人大重视和采纳。坚持组团到省有关监狱和劳教所对乐清市“两劳”人员进行亲情帮教。积极参与推进学习型机关建设，举办全市《监督法》学习报告会，并邀请知名专家来乐清报告授课。坚持对“一府两院”提请人大任命干部进行法律知识考试和任前考察制度。

《监督法》学习报告会　　市人大常委会提供

财经工作监督 进一步加强对经济工作和财政预决算的监督，深入开展调查研究，组织听取市财政局、市审计局等有关部门的情况汇报，并借用审计力量对财政资金的使用情况进行审计调查。市人大常委会第五次会议专门听取了市政府关于经济运行、财政决算和预算执行、审计结果等情况汇报，并作出审议意见，以第十四届人大常委会公告（第二号）形式向社会公布；市政府按照二号公告的要求，制定了《关于贯彻人大审议意见落实分解任务的方案》，发出了《关于审计发现需整改问题的督查通知》，确定了处理有关问题的责任部门、责任人。市人大常委会第七次会议专门听取了市政府对财政“同级审”审计决定的整改落实情况汇报，促进了审计决定反映的十二个问题的整改得到基本落实。组织开展视察和调研，把企业进入园区的条件与标准、积极推进工业项目进场开工建设、制订扶持船舶业发展新政策等内容列入一号公告回馈意见，并在市人大常委会第六次会议上将调查情况和有关意见向分管副市长及有关部门进行回馈，使有关工作得到新进展。此外，市人大常委会第五次会议还专门邀请专家就如何开展财政预决算审查监督进行了专题培训。

教科文卫体工作监督 对新修订的《中华人民共和国义务教育法》实施情况进行调研，在市人大常委会第六次会议上作了专题汇报，要求市政府确保教育经费足额到位，适当提高农村教师待遇，加大财政对义务教育的转移支付力度，继续做好学校土地房产的确权登记工作，避免国有资产的流失。组织教育、公安等有关部门人员及部分市人大代表，对虹桥、乐成两镇部分中小学校校园周边的环境进行视察，督促政府对存在问题及时进行解决落实。听取并实地察看了欠发达地区医疗设施建设情况，督促政府加快完成欠发达地区卫生院的危旧房改造任务，促进31家乡镇卫生院配齐了“新六件”。听取市政府关于《中华人民共和国职业病防治法》、《中华人民共和国归侨侨眷权益保护法》贯彻实施情况的汇报，并提出了相应的建议和意见；组织市人大全体机关同志、涉侨部门领导和各乡镇分管侨务领导共200余人学习了《归侨侨眷权益保护法》。会同市档案局对全市乡镇机关贯彻执行《中华人民共和国档案法》情况进行了执法检查。配合温州市人大对乐清市贯彻实施《中华人民共和国义务教育法》情况进行了检查，配合温州市人大民族宗教华侨外事委员会开展了清真食品服务情况调研；配合省人大常委会对乐清市宗教事务法律法规执行情况进行了自查。还对农村文化设施建设、农民健康工程落实情况进行调查，并作好自查汇报工作。

农经城建工作监督 市人大组织有关常委、代表建立调研组，会同有关部门用两个多月时间对河道整治、房地产价格、城市污水处理、垃圾处理工程等事关民生的焦点、热点问题，进行了系列绩效调研活动，并形成调查报告向市人大常委会报告，还结合各方意见在常委会第六次会议上向市政府回馈意见。关注创建中国优秀旅游城市工作，组织部分代表和有关部门负责人对全市吃、住、行、购、娱等主要场所进行全面视察，提出了整改意见和建议。2007年，市人大还先后组织有关人员对整治“两违”工作中出现的个别不公正现象、城市防洪排洪、重点工程建设等问题进行了深入调查，形成意见和建议回馈给市政府；组织视察了旧城、旧村改造工作，并提出意见和建议；组织调查开山取石和山体生态修复工作，听取有关部门的情况汇报，分析原因，提出工作意见，还将有关情况向温州市人大作了报告。另外，还配合温州市人大来乐调研有关缓解土地要素制约问题，视察电力工程建设进展情况。

人事任免与常委会日常工作

人事任免 根据法律规定，任免、决定任免国家机关工作人员共87人次，其中任免市人大常委会工作机构人员20人次，决定任免乐清市人民政府人员32人次，任免乐清市人民法院人员34人次，任免乐清市人民检察院人员1人次。另外，任免人民陪审员9人次。

代表工作 把十四届人大常委会开局之年定为学习之年，组织全市人大代表参加两期培训学习，乡镇人大正副主席在省人大培训中心进行了一周的专门学习，市人大常委会组成人员到北戴河全国人大培训中心进行了一周的专门学习；同时一面经常邀请有关专家来乐清给代表讲课，一面派出人员到外面考察学习。加强与代表的联络工作，坚持和完善常委会组成人员联系代表制度，经常性地组织代表开展专题视察活动，邀请各级代表列席市人大常委会会议。高度重视议案处理工作，听取了市政府关于代表的建议案处理的专门汇报，截止11月底，387件建议已全部答复代表，其中办结114件占29.45%，代表满意和基本满意率达到84%。

信访工作 坚持以人为本，及时、准确、认真、细致地做好来信来访的登记、转办、催办工作，全年共收到群众来信340件，接待来访1357人次。认真解决群众信访的热点、难点问题，如针对乐清复杂的涉土、涉林、涉税案件，经主任会议研究决定，组成调查组，对北白象镇2件涉土案件、石帆镇1件违法用地案件、四都乡1件砍伐林木案件和2家公司的涉税案件进行调查，使案件得到及时妥善处理。同时，对上级人大交办的信访件一丝不苟地予以落实，做到领导重视，查清事实，及时报结。

宣传与交流工作 不断加强理论学习与研究，积极参与上级人大组织的理论研讨会。密切与新闻单位的联系，认真办好《乐清人大信息》，及时向上级人大及有关新闻媒体报送信息，加强和扩大对外宣传。积极开展与兄弟县（市、区）人大常委会之间的交流，促进相互提高。全年共接待外来考察人员77批次，其中省部级以上人员17批次。

议案、建议办理

乐清市十四届人大一次会议期间，共收到代表10人以上联名提出的议案241件，其中政法方面18件、财经方面40件、城建交通方面105件、农经方面29件、教科文卫体方面27件、其他方面22件；收到建议、批评和意见146件，合计387件。议案、建议由大会主席团授权市人大常委会处理。市第十四届人大常委会第二次会议决定，将这些议案、建议、批评和意见全部作为建议，交有关机关和组织研究办理，其中交市政府部门办理的365件。为加大督办力度，切实提高办理质量，市人大常委会将其中11个方面31件建议分为两大类，作为重点督办内容列入工作议题，并发布公告，接受社会监督。9月份，市人大常委会将代表不满意有关部门答复的68件建议交市政府重新办理。截止年底，建议已办的114件，占29.45%；正在办的158件，占40.83%；计划办的74件，占19.12%；无法办的41件，占10.59%。从代表反馈意见看，发出征求意见表387份，收回381份，其中满意的143份，占37%；基本满意的182份，占47%；不满意的51份，占13.2%；未表态的5份。

重点议案、建议

列为市人大常委会听取政府工作情况报告的内容（24件）

编号	提案人	议案、建议名称	内容所属类型
第82号	陈顺飞等12位代表	关于全面开展河道整治的议案	
第98号	金振兴等12位代表	关于对新河泱实施清淤、拓宽、筑坝工程的议案	河道整治
第106号	高海乐等12位代表	关于全面推进河道综合治理工作的议案	
第140号	孙仕建等10位代表	关于将开发区征地回扣指标落实地块调整为建设用地的议案	
第172号	倪孟贵等12位代表	关于尽快落实回扣地安置用地的议案	落实回扣安置用地
第211号	崔贤攀等10位代表	关于要求彻底解决回扣地指标的议案	
第23号	王朝圣等12位代表	关于加快乐成镇建城区内工业企业“退二进三”步伐的议案	加快“退二进三”步伐
第13号	王仕凯等12位代表	关于尽快落实经济开发区企业进场施工的议案	经济开发区企业进场
第132号	孙仕建等11位代表	关于不宜在乐清经济开发区落户电镀企业的议案	
第152号	陈华平等11位代表	关于努力发展临港经济，大力支持造船业的议案	发展临港经济
第164号	张仁节等11位代表	关于加快我市船舶工业发展的议案	
第83号	刘逢燕等11位代表	关于深入持久打击“六合彩”赌博活动，全力净化社会风气的议案	
第89号	黄文平等12位代表	关于加大对“倒款”聚众赌博和“六合彩”赌博打击力度的议案	
第191号	倪宗杰等9位代表	关于全党动员，全民参与，政法机关出重拳严厉打击“六合彩”的建议	打击“六合彩”
第284号	夏功权等11位代表	关于要求加大“六合彩”打击力度的议案	
第309号	徐青平等10位代表	关于打击“六合彩”迫在眉睫的议案	
第93号	郑荣方等12位代表	关于规范农村村级卫生室建设的议案	
第261号	项近森等11位代表	关于要求在雁荡镇设立第六人民医院的议案	
第302号	张贤孟等12位代表	关于加大医疗设施投入，改善山老区卫生条件的议案	加强欠发达地区医疗服务工作
第343号	章纪如等8位代表	关于加快卫生体制改革，解决农村看病难的建议	
第368号	张贵行等12位代表	关于加强欠发达地区卫生服务机构建设的议案	
第68号	张茂生等11位代表	关于建立和启动生态补偿机制的议案	
第245号	周育海等10位代表	关于尽快建立生态补偿机制，落实生态补偿专项资金的议案	建立生态补偿机制
第318号	徐恭胜等12位代表	关于加快建立生态补偿机制的议案	

列为市人大常委会专题视察的内容（7件）

编号	提案人	议案、建议名称	内容所属类型
第34号	金松平等2位代表	关于请给新乐清人（外来务工人员）子女一个稳定安全的学习环境的建议	
第87号	吴飞舟等11位代表	关于切实加强对学校外部大环境的整治力度，确保学校“大安全”的议案	加强校园周边环境的整治
第134号	陈献孟等11位代表	关于加强校园周边环境整治，维护正常教学秩序，保证师生生命安全的议案	
第182号	吴　泽等12位代表	关于加强我市中小学校园周边环境整治的议案	
第173号	倪孟贵等11位代表	关于新农村建设过程中给予政策支持的议案	对新农村建设予以政策支持
第195号	陈芬兰等4位代表	关于大力发展我市民办职业教育的建议	发展职业教育
第328号	廖思鹏等12位代表	关于加快发展大荆片职业教育的议案	

乐清市人民政府

综述

概况 2007年，乐清市实现生产总值360.92亿元，同比增长14.7%；财政总收入46.17亿元，其中地方财政收入21.63亿元，同比分别增长22.7%和22.3%；城镇居民人均可支配收入22736元，农村居民人均纯收入10438元，同比分别增长11.2%和12%。加大支农惠农力度，农业品牌创建成效显著，优势特色产业进一步壮大，乐清市被评为省水产养殖强县（市），仙溪镇被认定为省花卉苗木产业强镇，全市实现农业总产值20.27亿元。高度重视粮食生产，全年粮食总产达13.92万吨，早稻单产创历史新高。全年投入2.7亿元用于水利基础设施建设，建成标准海塘7公里，疏浚河道48.3公里。推进农民专业合作、供销合作、信用合作“三位一体”的农村新型合作体系建设，政策性农业保险工作名列全省前茅，农业抗风险能力明显增强。深化农村综合改革，完善村账乡镇代理制度，推进林权制度改革，山林延包工作进展顺利。工业经济快速发展，2007年全市实现工业总产值1008.7亿元，同比增长24.4%，成为温州首个工业总产值超千亿元县（市）。传统优势产业不断升级，船舶制造等新兴产业加快发展，企业规模进一步壮大，新增年销售收入超十亿元企业2家。加大园区推进和项目建设力度，经济开发区二、三期建设取得突破性进展，启动了乐清工业园区和乐成、象阳等产业功能区的“三通一平”工作，完成工业供地2182亩，建成标准厂房6.4万平方米，全市实现工业性投资55.7亿元，同比增长40.9%。头盔等产品质量整治取得阶段性成效，国务院部署的产品质量和食品安全专项整治12个100%目标全部实现。2007年新增中国驰名商标16个、国家免检产品1个。服务业加快发展，全市实现第三产业增加值120.07亿元，同比增长14.5%。启动了雁荡山景区环境综合整治“一水、二面、三线、四口”工程，乐清市荣获国家级风景名胜区综合整治工作优秀单位称号，雁荡山被评为全国首批5A级旅游景区，中雁荡山被评为4A级旅游景区，黄檀硐村被命名为首批中国景观村落，创建中国优秀旅游城市获得成功。全年接待游客378.9万人次，旅游收入24.3亿元，同比分别增长22.3%和21.9%。时代广场、开太百货等一批上档次的购物中心相继入驻，全市实现消费品零售总额96.38亿元，同比增长17.2%。实施商品房网上销售等政策，房地产市场进一步规范。金融保险、邮电通信、交通运输等行业有了新的发展。

大力实施科技进步三大工程 引进大院名校共建创新载体，充分发挥科技孵化创业中心的作用，科技进步对经济增长的贡献率进一步提高，全年实现省高新技术企业增加值66.4亿元，占规模以上工业企业增加值的32.7%。企业自主创新能力进一步增强，2007年1项国家863项目通过验收，新增国家级企业技术中心1家、国家级高新技术企业3家、省级高新技术企业15家、省级新产品165项，获得发明专利219件、国外专利15件。加大科学普及力度，乐清市获得全国科普示范市称号。推进产业结构调整，大力发展循环经济，积极推行清洁生产，万元生产总值综合能耗同比下降4.6%。加大生态环境保护力度，强化行业监管整治，电镀业污染整治成果进一步巩固，铸造、餐饮等行业污染整治初见成效，全市二氧化硫排放量同比下降4.8%。建立生态补偿机制，加快生态乡镇、生态村创建步伐，建成全国环境优美乡镇1个、省级生态乡镇7个，乐清市被评为省级初级阶段生态市。

加大基础设施建设力度 2007年全市完成全社会固定资产投资97.55亿元，同比增长19.5%。克难攻坚推进重点工程建设，做好甬台温铁路乐清段等一批重点工程的政策处理工作，完成重点工程用地报批3387.7亩，拆迁房屋等建筑15.3万平方米；37个市级重点工程实现投资额19.2亿元，同比增长13%，超额完成了年度投资计划。建成了市污水处理一期、110千伏西岸输变电、大荆雁荡供水等工程，楠溪江引供水工程引水隧道、市区垃圾卫生填埋场、钟前水库除险加固、柳市项目水厂改造、虹桥流域东排等工程开工建设，104国道湖雾至清江段改建、温州绕城高速北线乐清段、柳翁公路改建、城市中心大道、山老区联线公路等续建工程建设步伐加快。大力实施电网建设攻坚，500千伏乐清输变电工程征地基本完成，500千伏温东线建设加快，建成110千伏乐成线、蒲岐线、象柳线，加强有序用电管理，全市最高供电负荷达62.4万千瓦，同比增长19.3%，全年拉闸限电次数明显减少。乐清湾港区建设快速推进，港区一期启动区2600亩土地的政策处理工作圆满完成；采用大型土工织物充填袋技术，开工建设一期南区围海（涂）工程，并顺利实现1号围区龙口合龙；与阿联酋迪拜环球港口集团签订了两个多用途泊位项目投资意向。加强国土资源开发和管理，乐海、胜利塘北片等围垦工程进度加快，建成标准农田6.8万亩，新增耕地4435亩，垦造耕地536亩。加强对“已供未用”和“已转未供”土地的管理，提高供地率和开工建设率，提高建设项目用地投资强度和建筑容积率，土地集约节约利用水平明显提升。同时全年拆除违法占地、违法建筑80多万平方米。

招商选资工作成效显著 “以民引外、民外合璧”取得新突破，德力西集团与国际电器巨头施耐德成功实现合资。全年全市实际利用外资8007万美元，实际到位内资6.4亿元，同比分别增长37.6%和67.8%。积极应对贸易摩擦和出口退税政策调整，加快转变外贸增长方式，全市出口总额首次超十亿美元，达11.2亿美元，同比增长39.8%。“走出去”战略深入实施，全市完成境外投资1032.2万美元，通领科技等一批企业实现跨国发展。稳步推进企业、事业单位改革，3家企业完成改制，3家企业列入温州市首批拟上市企业名单。

城乡统筹建设发展步伐加快 中心区建设全面推进，建成行政管理中心、市民活动中心、公共卫生中心等工程，二环路、三环路、晨曦路等10多条骨干道路建设加快；旧城改造实质性启动，首期启动点拆迁工作基本完成。新农村建设取得新进展，全年共投入新农村建设资金2.2亿元，启动133个村的旧村改建与环境整治，8个村被评为省全面小康建设示范村。深入实施五动富民计划，4个欠发达乡镇的农民人均纯收入超过当年全国平均水平，欠发达乡镇全部实现达标上线目标。坚持经济社会统筹发展，社会建设扎实推进。优先发展教育事业，建立健全义务教育经费保障机制，农村中小学四项工程阶段性任务基本完成，乐成公立寄宿学校开工建设，全年建成中小学校舍5.8万平方米。文化六大工程全面实施，乐清图书大厦建设加快，完成7个行政村和17个自然村的广播电视村村通工程，放映农村数字电影3004场。市人民医院综合楼、妇幼保健院迁扩建工程建设加快，乡镇卫生院全部配齐“新六件”，农民健康工程深入实施，参加新型农村合作医疗农民82.4万人，参合率达86.2%，为46.3万农民进行了免费体检。爱国卫生运动深入开展，乐清市顺利通过省级卫生城市复查。建成省级体育强镇2个，新建健身苑99个，群众体育活动蓬勃开展。人口和计划生育工作力度加大，社会抚养费征收等重点难点问题有新的突破，计生责任追究更加严格，上下齐心抓计生工作的良好氛围在全市逐步形成。深化殡葬改革，在市区范围内推行了丧事集中办理，青山白化治理取得阶段性成效。妇女儿童、残疾人、老龄等事业得到发展，人民武装、人防、外事侨务、台湾事务、民族宗教、统计、档案等工作取得新成绩。民生工程建设得到加强，建成农村联网公路9.6公里，开工建设大荆蒲湾垃圾无害化处理工程，完成农村水厂改造18个，经济适用房建设力度进一步加大，做好政策性农村住房保险和大中型水库移民后期扶持工作，乐清市获得省农村药品“两网一规范”示范市称号。社会保险扩面任务超额完成，3.8万人参加被征地农民基本养老保障。健全医疗救助制度，城乡最低生活保障标准进一步提高，全市享受低保1.3万人。农村劳动力素质培训工程深入实施，全年培训农村劳动力2.9万人次。“平安乐清”建设扎实推进，精心组织社会治安“清风”行动，严厉打击“两抢一盗”、“六合彩”、山头赌博、民间非法金融等违法犯罪活动，刑事案件发案同比下降2.4%，破案上升11.6%，乐清市获得全省无毒社区创建先进县（市）称号。推行村居（社区）调解、信访、治保“三位一体”工作机制，实施严格的信访工作目标考核办法，实现了信访总量、重复访量、集体访量、越级上访量“四下降”，乐清市获得全省人民调解工作先进市称号。全面开展重点行业和重点领域事故隐患排查治理，安全生产总体形势保持稳定，事故死亡人数连续三年下降。加强应急管理，各类突发事件应急预案进一步完善。

加强行政效能建设 深化行政审批制度改革，机关作风建设年、为工业企业服务周等活动扎实开展。做好非行政许可审批事项和规范性文件清理工作，行政复议、行政应诉和执法监督得到加强，依法行政水平有所提高。自觉接受人大监督和政协民主监督，全年共办理议案、建议和提案653件。招投标制度进一步健全，惩治和预防腐败体系建设得到加强，严惩了一批腐败分子。

重要文件

《关于印发〈乐清市2007-2011年河道整治实施意见〉的通知》（乐政发〔2007〕1号）

《关于在2007年春节期间有限制燃放烟花爆竹的通告》（乐政发〔2007〕7号）

《关于市长、副市长分工的通知》（乐政发〔2007〕23号）

《关于完善乐清市新型农村合作医疗制度的通知》（乐政发〔2007〕25号）

《关于加强食品安全综合监管工作的意见》（乐政发〔2007〕29号）

《关于认真做好2007年度民兵组织整顿工作的通知》（乐政发〔2007〕31号）

《关于深化完善被征地农民基本养老保障工作的通知》（乐政发〔2007〕35号）

《关于加强农村公共卫生工作的实施意见》（乐政发〔2007〕36号）

《关于开展“阳光行动”工作方案的通知》（乐政发〔2007〕40号）

《关于印发乐清市政策性农村保险试点工作实施意见的通知》（乐政发〔2007〕41号）

《关于进一步加强建设工程项目招标工作的实施意见》（乐政发〔2007〕43号）

《关于印发乐清市旅游管理暂行办法的通知》（乐政发〔2007〕44号）

《关于开展摩托车头盔行业专项整治工作的通告》（乐政发〔2007〕48号）

《关于印发乐清市完善企业职工基本养老保险制度实施办法的通知》（乐政发〔2007〕49号）

《关于印发乐清市政府投资项目管理实施细则的通知》（乐政发〔2007〕50号）

《关于印发<乐清市人民政府工作规则>的通知》（乐政发〔2007〕52号）

《关于收回胜利塘南片闭合区海域使用权的通告》（乐政发〔2007〕53号）

《关于印发<乐清市人民政府会议制度>的通知》（乐政发〔2007〕54号）

《关于进一步加强消防工作的若干意见》（乐政发〔2007〕55号）

《关于进一步推进垦造耕地工作的实施意见》（乐政发〔2007〕58号）

《关于实施义务教育经费保障机制改革的通知》（乐政发〔2007〕59号）

《关于开展违法用地和违法建设专项整治的通告》（乐政发〔2007〕62号）

《关于印发乐清市旧村改造管理试行办法的通知》（乐政发〔2007〕63号）

《关于<乐清市征收农民集体所有土地管理办法>的补充通知》（乐政发〔2007〕65号）

《关于收回南塘东山嘴头至南岳大鹅头非港口和非临港工业建设用海项目海域使用权的通告》（乐政发〔2007〕66号）

《关于在全市开展第三次全国文物普查的通知》（乐政发〔2007〕67号）

《2007年冬季征兵命令》（乐政发〔2007〕69号）

《关于加快船舶工业发展的实施意见》（乐政发〔2007〕70号）

《关于印发乐清市城镇居民基本医疗保障试行办法的通知》（乐政发〔2007〕71号）

《关于加快开放型经济发展的若干意见》（乐政发〔2007〕72号）

《关于认真开展今冬明春水利建设的意见》（乐政发〔2007〕74号）

《关于在市区推行丧事集中办理的通告》（乐政发〔2007〕76号）

《关于印发乐清市招标拍卖挂牌出让工业国有建设用地使用权实施办法的通知》（乐政发〔2007〕78号）

《关于进一步加强污染减排工作的通知》（乐政发〔2007〕79号）

《关于印发发展壮大建筑业的若干政策的通知》（乐政发〔2007〕80号）

《关于开展铸造行业专项整治工作的通告》（乐政发〔2007〕82号）

《关于深入实施新型农村合作医疗制度的补充通知》（乐政发〔2007〕83号）

《印发关于贯彻实施<中华人民共和国各级人民代表大会常务委员会监督法意见>的通知》（乐政发〔2007〕86号）

《关于完善大中型水库移民后期扶持政策的实施意见》（乐政发〔2007〕88号）

《关于做好2007年度民兵军事训练工作的通知》（乐政函〔2007〕15号）

《关于开展第二次全市污染源普查的通知》（乐政函〔2007〕21号）

《关于调整城乡居民最低生活保障标准的通知》（乐政函〔2007〕26号）

《关于同意乐清市城市“十一五”住房建设规划（2006-2010）的批复》（乐政函〔2007〕45号）

议案、建议、提案办理

办理工作基本情况　市十四届人大一次会议期间，市政府系统共收到人大代表建议、批评和意见（以下简称建议）共计365件，涉及45个单位。从内容上看，这些建议可分为7大类。其中属于工业经济类的有26件，占总件数的7.12%；属于农业经济类的有57件，占总件数的15.62%；属于计划财经类的有15件，占总件数的4.11%；属于基础设施类的有152件，占总件数的41.64%，其中涉及交通建设的有53件；属于教科文卫体类的有50件，占总件数的13.70%；属于政法公安类的有29件，占总件数的7.95%；其他方面作为综合类的有36件，占总件数的9.86%。

市政协十一届一次会议期间，市政府系统共收到政协提案共计288件，涉及54个单位。从内容上看，这些提案可分为7大类。其中属于工业经济类的有36件，占总件数的12.5%；属于农业经济类的有23件，占总件数的7.98%；属于计划财经类的有19件，占总件数的6.60%；属于基础设施类的有89件，占总件数的30.90%；属于教科文卫体类的有66件，占总件数的22.92%；属于政法公安类的有43件，占总件数的14.93%；其他方面作为综合类的有12件，占总件数的4.17%。

2007年的建议、提案选题广泛、内容丰富，涉及全市政治、经济、文化和社会生活的方方面面，充分体现了市人大代表、市政协委员对全市经济社会发展的关心、期望和对政府工作的信任。政府系统各承办单位普遍感到建议、提案质量较高，有三个比较显著的特点。一是建议、提案内容紧紧围绕中心、服务大局、关注民生。人大代表、政协委员紧紧围绕市委、市政府中心工作，很多建议、提案选题立意高远、主题明确，所关注的问题既是群众的迫切愿望，也是政府的重要工作内容。如吴天峰等代表“关于要求尽快启动临港经济南塘片区建设”、卢启福等代表“关于失地农民的议案”、张贤孟等代表“关于加大医疗设施投入，改善山老区医疗卫生条件的议案”等一大批建议和马彩忠等委员“关于要求尽快启动临港经济南塘片区建设”、郑荣文委员“实施商品房网上销售备案制度刻不容缓”、赵崇清委员“关于加快我市农村医疗卫生事业的建议”等一大批提案，立足全局，切入了市政府重点工作和群众反映的热点难点问题，具有较高的参考价值。二是前期的调查研究工作深入细致。从建议、提案具体内容中可以看出，绝大部分建议、提案都作了充分的调查研究，对所提出的观点进行了充分的论证，言之有据、有理，具有很强的说服力。如黄福标等代表“关于要求政府采取倾斜措施扶持柳市低压电器产业健康发展的议案”、倪建生等代表“关于加快创建绿色乐清的建议”和李云桂委员“关于建立和启动生态补偿机制的提案”、胡万地委员“切实增强自主创新能力，推动‘乐清制造’向‘乐清创造’转变的提案”等，事由翔实、论证充分，有情况、有分析、有建议，凝聚着人大代表的智慧和心血。市政府办理人大代表建议、政协委员提案的过程，不仅是履行工作职责、提高工作水平的过程，同时也是一个受教育、受启发、受鼓舞的过程。三是所提的对策建议具有很强的可操作性。绝大多数对策建议、提案都经过了严密的论证和缜密的评估，既考虑到了群众的愿望和要求，又考虑到了方方面面的实际情况和政府的承办能力，所提的对策建议具体可行，建议、提案交办后办理和落实较为顺利。比如，针对胡修飞等代表“关于解决山老区吃水难的议案”、郑胜芳等代表“关于解决山老区群众饮用水质量问题的建议”，市政府在编制《全市农村改水专项规划》时就给予了考虑；5月25日市政府召开市长办公会议，讨论通过了在山老区建设6座乡镇中心水厂，切实解决了山老区人民的吃水问题。又比如，针对陈旭明委员“政府应加强扶持发展本地建筑业的提案”，市政府非常重视，专门责成市规划建设局调查研究，提出切实可行的意见，7月27日市政府召开市长办公会议，讨论通过了《关于发展壮大建筑业的若干政策》，目前该政策已经开始实施。总的来讲，2007年交由政府系统承办的建议、提案质量很高，具有很强的全局性、前瞻性、准确性和可行性，对推动和促进政府工作起到了十分重要的作用。

在市人大常委会、市政协领导的高度重视和指导下，经过市政府和各承办单位的共同努力，截至2007年8月底，需市政府系统办理的建议、提案已基本办理答复完毕。据统计，在市人大代表的365件建议和市政协委员的288件提案中，问题已经解决或者基本解决的建议有107件、提案有58件，分别占办理总数的29.32%、20.14%，这些建议、提案大多涉及全市当前亟待解决和群众普遍关注的重点、热点问题；问题正在解决的建议有153件、提案有168件，分别占办理总数的41.92%、58.33%；问题已经列入计划、分步解决的有69件、提案有43件，分别占办理总数的18.90%、14.93%，这些建议、提案涉及问题的解决所需时间较长、工作量较大；问题因受目前客观条件所限或者其他原因一时不能解决的建议有36件、提案有19件，分别占办理总数的9.86%、6.60%，这些建议反映了人民群众的愿望，但或限于国家现行政策规定，或限于财力、物力条件，目前一时难以解决。

办理工作主要特点　2007年，市政府在办理人大代表建议、政协委员提案过程中，始终本着接受意见、解决问题、推进工作的原则，不断完善制度、规范程序、健全队伍，办理工作质量有了新的提高。2007年建议、提案办理工作的主要特点是：一是办理工作责任落实到位。市政府历来都非常重视建议、提案办理工作，市政府有关领导亲自参与研究一些重要的建议、提案，并作出专门批示，指导和督促办理工作。市政府将办理工作列入重要议事日程，要求市政府办公室在第一时间对2007年交由市政府系统承办的建议、提案进行认真的梳理、分析和分类，明确承办单位，及时召开交办会。潘孝政市长亲自抓办理工作，并在交办会上强调，各承办单位要统一思想，提高认识，认真抓好提议案办理工作；要加强领导，通力协作，努力提高办理工作水平；要注重实效，加强沟通，促使问题的解决和落实。各位分管副市长对办理工作也非常重视，亲自参与协调处理有关部门在办理过程中遇到的疑难问题，促进了办理工作质量的提高。李银巧副市长在办理旧村改造有关建议、提案时，数次到乐成镇水深村调研、现场办公，针对旧村改造中碰到的方方面面问题，出台政策措施，促进了旧村改造的顺利开展。各承办单位也都能够将办理工作作为“一把手”工程，作为了解社情民意的重要渠道，作为检查工作的一面镜子，推动办理工作的有序开展。市交通局领导班子十分重视建议、提案办理工作，每件建议、提案都确定一位领导牵头，对建议、提案涉及的内容，或到实地勘察，或同代表、委员见面了解，掌握情况后，集中人大代表、政协委员召开面商会进行面对面沟通，办理工作取得了良好效果。市环保局把办理工作同日常工作结合起来，邀请人大代表、政协委员视察，让代表、委员深入了解环保工作，加强了代表、委员与部门的沟通。绝大多数承办单位在接到办理任务后，专门召开会议，对办理工作进行具体部署，每一件建议、提案都明确领导、科室和承办人员的责任，保证了办理工作的顺利进行。

二是办理工作操作流程规范有序。市政府在办理工作中，始终坚持行之有效的办理工作制度，不断完善工作机制，规范操作流程，为建议、提案办理工作提供了科学的制度保障。在年初的交办会上，再次将《市人大代表议案、建议和政协提案办理工作规则》复印分发给各承办单位，促进各单位办理工作规范化。为了督促各承办单位切实提高办理质量，提高代表、委员满意率，市政府办公室专门下发了《关于进一步做好人大代表议案、建议和政协提案办理工作的通知》，要求各承办单位在办理建议、提案过程中，加强调查研究，加强联系沟通，促进问题的有效解决。在全市政府系统建议、提案办理书面答复完成后，市政府还专门下发了《关于切实做好人大代表建议和政协提案办理后续工作的通知》，要求各承办单位抓紧抓好承诺事项的落实和后续有关工作，特别要高度重视代表、委员对办理工作不满意的办理件，对这些办理件要进行认真分析、重新办理。各承办单位按照市政府的要求，建立健全了从领导、科室到具体经办人员的三级网络责任制，制定了登记、批阅、交办、督办、调研、答复、反馈、归档等一整套办理工作程序，使办理工作逐步纳入了规范化的轨道。不少承办单位结合自身实际，进一步细化了办理工作规定，做到办前有调查、办中有检查、办后有总结，提升了办理工作水平。

三是办理工作实效明显增强。围绕中心、服务大局、关注民生是2007年人大代表建议和政协委员提案的显著特点，也是政府工作的重点所在。市政府始终把解决实际问题作为建议、提案办理工作的根本要求，作为衡量办理工作质量的重要标准，努力为群众办实事、办好事。切实解决人民群众"看病难、看病贵"问题，进一步健全全市社会保障体系，是市人大、市政协领导和人大代表、政协委员们十分关注的问题，相关建议、提案也得到了市政府领导的高度重视。2007年市政府相继出台了《乐清市人民政府关于加强农村公共卫生工作的实施意见》、《乐清市人民政府关于完善乐清市新型农村合作医疗制度的通知》、《乐清市灵活就业人员基本医疗保险暂行办法》、《乐清市城镇居民基本医疗保险试行办法》、《乐清市医疗救助办法》等文件，初步构建起覆盖城乡、政府主导、社会互助的新型社会保障体系。解决"三农"问题、统筹城乡发展是实现"走在前列"和"第三次跨越"的必然要求，为解决好相关建议、提案所提出的问题，市政府经过深入调研，出台了《乐清市旧村改造管理试行办法》、《乐清市政策性农业保险试点工作实施意见》、《乐清市人民政府关于深化完善被征地农民基本养老保障工作的通知》等政策措施，为社会主义新农村建设和失地农民的生产生活提供了制度保障。在实际办理工作过程中，各承办单位始终把人民群众的利益放在首位，真心实意地为群众办实事、办好事。对建议中能够解决的问题，各承办单位都想方设法加以解决；不能解决或暂时难以解决的，也主动通过协商和沟通取得共识，取得了代表的理解和支持。

四是办理工作在不断创新中提高水平。在市政府统一部署和市人大、市政协的支持下，为了适应新形势、新要求，在建议、提案办理工作中进行了一些探索和创新。办理工作体现"以人为本"理念，强化为代表、委员服务意识，积极倡导"换位思维"，努力克服"文来文往"现象，使办理工作的全过程成为为民服务、为民办实事的过程。大力推行"开门办案"，尤其是对关系到人民群众生产生活方面的重要建议、重要提案，有不少承办单位通过"开门办案"的方式，认真听取代表、委员对办理工作的意见，主动邀请他们参与办理工作，同他们一起调查研究、分析问题、拟定方案，这样不仅有利于听取群众意见、有利于问题的解决，而且建议、提案所提问题因受到客观条件限制一时难以解决时，代表、委员也给予了充分的理解和信任。

经济体制改革

体制改革工作稳步推进 2007年，完成了市房管局下属的1家集体企业和市劳动局下属的1家集体企业的改制工作，参与了乐申鞋厂、五龙控股公司和通用机械厂等3家企业改制工作；研究起草了《关于进一步拓宽非公有制经济市场准入的实施意见》，鼓励、支持和引导个体、非公经济发展。

积极有序开展企业上市工作 积极开展上市企业资源调查摸底工作，研究起草了《关于培育和鼓励企业上市的实施意见》，并经市长办公会议讨论通过予以实施。建立了上市企业资源库，3家企业被列入温州市首批拟上市企业名单。

农村政策性保险工作进展顺利 政策性农村住房保险提前半年完成年度工作目标，全年投保户达26.61万户，占全市农户总数的92.6%，保险理赔391.19万元。政策性农业保险试点工作有序推进，参保户达1780户，保费总额233.74万元，在全省各县（市、区）中排名第二，保险理赔837.42万元。

招商引资和经济技术协作

2007年，乐清市招商引资和经济技术协作工作在市委、市府的领导下，认真贯彻落实科学发展观，紧紧围绕"一号工程"这个总目标，团结奋斗，开拓进取，较好地完成了各项任务。

国内招商引资工作有序开展 2007年，全市国内招商引资内资到位共计6.4亿元，完成温州市下达目标数的177.78%，得到温州市协作办的好评。在国内招商引资中，市招商局主要做了四方面的工作：一是分解任务，建立通报制度和统计员例会制度。市招商局把国内招商引资任务分解到有关乡镇、经济开发区、中心区和乐清湾港区，并及时掌握全市招商引资动态，每月进行内部通报；同时建立了 各乡镇统计员例会制度，要求各有关乡镇、经济开发区、中心区和乐清湾港区确定专人负责内资申报和内资项目联系，并通过例会沟通形式使乡镇内资申报员逐步掌握内资统计工作要点，积极配合市招商局完成内资引资任务。二是帮助北京签约项目顺利办结供地手续。九月份，浙江嘉恒医疗器械有限公司等九个北京签约项目顺利办结土地供地手续，并均向国土资源局支付了用地的土地款；截至11月份，9个北京签约项目共到位内资1.23亿元。9月13日，市招商局组织召开了北京签约项目座谈会，会上各企业介绍了项目的最新进展情况及目前进场施工存在的困难和问题；部分项目预计明年进场施工，这为明年的国内招商引资打下了坚实的基础。三是积极做好重点招商引资项目服务工作。印制了重点项目进展情况跟踪表，及时掌握项目进展情况，了解项目遇到的困难和问题，对需要市领导出面协调解决的项目，及时报市领导予以协调解决。6月份，胡晓翔副市长组织市招商局及有关部门先后赴临港工业园区、淡溪镇、温州发电厂等单位，就温州中欧船业制造有限公司、国家“863”计划成果新型液晶项目、年产3000万平米脱硫石膏板生产项目所存在的困难和问题进行了实地调研，并与各企业主和有关部门进行了现场沟通，取得了较好的效果。四是积极开展发展乐清市总部经济研讨。10月24日至11月15日，胡晓翔副市长率市招商局及有关部门先后赴温州市国内经济合作办、温州市鹿城区、南京市建邺区、江阴市、绍兴县考察学习发展总部经济的先进经验后，市招商局为发展总部经济工作提出了积极的建议，并撰写了《乐清市发展总部经济若干问题》，为市委、市府主要领导提供了决策参考。

对外联络工作继续加强 一是积极参加在外省市温州（乐清）商会的成立大会或换届选举大会，市经济技术协作办（招商局）先后派员参加了四川温州商会成立大会和武汉、西安等地的温州（乐清）商会的换届选举大会，并向大会致电表示祝贺；9月22日，市局（办）主要领导参加了新疆全国温州商会年会。二是加强与在外省市的温州（乐清）商会的联系沟通。全年共派员走访外省市的温州（乐清）商会30多次，加强了与在外乐清人的沟通联系，受到了在外企业家的好评，取得了良好的效果。同时制定了一系列商会联系制度，每月向商会寄送《简报》，为商会送去了乐清最新的重要信息和市委、市府的重大决策以及各地温州（乐清）商会的动态信息，各地温州（乐清）商会也主动将商会的最新信息及时告知市经济技术协作办（招商局），达到了互通信息的效果，得到了各地商会的赞赏。继续在《乐清日报》开设“在外乐清人”专版，集中报道商会资讯、乐商人物、一线快报、市场动态等乐清人的最新动态信息，加强了家乡与在外乐清人的联络和信息沟通，有力地促进了在外乐清人的经济运作，也推动了乐清的经济快速发展。另外，还高度重视、积极做好外省市的温州（乐清）商会的来访接待工作。三是组织在外乐清人参与乐清新农村建设。2007年，市经济技术协作办（招商局）通过与在外乐清人的联络商谈，成功推出了5个新农村建设项目：即陈安喜在虹桥吕宅前新建占地面积200亩的农户住宅小区总投资2亿元、改建虹桥商贸城投资1亿元，陈洪可在石帆前林村新建观光型农业园区和畜兽养殖示范小区总投资共2500万元，连永新在虹桥溪西村修建标准厂房总投资2000万元。同时引导异地温州商会反哺家乡社会公益事业建设，如北京商会的潘金立和潘阿旭两兄弟回乡建路出资100万元，北京商会的傅加田先后出资140万元用于西林村基础设施建设，贵州商会的马林法回乡投资60万元兴建了双峰乡综合办公楼，西安商会的谢炳艾出资50万元支持清江方江屿村的文化中心建设，上海商会的周新增在创造财富的同时不忘家乡扶贫帮困，近年来捐款500多万元修桥、助学。2007年，乐清市在外的能人志士，致富不忘回报家乡，共捐资约3亿元，用以支持家乡的新农村建设；还有不少“老板”返回家乡做了村官，成为家乡父老交口称赞的致富领路人。四是更新在外乐清人资料库。市经济技术协作办（招商局）在上年的基础上更新补充了《在外乐清人资料库》；在原乐清籍在外企业家通讯录的基础上按省份、地区进行了梳理和精减，并编制成了《乐清籍在外企业家通讯录精编版》，方便了与在外乐清籍企业家的沟通联系。

五是组织召开在外乐清籍企业家代表新春座谈会和联合会的有关筹备工作。2月23日，牵头主办了有150多位在外乐清籍知名企业家和知名人士参加的新春座谈会；市四套班子领导参加了座谈，通过座谈，取得了很好的效果。2007年还成立了乐清市在外企业家联合会筹备组，截止5月份，已有90多位乐清籍在外知名企业家提交了《乐清市在外企业家联谊会理事会候选人申请表》；6月份组织人员赴京津沪与在外乐清籍企业家沟通接洽，听取他们对建立乐清市在外企业家联合会的意见和建议；10月份，再次赴北京召开了建立乐清市在外企业家联合会有关筹备工作会议，各项筹备工作依法有序推进。通过上述平台，逐步实现了在外乐清人资金回流、人心回归、企业回迁，乐清人的优势逐步转变为乐清的经济优势和乐清城市综合竞争力，“乐清人经济”与乐清经济出现了共促互进的良好局面。

区域经济合作全力推进 积极开展经济项目合作，特别是引导企业参与西部大开发和东北老工业基地振兴工作。上半年市经济技术协作办（招商局）组团参加了第十一届“西洽会”和第十八届“哈洽会”，并在“西洽会”上，签约项目1个，总投资额为1.5亿元；在“哈洽会”上签约项目1个，总投资额为5000万元，总投资额均居温州市前列。继续推进接轨上海和参与长三角合作工作，并撰写了《关于温州接轨长三角的调研报告》。同时尽力做好驻乐机构的联系服务和兄弟县市来乐考察的接待、交流工作，全年新备案登记乐清在外办事处4家、驻乐办事处7家，接待外地来乐考察团71批次计550多人次。上述工作的开展，推进了乐清与外地的相互交流学习，促进了乐清区域经济的统筹发展。

“双对口”和“山海协作工程”

工作不断深入 实施继续开展“双对口”支援工作，对已签对口支援项目进行跟踪调查，积极筹措对口支援资金。2007年对口地区的帮扶资金已全部到位，其中四川南部30万元，重庆涪陵区18万元，西藏嘉黎县18万元。

“山海协作工程”是省委、省政府推进区域协调发展所作出的一项重要战略举措，是温州市“139富民攻坚计划”的重要内容，也是社会主义新农村建设的重要载体。市经济技术协作办（招商局）首先积极参与山海协作工程项目对接、洽谈，全年完成山海协作合作签约项目3个，总投资1.15亿元，其中乐清永泰房地产有限公司在平阳开发房产投资达9000万元，资金已大部分到位；浙江万盛电气集团在平阳钱仓镇兴建厂房投资2000万元，资金已基本到位并即将动工兴建；温州南溪江塑料有限公司在永嘉乌牛建厂生产投资500万元，已经开始生产。其次一一落实了省“山海协作工程”帮扶资金，在6月份开展的对泰顺帮扶活动中，共落实帮扶资金270万元；在9月下旬开展的对平阳帮扶活动中，共落实帮扶资金43万元。另外还帮助欠发达行政村落实启动了一批帮扶项目，推动了结队帮扶共建工作的顺利开展。再次是加强劳务培训和推进转移就业工作，市局（办）领导多次下乡，进村排摸、协调、了解，共同搭建劳务合作（输出）平台，构建合作（输出）载体，全年通过培训转移就业劳动力152名。

人才人事

开展人力资源经理联谊活动 乐清人力资源经理联谊会自2006年底成立以来，积极探索工作思路，采取多种形式坚持每季开展一次联谊活动，推进了企事业单位人力资源工作者队伍建设，提升了人力资源开发管理水平，为人才人事工作更好地服务于经济建设创造了有力条件。5月11日，市人事部门组织了24家市人力资源经理联谊会成员单位的人力资源经理到宁波浙江万里学院、浙江大学宁波理工学院、宁波诺丁汉大学、宁波职业技术学院等4所高校考察，共同探讨学校、政府和企业“三方”在人才培养、引进、使用上的协作角色，市人事部门与浙江大学宁波理工学院签订了人才服务项目合作协议，兴乐集团、五龙控股有限公司、乐清电视台等企事业单位与高校深化了就业合作意向。通过这次考察活动，大家增进了相互了解、密切了相互合作从而使学校提高了培养人才的针对性，企业提高了使用人才的预期性，政府提高了服务人才的有效性。6月23日、7月28日，市人事部门先后分两批组织32家（次）企业人力资源经理参加培训学习，听取了复旦大学教授陈志远主讲的《战略管理》、《创新思维和情商》、《商务礼仪》等管理课程，拓宽了人力资源经理的理论知识面。

创办《乐清人才报》 为加强人才人事工作宣传，多渠道向大中专毕业生或用人单位提供就业信息帮助，2007年10月，市人事部门以市场商业化运作的方式，由市人才中心与乐清焦点文化传媒有限公司联合创办了《乐清人才报》，市人才中心作为主办方负责报刊的统筹、指导和审核工作，焦点文化传媒有限公司负责报刊的策划、采编和业务工作。《乐清人才报》为半月刊,每期4个版面，用人招聘信息量每期为1000条至2000条，报纸发行量为4万份，全市设立了152个免费赠送网点。同时，将乐清人才网与《乐清人才报》捆绑联营，对网页版面进行了全面改版，以达到信息资源共享、互补功能。

加强博士后工作站管理 2007年，全市6家博士后科研工作站出站博士后3名，进站1名。其中德力西集团出站博士后2名，完成了《过载保护继电器的可靠性技术》、《接触器式继电器的可靠性技术》两个课题；人民集团出站博士后1名、进站博士后1名，完成了《交流接触器可靠性研究》课题。另外，帮助春风控股集团引进博士后1名，帮助福达合金材料有限公司引进国外博士后2名。为了更好发挥省博联乐清人才智力开发基地的载体作用，市人事部门于6月29～30日，邀请了26位专家、教授、博士后来乐开展科技人才服务活动，达成28项技术项目合作意向，较好地实现了高校与企业科研项目的对接。

建立高校毕业生就业见习制度 根据省委有关文件精神，乐清市人事部门会同教育、财政、劳动社保、国资、经贸等部门积极搭建高校毕业生见习基地，并于3月份出台了《乐清市关于建立高校毕业生就业见习制度实施意见》，尔后又补充出台了《乐清市高校毕业生就业见习工作实施方案》，规定对审核批准为符合见习条件并就业见习基地的高校毕业生，市财政以每人每月400元的标准补助给见习基地企业，由企业向见习学员按不低于当年度城镇职工月最低工资标准发放，见习期时间一般为3～6个月。另外，全年还联系了9名研究生到3家企业开展暑期实习。

改革用人制度，市场化配置后勤服务人员 2007年，乐清人才有限公司向35个用人单位派遣和续签各类人员共193人，其中机关事业单位后勤驾驶员48名，乐清农村合作银行22名，中行乐清市支行48名，建行乐清市支行29名，中信银行乐清市支行25名，通用正泰5名，人民医院16名。

全面实施高校毕业生到农村、社区考录工作 2007年，按照《乐清市关于引导和鼓励高校毕业生到农村和社区工作的实施意见》有关规定，市人事部门进一步完善了招聘考录方式，建立了到农村和社区工作资格考录机制，并通过面向全市大中专毕业生公开考试选拔，273名大学毕业生列入了选聘资格库。另外，市人事部门派遣了2006年招聘的首批33名大学生到农村基层工作。

严格公务员工作目标考核管理 完成了2006年度全市70个部门的目标管理考核和全市公务员的个人年度考核工作，其中11个机关部门被评为年度目标考核先进单位。在考核中突出了对工作人员的德、能、勤、绩、廉等情况的全面考核，参加考核1839人，评定为优秀198人、称职1547人、未定等次86人。同时还分4批组织112人次的优秀公务员赴新疆、云南、九寨沟等地健康休养。

按照《公务员法》进行有关人员的重新申报登记 这次重新申报登记共涉及包括市风景旅游管理局、对外贸易经济合作局、体育事业发展局、房产管理局、市政园林局、机关事务管理局、事业单位登记管理局、文化市场行政执法大队等8个单位，人数达108人。由于工作扎实细致，重新申报登记工作顺利完成。

坚持“三公”原则完成了国家公务员招录选调 2007年乐清市招录国家公务员78名，网上报名人数达4900人，实际参加考试人数为4365人，面试183人，进入体检123人；同时完成了2008年度乐清市计划招录56个职位的国家公务员的报名审核工作，报名人数达4047人。整个招录过程阳光操作，赢得了社会好评。另外，2007年市人事部门还完成了事业单位261个岗位的考录招聘工作，帮助市工商局面向全市跨部门公开选调公务员4名，帮助市府办公开选调工作人员3名，帮助市婚姻登记中心选调人员8名，帮助信访联合接待中心选调人员2名，帮助机关服务中心公开招聘工作人员2名，落实办理了2名村级计生人员到乡镇计生服务站工作的招聘手续。通过考核考试与双向选择相结合的办法安置了营以下军转干部35名。

推进公务员《公共管理基础课程》培训 根据《乐清市国家公务员（机关工作人员）培训学分制管理办法（试行）》精神，2007年市人事部门会同市委组织部、市委党校举办了5期公务员培训班，参训人员达6812人次。两年来，全市公务员已参加《公共管理基础课程》培训的人数占全市参训公务员的70.8%，基本完成了45周岁以下公务员的《公共管理基础课程》培训任务。同时还积极开展了公务员普通话培训考核工作，并圆满完成任务，公务员普通话培训考核工作走在了温州全市前列。

首次开展全国计算机应用能力考核培训 随着职称评审对计算机证书要求的提高，市人事部门克服种种不利因素，将机房的所有电脑内存提高了一倍达到512M，安装了240个模块的培训软件，改换了31台显示器，添置了服务器、数码拍摄及相关监控设备，各项硬件和软件指标均达到了考核点要求，并通过了省人事考试中心的验收。全年举办了14期全国计算机应用培训班，培训学员910人次。由于培训工作准备充分，培训学习对考核重点的分析把握比较准确，学员各模块考核通过率高达95%，居温州全市前列。同时，还举办省三级计算机培训班5期，培训学员388人次。

认真做好职称评审工作 继续将专业技术人员职称评审工作向非公经济企业延伸，首次开展了船舶制造专业初级职称的考试评定工作，共评定115人。全年完成初定专业技术资格1655人；完成了31个系列3200余人次的专业技术职务资格考试报名审核工作；完成省“151人才工程”和温州市“551人才工程”培养人选的推荐工作，共推荐温州市“551人才工程”培养人选11人；完成了2007年度新入选人员科研项目资助经费申报及赴国内外深造推荐工作。另外，还完成了2004年度“551人才工程”的28名培养人选的考核工作。

全力推进工资制度改革进程 2007年工资制度改革是新中国成立以来第四次大改革。由于工改任务重、时间紧，市人事局把工改工作作为年度的重点工作来抓，抽调15名精干人员按照“准确、真实、快速”的原则，加班加点办理工改事务。至年底，各单位已全部完成工改任务，工改涉及在职人员24000多人、离退休人员6000多人。同时，市人事部门以工改为契机，建立了全市机关事业单位工作人员工资数据库，并首创用EXCEL导入数据库软件的方法进行工资套改，为工改和下步推行全市工资统发提供了极大方便，得到了上级领导的充分肯定。市人事部门还配合工改完成了教师工资统发软件的升级和调试，配合税务、社保、住房公积金中心对教师个人所得税、养老保险、失业保障和住房公积金进行了统一代扣，全年共发放教育系统工资达2.4亿元。

强化信息化建设，机构编制人员管理“实名化” 在市编制委员会办公室设立了编制人事信息中心，配备编制人员2名，专门负责机构编制管理和信息化建设，将机关行政部门及事业单位人员的入编、出编全部通过中心服务器处理，并加强与财政部门协作，对没有基金入编卡的一律不予支付“人头”经费。编制人事信息中心还可随时查询机构、编制、人员、部门职能和机构编制文件情况。同时汇编印发了《机构编制文件选编》500册，分送给有关单位，并组织人员深入学习机构编制管理法规和文件，还在乐清政府网和乐清人才网上进行宣传贯彻，强调做好机构编制人员的信息保密和机构编制纪律，全市机构编制管理工作进一步加强。

完成了乡镇机构改革 结合我市实际情况，于2007年上半年，在温州全市率先完成了乡镇机构改革方案的制定和实施，并核定了全市乡镇行政总编制、事业总编制、领导职数及中层职数，31个乡镇的行政办公室和事业中心的设置根据各乡镇人口和经济发展状况等指标分为四类：分别设置六办五中心、五办四中心、四办三中心和一办一中心。

浙江省民营企业人才工作现场会在乐清召开　　市人事局提供

积极稳妥推进人事制度改革　一是开展事业单位分类和岗位设置工作。根据《浙江省事业单位分类工作指导意见》精神，对全市400多家事业单位进行了分类，然后提交市编委会议讨论通过，并对其中的50多家事业单位的岗位设置提出了初步意见。二是健全规范事业单位登记管理制度及档案整理保管。全年共完成396个事业单位的年检，新设立事业单位8个，变更事业单位78个。三是完成了全市事业单位工作人员的年度考核和备案工作。

强化服务做好退管工作　坚持开展退管调研、考核工作，努力使退管工作走上制度化、规范化的轨道。坚持每季度召开一次退休干部活动小组长例会，全年组织召开了4次退休联络组成员会议、4次退休活动小组组长例会。春节前组织召开了县团级退休干部座谈会，与退休老同志加强了沟通、增进了了解；组织了县团级退休干部外出考察，共享改革开放的成果。创新了退休组长例会的组织形式，分别在柳市、虹桥、大荆等3个镇各召开了一次会议，会上安排专题议程，由镇党委或政府主要领导介绍当地经济社会情况，让退休老同志面对面直观了解和认识乡镇区域的经济社会发展情况。全年出版了4期《颐年乐》，丰富了老同志的精神文化生活，强化了退休人员“自我管理、自我教育、自我服务”功能。关心退休人员的生活状况，开展了春节慰问活动和不定期对特殊困难人员的慰问工作，全年共慰问退休人员27人次。

做好省民企人才工作现场会后勤保障工作　11月25日，全省民营企业人才工作现场会首站在正泰集团拉开序幕，来自全省各地市、县级人事局局长及国家人事部、省委人才办、省人事厅等单位有关领导140多人参加了会议。为开好这次会议，市人事部门精心筹划，协助正泰集团做好会议的各项准备工作。温州市常务副市长徐纪平、乐清市市长潘孝政到会祝贺。

法制建设

依法办理各类案件　2007年，市法制办共办理各类案件94件。其中，行政复议案件43件（含不予受理1件，撤销原具体行政行为3件，维持原具体行政行为29件，因申请撤回申请而终止10件），行政诉讼应诉案件37件，由温州市政府审查、乐清市政府作为被申请人的行政复议应诉案件13件，行政监督案件1件。

行政执法证件的管理　2007年市法制办共换发行政执法证件1800多个。7月份，对1203名行政执法人员进行了知识更新培训和考试；12月份，组织297名未取得行政执法证件的执法人员进行了行政执法证资格综合法律知识培训考试。全年对本市2000多个行政执法人员的行政执法证件进行了年审。

审核、清理、汇编规范性文件　2007年市法制办共审核了29个行政规范性文件；同时对市政府、市府办1997年1月1日至2007年7月31日期间制定的各类文件和2003年1月1日至2007年7月31日期间印发的各类会议纪要、抄告单等文件进行了全面梳理，最终列出行政规范性文件265件，并进行了清理，最终保留160件，修改24件，废止81件；市法制办还与市府办共同对2006年下半年市政府或市政府办公室的规范性文件进行了汇编，编辑了两期《乐清市人民政府公报》，并免费下发到各部门、乡镇和村居。

打击走私与海防口岸管理

概况　2007年1月5日，乐编委〔2007〕2号文件决定，将“市政府打击走私办公室”更名为“市政府打击走私与海防口岸管理办公室”，海防职能由市人民防空办公室划入，增加口岸管理职能。市打击走私与海防口岸管理办在市委、市政府的正确领导下，在上级业务部门的指导帮助下，认真贯彻国家打击走私与海防口岸管理的方针、政策，全面落实上级打击走私与海防口岸工作会议精神，在进一步做好全市打击走私工作的同时，尽快熟悉海防口岸管理业务知识。全年打私工作总体处于平稳，海防基础设施建设进展顺利，乐清湾口岸开放的申报工作正在积极进行。

狠抓反走私责任制落实　市政府与12个打私重点镇及邮政部门签订了反走私责任书，各重点镇又与重点村、有关企业、运输单位、加油站（点）、重点码头、重点人签订了责任书，全市形成层层签订责任书、一级向一级负责的反走私群防群治良好局面。同时在工作中狠抓责任制的落实：一是根据乡镇人员变动的情况，及时调整了乡镇打私分管领导和联络员，并由联络员每月向打私与海防口岸办汇报情况，随时掌握面上动态。二是将《责任制》与《考评指标》紧密结合，以《考评指标》来检查与督促责任制的落实；三是将责任制实行量化管理，制订具体分数标准，年度考评时严格把关;四是将责任制与奖惩挂钩，对落实《责任制》好的单位和工作认真负责的联络员，在给予精神奖励的同时，适当进行物质奖励，从而调动了基层干部落实反走私责任制的积极性。

继续保持严防猛打态势　坚持贯彻“以防为主、打防结合”的方针，在日常做好反走私宣传教育的基础上，9月份开展了反走私宣传月活动。在这次宣传月活动中，共出动宣传车20辆/次，悬挂横幅60余条，张贴标语600余张，发放宣传资料5000余份，出墙报50余期，修复固定标语、标牌60余个（条）。另外，还在重点码头设了反走私举报电话。通过广泛深入的宣传，国家反走私方针、政策、法律、法规传到千家万户。为对打击走私持续保持猛打态势，市打击走私与海防口岸管理办公室年初制订了全市打私工作要点，明确打私的重点物品、主要渠道及应对措施，还制订了突发性走私事件应急预案。在重要节庆期间，根据上级业务部门的意见和乐清的实际情况，对全市的反走私工作作出具体部署安排。10月份，在全市开展了一场以打击成品油为主的专项斗争，边防、公安、工商等职能部门及12个打私重点镇共出动1000余人次，对海上、码头、加油站等进行巡逻检查，真正做到海上查、岸上堵，有力地打击了走私犯罪活动。

海防口岸管理初见成效　由于海防与口岸管理是新增的职能，全办干部认真学习业务知识，尽快适应了工作。全年共投资356万元按时完成了乐清市海防管理监控中心（设市边防大队）、黄华女子民兵哨所视频站、黄华边防派出所视频站等三项工程的建设和设备安装任务并投入使用，得到了上级有关领导及专家的一致好评。根据《国家“十一五”口岸发展规划》精神，乐清市南岳码头已列入国家“十一五”开放规划，对此，市打击走私与海防口岸管理办公室抓了两项工作：一是搞好乐清湾港区水陆域开放申报的前期规划工作，组织有关技术部门对乐清湾港区的水域、航道、锚地等区域进行考察，委托资质单位编制《乐清湾港区水陆域开放范围》的技术图纸，召集相关部门负责人及专家对图纸进行会审、论证，提出修改意见；二是多次派人赴东海舰队汇报情况，并邀东海舰队有关领导和专家赴乐清湾实地考察。这些工作为乐清湾港区的建设和开放打下了基础。

市行政服务中心

概况　2007年，市行政服务中心共收件148661件，办结148381件，办结率为99.81%。其中即办件95035件，占总办件的64.05%；承诺件提前办结49547件，承诺件提前办结率为95.90%；平均每个工作日受理590件，办结589件，深受社会各界好评。中心全年共收到群众表扬信80封、锦旗7枚、满意评议表7752份，在对1421件办件情况的跟踪抽查中，群众满意率达99.78%。2007年，市行政服务中心连续第四次被温州市政府评为行政审批服务先进工作单位，被省政府命名为示范行政服务中心。

深化行政审批制度改革　一是启动非行政许可审批事项清理规范工作。根据市府办《关于开展非行政许可事项清理规范工作的通知》，中心牵头开展了非行政许可审批事项清理规范工作。到2007年底，共有36个部门的近300项非行政许可事项上报审核，待温州市的清理结果出来后，结合乐清实际情况，拟定初步清理方案，再报市政府审议。二是建立健全全市审批网络体系。根据市委、市政府的统一部署，决定在柳市、虹桥、北白象、大荆四大中心集镇建立涵盖全市各乡镇的行政服务分中心，市行政服务中心积极会同有关乡镇做好与相关部门的协调、进驻项目的确定、建章立制和信息服务等筹建方面的工作。分中心的运行模式原则上按照市行政服务中心的运行模式来运作，并利用市电子政务工作平台，推行网络审批，将市行政服务中心内部网络与各行政服务分中心对接，通过统一的管理信息系统，实现对分中心各个窗口的办件情况的有效监管。分中心的成员单位包括城镇管理、计划生育、农村医疗合作等乡镇职能办公室以及市属有关部门派驻乡镇的国土资源、规划建设、公安户政、房管等基层站所。截止2007年底，柳市、虹桥镇行政服务中心已正式运行；北白象镇行政服务中心已协调确定设置方案，已完成内部装修的招投标，待装修完成后即可对外运行；大荆镇行政服务中心还在积极筹建之中。三是调整充实进驻中心的部门和事项。根据市府办《关于要求对进驻中心的部门及其审批服务事项作进一步调整和充实的通知》精神，2007年市行政服务中心还对进驻部门及其审批服务事项作了较为全面的调查摸底，按照市场准入有关规定和社会团体登记事项类、基本建设事项类、便民服务事项类、中介服务机构类等四大类行政服务事项的实际情况，调整充实了进驻中心的有关部门及其审批服务事项，初步拟定了进驻新中心的部门及其窗口的设置方案。

强化行政审批管理　一是成立市行政审批管理办公室。8月22日，市编委印发《关于建立市行政审批管理办公室的通知》（乐编委〔2007〕43号），正式批准成立市行政审批管理办，并明确为市政府行政审批制度改革领导小组的常设办事机构，与市行政服务中心合署办公，对外挂乐清市行政服务中心牌子，从而进一步强化了行政审批管理。二是完善考核管理制度。2007年，市行政审批工作首次列入市级机关工作目标责任制考核，中心被列为考核责任部门，考核基本分为3分；同时明确规定窗口工作人员年度内在窗口工作累计半年以上人员，年度考核归由中心统一组织，考核结果由中心函告各部门，优秀比例不占派出单位指标；为提高考核通报效果，中心还对每月各窗口单位的考核总分、名次和收办件数量、承诺件提前办结率、是否延误办理及巡查发现的问题等情况向全市通报，让市领导、各部门、各乡镇、窗口单位自己都能及时了解窗口工作的实际情况。三是规范窗口工作人员调整程序。为确保窗口工作人员的稳定，市行政服务中心根据市府有关文件精神，对窗口工作人员的调整（包括调入和调出窗口）程序进行了统一规范，即窗口工作人员必须按规定调整，填写调整审核表，并必须经中心审核确认。四是加强对窗口办件的监管。为防止窗口审批件在办理过程中出现“体外循环”和弄虚作假现象，中心高度重视对窗口办件情况的监管，加强督查，及时发现、及时纠查个别窗口出现的承诺件违诺超时限和未出具受理通知书等违规情况，规范了行政服务行为。

优化行政服务环境 一是充实办事事项，从年初的155项充实增至204项；二是拓展党建工作，成立党总支，下设机关党支部和窗口党支部；三是加大群众办事的公开度和透明度，更换了服务事项一览表，在窗口摆放《政策法规》、《便民范本》等便民文件夹，编发《便民手册》，更新各窗口的《办事须知》，在显眼处张贴“温馨提示”；四是美化办事环境，重新粉刷了大厅墙壁，加强了服务场所的保洁，更新了便民须知盒，增设了休息座椅和书写桌子；五是提升服务形象，设置工作人员一览表，编发中心宣传图册；六是完善、规范行政审批管理和运行体系，顺利通过了ISO9000质量管理体系的年度监督审核；七是各窗口竞相推出提速提效、便民利民服务举措。

机关事务管理

认真开展市级机关资源节约活动 根据《关于调整市级机关资源节约工作领导小组的通知》（乐委办发〔2007〕66号）精神，结合乐清市市级机关实际，制订实施方案，继续在全市市级机关开展了资源节约活动。市级机关事务管理局狠抓了节约水电、节约办公用品、降低公务用车耗费、节约会务费和接待费等9项重点工作， 2007年市级机关各部门人均水、电消耗比上年下降5%，其它实行定额包干的经常性经费支出下降10%，政府采购的设备和产品同比节省10%，市级机关干部职工的节能意识进一步增强。

做好接待工作，树立接待形象 接待办全年共接待上级领导和来宾1177批1.7万余人次，其中中央领导3批377人次，省部级53批103人次。接待办本着“素质要提高、队伍要加强”的精神，召开全市接待工作例会，学习接待理论知识，交流接待经验，钻研接待业务，专题研讨接待业务问题，并加强了对全市接待网络成员的业务指导。同时，制定和修订了多项公务接待规章制度，规范了公务接待行为，增强了服务意识；并对参观考察点进行筛选，推陈出新，以利于各级来宾准确全面地了解乐清两个文明建设所取得的重要成就。全年坚持接待无休息日，坚守岗位，圆满完成各项接待任务，多次受到上级领导的好评。

组织进行了市直机关国有资产清查 为把市机关的固定资产管住、管好、管到位，2007年市级机关事务管理局清查了后勤部门固定资产的存放点和使用情况；对法院、检察院等单位的原所处的房产进行登记，并着手办理有效法定证件，明确所有权，从而恢复了多处因历史原因流失的国有资产的所有权。针对市府宿舍和乐清饭店住户情况混乱、管理难度大、安全隐患多等问题，还对市府宿舍和乐清饭店进行了住户情况全面清查，共登记市府宿舍住户157户、乐清饭店住户29户，与市府宿舍住户签订了安全责任书，加强了市府宿舍的门卫、消防、卫生管理，改善了住宿环境；清退了乐清饭店第四幢的住户，节省了专项住宿经费20多万元。

出色完成各类会议的会务工作 全年共完成了845场次会议的会务工作，其中大型会议25场、中型会议469场、小型会议351场。服务中心统筹安排、合理调剂，较好地解决了各单位的会议场地紧缺问题。会务工作人员经常加班加点，精心筹划每场会议，切实做好准备工作，对会务工作每个环节都进行反复检查，确保会务万无一失。同时还顺利完成了一些紧急会议的会务工作。

加强机关大院安全保卫工作 重视保安队伍素质建设和形象建设，开展对保安人员的安全防范、法律法规和职业道德教育。做好上访人员的劝解、疏通工作，配合信访、公安等部门妥善处置集体访、异常访50多起。加强门卫管理，做好值勤和巡逻工作，对出入大院的人员和车辆严密管控。加强消防安全管理，对机关大院和市府宿舍消防安全问题进行了排查，对存在安全隐患的单位和住户发出消防安全整改通知；禁止消防通道停车，清除了4辆报废车，解决了车辆占据消防通道问题。

严格管理机关公务用车 全年，市委、市府车队公务出车共计4200多趟，其中长途出车150多趟，行程40.5万公里。市委、市府车队严格执行“安全第一、预防为主”的方针，确保了行车安全。加强公车使用管理，加大对公车私用的查处力度，严格节假日公车出车审批，公车实行“三统一、两定点”制度。注重对司机的节能教育，努力节约交通费，车辆零配件的报废、更新须经分管领导检验批准；通行费报销由车队统计人员按时间和行程审核登记。做好车辆的统一调度和调配工作，确保30多辆车运行顺畅，有力地保证了市领导和“两办”的公务用车。

招投标管理

概况 乐清市招标投标市场管理委员会办公室（中心），按照“政府引导市场、市场公开交易、交易规范运作、运作统一监管”的原则，倾力打造“公开、公平、公正”和高效廉洁的招投标市场环境，平台运作健康有序，取得了优良的业绩。2007年招管办（中心）共完成交易项目1088项，成交金额44.53亿元，增加财政资金收入（以下简称增加收入）10.60亿元，节约财政资金支出（以下简称节约支出）3.19亿元。成交的项目中，建设工程项目141项，交易金额19.35亿元，节约支出3.04亿元，节约率为13.56%；政府采购项目845宗，交易金额9354.87万元，节约支出1533.9万元，节约率为14.08%；土地出让92宗，成交金额24.03亿元，增加收入10.54亿元，增值率达78.14%；矿产出让7宗，成交金额856万元，增加收入106万元，增值率为14.13%；产权交易3宗，成交金额1297.7万元，增加收入512.46万元，增值率达65.26%。2007年度，乐清市招管办（中心）被温州市公共资源交易管理委员会办公室授予“温州市公共资源交易平台建设先进单位”。

规范招投标交易活动 积极开展预防和遏制腐败工作，规范招投标交易活动的监管，联合市纪委（监察局）、财政、规划建设、交通、水利、市政园林等部门下发了《关于公开聘任乐清市综合评标专家库专家的通知》、《乐清市招投标项目异地评标专家组合使用暂行规定》，草拟了《乐清市评标专家和综合评标专家库管理办法》，进一步充实了本地专家库，加强了与周边县市专家库的连接，避免了因评标专家的倾向性意见而影响评标结果的公正性。深入贯彻市政府《关于进一步加强建设工程项目招投标工作的实施意见》，建设工程项目资格后审制已全面实施，有力打击和防范了建设工程中的挂靠、买标、卖标、围标、串标等行为。同时首推了招标员制度，分两期对机关、乡镇的招标员近两百人次进行了招标业务培训。

积极探索、创新招投标工作 市招管办（中心）在招投标监管过程中，及时总结招投标管理工作经验，会同相关职能部门开展深入细致的调研工作，创造性的推出了建设工程招投标资格后审制度；引入竞争机制，对国有土地使用权、产权拍卖活动实行了拍卖代理机构会员制管理。精心组织举行了中心区A-j9部分地块出让推介会，来自南京、温州、乐清的近二十家房开企业与会；在7月31日的拍卖会上，A-j9地块经过激烈的竞争，拍出了7.78亿元的价位，成为新地标。积极推动国有、集体企业盘活资产存量和闲置资产清理，做好产权处理和招投标服务工作，防止国有资产流失。改进了政府采购协议供货制度，在乐清湾港区软土地基处理原位监测工程采购项目取得了良好的效果。2007年还首次完成了62宗市政府工业用地的挂牌项目交易。

做好乡镇招投标平台延伸工作 全市31个乡镇建立并挂牌的招投标中心有25个， 2007年乡镇招投标中心共完成交易项目92项，交易金额8055万元。项目主要涉及水利、土地治理、房建施工、桥梁、租赁、园林绿化等，触角延伸到农村的方方面面，促进了增收节支，维护了公平、公开、公正的市场秩序，提高了群众的满意度，从源头上预防和治理了腐败。

加强招投标门户网站建设 努力将招投标门户网站打造成具有宣传、交流、数据仓库功能的平台。对招投标相关信息进行收集、整理、完善，实现了标书的网上下载和答疑；建立了法律法规、党群宣传、招标项目、采购人、供货商、开发商、建设企业、不良行为及黑名单等电子档案库；进一步拓宽信息发布管道，在省、温州招标投标网及兄弟县市招投标网发布信息，并建立了短消息发布平台。网站内容丰富，网页美观、实用，网站访问量不断上升，促进了政府招投标统一平台的又好又快发展。同时，内部办公自动化系统进一步完善，单位工作效率明显提高。

地方志工作

概况 2007年，乐清市地方志办公室认真贯彻落实国务院《地方志工作条例》，依法修志，规范编修，编纂质量不断提高。编纂的《乐清年鉴》（2006版）荣获浙江省第三届年鉴优秀成果三等奖。

《乐清年鉴》（2007）出版发行 12月底《乐清年鉴》（2007版）由线装书局出版发行。《乐清年鉴》（2007版）共设35个类目、347个分目、1620个条目，近百万字，收入地图照片300余张。全书图文并茂，全面准确地记载了2006年乐清市贯彻落实党的各项方针政策的情况以及全市各系统、各部门、各行各业的新成就、新经验、新情况、新矛盾，客观地反映了乐清的经济社会建设和发展。

《乐清市民营企业志》编纂工作有序进行 2007年3月，办公室撰稿人员研讨并设定了《乐清市民营企业志》编纂要目方案，确定了编纂内容，落实到专人编写，同时还积极宣传发动企业自主参与入编。至年底，有近200家企业与市地方志办公室签定入编合同。

《乐清市华侨志》出版发行 《乐清市华侨志》于2007年12月由中国文史出版社出版发行，主编倪德西、叶品波，全志除卷首、附录外，共分10章、31节、450千字，记述时限自1902年至2005年，该志书客观地反映了乐清市华侨的历史和现状。

中国人民政治协商会议乐清市委员会

政协全体会议及常委会议

市政协十届二十二次常委会议 1月23～24日举行。会议决定，政协第十一届乐清市委员会第一次会议于2月5日在乐成召开，会期7天。会议审议通过了十届市政协常委会工作报告及报告人、十届市政协常委会关于提案工作情况的报告及报告人、市政协十一届一次会议议程（草案）、市政协十一届一次会议列席人员范围、市政协十一届一次会议旁听人员范围等。会议协商决定了市政协十一届委员会委员名单，共349名。会议听取了市委关于十一届一次会议筹备工作情况的通报、市纪委关于2006年全市党风廉政建设情况的通报，并对政府工作报告（征求意见稿）进行了讨论，提出了一些修改意见和建议。

市政协十一届一次会议 2月5～10日举行，349名委员出席大会。乐清市党、政、军领导到会祝贺，并在主席台就座。历届乐清市（县）政协主席、副主席及在乐的全国、温州市政协委员和部分老同志代表等应邀列席会议，并就座主席台。会议听取并审议了《政协第十届乐清市委员会常务委员会工作报告》和《政协第十届乐清市委员会常务委员会关于提案工作情况的报告》，选举产生了政协第十一届乐清市委员会主席、副主席、秘书长、常务委员，表彰了市政协十届四次会议以来优秀提案、提案先进承办单位和市政协十届四次会议优秀大会发言。与会人员还列席了乐清市第十四届人民代表大会第一次会议，听取并讨论了政府工作报告及其他报告。会议期间，委员们通过小组讨论、提案、反映社情民意、大会发言等形式，就加快基础设施建设、大力发展第三产业、改善投资环境、加大社会治安综合治理力度、重视科教文卫各项社会事业发展等事关乐清市经济社会发展和群众关注的热点、难点问题，积极建言献策。会上，共有34位委员作了大会专题发言和书面发言，围绕文化大市建设、提高依法行政水平、临港经济发展、“城中村”改造、低压电器行业发展等问题，提出了许多建设性的意见和建议。会议期间，委员们和参加政协的各党派、各团体共提交提案310件，经审查立案306件。会议审议通过了政协第十一届乐清市委员会提案委员会关于十一届一次会议提案审查情况的报告和会议决议。闭幕会上，中共乐清市委书记黄正强作了重要讲话。

市政协十一届一次常委会议 3月13日举行。会议审议通过了《政协乐清市委员会2007年工作要点》；通报了第十一届市政协主席、副主席分工，通报了政协领导、各委办负责人联系委员联络组及各界别、各委员联络组负责人情况；协商决定政协第十一届乐清市委员会设置提案委员会、文史资料委员会、经济建设委员会、科教文卫体委员会、社会与法制委员会、港澳台侨委员会等六个专门委员会；审议通过了有关人事任免事项。

市政协十一届二次常委会议 6月20日举行。会议听取了市“作风建设年”活动领导小组办公室关于全市开展“作风建设年”活动的情况通

政协第十一届乐清市委员会常务委员会第二次会议　　政协乐清市委员会提供

报，审议通过了市政协专题调研组《关于乐清市农村垃圾、污水处理情况的调查报告》，审议通过了政协第十一届乐清市委员会有关人事任免事项。

市政协十一届三次常委会议 9月26日举行。会议审议通过了市政协专题调研组《关于乐清市食品安全情况的调查报告》，审议通过了市政协有关规章制度；听取了市政府2007年以来经济社会发展情况的通报和部分提案承办单位关于提案办理情况的汇报。

市政协十一届四次常委会议 12月28日举行。会议专题学习了中共十七大精神，听取了市政府关于政协十一届一次会议以来提案办理情况的通报及市政协各专门委员会2007年工作情况的汇报（书面）。

视察调研

农村垃圾污水情况专题调研 4～5月份，市政协组织委员就乐清市农村垃圾污水处理情况进行了调研，形成了《关于乐清市农村垃圾、污水处理情况的调查报告》，提出了尽快建设符合国家标准的生活垃圾处理场所、加快污水无害化处理进程、尽快形成“户集、村收、镇运、市处理”的垃圾处理系统和以“市为主、乡村为辅”的污水处理机制、搭建垃圾污水处理设施建设多元融资平台、建立完善环境卫生保洁的有效机制等5个方面的意见和建议。市政府对此非常重视，立即采取措施，完善城乡垃圾、污水收集网络，加大了建设垃圾、污水无害化处理工程的工作力度，并取得积极进展。

食品安全情况专题调研 8～9月份，市政协组织委员就全市食品安全情况进行了专题调研，并形成调查报告，提出了大力加强食品安全源头监管工作、切实解决食品安全工作中群众普遍关注的焦点问题、加大对传统特色（优势）食品产业的引导帮扶力度、进一步完善食品安全监管机制等4方面16点建议。调查中暴露出的全市食品安全存在的问题和提出的建议受到市政府的高度重视，有关领导对此作出批示。调研对全市2007年开展食品安全整治工作起到了积极的促进作用。

组织各类视察活动 2007年，市政协针对全市工作的重点、难点和群众普遍关心的热点问题，组织进行了20多次视察活动。视察活动主要有甬台温铁路乐清段建设情况视察、104国道清江至湖雾段改建工程和沙门岛跨海大桥工程建设情况视察、楠溪江引供水工程建设情况视察、乐清湾港区开发建设情况视察、“域外农业”考察、婚前医学检查情况视察、农民工子女入学情况视察、文化大市建设情况视察、行政执法责任制的推行和落实情况视察、宗教场所管理和活动情况视察、道路交通安全管理情况视察、湖州侨商企业发展情况考察、侨台资企业发展情况视察等。对视察中发现的问题提出了相关意见建议，有些意见引起了有关部门和领导的重视，促进了有关工作的进一步开展。

农村垃圾污水处理情况调研　　政协乐清市委员会提供

提案办理

2007年，市政协共收到提案317件，经审查立案309件，涉及承办单位59个。共有273位委员提出提案，委员参与提案率达79.1%。市委、市政府高度重视提案办理工作，市长潘孝政亲自参加市政府提案交办会，要求必须认真对待，郑重办理提案。大部分承办单位都落实专人负责，认真办理，并纷纷采取新举措，以提高提案办理质量和促进落实。市政协加大对提案的督办力度，采取重点提案重点督办、热点难点问题调研视察督办、“承办大户”面商督办等多种督办方式，确保了提案办理实效。全部提案于8月底办复完毕，截止12月底，已经解决或基本解决的61件，占总数的19.7%；正在解决或列入计划解决的181件，占总数的58.6%；因受目前条件限制或其他原因只能以后研究解决的59件，占总数的19.1%；留作参考或不可行的8件，占总数的2.6%。经反馈，委员对提案办理的满意和基本满意率达96 %。

团结联谊工作

促进社会和谐工作 充分发挥政协在构建和谐社会中的独特优势和

重要作用，本着“联系各界、扩大团结、凝聚人心、汇集力量”的工作方针，努力做到深入反映民意、积极服务民生、努力排解民忧，为构建和谐社会作出了努力。加强参加政协的党派团体、各界人士之间的合作，认真听取和反映他们的意见建议，切实维护他们的民主权利。2007年，各民主党派、工商联、无党派人士联谊会及其成员中的政协委员共提出提案126件，以组织名义提交政协大会发言材料12篇。鼓励和支持宗教界人士积极投身和谐社会建设，引导宗教与社会主义社会相适应。积极开展社情民意反映工作，全年共反映社情民意信息180余条。重视做好信访工作，全年共处理委员和群众来信138件，接待委员和群众来访256人次。

海外联谊工作　主动协助有关部门做好港澳台侨工作和外事接待工作，热情主动地向“三胞”人士宣传乐清市改革开放和现代化建设所取得的巨大成就；深入开展护侨、助侨工作，与有关涉侨部门联合开展了《归侨侨眷权益保护法》宣传月活动；组织政协委员对台资、侨资企业进行了视察，努力为“三胞”人士排忧解难；广泛宣传《反分裂国家法》和“和平统一、一国两制”方针，先后组织举办了“三胞”中秋茶话会、“三胞”迎春茶话会、香港回归祖国十周年座谈会、台海形势报告会和“走进台湾”图片展等活动。通过系列的工作和活动，海外联谊取得了增进了解、加深友谊、扩大共识、促进合作的良好效果。

文史资料工作　重视发挥文史资料“团结育人”的重要作用，坚持“征集无边际，出版有原则”方针，进一步探索“社会办史”道路。8月份召开了市文史资料研究会一届四次年会，会议对研究会过去一年所做的工作进行了总结回顾，对今后五年的工作思路进行了探讨。12月份举办了“新农村建设与文物保护”专题研讨会，会议就处理好建设新农村和保护优秀传统文化遗存的关系提出了多方面的意见，拓宽了文史工作渠道。2007年还积极开展了《乐清上下一千六百年•人物篇(续篇)》和《乐清上下一千六百年•物产篇》的史料征集工作。全年共征集各类文史资料90多万字，收集、整理史料100多件，编发《乐清文史》内刊1期，发放专辑和刊物7000多份。

诗书画院工作　坚持以诗书画会友，扎实开展政协雁荡诗书画院工作，引导诗书画院院友坚持文艺“两为”、“双百”方针，积极运用诗、书、画传统艺术为和谐社会建设鼓与呼。10月份，召开了雁荡诗书画院四届一次大会，产生了新一届理事会。2007年还先后组织院友外出采风，拓宽院友创作视野；与兄弟政协书画院开展笔墨交流，增进与市外文化界人士的友谊，为乐清文化大市建设献艺出力。

内外交流工作　加强横向联系，全年共接待来乐考察的全国各级政协来宾200多批次。主动接受上级政协的工作指导，积极配合上级政协开展的调研视察活动，全年共承办上级委托的工作活动6次，参加各级政协组织的工作交流16次。

宣传工作　加强与新闻媒体的联系，全年各级新闻媒体共报道政协工作180余次，这对树立市政协的良好形象起到了积极作用。省《联谊报》分别对乐清市政协开展农村垃圾污水处理情况调研活动和乐清市政协建立主席、副主席、秘书长联系常委及常委联系委员制度作了专题报道。积极主动向广大干部群众宣传政协的性质、地位和作用，全年共编发《乐清政协》简报12期、《政协信息》10期，扩大了政协的社会影响。正式开通了市政协网站，网站设置了政协知识、政协要闻、调研视察、提案之窗、工作制度、文史资料、雁荡书画等栏目，从不同侧面、不同角度全面生动地反映了政协履行的职能和发挥的作用，为各委员和各界人士参政议政构建了一个新的重要平台。

市政协雁荡诗书画院笔会　　政协乐清市委员会提供

参与社会公益事业　鼓励和支持广大政协委员和委员单位积极参与社会公益事业。据不完全统计，2007年，委员个人和委员所属企业为社会公益事业捐资达500多万元。市政协多次组织医药卫生界、教育界、文化界和科技界委员开展医疗、教育、文化和科技下乡活动，受到社会各界的赞誉。

重点提案

无党派人士联谊会：食品安全问题亟待引起重视（第13号）

民盟乐清市委：关于加强公共项目科学管理，充分发挥财政投资效益（第21号）

张绿芬、郑晓东：与时俱进，推进乐清市殡葬改革（第23号）

政协社法委：完善乐清新型农村合作医疗制度的建议（第39号）

张永：加强引水工程进度和解决用水之急的建议（第72号）

郑晓超：关于加快乐清市文化事业发展的几点建议（第145号）

民革乐清市总支：关于进一步提升乐清市教育教学质量的几点建议（第195号）

农工乐清市总支：加快乐清港区开发，大力发展临港经济（第268号）

民主党派

综述

2007年是中共召开十七大的重要年份，各民主党派中央也相继召开了全国代表大会，产生了新一届领导集体，政治交接成为民主党派各级组织的主题。乐清市各民主党派根据各自上级组织的统一安排，开展了以“自觉接受中国共产党领导，坚持走中国特色社会主义道路”为主题的政治交接教育活动，认真学习中共十七大精神和科学发展观，开展自我教育，思想政治建设取得了良好的效果。

参政议政队伍继续壮大 随着全国、省人大和政协换届工作的临近，统战部在市委领导下认真做好两级党外代表、委员的推荐和协助考察等工作。2007年，全市有党外全国人大代表1人、全国政协委员2人、省人大代表4人，全市参政议政队伍进一步壮大。加强与温州市和乐清市两级人大代表、政协委员的联系，提高他们的参政议政水平，支持民主党派和无党派人士在人大和政协履行职能。

民主监督工作取得创新性进展 6月份，联合市纪委、市监察局举办了“党风廉政建设和反腐败情况通报会”，首次向党外人士正式通报党风廉政建设和反腐败情况；随后又以联合发文的形式，将这种通报形式固定下来，进行定期通报，实现了以制度来支持党外人士的民主监督工作。2007年，各党派和无党派人士更加积极地参加政治协商各类会议，在中国共产党的建设、地方经济发展、社会管理、“第三次跨越”等方面提出了许多很有见地的建设性建议；一些意见和建议经充分调研后，还在全市“两会”上以提案、议案的形式继续发挥建言献策作用，受到了有关领导和部门的重视。

社会服务呈现主题化 围绕市委统战部开展的“一十百千万工程”，各党派和无党派人士结合自身实际，开展“民生情、统战行”主题活动。除传统活动项目外，特别开展了“迎接十七大书画展”和书画义卖活动；义卖活动实施“艺术家出智、企业家出资”的形式，义卖金额全部捐献给新成立的统战民生基金，集中用于实施民生服务。

自身建设取得长足进展 2007年，乐清市民主党派和无党派人士联谊会的思想建设在政治交接主题教育活动中进一步加强，制度建设切合实际、不断完善，组织建设更适应党派发展需要。在市委组织部和统战部的关心和有关部门的支持下，全年有54名党外人士被推荐为副科（局）级后备干部，中青班接受培训人数的比例也有新突破。一些事关党派可持续发展的议题受到进一步的重视，并开始寻求相关支持，努力促进各民主党派和无党派人士联谊会的有序发展。

2007年乐清市各民主党派组织和成员情况

单位：个、人

党派名称	支部	成员
民革乐清市总支部委员会	7	85
民盟乐清市委员会	11	132
民建乐清市总支部委员会	2	37
农工党乐清市总支部委员会	7	117

2007年乐清市各民主党派参政议政情况

单位：人、件

党派	人大代表人数			政协委员人数			提交“两会”提案（议案）、建议、发言	
名称	省	温州	乐清	全国	温州	乐清	全国政协	温州市、乐清市“两会”
民革		2	2		1	30		60
民盟	1				4	30		40
民建		1		1		7	5	17
农工党		1			1	17		20

中国国民党革命委员会乐清市总支部委员会

概况　2007年，中国国民党革命委员会乐清市总支有党员85人，党员中有温州市人大代表2名、乐清市人大代表2名（其中1名担任乐清市人大常委会副主任）、温州市政协委员1名、乐清市政协委员30名（其中6名担任常委）。1名党员被任命为乐清市围垦建设指挥部副指挥。一年来，民革乐清市总支在思想建设、组织建设和制度建设方面取得了一定的成绩。总支组织党员学习中共和民革中央重要会议精神和相关文件，认真履行参政议政、民主监督职能，在温州、乐清两级市人大会议上提交议案、建议9件，在温州、乐清两级市政协会议上提交提案47 件、大会发言4件，其中3件提案被评为重点和优秀提案。积极参加市委、市政府及有关部、委、办、局举行的座谈会、通报会、协调会、面商会，参加讨论“政府工作报告”专题座谈会，并提出中肯意见和建议。关注台湾“立委”选举和“3•22”选举，凭借乐清地处东南沿海并与台湾有密切的人缘、亲缘、地缘关系有利因素，通过多种渠道、利用各种方式宣传“祖国统一”方针。积极组织党员开展或参与各种社会服务活动和社会公益事业。

召开四届三次党员大会　6月22日，民革乐清市总支四届三次党员大会在雁荡山召开。中共乐清市委副书记郑建海、乐清市政协主席章纪泉、乐清市委常委统战部长朱赛月、乐清市统战部常务副部长周宏扬、民革温州市委会王小同主委应邀参加会议并讲话。民革乐清总支主委张亨根代表民革乐清市第四届总支委员会作工作报告。报告以翔实有力的内容回顾了总支和各支部在政治协商、参政议政、民主监督、社会服务、“祖统”工作、自身建设等方面所取得的成就和作出的贡献，要求全体党员再接再厉，把各项工作做得更好。会上郑建海副书记希望民革党员们注重理论学习，不断加强自身建设；围绕中共乐清市委中心工作，积极发挥参政议政作用；要不断探索参政议政新方法，切实履行参政党职能，帮助中共乐清市委加强执政能力建设。

中国国民党革命委员会乐清市总支委员会四届三次党员大会　民革乐清市总支委员会提供

召开学习十七大精神座谈会　10月19日，民革乐清市总支召开学习中共十七大精神座谈会，中共乐清市委常委宣传部长陈胜峰、市人大常委会副主任民革乐清市总支主委张亨根、中共乐清市委统战部常务副部长周宏扬出席会议。座谈会上，陈胜峰就中共十七大的内容与精神，解读了10个关键词以及8个新提法。之后，与会人员纷纷谈了自己学习十七大精神的体会。

召开参政议政研讨会　10月19日，民革乐清市总支召开参政议政研讨会，总结一年来参政议政的经验和成果，研讨新形势下加强参政议政能力建设的途径，筹备即将召开的市“两会”提议案和发言工作。叶旭华副主委布置了提案课题和任务，张亨根主委就如何提高提案质量提出了要求，要求各支部结合各自业务特点，围绕经济社会关注的热点、重点问题，深入调研，做到提案既有现象分析，又有解决问题的建议措施。

社会服务成绩显著　民革党员企业家始终把“扶贫济困、奉献爱心、回报社会、造福人民”作为企业建设的宗旨，做到致富不忘回报社会，坚持为山区扶贫开发建设慷慨解囊、捐款捐物，积极响应当地政府号召，大力开展与贫困乡村扶贫结对活动，为构建和谐社会积极承担应尽责任。4月，王达武在市长的带领下，向城北乡秦垟南村捐了10万元爱心助学基金款，向福溪乡捐了3万元；叶小泉担任乐清民营企业扶贫济困总会创办会员，每年认捐款2.5万元，还向福溪乡捐款2万元；倪君权给智仁乡捐助扶贫款2万元。10月，陈维国、张伟成、叶小泉、王达武等党员参加“乐清市统战民生基金建立仪式”并捐赠8万元；陈焱同志的油画作品《锅炉房》无偿捐给了“统战民生基金”，并被上海人民企业集团温州电气有限公司收藏。郑铜敏牵头在乐清中学设立了“红丝带”基金会，每年为100多名优秀学生颁发奖学金10万多元，每年为乐清中学5名贫困生捐资5万元；同时积极参与柳市片区人大代表献爱心活动，为山区建设捐资10万元。经济支部、科技支部与团市委等单位联合发起了“爱心助学结对新乐清人暨手拉手”活动，石进才等9位同志参与结对150名学生，捐助资金3万元；倪君权赠送铅笔盒200副，这一助学结对活动在《乐清日报》头版作了报道。8月，经济支部又同乐清市团委、市希望办联合组织了2007年秋“爱心助学”结对贫困大学生活动，共筹集助学资金90多万元，《团结报》报道了经济支部的先进事迹。石进才同志服务社会事迹突出，其本人及家庭先后被评为乐清市“2006十大平民英雄”、温州市2006年度“十大影响力家庭”、“全国五好文明家庭”；石进才还被市农行推选为市农行老龄委副主任，被市府处置民间非法金融活动办公室聘为顾问，被辽宁省抚顺市“雷锋精神研究会”聘为理事。

中国民主同盟乐清市委员会

概况 中国民主同盟（简称民盟）主要由文化教育界及科学技术界工作的高、中级知识分子组成，是具有政治联盟特点的、致力于建设中国特色社会主义事业的参政党。1946年2月，乐清成立了浙江省第一个民盟组织——“乐清民盟五人小组”，1980年11月成立县支部，1986年8月升格为市委会，至2007年12月底，民盟乐清市盟员总数132人，支部11个。民盟乐清市委会有各级“两会”成员36人，其中省人大代表1人、温州市政协委员4人、乐清市政协委员30人（其中常委6人）、绍兴市政协委员1人。广大盟员在做好本职工作的同时，极积参与社会服务工作和社会公益事业。为了更好地发挥参政党的职能，民盟乐清市委会不断加强自身建设，努力提高盟员的总体素质。

加强盟的自身建设 民盟乐清市委会非常重视自身建设，以建设高素质参政党的地方组织为目标，努力加强自身建设。一是结合国内外形势和乐清实际，适时组织盟员学习交流，学习中共中央和民盟中央重要会议精神，学习中共十七大精神、全国统战会议精神以及各级“两会”精神。二是要加强组织建设，强化盟员政治思想建设，积极培养优秀盟员并向有关部门进行推荐，使盟员更好地参政议政，为乐清的经济社会发展服务，作出贡献。

组织学习中共十七大精神 10月28日，民盟乐清市委会在市政协议事厅召开民盟市委扩大会议，学习中共十七大会议精神，乐清市副市长、民盟乐清市委会主委方青出席了会议。会上，中共乐清市委宣传部副部长周朝清就中共十七大报告的18个亮点进行了解读。随后，到会人员围绕胡锦涛同志所作的报告展开了热列讨论，大家一致认为整篇报告立意高远、主题鲜明、求真务实、催人奋进，科学描绘了新时期、新阶段我国发展的美好蓝图，体现了全国人民的心声。会议要求各支部组织盟员深入学习，结合实际努力做好本职工作；各盟员政协委员要切实履行责任，进一步做好参政议政工作。

民盟乐清市委会组织学习中共十七大精神　民盟乐清市委会提供

积极参政议政 民盟市委不断增强参政议政意识，广泛开展参政议政工作。1月，召开参政议政研讨会，总结一年来参政议政的经验和成果，倾听盟员代表所收集到的热点、难点问题，为向“两会”提交提案、建议作充分准备。在8～12月，民盟市委成立的参政议政调研组，根据年初确定的职业教育、留守儿童、广告管理、调整用地结构、大力发展第三产业等课题，组织人员进行调研，并写出相关的调研报告和大会发言。2007年，在温州市和乐清市“两会”期间，民盟乐清市委会盟员共提交提案34件、发言材料6篇，被评为优秀大会提案3件、优秀大会发言1篇、重点提案2件。民盟乐清市委会还积极参与市委、市政府召开的各类协商会、通报会、座谈会20多次，参加省、温州、乐清各级举办的培训学习200人次。

积极开展社会服务 2007年民盟乐清市委会开展了系列社会服务工作。一是送教下乡。4月和9月民盟乐清市委会组织盟员骨干教师以“同课异构”的形式到磐石中学支教，受益人数达1600多人。二是高考义务咨询。6月25日，在温州市中小学教师教育院附属学校的体育馆里，民盟乐清市委会和市教育局招生办联合主办了2007年高校招生填报志愿义务咨询活动，浙江大学等省内外35所高校在现场摆摊设点，与数千名考生、家长面对面交流。民盟乐清市委会还邀请了7名有经验的盟员教师，现场为学生作填报志愿义务咨询。此次高考咨询受到了考生、家长及高校的欢迎，他们希望明年继续举办这样的活动，为考生和高校提供交流平台。三是举办“求实论坛”，探讨乐清教育发展。11月11日上午，民盟乐清市委会主办、乐清市教育局协办的“求实论坛”隆重举行，民盟乐清市委会邀请了民盟温州市委会副主委温州十四中校长李树河、特级教师肖培东和俞国平、乐清中学副校长叶文杰、乐成镇一中副校长叶列容、乐清外国语学校校长陈国星等担任论坛嘉宾，来自全市教育线的有关领导、各学校校长和教务主任、乐清市民盟盟员等200多人参加了本次论坛，乐清市副市长、民盟乐清市委会主委方青致开幕词。嘉宾们就教师专业成长、中小学校发展、学生减负与素质化、民办教育的发展等问题进行了深入探讨。此次论坛是民盟乐清市委会举办的系列论坛之一，民盟乐清市委会将继续举行不同主题的论坛，以关注和探讨乐清经济社会的发展。

民盟乐清市五届三次盟员大会召开 8月23日上午，中国民主同盟乐清市五届三次盟员大会在乐成召开，来自全市11个支部的130多位盟员参加了会议。市政协主席章纪泉、中共乐清市委常委统战部长朱赛月等应邀到会并讲话。会上，民盟乐清市委会主委、乐清市副市长方青代表民盟市委会作工作报告。报告指出，民盟乐清市委会围绕中共乐清市委、市政府的中心工作，关注人民群众热点问题，积极履行参政党职能，在参政议政、民主监督、社会服务和自身建设等方面都取得了新的成绩，并进一步壮大了参政议政队伍，拓宽了参政议政平台。广大盟员在各自的岗位上参加社会主义建设，涌现出一批先进人物。市委会还利用自身优势，多次组织送教下乡、送医送科技下乡，发动盟员捐助贫困学生，为构建社会主义和谐社会作出了积极贡献。报告提出了下一年的工作思路：顺应形势发展，加强自身建设，拓宽政治视野，进一步提升参政议政水平，结合实际不断深化社会服务工作。会议期间，还进行了分组讨论，召开了召集人会议，并对分组讨论意见进行了汇总和解答。

盟市委活动形式多样、生动活泼 为增进盟员间的交流沟通和增强盟的凝聚力，3月13日盟市委组织女盟员到王十朋故乡欢庆“三八”妇女节；5月温州盟市委和民盟乐清市委会联合在雁荡山举办了青年盟员学习会，听取了盟史教育讲座，听取了民盟温州市委主委潘长旺作的题为《立足本职，发扬传统，为构建社会主义和谐社会作贡献》的重要讲话；10月在华联大酒店为年龄逢七十、八十的老盟员举办祝寿活动，感谢老盟员对盟务工作的热心，并向老寿星赠送寿匾，祝寿星们健康长寿。盟市委还在教师节和老人节向全体盟员教师和60岁以上的盟员进行了慰问。

民盟各基层支部开展了丰富多彩的活动 柳市支部到嘉兴与当地民盟开展交流活动，取得了很好的效果；科技、乐师、乐中、雁荡、大荆等支部都召开了学习会，并坚持节假日向老盟员慰问；科技支部组织盟员到义乌参观学习；乐中支部组织盟员到苍南参观；芙蓉支部带领老盟员参观游览了洞头、楠溪江等自然风光；文卫、镇一中支部发挥本支部优势，积极参加盟市委组织的送教、送医送药到农村活动；其他支部也根据各自实际举行了各具特色的活动。

中国民主建国会乐清市总支部委员会

概况 中国民主建国会（简称民建）主要由经济界人士组成，是具有政治联盟特点、致力于建设中国特色社会主义事业的政党。民建乐清市总支前身是民建温州市委员会乐清市支部，成立于1997年10月30日，当时有5 名会员，由乐清市最早(1996年6月)入会的天正集团董事长高天乐任支部主委，胡光定为副主委。1999年12月28日，支部升格为总支。2005年4月22日，民建乐清市总支召开第二次会员大会，选举高天乐为主委，胡光定、林月和为副主委。2007年8月，总支委员会届中人事调整，高天乐辞去总支主委职务，林月和接任总支主委。至2007年底，民建乐清市总支有会员37名，其中全国政协委员1名、温州市人大代表1名、乐清市政协委员7名（其中常委2名）。2007年12月，中国民主建国会第九次全国代表大会在京召开，高天乐连任民建中央委员会常务委员。在民建温州市第十次代表大会上，高天乐连任副主委，林月和当选为委员。

加强思想建设，努力提高会员政治素质 2007年，民建乐清市总支委员会先后召开了5次总支（扩大）会议和2次全体会员学习会，认真学习了全国、省、温州市和乐清市统战工作会议精神，学习了中共中央总书记“6•25”讲话、中共十七大精神，学习了全国“两会”、乐清市“两会”精神和《中共温州市委贯彻落实〈中共中央关于巩固和壮大新世纪新阶段统一战线的意见〉的实施意见》，并邀请民建温州市委会和市委统战部有关领导对一些重要会议和重要文件精神进行了辅导。总支委员会还先后组织支部以上成员和政协委员参加了全市党风廉政建设和反腐败工作通报会、温州市政治交接学习会议，接受多党合作与民主党派传统教育。通过多层次宽领域的学习培训活动，广大会员在思想上、政治上、工作热情上进一步提高，达到了内强素质、外塑形象的效应。

认真参政议政，积极反映社情民意 在十届全国政协五次会议上，全国政协委员、民建中央常委、天正集团公司董事长高天乐提交了《加强卫生监管保障食品安全》等三个提案与《内外资两税合一，企业步入公平竞争时代》等两个大会（小组）发言，内容全部关乎民情、民意、民生。在京期间，高天乐成了各地赴京媒体记者及首都各大主流媒体记者采访的热门人物；3月5～10日，新华社、《人民日报》、《光明日报》、《经济日报》、《中华工商时报》等

民建乐清市总支扶贫结对仙溪东寮村　　民建乐清市总支提供

首都各大媒体相继就“农民工工伤预防”等话题向高天乐进行了专访。年底，国家电影电视总局、中华人民共和国发展和改革委员会、中华人民共和国劳动和社会保障部、国家食品药品监督管理局、国家环境保护总局就高天乐的三个提案分别给予了五份答复，“答复”对高天乐的提案给予了充分肯定。在温州市“两会”上，乐清民建会员主笔的《关于继续加大力度，彻底根治地下“六合彩”赌博现象的建议》等8件议案，得到了有关方面的好评。总支《改造农贸市场，提升生活品质》调研课题在民建温州市委会2007年度参政议政成果交流会上作大会发言，并获三等奖。乐清市“两会”期间，总支的7名政协委员向市政协大会提交了2篇大会发言、7篇提案，《完善乐清市新型农村合作医疗制度的建议》、《塑造柳市电器城新形象，打造电器行业新平台》两个大会发言被评为优秀大会发言；总支的《民营企业应成为新农村建设重要支柱》两篇提案被认定为优秀大会提案；民建会员委员《关于成立乐清市政府经济研究中心的建议》、《关于加强乐清市社区养老服务体系建设的建议》、《积极推进火灾公众责任保险的建议》等提案被列入《市政协第十一届二次会议提案及办理情况选编》；《发挥农民主体作用，加速推进新农村建设》等提案从不同角度为全市经济社会发展提出了自己的见解。民建的参政能力和提案质量得到了市党政领导与有关部门的重视和好评。

会员投身经济建设，积极为乐清经济发展服务 经济工作是民建的工作重点，也是民建的优势所在。2007年民建会员企业发展形势良好，增长较快，一方面通过发展实业，增加就业岗位，多创利税，为乐清市经济社会发展作出了积极贡献；另一方面，一些会员利用专业特长和社会联系，努力把乐清名牌产品推荐应用到北京国家奥体中心、杭州湾大桥等国家重点工程，有力支援了国家的社会主义现代化建设。总支会员中一些企事业单位干部、机关公务员充分发挥自己特长，扎实工作，默默奉献，努力当好民众百姓的公仆。

努力做好社会服务工作，进一步提升参政党的形象 市委统战部推出“一十百千万工程”系列活动后，总支委员会积极参与，组织会员到仙溪镇东辽村开展扶贫送温暖活动。在市委统战部举办的“市统一战线迎十七大书画展”上，一名会员拿出自己精心收藏的三幅国画参展，一名会员创作了四幅书法参展，之后，他们都把这些书、画无偿捐赠给“乐清市统战民生基金”。7月4日，中华思源工程扶贫基金会在北京人民大会堂举行成立大会，会员高天乐当场认捐208万元。天正集团公司继续注资“天正乐中助学金”，援助乐中困难学生10万元，并安排结对的学生到天正集团公司参观学习。会员企业安德利集团与乐清市柳市镇岙底村结对共建社会主义新农村，还先后捐赠乐清市城北乡秦垟南村扶贫助学基金10万元；在湖南株洲收购株洲仪表厂后，安排下岗职工300余名。其他一些会员积极参加社会公益活动，为民建组织赢得了荣誉。

抓好组织发展和支部活动，提高组织凝聚力 在12月17日闭幕的中国民主建国会第九次全国代表大会上，选举产生了民建中央领导机构，连任第十一届全国政协会员的高天乐同志连任民建中央常委。为进一步发挥各会员的作用，推进民建的各项建设，总支研究成立了组织工作组、宣传组、社会服务组、调研组、妇女工作组、青年工作组、会员工作组等7个工作组，研究确定了各组成员人选。2007年，在民建温州市委会总结表彰大会上，总支第二支部被评为先进集体，总支委员会被评为参政议政先进集体，天正集团被评为思源工程先进单位，4名会员分别被评为温州市委会先进个人。2007年，新增1位会员列入科（局）级后备干部名单，1名会员被聘为市委、市政府第三届特邀督查员，3名会员为市政协信息联络员和信息员。总支还组织会员到会员企业参观考察，到杭州千岛湖等地开展活动，提高了会员的积极性，增强了支部的活力和凝聚力。

中国农工民主党乐清市总支部委员会

概况 中国农工民主党（简称农工党）是以医药卫生界高中级知识分子为主、具有政治联盟特点、致力于建设中国特色社会主义事业的政党。农工党由革命先烈邓演达等同志于1930年8月9日在上海创建。1981年12月22日，在李长秀等人的具体筹备组织下，农工党乐清支部成立。1990年12月，支部升格为总支部，至2007年，总支部历经五届，李丹当选总支委主委，金亚平、陈呈新、林坚当选为副主委。现下属支部7个，党员117人，主要分布在医药卫生、科技、文化教育等领域。2007年，总支有温州市政协常委1名、温州市人大代表1名、乐清市政协委员17名（其中常委3名、副主席1名）。全年总支委员多次参加了各部门、各单位举办的协商会、座谈会及各类督察活动；组织安排骨干党员、新党员60人次参加了各类培训会。2007年，总支委员会1人被聘为北京大学医学部博士生导师、研究员，1人被温州医学院评为优秀带教老师，3人被乐清市政府评为“先进工作者”，1人被选为全国教育科学“十一五”教育部规划课题子课题核心组成员，1人被推荐为乐清市副科（局）级后备干部，3人被推选为乐清市人民监督员，党员中担任各类协会、研究会负责人达20人次。总支和广大党员积极投身社会公益事业，在送医下乡、结对助学、社会扶贫等方面作出了积极的贡献。

积极参政议政 在市政协十一届二次大会上，总支政协委员向大会提交个人提案16件、集体提案2件、大会发言2篇，内容涉及卫生、交通、经济、教育、旅游等，受到了有

组织老党员赴南京祭拜农工党创始人邓演达 农工民主党乐清市总支委员会提供

关部门的重视。会上，总支委员刘美利代表总支作了题为《加快乐清港区开发，大力发展临港经济》的大会发言；林坚、郑红红分别代表所在片组、界别作大会发言。会议期间，集体提案《加强科技创新体系建设，发展品牌经济》被评为市政协十一届四次会议优秀提案，总支的大会发言《整合外贸产销中坚力量，推动乐清市外贸经济二次飞跃》被评为政协十一届四次会议优秀大会发言。

开展“政治交接”学习教育活动 2007年，农工党中央和省委会下发了关于开展以坚持走中国特色社会主义政治交接发展道路为主题的政治交接学习教育活动文件，农工党乐清市总支结合乐清实际，开展了一系列内容丰富、形式多样的宣传学习活动。召开总支委员扩大会议，传达政治交接学习的内容及要求，在总支领导层进行了思想总动员；7月，总支在雁荡山举办了为期两天的理论学习暨新党员培训班，开展了以胡锦涛总书记在中央党校省部级干部进修班发表的重要讲话、农工党党史、新时期多党合作知识等为主要内容的政治交接学习教育，30余名骨干党员及新党员参加了培训。此外，组织号召全市农工党党员以支部为单位，开展“政治交接”学习教育活动，并在《乐清农工》上刊登有关学习资料，掀起了“政治交接”学习教育活动高潮。

学习贯彻中共十七大精神 召开总支委员（扩大）会议，专题学习中共十七大精神，围绕十七大报告的18个亮点进行学习，交流学习体会。各支部先后召开支部学习会，就十七大报告精神展开讨论。同时，组织党员参加十七大学习宣传活动：10月，党员周朝进参加了市委统战部组织的“民生情、统战行”迎接十七大书画展活动，展出书画作品3幅；张荣武参加了温州市委统战部组织的“聚人心、筑和谐、促跨越”迎十七大书画展。

开展送健康活动 2007年，市委统战部推出了以“民生情、统战行”为主题的“一十百千万工程”活动。为配合统战部工作，农工党总支利用自身优势，开展了送医下乡活动，主委李丹于11月带领16名医务人员赴淡溪镇开展义诊活动，接待当地群众200多人，免费赠送价值5000元的药品；总支老主委周朝进除常年在老年大学授课外，还受市政府、市公安局、市台联会等单位邀请，先后7次在社区、企业等开展卫生科普知识讲座，听众近1000人；人民医院支部、虹桥支部的医卫界党员先后5次参加由医院组织的义诊活动，诊治群众达 1200人。2007年，总支被市委统战部评为“民生情、统战行”系列活动先进集体。

为劳模免费体检 农工党总支与市总工会合作，在中医院为32位省部级以上劳模免费提供内科、外科、五官科、B超、心电图、胸透、血液、血压等项目体检。此项活动自2002年4月开始，至今已连续5年，获得了良好的社会效益。

与市卫生局一起召开对口联系座谈会 12月10日，农工党总支与市卫生局一起召开了对口联系座谈会，医药卫生界为主的14位总支委员、支部正副主委、农工党政协委员分别就乐清中医院的发展、市人民医院三期工程土地预留问题、科普知识宣传普及、全市卫生资源的配置利用、医学科教发展、医患纠纷、卫生监督等等问题提出了大量的意见建议。

参与社会办学 总支主办的育才中学是乐清市颇具影响的民办中学。学校师资力量雄厚，中、高级教师占教师总数的70%，其中特级教师1人，高级教师21人，研究生3人。自“三次创业”以来，学校软、硬件设施不断完善，成为一所现代化程度较高的学校。2007年高考，重点高校上线率居全市各民办高中之首，高考上线率达57%，名列全市民办学校前茅。此外，学校与企业合作，投资7200万元，在湖北创办了占地 110亩、在校生达4000人的国际育才高级中学，办学规模不断扩大。

组织党员开展多彩活动 11月，组织70岁以上党员赴南京考察，祭拜农工党创始人邓演达，参观雨花台革命烈士纪念馆。总支下属的七个支部结合各自的具体情况，多形式地开展了各项活动，如人民医院支部组织党员到江苏沙家浜考察，虹桥支部到永乐交界考察水源，文教、育才支部到洞头体验海岛风情，大荆雁荡支部和柳市支部举办联谊活动，卫生科技支部召开了内容丰富的座谈会、学习会。

积极参与社会公益事业 农工党总支党员十分热心社会公益事业，积极捐资用于扶贫济困。2007年，总支企业家们资助各类扶贫金额近260万元；陈呈新被农工党中央授予“慈善事业突出贡献奖”。

人民团体

乐清市工商联

概况　2007年，乐清市工商业联合会在市委、市政府的正确领导下，在温州市工商联和乐清市委统战部的精心指导下，高举中国特色社会主义伟大旗帜，坚持以邓小平理论和“三个代表”重要思想为指导，深入贯彻落实科学发展观，解放思想，扎实工作，为推进乐清市“第三次跨越”作出了贡献。2007年，市工商联荣获省工商联系统宣传先进单位称号，《乐清商人》刊物被温州市委统战部评为创新一等奖。

贯彻“十七大”精神，努力做好思想政治工作　中共十七大闭幕后，乐清市工商业联合会立即召开了全市工商联系统的十七大精神学习会，特邀十七大代表、《温州晚报》总编助理郑雪君同志作辅导报告，市工商联执委以上领导、基层商会和行业协会会长、直属会员企业负责人、党支部书记及机关干部200多人听取了十七大会议的精神。各基层商会、行业协会、直属会员单位也都先后举行了多种形式的学习宣传活动，掀起了学习十七大精神的热潮。通过学习贯彻党的路线、方针、政策，广大非公有制经济人士增强了做好工作的责任感，坚定了走中国特色社会主义道路的信心和决心。

参政议政，发挥工商联自身优势　充分发挥会员中人大代表、政协委员的作用和工商联自身的政治优势，积极参政议政。在2007年市“两会”期间，市工商业联合会会员中的人大代表、政协委员共提交议案、建议、大会发言和提案50多件，其中大会发言7件，团体提案2件，内容涉及社会经济发展和民营企业自主创新等许多方面，不少建议被采纳实施，其中《关于加强外来人口法制宣传教育的建议》、《关于加强异地商会建设的意见》和《规范担保公司，严禁高息借贷，防范金融风险》等分别获温州市工商联系统理论研究优秀成果奖和参政议政优秀成果奖。同时还积极创新参政议政载体，成立了市工商联界参政议政委员会，并积极筹建工商联人大代表工作室。

深入调研，加强民营经济发展基础研究　2007年，市工商联圆满完成了省工商联、温州市工商联下达的关于民营经济发展的调研课题；配合全国工商联、省政协、省委统战部等有关部门来乐考察，进行了民营经济自主创新、科技创新、走出去发展等方面的调研；配合温州市工商联开展了“企业家再看非公经济36条”专题调研。此外还开展了乐清异地商会建设工作调研、乐清市行业协会改革工作调研、乐清综合市场调研以及与市委组织部联合开展的异地商会党建工作调研。

加强培训学习，实施企业家素质提升工程　举办了“赢利能力与企业家智慧变革”、“先进制造业基地建设若干思考”两次大型培训会；组织会员单位参加了温州市第三期全国高级经营师执业资格认证培训、《企业所得税》与企业税务筹划调整研修班、《物权法》讲座、品牌战略营销等6期专题培训，提高了广大会员的业务素质和工作水平。

拓展服务领域，为会员企业开展信息化服务　创办《乐清商人》刊物，积极宣传，服务会员企业；创建乐清总商会网站，为会员企业开展信息化服务；建立会员信息库，实现了对全市基层商会和会员的动态管理；完成了会所搬迁工作，并积极创造条件，筹建总商会大厦，竭力树立总商会新形象；注册成立了乐清浙商投资有限公司，还开展了投资体系建设方面的意见征求和调研工作。

创优评先，推进非公经济健康发展　2007年，市工商联推荐22家会员企业参与全国上规模民营企业评选，9家企业入选“中国民营企业500强”，打响了乐清非公经济的品牌；推荐2名会员企业家参加乐清市第三届“十佳青年评选活动”，推荐会员单位参加乐清市“先进生产工作者”、“明星企业”、“活力和谐企业”和温州市“回报社会先进企业”的评选。全系统共计200多名（个）会员或会员单位荣获了各类先进称号；在市委、市政府命名表彰的首批20家“活力和谐企业”和20家创建“活力和谐企业”工作先进单位中，市工商业联合会会员单位分别占90%和85%。通过各类表彰评比活动，激发了广大非公有制经济人士的创新意识、创业热情和社会责任感，在全市起到了良好的示范引导作用。同时通过会刊、网站等载体积极宣传优秀建设者的事迹和精神，充分展示非公经济人士的风采魅力，进一步激励了广大非公经济人士积极投身新农村建设和慈善事业的热情，切实履行社会责任，推进非公经济健康发展。

加强商会建设，不断扩大工商联工作的覆盖面 2007年，新建了嘉善乐清商会、慎海工业区商会等基层商会，帮助嘉兴市南湖区商会做好升格为嘉兴市乐清商会的前期准备工作，积极做好内蒙古包头乐清商会、河北石家庄乐清商会等异地商会的筹建工作，完成了乐成商会、桐乡乐清商会等基层商会的换届工作及柳市商会的换届准备工作，北京乐清商会统战工作站也同时着手筹建。全年新增会员621名，会员队伍日益壮大。

开阔视野，密切与外地工商社团的联系交往 2007年共接待了江苏省连云港市、内蒙古青山区、山东省胶州市等十多家工商社团；组织会员200多人次先后外出参加贵州省贵阳市经济贸易洽谈会、河南省信阳市市情说明暨项目发布洽谈会、“长三角”县（市、区）工商联经贸合作峰会暨企业创新论坛大会等大型会议，学习取经，交流工作经验，为招商引资和促进民间经贸合作牵线搭桥；加强与外地工商社团的联系与交往，先后和内蒙古青山区、四川省仁寿县、河南省信阳市狮河区等三家县（区）工商联缔结为友好商会。举办新春团拜会，邀请乐清异地商会及温州异地商会的知名乐清籍企业家参加，加强了与在外企业家的联系和沟通。组织市工商联政协委员参加了为期四天的“徽商文化”考察学习活动。

优化服务，深入开展“作风建设年”活动 2007年，市工商联按照市委开展“作风建设年”活动的总体部署，结合实际，抓作风、优服务、促和谐，建立完善了主席会议制度、党组议事规则等15项规章制度，明确了工作职责，提高了机关效能，各项工作全面推进、全面达标，并被评为“四好科室”。深入开展支部共建活动，多次组织党员干部和会员企业到结对联系村——智仁乡昌门村和双峰乡大岩头村进行“共建”活动，召开座谈会，出谋划策共商脱贫致富之策。同时组织有关会员企业走村入户，了解情况，开展结对助学等活动。虹桥商会组织新虹桥人艺术团积极参与各类宣传活动，活跃在全市各地，全年共组织文艺演出50多场次；柳市商会配合协助有关部门成功举办了第七届中国电器文化节，为电器行业的发展搭桥牵线，做好服务；乐成商会规范内部管理，制订了一系列规章制度，积极完成外来人口居住区的后续工程建设；北京、四川、桐乡等商会组织在维护权益、协调关系、帮助企业发展、提高乐清知名度等方面做了大量的工作，充分发挥了商会的服务功能。另外，市工商联还配合市委统战部筹措统战民生基金，协办“民生情、统战行”迎十七大书画展，展出了60多幅乐清书画界人士创作或收藏的书画作品；召开了“庆重阳”老工商业者座谈会，向老工商业者表示祝贺和慰问；组织会员企业家参加了“神力杯”温州市企业家运动会，并获得男子单项2等奖和女子单项3等奖的好成绩；“八一”建军节期间，组织会员向武警中队和消防大队进行了节日慰问。

抓党的建设，发挥党组织的领导核心作用 2007年，市工商联顺利完成了机关党支部的换届工作。充分发挥党组理论中心组和党员领导干部的带头示范作用，切实抓好政治理论和业务学习，抓好党风廉政教育，落实党风廉政责任制，努力提高党员干部廉洁自律的自觉性。加强对异地乐清商会党建工作的指导，协同市委组织部开展了异地商会党建工作现状的调研，成立了四川商会党支部。注重入党积极分子的培养，北京、四川、桐乡等商会相继组织入党积极分子进行了培训学习，共培养入党积极分子20名，确定发展对象6名，发展党员3名；接转党组织关系4名。

乐清市总工会

市工会第十一次代表大会胜利召开 至2007年底，全市有基层工会1713家，覆盖企业4181家，共有工会会员22.2万人。3月23～25日，市工会第十一次代表大会隆重召开，300多名代表参加盛会。市领导黄正强、潘孝政、赵乐强、章纪泉、郑建海、王军、陈胜峰、张亨利等出席开幕式，温州市总工会领导和兄弟县(市、区)工会领导应邀参加会议。会议听取和审议了市总工会第十届委员会工作报告，审议了市总工会第十届委员会财务工作报告和经费审查委员会工作报告。大会选举产生了市总工会第十一届委员会、经费审查委员会。在随后召开的市总工会十一届一次全委会上，选举产生了由方忠明、卢建玲、庄秀蓉、谷燎原、林海燕、周素芳、赵来明、徐乐荣、黄道成等9位同志组成的市总工会第十一届委员会常务委员会，谷燎原当选市总工会主席，黄道成、徐乐荣当选副主席。

组织职工积极投身经济建设 一是开展劳动竞赛。各级工会积极组织广大职工开展社会主义劳动竞赛活动，重点工程、工业企业、服务行业“三大领域”劳动竞赛成效显著。全市30多个重点工程参加了温州市组织的劳动竞赛活动，1600多家企业开展了技术比武、岗位练兵、合理化建议活动。市总工会组织举办了全市首届职工技能运动会，55支队伍、259名选手参加了5个项目的竞技，其中30名选手获得市级高级职业资格证书，15名选手获得市“技术能手”荣誉称号。市总工会还组队参加了温州市维修电工大赛并获三等奖。二是举办“安康杯”竞赛活动。2007年，全市有147家企业参加了“安康杯”竞赛活动，其中6家企业获温州市优胜企业称号，2家企业获省级优胜企业称号，1家企业获全国优胜企业称号。三是重视劳模工作。全方位关注劳模，大力弘扬劳模精神。“五一”

节期间，隆重召开劳模座谈会，建立了劳模基金，并募集首批劳模基金23.5万元。利用报纸、电视等媒体开设专栏、专版，大张旗鼓地宣传上年度温州市级劳模的先进典型事迹，展示了新时期乐清工人阶级的风采。同时，还组织省级以上劳模进行免费体检，组织劳模和先进生产（工作）者参加疗养、休养。

开展工会宣传月活动 2007年，市总工会创新活动载体，在工会宣传月活动中，先后举办了广场职工文艺汇演、职工篮球赛、职工书法摄影比赛、“雁荡山啤酒”杯工会知识竞赛，还组织了“连心桥”职工艺术团巡回慰问演出，大大丰富了职工的业余文化生活，有力地促进了全市的精神文明建设和“文化大市”创建。

实施职工素质工程 深入开展十七大精神学习贯彻活动，教育全市广大职工把思想统一到十七大精神上来。不断深化“创建学习型组织，争做知识型职工”活动，全市有145家单位参与“创争”活动。市总工会成立了职工讲师团，深入基层单位有针对性地举办各种讲座，对职工进行政治理论教育、技能培训、政策宣传，帮助广大职工树立新观念、学习新知识、掌握新技能。

维护职工合法权益 一是不断完善职工维权服务网络。职工法律维权（帮扶）中心正逐步向乡镇拓展，四大集镇相继建立了职工维权（帮扶）机构，并发挥了积极作用。工会帮扶救助工作朝着正常化、制度化迈进，成立了职工法律顾问团，建立了主席接待日制度和部门联合接待日制度，开通了职工维权短信平台。截至12月底，市、乡镇两级职工法律维权（帮扶）中心共接待来电来访1702人次、个案237件，结案率达96%。二是签订了首份行业工资集体协商协议。7月份，在大荆铸造行业签订了行业工资集体协商协议，这在温州地区尚属首份行业工资集体协商合同。三是加大困难职工帮扶力度。元旦、春节期间，全市各级工会共筹集送温暖资金112万元，走访慰问困难职工1320户。全市有29家企业建立了“爱心基金”，共募集资金160万元；“三八”节期间有24家先进基层工会女职委与24户困难女民工家庭开展了“一帮一”结对帮扶。四是开展金秋助学活动。广泛动员社会各界参与金秋助学活动，市总工会与市财政局、市烟草专卖局、市人行等6家单位共资助了18名困难职工子女上学。五是关爱外来务工人员。9月份，市总工会组织开展了“情系民工健康行动”，开设民工门诊，为2000多名外来务工人员进行了免费体检；春节前，为新乐清人安排年夜饭，帮助返乡民工落实节前“民工专列”；平日，各级工会也都开展了向外来务工人员“送安全、送知识、送清凉、送温暖”等服务活动，在维护社会稳定、促进社会和谐方面发挥了工会的积极作用。六是广泛开展创建劳动关系和谐企业活动。全年全市785家企业参与了创建劳动关系和谐企业活动，其中10家企业被命名为乐清市劳动关系和谐企业，10家企业被评为乐清市创建劳动关系和谐企业活动先进单位，正泰集团有限公司被评为省级创建劳动关系和谐企业先进单位，市创建劳动关系和谐企业活动领导小组被评为省级创建劳动关系和谐企业活动优秀组织单位。

狠抓基层工会组织建设 一是广泛开展“非公企业工会建设年”活动。狠抓组织建设，进一步扩大工会组织覆盖面，2007年新建企业工会200家，新增会员3万人。不断探索工会组织体制创新，在大荆铸造行业成立了全市首家行业工会，将分散在大荆片区的142家铸造企业的4822名职工组织到行业工会中来。乡镇总工会建设的试点和扩面工作稳步推进，如期完成了四大集镇建立总工会的任务，乡镇工会作用得到进一步发挥。二是强化基层民主管理。企事业单位职代会、厂务公开等职工民主管理不断强化，德力西集团公司工会荣获全国厂务公开民主管理先进单位称号，乐清市供电局荣获“全国模范职工之家”称号。教育系统以贯彻新颁布的《浙江省中小学教职工（代表）大会工作规程》为契机，健全、完善教代会制度，深化校务公开工作，学校的民主管理进一步加强。三是积极开展“三级联创”活动。至年底，市本级工会被评为省级“党建带工建、三级联创”先进县（市、区）工会，正泰集团等8家基层工会被评为省级“党建带工建、三级联创”先进基层工会；柳市镇总工会等4家乡镇工会被评为省级示范乡镇工会，26家基层工会被评为温州市级先进基层工会，8家乡镇工会被评为温州市级示范乡镇工会，169家基层工会被评为乐清市级先进基层工会，8家乡镇工会被评为乐清市级示范乡镇工会。

工会自身建设有新突破 一是工会干部队伍建设。全市工会干部培训纳入了市委组织部主体班次，2007年组织各类工会业务培训7期，有793人次参加了培训，工会干部的能力素质不断提高。注重乡镇工会干部队伍配备，乡镇工会整体工作水平得到提升。二是市总工会机关作风建设。结合市委“作风建设年”活动，市总工会机关围绕“六型机关”创建，面向基层、面向职工，真心实意地开展为职工群众服务活动，组织开展了“下基层服务月”活动，深入企业开展调研，通过发放调查表、走访企业、召开座谈会、职工个别访谈等多种形式，对基层工会、企业职工状况进行了更深入地了解。同时，配合省总工会开展的关于“理顺劳动关系，创建和谐企业”课题调研活动，召开了职工、工会主席和企业主等三个不同层面的座谈会，发放调查问卷1000多份，收到了预期效果。2007年，市总工会主席谷燎原荣获全国优秀工会工作者称号。三是财务管理和经费审查力度进一步加大。工会经费收缴呈现良好发展态势。2007年，对市总工会职业技术学校、市工人文化宫、教育工会、市职工技协等四个单位进行了经费审查，工会经费的收缴、管理和使用进一步制度化、规范化。四是加强工会女职工工作。2007年，市总工会在女职工建功立业、素质提升、特殊权益维护和组织建设方面都取得了新的成绩，还举办了第三届女职工金秋读书会。

全国总工会领导来乐视察工会工作 7月12日，全国总工会副主席、党组书记、书记处第一书记孙春兰一行，在省政协副主席、省总工会主席张蔚文和温州市政协副主席、总工会主席戴祝水及乐清市领导章纪泉、王军、谷燎原的陪同下，来到乐清视察调研。孙春兰一行来到德力西集团，参观了企业，观看了企业发展录象宣传片，看望了一线职工，并就创建劳动关系和谐企业活动中的有关思想认识、工作举措、成效及经验、存在问题及建议以及提高职工素质、企业工会建设、加强维权机制建设等方面内容进行了深入调研。

全国政协副主席张榕明来乐视察工会工作 7月16日，以全国政协副主席张榕明为团长的全国政协委员视察团一行32人来乐清视察企业劳动关系和工会建设。省政协副主席、省总工会主席张蔚文和温州市领导包哲东、徐育斐、戴祝水陪同视察。视察团参观了德力西集团，听取了集团董事局主席胡成中关于创建和谐劳动关系的情况汇报，乐清市领导黄正强、章纪泉、连新良、谷燎原参加了汇报会。全国政协常委张俊九、张国祥、伍绍祖、王东、李奇生、方嘉德和中华全国总工会副主席、书记处书记徐德明等一同随团视察。

共青团乐清市委员会

概况 2007年，乐清团市委下辖基层团委114个、团总支174个、团支部2780个，共有团员8.96万名。全市各级团组织紧紧围绕市委“抓发展、求和谐、走前列”的总体要求，按照“强服务、树品牌、重民生、抓建设”的工作思路，扎实做好红心向党青春行、我与祖国共奋进、基层团建巩固工程等三大系统工作，使团的各项事业实现新的发展。2007年，乐清团市委荣获浙江省中学生“四个一”暑期社会实践优秀组织奖，荣获温州市共青团工作、青年工作创新奖和温州市大中学生暑期社会实践活动优秀组织奖，被评为温州市未成年人思想道德建设工作先进集体。

加强青少年思想道德建设 乐清团市委认真组织团员学习实践邓小平理论和“三个代表”重要思想，贯彻落实科学发展观，积极推进“我与祖国共奋进、与乐清同发展”主题教育实践活动，进一步坚定了广大青年跟党走中国特色社会主义道路的信念。抓住清明节、“五四”、“七一”、国庆等重大节庆日、纪念日的有利时机，广泛征集“青春档案”，组织开展“青春寻访”实践活动；清明节期间，还组织市职业中专、乐清市三中等9所学校的团员青年到雁荡山祭扫烈士墓，缅怀英烈，接受爱国主义教育。同时，各级团组织还通过一系列行之有效的活动载体，完善青少年生态体验基地，加强“保护母亲河”青少年绿色家园建设。11月13日下午，团市委与市司法局一起举行了青少年宫“法制教育基地”挂牌仪式。12月，开展了青少年网络文明公约行动，举办了走进校园巡回心理讲座与咨询，促进形成网上健康文明道德规范。

举行“红心向党青春行”主题活动 推进“1+1”暖人心工程，组织发动各乡镇、市直机关、企事业单位、学校团组织和广大团员青年为山老区乡镇1000多名建国前入党的老党员带去青年一代的问候，让青年团员在活动中接受一次党性教育。6月29日下午，团市委党支部与结对共建单位梅川村党支部一起学习省十二次党代会精神，共同谋划梅川村发展大计；党员们还参观了市中心区，实地察看了在建的行政管理中心和市民活动中心。召开“同学党代会、共谋新发展”座谈会，举办了第三期中学生业余党校，帮助青少年树立正确的理想信念，通过系统的理论学习和锻炼，培养了100名入党积极分子，进一步巩固了党在青年学生中的群众基础和组织基础。

强化基层团组织建设 强化团的作风建设，组织基层团员开展“乐清率先实现第三次跨越，乐清青年如何勇立潮头”的大讨论，带领乡镇团委书记开展了蹲点调研活动。加强基层团组织建设，9月到12月，全市31个乡镇完成了第二轮乡镇团委统一换届工作，并在象阳、南塘、雁荡三个镇继续推进团委直选；积极引入团代表常任、团代表提案、代表组活动、民主恳谈会等配套制度，还以北白象镇为试点，开展了区域共青团整体化建设。强化团干部培训，选送28名新任团干部到上海团校进行业务培训，选送34名非公企业团干部到温州团校培训，对乡镇中学团书记、少先队中队辅导员、中学生团干部进行了全面轮训，团干部的理论水平和业务水平有了新的提高。强化青联和少先队工作，进一步完善了“青年驿站”功能。

开展第三届乐清“十佳青年”评选活动 评选活动从4月份开始，全市有53名年龄为18至40周岁的优秀乐清籍青年市民报名参评。通过层层选拔，在严格审核的基础上，组委会于8月份召开评选会，确定20名为十佳青年候选人，随后通过短信投票的方式，让广大市民参与评审。在10月24日的现场评审会上，组委会邀请市四套班子、部委办局有关领导、杰出青年代表、专家学者、社会知名人士等担任现场评委，尔后通过候选人事迹简介、播放电视短片、候选人演讲等环节，对候选人进行评分，并结合短信投票情况，最后评出：王琦、叶庞星、叶启春、杨旭忠、范长河、赵路、俞国平、黄永坤、虞文品、霍文明等10人为2007年乐清市“十佳青年”。整个评选过程遵循公开、透明、客观、公正的原则，市公证处派公证员对评选过程进行了现场公证。

实施青少年民生工程 以青年文明号、青少年维权岗和留守儿童结对、留守儿童夏令营、留守儿童心里健康讲座等十大载体为抓手，在各中小学校全面开展了“关爱留守青少年”暨为“留守儿童”办十件实事系列活动，并把这项活动作为贯穿全年的一项重点工作来抓。“六一”儿童节期间，团市委联合市妇联等部门在南岳镇举行了“代理家长”与留守儿童结对关爱行动仪式，组织市青年文明号、市青少年维权岗在内的全市100位各界人士和单位（代表）与南岳镇南岳中学、南岳一小100名留守儿童进行了一对一结对，还在南岳镇中学举行了由乐清市东方艺术学校承办的“关爱‘留守儿童’携手共庆‘六一’”联欢会，为“留守儿童”送去了精彩的节目表演和节日祝福。暑假期间，学少部联合青少年活动中心举行了黄浦江挑战夏令营和“手拉手”大海任我行夏令营；举办了“留守儿童给父母亲的一封信”活动和关爱留守儿童心理健康讲座。2007年，团市委还开展了“爱心乐清”系列活动：第三届乐清“十佳青年”分别与十位贫困学生结对；“十佳青年”评选组委会向大荆镇第一中心小学捐赠五万元；继续开展“为十所希望小学和民工子弟学校圆百个学生心愿”活动，投入资金3.7万元，完成学生心愿40个；开展“情系贫困生，结对助成长”活动，筹集资金40余万元，为23名大学生提供了四年的就读资助；开展“王老吉”助学、“移动•学子情”等活动，为20名贫困大学生提供了12万元的爱心资助；开展“圣雄•红蜻蜓爱心助学基金”活动，为100名贫困中小学生提供了1.25万元的助学金；开展中小学生“爱心助学”活动，做好助学款的划拨工作。

加强青年区域合作和交流 4月26日，与上海黄浦、长宁、嘉定及江苏太仓、浙江瑞安等地团委联合举办了“青春•创业•价值”青商创业论坛，来自各地的80余位青年企业家应邀参加，共同探讨有关现代服务业发展和青年企业家成长等问题，这次活动加强了“长三角”地区青年的创业交流与合作。5月9日，和龙湾区、洞头县、温岭县、玉环县等县（区）团委携手构筑“青春•创新•和谐•发展”第二届环乐清湾发展论坛，对乐清湾区域经济创新与传统产业的发展进行了交流。6月8日，在永嘉泰石举行了第五期“青春对对碰”活动，50多位机关单身青年参加了这次快乐而又难忘的户外旅行；青年们展示各自的青春与活力，增进了友谊。4月和8月团市委还分别组织青联委员到四都乡考察和到黄华哨所慰问。

实施“新农村·新青年”发展计划 开展服务文明城市、卫生城市创建及“绿满山川•情暖人心”、“敬老服务送健康”、“我为创卫献力量”等大型志愿服务活动，全市31个乡镇共建立新农村青年志愿者服务队伍68支共计3346人。在岁末年初开展真情十送活动中，发动社会各界给老党员送健康，给困难青少年送学费，给农村困难群众送温暖。在“3•5”期间，开展了“绿满山川•情暖人心”主题活动，组织团员到白石镇十字岭“共青林”义务植树，共栽植树苗10000多棵。重阳节期间，开展了“爱心奉献促和谐•敬老服务送健康”爱心行动，组织医疗系统的青年志愿者到各敬老院开展义诊活动。服务“平安乐清”建设，开展了以“聚社会之力,为青春导航”为主题的青少年禁毒教育系列活动，成立青春导航志愿者队伍，到戒毒所开展帮教工作，到社区进行宣讲，还在东塔公园门前进行了禁毒知识宣传咨询。深化“优秀青少年维权岗”创建工作，有3家单位被确定为温州市第三批市级优秀“青少年维权岗”创建单位。另外，全市建成省级生态监护站3家、保护母亲河号2家、青少年绿色家园1个、青少年生态体验基地1个。

开展“奋进中的祖国、成长中的我”主题活动 推进大中专学生暑期社会实践活动，围绕“与祖国共奋进，与乐清齐跨越”这一主题，组织返乡参加社会实践的大中专学生400余人，组成20支队伍，重点开展了返乡服务农村远程教育、社会主义新农村建设、食品安全知识宣传、爱心支教、课题调研、服务文明社区和机关等暑期社会实践活动。同时，在中学生中开展了“中学生四个一”活动。6月1日，举办了少儿节目主持人电视大赛（比赛分初赛、复赛、电视决赛三个环节），全市共有1000多名少年儿童参赛。7月，开展了“优秀学生会”、“优秀学生社团”和“优秀社团指导师”评选活动，共评出优秀学生会7个、优秀社团17个。11月份，开展了全市第三届少先队主题队会评选活动。12月份，开展了全市少先队工作论文评比活动。12月初，还在乐清剧院举行了“纪念12•9运动72周年暨‘十佳青年’颁奖晚会”及集体大宣誓活动。此外，2月21日在东塔公园举行了“元宵”灯谜活动，1400多只各式各样的灯笼和灯谜吸引了近万名市民的积极参与；10月1日在东塔公园举办了国庆游园活动，近万名青少年和家长参加游园。

乐清市妇女联合会

概况 2007年，乐清市有乡镇妇女联合会组织31个、党群和科教文卫等机关事业单位妇委会170个、村（居）妇女代表委员会945个、社区妇女联合会11个、团体会员2个。一年来，市妇联以开展“作风建设年”活动为契机，以促进和谐为主题，履行职能抓发展，发挥优势抓品牌，拓展领域抓服务，推动妇女儿童事业跃上新台阶，取得了丰硕的成果：市妇联荣获浙江省先进妇女组织、省家庭教育工作先进集体、乐清市未成年人思想道德建设工作先进单位等荣誉称号，获得了温州市“百岗联动建新村”活动成果展三等奖；北白象镇前西岑村被国家人事部、全国妇联评为“全国妇联系统先进集体”；乐清市供电局调度室、正泰电器股份公司销售中心商务处等2个岗位经省巾帼建功、双学双比活动协调小组复查，荣获优秀“全国巾帼文明岗”称号；市妇联主席南晓燕、君奋摄影艺术中心叶君奋、浙江德力西电器股份有限公司李杨荣获浙江省三八红旗手称号。

加大妇女宣传思想工作力度 为加强妇女宣传思想工作，各级妇联利用重大节日、纪念日，通过党校、村村通党员远程教育、村干部培训班、各类中青班培训等教育平台，对广大女党员和妇女干部进行马克思主义妇女观、男女平等基本国策等宣传教育，奏响了妇女谋平等、促发展、创和谐的时代强音。在“三八”妇女节期间，全市组织开展了以“倡文明新风，建和谐家园”为主题的演讲比赛，引导家庭成员从现在做起、从小事做起，积极投身和谐社会共建活动；同时大力宣传妇女典型事迹，“三八”节对26名“巾帼建功”标兵和43名“双学双比”女能手进行了表彰，并通过电视、广播、报纸等媒体进行报道，向社会宣传妇女和妇女工作，营造了全社会共同关心妇女、支持妇女工作的良好环境。

启动提升女性素质工程 实施万名女农民培训计划，全年全市各级妇联共组织举办妇女农业技能培训班37期，参加培训妇女达2782人次；举办转移技能培训班24期，参加培训妇女达1357人次；参加其它素质培训学习的2万多人次。同时还组织女能手代表参加温州市来料加工妇女经纪人培训，增强了农村妇女增收致富和创业能力。2007年，市妇联还联合有关部门在四都乡陈坦村创办了“母亲学堂”，举办了二期，120多名妇女学员参加了培训学习，提升了农村妇女的文化素质。

创建“巾帼示范村” 2007年，全市31个乡镇全面推进了“巾帼示范村”创建活动，广大妇女参与新农村建设的热情进一步高涨。各乡镇妇联积极落实创建部署，制定工作目标，细化考核标准，强化指导服务，示范村创建工作扎实推进。经过考核验收，命名了首批17个村为乐清市新农村建设“巾帼示范村”，其中北白象镇前西岑村被命名为省级“巾帼示范村”，大荆镇荆东村被评为温州市“巾帼示范村”。

北白象镇庆“三八”妇女节魅力女性风采展示　　北白象镇提供

“巾帼文明示范岗”创建活动深入开展 市妇联通过强化岗位督查、严格创建要求、积极推荐申报等措施，继续深入开展“巾帼文明示范岗”创建活动。同时分期分批组织“巾帼文明示范岗”岗长赴外地培训参观，提升岗长的综合素质。2007年，市供电局调度室、正泰电器股份公司销售中心商务处等2个岗位经复查被评为优秀“全国巾帼文明岗”，全市还有2个岗位被评为省级“巾帼文明示范岗”，3个岗位被评为温州市级“巾帼文明示范岗”。截至年底，乐清市级以上“巾帼文明示范岗”总数达174个。

推进“百岗联动建新村”活动 为了深化“百岗联动建新村”活动，市妇联确定了31个“巾帼文明示范岗”与31个村妇代会结对。一年来，岗村联合开展活动45次，为农村妇女提供了信息、资金、技术、管理等多方面的服务和支持，从而进一步形成了城乡妇女互动、区域联手、扶贫助困、共同发展的建设新农村生动局面。

全面实施妇女儿童发展规划 因人事变更和工作需要，及时调整了妇女儿童工作委员会成员，新增4个职能部门为成员单位，进一步健全了妇儿工委机构。加强组织协调，召开了妇儿工委成员“两规”（即妇女儿童事业发展规划）知识培训会，举办了联络员“两规”业务培训班，启动了“两规”实事项目，认真做好项目的跟踪和督查，建立了妇女庇护所，有力促进了妇女儿童事业中的一些重点难点问题的落实解决。

开展法制宣传 在“三八”维权周、《浙江省实施〈妇女权益保障法〉办法》宣传月等活动中，市妇联通过法律咨询、举办培训班、展出宣传图片、召开座谈会、在《乐清日报》BBS开设论坛等多种形式，广泛开展法制宣传，同时向社会发放宣传资料20余种共计60000余份，举办妇女普法讲座和宣传活动42场次，受教育10000多人次。在以“反家暴·促和谐——我们在行动”为主题的“11·25”反家暴宣传周活动中，市妇联建立了浙江省第一支男性反家庭暴力志愿者队伍，实施了新婚夫妇承诺拒绝家暴并签订承诺书新举措，在社会上引起了良好反响，《人民日报》、《中国妇女报》、《东方早报》、《浙江日报》和《温州日报》

等10多家媒体先后进行了报道。

健全维权网络 全市社区全部建立了妇女维权服务站，村级建立维权服务站达69.7%。在全市31个乡镇中，开通了妇女维权热线，为基层妇女提供了信访、咨询、投诉、援助等全方位的维权服务。认真做好信访接待工作，坚持领导接待日和周三律师接待日制度，完善重点、难点个案协同解决等维权机制，强化“110妇女儿童救助中心”、“妇女儿童伤情鉴定委托受理中心”、妇女法律援助站等机构的工作，全年市妇联共接待信访169起，基本上都得到有效调处。密切与公检法司等部门的协作配合，市妇联系统人民陪审员参加庭审案件107件，加强了源头维权和对妇女儿童的司法保护。

实施关爱工程 组织开展了以“关爱儿童，共享和谐社会”为主题的“六一”慰问活动。“六一”节期间，全市各级妇联牵头组织慰问学校169所，赠送物品价值达30多万元。启动“留守儿童”关爱行动，成立了乐清市留守儿童教育指导中心，建立了10个留守儿童之家，并于“六一”节组织开展了“争当代理家长、关爱留守儿童、共建和谐乐清”大型结对关爱行动，全年全市各级妇联帮助留守儿童结对924对，有效保障了农村留守儿童的健康成长。继续推进“春蕾计划”，全年全市各级妇联帮助春蕾女童结对208对，捐助资金15万余元。开展了“健康宝宝、幸福家庭——预防出生缺陷”系列宣传咨询活动，让千万个家庭增强预防新生儿缺陷意识。继续关注妇女身心健康，推出了以“关爱女性，传播健康”为主题的2007乐清母亲健康公益行动，为全市近万名妇女进行了免费体检，在全社会营造了关爱女性健康的良好氛围。

开展争创“双合格”活动 以“和谐家庭”为主线，开展了以“为国教子，以德育人”为主题的“争做合格家长，培养合格人才”系列活动。邀请北京家庭教育指导中心专家到全市乡镇、中小学和企业举办了26场“关注未来——和谐家庭”教育巡回报告会，10000多名家长聆听了报告；邀请上海婚姻研究专家周美珍教授到乐成、虹桥、北白象等镇作“关注婚姻——和谐家庭”系列报告，倡扬现代婚姻家庭理念，2000多名家长听取报告，深受教育。邀请“中国亲子关系第一人”董进宇博士来乐清开展亲子教育活动，取得了良好的社会效果。

丰富和谐家庭创建内涵 为深化以文明家庭、平安家庭、绿色家庭、学习型家庭、富裕家庭为主要内容的和谐家庭创建活动，市妇联健全了和谐家庭创建工作领导机制和考核机制，积极倡导科学、文明、健康的生活方式，加强家庭人文关怀和心理关爱，开展了全市十佳“文明家庭”、十佳“平安家庭”、十佳“绿色家庭”的评选，为全市“六城联创”发挥了积极的作用。同时做好各类特色家庭评选的推荐申报工作，推荐全国五好文明家庭户、全国平安家庭1户，推荐省级特色家庭5户、温州市级特色家庭9户。另外，还组织开展了家庭“思廉说廉”征文评选活动，做到把廉政文化和家庭文明有机地结合起来。

培育示范性家长学校 成立了温州市首家企业家长学校——正泰集团家长学校，为家教进企业开辟了新领域。积极做好培育示范性家长学校工作，与市教育局联合，在全市各中小学、幼儿园家长学校中开展创建示范性家长学校活动并进行督导。大力实施“家教进百村”工程，组织讲师团成员进村送科学、送文化。在全市开展了“家庭教育优秀案例”征集评选活动，在357篇参评教育案例中，评出优秀案例81篇，这些案例在各家长学校中推广，起到了典型示范作用。市妇联还在《乐清日报》开设了家教专栏，向全社会普及科学家教知识。认真做好《家庭教育》杂志征订工作，努力为未成年人健康成长营造积极向上的家庭氛围。

营造未成年人健康成长的良好社会环境 联合有关部门在全市开展了“小手拉大手，交通安全进万家”乐清市第三届少年儿童书信大赛，引导少年儿童与大人之间的情感沟通，增强少年儿童的家庭责任感和社会责任感，呼吁全社会共同倾听孩子的心声，全市9万名中小学生参加了此次活动。另外，还联合有关部门在全市青少年中开展了“知荣辱、树新风”征文、讲故事、演讲比赛和爱国主义读书教育活动，未成年人的思想道德建设得到进一步加强。

把禁毒、防艾工作列入妇联工作日程 积极开展“无毒家庭”创建活动，“6•26”期间，配合市禁毒指挥部开展了“参与禁毒斗争，构建和谐社会”大型禁毒宣传活动，发放宣传资料5000多份；中秋前夕，组织禁毒志愿者带着书籍、月饼等慰问品到市戒毒所开展“迎中秋•妇女携手创平安”禁毒帮教活动；邀请心理专家举办心理健康讲座，现场开展了“励毅拒绝毒品，励行重塑人生”拒绝毒品承诺签名活动，激发戒毒学员战胜毒瘾的决心和信心。在防艾宣传日期间，开展了大型防艾宣传活动。

构建机关作风建设长效机制 2007年，市妇联紧紧围绕创建“六型机关”这一目标，结合妇女工作特点，深入基层调研，力倡理性思考，不断将创建活动引向深入。市妇联在南塘镇鲤鱼山村开展蹲点调研活动，通过召开座谈会、个别访谈、发放调查问卷等多种形式，详尽了解新时期基层妇联组织和妇女工作的第一手资料，掌握新信息，研究新形势，理清新思路，谋划新工作，为做好新时期妇联工作奠定思想基础。同时还对非公中小企业女职工劳动保护问题进行了深入调研，并撰写了调研文章，引起了有关部门的重视。

夯实基层妇联组织基础 固本强基，按照“妇代会班子好、组织延伸好、阵地建设好”的组织建设思路，不断深化全市各级妇代会的“活力妇代会”创建活动。配合做好部分乡镇妇联主席、市直机关单位妇委会主任的换届调整工作，加强与女职工委员会、女企业家协会等团体会员的联系和指导，增强了妇联工作的影响力和凝聚力。在全市妇联组织中开展了“研读一本好书、撰写一篇文章、创新一项工作”征文评选活动，组织各级妇联参加温州市“社会和谐与妇女发展”论文研讨，以提升妇联组织的自身素质。进一步落实农村妇女干部养老保险制度，提高养老保险金，放宽保险年限，为675名村（居）妇代会主任、社区妇联主席解决了后顾之忧。

乐清市科学技术协会

概况 2007年，乐清市科学技术协会所属学会（协会、研究会）37家、乡镇科协31家、企业科协52家。市科协及所属团体围绕市委、市政府中心工作，为乐清市成功创建全国科普示范市作出了努力，市科协获得了省全国科普日活动优秀组织单位荣誉称号。

创建全国科普示范市 10月份，市领导陈胜峰、王家华率队赴杭参加创建全国科普示范市活动评审会，通过创建工作汇报和专家问答，乐清市顺利通过专家组的评审。11月份，中国科协发文命名乐清市为第三批全国科普示范市。

基层科普单位创建 2007年，柳市、虹桥、北白象、七里港和黄华等镇成功创建了省级科普乡镇，柳市镇长道坦村、虹桥镇溪西村、七里港镇曹田后村、黄华镇岐头一村创建成为省级科普村，全市累计共有省级科普乡镇7家、科普示范村7家、科普示范社区2家。全年新建立乐清市级科普特色学校和科普教育基地各1家。

推进全民科学素质工作 2月

市领导参加创建全国科普示范市评审会 市科协提供

份，建立了乐清市全民科学素质工作领导小组，王家华副市长担任组长，领导小组办公室设在市科协。同时制定了《乐清市全民科学素质工作实施方案》、“四大人群科学素质方案”和“五大工程实施办法”等一系列全民科学素质工作配套文件。

举办大型科普活动 抓住科普活动周、全国科普日的有利时机，遵照《科学素质纲要》的总体要求，结合“科技、文化、卫生”三下乡、科教进社区等具体活动，市科协推出了符合自身工作实际的群众性、社会性科普系列活动。5月份，市科技局、市科协和市委宣传部联合举办了科普活动周，大力宣传增强自主创新能力，建设创新型城市。9月中旬，各部门、各乡镇结合自身工作特点，开展了形式多样的全国科普日活动，宣传普及节约资源能源、保护生态环境、安全生产、健康生活等观念和知识，倡导建立资源节约型和环境友好型社会，以促进全社会形成科学文明健康的思维方式、工作方式和生活方式。

开展农村科普活动 2007年，为加大农村科普知识普及力度，启动了以农函大培训为主的农民素质工程，全年农函大招收一年期培训班学员1012人、短期培训班学员5117人，评定农民技术职称650名。经过指导、考核，全市还评选出34家市级农村科技示范基地，市康盛农场、市绿雁农业开发有限公司被评为温州市农村科普示范单位。另外，还开展了全市科普宣传橱窗评比活动，17家单位获奖。

开展青少年科技创新活动 举办了第三届中小学生科技节，活动从9月开始至12月结束。全市共评选出少儿科幻画、少儿七巧科技之智力美画板、七巧组合与分解、少儿智力七巧板多副组合、小学生电脑手抄报、初中和高中学生网页制作、中小学生电脑作品制作等七类获奖作品373件。

加强学会管理工作 市科协配合市民政局做好学会年检工作，所属37个学会全部通过年检。市科协督促学会按期召开年会或换届选举，2007年新成立了医院感染管理学会；市水产学会、市表面工程协会、市数学学会均进行了换届选举，产生了新一届理事会成员；市医学会增设了临床药学分会机构。同时还将第六届、第七届自然科学获奖优秀学术论文汇编成册。

继续组建企业科协 2007年，市委、市政府出台了《关于加快工业经济又好又快发展的若干意见》，鼓励企业组建科协，并明确规定给每家新建的企业科协奖励2万元；对按章程开展活动的企业科协，每家每年奖励1万元。全年共组建企业科协4家。为进一步规范企业科协工作，2007年推荐德力西、华仪、三科、春风、巨邦、红旗等6家企业科协申报创建温州市非公企业科协示范单位。

乐清市文学艺术界联合会

概况 2007年乐清市文联在市委、市府的领导下，以邓小平理论和“三个代表”重要思想为指导，坚持“二为”方向和“双百”方针，认真履行文联所特有的组织、联络、服务、指导、协调职责，团结全市广大文艺工作者，积极开展各项工作，活跃文艺创作、表演等活动，促进了全市文艺事业繁荣。

配合市委宣传部拍摄制作社会主义新农村宣传挂图 因社会主义新农村建设的需要，市文联与市摄影家协会配合市委宣传部进行了新农村挂图作品的拍摄，共抽调了十余名摄影作者，经过近一星期的实地拍摄，拍出了数百幅图片，最后选定了近百幅用于挂图制作。市文联为挂图配了说明文字。2007年6月底，乐清社会主义新农村挂图制作完成并发行到全市各乡镇。

完成第二批文艺家人才库档案收集工作 在2006年第一批文艺家档案收集工作的基础上，2007年市文联继续进行了第二批文艺家人才库的收集归档工作，并把每位艺术家的图片、文字等材料录入电脑。

开展了作风建设年活动 按照市委的统一部署，根据市文联实际情况，开展了作风建设年活动。市文联认真学习了有关会议、文件精神，通过信函和网络途径征求意见，召开征询意见建议座谈会，并针对存在的硬件条件差、软件建设滞后等问题制定了具体整改措施，切实加以整改。

举办了文学交流活动及文学创作笔会 2007年5月，宁海作家协会来乐清市采风，市文联组织召开了文学座谈会；8月，与文成县文联联合召开了文学笔会。在与兄弟县市文联开展文学交流活动的同时，乐清本土作者之间也经常组织开展学习交流，11月初，市文联组织乐清部分文学作者在雁荡召开创作笔会，并深入革命老区岭底乡的泽基村和张庄村采风。

组织乐清文艺家赴省外采风 7月份市文联组织乐清部分文艺家赴福建长汀（长征起点）、龙岩等革命老区进行红色采风。这既是作风建设年中的一次革命传统教育活动，又加强了各文艺家之间的联系和交流，并创作了一批摄影作品。

完成《箫台》全年四期编发任务 市文联坚持《箫台》一贯的纯文学品质。为做好编印文化记忆丛书的前期工作，在2007年第二期《箫台》杂志上专门开设了文化记忆专栏，刊登反映乐清本土民间文化作品，得到了读者的喜爱。在2007年第三期《箫台》杂志上，还特设了乐清诗歌新势力专栏，刊载了一批整体品质较高的诗歌新秀新作。

组织创作了一批反腐倡廉书画 配合市纪委征集并组织创作了一批反腐倡廉书画作品，还参加了全省反腐倡廉书画作品比赛。比赛结果，1人获三等奖，8人获优秀奖。

启动了《乐清摄影作品集》和《乐清民间文化记忆丛书》编纂工程 4、5月份，市文联先后拟定了乐文联（2007）6号、乐文联（2007）9号文件，向市委递交了申请解决《乐清摄影作品集》和《乐清民间文化记忆丛书》出版经费的报告，前期准备工作开始有序进行。

乐清市归国华侨联合会

概况 乐清市归国华侨联合会本着为侨服务的宗旨，在参政议政、维护侨益、为侨排扰解难、海外联谊等方面做了大量有效工作。《乐清华侨志》历经三年多时间的编纂与反复修改，终于在2007年12月由中国文史出版社出版。2007年，在省留联会会员代表大会上，乐清市留联会会长张一平被评为“全省留联会先进个人”；在省侨联、省留联会开展的“为国服务十大杰出海外留学人士”评选活动中，乐清籍林建海、李志林、吴少海三位博士在全省4万多位海外留学人员中脱颖而出，被省侨联编入《群星璀璨——浙江海外留学英才风采录》一书；在温州市侨联九届四次全委会上，乐成镇侨联被温州市侨联评为“先进基层侨联”，高沪秋同志被温州市侨联评为“侨联工作先进个人”和“信息工作先进个人”，被乐清市委评为“乐清市先进秘书工作者”。2007年，全市137家侨资侨属企业完成工业总产值35.80亿元，创利税7.16亿元，出口创汇10.75亿元。

积极参政议政 2月，在全市侨界中新推荐了17名政协委员参加市政协十一届一次会议。会议期间，委员们认真履行了政治协商、民主监督、参政议政的职责，向市政协提交议案18件，其中涉侨提案3件。根据省委“作风建设年”活动的总体部署和乐委[2007]2号文件精神，市侨联围绕创建“学习型、效率型、服务型、节约型、廉洁型、和谐型”机关这一目标，以“深化服务意识、再塑侨联新形象”为主题，侨联工作扎实开展，顺利完成了“作风建设年”活动各个阶段的主要工作。同时制定了“走进矛盾、破解难题”专项行动方案，前往市侨联党支部结对共建单位智仁乡银坑村进行实地调研，并根据该村的实际情况，特邀市人民医院三位医生到该村义诊，开展了一次送医、送药、送健康活动，两年内市侨联还为该村筹集扶贫资金8万元。全年市侨联共受理群众来信2件，协助处理涉侨案件2件，办结率100%；接待来访38人次，配合有关部门为侨排忧解难，帮助侨胞办理公证、侨汇解付、归侨和侨眷救助等各项事务，做归侨、侨眷和海外侨胞的贴心人。

开展联谊、联络活动　春节前，市侨联分别赴全市12个乡镇，对60户重点归侨侨眷、留学生眷属进行了春节慰问。圣诞节前，市侨联向海外侨胞、港澳同胞、留学生及部分海外侨团发出500多封由市长潘孝政署名的圣诞贺卡。全年累计接待华侨、华人、港澳同胞及留学人员45人次。市侨联还利用2006年侨情调查成果，积极配合市人事局建立健全了海外留学人员动态人才库和项目信息库。2007年，各基层侨联分别召开了各自辖区内的“三胞”迎新春联欢晚会、归侨和侨眷座谈会、中秋茶话会以及镇侨联全委会。乐成镇侨联、磐石镇侨联认真组织学习了党的十七大精神、《浙江省华侨权益保障暂行规定》，并在重大节日期间对老归侨和侨眷进行节日慰问。乐成镇侨联还开展了三次为民服务活动，北白象镇侨联开展了一次为军服务活动。为庆祝香港回归祖国十周年，市侨联会同乐清市委统战部、市委宣传部、市政协港澳台侨委、市外侨办联合推出了“五个一”系列活动：一是一条短信宣传港澳统战工作，二是一个专版了解乐清两地亲情，三是一次走访体现以人为本，四是一番视察倍感信心十足，五是一次报告祝福明天更好。市侨联还通过乐清电视台、《乐清日报》宣传了部分知名留学人员的先进事迹。

捐资公益事业　2007年，海外侨胞、港澳同胞为家乡公益事业共捐资18.1万元。其中香港王大治先生捐资象阳镇深河村老年宫14万元，美国华人高家盛先生捐资北白象镇高岙村高友玑纪念馆4.1万元。此外，乐成镇侨联和华润电子有限公司捐助湖雾镇三界桥村张曼同学助学金5千元。

乐清市台胞台属联谊会

概况　2007年，乐清市台胞台属联谊会坚持以胡锦涛总书记关于新形势下发展两岸关系的“四点意见”为指导，坚决反对和遏制“台独”分裂活动，以做好台湾人民工作为主线，积极推进乐台两地人员的交流交往和对台经贸合作，取得了一定的成绩。

涉台宣传工作　对台宣传和涉台教育是对台工作的重要内容。3月7日，虹桥台联分会组织理事学习有关涉台知识，台联会常务副会长陈颂民到会作台海形势报告。3月20日，在柳市沪川大酒店召开了四届六次理事（扩大）会，组织学习有关文件精神，传达温州市台联理事会精神。5月22日，组织理事和台胞台属界政协委员30多人，学习党的对台方针政策，并就新形势下做好台联会工作进行了座谈。7月3日，组织理事学习座谈胡锦涛“6•25”讲话和在庆香港回归十周年大会上的讲话。10月18日，组织理事和台胞台属界政协委员学习十七大报告，重点学习了“推进‘一国两制’实践祖国和平统一大业”这部分内容。11月19日，组织机关干部和台联会常务理事专题学习了十七大报告，并联系各自工作实际进行了座谈。

联络服务工作　“关心台胞台属之所需，倾听台胞台属之呼声，切实维护台胞台属的权益”是台联会的宗旨。2月2～5日，组织机关干部冒着严寒走访慰问了60多位台胞台属和台资企业负责人，给他们送去了慰问品和慰问金。4月3日，热情接待了一批来乐清探亲祭祖的台胞。5月28日至6月1日，开展了对台工作专题调研，排查解困，服务台胞台属和台资企业。7月8日，热情接待了台北浙江同乡会28名大专青年学生，陪他们游览了雁荡山。9月25日组织召开了“庆中秋，话统一”台胞台属座谈会，中秋前夕还慰问走访了王通奎等台胞和部分台属。重阳节前夕，组织人员到象阳镇前横村、桥后村探望回乡探亲的台胞倪汉梅先生和叶超先生。11月2日，同市政协港澳台侨委、市公安局外事科领导一起到翁垟镇地盐村慰问去世台胞叶焕昌的家属。11月27日，帮助象阳镇台联就老年活动中心扩建问题与有关部门沟通，积极筹集扩建资金。12月3日，在台资企业温州飞龙集团举办了“健康养生”讲座，台联会理事、台胞台属界政协委员及台资台属企业负责人共50多人参加。另外，在端午节、中秋节、春节等重大传统假日期间，还给知名台湾同胞发去贺卡、慰问信200多份。

涉台经济工作　认真贯彻“以经济促政治”的方针，充分发挥亲情优势，坚持把发展台资台属企业作为争取台湾民心、服务涉台经济的一项重要工作，积极引导，优化服务，推动台资台属企业朝着健康快速的方向发展。7月份，抓住赴台经贸考察良好时机，收集整理了有关乐清人文、乐清投资环境及乐清经济社会发展情况等有关资料，并带入台湾岛内进行宣传，扩大了乐清在台湾岛内的知名度，对吸引台商来乐清投资产生了积极影响。8月10日，召开了台资台属企业负责人座谈会，了解台资台属企业在经济发展中所遇到的困难，并及时向有关部门反映。

自身建设工作　坚持每季度召开一次理事扩大会，每月召开一次常务理事学习会，每周召开一次台联专职干部学习会，组织理事和台联干部学习有关上级文件和对台工作业务知识，掌握了解当前台海形势。同时进一步健全台联会工作制度，有计划有目的地开展调查研究工作，加强与外地台联会的联系与交流，组织理事到苍南台联会进行考察交流，台联会自身建设取得了较好效果。

政　　法

综　述

概况　2007年，乐清市各政法部门紧紧围绕构建和谐社会这个大目标和总要求，坚持立足实际抓创新、强化措施抓重点、落实责任抓实效，大力开展基层平安创建活动，着力健全基层综治工作网络，扎实推进严打整治专项行动，深入开展矛盾纠纷排查调处，有力维护了全市社会稳定，保障了人民群众安居乐业，促进了全市经济社会又快又好发展。

维护社会政治稳定　2007年，市政法部门坚持“一手抓稳定，一手抓发展”的方针，把维护社会稳定摆上各级党委、政府工作的重要位置，作为压倒一切的任务来抓，并以构建市、乡镇、村居（社区）三级维稳信息网络平台为抓手，多措并举，有效化解社会各类不稳定因素，确保了社会大局的稳定。一是全面加强隐蔽战线对敌斗争。坚持以情报信息为先导，加强对重要领域和重点对象的侦控工作，查破“实际神”邪教案件1起，劳动教养2人，有效遏制了境内外敌对势力、敌对分子和“法轮功”等邪教组织的渗透破坏和非法活动。密切关注“保钓”、“民师”、“涉军”等特殊群体和重点人员的动向，及时做好防范和案件侦察工作，全年没有发生影响重大的涉案事件。二是深入排查化解各类矛盾纠纷。利用禁毒信息网络，建立了市维稳信息电子互通网络平台，并制订了“每月定期排查、敏感时期专项排查、特殊情况随机排查”的维稳排查制度，及时掌握各类社会不稳定因素。对排查出来的社会不稳定因素，实行部门联动，逐件逐人研究解决办法，妥善予以化解和处理；对重点不稳定因素，采取市领导包案解决，有效化解了影响社会稳定的热点、难点问题。同时充分发挥人民调解组织在化解民间纠纷、维护社会稳定中的职能优势，全年各级人民调解组织共受理各类纠纷5786件，调解成功5501件，成功率为95.1%。三是加强涉法涉诉信访工作。通过开门接访、领导下访、领导包案、集中整治等一系列措施，一批突出的涉法涉诉信访案件得到妥善解决；市财政还安排年可用资金150万元，设立了司法救助专项基金，并积

3月20日，在乐清剧院召开全市“法治乐清”建设暨政法综治禁毒工作会议　　市政法委提供

极做好司法过程中对困难群体的社会救助工作，这对上访人息诉罢访起到了积极的促进作用。

加强社会治安管理　市政法部门紧紧抓住影响社会稳定的突出治安问题和打防控工作的薄弱环节，先后以打击命案、打黑除恶、打击“两抢一盗”、禁毒、追逃和重点整治等为突破口，开展了严厉打击各类严重危害人民生命财产安全和严重破坏生产生活秩序的违法犯罪活动，有力维护了治安大局的稳定，人民群众的安全感和满意度不断提升。全市全年共发各类刑事案件11266起，同比下降2.38%，破获各类刑事案件5828起，同比上升11.60%；发生各类事故1004起，同比下降3.37%；打击处理共计4292人，同比上升32.14%；抓获网上逃犯870名，同比上升79.01%。打防控工作考核取得了全省A等的好成绩。

深化基层平安建设　全市立足实际，创新特色，以开展“双千工程”为载体，深入推进基层平安创建活动。一是开展“平安千村工程”活动，将全市所有村居（社区）按刑事发案、流动人口数的不同状况划分为A、B、C三类，实行突出重点、分级管理、分类考核，从而提升了“平安千村工程”的实际工作效能。二是开展“平安千企工程”活动，在“综治进民企”活动基础上，结合实际，注重实效，在规模企业中组织开展了“平安千企工程”创建活动；三年内，全市员工50人以上的企业平安创建率达到100%，达标率达80%以上。三是在全市行政事业单位中开展“平安单位”创建活动，要求各行政事业单位明确职责任务、建立综治组织、加强安全防范、有效调处矛盾，并积极开展了“平安校园”、“平安电信”、“平安电力”、“平安金融”、“平安交通”、“平安医院”等各具特色的创建活动，取得了较好成效。四是加强流动人口服务管理，市财政投入1300万元专项经费，按照“党政为领导、综治为牵头、公安为主导、乡镇为主体、村居为基础、计生大力配合、部门携手协同”的指导思想，调整健全了市、乡镇、村居（社区）三级流动人口服务管理网络，全市流动人口服务管理职责更加明确、运作更加有序。全年全市共登记流动人口460003人，比上年增加了29.8%；登记出租房51320户，比上年增加了29.9%；通过流动人口信息比对，抓获网上逃犯51名，同比上升233.3%，抓获负案在逃对象38名，同比上升95%。

加强政法综治队伍建设　以深入开展学习党的十七大精神为契机，持之以恒地加强政法综治队伍建设，努力造就一支政治坚定、业务精通、作风优良、执法公正的高素质政法综治队伍。认真学习十七大精神，加强思想政治建设，深入开展社会主义法治理念教育，要求队伍成员坚持正确的政治方向，牢固树立群众观点，做好各自本职工作。加强党风廉政建设，按照抓早抓小抓苗头的工作思路，狠抓日常监督和预防教育，从而有效预防和减少了政法干警违法违纪案件的发生。深入开展规范化执法专项整改活动，建立执法监督员制度，2007年聘请专职和特邀执法监督员各4名，进行集中办公，强化对立案、适用强制措施、批捕、起诉、审判、执行等环节的执法监督和对重要案件的督办，对易发生执法问题的重点岗位和重要环节进行日常性监督，政法队伍的战斗力和严格依法办事能力明显提升。加大业务技能培训，按照“缺什么、补什么”的练兵原则，在全市政法干警中深入开展了体能练兵、技能练兵和岗位练兵相结合的“大练兵”活动，提高了政法队伍的整体素质。

审　判

概况　2007年，乐清市人民法院在市委的领导下，在市人大的监督和上级法院的指导下，以邓小平理论和“三个代表”重要思想为统领，以“公正司法，一心为民”为工作指导方针，以落实“三项承诺”为工作主线，以“上台阶、创先进”为工作目标，切实履行宪法和法律赋予的职责，各项工作又有新的进展。全年共受理各类案件8589件，同比下降0.1%；结案8654件，同比上升0.7%；未结案563件，同比下降10.4%；结案率为98.2%。2007年审判工作发展态势平稳，审判质量进一步提高，市法院首次被浙江省高级人民法院授予三等功，柳市法庭被省高院授予集体二等功，市立案庭被温州市中级人民法院授予集体三等功，王海亮、余易达、包素素3名干警荣记温州市中院个人三等功；执行员霍文明被共青团乐清市委评为乐清市“十佳青年”，被省纪委确定为温州唯一一名“全省勤廉兼优先进事迹巡回报告团成员”，在全省作巡回报告。

刑事案件审判　市法院坚持“宽严相济”的刑事政策，始终把打击矛头指向严重危害社会治安的刑事犯罪、多发性犯罪以及黑恶势力，并妥善处理重大敏感案件；对罪行较轻、青少年犯罪、确实不致再危害社会案件，依法判处缓刑。在市委的统一部署下，积极开展“打黑除恶”、打击“两抢一盗”、毒品、“六合彩”赌博等犯罪专项审判活动，及时审结了社会影响重大的黄华镇朱扬武团伙的黑社会性质犯罪案件，并在柳市镇召开了打黑除恶专项斗争公开宣判大会，收到了良好的法律效果和社会效果。同时认真做好刑事附带民事案件审理的调解工作，得到了市委领导的充分肯定。少年刑事审判工作进一步发挥了社会调查员制度的作用，国家及有关省市的媒体对该项制度进行了全面的报道，受到社会各界的好评。全年共受理刑事案件1700件，审结1703件，判处罪犯2636人，同比分别上升34.9%、35.3%和47.1%；未结案1件，同比下降75%；案件总数和上升幅度均创历史新高。

民商事案件审判　民事审判立足和谐稳定，妥善化解矛盾纠纷。市

公开庭审　　市人民法院提供

法院坚持“能调则调、当判则判、调判结合、案结事了”原则，认真审理好与人民群众生产生活密切相关的婚姻家庭纠纷案件、劳动争议案件、涉农案件及各类金融纠纷案件等，还顺利审结了公司解散案件、公司股东会议表决权纠纷案件等新类型案件。大力加强诉讼调解工作，尤其是加大庭前、庭中调解力度，力争通过调解手段缓解双方当事人对立情绪，化解矛盾纠纷，真正实现案结事了；在2007年已审结的民商事案件中，调解撤诉率为43%。此外，市法院各人民法庭采取个案指导、业务培训、召开座谈会、下村走访等多种方式，实施庭、乡（镇）、村联动，指导人民调解工作，实现了诉讼调解和人民调解的有效衔接。柳市法庭还在2006年11月召开的全省第五次调解工作会议上，被省委、省政府授予“指导人民调解工作先进集体”荣誉称号。全年共受理各类民商事案件3534件，与上年持平；审结3529件，未结254件，同比均上升0.2%。

行政案件审判　行政审判坚持依法保护行政相对人合法权益与监督支持行政机关依法行政并重的原则，协调、平衡公共利益与公民权益的关系，妥善处理好各类行政案件。大力推行行政协调和与行政机关联动机制，多渠道化解行政纠纷。对影响重大的群体性案件和矛盾易激化案件的审理，做到及时向市委、市人大汇报，积极争取支持，请示协调解决，既维护行政执法权威，又保护行政相对人的合法权益，力求取得最佳的办案效果。在2007年办结的案件中，经积极协调后原告主动撤诉的占39.6%。此外，对行政审判中反映出行政机关在行政执法方面存在的重实体轻程序、对法律的理解与适用存在偏差等突出问题，及时提出司法建议并给予必要的执法指导，促进了依法行政，得到了行政机关的好评。2007年共受理各类行政案件84件，审结91件，同比分别上升3.7%和12.3%，未结案7件，同比下降50%；审查非诉行政执行案件1118件，同比下降1.1%。

法院执行工作　执行工作深入贯彻执行中央政法委政法〔2005〕52号文件精神和市委《关于切实解决人民法院执行难问题的实施意见》，不断充实执行力量，改善执行装备，加大执法力度，规范执行行为，严格掌握执行中止、终结的条件，全面落实执行两权分离运行，做到委托评估、拍卖与执行部门相分离，维护了司法权威。根据上级法院的统一安排，积极开展集中执行活动，使有条件可以执行的案件及时得到执行。全年共执结各类案件2180件，案件执结率为88%；执行标的额为1.11亿元，同比上升82.6%；未结案296件，同比下降17.3%；有效执结率为60.2%，达到了省高院规定的标准要求，收结案保持动态平衡。

落实“三项承诺”　2007年，市法院坚持以健全、落实制度为重点，积极实施省高院《关于落实“三项承诺”的实施意见》，切实将“三项承诺”的要求贯穿于审判执行工作的全过程，进一步推进了司法规范化建设。

一是认真落实各项便民诉讼措施。首先是加大司法救助力度。采取有效措施，扩大司法救助范围，简化司法救助审批程序，依法缓、减、免案件诉讼费用，确保经济困难的群众打得起官司；严格执行新出台的诉讼费用交纳办法，不预收申请执行费和其他诉讼费用，减半收取调解结案、适用简易程序结案案件的诉讼费用，全年减、免、缓交诉讼费25.62万元；同时切实实施执行救助制度，全年向8个案件的9位申请人发放执行救助金23万元，使一批涉执行信访老案得到了妥善解决，全年涉执行信访总量下降35%。其次是完善为民便民措施。强化立案大厅“一站式”柜台服务功能，建立信访导诉窗口，实行AB岗制度，设立多媒体查询系统，引导当事人正确行使诉讼权利；虹桥法庭还试行节假日电话预约立案制度，方便了当事人诉讼。再次是切实解决涉诉信访问题。在建立信访导诉窗口的同时，建立了信访情况通报和信访档案制度，开展集中清理信访老户案件活动，重大案件还由院领导亲自约访、下访和包案处理，使一批进京赴省的老上访户案件得到解决，在十七大会议期间全市无发生涉法涉诉上访老户进京上访。全年信访窗口处理群众来信207件，接待来访86人次，信访总量比上年有所下降。

二是规范审判管理。首先是加强规章制度建设。对近十年来制定的各项规章制度重新进行了整理、修订、完善，并汇编印刷成册发至每位干警，努力实现司法管理的规范化和制度化。其次是着力规范程序运行。按照省高院司法规范化建设的工作要求，通过多种形式加强对程序运行的规范、制约和监督，如通过庭审观摩、审委会旁听庭审等活动，监督规范庭审运行；多次邀请市人大代表、市政协委员参加庭审旁听，促进庭审行为规范，从而有效防范了权力滥用，提升了司法规范化水平。再次是完善审判流程管理。为切实提高办案质量和效率，加强了审前、审中、审后三阶段监督，努力实现案件审判全过程、各环节的动态管理；严格延长办案期限的审批，缩短非审限用时，杜绝隐性超期现象，并对上诉移送超期案件实行通报制度。此外还强化了监督评查工作。以落实省高院出台的规范自由裁量权、加强合议庭管理、正确适用证据规则等规范性文件为契机，进一步强化合议庭审判职责，强化院长、庭长监督管理职责，规范自由裁量权的行使；完善案件质量评查制度，全年共评查案件7665件，编发案件评查分析通报和发回重审、改判案件原因分析报告各4期；同时还建立了重点案件分析会制度，由审委会对每季度发回重审、二审改判等案件逐个分析审判差错原因，提出针对性整改措施，审判质量不断提高。

三是破解执行难题。首先是坚持执行公开制度。做到强制执行措施公开、中止执行和暂缓执行的理由公开、执行结果公开，杜绝暗箱操作，以公开促公正。其次是推行执限跟踪通报制度。严格执行期限管理，坚持易人执行制度，全年共发通报12期，对10个经办人40个亮黄灯案件进行了通报；创办了《执行快讯》刊物，对全院执行工作情况及每位执行人员的办案进度、完成任务情况、有效执结率等进行通报。再次是完善执行联络员制度。该制度建立一年多来，通过执行联络员一起做当事人的工作，有效缓和了执行人员与被执行人的对立关系，提高了案件和解率，2007年，市人民法院在执行过程中没有发生重大暴力抗法事件，在全年执结的案件中，自动履行率比上年同期提高了4.8个百分点。11月份，在市委政法委的指导下，市人民法院召开了全市31个乡镇的执行联络员座谈会，通报了一年来的工作情况，并向执行联络员颁发了聘书、工作证。此外还建立了集中统一查询制度。为提高执行工作效率，市法院积极与金融机构协调，依法达成确定专人负责的集中统一查询协议，全年查询20期，查到涉案存款112万元，直接执结了5件案件。

党风廉政建设　继续做好育廉、督廉、述廉、助廉、优廉等“五廉”文章，坚持教育、制度、监督并重，严格执行党风廉政建设责任制，推进队伍廉政建设。坚持“廉政教育日”制度，借助电化教育、专家报告、撰写廉政体会文章等，开展多种形式的党风廉政教育活动，全年先后邀请乐清市纪委、温州市中院监察室等单位领导来院作了三次廉政专题讲座。坚持不定期开展内部巡查，发现问题及时进行通报批评，并提出整改措施抓好落实；还两次主动邀请市纪委、市直机关工委有关领导及廉政监督员来院进行明查暗访，这一主动挑刺的做法得到了乐清市委和上级法院领导的充分肯定。市人民法院已连续六年保持零违纪。

审判队伍建设　一是加强干部队伍建设。在市委、市人大和温州中院的支持下，一名政治处主任被提任为副院长，一名法庭庭长被提任为政治处主任，一名中层副职被提任为法庭庭长。积极营造公开公平、竞争择优的用人环境，通过公开竞争上岗，提任了3名中层正职和3名中层副职，19名事业编制司法警察转任公务员，15名中层干部和18名一般干警进行了轮岗，增强了队伍的生机和活力。二是加强政治素质教育。坚持每周五下午集中学习制度，根据市委和上级法院的统一部署，紧密联系实际，认真开展“作风建设年”活动和社会主义法治理念教育活动，认真学习贯彻党的十七大精神，加强干警作风建设，提高了干警的思想政治素质。三是加强业务素质教育。积极构建平台，通过疑难案件研讨、审判经验交流、撰写调研文章等多种方式，努力提高法官业务水平和办案技能。全年全院干警撰写调研文章64篇，其中发表30余篇，获奖10余篇，还编印了首本论文集。重视教育培训工作，鼓励干警参加高学历教育和各种形式的业务培训，全年有110余名干警参加了上级法院组织的各类业务培训，16名干警通过了国家司法考试，同时还与西南政法大学达成教学实践基地共建协议；至年底，市法院干警本科以上学历已占干警总数的74%，其中获硕士

2月13日，市政法部门在柳市镇召开“打黑除恶”公开宣判大会　　市政法委提供

学位8人，在职攻读法律硕士学位9人，学历层次不断提高。

虹桥、大荆两法庭建设 在市委、市政府的大力支持下，虹桥人民法庭新审判综合楼建设工程已立项，并报省国土资源局办理征地手续；大荆人民法庭顺利解决了原办公楼的土地使用权问题，审判办公楼改扩建工程图纸已会审。

案例

被告人陈兰英非法吸收公众存款案 市人民法院审理查明：2002年4月至2006年12月间，被告人陈兰英违反国家法律、法规的规定，在不具有吸收存款资格的情况下，采取以高额利息为诱饵，使用诈骗方法以存款形式分别向李（郑）乐平等十余人收吸资金，总计1082万元。

市人民法院审理后认为，被告人陈兰英违反金融管理法规，非法吸收公众存款或变相吸收公众存款，扰乱金融秩序，数额巨大，其行为已构成非法吸收公众存款罪。公诉机关指控罪名成立。考虑到本案被告人陈兰英家属与被害人达成协议，并偿付581.5万元，可对被告人陈兰英酌情从轻处罚。综合本案的事实、情节、危害后果及被告人认罪悔罪表现，依照《中华人民共和国刑法》第一百七十六条之规定，于2007年11月12日判决被告人陈兰英犯非法吸收公众存款罪，判处有期徒刑七年，并处罚金人民币40万元。

申请执行人刘金权申请执行救助金案 被告黄善芝驾驶其所有的鲁G-53274号大货车在行经104国道乐清市虹桥镇钱家垟地段撞伤下班回家横过公路的原告刘金权后驾车逃逸。经乐清市法院审理判决被告黄善芝（缺席）赔偿原告刘金权医疗费、假肢安装费、伤残生活补助费等合计139859.48元。

申请执行人刘金权根据乐清市法院已经生效的（2004）乐民一初字第36号民事判决书，于2005年4月15日申请执行，乐清市法院于2005年4月20日立案执行。由于被执行人黄善芝住所地和财产地均在山东省，根据四省一市委托执行的协调纪要精神，乐清市法院于2005年4月21日委托山东省高级人民法院执行，山东省高院于2005年5月10日指定潍坊市潍城区人民法院执行。潍城区人民法院在执行过程中查明，被执行人黄善芝下落不明，住所地没有可供执行的财产，函告本院建议依法中止执行。乐清市法院收到中止函后，投入大量人力物力，院领导还亲自率执行人员两次到山东执行，在受托法院同意并大力支持下，经多方面查找被执行人黄善芝的下落和财产线索，但均没有发现被执行人的下落和可供执行的财产。

申请执行人刘金权多次向有关部门信访，反映其父亲已去世，自己腿部残疾，为治疗已负债累累，家庭非常困难。乐清市法院根据救助基金申领的有关精神，认为申请执行人刘金权申领救助的报告符合条件，并于2007年 6月14日决定拟拨付二万元人民币救助基金给申领人刘金权。

农业承包合同纠纷案 原告乐清市柳市镇后西村村民委员会，被告高萍、高祥胜，因农业承包合同纠纷向市人民法院提起诉讼。被告高萍系柳市镇后西村村民，系其父高祥胜家庭承包经营户成员。1999年开始，包括高祥胜户在内的原告村集体所有的土地200余亩被国家征用后，政府以返还建设用地的形式作为土地征用补偿，将60号地块返还给原告乐清市柳市镇后西村村民委员会。原告对该建设用地进行商品房开发建设，并获得了经济效益。后原告决定将获得的部分经济效益按全村人口进行平均分配，并决定因被告高萍等人系出嫁女不予分配。被告高萍等人认为原告的行为损害了自己的权益，遂向有关部门进行反映。2006年8月21日，被告高萍和被告高祥胜向乐清市土地承包仲裁委员会申请仲裁，仲裁委在审理期间，原告承认了60号地块产生的经济效益按村人均分配每人可分得8.75万元的事实，但认为争议的纠纷应属法院管辖，被告等人的仲裁申请不当，应予驳回。2006年12月5日，乐清市土地承包仲裁委员会作出裁决，裁定被告高萍对60号地块产生的经济效益享有87500元的分配权，限原告在裁决生效后一个月内支付。原告对该仲裁裁决不服，向乐清市人民法院提起诉讼。

市法院经审理后认为，本案所涉的60号建设用地地块，系国家对村集体土地被征用后的一种补偿，对该建设用地开发利用所获得的经济效益，属于村民承包经营权的衍生权益。作为该集体经济组织成员的承包户，依法有权获得相应的分配权利。由此产生的纠纷，实际上属于土地承包经营权所派生的权益纠纷。被告高萍为原告村高祥胜承包经营户的家庭成员之一，也属于原告村集体经济组织成员。原告确定每位村民对60号地块产生的部分经济效益享有87500元的分配权益，却以被告高萍等人为出嫁女为由将其排除在外，其行为明显违反了《中华人民共和国妇女权益保障法》第三十三条关于“任何组织和个人不得以妇女未婚、结婚、离婚、丧偶等为由，侵害妇女在农村集体经济组织中的各项权益”的规定。乐清市土地承包仲裁委员会裁决支持被告高萍的仲裁申请，理由正确，并无不当。原告的诉讼请求没有事实和法律依据，应不予支持。根据《中华人民共和国农村土地承包法》第六条、第十六条的规定，市法院2007年6月20日判决：一、驳回原告乐清市柳市镇后西村村民委员会的诉讼请求。二、原告乐清市柳市镇后西村村民委员会应在本判决生效后十五天内给付被告高萍分配款8.75万元。

乐清市首例股东知情权纠纷案 原告金某因与被告金山环保集团有限公司发生股东知情权纠纷案，于2006年12月20日向乐清市人民法院起诉，该院于当日受理后，依法组成合议庭，于2007年2月5日公开开庭进行了审理。

被告金山环保集团有限公司系原告金某等股东共同出资设立的有限责任公司，其中原告金某投资额为

6666369元，占有公司股份的12.05%。自2000年至2005年底，原告未享有被告公司的盈余分配，也无法行使股东权利，为此，原告于2005年12月20日委托律师书面向被告金山环保集团有限公司发出要求查阅公司2003年度、2004年度的财务会计账簿等资料，以了解公司利润分配方案。而被告以原告要求查阅有不正当目的和可能会损害公司利益为由，对原告要求予以拒绝。故原告、被告双方形成纠纷，原告遂提起诉讼。

法院审理后认为，我国《公司法》第三十四条规定："股东有权查阅、复制公司章程、股东会会议记录、董事会会议决议、监事会会议决议和财务会计报告。股东可以要求查阅公司会计账簿。股东要求查阅公司会计账簿的，应当向公司提出书面请求，说明目的。"。这是我国《公司法》所确立股东作为出资人对公司所享有的权利中的一项，原告作为被告的股东，其行使知情权出于正当的目的，因此，原告的诉讼请求，依法应予以支持，但原告查阅的范围应限制在《公司法》第三十四条规定之内。被告提出原告查阅有不正当目的，可能会损害公司的利益，但不能提供相应的证据来加以证明，因此，其辩解的理由不能成立，不予以采纳。依照《中华人民共和国公司法》第三十四条之规定，市人民法院于2007年 3月28日判令被告金山环保集团有限公司在本判决书生效后十日内在本公司住所地提供2000年、2001年、2002年、2003年、2004年、2005年及2006年股东会会议记录、董事会会议决议、监事会会议决议、财务会计报告以及会计账薄给原告查阅。

9月23日，中央综治办督导组来乐清指导调研平安建设工作　　市政法委提供

检　　察

概况　2007年，乐清市人民检察院深入贯彻落实科学发展观和中央加强"两院"工作的决定以及省委实施意见，紧紧围绕"强化法律监督、维护公平正义"工作主题，以促进社会和谐为目标，认真履行法律监督职责，着力在解决人民群众反映强烈的问题上下功夫，着力在贯彻宽严相济的刑事政策上下功夫，着力在提高队伍素质和执法水平上下功夫，把检察工作融入全市工作大局，各项检察工作取得了新的进展。全年受理审查逮捕案1880件计3059人，人数同比上升56.1%，经审查批准和决定逮捕1792件计2902人；受理审查起诉案1981件计3332人，人数同比上升60.6%，经审查提起公诉1721件计2633人。2007年，市人民检察院被评为乐清市信访工作先进单位，有6个科室和6名个人受到温州市级以上记功表彰，立案监督工作列全省第四名，检察长黄曙峰被评为温州市优秀检察长。

查办职务犯罪案和预防职务犯罪　2007年，市人民检察院共立案查处贪污贿赂案24件，立案数名列温州市前茅。其中受贿案16件16人，行贿案5件5人，挪用公款案3件3人；5万元以上大案13件，100万元以上特大案5件。立案查办国家机关工作人员渎职犯罪案3件3人，其中有国家机关工作人员滥用职权案2件，玩忽职守案1件。通过查办职务犯罪案件，共为国家和集体挽回直接经济损失1000余万元。同时，大力加强职务犯罪预防工作:一是以公共权益、公共项目、公共资金管理中的职务犯罪预防为重点，以职务犯罪预防网络为依托，与交通、卫生、国税、质监等部门及省百亿工程单位浙能南岳电厂建立了预防工作平台，举办各类专题预防讲座10多次。二是加强对热点问题的调查剖析并提出对策建议，调研文章《对乐清市公共资金管理使用状况的调查与分析》在温州市预防职务犯罪会议上作为典型材料进行交流，并被省院《情况反映》所采用。三是结合省人大出台的《职务犯罪预防条例》，在柳市镇等四单位举办了预防职务犯罪图片展，参观人数达5000多人次。

落实宽严相济刑事政策，积极化解社会矛盾　坚持区别对待，依法落实该严则严、当宽则宽、宽严适度的刑事政策，最大限度地化消极因素为积极因素。对偶犯、初犯和轻微犯罪案件，根据犯罪情节依法不捕轻微犯罪案件150人、不诉15人。改进未成年人案件办理工作，制定未成年人案件办理细则，对涉嫌犯罪的未成年人坚持"教育、感化、挽救"方针，缜慎逮捕和起诉。慎重办理群体性事件中的犯罪案件，坚持打击首要分子，教育和挽救大多数，减少社会对立面。坚持"预防为主、教育疏导、依法处理、防止激化"的原则，落实检察长接待日制度和信访首办责任制，全年接待和处理各类信访238件。积极开展检察环节矛盾纠纷排查、涉检信访集中化解和赴省进京重复访治理活动，全年涉检的8件信访都得到及时妥善处理，并成功解决了3名上访老户的疑难问题，实现了赴省进京零上访。市人民检察院的做法和经验得到了省、温州市检察院和温州市委、乐清市委领导的充分肯定。

刑事立案监督深入推进 市人民检察院建立行政执法与刑事司法相衔接工作制度，不断完善立案监督机制，坚持把立案监督的重点放在社会危害大、人民群众反映强烈、严重影响社会和谐稳定的案件上，并注重监督的法律效果和社会效果的有机统一。2007年，共监督侦查机关立案14件，比上年翻了一番，其中抢劫案3件4人、强制猥亵妇女案1件3人、假冒注册商标案3件3人。坚持定期到行政执法机关检查或抽查行政违法犯罪案件处理情况，共查阅行政违法犯罪案件200余件，对其中涉嫌犯罪的42起案件，及时建议行政执法机关向公安机关移送并立案。

刑事诉讼监督依法有序进行 市人民检察院大力加强侦查监督，既依法监督纠正漏罪漏犯，又依法监督纠正各种违反诉讼程序的行为。对于退回补充侦查的案件实行跟踪监督，督促侦查机关及时补充侦查和收集、调取证据材料，及时移送批捕起诉。全年依法增捕38人，已有9人追捕到案并被法院判决，其中判处死缓1人、十年以上有期徒刑1人、三年以上有期徒刑7人；追诉漏犯12人，追诉漏罪22件37人，如王某某盗窃案，经办人认真审查，一个案子就追诉漏犯4人；对不应当立案的58起刑事案件，监督侦查机关依法撤案。同时，把抗诉工作作为审判监督的中心环节来抓，把确有错误和确有抗诉必要两个条件结合起来，从提高抗诉案件的办案质量入手，正确把握、提高抗诉工作的法律效果和社会效果；全年共提出刑事抗诉案2件。此外，以与看守所信息联网为途径，完善同步监督机制，全年共审查减刑、暂予监外执行111人次，纠正减刑不当2人，回访监外执行对象600余人，纠正脱管、漏管对象4人；建议有关办案部门变更强制措施6人，发送检察建议8份，纠正违法通知书5份。市检察院还建立了办案期限预警制，全年预警催办1600余人次；积极协助看守所做好关押量消化和防暑防疾工作，及时纠正混押90人；对打击牢头狱霸工作加强监督、指导，监督立案1件2人，维护了监管场所及在押人员的安全。

民事、行政审判监督有效开展 突出重点，着力提高民事、行政案件提请抗诉和建议提请抗诉的质量，抗诉案件再审改判率提高。2007年，市检察部门提请民事抗诉案15件，建议提请民事抗诉案14件，向市人民法院发出再审建议3件，经市人民法院再审改判案件8件。为维护国家利益和社会公共利益，防止国有资产流失，市检察部门还向有关部门发出督促起诉检察建议书28件。由于业绩突出，市人民检察院民行科被高检院民行厅确定为民行工作联系点。

检察队伍整体素质有较大提高 市人民检察院以社会主义法治理念教育和“作风建设年”活动为抓手，切实加强检察队伍建设，塑造了检察机关新形象。首先加强了班子建设，5月份三位中层干部被市委提拔任命进入院党组，班子成员同心协力干工作，班子整体战斗力、凝聚力有了很大提高。其次狠抓队伍管理，以落实党风廉政建设责任制为龙头，健全目标管理二级考核机制，建立检务督察制度，对检察干警实行严格教育、严格管理、严格监督；同时，加大对干部的调整力度，按照干部竞争上岗的程序和要求，提拔使用了18位中层干部，检察队伍结构得到了进一步优化，队伍整体素质明显提高。

案例

被告人姚升平，男，1963年出生，大专文化程度，中共党员，浙江桐庐人，原乐清市规划建设局北白象规划建设管理所所长。因涉嫌犯受贿罪于2007年8月7日被市人民检察院立案侦查，次日被刑事拘留，同年8月21日被依法逮捕。审判机关查明，被告人姚升平自2005年下半年至2007年8月间，利用职务之便，收受贿赂13次，共计人民币155650元。其主要犯罪事实摘要如下：

2006年3月的一天，赵某某为其违章建房的事得到姚升平的关照，与戴某某一起到姚升平家中，送给姚升平30000元现金，该姚予以拒绝。后赵某某又花27000元买来50条软盒中华香烟，与戴某某一起送到姚升平家中，该姚予以收受。事后该姚将香烟拿到商店兑换成24000元现金。

2006年8月一天晚上，北白象交通东路黄某某、倪某某、张某某等21户联建户为感谢姚升平在审批过程中给予的关照，由倪某某买来一张50条硬盒中华香烟、面额为19000元的礼券，并由黄某某和张某某一起送到姚升平家。在姚升平家楼下，黄将该礼券送给姚升平，该姚予以收受。2007年8月6日下午，姚升平因害怕案发，在其办公室退还给黄某某等人现金18000元。

2005年下半年，北白象镇后西漳村林某某等16户联建户在未取得规划部门审批手续的情况下违章建房，并在被北白象规划所查处制止后仍继续施工建造。为了使该违章建筑能得到姚升平的关照，2006年12月的一天晚上，林通过电话联系，与姚升平约定在乐成镇“名典咖啡”见面。在该咖啡店内，该林将事先准备好的20000元礼券送给姚升平，该姚予以收受。

2007年3月，北白象镇硐桥村刘某某在未取得规划部门审批手续的情况下违章建筑，并在被北白象规划所制止后仍继续施工建造。为了使这一违章建筑工程能得到姚升平的关照，2007年4月的一天傍晚，刘某通过电话约姚升平在乐成镇温州饭摊见面。在该饭摊门口，该刘将事先准备的5000元礼券送给姚升平，该姚予以收受。

2007年5月的一天晚上，北白象

镇前岸村的刘某某想使自己及其兄刘某违章建房一事得到姚升平的关照，到姚升平家中送给姚10000元礼券，姚升平收下后一、二天，将该10000元礼券退还给刘某某。事后，刘某某花11600元买来20条软盒中华香烟，于次日晚上送到姚升平家，该姚予以收受，事后拿到商店兑换成9000元现金。

姚升平受贿案，乐清市人民法院将于2008年予以开庭审判。

公　安

概况　2007年，市公安局在市委、市政府和上级公安机关的领导下，紧紧围绕“整体工作上台阶，单项工作创先进”的工作目标，以深入推进关键之年的“三基”工程建设为主线，振奋精神，团结一心，积极做好争先创优工作，公安业务和队伍建设都取得了明显成效，整个公安工作呈现蒸蒸日上的发展态势，得到了各级领导的充分肯定。2007年，市公安局各条业务线的考核成绩基本保持在温州市前三名，其中打防控工作考核获得了全省一类地区A等的好成绩，执法质量考核获得了优秀；市公安局被温州市评为综治先进单位、禁毒先进单位，被乐清市评为综合考评年度先进单位和信访稳控工作先进单位。全年全市共发各类刑事案件11266起，同比下降2.38%；破获各类刑事案件5828起，同比上升11.6%；打击处理4292人，同比上升32.14%（其中移诉3128人，同比上升52.1%；劳教1164人，同比上升8.16%）；抓获网上逃犯870名，同比上升79.01%。

持续做好公安信访工作　2007年，市公安局坚持开展局长、派出所（分局）所长（分局长）、交警中队长开门接访活动，加强了十七大期间的信访调处和稳控工作，确保了十七大期间信访零进京。同时，做到源头堵访和用心解访相结合，及时办结了仙溪谢顺有、清江谢作宁、雁荡金良作、北白象黄道献等人的一批信访十至二十多年的疑难信访案件，从源头上减少了信访案件的发生。2007年信访总量739批次，同比下降6.5%，其中初信初访、进京上访、赴省上访量同比分别下降34.9%、44.44%、35%。

9月28日上午，市秋冬治安大巡防开巡仪式在市体育馆隆重举行　　市政法委提供

圆满完成警卫和安全保卫工作　市公安局紧紧围绕重要会议、重大政治和民间活动，全力做好安全保卫工作，顺利完成上级领导来乐视察安全警（保）卫任务13次，完成党的十七大等重要会议、重大政治和民间活动安全保卫任务38次。

侦破了一批命案及五类恶性案件　市公安局坚持把命案侦破作为破案打击的龙头案件来抓，全力践行“命案必破”、“命案必防”理念，对现发命案，做到快速反应，快侦快破；对可防性命案，做到主动出击，积极防范，并建立了命案抢救“绿色通道”，切实减少了命案发生。2007年，全市共发命案30起（同比少发12起），破案28起，破案率为93.33%；其中杀人案件发案18起破16起，伤害致死案件发案12起破12起，另破年前命案积案4起。同时，提升了对“五类”恶性案件的打击效能，“五类”恶性案件发案36起破36起，破案率达100%。

严厉打击涉黑涉恶违法犯罪　根据全市黑恶势力的发展态势和“打黑除恶”的工作实际，市公安局在温州地区率先组织成立了犯罪侦查中队，按照“打早打小、露头就打”的要求，探索建立了“覆盖全市、双层打击”的“打黑除恶”工作机制，保持了对黑恶犯罪的严打高压态势。2007年，全局共摧毁符合公安部标准的涉黑团伙1个、涉恶团伙23个，摧毁符合温州标准的涉恶团伙2个，打击处理各类涉黑涉恶涉枪犯罪嫌疑人217人，破获涉黑涉恶案件212起、涉枪案件14起，缴获各类枪支14支、子弹14发、管制刀具52把。

严厉打击“两抢一盗”犯罪　2007年，市公安局制定出台了《乐清市公安局打击“两抢一盗”犯罪工作机制》及考核办法，有效调整了警力部署，加大了专业打击和街面巡防力度，打击效果显著增强。全年全市共破“两抢一盗”案件2623起，同比上升24.85%；逮捕“两抢一盗”犯罪嫌疑人1245人，同比上升121.14%；摧毁“两抢一盗”犯罪团伙151个，破获“两抢一盗”系列性案件112串，其中公安部挂牌督办“两抢一盗”案件1串、省厅挂牌督办案件2串、温州市局挂牌督办案件12串，各级挂牌督办案件破案率为100%。

强力整治“黄赌毒”社会丑恶现象 市公安局以零增长为目标，以开展“07禁毒系列行动”为载体，进一步加大打团伙、摧网络、断通道的工作力度，对禁毒保持了严打高压态势。2007年，全局共破获贩毒案件652起，同比上升25.9%，完成年初下达任务的135.8%；缴获毒品10301克，同比上升40.8%，完成年初下达任务的133.8%；收戒吸毒人员2552名，同比上升19.7%，完成年初下达任务的141.8%。市公安局以打击“六合彩”赌博、山头赌博等为重点，强力整治涉赌问题，全年共查处赌博案件1356起，抓获涉赌人员1981人次；其中破获“六合彩”赌博案件1182起，抓获涉案人员1285人次。同时，深入开展了“扫丑”专项行动，切实加大对娱乐场所和治安复杂部位的打击整治力度，全年共查处涉黄案件59起，抓获涉案人员86名，被采取刑事强制措施的6人，行政处罚66人，有效净化了社会风气。

依托科技加大追逃工作力度 市公安局以建立追逃专业中队为契机，不断推出各项追逃新举措，立足常规，依托科技，大大提高了追逃成效。2007年，全市共抓获各类网上逃犯870名（本地年前逃犯69名、年内逃犯147名，外地逃犯319名），其中命案逃犯51名，比上年多抓384名，上升了79.01%。

相继开展打击经济犯罪专项行动 2007年，市公安经侦部门紧紧围绕全市的经济建设，相继开展了打击制假发票、打击伪造海关完税凭证抵扣税款、打击民间非法金融活动等专项行动，共破获各类经济犯罪案件96起，抓获犯罪嫌疑人158人，挽回经济损失3326万元，同比分别上升60%、85.55%、144.55%。

深入开展“三基工程”建设 在市党委、政府的重视和有关部门的支持下，市公安局调整建立了以公安为主导的流动人口管理体制，聘请了832名专（兼）职协管员，并按照专职协管员人均2万元的标准落实了管理经费，保障了流动人口管理工作的深入开展。同时，按照“定位管理”的要求，以出租房屋和中小旅馆为重点，加强了流动人口信息采集工作，提高了信息准确率和“人户一致”率，并深入开展了高危人群排查管控工作，提高了工作成效。全年全市共登记流动人口460003人，同比上升29.8%；登记出租房51320户，同比上升29.9%；列管高危人口9347人，同比上升362%，高危人口列管率达到了2.17%，流动人口打击处理前的登记率达33.2%。通过流动人口信息比对，全年抓获网上逃犯51名，同比上升233.3%；抓获负案在逃对象38名，同比上升95%。持续开展无证旅馆专项整治工作，全年共取缔无证旅馆18家，查处案件15起，处理违法业主15名；在温州地区率先完成了旅馆业管理信息系统的升级工作，全市334家旅馆全部实现了“宽带”传输，并通过旅馆业信息比对，抓获网上逃犯63名；全年旅馆业“四实登记”率考核成绩排温州全市第一名。加强了边缘性行业和“四项经营”活动的规范化建设，推行了边缘性行业和“四项经营”活动的信息登记制度，切实提高了为现实斗争服务的效能。全年通过对“四项经营活动”的管理，共查处行政案件37起，破获购赃案件23起，刑事拘留12人、治安拘留11人。此外，在温州地区率先完成了印章刻制业信息系统、娱乐场所信息系统的建设安装和推广应用工作，进一步严密了阵地控制工作，提高了治安管理工作的信息化水平。

加强社会防控体系建设 市公安局积极争取各级党委、政府和社会各界的支持，把实施社区和农村警务战略工作作为“三基工程”的重要内容来抓，全年共建成社区与农村警务室37个、警务联络室和警民联系点160个，落实社区（驻村）民警145名，配备协勤人员213名，有效推进了警务工作的重心下移。同时借助“平安千村”、“平安千企”工作平台，组建了60人的特警巡防机动队，增加了200多名协警，聘请了832名外来人口专职协管员，整合强化了村居巡防队伍力量，加强了村居巡访工作指导，提高了巡防成效。2007年，通过设卡盘查、围追堵截、多警种区域行动等，共抓获现行“两抢”犯罪嫌疑人102名，占被打击处理“两抢”犯罪嫌疑人的19.8%，抓获人数同比上升68%。深入开展“法人创安”和“小区零发案”竞赛活动，持续推进网络视频监控系统和区域报警系统建

9月13日晚，市公安局根据市委总体部署，组织开展“利剑1号”集中行动　市政法委提供

设，全年全市共安装监控摄像头1128个、区域报警系统457家。

强化交通、消防、危险物品安全管理　市公安局交警部门以“控大”和“零增长”为目标，以“三基”和“五进”工程为突破口，严格路面行车秩序管理和车辆及驾驶人源头管理，强势开展交通安全宣传工作，加大路面监管和执法力度，有效预防和减少了道路交通事故。2007年，全市共处罚各类道路交通违法行为39.6万余例，同比上升60.08%；共发生道路交通事故955起，同比下降4.1%，事故造成死亡139人、受伤1133人、直接经济损失204.35万元，同比分别下降4.1%、2.0%和29.1%；事故少死人数和降幅均列全省重点大队前茅。深入开展消防安全隐患大排查大整治，对“三合一”建筑、居住出租房、商场市场等人员密集场所及易燃易爆单位的消防安全情况开展专项整治活动，认真做好政府挂牌督办的重大火灾隐患整改工作，切实抓好防火安全责任制的落实，继续推进消防基础设施建设和消防工作社会化进程，加强消防战备训练，抗御火灾的整体实力有了较大提高。全年全市共发生火灾事故37起，同比下降13.95%，零伤亡。2007年，市公安部门还以治爆缉枪为重点，进一步完善了危险物品长效管理工作机制，较好消除了安全隐患。全年共查处非法持有枪支案件5起、持枪犯罪案件1起、涉及管制刀具案件80起、违规使用民爆物品案件8起、违规使用剧毒化学品案件3起，查获违法犯罪人员39人（其中刑事拘留27人、行政拘留12人），罚款82.5万元，收缴管制刀具221把、仿真枪318支、枪支12支、手榴弹1枚、军用子弹17发、炸药1公斤。

做好出入境、户政、车管等窗口服务工作　2007年，市公安部门共接待境外人员临时住宿登记7120人次，受理公民因私出国申请11463人次、出境申请11921人次；审核二代证信息282792条，发二代证241890个；受理登记注册汽车10629辆、摩托车9842辆。

案例

公安部督办的黄长云、刘大成团伙系列抢劫、盗窃案　2007年入春以来，乐清市柳市镇、象阳镇、乐成镇、北白象镇等地抢劫、盗窃工业原材料案件高发，案犯利用乐清市私营企业蓬勃发展却由于管理滞后并疏于防范而疯狂作案。1月24日凌晨，柳市镇后西垟村华嘉电器有限公司银点及铜件被盗，价值29万余元；3月12日凌晨，象阳镇山前马村浙江贵兴合金有限公司的二楼仓库被盗窃银丝192公斤，价值70余万元；4月24日凌晨，白石镇北新村的苏汉兵铜件加工厂被一伙蒙面男子（约20余人）持刀抢劫，劫走黄铜10余吨、汽车2辆、电脑2台等物，总价值约55万元。该系列性盗窃案件被公安部列为督办案件。案件发生后，市公安局刑侦大队迅速成立专案组开展侦查工作,充分利用各种信息资源，运用多种传统侦查手段以及网上作战技法，于4月7日至5月21日期间在乐清市柳市镇等地分别抓获湖南麻阳籍犯罪嫌疑人李昌成、薛代送、黄元友、薛开胜、董会、刘钦全、刘军、曾学文、邓忍、刘龙飞、刘元昌、周辉、叶文斌、王传华等14人；于5月25日在乐清市柳市镇上五宅村、金华市等地抓获贵州铜仁籍犯罪嫌疑人刘大成、刘军、龙兴付、刘其全、晏前贤、刘贵民、刘贵发、刘开万、张诏明、林芳、晏前树、刘龙友、刘昌富、黄文彪、屠克业及安徽涡阳籍收购赃物犯罪嫌疑人徐新廷、温州瑞安籍收购赃物犯罪嫌疑人黄爱华等17人；于6月21日、22日在湖南麻阳县、贵州铜仁市抓获主要案犯黄长云、黄龙、聂钢、黄跃等4人；于8月份在温州、乐清等地抓获本地籍收购赃物银丝的犯罪嫌疑人连阿鱼、连新宝、连新珠、陈孔余等4人，并通过案件深挖，发现已被判刑投放的黄飞侠、刘辉、黄明高、黄绍华等4名罪犯有余罪，押回重审。此团伙系列抢劫、盗窃案共破获各类抢劫、盗窃案件242起，其中公安部督办案件1起、江苏省公安厅督办案件1起、温州市公安局督办案件3起，涉案价值达500余万元；同时缴获赃款60万元、作案车辆五菱面包车五辆和桑塔纳2000型轿车一辆。公安部督办的黄长云、刘大成团伙系列抢劫、盗窃案成功告破。

“百万飞车抢夺”团伙案　2006年12月至2007年1月，乐清市乐成、柳市、虹桥等地连续发生尾随银行取款人员的飞车抢夺案件8起，涉案总价值达60余万元。该系列案件被省公安厅、温州市公安局列为挂牌督办案件。对此，市公安局立即成立专案组展开缜密侦查，于2007年4月20日，在广东东莞公安机关的配合下，专案组分别在广东东莞石碣镇科技东路东顺公寓6002室、新凤西路新世纪公寓705室、明珠西路一台球室抓获李志国（男，30岁）、陈建杰（男，27岁）、廖建光（男，33岁）等3名河南（周口）太康籍犯罪嫌疑人，并当场扣押作案工具车一辆、赃车二辆。4月29日上午，专案组根据线索，在柳市镇新泰宾馆703室抓获高广伟（男，25）和高欢（男，25岁）等2名河南（周口）西华籍犯罪嫌疑人，并追回赃物、赃款总价值达30万余元。11月4日，河南（周口）太康籍犯罪嫌疑人李治富（男，29岁）迫于市公安局强大压力终于到河南太康县公安局投案自首。经审讯查明，2006年12月至2007年1月，陈建杰等六名犯罪嫌疑人在乐清市、台州市（温岭、泽国）、江苏无锡市等地驾驶摩托车实施抢夺，并用轿车作为接应，连续作案11起，涉案总价值达105万余元。专案组转战浙江、广东、江苏三省，娴熟应用网上作战技术，合理运用现代科技手段，经过近11个月的缜密侦查，彻底摧毁了以陈建杰为首的河南周口籍的“百万飞车抢夺”团伙。

“12·13”“六合彩”非法经营团伙案　2007年11月，市公安局治安大队获悉乐清市有人在温州市区专门从事“六合彩”赌博活动，作庄设赌。对此，市公安局领导高度重视，责成治安大队立即组织精干力量，主动出击、排摸线索、着手“经营”，并适时予以彻底摧毁。在温州市公安局有关部门的支持下，经缜密侦查，市公安局治安大队确认这是一个参与人数多、跨地域性强的“六合彩”赌博网络，网络在温州鹿城区、永嘉县和乐清市的有关乡镇设有多个窝点，每期接受押注的金额高达数十万元乃至上百万元，大部分押注清单通过传真或QQ号码传递，往来款项通过银行转账。该网络还在互联网上开设网站，向“上家”传递相关信息，并通过网上银行将部分所得款项上传给“上家”。12月13日，在市公安局党委副书记、常务副局长刘国珍的统一指挥下，治安大队联同乐成派出所统一行动，同时冲击各个开票点，成功抓获赵振斌（男，37岁，鹿城区南门人）、潘建周（男，35岁，北白象镇项岙村人）、胡文成（男，33岁，北白象镇项岙村人）、林燕芬（女，34岁，北白象镇项岙村人）、潘胜忠（男，35岁，永嘉县乌牛镇人）和林月飞（女，32岁，永嘉县乌牛镇人）等11名涉嫌“六合彩”非法经营的犯罪嫌疑人，现场缴获大量的“六合彩”投注单据和用于“六合彩”非法经营的电脑5台、传真机3台。经审讯，犯罪嫌疑人赵振斌、潘建周等人供述了自2007年11月份以来，通过网络专门从事“六合彩”非法经营，涉案金额高达2500余万元，涉嫌的开票下家、参赌人员50余人。

虹桥镇皇岙村“9·6”妨害公务案 2007年9月6日下午4时许，乐清市虹桥镇皇岙村发生一起妨害公务案。市公安局虹桥派出所民警吴林池、刘秀勇到虹桥镇皇岙村拘传一故意伤害案的犯罪嫌疑人王贤成时，遭到王贤成家属及皇岙村部分村民的围攻、殴打，致使王贤成逃走。吴林池、刘秀勇向虹桥派出所领导汇报后，虹桥派出所副所长臧培荣立即带领民警吴云海、谢选明以及协警王仁旭、陈荣明、许启培、项贵夫、余海斌等8人赶到皇岙村支援吴林池、刘秀勇。派出所民警、协警到达现场后，村民仍不让派出所人员离开皇岙村，并继续围攻、殴打派出所民警、协警，致使虹桥派出所民警、协警22人受伤（后经法医鉴定，其中17人为轻微伤）。最后在市公安局特巡警大队的支援下，事态才得到控制。此案发生后，社会影响恶劣。市公安局治安大队立即组成专案组对此妨害公务案进行查处，9月7日犯罪嫌疑人赵胡奶、赵成绿、林春娥、赵阿林、胡春娇、赵锡容、赵阿猫、赵美英、万建微、赵章宣被刑事拘留，9月13日赵章柳被刑事拘留，9月24日犯罪嫌疑人赵崇设、赵玉凤、赵琴财被刑事拘留，11月8日赵孝荣被刑事拘留。案件经乐清市人民检察院审查后，犯罪嫌疑人赵胡奶、赵成绿、赵阿林、赵崇设、赵孝荣被批准逮捕。

“3·9”特大贩卖毒品案 2006年底市公安局禁毒大队在日常工作中获得线索，有一绰号叫“阿苏”的四川大竹籍男青年在乐成镇清远路、呈祥路一带进行大量贩卖毒品。禁毒大队立即成立专案组进行侦查，经过三个多月的艰苦侦查，于2007年3月9日下午，在乐成镇丹霞路46号402室抓获贩毒嫌疑人周亚飞，破获一起特大贩卖毒品案，并在其房间缴获毒品海洛因1562.92克。尔后，又在乐成镇抓获另一贩毒犯罪嫌疑人席培峰。

“9·1”特大贩卖毒品案 2007年7月，市公安局禁毒大队在日常工作中获得线索，一个重庆籍贩毒团伙在乐成、柳市一带进行大量贩卖毒品。禁毒大队立即成立专案组进行侦查，同时，该案被温州市公安局列为挂牌督办案件。专案组经过两个多月的缜密侦查，查明了该团伙成员蔡某的活动规律，并于2007年9月1日分别在乐成镇湖上岙村和乐成镇城西路280号抓获贩毒犯罪嫌疑人蔡道祥、官爱祥、戴建海，缴获毒品海洛因339.83克，从而成功摧毁了以蔡道祥为首的重庆籍贩卖毒品团伙。

朱一方假冒注册商标案 2007年4月左右，犯罪嫌疑人朱一方（女，32岁，住乐清市柳市镇柳黄路52号601室）利用自已任德力西集团进出口公司第十一业务部经理之便，私下接受伊拉克客户“伊曼德”（音）的要求，做标有“Telemecanique”、“SIEMENS”、“LG”等三种注册商标的交流接触器、塑壳断路器、磁力起动器、热继电器等产品。接受业务后，朱一方未经上述三种注册商标持有人的许可，擅自委托乐清市华乐起重电器有限公司、浙江福特电器有限公司、乐清市维泰电器有限公司、王绍秀等单位和个人生产。2007年9月1日晚，在乐清市黄华镇上岩村温州凯登服饰有限公司内，当朱一方将531箱5754只标有“Telemecanique”、“SIEMENS”、“LG”等三种商标的交流接触器、塑壳断路器、磁力起动器、热继电器等产品正向浙BG0680集装箱车装车准备发往伊拉克时，被乐清市质量技术监督局执法人员当场查获，涉案价值达45万余元。2007年9月2日，乐清市质量技术监督局将朱一方假冒注册商标一案移送至市公安局，市公安局经审查于当日将此案立为假冒注册商标案予以侦查，犯罪嫌疑人朱一方当日到案刑拘，从而破获了迄今为止乐清市警方破获的最大一起假冒注册商标案。

司法行政

概况 2007年，全市司法行政系统以邓小平理论、“三个代表”重要思想为指导，认真学习贯彻党的十六届六中全会和十七大精神，全面落实科学发展观，紧紧围绕市委、市政府中心工作，着眼于构建和谐社会，积极创新，敢于挑战，竭力提高为大局工作服务的能力和水平，为全市全面建设小康社会、提前基本实现现代化作出了新的贡献。2007年，乐清市获得省人民调解先进县（市、区）称号；乐清市司法局被评为乐清市2006年度部门建设“平安乐清”先进

白石镇在综治宣传月开展"普法情系新农村"宣传活动　　市政法委提供

单位，被温州市司法局记集体三等功一次。

加强基层基础建设，发挥人民调解第一道防线作用　2007年，全市各类人民调解组织共受理各类纠纷5786件，调解成功5501件，调解成功率为95.1%。其中非正常死亡纠纷63起，轻伤害案件50件；乡镇调委会受理纠纷791件，成功调处767件，调处成功率达97%。市司法部门和市委组织部、市编办联合印发了《关于进一步加强乡镇司法所建设工作的意见》，切实规范司法所建设，稳步落实"十一五"规划，全市司法所规范化建设初现成效，柳市镇司法所、北白象镇司法所、大荆镇司法所被省司法厅命名为省示范司法所。在温州地区率先实行人民调解计件奖励机制，设立乡镇专职人民调解员，通过乡镇招聘，经市综治办和市司法局审核，全市共招聘专职人民调解员40名（一般乡镇至少1名、重点乡镇至少2名）；同时建立了矛盾纠纷三级预警机制工作制度，使矛盾纠纷最快、最有效地得以化解。

开展社区矫正试点工作，帮教安置工作日趋规范化　2007年，乐清市被确定为温州市社区矫正试点工作第二批试点县（市）之一，市司法局积极开展调查研究，建立了乐清市社区矫正工作委员会，并由市委常委、常务副市长担任委员会主任。市社区矫正委员会在第一次成员会上，讨论通过了《乐清市社区矫正试点工作意见》；10月公开招聘录用了15名司法协理员，专门从事社区矫正试点辅助工作；12月28日在柳市镇举行了全市社区矫正交接仪式现场会，全市社区矫正工作全面推进。全年全市共接收归正人员1593人，其中解教1087名、刑释506名，重新犯罪率2.1%。市司法行政部门采取有效工作措施，探索和拓宽归正人员安置新途径，带领全市3家企业参加省六监召开的预刑释人员招聘会，与20多名即将刑释人员签订了就业意向书，提早帮助解决归正人员就业问题。在柳市镇新建了一个归正人员帮教安置基地，开展相关归正人员法制宣传教育，还为省内6所监狱的乐清籍服刑人员订阅了2008年度《乐清日报》，有效推进了墙内帮教工作。

实施"五五"普法规划，推进"法治乐清"建设　2007年是实施"五五"普法规划的第二年。市司法行政系统按照"五五"普法规划总体部署和"法律六进"活动实施意见的要求，围绕市委、市政府的中心工作和"法治乐清"建设，深入开展法制宣传教育，扎实推进依法治理，先后制定了《乐清市2007年普法工作意见》，调整了"五五"普法依法治市领导小组成员，成立了"五五"普法讲师团与信息联络员队伍，"五五"普法工作机制进一步完善。同时，市普法办与市委宣传部联合出台了《全市开展"法律六进"活动实施意见》，对领导干部、公务员、青少年、企业经营管理人员和职工、农民、新乐清人等六种普法重点对象加大学法用法力度；在市公安局强制戒毒所和市青少年文化宫建立青少年法制教育基地，拓展全市青少年法制教育的空间和领域；开展"法律社区行"、"和谐专列进农村"、"普法情系新农村"和"法律服务新乐清人"等相关法律法规宣传教育活动，为"法治乐清"建设创造良好的社会环境。另外，市司法行政部门还通过《乐清日报》开设每周一期的"雁荡法治"专栏、完善雁荡法治网站建设、在市图书馆建立法律文献中心、发送法制短信等手段，努力开创全民学法新局面。2007年，市司法局加大了民主法治村创建力度，虹桥镇的一村和黎明村、柳市镇的张瞿村和长虹村、七里港镇的码道头村、大荆镇的西一村、淡溪镇的龙川村、乐成镇的民丰社区和东城社区等9个村（社区），被温州市司法局、民政局、依法治市领导小组办公室命名为"四星级"民主法治村（社区）；柳市镇蟾东村被命名为浙江省五星级"民主法治村"。全市三星级以上"民主法治村"达标面达70%，三星级以上"民主法治社区"达标面达60%。

扩大援助覆盖面，加大"12348"法律援助力度　进一步健全法律援助相关工作制度，形成事前、事中、事后三阶段相结合的质量监控体系。加大法律援助工作监督力度，在法律援助中心接待窗口设立党员服务示范岗，增强服务意识和服务能力。开展了"三八"妇女维权周、乐成镇"综治治理月"等专项法律援助宣传活动。在已建第一批法律援助联系点的基础上，2007年在723个村（社区）设立了第二批法律援助联系点，全市乡镇、村（社区）法律援助网络全部建成，村居法律援助点已超80%。在全市各乡镇政府和行政村村委办公地还专门设立了调解室，并装挂了572个"法律援助请拨'1234

8’”的便民牌。全年共办理各类法律援助案件415件，其中刑事案件289件、民事案件126件；受理来电1931件、来访1810件，切实维护了弱势群体的合法权益。2007年，市“12348”法律援助中心被温州市司法局授予温州市“12348”法律援助工作先进集体荣誉称号，被温州市政法委评为“践行社会主义法治理念先进单位”。

提供法律服务，加强队伍建设 市司法行政系统组织律师参与每月15日市政府信访接待日工作，配合有关部门处理好涉法、涉诉信访案件，尽力为党政领导处理信访问题提供法律服务。加强对法律服务行业办理重大、敏感案件和涉黑涉恶案件的指导，积极引导法律服务工作者参与构建和谐乐清建设。加强司法行政队伍建设，组织全市司法行政系统人员深入学习贯彻十七大报告精神，领导班子实行基层联片工作制度，部署开展创建“群众满意基层站所（办事窗口）”活动，将乐清市“12348”法律援助中心和乐清市公证处纳入评议和创建活动之中。深入开展社会主义荣辱观和社会主义法治理念教育活动，组织20多位律师和公证员开展了以率先实现“第三次跨越”为主题的解放思想大讨论。健全监督卡制度，发挥行风监督员队伍作用，积极开展社会评议和社会监督；市公证处聘请了第二届行风监督员，诚心听取监督员意见并进行认真整改，取得了良好社会效果。加强基层法律服务所的规范化建设，完善基层法律服务投诉查处机制，加大投诉查处力度，开展“一书一卡三服务”活动，基层法律服务工作得到健康有序发展。

律师与公证业务有历史性突破 2007年，全市共有律师事务所4家，执业律师53名，其中温州市人大代表1名、乐清市政协委员3名；公证处1家，公证员4名；基层法律服务所11家，基层法律服务工作人员47名。全年，全市律师事务所共办理刑事案件495件、代理民事诉讼案件1255件、经济案件214件、行政案件74件、非诉案件98件，担任法律顾问280家，业务收费与上年相比增长26%；公证处共办理各类公证7853件，其中国内民事类公证4661件、国内经济类公证626件、涉外类公证2281件，收费276万元；基层法律服务所共代理案件737件，担任法律顾问51家。

案例

土地补偿费分配纠纷案 2001年1月，郑某等70户“买粮户”以乐清市人民政府、乐成镇人民政府对第二轮土地承包没有全面履行组织、实施等法定职责为由，向温州市中级人民法院提起行政诉讼，要求乐清市人民政府、乐成镇人民政府履行该项职责。该诉讼被温州市中级人民法院驳回。此后，“买粮户”于2001年、2003年、2005年多次提起诉讼，也不断进行信访，先后去温州、杭州、北京等地上访，社会影响很大，但纠纷还是得不到彻底解决。2006年4月，中心村“买粮户”向乐清市法律援助中心提出申请，要求为其土地补偿费分配纠纷提供援助。市法律援助中心受理郑向东等“买粮户”118人的申请后，从化解村民集体上访和累访、稳定社会大局角度考虑，决定为其提供法律援助，并指定援助中心专职律师和社会执业律师组成律师团共同承办，2007年11月，最终解决了这起长达近十年之久的土地补偿费分配纠纷案。该案例被评为温州市十佳法律援助案例之一。

柳市镇司法所成功调处三孩童溺水死亡纠纷案 2007年9月8日，在柳市镇务工的安徽籍崔某夫妇的女儿（10岁）、儿子（7岁）及四川籍某夫妇的女儿（10岁）、儿子（8岁）结伴玩耍，不小心掉入该镇东岸村范围内的一水坑内，发生意外溺水，造成3人死亡。该事件经有关部门调查，定性为意外事故，但无法在短时间内查明水坑行为的实施者。考虑到死者家属的特殊情况，柳市镇司法所先行着手解决此次意外事件。死者父母作为孩子的法定监护人，未尽其法定监护义务，对孩子溺水事件的发生负有不可推卸的责任。而该事件发生在东岸村，由于水坑实施者未能查明，东岸村有义务妥善处理该事件。经调解，东岸村村民委员会同意由其先行垫付死者家属一定的经济补偿，死者的赔偿权利转承给东岸村村民委员会，并由东岸村村民委员会直接向行为人追偿，死者家属权利、义务就此终结。该案件得到了圆满的解决。

学生们踊跃参观普法宣传图片展览　　市政法委提供

军　事

人民武装

牢牢把握党管武装的根本原则 2007年，市人民武装部继续充分发挥国动委、国教委、武委会“议军管军”功能，按照“大抓”要求，先后四次召开议军会，商请地方党委政府共同解决人武部建设和对台军事斗争准备中遇到的矛盾和问题，解决了民兵训练基地部分征地工作，落实了1名家属的安置。同时充分利用民兵训练、国防教育日等时机，举行国防形势、周边环境和军事热点讲座，组织国防理论和国防法规学习。“八一”期间，组织市四套班子领导开展了上一堂国防教育课、过一次“军事日”、体验一次士兵生活的“三个一”活动，强化了各级领导干部的政治意识、责任意识和表率意识。

高标准完成民兵组织整顿工作 根据军分区下达的民兵整组任务，市人武部分2个层次、7个系统、10个方面内容进行了调查，摸清了动员潜力底数，制定了《2007年民兵整组方案》，在4～6月份对担负作战和保障任务的民兵分队进行了“三个现地”点验，民兵组建拓展到全市73个部门和企事业单位，民兵组织建设得到了加强。

高质量完成民兵训练任务 按照“三年轮一遍”的要求，2007年市人武部组织民兵2444人参加了普训，黄华女子民兵哨所雷达专业和海军部队进行了对接训练。3月份，市人武部还参加了分区统一组织的军分区、人武部两级首长机关训练。

出色完成民兵海上医疗救护分队演练 按照省军区、温州军分区赋予乐清市人武部参加军区第十一次国动委会议演练的任务，市人武部分别在4月和7月分两个阶段组织海上医疗救护分队赴舟山训练和演练，参练人员共62人。在这次训练和演练中，改装集装箱船（医疗救护船）1艘，征集30多种医疗装备器材和近百种药品，完成了队列、战术基础、防护等6个课目和海上救生常识、医疗救护所开设、舰艇伤员换乘、野战伤员救治等6个专业课题的训练和演练。这次训练和演练时间紧、要求高、任务重，市人武部以军委新时期军事战略方针为依据，以应急作战为背景，采取各种措施和方法，克服困难，加强组织领导，积极做好各项保障和准备工作，探索民兵海上医疗救护分队的海上卫勤保障，圆满完成了省军区组织的海上课题演练任务。

征兵工作圆满完成 针对近几年征兵工作中出现的新情况、新问题，市人武部采取强有力措施，军地通力协作，深入宣传发动，周密组织计划，严格按照新兵的条件和程序，坚持“八个公开”，严把新兵质量关，推动了新一轮参军热。在宣传发动方面，乐清市电视台累计播出30多个小时的征兵相关报道、《乐清日报》刊登了56篇征兵新闻及乐清兵在部队的成长情况，还在中央7台播出了乐清兵在部队成才的事迹。2007年，全市共发动上站初检青年达9784人，上站正式体检2945人，体检合格1245人，其中，在校大学生34人，大（中）专毕业生107人。在公安、卫生及相关部门的配合下圆满完成了550名新兵征集任务。征集的新兵整体素质较好，各项指标均达到并超过上级规定标准。同时，提高了义务兵优待标准，义务兵的优待金从过去的每人每年5800元提高到6800元。

开展国防动员潜力核对调查 根据温州市国防动员委员会的指示精神，2月至7月，市国防动员委员会综合办公室组织人员，到各相关单位开展了国防动员潜力核对调查。核对调查中，主要突出了与军事斗争准备有关的国防动员潜力的核对调查，特别对后备兵员、交通枢纽、人防工程、车辆运输、海上运力、医疗保障、科技保障、粮油物资储备、重要目标潜力等内容进行了详细的调查，并于7月份上报了动员潜力汇总及分析评估报告，受到了温州市国防动员委员会的肯定。

加强动员指挥体制建设 市人武部根据应急作战要求，修订完善了《乐清市战时国防动员指挥机构编成编组方案》，预建了国防动员委员会指挥所；对50多个部委办局和31个乡镇进行协调，调整充实了指挥组成员。9月份投入20多万元，按野战要求加强了指挥所建设，安装设置了通信视频系统，配备了野战帐篷、行军桌床和参谋作业器材等，使指挥所基本具备了指挥控制功能和野战指挥条件。

人民防空

概况 乐清市人民防空办公室成立于1999年，2002年7月经批准成为市政府直属的正科级行政单位，是市国防动员委员会的办事机构，也是全市人民防空工作的主管部门。市人防办的主要职责是贯彻执行国家各级人民防空法律、法规，制订全市人防建设规划和计划，编制城市防空预案，实施人防指挥通讯、警报建设和管理，开展人防宣传教育等。自成立以来，人防办狠抓基础建设，在人防面积审批、人防地下室结建面积、警报安装、人防教育宣传等工作都取得了可喜成绩。2007年市人防办被温州市人防办评为“温州市人防工作先进单位”，综合科被评为“四好科室”，林谢宏同志被评为“2007年度温州市人防工作先进个人”。

新增一批省级人防重点镇 5月8日，浙江省人防办转发浙政函〔2007〕55号文件，批准乐清市新增翁垟、象阳、白石、蒲岐、南岳等5个省级人防重点镇。

市长潘孝政率团考察人防工程 6月22～28日，市长潘孝政率领由市府办、市人防办、市规划建设局、市发展和改革局、市财政局、柳市镇、虹桥镇等单位主要领导组成的人防工程考察团，考察了人防工程建设较为先进的兰州市和北京地区。潘市长一行在兰州考察了张掖路地下商业街，并听取了兰州人防办关于地下商业街的报批、建设和招商引资等方面的经验介绍。在北京和当地民防局交流了人防工程的市场化运作经验。通过此次考察，进一步增强了各职能部门在人防工程建设上的认同感，为乐清两大人防工程的建设奠定了较好的外部支持环境。

成立了市人防办第一届工会委员会 7月15日，成立了乐清市人民防空办公室第一届工会委员会，选举林谢宏、郭玉芬、蒋光国为工会委员会委员，林谢宏为工会主席。

增挂乐清市民防局牌子 8月22日，经乐清市编委批准，乐清市人防办增挂乐清市民防局牌子，林佳节任局长，郑元强任副局长。由此，乐清市人防办成为温州下属县（市、区）中第一家增挂民防局牌子的人防办。

市府广场人防工程前期工作全面开展 8月22日，市长潘孝政主持召开了市中心区工程建设进度研究会，会议确定市府广场地下人防工程总投资2亿元，设计层数为一层，面积3万平方米。此次会议的召开，标志着市府广场人防工程建设方案的确定和该工程前期工作的全面开展。

完善工程平战转换档案库 市人防办狠抓了人防工程“一图一表”和工程基础资料计算机管理工作，兼顾做好普通地下工程的普查及建立档案库工作。至年底，全市的人防项目均已完成“一图一表”，实现了基础资料工程计算机管理，建立了较为完善的工程平战转换档案库。

进一步规范全市人防工作 市政府转发了市人防办起草的《进一步规范全市人防工作的通知》，《通知》重点规范了全市人防审批和验收工作，进一步理顺了市人防办和市规划、房管等部门在人防工程项目审批上的衔接关系，促进了全市人防工作的规范有序开展。

开展人防行政执法大检查 召开全市性人防行政执法检查动员会议，专项部署人防行政执法检查工作，并邀请温州工程处派员来乐指导执法工作。通过此次行政执法检查，普及了人防知识法规，规范了人防申办程序，提高了人防社会影响力，有效地遏制了民用建筑地下人防工程建设过程中存在的擅自更改施工图纸、不按图施工、工程密闭不到位、平战转换方案不齐全、工程配套设备未安装到位、恶意规避人防易地建设费等违规现象。

机关建设进一步加强 深入开展“四好科室”、“机关作风建设年”、“六型机关”和“阳光行动”等创建活动，进一步健全了单位相关制度，加强了机关和科室人员的理论和业务学习，行政效率明显提高。

武警

概况 乐清市武警中队以科学发展观为指导，以科学发展、安全发展、和谐发展、创新发展为理念，以“求实、求精、求新”为基本工作方针，狠抓“三项经常性”工作，高标准实现“两个确保”，全面提高了部队的军事训练水平，有力推动了部队建设又好又快发展。2007年，市武警中队在武警温州支队军事比武中荣获团体第三名、精度射击团体第一名，还涌现出了邓永平、柳位科等先进典型个人。

强化党支部在部队建设中的核心地位 市武警中队党支部始终以提高“三个能力”为目标，支部“一班人”讲团结、人心齐、风气正，坚决执行上级命令、指示，坚持民主集中制，按照“纲要”要求狠抓党支部建设，党支部领导核心作用得到了很好发挥。全年共召开党支部会议38次，支部班子学习气氛浓厚。党支部敢于在揭露矛盾中求发展，抓大事、议大事的能力不断增强。党支部在部队建设中的主导地位增强了部队的凝聚力、号召力和战斗力。

围绕“创先”目标加强科目实训 市武警中队官兵积极开展“双争”活动，“比、学、赶、帮、超”的氛围浓厚。广大官兵集体荣誉感强，能把个人的成长进步融入到中队的各项建设之中，紧紧围绕中队的“创先”目标，立足本职作贡献。全年，中队实训78天，参训率达到85%，高质量完成了10个大科目、35个小科目的训练任务。官兵训练热情高涨，取得了总评优秀的好成绩，达到了以训促战、从训练中提高战斗力的目的。

圆满完成各项执勤任务　中队始终坚持把勤务工作作为“饭碗工程”来抓，官兵居安思危思想牢固，执勤三项纪律严格，八项经常性工作落实，中心工作完成出色，确保了日平均关押量达1800人的乐清看守所安全无事故。中队官兵始终坚持发扬听党指挥、服务人民、英勇善战的部队优良传统，出色完成了以执勤为中心的各项任务。全年，中队治理执勤隐患三处，完成押解勤务42次，出动兵力114人次，押解犯人共1370名；担负公判勤务3次，出动兵力41人，押解犯人60名；担负城市武装巡逻3次，出动兵力15人次；担负水上巡逻1次，出动兵力30人次；担负高考安全保密勤务2次，出动兵力20人次；担负法院庭审安全保卫勤务2次，出动兵力22人次。

严抓部队管理，铸树威武、文明之师形象　中队严格按照上级规定的有关条令、条例和胡主席一系列的重要指示精神，从严抓好部队管理。领导干部以身作则，带头遵守条令、条例和部队各项规章制度。全队官兵按照“五句话”的要求严格要求自己，精益求精，养成良好部队风气。中队坚持周分析、月讲评制度，狠抓“五个重点问题”的治理，制定了符合中队实际的各项规定，有效地预防了各类事故、案件的发生，树立了武警部队威武之师、文明之师的良好形象。

深化共建活动，警政警民关系更加融洽　中队充分发挥中队爱国主义教育基地的优势，继续深化与乐清中学、民丰社区、农行乐清市支行等单位的共建活动，积极参与乐清市组织的各项活动。中队会同民丰社区走上街头，宣传雷锋事迹；多次出动冲锋舟进行水上巡逻，保障了民间划龙舟活动安全进行。在七、八月份台风频繁季节，中队作为乐清市抗台抢险主要力量，时刻准备着上一线、打头阵，被誉为乐清人民最放心的部队之一。全年中队官兵参加地方共建和各类公益活动18次，帮助4所学校及法院等单位军训，参训总人数达3800人次。共建单位帮助中队进行专业兵培训3次、周末育才活动12次。通过各种形式的共建活动，中队进一步密切了警政警民关系。

边　防

概况　2007年，乐清市公安边防大队在上级党委领导下，在地方党委、政府和乐清市公安局职能部门的鼎力支持下，认真落实科学发展观，维护治安稳定、队伍建设、服务民生、构建和谐社会等各项工作扎实开展并卓有成效，出色地完成了各项艰巨任务，为率先实现第三次跨越付诸了大量的心血，为驻地经济发展、群众安居乐业作出了积极贡献。全年，共有3人荣立个人三等功，1人被省公安边防总队评为优秀共产党员，10人被乐清市公安局评为公安系统先进个人。黄华所党支部被省公安边防总队评为先进党支部。

积极投入打黑除恶专项行动　2007年，乐清市公安边防大队先后组织开展了市局部署的打黑除恶专项行动、利剑行动、治爆缉枪专项行动、07禁毒专项行动、打击“六合彩”赌博等。全年，辖区共发刑事案件202起，破217起，破案率为107.4%，发案数与上年同期相比下降了20.2%；共发治安案件259起，查处239起，查处率为92.3%，打击处理违法犯罪人员477人，抓获各类逃犯20名，其中破获涉毒案件143起，抓获贩毒嫌疑人19名、吸毒人员127名，缴获毒品海洛因236.93克、“K”粉32.15克。同时，还侦破了一系列有影响的大要案。特别是黄华所先后侦破了“1·19”特大贩毒案、“3·01”重大赌博案、“5·25”系列飞车抢夺案；蒲岐所侦破了“5·20”未成年人系列抢劫盗窃案；清江所摧毁了系列盗窃电动车及盗窃抢劫二个团伙等。蒲岐所轻微伤等四类案件办结率名列市局各所之首，清江所辖区控案防范工作名列市局第一。

做好海上防控工作　充分发挥公边33146艇的作用，开展经常性海上治安检查，努力维护海上治安秩序，大力推进“平安海区”建设。全年公边艇共航行248小时，计2600海里，检查船舶969艘、3469人，查处违规船舶106艘、违规人员156人，为构建和谐海域起到了积极作用。

化解社会矛盾纠纷　2007年，市公安边防大队辖区的浙能乐清

黄华所为校园周边创造良好和谐环境　　　市公安边防大队提供

乐清市市长潘孝政率四套班子领导到大队慰问　　市公安边防大队提供

电厂架线塔基用地、乐清临港开发园区的征地、黄华工业园区的征地等引发了较多的矛盾纠纷。大队各所认真调查分析了矛盾纠纷状况，积极采取“信息预警早发现，依靠地方早报告，及时出警早介入，宽严相济早调处”的“四早工作法”，主动当好情报员、通信员、宣传员、调解员、安全员，全年配合乡镇党委、政府和公安机关妥善处置群体性事件13起。同时，积极做好十七大期间的维稳工作，认真办理信访件的查结工作，特别是对辖区内重点信访对象，一面掌握其行踪，一面开展深入细致的思想政治工作，从而实现了信访“零进京”的目标。

开展“入户访见”活动　市公安边防大队紧紧抓住群众工作这根红线，先后部署开展了“入户访见百日大会战”和“大走访回头看”活动，主动把走访群众与执法执勤、扶困助弱、整治治安、化解矛盾、维护稳定结合起来。全年走访群众一万余户共三万余人次、出租房1800余家、船舶五百艘次，与困难群众结成帮扶对子6个，基层民警走访率达到100%，双向熟悉率达到75%，群众满意率达到93%，为群众做好事、办实事、解难事54件，共收到锦旗 5面。全力抗击“圣帕”、“韦帕”、“罗莎”等超强台风，受到了各级领导和当地群众的高度称赞。

创建新警务机制　针对警力下沉，警力布局发生变化的实际，市公安边防大队立足村居实际，推行公安机关“2+4”预警与动态勤务运行模式，变“被动警务”为“主动警务”，建立了配套齐全的警务室，健全了民警驻村制度，鼓励民警任“村官”，创建“亮名”警务室，使警务室真正成为村民“家门口的派出所”。黄华所创建的陈法建警务室，成为全省边防第一个亮名警务室。全年，市公安边防大队共建立警务室4个，15名民警进入村居任“村官”。

创建爱民固边模范村　市公安边防大队紧紧围绕“平安、和谐、发展”的工作目标，指导下属单位开展创建活动。蒲岐所以服务外来务工人员为切入点，建立了便民服务中心，分类解决“新蒲岐人”的实际困难，带动了新农村建设，取得了显著效果。黄华所、清江所都根据自身实际和当地实际，积极创建禁毒、禁赌示范村和法治示范村，得到了当地党委、政府的称赞。

大力推进关爱无助儿童工程　市公安边防大队以“发动社会募捐构建‘爱心网’、‘2+1’帮扶政策织就‘亲情网’、学校社会部队‘三位一体打造‘教育网’’”为中心，大力推进关爱无助儿童工程，先后为辖区16名无助儿童建立“爱心台帐”，并通过走访协商，当地学校免去了部分

市公安边防大队深入开展警民恳谈活动　　市公安边防大队提供

无助儿童的全部学费，并向上级边防部门争取到每位无助儿童每年500元或800元的补助金。另外，市公安边防大队组织民警以“编外家长”的身份，对无助儿童进行长期帮扶；发动社会各界为无助儿童捐款捐物达5.3万元，送图书及学习资料100余套、书包及学习文具80余件。黄华所干事楼二虎，三年如一日，细心照顾三位年幼姐弟和一位80多岁的老奶奶，感人事迹在浙江电视台民生休闲频道《爱心行动》栏目及多家报纸报道，社会上产生了强烈反响。

加强队伍建设 市公安边防大队始终把政治理论学习作为队伍建设的一项重点工作来抓，全年组织官兵认真学习了十六届六中全会精神、全国“两会”精神、中纪委七次全会精神、胡锦涛总书记“6·25”讲话、科学发展观、公安边防部队2007年党委扩大会议精神及十七大会议精神，用科学理论武装官兵的头脑，官兵的政治理论素质不断提升。同时组织开展了“弘扬公安边防精神，全面推进爱民固边战略”、“赞颂新成就、迎接十七大”、“党风廉政建设”、“读书月”、“学习郑九万，奉献在边防”等专题学习教育活动，广大官兵受到深刻教育。

消 防

概况 2007年乐清市公安消防大队以十七大精神为指针，以邓小平理论和“三个代表”重要思想为指导，深入贯彻落实科学发展观，精诚团结、开拓进取，圆满完成了辖区内的消防安全保卫任务。大队扎实做好战训工作，积极开展执勤备战、火灾扑救和各类社会抢险救援演练活动。在防火监督工作中，大队严格执法，官兵热情服务，努力改善社会消防环境，全市建立了消防部队战略布局全方位、立体化的火灾防御体系。同时，大队积极参加和支援地方建设，为乐清市的现代化建设作出了自己的贡献。

牢固树立执法为民意识 2007年，乐清市公安局消防大队以“作风建设年”和“四个严禁教育整顿活动”为契机，教育官兵严守廉政建设有关规定，增强执法为民意识，真正做到严格执法、热情服务，并在建筑工程的消防设计审核、验收工作中，坚持执行上级制定的便民措施。同时，按照《党风廉政建设责任制规定》，严格纪检日活动制度，扎实开展警示教育，加强对部队的监督管理和部队廉政文化建设。为了加大执法监督力度，大队还聘请了10名政府机关和企事业单位的领导作为廉政监督员，定期召开会议，听取兼政监督员的意见，以改进大队的消防执法工作。

基础设施建设进一步完善 2007年是公安部提出“三基工程”建设的关键之年。市公安消防大队抓住发展机遇，高起点、高标准、严要求落实“三基工程”，部队基础设施建设取得了可喜成绩。大队投入6.6万元对卫生间及浴室进行了全面改造；投入2.7万元建造了防雷设施；还向市财政局申请经费18万元，用于大队和两个中队的营房修缮和加层项目。基础设施的不断完善，进一步改善了官兵的生活条件，促进了和谐警营建设，营造了栓心留人的部队氛围。为提高装备器材水平，大队全年共投入182.9万元用于购置车辆器材装备，添置了一辆中型水罐车，配置了一批个人防护、破拆、侦检、堵漏、救生等抢险器材和常规装备，大大提高了部队的战斗力。

执勤备战工作不断加强 2007年，市公安消防大队共完成1570次接警出动任务，扑救火灾888起，消防部门立案调查的火灾37起，火灾造成直接财产损失282.1万元，无人员伤亡。火灾四项指标与上年相比：火灾发生起数下降86%，受伤人数下降100%，直接财产损失上升1.39%。在“5•9”甬台温高速公路乐清湾高架桥路段的抢险救援中，大队官兵充分发挥了消防部队在抢险救援中的主力军作用，奋战近3个小时，成功营救出5名被困人员。在这次抢险救援中，因表现突出，大队有两名同志受奖记个人三等功一次，官兵们以实际行动树立了消防部队的良好形象。

加大消防执法查处力度 2007年，大队在各级政府的支持下，以火灾隐患大排查、大整治工作为契机，以严格的行政处罚措施为手段，加大了消防违法违章行为的查处力度，努力在源头上控制和减少各类火灾隐患，形成了强有力的消防处罚威慑力。全年大队共检查重点单位399家、非重点单位528家；共填发《责令限期改正通知书》189份、《重大火灾隐患限期整改通知书》22份、《复查意见书》205份；对109家单位、64个个人实施了处罚，共处罚款123.5万元，“三停”119家，警告57人次。在对消防产品的监督检查中，共见证取样194批次，送检样品466个。通过强有力的执法工作，在全社会范围内引起了强烈的反响，全市消防执法环境进一步得到了净化。

消防宣传工作广泛深入开展 为切实做好消防宣传工作，增强社会消防安全意识，市公安消防大队以消防宣传“六进”为工作主线，采用“请进来”与“走出去”相结合的办法，紧紧围绕社会化宣传、队伍典型宣传、宣传队伍建设三个重点，消防宣传工作不断改进、创新。2007年，大队在各级媒体发表文章145篇，其中国家级媒体43篇、省级媒体80篇、温州市级媒体46篇、县（市）级媒体46篇。在开展“走出去”活动中，大队人员外出帮助培训40余次，受培训教育人数达1.2万余人次。在“请进来”活动中，消防站开放25次，迎接受教育人数达3500余人次。市公安消防大队还通过报刊、广播、电视、网络等媒体和采用演练、演习、咨询、分发资料等多种形式，不失时机地开展消防宣传，让广大人民群众充分认识消防、重视消防、学习消防、参与消防。在《乐清日报》上开辟了《红色119》专栏，每周四一期，对消防热点工作进行及时跟踪报道；还通过报纸、网络刊发消防安全知识竞赛题目，组织开展消防安全知识竞赛，参赛人数达1万余人。

社会化消防队伍不断壮大 在乐清市委、市政府和相关部门的支持下，2007年市公安消防大队在加强自身队伍建设的同时，征招了15名合同制消防员充实到灭火救援一线，缓解了警力不足的现状。截至年底，全市共有柳市、虹桥、北白象、白石、翁垟、芙蓉、雁荡等7支乡镇专职消防队和温州发电厂有限公司1支企业专职消防队，共有专职消防队员72人、消防车12辆；另有义务消防队446支、义务消防队员4011人、消防车22辆。社会化消防队伍覆盖面之广名列温州市乃至全省各县（市）前列。

积极开展双拥工作 市公安消防大队全体官兵把参加地方建设作为自己义不容辞的责任，大队先后获得了“温州市青年文明号”和“乐清市文明示范点”光荣称号。大队官兵还积极参加植树造林、无偿献血、抗台救灾、清洁街道、探望孤寡老人等活动，以自己的实际行动为构建和谐乐清、为乐清争创省级示范文明城市作出了贡献。

预 备 役

概况 2007年，乐清市预备役营坚持以“三个代表”重要思想为指导，全面贯彻落实科学发展观，认真落实全军军事训练会议精神，大力发扬听党指挥、服务人民、英勇善战的优良传统，坚持以军事训练为中心，突出应急作战，成功组织了全营快速动员演练、全师预备役指挥军官集训等一系列重大活动，营队建设稳步发展，受到了上级领导的好评。

召开营党委会 3月9日下午，乐清市预备役营召开了营党委会。会上，党委委员王友闻传达了预备役师、团党委扩大会议精神；营长薛孝敏总结了2006年度工作，部署了2007年度任务；党委委员徐扬宣读了2006年度调整预任军官任职命令并通报表彰了2006年度先进工作者；市委党委、市人武部部长薛克风出席会议并讲了话；乐清市委常委、乐清市常务副市长、温州预备役团副政委兼新任乐清市预备役营党委书记、营教导员王军作任职发言；温州预备役团政委陈春雷应邀出席会议并作重要讲话。会议还增补了赵思平、张忠强、叶乐安、范晓东、潘云夫、王敏等6名同志为营党委委员。会议由党委委员朱小敏主持。

抓好兵员整组工作 3月份，根据年度工作安排，全营进行了兵员整组。按照“调查摸底、优化兵员结构、整组出战斗力”的指导思想，认真抓好“七率”落实，努力提高兵员质量。

举行全营快速动员演练暨转服现役誓师大会 乐清市预备役营在兵员整组的基础上，于4月18日在市体育馆举行了全营快速动员演练暨转服现役誓师大会。预备役师政委兼省军区政治部副主任罗润海大校宣布演习开始，温州预备役团团长季正洪宣读转服现役命令，温州预备役团政委陈春雷宣读任职授衔命令，预备役团副政委、营教导员王军作战斗动员，乐清市委副书记郑建海代表乐清市委、市政府讲话，温州军分区政委郭登明大校、预备役师政委兼省军区政治部副主任罗润海大校先后作重要讲话。营长方铭带领全营官兵向军旗宣誓并组织演练。此次演练虽涉及人员、车辆、武器装备多，历时时间长，协调工作复杂、困难，但由于各级领导重视，演练收到了较好效果。这次演练检验了乐清预备役营的快速动员集结能力，展示了乐清预备役营良好的精神风貌和作风，受到了上级党委和乐清市人民的好评。

圆满完成步兵三连成建制训练 根据年度训练计划，5月17日，乐清预备役营组织步兵三连成建制训练和全团机枪骨干训练。此次训练主要内容有理论学习、共同科目训练、战术训练等，训练取得了良好效果。

召开营党委扩大会暨迎新送老座谈会 会议于10月12日下午召开。会上，党委委员范晓东传达了预备役师、团党委扩大会议精神；营长方铭回顾总结了上半年工作，部署了下半年工作；乐清市委常委、常务副市长、团副政委、营党委书记王军讲了话；乐清市委常委、市人武部部长薛克风出席会议并讲话；温州预备役团政委陈春雷出席会议并作重要讲话。会议还进行了迎新送老座谈。因工作需要，乐清市预备役营一批预任军官光荣退役；在过去几年中，这批优秀预任军官辛勤工作，营队建设有了较大进步。这批退役的预任军官是：章纪泉、胡成剑、陈景飞、徐扬、项昌林、廖凯敏、王友闻、万邦乐、陈靖芝、郑巨化、钱向永、张存余、郑鸥、周丕斌、何少飞、范勤朴、盛华、陈方存、郑海滨等。

积极参与“三个文明”建设 乐清市预备役营全体官兵始终牢记全心全意为人民服务的宗旨，发扬人民军队的光荣传统，积极参与“三个文明”建设。全年，全营落实了150人的应急分队，出动300多人次参与山林救火、400多人次参与抗台救灾，圆满完成了市委、市政府和乐清市人民赋予的任务，较好地树立了预备役营部队的良好形象。

外事·侨务·涉台事务

综 述

2007年,市外侨办、市台办、市侨联和市台联会等单位坚持“为国家总体外交服务，为地方经济与社会发展服务，为侨服务”的宗旨，紧紧围绕市委、市政府中心工作，积极进取，提高服务功能，创新服务手段，拓展服务内容，广泛团结乐清籍港澳台同胞、海外侨胞及其眷属，增进同外籍华人、国际友人的友好情谊，在主动服务中努力实现外事、侨务、涉台事务的可持续发展，为祖国统一、乐清经济社会又快又好发展作出了贡献，得到了社会各界的充分肯定。2007年，市外侨办获得了浙江侨声报通联工作先进单位、全省外事系统先进单位、温州市侨办系统先进单位、温州市侨办系统2007年信息工作先进单位、乐清市2007年度开放型经济工作优质服务单位和乐清市安全生产先进单位等多项殊荣；市台办被温州市台办评为温州市对台工作先进单位，台湾工作科被乐清市委统战部评为信息工作先进单位；市外事侨务系统有1人被评为温州市级外事系统先进个人，1人被评为温州市级侨办系统先进个人，1人被评为温州市侨务系统信息先进个人，5人获得乐清市先进工作者的荣誉称号。

外 事

强化服务意识，把好审核和管理关 认真贯彻落实省纪委、省委组织部、省外办、省公安厅《关于加强因公出国（境）团组境外纪律的通知》精神，结合本市实际，整理汇编了《关于党政、事业干部因公临时出国管理的若干规定》，修改完善了《乐清市党政、事业干部因公出国（境）报批表》，严格把好因公出国（境）审核和管理关，坚决制止机关干部变相的公费出国（境）旅游。此外，根据新时期因公出国（境）管理中出现的新情况、新问题和新要求，加强了对出国人员行前教育和涉外礼宾礼仪教育。一年来，市外事侨务办公室共受理、审核、呈报因公出国（境）团组87批182人次，其中党政干部出国（境）54人次，没有发生违反外事纪律的事件。

畅通管理渠道，完善外事管理机制 8月份，乐清市成立了由市委书记黄正强任组长、市长潘孝政任副组长的外事工作领导小组，定期听取外事工作汇报，协调处理重大涉外事宜，规划研究外事工作，建立健全外事规章制度。9月份，外侨办主任吴寿喜在市外事工作领导小组例会上,汇报了乐清市近5年来外事工作情况和做好新时期外事工作的打算。市外侨办领导还多次与市经贸局、外经贸局、公安局等涉外部门领导加强沟通、密切配合，统筹规划全市外事管理，共同应对和处理涉外事件。

当好团组“参谋”，周密部署领导出访 2007年，全市共组织了9个代表团赴外进行经贸考察，出访的市领导主要有：市委副书记郑建海率团赴巴西、阿根廷进行经贸考察，人大主任赵乐强率经贸考察团赴英国、瑞典考察，市常务副市长王军率团赴埃及、希腊、土耳其进行经贸考察，市委常委、宣传部长陈胜峰赴美国、加拿大进行文化经贸考察等。

加强外事交流，促进外事资源共享 1月份和7月份，市外侨办配合温州市外办做好企业因公出国专题调研工作。6月份，义乌市副市长傅智敏带领义乌市外事与侨务办公室一行8人来乐清市参观学习、交流工作。7月份，呼和浩特市外事侨务办公室考察团一行6人来乐清市参观考察。10月份，温州市鹿城区对外贸易经济合作局来乐清学习交流对外友好协会有关工作的开展。

做好外事接待，寓外宣于外事接待之中 全年全市外事接待共98批227人次，其中包括以越共中央书记处书记、国会副主席丛氏放为团长的越南高级党政干部考察团，奥地利维也纳原副市长、维也纳市长特别全权代表里德博士一行4人，以中国驻纽约总领事彭克玉为团长的中国驻外使节考察团，国际货币基金组织金融部主任林建海博士夫妇，澳门特区政府驻北京办事处吴北明主任一行，日本福井县日中友好代表团，中国前驻英大使马毓真夫妇，外交部巡回培训小组一行五人等。在外事接待中，市外侨办主动发送外宣资料，介绍投资环境和引资项目，陪同参观考察，积极宣传乐清市改革开放以来快速发展在社会经济方面取得的辉煌成就，让更多的国际友人关注乐清，从而进一步提升了乐清在国外的知名度。

开展友协工作，充分发挥友协作用　7月13日，乐清市人民对外友好协会第二届理事会第一次会员大会胜利召开。会议通过了《乐清市人民对外友好协会章程修正案》，选举产生了市友协第二届理事会，为市友协开展新一轮工作奠定了良好基础。乐清市人民对外友好协会充分发挥民间对外友好交流的桥梁作用，11月份邀请了美国、瑞士等国的4名摄影艺术家来乐清市采风创作；全年出版《乐清友协》双月报刊6期，为理事们及时提供各种对外交往信息，还通过寄送贺卡等形式加强了与理事们的联络。

选派研修人员，做好劳务输出工作　10～11月份，在坚持“公开、公平、透明”原则的基础上，结合扶贫工作，市外侨办将第21批赴日本水产研修生人员名额向山区符合条件的贫困家庭子女倾斜，通过报名初审、体检、政审、面谈和家访等五个环节，综合多方面因素，最后选出10名整体素质好、家境贫困的候选人员，并经参加相关培训后，于12月赴日本石卷市进行水产研修。选派水产研修人员既加强了乐清市与石卷市在水产加工技术方面的交流与合作，也帮助乐清山老区一些贫困家庭脱贫致富，有力地支持了乐清的社会主义新农村建设。

侨　　务

营造依法护侨良好氛围　侨法宣传是侨务工作的重点。2007年，市外侨办把宣传侨法作为一项长期重要的工作来抓，认真开展侨法宣传活动。6月份，由市政府牵头，成立了由分管副市长担任组长的侨法宣传领导小组，25个涉侨部门作为成员单位，分三个阶段在全市范围内有序地开展了侨法宣传教育活动。市外侨办还积极与市委党校沟通，将侨法学习列入中青年后备干部培训班和科局级领导干部培训班的学习计划。通过多形式、多层次、多渠道的侨法宣传活动，不仅广大华侨、归侨侨眷学法、懂法、守法，提高了自身维权能力，而且也提高了全社会对侨务法规的认识，全市形成了“尊侨、爱侨、护侨”的良好氛围。

市常务副市长王军（右六）率团赴境外考察　　市外侨办提供

维护侨界合法权益　市外侨办高度重视侨务信访工作，加强纵向联系和横向沟通，紧紧依靠党委、政府，积极协调有关涉侨部门，妥善处理问题，及时化解矛盾，依法维护了侨胞侨眷的合法权益。据统计，2007年，市外侨办共受理来信65件，接待来访172人次，报结率达98%。侨务信访的内容主要涉及到殡改、侨坟、侨房、出入境、涉外婚姻、计划生育、邻里纠纷、土地征用等八个方面，其中侨房和侨坟是热点、难点问题。为了做好重点侨坟保护工作，市外侨办于3月份开始就派遣工作人员到磐石镇、北白象镇、虹桥镇等地了解侨坟分布情况，对重点地区、重点侨坟主动与当地政府部门沟通，共同做好海外侨胞的服务工作，使侨胞在墓葬秩序整治上与政府达成一致。为了保障华侨、华人子女教育就学权益，市外侨办制定了《乐清市华侨子女升学加分、入学优惠的身份认定具体程序和审核方法》，进一步完善了乐清市华侨子女入学、升学有关优惠政策及办理程序。此外，5月份开展了“为侨资企业服务月”活动，活动期间协调解决侨资企业投诉案件8起，结案率达100%。

加大招商选资力度　市外侨办充分发挥侨务资源优势，积极参与、主动介入政府举办的重大经贸活动，认真做好海外侨商邀请、接待和项目推介、对接等服务，使各项活动顺利进行。在日常接待中，积极向海外侨团、侨商介绍市情，推荐合作项目，为“民外合璧”牵线搭桥、增进友谊，倡议海外侨胞为家乡建设作贡献。以浙洽会、轻博会、电器文化节、温州商品交易会等大型招商经贸活动为平台，广泛邀请海外华侨、华人实业家来乐参与经贸、科技方面的合作和交流。据统计，2007年有12家“三资”企业在乐清市落户，注册资金达1.29亿美元。

提升侨务引智质量　全市现有602人通过公派、自费、研修等途径出国留学，其中博士学位147人，硕士学位95人，分布在美国、加拿大、英国等25个国家和地区，主要从事教育、金融、电子、计算机、医药、生物等领域的研究工作，他们是乐清市经济社会发展的重要力量之一。为了充分发挥他们的作用，全市开展了乐清籍海外人才调查摸底工作，及时掌握海外人才的信息，建立健全了海外人才库，大力鼓励和精心引导海外侨胞中的高层次人才和紧缺人才为国服务。为了进一步加强与海外留学人员的联系，依托市留学人员家属联合会开展了各种形式的侨务引智活动，把海外侨胞的力量凝聚到构建和谐乐清的发展大局上来，更好地推进了乐清经济社会的又好又快发展。

服务侨资侨属企业　市侨商协会会员企业137家，总注册资金达14亿元，拥有省著名商标2枚、温州知名商标4枚、乐清名牌商标8枚。2007年上述企业完成工业总产值35.8亿元，出口创汇10.75亿元，创税利7.16亿元。市外侨办建立了侨资侨属企业长期跟踪服务机制，确定了15家企业作为重点联系点，由市外侨办和侨资企业事务发展所主要领导亲自负责联系，帮助解决实际困难。5月8日至6月7日开展了“侨资企业服务月”活动，邀请胡晓翔、陈向东等市领导到侨资（属）企业作专题调研，协调解决企业扩建中遇到的土地、房产等问题。积极部署落实全市中小企业安全生产隐患整治和企业安全生产标准化管理考评工作，与侨资侨属企业签订安全生产和消防安全责任书，多次召开侨资侨属企业安全生产工作会议，开展了安全生产大检查。发挥侨商协会的协调功能，一面以“请进来”的方式，组织会员企业参加全国各地来温州、乐清举办的投资推介会或洽谈会；一面以“走出去”的方式，组织会员企业外出考察，寻找商机，拓展发展空间。先后推荐6名优秀企业家随市领导赴澳大利亚等近10个国家进行商务考察，组织会员企业参加香港国际电子展览、广交会、第九届浙江省投资贸易座谈会。在市外侨办和湖州侨办的牵线搭桥下，有2家会员企业在湖州埭溪镇工业区入户，总投资达2000多万元。由于在为侨资企业服务中大胆创新、成绩突出，2007年底市外侨办代表温州市参加了全省侨办主任工作会议并作了先进典型发了言。

大力引导扶贫帮困　市外侨办始终把广大归侨侨眷的生产、生活情况放在心上，深入开展结对挂钩扶贫工作，努力将贫困侨户纳入民政救济范畴，积极帮助归侨侨眷解决实际问题。每逢传统节日，组织开展节日慰问活动，对全市60多户重点归侨、侨眷及留学人员家属进行慰问，了解归侨侨眷的生活和工作状况。大力引导华侨华人以捐资助学、村企帮扶结对、捐建农村基础设施建设、捐助农村合作医疗等多种形式参与全市扶贫攻坚计划和社会主义新农村建设，并取得了显著成绩。据统计，2007年乐清籍海外华侨华人、港澳同胞为全市教育、社会公益福利事业捐资赠物折合人民币达234.38万元。如：旅法侨领周世义和郑章超代表温州康城房地产开发有限公司向七里港中学捐资150万元，巨邦电气有限公司等3家侨企向乐清市民企扶贫济困总会捐赠爱心款60万元，侨企长江电器集团为赈灾慷慨捐资45万元……。乐清籍港胞南怀瑾和旅德华人冯定献历年共捐赠资金达200万元以上，受到了省侨办、温州市侨办的表彰。

市外侨办领导中秋节前看望华侨、侨眷　市外侨办提供

深化国外侨务工作　2007年，市外侨办先后接待了新加坡温州会馆等30个回乡探亲海外侨团和243人次的侨领、侨商、华侨华人，其中包括新加坡温州会馆名誉会长陈立明先生、国际货币基金组织金融部主任林建海博士夫妇、澳大利亚联邦政府教育部资深公务员施雁飞、旅美计算机专家黄贤登博士、意大利坎帕尼亚华商会会长丁宏梁夫妇、英国温州华商总会会长包骢先生等。圣诞节、元旦，市外侨办向海外广大侨胞、华人、留学人员寄发圣诞、新年贺卡1000多份，使远在异国他乡的侨胞们在节日期间也能感受到家乡政府的关爱。联合举办了新春团拜会、中秋三胞茶话会、“民生情•统战行”迎十七大书画展等涉侨联谊活动，广交新朋友，深交老朋友，进一步密切与侨胞侨眷的联系，增进了情谊，有力地促进了国外侨务工作的开展。根据乐清市海外侨团众多的特点，市外侨办对海外侨团的章程制度、组织机构、会务工作等方面进行了深入细致的调查，摸清乐清籍海外侨团底子，积极加强引导，推进和谐侨团建设。8月份，市外侨办领导还与刚成立不久的俄罗斯乐清莫斯科中华总商会会长王恒顺、副会长林佳勇等进行了座谈，就如何加强侨团自身建设进行了深入交流，共同探讨和谐侨团建设的路径。

拓展侨务宣传渠道　积极探索侨务宣传工作有效途径，拓宽海内外宣传领域和报道渠道，进一步加强全市侨务信息宣传工作。市外侨办建立了一把手亲自抓、科室分工、专人负责的信息工作机制，出台了《乐清市侨务信息宣传工作奖励办法》，落实宣传工作责任制，倡导全员参与，扩大侨务信息员范围，建立起了以市外侨办侨务宣传人员为核心层、各重点乡镇侨务宣传联络员为紧密层、131家侨资企业为外围层的乐清市侨务信息宣传工作网络。同时，充分发挥“乐清外侨网”这一侨务宣传主阵地作用，及时反映外事、侨务工作动态，介绍乐清投资环境和引资项目，宣传乐清改革开放30年来的发展和取得的成就；与乐清日报社、乐清广播电视台和乐清统战网建立了长期合作关系，实现信息平台互动，信息资源共享。此外，市外侨办还先后编撰出版了《乐清华侨志》、《乐清海外赤子》、《乐清留学人员风采》等“精品工程”出版物，并向侨胞赠送《乐清市项目投资指南》、《雁荡山画册》和乐清数字报。

力荐侨界参政议政 为了落实华侨和归侨侨眷享有参政议政的权利，发挥他们民主参与和民主监督作用，市外侨办积极考察、推荐归侨侨眷代表人士为温州市、乐清市的人大代表、政协委员候选人。至2007年底，全市共有31名侨界人大代表和政协委员，5名华侨担任了温州市政协委员，一名侨眷担任了温州市人大代表；乐清市旅居德国华侨冯定献担任了浙江省政协委员，是全国政协特邀的28名海外政协委员之一。乐清侨界的人大代表、政协委员们知情出力，集思广益，通过“两会”积极提建议、意见，反映了侨界的呼声和要求。

涉 台 事 务

涉台宣教紧抓不懈 市台办牢牢把握中央对台政策主脉络，紧抓涉台宣教工作不放松，2007年开展了一系列涉台宣传教育活动。1月8日和23日，市台办分别召开了台胞台属新春茶话会和台胞台属及涉台部门人员座谈会，通过茶话会座谈了解情况、宣传政策、联络感情；3月7日召开了各乡镇分管统战党委委员培训会；3月20日组织召开了台海形势专题讲座；6月29日组织台办机关干部和台联会机关干部学习了胡锦涛6月25日在中央党校省部级干部进修班的重要讲话精神；9月24日与市政协、市委统战部等单位共同举办了中秋茶话会；9月25日，组织召开了“庆中秋，话统一”台胞台属座谈会，中秋前夕还慰问走访了王通奎等台胞和部分台属；10月18日，组织台办机关干部和台联会理事学习了党的十七大报告；12月3日，“走进台湾”系列图片巡回展启动仪式在台资企业温州飞龙电器有限公司隆重举行，归侨侨眷、台胞台属界的政协委员、台联会理事、部分台胞台属代表以及台资企业员工代表50多人参加了仪式，这次图片展历时半年时间、以橱窗展览的形式在各乡镇、村庄、社区、学校、企业进行巡回展出，图片包括自然风光、人文风俗、经济社会、交流交往、台湾记忆、对台政策等6个系列共70余张图片；12月份，利用选拔队员参加温州市台办、温州市教育局联合主办的“宝岛台湾在我心中”知识竞赛这个机会，在全市中学生中开展了台湾知识教育宣传，发放《涉台知识学习手册》等有关学习资料，举办“台湾在我心中”主题班会，营造了浓郁的学习宣传氛围，产生了良好的社会效应。2007年，市台办编印简报13期，上报信息20条，其中市委统战部录用11条，温州市台办录用2条，省台联会录用3条，省台办录用2条；同时完成了《现阶段发挥“大陆新娘”促进祖国和平统一积极作用的思考》和《关于新时期如何发挥台联会作用的思考》两篇调研文章。另外，草拟了《乐清市涉台突发公共事件紧急预案》，由市委发文至各乡镇和有关部门、单位，这为今后更好地开展涉台工作统一了思想，提供了依据。

乐台两地交流日益频繁 市台办始终以做好台湾人民工作为中心任务，加强乐台两地民间的交流交往、沟通联络，以增进乡情、扩大共识。2007年市台办共接待来乐台胞260多人次、台轮3航次。4月初，走访接待来乐清祭祖探亲的台胞10多人；7月8日，热情接待了台北浙江同乡会组织的浙籍大专青年参访团一行28人，社会反响良好；7月20日，市人大副主任周明涛带领浙江省电气行业协会经贸考察团赴台湾考察交流；在抗击桑美等台风过程中，市台办高度重视、周密部署，台轮停泊点和台胞接待站为台轮顺利进港避风作好一切准备，确保台轮进港避风安全。为促进乐台两地交流，市台办定期收集反映乐清、温州经济社会发展的文字和图片资料，及时发给台北温州同乡会、乐清同乡会等，通过他们将家乡和祖国大陆的新面貌、新发展传达给台湾同胞；12月底收集了一批乡镇志书寄往台湾，受到台胞的热烈欢迎。台北乐清同乡会根据市台办提供的资料，在台湾制作了两期《乐清会刊》，进一步提升了乐清在台湾的知名度。

维权服务有效加强 市台办始终坚持以人为本，努力为台胞台属提供优质服务。2007年市台办结合市委统战部开展的“一十百千万”工程，每个机关干部联系了二十户台属家庭，经常与其沟通交流、掌握情况，并提供力所能及的帮助。清明节期间，许多台属提出修缮祖坟要求，市台办向台胞台属解释有关政策规定，想方设法帮助解决问题。5月28日至6月1日，市台办组织人员在全市范围内开展了定居台胞、台胞台属和台资台属企业基本情况调查活动，市台办人员走村入户，深入企业，通过发放调查问卷、召开座谈会等形式，了解台胞台属情况和台资台属企业面临的困难，并尽量协调有关部门单位，帮助解决各种困难。10月8～15日，开展了全市台湾新娘基本情况调查。10月底，虹桥镇一名台胞涉嫌参与“六合彩”活动，市台办努力与相关部门进行协调沟通，帮助侦破了案件。市台办还开通了寻亲热线，通过各种渠道，利用各种线索资源，帮助台属寻找失散的亲人。

机关建设成效显著 市台办继续强化干部的教育培训，利用每周一次学习会、每月一次学习夜活动和一次机关支部会，组织干部学习党的十七大精神和有关会议精神，深刻领会中央对台方针政策，不断提高干部的政治理论水平和业务水平。市台办以“作风建设年”活动为契机，结合工作实际创新设计载体，积极开展创建“四好科室”和“六型机关”活动，取得了明显的成效。

农 业 经 济

综 述

2007年，乐清市农业和农村工作在市委、市政府的领导下，认真贯彻、落实中央和省委一号文件精神，按照市委、市政府提出的“实现第三次跨越”的总要求，全面贯彻落实科学发展观，认真执行党在农村的各项政策，坚持全面、协调、可持续发展方针，研究部署各项农业农村工作，不断创新服务内容和形式，转变农业增长方式，提升农业综合生产能力，千方百计推进农村劳动力培训、就业与转移工程，继续深化农村改革，全面减免农业税，保护农民合法权益，继续推行农业优惠扶持政策，开展农业政策性保险，加强动物疫病防控，确保了全市农业和农村经济平稳发展。2007年，全市实现农林牧渔业总产值20.27亿元，同比增8.46%，农民人均收入10438元，同比增12.0%。

农 业

概况 2007年，全市实现农业产值7.124亿元，同比增3.7%；全年粮食播种面积41万亩，同比增0.14万亩；总产16.5万吨，同比减2100吨。

粮食生产稳中有升 按照“目标不变、力度不减、措施加强、投入加大”的粮食生产总体要求，坚持在稳定粮食综合生产能力的前提下，立足口粮自给。2007年，实现粮食播种面积41万亩和总产16.5万吨。优化粮食品质结构，发展优质早稻，主攻单产，全市建立优质示范方47个计面积1.2万亩，良种覆盖率达95%以上，早稻单产创历史新高达435公斤/亩，总产4.75万吨，比上年增0.18万吨。加大扶持力度，落实各项支农惠农政策，全年落实农业扶持资金达1400万元。扩大春粮种植面积，全市完成春粮播种面积1.72万亩，总产2370吨，比上年略增。采取综合措施，加大冬种生产力度，落实冬种面积18万亩，其中大小麦、蚕豌豆、油菜等冬季粮油作物播种面积比上年增加1万亩。同时还建立了订单生产基地，订单面积进一步扩大。

经济作物扩面增量 受市场旺求和价格稳定的双重拉动，全市的经济作物呈现快速发展趋势，主要经济作物扩面增量。利用设施栽培面积扩大，大棚蔬菜、西瓜种植面积达3.2万亩；高山蔬菜种植面积增加到2000亩，同比增加300%；茶叶种植面积和总产继续增加，品质不断提高，全市茶园总面积达2.62万亩，新发展茶园面积1200余亩，2007年春茶总产量238吨，总产值5000万元，其中名优茶产量150吨，产值3200万元；柑橘桔生产趋向稳定，杨梅、葡萄、梨等小水果发展较快，全年全市新增水果特产基地53个，面积4940亩；全市现有中药材种植面积5000亩，全年总产值近亿元，石斛、金银花和温郁金发展迅速，2007年新增中药材基地32个，面积1863亩。

稳步推进畜牧饲养业发展 认真规划畜牧生产，推进畜产品品牌建设和畜牧业生产方式转变、产业制度创新，突破畜牧业发展用地、环保、疫病等瓶颈制约，深入实施畜牧业“西进东扩”的发展战略，加快畜禽适度规模饲养和现代养殖发展步伐，加快生猪、奶牛、兔、羊等畜业产品及禽类产品的发展，重点扶持生猪生产，全市畜牧生产稳步推进。2007年，全市畜禽产品总产量达到5.72万吨，市场供应稳定；生猪出栏11.7万头，年末存栏9.12万头；奶牛出栏0.15万头，年末存栏0.36万头；家禽出栏682.3万羽，年末存栏346.8万羽；羊年末存栏1.82万头，兔年末存栏8万只。畜牧生产总值占农业生产总值比例增大，全市实现畜牧业生产总值5.82亿元。

扶持壮大农业龙头企业 坚持“扶大、育新、兴小”的思路，重点培育了一批加工开发水平高、市场开拓能力强、辐射面广、具有一定竞争能力的农业龙头企业，全市已申报农业龙头企业65家（包括2004年已经评定的34家），新增24家，同时严格农业龙头企业评审制度，全市评定农业龙头企业50家。加大对龙头企业科技应用的支持，促进龙头企业从劳动密集型的传统产业向劳动密集型与技术密集型相结合的现代农业转变；加大对农业龙头企业的资金扶持，全年贷款贴息达160万元；加强对农业龙头企业的信息服务，根据市场走向，积极参与国内外市场竞争，农业龙头企业全年销售额达到12.89亿元，其中年销售额超亿元的有两家。

农村专业合作经济组织发展迅速 积极开展《合作社法》、《浙江省农民专业合作社条例》和省委、省政府《关于进一步加快发展农民专业合作社的意见》的宣传，按照"民办、民管、民受益"的原则，加快了农民专业合作社的发展，全年新发展农民专业合作社44家，全市经工商部门注册登记的有166家，社员共计9850人。同时鼓励、引导农民发展行业协会，全市农村共有各类行业协会11家。认真开展农民专业合作社绩效调查，并建立专人联系制度，指导农民专业合作社开展"百社五化"建设活动，全市31家合作社参加了"百社五化"活动。加强农民专业合作社的规范化建设，87家农民专业合作社申报规范化建设，全市农民专业合作、供销合作、信用合作"三位一体"的农村新型合作体系建设步伐进一步加快。

建立健全农业产业化利益联结经营机制　推行"行业协会+龙头企业+专业合作社+农户（基地）"的四位一体的生产经营模式，通过订单、合同、契约等形式，加强相互之间的合作，稳定相互之间的购销关系，促进相互之间由松散型向紧密型转变，进而形成利益共享、风险共担的组织形式和经营机制。全市农业龙头企业带动农户9.78万户，联接基地面积15.26万亩；专业合作社带动农户4.10万家，联接基地302个计面积6万亩。全市农业龙头企业与农户、合作社等签订的订单、合同、契约比例达40%以上。积极培育市场中介，发展营销大户、农村经纪人队伍，全市共有各类农业营销大户2980户、农产品经纪人363人、庄稼医生85人，他们在农业产业化中较好地发挥了各自的桥梁和纽带作用。

拓展农产品流通领域　实施农业"走出去"战略，加强农业对外开放和交流，认真开展域外农业调查，关注域外农业发展，并开展了评选"十佳农业'走出去'示范户"活动。全市31个乡镇有5000多家农户（农业龙头企业）在全国30个省（市、自治区）从事农业经营，在外建立了35万亩网络式粮食生产基地，其中订单收购25万亩，平均每年向乐清市提供优质大米8万多吨。2007年全市域外农业总投入5000多万元，总产值近10亿元。2007年还成功举办了第一届杨梅节，取得了较好的社会和经济效益；积极组织农业龙头企业及农户参加各类展销会、农产品交易会、评比会，多家企业获得金奖；加强了农产品绿色通道建设，共调运各类鲜活农产品42595吨，节省成本10多万元；建成"农家乐"休闲等旅游项目2家。

实施"沃土工程"　深入实施"千万"工程、"沃土工程"，重视农产品产地环境建设，抓好样土采集与示范基地建设，积极拓展应用领域，加强了配方肥的推广应用。全市建立早中晚稻测土配方施肥核心示范方1.6万亩、核心示范片65个，共计面积3万亩，配方肥应用3万亩，推广测土配方施肥41万亩次，发放施肥建议卡10万份，应用测土配方施肥农户3.7万户，亩均减少化肥2.8公斤。同时推广秸杆还田技术35万亩次，实施无害化工程21万亩，实施平衡施肥技术20万亩，推广新型农药58吨，落实冬绿肥面积2万亩。

重视农业面源污染治理　"十万农户生活污水净化工程"扎实推进，以沼气开发运用为纽带推进生态模式的"改厕、改圈、改厨"工作，加大对畜牧规模养殖场排泄物的治理力度，加快农业废弃物的无害化处理。2007年全市累计完成规模化畜禽养殖污染治理工程7566立方米，其中落实"811"工程省级项目15处；全市农村清洁能源利用率达70%，沼气、太阳能等可再生能源利用量占农村能源消费总量的4.1%，推广太阳能3.25万平方米，生活污水处理450立方米，推广标准净化沼气生态公厕240座，池容量2.6万立方米。

加快农业标准化及无公害农产品基地　乐清市已出台地方农业标准共6项，农业标准化推广实施面积约18万亩，占农作物总面积32.1%。加快实施农业品牌战略，积极培育农产品知名品牌，全市累计取得省著名商标1个、浙江名牌产品1个、温州市名牌产品3个、温州市知名商标3个。鼓励农业企业进行QS认证，深化茶厂优化改造，2007年完成茶厂优化改造7家；发展无公害农产品、绿色食品和有机食品，全市已有38个农产品基地通过无公害农产品产地认证，16个产品通过国家级无公害农产品认证，1个产品通过绿色食品认证，8个产品通过有机食品认证，蔬菜、畜产品、茶叶等农产品质量安全监督抽检平均合格率达95%以上。同时做好无公害农产品基地生产档案的建立，全市74家农产品生产企业已有55家建立了生产记录，占比74%；114家农民专业合作社已有69家建立了生产记录，占比61%。

严密防控动植物疫病发生　按照"预防为主、防控结合"的方针，全力抓好动物疫病的防控，打好春秋动物防疫攻坚战。加强流通领域监管，堵截输入性疫源传入，开展家禽生产和畜产品安全卫生专项整治，切实加强免疫质量监管，确保禽流感、口蹄疫免疫密度常年保持在95%以上，规模饲养场畜禽的免疫密度达99.5%，存栏畜禽的抗体合格率达82%以上。加强高致病性禽流感防控工作，开展消毒灭源，实施强制免疫。全面总结柑橘黄龙病、加拿大一支黄花、稻飞虱等植物疫病的防控经验，加强植检植保队伍建设，完善农作物重大病虫害检测预警体系、植物检疫防疫体系、农药安全使用保障体系和植保技术推广应用体系，提高农作物病虫害的预报水平，2007年水稻病虫害防治面积10.6万亩，种子消毒面积15万亩，春秋季灭鼠25万亩。

加强对农业的依法监管　开展"绿箭"执法系列活动，或农业部门单独或联合质检、工商等部门开展对卫生杀虫剂批发市场、超市、商店、农村主要集贸市场的监管，重点加强对农药、化肥、种子、饲料、兽药等农业投入产品的执法检查，全年共出动240多人次，查处案件4件。加大农机安全监管，开展农村道路交通安全整治活动，严厉打击人货混装、超载、擅自改装等违章行为，重点查处“三无”、“三证不全”，消除事故隐患，确保道路交通安全。加大对畜禽产品的养殖和屠宰环节的监管力度，确保畜禽产品安全。

切实减轻农民负担 坚持“多予、少取、放活”的指导思想，认真贯彻落实农村税费改革政策和减轻农民负担的各项方针政策，进一步健全农民减负监控体系，做好涉农收费的清理工作。2007年，市农业部门对现行涉农收费的有关价格和收费项目、标准、依据等进行了统一公示，认真查办了农村群众反映的问题，纠正有关加重农民负担问题两个。坚决制止农村“三乱”反弹现象，加强对问题村、矛盾村的审计工作，全年共审计各类违规资金1259.9万元，为村集体挽回直接经济损失近50万元；抓好村干部任期和离任经济责任审计，建立健全村集体经济三年轮审制度，2007年完成了207个村的审计，涉及金额9300万元。

实施土地仲裁，维护承包经营者合法权益 及时调整了土地仲裁委员会成员，认真开展土地仲裁工作，并加强了与法院等部门的衔接。乐清市开展土地仲裁两年来，依法及时有效地处理土地承包纠纷，化解农村矛盾，维护了承包经营者的合法权益，填补了原本某些案件投诉无门的“真空地带”。全年共受理仲裁申请64件，立案59件，审结162件，仲裁工作量占温州全市的一半以上，受到了省、温州市土地仲裁部门的一致好评。

大力开展农民素质教育培训 按“工业反哺农业，城市支持农村”的要求，为提高农民的生产经营技能、创业就业能力、科学文化素质，市农业部门深入实施“百万农民素质教育”计划，采用委托培训、联合办班等形式，通过“绿色证书”、农函大、农广校等有效途径，加大培训教育力度，努力将农民培育成有文化、懂技术、会经营、高素质的新型农民。2007年共举办各类农民适用技术培训班106期，培训农民8634人，其中取得绿色证书1450人，内容涵盖果树栽培、森林防火等适用技术。

加快农民信箱的推广和应用 在完善乐清农网、农技110的基础上，重点加快农民信箱的推广和应用，截至2007年底，全市农民信箱已注册用户33935户，提前超额完成了省下达的任务，镇安、仙溪、乐成等18各乡镇已完成了注册用户任务；农民信箱已启用29629户，启用率为87.3%。加强农民信箱的业务培训，全市991人参加了培训考试，其中农村信息员719名、应用示范户126名。利用网络优势，全年发布公共信息325条、维护农业信息资源集成82条、买卖信息440条，超额完成了省厅下达的任务。

深化农技推广体系改革 加强基层农技人员队伍建设，建立农技首席负责制和基层农技干部连片包干制，促使全市农业专业技术管理步入正常化、规范化、制度化轨道。同时完成了市种子公司的管理体制改革，针对职能转变，做好管理和经营的衔接工作；畜牧体制改革已接近尾声。

土地二轮承包进展顺利 稳步推进土地二轮承包，2007年全市新签订土地承包合同458份，新发土地承包经营权证79户，换发土地承包经营权证60户，变更土地承包经营权证19户，建立信息化管理土地承包档案511个行政村，涉及农户13.79万户。按照“依法、自愿、有偿”的原则，采用流转、租赁等形式，推进土地承包经营权流转，进一步扩大了土地规模经营，全市2007年承包经营权流转土地面积10万亩，其中常年性流转面积8万亩。

做好村级财务规范化创建指导工作 强化村账财务监督，完善了村账乡镇代理制度，加强了农村会计代理中心财务管理规范化建设，规范了村级民主理财制度和村报账员管理办法，并积极探索村集体资产壮大发展模式，全年批准成立农村经济合作社3个，完成了57个村的村级财务“三级联网”建设。加强对农村会计人员的培训和管理，提高农村财务管理人员素质，严格实行农村会计人员持证上岗。开展村级债权债务的清查工作，加强村级债务管理，按照“规范操作、依法办事，公开公正、发扬民主，因债制宜、分类处理，合理规划、逐步化解”的原则，从乐清实际出发，认真开展了债务调查，积极稳妥地化解村级债务。据统计，至2007年底全市村级债务还高达2.03亿元，涉及528个村。

农业政策性保险超额完成省厅下达任务 乐清市是农业政策性保险试点县（市），5月份启动实行1+4X保险，遵照“低保障、保大户、保大灾”的原则，进展比较顺利，全市31个乡镇共有1782户农户参保，保费收入233.74万元，其中水稻种植参保1072户，保费收入69.29万元；生猪饲养参保301户，保费收入46.34元；大棚蔬菜种植参保203户，保费收入54.94万元；养鸡参保69户，保费收入24.1万元；养鸭参保135户，保费收入39.06万元，生猪、鸭、鸡等都超100%完成；水稻、大棚蔬菜等也达50%以上，超额完成了省厅下达的任务。加强农业政策性保险理赔工作，由于2007年受台风等自然灾害影响严重，理赔工作量较大，共结案599件，发放理赔款479.47万元。

水　利

概况 2007年，市水利局全面贯彻落实科学发展观，紧紧围绕乐清经济社会发展大局，认真贯彻市委、市政府关于水利工作的各项部署，积极践行可持续发展治水思路，高度重视防灾减灾和防汛工作，着力解决水利发展中的突出问题，水利事业和防汛工作呈现出发展加快、改革深化、管理加强、服务提升、民生改善的良好态势。全市加大了对水利防灾减灾设施建设的投入，在37个市重点工程中水利重点工程占6项。经过水利系统全体干部职工的共同努力，有5项水利重点工程超额完成年度建设任务，受到市政府表彰。2007年，市水利局被评为浙江省水利工程建设先进集体、温州市水利系统抗台救灾先进集体、乐清市级机关单位工作目标责任考核优胜单位，荣获温州市水利局年度考核一等奖、省第十三届大禹杯提名奖，在社会各界评议满意不满意单位活动中排名比上年度明显上升。

防汛防台工作取得全面胜利 2007年，乐清市接连受到5次台风的袭击，其中"帕布"、"韦帕"、"罗莎"等3次台风对全市造成了较大的影响。为减少台风造成的损失，市水利部门坚定"以人为本、民生至上"的理念，认真分析防汛形势，及早进行部署，明确防御目标和防御重点，开展了大规模防汛检查督查，并组织了预案演练。在整个抗台防汛期间，市水利部门启动防汛预案5次，发动15万人次的干部群众参加抗台，转移避险群众22.1万人次，转移船只3312艘次，水库河道预泄预排库水、河水5360万立方米，水库拦洪4783万立方米，把灾害造成的损失降到了最低程度。

"515"防洪工程进展迅速 虹桥东排工程于2007年11月开工建设，超额完成温州市和乐清市政府下达的年度建设任务，并荣获温州市政府"515"防洪工程一等奖。乐成中运河整治工程两个标段已完成招投标任务，同时，对重点河段进行了打卡、疏浚，累计完成土方30万立方米，完成投资1000万元，大大提高了市区的排洪泄洪能力。

标准海塘工程如期施工 2007年，新开工建设的标准海塘有11公里，完工7公里，完成投资3602万元，超额完成了市政府下达的年投资3500万元的建设任务，标准海塘工程被市政府评为重点工程三等奖。同时，全年安排海塘维修养护经费65万元，投入水闸维修养护经费118万元，还安排了海塘地形测量经费50万元。

水库除险加固工程顺利推进 2007年是全市千库保安建设的高潮年，继白石水库、牛头山水库、江沿水库、小崧水库等四座水库完成除险加固后，又上了一批新项目，建设管理任务十分繁重。10月20日，钟前水库除险加固工程顺利进场，至年底，超额完成了市政府下达的投资1000万元的建设任务，并获市重点工程二等奖。福溪水库除险加固工程前期工作也已全部完成。全年还完成了冯村水库的除险加固任务、白莲堂水库的主体工程、柏岩水库的30%工程量，完成了东林、十八乇、大崧水库的招投标任务、流水岩水库的施工图审查、上叶水库的初步设计工作，完成了四座中型水库的控制运用计划编报和小一型、小二型水库汛期运行控制水位的审查、审批工作。另外对全市的山塘水库开展了三次较为全面的安全检查，落实了行政首长负责制，确定了管理人员，做到责任到人，职责明确。

河道整治步伐加快 全年累计疏浚平原河道48.25公里，清淤土方32.42万立方米，建成或在建护岸15公里；建成或在建山区河道防洪堤21公里。全年河道整治完成投资7000多万元。

围垦造地工程克难而上 胜利塘北片工程完成投资4577万元，超额完成年初上级部门下达的年投资4000万元的建设任务。乐海围垦工程完成投资5147万元，超额完成年初上级部门下达的年投资5000万元的建设任务。上述两项工程分别被评为温州市围垦工程二、三等奖和乐清市重点工程二、三等奖。

小流域治理取得显效 2007年建成标准防洪堤6.3公里，完成投资1400万元，基本完成了黄金溪和四都溪的治理。同时，抓好小型农田水利工程建设和水毁工程修复，全年完成新建、加固和修复拦水坝15条、渠道7公里、防洪堤8.8公里、排洪渠4公里、翻水站2处，合计完成投资754万元，有效提高了农业综合生产能力。

水行政执法工作力度加大 全年共出动水政巡查1005人次，查处水事违法违章案件130件，其中及时制止42件，行政处罚（处理）61件；共组织拆违大行动6次，顺利拆（清）除柳市乐馆运河后街段、乐成悬浦河、柳市象山村段河道、北白象后西樟村段河道等19处违章建筑，拆除违章建筑面积达9054平方米，涉河违章行为得到有效遏制。全年累计批复涉河项目37项、其他水工程管理范围内项目8项，还完成了乐清市水利行政执法疏理工作，完成了虹桥孝顺水厂及雁荡山啤酒厂取水实时监控系统的安装及调试工作，新办取水许可证8家，换发新版取水许可证103家。同时制定了桶、瓶装水的水资源费征收方案，并集中力量予以统一征收。

海洋与渔业

概况 2007年全市水产品总产量8.55万吨，其中海洋捕捞1.60万吨、海水养殖6.51万吨、淡水渔业0.44万吨；渔业经济总产值16.81亿元，其中海洋捕捞1.05亿元、海水养殖8.40亿元、淡水渔业1.03亿元、人工苗种生产0.71亿元；水产品加工产量1.51万吨，产值4.50亿元；其它涉渔产业产值1.12亿元。2007年，乐清市被浙江省人民政府认定为浙江省农业特色优势产业水产养殖强县（市）。

水产加工业引人注目 至2007年底，全市以温州海美鲜集团为代表的水产加工企业有22家，全年新增温州市级农业龙头企业2家，新增乐清市级农业龙头企业7家。2007年全市水产品加工总量1.51万吨，实现产值4.5亿元，比上年度分别增长3.42%和3.45%，出口创汇1860万美元。水产品加工主要有以下3个方面：一是干制品加工，有加工企业和加工户近千家，全年加工量5427吨，产值约2.3亿元；二是腌罐制品和鱼糜等加工，全年腌制品加工量738吨，产值3200万元；三是冷冻品加工，全市冷藏能力5530吨/次，制冰能力253吨/日，冷藏总量达8.79万吨，全年水产品冷冻加工量达7941吨，产值1.71亿元。

休闲渔业异军突起　以乐清宏达蟹鳖场为代表的休闲垂钓业发展迅速，年接待游客6万多人次，收入450万元。休闲渔业由原来单一的垂钓型、餐饮型渐渐向综合休闲型发展，而且规模不断扩大，档次逐步提高，还有海上游船12艘，年接待游客近3万人次。

实行科技兴渔战略　一是积极开展渔民劳动力素质培训。2007年，市渔业部门举办各类培训班10期，培训人员1049人，渔民劳动力素质培训工作走在全省前列。二是切实加强技术服务，为渔民排忧解难。市海洋与渔业局认真落实省水产技术推广总站的部署，开通了渔技110服务热线电话，全年共接待来电、来访100多人次，帮助渔民解决了一批实际问题。三是加强水产养殖病害测报工作。根据全市水产养殖实际情况，确定泥蚶、缢蛏、美国红鱼、锯缘青蟹4种养殖产品为测报对象，选择翁垟镇地盐村、雁荡镇西门岛村、乐清湾海区等5处地域为测报点，每月定期开展现场调查检测。

加快渔港建设步伐　市海洋与渔业局会同温州港湾工程咨询监理公司编制了《乐清市标准渔港建设规划》，经过多次修改与专家评审，于9月份完成了规划编制，并上报省渔港办公室批准实施。全市共有7个渔港，其中二级渔港2个、三级渔港2个、二级以下渔港3个；南岳、杏湾渔港建设在做好大量前期准备工作的基础上，已完成可行性报告。

加快安全信用体系建设　2006年，乐清市在全省范围内率先启动初级水产品质量安全信用体系建设，经过一年的努力，现已取得阶段性成果。2007年，市海洋与渔业局进一步建立完善了初级水产品质量安全信用体系制度，其中包括信用信息征集制度、信用评价制度、信用披露制度、信用分类制度和信用宣传制度，还为初级水产品质量安全信用体系建设制作了软件平台。5月全市召开了水产品质量安全暨渔业安全生产工作，接着在全市范围内开展了初级水产品生产行业调查，收回调查表格676份，并输入软件平台。同时还把全市的无公害基地、省级“千场无公害、万户信得过”单位、水产加工企业纳入第一批信用体系管理。2007年，全市申报浙江省初级水产品质量信得过企业26家。

积极推进无公害认证　2007年是实施无公害一体化申报的第一年，根据省局统一安排，市海洋与渔业局认真做好产地认定产品认证一体化推进和产地产品的复查换证工作，全年复查换证4家企业，申报无公害产品企业4家，申报无公害一体化企业3家。同时还申报无公害基地3个计面积3354亩，申报无公害产品13个，无公害基地已全部通过审核并发放了证书。

严格渔业管理与海洋执法　大力开展休闲渔船和渔运船的专项整治活动，全年共开展了3次专项检查。五一期间，市海洋与渔业局还配合温州市海洋与渔业局开展专项检查活动，查处超载渔船3艘、无证渔船1艘，并对被查处渔船作了限期整改处罚决定。加大安全检查力度，查处违规渔船出海生产，全年进行了3次港口检查和1次海上联合检查，出动人员35人次，查处渔船16艘次，查处违章渔船5艘，及时有效地纠正了渔船的违规行为，确保了渔业生产的安全。严格海洋执法，全市全年共组织执法检查75次，立案7件，结案11件，收缴罚款入库71.31万元；其中，查处“海盾”案件2件，收缴罚款39.05万元；共查处遗留案件6件，收缴罚款24.57万元。因在海洋执法方面成绩显著，中国海监乐清市大队于2007年2月被中国海监总队授予“2006年度中国海监优秀执法示范大队”称号。

强化海域使用管理　加强海域使用许可制度建设，根据有关法律、法规规定，进行了《海域使用权证书》年检工作，已通过年检的证书有31本。对新建用海项目严格按照海洋环境影响评价、海域使用可行性论证及基本建设审批程序要求进行用海使用权审批，2007年确权发放了乐清市乐海北片围塘养殖渔业用海等3个用海项目的海域使用权证。完成了温州中欧船业有限公司厂区（填海）工程等七个用海单位的项目上报省局审批的受理工作，较好地完成了年初市委、市政府下达给市海洋与渔业局的任务。全市海洋管理工作更加规范化、科学化。同时加大海域有偿使用制度建设，全年征收上缴财政海域使用金4396.20万元（其中上交省财政4238.56万元、乐清市财政157.64万元）。

增殖放流保护资源　为了增加生物多样性，市海洋与渔业局确定雁荡镇跳头村为乐清湾贝类资源保护区，加大投入，增殖放流。2007年已完成了图纸设计，完成了管理房选址，并填方3000立方米。

林　业

概况　2007年，乐清市实现林业产值7137.9万元，与上年持平；全年造林937公顷。

抓好营林绿化　2006年冬至2007年春，共营造林14055亩，超额完成了省、温州市下达的任务，其中迹地更新10931亩，超任务数3913亩；以坟山绿化为主的荒山荒地造林2028亩；生物防火带建设954亩；平原绿化140亩。2007年的绿化造林有三个特点：一是全面采取专业队造林，全市50个造林基地中有49个基地由专业队承包造林；二是造林季节集中，造林始期为3月2日，主要集中在3月上中旬，至3月22日已基本结束；三是造林质量高，由于采取专业队造林，在苗木、整地、植树、管护等方面均按造林标准实施，加之造林季节集中，造林期间气候适宜，造林质量明显提高。同时深入开展“绿化示范村”建设活动，积极倡导庭院绿化；大力营造生态公益林，全年共营造生态公益林16.8万亩，发放补助资金174 万元。

保护森林资源 严格林地审批，依法管理林地，实施林地用地项目调控，逐步形成“总量控制、定额管理、合理供地、节约用地”的林地用地机制。严格森林采伐限额管理制度，全面推行采伐公示制，在坚持采伐限额总量不突破的前提下，创新森林采伐限额管理的有效实现形式，全年共完成林地审批6件，计面积2.02公顷。严格执行林木采伐凭证制度，做到采前设计、采中监督、采后验收，强化源头管理，全年审批林木凭证采伐43件，计面积1446亩；非林地认定21起。加强野生动植物保护，依法查处各类市场和酒店的经营活动，开展“爱鸟周”和乐清湾黑嘴鸥栖息地调查和保护活动。同时还完成了森林二类资源调查，并通过有关专家组对该项目的评审。

加强森林防火 树立科学防火意识和以人为本的理念，继续倡导无火祭祖活动，动员各界人士参与森林防火志愿活动，全年建设生物防火隔离带44.1公里。深入基层开展防火巡查，认真督查各地护林员的日常巡逻工作，连续实现春季森林防火“三无目标”。认真宣传贯彻《浙江省森林消防条例》，调整充实了森林消防指挥机构，完善了森林消防工作职责，全市开展了森林火灾消防扑救演练，达到了“演为战”的效果。加强森林消防队伍建设，全市有森林消防队55支，队员1600人，全市36个林区单位都建立了1支以上的森林消防队伍；不断提高扑火装备，2007年投入购置扑火装备资金70多万元，森林消防队实现了风力灭火器3人1台、灭火拍1人1把、扑火服装1人1套、矿灯头盔1人1个、水枪1队3支、对讲机1队1对、油锯1队2台，市森林防火指挥部森林消防预备物资可供100人使用。同时继续落实森林消防员的人身意外保险，全年投入保险资金47万元。由于领导重视，措施有力，方法得当，全市全年森林火灾发生率为9次/10万公顷，远远低于25次/10万公顷的省定标准；森林火灾受害率0.91‰，低于省定标准1‰；全年发生森林火灾火警6起，过火面积131.2公顷，受害森林面积61.3公顷，损失林木蓄积524立方米，同比均有不同程度的下降。

严防森林病虫害 树立森林健康理念，围绕提高防灾减灾能力，加强监测预警、检疫防疫和防灾减灾三大体系建设。加强松材线虫病的预防和除治工作，根据温州市松材线虫病防治工作指挥部《关于开展2007年春季松材线虫病疫情普查的通知》文件精神，部署了春季松材线虫病疫情普查和越冬代松毛虫调查、预防、除治工作，健全了测报网络，开展了“绿盾护林”检疫执法专项行动，对去冬今春的松树枯死木进行了清理,共清理松树枯死木4.06万株，严防人为传播扩散；有效控制了松材线虫病的扩散蔓延；悬挂诱捕器680台，诱杀松褐天牛2.88万头，预防监测面积达1.5万亩；开展了松毛虫白僵菌生物预防防治，施放白僵菌粉炮4.3万只，生物预防松林面积2.15万亩。开展科技项目研究，全年林业有害生物发生面积17677亩，防治面积17677亩，防治率100%，预防面积达2.15万亩，松毛虫、柳杉毛虫、毛竹害虫等虫情明显下降。同时还制定并出台了《乐清市松树枯死木清理除治质量检查验收办法》，并首次聘用中级以上林业工程技术人员进行检查验收。

完成山林延包任务 全市山林延包工作于2006年9月全面推开，全市林业系统干部职工与广大群众共同努力，克服了底子薄、基础差、资料不全等困难，圆满完成了各项任务。全市印发山林延包证件41308本，审批面积72.1万亩，完成率为80.2%，其中有22个单位完成率达到80%以上，并于2007年8月顺利通过了省厅的验收。

加大林业执法力度 依法开展木材运输巡查，严厉查处非法运输木材案件，全年共查验运输木材2300多立方米，查处案件63起。依法严厉查处各类破坏森林的违法行为，全年共查处林业违法案件53起，其中刑事案件11起、林业行政案件42起，抓获违法犯罪分子18 人，结案率达到90%以上。

畜牧业

概况 2007年，随着畜禽产品价格的恢复性上涨，全市畜牧业生产形势良好，全年畜禽产品总产量达6.15万吨，畜牧业总产值达6.32亿元，同比分别增长8.66%和16.4%。年末全市全年生猪出栏数达14.36万头，年末存栏数9.62万头，比去年分别增长3.9%和3.4%；全市家禽存栏374.84万羽，全年共出栏家禽723.65万羽，供应禽蛋产品2.90万吨，同比分别增长19.98%、19.03%和5.07%；全市奶牛存栏1547头，同比下降了25.73%；羊存栏1.77万头，同比上升9.94%；家兔生产继续快速发展，至年底全市兔存栏8.43万只，同比增长35.53%。

狠抓免疫落实 为了确保动物防疫工作有计划、有部署地开展，市畜牧兽医局除重点抓好春秋两季重大动物疫病免疫注射外，还通过下发防疫病通知、组织召开会议等形式加强动物防疫宣传，并对各乡镇的规模养殖户和散养户饲养的畜禽进行猪牛羊口蹄疫、高致病性猪蓝耳病、猪瘟、高致病性禽流感、鸡新城疫等疫病的血样疫病的抽检。通过监测，不仅较全面地了解了相关乡镇饲养场户的畜禽的免疫抗体状况和疫情发展态势，防止了只领疫苗不免疫或不规范免疫等不良现象的发生，也有效促进了免疫工作的开展，减少或避免了疫情发生。全年全市共免疫注射禽流感疫苗385.75万ml，免疫家禽540.05万羽次，免疫密度达99.5%；免疫注射猪口蹄疫疫苗38.44万ml，免疫生猪19.22万头次，免疫密度达97.3%；免疫注射牛口蹄疫双价疫疫苗5.15万ml，免疫牛1.06万头次，免疫密度达96.7%；免疫注射羊4.28万头次，免疫密度90.2%；免疫注射猪瘟苗54.79万头份，免疫猪27.395万头次，免疫密度达99.5%；免疫注射鸡新城疫I系苗442.5万羽份、L系苗383.2万羽份，免疫鸡125万羽，免疫密度达100%；免疫注射狂犬病疫苗5393头份；免疫注射新型猪蓝耳病疫苗14.07万头份，免疫密度达95%。2007年全市禽流感、口蹄疫和猪瘟免疫密度常年保持在95%以上，规模饲养场畜禽的免疫密度达99%，存栏畜禽的抗体合格率82%以上。

强化依法监管　一是依法强化兽药、饲料的监督管理。为提高畜禽产品质量，控制畜禽产品中药物残留，保障畜禽产品质量安全，市畜牧兽医局对全市的兽药、饲料及动物门诊部进行了一次拉网式的检查，查出了无《兽药经营许可证》的违法经营户3家，并依法进行了处理。在检查过程中，还重点落实了浙牧药发[2007]62号文件精神，严厉查处了严重威胁农产品质量安全的含有有害化学物质的违禁农药、兽药等，如苏丹红、瘦肉精、氯霉素、孔雀石绿、硝基呋喃等类药物是动物禁用的兽用药，还有在饲料生产经营中以非蛋白氮添加剂、三聚氰胺废料、羧基氮等为原料生产的“蛋白精”。二是做好“绿色通道”工作和动物运输检疫监管。为贯彻省政府有关文件精神，减轻农民负担，保障畜禽及其产品的运输畅通无阻，市畜牧兽医局指定专人负责“绿色通道”工作，实行24小时服务，随叫随到，大大地方便了人民群众；同时严格实行畜禽及其产品运输中的检疫证明的“凭证换证”（产地检疫证明换取出县境检疫证明），切实把好动物检疫关。全年共签出动物产品“绿色通道”证明753车，计禽蛋1789吨、鲜牛奶380吨；出具动物及其产品检疫证明2765车，计禽类257.9万羽、生猪8.82万头、畜产品5461吨。三是加强流通领域监管，堵截输入性疫源。全市每年需从外埠调入30万头左右的生猪和10多万头牛羊，以满足市场消费的需求。频繁的流通给全市的动物防疫工作带来了巨大的压力。为防止疫源从流通环节传入与传播，市畜牧兽医局在辖区内对调入畜禽及其产品进行全面的监督检查，并严格实行定点调运制度，对外来未经产销联防、调入前备案、调入后报验的动物及其产品一律予以严肃处罚，严厉打击无证经营、逃避检疫、不按规定调运生猪、经营染疫动物及其产品等违法行为。

积极引导扶持　一是加强政策引导，加大扶持力度。为引导农村养殖业向生态化、标准化、适度规模化发展，达到人畜分离、生产发展、农民增收的目的，从而推进社会主义新农村建设，市政府对全市畜牧业的主导产业发展和区域发展规划及发展模式进行了详实分析，制定出台了《进一步推进社会主义新农村建设的若干意见》、《关于加快发展生猪生产有效保障市场供给的意见》和《关于促进奶业健康发展的通知》等扶持畜牧业发展的政策性文件，文件明确规定：加大对种畜禽的投入，提高畜禽良种比例，对新建种畜禽场和人工授精站给予2～10万元的补助，对养殖户引进的畜禽良种给予30%～50%补助。加大对标准化养殖场建设的投入，着重转变畜牧业生产方式，对利用山坳山地及种植业周边地、采用现代养殖工艺和生产技术、实施种养结合生态养殖，而建造的生态养殖场或畜牧小区加大扶持力度，按投资额的20%～30%给予补助；对购置安装畜牧饲养机械的按总价的20%给予补助。加大畜禽排泄物综合治理的投入，努力减少畜牧业对环境的影响，对凡经验收达标的畜禽排泄物综合治理利用项目，列入省计划的补助80%(含上级补助)，列入乐清市计划的补助70%。积极落实上级配套政策，及时兑现能繁母畜直补及政策性畜牧业保险资金，能繁母猪每头直补100元，能繁及后备母奶牛每头直补500元；能繁母猪保险费和政策性畜牧业保险费除国务院和省政府规定的地方财政承担部分外，市财政还提高了10%～15%的承担比例。二是抓规模生产，促产销衔接。由于养殖场户单家独户的生产方式容易导致产品质量不稳、抵抗市场能力不强，因此畜牧产业化水平难以提升。市畜牧兽医局根据畜牧产业发展的特点，大力培育新型市场主体，扶强扶大一批畜牧业龙头企业，推出一批畜牧业专业合作组织典型，还进一步创新和规范了畜牧产业链利益连接机制。至2007年底，全市有畜牧业龙头企业11家、行业协会3家、畜禽专业合作社40余家（其中规范化合作社有12家）。这些龙头企业、行业协会、专业合作社通过发展龙头联基地和基地带散户的组织化生产，通过畜牧业信息发布和预测预报分析，促进了产销衔接和市场调控，进而促进了畜牧业产业化经营水平的提升。三是加强素质培训，提高畜牧生产科技水平。深入养殖农户、规模养殖场、养殖小区生产，有针对性地广泛开展技术服务，并通过规模养殖户和养殖小区的试点示范，推广科学养殖技术，切实让农民从小区养殖中得到实惠。全年共开展技术培训18期，举办专家技术讲座2次，科普下乡16次，受训的畜牧兽医从业者和养殖场户人员达3500多人次，发放科普手册和技术资料2万余份。同时下乡技术指导170多次，接待技术咨询3600余人次。

农业机械化

概况 2007年，全市农业机械化工作坚持以科学发展观为指导，以农业增效、农民增收、农机安全为目标，以发展水稻生产全程机械化为主要任务，认真组织实施农机化推广和农机监理，突出社会化服务，加强规范化管理。全年全市农机装备总量稳步增长，结构不断优化，农机作业水平不断提高，机插面积有较大幅度增长，平安农机示范村镇建设稳步推进。

落实农机化补助政策 根据乐清农业生产实际情况，结合农业产业结构调整及粮食生产的要求，市农机部门出台了扶持农机化发展的一系列补助政策，在保证粮食生产机械补助的基础上，大力引进推广农副产品加工机械、果蔬冷藏保鲜机械、畜牧饲养机械，鼓励农机专业户和农机服务站积极引进大型、先进、适用的农业机械，以提高全市农机科技含量。根据省农业厅、财政厅联合发出的浙农计发〔2007〕30号文件精神，继续对大中型农业机械购置实行“以奖代补”政策，并根据全市实际制定了实施细则，在实际操作中严肃认真地把好各个环节，确保购机农民能够得到国家财政补贴。

农机装备和投入 2007年，全市农业机械总动力达28.58万千瓦；共投入农机化资金779.63万元，其中中央财政投入119.55万元，省财政投入50.564万元，乐清市财政投入177.29万元，引导农民自身投入432.226万元。全年新增联合收割机45台、大型耕作机械6台、大型耕作机械配套10台、小型耕作机械97台、插秧机47台、茶叶加工机械47台套、畜牧机械1台套、除虫机18台、秧盘20.063万只，全市的农机化装备水平进一步提升。2007年，柳市镇被评为温州市级农业机械化示范镇。

机械化作业 2007年，全市机耕率达95%，机收率达85%；水稻机插面积达17378亩，比上年增长149.3%。在重要、关键农时季节，市农机部门针对柴油紧缺问题，向农机用户发放“柴油供应券”，农户凭供应券以当日挂牌价购油；全年共发放了210吨柴油供应券，有效解决了农业生产中农机具的用油问题。

农机安全监理 2007年全市共有在册拖拉机1286台、在册驾驶员1521人；全年共换发驾驶证、行驶证424本，检验拖拉机1196台，检验率达93%，检验联合收割机154台。2007年市农机部门开展了春运、“安全生产月”、“农村道路交通安全整治”、“农机行业安全生产隐患排查治理专项行动”、“拖拉机登记和驾驶证申领专项整治”和外地籍拖拉机的安全管理等农机安全生产专项整治管理活动。全年全市共发生上道路拖拉机交通事故39起，死亡7人，受伤41人，直接经济损失9.46万元。全市共建成了五个温州市级平安农机示范村和一个省级平安农机示范镇，虹桥镇埭下村、湖雾镇隔溪村、清江镇方江屿村、石帆镇青屿村和黄华镇岐头一村等五个村通过温州市级平安农机验收，清江镇还成为乐清市首个省级平安农机示范镇。

扶贫工作

概况 2007年，乐清市认真贯彻落实温州市“139富民攻坚计划”，深入实施了“五动富民计划”，围绕“达标上线、巩固提升”的总目标，大力改善欠发达地区生产生活条件，抓好欠发达地区劳动力素质培训转移，拓宽贫困户增收渠道，创新帮扶机制，促进农业增效和农民增收。全年共筹集扶贫资金4200万元，投放小额扶贫贷款3000万元。欠发达地区安全饮用水普及率达83%，农民新型合作医疗参合率达88%，年人均纯收入达4313元。

开展低收入农户情况调查 据统计，全市欠发达乡镇农民收入低于1500元的共2426户计5952人，并100%予以建档立卡，已结对帮扶户数2236户，结对率为91%；低保户1967户计3383人。同时实施各项增收措施，帮助欠发达乡镇农户发展生产，全市低收入农户已发展种植业项目21个，带动农户895户；发展养殖业项目14个，带动农户290户；发展来料加工业项目27个，带动农户1573户；劳务输出1034户，依靠其他措施致富560户。

下山移民工作有效推进 2007年共安排下山移民土地指标19.5亩，市移民安置部门根据各移民村的具体情况，按照轻重缓急的原则分配土地指标，对8个乡镇的10个移民村给予了安排。同时积极协调有关部门，简化山老区移民手续，支持下山移民点的水、电、路、绿化等配套基础设施建设，减轻移民费用，推动移民工作有效开展。

组织实施劳动力素质培训 大力开展机械加工、保姆技能等方面的转移培训，2007年全市欠发达乡镇共培训4930人，其中获得就业1725人、转产专业480人、劳务输出2725人。

社会化帮扶不断深入 按照“工业反哺农业、城市支持农村”方针和扶贫工作到村入户的要求，市政府出台了《关于开展“企业结对促发展，能人扶持帮脱贫”活动》文件（乐委办[2007]27号），全年给欠发达地区的102个贫困村送去帮扶资金近455万元，给欠发达地区的贫困户送去“一户一册一干部”帮扶资金150多万元。同时还调整了“三帮一”共富工程名单。

工业经济

综述

2007，全市经贸系统在市委、市政府的正确领导和上级业务部门的指导下，围绕“重投入、破难题、优服务、整秩序、冲千亿”的工业发展十五字方针，深化“作风建设年”活动，努力破解制约工业经济发展难题，促进了工业经济又好又快发展，圆满完成了全年工业经济工作的各项目标任务。

工业产值首次超过一千亿元 乐清市2006年的工业产值为797.3亿元，原计划2007年达到920亿元。2007年，市政府提出了“重投入、破难题、优服务、整秩序、冲千亿”的工业发展十五字方针，开展了“为工业企业服务周”活动，出台了扶持工业经济发展的新50条政策及鼓励企业技术创新、提高科研投入的税前扣除政策等，努力破解制约工业经济发展难题，鼓励各类开发企业和社会资金投资建设标准厂房，为工业经济发展提供了强有力支撑。2007年全市实现工业总产值达1008.7亿元，同比增长24.4%，顺利完成了“冲千亿”的目标任务，成为温州首个工业产值超千亿元县（市）。

工业性投资又创历史新高 2007年乐清市全力开展“工业项目推进年”活动，引导企业加大技术改造力度，鼓励企业发展高新技术产业，积极开展“零土地”技术改造和企业挖潜节地活动，鼓励企业在确保生产安全的前提下向“天空要土地”，有效地破解了土地要素制约。全市全年共完成工业性投资55.7亿元（含浙能乐清电厂投资），同比增长41.7%，完成年任务的107.1%；其中全年“零土地”技术改造项目158个，总投资约17亿元。

“为工业企业服务周”活动初见成效 为了认真贯彻落实温州市委、市政府关于在全市开展“重大工业项目和标准厂房建设合力攻坚行动”的决策部署，切实解决工业经济发展中存在的一系列困难和问题，开展了“为工业企业服务周”活动，重点解决工业项目推进和生产要素制约问题，并取得了一定的成效。一是推进了三大产业功能区（产业化项目）建设。象阳镇产业功能区平稳进场施工；慎海头盔产业化项目取得突破性进展，顺利进场填土；经济开发区二期建设取得实质性进展；天成、磐石等产业功能区的企业全部进场开工，15家企业完成竣工验收。二是工业项目强势推进。开工建设65个项目，竣工80个项目，全市新供地面积2255.73亩。在13个省重点工业项目中，有11个项目完成供地，供地面积963.2亩；有2个项目正实行土地“招拍挂”。三是标准厂房建设任务基本完成。建成标准厂房6.448万平方米，正开工建设的标准厂房有16.8万平方米，超额完成了温州市下达的开工建设标准厂房目标任务。

品牌建设与大企业、大集团培育卓有成效 随着“品牌乐清”建设的推进，全市企业的品牌意识不断提高，对申报品牌或通过其他途径获得品牌荣誉的工作热情递增。2007年全市企业对通过司法途径认定为中国驰名商标尤为热衷，共有16家企业的商标被认定为中国驰名商标，其中工商认定1个（华仪集团），司法认定15个。2007年，全市年销售产值超10亿元的企业增加了3家（华通机电集团、东方造船、特如莱），总数达14家；年销售产值超5亿元的企业增加了4家，总数达20家。

电力工业

概况 2007年，市供电局职工898人，其中全民职工509人、农电职工389人。全局人才密度为71.29%，高技能人才比例为38.22∶100。乐清电网共有110千伏变电所11座，运行主变21台，110千伏主变容量857.5万千伏安；35千伏变电站11座（包括3座临时变），运行主变19台，总容量219.2万千伏安；35千伏线路16条，10千伏线路252条，小水电34座，总容量22.31万千伏安，年供电量31.9亿千瓦时。总营业户数达437762户；上缴国税6657万元，同比增长了22.8%；线损率5.71%，综合供电电压合格率99.418%，供电可靠率达到99.45%。市供电局2007年度喜获国家电网公司新农村电气化建设先进单位、浙江省电力公司2007年度农网安全劳动竞赛先进县局、温州电业局2007年度安全生产先进单位、温州电业局2007年度新农村电气化建设先进单位、乐清市2007年度安全生产先进单位等荣誉称号，还荣获温州电业局2007年度农电目标管理一等奖、温州电业局2007年度抢建220千伏输变电工程劳动竞赛三等奖。

安全生产保持良好局面 全年没有发生人身重伤事故，没有发生重大电网、设备、火灾、施工机械事故及责任性重大网络与信息安全事件，没有发生误操作、误调度事故，没有发生有责及以上重大交通死亡事故，实现了三个百日安全无事故记录。2007年，市供电局按照“三个百分之百”要求，精心组织“百问百查”活动，顺利完成了全员安全培训工作；为贯彻“安全第一，预防为主”的方针，在全局范围内开展春、秋两季安全大检查活动和“反违章斗争深化年”专项活动，全年进行动态安监186人次；实施电能表装拆作业票制度，规范了电能表装拆作业人员的行为；强化了对外包施工队伍的管理，统一为外包施工队配置了安全工器具，并开展了进网前的安全培训；专门研发台区铜排及变压器防盗螺丝，从技防入手遏制了电力设施被盗事件的上升势头。同时继续加强计划停电管理，严格控制临修率，全年共执行计划检修1251次，抢修224次，临修率为2.62%；积极推行带电作业，合理开展零点作业，全年共采用带电作业41次、自主作业33次；对变电所的消缺、预试、技改、维护进行集中配合检修，确保了电网的安全、可靠、稳定运行。

电网建设取得新的突破 认真贯彻落实温州电业局与市政府签订的“十一五”电网发展会谈纪要，大力实施电网攻坚，全年共有16个攻坚项目，投产项目2个（110千伏乐成线、蒲岐线），竣工项目2个（110千伏西岸输变电、110千伏象柳线），开工项目1个（500千伏温东线），工程前期取得进展的4个（500千伏乐清输变电工程征地基本完成，220千伏乐成、茗山（北白象）输变电工程前期工作基本完成，110千伏百花征地基本完成）。完成了35千伏黄华变、大荆变(蔗湖变)、清江变的改造及35千伏芙蓉变电所的扩建工作。完成35条10千伏线路的投运和负荷调整工作。累计投入资金8765.595万元用于新农村电网建设，完成了274个行政村、13个乡镇的新农村电气化建设与改造任务，全市电气化乡镇比率达41.9%，电气化村比率达30.1%，并顺利通过了省经贸委牵头的考评验收，成为温州市第二个新农村电气化县（市）。

精细化管理取得明显成效 顺利完成新营销系统上线，对全局营业岗位工作权限进行了重新划分，完成流程设置113个，修改老系统内数据近140万条。全面实施抄收分离，继续进行大范围电能计量装置改造，完成资金2218万元，改造了128个村4.46万户。大力推广居民集中抄表技术，共改造低压载波和单元红外集抄153个村7.6万户。开展线损精细化管理工作，通过省公司电能损耗规范化管理年验收。推广电费充值卡、与乐清市邮政局签约代为收缴电费等多种收费方式。强化供电所创星及班组规范化管理，乐成、雁荡等2个供电所分别通过了省电力公司星级供电所考评验收，并获较高评价。完成大荆供电所双峰营业站规范化营业示范窗口的创建工作。基层班组全部通过温州电业局班组达标及复评，有11个二级班组升格为一级班组。深化创一流同业对标工作。年度同业对标综合得分为111.78分，比去年同期提高了5.45分，全省排名第10位。同时，在基层各单位开展同业对标工作，供电所每半年一次对标排名，调度所在温州局系统率先开展调度值相互对标。有3个供电所综合得分分别暂列全省前5名。同时，雁荡供电所被省公司列为“供电所综合管理标杆单位”。应用科技手段实现管理创新。完成生产MIS、电能量采集系统功能等验收并进入实用化，完成电压合格率远程监控系统的安装调试并进入实用化。开展单杆挂式小容量变压器的应用工作；安装防雷绝缘子，解决绝缘线路雷击受损问题。不断增强经营控制能力，围绕温州局经营控制能力指标考核办法，加强了对经营情况的预测和分析，完成了利润偏差率、可控费用均衡性、大修（技改）工程决算完成率、月度上缴电费预算偏差率等指标。提前完成农电总站撤站并帐工作。

企业社会责任充分履行 全面兴起“优质服务年”、“作风建设年”和创建“群众满意基层站所”活动热潮，举行了千人动员大会及承诺签名，制定并落实了工作实施方案。开展了声势浩大的“153工程”系列活动，组织召开优质服务督查推进会并两次特邀“四办”（文明办、创建办、效能办、纠风办）等参加的明查暗访活动。通过“局长接听市长专线”、“社会开放日”、“阳光投诉”、“百日客户零投诉”等活动，广泛征求群众意见，共召开客户意见座谈会13次，发放征求意见表800余份，收集意见建议250条，答复率100%。突出特色服务，实行业扩公示制，不定期发布电网超供电能力拉电序位表、供电能力预警信息、错避峰用电工作安排等系列“透明化”服务；建立业扩例会制度，全面开展抄、核、收管理效能监察，加强岗位练兵等系列规范化服务；启动收费员为村居兼职客户经理、用电监察为低力及以上客户经理等系列“个性化”服务。同时，在机关科室推行“超时默许”制度和基层单位评议机关科室负责人、管理专职举措。认真履行电力保障职责，优化电力调度，科学安排电网运行方式，完善用电应急预案，积极应对省公司实施分层分区带来的不利因素，全力完成了迎峰度夏、党的十七大和节日期间的保供电任务。与市有序办密切配合，深入开展需求侧管理，贯彻国家节能减排政策。双夏期间，变电所设备和电力线路历经火热的考验，最高供电负荷突破60万千瓦大关，达62.4万千瓦，比去年增长了19.3%。全年因设备卡口及电源性缺电引起的拉限电707条次，少送电量480万千瓦时。

和谐企业建设取得可喜成绩 认真学习贯彻党的十七大精神，企业党建工作水平得到进一步提高，局党委和12个党支部通过了温州局党委的达标复评，完成了20个党支部的换届选举工作。落实党风廉政建设责任制，开展了电力工程执行力、电费安全、不良资产、物资采购、作风建设等五项效能监察。全面实施职工素质提升工程，充分利用内部培训资源，积极借助外部培训力量，分门别类，提高培训的针对性和实际效果。2007年，内部举办及外送培训共129期，计8752人次，全员培训率为99.33%，全局人才密度达71.29%，同比增长6.39个百分点。同时，积极做好了职工技能鉴定、高技能等级人员的申报和送培工作，全年完成技能鉴定68人，通过率95.77%，高技能人才比例达38.22%，同比增长了15.83个百分点。继续加强企业文化建设，组织参加各类文艺演出16场次，其中由90多名干部职工组成的合唱团，荣获“和谐乐清”群众性歌咏比赛银奖。加强了与新闻媒体间的联系，强化了舆论宣传报道工作，在国家及省级媒体上共发表了142篇报道。组织各种形式的“送温暖”和扶贫帮困活动，开展了结对共建、“金秋助学”、“慈善一日捐”、“1+1暖人心工程”等系列活动，捐款共计19.25万元。高度重视离退休职工工作，从政治上、生活上关心离、退休老同志和特困职工，充分体现组织的关怀。精神文明建设成果丰硕，局继续保持省文明单位称号，基层各单位已有温州市级文明单位、示范窗口2个，乐清市级文明单位、示范窗口10个，浙江省、温州市级青年文明号5个，乐清市级青年文明号3个。调度所通过了全国“巾帼文明示范岗”复查，局档案室通过省优秀等级考核。

电 气 工 业

概况 2007年，乐清市电气行业生产企业有1300多家，其中无区域企业72家，集团企业51家；年产值超10亿元的企业有9家、超亿元的企业有60家、5000万元以上的企业有115家、500万元以上的企业近半数。这一年，市电气行业坚持贯彻落实科学发展观，下大力自主创新，积极化解各种要素制约，行业经济仍保持较好的发展势头。行业实现总产值486亿元，同比增长24%；出口值达7.3亿美元，同比增长35%。新增“中国驰名商标”15个、“国家免检产品”1个、“浙江省著名商标”5个、“浙江省名牌产品”8个(不含复评)。至年底，“中国电器之都”累计拥有“中国驰名商标”25个、“中国名牌产品”13个、“国家免检产品”31个、“浙江省著名商标”33个、“浙江省名牌产品”33个。4家电器集团入围“2007中国企业500强”，10家企业入围“2007年中国电气100强”，10家企业上榜中国民营企业500强。

9家企业年销售收入超10亿元 2007年电气行业新增华通机电集团，为年销售收入超10亿元企业，电气行业年销售收入超10亿元企业增至9家，占全市年销售收入超10亿元企业总数的75%。具排名如表：

名次	企业名称
1	正泰集团股份有限公司
2	德力西集团有限公司
3	天正集团有限公司
4	人民电器集团有限公司
5	兴乐集团有限公司
6	长城电器集团有限公司
7	华仪电器集团有限公司
8	环宇集团有限公司
9	华通机电集团有限公司

华仪电气一年三喜临门 2月1日，华仪电气股份有限公司在上海证券交易所成功上市复牌，这是温州电气行业第一家上市企业，也是乐清市首家上市公司。9月14日，“华仪HEAG”商标被国家工商行政管理部门认定为“中国驰名商标”，这是乐清市电气行业继正泰、德力西、天正、人民之后的第5个经国家工商总局认定的中国驰名商标，也是高压电器行业的第一个驰名商标。8月30日，国家工商总局授予华仪集团为“国家级守合同重信用单位”。

德力西电气有限公司揭牌 11月16日，德力西集团与施耐德电气公司组建的新公司——中法合资德力西电气有限公司在德力西高科技工业园举行了隆重的揭牌仪式，正式确立合作伙伴关系。新成立的公司施耐德电气与德力西集团各占50%股份，总投资额为18亿元人民币，注册资本为6.2亿元，员工达4000人，管理层由双方人员组成，董事会席位对半分配，新公司董事长由德力西集团董事局主席兼首席执行官胡成中担任，总经理由施耐德派驻。合资公司产品将使用“德力西”商标。这是温州市迄今为止最大的一家“民外合璧”企业。

正泰集团技术中心被认定为国家级企业技术中心 9月20日，国家发改委、科技部、财政部、海关总署、税务总局认定，正泰集团股份有限公司技术中心为第14批国家级企业技术中心，这是2007年温州唯一一家被认定的国家级企业技术中心。至2007年，乐清市电气行业拥有了正泰、德力西两家国家级企业技术中心。2000年12月，正泰集团技术中心已被浙江省认定为省级企业技术中心。近年来，该中心先后开发了高低压电器、输变电设备、仪器仪表、建筑电器、汽车电器、工业自动化、光伏电池及组件系统等200多个系列、300多个基型的具有正泰自主知识产权的新产品，获各种专利200多项，其中发明专利27项、实用新型专利66项、外观专利76项。

科都与溯高美组建“溯科”电气公司 4月14日，浙江科都电气公司与法国溯高美公司签约，成立中法合资企业——浙江溯科电气有限公司。溯高美公司在全球有20多家公司、16个制造基地，特别是在世界工业电气和保护装置系统以及UPS电源领域处领先位置。科都是从一个家庭小作坊发展到现在的占地32亩、年产值达

2.3亿元人民币的企业，并建有符合欧美国家标准的电气试验站和环保测试室。历经两年多的合作与交流，双方正式合资在乐清成立浙江溯科电气有限公司，溯高美持51%股权，科都电气持49%股权。新公司以溯科为品牌，以低压电器为主打产品，由双方联合开发研制，向海外拓展市场。新公司的董事长由法国溯高美董事长西特亚特担任，总裁则是科都电气董事长郑春开。

4家电气企业入围中国企业500强 9月1日，由中国企业联合会和中国企业家协会评选的“2007中国企业500强”发布，市电气行业中的正泰集团有限公司、德力西集团有限公司、人民电器集团有限公司、长城电器集团有限公司入围。排名序次为正泰集团股份有限公司列214名，德力西集团有限公司列253名，人民电器集团有限公司列264名，长城电器集团有限公司列400名。这也是2007年温州市入围中国企业500强的全部企业。

10家电气企业上中国民营企业500强榜单 根据全国工商联公布的2007年中国民营企业500强名单，乐清市电气行业10家集团企业榜上有名：正泰(18位)、德力西(25位)、天正(26位)、人民(28位)、长城（62位）、兴乐（106位）、耀华（193位）、华通机电（308位）、华仪(346位)、沪光(482位)。

6家电气企业跻身中国制造企业500强 9月1日，在中国企业500强发布暨大企业高峰会上，中国企业联合会、中国企业家协会公布了“2007年中国制造企业500强”名单，市电气行业中的正泰、德力西、人民、长城、华通、兴乐等6家企业榜上有名，分别名列109、132、137、223、292、320位。同时还推出2006年度中国企业效益200佳与中国企业纳税200佳，人民电器集团有限公司名列“中国企业效益200佳”第189位，正泰集团有限公司名列“2006年度中国企业纳税200佳”第185位。

7家电气企业入围中国大企业竞争力500强 10月27日，国家统计局公布2006年度中国大企业集团竞争力500强名单，乐清市有7家企业上榜，上榜企业为正泰、德力西、人民、兴乐、天正、环宇、长城等集团，其中正泰集团名列第12位，德力西集团、人民电器集团分列第41位和46位。此次评价的指标体系是按照影响企业集团竞争力的因素分为能力指标和机制指标两种，其中能力指标包括生存、发展、潜力三类，共计47个指标；机制指标分为制度、决策、激励、管理和创新五类，共计11个指标。此次评价的范围是2004年至2006年国家统计局《企业集团统计年报》中年营业收入和资产总计均在5亿元及以上的全部企业集团。

10家企业进入中国电气工业100强 9月21日《电气时代》杂志根据2006年的数据公布了中国电气100强名单，乐清市正泰、德力西等10家电气企业榜上有名：

序号	企业名称	名次	销售额（千元）
1	正泰集团股份有限公司	3	3651871
2	德力西集团有限公司	9	2653989
3	天正集团有限公司	14	2229675
4	人民电器集团有限公司	15	2214765
5	正泰电气股份有限公司	24	1637136
6	兴乐集团有限公司	28	148985
7	长城电器集团有限公司	41	1105258
8	环宇集团有限公司	44	1082338
9	华通机电集团有限公司	78	685309
10	浙江森泰电器厂	97	52958

3家电气企业跻身中国民企综合竞争力50强 11月17日，中国社科院公布了“2007中国民营企业综合竞争力50强”榜单，正泰集团股份有限公司名列第6位，人民电器集团名列第16位，华仪电器集团名列第26位。

4家电器集团跻身胡润温州品牌榜前十强 8月28日，2007胡润温州品牌榜揭晓，乐清市4家电器集团跻身前十强，品牌总价值达42.5亿元。其中正泰集团位列品牌榜次席，品牌价值达18亿元，德力西集团、人民电器集团、天正集团分列第五、第七、第九，品牌价值分别达10亿元、8亿元、6.5亿元。胡润温州品牌榜电器行业子榜上，前五强都是乐清市的电器集团，分别为正泰、德力西、人民电器、天正、长城电器。

15家电气企业荣获“中国驰名商标” 2007年，华仪、永固、安德利、九川、耀华、大江、红光、福达、凤凰、指月、华潮、凯尔达、巨邦、中瑞、茗熔等15家电气企业荣获“中国驰名商标”，其中“华仪FEAG”商标通过国家工商行政部门认定，其余通过司法程序认定，这是电气行业也是乐清市获得“中国驰名商标”最多的一年。

正泰自主创新提升市场竞争力 8月下旬，正泰电气在与众多强势对手的激烈竞争中，一举中标中国政府援建项目“安哥拉国家健康中心、马兰热中心医院”。之后，正泰又在包括ABB、西门子、施耐德等4家中外知名企业的竞标中脱颖而出，一举中标中央电视塔3、4号站电力系统更新改造工程。正泰集团目前已拥有一个以浙江为开发基地、以上海为研发中心、以美国硅谷为开发点、以国内外著名高校和相关科研院所为依托的开放式技术开发体系，正泰研制开发的拥有自主知识产权的智能化新产品

200多项，其中62项新产品通过了省级鉴定，18项产品达到国际先进水平和国内领先水平，3项成为国家火炬计划项目，并获国家专利100多项。自主创新提升了正泰产品的市场竞争力。

德力西集团荣获251万元技术创新奖励 8月1日，温州市委、市政府在市人民大会堂召开温州市民营企业科技创新推进大会。大会表彰了一批在技术创新方面取得突出成绩的单位和项目，德力西集团获得251万元的奖励。

通领、兴乐挺进奥运市场 8月下旬，通领科技集团公司自主研发的“剩余电流断路器”已成为国家体育场指定产品供应商，将为2008年北京奥运会开幕式、闭幕式及田径比赛等重要活动的举办场地提供“剩余电流断路器”产品。兴乐集团以其电线电缆产品的过硬质量优势，击败了国内外众多的同行巨头，成为北京奥运会的5家电缆供应商之一，并将为北京奥运会提供2亿多元的电力电缆产品。

南存辉、胡成中当选全国工商联常委 11月21日，在全国工商业联合会十届一次执委会上，正泰集团股份有限公司董事长南存辉、德力西集团有限公司董事局主席胡成中当选全国工商业联合会十届执委会常委。另外，人民电器集团董事长郑元豹在全国工商联“十大”上当选为第十届执行委员会委员。

电气行业12名“名师名家” 1月19日，中共温州市委、市政府对2005年11月至2006年评审的温州市工贸行业108名科技人员授予首轮“名师名家”称号。正泰集团股份有限公司终端电器公司王先锋、耀华电器集团有限公司何建荣、德力西集团有限公司吴品华、天正集团仪器仪表总公司张绍衡、正泰集团股份有限公司电器股份公司汪泰宇、正泰集团成套设备制造有限公司电容器分公司肖崇礼、人民电器集团浙江股份有限公司郑建荣、永固金具集团有限公司郑晓超、福达合金材料股份有限公司柏小平、浙江德力西电气股份有限公司徐波、华仪电器集团有限公司晏文曲、德力西集团公司樊旺国等12人（按姓氏笔画排列）荣获市电气行业首轮“名师名家”称号。

举办第七届中国电器文化节 2月23日至27日，第七届中国电器文化节暨国际电工博览会在乐清市柳市镇举办。本届电器文化节首次采取“节”与“展”分开的举办模式，即节日庆典和文化活动在柳市镇举办，产品展示移师温州会展中心，以提高展会档次。本届会展参展企业有300多家，共设展位650多个，接待国内专业观众22697人计55182人次，其中国内观众22595人，海外观众102人。同时，举办了“和谐电力发展与电气创新高层论坛”，还组织了“电力系统中国电器之都行”和“海外买家中国电器之都行”活动。

行业协会重视品牌培育工作 7月15日，召开了有市电气行业协会理事和拥有省级以上品牌单位负责人参加的“品牌培育质量提升报告会”，会上作出了《关于深入开展产品质量自律的决议》。还召开了协会科技创新委员会和专家组会议，专题探讨了品牌培育和质量提升问题。开展了《浙江区域名牌产品》申报调查，撰写了《浙江省电气制造业竞争力发展报告》，并组织人员对企业产品质量整治情况进行了抽查，从而推进了行业品牌创建工作。全年电气行业新增“中国驰名商标”15个，累计拥有“中国驰名商标”25个。

开展行业安全生产自律监管 8月下旬至9月下旬，市电气行业协会开展了为期一个月的行业“安全生产月”活动。协会发出了《关于开展电气行业“安全生产月”活动的通知》。广泛宣传《安全生产法》，增强企业安全生产意识。在“安全生产月”中，市电气行业协会在各企业自查自纠、制订整改措施的基础上，分两组赴乐成、柳市、北白象、黄华、翁垟、象阳、乐清市中心工业区等地抽查和调研了50多家会员企业的安全生产情况，最后还印发了《关于电气行业安全生产调研的情况通报》。

举办首届职工技能运动会 10月，市电气行业协会与市总工会、市劳动和社会保障局联合举办了首届职工技能运动会，电气行业设“正泰杯”仪器仪表装配、“德力西杯”电气（DZ47）装配、“华仪杯”计算机应用、“沪川杯”餐厅服务等4个竞赛项目。

电 子 工 业

概况 电子工业是乐清市第二大工业产业，2007年，全市有电子生产企业2500多家，其中自营出口企业83家，从业人员约15万人，年产值达200多亿元，出口创汇近22亿元（人民币）。随着电子产业的迅速发展，电子产品也从原来单一的电子元器件发展到IT企业等高新技术产业领域，产品赢得了国内、国际市场，“中国电子元器件产业基地”的声誉与日俱增。

组织举行“中国电子元器件发展研讨会” 2006年6月，在中国信息产业，中国电子商会、上海电子商会和温州信息产业处的指导下，市电子生产行业在虹桥镇虹丰大酒店组织举行了“中国电子元器件发展研讨会”，进一步梳理了全市电子产业的发展思路，明确了发展方向。

构筑电子产业信息平台 进一步建设好协会电子信息网络，创办了《乐清市电子产业信息简报》，及时收集、整理国内外电子产业宏观和微观的动态信息，把电子行业的重要信息、产业趋势、市场热点等资料进行选编，在协会电子信息网上发布，编发《市电子产业信息简报》6期，深受全市电子企业的欢迎。

电子产品质量不断提高　为进一步提高电子产品质量，争创名牌产品，11月，市电子工业企业在虹桥镇召开了“电子产品质量管理研讨会”。市质量技术监督局局长王守根参加了会议，并就电子产品标准建设、创名牌产品等重要问题讲了话。通过次研讨会，从更深层面明确了质量管理与企业生产的关系，从市场成败、企业盛衰的高度强化了创质量名牌意识。2007年，全市有23家电子企业申报了名牌产品，合兴集团实验中心获得了ISO/IEC17025国家实验室认可。

市电子工业协会发挥了桥梁、纽带作用　2007年，市电子工业协会加强了组织建设，健全了协会有关制度，充实了办公室人员，并召开了两次会长会议，两次理事会议和一次会员大会，协会工作正常运转，形成了团结和谐的工作氛围。2007年，协会邀请中国人民大学、上海世能信息发展中心等单位的教授、专家来乐清讲课，对会员企业进行企业管理知识培训；与虹桥职业学校在成功电子有限公司签订了员工培训协议，为电子企业招聘技术员工建立了教育基地；组织会员企业考察了“长三角”、“珠三角”的一些电子IT企业，还先后赴江苏吴江、常熟、昆山等地参观学习，并在吴江市召开了“电子信息产业协作座谈会”，参观了芜湖美的、奇瑞等大型知名家电、汽车生产厂家，学习他们的先进经验；办公室人员多次深入会员企业，听取企业呼声和要求，对电子企业中存在的厂房困难、急需用地、招工难、家庭作坊式产品装配严重制抑着中小企业发展、新劳动法实施带来的新压力等等问题，以书面形式向市委、市政府反映，引起了市委、市政府的重视。全年还新增了13家会员企业。

机械模具工业

市机械模具协会2007工作年会暨新春酒会　　市机械模具协会提供

概况　2007年，全市共有模具制造企业3000家，其中参加市模协会员企业共412家。年产值1000万元以上企业82家，年产值超亿元企业有10多家，模具设备固定资产近30亿元，科技创新和精优类产品处于全省领先地位。合兴集团模具中心被中国模具工业协会授予“中国重点骨干模具企业”荣誉称号，并颁发了证书。

重视人才培养，重视科技创新　为了贯彻落实浙江省委〔2007〕59号文件和乐清市科协〔2007〕27号文件精神，市机械模具行业下发了《关于动员和组织广大科技工作者为建设创新型省份作出新贡献的意见》，倡导机械模具行业的科技人才为企业发展刻苦努力、开拓创新、勇攀高峰。为了更好地营造尊重科学、尊重知识、尊重人才、尊重创造的企业氛围，市机械模具行业于6月份组织企业有关人员前往杭州，参加了《中国制造业发展与创新论坛》；8月份在中国电器之都——柳市举行了“首届市机械模具协会会员技术‘沙龙’”，为会员企业科技交流合作、高效发展搭建了新平台；10月份，与市总工会、市劳动保障局联合举办了“合兴杯”模具钳工技能大比赛。同时，市机械模具协会还成立了协会技术职称评审委员会，为模具钳工人才培训和职称评定创造了有利条件。

开展第三届市机械模具协会“2007十大杰出青年”评选活动　市机械模具行业积极开展创优评先活动，年初表彰了行业中合兴集团等一批先进集体及一批先进个人；9月份组织企业家参加了温州市总商会举行的“2007年温州创业青年楷模”评选活动、乐清市委宣传部等八个部门联合举行的“乐清市第三届全国十大杰出营销精英”评选活动。为响应乐清市委提出的实现“第三次跨越、共建和谐乐清”的号召，市机械模具行业下发文件，开展了“2007年十大杰出青年”评选活动，发挥了青年员工的聪明才智和模范带头作用，展示了乐清模具工业战线上的开拓创新、自主创业的精神风貌。

举办第八届模具展和“首届乐清高新产品博览会”　10月27日，市机械模具行业隆重举行了第八届模具展览会，同时还举办了“首届乐清高新产品博览会”。三天展会客流量超过了3万人次，其中还有不少国外客商前来洽谈业务。展览会现场成交金额达8000多万元，达成合作意向1.8亿元，创下了历届会展的最高纪录。

召开市机械模具协会年会

2月24日，乐清市机械模具协会年会在乐清喜来登大酒店隆重举行，500多名会员企业代表参加了大会，市人大副主任周素芬、副市长陈向东及市各有关局领导应邀出席了大会。会上，市机械模具协会常务副会长叶青作年会工作报告；协会秘书长赵嘉枢作财务报告；卢瓯武会长向会员们提出了新要求：齐心协力，务实求精，开拓创新，掌握新方法，实施新突破，走出新路子，开创新局面，夺取新的成绩迎接2008年协会第四届会员代表大会的召开。2007年，市机械模具协会还于5月份召开了常务理事会议，9月份举行了理事会议，11月份召开了常务理事和协会工会委员会议，进一步统一了领导班子成员的思想，较好地协调了会员企业的行动，出色地完成了各项任务。

努力做好服务机械模具企业各项工作　将服务企业工作前移，推进企业更快更好发展。9月份，市机械模具协会建立了工会委员会，为维护职工权益、协调劳动关系、建设和谐企业迈出了坚实步伐。2007年，市机械模具行业先后两次联合市质量技术监督局和中国人民大学，举办了《卓越管理公益》、《新营销革命》讲座，帮助企业人员提高思想素质和经营管理水平。全年，市机械模具行业共下发了16个文件，和42个部门单位保持了长年报刊、信息往来，为行业企业提供信息、协调沟通，发挥了桥梁和纽带作用。

船舶工业

概况　2007年，乐清市有船舶制（修）造企业22家、配套企业17家，主要分布在黄华、七里港造船基地，从业人员7800余人。全年船舶上水32搜，产量24.47万载重吨，产值20.18亿元，配套企业共完成产值3亿元。随着国防科工委《船企评价标准》的出台，乐清船舶制造业发生了由量到质的根本变化：由滩涂造船发展到分段造船，由造国内船发展到造入级出口船，由几千吨小船发展到造数万吨远洋巨轮，由造低附加值船发展到造高附加值船，由简陋的造船设施发展到各种设施齐全、技术力量雄厚的规模造船，由原始的粗放管理发展到符合国家规范标准的现代化船舶制造企业管理。

制造工艺技术有效提升　全市船舶制造业十分注重基础设施建设，不断提升制造工艺，向生产高技术含量、高附加值船舶大步奋进。全年投入用于完善基础设施、提高制造工艺等技改资金共5亿余元，新建、改建船台20座，其中5.7万吨级船台2座、3.2万吨级船台5座，2.5万吨级船台7座，新购置龙门吊25台、数控切割机15台，新建喷涂车间3个。各船企十分重视先进制造技术和相关管理，纷纷采用精度控制技术、模块与分段建造技术、壳舾涂一体化建造技术、新型船舶结构分析技术、节能环保技术、新材料应用推广技术，造船工艺得到有效提升。2007年，东方造船集团有限公司、帆顺船业集团有限公司、乐清市长虹船舶制造有限公司分别获得了浙江省和温州市两级政府的财政扶持技改资金。由于造船工艺水平的提高以及与国际船级社的密切合作，全市有7家船企可生产中国CCS、美国ABS、英国LR、德国GL、法国BV等入级出口船舶。

产业格局趋向合理　欣顺船业集团中瑞船舶修造有限公司斥巨资改建5.7万吨级船坞的成功，改写了温州地区无5.7万吨级船坞的历史，实现了温州船舶工业修造一体化，温州船舶行业整体经营格局更加完善。温州市人民政府《关于加快船舶工业发展的实施意见》中指出，鼓励有条件的企业投资生产船用配套产品，重点开发自动化控制低压电器、电机、电线、电缆、配电柜、灯具、仪器仪表、通讯导航系统、甲板机械、舾装件、管道泵阀、救生消防系统等产品。2007年，乐清市船舶修造配套企业在2006年的基础上新增10家，总数达到17家；船用配套企业生产的配套产品日臻完善，产品性能日渐提高，已趋于先进水准；船用配套产品除供应本地船企外，相当一部分供应周边地区甚至还出口东南亚等国家。乐清船舶工业的快速发展，使全市船舶工业的产业格局趋向更加合理。

做大做强船舶制造业　乐清船舶制造行业自国家四部委开展专项整治活动以来，本着“整合资源、提升要素、优胜劣汰、治理低小散”的原则，通过联合、兼并，逐步做强做大。2007年，以欣顺船业集团有限公司、东方造船集团有限公司、帆顺船业集团有限公司、中扬船业集团有限公司等四家集团公司为主的全市24家船舶制（修）造企业整合为22家船舶生产企业。帆顺船业集团有限公司、新海船业集团有限公司、浙江远帆船业有限公司为达到《船企评价标准》的要求，组合为帆顺船业集团有限公司；温州远东船舶制造有限公司并入浙江庄吉船业有限公司，乐清长虹船舶制造有限公司并入浙江安泰船业有限公司，乐清中瑞船舶修造有限公司并入欣顺船业集团有限公司。经整合后的船舶生产企业，既符合《船企评价标准》，又实现做大做强目标，提高了整体实力。如乐清中瑞船舶修造有限公司并入欣顺船业集团有限公司后，投资1.5亿元，将原来的小船坞扩建成5.7万吨级大船坞，实现了温州地区5.7万吨级船坞零的突破。07年乐清江南船舶有限公司为安平海运有限公司生产的2.3万吨级船舶成功上水，这标志着乐清船舶制造业又跨入新的里程碑。欣顺船业集团欣田船业有限公司斥资3亿元，按国际、国内一流船舶企业设计建造的厂房和船台于3月18日通过温州市船舶工业发展领导小组的现场评估验收，可生产5.7万吨级船舶，它的投产将使乐清船舶工业的发展更上一层楼。

充分发挥协会的桥梁和纽带作用　9月28日，乐清市船舶工业行业协会在柳市沪川大酒店召开了全体会员大会，选举产生了第三届常务理事会。大会充满热烈、祥和、民主气氛，与会代表以无记名投票方式选举了协会会长、常务副会长、副会长、常务理事。协会第二届常务理事会会长胡志兴以全票当选第三届常务理事会会长。乐清市船舶工业发展领导小组、乐清市民政局的负责人出席了大会。参会领导要求新一届常务理事会要坚持协会“为企业服务、为行业服务、为政府服务”的宗旨，继续发挥桥梁和纽带作用，发挥理事单位的带头作用，争当我国实施小政府、大社会的典范，争当行业自治的楷模，为乐清船舶驶向世界作出贡献。市船舶工业行业协会积极为会员企业组织技术、安全、财会、管理等各种培训，还成立了安全生产专家组，对会员企业的安全生产进行不定期的检查，使会员企业的安全生产跃上一个新的层面；协会创办的《船业动态》及时发放，为会员企业提供信息，向社会展示了船舶行业的风采；协会注册的阿里巴巴金牌网站为会员企业提供了全方位的服务。2007年，乐清市船舶行业协会被评为温州市“先进社会团体”，被乐清市经贸局评为“经贸系统先进单位”并获奖励5万元。会长胡志兴被中共温州市委、温州市人民政府授予“抗台先进个人”光荣称号。

积极参加行业法规的编制 7月26日，由国防科工委主持编制的《船舶生产企业生产条件基本要求及评价方法》（征求意见三稿）编制工作会议在乐清召开。《船舶生产企业生产条件基本要求及评价方法》是我国首部造船标准，乐清市船舶工业行业协会作为国家立法首家应邀的非政府机构参加了编制工作。胡志兴会长代表乐清市船舶工业行业协会对其中的有关条款提出了修改意见和建议，得到了与会领导和专家的采纳和肯定。另外，市船舶工业行业协会对浙江省《船舶修造企业安全生产基本要求》（DB33/630）这一地方性法规的制定、宣传培训、贯彻实施提出了很多可行性建议，受到了该项法规主管部门的表彰。

各级领导十分重视关心乐清船舶工业的发展 2007年2月7日，由交通部海事局副局长李青平带队的全国低质量船舶专项治理验收小组到欣顺船业集团有限公司现场验收。4月6日，乐清市委书记黄正强亲临乐清市船舶工业行业协会年会并作了重要讲话；温州市港航管理局副局长郑经资、温州市海事局副局长李华、温州市经贸委行业处处长潘碎权、乐清市海洋与渔业局局长倪孟乐、乐清市市府办副主任潘旭东、中国CCS船级社温州办事处主任姜永等领导也都参加了会议，先后讲了话。8月3日，市政府召开了《全市船舶工业安全生产专项整治暨防汛抗台工作会议》，副市长陈向东作了重要讲话。8月7日，市长潘孝政率市发改局、经贸局、规划局、财政局、国土资源局、海洋与渔业局、供电局等有关部门负责人到乐清湾港区就造船基地建设进行了调研，潘市长指示，要努力加快全市船舶工业的发展。8月20日，温州市委常委宣传部长曹国旗、乐清市委书记黄正强、乐清市副市长陈向东等领导到欣顺船业集团有限公司调研船舶工业发展情况。9月12日上午，国家海事局常务副局长刘功臣、省海事局局长徐国毅和省交通厅副厅长薛振安等领导在温州海事局局长赵青云的陪同下，来到乐清造船基地——黄华、七里港，参观了帆顺船业集团有限公司，并作了重要指示。11月11日，温州造船业发展战略研讨会在乐清市雁荡山隆重召开，温州市经贸委副主任游聚森、温州市经贸委行业处长潘碎权、乐清市经贸局副局长仇保雷、乐清船办林贤平、浙江工业大学方新康教授和张一春教授参加了会议。研讨会对温州造船业如何更好更快发展提出了切实可行的意见。

12月，温州市委、市人民政府授予东方造船集团有限公司“做大做强，勇攀高峰”奖牌，温州市委副书记包哲东亲自授牌，并勉励东方造船集团有限公司要发扬成绩，再铸辉煌。

温州、乐清两级市政府把船舶工业当作新的经济增长点，把发展船舶工业作为推动温州海洋经济、临港产业及相关配套产业发展的动力，促进产业结构调整。温州市政府出台了《温州市人民政府关于加快船舶工业发展的若干意见》。出于对船舶工业的重视，成立了由相关职能部门主要负责人组成的温州市船舶工业发展领导小组，以协调、落实、解决船舶企业在发展过程中存在的一系列具体问题。2007年11月7日，乐清市人民政府出台了《乐清市人民政府关于加快船舶工业发展的实施意见》。

五金工具工业

概况 乐清市的五金工具行业历史悠久，尤其是建工钻头工业最早出现在上世纪70年代末。通过近30年的摸爬滚打，全市五金工具行业已发展壮大成为社会化协作，专业化分工，具有较强市场竞争力和较明显优势的产业集群。2001年10月乐清市五金工具行业协会成立，至2007年共有会员企业111家。2007年，全市五金工具工业实现工业总产值20亿元、销售19亿元，外贸出口交货值达10亿元，其中自营出口5亿元。2007年五金工具行业获得市十佳“雁荡杯”称号企业2家、地方税收百强纳税企业1家、乐清市成长型企业5家、乐清市明星企业8家、中国驰名商标一个。

钻头产业基地建设注入了新活力 2002年，全国工商联中华五金商会命名乐清市为“中华全国钻头（建工）产业基地”，基地核心区位于芙蓉镇。近几年来，建工钻头产业发展迅速，2007年全市生产的建工钻头产品有70多个品种、2000多种规格，日产钻头60多万支，国内市场占有率达80%以上。钻头产业的不断壮大同时带动了五金工具相关产业的发展，2007年全行业投入数千万元资金，购置数控机床，加快设备更新换代；同时挖掘潜力，加强内部管理，以各种方式、各种途径消化成本压力，使木工铣刀、开孔器、锯片、螺丝批咀、电动工具、砂轮片、气动工具等产品成为新的经济增长点，尤其是与钻头相配套的硬质合金近几年也迅速崛起，为钻头产业基地建设注入了新的活力。

加快信息传递，促进企业发展 市五金工具行业创办了《五金工具动态》简报，建立了网络平台，委托乐清市博远网络有限公司将原先的“中华五金工具网”网站整顿、开发为新的市五金工具行业协会网站，实行简报、网络平台、网站三位一体，充分发挥简报体现“新”、网络平台体现“快”、网站体现“细”的特点优势有机结合，分工合作，向会员企业提供了大量的经济、市场、政策、法律法规、部门监管等多方面的动态信息，基本实现了会员企业之间的信息资源共享，广泛宣传了五金工具行业的产品、企业，扩大了“中华全国钻头（建工）产业基地”的影响力。

召开了市五金工具行业协会第三届会员大会 9月30日，乐清市五金工具行业协会召开了第三届会员大会，选举了以浙江德威硬质合金制造有限公司董事长陈星题为会长的第三届理事会领导班子。协会领导班了确定以实现“管理科学、运转高效、服务有力”为协会目标，树立以人为本理念，秉承沟通、服务、创新、发展的战略方针，坚持为会员单位服务、为行业服务、为政府服务，决心谱写乐清五金工具行业新篇章。

做好行业协会各项服务工作 2007年，市五金工具行业协会建立了务实、精干的办事机构，定期召开会长办公会议、理事会、会员代表大会，提出问题，制订措施，形成决议，部署落实，竭力为会员企业提供优质服务。10月份协会制订并通过了《乐清市五金工具行业协会管理办法》、《乐清市五金工具行业协会会长、常务副会长、副会长、秘书长职责分工》，清理了部分会员单位，吸收了一批符合条件的新会员企业。协会还积极配合芙蓉镇政府做好污水处理总厂的筹建、工业园区垃圾处理等工作，呼吁会员企业高度重视环境保护，坚持清洁生产；维护会员企业的正当权益，积极组织应诉“环境污染损失赔偿案”；制订了《乐清市五金工具行业协会会员单位基本情况暨工作调查表》，并根据反馈情况及时调整协会工作部署和推出工作新举措；协会理事会人员多次深入会员企业开展调研活动，了解当前五金工具行业现状及其发展面临的热点、难点、焦点等问题，并多次召开专题会议进行探讨，分析原材料上涨、出口退税率的下调、人民币持续升值、招工难、员工频繁流动、新法出台等对行业发展带来的影响；引导企业迎难而上，克难而进。

服 装 工 业

概况 2007年，全市200多家服装企业的生产总值达85亿元，占全市工业总产值的13.5%；近几年来，年产值平均每年都以7%的速度增长。全市不少服装企业获得了锐意创新奖和温州市级明星企业称号。自2004年1月中国纺织工业协会、中国服装协会授予乐清市为“中国休闲服装名城•乐清”荣誉称号以来，全市服装行业迅速发展，服装生产已从单一西服为主，逐步转型成为以休闲服装为主，产业结构不断调整，逐步形成以自主品牌为核心，融合贴牌加工的新格局。生产基地分东西两片：西片为磐石镇、北白象镇，东片为虹桥镇、清江镇，组团式发展的“中国休闲服装名城”已初具规模。

着重抓好九个方面的工作 一是加快产业集聚，促进产业升级，加大技改和基础设施建设；二是坚持科技创新，调整产品结构，建立多元化市场体系；三是坚持质量立企，建立和实施质量管理体系；四是策划构建信息平台——乐清服装网站，推广品牌，塑造企业新形象；五是坚持以人为本，深化培训，全面提高行业整体素质；六是理解世贸战略方针，结合我国纺织服装业政策，调整外贸出口业务；七是博采众长，构建和谐经济新格局；八是坚持以法维权，推动建立服装行业发展的绿色通道；九是加强自身建设，改革会议制度，增强凝聚力，壮大协会和服装后备队伍。另外，3月15日，市服装行业协会与大荆实验中学联手，成功地创办了服装培训基地，让百余名“139工程”贫困山区乐清籍初中毕业学生重返校园，学员经培训将落实4家服装企业实习，合格后再分配工作。

圆满完成协会换届选举 10月17日，根据市服装协会章程，顺利完成了协会换届选举。欧丽亚服饰有限公司董事长陈玲凤荣任第四届会长。

天行健，君子以自强不息；地势坤，君子以厚德载物。全市服装行业以十七大精神为动力，坚持科学发展观，紧密团结，同舟共济，知难而进，努力提升“中国休闲服装名城”的美誉度，为实现乐清服装行业第三次跨越而努力奋斗！

头 盔 工 业

概况 乐清市头盔生产从1983年开始，已经走过了20多年的历程。当初只有几家小作坊，年产值仅五万元；发展到2007年，全市头盔业已有78家生产企业、30余家配件企业，并在全国设有近400家销售网点，从业工人5000余人，年产值达6亿多元，产品占国内市场总销量的20%左右，年出口创汇5000万元。

建设特色园区，优化生产环境 进入21世纪后，乐清头盔工业发展迅速，逐步成为全市工业经济的重要组成部分，并将成为继电器、电子、服装之后的一大支柱产业。为进一步优化头盔生产环境，2003年春，市政府果断决定建立头盔工业生产园区。市头盔特色工业园区工程项目总用地面积118公顷，总投资13.8亿元，于2003年通过审批，经过艰苦努力，预计2008年底可入驻企业30多家，头盔年产量将增至4500万只。

培育龙头企业，增强竞争实力 面对头盔市场的需求量不断增加、质量要求越来越高的现实，乐清市决心将现有全国最大的头盔生产基地建设成为世界最大的头盔生产出口基地。2004年开始，市头盔行业重视培育上规模、竞争力强的龙头企业，2006年组建了带有集团性质的“浙江万隆塑胶有限公司”，2007又组建了带有集团性质的“浙江威力特隆塑胶公司”，同时发展了一批具有国际竞争力的名牌产品。浙江恒丰实业有限公司、浙江万隆塑胶有限公司、乐清市麒麟摩配有限公司、乐清市蓝天头盔制造有限公司等企业发展前景喜人，出口量不断扩大。

加强质量整治，提高产品科技含量 乐清市头盔工业虽然起步早、发展快、建立了重要生产基地，但头盔生产技术、产品质量一直是制约乐清头盔工业发展壮大的“瓶颈”。2004年以来，全市头盔企业进行了两次质量大整顿，对不符合生产要求、产品质量不合格的小工场及前店后厂式的小作坊坚决给予取缔，对已符合生产要求的厂家颁发了生产许可证，基本解决了一证多用的老大难问题。通过整治，企业追求技术进步，建立质量管理体系，做到依法生产，开展正当竞争，质量意识不断提高；同时坚持打击假冒伪劣产品，树立了乐清头盔生产基地新形象，提高了乐清头盔的知名度、美誉度。为积极探索新技术，寻找质优价廉的壳体用料，市头盔企业还成立了“GPA”塑料材料研制小组，试制成功了“GPA”材料（2005年5月经国家测试单位检测合格），随后又组建了“GPA”塑胶制造公司，专门生产“GPA”塑胶，从而基本解决了乐清头盔企业生产的用料需求。

成立行业协会，服务头盔工业 2000年，乐清头盔生产企业成立了乐清市头盔行业协会。几年来，协会密切了政府与企业之间的联系和沟通，积极宣传政府的方针、政策、法律法规，展开各种信息交流，为会员企业排忧解难办实事，推进了头盔企业的发展壮大，提升了乐清头盔生产基地的知名度，为发展乐清工业经济作出了自己的贡献。

包装印刷工业

概况 乐清市包装印刷企业大多分布在北白象、柳市、乐成、虹桥、清江、湖雾等主要集镇。制版工艺告别了传统的“铝与火”逐步走向了“光和电”，印刷方式从凸印转为胶印，产品由单一品种转向门类齐全的多种印刷。2007年全市包装印刷行业总产值高达30多亿元，年产值500万元以上的企业达50多家，年产值超千万元的企业有20多家。浙江金石包装有限公司产值达3.5亿元，荣获乐清市明星企业称号。2007年，乐清市包装印刷行业协会被市经济贸易局评为先进单位。

深化改革，不断整顿 市包装印刷行业认真贯彻落实中央四部委通知精神，坚持“提高门槛、淘汰一批，联合兼并、扶优扶强、壮大一批”原则，清除了全市前店后厂兼住房的“三合一”包装印刷企业，全市包装印刷业在控制总量、合理布局、优化结构、减少重复、提高质量、规范经营、强化监管等方面发生了质的飞跃。同时，市包装印刷行业协会会同市人事部门对全市包装印刷行业不具备规定学历的印刷工艺专业人员申报初级专业技术职务的，进行了培训、考核、评审；还配合文化部门举办了厂长、经理法律法规培训班和多期岗位技能培训班，以及新的劳动合同法和企业法人安全知识培训。

技术装备跃上新台阶 2007年是乐清市包装印刷行业整体实力快速提升的一年。面对激烈的市场竞争挑战，全市包装印刷企业加大技改，全年投入资金一亿元，引进具有国内外先进水平的包装印刷设备20多台，其中有德国产的海德堡印刷机、日本产的秋山全电脑高速大对开印刷机和三菱钻石四开四色机等等，全市包装印刷业的技术装备水平跃上了新台阶。

科技创新成效显著 2007年，全市包装印刷企业加大了环保节能工作力度，积极开发科技型、节能型、环保型产品，科技创新成效显著。乐清市正顺彩印包装有限公司成功试制绿色环保型产品蜂窝纸板；浙江金石包装有限公司成功试制了节能环保产品“鼓泡直立袋”和“高密封性发泡PE复合垫片”，并获得了专利证书、QS全国工业产品许可证和ISO2000：2005食品安全认证。2007年，乐清市兴华印刷包装有限公司生产的“丽得REFC05/10彩盒”获得浙江省包装印刷年度产品质量评比优秀奖，荣获第五届中国包装印刷产品质量评比优秀奖。浙江金石包装有限公司生产的“艾嘉美食鲜袋”获得浙江省包装印刷年度产品质量评比优秀奖，荣获第五届中国包装印刷产品质量评比金奖；“婴儿柔湿巾袋”荣获第五届中国包装印刷产品质量评比铜奖；金石包装还获得“浙江省名牌产品”、“浙江产品质量优等奖”、“中华印制大奖（优质奖）”和“中国包装联合会产品质量金奖”等多项荣誉奖励。

校企合作为企业培育后备人才 学校与企业联合办学是目前国家职业教育发展的方向，既为职业教育学校提供教学资源，又为企业培养后备人才，校企合作发展前景广阔。为此，乐清市包装印刷行业协会与乐清市大荆镇实验中学合作办学，开设了“金石班”，为贫困山区青少年学生提供专业技能培训平台，并为解决未来就业问题创造了十分有利的条件。

工艺美术工业

工艺美术生产企业稳步发展 2007年，全市工艺美术生产企业面对原材料上涨、薪酬成本上升、人民币不断升值的不利局面，积极开拓市场，加强企业管理，深挖内部潜力，

虞定良大师向全国人大副委员长李铁映（前右）介绍乐清黄杨木雕　　市工艺美术协会提供

向管理要效益，企业稳步发展。温州华龙雕刻有限公司2007年通过了ISO 9001国际质量体系认证，并以市场为导向，定向开发适销对路的木雕产品，产品100%出口，全年实现销售3000多万元，还获得“浙江省名优产品”殊荣。浙江鸿鑫雕塑艺术有限公司加强企业管理，注重产品研发，产品涉及装饰雕塑、城市雕塑等多个领域，产品出口40多个国家和地区，2007年销售总额达3500万元。中国南艺礼品有限公司是一家生产铁艺烛台、工艺灯饰及圣诞礼品的无区域企业，公司产品均已获得“ITS”、“SGS”、“TUV”等安规认证，并通过了ISO9001：2000国际质量管理体系认证，产品出口欧美等国家，企业实力在同行业中居领先地位。乐清市登云鞋业有限公司以中、高档工艺麻底鞋为主导产品，产品采用纯天然材料，具有轻便、舒适、美观、环保特性，远销欧美、日本、土耳其等国家，年产值达6000多万元。

传统工艺美术被列入国家非物质文化遗产　乐清民间工艺美术品种丰富，技艺精湛，极富地方特色。2006年，“乐清黄杨木雕”、“乐清细纹刻纸”被列入国家首批非物质文化遗产和浙江省首批非物质文化遗产；2007年，“乐清龙档”入选第二批国家非物质文化遗产并和“乐清首饰龙制作技艺”一起入选第二批浙江省非物质文化遗产；上述传统工艺美术品和“乐清竹壳雕”也都一起列入了温州市首批非物质文化遗产；列入乐清市首批非物质文化遗产的有乐清的“黄杨木雕、细纹刻纸、龙档、竹壳雕、首饰龙、金漆圆木”等。

乐清作品在全国木雕创作大奖赛上再获佳绩　10月由中国工艺美术学会（木雕艺术专业委员会）举办的中国木雕创作大奖赛在浙江东阳市举行，乐清作为黄杨木雕的发源地和重要产区之一，共选送了30多件作品参赛，其中郑松强的《大山深处》、郑忠南的《凝思》、叶高华的《道》获得金奖，张伟成、胡志银合作的《三圣》获银奖，另有9件作品获铜奖。

“传统工艺美术指导培训班”别开生面　为了促进工艺美术大师与中青年创作者的沟通和交流，筛选优秀人才和优秀作品，2007年10月20日，乐清市工艺美术行业协会在乐清市二轻总公司会议室举办“传统工艺美术指导培训班”，并邀请高公博、王笃纯、虞定良等三位中国工艺美术大师与参加指导培训班的30余名中青年创作者进行面对面的交流，并逐一对其作品进行点评，大师们讲解生动，现场气氛活路，参加者纷纷表示，机会难得，受益非浅。此次指导培训班也吸引了永嘉县的部分从艺者慕名而来。

西湖博览会乐清展区盛况空前　2007杭州西湖博览会第八届中国工艺美术大师作品展暨工艺美术精品博览会于11月1～5日在杭州“浙江世贸中心”举行，乐清工艺美术行业协会申请到10个展位组成乐清展区，并组织了100多件作品统一参展，引起了轰动，吸引了一批又一批的参观者。全国人大常委会副委员长李铁映、浙江省领导赵洪祝和吕祖善均到乐清展区参观，乐清市委副书记郑建海、副市长陈向东等专程赴杭州参观展览并慰问参展人员。同时，乐清展区选送了50余件作品参加了第八届中国工艺美术大师作品展“百花杯”评奖，评奖结果，由省工艺美术大师卢发良和金钱妹合作的乐清细纹刻纸作品《北京奥运》和省工艺美术大师郑松强的黄杨木雕作品《快鹿之家》双双获金奖，叶胜才的黄杨木雕作品《天仙配》、叶汉华的黄杨木雕作品《屈原》、潘锡存的石雕作品《和谐》获银奖，还获得6个铜奖和16个优秀奖。

召开工艺美术产业发展研讨会　12月6日，在乐清电信大楼会议室召开了“乐清市工艺美术产业发展研讨会”，参加会议的有市领导郑建海、陈胜峰、方青，有全市5位中国工艺美术大师、9位省工艺美术大师以及市财政局、旅游管理局、文化局、中心区等有关职能部门的领导，还有相关企业的负责人。会上二轻总公司总经理彭成荣汇报了近几年市工艺美术产业发展情况，深刻分析了市工艺美术产业发展存在的问题，并针对这些问题提出建议。随后，各位大师、职能部门领导、企业负责人等围绕当前乐清工艺美术产业该如何传承、如何创新发展畅谈了自己的意见和建议。市委副书记郑建海听取了各方意见后作了发言，他强调要把握好机遇，坚持两条腿走路，走精品之路和市场之路；同时要加大宣传力度、人才培养力度、产业化力度、政策扶持力度，打响乐清文化品牌，做大做强工艺美术产业。

建筑工业

概况　2007年，乐清市建筑行业做到重合同、守信用，诚信经营，公平竞争，全年完成总产值24.2亿元，比上年增长1.4%；建筑房屋面积82万平方米，已竣工24万平方米。2007年12月6日，东厦建设集团董事长陈振江参加了在北京人民大会堂召开的第三届中国个体民营协会第一次代表大会，并当选为副会长，受到国务院副总理吴仪等国家领导人的接见。

诚信服务，巩固信用建设　2007年，乐清市建筑行业加快了建设系统“信用建设”步伐，大力弘扬“诚信为本、质量第一”的良好风尚，全市建设事业健康发展。到年末，乐清市白象建筑工程公司、乐清市成泰建筑工程有限公司、浙江兴华建筑工程有限公司三家企业经温州建筑业协会两次年审，连续四年合格，继续保持信誉企业光荣称号。浙江东城建筑工程有限公司和浙江东厦装饰有限公司荣获温州市信誉建筑企业和信誉装饰企业称号。东厦建设集团有限公司被评为浙江省百家诚信企业。

评优、创标，提高整体工程质量　2007年，工程评优创标取得新成绩。全市建筑行业创“雁荡杯”工程6个，创“瓯江杯”工程3个，创乐清市级文明标准化工地26个，创温州市级文明标准化工地4个，荣获浙江省标准化工地一个。重视抓工程结构质量的评优工作，2006～2007年共评出优质结构奖18项，浙江东厦装饰工程有限公司荣获温州市优秀住宅装饰工程奖、家居装饰品牌企业奖、浙江省优秀建筑装饰工程奖。

开展“一先两优”评选活动　坚持做好一年一度的“一先两优”评选工作，不断完善评选办法，2007年表彰了先进企业15家、优秀企业经理15名、优秀项目经理17名、协会先进工作者18名。白象建筑工程公司荣获温州市先进企业称号，浙江东城公司朱建敏荣获温州市优秀企业经理称号，朱爱康、许启奶、朱建胜、杨光友等4位同志获温州市优秀项目经理荣誉。另外，建桥建设集团有限公司、乐清市成泰建筑工程有限公司、浙江东远建筑工程有限公司、乐清市白象建筑工程公司、浙江东城建筑工程有限公司、乐清市土木建筑有限公司等建筑企业成乐清市纳税大户，进入全市纳税100强企业，受到市地税局通报表彰。

做好行业协会与行政机关脱钩工作　七月份，乐清市政府转发了市发改局、民政局《关于乐清市行业协会与行政机关脱钩的实施意见》。根据实施意见精神，市建筑行业协会有四位行政机关工作人员不再兼任职务，原会长何小曙、秘书长顾建村、副秘书长王金鏐、常务理事干贤仁辞去协会职务，推选卢金如接任会长、王金法接任秘书长。聘任何小曙副局长为协会名誉会长、顾建村为协会顾问。

适应形势发展需要，提高企业管理人员素质　市建筑行业以科学发展观统领经济社会发展，采取人才战略，重视人才培养，特别注意项目经理素质的提高。2007年，市建筑行业先后举办了各种类型培训班（包括输送到温州、省建协培训），受培训的项目经理、企业负责人、技术人员共1437人次。

加强企业改革力度，提升企业资质水平　2007年，市府根据国家法律和政策规定，研究制订下发了《关于发展壮大建筑业的若干政策的通知》，内容涉及晋升企业资质等级奖励、仓储和办公场所建设用地、技术改造和设备添置财政贴息、加大银行信贷授信力度、人才培训经费、人才引进优惠政策、激励企业创杯、招标优先入围、税收优惠等等。这一文件精神和优惠政策，有力推动促进了市建筑企业资质品位和综合实力的提升，经国家建设部批准，温州建桥建设工程有限公司从二级晋升为一级总承包企业，东厦建设集团有限公司从二级房开晋升为一级房开企业，乐清市土木建筑有限公司经省建设厅批准从三级建筑企业晋升为二级，乐清市开大建设工程有限公司、乐清市百昌建设工程有限公司两家建筑企业也已申报晋升为二级建筑企业。

加强协会自身建设，提高服务能力　建筑行业协会的主要职能是“双向”服务，当好政府的助手和企业的参谋，运用自己的服务职能，引导和鼓励会员企业走维权之路。为了完成上述职能，协会必须加强自身建设，提高服务能力，具体做了以下几方面工作：一是按照协会《章程》，坚持学习党的方针、政策、法律法规，及时传达上级有关文件指示，研究和决定协会的重大事宜和任务。二是继续办好会刊，加强横向联系，拓展与同行之间交流活动，进行信息沟通。2007年，《乐清建筑》在省通联员会议上被评为刊物类“优秀奖”；王权同志连续两年被评为温州市建协优秀通联员。三是协会坚持每年订阅《浙江建筑业》和《建筑时报》，赠送会员单位学习，提供有关单位的领导参阅。四是扩大协会组织，发展新会员，壮大建筑业协会队伍，2007年发展新会员9家，增强了协会活力。

乐清经济开发区

概况　浙江省乐清经济开发区于1993年11月经省人民政府批准设立。开发区总规划面积22.07平方公里，2005年经国务院批准核定规划面积为5.95平方公里。2007年，乐清经济开发区管委会全体建设者们以科学发展观为指导，形成合力克难攻坚，突出重点破解难题，不断强化服务意识，加大基础设施建设，尽力完善投资环境，各方面工作取得了显著的成绩，开发区呈现出崭新景象。由于工作突出、成绩显著，2007年获乐清市人民政府集体嘉奖。

各项建设步伐不断加快 一期用地面积3440亩已开发完毕，进区企业102家，已全部建成投产。2007年创产值56.4亿元，同比增长25.1%。企业总就业人数近2万人。二期产业化项目属省重点工程，用地面积2990亩，已落实企业82家，总投资概算100亿元。三期属招商引资区，用地面积为1790亩，已落实中外合资企业21家，2007年，合同利用外资1.36亿美元，实际到位外资8667万美元。乐海围垦工程总面积9142亩，总投资4.05亿元，2007年完成总投资4400万元，累计完成总投资1.27亿元。一期标准厂房总用地面积22.3亩，建筑面积2.58万平方米，2007年9月正式投入使用，8家企业入驻生产。二期（翁垟片）市级示范标准厂房是温州市重点经济考核项目，建筑面积13万平方米，总投资1.87亿元，已完成招投标。建区以来累计投入基础设施建设资金达7.9亿元，一期建设已全面完成，道路、供电、供水、通讯、环保等功能建设日趋完善，已建成25公里的“二十一横三纵”道路和11.4万平方米的绿化带及各种管道管线设施，已完成了二、三期的场地平整和道路建设以及相关配套设施建设等。创业服务中心项目是集办公、科研、管理、服务、展示、景观、贸易洽谈等为一体的智能化综合服务设施，总建筑面积23046平方米，工程总造价5239万元，主体工程已完工。

二、三期取得突破性进展 开发区二期范围涉及10个村的土地，其中乐成镇6个村、翁垟镇4个村；三期盐城闭合区属于国有滩涂回收用地，涉及乐成镇10个村。由于国家土地政策调整，开发区的安置留用地指标及政策处理工作出现了一些新的难度。2007年，开发区管委会将二、三期项目推进作为中心工作来抓，成立了政策处理领导小组，并派员进驻各被征地村，向农民宣传政策、讲明道理，召开村双委、党员、村民代表以及社会各界人士参加的相关会议，广泛听取意见和建议，对有关政策进行解释和说明，二、三期项目推进取得了突破性进展。截止到2007年底，二期推进了5个村，三期推进了3个村。

党群建设和谐有序发展 开发区党委坚持“围绕经济抓党建,抓好党建促发展”的工作思路，继续深化党建联合共建活动。2007年，开发区非公党建迈上一个新台阶，党组织覆盖面进一步扩大，党员队伍不断发展壮大。2007年新组建非公企业党总支1家、党支部12家，非公企业党支部发展到26家；新发展党员44名，党员总数达到242名。开发区党委还以“党建带工建”，以“工建促党建”，把工建、团建工作迅速向非公企业延伸，寓教于乐,营造了企业文化建设的浓厚氛围。2007年新组建企业工会31家，累计达55家，会员发展到2000人，职工入会率达到80%以上；新组建企业团组织2家，累计为9家，新发展团员60人，团员累计达1200余人。

安全生产列入重中之重 随着进区企业的日益增多，开发区以创建“平安园区”、“平安企业”为目标，树立“以人为本”的科学发展观和“安全发展”理念，加大安全生产管理力度，采取多种措施落实安全生产责任制。2007年共开展了4次企业安全生产大检查；组织企业安全员培训12次，共培训1147人次；还进一步完善了企业生产标准化管理制度，华仪集团、兰普集团、国威科技有限公司等3家企业达到A类标准，有5家企业正在申报A类达标，80%企业达到B类标准，其他企业正在创建B类标准。

综治工作形成合力取得显著成效 乐清经济开发区管委会以“综治进民企”、“综治进区间”为载体，拓展综治工作领域，形成综治工作合力，规模企业综治组织创建率和组建率有效提高，治安巡逻队与企业巡防人员联合对新区进行日夜不间断地巡逻。2007年开发区警务室接警并处警516起，其中刑事案件87起、治安案件120起，查问可疑人员752人次，移交公安机关处理24人，其中批捕5人、刑事拘留3人、治安拘留12人、警告4人，开发区社会治安状况明显好转，盗窃、抢劫等案件得到有效的控制，全年无重大人员伤亡事故。

加大信访力度，化解各种矛盾 在二、三期项目向前推进的重要时期，开发区管委会成立了信访工作领导小组和信访办公室，抽调精干人员充实到信访队伍中。全年共接待收受来信来访21件（其中市长热线2件、上级交办件12件、本级自接自办7件），办结率达100%。开发区信访办对反映的问题进行了梳理、分析，对可以解决的问题及时给予办理，并做好信息反馈工作；对一时解决有难度的问题及时与来访者取得联系，做好沟通和解释工作；对应当解决而条件不具备的，一方面向群众解释清楚，力求得到信访群众的理解支持，积极做好疏导工作。对群体性事件，坚持面对面地化解矛盾、解决问题，维护群众利益，疏导缓和群众思想情绪。

多渠道、多形式开展形象宣传 2007年，开发区管委会采用不同形式、通过不同渠道加大对外宣传的力度，让更多的人来了解和认识开发区。通过《乐清日报》、乐清电视台、《温州日报》、温州电视台、《浙江日报》以及其他报纸、电视台、电台、互联网、杂志等宣传媒体广泛宣传开发区的建设成就和形象；办公室共编发50多期简报，及时更新门户网站信息，向全社会展示开发区蓬勃向上的建设朝气和开发区人“善于思考、勇于开拓”的建设热情。

企 业

中国企业500强（乐清4家）

正泰集团股份有限公司

(名列第214位)

概述

2007年，正泰集团实现工业总产值223亿元，销售收入217亿元，创利税18亿元，总资产72亿元。“正泰”品牌名列首批300家“全国重点保护品牌”榜，全国低压电器行业仅此一家。在中国品牌研究院公布的《中国最有价值商标500强》排行榜中，“正泰”商标价值位居全国低压电器行业第一位和温州上榜商标中的第一位。正泰被温州市委、市府命名为温州市首届“活力和谐企业”荣誉称号，正泰集团技术中心被认定为国家级技术中心，正泰集团旗下的浙江浙大中自集成控制股份有限公司和浙江大学共同完成的“全集成新一代工业自动化系统”项目荣获国家科学技术进步二等奖。9月29日，温州中级人民法院一审认定施耐德公司侵犯正泰专利权成立，判决对方赔偿正泰3.34869872亿元；该案为国内涉及金额最大的专利侵权案，引起了社会各界的强烈反响和国内外媒体的高度关注。2007年，董事长南存辉被授予“中华慈善事业突出贡献奖”、浙商社会责任大奖，荣获中华慈善人物、第六届全国优秀创业企业家、温州市功勋企业家等荣誉称号，再次当选为全国工商联常委、浙江省工商联副会长；公司执行总裁南存飞当选为上海市松江区政协副主席、上海市政协委员、上海市工商联常委、第十四届上海十大杰出青年；公司成功承办了中国工业经济联合会主席团第十五次会议。2007年，中共中央政治局常委习近平（时任中共上海市委书记）、全国人大常委会副委员长顾秀莲、全国政协副主席徐匡迪、中共浙江省委书记赵洪祝、国家质量监督检验检疫总局局长李长江等领导先后视察正泰，并给予了热情勉励。

正泰积极响应省委号召，捐资1000万元与共青团省委及其它企业一道共同建立了“浙江青年创新创业基金”；由正泰出资设立的中国中学生正泰品学奖第三届颁奖活动在京如期举行，全国人大常委会副委员长热地出席了颁奖会，共青团中央书记处第一书记胡春华主持了颁奖会。

发展战略

进一步明确集团战略思路，不断完善公司组织机构和职能，确立了子公司董事会的发展战略和管理功能，为控股公司初步建立了工作服务平台。电器股份公司根据上市规范要求，完善了法人治理结构，完成了股本扩增、股权结构调整及产权规范，提出了募集资金项目的可行性报告，重组了西欧、刀开关、电源电器等公司，确定了上海诺雅克商业模式，积极推进L、S、R等项目的合作进程。浙江正泰太阳能科技有限公司计划投资10亿元人民币的光伏发电系统生产基地开工典礼于10月份在杭州滨江区举行。

市场营销

电器股份公司在国内市场方面采取了一系列措施，调整主攻目标，推行战略合作；转变推广方式，完善项目跟踪机制；协助、引导经销商自主开拓；推出金铅笔系列活动，以专家沙龙、技术研讨、专业征文等多种形式，诠释正泰品牌的内涵，扩大正泰品牌的影响力。同时要求经销商拓展中高端行业客户，引导、帮扶中坚经销商强化物流管理、构建技术服务体系、健全二级分销网络，以提高经销商的内部管理水平及所属区域的业务渗透能力；通过渠道规划、提升渠道效率、改造渠道质量、优化终端形象、规范价格管理、治理市场秩序，电器股份公司2007全年完成了一、二级城市33家销售公司的SI形象专营店建设，实现分销业务42.5亿元，同比增长29%。在国际市场方面，电器股份公司调整拓展思路，采取了“巩固欧洲、突破中东与拉美区域、培育非洲与亚太及独联体区域”的策略，2007年完成低压产业出口交货净值比上年增长24.8%。同时组建了大客户处和电力市场处，协同经销商、贴牌大客户、行业客户重点开拓拉美、中东、亚太等地区的重点工程项目，实现了西班牙、挪威、巴西等十个重点国家的营销额同比增长超过50%。2007年电器股份公司还参加“广交会、汉诺威、俄罗斯中国年”等20个国际性展会，成功举办了第二届国际营销大会，进一步提升了品牌知名度。

电气股份公司销售业绩继续保持增长势头。两高（110kV以上变压器及高压开关）产品2006年进入内蒙电网之后，2007年又先后进入了国家电网、南方电网、贵州省网、云南省网、海南省网及山西省网，高压变压器承接合同比上年增长196%；高压开关承接合同比上年增长172%，500kV避雷器及绝缘子、220kV互感器已经在内蒙电网挂网运行。2007年，电气股份公司的220kV变压器首次出口刚果，110kV隔离开关首次出口日本，工程公司首次承接了坦桑尼亚电力系统工程。公司还直接攻克英威达、重庆海尔等8个项目，签订合同4290万元，并创新了销售模式。

仪器仪表公司贯彻代理与直销相结合的营销模式，在维护代理商权益的原则下，抢占省级电力公司空白市场，直销试点工作在浙江、贵州两省取得突破。仪器仪表公司在国内市场全年销售净收入同比增长8.97%，其中电子式电能表销售同比增长17%，燃气表销售同比增长85%，综合仪表销售同比增长14%，变光面罩销售同比增长140%。国际大订单有新进展，燃气表出口土耳其60万只；电子表出口古巴85万只，出口塔吉克斯坦16万只；机械表出口尼泊尼18万只，出口泰国7万只；变光面罩出口网络覆盖至11个国家。

建筑电器公司市场拓展持续增效。公司在河南省部分地级市召开了正泰电工品牌代理权“招投标”会议，提升了正泰电工品牌人气。各区域产品销量普遍有较大的增长，销量逾千万元的省份（区域）近10个。在工程市场上，成功揽下四大奥运工程（奥组委办公大楼、奥运全球新闻中心、奥运会主体场馆、奥运会跆拳道馆）及上海宝钢集团、上海七斗星全国连锁酒店、内蒙古报业大厦、南京龙潭经济适用房项目等一大批新的样板工程。

正泰汽车零部件公司加强北京、武汉、广州、上海四个核心办事处建设，加大对办事处营销网络建设的投入，并选派公司骨干充实办事处。通过参加在北京、上海、法国巴黎等地举办的国际汽车零部件展会，进一步了解产品的发展方向，掌握了行业发展信息，拓展了市场通道。2007年，公司进一步巩固了与中国一汽、东风汽车、福田汽车、长城汽车、庆铃汽车、金龙客车、黄海客车等主要客户的关系；与奇瑞、吉利、力帆、比亚迪等国产轿车企业建立了业务关系；还与全球第一大农机企业美国的迪尔公司、全球第三大卡车企业美国的PACCAR公司以及巴西的ZM公司、斯洛文尼亚的ISKRA公司、德国的KLFT公司等开展了业务往来。

技术研发

电器股份公司2007年完成新产品开发20项，完成设计改进项目3项，完成二次开发项目8项；NA1、NM8、NRE8三个国家火炬计划项目通过了省科技厅验收；技术中心被国家发改委等部委认定为国家级企业技术中心。加强技改工作，全年完成NM8、DZ47等主导产品的关键工序技术改造28项，还开展了NM8、NM6等21项主导产品的可靠性试验。加快产品认证与专利申报，2007年获得3C证书118张，国外认证45项，专利获证37项（其中发明专利6项）；

电气股份公司全年参与行业、国家标准制定6项，新开发产品62项，220kV180MVA高压变压器基本完成型式试验，15kV及20kV级S9系列变压器已经取得KEMA认证，LW43-252断路器获中国机械工业科学技术二等奖和上海市2007年装备制造业与高新技术产业自主创新品牌誉称，ZF□-126小型化GIS获得完全自主知识产权并成为公司研发原创性技术的范例。群众性的技术创新深入开展，全年投入技改资金8378万元，完成技术创新150余项，核心制造技术得到提高。2007年还获得上海市科技小巨人计划和上海市重点骨干企业等省市级项目18项，争取到补贴资金200余万元。试验工作实现较大突破，试验能力从传统型的中、低压试验提升到可完成550kv及以下机械寿命、温升、局放、雷电冲击等试验。

仪器仪表公司全年通过省级新产品鉴定13项、公司级新产品鉴定41项，全年技术改造9项、技术改进21项、产品认证3项。低压电力线载波自动抄表技术取得长足进步，在哈尔滨的集中抄表项目已进入验收阶段，这为此产品打入其它省局业务领域打下了良好基础。燃气表通过了国际最高标准——欧盟EN1359标准认证，成为国内燃气表行业首家获得五个国际权威认证的企业；燃气表8000小时的超长寿命耐久性测试也在荷兰NMI实验室试验成功，成为世界上首家8000小时测试通过的企业。

建筑电器公司坚持引进与自主创新相结合，先后引进了工业设计理念和创新设计方法，成立了CAE项目组；同时开展反求工程，并取得初期成果。2007年初公司导入了PDM管理系统，产品基础数据的规范性和安全性大大提高，并改变了原来单独的产品开发模式。2007年，公司的PDM项目获得了乐清市科技项目一等奖；中式漏电保护插座顺利通过国家标准委员会的立项。至2007年底，公司已获14项产品专利授权。

正泰汽车零部件公司2007年完成新产品开发9个系列共20个型号，其中内置式调节4项，其它电子产品9项，开关控制器、气压开关2项，喇叭气阀2项，起动继电器3项。公司开发的新型产品GLB-30过流保护器，7月份通过了省级新产品鉴定和开发区的验收；该产品的成功开发，填补了国内的空白。3月份公司通过了ISO/TS16949体系第三次监督复审，5月份通过了3C强制性认证气喇叭扩项监督审查，喇叭产品DL223/50和DL124系列通过了荷兰EMark认证。2007年，正泰汽车零部件公司被评为温州市级高新技术企业和浙江省级高新技术企业。

质量管理

电器股份公司对NA15-2000、DW17D等15个产品制定了专项质量改进赶超计划，对DZ47LE、DZ267LE等7个系列漏电产品制定了专项改进计划。积极开展QC活动，1个小组获得“全国优秀质量信得过班组”称号，3个小组获得“全国优秀质量管理小组”称号。2007年，公司3个系列产品获得温州名牌，低压电器赢得质量可信产品美誉；公司荣获全国实施用户满意企业称号，还通过了“全国质量奖”复评。

电气股份公司质量管理体系通过了复评认证，并覆盖到工程公司。变压器事业部完善71项工艺和检验技术文件，加强了过程监控。2007年，公司发表QC成果44个，创直接经济效益210多万元；34个单元的低压和电线产品获得换版3C认证，105个单元的高压产品通过PCCC认证。同时，覆盖松江园区的环境/职业健康安全体系已经投入正常运行，并为通过第三方认证作了充分准备。

建筑电器公司实施质量年活动，组织开展了质量知识竞赛、不合格产品展览、优秀检验员评选、QC活动、市场监督抽查风险评估等一系列活动，营造了良好的质量文化氛围，提高了全体员工的质量意识，丰富了质量管理手段，全年市场投诉大幅减少，外部质量投诉率为0.035 次/万台，同比下降 42%。2007年，“正泰”牌电器附件（开关、插座）首次荣获“浙江名牌”称号，“正泰”牌开关、插座、照明灯具、浴室取暖器首次荣获“温州知名商品”称号。

生产管理

电器股份公司开展了NM1、NM8等9种产品的关键件自制（加工），增置了冲床、注塑机等200台设备，实现了产品批量生产。实地考察了DMC、漆包线、热塑件等供方，对DMC等10家供方进行了帮扶，使供方管理基础、管理能力明显提升；与20家重点供方签订了补充协议及专项扶持计划；终止了27家供方；调整了175家供方业务。同时，通过系统优化、局部改进的方式，对DZ15(LE)、NB1等产品的15项生产流程进行了改进；对DZ15LE、NS8等产品的15项生产流程也进行了改进，DZ15LE生产周期缩短66%；还对HH3、UPS等7个产品实施了外包。另外，通过多种手段有效配置生产资源，DZ47等多项产品产能效率提高20%。

建筑电器公司全年累计投入2000多万元进行注塑、装配及模具等方面的技术改造，建成了一个拥有先进注塑机近百台、高度信息化和自动化的注塑车间；建成了一个拥有流水线40条、喷码线20条、形成墙壁开关插座年生产能力近1.5亿只的装配车间，所有产成品都进行在线防窜货喷码，在业内率先实现了生产信息可追溯及销售信息可追踪；建成了一个拥有先进加工设备近30台、年制模能力约200副的现代化模具中心。通过大规模的升级改造，公司的生产能力已达到国内行业一流水平。

基础管理

电器股份公司2007年修订了45个标准，开展了系列标准执行情况检查，开展了单位绩效考核的试运行工作，开展了SAP关键业务环节评价指标平台的推广应用和多技能岗培训，开展了员工职业健康检查。公司还充分运用各种金融渠道，改变供方付款方式，回避汇率风险；根据主要原材料价格变化，进行成本分析；同时做好税收策划，公司整体财务管理水平有所提高。2007年，电器股份公司引进关键岗位人才288人；中高层管理人员的培训总课时达11254小时，人均为50.69小时。依据新劳动合同法，公司修订、完善了劳动合同，并组织进行了新版劳动合同的签订，调整员工工资，建立健全了福利保障体系，扩大五险一金覆盖面，养老、工伤、失业、医疗及生育保险实现了全员参保。

电气股份公司2007年新增和修订管理标准26项，新增和修订三阶文件217个。成套事业部开发的管理软件已经投入使用，并取得成效。设备管理、安全管理、现场管理、仓库管理等逐步规范。职工培训进一步深入开展，按照程序开展了技术职务聘任和技术工人技术等级评定，这为稳定队伍和提高员工的技术水平起到重要作用。

德力西集团有限公司

(名列第253位)

概况

2007年是德力西阔步迈向国际化的重要一年，在全体员工的共同努力下，德力西集团继续保持了良好的发展势头。经过20多年的拼搏，德力西已经从一个家庭作坊发展成为国家大型工业企业。集团以生产高中低压电器、输变配电气和工业自动化控制电气为主，同时涉及综合物流、交通运输、环保工程、能源矿业等产业。集团现有员工14600多人、下属公司70多家、协作企业近1000家，资产总额70多亿元，品牌无形资产28.28亿元，荣登中国最大500家企业第207位、中国企业500强第253位。

电气主业快速发展，产品成功助飞“嫦娥一号”

2007年，集团电气产业实现销售收入比上年增长31.4%，温州、上海、杭州三大生产基地主要业务指标都出现了可喜的增长，温州生产基地在连续三年高速增长的基础上，2007年又增长了25.13%。集团出口总额达7732万美元，比上年增长29%。2007年，德力西的电气主业，无论发展速度还是发展质量都处于最好水平，电气产品已广泛应用于航天领域、港口机场、青藏铁路、钢铁公司和核电站等国家重大装备领域。10月24日，“嫦娥一号”成功发射，我国探月工程迈出了巨大的一步；德力西电气进入西昌卫星发射中心，为助“嫦娥一号”绕月作出贡献。同时，德力西防爆电器有限公司生产了10台BDMX-T防爆配电箱，用于西昌卫星发射中心，还应西昌卫星发射中心要求，派遣工程技术人员前往西昌，进行了全方位的检测和调试，圆满完成了西昌卫星发射中心交给的任务。这是德力西电气继成功助飞神舟五号、神舟六号之后，再一次为我国的航天事业作出贡献。

与世界强企施耐德合资合作，开创中国电气新模式

2007年12月16日，中法合资德力西电气有限公司隆重挂牌成立。合资公司总投资18亿元人民币，注册资本为6.2亿元人民币。2006年12月17日，德力西集团与施耐德电气签署了合资合作协议，国家商务部经过审查、听证等程序，于2007年10月12日批准了合资申请报告。合资公司将运用6条产品线生产低压电器产品（MCB、MCCB、ELCB、ACB、接触器和继电器）。这次合作体现了五个特点：一是双方各占50%的股份，体现了公平的原则；二是董事长由德力西方担任，总裁由施耐德方担任，体现了扬长避短的原则；三是合资公司用德力西冠名，产品用DELIXI品牌，体现了保留民族品牌的原则；四是合资公司将建立一个以中档产品为对象的研发中心，体现了技术创新和提升产品档次的原则；五是施耐德每年向合资公司提供出口订单和OEM订单，体现了走向经济全球化的原则。德力西与施耐德合资合作，是浙江最大的民外合璧项目，使德力西电器制造实现了国际化的对接，开创了中国电气发展新模式。

多元产业进展顺利，进入开花结果的收获时期

德力西坚持电气主业的同时，进军综合物流、交通运输、环保工程、能源矿业等产业。经历了几年的投资期后，多元产业已进入开花结果的收获时期。南充、南阳等物流项目经过多年的运作，基础设施建设已基本完工，部分市场已经开业。南充光彩大市场完成了一期工程建设之后，成功举办了第十九届西交会，为今后的发展打下了扎实的基础；南阳光彩大市场一期工程主体建筑已大部分竣工并通过验收，93%的标准商铺已被认购。山东临沂的德力西再生塑料产业园，已开始试营业，并初步形成规模。德力西长江环保公司在柳市的垃圾发电项目征地工作已接近尾声。平湖焚烧发电工程、台州项目两个土建工程正在紧张进行之中，设备的招投标工作已经完成，预计在2008年投入运营。德力西新疆旅客运输公司全年完成客运量306万人次，利润同比增长61%。鑫德国际自成立以来，已经获得多个矿的探矿权。

为构建和谐社会不懈努力，企业形象不断提升

德力西坚持“德报人类”的企业理念，为建设和谐社会尽心尽力。1月28日，在上海青浦区“真情回馈社会、共建和谐青浦——民营企业献爱迎春联谊会”上，德力西集团董事会副主席胡成国带头向青浦区捐助助学基金50万元，用于青浦区贫困学生的学费。4月24日，集团副总裁胡成虎赴湖雾镇隔溪村访贫问苦，代表集团捐款5万元，帮助生活困难的老党员、老劳模和贫困家庭改善生活。集团还向乐清市劳模基金捐赠启动资金，帮助结对村建设图书馆。近年来，集团捐献用于扶贫济困、支持希望工程的资金已达9000多万元。2007年，德力西获得了温州活力和谐企业、浙江省思想政治工作优秀单位、全国厂务公开民主管理先进单位、中国最具投资潜力民营科技型企业、中国人力资源管理大奖十佳企业等称号。

胡成中出席“生科世纪·航天员招待会”，法国总统萨科齐会见胡成中

5月21日～24日，第十六届“人在太空”国际学术会议首次在北京召开，中国、法国、加拿大、俄罗斯、美国等国家的10名航天员和来自20多个国家和地区的航天专家、空间科学家聚首北京，开展了一系列学术研讨、科普活动。德力西集团由于为中国航天工程作出突出贡献，中国航天员科研训练中心邀请集团董事局主席胡成中出席了22日晚举行的“生科世纪·航天员招待会”。胡成中与中外航天员进行了亲切的交流，并分别合影、签名留念。11月27日晚，来华访问的法国总统萨科齐在上海会见了胡成中等10位中国企业家。胡成中向萨科齐介绍了德力西与法国施耐德公司成功合资组建“德力西电气有限公司”的情况，并谈到将在法国投资设立“中国之窗”，将在上海嘉定建设上海法国中心，为法国企业在中国提供综合配套服务的平台。萨科齐回巴黎后给胡成中来信，对胡成中参与在上海的会晤表示感谢，希望建立中法企业之间更深层次的合作伙伴关系，祝愿德力西与施耐德电气的合作成功，并期待将来有机会继续双方共同的话题。

人民电器集团有限公司

（名列第264位）

概况

人民电器集团以工业电器为核心产业，横跨能源、城市化建设、现代物流、商贸、进出口贸易、投资、电子信息技术等多元领域；主要开发、生产、销售高低压电器、成套电气设备、电线电缆、防爆电器、母线槽、电缆桥架、仪器仪表、建筑电器、高压电力变电设备等80多个系列的12000多种规格的产品。人民电器集团拥有浙江、上海、江西、湖北等制造基地，拥有12家全资子公司、85家控股成员企业、800多家加工协作企业及2300多家销售公司。集团现有员工20000多名，其中生产员工5000多人、驻外销售人员15000多人。集团PEOPLE牌产品畅销全球50多个国家和地区，广泛应用于浦东机场、三峡工程、北京地铁、奥运场馆、嫦娥卫星等国家重点工程，产销量列全国电器行业前列。集团总资产达60.99亿元，2007年实现总产值175亿元，名列世界机械企业500强。“人民”商标被国家工商管理总局认定为“中国驰名商标”；“人民”产品被评为“中国名牌产品”和“国家免检产品”；“人民”品牌已成为中国500最具价值品牌之一，经世界品牌实验室测评，价值达43.39亿元。

广泛的人才和科技合作，提升了企业核心竞争力

集团成立之初，便启动了“引智工程”和“金桥工程”，面向全国广揽各路精英，并与北京大学、清华大学、上海交通大学、对外经济贸易大学、西安交通大学、浙江大学、河北工业大学等国内大专院校、科研院所进行广泛的人才和技术合作，使传统的工艺和技术不断得到改进，并有效地增强了自身的“造血”功能。1999年，集团投入巨资先后开发了具有自主知识产权的RD系列高低压电器产品，其中RD系列高压新产品经省级技术鉴定，产品技术性能达到国际领先水平。在低压电器产品研发方面，向智能化、数字化、模块化、多功能化和小型化方向发展，产品自带通讯接口能应用于各种现场总线，以实现配电系统的遥控、遥测、遥调、遥讯功能。2002年，经国家人事部批准，人民电器集团建立了博士后科研工作站，专业从事研发国内空白、国际领先水平的高新技术产品和课题，进一步提高了集团公司的核心竞争力。2004年，集团智能电器研究取得新突破，并通过专家组鉴定。2006年初，集团联合上科所、西交所等单位的共同攻关课题《空气介质电弧的测试、仿真、调控的关键技术及其应用》荣获国家科技进步二等奖。至2007年，集团拥有自主知识产权的省级新产品90多项、国家级重点新产品20多项、国家专利100多项，其中集团技术人员自行研制开发的RDW1智能型万能式断路器被列为国家火炬计划立项项目之一。为了提升企业的核心竞争力，“人民”人牢记“人民电器，为人民服务”的企业宗旨，学习和借鉴国内外先进的管理方法，形成了企业自身特有的管理标准，即阳光管理和YYS八条要素管理，推行了符合企业自身发展的6PS管理体系。2006年，集团以科学发展观统揽全局，全面推出了PCDM智能数字化经营管理模式。2007年，集团赋予了PSSC人民文化新内涵，为企业科学发展提供了强大的思想动力。

加强党、工、团建设，增强企业凝聚力

人民电器集团一手抓“人民”品牌的打造，一手抓思想政治工作，取得了辉煌的成就。集团于1997年成立了党支部，于2002年成立了党委。党组织充分发挥战斗堡垒作用，领导工会、共青团、妇联、计生协会等组织定期开展各种健康有益、丰富多彩的活动，有效地增强了企业的凝聚力和向心力，为非公有制企业的发展起到了推波助澜的作用。2004年以来，集团先后获得了“中国企业文化品牌建设十佳先进单位”、“全国民营企业思想政治工作先进单位”称号。2005年11月，集团团委荣获“浙江省志愿服务贡献奖”；12月，集团计生协会被授予“全国计生协会工作先进单位”称号。2006年，集团被评为“中国最具社会责任感企业”，获得了“联合国和平周特别贡献奖”。2007年，集团获得“新农村建设功勋企业”等多项荣誉……

实施“点线面”式管理，延伸扩展营销网络

面对经济全球化进程的日益加快，集团不断在营销管理上下功夫，建立了以企业营销管理部门为“点”、以物流配货中心为“线”、以辐射全国各地近2000家销售公司为“面”的营销管理体系，成功地实施了“点线面”式的营销管理，为企业营销网络的延伸和扩展创造了有利条件。在不断扩大营销网络的同时，集团十分注重“产品、质量、价格、形象、服务、宣传”的六大统一，形成了紧密相连的营销规模优势，从而提高了市场的核心竞争力。同时，在15000多名驻外销售人员中，大力倡导“诚信经营，规范管理”和“宁失利益，不失市场；宁失数量，不失质量；宁失面子，不失顾客”的经营理念，并制定了24小时制的售后服务体系，形成了具有“人民”特色的营销和服务格局。“人民”产品畅销全国30多个省、市、自治区，远销欧洲、美洲、东南亚、中东等世界大部分地区。“人民”产品应用于浦东机场、三峡工程、北京地铁、奥运场馆等国家重大工程，为人民电器赢得了高度的荣誉，将“人民”人的开拓精神发挥得淋漓尽致。

承担起社会责任，捐巨资济困赈灾

人民电器集团在发展壮大的同时，积极为国分忧，主动承担起社会赋予的责任，批量接纳安置国有企业下岗职工，并制定了一系列优惠政策，为技术人员搞科研开发提供资金，创造了良好的条件。截止2007年底，已有3000多名下岗职工在人民电器集团实现再就业。为此，全国工商联授予人民电器集团“全国再就业先进单位”称号。在社会突发事件或自然灾害面前，集团以社会责任为重，以体现企业价值为重，近十年来，已先后为抗洪赈灾、扶贫济困等公益活动累计捐款捐物达3.8亿多元，如捐款1000万元支援乐清市扶贫济困基金会、捐款100万元帮助台风受灾地区等。2005年1月，集团捐款50万元修建乐东隧道；2005年4月，集团捐款145万元帮助四川省仪陇县改善办学条件；2006年11月，人民电器集团成立十周年之际，集团郑重承诺，未来十年内将在中西部地区捐建30所希望小学；2007年3月，捐款300万元支持生育关怀活动；2007年9月，捐款1000万元设立人民电器慈善公益基金……此外，集团还积极出资修建堤塘，参与老区经济建设和接济贫困学生等活动，向孤寡老人或病困员工发放慰问金等，赢得了政府部门和社会各界的广泛好评。

长城电器集团有限公司

(名列第400位)

概况

2007年，长城电器集团有限公司遵循科学发展观，坚定不移地把年初制定的方针目标落实到企业运行的全过程，通过全体长城人的共同努力，集团保持了良好的发展态势，取得了可喜的成绩：全年实现国内销售收入同比增长13%，外贸出口比上年增长48%。集团再次跻身中国企业500强、中国民营企业500强、中国机械工业企业500强、中国电气工业企业100强、浙江百强企业。集团被温州市列入市重点接待单位。另外，占地200亩的上海工业园一期工程土地指标已经落实，即将破土动工。

营销机制不断理顺，市场份额稳步增长

一是优化了营销组织架构。销售总公司对原先市场部组织机构、中心市场片区划分、办事处的设立进行了调整，将原先合并的市场部分解成三大块：中心市场部、办事处管理部和项目工程部，并配备了相关人员，从而组织更加清晰化，运做更加协调高效。同时根据中心市场各省份的客户情况和各片区经理的实际能力情况，还对中心市场片区进行了划分。2007年17个省份销售大幅度增长，例如福建同期增长106%。二是分解落实营销指标。根据集团公司年度销售指标，结合市场情况，销售公司将指标进行分解落实，并与各办事处主任、各片区经理签订了《销售协议书》，做到责任到人，确保各项工作有序开展。三是重点撒网、联合促销。对重点省份营销进行撒网开发并与相关大客户联合促销，以提高销售量和增强客户信心。例如与广东、福建、河北、北京、台州五地的大客户协商，推出了“真情回报”大行动，对交流接触器、断路器、电源、电容等不同产品根据不同时间段、不同区域、不同客户类型开展了不同的促销活动，提升了客户销量，增强了客户信心，最终达到客户与公司双赢。四是提升整体服务质量。物流部在货源充足、客户资金到位的情况下，做到当天货品当天发货，缩短发货周期，以最快的速度、最好的服务将客户货品安全送到位。物流部还与生产公司总经理沟通决定：常用产品当天供货（最多3天），订做（含特殊）产品在3～5天内供货。五是扩大产品的市场准入范围。高科公司实施了“重点区域重点开发、重点客户重点培育”的销售政策，电工产品大幅增长。成套公司在众多的竞争对手中，一举夺标广东平海电厂建设项目，中标总金额达1862万元，成为成套公司历史以来最大的中标项目。2007年防爆公司共取得了四个系列的42个新增产品的生产许可证，取得安标证24个，跻身同行业前列。2007年，集团产品的市场准入范围得到进一步拓展。

强势推进产品研发，技术水平持续提升

2007年，长城电器集团有限公司所开发的新产品在技术难度、技术含量上都比过去有很大的提升。防爆公司硕果累累，矿用隔爆兼本质安全型高压真空电磁起动器、矿用隔爆型高压真空配电装置、移动变电站用干式变压、矿用隔爆型风机双电源双回路、软启动、控制柜、接线箱以及非标产品系列等的质量都进入了行业前列。成套公司开发的KYN28C－12（F.C）高压开关柜，实现了当年开发、当年投产、当年收效。高科公司完成了5个系列的电工产品开发（YCCE2、YCCE5、YCEE9、YCCE60A、YCCE8）。电气公司的单相电子式液晶显示电度表、单相电子式集抄电度表、三相机械式无功电度表、三相机械嵌入式电度表赢得了客户的良好评价。电源公司的控制变压器BK2系列获得了国家的专利证书。变压器公司SH（B）15型通过了省级鉴定。在新产品开发的同时加强了老产品的改进，2007年质量改进计划实际完成33个项目。电源公司完成了起动箱YCX01系列、起动器YQJZ3系列、自耦减压变压器QZB系列等技改项目4个。变压器公司完成了油浸式变压器S9系列17个品种和环氧浇注SCB9（10）系列的技术改进，产品综合性能提高，成本S9系列平均下降2%、SCB9（10）系列下降10%。成套公司根据市场趋势和需方需求，对高压成套开关设备结构以及电器安装进行了改进设计，如KYN28B开关柜改成平顶柜，节省了工时和材料。另外，进一步优化与成员企业的合作模式框架，提升成员企业的质量，成功地从成员企业中引进了集团公司传统产品之外的主导辅助产品，进一步完善了集团产品结构。

加大监控检查力度，产品质量不断进步

是严格产品质量监督检查指导制度。技术中心对各公司不定期地开展质量监督检查，制订了新的质量统计报表，将新产品产值、优等品产值、一等品产值和合格品产值纳入计表中，对产品质量不合格和质量管理达不到要求的公司给予积极指导、帮助整改，监督抽查合格率稳步提高。技术中心还特别注重质量信息的收集、分析和反馈，对用户反映的各种质量问题及时进行沟通和整改；对本地和外地质量监督部门抽查的产品及时进行跟踪和处理。二是深化体系运行和质量认证工作。集团公司质量、计量、环境、安全四个体系及标准化、3C认证等都得到了明显的改进。全年共组织3次审核，其中内审2次，管理评审1次。在搞好内审的同时，还顺利完成了质量、计量、环境、安全四个体系和标准化、3C认证的外审及迎检工作，对所有不合格项都按期进行了整改，并达到验收合格。三是开展质量大整治活动。制订了产品质量整治活动计划方案；组织进行了关于产品质量整治方面的宣传动员活动，先后召开各种会议四次；开展了产品质量抽查，对四大类十二种规格的产品进行了抽查，还对另外九大类九种规格的产品进行了抽查并出具了报告。四是加强计量工作和标准化工作。清理、整理、编辑计量器具台账和设备台账，开展计量管理基本知识培训，对计量工作管理体系进行了两次大规模的内部审查，共查出不符合项目42项，并及时予以整改；同时对180多只各类电流表、电压表逐一进行了检定，确保了计量工作管理体系的有效运行。清理、整理、编辑了采用的国家标准目录和企业标准目录，编辑、审核、备案企业标准36个，制订、修订各种管理标准（包括危险化学品管理办法等）4个。五是广泛深入地开展了质量月活动和岗位培训、岗位练兵活动。集团公司举办了质量知识竞赛，提高了员工学习质量知识的积极性。各公司认真开展质量改进活动，都取得了很好的效果。全年还开展了3期质量管理培训、3期“三合一”管理标准培训、2期标准化工作培训和1期开展计量管理工作培训；各专业公司举办岗位培训13期，电源公司还搞了一次大规模的岗位练兵活动。

财务核算不断改进，资金运营效果明显

财务人员经常深入生产一线，狠抓存货管理，检查原材料、在产品、半成品、低值易耗品及产成品的管理情况，有针对性地纠正了一些不规范的操作行为。重新修订了仓库管理制度和管理流程，规范了仓库保管员出入库手续和仓库收、付、存报表的格式及报送时间，提高了仓库报表的准确性；对仓库保管员进行了专业技能培训，对不合格的保管员进行了调换，为搞好财务核算奠定了基础。集团公司还对各专业公司的存货进行了督查，按照经济批量合理确定库存限额，要求各公司对库存物资进行合理调配，在保证生产经营需要的同时，尽量减少库存积压，明显提高了资金运营效果。同时，集团公司强化财务检查指导工作，着重对各公司的财务凭证、账簿和报表进行检查，对发现的共性问题在财务专题会上进行纠正，还结合各公司的实际情况有针对性地进行业务指导，修订报表格式及成本计划价，改进了成本核算方法，财务核算规范化程度大大提高；加大审计工作力度，审计人员严格进行年度审计和税票、现金流量、存货、应收账款等专项审计，使财务核算更加规范化，确保了集团公司资产的保值增值；积极进行税收筹划，加强与财税部门的联系，及时了解和掌握税收方面的信息，在政策允许的范围内争取尽可能多的政策优惠，及时申报技术改造贴息、购买国产设备抵免企业所得税，为企业争取更多运营资金。

积极开拓国际市场，外贸业绩再创新高

2007年是集团公司向全球市场全力推广CNC品牌的重要一年，并结出了累累硕果。集团公司顺利完成了2007年度出口计划，出口额达2000余万元美金，名列本地区同行业前列，利润和其他各项考核指标也圆满完成。2007年，集团公司CNC品牌进一步推广，覆盖区域有效拓展，公司的独家代理商和地区分销商已布及泰国、加拿大、俄罗斯、英国、澳大利亚、德国和中东等国家和地区，市场业绩稳步上升。同时，集团公司生产的交流接触器、小型断路器、漏电断路器等多个产品还取得了如俄罗斯PCT认证、阿根廷IRAM认证等国际认证。2007年，集团公司参加了两届广交会和迪拜电气展、莫斯科电子展览、西班牙电气展等多个国际性专业展会，并与在展会上结识的买家进行了良好的合作，展会对于业务额的贡献率稳步上升。另外，集团公司在电子商务方面继续与“环球资源”、“中国制造网”、阿里巴巴等三大平台保持密切合作，也取得不俗成果，如公司与东欧某国客户签定了三年800万元美金的合作协议。

综合管理常抓不懈，有效运转得到保障

一是加强了对各专业公司的管理。电气公司、成套公司、防爆公司、高科公司、电源公司、变压器公司等都调整了生产要素、完善了采购制度、严格了过程控制、狠抓了基础工作、推进了“6S”管理，从而增强了生产能力、提高了产品质量、改进了文明生产；同时，各专业公司还规范了员工的考勤制度、工资核算监督、福利待遇和保险管理，出台了《员工福利待遇制度》，员工工伤保险覆盖面达100%。二是完善人事档案的系统管理。一面建章立制，严格管理，使人事档案管理工作逐步向规范化、科学化推进；一面加大人才招聘力度，拓宽人才招聘渠道，与高校建立人才供需合作关系，2007年从广西电子学院引进30名学生，使用情况良好。同时加强对业务人员的专业素质培训锻炼和纪律性、责任感的教育培养，努力提高业务人员的熟悉产品程度、贸易洽谈技巧、单证处理、防范贸易陷阱的能力。三是坚持创建节约型企业。各公司、各部门坚持开源与节流并重、技术与管理齐抓，加强了工艺改进、产品二次开发、物资采购管理、办公用品使用管理、接待费用管理、水电管理和车辆管理，降低了各种费用的支出，减少了隐性浪费；接待工作、会务工作、文秘档案、后勤工作、物业管理、环境卫生等行政管理工作也扎实开展，工作质量有了明显的提高，保证了公司、部门的正常运转。

中国民营企业500强（乐清10家）

正泰集团股份有限公司

(名列第18位，详细情况见第168页)

德力西集团有限公司

(名列第25位，详细情况见第170页)

天正集团有限公司

(名列第26位)

概况

2007年，全体天正人秉持“全员营销、感动服务”的经营理念，锐意进取，大胆创新，用科学发展观积极推进各项工作，使天正集团在激烈竞争的市场环境中取得了又好又快的发展，进一步树立了在同行业中的相对优势地位。天正集团连续两年成为温州低压电器行业规模以上企业中成长最快的企业，2007年实现销售同比增长43%。2007年，上海天正机电公司通过体制创新和管理创新，销售同比增长46%；南京天正置业公司实现销售收入超4亿元；上海天正投资公司累计完成对外投资近2亿元；上海天正明日自动化公司开发完成了国内领先的铁路牵引变电站全套保护系统；浙江天正进出口公司销售同比增长200%。天正集团2007年入围中国最大500家企业集团，位列全国民营企业500强第26位，上榜“2007中国（内地）民营企业创富榜最佳公众形象20强、最佳企业责任20强”红榜，并获得“中国企业信息化500强”、“温州市企业集团纳税十强”、首届“温州市活力和谐企业创建工作先进单位”等荣誉称号。天正商标荣登“中国最有价值商标500强”排行榜；天正湖滨房地产项目荣获“2007中国南京最具财富价值楼盘”、“中国南京最具未来居住价值创新典范楼盘”等荣誉称号。

坚持管理改革创新，提升团队管理水平

2007年，温州低压电器竞争格局从原来的温州地方企业、家族企业之间的竞争转变为全国性乃至全球性的企业集团之间的竞争。集团董事会审时度势，果断决定对电气股份公司进行管理革新，改变了延续多年的产销分离组织架构，实施产销一体化管理；改组了股份公司管理团队，主要管理岗位都由职业经理人担纲，干部队伍进一步年轻化、知识化、专业化，大股东及创业元老则退到幕后实施指导和监督，开创了温州民企管理之先河。集团建立了新的绩效管理体系，引入分公司及产品线利润核算和评价体系；加强班组建设，各分公司通过月度、季度评比，激励优秀团队发挥模范带头作用，以先进促后进，逐步实现整体进步；同时，注重员工职业规划和个人发展，按照工程技术人员、工艺员、质量工程师职称评选办法，评选出两批30多人进入天正工程师、工艺师、助理工程师，助理工艺师队伍。另外，财务管理有序调度资金，合理控制总体资金规模和成本，保障了公司生产经营和对外投资的资金需求。安全保卫工作面对复杂的社会治安状态，积极应对，有效地保障了公司员工的人身和财产安全，为建立平安、和谐的企业奠定了基础。

大力推进科技进步，获取硕果累累

2007年，天正集团公司申请实用新型专利15项，外观专利4项，完成52项新产品开发，其中10余项产品获省级鉴定资格，大部分新产品已投入生产，产品性能均处于国内行业先进水平；完成了天e电气系列断路器产品的开发；与湖南大学合作开发的“基于现场总线的智能断路器技术研究与应用”项目入围浙江省2007年重大科技专项项目。全年完成技改项目89项，其中机电式交流电能表执行JJG307 2006新检定规程技术改进在行业首家贯标，达到国内领先水平；天正牌交流接触器还被评为2007年“浙江名牌产品”。2007年，公司还取得了77张CCC认证新证书，通过了CQC组织的年度CCC认证现场审核，通过了ISO 9001、ISO 14001、ISO 18001体系复审。信息建设重新构建组织架构、确定职能定位、建立部门管理制度，策划ERP软硬件升级项目，进一步梳理好业务操作流程，并建立、健全了集团主干核心网络，还建立了经销商管理平台系统。

准确把握市场，营销网络均衡、稳固

营销系统秉持“全员营销，感动服务”的经营理念，提早布局、快速行动。新春伊始，就在全国范围内率先展开了声势浩大的“领跑2007——春雷行动”，公司在全国和地的营销人员奔赴市场一线，利用高密集的拉网式拜访，展开强势宣传。切实可行的营销策略，点对点的品牌推介，使当季的销量大幅增加，提前占领了目标市场，天正电气的品牌美誉度和知名度得到进一步的深化。2007年，天正的营销网点数量增加、质量显著提高，并建立了良好的客户梯队，基本上构建了一张均衡、稳固的营销网络，这为未来5年持续高增长注入了新的活力。

推行“感动服务”，品牌赢得客户信赖

2007年，天正加大品牌终端（地面）形象建设，品牌实力进一步体现，天正电气在全国各地的品牌知名度和市场占有率稳步提高。与此同时，大力推行“感动服务”，对客户分级管理，建立了VIP客户档案，每周定期与VIP客户电话沟通，了解客户需求，征询客户意见和建议，及时协调解决客户欠货，帮助VIP客户策划大型会议，有针对性地协助客户做好物流管理、团队建设和市场策划等实际工作，赢得了客户的信赖。

扶优扶强汰劣，形成供方良性竞争

2007年，集团确立“优化整合、扶优扶强、适当集中、保持竞争”的供方管理思路，致力于与优质供方建立长期、稳定的战略联盟关系，鼓励支持合格供方完善管理、提高质量，逐步淘汰与公司快速发展不相适应的供方。由资源管理部牵头，组织供应、质量、技术等相关部门负责人对供方进行了考察评定，淘汰了不合格供方，并导入新的供方，形成良性竞争。与此同时，供应部通过市场比价和细化成本核算，显著提高了优质供方、合格供方的比例。

下属各公司努力创新，业绩持续、稳步发展

上海天正机电公司加大对市场的开发，加强工程项目竞标的综合分析，调整产品报价策略，大大提高了中标率，全年实现合同订单同比增长69%，全年销售收入同比增长46.3%，利润同比增长147%，超额完成了年初制定的各项目标任务。同时，加大技改力度，完善产品资质，控制、减少采购环节，降低采购成本，对用量大的钢板铜排等原材料采用公开比价，大大降低了采购成本。2007年上海天正机电公司荣获“上海市高新技术企业”、“上海市品牌企业”、“上海市科技成果转化百佳企业”等多项荣誉称号。

南京天正置业公司在项目工程管理、销售管理、人力资源管理方面三管齐下，顺利完成了预定的工作目标。同时加大了在全国范围内的市场拓展和土地开发项目的跟踪，为新项目的取得打下了坚实的基础。

上海天正投资公司先后对两家拟上市公司进行了股权投资，并与衡平信托合作，作为一般受益人完成了两个金融信托产品的发行，项目预期投资回报率丰厚。

天正明日电力自动化公司经营效益稳步增长。开发完成了铁路牵引变电站全套保护系统（目前国内只有少数公司拥有同类产品）；完成了400V系列产品的研发；完成了新一代硬件平台的方案设计，并着手进行数字化变电站的研制；对现有产品进行了改进，降低成本30%；同时参与了多个国家标准的制订和审核。

南京天正耐特机电集团坚持“在发展中不断调整，在调整中不断规范，在规范中不断创新，在创新中不断提升”的经营理念，取得了新成效，2007年销售收入同比增长15.55%。

南京天正容光达电子(集团)有限公司围绕“挖潜力求产销增长，降成本促效益提高”的基本思路，在市场格局和产品结构调整的过程中，保持了产品产销总量在上年提高较大的基础上继续有所增长；2007年全公司产量同比提高28%。

浙江天正进出口公司2007年新开拓了俄罗斯、意大利、法国等市场，实现出口收入同比增长200%，扭转了过去几年业绩下滑的被动局面，效益显著提升。

推进“执行力”文化建设，创建学习型企业

营造健康向上、雷厉风行的文化氛围是天正集团企业文化建设的主旋律。集团党委建设紧紧围绕“构建活力和谐企业，促进企业又好又快发展”的思路开展极大地调动了员工的积极性和创造性。集团公司组织各系统、各部门围绕企业使命感和价值观举行了专题讨论；通过内刊、宣传栏等载体，积极宣传“执行力”文化，把“企业办成军队”与把企业“办成学校”、“办成家庭”齐头并进；组织开展了阅读《细节决定成败》、《蒙牛内幕》、《赢》等书籍的读书活动，努力打造学习型组织；还开展了各类专业技能培训活动，提高了员工的专业技能，丰富了员工的文化生活，提高了员工满意度，使企业的凝聚力得到进一步加强。2007年，集团公司按照培养“既懂营销又懂技术”的营销工程师人才的要求，采取在线视频教学方式，推出了历时8个月的营销工程师的资质认证培训与考试，考试涵盖了营销知识、产品技术、法律法规、文化礼仪四大方面16门课程内容，比国家营销师认证要求还高出许多，销售系统掀起了学习热潮。与此同时，公司还在三亚、黄山、郑州分别成功举办了以“智慧成就梦想”、“领袖的风采”和“产销联动、互信共赢、业绩倍增”为主题的三次大型经销商研讨会，通过“互动访谈”、“体验式培训”、“现场讨论会”及“案例分享”等形式，使天正“未来5年保持快速高增长”的理念得到有效的宣传贯彻并得到广泛认同。公司还组织了的大学生入职培训、优秀骨干员工的晋升培训以及经销商业务员培训等，不仅提升了参训人员的知识水平，也提升了企业的凝聚力和团队的士气。

对外宣工作深入开展

2007年，中央电视台、《人民日报》、新华社、《经济日报》、《浙江日报》、《温州日报》、温州电视台、《乐清日报》等近百家新闻媒体相继报道了天正集团公司和董事长高天乐的事迹，天正企业形象和品牌影响力进一步提高。天正集团的网站时时更新内容，让员工、客户及时了解天正动向。《天正报》按期出刊，把天正文化理念持续传播，培育文化氛围，增强员工凝聚力。

人民电器集团有限公司

（名列第28位，详细情况见第171页）

长城电器集团有限公司

（名列第62位，详细情况见第172页）

兴乐集团有限公司

（名列第106位）

概况

兴乐集团有限公司是一家以高低压电线电缆产业为核心，并向上下游产业纵向延伸、横向拓展，同时涉足进出口贸易、高低压成套设备、电工机械、高分子材料、电缆桥架、母线、电工铜杆、漆包线等产业的现代化大型企业集团；为中国电线电缆行业产销量最大的企业之一。集团公司总部位于中国电器之都——浙江温州柳市。兴乐集团注册资本5亿元，现有员工4100多人，有技术研发中心5个、制造基地25个、协作企业300多家、国内外营销机构1600多家。产品有300多个系列6000多个品种。集团公司综合实力位居中国民营企业500强、中国电线电缆20强第3位、中国最具生命力企业100强、浙江省百强企业（名列电缆企业首位）、浙江省纳税百强企业、乐清市功勋企业。2007年，兴乐实现销售收入71.78亿元，创历史新高。集团公司通过了ISO 9001/ISO 14001/OHSAS18001三标一体认证和企业标准化良好行为确认，产品通过MA、CCC等认证。集团公司先后荣获中国质量五年无投诉典范企业、浙江省企业技术中心、浙江省质量奖、中国建设银行AAA级资信企业、浙江省诚信示范企业、浙江省工商企业信用AAA级守合同重信用单位、温州市工会信息工作先进单位、乐清市慈善事业特别优秀奖等荣誉。董事长虞文品在创业创新实践中不断攀登，业绩瞩目。虞文品先后获得全国乡镇企业家、中国经济百名杰出人物、浙江省杰出青年民营企业家、温州民营经济十大年度人物、温州市功勋企业家、乐清市十佳青年、乐清市慈善家等荣誉称号，并荣获温州市优秀青年企业家特别荣誉奖。

坚持“双三赢”经营理念，打造国内“线缆航母”

兴乐集团一贯坚持“双三赢”（国家、企业、员工与企业、代理商、用户互利共赢）的经营理念，通过制度创新、管理创新和技术创新，确保兴乐产品100%满足中高端市场需求。“兴乐”牌电线电缆在同行业中首批获得“国家免检产品”称号，并被评为浙江名牌产品、中国绿色产品、浙江省优质产品、浙江省优秀电线电缆企业暨优质工程首选产品、浙江质量信得过产品等。“兴乐”商号被认定为“浙江省知名商号”。兴乐集团发展了台塑企业、首钢、龙煤集团、珠江房产等大客户，兴乐产品被广泛用于北京奥运0811工程、长江三峡工程、京广自动化铁道、广州白云机场、上海深水港跨海大桥、秦山核电站、全国人大干部培训中心、上海地铁、“西电东输”等国家重点工程项目和福建、湖南、山东等供电局，并远销欧美、中东、东南亚、非洲等国家和地区，兴乐集团还成为澳大利亚皇家空军基地和世界500强企业德国博世公司的长期供应商。兴乐集团公司以温州总部为中心，不断向宁夏、内蒙古、陕西、安徽、江西等省辐射，年产值超78亿元，现已成为跨区域、跨行业的全国大型电缆综合企业。

坚持改革，实行现代化经营管理模式

虞文品担任兴乐集团董事长之后，对企业进行了一系列改革：完善董事会与总裁职责，调整企业领导和经营班子，建立健全企业所有权、经营权、监督权三权分离机制。在新机制的推行下，企业的管理、经营得到不断完善和提升。虞文品深知，单纯的电线电缆生产将会削弱企业抗风险能力和先人一步的战略意义，于是他前往欧洲及国内各地进行市场调研、项目洽谈、投资立项、兼并整合，同时投入2000万元引进数十台业界顶级的数控式高速生产设备，使企业的生产能力和综合实力进一步增强。

破解铜价暴涨难题，铜包铝线缆新产品引起业内强烈反响

近两年来，兴乐集团针对市场铜价暴涨难题，自主创新研发了18大系列新产品，其中两项被评为省级新产品；特别是自主开发的铜包铝/铜复合导体电线电缆产品，经国家知识产权局审查授予三项专利权。铜包铝电线电缆新产品的成功问世，为行业破解铜价难题注入了一支“兴奋剂”，这项技术创新引起了国际铜业协会、国家有关部委及科研机构、广大用户、新闻媒体的广泛关注，在国内外线缆行业引起了极大反响。此外兴乐集团还申请了4个方面的知识产权保护。2007年，兴乐集团获得了浙江省企业技术中心、浙江省质量奖和乐清市科技进步一等奖等殊荣。

坚持管理创新，以信息化带动工业化

为了提升企业自动化、信息化管理水平，兴乐集团公司设立了信息中心，投入200多万元研发了具有国际一流水平的ERP自动化管理系统，实现了集团办公自动化和全国范围内电线电缆产品电子自动化报价。ERP自动化管理系统项目获得了温州市府20万元奖励；兴乐集团被评为“温州市企业信息化示范单位”，还获得中国企业信息化TOP100、温州优秀企业信息化项目奖。

献一份爱心，捐巨资扶贫济困

兴乐集团有限公司在取得显著经济效益的同时，还把“爱心之手”积极伸向了希望工程、教育事业、体育事业。如向乐清市扶贫济困总会捐助资金500万元；先后给乐清市慈善总会、浙江省松阳县慈善总会、乐清市劳动模范救助基金会、乐清中学新校区建设工程、苍南县希望工程等捐资；参与温州市“139富民攻坚计划”，与泰顺县贫困乡结成帮扶对子；投资3000万元创建乐清老年公园。2007年，兴乐又捐资50万元，用于乐清扶贫济困事业；为20名乐清贫困大学生承担了所有学习费用；与共青团浙江省委共同启动了“希望工程——兴乐电缆500万元专项基金”，主要用于资助贫困大学生就学就业、职业技术教育和“希望医院”。历年来兴乐集团公司为扶贫、救灾、希望工程等共捐资6000多万元。

为打造电线电缆行业标杆而不懈努力

兴乐集团有限公司围绕“争创国内行业第一”的奋斗目标，坚持“纵向一体化，横向关联化”的企业发展战略，秉承“三高一严”的企业精神，以品牌为旗帜，以质量为中心，以创新为手段，以科技进步为动力，继续朝着“国际化、科技化、产业化”的发展方向阔步前进。

耀华电器集团有限公司

（名列第193位）

概况

耀华电器集团是中国低压电器行业重点企业之一，是中国民族电气产业的重要组成成员。长时期以来，耀华实施“以电为主，以机为辅”的企业发展战略，生产低压电器、机床电器控制元件、高低压电器成套设备、仪器仪表、输配电设备等200多个系列6000多个规格的产品。耀华电器集团创始于1986年，1998年晋升为全国无区域性企业集团。耀华电器集团在“团结、奋进、开拓、创新”精神指引下，已经走过辉煌的二十年，成为温州民营企业中屈指可数的老牌企业。耀华电器集团产品畅销国内市场，先后为三峡工程、大庆油田、中石化、中石油等许多国家级工程项目和大型重点企业提供技术产品配套服务，还远销北美、东南亚、中东、拉美、欧洲等地，为国家的基础设施建设和对外出口创汇作出了积极贡献。耀华电器集团通过ISO9001国际质量管理体系认证及EMS/OHSMS环境和职业健康安全管理体系认证，主导产品全部取得CCC认证，部分产品还通过欧盟CE认证、德国VDE认证。

企业发展迈大步

2007年9月21日，全国工商联公布2006年度上规模民营企业排名，耀华集团连续五年稳居全国民营企业500强；耀华电器集团还连续多年稳居中国机械工业500强、中国电气工业500强企业行列。2007年1月18日，温州市政府、温州市企业家联合会、温州市企业家协会联合召开了2006年度温州市百强企业发布会，耀华电器集团再次稳居温州市百强企业名单。2007年4月，耀华电器集团再次荣膺乐清市明星企业称号，受到乐清市委、市政府的公开表彰。

品牌建设成绩卓著

2007年3月，耀华电器集团“CNYH”商标被认定为中国驰名商标。2007年2月27日，浙江省工商行政管理局正式认定耀华电器集团“CNYH”商标为浙江省著名商标。2007年12月11日，耀华电器集团“CNYH”牌小型断路器、交流接触器荣获浙江省名牌产品称号。

技术领先产品创优

2007年5月，耀华电器集团参与起草的JB/T 7435-2006《CJX系列交流接触器》行业标准开始启用，这充分说明耀华电器集团在技术上的领先地位。2007年2月，耀华电器集团被省断路器协会评定为浙江省断路器行业十佳外贸企业，CNYH断路器被评定为浙江省断路器名优产品。

积极支援新农村建设

2007年5月15日，耀华电器集团为支援社会主义新农村建设，向乐清不发达山区损赠十万元发展资金。

华通机电集团有限公司

（名列第308位）

概况

华通机电集团有限公司经过21年的历程，取得长足发展。2007年实现销售收入10.21亿元，上交国家税收2921万元。华通机电集团有限公司坚持科学发展观，始终把发展作为公司的第一要务，不断促进公司的快速、健康、可持续发展。坚持以经济效益为中心，坚持“两条腿走路”的方针，企业经营取得显效、企业效益不断提升。坚持深化改革，积极推进公司制度创新、技术创新、管理创新，公司人力、物力、财力等资源得到优化配置。正确处理改革、发展、稳定的关系，充分调动各企业和广大员工的积极性、创造性，企业各项工作取得了较好的成绩。

企业实力明显增强

华通机电集团有限公司实力日益增强，先后荣获了中国民营企业500强、浙江省百强企业、中国成长百强企业、浙江省制造业百强企业、温州市百强企业、温州市纳税五十强企业、AAA级标准化良好行为企业等诸多荣誉。2007年，集团“年产3万台（套）智能化配电终端系列产品技改项目”的生产基地顺利奠基。

品牌建设成绩卓越

华通机电集团有限公司被中国质量协会评为“全国用户满意企业”，荣获浙江省质量协会授予的“浙江省质量奖”，被省工商行政管理局继续认定为“浙江省工商企业信用AAA级‘守合同重信用’单位”。该集团公司生产的35kV及以下电力变压器被评为浙江名牌产品。

技术创新硕果累累

华通机电集团有限公司被省科技厅认定为“省高新技术企业”，集团公司自主研发的CFM12LE系列漏电断路器项目获得科技成果二等奖。持续开展QC活动，并获全国机械工业质量管理一等奖。集团公司承担的温州市技术创新重点项目——“CFW3-1600智能型万能式断路器”通过了温州市科技局验收。

精神文明花开满枝

2007年，华通机电集团有限公司被温州市委、市政府授予“活力和谐企业创建工作先进单位”称号；被温州市委宣传部评为“温州市精神文明创新十佳”单位；被浙江省委宣传部确定为全省社会舆情直报点，并荣获2007年全省社会舆情工作先进单位、温州市社会舆情工作先进单位；集团党建工作成绩突出，其优秀经验《为党旗争辉，为企业添彩》入选“中共中央党校党建教学案例库”和中央党校党建设教研部与《红旗画刊》社联合主编的《全国基层党建经典案例》一书。

回报社会勇担责任

2007年，华通机电集团有限公司被乐清市委、市政府评为“乐清市十佳服务新农村建设企业”。一年来，集团公司先后向柳市实验中学捐资1万元；向城北乡秦垟南村捐款10万元；给乐清中学36名优秀毕业生颁发了第15届“乐清中学华通奖学金”；与泰顺县联云乡挂钩帮扶捐款5万元，集团党总支10名党员与泰顺县联云乡中心小学10名贫困学生结对帮扶。集团公司积极参与“千企连百村，共建新农村”活动，两年来，向结对村——柳市镇苏吕村捐赠消防车一辆，还捐资支持苏吕村建设公园、村小学等基础设施。

华仪电器集团有限公司

（名列第346位）

概况

2007年，是华仪电器集团上市运行的第一年，也是华仪集团进一步理顺企业内部各环节关系、明确各部门职责、积极探索符合华仪实际管理模式、调整经营策略后成功实现上市的一年。集团公司超额完成全年各项经济指标，实现工业总产值29.2亿元，比上年同期增长25%；销售收入达28.7亿元，比上年增长26%；企业主导产品在市场的占有率进一步提高，高压真空断路器产销量连续七年雄居行业前茅。同时，集团公司在新能源开发上也取得了可喜的成绩，具有自主知识产权的780KW风机出口智利。华仪电器集团有限公司综合实力大大增强，并跻身全国同行前十位；企业先后荣登“中国民营企业500强”、“中国成长企业100强”、“中国机械行业500强”、“中国电气工业100强”排行榜。

坚持多元发展，实现产业提升

2007年，集团公司继续坚持“一业为主，多元发展”的战略方针，年初组建了华仪投资控股有限公司，投资公司根据集团公司的规划，全权负责集团公司对外各项投资项目的资金管理和人员搭配等事宜。各子公司都较好地完成了预定目标，生产经营状况良好。信阳化工已成为信阳市的典型，得到了信阳市委、市政府的高度重视，信阳化工10万吨离子膜氯碱生产系统及厂房已经建成，投入运营；华仪信阳房产项目全面动工，信阳“富丽华城”项目逐渐步入佳境。为了进军服务业，集团公司组建了广州本田汽车信诚特约销售服务店和北京现代汽车特约销售服务店，并于2007年8月开业运营。在巩固、发展、培育、开拓的发展方针指导下，华仪集团公司已成为以风力发电、高压电器产业为核心，并涉足电子仪表、房地产、化工、第三产业等领域的多元产业的企业集团，这为华仪集团进一步做大做强、优化资源配置奠定了坚实的基础。

强化企业管理，上市公司取得佳绩

2007年2月，华仪电气成功上市，公司以此为契机，对现有部门、子公司和人员进行整合，实施管理制度化、规范化，并形成了集团公司、核心子公司、各事业部等三个层次的管理模式。同时，集团公司根据上市公司的构架，对现有人员进行调整搭配、合理分配，将集团公司和各子公司中的骨干力量抽调到上市公司，组建了华仪电气（上市公司）各部门和各事业部，并根据各部门的职责和上市公司的有关规定，制定了一整套规范合理的管理运行制度，确保了上市公司的顺利运行。经过一年的努力，华仪电气（上市公司）各部门、各子公司、各事业部勇于自立创新，不断完善公司各项制度，规范公司管理，明确落实生产责任，找准市场向外推广，上市公司在平稳运行中稳步发展，实现了年初对股民的承诺。在华仪电气（上市公司）平稳运行的同时，5月就开始了筹备定向增发各项事宜，经过半年多的努力，申报、立项、土地、财务等各项工作均已基本落实到位。

敢于科技创新，开发高新技术产品

科技创新是华仪电器集团有限公司在市场竞争中处于优势的保证，更是华仪打造“百年老店”的良方。要继续做大做强做优企业，必须实施科技创新，2007年，华仪继续加大科技创新的力度，以销售收入的5%作为科研开发和技术创新资金，引进国外先进技术，大力开发高新技术产品。华仪将风电技术和产品的研发作为实现企业跨越发展的切入点，一面引进开发风电技术和产品专业人才，特别是计算机软、硬件、电子自动化、机械制造等方面的专业人才；一面与德国艾罗迪公司签署了风机联合开发协议，引进1.5MW风机技术。公司投入大批的人力物力进行技术转化和试制，研制开发大型风力发电机组设备，并在研发过程中，不断克服技术难题，还根据我国不同风区、不同气候环境对风机叶片、轮毂等部件进行了创新优化设计，以确保风机在不同风区和不同气候环境的全天候的安全可靠运行。经过艰苦努力，终于成功研制开发了HW43/600KW和HW50/780KW风力发电机组。2007年9月，具有自主知识产权的780KW风机出口智利，实现了我国国产大功率风机出口零的突破。华仪还对更大容量的风力发电机组技术以及风机行业的发展远景制定了宏伟规划，风力发电产品正迈入了更新、更高的快速发展阶段。另外，长期以来，华仪生产的252kV及以下成套开关设备、配电自动化开关及终端装置等产品在国内市场上享有较高的美誉度，并已经打入国际市场，其中柱上真空断路器市场占有率连续几年一直位居全国第一。华仪紧抓技术开发，走高新技术发展之路，成功研发了一批具有国际先进水平的产品，并获得了市场的肯定。如科技公司的FZW28F-12户外用户分界开关成功进入北京迎奥运电网改造工程，华仪的市场竞争能力进一步增强。

加强精神文明建设，构建活力和谐企业

华仪集团在取得经济效益的同时，紧抓企业精神文明建设。华仪十分重视党建工作，通过扎实开展保持共产党员先进性教育活动，提升了党员的核心凝聚力。2007年，集团党委围绕“构建活力和谐企业”开展了一系列工作。同时，集团公司充分发挥了工会、团委、女职委的桥梁纽带作用，为职工办好事、办实事，进一步落实了《工会法》和《妇女权益保障法》，切实保护了职工的合法权益。在日常工作中工会、团委、女职委主动搭建信息桥梁，沟通企业领导与员工的关系，及时反映员工群众所关注的热点、难点、困惑点问题，主动为员工送温暖、帮贫困、排忧解难，增强了企业凝聚力。同时，通过创建“学习型团组织”活动，帮助员工自学成才，开展创建“青年文明号”活动，把精神文明建设落到实处。加强了企业对外宣传力度，树立了企业良好形象。

沪光集团有限公司

（名列第482位）

沪光集团有限公司位于“中国电器之都”——乐清柳市，始创于1991年，其前身为乐清市沪光变压器厂，是一家集科、工、贸为一体的大型高科技现代化企业集团，下有8家持股企业和300多家协作企业。工业园区占地面积600多亩，沪光集团总资产达5亿多元，产品年销售额达5亿多元。公司先后被授予守信用重合同单位、温州地区变压器行业龙头企业、乐清市明星企业、乐清市诚信民营企业、乐清市纳税大户、柳市镇五十强企业等荣誉称号，还被浙江省农业银行评为“AAA”级资信企业。

公司以生产电力变压器为主，制造容量可达到63000kVA；同时涉足高低压电气、防爆电器、电线电缆、五金阀门、仪器仪表、机电设备、电子设备、冶金矿产、环保工程、化工等领域。公司秉着“诚信第一、质量至上”宗旨，2007年通过了计量检测体系和标准化体系认证。公司还十分重视信息化建设，在集团公司及销售分公司中全面实施了ERP系统，实现资源共享，提高了工作效率。

沪光集团公司遵照“一切服从于销售、一切服务于销售”的指导思想，各部门、各企业尽职尽责，周到服务，着力做好产品供应、质量保证与后勤保障各项工作，2007年，公司销售收入比上年有大幅增长。2007年，公司战胜国内外强劲对手，SCB10干式变压器中标首钢；KBSGZY-1250矿用隔爆移动变电站正式服务于郑煤集团；SZ9-25000KVA/35大型主变服务于东源煤业集团；在河北承德专用设备邀请招标中，成功中标6台SFZ10-10000KVA/35主变。2007年5月，董事长蒋元华还随中国商务部副部长马秀红率领208家企业369名高管的中国采购团访问美国，先后访问了旧金山、亚特兰大、纽约、华盛顿和芝加哥。

为了扩大集团公司规模，沪光集团创建了沪光集团（安徽）电气有限公司、沪光集团江苏电气有限公司、沪光集团福建大和电气有限公司。2007年7月，中国民营企业联合会、中国管理科学研究院企业发展研究中心、中国统计协会共同组织开展的“中国民营企业500强”评选结果揭晓，沪光集团跻身500强行列。沪光集团有限公司先后还被评为温州市高新技术企业、浙江省高新技术企业，公司生产的干式变压器的其中两个系列产品被评为省高新技术产品；商号“沪光”被评为浙江省知名商号；“光正”商标荣获中国驰名商标。

6月6日，柳市镇第二届全民运动会暨首届民营企业职工运动会在柳市实验中学开幕。沪光集团有限公司组团参加了男子篮球、拔河等3个项目的角逐，并取得良好成绩。

2007年度乐清市功勋企业（10家）

正泰集团股份有限公司

（详细情况见第168页）

德力西集团有限公司

（详细情况见第170页）

天正集团有限公司

（详细情况见第174页）

华仪电器集团有限公司

(详细情况见第178页)

人民电器集团有限公司

(详细情况见第171页)

兴乐集团有限公司

(详细情况见第176页)

环宇集团有限公司

概况

2007年经过环宇全体员工的共同努力，环宇集团顶住了全国各地企业数量剧增、市场竞争日益激烈的严峻压力，顺利完成了各项经营指标，取得了可喜的成绩。集团本部全年销售收入达到12亿元，同比增长27.8 %；税收首次超3000万元，同比增长30%。面对新世纪的挑战，环宇集团坚持“崇尚科学、笃守诚信、求真务实、和谐发展”的企业理念，致力打造管理科学、技术领先、效益一流的科技型的现代化企业集团。2007年，环宇入围国家统计局公布的2006年度中国大企业集团竞争力500强，并以良好的发展势头和品牌优势列入温州市20家大集团、大公司之列，成为温州市重点骨干企业；温州市市长邵占维、副市长孟建新、市政府秘书长黄纯诚等领导莅临环宇集团参观考察，对集团给予了充分肯定；集团董事长王迅行本着“企业回报社会”的高度使命感和责任感，积极致力于慈善公益事业，荣登胡润温州十大慈善人物榜。

品牌影响力不断增强

集团自获得中国驰名商标、中国名牌产品和国家免检产品等多项国家级荣誉后，2007年又有接触器、断路器被评为浙江名牌产品，电能表被评为国家免检产品，环宇的品牌影响力不断提升，环宇牌各类产品得到了社会各界和广大消费者的广泛认可。9月，环宇集团深圳形象店和南昌形象店相继隆重开业，“环宇”知名度上了一个新台阶。2007年初，集团公司以环宇创业二十年的历史为背景，着手编辑《大地留痕》一书，从一个侧面反映了温州模式企业形象，有效地提升了公司的软实力。

市场营销成绩显著

为加强国内市场开发力度，2007年环宇集团销售公司采取了一系列有效措施：进一步完善营销体系，直销公司、办事处责权利进一步整合；不断提高商家、经销商的服务质量；和一些大企业加强合作，打好“环宇”品牌，扩大了市场占有率；通过竞聘上岗等方式吸收了一大批年轻的、专业的、富有责任感的营销精英，并使他们走上领导岗位，施展自己的才华。在销售公司全体员工的共同努力下，2007年集团公司产品销售量大幅度提升，有20多家客户年销售量达5000万元。

新产品开发持续推进

在对传统产品进行技术改造的同时，集团公司投入大量人力、物力和财力，增加相关的设备和检测线，筹建实验室，扩充技术人才，积极开发、生产新产品。集团公司还建立了一支年轻的技术队伍，为新产品开发打下了坚实的人才基础。

外经外贸快速发展

2007年，环宇集团有限公司的外贸工作较上年有了大幅度的提高。集团公司与GE公司的合作顺利进行，外宾频频来至公司参观考察，外贸出口创汇首次超1000万元。

深化内部综合管理

集团公司加强了管理制度建设，将各项制度落实到每一层的各个岗位，保证了生产、财务、信息等各项工作平稳运行，安全生产全部达标。同时加强了员工队伍建设，扩充了员工队伍，开展了员工知识、技术培训，提高了员工的各项福利待遇，增强了全体员工的归属感。集团公司还十分重视企业的党、团、工、青、妇等相关组织建设，多形式开展了教育学习、文体娱乐等活动，积极有力地推动了公司各项事业的发展。

华通机电集团有限公司

(详细情况见第177页)

浙江英博雁荡山啤酒有限公司

概况

2007年，浙江英博雁荡山啤酒有限公司共产销啤酒113171.33千升，实现销售收入2.39亿元，创税利1.05亿元，利润总额达4852.7万元，同比分别增长3.66%、12.6%、31.6%和48%。公司始终坚持以生产经营为中心，按照年度总体工作思路和生产计划目标，秉承“同心挖潜、同步增效、同创和谐”的核心理念，团结一致，努力拼搏，在激烈的市场竞争中成功运营，创下了历史新高的经营业绩，向社会、股东和员工交出了一份满意的答卷。

追赶时代潮头，与实现温州第三次跨越共成长

随着温州经济快速的发展，人民生活质量日益提高、健康意识不断增强、消费习惯逐步改变，城乡一体化进程加快，这意味着啤酒市场竞争日趋剧烈。乐清作为雁荡山啤酒的本土市场，是一个相当成熟的啤酒消费市场，各竞争品牌都在虎视眈眈，势欲分一杯羹。历年来，雁荡山啤酒在中低端市场一直具有不可动摇的地位，但是在高端市场却面临着众多啤酒品牌的激烈竞争。2007年，公司积极发挥经销商的社会资源，充分利用网络优势，加强终端生动化管理，维护好终端客情关系，使雁荡山啤酒在乐清中高档啤酒市场的占有率从2006年的78%提高到2007年的85%以上。同时公司在立足本地市场的基础上，全力开拓市外市场。2007年，公司对台州各个片区进行了中长期产品线的规划，并根据市场反馈的信息，及时主动地调整现有产品结构，改善产品形象，为雁荡山啤酒品牌的中长期发展打下了良好的基础。

追求精益求精，完善内部各项管理

为进一步提高产品质量和解决产销矛盾，2007年，公司花大力进行了一系列技术改造，先后完成了加压煮沸、沉淀糟等一系列项目的新增（更

换）或改造工程，从而保证了生产经营的顺利进行。同时公司始终信奉“质量是企业的生命”这一宗旨，坚持科技领先和质量创优，并通过了ISO9001、ISO14001及HACCP等一系列体系认证。同时，公司针对啤酒生产的主要原材料持续上涨导致采购成本大幅度上升的现状，紧紧围绕挖潜增效和开源节流采取了一系列加强内部管理措施，根据年度产销计划及预算目标，制定周祥的年度、月度采购分解计划，严格控制采购成本，并发挥集团公司的优势，将麦芽、大米、包装物品、煤碳等大宗物资汇总集团统一招标，通过招标和比价等手段，大幅降低了采购成本，避开了市场风险；一面从提高产品质量、降低各项消耗指标、优化产品结构、严格控制各项费用等方面入手，完善公司内部考核机制，有力推进了节能型企业的创建。

追踪价值亮点，积极履行社会责任

雁荡山啤酒一直被广大乐清消费者视为“家乡酒”，深得乐清人民的喜欢。企业在不断追求价值和利润的过程中，也不断增强自身的社会责任感，建立诚信体系，使企业不但成为社会财富的创造者，更成为社会责任的承担者。2007年度，公司在与乐清市体育局签订长期战略合作伙伴协议的基础上，成功举办了“全民健身，与奥运同行”鲜爽啤酒之夜暨体育基金颁奖仪式、“鲜爽啤酒杯”乐清首届乒乓球争霸赛等一系列活动，活动赢得了当地民众的积极参与，得到了乐清市政府高度关注和大力支持。公司还一直致力于服务新农村建设，为构建社会主义和谐社会作出一份贡献：在酷热的七月，开展了“送电影下乡”活动，赢得了广大农村群众的笑语与欢声；倡导关爱和丰富老年人生活，赞助开展了“乐清市老年文化艺术周”活动；在八一建军节，公司领导及部分员工到雁荡山百冈尖给海军部队送去了“军民心连心，军歌送战士”温暖行动；积极参加希望工程结对助学活动等等。

追寻发展新径，共创美好未来

公司联姻世界500强企业、全球最大的啤酒酿造商英博啤酒集团，继续共享英博啤酒集团及双鹿啤酒集团世界级的管理经验、生产技术和企业文化理念：由第一位留德归国啤酒博士刘中山先生带领的浙江省第一个省级啤酒行业技术中心、世界一流商务模式——WCCP商务计划、财务管理——ZBB零基预算、以才为本和领导潮流的文化理念等都使企业发展如虎添翼。公司坚持走以啤酒为主业的可持续发展道路，竭力提高雁荡山啤酒的知名度和美誉度，力争在未来的三年内成为年产量25万吨的现代化中型企业，争取雁荡山啤酒成为“中国名牌”产品。

长城电器集团有限公司

（详细情况见第172页）

2007年度乐清市“十佳雁荡杯”企业

合兴集团有限公司

概况

合兴集团有限公司创立于1988年，主要生产汽车电器电子、电子连接器和终端低压电器，现下辖8家子公司和1家德国办事处，有员工2500余人。公司占地面积30，000平方米，注册资本1亿元，总资产3亿元。2007年集团实现销售额 5.86 亿元，创税4500余万元。19年来，合兴始终坚持“追求卓越”的质量方针、“以人为本”的人力资源战略和“顾客第一”的营销策略，不断开拓创新，实现持续发展。公司先后被评为中国电子元件百强企业、中国小型精密模具重点骨干企业、温州市首届“活力和谐企业”创建工作先进单位，并连续4年荣膺乐清市“十佳雁荡杯“企业。集团实验中心获得ISO/IEC17025国家实验室认可。产品获国家3C认证、美国UL认证及加拿大CSA认证。集团董事长陈文葆连续两次当选为乐清市人大代表，并多次获温州市优秀经理（厂长）、温州市优秀企业家、温州市劳动模范等荣誉称号。

加快拓展市场步伐

公司的规范化、科学化内部管理，不断提高了产品的开发、生产能力，并使合兴CWB品牌为越来越多的国内外客户所信赖，更给开拓新市场提供了有力的保障。2007年，公司继续与西门子VDO、博世、福尔德、LG等国际知名企业保持良好的合作关系，同时还有不少国际电子制造商对合兴增强了信任度，与合兴开展了业务合作与交流。

增强技术创新力度

公司继续加强研发综合管理，通过管理的细化和规范，使研发管理水平获得较大提高，并建立完成了五大产品开发平台，产品开发能力跃上新的台阶。2007年，公司的“年产300万套汽车ECU连接器技改”项目顺利通过温州市信息办验收，“年产200万套汽车50PIN连接器技术改造”项目被成功列入温州市电子信息产品制造业发展计划项目，“无铅波峰焊接技术在CJ-CA269接线盒系列产品中的应用”项目被列入温州市技术性贸易壁垒技术攻关项目计划。模具和工装研发技术是合兴的一大优势所在，2007年模具中心在宣传贯彻精益生产理念的基础上，重点导入及时化生产、快速换模技术，在缩短模具开发周期方面取得了显著进步，塑胶五金模具、生产和检测工装等研发技术都有了较大的创新和提升。模具中心推行了多项重大创新，如注塑模冷却水咀的设计、改善注塑模具流道浇注系统、改变电极设计方案等，对生产效率的提高、材料与加工成本的降低起到了重要作用。

稳步推进体系管理工作

2007年公司体系工作稳步发展，相继通过了ISO14001：2004环境管理体系、OHSAS18001：1999职业健康安全管理体系认证，并顺利完成了ISO/TS16949体系换版审核。公司推行清洁生产体系，鼓励全员积极参与合理化提案，发扬不断改进创新精神，并自上而下推进精益生产，通过各项工艺改造和技术改造提高效率、降低成本，取得了喜人成绩。公司安全生产管理工作取得了较大进步，并被评为国家二级安全质量标准化机械制造企业。

大力实施文化建设工程

对于员工，合兴始终坚持“以人为本”。教导员工要“以成长改变自己，用成就回报社会”，注重培养员工的感恩思想，要感恩父母、感恩自己、感恩社会，并在建设企业文化过程中，将这种感恩理念提升到企业核心价值观地位。公司为全员提供公平竞争、积极向上的工作和成长环境，使员工在竞争中不断提升自我、超越自我。鼓励员工学习，在实践中学，在书本上学。针对员工不同的工作性质与岗位特征，集团通过内培外训以提高全员素质，提升员工自我价值，并将自身的发展融入到集团的每一项工作和活动中去，与集团的发展形成互相促进的良性关系。

积极参与社会公益事业

与虹桥镇溪西村、钱家垟村、南阳北村等结对，通过在经济上的大力支持，以及用企业的管理理念“经营村庄”，增强农村的“造血”功能。积极参与帮教助学、扶贫、支援灾区恢复生产等公益活动，树立了良好的社会形象。近3年来公司为公益事业共捐款100余万元；2003年起连续5年向乐清市扶贫济困总会共捐赠75万元；每年组织大批青年员工参加无偿献血活动，以实际行动向社会奉献一份爱心。公司被评为温州市村企结对共建社会主义新农村活动优秀企业，还获得乐清市慈善事业优秀奖。

春风控股集团有限公司(略)

温州罗格朗电器有限公司

概况

温州罗格朗电器有限公司，位于乐清市北白象镇旺林工业区28号，创办于1995年，是一家以低压电器产品为主导产品并集研发、加工、贸易、销售、投资于一体的中外合资企业。公司现有员工1500余人，2007年出口创汇近6000万美元。公司连续六年位居乐清市三资企业自营出口第一位，是国内断路器产品出口的领军企业之一。

管理创新、人才为本、科技兴业、品牌营销

温州罗格朗电器有限公司从上海等地聘请专家来企业指导工作，坚持科技兴业，加大科技投入，建立自己的科技动态情报网，引进先进技术，完善生产工艺，推行全面质量管理。同时推行品牌营销策略，靠产品品牌打市场，靠产品质量抢市场，并通过CIS导入和传播，树立了企业形象，促进了品牌营销和网络营销的协调发展。响应政府走出去的号召，在境外设立办事处。温州罗格朗电器有限公司随着企业的日益发展壮大，不断创新管理工作，坚持科学管理、制度管理、规范管理，使企业从家庭作坊式稳步向社会化、集约化、专业化生产转换。公司坚持以人为本，每年除按发展需要多渠道引进人才外，还十分重视对现有人才的提高培养，努力将公司建设成一个学习型企业。公司在快速发展的同时,还狠抓了党、工、团、妇建设，各组织确立了目标，制定了计划，健全了制度，落实了必要设施，开展了各种活动，促进了公司内部的和谐与活力建设。

企业经营业绩卓著

公司产品荣获“国家免检产品”，“创奇”商标荣获“浙江省著名商标”，公司荣获“中国民营企业成长奖”。公司先后被评为“中国管理创新单位”、“浙江省三优企业”、“浙江省AAA级纳税企业”、“AAA级信用企业”、“温州市双优外商投资企业”、“温州市外商投资企业出口创汇十强”、“温州市自营出口20强企业”、“温州市文明单位”、“乐清市十佳雁荡杯企业”、“乐清市活力和谐企业”、“乐清市诚信民营企业50强”、“乐清市非公党建观摩示范单位”；公司工会被评为“温州市百佳示范工会”、“乐清市先进职工之家”；公司团委被评为“先进团组织”。

森泰电器有限公司

概况

2007年，在党的十六届六中全会和十七大精神鼓舞下，在国家经济宏观调控政策指导下，森泰电器有限公司坚持以邓小平理论和“三个代表”重要思想为指导，全面贯彻落实科学发展观，依靠科技求进步，紧密团结全体员工，充分发挥人力资源的优势，克难而进，展现了产销两旺的大好局面。2007年，森泰电器有限公司荣获“浙江省高新技术企业”、浙江省工商企业信用AAA级“守合同重信用”单位、浙江省农行AAA级资信企业、“温州市百强企业”、乐清市“十佳雁荡杯”企业、乐清市“示范”平安企业、乐清市开放型经济工作先进单位、乐清市地方税收百强纳税企业、乐清市自营出口生产企业“免抵退”税50强、柳市镇五十强企业、柳市镇先进基层党组织等多种殊荣。

坚持“四个第一”，拓展国内国际市场

多年来，森泰电器有限公司经济一直保持又好又快发展趋势。2007年，森泰遵照“品牌第一、市场第一、效益第一、服务第一”的方针，制订了切实可行的营销方略。一是国内市场，以稳妥可靠为前提，以货款及时回笼为根本，在全国有关省市和地区增设了十多个销售公司；同时加大力度，继续将产品由单一化增到系列化、由少品种增到多品种，并全面推向国内各地建筑行业和建筑设计系统，不断扩大使用范围，从而取得了显著成绩。二是国际市场，进一步巩固老客户，大力发展新客户和海外代理商；同时借船出海，利用一年两次广交会搭建的商品出口平台，精心策划，组织高素质、高水平的外贸队伍前往，大力宣传“森泰”品牌和森泰良好企业形象，充分发挥展位作用，吸引众多的外商来洽谈业务或落实订单，收到显著成效，这为2008年实现产品大批量出口奠定了扎实基础。

坚持科技创新，大力开发新产品

森泰电器有限公司的新型系列断路器、漏电断路器等新产品成功开发并投放市场后，公司领导不满足于现状，又投入巨资成功研发了市场需求量大、技术含量高的电气火灾监控探测器。2007年，电气火灾监控探测器通过浙江省经贸委鉴定并获得了“符合国家产业政策的技术改造项目确认书”，还获得国家两项外观设计专利和浙江省信息产业厅的“软件产品登记证书”及国内消防产品生产行业首家欧共体CE认证证书。STFL1系列剩余电流式电气火灾监控探测器具有用途广、技术先进、安装方便、质量可靠、能有效保障安全用电和防止电气火灾的发生等特点，并在全国各地得到大力推广和应用，市场发展前景看好；这引起了国家消防部门和有关省市主管部门的高度重视，森泰也因此成为中国消防协会会员单位。智能化STFL1剩余电流式火灾监控探测器是2007年度国家火炬计划立项项目，经浙江省科技厅批准列入“2007年浙江省第三批重大科技专项和优先主题项目计划”。

坚持以质量为核心，力创“森泰”品牌

产品和服务的高质量是用户选择品牌的首要因素，只有以质量为核心的品牌，才能有持久的市场生命力。2007年在创“森泰”品牌建设中，森泰人始终不渝地坚持以质量管理为核心，严把产品质量关，因而消除了产品质量潜在的隐患，提高了成品合格率。森泰一次性通过了5个系列产品的欧共体CE认证和ISO 9001、ISO 14001质量、环保体系认证复查及CCC证书一年一次的监督复查，确保了质量、环保体系长期有序有效运行，产品质量保持持久稳定可靠。

坚持不断强化内部管理，创建和谐企业

企业的本质就是一个管理系统，管理状况的好与坏是决定企业市场竞争力的核心要素。2007年，森泰电器有限公司遵照董事长胡志明提出的企业实施“有情管理，无情制度”的指导思想，进一步加强了企业内部管理，制定了一系列管理制度。在管理工作的具体实践中，既体现了制度的严格管理，又做到管理者善待员工、与员工之间和谐相处、在制度面前人人平等的人性化管理。这样，员工的纪律性、自觉性主动性日益提高，工作的积极性和创造性得到了有效发挥。

万控集团有限公司

概况

2007年，是万控集团构建“大万控”发展战略的开局之年。在全体员工的共同努力下，集团公司顺利通过质量、环境和职业健康安全三大体系认证，高压断路器荣获乐清市首届高新技术博览会“金鼎奖”，万控品牌和产品荣获“浙江省著名商标”和“浙江省名牌产品”。万控集团有限公司被乐清市委、市府命名为乐清市首届“活力和谐企业”。万控集团以生产高低压开关柜柜体、高压真空断路器、高低压电气元件、电工型钢结构件等电气产品为主，还兼营汽车及摩托车配件、电子产品、物流运输、房地产开发等产业。集团现有总资产10亿元，厂房面积11.8万平方米，员工2000余人；拥有10家全资子公司、1家成员企业、1200多家合作企业及46家驻外销售机构，年产值逾15亿元。经过16年的发展历程，万控已从一个家庭作坊发展成为全国最大的电气柜柜体提供商，销量连续7年跃居行业第一。几年来，万控集团先后荣获“全国最具成长性企业”、“全国乡镇企业创名牌重点企业”、“浙江省资信AAA企业”、“浙江省AAA级纳税信用企业”、“浙江省重合同守信用单位”、“温州市56家大企业大集团之一”等称号。

加强营销管理，积极拓展市场份额

2007年，集团公司以“多方式的创新营销通路，多途径的拓展销售渠道，关注客户需求，贴近客户服务”为营销战略，营销工作开创了良好局面。为适应集团化公司发展战略，3月份独立组建成立了销售有限公司，一方面加大营销管理，完善、规范营销流程，加强市场调研，提高市场开发能力；另一方面建立“大万控，小核算”管理模式，保证各类核算单元相对独立。同时，结合公司发展实际，将原有的十几个业务片区整合为六个大片区，下设44个业务地区，从而提升了掌控市场和快速反应市场的能力。2007年，万控集团有限公司累计完成销售额4.5亿元，同比增长23.3%,圆满完成了年度既定的销售目标任务。

加大技术研发和品质管理力度，确保企业的可持续发展

坚持“以科技为中心，创名牌产品，为顾客提供满意服务”的质量方针，以“为客户创造价值”为企业使命，将科技创新作为企业发展的一大主题。集团技术开发中心负责新产品研发、新技术新工艺新材料应用和技术管理，子公司技术工程部负责个性化解决方案的提供、制造工艺的改进，同时与科研院所、成套电气等大型知名电气成套制造商合作，形成具有自身特色的技术研发体系，2007年公司产品研发和品质管理结出累累硕果。至2007年末，公司先后完成了VW1-12固封机柱真空断路器、XGN66-12小型化柜体、24kV柜体、AOTU柜、固定式40.5kV固封极注柜体等产品的开发并实现了小批量投产，完善了现有12类产品的改良工作，成功申报了4项技术专利。集团公司当选为电工柜体标准委员会副主任委员，并主导组织起草电工柜体相关行业标准。万控集团强化全员质量意识，内部积极调整质量管理结构，健全、规范了计量检测室，完善了客户质量信息档案，产品品质获得了客户的充分认可和信赖，有力地增强了产品的核心竞争力。

强化基础管理，提升企业管理水平

万控集团有限公司坚守“务实、规范、创新、高效”的管理理念，整合资源结构，优化企业管理，促进企业管理水平跃上新台阶。进一步扩大经营规模，2007年集团公司在天津北辰投资8000万元，建设占地100亩的万控（天津）科技园，11月份顺利实现搬迁并投产；在苏州投资6000万元，创建占地120亩的苏州万控科技园，至12月份已完成一期厂房建设并实现投产运营。积极导入“三标”管理体系，2007年集团公司通过了ISO 19001、ISO 14001、GB/T18001认证，企业有了规范化的制度保障，企业管理水平得到提升。完善绩效管理体系，建立了从集团到分公司、部门、个人岗位的层层绩效管理制度，并加大对奖励、加薪、晋升等绩效结果的利用，有效地培育发展了绩效用人文化。

重视品牌建设，打造精英团队

万控集团有限公司始终不渝地贯彻董事长“和谐”万控的“家文化”理念，积极关注员工的物质和文化生活。集团公司开展了办公区域和宿舍的6S管理活动，改善了员工的工作和生活环境；开展了丰实多彩的文化活动，如篮球或乒乓球或台球比赛、制度知识竞赛和安全生产知识竞赛、生日晚会和中秋晚会等等，这些活动凝集着员工对企业的认同感和归属感。同时加强人力资源开发，拓宽招聘渠道，与八家技工类学校建立起了良好的合作关系；加大内部培养力度，全年人均受训时间为20小时，经理级人员人均受训时间为20.5小时，满足了公司对人力资源的需求。2007年董事长当选为温州市人大代表、天津市北辰区政协委员、丽水市总商会副会长，提升了企业的知名度和美誉度。

面对未来，万控不断追求创新、精进，旨在为客户和社会创造价值；并将努力打造成国“经营模式化、管理科学化、品牌国际化”的世界知名企业。

福达合金材料股份有限公司

福达合金材料股份有限公司座落于温州开发区滨海园区，工业园占地30亩。公司创办于1993年，2004年7月晋升为全国性无区域企业，是一家集科研、生产、销售于一体的国内工装设备最齐全、规模最大的电触头制造龙头企业。公司主要生产电触头及电工合金材料，主营铆钉触头、片状触头、粉冶触头、异形触头、触头元件、银合金线材、钎焊料、镶嵌带材、异型材九大系列产品，产品销往全国各地以及欧洲、美洲、亚洲和澳洲的许多国家和地区。产品广泛应用于高低压电器、电子、家电、军工等领域，产品配套服务于施耐德、ABB、西门子、正泰、德力西、泰科、三菱、德丰、万高、伊顿、C&S、罗格朗、美的、厦门宏发、天水312等世界知名电气公司。公司注册资金5180万元，总资产5亿元；2007年销售额达6.3亿元，连续7年稳居全国同行第一。

2007年7月，“福达”商标被认定为“中国驰名商标”，银基电触头材料荣获“浙江名牌产品”。公司先后通过了ISO9001-2000质量体系认证和施耐德SSQM审核，成为其双绿色供应商。公司并被认定为“浙江省高新技术企业”、“浙江省企业技术中心”和“博士后科研工作站试点单位”，先后获得并完成了十余项“国家火炬计划项目”、“浙江省技术创新项目”和“浙江省新产品项目”。公司还作为全国电工合金标准化技术委员会委员单位，参与了多项电工合金行业标准的制定和修订。

福达合金材料股份有限公司已被列入温州市第二批拟上市企业名单，争取在国内A板上市。预计未来的福达会获得迅猛发展，将形成由低中高压触头、精密冲压件、贵金属加工及回收、精密塑封元器件、焊接材料、热双金属及镶嵌复层材料、投资等六大专业化公司组成的集团公司，年产量将达500吨，销售额可突破11亿元。福达公司还将客户和市场开发定位在世界电气巨头20强以内，力争出口额达到总销售额的20%。福达决心将企业建成业内首家集研发、分析于一体的国家级高新技术企业、国家级技术研发中心及国家级测试中心，力创中国名牌产品，力创国家级博士后科研工作站，为把企业打造成工装设备和技术水平国内领先、国际知名的电触头制造和研发基地而努力奋斗！

浙江长宏钢铁有限公司

概况

浙江长宏钢铁有限公司，座落在乐清经济开发区新区内，创建于1992年，注册资金5000万元，厂房占地面积100亩，建筑面积3.32万平方米，职工400多人，其中专业技术人员52人，具有高级职称15人。2007年企业净资产1.5亿元，年生产钢材能力达到30万吨，产值6亿多元，是温州地区规模最大的冶金企业。长宏公司取得了辉煌业绩，公司先后被评为浙江省清洁生产单位、温州市成长型企业、乐清市“十佳雁荡杯”企业、乐清市百强纳税企业、AAA级资信企业。公司董事长陈陶潜被推选为乐清市第十一届政协委员，被评为优秀企业家。

企业技术力量雄厚

浙江长宏钢铁有限公司设备精良，工艺先进，完全符合国家产业政策要求。公司主要设备有：电炉4台/30吨、精炼炉1台、连铸机1台、20～60吨行车13台、轧钢生产流水线2条、电力装机容量35800KVA。公司设有炼钢分厂、轧钢分厂、金属制品分厂三个生产单位，主要产品有优质碳素结构系列45Mn、50Mn；弹簧钢系列60SizMn、55SiMnVB、70S、碳素结构钢Q215、Q235、Q195；合金结构钢系列40CV、20CVMnT、20Cr、φ8、φ6.5工业专用线材、铁钉、铁丝等金属制品。

坚持质量方针，产品赢得市场

长期以来，浙江长宏钢铁有限公司奉行的是“规范管理、铸造好钢、关注市场、持续改进”的质量方针。长宏人深知：钢材生产是一个传统的工业行业，市场竞争激烈，只有科学、规范的管理才可能使企业立足于市场；质量是企业的生命，只有疲软的产品，没有疲软的市场，优质优效的钢材产品才是长宏公司追求的目标，也是长宏公司的立命之本；客户是企业的衣食父母，市场是企业打拼的天地，只有了解市场、了解国家相关的政策法规、了解客户所需和对企业产品的感知，才能知已知彼，百战不殆；“没有最好，只有更好”，企业要发展，就要不断地与时俱进，好了还要更好，不断地完善自我，树立“居安思危，永不停息”的工作作风，不断创新创优，铸造企业良好形象。因此，长宏公司注重质量管理，企业通过了ISO9000质量管理体系认证，拥有完整的质量保证监控体系和检测手段，严把产品质量关，产品符合国家标准。长宏产品销往杭州、金华、丽水、台州、温州及全国各地市场，市场声誉良好，用户满意，销售率达到98%以上，货款回笼率达99%以上。

实行现代企业管理模式，构建和谐企业

经过10余年的实践和摸索，浙江长宏钢铁有限公司已经形成了一整套切实可行的管理制度。完善了法人治理结构，建立和健全了“三会一层”管理机构，同时注重企业精神文明建设，成立了党、团和工会组织，在员工中开展“八荣八耻”教育，为构建和谐企业营造了良好氛围。公司坚持走高、新、专发展道路，坚持“团结、进取、求精、开拓”的理念，努力打响“长宏”钢铁品牌，把企业做大、做强、做精，为乐清经济建设和冶金行业的振兴、发展作出了贡献。

新亚电子有限公司

概况

新亚电子有限公司是新亚电子机构的核心企业，系国家农业部大型乡镇企业,现有员工800余人。公司自建立以来，一贯秉承“以顾客为中心，创造超值服务，共臻双赢境界”的经营理念。公司主导产品有：汽车线、电子线、电脑线、电源线、区域网络电缆(UTP)、圣诞装饰灯线、辐照线、连接器、电源插头线、PVC塑胶等，多项产品技术含量和生产能力居国内领先地位。产品的认证范围不断扩大，并逐步覆盖各类新产品,先后通过了中国CCC、美国UL、加拿大CSA、日本JQA、德国VDE、澳大利亚SAA、瑞典SEMK、荷兰KEMA、芬兰FIMKO、挪威NEMKO、瑞士SEV、奥地利OVE、丹麦DEMKO、比利时CEBEC等安规认证。2007年新亚电子有限公司面对市场激烈竞争，重新调整营销策略,对市场分布、资金投向、产品价格等都作了合理安排，并加大外销力度，全年实现销售收入3.52亿元，比上年增长8.3%；创利税1927万元，比上年增长11.9%。新亚电子经过不断进取,企业日益健康发展，连续多年被评为：浙江和温州地区十佳明星企业、温州百强创税大户、信用AAA级企业、乐清市十佳创汇大户文明先进企业、乐清市创税大户、乐清市十佳“雁荡杯”企业。

打造和谐新亚

2月26日，葛松象副总在新亚年度开工典礼大会上提出了建设和谐新亚的口号,希望新亚全体员工以公司整体利益为重，开拓视野，更新观念，立足发展，团结谦和，做到部门与部门、上级与下级、同事与同事之间和谐相处，以确保新亚公司的稳定、健康、和谐发展。在全体员工的努力下，2007年新亚公司在创和谐企业上取得了新成效。

强化质量管理

2007年，新亚公司通过了ISO/TS16949:2002汽车行业管理体系换证审核，通过了ISO14000环境管理体系认证，同时建立了符合欧洲ROHS指令要求的独立环保实验室和符合安规要求的各类物理性能测试实验室。

坚持以人为本

公司有计划地组织员工开展培训教育，全年举办各类培训班、学习班87期，接受培训的干部员工800多人次,员工整体素质有了明显提高。6月份实现了全员社会养老保险、工伤保险和失业保险。公司加强了工资改革、考核激励和职称管理等方面的工作,人才激励机制和约束机制得到进一步完善。

营造浓重企业文化氛围

4月，公司举行了首届企业文化知识竞赛，5月组织员工举行了拔河、乒乓球、羽毛球等比赛，7～8月举行了部门篮球友谊赛，10月举行了队列竞赛，12月隆重举行了“激情08，和谐新亚”元旦晚会。这些活动丰富了员工的业余生活，大大加强了公司的团队凝聚力和向心力，较好地营造了和谐新亚的氛围。

争创“国际先进、国内一流”企业

随着公司的知名度和美誉度的不断提升,中国重汽、松下、索尼、飞利浦、明基、海尔、TCL、奥克斯等国内外许多知名企业先后派员考察新亚公司,对新亚予以高度评价，并与新亚公司达成了长期合作意向。新亚电子有限公司将恪守承诺，继往开来，紧跟电线电子工业科技发展潮流，向着建设“国际先进、国内一流”的电子产品配套用电线生产基地的宏伟目标而努力奋斗！

永固集团有限公司

概况

2007年，永固集团有限公司以科学发展观统领企业发展全局，以节能降耗为重要抓手，把创新工作作为中心环节，努力克服和化解企业经营中的突出矛盾和问题，推进了企业的又好又快发展，企业的销、产、供、财、后勤等各大环节运行正常。全年累计完成工业总产值3.92亿元，实现销售收入3.75亿元，同比分别增长58.06%和58.23%，超额完成了年度经济增长目标，保持了可持续的发展良好势头。

参与起草修行全国性行业标准

永固集团有限公司经过多年的持续快速发展，整体实力和水平显著提高，在全国电力金具行业享有较高的知名度和可信度。2007年，全国电力架空线路标准化技术委员会首次委托永固集团参与起草修订GB/T 2340

《T型线夹》、GB/T 2341《设备线夹》两个产品的国家标准。

加强科学化、标准化企业管理建设

2007年，永固集团有限公司通过了ISO14001环境管理体系认证，这再次证明了集团在管理科学化、程序化、标准化方面达到国内先进水平，并逐步与国际化接轨；集团的环境建设跨上了新台阶，为企业走上清洁发展、节约发展乃至发展循环经济新路迈出了坚实的一步。2007年，永固集团还通过了“3A”级（即省级）企业标准化良好行为企业的确认，企业的标准化水平又提升了一级，这为集团的规范化、科学化、有序化管理提供了重要的技术基础保证。

提高自主创新能力，建设创新型永固

2007年，永固集团有限公司完成了XJG绝缘型悬挂线夹等多项新产品开发，新增了JXL楔型线夹液压安装器和导线分线盒两项实用新型专利，新增了1kV和10kV穿刺线夹两项外观设计专利。JXL楔型线夹液压安装器与智能安装器两项新产品被列入浙江省工业新产品开发项目；JXL楔型线夹智能安装器还被列入2007年度乐清市科技计划项目，并获乐清市科技局项目资金补助。可拆卸式防盗螺母新产品通过了市经贸局组织的鉴定，认定技术达到国内同类产品领先水平。另外，年新增40万只DTL系列铜铝接线端子生产线的技改立项获浙江省经贸委批准，爆炸焊型铜铝过渡接线端子和设备线夹质量赶超项目被列入2007年浙江省质量措施项目，并获浙江省质量技术监督局的资金补助。

节能降耗工作有新突破

集团公司一面以自产煤气代替价格节节升高且供应十分紧张的柴油，一面通过技术改进，煤气发生炉处于或接近处于最佳运行状态，从而达到了合理节能效果。通过这项改进措施，集团公司全年节能增效97万元，取得了初步成效。

全面规范质量行为

集团公司推行实施《生产过程质量控制的奖惩办法》等一系列质量管理制度，进一步落实了质量措施与质量责任。10月份，集团公司按计划、有组织地开展了以“强制推进生产过程中质量控制为主，全面规范质量行为”为主题的质量月活动，强化了全体员工的质量意识，产品质量明显提升，产品批次检验合格率有了新的提高。

开展安全生产月活动

6月份，集团公司全面开展了以“综合治理、保障平安”为主题的安全生产月活动，依照《生产性企业安全生产标准化管理考证认证标准》，对生产现场进行了全面整改和完善。通过安全生产月活动，不仅消除了事故隐患，而且企业安全生产标准化管理水平得到了较大提高，为企业发展创造了一个良好的安全生产环境。2007年，永固集团有限公司被市安全生产监督局确认为安全生产A类企业。

企业信息化建设迈出可喜步伐

10月底，永固集团正式启动实施了ERP信息化管理系统项目一期工程，企业的信息化建设迈出了可喜的第一步。相信不久的将来，永固集团一定会从ERP系统中获得更强劲的发展动力。

方大控股有限公司

概况

方大控股有限公司原名浙江方大工具有限公司，创建于1995年，座落在乐清市国家级风景区雁荡山麓的芙蓉镇。公司占地面积6000平方米，建筑面积80000多平方米，现有员工2000多人，总资产2亿元，工贸业总产值达5亿元，出口额位居市十强，是乐清市五金工具行业和中华全国钻头（建工）产业基地的龙头企业。公司辖5大分公司、200多家专业协作厂，在全国各地设有100多家销售部及特约经销处。公司专业生产经营硬质合金电锤钻头、钢凿、木工铣刀、锯片、气钉枪、开孔器、硬质合金、电锤、电镐等20多个系列的5000多种规格的产品，产品远销欧美、中东、东南亚、非洲等国家与地区。公司先后被评为“乐清市重合同守信用单位”、“乐清市安全生产先进单位”、“乐清市文明单位”、“乐清市先进单位”、“乐清市AA级纳税信誉企业”、“乐清市自营生产先进单位”、“乐清市明星企业”、“乐清市十佳雁荡杯企业”、“温州市创建信用企业先进单位”、“浙江省质量诚信明星企业”、“浙江省AA级重合同守信用单位”、“浙江省专利示范企业”、“AAA级资信企业”、“全国行业诚信制造商”等。公司董事长林昌方同志兼任乐清市工商业联合会副会长、温州市中小型企业促进会副会长，被选为乐清市第十三届、十四届人民代表大会常务委员会委员，先后获得了“乐清市优秀社会主义事业建设者”、“乐清市优秀企业家”、“温州市优秀共产党员”、“温州市劳动模范”、“浙江省劳动模范”、“全国行业诚信企业家”、“中国改革人物”等荣誉称号。

创新与和谐是方大事业发展的前提与基础

公司通过管理制度的创新、经营方式的转变、营销模式的调整、企业文化的提升，逐步实现向现代化企业的转变。在行业中首先实行省市代理销售制度，并逐步建立了省地县三级营销网络机制，使公司产品的市场占有量在全国同行业中稳居第一。

科技与质量的创新是方大发展的一大“主题”

公司拥有雄厚的技术力量、完善的检测试验设备、先进的经营管理理念，在乐清市同行业中率先通过了ISO 9001质量管理体系、ISO 14001环境管理体系和OHSAS18001职业健康安全管理体系认证，产品获得CE认证、GS认证、ROHS认证及中国强制认证（简称“CCC”），“FD”双槽钻头是浙江省星火项目并荣获乐清市科技进步三等奖，26大功率两用电锤被列为国家星火计划项目。公司拥有专利30多项，“方大王”牌钻头获“乐清市名牌产品”，“方大王”商标先后被认定为“温州市知名商标”、“浙江省著名商标”、“中国驰名商标”。

人性化管理、真诚回报社会是方大企业价值观的重要组成部分

公司管理人性化，倡导儒家文化、员工团结、企业和谐。为了回报社会，公司关心弱势群体，资助困难学生达220多人，为家乡教育事业和老年活动场所建设等捐资100多万元。公司党支部先后被评为乐清市先进党组织、乐清市五好支部。公司工会分别被乐清市、温州市评为“先进职工之家”。

面对经济全球化的挑战，方大将继续立足五金工具行业，坚持以市场为导向的经营理念，坚持“国际化、科技化、产业化”的发展方向，大力引进先进设备、先进技术和优秀人才，整合资源，发挥优势，努力将“方大”塑造成为国际五金行业长盛不衰的知名企业。

2007年度乐清市明星企业选介

（以下排名不分先后）

2007年度乐清市明星企业名单

金龙机电有限公司
温州意华通讯接插件有限公司
电光防爆电气有限公司
龙飞集团有限公司
乐清市泰隆铜业有限公司
浙江章光101有限公司
浙江天石粉末冶金有限公司
八达电气有限公司
浙江宇球电子有限公司
乐清市万泰铜业有限公司
中川电气科技有限公司
浙江中威机电有限公司
浙江康泰电气有限公司
沪光集团有限公司
浙江迪克森电器有限公司
安德利集团有限公司
乐清市汇丰铜业有限公司
金山门电器有限公司
朗诗德电气有限公司
温州宏丰电工合金有限公司
浙江宏泰电器有限公司
温州创伟永吉电气有限公司
乐斯化学有限公司
鸿宝电气股份有限公司
固力发电气有限公司
凤凰科技集团有限公司
浙江加西亚电子电器有限公司
正宇工艺品有限公司
九川集团有限公司
飞跃联合科技集团有限公司
沪川集团有限公司
浙江路之遥电气有限公司
浙江宝泰电子有限公司
浙江兴达电子线缆有限公司
浙江南大电缆有限公司
宝光集团有限公司
常安集团有限公司
长江电气集团股份有限公司
浙江华潮电器有限公司
三科电器有限公司
新华电器集团有限公司
中煤机械集团有限公司
乐清市仪表元件厂
上海人民企业集团温州电器有限公司
国威科技有限公司
茗熔集团有限公司
吉隆宝薄板有限公司
民扬集团有限公司
耀华电器集团有限公司
慎江阀门有限公司
浙江松成电子有限公司
南艺礼品有限公司
振宏电气有限公司
浙江力达电器股份有限公司
温州江南矿业有限公司
新黎明防爆电器有限公司
浙江丰隆液压元件有限公司
温州盛越电子有限公司
莫顿电气有限公司
兰普电器有限公司
浙江黄华电气有限公司
精益电器集团有限公司
温州市珠城电气有限公司
红旗电缆电器仪表集团有限公司
大江控股集团有限公司
浙江东海成套电器有限公司
浙江永兴塑料有限公司
钻宝电子有限公司
巨邦电气有限公司
浙江申乐电气有限公司
天星电子有限公司
五龙控股有限公司
浙江达达电器有限公司
佑利控股集团有限公司
浙江跃华电讯有限公司
浙江裕华电器有限公司
浙江金石包装有限公司
浙江华东橡胶有限公司
浙江华虹电器有限公司
浙江菲姿时装有限公司
浙江中讯电子有限公司
浙江正界工业电气有限公司
浙江天驰电子有限公司
浙江省南方塑胶有限公司
东方造船集团有限公司
浙江万盛铜业有限公司
长虹塑料有限公司
浙江今朝电气有限公司
乐清市华富电子有限公司
精达电器集团有限公司
乐清市威电康电子有限公司
乐清市金龙电子实业有限公司
浙江天吉电力金具有限公司
浙江科都电气制造有限公司
浙江格仕特电子有限公司
温州海美鲜集团有限公司
永久电力金具有限公司
胜武实业有限公司

章光101有限公司

概况

2007年，是浙江章光101有限公司具有重大意义的一年。公司紧跟集团发展脚步，深入贯彻年初制定的战略目标，整合资源，多元创新，各项事业蓬勃发展，取得了很大的成绩。大面积铺点，精细化运作，仍然是公司工作的指导思想。通过不断完善管理体制，加快推进服务部建设，创新营销思路，2007年销售收入达1亿元，创利税800多万元，企业呈上升态势，成绩喜人。

开发新产品

公司注重企业的创新能力，每年都有新产品开发。2007年，公司开发了养发乌发精品——亚硝酸软胶囊；

特殊化妆品“芳香防脱精华液”经国家药品监督管理局审核通过，批准上市；养生酒首乌酒也即将上市。另外，章光101染法膏、黑发膏开发项目也正在紧锣密鼓地进行中，力图打造生发、养发、护发、染发专业系列品牌。

投资新项目

2007年，“101”日本市场进入实际操作阶段，第一家日本生产公司和专卖店在新宿隆重开业，这为“101”海外市场开发树立了新的里程碑。公司在杭州成立了浙江章光101投资有限公司，全力打造杭州千岛湖医药、保健品、旅游、房地产、茶产、包装等行业。为了回报家乡，建设乐清，公司在乐清四环路投资新建五星级宾馆——天豪大酒店；开办了为康皮肤门诊部，方便附近群众就医，为乐清人民的健康事业又作新贡献；乐清大型建材市场项目工程正在启动中。公司为了扩大生产规模，促进企业发展，翻新改建了4000多平方米的新生产用房和辅助非生产用房，公司各项事业蓬勃发展，充满活力。

品牌提升，誉满世界

2007年9月19日，经司法程序认定，“章光101”商标荣获“中国驰名商标”荣誉称号。为了优化企业生产和管理，公司通过了ISO9000质量管理体系认证。公司连续三年被评为“乐清市明星企业”。

浙江章光101有限公司，在赵章光先生的带领下，全体员工积极努力，奋发拼搏，事业正向更新、更高、更好的方向发展。“凡是地球上有人的地方，就有章光101为人们造福”。

吉隆宝薄板有限公司

概况

吉隆宝薄板有限公司，座落于乐清市大荆镇上花坦村水涨西路87号，创办于1998年，是一家以生产电工钢薄板为主并涉足房产、医药化工、机械加工、贸易等领域的中型企业。公司共有员工480名、各类技术人员88名，大专以上文化程度员工占员工总数的10%。吉隆宝薄板有限公司原是一家仅有20多名工人、年产值不到200万元的小规模企业，经过近10年的努力拼搏，现已成为大荆区域第一家国字号无区域企业，2007年经营状况良好，实现销售收入3.8亿元。公司财务制度健全，会计资料真实、准确、完整，坚决抵制做假账，依法纳税，2007年上缴国家税费1667万元，实现税后利润760万元，成为乐清市纳税大户。公司安排农村剩余劳动力370多名，工业总产值占大荆镇工业总产值的四分之一。2007年公司被评为乐清市先进单位、活力和谐企业创建工作先进单位，温州市“厂务公开、民主管理”先进单位、温州市“诚信民营企业”和“重合同守信用单位”，浙江省“安康杯”竞赛优胜企业。公司连续四年被乐清市委、市政府和大荆镇政府授予明星企业称号，连续三年获得AAA级企业资信等级。公司工会荣获温州市“党建带工建•三级联创”先进职工之家。公司总经理杨相敖被评为乐清市“关爱员工十佳企业家”和先进生产（工作）者。公司通过ISO9001质量管理体系认证。2007年11月28～29日，全国电工钢薄板生产企业在吉隆宝薄板有限公司召开了“同行联谊会”，对吉隆宝的发展和产品质量给予了充分的肯定。

安全生产成绩显著

吉隆宝薄板有限公司是重工企业，如一有疏忽，时刻都有发生安全事故的可能。公司确立“安全第一，预防为主”的安全生产总方针，注重实现员工“要我安全”到“我要安全”的观念转变，时刻绷紧安全生产这根弦，并配备专职安全督查员，把工作抓细、抓实，做到生产最忙安全不忘，公司连续五年没有发生重大安全生产事故，被评为浙江省、温州市“安康杯竞赛优胜企业”。

节能降耗取得明显效果

公司积极响应中央提出的节约型社会建设的号召，非常重视节能降耗工作。公司自列为省重点能耗单位后，成立了节能管理领导小组，建立了节能办公室，落实了专门负责人员。公司一面开展节能降耗宣传，提高广大职工依法用能、节能增效的意识和能力；一面采取有效措施，制定煤炭定额管理制度，积极采用节能新技术、新设备、新材料，并配备计量器具，合理有效地利用能源。公司还安排一定资金用于奖励节能工作成绩突出的班组和个人。全年公司节约原煤4701吨，节约电28万度。

党、团、工会工作进一步加强

公司党支部成立以来，开展各项活动，经常组织全体党员学习上级有关文件、会议精神，发展入党积极分子5名，党支部荣获大荆镇先进党支部称号。公司共有共青团员44名，2007年7月建立了团总支。团总支向全体团员青年发出倡议书，号召团员青年为企业发展立新功。公司工会建立4年来，开展了维权、帮困救助等各项活动，在发展会员、争创学习型企业等方面做了大量的工作，并积极支持协助企业搞好安全生产、节能减排等工作，得到了市总工会的充分肯定。公司工会被评为温州市、乐清市“党建带工建•三级联创•优秀职工之家”，工会主席傅久红被评为温州市优秀工会积极分子，当选为温州市工会第十三次代表大会代表。

抓好企业文化建设，全面提升企业形象

公司始终把企业文化的培树、建设工作放到企业发展的重要位置上。公司坚持“公开、公平、公正”的原则，本着企业的效益增长和职工工资增长相同步的精神，对全体员工的工资进行了普调，充分体现了“以人为本”的理念，激发了广大员工的工作热情，增强了每个员工的主人翁意识，实现了双赢。公司响应市委号召，与双峰乡叶家垟村结对扶贫，捐款2.1万元；与洞头县北郊村结对扶贫，捐款1万元；向大荆镇田岙村捐款2万元；开展“金秋助学”，与大荆镇四小一名贫困学生结对，资助其上学；支持水涨小学2万元。公司的行动充分体现了对社会的一份关爱之心，同时也提高了企业的知名度和美誉度。公司把学习作为一种福利待遇，作为第一精神追求，积极开展了“创建学习型企业，争做知识型职工”活动。公司组织员工参加大荆镇工会、共青团组织的“庆五一、迎五四”文艺晚会；在全市开展了“吉隆宝杯”乒乓球单打排名赛；在企业内部建立了职工活动室，订购各类报刊11份，购买各类书籍近千册，供员工阅读，还经常组织员工开展象棋比赛、乒乓球比赛等。这些活动丰富了职工的业余文化生活，促进了职工整体素质的提高，推动了“四有”职工队伍的培养，增强了企业的团队精神和凝聚力。随着企业的不断发展壮大，公司的企业文化建设也不断提升。公司架起了员工与公司领导沟通的桥梁，推行了人性化管理，努力建立“以人为本、全面育人、志在一流”的企业文化，并围绕经营管理工作，开展各种教育活动，大力倡导“员工靠企业立业，企业靠员工发展”的价值观念，使企业逐步走上和谐健康的发展之路。

精益电器集团有限公司

概况

2007年，精益电器集团在全体精益人的共同努力下，又取得了新的业绩。三月份，集团董事长胡万地作为浙江省电气行业协会的特邀代表，在嘉兴举行的“首届中国电气产业发展高峰论坛”上发表了题为“中国电器业的创新与发展”的精彩演讲，受到与会人的热烈欢迎；五月份，精益电器集团七里港高科技园区新的申报项目通过初步会审；九月份，集团公司“新型矿灯2007年全国用户代表座谈会”在山东青岛隆重召开，并取得圆满成功；十一月份，集团公司又通过了AAA级标准化良好行为现场审核。2007年，集团公司各项经济指标在乐清企业中排名继续保持领先，入选乐清市规模企业50强，成为地方纳税大户。精益电器集团有限公司还先后获得了“中国民营企业500强”、“中国电气工业500强”、“工行AAA级资信企业”等多项荣誉称号。

利用各种手段盘活资金，企业奖金运作效率显著提高

2007年，精益电器集团有限公司营销中心采取新的营销策略，实施新的营销政策，将各项指标与业绩挂钩，大大增强了直销公司的成本意识和风险责任意识，克服了过去一些分公司开支费用比例过高、赢利能力不强的弊端，有效控制了资金运作风险，加快了资金的回收，企业效益获得提升。同时，集团公司法律事务部针对部分长期挂账客户及历史遗留账务，采取了强有力措施，运用法律武器为公司挽回了不少损失。随着集团公司资金运作水平的不断提升，工行将精益集团从原来的授信对象为小公司变为大中型公司；温州银行、深圳发展银行、中国交通银行等几家大银行也纷纷主动上门服务，希望跟集团进行更为广泛的合作。

加强技术质量管理，产品工艺改进步伐加快

2007年，集团公司通过全员培训，提高了整体质量意识。技术生产部门通力合作，进行有效的技术消化吸收，及时解决生产过程中出现的技术难题，实现了新产品的最终定型和批量生产。集团公司还跟上海电科所合作，紧跟国际电气产品开发前沿技术，开发出一种体积更小、寿命更长、具有国际20世纪90年代末期先进水平的接触器新产品，新产品预计在2008年上半年可推向市场。这些技术开发和技术嫁接的成功，提高了集团公司电器产品的自主创新能力。集团公司在新产品开发取得成功的同时，还从工艺和材料入手，对传统的老型产品进行了创新性改进，取得了较好的效果，产品质量一次校验合格率提升，多数产品成本降低。

重新修订备案企业标准，积极建立质量管理体系

随着一批新的国家产品企业标准的发布，某些产品的企业标准已经不符合新标准要求。2007年，精益电器集团有关部门特别是技术部门对涉及到需要换版的企业标准进行了重新修订，共重新修订备案企业标准43个，采用上级标准(熔断器产品)2个，采用国际标准16个。2007年，公司还建立了计量检测体系、标准化体系，编制了计量、标准化手册及程序文件，对公司管理标准、技术标准进行了整理，编制了各部门岗位说明书，并通过了计量、标准化体系的确认。至年末，精益集团公司已建立起ISO 9001质量管理体系、ISO14001环境管理体系以及计量和标准化管理体系，管理体系覆盖范围进一步拓宽，内审工作也朝着实质性、有效性方向跟进。

矿灯基础工作进一步夯实，产品系列化设计取得成果

精益集团公司把矿灯作为一个新的经济增长点倍加呵护、寄于厚望。2007年，矿灯公司从实际出发，制定了质量管理制度及质量考核细则、现场管理制度及现场考核细则、退货管理制度等等，管理工作到位，基础工作扎实，服务工作优化，加之矿灯质量可靠，全年矿灯产值突破2000万元，创下了历史新高。矿灯公司还根据用户和市场定位的多元化需求，相继开发出KJW6LM(A)甲烷报警矿灯、KS2.5LM(A)铅酸矿灯、KL2LM(A)锂电矿灯以及智能充电系统等四个新产品，同时对KJ3.5LM(A)、KJ6LM(A)/(B)、KJ7LM(A)/(B)、KJW10LM(A)等产品进行了改进，涉及安标要求变更的积极进行了备案，基本形成了矿灯的专业化、系列化生产格局，满足用户需求的能力大大增强。

巨邦电气有限公司

概况

巨邦电气有限公司坐落在柳市新光工业区，占地面积2万平方米，现有员工500多人，其中各类专业技术管理人员占25%。是一家集研发、生产、销售、服务为一体的全国无区域公司。企业拥有浙江阿海珐开关有限公司、浙江巨邦变压器有限公司、上海巨邦电器有限公司三家下属公司。主要生产高分断小型断路器、塑料外壳式断路器、智能型漏电断路器、智能型万能式断路器、双电源自动转换开关、中压断路器、电力变压器等系列产品，在全国各省市电网改造、中国空军导弹研究所、广西龙滩水电站、上海浦东国际机场、华中科技大学国家光电实验室、三峡工程等一些重大工程项目中广泛采用，销售网点遍及全国各地，并远销到西欧、中东、东南亚、香港等国家和地区。2007年，公司顺利通过了ISO9001-2000国际质量管理体系认证、3C认证、CQC自愿认证和欧共体CE认证等认证复查工作。巨邦电气的部分产品被授予“全国用户满意产品”、“国家级软件产品”、“浙江省科技新产品”、“温州名牌产品”、“乐清名牌产品”等荣誉称号。企业在2007年荣获“浙江省高新技术企业”、“浙江省工商企业AAA级守合同重信用企业”、“浙江省优秀企业”、“温州市高新技术企业”、“乐清市明星企业”、“乐清市慈善捐资先进单位”、“乐清市纳税百强企业”等光荣称号；巨邦图文商标荣膺中国驰名商标。巨邦实现了由传统的生产型企业，向现代化、品牌化经营的巨大转变，走上了稳定、持续的发展道路。

健全质量管理制度　完善销售服务体系

2007年，公司以对社会、对员工、对客户负责的态度，严把产品质量关，健全完善了质量管理制度和销售服务体系，加强了对产品质量的监督和考核力度，使全年的质量工作又迈上了一个新台阶。一是产品的检验工作逐步趋向规范，从零部件到产品出厂的所有检验环节，环环相扣，相互制约，相互依存，使产品的每个流程都能得到有效地控制。二是规范了生产车间的看板定置管理。对车间现场区域进行科学合理规划，按规定粘贴了醒目的标识及警示标记，待检品、合格品、不合格品、返工品等区域得到有效地区分，使产品生产流程更加顺畅，工作效率明显提高。三是认真做好售前、售中、售后服务工作。包括客户投诉的处理、产品退货处理与原因分析、产品调换及不合格品的召回等工作，做到了件件有处理，事事有答复，为相关产品的质量处理与改进提供了可靠的文字和数字依据，工作成效明显。四是培训了一批现场质量管理人员，在质量管理体系执行上更加严谨。同时，对客户和内部员工的满意度开展调研，强化了企业的向心力和凝聚力。2007年，企业经第三方浙江省质协用户评价中心测评时，其品牌形象、用户满意指数、质量感知、价值感知、用户抱怨及忠诚度等方面都处于上游水平。巨邦电气有限公司先后被全国用户委员会评为“全国用户满意企业”；被温州质量协会评为“温州市质量管理先进单位”；被乐清市质量技术监督局评为“乐清市质量管理先进单位”。

加强科技合作　狠抓技术创新

2007年，巨邦狠抓企业科协创建工作，在公司的软硬件设施上投入了较大的人力、物力和财力，受到上级科协领导的好评，5月份，被评为温州市非国有企业科协示范单位；同年11月份，公司加强与浙江科技学院密切合作，双方在2004年合作成立“巨邦智能电器研究所”的基础上，又在杭州市成立了产学研合作教育委员会，把巨邦列入该校电气学院产学研二级合作教育单位，以促进教育、科技与经济的有效融合。双方在友好协作、坦诚共建的前提下，大力开展科研工作。学院多次派资深教授到企业传经解惑，指导企业的技术人员开展科研工作，企业也及时地派员参加学院的委培学习，汲取电气专业知识。全体技术人员，通过技改攻关，又开发出了多种新产品，其中GTF系列剩余电流式电气火灾监控探测器、GTM8系列电子塑壳断路器两种新产品于11月12日被浙江省科技厅列入2007年第二批省级新产品试制计划。巨邦相继荣获“温州市高新技术企业”、“浙江省高新技术企业”称号。2007年，巨邦还适时调整产品结构，把公司所有产品的图样、设计文件、工艺文件、检验文件按3C一致性进行了系统地设计和编制，修订了各产品的出厂检验规范，编制了各类零部件的进货检验规范，并对各类技术资料进行了分类建档，安装了浙大联科的图纸安全保密软件，使技术数据及图片储存有了较强的追溯性，确保了技术资料的安全性和实效性。此外，公司加强了企业标准化管理和计量管理工作，2007年10月，企业获得了省级“计量检测体系合格证书”和“标准化良好行为证书”。

创产品形象　树“巨邦”品牌

2007年，巨邦电气有限公司面对行业的激烈竞争，调整策略，走自己的特色之路，以优质服务赢得顾客忠诚，以树好品牌塑造现代企业形象。新春，巨邦召开了营销大会，广大营销精英们为巨邦的营销事业积极建言献策，为巨邦品牌战略的制订提供了可靠的依据。尔后，巨邦又在确保原有办事处处于良好运作的基础上，增设了多个省级办事处，加强区域市场管理，认真做好品牌推介工作。提高了巨邦品牌知名度和产品覆盖率。巨邦电气有限公司十分重视产品和品牌的宣传，充分利用新改版的巨邦中英文网站，适时宣传企业动态、产品信息、企业文化等重要内容，引起了广大客户的关注，日点击率比上年增加2倍；在《低压电器》、《低压电器信息》、《江苏电器》、《赛尔资讯》、《电气应用》、《电力设备》等杂志上推介自己的品牌，收效明显；在省市电视台黄金时段宣传我们的产品；提高了产品形象，扩大了品牌影响力；在杭州、新疆乌鲁木齐召开了新产品推介会，引起各地电气行业人士的关注；参加了第七届中国电器文化节，巨邦展位和智能新品吸引了广大商家的眼球；参加了第101届和102届广交会，巨邦产品引起了外商浓厚兴趣，伊拉克、乌克兰、英国、泰国、韩国等国外商先后来巨邦考察洽谈业务。2007年，巨邦图文商标被司法认定为中国驰名商标，巨邦电气有限公司被评为“品牌建设先进单位”。

重视企业文化建设　谱写和谐发展新篇章

巨邦工会等群团组织充分发挥自身的优势和作用，按年初制定的工作计划落实各项工作。“3.8”节，女职委召开了妇代会，向全体女职工发放了节日礼物；工会组织员工参加了无偿献血活动；联合党支部、团支部、女职委组织开展了“五•一”劳动节文艺晚会；炎热夏季向全体员工发放了防暑药品；组织全体员工到乐清华山中西医结合医院进行全面体检；10月1日，公司组织开展了一年一度全员参与的国庆旅游活动，游览了玉环县农业观光园和温岭市洞下沙滩；农历2007年年底，我们组织全体员工在喜来登大酒店共进“答谢晚宴”。“八•一”节来临之际，公司组织人员到市公安边防大队慰问并送上慰问金，到黄华慰问海军东海舰队驻歧头山全体官兵。董事长张建芳带领工作人员前往岭底、虹桥、雁荡等乡镇看望公司结对多年的9名贫困生，并把全学年的学杂费送到他们手中，公司向智仁小岭村、乐成黄村捐款扶贫……如此多彩的企业文化活动，充分展现了企业家“致富思源、富而思进、回馈社会”的高尚情怀，谱写出企业建设与和谐发展的新篇章。2007年，巨邦党支部被乐清市委评为“非公企业党建先进单位”、“市先进基层党组织”；公司董事长被评为“乐清市优秀共产党员”、“中国百名杰出企业家”、“浙江省优秀企业家”、“乐清市优秀企业家”等个人称号。

其他企业选介

浙江长雄塑料有限公司

浙江长雄塑料有限公司位于柳市镇杨宅工业区，其前身是乐清市浙南塑料厂，创建于1987年，1999年更名晋升，是国内专业生产酚醛模塑料的规模较大的企业之一。公司年产优质酚醛模塑料1万多吨，2007年产值达9000万元，创利税700万元。长雄公司坚持“诚信为本、服务社会”的经营理念，遵守国家法律法规，注重经营道德，始终如一地打造自己的品牌，走自身科技发展之路。公司先后获得了省三优企业、乐清市重合同守信用企业、乐清市经贸局先进企业、柳市镇五十强企业、乐清市工商局AAA级监督等级企业、工商银行AAA级信用企业等多项殊荣。“长雄”牌产品被评为乐清市名牌产品，“长雄”商标成为温州市知名商标。

2007年，公司建立了经省技术监督局验收认可的酚醛模塑料检验站，为乐清市同类产品的定期监督检验提供了服务平台。同时，进行了ISO9001：2000版的换版工作，还建立了质量管理机构与网络图，层层落实各职能部门的质量职责，做到环环相扣，一旦发现质量问题，及时召开质量分析会议，分析原因，提出预防和纠正措施，从而提高了全员的质量意识，形成了人人抓质量的良好局面，质量体系保持着持续、有效运行。

公司依靠科技进步，从提高员工的素质入手，积极培养现代复合型人才，开展了安全教育、特种作业培训、计量人员培训和检验人员培训。同时积极引进高工级专家和技术指导人员，开展高新技术研究，大胆进行技术改造，更新设备，并根据市场需求及时开发新产品。2007年，公司先后开发了各种颜色的PF2A2-151、PF2C3-431等系列新产品,大大满足了市场的需求。

长雄公司把顾客满意作为评价产品质量的标准，加之周到的售后服务和薄利多销的营销原则，赢得了当地市场。长雄公司为乐清市电器行业提供了大量的优质绝缘材料，“长雄”牌产品成为正泰、德力西、人民等集团的指定使用产品，2007年，公司进一步扩大了在广东、湖南及宁波等地区的营销网点，并积极参加广交会、俄罗斯中国年等国际性会展，承接外贸出口业务，拓展国际市场，产品通过美国UL认证并远销欧美等地，“长雄”品牌的知名度、信誉度进一步提高。

为了把公司建设成为产业多元化、经营市场化、运作规范化、管理科学化的现代企业，2007年长雄塑料有限公司在台州市工业园区征用了90亩土地，作为开发新产品基地，第一期工程项目投资 7000万元，建设标准厂房、科研大楼与综合大楼，一座亮丽雄伟的浙江长雄塑料有限公司台州分公司厂房矗立在台州大地。

浙江正界工业电气有限公司

浙江正界工业电气公司，创建于2001年，位于乐清市北白象温州大桥工业园区，建筑面积约1.5万平米，拥有员工近500人。在短短的四年时间里，公司突飞猛进，2007年外贸出口达到4800万元，成为同行中产值连年翻番的美丽奇葩。公司分别被浙江省、温州市、乐清市政府及有关部门授予明星企业、专利示范企业、十佳外贸优秀企业、十佳出口创汇先进单位、北白象镇50强企业等荣誉称号。企业创始人、公司董事长兼总经理林晓敏先后荣获“温州市青年企业家、浙江省断路器协会优秀总经理、乐清市经贸系统优秀董事长殊荣，并被推选为乐清市十届、十一届政协委员。

浙江正界工业电气公司确立了“与客户合作共赢，为股东创造效益；与员工合作富裕，为社会创造和谐”的企业核心价值观，把“每天都在进步”的企业精神变为全体员工一致的理想和实际行动，在计划经济向市场经济转型的风口浪尖上，依靠集体的力量，审时度势，与时俱进，招贤纳士，扩大股份，增加资本，调整产品结构，走小、精、专的发展道路，融入跨国营销的行列，在国际市场上取得了可喜成绩。

正界电气公司是一家集制造、研发、贸易于一体的准外销型企业。公司已通过ISO9001质量管理体系认证，主导产品通过了国家CCC强制认证，出口产品均通过国际CB安全认证、美国UL认证、德国VDE认证、荷兰KEMA认证、瑞典SEMKO认证，还通过欧洲共同体25国认证，单独又向叙利亚、匈牙利、丹麦、土耳其、挪威等国家进行商标注册。

公司组建了一支60余人的技术、

生产、营销、行政管理精英队伍，积极开发新产品，竭力以高新技术占领国际电气市场。至2007年底，公司已授权的专利产品实施率达到100%，专利产品产值占总产值的75%。

公司建立了党支部，形成了以党支部为核心、以工会和共青团为纽带的组织体系，维护公司和员工的合法权益。公司还积极回报社会，为扶贫救灾、山老区党员救助、希望工程等慈善事业作出了应有的贡献！

浙江幸福摩托机械有限公司

浙江幸福摩托机械有限公司座落在国家级风景区雁荡山南麓，现有职工500余人，其中技术人员近80人，工程师28人，高级工程师7人；公司占地面积38000平方米，建筑面积29800平方米，总资本1.25亿元。浙江幸福摩托机械有限公司是全国唯一的一家残疾人生产摩托车企业，被国家民政部授予“模范福利企业”称号，国家残联主席邓朴方曾亲临公司视察指导，并题词“再立新功”。

浙江幸福摩托机械有限公司经过几十年的艰苦创业，企业在基础设施建设、内部管理、业务拓展等各方面均取得了可喜的成绩，得到了快速发展。公司建有集办公、培训、科研为一体的办公大楼和国内一流的网架式整机装配车间。公司注重产品质量，强化质量管理，走质量效益型企业发展之路，现已通过ISO9001国际质量体系认证。公司生产的“好奔”、“雅丽马”两大品牌系列摩托车自投放市场以来，因质优款新价廉倍受用户青睐，产品已销往全国30多个省市。多年来，公司生产的整车在国家技术监督局整车抽检中一直为合格产品，同时也成为乐清市消费者委员会推荐商品、温州名牌产品；“好奔”商标被评为“浙江省著名商标”。

浙江幸福摩托机械有限公司于2005年通过国家发改委摩托车行业“生产准入”认证，是乐清市创税大户。公司为发展地方经济和安排残疾人员就业作出一定的贡献。

2007年度乐清市成长型企业名单

（以下排名不分先后）

乐清市正泰电容器有限公司
浙江佳奔电子有限公司
温州都豪皮具有限公司
浙江虹桥电子有限公司
浙江松夏仪表有限公司
浙江中安金属件制造有限公司
永上集团有限公司
乐清市万达电器汽配有限公司
指月集团有限公司
浙江超微细化工有限公司
温州市建达电子有限公司
浙江正理电子电气有限公司
乐清市华仪互感器有限公司
乐清市瑞泰电子有限公司
浙江奥丰电气有限公司
浙江正惠电气有限公司
浙江雁荡山机床有限公司
浙江乐鼎波纹管有限公司
浙江威斯康电气有限公司
乐清市星火汽车电子有限公司
乐清市城南电镀有限公司
乐清市浙南气动焊钳有限公司
浙江卓达铜业有限公司
北二变科技(乐清)有限公司
浙江东方机电有限公司
浙江精实电子科技有限公司
浙江金剑环保设备有限公司
浙江东亚机电有限公司
港源电子有限公司
乐清市利事达电气有限公司
乐清市麒麟摩配有限公司
温州市海洋环保设备厂
乐清市三丰传动件厂
乐清市金日油墨有限公司
浙江泰康电子有限公司
乐清市新明丽灯饰有限公司
浙江君权自动化设备总厂
浙江中大电缆制造有限公司
乐清市联轴器厂
浙江新纪元通讯设备有限公司
浙江开喜门业有限公司
浙江上豪电子科技有限公司
浙江龙井电器有限公司
乐清市埃姆依电器有限公司
浙江索谷电缆有限公司
浙江火炬电力金具有限公司
浙江天马塑粉有限公司
浙江东海煤机有限公司
浙江华晶整流器有限公司
永久电力金具有限公司
浙江神龙电器有限公司
乐清市万达电器汽配有限公司
浙江利尔德继电器有限公司
浙江上升电力金具有限公司
乐清市正雁电器有限公司
乐清市强特紧固件制造有限公司
乐清市集云电器厂
浙江大华开关厂
燎原防爆电器有限公司
浙江安平电工合金有限公司
浙江汇力锁业有限公司
乐清市日跃机电有限公司
温州嘉特汽车电器有限公司
温州市森泰环保设备有限公司
浙江天翔工具有限公司
乐清市明实车辆配件有限公司
乐清市锋利工具有限公司
温州市麦特力克电器有限公司
浙江博海电子有限公司
浙江奥大硬质合金有限公司
浙江雷泰电气有限公司
温州罗宾机电工具有限公司
浙江巨大电机车有限公司
浙江昌德成电子有限公司
浙江美华工艺品有限公司
乐清市登云工艺鞋业有限公司
乐清市珠联电子有限公司
乐清市东风煤矿设备有限公司
浙江宇成电气有限公司
浙江格瑞电气科技有限公司
新艺集团有限公司
浙江捷仕泰电子有限公司
乐清市万新鞋业有限公司
浙江星光真空电器有限公司
浙江新力成套设备有限公司
乐清市精密电子电器有限公司
指明电气有限公司
浙江伏尔特电器有限公司
温州环宇轻工有限公司
浙江新宇电器有限公司

乐清机械厂
乐清市重型机械配件厂
欧丽亚制衣有限公司
浙江东新密封有限公司
中南仪表有限公司
浙江致威电子科技有限公司
浙江荣成工具有限公司
温州华利医疗器械有限公司
乐清市云桂开关厂
浙江昌德成电器有限公司

乐清市无区域企业名单

八达电气有限公司
宝利德投资控股有限公司
昌林液压气动成套有限公司
长虹塑料有限公司
创奇科技有限公司
电光防爆电气有限公司
东盟电力一体化设备有限公司
德力西长江环保投资有限公司
飞策防爆电器有限公司
方大控股有限公司
共信电力科技有限公司
固力发电气有限公司
国威科技有限公司
和平电气有限公司
恒一电气有限公司
红光电气有限公司
红旗仪表有限公司
宏伟电气有限公司
沪工电气有限公司
华荣投资有限公司
华精电气有限公司
华仪投资控股有限公司
合隆防爆电气有限公司
吉隆宝薄板有限公司
巨邦电气有限公司
兰普电器有限公司
朗诗德电气有限公司
乐斯化学有限公司
燎原防爆电器有限公司
莫顿电气有限公司
南艺礼品有限公司
二十一世纪联合电气有限公司
上明电气有限公司
三科电器有限公司
三信国际电器有限公司
森泰电器有限公司
森源电气有限公司
慎江阀门有限公司
胜武实业有限公司
松尼电工有限公司
神驰气动有限公司
天星电子有限公司
天天红电器有限公司
五龙控股有限公司
万城房地产有限公司
新黎明防爆电器有限公司
新亚电子有限公司
兴乐电缆有限公司
永久电力金具有限公司
振宏电气有限公司
正德科技有限公司
正华电器五金有限公司
正宇工艺品有限公司
中变变压器有限公司
中驰财团投资有限公司
中川电气科技有限公司
中希合金有限公司
中南仪表有限公司
钻宝电子有限公司
指明电气有限公司
众志投资发展有限公司
安德利集团有限公司
宝光集团有限公司
宝龙电子集团有限公司
长城电器集团有限公司
常安集团有限公司
春风控股集团有限公司
大江控股集团有限公司
德力西集团有限公司
德力西集团进出口有限公司
德力西集团营销有限公司
德美斯集团有限公司
东方造船集团有限公司
东铁集团有限公司
东厦建设集团有限公司
飞跃联合电气集团有限公司
凤凰科技集团有限公司
帆顺船业集团有限公司
国光集团有限公司
合兴集团有限公司
合兴集团汽车电子有限公司
红旗电缆电器仪表集团有限公司
宏达电器集团有限公司
沪川集团有限公司
沪光集团有限公司
华通机电集团有限公司
华威电器集团有限公司
华仪电器集团有限公司
环宇集团有限公司
环宇集团成套电气有限公司
黄河汽配集团有限公司
吉祥集团有限公司
嘉宏控股集团有限公司
建桥建设集团有限公司
金龙控股集团有限公司
金山环保集团有限公司
精达电器集团有限公司
精益电器集团有限公司
九川集团有限公司
柳川实业集团有限公司
龙飞集团有限公司
龙光电器集团有限公司
民扬集团有限公司
茗熔集团有限公司
耐电集团有限公司
人民电器集团有限公司
瑞鑫集团有限公司
三旗集团有限公司
三洲集团有限公司
神奇电碳集团有限公司
天正集团有限公司
天洲电器集团有限公司
通领科技集团有限公司
万家电器集团有限公司
万控集团有限公司
欣顺船业集团有限公司
新海船业集团有限公司
新华电器集团有限公司
新艺集团有限公司
新海船业集团有限公司
兴乐集团有限公司
雪谷集团有限公司
亚洲华东电气集团有限公司
耀华电器集团有限公司
一开电气集团有限公司
永上集团有限公司
佑利控股集团有限公司
振宇控股集团有限公司
正日实业集团有限公司
指月集团有限公司
中煤机械集团有限公司
中扬船业集团有限公司
中变集团有限公司

中国驰名商标

认定的商标	企业名称	认定时间
CHNT	正泰集团股份有限公司	1999.12.29
DELIXI	德力西集团有限公司	1999.12.29
TENGEN	天正集团有限公司	2005.6.23
PEOPLE®	人民电器集团有限公司	2005
CNC	长城电器集团有限公司	2005
FATO®	华通机电集团有限公司	2006.6.12
QILIGANG® 七里港	常安集团有限公司	2006.11.13
FANGDAWANG	浙江方大工具有限公司	2006.12.6
HUYU 环宇集团	环宇集团有限公司	2006.12.15

续表一

认定的商标	企业名称	认定时间
CHMY	民扬集团有限公司	2006.12.17
JOINING®	精益电器集团有限公司	2006.12.30
YONGU®	永固集团股份有限公司	2007.1.18
ANDELI	安德利集团有限公司	2007.1.31
JUCHE® 九川集团	九川集团有限公司	2007.5
Dajan	大江控股集团有限公司	2007.5
CNYH	耀华电器集团有限公司	2007.6.11
HOGN	红光电气有限公司	2007.7.9
FEEND	福达合金材料股份有限公司	2007.7.23

续表二

认定的商标	企业名称	认定时间
CHZJ 中杰工具	浙江中杰工具有限公司	2007.7.24
凤凰®	凤凰科技集团有限公司	2007.8.1
指ZHIYUE月®	指月集团有限公司	2007.8.9
HEAG®	华仪电器集团有限公司	2007.9.14
HUACHAO	浙江华潮电器有限公司	2007.9.20
Kaierda 凯尔达	凯尔达电焊机有限公司	2007.9.20
MIRO®	茗熔集团有限公司	2007.10.15
	浙江中瑞科技有限公司	2007.10.27
JUBANG	浙江巨邦电气有限公司	2007.11.5

浙江省著名商标

认定的商标	企业名称	认定时间
CHINT	正泰集团股份有限公司	1999.12.29
DELIXI	德力西集团有限公司	1999.12.29
JINGDA	精达电器集团有限公司	2004.1.1
HOSSONI 鸿宝®	鸿宝电气股份有限公司	2004.1.1
CNC	长城电器集团有限公司	2005.1.1
HUYU 环宇集团	环宇集团有限公司	2005.1.1
HODBAN 好奔摩托	浙江幸福摩托机械有限公司	2005.1.1
WAROM	华荣集团有限公司	2005.1.1
JOINING®	精益电器集团有限公司	2005.1.1
CHAMY	民扬电器集团有限公司	2005.1.1
佑利®	佑利控股集团有限公司	2005.1.1

续表一

认定的商标	企业名称	认定时间
CFMOTO	春风控股集团有限公司	2005.1.1
FEIZI 菲姿	浙江菲姿时装有限公司	2005.1.1
凤凰®	凤凰科技集团有限公司	2005.1.1
	浙江黄华电气有限公司	2005.2.3
JUCHE® 九川集团	九川集团有限公司	2005.11.9
万控	万控集团有限公司	2005.11.9
KEDU	浙江科都电气制造有限公司	2005.11.9
雁白云	乐清市雁荡山茶场	2005.11.9
HEAG®	华仪电器集团有限公司	2006.1.1
FATO®	华通机电集团有限公司	2006.1.1
SENTAI	浙江森泰电器厂	2006.1.1

续表二

认定的商标	企业名称	认定时间
QINGTIAN	长城电器集团有限公司	2006.1.1
QILIGANG 七里港	常安集团有限公司	2006.1.1
FDW FANGDAWANG	浙江方大工具有限公司	2006.1.5
ZGHQDL	红旗电缆电器仪表集团有限公司	2006.1.5
CWB	合兴集团有限公司	2006.1.5
HUACHAO 華潮	浙江华潮电器有限公司	2006.1.5
TENGEN	天正集团有限公司	2007.2.7
PEOPLE	人民电器集团有限公司	2007.2.7
小家伙 Sukids	浙江小家伙食品有限公司	2007.2.7
研 vanki	万家电器集团有限公司	2007.2.7

续表三

认定的商标	企业名称	认定时间
雁荡山	浙江英博雁荡山啤酒有限公司	2007.2.7
SUNWORLD	新华电器集团有限公司	2007.2.7
YONGU	永固集团股份有限公司	2007.2.7
JONCHN	中川电气科技有限公司	2007.2.7
Kaierda 凯尔达	凯尔达电焊机有限公司	2007.2.7
CNYH	耀华电器集团有限公司	2007.2.7

温州市知名商标

认定的商标	企业名称	认定时间
JOWOLL	浙江金万利服饰有限公司	2002.2.1
朝阳	浙江乐清罐头总厂	2002.9.10
SHENGWU	胜武实业有限公司	2003

续表一

认定的商标	企业名称	认定时间
LERUI 乐瑞	乐斯化学有限公司	2004.1
山头人	乐清市山头人食品开发有限公司	2004.1
鸥翔 Ou Xiang	浙江南方塑胶制造有限公司	2004.1
长雄	浙江长雄塑料有限公司	2004.1
CHKO	长江电气股份有限公司	2005.2.3
龍湫	乐清机械厂 第二名称：乐清消防器材厂	2005.2.3
椰丰	乐清市椰丰种苗有限公司	2005.2.3
FEICE	飞策防爆电器有限公司	2005.11.9
KOTL	金龙机电有限公司	2005.11.9
FEOND	福达合金材料股份有限公司	2005.11.9
KUANGAN 矿安	温州江南矿业有限公司	2005.11.9
ZHEJ	振宏电气有限公司	2005.11.9
中煤	浙江中煤矿业有限公司	2006.11.22

续表二

认定的商标	企业名称	认定时间
八达 BADA	八达电气有限公司	2006.11.22
LZY 路之遥	浙江路之遥电气有限公司	2006.11.22
Dajan	大江电器集团有限公司	2006.11.22
ZONE 中南仪表	中南仪表有限公司	2006.11.22
LEFOO	浙江力夫机电制造有限公司	2006.11.22
Goldstone	浙江金石包装有限公司	2006.11.22
LONGFEI	龙飞集团有限公司	2006.11.22
虹 HONGFENG 丰	温州虹丰粮油集团有限公司	2006.11.22
HONT	浙江宏泰电器有限公司	2006.11.22
LONSID	朗诗德电气有限公司	2006.11.22
Pengxiang	浙江四都农业发展有限公司	2006.11.22
雁湖早茗 YHZM	乐清市雁湖早茗茶厂	2006.11.22
创奇	温州罗格朗电器有限公司	2006.11.22

续表三

认定的商标	企业名称	认定时间
DOZG	通领科技集团有限公司	2007.10.9
SJV	慎江阀门有限公司	2007.10.9
D|S DONGSHENG	浙江东方造船有限公司	2007.10.9
YUHUA	红光电气有限公司	2007.10.9
Kangtai®	浙江康泰电气有限公司	2007.10.9
ZUANBAO	钻宝电子有限公司	2007.10.9
CJC	吉祥集团有限公司	2007.10.9
BGE	宝光集团有限公司	2007.10.9
SAKO	浙江三科电器有限公司	2007.10.9
雁鸣日出 YAN MING RICHU	乐清市雁鸣茶业有限公司	2007.10.9
SPDDL	浙江浦大电缆有限公司	2007.10.9
Kangsheng 康盛	乐清市康盛农业发展有限公司	2007.10.9

乐清市名牌商标

认定的商标	企业名称	认定时间
	乐清市北白象酒厂	
公記	乐清市白象供销合作社糕点加工场	
	国光集团有限公司	
Zelong 乐龙	乐清市水泵厂	
	浙江雁荡山机床有限公司	
IR	温州芙蓉工具有限公司	
	浙江乐吉化工有限公司	
HUADELI	乐清市华得利装饰材料有限公司	
NY	温州南洋电器有限公司	
	浙江金山管道电气有限公司	
MIRO	茗熔集团有限公司	

续表一

认定的商标	企业名称	认定时间
JOHO	浙江锦豪电器有限公司	
	天天红电器有限公司	
JIAJIE	乐清市佳乐电器集团有限公司	
	浙江经纬集团有限公司	
DONGYA	浙江东亚工具有限公司	
NANPAI 南派服饰	乐清市南派服饰有限公司	
	浙江三洲集团有限公司	
	浙江华虹电器有限公司	
欣灵	欣灵电气股份有限公司	
	浙江美宇摩配有限公司	
	浙江乐雁压缩机有限公司	
	雷尔达仪表有限公司	
指ZHIYUE月	浙江指月电气有限公司	

续表二

认定的商标	企业名称	认定时间
	浙江新江仪表有限公司	
HMX 海美鲜	浙江海美鲜集团有限公司	
QIUYI	浙江求精仪表有限公司	
	浙江电光防爆电器有限公司	
CHLMIC	温州华利医疗器械有限公司	
JIFU 吉福	浙江吉福装饰材料有限公司	
WULONG HOLDING	五龙控股有限公司	
TOCHAIN 图强文具	温州图强文具制造有限公司	
YUHUA	浙江裕华电器有限公司	
华 HD 度 HUADU	浙江华夏仪表有限公司	
ZBB	浙江中变变压器有限公司	
BH qiaoh 侨亨	浙江侨亨实业有限公司	
XIANLE	乐清市雁荡山仙乐旅游社	
绿芙	乐清市小芙农业综合开发场	

续表三

认定的商标	企业名称	认定时间
CORLEN	温州高能电气有限公司	
COMPLEE	乐清市康立仪表有限公司	
中雁 ZY	浙江中雁温控器有限公司	
XiNE	兴乐集团有限公司	2007.4
YOJIU®	浙江永久电力金具有限公司	2007.4
JUBANG	浙江巨邦电器有限公司	2007.4
LT®	天力管件有限公司	2007.4
TANCH 天驰®	浙江天驰电子有限公司	2007.4
DX®	浙江东新密封有限公司	2007.4
SIGA 西奥根	浙江西奥根电气有限公司	2007.4
JULi	浙江巨力电气有限公司	2007.4
CQC®	温州奇诚电器有限公司	2007.4
SHaman	浙江上民电气有限公司	2007.4
新缆® XINLAN	浙江新华电缆有限公司	2007.4

续表四

认定的商标	企业名称	认定时间
天乐塑业	浙江天乐塑胶有限公司	2007.4
YDDL	浙江远东电缆有限公司	2007.4
RUIHER	浙江瑞和进出口有限公司	2007.4
CN.JS	浙江精实电子科技有限公司	2007.4
ZNLD 鲜汇	乐清市浙南水产有限公司	2007.4
DAMING	浙江大明电子有限公司	2007.4
ZX 中讯电子	浙江中讯电子有限公司	2007.4
CHDKJ	浙江恒大科技电气有限公司	2007.4
凡尔	温州凡尔矿业制造有限公司	2007.4
JUNQUAN™ JUNQUAN AUTOMATION	浙江君权自动化设备总厂	2007.4
RIGHT®	浙江瑞泰电气有限公司	2007.4
NEPCI	浙江新纪元通讯设备有限公司	2007.4
b	浙江天翔工具有限公司	2007.4
绿源 lvyuan	浙江绿源风机有限公司	2007.4

国家免检产品

序号	企业	产品名称	认定字号
1	华荣集团有限公司	BAY、BAD系列照明灯具	(2005)国免字（330470194）号
2	浙江正泰建筑电器有限公司	照明灯具	(2005)国免字（330470192）号
3	浙江中强酒业有限公司	酱油	(2005)国免字（330201022）号
4	浙江中强酒业有限公司	食醋	(2005)国免字（330211059）号
5	人民电器集团有限公司	干式、油浸式、配电变压器	(2005)国免字（330990419）号
6	人民电器集团有限公司	电力电缆、驾空绝缘电缆、控制电缆	(2005)国免字（330600390）号
7	浙江正泰电气股份有限公司	塑壳、万能、小型断路器	(2006)国免字（331570461）号
8	浙江正泰电气股份有限公司	（时间、小型）继电器	(2006)国免字（331580462）号
9	德力西集团有限公司	塑壳、万能、小型断路器	(2006)国免字（331570442）号
10	德力西集团有限公司	接触器、热过载、时间继电器	(2006)国免字（331580443）号
11	天正集团有限公司	万能、小型、塑壳断路器	(2006)国免字（331570453）号
12	天正集团有限公司	时间、中间、小型电磁继电器	(2006)国免字（331580454）号
13	人民电器集团有限公司	万能式、塑壳、小型断路器）	(2006)国免字（331570451）号
14	人民电器集团有限公司	时间、热、小型、中间继电器	(2006)国免字（331580452）号
15	环宇集团有限公司	小型、塑壳断路器	(2006)国免字（331570446）号
16	华通机电集团有限公司	万能、塑壳、小型断路器	(2006)国免字（331570444）号
17	长城电器集团有限公司	小型、塑壳、万能式断路器	(2006)国免字（331570440）号
18	耀华电器集团有限公司	塑壳式断路器	(2006)国免字（331570457）号
19	浙江森泰电器厂	小型、塑壳、万能式断路器	(2006)国免字（331570460）号
20	温州罗格朗电器有限公司	小型断路器	(2006)国免字（331570455）号
21	常安集团有限公司	小型、塑壳断路器	(2006)国免字（331570441）号
22	欣灵电气股份有限公司	时间、小型继电器	(2006)国免字（331580456）号
23	安德利集团有限公司	热过载记电器	(2006)国免字（331580439）号
24	鸿宝电气股份有限公司	UPS不间断电源	(2006)国免字（331650490）号
25	兴乐集团有限公司	电线电缆系列	(2006)国免字（330601671）号
26	民扬集团有限公司	小型、塑壳断路器	(2006)国免字（331570447）号
27	华仪电器集团有限公司	中低压开关柜系列	(2006)国免字（331590445）号
28	浙江正泰仪器仪表有限责任公司	民用计量表（电能表）	(2007)国免字（3300410739）号
29	德力西集团有限公司	民用计量表（电能表）	(2007)国免字（3300410726）号
30	天正集团有限公司	民用计量表（电能表）	(2007)国免字（3300410736）号
31	环宇集团有限公司	民用计量表(电能表)	(2007)国免字（3300410730）号
32	人民电器集团有限公司	民用计量表(电能表)	(2007)国免字

中国名牌产品

序号	企业	产品名称	认定时间
1	人民电器集团有限公司	PEOPLE牌干式变压器	2005年
2	德力西集团有限公司	DELIXI电度表（复）	2006年
3	德力西集团有限公司	DELIXI塑壳断路器（复）	2006年
4	德力西集团有限公司	DELIXI万能式断路器（复）	2006年
5	正泰集团股份有限公司	正泰牌电度表（复）	2006年
6	正泰集团股份有限公司	正泰牌塑壳断路器（复）	2006年
7	正泰集团股份有限公司	正泰牌万能式断路器（复）	2006年
8	天正集团股份有限公司	天正牌塑壳断路器（复）	2006年
9	华通机电集团有限公司	FATO牌塑壳断路器	2006年
10	环宇集团有限公司	HUYU牌塑壳断路器	2006年
11	人民电器集团有限公司	（图形）万能式断路器	2006年
12	天正集团有限公司	天正TENGEN牌电度表	2006年

浙江名牌产品

序号	企业	产品名称	认定时间
1	正泰集团股份有限公司	正泰牌塑壳式、万能式断路电器（复）	2005年
2	华荣集团有限公司	WAROM牌BZC系列防爆操作柱	2005年
3	德力西集团有限公司	塑壳式、万能式断路电器（复）	2005年
4	永固金具股份有限公司	图形固牌电力金具（复）	2005年
5	华仪电器集团有限公司	（图形）KYN28系列铠装移开式交流金属封闭开关设备	2005年
6	鸿宝电气股份有限公司	鸿宝牌稳压电源	2005年
7	福达合金材料股份有限公司	FECUND牌银基电触头材料	2005年
8	温州虹丰粮油集团公司	虹丰牌大米（复）	2005年
9	中川电气科技有限公司	UPS不间断电源	2006年
10	电光防爆电气有限公司	防爆起动器、开关系列	2006年
11	长城电器集团有限公司	塑壳、万能式断路器	2006年

续表一

序号	企　　业	产品名称	认定时间
12	浙江森泰电器厂	塑壳、万能式断路器	2006年
13	天正集团有限公司	低压断路器（复）	2006年
14	华仪电器集团有限公司	ZW、ZN系列户外、户内高压真空断路器（复）	2006年
15	正泰集团股份有限公司	交流接触器	2006年
16	人民电器集团有限公司	交流接触器	2006年
17	德力西集团有限公司	交流接触器	2006年
18	兴乐集团有限公司	35KV及以下电力电缆（复）	2006年
19	龙飞集团有限公司	医用保健制氧机	2006年
20	乐清市椰丰种苗有限公司	杂交一代系列花椰菜种子（复）	2006年
21	环宇集团有限公司	智能型低压断路器（复）	2007年
22	环宇集团有限公司	交流接触器	2007年
23	民扬集团有限公司	低压断路器	2007年
24	耀华电器集团有限公司	小型断路器	2007年
25	耀华电器集团有限公司	交流接触器	2007年
26	天正集团有限公司	交流接触器	2007年
27	浙江正泰建筑电器有限公司	电器附件	2007年
28	华通机电集团有限公司	35kV及以下电力变压器	2007年
29	万控集团有限公司	开关柜柜体	2007年
30	春风控股集团有限公司	摩托车发动机	2007年
31	浙江英博雁荡山有限公司	啤酒	2007年
32	温州华龙雕刻有限公司	黄杨木雕	2007年
33	安德利集团有限公司	塑壳断路器	2007年

温州名牌产品

序号	企　　业	产品名称	认定时间
1	人民电器集团有限公司	(图形)牌RDL18-20漏电断路器(复评)	2005年
2	浙江东正电气有限公司	DOZG牌接地故障断路器	2005年
3	人民电器集团有限公司	(图形)牌继电器	2005年

续表一

序号	企业	产品名称	认定时间
4	天正集团有限公司	天正牌热过载继电器	2005年
5	华通机电集团有限公司	FATO牌塑壳断路器	2005年
6	胜武实业有限公司	胜武牌YFD系列预制分支电缆(复评)	2005年
7	浙江路之遥电气有限公司	路之遥(LZY)牌家用电器用电电线束	2005年
8	合兴集团有限公司	CWB牌条形连接器	2005年
9	永固金具股份有限公司	固牌电力金具铝铜铝类(复评)	2005年
10	电光防爆电气有限公司	(图形)牌隔爆型电磁起动器	2005年
11	中川电气科技有限公司	中川牌微型地线式UPS不间断电源	2005年
12	浙江龙飞实业股份有限公司	龙飞牌医用保健制氧设备(复评)	2005年
13	温州图强文具制造有限公司	图强牌塑料橡皮擦	2005年
14	环宇集团有限公司	HUYU牌HUW系列万能式断路器(复评)	2005年
15	华通机电集团有限公司	FATO牌电力变压器	2005年
16	朗诗德电气有限公司	朗诗德牌彩色显像管插座	2005年
17	乐清市康盛农业发展有限公司	康盛牌蜜柚	2005年
18	乐清市椰丰种苗有限公司	椰丰牌杂交一代系列花椰菜种子	2005年
19	浙江金石包装有限公司	Goldstone牌软包装复合材料	2006年
20	凤凰金具有限公司	凤凰牌电力金具（复评）	2006年
21	环宇集团有限公司	HUYU牌低压开关柜	2006年
22	万控集团有限公司	（图形）牌开关柜柜体	2006年
23	长城电器集团有限公司	CNC牌万能式断路器（复评）	2006年
24	德力西集团有限公司	德力西牌小型断路器（复评）	2006年
25	长城电器集团有限公司	CNC牌小型断路器（复评）	2006年
26	精达电器集团有限公司	JINGDA牌小型断路器	2006年
27	安德利集团有限公司	ANDELI 牌塑壳断路器	2006年
28	宝光集团有限公司	BGE牌高压真空断路器	2006年
29	华仪电器集团有限公司	HEAG华仪牌ZN系列户内交流高压真空断路器(复评)	2006年
30	浙江新黎明防爆电器有限公司	（图形）牌BDZ52系列防爆断路器	2006年
31	德力西集团有限公司	德力西牌交流接触器	2006年
32	人民电器集团有限公司	PEOPLE牌交流接触器（复评）	2006年
33	耀华电器集团有限公司	CNYH牌交流接触器（复评）	2006年

续表二

序号	企业	产品名称	认定时间
34	正泰集团股份有限公司	正泰牌交流接触器	2006年
35	长城电器集团有限公司	CNC牌交流接触器	2006年
36	德力西集团有限公司	德力西牌热过载继电器	2006年
37	天正集团有限公司	天正牌全自动交流稳压器（复评）	2006年
38	沪光集团有限公司	（图形）牌油浸式变压器	2006年
39	天正集团有限公司	天正牌控制变压器	2006年
40	德力西集团有限公司	德力西牌刀开关	2006年
41	电光防爆电气有限公司	（图形）牌矿用隔爆型真空馈电开关	2006年
42	浙江巨邦电气有限公司	（图形）牌双电源自动转换开关	2006年
43	浙江康泰电气有限公司	Kangtai牌无线遥控插座	2006年
44	浙江正泰建筑电器有限公司	正泰牌电器附件（开关、插座）	2006年
45	长城电器集团有限公司	CNC牌电能表	2006年
46	华仪电器集团有限公司	HEAG华仪牌电子式电能表	2006年
47	德力西集团有限公司	德力西牌燃气表	2006年
48	浙江正泰仪器仪表有限责任公司	正泰牌燃气表	2006年
49	兴乐集团有限公司	兴乐牌35KV及以下电力电缆（复评）	2006年
50	兴乐集团有限公司	兴乐牌电气装备用电线电缆	2006年
51	吉祥集团有限公司	吉都牌铝塑复合板	2006年
52	乐清市海洋生物保健品有限公司	李发盛牌鲨鱼皮	2006年
53	乐清市海中宝水产开发有限公司	海虎牌鱼翅	2006年
54	乐清市南塘欣欣种猪场	英麦牌杜长大猪	2006年
55	长虹塑料有限公司	CHS牌尼龙扎带	2007年
56	浙江宏泰电器有限公司	HONT牌尼龙扎带	2007年
57	浙江中煤矿业有限公司	（图形）牌乳化液泵站系列	2007年
58	慎江阀门有限公司	（图形）牌球阀（复评）	2007年
59	浙江东新密封有限公司	（图形）牌碳化硅密封环	2007年
60	福达合金材料股份有限公司	FECUND牌弥散型银镍线材（复评）	2007年
61	福达合金材料股份有限公司	FECUND牌新型环保银氧化锡触头材料	2007年
62	中希合金有限公司	（图形）牌复合银触头	2007年
63	华仪电器集团有限公司	（图形）牌低压开关柜	2007年

续表三

序号	企业	产品名称	认定时间
64	华仪电器集团有限公司	（图形）牌预装式变电站	2007年
65	长城电器集团有限公司	CNC牌户内金属恺装移开式开关设备	2007年
66	正泰集团股份有限公司	正泰、chint牌小型断路器	2007年
67	华通机电集团有限公司	FATO牌小型断路器	2007年
68	温州罗格朗电器有限公司	（图形）牌小型断路器	2007年
69	耀华电器集团有限公司	CNYH牌小型断路器（复评）	2007年
70	民扬集团有限公司	CHMY牌小型断路器（复评）	2007年
71	大江控股集团有限公司	DAJAN牌小型断路器	2007年
72	常安集团有限公司	（图形）牌小型断路器	2007年
73	华通机电集团有限公司	FATO牌万能式断路器	2007年
74	民扬集团有限公司	CHMY牌漏电断路器	2007年
75	金山门电器有限公司	JSM牌电力变压器	2007年
76	天正集团有限公司	（图形）牌交流接触器（复评）	2007年
77	浙江指月电气有限公司	（图形）牌电力电容器	2007年
78	天正集团有限公司	（图形）牌电力电容器	2007年
79	正泰集团股份有限公司	正泰、chint牌热过载继电器	2007年
80	正泰集团股份有限公司	正泰、chint牌(小型、时间)继电器	2007年
81	长城电器集团有限公司	CNC牌矿用隔爆型高压真空配电装置	2007年
82	长城电器集团有限公司	CNC牌电动机软起动器	2007年
83	长城电器集团有限公司	CNC牌矿用隔爆智能化真空馈电开关	2007年
84	钻宝电子有限公司	（图形）牌音、视频插座系列	2007年
85	浙江跃华电讯有限公司	（图形）牌不可拆线插头	2007年
86	三科电器有限公司	SAKO牌稳压电源	2007年
87	浙江君权自动化设备总厂	（图形）牌电脑剥线机	2007年
88	人民电器集团有限公司	（图形）牌电能表	2007年
89	浙江正泰仪器仪表责任公司	正泰、chint牌安装式电表（复评）	2007年
90	德力西集团有限公司	德力西GELIXI牌安装式电表（复评）	2007年
91	红光电气有限公司	（图形）牌电力金具	2007年
92	浙江永久电力金具有限公司	（图形）牌电力金具	2007年
93	浙江英博雁荡山啤酒有限公司	雁荡山牌啤酒（复评）	2007年
94	浙江浙南水产有限公司	鲜汇牌脱脂大黄鱼	2007年

乐清名牌产品

序号	企业	产品名称	认定时间
1	九川集团有限公司	九川JUCHE牌JCC系列接触器	2005年
2	天正集团有限公司	天正TENGEN牌小型变压器	2005年
3	乐清市力士安全器材制造有限公司	牌TS系列高空防坠速差自控器	2005年
4	乐清市浙南气动焊钳有限公司	图形＋浙南钳牌气动点焊钳	2005年
5	华仪电器集团有限公司	牌全电子式电能表	2005年
6	华仪电器集团有限公司	牌CT系列弹簧操动机构	2005年
7	吉祥集团有限公司	图形＋吉都牌铝塑复合板	2005年
8	安德利集团有限公司	ANDELI安德利牌塑壳断路器	2005年
9	浙江中希电工合金有限公司	CHOPE中希合金牌复合银触头	2005年
10	浙江中变变压器有限公司	ZBB牌节能环保干式变压器	2005年
11	浙江中雁温控器有限公司	图形＋中雁牌压力式温控器	2005年
12	浙江东新密封有限公司	图形＋DX牌碳化硅密封环	2005年
13	浙江巨邦电气有限公司	巨邦JBANG牌双电源自动转换开关	2005年
14	浙江龙井电器有限公司	龙井LONGJING牌行程开关	2005年
15	浙江君权自动化设备总厂	图形＋JUNQUAN牌电脑剥线机	2005年
16	浙江侨泰电力设备有限公司	图形＋侨泰牌分流铜线卡	2005年
17	浙江神龙电器有限公司	Selong牌电涌保护器	2005年
18	浙江科都电气制造有限公司	图形＋科都牌电磁开关	2005年
19	浙江菲姿时装有限公司	菲姿FEIZI牌女士大衣	2005年
20	浙江菲姿时装有限公司	菲姿FEIZI牌女士衬衫	2005年
21	浙江跃华电讯有限公司	YH牌新型塑料环保型PVC	2005年
22	浙江超微细化工有限公司	图形＋UP&C牌橡胶促进剂	2005年
23	浙江新黎明防爆电器有限公司	图形＋HRLM牌BDZ52系列防爆断路器	2005年
24	钻宝电子有限公司	ZUANBAO牌音视频系列插座	2005年
25	鸿宝电气股份有限公司	图形＋鸿宝牌充电、逆变器	2005年
26	精益电器集团有限公司	JOINING牌矿灯	2005年
27	乐清市芳芯绿雁茶叶有限公司	图形＋芳芯绿雁牌雁荡毛峰茶	2005年
28	乐清市海中宝水产开发有限公司	图形＋海虎牌鱼翅	2005年

续表一

序号	企业	产品名称	认定时间
29	乐清市雁湖早茗茶厂	图形+雁湖早茗牌雁湖早茗茶	2005年
30	人民电器集团有限公司	（图形）牌时间继电器（复）	2006年
31	人民电器集团有限公司	（图形）牌交流接触器（复）	2006年
32	长虹塑料有限公司	CHS牌尼龙扎带（复）	2006年
33	合兴集团有限公司	CWB牌汽车线束（复）	2006年
34	红光电气有限公司	（图形）牌电力金具	2006年
35	浙江中讯电子有限公司	（图形）牌器具开关	2006年
36	浙江天驰电子有限公司	（图形）牌印制线路板	2006年
37	浙江长雄塑料有限公司	（图形）牌酚醛模塑料（复）	2006年
38	浙江乐银合金有限公司	（图形）牌银镍10线材	2006年
39	浙江华夏防爆电气有限公司	（图形）牌矿用隔爆型手持式煤电钻（复）	2006年
40	浙江华潮电器有限公司	（图形）牌家用秤（复）	2006年
41	浙江丽得电器有限公司	LIDE丽得牌墙壁开关	2006年
42	浙江君权自动化设备总厂	（图形）牌JQ-1全自动端子压着机	2006年
43	浙江宏泰电器有限公司	HONT牌尼龙扎带	2006年
44	浙江侨光电器集团有限公司	（图形）牌交流接触器	2006年
45	浙江南方塑胶制造有限公司	（图形）牌酚醛模塑料（复）	2006年
46	浙江康泰电气有限公司	（图形）牌无线遥控插座	2006年
47	浙江跃华电讯有限公司	（图形）牌中型橡套软电缆（复）	2006年
48	温州江南矿业有限公司	（图形）牌矿用乳化液泵站系列（复）	2006年
49	温州江南矿业有限公司	（图形）牌矿用液压支架用阀类	2006年
50	温州图强文具制造有限公司	（图形）牌塑料橡皮擦（复）	2006年
51	慎江阀门有限公司	（图形）牌球阀 （复）	2006年
52	精达电器集团有限公司	（图形）牌小型断路器（复）	2006年
53	燎原防爆电器有限公司	LEOYO牌防爆配电箱系列产品（复）	2006年
54	乐清市宏达蟹鳖场	宏泰牌中华鳖	2006年
55	乐清市浙南水产有限公司	（图形）牌脱脂大黄鱼	2006年
56	乐清市海洋生物保健品有限公司	（图形）牌鲨鱼系列产品	2006年
57	乐清市康盛农业发展有限公司	（图形）牌蜜柚 （复）	2006年
58	乐清市联宇葡萄研究所	联宇牌葡萄	2006年
59	浙江中强酒业有限公司	（图形）牌酿造酱油（复）	2006年

续表二

序号	企业	产品名称	认定时间
60	浙江中强酒业有限公司	（图形）牌酿造食醋（复）	2006年
61	九川集团有限公司	JUCHE牌JCK系列空气母线槽（复）	2007年
62	万控集团有限公司	(图形)牌高压真空断路器	2007年
63	东盟电力一体化设备有限公司	(图形)牌箱式变电站	2007年
64	乐清市华东仪表厂	(图形)热电偶	2007年
65	乐清市强生电子有限公司	(图形)牌AV系列插座	2007年
66	和平电气有限公司	hapn牌智能化大功率交流电机软启动器（复）	2007年
67	胜武实业有限公司	(图形)牌YZM照明母线槽（复）	2007年
68	浙江力夫机电制造有限公司	LEFOO牌压力开关	2007年
69	浙江大华开关厂	(图形)牌塑料外壳式断路器	2007年
70	浙江丰隆液压元件有限公司	(图形)牌液压支架阀	2007年
71	浙江今朝电气有限公司	(图形)牌汽车接插件	2007年
72	浙江东方机电有限公司	(图形)牌微型直流风机	2007年
73	浙江乐银合金有限公司	(图形)牌铆钉型银基电触头	2007年
74	浙江加西亚电子电器有限公司	GACIA牌小型断路器	2007年
75	浙江巨邦电气有限公司	巨邦JBANG牌塑料外壳式断路器	2007年
76	浙江巨邦电气有限公司	巨邦JBANG牌智能型万能式断路器	2007年
77	浙江正界工业电气有限公司	(图形)牌交流接触器	2007年
78	浙江华夏防爆电气有限公司	(图形)牌防爆开关	2007年
79	浙江宏泰电子设备有限公司	(图形)牌电机锁	2007年
80	浙江远东电缆有限公司	YOOL远缆牌矿用橡套电缆	2007年
81	浙江松夏仪表有限公司	(图形)牌电能表（复）	2007年
82	浙江春生电子有限公司	(图形)牌音频连接器	2007年
83	浙江哥伦电器有限公司	(图形)牌漏电断路器	2007年
84	浙江浦大电缆有限公司	(图形)牌交联聚乙烯绝缘聚氯乙烯护套电力电缆(复)	2007年
85	浙江捷仕泰电子有限公司	(图形)牌条形连接器	2007年
86	浙江新华电缆有限公司	新缆XINLAN牌橡皮绝缘电焊机电缆	2007年
87	温州市珠城电气有限公司	ZUCH牌家用连接器端子	2007年
88	温州卓达铜材有限公司	ZOOD牌铜及铜合金毛细管	2007年
89	乐清市大龙湫茶业有限公司	(图形)牌雁荡毛峰茶	2007年
90	乐清市正大太空水	正尚牌桶装饮用水	2007年
91	乐清市高新水产养殖场	爽乐SHUANGLE牌大弹涂鱼	2007年

商　　　贸

供销合作

概况　2007年，乐清市供销社以党的十七大精神为指导，贯彻落实科学发展观，紧紧围绕社会主义新农村建设，扎实工作，开拓创新，各项工作取得了新成绩。全年实现商品销售总额1.67亿元、利润40万元。市供销社被评为全省供销社系统年终综合经济指标考核特等奖、职业技能培训鉴定先进单位，荣获温州市供销社系统年终综合经济指标考核第一名；大荆农联社被中华全国供销总社、国家人事部授予“全国供销合作社系统先进集体”称号。

全力做好农资供应与服务　市供销社充分发挥市丰年农资有限公司和各基层社的主渠道作用，尽力做好农资供应与服务工作，全年共销售化肥11921吨、农药1696吨、农膜499吨，农资总销售额2864万元。为优化服务质量，提高服务水平，市供销社举办了全市农资供应会和农业新技术、新品种推介会，有效落实了农资商品的供应，提高了农民安全用药的意识和能力，同时联合市工商部门开展了“放心农资下乡进村”宣传活动和创建“农资放心店”活动，进一步完善了农资商品质量管理制度，确保了农资市场的稳定；市丰年农资有限公司通过增设农技服务热线和农技服务专用车等加大农业科技宣传力度和农技指导服务力度，并推出电话订肥、免费送货上门等便民措施，方便农民购物；各基层社庄稼医院通过印发《病虫简报》、举办农村实用技术培训班、开展“农技专家到农家”活动等多种举措，为农民提供科学、快捷、有效的农技信息和服务；各农资经营点在“春耕”和“三夏”期间，“早开门、迟关门”，延长营业时间，方便农民购买。另外，大荆农联社全年为成员社收集市场和科技信息145条，发布供求信息19条，发展农业订单3份、注册商标7只，组织农民培训6次，培训人数达500余人次，争取到扶助资金达40多万元，解决了成员社发展生产资金的应急需要，同时还组织成员社负责人到上海、江苏等地考察，召开各种信息交流会，通过农产品经纪人把产品销往全国各地，并指导成员社开展温州市放心农产品、无公害农产品和绿色基地的申报创建工作，努力为专业合作社提升产品品牌、扩大销售夯实基础。

积极参与“三位一体”建设　一是以产权为纽带，以服务为手段，积极领办农民专业合作社、村级综合服务社，并按照《农民专业合作社法》和《浙江省农民专业合作社条例》规定，加强专业合作社建设，努力提高农民参与市场组织化程度和农业产业化经营能力。2007年，市供销系统新办农民专业合作社7家、综合服务社2家，累计共有专业合作社22家、综合服务社6家、农村合作经济联合社1家、吸收社会加盟的农民专业合作社20家，入社农户1537户，拥有种养殖面积17324.4亩、产品基地34个，实现产品销售9281.4万元，实现二次返利515.1万元，帮助农民增收370.2万元。2007年市供销系统有1家农民专业合作社被评为浙江省示范性专业合作社，5家农民专业合作社被评为温州市示范性农村专业合作经济组织，21家农民专业合作社被评为乐清市规范化专业合作社。二是进一步规范市农信担保有限公司各项工作。加强公司内部制度建设，建立健全贷款担保各项规章制度，强化农信调查员业务培训，积极为全市的农户、专业合作社、农业龙头企业和种养殖大户提供贷款担保服务。全年共办理贷款担保业务32笔，累计担保金额1706万元，有效地解决了农民在生产经营中遇到的融资难问题。三是充分发挥农产品经纪人协会作用，通过开展职业技能培训和鉴定，切实提高农民的生产和经营管理能力。全年共举办职业技能培训班2期，有85人和80人分别取得了农产品经纪人和庄稼医生职业资格证书。2007年市供销社被推选为中国农产品流通经纪人协会单位常务理事。

大力推进“新网工程”建设　市供销社着力推进农资、日用消费品、再生资源等经营网络建设。按照“科学规划、稳健推进、注重质量、强化服务”的要求，全年发展农资连锁店24家，总数达47家；按照“千万工程”的要求，在虹桥、北白象成立了配送分中心，发展供销超市连锁店17家，总数达28家；按照“加快循环经济发展，建设节约型社会”的战略要求，协助省再生资源有限公司在乐清成立了分公司，并吸纳市商业物资有限公司为成员单位。同时，市丰年农资有限公司调整经营结构，拓宽经营范围，向全市及周边县市200多家农资经营点配送农资商品；市供销超市有限公司积极扩大配送范围，4月份组织全国各地厂家代表和乐清、永嘉等地销售商近580人召开了首届春夏令产品订货会，给乐清市及周边县（市、区）3800家经营点配送商品，全年实现销售收入1.1亿元。

努力推进基层社的改革和发展 按照乐政办〔2004〕27号文件精神和“三保一低”、“一社一策”原则，稳步推进基层社的改革。2007年，大荆供销社继续做好改革遗留扫尾工作；芙蓉供销社以民营企业（市电动工具厂）并购的办法筹集改制成本420万元，到位资金370万元；清江、虹桥、柳市供销社改革实施方案（草案）已经市社批复，并组织实施。同时，继续推进基层社“五个有”建设，鼓励基层社兴办农民专业合作社、综合服务社和参与新网工程建设，不断扩大组织基础，增强为农服务实力。市供销社还加强对基层社社有资产的监管和运营，通过严肃承包纪律、及时结清各承包部门发生的往来账务、加强有问题资金的收缴、加紧对土地和房产权证的办理、加强社务公开、强化安全生产管理工作等有力措施，确保社有资产的保值增值，全年收回有问题资金46.2万元，通过承包、转包增加效益100多万元。加快中心集镇网点建设步伐，柳市供销社办公楼拆扩建工程已完成桩基础、土建招标，虹桥供销社104国道边网点的拆扩建工程已顺利竣工，原虹桥供销社煤场改造工程已经启动。

切实加强干部队伍建设 一是扎实开展思想政治教育。市供销社进一步完善共产党员先进性教育长效机制，坚持理论学习中心组学习制度和支部学习会、机关学习会制度，先后组织党员、干部学习了《党章》、十六届六中和七中全会精神、十七大精神以及上级重要文件、会议精神等，召开了建党86周年纪念大会，开展了学习卞峰煜同志先进事迹活动，广大党员、干部的政治素质得到了提升。二是加强干部职工教育培训。在加强法制教育等普及性教育的同时，开展了学历教育、会计知识培训等业务提高型培训。三是继续强化党风廉政建设。明确党风廉政建设和反腐败工作的责任分工，落实领导干部经济责任离任审计、公车管理、外出活动审批、通讯费用管理等廉政制度，规范公务接待管理，做到廉政警钟长鸣。实行社务公开，及时公布有关财务、人事及职工群众关注的重点、热点、焦点事项，增强了企业管理的透明度。四是充分发挥工、青、妇、老群团组织的职能作用。紧紧围绕党政工作重点，开展多种活动，增强企业凝聚力，促进了企业稳定发展。五是开展“六型机关”、“四好科室”创建活动。以机关“作风建设年”活动为契机，重新修订了《考勤请销假制度》等16项管理制度，强化制度管理力度，各项制度进一步落实；建立了投诉办理制度和电子政务工作平台，提高了办事效率；加强了机关干部的学习和劳动纪律管理，树立了机关干部廉洁自律新风貌。2007年市社机关三个科室上报创建“四好科室”，全部达到了规定要求并通过验收。

粮 食 行 业

概况 2007年，乐清市粮食部门认真贯彻党的十七大精神，全面落实科学发展观，围绕粮食安全总目标，深化和完善粮食流通体制改革，加强粮食安全体系建设，有效保障了全市粮食安全和市场稳定。全市国有粮食企业实现年销售收入8219万元，其他业务净收入1062万元，全系统亏损454万元。

落实粮食安全责任制 根据市政府与温州市政府签订的《2007年粮食工作分级责任书》和《乐清市粮食应急预案》的要求，制订了《乐清市粮食应急预案操作手册》，明确了全市粮食系统各成员单位的工作职责，确定了15个粮食价格监测点、6个粮食应急加工点和31个粮食应急供应点，并与各网点签订了协议、进行了授牌，确定了各网点在粮食应急情况下的职责任务。2007年，市粮食部门按照温州市粮食部门下达的计划，落实最低应急周转原粮4300吨、成品粮1000吨，与承储企业签订了协议、落实了补贴，并按照《乐清市周转粮储存管理暂行办法》进行定期检查，确保周转粮库存数量充足、质量过硬，随时接受政府调控。同时积极开展粮食供需平衡调查和粮情调查，掌握粮食供求的基本情况，为全市粮食安全和政府宏观调控提供有效依据。

严格粮食行政执法 实行依法行政、依法管粮，建立责任追究制度，明确执法流程，以市场准入管理为重点，严格粮食行政执法，维护正常的粮食流通秩序。抓好《粮食流通管理条例》的贯彻落实，开展对粮食收购市场、批发市场、骨干企业、用粮企业、应急加工点、应急供应点的依法管粮宣传，提高了粮食经营者守法经营的自觉性。做好执法人员的业务培训，组织9名人员参加了省粮食局举办的粮食流通监督检查业务培训，全局有14人取得了粮食行政执法资格证。按照《浙江省粮食收购资格审核管理实施细则》的要求，做好粮食收购单位的粮食收购资格审核和核发工作，按照粮食质量监管实施办法要求，开展了对全社会粮食流通和粮食加工的销储存环节的质量和卫生检查，严格粮食销售出库质量检验制度，有效保障了市场粮食质量。

强化粮食储备管理 坚持“以防为主、综合防治”的保粮总方针，建立健全储备粮管理制度、储备粮油出入库制度和质量检验制度，实行储备粮计算机台账联网，严格执行储粮规范，坚持“五天一小查、十天一大查、风雨天及时查”和每月互查，做到查有记录，按时上报检查结果，发现问题及时采取措施予以解决，2007年市粮食系统“一符四无”检查和千分制考核均达到要求。市粮食部门全年还投入仓库设施维修资金65.6万元，有效保证了粮食储存安全。同时积极做好储备粮轮换工作，合理把握储备粮轮换时机，全年共计

4月30日召开全市粮食工作会议　　市发展和改革局提供

轮换储备粮1.31万吨，有效调节了粮食供求，稳定了市场价格。加强仓储队伍建设，全年组织10位从事仓储一线的同志参加了省粮食干部学校举办的中、高级粮油保管员职业技能鉴定培训，并取得了资格证书，仓储人员的业务素质明显提升。

做好粮食订单入库收购　市粮食部门积极开展信息服务，广泛宣传粮食生产扶持政策和订单粮食收购政策，大力推广粮食优质品种，引导农民调整品种结构；同时建立种粮大户档案，做好预购定金发放工作，解决农民在粮食生产中的资金困难，全年共向26户种粮大户发放预购定金66.8万元，与1419户农户签订了早稻订单合同，订单数量达1.05万吨。在粮食收购期间，严格执行粮食收购政策，落实最低收购价和粮食直补政策，并将订单内粮食收购补贴从每50公斤的5元提高到7元，增加了农民收入。同时按照《粮食流通管理条例》，开展依法收粮，做到早部署，早落实，方便农民售粮，敞开收购农民余粮，全市早稻入库9963吨，完成计划的95%，订单合同履约率达94.5%；晚稻订单入库800吨，满足了全市储备粮轮换的需要。

探索粮食产销合作门路　市粮食部门通过“政府引导、市场推动、协会促进、企业操作”的方式，进一步拓展与产粮区的合作，组织引导行业协会、多元粮食企业到主产区建立粮食生产收购基地，支持粮食骨干企业与主产区建立长期稳定关系。温州虹丰粮油集团发挥农业龙头企业优势，巩固东北和中西部产粮区25万亩水稻生产基地，继续实行订单粮食收购，全年订单收购基地稻谷6.5万吨，粮食产、销区优势得到互补，既为基地种粮农民增加了收入，又为全市提供了充足的粮源、平抑了粮价。

创建星级文明规范粮食市场　乐清市粮食批发市场作为省粮食局粮油价格监察点，按照创星级文明规范市场的要求，建立完善了经营台账登记管理制度、库存制度、交易粮油质量保障制度、文明经营制度，制订了实施操作规程和细则，从而达到管理制度化、规范化。2007年市粮食批发市场被省工商局评为“二星级”市场。继续发挥信息媒介作用，建立粮食市场价格监测网络，通过实地查询、网上查阅与相关粮油网站信息交流，做好粮情监测和价格周报工作，及时分析粮情，掌握市场动态，配合工商部门完善《市场信息管理系统》。加强对粮食经营户的监督管理，开展粮食加工、销售、储存环节的卫生和质量检查，有效保障了市场的粮食质量。强化市场服务功能，积极引导全社会粮食企业通过市场配置粮食资源，搞活粮食市场，全年共计接待各地有关领导和客商达1075人次，年交易粮食17.1万吨，比上年增加1.2万吨，成交金额4.8亿元，同比增加9000万元，在省内外产生了较大影响。

开展“放心粮油”进农村（社区）活动　为保障粮油产品质量，维护人民群众身体健康，2007年，市粮食部门按照温州市委《关于进一步推进社会主义新农村建设的若干意见》的要求，本着“企业主导、政府引导”的原则，积极开展了“放心粮油”进农村（社区）活动，在军供粮站、虹丰集团、柳粮公司和民营粮食企业的如意公司建立了7家“放心粮油”连锁店，实行统一门面、统一采购，有效保障了粮油质量。

做好军粮供应　乐清市军供粮站按照国家有关军供政策，以“质量第一、安全第一、信誉第一、服务第一”为宗旨，严格执行《军粮供应质量管理制度》和《军粮供应卫生管理制度》，确定采购军粮定点单位，建立了计算机联网和军粮供应刷卡制度，做到按时、按质、按品种供应优质军粮。同时采取送粮上门等方式，优化服务，支援部队建设。

烟草专卖

概况　2007年，乐清市烟草专卖局（公司），以科学发展观为指导，紧紧围绕省局（公司）和温州市局(公司)的年度工作目标，按照年初确定的“12345”工作方针和主要任务，统一思想、形成共识，建立健全了各项制度措施，加强了内部的民主、科学、规范管理，并通过“沟通零距离、服务在身边”主题活动，企业上下形成了一股浓厚的学习气氛和人文氛围，员工的综合素质和业务水平不断提高。经过广大干部职工的克难奋进，2007年各项工作都有新突破：实现销售卷烟50894箱，首次突破5万大关，比上年增长9%；销售额为10.0亿元（含税），比上年增长22.64%；创利润额2.27亿元，比上年增长35.96%；上缴税收2.94亿元，所有者权益达2.52亿元。

强化专卖监督管理　2007年共查获各类卷烟违法案件630起，同比增长22.3%；查获各种卷烟6463条，同比增长96.3%，其中假冒卷烟2672条，同比增长50.8%；收缴罚没款20.56万元，同比增长14.8%；移送工商处理案件80起，移送司法部门追刑案件6起，已经判刑3起4人。此外，成功破获"9•4"国标网络案件，捣毁生产假烟窝点3个，查获假冒卷烟1400条，总案值628万元，涉案嫌犯15人，其中法院已审判12人；成功破获"11•9"省标网络案件，涉案金额高达1111万元，5人已全部逮捕。这两起案件的破获，维护了乐清卷烟市场秩序，有力保护了消费者和零售户的利益。市烟草专卖局（公司）也十分重视专卖内部监督管理工作，出台了内部监管全员化工作方案和标准工作，进一步明确了内管全员化监管的指导思想、职责定位、监管标准等，严格落实各项制度措施，实行专卖内管制度化、规范化、日常化，使专卖内管长效机制得以落实。内管人员通过网络监管，对乐清辖区内全部卷烟经营户进行抽查，对卷烟入网、落户、落地销售加强日常监管。全年查处内部人员违法、违规案件两起，处理内部人员45人，进行了通报批评和经济处罚；另外通过可疑订单查处零售户违反烟草专卖法案件3起，45户零售户被客户类别降级。2007年，市烟草专卖局（公司）被温州市局确定为全员化监管试点工作单位，在国家局内管检查和温州市局几次内管检查中，均得到充分肯定和表扬。

优化卷烟销售服务　2007年，市烟草专卖局（公司）提出了"沟通零距离，服务在身边"的工作主题，紧紧围绕"突出服务，满意客户"这个核心，策划了"六大工程"（客户需求调查、客户服务承诺、服务系统优化、员工服务培训、服务质量监管、我客服务互动）实施方案，着力于"整体推进、深入推进、精细推进、创新推进、素质推进、基础推进"等"六个推进"，较好地落实了省和温州市局提出的"打基础、造声势、订标准"的"突出服务"年度工作任务。全年进行了一次全市卷烟零售户普查工作，进一步完善零售客户档案，细化了服务工作；同时率先开展了全市客户需求调查，直面调查人数117人，共收集到65条意见和建议，从11个方面多角度多方位反映了目前公司服务上存在的不足和客户期望的需求，为公司明确服务内容、制定服务标准、优化服务流程提供了依据，提高了服务工作的准确性。为了努力提高服务质量，市烟草专卖局（公司）开展了"优质配送活动月"活动，提升了配送服务工作质量；开展了"服务在岗位"征文比赛和"服务零距离、满意在身边"演讲比赛活动，营造了浓厚的"突出服务"工作氛围；实施6S现场管理试点，提升了物流管理的科学性；同时还开办了《乐烟客户之窗》专刊，为零售户量身定做客户营销服务包，召开了零售客户恳谈会，开展了向零售客户慰问活动，这些服务活动受到了全市零售客户的好评。另外还大力提倡工作创新，市烟草专卖局(公司)向温州市局（公司）提出《服务质量持续改进》、《客户经理工作能力拓展》、《零售终端服务平台建设》、《维系客户服务补救》等四个创新方案，其中《零售终端服务平台建设》、《维系客户服务补救》两个方案被温州市局（公司）采纳。2007年，全市卷烟销售网络建设水平得到进一步提升，获得了温州地区唯一的优质服务奖。

提升企业管理水平　全局上下开展了以"沟通零距离，服务在身边"为主题的"作风建设年"系列活动。扎实开展党风廉政宣传教育；召开领导干部作风建设专题民主生活会，认真开展批评和自我批评；开辟OA"作风建设年"活动专栏，广开言路；开展"半月谈"效能监察活动，及时了解本部门工作动态、思想动态和行政效能状况，在源头上开展效能监察。此外，党支部升级成立了党总支并下设了三个党支部，进行了工会换届选举，成立了团支部，进一步健全了党、政、工、团组织建设，为有效开展各项活动提供了组织保障，企业管理水平得到明显提升。2007年，市烟草专卖局（公司）在温州全市烟草行业的年终各项考核中成绩突出，在八个大项考核中，办公室、信息化、安全保卫、销售网络建设等4项都名列第一，专卖管理、经济运行监管、财务管理等3项都名列第二，精神文明工作名列第三。

食 盐 专 管

概况　2007年，乐清市共调入各类盐产品11399吨，完成省计划的108.36%；销售各类盐产品9822吨，其中：小包装碘盐4192吨，腌制用盐（散碘）3631吨，其它用盐1999吨。全年实现销售收入1290万元、销售利润335万元，上交税金143万元。

盐政管理　全年共出动盐政管理322次，计1444人次，依法查处盐业违法案件1件（已结案），缉获私盐0.8吨，现场销毁劣质私盐2.55吨，缴收罚没款1.3万元。

碘盐宣传　一是继续开展以"服务进百村，真情传万家"为主题的"走百村，进万户"宣传活动。通过广泛的进村入户宣传教育，提高了广大群众食用碘盐的自觉性，提高了碘盐的普及率，逐步实现全民补碘，进而提高全民的整体素质。二是开展全国第十四届防治"碘缺乏病日"宣传活动。2007年5月15日是全国第十四届防治"碘缺乏病日"，市盐务局会同卫生、防疫、工商等部门紧紧围绕"坚持食用碘盐，预防出生缺陷"

这一宣传主题，开展了悬挂宣传条幅、张贴宣传标语、组织现场咨询等形式宣传活动，分管盐业副市长亲临现场指导工作，现场发放小包装碘盐500千克、发放宣传资料5000余份，发放印有“食用合格碘盐，提高人口素质”字样的围裙300条，还在乐清电视台连续数天以播放公益广告的形式进行了食用碘盐宣传，努力使食用碘盐家喻户晓、深入人心。三是会同卫生、教育等部门，联合印发了《关于开展防治碘缺乏病知识进校园活动的通知》（乐教学〔2007〕20号），由学校组织学生观看防治碘缺乏病的有关知识的光盘，由卫生部门专家为学生授课，还对每位学生所带的食用盐进行了现场鉴别，让每个学生了解食用非碘盐的危害性，从而督促、提醒家长增强健康保护意识，自觉食用加碘盐。这次活动共发放光盘180张、宣传资料5.5万份，分发碘盐近2吨，共组织101所学校357个班11609名学生参与。

认真做好提高碘盐“三率”工作 继续认真贯彻落实上级有关文件精神，根据全市碘盐“三率”远远低于全省的现状，认真做好提高碘盐“三率”工作。出台了《乐清市提高碘盐“三率”行动方案》、《乐清市关于提高碘盐“三率”行动方案的实施细则》，明确任务目标、行动计划，并对《行动方案》进行了具体细化。通过全市盐业干部职工的共同努力，全市碘盐覆盖率和合格碘盐食用率比上年已有较大幅度的提升。

严把碘盐质量关 本着质量第一的宗旨，严格执行国家有关食盐质量标准。严把碘盐质量源头关，严格按照碘盐质量标准，对每批次调入的盐进行认真抽样检测，做到盐到埠当天采样，3日内完成检测报告，对检测不合格的，及时向供应方反映并调换合格食盐。进一步建立健全质量保证体系，落实任务，明确责任，实施一级抓一级、一级对一级负责制。完善质检制度，严格按盐的品种、数量组织验收、接货，严把食盐产品进仓关，杜绝不合格碘盐上市，确保合格碘盐的正常供应。

认真做好食盐配送工作 为全面实施《浙江省食盐流通现代化建设实施意见》，加快推进食盐流通现代化，2月市盐务局在原有的基础上建立了乐清市盐业物流配送站，负责全市的食盐配送工作。按照“市场保障、有效辐射、合理配置”的原则和先城市后农村、先易后难的总体步骤，根据实际情况，对城区的销售网络进行了优化配置，基本形成了公司直达20家城区零售点、10家城市中转批发点、工业用盐企业的配送服务体系。全年共配送各类盐5523.29吨，其中小包装碘食盐4192.99吨、散碘盐331吨、工业用盐1000吨。

对外贸易与经济合作

概况 2007年，市对外贸易经济合作局认真贯彻落实科学发展观和市委、市政府重大决策部署，强化和改进对开放型经济发展的指导和服务，努力促进增长方式的转变，外经贸工作保持了快速健康发展的良好势头。全年全市自营进出口总额11.96亿美元，比上年同期增长43.71%，其中进口7748万美元，比上年同期增长142.1%；自营出口11.19亿美元，比上年同期增长39.78%，增速居温州市三区两市首位，总量排名居温州市第三位，比上年提前一位。2007年全市新批外商投资企业13家，合同利用外资1.47亿美元，完成全年任务的116%；实际利用外资8007万美元，完成全年任务的114%,比上年同期增长37.55 %，总量居温州各县（市、区）前茅；累计境外设立企业（机构）6家（累计47家），总投资1032.2万美元，完成温州市下达的全年任务数的100%和344%。

利用政策杠杆，加大对进出口企业的扶持力度 2007年，市政府出台了《关于加快开放型经济发展的若干意见》，该政策不但符合WTO规则要求，而且有利于全市产业结构的调整，有力推动了全市外贸进出口又好又快发展。市外经贸局更是重视用足用好国家鼓励政策，2007年向上级外经贸部门争取到中小企业国际市场开拓资金105万元、公平贸易工作补助200万元以及进口贴息资金。市外经贸部门还努力培育、扩大外贸有效进出口主体，积极鼓励有条件的企业申报进出口权，帮助有进出口权的企业尽快开展外贸业务，推动企业开拓国际市场。2007年全市新增自营权企业259家，累计达1164家。

运用多种手段，促进贸易结构调整 一是抓加工贸易的发展。2007年全市企业在海关备案登记的加工贸易金额达8455万美元，其中船业4799万美元，这为乐清市今后加工贸易的发展打下了基础。加工贸易的发展既扩大了出口，又缓解了因出口退税机制改革后带来的地方财政压力。二是抓好生产企业的自营出口。市外经贸局采取业务培训、组织企业参加境内外展览和政策引导等工作措施，着力抓好生产企业的自营出口，要求自营出口既要增加数量，更要着眼于质量和层次上的提高，进一步调整了全市对外贸易结构。三是抓进口工作。全市进口以铜材和船用设备为主，进口额比上年增长1.4倍，从而增强了全市进一步扩大出口的后劲。

加强指导协调，增强企业抵御贸易壁垒能力 乐清市2006年组织应对的加拿大铜管件反倾销和反补贴调查，2007年取得了全面胜利，加方终裁和再调查结束，两种税率均为零，这在我国尚属首次。另外，应对阿根廷的断路器反倾销调查也获胜诉。

做好三个“一批”工作 一是解决好一批历史遗留问题项目。针对工业用地招拍挂政策出台后一批招商选资项目无法落地的情况，市外经贸局多次到经济开发区和有关乡镇了解项目用地报批进展情况，及时与国土资源局、经济开发区管委会等有关部门一起进行专题研究。至2007年底，经济开发区17个招商选资项目共计791.82亩的供地报批工作已全部完成，北京签约项目等一批落户在乡镇产业功能区的招商选资项目进展较为顺利。二是新安排一批项目。在加快推进乐清湾港区基础设施建设的基础上，择优引进重大产业化项目，努力形成互动发展的局面。至2007年底，中欧船业公司3～10万吨级船舶制造项目、亚泰进出口公司年产15万吨聚苯乙烯项目已落户，海螺、新奥等4个项目达成投资意向,与香港李嘉诚和记黄埔公司、新加坡港务集团、阿联酋迪拜公司、美国凯雷集团、意大利国际集装箱公司等集团公司的集装箱码头建设项目正在洽谈之中。三是储备一批项目。按照大项目带动大招商的思路，及时调整、充实了基础设施及服务业项目库，扎扎实实做好中心区商业步行街、大型超市、乐清影城和芙蓉池旅游休憩区、沙门岛海洋度假村、桃花岛海上乐园等项目的前期工作，加快项目洽谈、落地、开工进程，确保招商选资工作取得实效。

生猪屠宰管理

概况　2007年，乐清市生猪屠宰管理办公室共出动执法检查1300人次，查扣违法违规屠宰的猪肉3100公斤，立案处理13件，取缔私宰点9个，上缴财政罚没款5768元。设有定点屠宰场的乡镇生猪进场屠宰率达95%以上。

开展猪肉质量安全专项整治　8月下旬至12月底，全国开展猪肉质量安全专项整治工作。为了确保猪肉质量安全，根据上级的要求和部署，乐清市成立了由市经贸局牵头，市工商、卫生、畜牧等相关职能部门负责人参加的整治小组，下设办公室（设在经贸局），整治小组办公室负责起草了全市开展猪肉质量安全专项整治工作的实施方案，制定和落实了全市猪肉质量安全长效管理制度，与各定点屠宰场签订了责任书，先后召开了动员会、协调会、责任分工会、整改现场会、总结验收会等15次会议，在各乡镇张贴宣传标语58处、悬挂横幅27条，在电视、报刊上曝光宣传违法案件6次，组织开展联合执法检查8次，缴获私宰肉和病害肉824.5公斤，整理装订资料台账11册，同时配合市工商、卫生部门落实了肉品流通消费索证索票制度，还印发了1500本（6万份）肉品出场检验合格证明单。另外，对定点屠宰场进一步落实了整改措施，尤其是乐成屠宰场投入了40多万元资金进行无害化设施改造和设备整修，面貌一新。全市猪肉质量安全专项整治工作得到了省、温州市检查验收组的好评，市经贸局、市屠管办分别被评为温州市及乐清市产品质量和食品安全专项整治工作先进单位、先进集体。

做好生猪“瘦肉精”的检测工作　5月31日至6月1日在雁荡山召开了全市生猪定点屠宰场“瘦肉精”检测培训工作会议,会议特邀杭州迪恩科技有限公司专家讲授了“瘦肉精”检测操作知识。会议后，各定点屠宰场开始全面实施检测工作，并建立了登记查验台账。到年底全市已发放检测卡6800张，检测合格率达100%。检测经费由市财政负担，年预算40万元，市财政还给屠宰企业拨补了无害化处理费用10万元。

个体工商业和私营企业

个体工商业稳步推进　截至2007年底，全市登记注册的个体工商户累计达31037户，比上年同期增加了568户，增长1.86%；从业人员累计达57929人（户），比上年同期增加1010人（户），增长1.77%；注册资金累计达9.05亿元，比上年同期3.16亿元，下降34.95%。个体工商户主要集中在批发和零售业。

私营经济快速增长　截至2007年底，全市登记注册的私营企业总户数为11160，比上年同期增加了377户，增长3.5%；注册资本累计达258.68亿元，比上年同期增加了40.13亿元，增长18.36%。私营企业经营规模继续扩大，经济实力明显增强。截至2007年底，全市私营企业注册资金在100万元以上的共有4194户，其中注册资金100～500万元的有2793户、500～1000万元的有723户、1000万元以上的有678户。私营企业主要集中在制造业、批发和零售业、租赁和商务服务业、信息产业等行业。全市此类行业企业户数合计为10097户，占总户数的90.47%。

服务民企有为有位　一是开展帮扶活动，推进顾问制度。2007年，市工商局有25名工商所（队）正副所长（队长）、科室正副科长等中层干部对64家重点企业、骨干龙头企业进行了“一帮一”帮扶，帮助企业解决发展中遇到的困难和问题。对外来投资企业、改制企业、涉农企业及当地政府重点扶持企业推行企业顾问制度，企业顾问先后为德力西电气有限公司、华仪集团有限公司等数家企业提供了一对一辅导，为其提供品牌培育保护、注册登记、企业上市等方面的业务咨询。二是稳步实施“五个一万”工程。逐步构建民企双重高位发展的引领机制，大力扶持成长型民营企业。2007年，市工商局以年产值（或销售额）1000万元以上、符合产业发展导向、自主创新能力强、出口创汇多、具有较强发展潜力的民营企业为扶持对象，共确定了214家企业为成长型民营企业。三是引导民营企业联村帮扶。市工商部门确定了141家龙头骨干企业和具有行业特色的大中型民营企业与农村结对帮扶，对口扶持新农村建设。四是积极发挥民营企业协会的服务功能。通过政策宣传和择业观念的引导，组织民营企业开展就业再就业招聘活动，倡导民营企业提供就业岗位吸纳就业，充分展示了民营企业承担社会责任的能力。2007年先后两次共组织民营企业开展招聘活动，100家民营企业参加了招聘活动，共提供各种就业岗位4238个，签订就业合同678份。

市　　场

综　述

截止2007年底，全市经工商登记的商品交易市场有68个，其中消费品市场50个（消费品综合市场3个、农副产品市场35个、工业消费品市场12个），生产资料市场16个，生产要素市场2个。全市全年商品交易市场保持较好的运行发展态势，上市商品丰富，交易秩序良好，全年商品交易市场成交额达78.01亿元，其中消费品市场成交额38.35亿元，比去年同期增长6.51%;生产资料市场成交额为39.66亿元，较去年同期相比呈小幅下降。近年来，市工商行政管理局紧紧围绕“品牌市场”和“信用市场”建设，引导市场参与星级市场创建，全市已有三星级市场3个、二星级市场4个、一星级市场1个，星级市场数量占总市场数的16.17%。2007年有12个市场的成交额超过亿元。

市场监管

深入开展“四位一体”的检测工作　民以食为天，食以洁为本，食品安全问题已日益凸显。为更好地为广大农村消费者创造安全的食品消费环境，市工商行政管理局多管齐下，积极发挥职能作用，不断创新监管方式，试行社会联动机制，努力构建食品安全的坚强防线，使全市的食品市场始终保持了平稳有序的态势，安全和谐的食品消费环境初步形成。2007年，共抽检各类食品74784批次，其中不合格的4195批次，合格率为94%；销毁不合格食品1879.32公斤，退市处理不合格食品2176公斤。同时，积极利用检测结果追根溯源，相继查处了一系列重大食品违法案件,共计27起,其中虹桥的徐能英非法提炼地沟油案和柳市的李美英等销售二氧化硫超标食品案被温州市工商局列为“全市流域产品质量与食品安全专项整治行动十大典型案例”，另外还移送司法机关食品案件5起。市工商部门对每次商品安全检测结果都及时进行分析，加强对不合格商品的后处理，发布食品安全警示，并通过法规宣传、图片展览、免费检测、食品警示、现场咨询等形式，全面深入开展了检测服务进市场、进校区活动。

积极开展食品专项整治　为确保辖区群众的食品消费安全，保障农村食品市场消费安全，市工商局以“农村食品市场整顿年”活动为主线，全年相继开展了十几项食品专项整治，积极推进社会主义新农村建设。全年全市检查各类市场363家，检查食品经营户7212户，取缔无照食品经营户105户，查处食品案件12件（其中移送司法机关5件），案值10.67万元，查扣伪劣食品1531公斤；受理申诉举报案件169 件，为消费者挽回经济损失3.58万元。特别是4、5月份以来，乐清市猪肉市场价格快速上涨，部分不法商贩借机出售注水肉和病害肉，为进一步做好猪肉等副食品的市场供应工作，确保老百姓“菜篮子”商品的稳定，市工商部门采取多项举措强化对猪肉市场的监管，严格按照国家工商总局的规定，落实猪肉经营各项制度，包括协议入市制、索证索票制、亮牌经营制、建立台账制、市场主办者第一责任制、强制退出制等，严格查处上市销售病死猪肉、注水猪肉等违法行为。

开展“红盾护农”行动　2007年，市工商行政管理局以“执法整治护三农、规范管理促三农、扶持发展兴三农”为总体思路，积极开展了“红盾护农”专项行动。市工商部门认真落实“两帐两票、一卡一书”制度，建立了种子留样备查公告制度，开展了保障农资质量抽查活动。全年先后进行了两次抽检，抽检化肥50个批次、农药30个批次，清缴不合格化肥800公斤、农药944公斤，立案处理1件。在2007年的“红盾护农”专项行动中，市工商行政管理局还积极探索农资连锁经营，不断创新农资监管新模式，大力扶持乐清市供销总社创办的乐清市丰年农资有限公司，并把该公司作为全市农资配送中心。经多方努力，全市建成了以乐清市丰年农资有限公司为配送中心、各村供销社为骨干、村级店为基础的城乡一体化经营网络，形成了工商部门执法监管和企业自律相结合的农资市场监管模式。随着全市农资连锁经营网络建设的推进，有效规范了农资市场经营秩序，确保了全市各地农民用上放心农资。

逐步对市场实行改造提升　乐清市现有农贸市场30个，为彻底改变市场“脏、乱、差”现象，市工商行政管理局认真贯彻落实商品市场“十一五”规划和《若干意见》，引领商业文明，积极推进农资批发和农贸市场的建设和改造提升，2007年共启动改造提升农贸市场4个(即柳市中心菜市场、乐成西门菜市场、清江菜市场和乐清鸣阳菜市场)，完成农贸市场改造提升2个。同时通过积极争取，市政府出台了有关鼓励市场创星和改造提升的《乐清市农贸市场改造提升实施意见》，规定农贸市场的改造提升由市财政补贴30%，有条件的乡镇适当补贴。2007年还全面深入开展了星级市场创建工作，加强了对星级市场的动态管理，新认定三星级市场2家(乐清市世贸购物中心、乐清市清远农贸市场)，柳市有色金属材料市场已经省局复评验收，给予了很高评价。

市场运行主要特点

农副产品物价上扬市场成交额平稳增长　农副产品市场在去年增长的平台上继续稳步发展，各大类的成交量均有不同程度的增长，农产品物价时有上扬。蔬菜市场品种较多，价格波动不大；肉食禽蛋类产品成交量基本保持稳定，猪肉价格上涨较快；粮食类、油脂油料类交易量小幅上升，食用油价格波动大。

大型商品交易市场规模化、专业化发展　消费结构升级加快，消费热点不断显现，由于城乡居民收入不断增加，消费水平进一步提高，消费结构由温饱型向发展型、享受型和休闲型过渡。丰富居民精神生活、提高生活质量的商品销售持续活跃，成为消费品市场增长的一个新热点。如“乐清开太百货”、“乐清市时代广场”等专业式工业消费品市场迅速崛起，有力促进了消费需求的稳步提高。

生产资料市场成交额增长迅速　全年生产资料市场成交额为16.68亿元。船舶市场的成交额大幅下降，整个船舶行业整体经济效益较好；工业生产资料市场总体发展态势平稳，年度成交额同比明显增长；钢材、建材市场在2006年的基础上继续平稳发展。

生产要素市场

2007年，市劳动保障部门不断完善劳动力市场体系，进一步规范了职业介绍行为。截止12月底，全市共有职业介绍机构41家，其中分支机构5家；全年职业介绍求职登记48311人次，介绍成功23550人次。10月份，举办职业介绍机构资格认可培训班，对56名从业人员进行了资格认可培训。

年成交额超亿元市场一览表

市场名称	市场类型	建筑面积(平方米)	摊位数(个)	成交额(万元)
乐清市乐成中心菜场	农副产品综合市场	8000	440	32530
乐清市柳市电器城	工业生产资料专业市场	8670	927	95996
乐清市柳市有色金属市场	工业生产资料专业市场	16000	300	152372
乐清市柳市中心菜市场	农副产品综合市场	10560	660	18456
乐清市柳市水果副食品市场	消费品综合市场	4000	243	30235
乐清市虹桥东街菜市场	农副产品综合市场	1650	210	19810
乐清市虹桥商贸购物中心	工业消费品专业市场	11903	657	58760
乐清市木材市场	工业生产资料专业市场	11880	142	24490
乐清市虹桥生产资料市场	工业生产资料专业市场	11850	66	19100
乐清市虹桥菜市场	农副产品综合市场	1800	370	15578
乐清市粮食批发交易市场	农副产品专业市场	7200	22	43956
乐清市金炉铁皮市场	工业生产资料专业市场	15792	260	15890

乐清市市场登记情况一览表

编号	市场全称	市场类型	经营地址	管辖单位
1	乐清市大荆小商品市场	工业消费品专业市场	大荆镇西一村	大荆所
2	乐清市大荆小百货市场	工业消费品综合市场	大荆镇荆山南路32号	
3	乐清市大荆农贸市场	农副产品专业市场	大荆镇荆南村	
4	乐清市大荆中心菜市场	农副产品综合市场	大荆镇高地村	
5	乐清市湖雾菜市场	农副产品综合市场	湖雾镇中街村	
6	乐清市大荆建材市场	工业生产资料专业市场	大荆镇高地村	
7	乐清市智仁下岙农副产品综合市场	农副产品综合市场	智仁乡下岙村	
8	乐清市大荆高地农副产品综合市场	农副产品综合市场	大荆镇高地村	
9	乐清市雁荡山菜市场	农副产品综合市场	雁荡镇白溪街	雁荡所
10	乐清市清江菜市场	农副产品综合市场	清江镇渡头村	清江所
11	乐清市南塘菜市场	农副产品综合市场	南塘镇南塘村	
12	乐清市芙蓉工业品综合市场	工业生产资料综合市场	芙蓉镇上街村	
13	乐清市芙蓉菜市场	农副产品综合市场	芙蓉镇下街村	
14	乐清市芙蓉果品市场	消费品综合市场	芙蓉镇上街村	
15	乐清市芙蓉农贸市场	农副产品综合市场	芙蓉镇下街村	
16	乐清市虹桥水果市场	农副产品专业市场	虹桥镇新丰路218号	虹桥分局
17	乐清市虹桥粮食批发市场	农副产品专业市场	虹桥镇虹河东路87号	
18	乐清市虹桥生产资料市场	工业生产资料专业市场	虹桥建强村	
19	乐清市虹桥东街菜市场	农副产品综合市场	虹桥镇新丰路96号	
20	乐清市木材市场	工业生产资料专业市场	虹桥镇八村	
21	温州市钢材交易中心乐清分市场	工业生产资料专业市场	虹桥镇一村	
22	乐清市蒲岐南门菜市场	农副产品综合市场	蒲岐镇南门村	
23	乐清市废钢铁市场	工业生产资料专业市场	虹桥镇东洋村	
24	乐清市南岳杏二菜市场	农副产品综合市场	南岳镇杏二村	
25	乐清市虹桥商贸购物中心	工业消费品专业市场	虹桥镇育红路	
26	乐清市虹桥菜市场	农副产品综合市场	虹桥镇西街	
27	乐清市虹桥综合商场	工业消费品综合市场	虹桥镇综合市场二楼	
28	乐清市虹桥金属材料交易市场	工业生产资料综合市场	虹桥镇一村	
29	乐清市虹桥畜牧市场	农副产品专业市场	虹桥镇三村	
30	乐清市虹桥农贸市场	农副产品专业市场	虹桥镇一村	
31	乐清市乐成中心菜市场	农副产品综合市场	乐成镇建虹路	乐成所
32	乐清市世贸购物中心	工业消费品综合市场	乐成镇清远路221号	
33	乐清市乐成菜市场	农副产品综合市场	乐成镇东大街	
34	乐清市乐成东浦商城	工业消费品专业市场	乐成镇云浦路	

续表一

编号	市场全称	市场类型	经营地址	管辖单位
35	乐清市房地产交易中心	生产要素市场	乐成镇南大街2号楼二楼	乐成所
36	乐清市盐盆菜市场	农副产品综合市场	乐成镇柏树巷村	
37	乐清市二手车交易市场	工业生产资料专业市场	乐成镇丹霞路399号	
38	乐清市慎海菜市场	农副产品综合市场	乐成镇新塘村	
39	乐清市工商联综合市场	工业消费品综合市场	乐成镇大众巷	
40	乐清市乐成建材市场	工业消费品专业市场	乐成镇乐湖路	
41	乐清市乐成鸣阳菜市场	农副产品综合市场	乐成镇鸣阳路110号	
42	乐清市清远农贸市场	农副产品综合市场	乐成镇清远路221号	
43	乐清市乐成西门菜市场	农副产品综合市场	乐成镇华兴路	
44	乐清市柳市长青菜市场	农副产品综合市场	柳市镇长虹村	柳市分局
45	乐清市柳市电器城	工业生产资料专业市场	柳市镇长虹村	
46	乐清市柳市有色金属材料市场	工业生产资料专业市场	柳市镇柳黄路西侧	
47	乐清市柳市电子城	工业生产资料专业市场	柳市镇上园中路1号	
48	乐清市白石小商品市场	工业消费品专业市场	白石镇上陈村	
49	乐清市柳市技术人才交流中心	生产要素市场	柳市镇长征路21号	
50	乐清市柳市水果副食品市场	消费品综合市场	柳市镇育英北路90～92号	
51	乐清市柳市中心菜市场	农副产品综合市场	柳市镇前街村	
52	乐清市柳市上园百货市场	工业消费品综合市场	柳市镇上园村怡月路	
53	乐清市柳市长虹菜市场	农副产品综合市场	柳市镇环城东路	
54	乐清市柳市畜牧交易市场	农副产品专业市场	柳市镇长虹村	
55	乐清市白石街口菜市场	农副产品综合市场	白石镇街口村	
56	乐清市柳市商城	工业消费品专业市场	柳市镇柳黄路大兴街	
57	乐清市柳市家俱综合市场	工业消费品综合市场	柳市镇烊西村	
58	乐清市柳市镇钢铁建材市场	工业生产资料专业市场	柳市镇环城东路	
59	乐清市翁垟菜市场	农副产品综合市场	翁垟镇建设路南首	翁垟所
60	乐清市翁垟地团菜市场	农副产品综合市场	翁垟镇地团桥头村	
61	乐清市白象农贸市场	农副产品综合市场	北白象镇白象村	北白象所
62	乐清市北白象机械螺丝城	工业生产资料专业市场	北白象镇前西漳村	
63	乐清市北白象金三角菜市场	农副产品综合市场	前西漳村漳河路	
64	乐清市磐石菜市场	农副产品综合市场	磐石镇珠城路	
65	乐清市金炉铁皮市场	工业生产资料专业市场	北白象镇金炉村	
66	乐清市白象建材市场	工业生产资料专业市场	北白象镇樟湾村	
67	乐清市白象副食品市场	消费品综合市场	北白象镇前岸村	
68	温州海洋船舶交易市场	工业生产资料专业市场	黄华镇黄华堡村	七里港所

金　　融

综　述

2007年，乐清市金融运行态势总体良好。信贷结构调整力度加大，金融服务更加到位，存贷款总量保持快速上升趋势，各项金融指标再创新高，资本市场发展和一系列宏观调控政策的累积效应对乐清信贷运行的影响开始显现。金融业有力支持了乐清经济社会的发展。

2007年，乐清金融系统虽然存贷款总量保持较快增长，但存款波动加剧，贷款呈现增长先扬后抑态势。截止12月末，本外币存款余额389.03亿元，比年初增加75.82亿元，增长24.2%，其中外汇存款比年初增加1.01亿美元，增长221.7%；本外币贷款余额345.07亿元，比年初增加68.59亿元，增长24.8%，其中外汇贷款增幅较大，比年初增加1038万美元，增长108.4%。现金净投放继续扩大，达73.71亿元，同比增长16%。外贸出口增势强劲，国际收支顺差继续扩大。全市外汇收支顺差13.41亿美元，同比增长56.15%；结售汇顺差13.55亿美元，同比增长55.37%。保险市场持续稳定增长，全年各项保费收入3.97亿元，同比增长20.6%，赔付支出8691万元，同比增长12.8%，其中财险保费收入1.74亿元，增长38.0%，赔付支出7757万元，增长14.9%；寿险保费收入2.23亿元，增长9.8%，赔付支出934万元，同比减少1.5%。政策性农业保险全面推开，至12月底，符合参保条件政策性农业保险承保率达到100%，这为促进全市农民增收和农业可持续发展提供了有力保障。证券市场交易活跃，股民开户急剧增加，据相关部门统计，全年累计证券交易额达683.13亿元，是2006年交易额的7.36倍，新开户数3.67万户，占历年总开户数的82.0%。银行资产质量稳步提高，继续保持优良水平，截止12月末各银行不良贷款余额12.3亿元，比年初减少2467万元，不良贷款率0.36%，比年初下降0.17个百分点，实现了不良贷款“双降”目标。银行经营效益继续提高，各银行机构全年实现利润14.29亿元，比上年同期增加4.72亿元，增长49.3%。

中国人民银行乐清市支行

概况　2007年，中国人民银行乐清市支行以邓小平理论和“三个代表”重要思想为指导，认真学习贯彻十六届六中全会、十七大精神和上级行会议精神，全面落实科学发展观，以强化内控保安全为基础，深化服务树形象为重点，以人为本强素质为保证，文明创建促和谐为载体，固本强基，开拓创新，全力建设先进支行、平安央行、和谐金融，有力促进了地方经济的又好又快发展,促进了乐清金融生态环境的进一步改善和经济金融的和谐发展。至2007年末，全市金融机构人民币各项存款余额达378.35亿元，比年初增加68.73亿元，增长22.2%；各项贷款余额343.61亿元，比年初增加67.89亿元，增长24.6%；现金净投放73.71亿元，同比增长16%。

引导信贷合理投放，积极推进社会主义新农村建设　将支持社会主义新农村建设作为货币信贷指导意见的一项重点内容，及时出台了《2007年乐清市货币信贷工作指导意见》，引导各商业银行金融机构全面、客观、积极理解和贯彻国家宏观调控的决策和部署，认真贯彻执行稳健的货币政策。截止12月底，乐清市金融机构农业贷款余额34.97亿元，比年初增加3.54亿元，增长11.3%。定期牵头召开金融支持社会主义新农村建设联席会议，拓宽沟通联系渠道，交流同业信息。积极推进小额担保贷款工作，力促全市小额担保贷款业务实现“零”的突破，余额达20万元。主动做好市政府有关部门和金融机构的协调工作，落实了欠发达地区小额扶贫贷款指标3000万元(比上年增加800万元),用于支持欠发达地区的生产发展。会同市经贸委、财政局完成2006年度小企业贷款风险补偿审核上报工作，全市全年小企业贷款获财政补偿46.5万元。2007年中国人民银行乐清市支行被评为乐清市支持社会主义新农村建设先进单位。

优化服务，金融保险服务送农村　6～10月份，人民银行乐清市支行根据杭州中心支行与省农办、浙江保监局联合在全省开展“金融保险服务送农村”活动的部署，牵头组织有关部门和金融机构，承办了“金融保险服务送农村”全省三级联动广场咨询温州分会场活动，研究制订了《乐清市金融保险服务送农村活动方案》，牵

12月29日下午，乐清市常务副市长王军一行到人行乐清市支行慰问　　人民银行乐清市支行提供

头召开了“金融支持社会主义新农村建设联席会议”，进一步加大支农力度，落实金融保险支农措施，发挥金融保险服务政策效用，有力地促进了乐清农村社会经济的健康发展。此项工作，得到了当地政府和上级行的充分肯定，并获浙江省“金融保险服务送农村工作先进集体”光荣称誉。

调查分析金融问题，努力为科学决策服务　人民银行乐清市支行重视对辖内民间投资新趋势、信贷资金潜在风险、劳动力市场、房地产市场等有关方面问题开展认真调查分析，引导全行员工围绕金融中心工作对经济金融运行中的重点、难点、热点问题及变化趋势开展调查研究，对经济金融总体运行趋势、货币信贷、投资活动、工业企业景气状况、民间融资活动等问题加强监测和分析，努力提高全行调研信息工作水平，及时反馈货币政策效应。同时进一步完善基础数据库，拓宽金融分析覆盖面，提高经济金融分析水平，为科学决策服务。全年向上级行上报信息96期，被采用调研文章6篇、信息66篇，其中9篇调研信息被人行杭州中支、上海总部等上级部门创办的刊物录用，支行调研信息工作有了进一步提高。

加强农村支付结算服务，改善城乡支付结算环境　人民银行乐清市支行根据年初工作部署，上半年在温州辖区率先推广使用“一户通”电子缴税系统。同时还开通了全国支票通用系统、公民身份证网上核查系统和凭证支票影像系统。取消了小同城交换清算业务，成功加入到温州市大同城业务系统，提高了企业资金的使用效率。规范了小额支付系统定期借记业务审批工作，全市公用收费工作有了新发展。开展“非现金支付结算日”活动，向广大民众宣传“一本通”非现金支付，大力推广“三票一卡”等非现金支付结算工具，普及支付结算知识。2007年新增办理银行本票的金融机构35家，实现辖内所有金融网点均已开办银行本票业务的预定目标，改善了全市农村的支付结算环境。积极开展反假货币宣传，提高了民众反假币意识。

宣传普及金融知识，不断扩大受众面　人民银行乐清市支行牵头联合市级十五家金融机构，与《乐清日报》共同举办了《金融与理财》周刊，积极宣传基层央行的职能与工作开展情况、宏观调控政策、外汇政策及政策执行效应、人民币和外币相关知识等，提高政策透明度，普及金融知识，提高民众对金融行业的了解度和信任度。成功举办了“金融保险服务送农村”全省三级联动广场咨询温州分会场活动和“非现金支付结算日”活动，极大地提高了公众对金融的认知度，扩大了金融在乐清的影响力。通过运用宣传窗、宣传栏、悬挂横幅、图片展示、知识竞赛和举办培训班等形式，切实开展金融服务宣传，提升公众对金融知识的关注和兴趣，促进了“信用乐清”建设。

加强金融监管，努力维护辖区金融稳定　4月份和7～9月份，人民银行乐清市支行抽调各股室业务骨干对

6月3日，“金融保险服务送农村”广场咨询活动开幕仪式　　人民银行乐清市支行提供

温州商行柳市支行、工行乐清支行进行综合业务检查，对检查中发现的问题督促其整改落实，并依法分别对两家支行处以5万元和16万元（外汇）罚款。加强对农村合作银行缴存法定存款准备金、空头支票处罚和现金等方面的专项管理力度，依照法定程序，处罚了5家相关单位，共罚款11.49万元。针对2006年及2007年前2个月辖内信贷快速增长和集中投放所带来的问题，在行长联席会议及信贷科长例会上进行了专题通报和风险提示，首次向各金融机构发出对当地经济金融运行走势予以密切关注的提示，受到了市政府及各金融机构的好评。9月份开始，在乐清市委、市政府的领导下，本着“不缺位不越位”的工作原则，积极提出政策建议，配合有关部门开展专项整治非法金融业务活动，维护了辖区的金融稳定。

强化内部管理，提高干部队伍素质 进一步完善党组中心组理论学习制度，定期召开党组民主生活会和党组中心组理论学习会。坚持教育、制度、监督三者并重的原则，完善反腐倡廉工作机制，构建惩防腐败体系。与各股室负责人签订党风廉政责任书，按照“谁主管、谁负责”的原则，层层明确责任，抓好责任分工、责任落实。按照上级行有关人事改革的精神，结合支行实际，因地制宜，科学设岗，做好支行职能整合、内设机构和业务重组工作，稳步推进人事制度改革。积极开展国库核算业务事后集中监督试点工作，减少内部操作风险。深化行务公开，建立实施行政许可事项监督检查制度，促进依法行政；同时加强行政许可办事大厅建设，规范外汇、贷款卡、开户许可证等行政许可事项办理，支行的行政效能得到切实提高。按季召开纪检监察、人事、内审、保卫联席会议，开展内部安全的分析、评价和考核工作，使监督检查与防范风险形成合力机制。制订并完善各相关业务应急预案，开展各应急预案演练，做到防患于未然，以确保行泰库安。支行新大楼基建前期准备工作有序推进，这为支行新大楼建设打下了扎实基础。

扎实开展文明创建，推动支行文明单位创建进程 为了全面提高支行文明创建工作水平，采取了“请进来，走出去”的工作方式，组织开展了系列创建文明活动。正式启动“作风建设年”活动，组织开展了“百岗联动建新村”活动、社区共建活动、一户一册一干部帮扶活动、“春蕾”献爱心活动、代理家长与“留守儿童”结对关爱行动等系列活动，还组织进行了无偿献血和“八一”建军节慰问，充分发挥了党政工团妇在创建活动中的积极作用。组织动员广大员工积极投身争创省级“巾帼文明示范岗”、“安全保卫规范化操作月”等活动和“三新”知识竞赛，这些活动激发了员工们的工作积极性和创造性，提高了支行的战斗力和凝聚力。2007年，支行创建工作取得了累累硕果，支行妇委会被评为乐清市妇女工作先进集体，支行荣获“温州市文明单位”称号，支行营业室被评为“浙江省巾帼文明示范岗”。

外汇管理

概况 2007年，国家外汇管理局乐清市支局认真贯彻落实上级外汇管理工作会议精神，紧密结合乐清市外向型经济发展的实际状况和支局工作特点，坚持“推改革、促流出、重监管、抓手段”工作方针，实行外汇管理体制改革，加大外汇政策法规宣传，拓宽对外投资渠道，为贸易和投资便利化积极创造条件，引导资金有序流出；同时加强资本跨境流动管理和国际收支监测，突出抓了国际收支统计申报和资本跨境流动管理两个重点，各项工作顺利开展。

坚持监管并重，进一步支持外向型经济发展 根据外汇分类监管原则，为运作规范的A类出口单位放宽审核标准，对A类以下的出口单位或“关注企业”执行审核标准。严格外汇流入管理，开展资金流入与结汇检查，根据平时掌握的情况，有重点地开展现场检查。市支局还采用及时转发相关文件和信息、举办业务培训、通报个人外汇业务情况、传达新政策等多种措施，较好地把握业务操作的难点及风险点，并为各相关单位提供了便捷的交流平台。2007年市支局向企业发放核销单50887份，同比增长26.36%；办理核销业务40344笔，同比增长29%；核销金额11.02亿美元，同比增长42%，核销率为99.8%。同时，市支局把境外投资和进口业务作为重中之重的工作，全年审核办理4家境外投资企业，投资额达1954万美元，办理进口付汇1.12亿美元，批准外商投资企业10家，合同利用外资2.50亿美元，实际利用外资2.55亿美元。另外，针对当前涉外企业增长快，企业核销员紧缺的情况下，组织举办了出口核销业务知识讲座，通过外汇业务培训，大大减轻了出口核销柜面核销工作量，缓解了核销业务压力，收到了良好的社会效果。

健全监管手段，进一步加强外汇管理力度 加强国际收支统计、提高数据申报质量是2007年市支局的工作重点。市支局坚持季度考核通报制度，做好现场核查，并进行业务培训、窗口指导、跟踪监督，全年在业务量大幅增加的情况下，上报外汇管理局温州市中心支局的申报数据无差错，申报质量有了很大提高。全年全市有131家外商投资企业参加并通过年检，参检率达99%，比上年增长了7.5个百分点。根据乐清市人民银行的统一部署，市支局分别于4月份和8月份抽调骨干力量对辖内两家商业银行开展了外汇业务综合大检查，对违规问题要求及时整改，并进行了处罚，收缴罚没款16万元人民币。对新批准开办资本金结汇业务、结售汇业务和远期结售汇业务的5家机构实施了业务回访，及时了解这些机构落实外汇管理新政策的情况和执行中出现的困难，努力提高管理实效。

完善内部管理，防范、化解外汇管理风险 在切实做好日常外汇管理工作的同时，统一思想，健全内控制度，完善考核办法，加强监督检查，促进管理方式更加制度化、规范化，努力提高工作效率。规范业务操作流程，落实岗位职责，严格执行外汇管理业务权限管理规定，并认真做好月度程序性督察、季度专项监督检查和半年度的全面检查工作，确保外汇业务操作质量和服务水平不断提升。在第二季度市支局还开展了外汇管理业务内控制度全面监督检查，切实做好有关问题的整改落实工作，取得了预期的效果，提高了防范和化解管理风险能力。

加大宣传力度，提高信息调研和政策解读能力　2007年，国家外汇管理局乐清市支局一方面加强对形势的分析研究，建立辖内外汇收支形势季度分析制度，并将外汇收支形势纳入人民银行宏观经济形势分析体系中，实行本外币联动分析，准确掌握了辖内经济金融运行态势；另一方面根据实际问题、热点问题确定重点调研课题，详细了解反映当地外汇管理的实际情况，深入研究并提出管理对策和建议，全年有5篇调研文章被有关单位录用，为上级提供了决策参考。当国家外汇管理局出台了新的《个人外汇管理办法》及《实施细则》时，市支局及时组织外汇指定银行业务负责人和业务操作人员学习外汇管理新政策，同时充分利用《乐清日报》的资讯•金融与理财专栏，开展外汇政策法规宣传。另外，还联合外经贸局、外汇指定银行，举办外汇形势与政策通报会，深入分析当前外汇运行形势，落实新形势下外汇管理政策，为开放型经济发展建言献策。对拓宽境外投资渠道，推进“走出去”战略，引导资源合理流动和有效配置起到重要作用。

加强队伍建设，努力造就优质外汇工作团队　坚持教育、制度、监督三者并重的原则，完善反腐倡廉工作机制，构建惩防腐败体系，积极开展思想政治教育和业务学习活动，认真学习廉政教育内容，不断强化自我监督，增强风险防范意识，竭力构筑思想防线。认真落实党风廉政建设责任制和工作措施，与各支行签订党风廉政责任书，按照“谁主管、谁负责”的原则，层层明确责任，抓好责任分工、落实，并强化监督检查，力争造就一支政治可靠、业务过硬、群众满意的外汇管理队伍。积极参加上级局的业务培训，认真学习上级局下发的各种新政策精神和《内部外汇业务操作规程》，加强内控督导和教育培训力度，努力提高外汇管理人员素质，推动外汇管理水平再上新台阶。

乐清银监办

概况　2007年是我国银行业全面开放后的第一年，也是提升银行业综合竞争力的关键之年。乐清银监办以科学发展观为指导，严格履职、深化管理、创新进取、促进和谐，巩固审慎监管意识，增强风险监管效能，促进辖内经济金融更好更快发展。全年开展调查（检查）项目3个，督导开展自查项目3个，自查发现违规问题5个；锁定问题2个，年内已落实整改2个，发出《监管意见书》、《风险提示》各1份，提出关注或整改的问题20个，年内已整改16个。完成了增设1台离行式ATM、8家网点迁址意向、6家网点迁址、1家机构升格、9位高管任职资格的审核工作。至年末，辖内银行各项存款余额372.35亿元，比年初增加59.18亿元，增长18.9%；各项贷款余额345.07亿元，比年初增加68.60亿元，同比增长24.8%，增幅较上年同期回落了6.5个百分点；农业贷款余额34.97亿元，比年初增加3.54亿元，创历史新高；不良贷款（按五级分类）余额2.25亿元，比年初减少4012元，不良率为0.6%，与年初基本持平。

创新监管方法，巩固审慎监管理念　以风险评估为抓手，深入掌握辖内银行业的风险状况和业务发展情况，充分发挥评估例会作用，突出重点，强化评估“回头看”和督查，狠抓了评估意见的落实整改。将社会综合治理列入评估内容，联合开展银行业安全评估活动，逐一检查了辖内147个网点。针对非法金融业务活动与逃废银行债务联系性不断强化的特点，及时向银行业机构发出《风险提示》，严防非法金融业务活动向银行业转嫁风险；要求加强审慎授信和风险控制意识，密切关注贷款资金流向；同时开展风险排查，重点排查授信企业或个人（包括关联企业或关系人）、银行内部员工是否介入非法金融业务活动，有否逃废银行债务迹象，并提出相应的风险防范及处置措施。经排查，至年末，辖内有潜在逃废银行债务意向的有10户（含2户企业法人），信用余额2430万元；暂未发现银行业在职从业人员直接或间接从事非法金融业务活动。

针对辖内民间借贷异常活跃，高息借贷和非法金融业务活动有所抬头的社会现象，及时提请政府及有关部门加强警示，做好早期风险识别。以“送金融知识下乡”活动为载体，发放宣传资料，讲解非法集资的本质、表现形式等，借助新闻媒体持续宣传非法金融业务活动的危害性，有效增强了广大市民的风险防范意识。协同分局在非法金融活动比较活跃的柳市镇召开了防范、打击非法金融业务活动宣传推进会，对该镇机关干部和各村(社区)的干部共450余人进行了业务指导，取得了较好的效果。同时，在各乡镇进一步加大宣传力度，公开举报电话，悬挂横幅，深入排查，切实形成防范和打击非法金融业务活动的良好氛围。另外，还协助政府制定了《乐清市处置非法金融业务应急预案》，走访重点乡镇，督导打击和处置非法金融业务活动；联合公安、工商等部门对辖内23家担保公司进行突击检查，查处1家担保公司涉嫌非法办理金融业务活动。

致力改善农村金融服务水平，助推新农村建设　一是指导农村合作银行，在7个金融服务空白点的乡镇，推行派驻农贷客户经理制的惠农措施，并定向招聘5个原籍为欠发达乡镇的大专毕业生，充实和加强“三农”服务，为确保欠发达乡镇的优质金融服务建立了长效机制。二是积极探索简便的贷款方式，推出农户“住房抵押组合+循环”贷款（即根据农户房产评估价签订三年期最高额贷款合同，按房产的变现能力确定抵押贷款率，剩余比例要求追加保证的组合贷款），实现抵押率最大化，最高可达100%。三是与13个欠发达乡镇政府联动，开发推出“农民脱贫贷款”，贷款利率实行财政贴息、乐清农村合作银行让利等优惠政策，向农户收取月利率为3‰，使贫困农户真正享受到低成本的生产经营资金。另外还积极开展了“送金融知识下乡”活动，在南塘镇鲤鱼山村开展了为期一周的蹲点调研，通过召开专题座谈会、访贫问苦、参与农村生产劳动、牵线搭桥等具体活动，引导当地农村合作银行积极推广小额信用贷款、联保贷款，做好“信用村”建设和“信用户”的评定，推动新农村建设。截至12月末，已发放农户“住房抵押组合+循环”贷款302户，签订最高额贷款合同总金额1.4亿元，余额1.15亿元；发放农户扶贫贴息贷款1122户，余额2735万元。

狠抓合作金融监管，推进法人治理建设　首先根据2006年乐清农村合作银行综合风险评价情况，及时发送监管意见书，找出潜在风险源，梳理了19条具体监管意见，并排出了落实时间表。推行季度监管会谈制度，按季到乐清农村合作银行召开由该行领导班子成员和职能科室主要负责人参加的座谈会，掌握其内部管理、业务发展以及监管意见落实等情况，根据日常监管要求提出针对性措施，为有效落实整改明确了具体方法和时间进度，农合行审慎经营意识进一步强化。截至年末，农合行已落实整改15条，其余整改项目也正在整改落实之中。其次狠抓了内控措施管理的到位，采取季度会谈、明查暗访、现场督导、约见谈话等多种方式，督促农合行深入开展合规建设和风险管理年活动，共梳理制度185个，新增、修订《乐清农合行内部控制评价办法》、《乐清农合行不良贷款问责制》等内控制度文件27个，征集风险点78个，落实相应整改措施37条。督促完成了合规部门的设立和人员的配备工作，全面推行主办会计委派制，试点推广信贷主管派驻制，统一建立了呆账核销档案和台账，切实加强合规文化建设，为建立科学的决策体系、内部控制机制和风险管理体制奠定了基础。再次是抓了“三会一层”履职到位，充分发挥“三会一层”及各委员会的职能作用，完善“三会一层”议事规则，定期听取高管履职情况汇报，完善外部审计、三方会谈制度，突出对“三会一层”尽职考核和问责，强化了“经济资本管理”意识。同时规范信息披露工作，由监事会负责信息披露质量，将相关信息在一定范围、规定时期进行披露；对非执行董（监）事进行了4次金融知识、法人治理结构专题培训，健全了非执行董（监）事和独立董事知情权保障制度，提高了非执行董（监）事的履职意识；实行了内控制度与业务经营双线双重考核，激励各级高管人员和从业人员主动参与法人治理建设。通过持续有效的风险监管，乐清农合行进一步明确了面向“三农”、面向社区、面向小企业、面向地方经济建设的市场定位，彰显了强劲的发展势头。至年末，该行各项存款余额达70.80亿元，比年初增加17.12亿元，增长31.9%，增量稳居辖内各银行业金融机构首位；各项贷款余额52.32亿元，比年初增加9.43亿元，增长22.0%；农业贷款余额34.47亿元，比年初增加3.02亿元；小企业贷款余额达12.5亿元，比年初增加6.2亿元，占贷款总增量的65.7%。

深化“三项治理”，严格风险防范意识　召开专题会议，部署辖内银行业案件专项治理、银行业社会治安综合治理和商业贿赂专项治理，以促进辖内各银行及时开展全面排查潜在的薄弱环节。走访了银行业金融机构，指导督查“三项治理”开展情况，对监管意见的落实情况进行“回头看”，深化案件专项治理工作，并将案件专项治理开展情况纳入市场准入初审环节的重要内容，促使形成良好内控文化；督促辖内各银行加强对制度建设和执行的管理，强化监督制约和问责力度，以提高制度执行的有效性；同时针对易发案件环节，部署辖内机构开展加强现金和金库业务及ATM机具的安全防范自查工作，深入剖析潜在案发隐患，加强对安全警报设施的配置及管理，以确保金融的安全运行。及时分析辖内潜在的风险隐患，反馈监管信息，督促银行业金融机构密切关注担保公司、典当、投资机构的风险防范情况和运作情况，做到信息互通、措施联动。引导辖内银行业金融机构进一步落实国家宏观调控政策，密切关注重点行业的贷款风险，引导推进小企业贷款，强化结构性“抓降”，确保银行业健康发展。另外，还授权开展了邮储存单质押贷款的现场检查，走访了13个网点，各网点的合规意识、风险意识、责任意识进一步巩固。

深化廉政建设，塑造文明监管形象　以巩固扩大先进性教育活动成果为契机，深入开展廉政建设。推出“面对面述职，背靠背述廉”活动，努力塑造文明、廉洁的监管干部形象。组织开展了“勤政•廉政”主题实践活动，认真开展“三项清理”，学习了银监会工作人员履职问责试行办法，并对廉政制度落实情况进行了认真梳理。严格信访工作，全年核查信访资料4份，做到件件有回音，切实把党风廉政建设和反腐败的各项工作措施落到银行业系统。同时以“三守”教育为载体，深入开展“作风建设年活动”和“文明单位”创建活动，部署辖内银行业金融机构开展“送金融知识下乡”主题活动，协助温州银监分局和建行温州市分行在虹桥镇隆重举行了温州银行业“送金融知识下乡”活动乐清站启动仪式，发出了《深入推进“送金融知识下乡”活动的倡议》，有效提高了金融知识普及率；以深化“文明单位”创建为载体，牢固树立“以人为本”创建理念，实施“一岗双责”，规范工作制度，努力推进学习型组织建设。2007年，乐清银监办还针对辖内资金供需矛盾日益突出的实际，开展了对造船等新兴支柱行业的调查，动态报导了银行信贷、民间投资、民间借贷的新情况。如《在建船舶抵押贷款急需外部政策推动》一文，省政府领导批示后，还组织调研组来乐进行专题调查，这为有效监管、金融发展、领导决策起到了很好的服务与参谋作用。全年发出调研文章5篇、信息20余则，被省政府录用调研文章1篇、信息2则；被省局录用信息2则。

中国农业银行乐清市支行

概况　2007年，中国农业银行乐清市支行在市委市府的领导下，以党的十七大精神为指导，坚持科学发展观，认真落实四大经营理念，积极应对宏观调控和区域经济环境、经营环境的变化，不断提高经营管理水平，各项业务保持良好的发展态势。本外币各项存款余额达121.1亿元，其中个人存款余额76.7亿元，对公存款余额44.4亿元；本外币各项贷款余额达92.4亿元，当年增量13.6亿元；目标个人客户达73839户，全年完成中间业务收入6013万元，办理国际业务结算5.7亿美元；银行卡发卡总数达78.17万张，其中贷记卡发放总数2.11万张，代理基金销售5亿元。2007年，农行乐清市支行荣获全省农行“先进单位”、地方税收“百强纳税企业”称号，通过了“省文明单位”和乐清市“文明行业”复评，辖属三个网点获“温州市文明单位”称号，其余网点都获“乐清市文明单位”称号，虹桥支行被评为“浙江省银行业文明规范服务单位”、农总行“青年文明号”，柳市支行被评为“省分行十佳基层营业机构”。

大力支持乐清经济发展　农行乐清市支行把支持当地经济建设作为自身的发展目标，紧紧围绕“统筹城乡、发展市域、服务‘三农’”战略部署，重点支持入园企业、招商引资项目、政府基础设施大项目、基础产业、优质房地产项目和优质工商企业，2007年贷款余额达92.4亿元；坚持重点区域为先、增长区域适度发展的支持方向，全力“挖”掘存量优质客户的增长潜力，“抢”占重点项目的市场份额，“扩”大高品质中小企业客户群体，全年重点企业、重点项目贷款余额达89.7亿元，有效推进了资产业务的又好又快发展；加大对基础设施建设项目和技术改造项目的支持力度，大力支持污水处理项目、市政基础设施建设项目以及技术改造项目，全力介入供水、港区建设、围垦、中心区建设、旧城改造、中心镇建设等项目的融资业务，重点支持支柱产业改造升级，着力提高对高新技术产业、装备制造业、临港工业和现代服务业的支持度，努力拓展房地产业、内外资引资项目和新落户工业园区的工业项目，积极进入船舶制造行业，积极培育经营有效益、产品市场有前景、获利能力好且有一定资本积累的中小企业，全年新增42户中小企业客户并列入“中小企业500户行动计划”，给予贷款支持2亿元。

现场办理“温州商人卡”　　农行乐清市支行提供

着力引领产品市场潮流　农行乐清市支行回归经营本质，致力于为客户不断提高创造价值能力，根据客户的价值需求制定发展策略，让客户的价值需求成为支行的服务起点、内部管理的内在标准和行为准则，并在服务策略、定价策略、流程策略等方面作了全面调整，在开拓市场、开发客户需求方面引领了市场潮流，网上银行、手机银行、西联汇款、电话转财宝、出口商业发票融资等产品广受欢迎。推出金穗温州商人卡，具有金穗贷记卡所有基本功能，在省内提取账户内超额还款交易免收手续费，同时还具有为温州商人量身打造的独具特色的个性化功能，　卡双币，享受尊贵，另外，其金钥匙理财、金穗温州车迷卡、基金定投、第三方存管业务、网上银行理财等产品皆具特色，在广大市民中享有很高的知名度。

强力推进优质服务行动　农行乐清市支行重温、深化服务理念，强化以服务创造客户价值意识，树立“客户就是上帝，市场就是总裁”的理念，加强一线服务人员的服务礼仪、专业知识和服务技巧的培训，提高服务技能，保持饱满的服务热情，严格按照规范化服务要求，为客户提供快捷高效的标准化服务，努力打造优质服务品牌，树立了良好的服务形象；推进服务环境建设，对所有网点的服务设施和环境布局进行了统一规划与修整，完善服务措施，美化营业

举办学雷锋青年志愿者广场便民服务活动　农行乐清市支行提供

开展“11·22非现金支付结算日”宣传活动　农行乐清市支行提供

环境，让客户真正感受到“诚信、温馨、高效、舒适”的服务；严格服务品质管理，细化服务内容，加强规范化服务督导力度，落实现场服务管理责任制，建立了以网点主管为主体、会计主管为辅助的现场服务管理工作机制。一系列的优质服务措施和行动赢得了广大客户对市支行提供的产品和服务的良好满意度。

全力打造和谐团队文化　农行乐清市支行倡导诚信敬业的职业精神，把“以信为本、以信为荣、有章必循、有约必守、有诺必践”作为乐清农行人遵循的行为准则，深入开展员工信用意识培养和信用道德教育活动，使每一位员工牢固树立“信用第一、失信可耻”的观念，形成支行上下人人争做诚信标兵的氛围。积极参与社会各项活动，开展“送金融知识下乡”、“百村结对”、“社区共建”等活动，营造相互信任、和谐统一的工作氛围，增强了团队的凝聚力和向心力；围绕“团结、敬业、创新、务实”的农行核心价值观，努力打造服务领先、营销领先、机制领先、市场份额领先和盈利能力领先的区域强行形象。实施品牌战略，系统推进“伴你成长”品牌形象，突出金钥匙、金光道、金穗和金e顺“四金”系列产品，农行集柜面服务、客服在线、自助银行、网上银行、电话银行、手机银行、现金管理系统于一体的全方位、多领域、跨时空的金融服务质量全方位提升。打造学习型团队，树立全员学习、全程学习、终身学习的理念，引导员工学知识、学技能、学法律、学管理，让员工把知识和技能转化为工作能力，员工的学习力、执行力、创新力得到空前提高。

中国农业发展银行乐清市支行

概况　2007年，农发行乐清市支行在上级行党委和乐清市委、市政府的领导下，在人行、银监办、财政、粮食等部门的大力支持下，坚持科学发展观，认真贯彻执行党和国家关于经济金融及新农村建设的各项政策措施，切实履行支农职责，加大业务营销力度，经营业绩大幅提升，创出了建行以来的最好水平。截止12月末，支行各项存款余额4316万元，比年初增加1353万元，全年存款旬均余额4607万元，比上年同期增加1104万元，增幅31.5%；各项贷款余额1.93亿元，比年初增加5373万元，全年贷款旬均余额1.62亿元，比上年同期增加1350万元，增幅达9%。1～12月份累计发放贷款4.00亿元，比上年增加2.21亿元，是上年的2.23倍；全年累计收回贷款3.47亿元，比上年增加2.72亿元，是上年的4.63倍；各项贷款利息收入1007万元，同比增加843万元，收息率为100%；无新老财务挂账、无欠息、无超期结算资金占用。

准确把握信贷政策，积极开展传统业务　大力支持企业开展粮食收购、调销、储备业务。一年来，按照地方储备粮储备计划，保证资金及时足额供应，促进了当地粮食安全体系建设，1～12月份，累计发放粮食储备贷款12笔，金额8434万元，轮入储备粮食4954万公斤。同时，加大力度支持虹丰粮农开发有限公司和浙江环宇粮油开发有限公司等粮食购销企业开展业务经营，支持企业在主产区建立粮食基地，按照“市场定价、企业自主”的原则，积极支持企业开展自主收购粮食业务，1～12月，向虹丰粮农开发有限公司发放粮食收购贷款16笔，金额4107万元，收购粮食2067万公斤；给浙江环宇粮油开发有限公司发放粮食收购贷款17笔，金额2.50亿元，收购玉米1.79亿公斤。

支持产业化龙头企业和小企业业务发展　2007年，支持温州海美鲜集团有限公司业务发展，向该公司发放贷款3笔，金额2000万元。对新开户企业——乐清市金龙水产有限公司发放贷款1笔，金额490万元。

开办农村基础设施建设贷款业务　2007年，银监会批准农发行开办农村基础设施建设贷款业务。为此，农发行乐清市支行走访了政府有关部门，先后对乐清市楠溪江引水工程指挥部、中心大道建设指挥部、供水集团、客运中心、园林局、发展和改革局、水利局等单位的有关建设项目进行调查研究，掌握信息资料，积极开展业务营销，并与其中一些建设项目达成了合作意向，取得了初步成效，为2008年农村基础设施建设贷款业务奠定了扎实基础。

中国工商银行乐清支行

概况　2007年，中国工商银行乐清支行全面贯彻省、温州市分行行长会议精神，把实现又好又快发展作为全行工作的根本要求，把加快创新作为全行工作的核心内容，进一步深化现代商业银行经营理念，强化队伍建设，转变增长方式，增强综合营销能力，支行综合竞争力不断提升，经营效益位居当地同业前列。截止2007年底，各项存款余额达48.28亿元，比年初增加12.53亿元，其中对公存款余额24.48亿元、储蓄存款余额23.8亿元；各项贷款余额达48.1亿元，比年初增加12.6亿元，实际不良贷款余额1294万元，比年初下降174万元，不良率为0.27%，比年初下降0.14个百分点。全行全年实现中间业务收入2815万元，同比增长184.5%；完成国际结算业务1.77亿美元，同比增长58%；实现账面利润2.02亿元，同比增长36.5%。

拓展存款市场，不断增强资金实力　加强对业务营销工作的领导，精心准备，紧紧抓住新春旺季时机，积极落实旺季业务营销措施，全力以赴打好个金业务营销战役，取得了显著成效。加强证券业务第三方存管工作，积极与当地证券公司联系，建立股票大户联系制度，大力拓展个人优质客户，竭力揽取客户证券保证金存款。加快网点核心竞争力项目建设，提高网点营销能力和客户关系管理能力，大力推广理财产品，发展营销个人高端客户，从而实现了储蓄存款的持续稳存增存。积极抓好网点改造和升格工作，先后在支行营业部和柳市支行等网点进行一定规模的装修改造，加强硬件功能建设，并将北白象分理处升格为二级支行，提升了网点的竞争力。在公存工作上，加强对公考核，完善公存考核机制，健全公存动态和信息交流制度，进一步加大各网点拓展对公存款市场力度，狠抓对公存款大户的优质服务，系统性存款大户的稳存与拓展工作取得了良好成果。加强有贷户存款管理，切实做好以贷引存。另外，还落实了保证金工作的有关激励措施，大力开展了银行承兑汇票业务。

开拓信贷业务，提高信贷资产质量　在贷款市场开拓上，抓住省分行对中小企业信贷政策放宽的有利时机，不断充实客户经理队伍，并加强了客户经理培训；深入调查研究，努力做好企业扩面和法人授信工作，积极营销贷款业务，在贷款上做到早投放、早收益，提高贷款规模利用率，尽快用足用好贷款规模；积极在生产商贸类企业、成长性良好的中小企业、船舶修造企业、外向型企业中“扩面”，推广网贷通业务，推进信贷业务持续发展；另外还下大力拓展了个人住房贷款和个人消费贷款业务。加强关注类贷款的压降工作，加强贷后管理，做好贷款责任评议工作，控制贷款风险，严格控制产生新的不良贷款。同时还采取上门收贷、依法收贷、实行收贷奖励等各种措施，清收、转化不良贷款205万元。

转变增长方式，中间业务加速发展　加快国际业务发展，大力开展非贸易结算营销，增加外向型企业流动性资金贷款，做好船舶业保函业务，有效带动和扩大了国际业务在工行的封闭运作。以提高综合效益为目标，加强与特约商户、广大个人优质客户的联系，积极开展贷记卡、联谊卡、理财金账户的营销工作，较好地完成了银行卡发卡任务；大力拓展个人高端客户、信贷客户的理财业务，积极销售股票型基金，努力为客户实现综合价值回报最大化，吸引其他银行高端客户加入工行；大力发展投资银行业务，全年实现投资银行业务收入766万元；加强对中间业务的收费管理，努力做到应收尽收。

强化内部管理，全面提高内控水平　建立以经营利润、同业市场占比为重点的绩效考核机制，强化绩效考核在经营管理中的导向作用，从而促进了市场竞争力。强化内控、高风险点、行为动态管理，严格案件防范，对员工加强内控教育、业务检查辅导，大力开展以“主动关心本行安全经营、主动参与内控防案工作、主动抵制违规违章行为、主动检举违法违纪线索”为主要内容的“四主动”主题教育活动和商业贿赂专项治理工作，继续深化“扫雷工程”，全面落实案件防范责任制和各项管理措施，认真排除隐患，工行乐清市支行的内控水平明显提高。全年工行乐清市支行在各类检查中共发现问题223个（次），处罚216人次，处罚金额12305元。同时还加强了全行的安全保卫工作，落实安全责任制，签订安全责任书，制订安全保卫规章制度，规范保卫队伍行为，完善了各类安全保卫硬件设施和装备，开展了安全评估工作，确保了全行的安全经营。

加强精神文明建设，深入开展作风年、创新年、服务年活动　组织党员干部和广大员工认真学习了十六大六中全会精神、十七大精神和《江泽民文选》，深入开展党风廉政建设，严格遵守廉洁自律规定，牢固树立以人为本的经营理念，支行班子、中层干部以身作则发挥带头作用，有力推进了市支行的党的建设和精神文明建设。同时，市支行采取积极措施，调动客户经理的积极性，提高了工行在同业市场竞争中拓展业务的能力；开展了支行科室人员当一天大堂经理活动，竭力抓好二线为一线服务；抓好干部员工的教育培训，坚持每周四员工学习制度、业务部门每月培训制度、中层干部定期举办培训班制度，进一步提高了队伍素质和服务水平，为客户提供了安全、高效、热情、快捷的服务。另外，还加强了工会、共青团工作，继续开展“人心工程”和各类群众文体活动，深入开展作风年，创新年，服务年活动，增强了队伍凝聚力，提高了执行力和工作效率。2007年，工商银行乐清市支行顺利通过了乐清市文明行业复评。

中国建设银行乐清市支行

概况　2007年，中国建设银行乐清市支行实现利润2.17亿元。本外币一般性存款余额达到59亿，新增14.5亿。截止12月底，个人时点存款比年初新增4亿元，实现中间业务净收入2991万元。

外汇业务拓展取得新突破　国际业务中高端客户群体不断扩大，存量客户承办率不断提高。网点外汇业务功能得到完善，全年新增外汇业务功能网点7个，报批报备网点7个。全年实现国际结算2.48亿美元，银行卡交易笔数、消费额稳步增长，贷记卡交易笔数9.75万笔（其中境外消费1275笔），交易额达到1.35亿元。

营业网点顺利转型　1个网点通过总行验收，6个网点顺利通过省行验收。迁址与装修网点5个，成功分离高低柜网点7个。

电子银行业务快速发展　企业电子银行交易量210亿元，个人电子银行交易量33亿元，全年电子银行柜面替代率达42%以上。

基础管理工作全面加强　切实做好贷前、贷中平行工作，信贷审批质量大大提高。加大不良资产的回收力度，贷款不良率下降到0.22%，不良率和绝对额出现了双降。以现金、重要空白凭证、重要物品等十三项业务为重点内容，加强了对会计重点部位的风险点检查，并强化整改措施，实现了管理控制手段由人控到机控的转变，有效防范了现金出纳岗位的操作风险；同时，还通过征询意见、走访、自查等方法，对重点业务环节进行合规性检查。

团队建设阔步前进　加强“四好”班子和党政工团建设，按照“四好”标准开展班子建设活动，班子形象和团队战斗力明显提升，市支行班子被评为省行级“四好”领导班子。市支行还深入开展了安全警示教育、廉洁从业教育、法制教育、安保知识学习、规章制度学习等教育活动，全年举办各类培训25期，加强了后备人才队伍建设；全面规划员工的职业生涯发展，出台了客户经理、营业经理、个人业务顾问、柜员的等级管理办法，拓宽了员工晋升通道，队伍整体素质不断提高。同时，市支行关心员工生活困难，化解员工思想顾虑，全年分4批次组织员工赴旅游胜地休养，组织员工进行了体检活动，积极为员工创造了快乐学习、快乐工作、快乐生活的良好氛围。2007年，市支行获得省行级荣誉11项、温州市分行级荣誉21项，获得系统外表彰3项。

交通银行温州乐清支行

概况　交通银行乐清支行成立于2006年11月9日，现有员工30人，内设综合管理部、公司业务部、个人金融部。截止2007年末，交通银行乐清支行各项存款余额5.68亿元，比年初净增5.33亿元，其中人民币对公存款4.48亿元，人民币储蓄存款1.21亿元；人民币各项贷款余额3.12亿元，比年初净增3.05亿元；国际结算业务250万美元；发放银行卡5000张。

支持当地经济发展，拓展银行基本业务　以发展为硬道理，强化营销观念，加强队伍建设，加强考核力度，努力打造公司、个金两支客户经理团队。在大力拓展基本客户群的基础上突出重点，将系统大户、纳税百强企业、上市公司及拟上市公司锁定为重要客户,做好一对一服务。全年共发展对公账户200户，发放对公贷款2.35亿元；发展授信企业35家，授信总额达8亿元；拓展中高端个人客户240户，发展个人贷款180户，贷款金额0.71亿元。

积极拓展增收渠道，大力发展中间业务　确立以机关事业单位为主、授信企业为辅的营销思路，结合有效的激励机制，通过交叉销售、主动营销等方式，大力推广信用卡，全年发放信用卡1020张。增强交叉销售能力，大力发展财务顾问、代理保险、基金、第三方存管业务等，中间业务收入迅速提高。积极营销个人网银、企业网银、电话银行等业务，从而弥补了全辖区目前仅有一个网点的不足。同时也加强了国际结算业务的营销，并取得了一定成效。

以人为本，推进“责任文化”建设　积极推进以“责任文化”建设为核心的企业文化建设，重点培养员工的责任意识、忧患意识和竞争意识。利用双休日组织入党积极分子到革命老区景宁参观学习，组织全体员工到宁波进行拓展训练，让员工在丰富的业余生活中增进凝聚力、亲和力。加强学习培训，以每周一的早会和信贷例会、每周四晚的学习会、每月一次的月总结会等为平台，为员工创造良好的学习环境、交流机会，努力打造一支高专业、高水平、高素质的员工队伍，员工的综合素质和业务处理能力显著提高。

坚持稳健经营，强化内控管理　把开展基础管理作为业务经营正常运行的保障措施来抓，按照一级抓一级、层层抓规范的要求，定期组织开展了内部自律监管。在温州市分行制定的《内控管理办法》基础上，交通银行乐清市支行根据当地和自身实际，制定了《内控考核奖罚办法》、《支行行长、副行长、部室经理在内控工作中的职责》等相关制度规定，为长期做好内控工作提供了制度保障。继续开展“三项治理”工作，强化“三防一保”，认真落实反洗钱规章制度，支行顺利通过了公安部门、银监局的安全评估。

中国银行乐清市支行

“爱我中行”单骑全国行　　中国银行乐清市支行提供

概况　中国银行乐清市支行共有9个网点，其中下设营业部和乐成、柳市、虹桥、北白象四个经营性（二级）支行以及清远等4个分理处。截止2007年12月末，全行人民币各项存款余额为24.78亿元，比年初新增6.2亿元；人民币各项贷款余额38.07亿元，比年初新增11.57亿元；本外币不良贷款余额为30万元，不良率为0.01%；实现税后利润8202万元，同比增加3723万元，增长率为83.12%；人均净利润53.78万元，同比增加23.52万元，增长率为77.72%；2007年，乐清市支行荣获中国银行总行级精神文明建设工作先进单位称号、总行级模范职工之家等荣誉，2005年、2006年、2007年连续三年荣获温州市分行经营管理一等奖。

调整客户结构，提升收益水平　2007年，支行全面贯彻落实“效益优先、质量保证、服务提升”的发展策略，积极调整客户结构，充分利用信贷资源，加大产品组合与推广力度，提升综合收益水平。公司业务条线实施了“一户一策”的营销策略，增加了与纳税百强、进出口五十强、五个一批企业、重点工业建设项目和重点基础设施工程的合作；个人金融业务条线进一步加大新产品的开发与推广，及时推出易居宝、一手房散户按揭贷款、个人房屋理财贷款、个人自建房按揭贷款等新业务品种，有效地增强市场竞争力，促进零售贷款又好又快发展。截止12月末，零售贷款突破21亿元大关，比年初新增5.83亿元，在四大国有商业银行中市场占有率为27%。

强化合规建设，打造平安中行　支行坚持将内控合规建设作为一项长期工作来抓，切实提高网点精细化管理水平，促进各项规章制度的有效执行。2007年支行设立专职内控合规员，按季召开防案分析会，实行内控工作报告制度，推出《内控之窗》专刊，专门成立案件风险排查领导小组、反洗钱工作领导小组等；坚持开展合规教育、警示教育活动、合规建设和风险管理年等活动；密切关注员工思想动态，切实提高全行员工安全防范意识和案件防范能力，构筑三道防线体系，内控合规文化创建取得良好成绩。2007年支行被命名为首批温州市级平安创建先进单位、温州市先进保卫集体、内控优胜单位等荣誉称号。

民主生活会　　中国银行乐清市支行提供

坚持文优服务，构筑和谐文化　支行高度重视文明优质服务工作，把文优工作纳入网点、部门的绩效考核；专门成立工作领导小组，制定了《文明优质服务管理办法》，开展一月一次的文优服务检查，对检查情况及时进行反馈通报，每季评选文优服务明星网点、明星个人，创办一季一刊的《文优服务专刊》，以此加强对全辖文优工作的指导，定期开展业务技能竞赛，提高员工业务水平，07年在省、市分行组织的技能测评中，综合能手率达100%。

上海浦东发展银行温州乐清支行

概况　2007年是上海浦东发展银行温州乐清支行成立以来的第六个年头，也是贯彻实施温州市分行三年战略规划的第二年。一年来，全行上下紧紧围绕三年规划的目标，聚精会神搞建设，一心一意谋发展，各项业务继续保持健康快速的发展态势。截止12月31日，全行本外币各项存款余额达12.12亿元，比年初增4.39亿元；人民币各项贷款余额达17.88亿元，比年初增4.8亿元；实现账面利润8310万元，比上年翻了一番；全年国税纳税额达到788万元，在乐清纳税企业中排名第34位。

市支行喜迁新址　在上级行和乐清市政府的大力支持下，12月2日，浦发银行温州乐清支行本部喜迁新址，搬迁至乐清市清远路121号（新的气象大楼）办公。全体员工加班加点、保质保量完成了搬迁任务及设备调试任务，确保营业有条不紊平稳过渡，并率先在乐清全市银行系统实施叫号服务，为客户创造了优雅舒适的环境。10月，浦发银行温州乐清支行在柳市镇新设了辖属支行，实现了浦发银行和东方电器之都的紧密携手，拓展了服务空间，为可持续发展找到了新的增长点。

大力支持乐清经济发展　浦发银行温州乐清支行牢固树立金融服务经济发展大局的思想，贷款大部分向重点区域、重点客户、重点行业倾斜，努力将风险加权资产等各项指标控制在上级行下达的额度以内，存贷比达147：100，列所有股份制银行最高，有力地支持了乐清当地的社会经济发展。

将喜迁新址节省的5万元捐赠给市残疾人基金会　浦发银行温州乐清支行提供

浦发银行温州乐清支行喜迁新址　浦发银行温州乐清支行提供

浦发银行温州柳市支行开业　浦发银行温州乐清支行提供

中间业务发展较快　面对国内金融业发展的趋势，积极做好业务转型，着力抓好个人金融业务。根据总行和温州市分行对个人银行业务发展的要求，结合温州乐清支行搬迁和温州柳市支行的开业，设立了个人金融业务科，并配备了理财经理，实行个人资产业务和负债业务、中间业务相结合，努力提高个人资产业务的贡献度，使个人负债业务、资产业务、代发业务、东方卡业务等中间业务以及基金代销、理财产品等个人金融产品得到全面发展。在业务拓展中，浦发银行温州乐清支行的及时语、网上银行、代销基金、代发工资等中间业务与个人资产业务、负债业务进行不同组合、捆绑营销，推出了“基金精品屋”和“新股直通车”等理财产品，向客户提供具有实用性、理财性、安全性、便利性和快捷性的个人金融产品，在乐清市场取得了良好的口碑，产生了一定的市场影响力，销售规模不断扩大，有效提高了个人业务的综合效益。2007年市支行实现中间业务收入300多万元，比上年增加100%以上；新增东方卡4536张，累计发卡总量1.84万张，卡均余额4609元；拥有个人网上银行用户859户，公司网上银行用户160户。

加强党的建设和企业文化建设　认真学习贯彻党的十七大会议精神，坚持两手抓，努力实现党建工作和业务经营的良性互动。继续抓好党风廉政建设责任制考核，推进精细化管理，加强案件预防工作，在安全中求发展，确保全年无经济刑事案件、无重大责任事故、无违法乱纪行为，实现价值最大化，为改革发展创造稳定和谐的良好环境。市支行团支部还在“五•四”青年节组织全行团员举行了集体活动，带领团员、青年共谱和谐浦发乐章。为秉承总行“奉献社会、服务大众、协同发展、共建和谐”的指导思想，市支行在喜迁新址活动中，不搞铺张浪费，将节省的5万元钱捐赠给乐清市残疾人基金会，充分体现了市支行对弱势群体的关爱。2007年浦发银行温州乐清支行顺利通过了乐清市文明办创建市级文明单位的复评。

温州银行乐清支行

概况　2007年，温州市商业银行成功更名为温州银行。温州银行乐清支行紧紧围绕总行年初行长工作会议精神，积极开展"创新业、树新风，推进商行新跨越"主题实践活动，团结奋进，扎实工作，圆满完成了各项目标任务，取得了良好的成绩。截至年末，乐清支行（包括柳市、虹桥）各项存款为13.32亿元，比年初增加1.88亿元，增长16.43%；各项贷款余额17.50亿元（其中贴现为5.07亿元、实际贷款为12.43亿元），比年初增加2.4亿元，增长23.92%；全年实现账面利润6577万元，人均创利124万元。温州银行乐清支行2007年度被温州市委、市政府授予"文明单位"称号，再次被乐清市地方税务局评为百强纳税企业，被温州银行总行评为"业务技能优胜单位"、"行风建设先进单位"。行长叶邦明被温州银行党委评为"中共优秀党员"，被温州银行总行评为"优秀高级管理员"，同时被乐清市人民政府评为先进工作者。

做好稳存、增存工作，保证各项业务顺利开展　温州银行乐清支行认真分析新一年的存款形势，寻找新的存款增长点，确定增存主攻目标，立足中小型企业，积极拓展票据和票据贴现业务，促进了各项存款增长，确保了存款任务完成。主要抓住了四方面工作：一是工作落实到位，根据总行三年的增存目标，及时召开行务会议，研究部署2007年增存工作计划，确定增存工作思路，并制定了增存考核办法和激励机制；二是营销宣传到位，及时组织客户经理宣传票据融资的特点、优点和快捷的办理手续，帮助企业加速资金周转，降低生产成本，促进企业发展，积极动员有条件的中型企业和集团企业办理票据融资和票据贴现业务；三是考核办法到位，在总行客户经理考核办法的基础上，结合乐清企业经济发展情况和支行自身的实际，制定了《乐清支行员工综合考核办法》，从而提高了员工的办事效率，改善了员工的服务态度，激发了员工的工作积极性；四是主攻目标到位，由于票据融资和票据贴现业务要具有真实的贸易背景和真实的税务发票，两者缺一不可，所以一般的企业是不具备办理该项业务的，因此支行及时开展企业调查，锁定在产值在5000万元以上的企业中，确定营销主攻目标对象，为办理票据和贴现业务奠定了基础。2007年，温州银行乐清支行为年产值在亿元以上的集团企业授信或追加授信7户，授信额达3亿多元，增加保证金存款达1.7亿，办理票据贴现业务2.3亿元，有力地推进了各项存款的稳步增长，同时也拓宽了企业的融资渠道，促进了地方经济发展。

做好信贷工作，提高资产质量　2007年，温州银行乐清支行严格按照国家宏观调控要求、地方经济发展需求及总行有关信贷管理办法，进一步完善信贷管理，确定信贷资金投向，及时调整信贷结构，提高信贷业务质量，有效控制了资产风险。乐清支行一面及时组织干部员工学习新出台的信贷业务知识、信贷政策、信贷法规，提高信贷人员的业务素质，认真分析信贷工作中存在的问题，探索解决问题的办法；一面狠抓整改落实，对自查中、上级检查时发现的问题，认真分析问题发生的原因，落实责任及时整改，做到问题发现一个整改一个，绝不留尾巴，从而进一步规范了信贷操作，防范风险于未然。同时，乐清支行还采取改善服务、提高办事效率、稳定优质客户等有效措施，及时抢占信贷市场，积极开展信贷业务营销活动；并及时调整信贷结构，对部分还贷观念差、抵押物变现能力不强、不属重点营销范围或抵押物性质不符总行要求的自然人客户，一律不予以续贷，坚决予以退出，大大降低了信贷风险。通过全行干部员工的共同努力，2007年温州银行乐清支行新增实际贷款1亿多元，促进了存款的增长，保证了利润的完成。

定期开展综合竞赛活动，提高干部员工的揽存意识　为完成、超额完成总行赋予的各项任务，2007年，温州银行乐清支行在积极参与总行组织的有关业务竞赛活动的基础上，每季开展一次综合业务营销竞赛活动，活动内容涉及存款、中间业务、安全差错等方面。通过竞赛活动，支行各项任务完成进度平衡，干部员工的揽存意识得到了提升，营销观念和营销能力进一步增强。

中信银行股份有限公司温州乐清支行

概况　2007年是中信银行乐清支行快速发展之年。支行借着中信银行在香港和上海同步顺利上市之契机，在上级行的正确领导和监管部门的指导帮助下，认真贯彻落实科学发展观，从乐清实际出发，坚持"好"字优先、稳中求进的原则，着力"六个深化"，好中求快谋发展，合规经营防风险，全体员工共同努力、不断进取、夯实基础，各项工作取得了较好成绩。截止2007年末，中信银行乐清支行本外币一般性存款余额为18.8亿元，比上年增21.29%；人民币贷款总量20.7万元，比上年增24.7%；累计完成国际结算量12700万美元，同比增长77.37%；实现税前利润6282万元，同比增长20.12%，确立了中信乐清支行在金融系统和社会经济中的地位，为当地经济可持续发展作出了应有的贡献。

业务大幅增长，盈利再创新高　2007年在国家宏观形势变化较大、信贷紧缩的情况下，中信银行乐清支行总结往年营销经验，走适合自身发展道路，各项业务快速推进，规模和增量均创历史新高。至2007年底，支行总资产达21.6亿元，比上年增加3.2亿元，本外币一般性存款余额比上年增加3.3亿元，人民币贷款总量比上年增加4.0亿元，名列全市中小商业银行前茅；实现税前利润6282万元，比上年同期增1052万元，增幅为20.12%，平均资产利润率为2.9%，同比提高0.06个百分点，盈利水平最创新高。在规模扩大和非利差收入增长的同时，还加强了精细化管理。一是加强利率管理，扩大了利差收入；二是充分发挥资源配置的增效导向作用，根据不同特点实施差异化管理，提高了投入产出水平；三是大力发展了中间业务收入。

市场竞争力持续增强，资产质量进一步优化　2007年，中信银行乐清支行围绕产品、机制、队伍、平台等要素，进一步加强了营销体系建设，注重发挥主线推动作用和联动协同效应，主流市场竞争力持续提升。公司银行主线着眼于可持续发展，重点打造机构负债、同业合作、系统营销、网银、小企业等营销平台。乐清支行根据当地企业的实际情况，在风险可控的情况下，大力发展商业承兑汇票业务；根据企业产业链比较紧密的特点，做深有真实贸易背景的商业承兑汇票拓展工作，全面介入自营进出口企业和现金流大的企业，取得了较好的成绩。零售银行主线坚持指标完成与体系建设并重，针对市场的重大变化，加强零售产品体系建设，在确保储蓄基础地位不动摇的同时，大力开展理财产品销售，带动管理资产快速增长；坚持过程导向，大力推进代发工资、个人网银、第三方存管、贵宾客户等业务。加快推进零售专业体系建设，专业队伍作用日趋明显。认真落实分行年初、年中工作会议提出的结构调整要求和2007年度授信政策，有计划地实施了信贷结构调整工作，积极发展符合政府产业指引政策、潜力较大的成长型中小型企业，严把准入关，不断加大检查指导力度，强化经营风险防范意识，认真执行上级行的“双十”政策，通过不断梳理，共调整、退出了风险较大、无效益企业12家，压缩授信额度企业18家，有效控制了风险，乐清支行的市场竞争力得到了进一步提升，资产质量进一步优化。

合规和风险经营深入人心，加强品质服务和文明建设　2007年中信银行乐清支行把合规风险管理摆到了突出位置，根据总行要求和浙江银监局的部署，开展了“合规建设和风险管理年”活动，从组织、制度、执行等各个环节切实加强合规建设和风险管理工作。乐清支行加强整章建制工作，层层签订了《合规经营管理责任书》，结合案件认真开展专项治理和风险排查，加强了各类检查、专项稽核和内控评价，配合上级行和监管部门进行了票据业务、会计柜台业务、信贷业务、财务、安全保卫等方面的检查和回访，切实做好自查和整改，并举办了合规风险管理知识竞赛，有力促进了合规建设和风险管理水平的提高，有效杜绝了经济案件和重大事故的发生。同时，乐清支行加强了硬件和软件建设，从细微做起，积极营造温馨的营业场所，大力推行服务品质建设，客户满意度得到大幅提升。充分发挥工会、团支部作用，积极开展送温暖、送爱心活动，中层干部自筹资金到龙西乡慰问11户结对贫苦户，全体员工多次募捐爱心款给受灾民众送去温暖，给文明结对的城北乡送去爱心款，还送金融知识下乡。这一系列活动有效推进了支行的精神文明建设，2007年乐清支行通过了温州市级文明单位的复检验收，为打造精品银行奠定了基础。

乐清农村合作银行

概况　2007年，乐清农村合作银行积极应对宏观形势变化，按照既定的“四个面向”的市场定位和发展战略，抓发展、求和谐、走前列，实现又好又快发展。截至2007年末，各项存款余额70.8亿元，比年初增加17.12亿元，增长31.9%，存款增量名列温州市农村合作金融系统和乐清市各金融机构首位；各项贷款余额52.32亿元，比年初增加9.43亿元，增长22%。全年实现净利润8522万元，比上年增加3510万元，增长70%。2007年乐清农村合作银行荣获“乐清市创建和谐劳动关系先进集体”、“温州市团组织先进集体”、“温州市纳税百强企业”、“温州市文明单位”、“温州市农村合作金融系统优胜单位”、“浙江省农村合作金融系统优胜单位”、“省级创安示范单位”等称号。

锁定目标，服务新农村、小企业　继续坚持“四个面向”的市场定位，以“三农”为本，积极推进农业增效、农民增收和农村经济发展。推出“农家乐”系列产品、“新农村”移民贷款、存款积数挂钩贷款、抵押保证组合贷款、最高额抵押贷款等业务品种，有效满足了广大客户的金融需求；以专业合作社为载体，大力扶持农户发展特色农业，同时承担了全市绝大部分乡镇的财政扶贫贴息贷款，全年发放财政扶贫贴息贷款2735万元。全年评定信用村57个、信用农户4.13万户，建立农户档案4.36万户，发行丰收卡7.84万张，安装并运行ATM机26台，发展了67家POS机特约商户。推出小企业“速贷通”、成长型小企业贷款、小企业整贷零还贷款等业务品种，满足了小企业融资需求；积极开展小企业信用等级评定，2007年评定AAA级企业155家、AA级企业150家，授信小企业188家,向上等级小企业授信金额6.34亿元；拓宽小企业融资渠道，签发银行承兑汇票8.96亿元。截至2007年末，小企业贷款余额12.5亿元，比上年增加6.2亿元，增长98.41%；农业贷款余额34.47亿元，比年初增加3.02亿元，农业贷款占乐清市各金融机构同类贷款的99%以上，有效解决了农户生产资金需求。

推出内控“六项载体”建设，提升内控水平　一是推行支行内部控制综合评价制度，对支行经营状况、风险程度、管理水平、可持续发展能力等方面进行综合评价。二是推行审贷分离制度，进一步加强了信贷管理。三是推行会计主管委派制度，对支行（部）的会计主管由总行直接委派。四是推行会计规范化达标制度，全部支行通过了验收，其中3家已申报二级；同时对操作风险点进行了梳理，出台了会计操作“十个必须”、“三十条严禁”，有效防范了操作风险。五是推行员工违规积分管理制度，员工规范化操作意识得到加强。六是加强人防、技防、物防建设，全行网点安全评估名列乐清银行业首位，并连续三年被评为“省级创安示范单位”。

加强培训，班子领导能力和员工队伍素质明显提升　实施干部员工分层次、分梯队培训规划，并按支行班子成员、分理处主任、客户经理和柜员等不同对象确定了不同的教育培训重点内容。2007年，乐清农村合作银行先后邀请了浙江大学教授王维安、营销管理师连云尧、银行法律专家魏洋等知名培训师，给银行干部员工作了国际国内经济形势、中层执行力、信贷法律等方面的讲座；还组织信贷员、分理处主任以上干部进行了客户经理相关培训，对支行经营班子进行了领导能力培训，从而提高了金融业务营销能力和基层支行的管理水平。同时，农合行充分挖掘内部培训潜力，抽调机关部室部分人员组成内部讲师团，对本行的新制度、新业务、新知识进行巡回讲解；还组织开展了信贷、财会方面的业务培训。

创新宣传载体，提高银行文化内涵　推出雁山论坛合作银行高端报告会，每期邀请国内知名专家、学者来乐清作高端报告。2007年邀请了全国礼仪专家金正昆、健康专家洪昭光、古文学教授于丹、经济专家吴晓波主讲，成为社会媒体关注的焦点。推出“乐清农村合作银行杯”和谐乐清群众歌咏比赛，全市共有27家企事业单位组队参赛，农合行组织了100余人的队伍参加表演赛，收到显著社会效应。另外，还在淡溪镇黄塘村举办乐清市首届“农村合作银行杯”杨梅评比会。办好第一届乐清农村合作银行干部论坛，全市分理处以上干部结合实际工作，围绕改革与发展、业务营销、风险管理、队伍建设等方面内容深入调研、形成调研材料，在干部论坛上进行交流。做好业务产品的宣传工作，将存款积数挂钩贷款、农户联保贷款、最高额抵押贷款等农合行特色产品做成通俗易懂的易拉宝，放置在全市各网点。做好全省统一新标识的推广宣传工作，将全市门面招牌及相关标识进行更换。此外，推出1万份印有农合行新标识的新农村建设挂图，张贴到全市900多个乡村的宣传栏中，农合行新标识、新形象深入千家万户。

中国人民财产保险股份有限公司乐清支公司

中国人民财产保险股份有限公司乐清支公司前身为中国人民保险公司乐清支公司，始建于1950年，是乐清市规模最大的财产保险公司。支公司下设办公室\人力资源部、承保部、客户服务部、农村保险营业部、车险营业部、中介营业部、意外险营业部、货运险营业部等15个部门，下辖柳市、虹桥、大荆营业部。支公司作为中国大陆第一家国际非寿险公众上市公司的分支机构，保险业务覆盖一切非寿险领域，包括机动车辆保险、企业财产保险、家庭财产保险、货物运输保险、产品质量责任保险等100多个险种，承担财产风险责任近600亿元。全市有600多家企业、2.1万户家庭和3万多辆汽车参加了该支公司的财产保险，服务渗透到乐清经济生活的各个领域。2007年政策性农业保险，为政府分忧，有力为农民提供保险保障。2007年支公司业务收入首次突破亿元大关，被评为2007年度全国人保系统百家标杆县区支公司、浙江省系统先进单位、政策性农业保险工作先进集体，荣获省经营绩效管理奖、金牌服务工程考核一等奖。

2007年，人保财险乐清支公司积极整合客户资源，实行差异化战略，实施“理赔无忧、车险快捷”服务承诺，开展了“规范服务达标”自查自纠活动，努力提升服务品质，坚定不移地将“理赔提速”进行到底，有力推动了“金牌服务示范窗口”创建。人保财险乐清支公司对重要客户推出了赔案全程跟踪回访、洗车、近程救援、换胎送油、一站式服务等一系列超值服务；还建立了信息发送平台，客户出险信息可以通过手机短信发送到业务经办，客户可以通过平台收到汽车电子违章信息，在每个重大节日或台风期间，重要客户都能通过短信收到节日祝福或台风警报。同时，支公司还采取了一系列优质服务措施：缩短车险理赔周期，推出理赔一站式服务；公司员工均使用规范服务用语，穿统一制服、佩戴工作牌，保持整体整齐、整洁，树立窗口新形象；加强日常监督检查，定期开展考核评比，表彰先进，努力促使规范服务日常性、长期性、习惯性，努力促使公司服务品位向人性化、特色化迈进。

中国人寿保险股份有限公司乐清市支公司

概况　中国人寿保险股份有限公司乐清市支公司是一家有着50多年经营历史的国有保险企业，是乐清市规模最大、所占市场份额最多的寿险公司。作为全球前500强企业的分支机构的中国人寿保险股份有限公司乐清市支公司，主要经营以人的寿命和身体为标的的人寿保险、健康保险和意外伤害保险等各类人身保险业务。2007年，中国人寿保险股份有限公司乐清市支公司总保费收入2.20亿元，占乐清寿险市场份额的81%，其中期交保费2204万元、十年期保费1381万元、趸交保费8173万元、短期险保费

2193万元、续期保费9423万元。2007年支公司再度荣获乐清市团委颁发的“青年文明号”称号。

下浮森林扑火队员人身意外伤害保险费率 2004年，中国人寿保险股份有限公司乐清市支公司以优良的服务品质、较低的保险费率、较大的保障范围等优势赢得乐清市森林防火办公室就森林扑火队员的人身意外伤害保险业务后，严格遵守招标文件中规定的各项服务承诺，积极配合乐清市森林防火办开展森林防火义务宣传，秉持“以人为本”的经营理念和优良的服务品质，深受社会各界的好评。2007年，公司在深化改革、完善服务的同时，不忘回馈社会，决定在原保险费率的基础上，下浮该险种费率，给森林扑火队员提供最优惠的保险费率。

积极参与慈善事业 慈善事业是社会保障体系建设的重要补充，也是全社会关心困难群众的重要体现。2007年，支公司除积极参与市委、市政府办公室开展的“慈善一日捐”活动外，还自发组织员工关心弱势群体，为边远山区的贫困人家捐款、捐物。

中国太平洋财产保险股份有限公司乐清支公司

概况 1998年5月成立的中国太平洋保险公司温州支公司乐清办事处按照产、寿险分业经营的要求，于2001年12月20日产、寿险分业，同时成立了太平洋财产保险股份有限公司乐清支公司和太平洋人寿保险股份有限公司乐清支公司，太平洋财产保险股份有限公司乐清支公司设在乐清市乐成镇清远路146号（国贸大厦一、二层），下设柳市、北白象、虹桥三个营销服务部。2007年中国太平洋财产保险股份有限公司乐清支公司实现保费收入6319万元，比上年增2317万元，增幅达57.89%，在全省太保系统县级市中保费收入排名第三位；市场占比率达22.1%，同比增长3.71%，位居乐清市第二。

严格内部管理，提升风险防控能力 2007年，太保产险乐清支公司严格内部管理，走精细化管理、集约化经营之路。首先是以数据分析指导工作实践，掌握业务发展的宏观动态和微观变化，调整核保政策，对业务进行精耕细作。其次是规范了查勘理赔工作，调整工作流程，明确岗位职责，履行公司核赔规定，取得了明显效果。再次是支公司狠抓精细化管理，强化风险管控，完善财务核算体系，严格应收保费和单证管理，并逐步建立起长效机制，有效地防范了经营风险。

优化服务，为现代化新乐清建设保驾护航 2007年，太保产险乐清支公司在“稳健经营、以效益为中心”的经营思想指导下，按照“专业化经营、市场化操作”的基本要求，开拓进取，锐意创新，为客户提供了完善的风险保障服务。公司建成了贯通全国、联结全球的保险电子商务系统，全年无休，全天候服务；推出了95500全国服务热线，为客户提供全天24小时的保险服务；还推出了全国通赔，小额赔款立等可取等服务。2007年，公司荣获“全国用户满意企业”称号，被中国质量万里行促进会评为“服务质量标杆企业”，公司神行车保产品获中国消费者协会“3•15标志服务品牌”称号。同时，乐清支公司将以集团公司上市为契机，继续遵循“诚信天下、稳健一生、追求卓越”的核心价值观，为现代化新乐清建设保驾护航。

中国太平洋人寿保险股份有限公司乐清支公司

概况 中国太平洋人寿保险股份有限公司乐清支公司成立于1998年5月，是一家经营健康、医疗、养老、意外伤害、分红等保险业务的寿险公司。太保人寿乐清支公司下辖乐成、雁荡、虹桥、柳市、北白象等5个营业网点，业务覆盖全市。2007年，太保人寿乐清支公司坚持“抓监管、促发展”的总体思路，在全体职工的团结互助、共同努力下，各渠道业务与服务不断创新，实现了历史性跨越，赢得了一次又一次的辉煌与荣誉。

整体实力明显增强 2007年，太保人寿乐清支公司实现保费收入3791万元，是2002年的2.3倍，比2006年净增574万元，同比增长17.84%；支付各项赔款268万元，赔付率达18%；净利润达340万元，安排就业80多人，实现了年保费收入、年经营利润、职工年收入等三项指标的历史性超越，创造了多项历史性最高记录。2007年太保人寿乐清支公司保费收入列太保人寿温州市系统第1位，在乐清全市寿险市场继续稳居主导位置。

最大限度拓展险种覆盖面 为了满足客户多方面的需求，太保人寿乐清支公司开办了约150个险种，覆盖人寿保险、年金保险、健康保险、意外伤害保险等多个领域。公司推出的系列产品深受客户欢迎，得到市场肯定，基本满足保险市场的需求。

打造优质品牌，树立良好企业形象 2007年，太保人寿乐清支公司积极打造专业化、高品质的服务品牌，不断完善95500全国统一电话服务系统，认真实行“急难救助服务计划”，以“责任照亮未来”作为品牌建设主线，切实履行保险责任，保障被保险人利益，充分发挥保险的经济补偿、资金融通和社会管理功能，向社会公众传播太平洋保险是一家“负责任的保险公司”。同时，支公司对员工进行“负责任、重承诺、献爱心”企业文化宣导和教育，动员员工积极参加市委、市政府组织的扶贫结对、爱心助学等各类社会公益活动，共同树立良好的企业形象。

旅 游 业

综 述

2007年，乐清市以创建中国优秀旅游城市为重点目标，加快旅游基础设施和旅游产品建设，完善城市旅游设施功能，提高城市旅游品位，大力推进旅游业发展。全年全市各景区共接待游客378.87万人次，同比增长22.3%；实现旅游收入24.32亿元，同比增长21.9%；全年接待海外旅游者3.72万人次，同比增长11.61%；实现外汇收入919.97万美元，同比增长15%。其中雁荡山景区接待国内外游客165万人次，同比增长10%，实现旅游收入11.8亿元，同比增长15.8%；中雁荡山景区接待游客68.08万人次，同比增长17%，旅游总收入为3.72亿元，同比增长19%。2007年，国家旅游局正式发文命名乐清市为“中国优秀旅游城市”；乐清市风景旅游管理局被评为“2007年度浙江省旅游工作先进单位”；雁荡山景区荣膺全国5A景区，荣获“国家级风景名胜区综合整治工作优秀单位”、“2007年度全国十大人气景区”等称号；中雁荡山景区顺利通过国家旅游局AAAA级旅游区（点）验收组的总评验收，被评为“浙江省50个最值得去的优秀景区之一”；灵山景区的黄檀硐古村落被评为“中国景观村落”和浙江省30个美丽乡村之一。

创建中国优秀旅游城市

成功创建“中国优秀旅游城市” 2007年，是乐清市创建中国优秀旅游城市的攻坚验收年。为确保创优任务顺利完成，市创优办多次召开创优领导小组会议、现场办公专题会议和创优迎检动员会议，全力推进创优进程。投入250万元，新建改造了31座旅游厕所；完成了霓虹灯一条街、餐饮一条街、旅游公共图型符号、旅游咨询中心等一批硬件工程；制作了900多万字的创优台账精装本。加强创优氛围营造力度，在高速公路出口、公交车站、城市显要位置设置大型广告牌，悬挂路灯宣传海报，绘制墙体宣传标语；在出租车、公交车上设置了宣传标语，进行流动宣传；举办创优知识竞赛，制作了创优公益广告在电视台播放，营造了浓厚的创优氛围。2007年9月，乐清市创建中国优秀旅游城市工作顺利通过验收；11月18日，国家旅游局正式发文命名乐清市为“中国优秀旅游城市”。

雁荡山景区力创国家5A景区

乐清市创建全国文明城市领导小组成员暨创建中国优秀旅游城市迎检动员会议 市旅游局提供

抽调人员组成创建办公室，按照创建5A景区要求和标准制定详细工作计划，层层分解，落实任务。通过努力，顺利荣膺全国首批5A景区。同时按照世界地质公园评选时的承诺和联合国教科文组织的要求，雁荡山景区切实加强了地质遗迹资源的保护，积极开展地质科学研究和普及宣传，加大环境整治的力设，不断完善基础设施建设，顺利通过了联合国教科文组织的验收，雁荡山世界地质公园成功开园。

中雁荡山创建国家4A景区　成立创建工作领导小组，严格按照创建标准，明确任务和目标，将创建工作任务分解落实到各科室，并加大资金投入，加强督促检查，确保4A创建工作顺利完成。同时加大游览配套设施和旅游交通建设力度，景区交通网络进一步完善；加强旅游安全管理工作，规范旅游购物市场管理，提高邮电服务功能，景区服务管理质量有了新的提升；严格风景资源管理，凸显中雁荡山景区资源品位，景区旅游综合经营正逐步走向规范化、制度化。中雁荡山景区顺利通过国家旅游局AAAA级旅游区（点）验收组的总评验收。

旅游市场开拓

出台了《乐清市旅游招徕办法》　2007年，乐清市风景旅游管理局针对重点市场和潜力市场出台了《乐清市旅游招徕办法》等优惠政策，大力开拓客源市场。组织旅游企业赴金华、台州、丽水、衢州等周边客源地进行宣传促销，取得了较好效果。雁荡山景区在巩固上海、江苏、福建等一级市场的同时，通过与二线城市主力旅行社的合作，全年团队游客增加至总接待人次的40%。中雁荡山景区坚持以“浙南地区为主，省内为辅，全力开拓长三角地区”的促销方针，旅游市场得到了有效拓展。

加强同主流媒体的合作宣传　市风景旅游管理局同中央电视台《快乐中国学汉语》栏目、北京电视台、浙江电视台民生休闲频道、温州电视台合作拍摄并播出旅游专题节目，与中华浙商网合作制作了乐清旅游电话卡在全国发行，利用电视媒体在温州火车站、飞机场候客厅进行了旅游市场拓展宣传。雁荡山景区加强在中央电视台等高层次媒体的宣传，并邀请全国一百多家新闻媒体采访雁荡山；同时，雁荡山旅游商务电子网实施网上预订，增加了地质公园的日文、韩文版网页内容。中雁荡山风景旅游管理委员会与温州电视台合作拍摄广告片，在《百晓讲新闻》、《零距离》节目前播出；通过各种方式与《温州日报》、《温州晚报》、《温州都市报》等新闻媒体广泛合作，大力宣传中雁荡山，提高中雁社会知名度。另外，市风景旅游管理局还出资制作了《雁荡山，乐清湾》旅游歌曲和MTV，制作了10000份《乐清旅游》DVD宣传片，制作了口杯、手电筒、移动充值卡等一批精美纪念品；雁荡山风景旅游管理局编印了《雁荡山报》、《督查通报》、《领导参阅》等资料，出版了一套雁荡山旅游丛书，更新印制了一批旅游纪念品；中雁荡山景区投资15万元拍摄制作全新的风光VCD及DVD，让游客更好更全面了解中雁荡的秀丽风光，还在白石镇入口、街道、公交车站、游客中心前设立大形宣传牌，在温州五马街设立了灯箱广告。

雁荡山世界地质公园揭碑开园仪式　　雁荡山风景旅游管理局提供

举办重大活动、组织参加各种旅交会　2007年，市风景旅游管理局组织人员参加了国内旅游交易会、浙江省旅游交易会等大型展会，与乐清市摄影家协会联合举办了第二届风光旅游摄影大赛，在《乐清日报》上举办了“旅游标志大家评”有奖活动和创优知识竞赛，与中国八方旅游联合体合作举办了八方旅联10周年庆典、百家著名景区走进乐清旅游风情展和2008年旅游产品区域合作推介会及签约等活动。雁荡山景区承办了“龙之旅”万人团首批游客游雁荡活动；成功举办了雁荡山世界地质公园正式揭碑开园和温州市第十届旅游节开幕等活动。中雁荡山景区参加了南京2007年长江三角洲旅游交易会、西安2007年中国旅游资源博览会、省第六届旅交会、温州市首届商务旅游交易会、昆明国际旅交会、苏州国内旅交会、第五届中国（海口）国际旅游商品交易会等，12月中旬邀请参加八方旅游联合体的300余家旅游社来中雁踩线考察。通过一系列主题鲜明、内容丰富、形式多样的宣传促销手段，乐清旅游的知名度和美誉度日益提升。

鼓励扶持乡村旅游发展　市风景旅游管理局积极扶持乡村旅游发展，全年安排了100万元资金用于农家乐基础设施建设和农家乐旅游发展奖励。组织农家乐从业人员参加了“农家乐厨师技能提升培训班”、“农家乐从业人员上岗培训班”。加强农家乐宣传力度，同温州电视台合作，在《聚焦三农》和《招牌菜、人家烧》栏目里，播出农家乐休闲专题节目。中雁荡山风景旅游管理委员会挖掘中雁特色资源，鼓励农户创办了以灰天鹅养殖、品尝天鹅肉为特色的龙山山庄和以品尝白石、钟前水库野生鲍头鱼和鲶鱼为特色的白石农家乐等，并通过各种途径培训农家乐经营、服务专业人员30多人，有力地保障了农家乐健康发展。截止2007年底，全市共有农家乐休闲旅游点74个，农家乐休闲旅游村6个，农家乐经营户323户，直接从业人员748人，全年共接待游客达123.16万人次，实现营业收入8668万元。阳光山庄、避风塘渔村和太湖山山庄被评为温州市农家乐示范点，南閤农庄、避风塘渔村、乐清湾渔业休闲有限公司、阳光山庄被评为温州市农家乐三星级经营户，黄檀硐古村落入选“中国景观村落”和浙江省30个美丽乡村之一。

旅游行业管理

开展“诚信旅游”和创优评星活动　2007年，市风景旅游管理局在全市旅游行业中开展了“诚信旅游”、“和谐旅游在乐清”、“一二三四品牌创建”等主题活动，引导旅游企业诚实守信、合法经营。积极开展旅游饭店评星工作，推荐银都大酒店申报预备三星级旅游饭店，完成了双阳商务宾馆的二星级旅游饭店评定工作。同时，加强了对旅游从业人员培训工作，举办了旅游企业服务礼仪、服务规范培训班，积极组织旅游企业参与青年文明号创建活动，全市共有6家旅游企业参加温州市级和乐清市级的青年文明号创建活动。

加大旅游市场监管力度　市风景旅游局加大对旅游市场的监管力度，全年不定期开展市场检查，重点打击“黑导”、“野导”，净化旅游市场。市风景旅游局与各旅游企业签定了安全生产责任书，开展了“安全生产专项整治”、“安全生产执法年”、“安全生产月”等专项活动，举办了3次安全生产培训，开展了安全消防演练，有效提高了旅游企业、员工的安全防范意识，还联合公安、消防、卫生等部门开展了5次安全生产地毯式大检查，确保了旅游市场安全有序发展。

景区开发建设

编制旅游发展规划　2007年，市风景旅游管理局着手编制《乐清市乡村旅游发展规划》和《农家乐休闲旅游重点村发展规划》，修改完善了《仙溪镇花坦农业科技示范园区旅游发展规划》讨论稿，完成了《“旅游画廊”发展规划》和《芙蓉池旅游开发概念规划》初稿。

中雁荡山风景旅游管理委员会投入60万元加强规划编制，在总规修编的基础上加快了各景区的详规编制工作。对西漈与东漈景区规划进行了评审后的调整，并上报国家建设部审批；北大门与杨八洞景区进行了详细规划编制也已上报评审；中雁村的村庄规划已拿出初步成果。

雁荡山海上乐园等一批项目开工建设　2007年，全市各景区建设稳步推进，投资3000万元的温州雁荡山海上乐园项目开工建设，灵山风景名胜区黄檀硐景区、灵山顶景区道路开工建设，建筑面积1200平方米、总投资480万元的永乐人民抗日游击自卫总队纪念馆改扩建工程正在建设中。

雁荡山景区狠抓景区的综合整治和基础设施建设　认真按照《雁荡山风景名胜区总体规划》和世界地质公园建设要求及标准，切实加强风景资源和地质遗迹的保护，完成了响岭头沿街123户民居、8间摊棚建筑立面改造和三线地埋工程，改建了大龙湫景区入口31间商铺，拆除了沿溪的11间临时摊棚，改造了灵岩景区检票房，启动了灵峰景区入口、雁荡中学门口商铺改造工程。游客集散中心建设全面完工并正式运作，委托省地质部门完成了雁荡山地质遗迹调查、水资源调查，污水处理厂顺利通过验收并正式投入使用，完成了响岭头——灵岩段2000多米的通景公路的柏油路面铺建，新建、修建了3座生态公厕，基本完成了林曦明艺术馆的内部结构改造。更换406块指示牌，设置景区交通导向牌3个、交通安全标识7个，新增木质垃圾箱45个。全年共拆除景区各类违章建筑2100多平方米，制止违章建筑33户1700平方米，清理民居屋顶红砖30余户，清理未经审批广告横幅52条，严厉打击了各类违章行为。

中雁荡山景区开发建设全面推进　2007年，中雁荡山景区投入资金300多万元，构建龙山湖清水平台2座、玉屏栈道的休息平台1座，维修改造了八折瀑游路和游路护栏、十二盘石板路和桥护栏、八折瀑游路、玉屏栈道游路、刘公谷入口护栏，完成了外围景点通往茗山顶公路建设，西漈景区外露水管进行了地埋，下马岭生态公厕已投标签订合同，水帘洞改造进行了设计并开始建设，下马岭购物街正在建设中。投入50万元对景区进行了综合治理，设置安装了景区核心区的界桩与标志、北部入口标志，改造了景区南入口标志。投入20万元对景区内的标志及标牌进行更新，制作符合国家标准的道路指示牌20个、景点介绍牌39个、安全警示牌12个、森林防火牌21个，力争做到形象统一、标识清晰、规范设置。同时加强了违章行为的查处，有效地保护了风景资源。中雁荡山风景旅游管理会还重视绿化景区环境，在西漈景区龙山湖周围种植雷公竹500株，在泄洪道堤坝沿岸种植胸径十公分以上的樟树近百株，在百丈岩种植红玉兰30株，还种植山杜樱200株、棕树200株。

景区管理

监管力度进一步加强 雁荡山风景旅游管理局按照ISO9001质量管理体系要求，加强景区内风景旅游综合监察力度，加强数字监管系统和旅游电子商务系统管理，景区内规划建设、资源保护、旅游市场秩序、景容景貌、交通秩序、森林消防、治安以及旅游安全等监管工作全面加强，整体秩序日趋规范，旅游从业人员管理、讲解员管理和奖惩制度日臻完善。

中雁荡山景区把安全工作摆在各项工作的首位，与白石派出所加强联系，配备安全保护人员12名，流动安全人员22名，建立健全了旅游安全工作制度，制定完善了旅游高峰期和特殊时段游客安全处置制度与措施，实行了安全责任制，做到职责明确、措施可行有效；同时安装了3个全球眼监控系统、5个间断式图片监控系统，初步完成卫星定位监管系统并投入试用。

排除隐患确保旅游安全 雁荡山风景旅游管理局对景区电梯、缆车、栈道和宾馆饭店消防设施、食品卫生进行了不定期检查，及时排除隐患，确保旅游安全，并与下属单位签订安全责任书190多份；全年组织安全检查20次，完成各类整改132项，在灵峰夜景5个观景点设立了安全护墙，更换了方洞景区铁索桥桥板、卧龙谷电梯；同时加强森林防火值班、巡逻和宣传工作，全年没有发生一起重大安全事故。中雁荡山景区在景区危险地段（玉甑峰顶等）增设了安全防护栏，通景区公路坡段设置了钢质防护栏，转弯处设立了交通凸角镜，确保交通安全；水上运动项目配备了救生圈、救生衣等；在各危险地段、有关场所设置了安全警告标志、标识、安全须知、说明等，时刻提醒游客注意安全；与景区内宗教寺院及下属企业签订森林防火安全生产责任书，在西漈、玉甑景区边缘砍伐27公里长的生物防火带，栽种防火树木荷2万株，安排森林防火队员到景区森林防火巡逻，及时消除火灾隐患；同时建立了定点医院救护机制，与白石中心卫生院签订了专门的救护协议书；10月13日至27日，景区653人次参与了反邪教昼夜巡逻活动。2007年中雁荡山景区通过了温州市国家级风景名胜区综合整治检查组验收。

景区介绍

雁荡山景区 雁荡山有北雁荡山、中雁荡山、南雁荡山之分。其中北雁荡山规模最大、景点最多，最为出名，人们通常说的雁荡山一般都指北雁荡山。

雁荡山座落于浙江省温州市乐清境内，根植于东海，山水形胜，素有“海上名山”、“寰中绝胜”之誉，史称“东南第一山”，是中国十大名山之一；因“山顶有湖，芦苇丛生，秋雁宿之”故山以鸟名。

雁荡山形成于1.2亿年前，是一座典型的白垩纪流纹质古火山。据历史记载，北雁荡山的开发，始于南北朝，兴于唐，盛于宋。据说印度如来佛的弟子、十六罗汉中排位第五的诺讵那率领三百弟子进山兴建寺院，后来诺讵那在大龙湫观瀑坐化，后人就奉他为雁荡的开山祖师。

北雁荡山景区总面积450平方公里，分灵峰、三折瀑、灵岩、大龙湫、雁湖、显胜门、仙桥、羊角洞等八大景区，共计景点500多处，有102奇峰、66洞天、27飞瀑、23嶂峦之说，其中灵峰、灵岩、大龙湫精华荟萃，被称为“雁荡三绝”。北宋著名科学家沈括四次考察北雁荡山，赞其为“天下奇秀”。雁荡山风景以峰、洞、岩石、泉、门、嶂称胜。奇峰怪石,悬崖叠嶂，崇笋嵯峨；古洞石室，茂林幽谷，曲折迂回；飞瀑流泉，碧潭清涧，如带若练；雁湖日出，百岗云海，一向为游客所赞赏，至于灵峰夜景，灵岩飞渡更为神奇幻绝。

北雁荡山有着独特的品格，“日景耐看、夜景消魂”、“观山景、尝海鲜”、“一景多变，移步换形”，这是它区别于中国其他名山大川的三大特色。

北雁荡山文化底蕴丰厚，有许多著名的佛寺、道观和关于佛仙的传说。千百年来，历代许多文士名流，如南宋的谢灵运，唐代的杜审言，北宋的沈括、叶适，明代的徐霞客、汤显祖、戚继光，清代的袁枚、邓石如，近代和现代的康有为、蔡元培、叶圣陶、郁达夫、郭沫若、邓拓以及张大千、黄宾虹、潘天寿、陆俨少等名人，都在北雁荡山浏览和考察中留下了许多不朽的名篇佳作，其中诗词5000多首，摩崖碑刻400余处，大为名山生色。

雁荡山1982年被国务院列为首批国家重点风景名胜区，1999年荣获“国家文明风景名胜区”称号，2005年成功跻身世界地质公园行列，实现了从国家级风景区到世界级旅游品牌的跨越。目前，正在向联合国教科文组织申报“世界自然遗产”。

中雁荡山景区 中雁荡山地处乐清市西南10公里，距温州市区20公里，南靠瓯江七里港区，北邻北雁荡山景区，西倚楠溪江风景名胜区，104国道和甬台温高速公路从其南缘经过，已在建的甬台温铁路乐清火车站设站在白石，距景区不到2公里，交通十分便利，中雁荡山1989年被国家建设部批准为国家级风景名胜区。中雁荡山总面积为93.44平方公里，景点300余处，辖玉甑、西漈、三湖、东漈、凤凰山、杨八洞、刘公谷七大景区，境内以峰雄嶂险、飞瀑流泉、洞幽寺古、湖光山色、潭碧林翠著称，主要有三大特色：

特色之一——峰雄漈幽。玉甑峰壁立千仞，气势慑人心魄；天柱峰高出云表，如巨柱擎天；众多峰岩拟人尚物，惟妙惟肖，栩栩如生；杨八洞修竹掩蔽，怪岩散峙，造型奇特，变幻莫测；西漈、东漈两侧山峰对峙形成幽谷，修竹茂林，气象万千；茗山之巅风景如画。

特色之二——湖光山影。景区山青水秀，植被苍翠，湖山如画，尤以湖、瀑、潭之秀丽而闻名。东、西两漈或水流平铺石上，潺潺然且流且鸣，状若织锦，响如摇琴，迂回蜿蜒而至；或岩石堆塞，悬瀑洒珠，映日如虹，碧潭深透，层层涟漪。白石、钟前、龙山三湖嵌于东、西两漈之间，倒影重重，秀色可餐，在浙南诸风景区中确系罕见。

特色之三——洞府道观。洞府道观突出一个“古”字。早在南北朝时期，永嘉太守谢灵运在中雁下马岭村为民行田，距今已有一千多年历史。宋朝开山祖师李少和定居玉虹洞修炼，宋太宗亲书“第一山”。集云道观始建于唐龙纪年间，高蔓巨槛，金碧辉煌。重石真如寺，唐文德元年（888年）僧肇法师建。中雁开发于宋，至明朝最为旺盛。从历代留下的大量诗文看来，千百年来游人不绝，香客不断。

中雁荡山炎夏清凉，隆冬燠温，民风淳朴，有传统的盛大集市“三月初十”，四季林果海鲜丰饶，诚为观光旅游、会议、度假休闲之胜地。

灵山景区 灵山位于乐清市城北乡，因山体呈现“灵山”字型而得名，境内有黄檀硐、龙台、双秦、灵山顶、水飞谷五大景区，总面积32.87平方公里。多年来灵山被掩盖在雁荡山的光芒之下“养在深闺人未识”，而灵山的风景自有其不同于雁荡山的独特之处。随着旅游业的发展和人们对旅游需求的多元化，灵山以其“古、灵、秀、绿”的特色开始走进人们的视线。古村落黄檀硐历经600年的风雨依然保存着古老而完整的建筑，灵山的山水形态各异充满灵气，灵山漫山遍野的翠林绿野以及绿油油的梯田景观更是让久违了乡野气息的都市人有一种不可言状的亲切。宋代诗人王十朋诗云：“飞瀑来从小雁荡，灵源颇类大龙湫”。清光绪《乐清县志》有“层峦曲涧，飞泉激涌”之描述。

乐成八景 乐成八景，最早叫箫台八景，星罗棋布于乐成镇境内。八个景点各有特色，或形，或声，或水，或山，或洞，引人入胜。乐成八景，即箫台明月、东塔云烟、白鹤晨钟、紫芝晚磬、双瀑飞泉、西岑松雪、云门福地、盖竹洞天，其中半数已不存，只能从史书中查找，但也只是一些零星的记载，有些只是民间传说。

旅行社选介

乐清青年旅行社 创办于2001年12月，座落在乐成镇南大街332号，设有旅游接待中心、户外拓展部、市场营销部、外联计调部，是组织接待观光旅游、户外拓展、信息咨询、会务疗养、考察交流等业务的旅游专业机构。该旅行社与全国各地的旅游机构、车队、铁路、民航等单位建立了良好的合作关系，能提供全方位的综合服务。旅行社秉承游客至上、信誉第一、优质服务、真诚公道的服务宗旨，竭诚为游客提供优质完善的吃、住、行、游、购、娱等一条龙服务。青年旅行社2003年被评为温州市诚信旅行社，2004年被评为浙江省创建诚信旅行社优胜单位，2002年～2005年获得乐清市、温州市“青年文明号”殊荣。2005年，该旅行社成功接待了乐清市第一个“千人团”、第一个“红色之旅”大型学生团。

乐清中国旅行社 成立于1993年，是乐清市人民政府外事侨务办公室直属的一家旅行机构，下设国内旅游部、地接中心、票务中心和订房中心，是乐清市一个重要的对外窗口。该旅行社热忱接待海内外各界人士来世界地质公园雁荡山、楠溪江旅游观光和商务考察。该旅行社拥有一批精通业务的管理人员和一支高素质的专业导游队伍，并以“宾客至上，优质服务，信誉第一”为宗旨，竭诚为广大旅游者提供优质的服务。

乐清市长运旅行社 创办于1997年，隶属于乐清市长运总公司，设有旅游部、票务部、旅游车队、健康体检专线部及柳市、虹桥、白象三个营业部。长运旅行社先后荣获温州市、乐清市青年文明号称号和温州市“交通安全管理一等企业”、乐清市巾帼文明示范岗、“三八”红旗集体、文明服务示范点、敬老风范旅行社等荣誉称号。

乐清中雁荡山旅游服务总公司 成立于1998年，是乐清市中雁荡山风景旅游管理委员会下属企业。公司自成立以来，推进实施规范化、制度化、优质化管理体制，以“您的满意是我们最大的快乐”为服务宗旨，赢得了客户好评。公司以组团进行国内旅游为主，兼营散客旅游、商务考察、同学聚会、代订客房及票务等多项服务。

乐清市盛金旅行社 是经温州市旅游局批准成立、工商行政管理局注册登记、足额交纳质量保证金的旅行社。该旅行社拥有一批高档的层次不同的旅游客车和一支优秀的导游队伍，主要业务有接待旅游团体及散客、旅游包车、航空快件、火车票与飞机票代理等，还可根据企事业单位及不同层次旅客的需求设计不同的旅游线路。该旅行社遵循“以质取胜、以价取胜、不求第一、但求更好”的宗旨，愿为各界朋友竭诚服务。

乐清春秋旅游有限公司 成立于2005年，是经温州旅游局批准成立、具有国内旅游组团资格的一家旅行社，主营航空售票、汽车出租、订房等业务。该旅游公司大力提倡公平竞争及自强不息的进取精神，高标准、严要求塑造员工价值观念、服务意识，精心设计旅游精品，积极参与各种社会公益活动。把温州旅游市场做大、做强、做优，是春秋旅行社为之奋斗的目标。

乐清金海岸旅游有限公司 是一家经浙江省旅游局批准、工商局注册登记、并具有独立法人资格的公司。公司组织、招徕、接待国内旅游，并兼营定房、会议、票务、汽车出租、旅游商品等业务。公司不仅拥有一个完整的管理机构和一支经验丰富的导游队伍，而且秉承“宾客至上、诚信为本”的服务宗旨，以旅客满意为始终追求的目标，并对旅客作出了“安全、舒适、便捷、实惠”是的郑重承诺。

乐清中联旅行社 位于乐清市文虹路97～99号，是一家经浙江省旅游局批准设立的国内旅行社,具有独立的法人资格。中联旅行社本着“以诚取信、宾客至上、质量第一、价格合理、服务第一、开拓创新”的经营宗旨，与各地旅行社有着极其广泛的业务联系和良好的合作关系。中联旅行社拥有一批年轻而有朝气的业务精英，各部管理人员都有七八年的工作实践经验，他们带给客户的是周到热忱的服务。

乐清仙乐旅游社 创办于1986年，前身为旅游服务部，总部设在雁荡山，在乐清市几大集镇分别设立了乐清营业部、柳市营业部、虹桥营业部、白象营业部。仙乐旅游社的发团量占全市首位，开辟有100多条旅游线路，并在北京、上海、广州、杭州等地设立了办事处，年接待旅客量达六万多人次。“仙乐”先后被评为“浙江省五十强旅行社”、“浙江省优秀旅行社”、“全国重合同守信用单位”，并多次跻身“全国百强旅社”行列。

温州市雁荡山风景旅游总公司 成立于1985年，隶属雁荡山风景旅游管理局，是一家集旅游业务、车辆出租、餐饮住宿、度假娱乐、风景开发为一体的综合性、规范化旅游企业。公司下设外联计调部、导游接待部、龙湫酒家，兼管灵峰古洞、卧龙谷两风景点，有一批高素质的导游队伍，拥有强大的接团实力。公司还率先承办了温州经济格局、民企营建考察等特色旅游线路。公司服务深得旅客好评，2006年公司获“全国青年文明号”荣誉称号。

雁荡山祺丰旅游公司 创建于2002年12月，总部下设营销部、组团部、计调部、地联部、乐清门市部、虹桥门市部、雁荡山灵峰门市部、上海联络处、票务部、质监部、人力资源部、广告策划部、财务部等部门拥有一支由40多名训练有素的专业导游组成的导游队伍、一支具有实力的祺丰旅游车队、一家旅游饮品公司、一个雁荡山新景点水上乐园（被上海游客称之为浙南猛洞河皮筏漂流）、4家不同档次的宾馆（可同时接纳500多人住宿和1000人就餐）。雁荡山祺丰旅行社是一家能为游客提供吃、住、行、游、购、娱一条龙服务的综合性旅游实体。

浙江雁荡山旅行社 隶属雁荡山风景旅游管理局，是雁荡山最大的一家接待海内外旅客的国营专业机构。雁荡山旅行社办公楼位于雁荡山响岭头，设有外联部、导游服务中心、旅游汽车出租公司、灵岩茶室及屏霞轩餐厅，还在乐清市区设立了门市部。雁荡山旅行社坚持“以诚结友，以质取胜”的服务宗旨，拥有一批训练有素、语种齐全、业务熟练的导游服务队伍，具有较强的综合接待能力。该社先后被评为“浙江省五十强旅行社”和“温州市优秀旅行社”。

雁荡山环宇旅行社 创建于1993年,是一家经国家旅游局批准、工商行政部门注册登记、具有独立法人资格的旅游企业。该社拥有一批训练有素的导游队伍，拥有金谷饭店和绿色山庄。金谷饭店有双标客房52间、豪标客房20间,有大小会议室、多功能厅、活动室、餐厅、小卖部，设置齐全；绿色山庄有双标客房25间。

雁荡山山河旅行社 温州市雁荡山山河旅行社经省旅游局批准，创立于1993年，是隶属于乐清市教育系统的旅游企业，系浙江省旅游协会和温州市旅游协会会员单位。该社下设虹桥门市部、导游部、外联部、旅游车队、雁荡山居及餐厅。该社以接团队旅游为主，同时也承接散客（天天接）、会议、培训、考察等业务。山河旅行社不仅有一批高素质、经验丰富的管理人员和专职导游人员，而且可按照游客的需求灵活组合景点，安排行程。山河旅行社本着“真诚、热情、友好、求精”的服务宗旨，热忱为旅游者服务，受到了各地旅行社的一致好评。

雁荡山假日旅行社 是经浙江省旅游局批准并取得法人资格的经济实体。该社拥有一个完整的管理机构和一支受过良好教育、经验丰富的导游队伍，曾先后荣获“温州诚信旅行社”、“浙江省诚信旅行社”、“温州市地接优秀旅行社”、“乐清市文明单位”等称号。该社与国内各地的旅行社、民航、铁路、汽车、景区、宾馆等有着广泛的业务联系和良好的合作关系。该社组织、招徕、接待国内旅游，并可根据社团的要求制定旅游计划，安排特色旅游，真正做到让每一位游客在假日里踏上快乐之旅！

雁荡山朝阳旅行社 雁荡山朝阳旅行社有限公司，是经省、温州市旅游局批准的国内旅行社。2002年被温州市旅游局评为“温州市优秀地接社”。雁荡山朝阳旅行社有限公司前身为杭州海外旅游有限公司雁荡山分公司，公司位于国家首批重点风景名胜区——雁荡山，公司经营开展国内旅游及商务考察、会议服务等组团和接团业务，同时承接国内外游客来雁荡山观光旅游业务，还代理国内各大航空公司的国内机票业务。公司下属有一家航空售票处和一支金龙系列旅游车队，拥有先进的通信设备和服务设施及一批训练有素的优秀员工。

星级旅游宾馆饭店选介

新世纪大酒店 是1995年7月按三星级酒店标准要求动工建造，1999年2月竣工试营业。2001年1月通过浙江省旅游局评定为乐清市首家三级涉外旅游饭店，2001年8月通过国际质量体系ISO9001认证，2003年1月被评为绿色饭店，2005年3月成为乐清市唯一一家世界金钥匙酒店联盟成员， 2006年12月通过四星级饭店评定。酒店主楼高21层，拥有1300多个餐位、47个KTV包厢及各种类型的大小会议室，设有商场、商务中心、乒乓球室、台球室、健身房、桑拿室及大型停车场等配套服务设施。新世纪大酒店被众多商务、度假人士奉为首选下榻之处。

雁荡山山庄 雁荡山山庄座落在风景秀丽的国家级风景名胜区雁荡山景区内，面临霄霞溪，依山傍水，环境幽雅，交通便利，是浙江省省级文明单位、浙江省绿色饭店。山庄于1997年3月16日开业，建筑面积18800平方米，拥有豪华标房、豪华单间、豪华套房、商务标房、商务套房等200多间（套）；餐厅能同时容600人用餐，设有中餐厅、西餐厅、大小餐饮包厢；内设有桑拿中心、茶楼、歌舞厅（多功能厅）、棋牌室、台球室、乒乓球室、飞镖室、健身房、美容美发中心及商务中心、商场、会见厅、大小会议室、露天游泳池、羽毛球场、停车场等综合服务设施，是一家花园式饭店，是旅游住宿、休闲娱乐、会议商务的理想场所。

国际大酒店银城广场 乐清国际大酒店银城广场是集客房、餐饮、娱乐、商务、购物、会议等为一体的综合性涉外旅游三星级饭店。酒店位于乐清市区，临近104国道，交通方便。酒店建筑面积1.5万平方米，高七层，拥有装饰雅致、陈设豪华、宽敞舒适的客房90间（套），有宴会厅和60余个包厢，可同时容纳1000多人就餐，特聘名师主理中西各式菜肴，持有省级《陆生野生动物经营利用核准证》。酒店设有商场、商务中心、美容美发、娱乐健身、KTV包厢、会议中心等配套服务项目，服务设施完备。酒店还为旅客直接提供往来全国的航空交通旅游服务。国际大酒店银城广场以“力求完美，服务到位”为宗旨，为客户提供一流的服务。

沪川大酒店 位于柳市镇中国电器城， 2001年12月开业，2003年被评为三星级旅游饭店。酒店建筑面积1.28万平方米，总投资7000多万元，酒店内设客房106套，餐厅可同时接待1500人用餐。酒店设有茶座、酒吧、舞厅、乒乓球室、台球室、西餐厅、室内游泳池、美容美发厅、购物商场、大中小型会议室、商务中心及民航售票中心。宽带接入每个客房，顾客可在客房直接上网；会议室有专用投影仪。沪川大酒店是目前乐清市规模较大、设施较为完善的商务酒店。2004年12月，酒店被评为浙江省第四批“绿色饭店”。

朝阳山庄 雁荡山朝阳山庄座落于雁荡山灵峰景区，是一家三星级旅游涉外饭店，拥有豪华套房、标准客房100套。朝阳山庄大堂豪华典雅，大堂酒吧极富特色。山庄不仅拥有不同风格的华丽餐饮包厢及能同时容纳200人就餐的大型宴会厅，而且娱乐项目齐全，配有桑拿中心、KTV包厢、棋牌室、台球房、花园式网球场、天然游泳池、健身房等，旅客在旅游观光之余可尽情地乐在其中。为满足宾客多方面的需求，山庄还设有大中小型会议室、商务中心、商场、美容美发中心、保健按摩室、医务室等配套设施，并代办国际及国内飞机、火车、船票业务，是国内外宾客到雁荡山旅游度假、商贸活动、举办会议、组织培训的理想场所。

银雁饭店 银雁饭店位于雁荡山景区，是一座按三星级标准建造的旅游涉外饭店，依山傍水，环境幽静。 饭店拥有各式标准客房、套房110间（套），设有宴会厅、中西餐厅，并配有中央空调、国际国内直拨电话、背景音乐、多套卫星电视。饭店内还设有多功能厅、KTV包厢、桑拿按摩、台球室、乒乓球室、棋牌室、天然游泳池、大堂吧、商场、大小会议室、商务中心等各项配套设施。

银苑饭店 温州银苑饭店，座落在雁荡山境内，是一家按三星级标准设计建造的旅游涉外饭店，拥有标准客房92间，小套房6间，大套房2间，计190个床位，并拥有停车场200多平方米。饭店设施齐全，服务优良，设有中餐厅、西餐厅、宴会厅和餐饮包厢，可同时容纳280人就餐。饭店配有大中小会议（厅）室，内设酒吧、咖啡厅、购物中心、美容美发厅、棋牌室、医务室、桑拿浴、台球室、游艺室、舞厅、KTV包厢、网球场、游泳池等，商务中心能提供打字、复印、传真、国际与国内直拨电话等配套服务。银苑饭店是国内外宾客到雁荡山旅游度假、社交休闲、举办会议、培训学习的理想场所。

灵岩山庄 是浙江省温州市公路管理处下属单位，属于全国交通系统重点接待本部门领导及贵宾的高档次宾馆，是集吃、住、娱乐、休闲度假为一体的多功能综合性山庄。山庄设在国家级风景区雁荡山境内，按三星级标准建造，于2003年12月正式挂牌三星， 2004年8月顺利通过三星复评。山庄设有豪华套房三间、双人标准间43间、单人标准间9间，配有中餐厅、KTV包厢、酒吧、商场、商务中心、美容美发、保健按摩、游泳池、大小会议室、多功能厅（可容纳300人）、大型停车场、出租车等配套服务，随时为宾客提供各项优质服务。

信　　息　　业

综　　述

概况　2007年，全市信息化发展大步向前跨进，电子政务重点由建设转向应用，社会公共管理服务等领域信息化建设稳步推进，公共网络基础设施进一步完善，社区和农村信息化建设全面铺开。信息产业产值占全市工业总产值的比重增大，信息产业结构不断优化升级，信息服务业已崭露头角。

电子政务逐步向事业单位延伸　按照省电子政务网络技术规范，继续做好市电子政务外网改造、IP地址调整和各单位业务专网的接入工作，电子政务网逐步向事业单位延伸。2007年，完成了国土系统和科技系统省电子政务外网专网的（PE）主干接入并顺利运行；遵照市纪委要求，在温州全市率先关闭了股票相关端口，对机关单位联网电脑使用股票软件进行封锁，确保了电子政务网络真正用在政务工作上；进一步普及短信息办公业务，推广电子公文交换系统，提高了机关办事效率。另外，按市政府办公室《关于启用电子公文交换系统的通知》（乐政办发〔2007〕71号）文件要求，于7月中旬分三批对全市126个相关单位的办公室主任和负责电子公文收发工作的文秘人员共251人次进行了系统维护及操作培训，8月1日，电子公文交换系统在全市范围内进入试运行。

加强社会公共管理服务等领域的信息化建设　2007年，由市劳动和社会保障局、市卫生局携手合作建立的乐清市新型农村合作医疗结报系统，经过专家评审后进入项目实施阶段。该项目的实施，对于推进全市新型农村合作医疗系统的全面发展、扩大新型农村合作医疗服务面、真正方便农民医疗保障、提高全市医疗和社会保险的管理效率等方面都有重要的意义。同时，市环保局开展了环保全球眼监控项目建设，逐步实施对全市企业污水排放进行实时监控；市公安局加强治安全球眼监控建设，强化了社会综合治安信息化管理。

积极助推社区和农村信息化建设　2007年，乐清市在省、温州市都出台了农村信息化建设方案并开始试点工作的大背景下，出台了《电信助推农村信息化建设实施意见》，积极推进“千条光缆进农村”、“村村通宽带”、“小灵通网络优化”工程建设，提升了农村基础通信能力；大力实施“农村党员远程教育网”、宽带互联网、“乡情网”、信息门户网、治安防控网的建设，充分发挥了信息资源共享功能作用；继续加大对农村电信服务网点的建设，进一步完善了电信服务体系。到年底，全市基本实现了乡乡通小灵通、村村通宽带，50%以上的行政村建成了信息门户网站、开通了“乡情网”电话，建成了10个农村信息化示范乡（镇）、100个农村信息化示范村。

大力扶持信息产业　2007年，市信息产业部门以虹桥镇电子元器件产业基地为基础，向省信息产业厅申报了浙江省电子元器件乐清基地并获得批准。省电子元器件乐清基地是乐清市获准建立的第二个省级产业园区。2007年还向温州市信息办申报了5个软件及电子信息产业制造业发展专项资金项目和1个信息服务业发展专项资金项目，并有5个项目获得温州市补助资金74.4万元、乐清市本级财政配套补助资金47.7万元，其中2个软件项目和2个制造业项目顺利通过了温州市软件及电子信息产业制造业发展专项资金项目的验收。

邮　　政

概况　2007年，乐清市邮政局共有邮政分局7个、邮政储蓄所20个、速递分公司5个；拥有固定资产1.24亿元、房屋建筑面积4.5万平方米、汽车48辆、邮政信筒信箱468个；服务区域面积1174平方公里，服务人口130万余人，邮路长度（单程）3753公里，农村投递路线总长度（单程）3714公里。市局设综合办公室、工会、市场部、人力资源部、财务部、运维部、稽查中心（行管办）、保卫科等9个职能部室，还设有储汇分局、商函分局、鸿翔公司、邮票公司、速递公司等5个专业部门。2007年，乐清市邮政局顺利通过省级文明单位复评，实现了市级文明单位一片红的目标。同时，扎实开展了“邮储阳光”、速递“创优＋服务”、“创用户满意服务窗口”活动，开展了“青年文明号”、巾帼文明示范岗创建活动，全局形成了主管领导具体抓，党、政、工、团齐抓共管，职工群众积极参与的创建工作格局。

2007年，市邮政局完成业务总收入7849.1万元，完成年计划（7088万元）的109%,同比增长21.71%。其中函件业务累计收入769.57万元，同比增长34.78%，完成年计划的112.35%；包件业务累计收入245.09万元，同比增长12.94%，完成年计划的119.38%；汇兑业务累计收入475.68万元，同比增长45.57%，完成年计划145.02%；报刊业务累计收入491.13万元，同比增长0.03%，完成年计划的107.94%；特快业务累计收入1906.62万元，同比增长21.67%，完成年计划的102.51%；集邮业务累计收入211.6万元，同比增长20.23%，完成年计划的105.51%；储蓄业务累计收入3064.04万元，同比增长21.54%，完成年计划的101.19%。截止年底储蓄余额达13.68亿元，完成了省公司下达的780亿元分解计划任务，比上年净增3.01亿元，同比增长28.21%。12月份邮储余额市场占有率为7.14%，活期比例为69.85%。各大业务特别是函件、特快、储蓄等三大业务呈现齐头并进的良好局面。

邮储短信业务发展居温州地区榜首　截止2007年底，乐清市邮政局在92331户活跃账户中，共加办邮储短信业务11380户，有效加办率达12.33%，全年发送短信回执101782条，名列温州地区榜首。“邮政储蓄账户变动短信通知业务”（简称邮储短信业务）是一项花费成本较低、收益较高、能形成规模效益的业务。乐清邮政局根据浙江省邮政局的相关劳动竞赛文件的要求，以及省局第三季度推出的邮储短信“百日冲刺”促销活动的部署，制订了全年发展目标及专项考核办法，营销人员通过大宗客户上门宣传、老客户电话宣传、新开户现场宣传等方式，成功地打了一场“百日冲刺”营销战，较大幅度地提高了有效户的邮储短信业务加办率。

DM中邮专送广告复刊　经过一段时间的筹备与策划，停刊近3年的中邮专送广告于4月底重新创办。该广告依托邮政强大的投递网络，采用夹报、指定繁华路段专人投送、高档休闲娱乐场所全场覆盖等方式发放。DM中邮专送广告根据用户的需求实行动态发行，每月发行2～4期，每期20000份。经过几个月的运营后，DM广告进驻人本、联华等大型超市，印量增加到30000份。截止12月底，共刊出DM中邮专送广告26期，业务收入达30多万元。

与乐清供电局携手签约　11月23日，“乐清市供电局与乐清市邮政局实时联网代收电费签约仪式”在乐清市供电局会议室举行。市供电局曾朝阳副局长和市邮政局赵智春副局长就双方今后的长期合作分别发表了讲话，对今后合作的流程、方式以及如何实现共赢等关键问题相互交换了意见，双方在平等互利的基础上签订了合作协议。这是乐清市邮政局服务“三农”的又一重大举措，这对邮政储蓄的发展将起到积极的作用。

率先启动助推中小企业发展工程　经过多次会晤磋商，乐清市邮政局与乐清市漏电断路器行业协会达成合作共识，并于12月8日在“浙江省断路器协会、乐清市漏电断路器行业协会2007年会”上签订了合作框架协议，正式启动乐清邮政助推乐清漏电断路器行业协会成员企业发展工程。乐清邮政与乐清市漏电断路器行业协会的合作，是浙江邮政助推中小企业创业发展工程的延续，是市邮政局贯彻省邮政公司《关于深入开展邮政服务中小企业工作的通知》和乐清市委、市政府《关于开展“深入农村、走进企业、服务群众，百名中层干部下基层”活动的通知》等文件精神的重要举措。市邮政局派员对助推的有关企业进行了邮政贺卡、商函数据库营销、特快专递等系列业务的培训推介，引导有关企业正确使用邮政服务，推进了这些企业的健康快速发展。

邮储喜超13亿元　截至12月底，乐清市邮储余额达到13.68亿元，全年余额净增2.36亿元，提前并超额完成了省局下达的“750亿分解竞赛计划”，名列全省前茅。

省公司领导关心乐清邮政局发展大局　7月10日，省邮政公司总经理吴鼎钧、副总经理徐建华在温州市邮政局孟一兵局长的陪同下，到乐清市邮政局调研慰问。吴总经理一行查看了柳市分局营业大厅、封发投递生产场地后，认为柳市是一个大市场，市场前景非常广阔，整个支局的结构框架、发展基础都打得很好，职工发展业务的积极性和信心也很高，但作为百强支局，现有的生产场地规划已经制约了业务的发展，建议乐清市邮政局要在管理上加大倾斜力度，把柳市的发展作为重点课题研究，增加投入改善办公环境，创造一个顾客满意、职工满意的工作环境。

电　信

概况　2007年，中国电信乐清分公司在市委市府和上级电信业务主管部门的正确领导和大力支持下，认真贯彻中国电信企业战略转型工作思路，结合乐清地方实际，在应对挑战中抢抓机遇，在克服困难中寻求突破，在创新实践中解决问题，保持了企业的全面、协调、可持续发展，迈出了企业战略转型的坚实第一步。截至2007年底，电信固话普及率达43.94线/百人，互联网普及率达12.29线/百人。

电信基础通信能力进一步提升　2007年，乐清电信网络运行质量有显著提升，固话和宽带装移预约率分别达到98%和95%；装移机及时率达98%和97%；障碍修复率达99%和98%；重复障碍率为7.8%和11.9%。中国电信乐清分公司总体维护考核水平居温州前列，其中宽带修障重复障碍率和装移及时率均位于全省前列，全年电信网络运行无重大阻断故障发生。

同时，通过进一步加大农村宽带网络建设力度，基本实现了全市2KM以内铜缆宽带接入线对占比不低于93%的目标；继续开展小灵通网优工程，先后实现了城北、仙溪、福溪、镇安、龙西、智仁等偏远山老区乡镇所在地的小灵通信号覆盖，于10月份提前完成了小灵通“乡通工程”；通过网络、基站优化，乐清的小灵通盲区进一步缩小，网络质量得到进一步改善，电信基础通信能力得到了进一步提升。

中国电信集团公司总经理王晓初(中)一行在乐清分公司总经理唐和平(左)的陪同下视察乐清 电信乐清分公司提供

通信服务水平进一步改善 为保障广大电信用户合法权益，营造诚信经营、放心消费的和谐电信服务环境，根据国家信息产业部在全行业部署开展“诚信服务放心消费年”活动要求，2007年，中国电信乐清分公司在收费及资费、管理及营销、服务履约、技术管理、合作管理、信息内容、投诉处理等七个方面开展了自查自纠，并从强化管理、制度保障和组织落实等方面入手，成立了活动领导小组，制定了活动实施意见，完善了工作机制；从诚信经营、规范服务、质量保障以及让电信用户放心消费等四个方面入手，对排查发现的问题及时进行全面整改；从保证“诚信服务放心消费年”活动达标入手，强化诚信经营意识，规范经营服务行为，加快拓展服务渠道，在柳市、虹桥等主要集镇新增了柳市柳江路、白象东大街和虹桥新丰路营业厅，充实了10000号话务代表力量，设立“家门口”便利型社会代理合作网点，提升服务水平，为用户营造了放心的电信服务消费环境。

为提升客户感知度，年初开展了末梢维护大会战。通过修订完善末梢维护制度，将预约服务纳入网络末梢质量管理体系，落实预约控制点，实行集中预约，将安装预约服务工作与修障预约有机结合起来，从而使电信固定电话、宽带等业务的实际装移历时比过去明显缩短。8月以来，还先后开展了“携手100万，畅享100G”、“百镇千村宽带行”活动，通过“走村入户”、“摆摊设点”等现场咨询、演示和营销活动，帮助农村用户了解、熟悉并逐步掌握计算机、互联网等常识，促进了农村信息化的进程。

阳光政务启动会议 电信乐清分公司提供

各项业务持续平稳发展 2007年，中国电信乐清分公司以稳定市场基本面、促进存量客户保有、加快增值业务推广为重点，主动应对市场竞争，保持各大业务主量的平稳发展态势，且收入结构得到明显优化。同时大力拓展我的e家、商务领航/ICT和114号码百事通等三大品牌业务，固话彩铃、移机不改号、一号双机等固网增值业务和号码百事通、商务领航、全球眼、数码E房等转型新业务快速发展，成为新的增长点，企业战略转型成效初步显现。

全力做好温州市党代会网上直播保障工作 2月27日上午9时30分，温州市第十次党代会隆重开幕，中国

为抗台指挥部及时传递抗台信息　　电信乐清分公司提供

视频互动系统防汛抗台演练　　电信乐清分公司提供

电信乐清分公司全力做好在乐清农村党员干部现代远程教育平台上的大会直播保障工作，使乐清市1万多名党员干部分别在937个党员干部远教站点通过网络实时收看了温州市党代会开幕盛况。

“信息高速公路”进一步拓宽　4月，新建了IP网，顺利完成了以接入层割接和精确绑定为主要内容的乐清IP城域网改造工程，这标志着乐清市“信息高速公路”进一步拓宽，出口带宽增加到20G。通过这次城域网改造，满足了宽带业务发展的需求，实现了专线、IPTV、新视通、全球眼等关键业务的带宽保证，提供了4Mbps、8Mbps等多种速率类型的宽带服务。并通过实行用户标识的唯一性进一步提高了客户的感知度。

阳光政务信息服务工程启动仪式隆重举行　5月17日，乐清市阳光政务信息服务工程启动会议及乐清市114阳光政务信息服务热线正式启用仪式隆重举行。根据省府的统一部署和市府的具体安排，5月上旬，乐清市第一批36个与社会公众联系密切的市直职能部门的政务服务和便民信息采编、审核、传送，实现了与114阳光政务综合信息服务平台的技术转接，5月17日正式向广大市民提供热线服务。这是中国电信乐清分公司推进信息服务工程的又一新突破。

成功举行远程教育视频互动系统防汛抗台演练　8月13日，市政府在中国电信乐清分公司通过市农村党员远程教育视频互动系统，联合举行了网络视频防汛抗台演练。市委常委组织部部长张亨利、副市长胡成剑参加了这次模拟演练活动并给予高度评价，他们希望进一步整合发挥远程教育互动视频系统作用，加快防汛抗台指挥等现代化装备建设，以保证乐清防汛抗台工作顺利进行。8月18日，在防御“圣帕”强热带风暴中，中国电信“全球眼”和“会议通”等通信新技术、新产品在市防汛防旱指挥部的远程指挥、灾情了解等工作中发挥了重要作用。

中国电信集团公司王晓初总经理到乐清视察调研　9月27日，中国电信集团公司总经理王晓初（现中央候补委员）一行在中国电信浙江公司总经理张新建、副总经理吴晓伟的陪同下到乐清视察调研。

召开电信助推农村信息化建设启动大会　10月26日上午，市委、市府在中国电信乐清分公司专题召开了全市电信助推农村信息化建设启动大会。市委副书记郑建海、市委常委常务副市长王军、副市长王家华和中国电信温州分公司副总经理祝海云出席会议，来自市新农办、信息办、农业局、科技局等市直机关部门的分管领导、全市31个乡镇的分管领导及第一批100个农村信息化建设试点村的负责人共180多人参加了会议。

助推农村信息化建设启动会议　　电信乐清分公司提供

移动通信

概况 2007年是中国移动乐清分公司从邮电剥离后走过的第10个年头，也是分公司取得辉煌业绩、创造发展历史上多项新高的一年。分公司客户总数突破了100万户，全市所有的行政村实现了移动信号100%的全覆盖，运营收入保持了全省五强县（市）地位。2007年，北白象营业厅荣获温州市“巾帼文明示范岗”称号，乐成营业厅、虹桥营业厅、柳青营业厅、新市街营业厅和大荆营业厅被评为乐清市“巾帼文明示范岗”，乐成营业厅、动感地带营业厅、北白象营业厅、磐石营业厅、柳青营业厅和虹桥营业厅还荣获乐清市“青年文明号”称号。

浙江移动通信公司副总经理芈大伟（左）来乐检查指导　　移动乐清分公司提供

立足创新，引领服务全面提升 在促进和谐社会建设、实现消费和谐的过程中，中国移动乐清分公司把高质量、高水平的客户服务作为追求卓越品质、打造世界一流企业的关键环节。2007年，分公司在微笑服务的基础上，以“满意100”活动为全年服务工作主线，深入开展了服务文化大讨论和“满意100”金点子征集竞赛评优等活动，强化了一线服务人员的服务意识。各区域经营部服务创新层出不穷，为改进服务，坚持“红、黄、蓝”制度，完善每周服务计划，培养专职现场管理人员，狠抓营业服务质量，并总结出了一套店长“四每”服务管理方法,即做到每月、每周有整改和提升,每日、每时有现场纠正和激励。2007年营业服务成果丰硕：乐成第一营业厅从全市166家营业厅中脱颖而出，被评为全市唯一的一家“A类旗舰厅”，8月份还获得全国百佳“沟通100”营业厅称号；北白象营业厅获得乐清市“沟通100”优秀辅厅称号，磐石、七里港、象阳营业厅获得乐清市优秀乡镇厅荣誉。

克难攻坚，全力打造卓越网络 网络建设是移动通信得以持续发展的基础保障。2007年乐清分公司网络片全体员工克服工程量大、人员车辆紧张、电力供应短缺、辐射纠纷严重等不利因素，发扬持续艰苦作战、克难攻坚的无畏精神，在工程建设、网络维护等方

移动乐清分公司办公大楼　　移动乐清分公司提供

移动通信基站　　移动乐清分公司提供

中国移动乐清分公司总经理刘克（右）下乡调研　　移动乐清分公司提供

面，取得较好成绩，提前超额完成了G13.3、G13.4工程，更值得一提的是：2007年，中国移动乐清分公司积极响应乐清市委市政府提出的为民办实事的号召，积极参与社会主义新农村建设，投资1亿余元人民币，精心组织实施村村通移动电话工程，在2007年国庆节前，共建设村通基站48个，达到了全市912个行政村村村通移动电话的目标，满足了广大农民最基本的通信需求，为信息化新农村建设打下了坚实的基础。维护部门在做好例行维护工作和基站代维管理的同时，做深做细安全通信保障工作，以安全整治为提升点，加大基站安全隐患整改力度，加快传输路由改造进度，提高了网络保障能力。在各种自然灾害面前，网络部全体员工发扬顾大家舍小家的牺牲精神，合理安排，统一调度，防抢结合，快速反应，顺利应对了多次台风袭击，有效保障了灾害期间网络的安全和通信的畅通。

强化管理，推进和谐工程建设　一是建立了能上能下的人才管理机制，9月份在全市各营业厅开展了营业店长的竞聘选拔活动，10月份开始在分公司开展了全员竞聘，并提拔了两名主要管理人员。二是强化安全管理，明确安全责任，完善安全制度，完善安保制度体系，确保了运营安全。2007年，分公司和各部门层层签订了安全保卫综合管理责任书，加强了安全检查，加大了安全整改力度，坚持做好每月安全生产检查，积极开展“安全生产月”活动，狠抓“三电”斗争，严厉打击盗窃、破坏案件，及时消除了安全隐患。同时精心组织安排了防汛抗台各项工作，确保了台风期间的通信保障和员工生命财产的安全。三是继续加强基础管理，通过建章立制，完善了各种规章制度，优化了业务、服务流程绩效考核体系，把效能提升工作落到实处，客户满意度得到了明显提升。四是积极发挥工会、共青团的作用。围绕分公司中心工作，工会和共青团以活力团队建设为载体，开展了员工喜闻乐见的文体、劳动竞赛、岗位练兵等系列活动，有效地缓解了员工的工作压力，提升了员工的业务素质和工作能力。同时分公司积极开展公益活动，认真履行企业的社会责任，和龙西乡政府建立了扶贫帮扶对子，在建军节期间慰问驻乐武警官兵和消防战士，团支部响应团市委号召上门慰问贫困老党员，相关区域还自发开展了资助贫困学生的助学活动、到敬老院和老人们共度重阳佳节、在母亲节慰问员工母亲等活动。

“喜迎奥运，再创辉煌”迎新晚会　　移动乐清分公司提供

举行迎奥运万人签名活动　　移动乐清分公司提供

Beijing 2008
中国移动通信
CHINA MOBILE
北京2008年奥运会合作伙伴
Partner of the Beijing 2008 Olympic Games
金牌服务 满意100
金牌服务
满意
100

联通通信

概况　中国联通有限公司乐清分公司（以下简称乐清联通）是隶属于中国联通有限公司的分支机构，担负着乐清全市的移动通信业务服务、工程建设、网络运行，是乐清市唯一一家具有经营综合电信基本业务和增值业务的国有电信企业。公司经营范围包括无线移动通信、数据通信、掌中宽带(无线上网卡)、国际国内长途、互联网、电信增值等业务以及与主营业务有关的其他业务。乐清联通以发展为第一要务，健全现代企业机制，始终不渝地着力于市场发展、着力于服务质量的提高和客户满意度的提升、着力于内部基础管理，真抓实干、敢于竞争、勇于创新，竭力为社会提供质优价廉的通信服务，各项业务稳步发展，综合通信能力、运营能力、经营业绩等方面都取得明显进步。截止2007年年底，公司拥有在网用户30万户、CDMA掌中宽带用户1万多户，全年各项业务收入同比增长10.8%。

实现了超常规、跨越式发展　乐清联通现有员工90人，大专以上学历70人。乐清联通公司设综合部、财务部、服务发展部、市场部等4个部门和客服、运建两个中心，还在虹桥、柳市、北白象三个区域设立了3个经营部、5个自营厅，分别对其所在辖区及周边区域开展服务。从2000至2007年，乐清联通经历了从无到有、从小到大、从弱到强的创业历程。乐清联通始终以“绿色”作为企业业务开展和员工队伍建设的核心，以“服务”作为企业树立良好公众形象的基础，以“诚信”作为企业实现可持续发展的保证，以“共建”作为企业与社会实现互利共赢的手段，实现了超常规、跨越式发展，取得良好的经济效益和社会效益。2007年，乐清联通拥有固定资产2.5个亿，连续五年被市财政部门评为“百强纳税企业”。

“新农村教育”蹲点活动　　中国联通乐清分公司提供

网络结构更趋合理，通信网络功能全面提升　2007年，乐清联通完成固定资产投资3000多万元，主要完成了CDMA网络6期、GSM15期和GSM16期第一阶段工程，全年净增加80个基站，系统HLR容量可满足50万用户使用。至年末，高速公路等交通干线信号覆盖率达到100%，人群覆盖率达98%以上。CDMA的网络覆盖，实现了高话务区域的立体覆盖及主要交通干道的无缝覆盖，实现了雁荡山、中雁荡山两个国家级著名旅游风景区的全覆盖，网络覆盖率达95%以上，网络功能全面提升。

开展“全程全员全方位”服务　乐清联通坚持以“稳定可靠的网络、优质满意的服务”为质量方针，通过“首问责任制”考核、规范业务操作流程等强有力措施，全面开展“全程全员全方位”服务活动。一是通过10018客户服务热线、网上营业厅，为客户提供业务咨询和服务，并通过对客户服务系统的扩容，提高了10018人工台接通率，用户投诉处理平均时长由24小时缩短到12小时，用户投诉答复率由95%提高到100%。二是建立星级客户服务体系，提供点对点的个性化服务，提高了星级客户的忠诚度。三是建成覆盖良好的综合通信网络及精确的计费系统，以为客户“零距离服务”为起点，在原有的5个自营厅基础上，增加了40个合作营业厅，60个自建连锁店，70个代理点，为客户提供全方位、面对面的服务，受到了当地群众的欢迎。优质服务带动了企业发展，乐清联通在逐步实现从被动服务向主动服务的有效转变的同时，也逐步做到了用户选择联通产品“省心”、消费联通产品“放心”、拥有联通产品“舒心”、感觉

联通落地塔基站　联通乐清分公司提供

联通服务“称心”，广大用户真正体会到联通公司的“诚心”。

积极创建文明单位 2007年9月，乐清联通配合温州市公司组织进行了文明行业检查；10月乐清联通通过了温州市级文明单位复评。同时，与扶贫挂钩单位加强了联系，开展走访慰问扶贫挂钩单位活动，为扶贫挂钩单位脱贫致富提供资金上的帮助和支持。5月份，乐清联通积极参加乐清市委、市政府开展的“新农村教育”活动，中国联通乐清分公司党委书记董宏兴与乐清市人大副主任倪蓉埭等领导一起，到岭底乡泽基村进行了为期一周的“新农村教育”蹲点活动，承担了社会公益义务。

携手共建文明社区 乐清联通公司团委积极动员全体共青团员加入“青年志愿者”行列，并借用多种载体开展了多种形式活动。12月份，为迎接省级卫生城市复查确认工作，乐清联通在丹霞社区的统一组织下，开展了一次乐成红源小区卫生死角大扫除活动，以实际行动参与了社区环境卫生整治，共创社区文明。

党、工、团工作有效开展 乐清联通党支部建设不断加强，2007年建立了党员活动室。在纪念建党86周年之际，乐清联通党支部会同中国联通瑞安、永嘉分公司的党员一起参观了永嘉红十三军军部旧址，学习了党章，重温了入党誓词。2007年，乐清联通党支部荣获联通“省先进党支部”称号。11月份，工会顺利完成了换届工作，还组织员工参加了无偿献血活动；团组织建设得到加强，9月份乐清联通独立组建了分公司团支部。

网通通信

概况 2007年，中国网通乐清分公司在省、市公司的正确领导下，紧紧围绕“创新发展”主题，努力克服“竞合协议”签订、互联互通问题等困难，坚持发展为第一要务，冷静分析形势，积极研究对策，坚定不移地开展业务转型和创新，在营销体系建设、生产能力支撑和企业基础建设等方面，取得了显著成效，实现了宽带业务的跨跃式发展。全年实现业务收入2100万元，住宅宽带累计用户数达1.3万户，固定电话用户总数超过2万户。

加强基础管理，构建企业和谐文化 坚持政治理论学习制度，贯彻党的十七大字精神，深化企业内部改革，引导、帮助员工认清形势，扭转观念，强化教育员工市场意识、危机意识、竞争意识。

加快转型业务发展，积极实施增收计划 积极响应省、市公司竞合协议后的工作方针，并将新业务的发展作为重中之重。通过与乐清气动协会合作举办中秋企业信息化推广会、召开大客户年会等方式，大力拓展中小企业信息化业务（“EPOWER”业务），在积极拓展业务的同时，助力乐清中小型企业以低成本实现信息化。2007年，共发展EPOWER样板客户22家。

坚持以宽带业务发展为重中之重 进一步深入落实“宽带战略”，强化网通奥运宽带的品牌和品质，集中资源开展网络建设，努力打造营销团队，实现用户规模和业务收入双突破。开展深度营销，通过细分客户群，丰富宽带产品种类，大力推广“亲情1+”品牌，提升用户忠诚度。全年净增宽带用户6500户，不断提升宽带市场份额。

坚持以客户为中心的经营理念 建立新型运营管理体系，推进新型营销体系建设，不断健全服务体系。重视用户感知，完善预约式服务，加强预约率和预约上门及时率考核，建立健全面向客户、以客户为中心的服务流程、标准以及相关的管理体系和后台支撑服务体系，满足客户不断增长的服务要求，将预约服务打造成为公司的服务品牌，确保预约率达100%，预约上门及时率达到95%以上，以全面提升乐清网通“奥运宽带、金牌服务”的差异化服务品牌。

重点区域重点投资，加快网络建设步伐 以乐成、柳市、白象为重点，重新规划覆盖，并按网络安全和节约运行维护成本、加强覆盖的要求进行网络结构优化。到年底完成投资超1000万，对城域网光缆资源和纤芯分配进行整理，提高网通用户的互联网访问速度。

“乐清经营部”升级为“乐清市分公司” 4月17日完成了由“中国网络通信集团公司温州分公司乐清经营部”变更为“中国网络通信集团公司乐清市分公司”营业执照的变更，4月19日完成了国（地）税登记证及组织代码证的变更，至此顺利完成了由经营部升格为分公司的变更手续。

关心职工生活，不断开展送温暖活动 2007年，乐清分公司工会为职工解决实际困难十余件，为病、产员工送慰问品。为丰富职工业余文化生活，缓解工作压力，2007年分公司组织了两次春秋游和一次户外拓展活动，得到了广大员工及家属的热烈响应，增进了职工之间的感情，提高了他们之间团结互助的精神，从而使他们能够在今后更加全身心地投入到工作中去。

扶贫助困，心系灾区 2007年度，网通乐清分公司积极响应国家扶贫助困号召，自发组织了三次“扶贫”、“助困”、“救灾”捐款献爱心活动，全体员工慷慨解囊，向需要帮助的弱势群体和灾区人民献上一份爱心。

交通运输

综述

2007年，乐清市交通事业发展成效明显。在市委、市政府和上级交通部门的正确领导下，全市交通系统全面贯彻落实科学发展观，扎实开展“正作风、克难题、走前列”活动，全市交通建设整体推进，运输管理再上台阶，安全生产态势趋稳，执法工作卓有成效，队伍建设全面加强，圆满完成了年度各项工作任务。据统计，全年完成交通建设投资3.5亿元，比上年增长7.15%；征收各项公路规费2.63亿元，比上年增长16.54%；完成社会旅客运输量6375.5万人次，客运周转量322528.97万人公里，货物运输量1122.18万吨，货物周转量343387.44万吨公里，分别比上年增长6.2%、6.5%、12.4%、11.1%。

召开全市交通工作会议　　胡建钢摄

铁路工程建设

概况　2007年，甬台温铁路乐清段工程建设指挥部在乐清市委、市政府的高度重视下，在上级铁路工程建设指挥部的直接指导下，在沿线镇党委、政府和有关部门以及施工单位指挥部的共同努力下，认真学习贯彻党的十七大精神，以科学发展观统筹全局工作，紧紧围绕年初制定的工作思路和推进计划，抓重点，求突破，重落实，严管理，克难攻坚，较好地完成了以拆迁为主的各项工作任务。至2007年底，甬台温铁路乐清段13座隧道已全部贯通（包括甬台温线最长的凤凰山隧道），完成土石方268万方，隧道掘进总长30165米，建特大、大、中桥11821米，共完成建设总投资19.7亿元。同时按照上级指示精神迅速把工作重心转移到配套工程建设前期工作上来。甬台温铁路乐清段工程建设指挥部的工作受到了省、温州市政府的充分肯定和通报表扬，并荣获2007年度温州市铁路建设系统先进集体称号。

“克难攻坚”，拆迁工作强势推进　甬台温铁路乐清段工程建设中的民房拆迁工作一度滞后，乐清市委、市政府对拆迁工作高度重视，从5月份开始，市、镇两级指挥部和市有关部门领导放弃双休日和节假日休息时间，走进拆迁村、走进拆迁户、走进施工队，围绕工作重心，全面部署拆迁工作。市委书记黄正强、市长潘孝政、常务副市长王军率有关部门领导在白石镇召开了拆迁专题会议，认真分析民房拆迁工作滞后的主要原因，剖析、研究依法拆迁、和谐拆迁和强势推进之间的相互关系，并确定了具体实施方案和对策。经过一个多月的奋战，乐清段建设工程民房拆迁工作彻底扭转了滞后局面。至2007年底，除零星的民房继续进行拆迁扫尾工作外，11万平方米的民房拆迁工作基本完成。

拆迁户的安置房建设全面推进　甬台温铁路乐清段工程建设指挥部立足民本思想，在拆迁民房的同时认真做好安置工作，全面推进拆迁户的安置房建设。根据安置房建设有关文件和会议纪要精神，6月底前做好了安置地的平地工作、平面设计、规划放样等前期工作及地质勘探、打桩等基础工作。全市铁路主线工程房屋拆迁共有30个安置点，需建安置房932间，已建好并入住30间，正在建847间；20个安置点已完成基础工程；有3个点进行了货币安置。

配套工程建设项目前期工作扎实开展 甬台温铁路乐清段设有乐清站、雁荡站和绅坊站三个车站。根据温州市委市政府、乐清市委市政府、甬台温铁路温州市总指挥部关于配套工程尽量和主线工程同步建设的指示精神，从2006年初开始，在白石、雁荡、石帆三个镇的共同努力下，甬台温铁路乐清段工程建设指挥部坚持“三同时”工作方针，就着手三个站的站前规划，并分别委托温州市规划设计院和乐清市规划设计院进行规划编制。2007年，三个火车站绝大部分项目设计方案已通过会审。

融资工作和资金落实稳步到位 遵照“出钱、出力、不出事”原则，积极做好融资工作，确保资金到位。全市已筹措铁路政策处理资金3.01亿元，其中已上交资本金9301.7万元。2007年第一、二季度的资本金1382万元于6月底已全部上交，第三、四季度的资本金2071.3万在11月底已全部上交。同时已结算支付坟墓、果树、林木等地面附着物处理赔偿资金1381万元。另外，配套工程项目的资金概算工作也基本完成。

加快土地报批步伐 甬台温铁路乐清段工程建设指挥部在完成主线1978亩征地交地任务的基础上，5月份基本完成了地方配套工程用地1278亩和安置房用地303亩的征地工作，并进入了土地报批程序。至年底，除了基本农田占补存有困难外，其他各项用地报批工作已基本完成。

协调化解路地矛盾 甬台温铁路乐清段工程建设指挥部主动与设计单位、业主及施工单位做好衔接工作，并在有关单位的共同努力下，协调解决了4处Ⅰ类技术变更项目，“三改”已确认20多处。同时及时补助解决了施工引发的房屋震裂、损坏问题，应对处理了泥浆损坏农田矛盾，协调解决了抛荒、弃碴场、临时用地等有关规费问题。为了维护铁路主线民房拆迁后的社会和谐稳定，从6月26日开始先后专题召开了7次拆迁后续工作协调会，继续做好个别村土地确权工作和安置房“三通一平”政策处理工作及原拆迁地段的水、电、路的恢复顺接工作。

广泛开展宣传，营造铁路建设良好氛围 充分运用电视、报纸、图片、年画等宣传载体，宣传铁路建设对乐清市经济社会发展和国防战备战略的重大意义。2007年，温州市委、市政府组织举办了“温州感谢你”——温州市委市政府慰问重点工程建设者大型文艺演出，为铁路建设者送上了丰富的精神套餐，深受建设者和群众的喜欢。同时加强铁路信息工作，定期按时发放《乐清铁路信息》，做到信息及时沟通交流。

加强党风廉政建设和各项制度建设 一是学习十七大精神，加强作风建设。党的十七大开幕时，组织工作人员收看了十七大现场电视直播实况；十七大闭幕后，及时组织工作人员学习了胡锦涛总书记的报告和党章。同时还以“铁路建设巡礼”的形式发放有关文件资料，宣传了党的十七大精神。开展“六型机关”创建活动。根据《中共乐清市委 乐清市人民政府关于在全市开展“作风建设年”活动的实施意见》精神，结合铁路建设实际，围绕“六型机关”要求，对照“四好科室”创建标准，积极开展作风建设活动。市铁路指挥部还把开展“阳光行动”纳入对沿线各镇指挥部年终目标考核中，对一批先进集体和先进个人进行了采风，积极推进精神文明建设。党风廉政建设进一步加强，杜绝了违法乱纪现象的发生。二是加强班子和队伍建设。按照上级党组织的指示精神，努力将忠诚实干、能干事、干好事的干部充实到领导班子，配齐配强领导班子成员。市铁路指挥部建立了党组，增配了副指挥、党组成员和副科级后备干部及中层副职。同时调整、完善了市、镇、村三级工作责任网络，班子成员、中层干部及工作人员分别具体联系到各片区、镇和部分村，布置任务，落实具体工作方案，深入铁路沿线基层和工地调研，最大程度上帮助协调化解矛盾。随着工程进度的推进，市铁路指挥部还高度重视队伍自身建设，建立健全了各项规章制度。2007年通过年度考核，评选出各级先进集体3个、单位服务奖8个和先进个人32名。三是安全生产措施落实到位。为创造良好的施工环境，争取让施工单位做到无障碍施工，市铁路指挥部成立了安全保卫科，专门负责铁路沿线的安全、保卫等工作。同时，加强对铁路沿线施工点的安全管理，特别是汛期台风季节，采取以书面通知或文件的形式，要求各施工点切实做好防汛抗台工作，并组织人员分工负责进行实地安全检查，确保各项安全工作措施落实到位。四是信访工作交办处理及时。市铁路指挥部有针对性地对每一信访件进行综合性分析，实行分类管理，及时交办，进行协调处理，积极主动做好信访工作。全年共处理信访件32起，妥善圆满解决了反映的问题，没有发生上杭、上京等群体性上访事件。

公路建设

工程前期工作扎实有效 万岙高速互通口至翁垟公路列入温州大门大桥二期工程，工程项目建议书已经省发改委批准，工程可行性研究报告通过了省主管部门审查，并争取到温州市有关部门1亿元的资金支持。雁楠公路、雁荡山旅游环线大荆中庄至卓屿段项目完成年度前期任务。

重点工程推进有力 2007年，交通重点工程建设完成总投资1.04亿元，占年度计划的130.08%。其中：104国道湖雾至清江段改建工程破解了土地征用指标审批难题，创造条件，完成投资8116万元，占年度计划

市交通局局长范晓东（右二）亲临104国道清江至湖雾段改建工程现场指导工作　胡建钢摄

的135.27%；沙门岛跨海大桥及接线工程破解了高难度施工技术难题，加快进度，完成投资1025万元，占年度计划的102.5%；山老区联线公路改建工程开拓思路，另辟新径，完成投资1265万元，占年度计划的126.50%。另外，南岳货运（滚装战备）码头顺利通过交工验收。

城乡路网日趋完善　2007年启动的农村联网公路工程共有建设项目15个计13.7公里，完成投资750万元。康庄工程在完成双百的基础上，全力建设安保、排水等附属设施，其后续工作完成投资450万元。3个县道拓宽改建项目、柳翁公路改建工程、虹南公路虹桥段、力翁公路改建工程的建设进度加快，完成年度投资4375万元。

公路管理

公路养护质量提升　全市公路好路率达63.51%，比上年提高1.47%。全年公路养护投资2016万元，共完成104国道路面整治4.3万平方米、农村公路大、中修29公里、104国道绿色通道建设29公里。

路政管理不断强化　全年共检测超载超限车辆7784辆，查处超限运输车辆350辆，基本杜绝了恶意超载现象，有效保护了路产路权；查处其它路政违法案件35起、损坏公路案件93起；办理路政许可案件39起。处罚案件正确率与许可案件正确率均达100%。

运输管理

整治行动重拳出击　全年重点开展了黑车打击整治、出租车整治、电瓶车打击整治等专项行动，措施有力，收效明显。严厉打击违规违章车辆1098辆，查处非法营运“黑车”400多辆，有效维护了正常的客货运市场秩序，保护了合法经营者的利益。规范了出租车驾驶员的经营行为，在全省率先制定并实施《出租车驾驶员服务资格证计分标准》，对423名驾驶员进行了计分考核。在打击非法营运电瓶三轮车专项行动中，市交通局勇挑重担，克难攻坚，截止2007年底，牵头联合有关部门共查扣非法营运电瓶三轮车824辆，解体208辆，有效遏制了电瓶车非法营运的势头，并探索建立了行之有效的管理机制。

运输市场逐步规范　坚持“疏堵结合”的原则，进一步规范了交通运输市场秩序，重点加强了出租车、公交车等行业从业人员的资质考核、业务培训，规范市场准入。在公交车上推行了无人售票试点工作。市交通运输部门认真开展了危货品运输、机动车维修市场、驾驶员培训市场、超长客运线路、外挂车清理等专项整治，净化了运输市场环境。同时整合了驾校资源，实行统一收费、统一招生；整合了乐清至路桥等班线资源，优化线路，推行客运体系标准，推出了温州快客、温州快线标准5条。

运输保障更加有力　建立健全了交通应急运输指挥体系、工作制度和工作预案，重点加强了“春运”和“五一”、“十一”黄金周的客运组织和运力调配，确保了广大旅客顺利出行，保障了重要生产生活物资品的运输工作，为全市人民和外地游客提供了安全、优质、满意的运输服务，2007年春运各项工作任务圆满完成。继续实行鲜活农产品运输优惠政策，对农村客运班车等车辆减免客运附加费558万元，减免运管费55万元。2007年，全市农村客运班车通村数达727个，完成年度计划的103.51%；通村率为79.7%，比上年增长9.7%。

运力结构不断优化　加强节能减排降耗工作，调整货运结构，大力发展载重8吨以上的重型货车和集装箱牵引车辆；加快货运车辆厢式化进程，努力实现货物无裸露运输；加快小件快运网络建设，逐步建立和完善省、市、县三级快件网络运输。做好

路政执法人员拆除违章设施　胡建钢摄

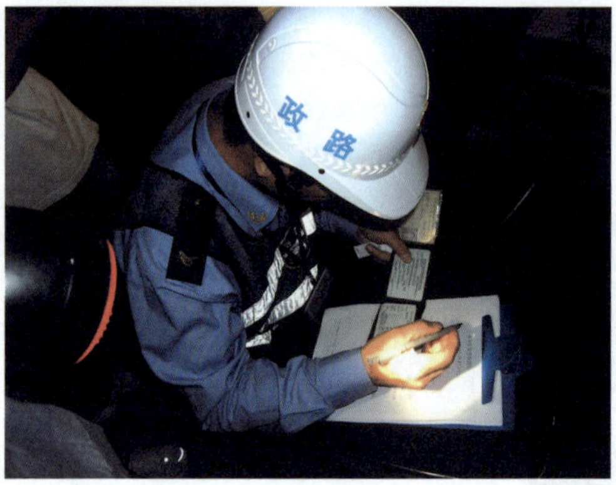

路政执法人员检查车辆超限运输　市交通局提供

农村物流配送服务工作，向全市农村配送企业的运输车辆开绿灯，给予办证方便。

安全运输

安全生产总体趋稳　针对2007年上半年全市道路运输安全生产形势严峻的局面，市交通局及时对症下药，以铁的决心和手腕，切实加大整治力度，出台多项针对性措施，成功扭转了安全生产管理被动的局面，实现了全年安全生产总体趋稳的目标。全年全市道路运输安全各项指标严格控制在上级考核标准内；交通建设及渡口渡船安全管理无重大责任事故发生，“死亡率、事故率、经济损失率”三项指标均为零。2007年市交通局被温州市交通局评为安全目标管理考核优秀单位。

强化交通安全监管　一是加强人员安全培训。全年共有2114人参加安全培训，通过培训，提高了广大职工的安全意识和技能，为全年的安全工作打下良好的基础。二是创新了安全监管手段和制度。建立了营运客车驾驶员黑名单制度；在营运客车上配置了车载GPS、行车记录仪，对车辆实时跟踪测速；强化了道路运输安全源头管理，安全保障体系真正得到落实。三是实行严管重罚。严格责任追究，对发生重大安全责任事故的5家运输企业进行了停业整顿。

开展安全隐患排查　在全市全面开展了公路临水临崖、高落差、急弯、陡坡路段安全设施排查和以桥梁为重点的交通基础设施安全隐患排查治理工作。在公安和安监部门的参与配合下，严格按规范标准要求逐路逐段进行排查，共普查了公路227条、国道桥梁50座、县道桥梁164座、乡道桥梁102座，对每条公路、桥梁都按一路一档、一桥一档进行整理，建立数据库，做到规范化管理，特别对原已实施安保工程路段还进行了重点检查评估。

大力整改安全隐患　交通安全隐患大排查后，市交通局积极筹措资金，制定整改方案，立即着手投入安全隐患大整改。全年共投入资金2005万元，整改安全隐患29处（其中省级2处、温州市级7处、乐清市级20处），改造病危桥梁11座，临水临崖、高落差危险路段增设钢护栏、护栏墩计17公里。

开展安全专项整治　深入开展了“春运”、“安全生产执法年”、“五一”、“三防”、“全国安全生产月”等安全专项检查整治活动。渡口渡船专项整治活动从隐患整改入手，解决了里隆渡口小型机动车非法渡运顽疾、雁荡渡船按规配员历史遗留问题、白沙岛对渡难题等；同时加强了重点水域、渡口码头的现场巡查和24小时远程监控，渡口渡船专项整治工作得到了上级的充分肯定，并在温州全市进行经验推广。认真开展了道路运输安全生产专项整治，建立了联动机制，严厉处罚营运客车、货运企业涉及违反安全生产的违法违章行为。

水路运输与港口建设

概况　2007年省第十二次党代会明确提出“大力发展海洋经济，加快建设港航强省”的战备部署，温州市港航管理局乐清分局紧紧围绕“港航强省”工程，牢固树立科学发展意识，努力破解发展难题，探索新的发展路子，全力推进港口建设和海上运输发展，全面完成了各项工作目标任务，港航事业保持了持续、快速、协调、健康发展的良好势头。2007年各项规费收入1700.1万元，完成港口吞吐量1301万吨，集装箱28.03万TEU。同时凭借港口与海运的优势，很多大运量产业采用水运方式向滨海、江河地带集聚，从而加快了乐清市的资源优化配置和产业合理布局，改善了乐清及沿线地区的区域、区位条件，优化了投资创业环境，加快了乐清的工业化、城镇化、市场化进程。乐清市港口、海运的发展也有力地支持了浙江省构筑杭州湾、温台沿海和金衢丽三大产业带的发展，为浙江省融入长三角、扩大对外开放、承接国际产业大转移创造了条件。

港口建设取得重大突破　一是浙能乐清电厂两个3.5万吨兼靠5万吨级、总长度为900米的卸煤码头通过竣工验收，11月份首靠船舶卸煤成功，码头正式投入使用；乐清市南岳5000吨级货运滚装码头主体工程通过交工验收；七里港区二期2万吨级码头泊位工程通过质量鉴定。二是乐清湾港区开发建设快速推进：乐清湾港区控制性详规通过了专家审查，并报温州市人民政府常务会研究通过；乐清湾“浅水深用”研究取得了实质性进展，试验结论证明，乐清湾“浅水深用”实行大规模开发在技术上可行，而且在经济上有巨大效益，完成了《乐清湾港区浮泥监测研究及试挖槽分析》科技项目，研究成果有一定的推广应用价值；乐清湾港区2007年一期南区围（海）涂龙口合拢，南港区两个5万吨级多用途码头完成工可研究，北港区两个5万吨级散杂货码头完成预可研究，并全力促进市政府与全球第四大集装箱码头运营商迪拜集团签订了合资建设多用途泊位意向书。随着港区区域优势显现、临港产业基地形成，乐清湾港区将成为具有核心竞争力的现代物流区域，这对拓宽乐清市的辐射区域和经济发展起到示范引领作用。三是积极参与温州与台州港口合作会商研究，大家认识到乐清湾港区与大麦屿港区同处一个海域，只有通过港口资源整合，统筹开发岸线资源，才能形成定位明确、结构合理、功能完善的现代化枢纽港区，才能使环乐清湾港口成为浙南地区的运输枢纽和发展外向型经济的重要基地，才能带动以港口为依托的临港产业、物流园区的发展，形成环乐清湾的产业聚集带。这一认识必将有力推进乐清湾港区的整体开发与建设。四是按照“建设先进制造业基地”的总体部署，整合提升造船业。在“作风建设年”活动中，局领导班子成员深入基层蹲点调研，对瓯江沿岸黄华、七里港一带的船厂、船台岸线使用情况进行摸底核查梳理，破解船舶工业岸线使用历史遗留问题、科学合理使用港口岸线有限资源等难题，力求为民办实事、办好事。全年共审核上报船舶工业岸线使用25家，经省、温州市批准23家，共计岸线7.1公里。同时还着力抓好乐清湾中欧船业公司7万吨级船台制造先导性作用的大项目，进一步加强了港口与临港产业的联动发展。

港口经营秩序进一步规范 贯彻落实《中华人民共和国港口法》、《浙江省港口管理条例》等法律法规，对全市已取得港口经营许可资格的45家企业，在纳规管理的基础上进一步巩固提高；对一些缺乏竣工验收资料的码头、泊岸、堆场，要求企业委托有资质的咨询设计单位进行咨询论证；对港口作业特种机械设备，要求企业向质监部门申请检验，取得使用合格证后，方可投入使用；对企业从业人员持证上岗情况、企业规章制度、应急预案等进行全面核查，督促港口危险货物码头和客运码头定期举行应急演练，提高应急处置能力；对港口企业管理人员、从业人员加大了教育培训力度，努力提高从业人员安全生产知识和操作技能，全年举办了两期培训班，港口从业人员受培训共计576人次。通过“港口经营提高年”的整顿活动，港口经营资质全面提高，经营行为进一步规范，经营秩序稳定。同时，在乐清湾南岳港区建立了视频监管系统，实现了对重点码头、客滚码头和航道水域的实时、动态监管，保障了港口码头和航道水域的公共安全。

大力发展海上运输 海运是可持续发展的绿色运输方式，其运能大、投资省、占地少、能耗小、污染轻、成本低、运价廉、综合效益高，发展海运业符合建设资源节约型和环境友好型社会的要求，对破解资源和环境双重制约，打造最具竞争力投资环境具有重要意义。乐清市海运承担着对煤炭、成品油、钢铁、粮食等大宗能源、原材料物资的运输和外贸货物的中转运输，是乐清市综合运输体系的重要组成部分。2007年，乐清市政府在资金投向、政策扶持等方面给予海运业以适当倾斜，推出海运业专项资金补助优惠政策，全力推动海运业发展。港航部门主动引导海运企业，用好市政府的优惠政策和浙江省两个补助政策，全年水运企业享受市海运业专项资金补助共计768万元，享受省海运运力发展补助资金248万元，享受省海运企业净增运力水路运输管理费专项补助资金70万元；行业管理部门还积极引导，力促各大银行资金投向海运业，2007年乐清市7家企业向银行贷款1.77亿元。由于政策扶持有力，部门引导到位，乐清市海运业进一步发展，海运运力规模已发展到30多万吨，占温州全市海运运力总量的近一半。乐清市东方海运有限公司、乐清市运鸿海运有限公司、浙江振宇海运有限公司、乐清市宏昌船务有限公司等4家海运企业进入乐清市地税纳税百强企业。全市14家水运企业，2007年货物运输量935.5万吨，货物周转量1178427.9万吨公里，营运收入5.06亿元，净利润5066万元。

开展文明创建活动，建设“和谐港航” 乐清港航管理局在以往文明创建工作的基础上，按照“领导重视、组织健全、经费到位、注重规划、积极创新”的工作思路，狠抓了制度建设、队伍建设和窗口建设等文明创建各个环节，为建设“和谐港航”迈出了新步伐。2007年，乐清市分局通过了温州市级文明单位复评，被评为温州市交通系统群众满意基层站所创建工作先进单位；局属南岳港航管理所被评为乐清市文明服务示范窗口和乐清市四好站所，通过了温州市港航系统文明示范窗口的复评；局属七里港航管理所被评为乐清市四好站所，通过了乐清市文明服务示范窗口的复评。

海事管理

概况 乐清湾海事处是温州海事局的五个派出机构之一，于2001年6月15日挂牌成立，管辖380平方公里海区面积，250公里海岸线和240公里内河航道，涉及管辖区域包括乐清市水域及鹿城区、龙湾区、洞头县、永嘉县部分水域（一市、二区、二县）。海事处内设综合科、海事管理科、执法大队、小门办事处。执法大队直管南岳办事处、琯头和黄华签证点。海事处现有在编人员55人，返聘人员2人，临时工10人，在编人员全部达到大专以上学历，全处职工均已通过执法资格考试。全处有车辆11辆，船艇5艘（1176、1178、1187、1174、1177）。

2007年，温州乐清湾海事处在温州海事局和乐清市委市政府的领导下，坚持科学发展观，结合工作实际，狠抓各项整治，强化、规范管理，“打造责任链，编织安全网”，加强综合保障能力建设，为地方水运经济发展创造了良好环境。同时，温州乐清湾海事处重视队伍建设，重视行风建设，深入开展文明创建活动，切实加强党建和工会、共青团工作，党员先进性教育成果不断巩固，机关作风日益优化，各项工作出色完成，全年水上安全形式继续保持稳定。2007年社会行风评议群众满意率达98%。

水上安全形势继续保持稳定 2007年，辖区共发生水上交通事故12起，死亡13人，沉船6艘，直接经济损失639.9万元。事故四项指标与前三年平均相比，事故件数下降41%，死亡人数上升128%，沉船艘数下降18%，直接经济损失下降15%。全年没有发生因监管不到位而造成的水上交通责任事故或船舶污染责任事故。主要抓了七个方面工作：一是突出重点抓整治。开展“两防”专项行动、“渡口渡船专项整治”、“砂石船舶超载整治”、“水上交通运输安全专项整治”、“船舶配员专项检查”、“限制船舶污染物排放专项行动”、“两船”整治、“船员实操性能力检查和最低安全配员整治”等多项水上专项整治活动，取得了较好的效果。“两防”已完成调查摸底和隐患排查，对所发现的安全隐患督促整改。在为期两年的渡口渡船专项整治期间，积极配合乐清市政府开展整治工作，确定了白沙岛渡口的选址，初步解决了这一难题。针对一季度辖区小机船事故多发的特点，加强了对运砂船的专项整治，辖区小机船严重超载运输现象基本得到控制，水上事故得到有效地遏制。“两船”整治活动中，联合港航部门对83艘次沿海施工船舶完成了调查摸底，并提出了合理的整改建议。船舶最低安全配员整治共检查船舶379艘次，存在缺陷187艘，滞留船舶20艘。二是保持良好通航环境。紧紧围绕“四客一危”重点船舶、“四季三节”重点时段，加大对重点通航水域的监控和巡查。全年共出动船艇572艘次，出动巡航执法人员1911人次，累计巡航里程达16045海里，巡航时间2082.3小时；出动车辆1460车次，出动人员2743人次，岸查里程30921.9公里，岸查时间3470.35小时，检查船舶4312艘次；纠正违章220起，清除渔网等碍航物35张（具），发现灯标移位4起并及时报告上级部门。加强下水新船监管和服务工作，全年共计下水新船38艘。三是强化船舶管理。严把船舶签证关，严格执行船舶信用监管制度，对列入重点跟踪船舶和“黑名单”船舶坚持做到到港必查。全年完成沿海船舶安全检查320艘次，复查351艘次，滞留27艘，平均滞留率为8.8%；完成船员实操性检查36人次，船员记分78分，应急反应能力检查25艘次，NSM符合性检查30艘次；完成内河船舶安全检查163艘次，复查20艘次；检查重点跟踪船舶和黑名单船舶10艘次，检查C级船舶139艘次；拆解违章“三无”船舶7艘。四是深化船员管理。认真贯彻落实《内河船舶船员考试、发证规则》，继续推进船员后续教育管理工作，全年走访航运企业22家，并加大了对船员的专业培训、特殊培训力度和船上实习现场监督检查力度，船员后续教育覆盖率达90%以上，同时严厉打击了船员持假证书上岗的行为。全年还举办挖沙船船员安全技能培训班14期，培训船员337人次；举办内河船员知识更新培训班1期，培训船员12名；处罚违章船员107人次，记分504分，其中11人次实操检查不合格，96人次受到行政处罚。五是严格“危防”管理。加强危险货物集装箱的安全管理，做好集装箱开箱检查，严厉查处危险货物运输瞒报、谎报行为，继续推进危险货物网上申报工作。全年走访危险品码头9座次；检查危险品船舶179艘次，其中安检方式检查57艘次，现场监督检查122艘次。全年网上受理危险品申报进出港1341艘次，其中进港585艘次，出港756艘次；申报进出港货物199.74万吨，其中进港119.7万吨，出港80.04万吨。六是做好应急待命救助。贯彻执行《温州市海上突发公共事件应急预案》、《乐清市海上突发公共事件应急预案》，指导相关水运企业建立并完善各种险情应急反应程序，督促健全应急救援合作机制，使辖区应急资源发挥了最大效能作用。全年共接警14起，都能在规定时间内出艇救助，参与救助14起，搜救遇险船舶15艘次、遇险人员101人，获救人员94人，人命搜救有效率达到了93.07%。七是季节性管理紧抓不懈。做好春运、防台抗台、“十一”黄金周、冬季防大风、雾季等重点时段的监管工作。2007年成功防御了6次台风袭击，尤其是在防御9号（圣帕）、13号（韦帕）、16号（罗莎）台风工作中，完成了辖区320艘次的船舶和553人次的人员的撤离工作，取得了辖区船舶零损失的成效，防台工作得到了上级海事部门和地方政府的肯定，1人被温州市委市政府评为温州市抗台救灾先进个人。

“链网”工程初见成效 遵照浙江局提出的“打造责任链，编织安全网，创新综合治理新方法”的要求，温州乐清湾海事处紧紧围绕综合治理这个中心，积极开展“打造责任链，编织安全网”工程，并在上级海事部门的指导下，不断探索，不断实践，至年底已标识26个危险源，其中重大危险源20个，一般危险源6个。同时从内、外部两方面提出了相应的控制措施，部分项目进行了实施，取得了初步成效。另外，还对小机船的源头管理、新船上水后的监管和水工监管等长效机制的建立进行了认真的探索，取得了一定的经验。

规范管理水平进一步提升 2007年是“规范管理年”活动的攻坚年。温州乐清湾海事处通过一年的ISO9001:2000质量管理体系的正常运行，从满足顾客要求的角度出发，制定了符合海事行业特点的质量方针和质量目标，并在日常管理中发挥了良好作用。通过实施质量管理体系，进一步理顺了内部关系，提高了工作效能，提升了规范管理水平。12月20日，温州乐清湾海事处通过了中国船级社质量管理认证中心的年度审核。

加强队伍建设，提高执法水平 一是开展各类业务和技能培训。充分利用海事内部和社会教学资源，积极组织、鼓励职工参加各类教育培训，落实好新进人员岗位培训带教，改善队伍知识结构，提高队伍适岗能力，增强了队伍活力。二是提高执法人员的执法素质。认真贯彻实施《浙江海事局行政处罚自由裁量权指导意见》，完善执法工作程序，统一执法尺度和标准，规范海事执法行为，切实保障管理相对人的合法权益；全年共办结行政处罚案件124起，上缴罚没款55.7万元。三是严格执行执法过错和错案责任追究制。做好“五五”普法宣传教育，竭力提高干部职工的法律素养。四是进一步改进现代化监管手段。在车辆船艇上安装了AIS系统，小门石化基地、南岳滚装码头和金洋集装箱码头安装了CCTV视频监控。五是提高信息化运用能力。认真推广应用各种业务软件和办公自动化软件，大力推进船舶“一卡通”工程，加大硬件设施投入，船舶签证刷卡率达到100%；同时加强网络安全保障，建立了数据备份机制。

为地方水运经济发展创造良好环境 积极主动协助地方政府维护“三月初十”白石集市、端午节民间划龙舟以及桃花岛中秋赏月等水上交通秩序，避免发生恶性水上交通事故。认真做好辖区水工项目的监管工作，对乐清湾港区建设工程、七里港集装箱码头二期工程等省重点项目专门成立了项目管理小组，确保水上施工作业安全进行，有力地保障了工程进度。继续落实好安检“无假日”、预约签证、24小时办理签证服务等便民措施，开通了危险货物网上申报，优化社会服务，方便群众办事，得到了管理相对人的一致好评。

加强综合保障能力建设 2007年，温州乐清湾海事处的综合业务用房和工作船码头如期竣工并投入使用，办公条件得到了极大改善。在日常工作中，严格规章制度，遵守财务纪律，认真做好规费征收工作，全年共征收规费485.91万元，超额完成了年度征收计划。同时加强了对车辆使用管理，认真做好船舶“管用养修”工作和巡逻艇的保养维修工作，巡逻艇的适航率达到了98.35%。办事处的综合保障能力明显提升。

深入开展文明创建活动 坚持“以地方为基础，以系统为特色”的文明创建思路，创新拓宽创建载体，不断深化创建内涵。针对乐清湾水域特点，积极推进“乐清湾水域文明安全畅通航区航线”共建活动。组织开展了乐清湾水域联合执法检查，召开了辖区安全监管协调会；继续与黄华边防工作站开展“警民共建”活动，增强了海事行政执法的力度和威慑力；与海关、国检、边检等部门携手开展了七里港区“和谐文明口岸”共建活动，提高了口岸单位的协调能力和口岸通关速度；继续与曹田后村开展了“双百结对帮扶”活动，曹田后村提前进入了乐清市文明村行列；积极申报争创全国交通行业文明单位示范窗口、浙江海事局民主评议基层执法窗口活动和创建“群众满意基层执法窗口”、“群众满意基层站所”活动，小门办事处和李捷萍同志被推荐为温州市“群众满意基层站所（办事窗口）”和“基层站所（办事窗口）行风建设先进个人”评比对象。

党建及工会、共青团工作取得新成效 海事处党支部健全支部生活，加强党员管理，开展了以学习党章为主要内容的理论学习教育，先进性教育成果不断巩固；开展了“牢记党的宗旨，主动做好服务”主题实践活动，严格落实党风廉政建设责任制，坚持社会主义荣辱观，深入贯彻“八大纪律，八项措施”，认真组织明查暗访活动，全力抓好行风建设，促进了全处干部职工的廉洁自律；组织党员和入党积极分子参观了上饶集中营，接受传统革命教育；部署实施了“作风建设年”活动，推进“中层干部服务基层”，参加乐清市“阳光行动”集中受理投诉活动，开展廉政教育月活动，落实了老同志的政治生活待遇，机关作风日益优化。2007年，海事处社会行风评议，群众满意率达98%。

2007年工会组织先后组织举办了迎春团拜会、五一登山、趣味运动会等健康有意的文体活动，还组织职工开展了健康体检（包括离退休职工）、职工疗（休）养、“送温暖”、“送清凉”高温慰问、无偿献血、慈善一日捐、局职工困难基金捐助等社会公益性活动；共青团组织了庆祝五四青年节和扶贫帮困等活动。通过这些活动，丰富了职工的业余生活，增强了职工凝聚力，为海事处的发展增添强劲动力。另外，2007年还认真抓了新闻报道工作，全年共编发《海事简报》12期317篇，其中在地方媒体报道41次。

乐清湾港区建设

大力推进陆域形成工程建设 2007年1月底，乐清湾港区一期南区围（海）涂工程完成项目招投标程序，4月29日举行开工仪式，5月18日正式进场开工建设，拉开了乐清湾港区开发建设的序幕。该工程北邻调整后的浙能电厂灰库区，南至东干河，总圈围面积4939.6亩（其中代建电厂灰库623.3亩），围堤长5021.6米，隔堤2894.6米，由上海航道设计研究院设计，批准投资概算为8.53亿元，分别由中交上海航道工程局、中交第三航务工程局中标承担施工任务，中标金额为6.28亿元。该项目是乐清湾港区一期主体核心工程之一，也是乐清市有史以来本级财政投资最大的项目，它的实施，对于承接临港产业落地、展开港口码头布局、加快港区建设步伐意义十分重大。该工程通过多方的考察和反复的论证，采用大型土工织物充填袋技术作为工程的施工工艺，专门抽调专业技术人员组成工程指挥部，对施工现场进行强有力的监督和管理。工程指挥部先后制定完善了工作人员考勤管理、部门职责、后勤保障等一系列规章制度，研究编制了《工程防台防汛预案》，并对工程的文明施工、安全生产开展了周查、月查、季查和不定期大检查活动；工程经受住了四次强台风的袭击，没有发生一次人员伤亡和沉船事故，确保了工程科学、安全、有序的推进。此外，工程指挥部还出台了《工程综合管理考评奖惩办法》和《工程考勤制度》，有效保证了工程建设的质量和进度，开创了乐清市工程建设领域的先例。截止12月底止，该项工程已完成工程量2.81亿元，占年度投资计划的140%（年度投资计划2亿元），完成总工程量的44.5%，占全市2007年度重点工程总量的14.8%，1#围区已于2007年农历年底胜利合龙，即实现围堤标高达到4米以上，夺取了工程建设的阶段性胜利。

切实做好建设项目的管理和服务 2007年，乐清湾港区开发建设管委会认真制定建设项目的投资计划，围绕规划编制、用海审批、土地利用、交通设施、环境保护、矿山资源、循环经济、防洪防涝、产业布局等重点工作，稳步推进项目论证、设计、审批等前期工作，为乐清湾港区的开发建设工作创造了必要的条件。项目审批方面，国家交通部和浙江省人民政府于8月正式下发了《温州港总体规划》（含乐清湾港区）审查意见。之前，浙江省交通厅与温州市人民政府已联合审查通过了《温州港控制性详细规划》（含乐清湾港区），乐清市人民政府批准了《乐清湾港区控制性详细规划》和《乐清湾港区防洪防涝规划》。同时，区域（蒲岐片区）的土地利用总体规划开始调整；近岸海域环境功能调整方案已上报温州市人民政府，并转报省人民政府审批；港区工程施工专用建筑石料矿点山塘山矿区的《开发利用方案》、《地质普查报告》、《水土保持方案》、《安全评估》、《环境影响评估》等已完成编制；沙港头水闸工程已完成立项、工可设计和初步设计，进入了招投标前期准备阶段。项目推进方面，《乐清湾港区循环经济示范园区建设规划》已委托浙江省发展和改革委会员宏观经济研究所编制，文本编写已完成，并通过了浙江省发改委组织的有关专家会审；该园区规划总面积约2.7平方公里，总投资估算136亿元（其中浙能乐清电厂108亿元），拟通过四年的努力，建设成为资源节约、生态优美、环境良好的产业园区。两个乐清市有史以来规模最大的5万吨级散杂货码头工程建设开始启动，工程的预可行性研究已编制完成，并通过了省发改委、省港航局组织的方案设计审查。港区船舶基地布置规划已由中交第三航务设计院编制完成，南京水利科学研究院所作的乐清湾北港区岸线定床物模实验已通过有关专家的评审。基础设施建设方面，全面构筑港区的立体交通网。全长7.69公里、总投资6.8224亿元的乐清市区至乐清湾港区大通道工程是乐清湾港区近期的主要疏港道路，此项工程2007年已开始启动。同时，完成了虹南路、双屿路的初步设计；9月委托铁道第四勘察设计院编制完成了《乐清湾港区铁路专用线预可行性研究》，港区铁路专用线全长23.8公里，与甬台温铁路绅坊站接轨，总投资估算6.77亿元。

认真落实政策处理的各项措施 乐清湾港区开发建设管委会始终把港区的开发建设、区域内农村集体经济的发展和当地村民群众的利益紧密结合起来，用发展统一思想、用实惠凝聚共识、用真诚寻求支持，将村民群众的思想统一到市委、市政府开发建设乐清湾港区的重大决策上来，统一到乐清未来发展的大局上来，把握一切有利时期，调动一切积极因素，引导村民共同推进乐清湾港区的开发建设步伐。2007年，港区管委会在2006年制定的《乐清湾港区一期启动区域政策处理实施细则》的基础上，又研究制定了《乐清湾港区一期北港区政策处理实施细则》；及时召开了乐清湾港区北港区启动建设的动员大会，宣传相关的政策法规；通过市政府与启动区域涉及的相关乡镇签订了包干协议书，相关乡镇还分别成立了政策处理工作领导小组，一级抓一级，层层抓落实；先后召开了几十个各种类型的政策处理会议，全方位地收集意见建议；抽调专职干部下乡、下户，与广大村民广泛接触，让思想宣传工作到位、到人、到心；发放宣传手册、树立广告牌、组织慰问演出，广泛宣传港区开发建设的意义和有关政策法规。同时，管委会以人为本狠抓了政策的到位与落实；对海涂养殖物迁移的补偿标准提高了一个档次；在处理陡闸用地拆迁户时，努力争取到拆赔用地指标2亩，让拆迁户有房可住；在处理矿山坟墓时，尊重历史和风俗，逐一核实，完成了180对坟墓的迁移，并予以足额赔偿；其他如地形勘察、测绘等问题，也都充分兼顾了国家、集体和个人的利益，让老百姓切实感受到政府的诚信。由于工作扎实细致，措施可行到位，乐清湾港区一期启动区围塘内养殖塘涉及的11个村（除个别村外）的政策处理工作基本完成，总处理面积2000余亩，收到了良好的效果。

抓大引强，竭力营造招商选资的浓厚氛围 管委会在制定《港区项目准入法》的同时，采取边规划边招商、项目成熟一个落地一个的办法，积极推进乐清湾港区的招商选资工作。12月，与世界港口运营排名第一、集装箱排名第四的迪拜环球港口集团签订了两个5万吨级多用途码头项目的合资意向协议，总投资12亿元，这标志着乐清湾港区开发建设的国际化程度迈出了坚实的一步；这两个码头建成后，将成为乐清湾区域迄今为止最大的多用途泊位。与此同时，港区管委会与行业排名亚洲第一、世界前十名的中国海螺集团签订了投资8亿元、年产660万吨水泥粉磨站循环经济项目；该项目对于消化浙能乐清电厂产生的工业废渣、减轻工业废渣露天堆放对土地资源需求的压力和废渣运输对公路的负担将形成循环经济产业链，经济效益明显，对于进一步开拓乐清市税源、促进乐清经济发展具有重要意义。港区管委会还与执行国家专项任务的珠海振戎公司展开了投资2.6亿元的乐清湾港区一期20万立方米储罐区中转成品油库项目合作意向。另外，管委会与世界500强企业香港李嘉诚和记黄埔集装箱公司、新加坡港务集团、美国凯雷集团、中国500强企业新奥集团等有关集装箱运输、码头建设、临港产业投资项目正在洽谈中。对于已经落户的中欧船业和澳力船业的10万吨级船舶制造项目，港区管委会尽力做好开工服务，以吸引更多的内资投入乐清湾港区建设。

经济管理

综　　述

2007年，乐清市各有关经济管理部门坚持以科学发展观统领全局，认真贯彻落实国家宏观调控政策，努力构建和谐社会，国民经济和社会保持平稳较快协调发展，较好地完成了市十四届人大一次会议确定的国民经济和社会发展主要预期目标。2007年，全市实现生产总值360.92亿元，同比增长19.72%。其中：第一产业增加值12.72亿元，同比下降4.4%；第二产业增加值228.13亿元，同比增长21.52%；第三产业增加值120.07亿元，同比增长18.24%。三产产业结构调整为3.5：63.2：33.3。全市城镇居民年人均可支配收入22736元，农村居民年人均纯收入10438元，同比分别增长11.2%和12.0%。

市财政工作进一步深化财政改革，强化财政监督，落实各项支农惠农政策，大力支持经济发展，积极组织财政收入，切实保障改善民生，全年财政总收入达46.17亿元，同比增长22.7%，其中地方财政收入21.63亿元，同比增长22.3%。

市地税部门实施“三个三”工作措施，强化税收法制建设和征收管理，扎实开展税务稽查，狠抓各项规费征收，全年各项收入共24.32亿元，同比增长23.5%。

市国税部门强化税收征管，推进管理创新，规范税收执法，优化税收法治环境，实施“四项工程”，税收收入稳定增长，全年收入达28.83亿元，同比增长27.01%。

市工商行政管理部门紧紧围绕“抓发展、求和谐、走前列”的总体思路，以服务地方经济又好又快发展为目标，充分发挥工商职能优势，开拓创新，扎实工作，在工商注册登记、流通领域食品安全检测、“万村放心店工程”建设，实施“品牌乐清”战略、开创兴农服务新局面等各项工作都取得了可喜成绩。

市质量技术监管部门紧紧围绕年初提出的“六个二”的总体目标和要求，坚持“优服务、严监管、强素质、上水平、争一流”的方针，以人为本，强化公共服务，服务地方经济，维护了广大消费者的切身利益，促进了社会经济持续快速健康发展。2007年，该系统“品牌培育质量提升工程”深入实施，产品质量和食品安全专项整治成效明显，标准化战略硕果累累，公共服务不断优化，技术支撑能力不断提升。

市国土资源局按照“保护资源、保障发展、维护权益、服务社会”的总体要求，落实耕地保护责任制，完善节约集约用地机制，规范土地市场，合理配置土地资源，强化国土资源依法管理，严格执法监察，开展违法用地专项整治，搞好地质灾害防治，优化民生保障服务，维护群众合法权益，全局整体工作再上新台阶。2007年，全市确保耕地保有量42.6万亩、基本农田保有量38.3万亩。

市物价、审计、统计、食品药品监管等部门和温州海关驻乐清办事处也都充分发挥各自的职能作用，克难而进，创新工作，优化服务，提高办事效能，出色地完成了全年各项工作任务。

财政工作

概况　2007年，乐清市实现生产总值360.92亿元，同比增长14.7%。其中：第一产业增加值12.72亿元，下降1.1%；第二产业增加值228.13亿元，增长15.8%；第三产业增加值120.07亿元，增长14.5%。三产产业结构调整为3.5：63.2：33.3。全年财政总收入46.17亿元，增长22.7%，其中：地方财政收入21.63亿元，增长22.3%；全市地方财政一般预算支出23.63亿元，增长27.9%。当年实现财政收支平衡，并略有结余。

支持经济发展　一是落实各项支农惠农政策。2007年，市财政一般预算支出用于新农村建设的资金达13.32亿元，同比增长28.5%，土地出让收入向新农村建设倾斜，主要用于促进农业基础设施、现代农业产业体系、农业设施装备、粮食安全体系等方面的建设。粮食直补等农业补贴规模增加，直补范围扩大，建立了覆盖全市2.37万农民的“一折通”综合直补网，政策性农业保险保费补贴试点顺利实施。二是支持工业经济发展。调整并完善了促进工业经济和开放型经济发展的财税扶持政策，筹措落实了3000万元财政奖励补贴资金，争取到上级补助资金2235万元，落实科技经费4816万元，支持企业品牌创建、技术改造和外向型经济发展，把企业做大做强。优化财税服务，对企业上市、改制重组等过程中涉税事项提供主动、及时的政策辅导，还与科技部门联合制定了《技术开发费加计扣除办法》，全年为企业国产设备抵免税收和技术开发费加计扣除分别为8650万元和2224万元。三是对第三产业发展加大支持力度。全年安排了3128万元资金，支持创建全国优秀旅游城市和加强景区配套建设。积极筹措落实支持服务业发展专项资金，探索制定发展第三产业的有关财税政策措施。四是支持重点工程建设。筹措落实了11.19亿元财政性建设资金，重点支持标准海塘、供水、污水处理、城市新区建设、乐清湾港区、甬台温铁路等一大批关系全局发展的基础设施工程建设及人民群众最关心、最直接、最现实的民生方面的工程建设。

组织财政收入 深化“三个三”工作措施，税收收入结构进一步优化，地方税收的比重比上年提高1.65个百分点，第三产业税收比重比上年提高1.76个百分点。加强收入分析预测，准确把握经济税收形势，进一步提高了组织收入的调控能力。推进科学化、精细化管理，圆满完成了年所得12万元以上的个人自行纳税申报的目标任务数，制定调整了自2008年开始实施的土地使用税土地等级和税款标准，以契税为“把手”的房地产交易税收一体化管理扎实推进。推进税收信息化建设，实现了《税友2006》系统的成功切换和平稳过渡，全面应用“一户通”电子缴税系统，实现了在所有商业银行实时扣缴税款。加大税务稽查力度，全年共组织检查了350户纳税户，共查处滞补罚金额3184万元。强化非税收入征管，2007年社保“五费”的增长率和征缴率分别在20%以上和97%以上，同时还完成了工伤保险12.87万人的年度扩面任务；切实加强土地出让收入和海域使用金的征管，做好教育费附加、水利资金的征收管理，努力增加政府非税收入。

保障和改善民生 2007年，乐清市财政支持民生支出占地方财政一般预算支出的70.8%，同比增长25.2%；增量中民生支出比重为68%，财政支出增量三分之二以上用于改善民生。一是全面落实义务教育保障机制。市财政落实免杂费和提高公用经费保障水平资金3812万元，解决教育系统基建拖欠款和校舍维修资金9785万元、食宿改造工程资金2882万元，安排514万元资金支持职业教育。二是支持社会保障和就业再就业工作。完善促进就业再就业扶持政策，企业职工基本养老保险个人账户做实5%；出台了城镇居民医疗保险试行办法，逐步完善医疗救助办法；安排了3634万元作为被征地农民基本养老保险资金，参保人数达3.3万人，做到应保尽保，同时调整提高了养老金并按时足额发放；农村和城镇低保对象保障标准分别提高至170元和270元，并给予物价上涨补贴；另外还开展了政策性农村住房保险。三是支持卫生文化事业发展。2007年建成了公共卫生大楼，支持乡镇卫生院配齐“新六件”，积极支持省级卫生城市复评，进一步健全了三级卫生服务网络；全年落实新型农村合作医疗财政补助资金2368万元，农民参合人数达82.4万人，参合筹资标准提高至70元；推进文化体制改革和“六项工程”建设，重点实施广播电视村村通工程、农村电影数字化放映。四是支持生态环境建设。落实918万元资金用于支持生态市创建和沼气处理等农村生活污水处理，安排550万元资金支持重点污染源防治、污染防治新技术和新工艺推广等项目的建设。五是支持“平安乐清”建设。认真落实公检法司经费保障制度，将创建“平安千村”资金、禁毒专项资金和外来人口管理经费纳入财政预算内给予保障；落实了1920万元资金支持公安政法武警系统基层机构的基本建设、装备建设、技术演练和“清风行动”等专项工作，有力地维护了社会稳定。六是支持乡镇财政建设。2007年全市增加405万元资金提高了乡镇事业人员的经费定额标准，兑付“二补一奖”资金1125万元，安排608万元资金帮助欠发达乡镇解决财政困难，拨付858万元资金作为大中型水库移民后期扶持资金，还筹措了扶贫资金4200万元。

深化财政改革 深化部门预算改革，调整、完善定员定额体系，在经建口进行了部门预算改革试点，加大了行政事业性收费的统筹力度。按照国库集中支付制度的改革方向，做好各项准备工作，以提高国库资金管理水平。进一步深化非税收入“收支两条线”管理，理顺非税收入管理机制，建立非税收入收缴中心，非税收入征管体系进一步完善。积极推进绩效评价工作，组建设置绩效评价职能科室，出台了市财政支出绩效评价实施意见。财政预算政府收支分类改革平稳过渡，政府采购制度改革不断深化，进一步加大了对政府采购违法行为的处罚力度，扩大政府采购规模，全年政府采购规模达1.26亿元，资金节约率为13.3%；同时对经济开发区建立了激励型的财政体制。推进“金财工程”一体化建设，全面启用了升级版的“部门预算编制”软件和FOA办公自动化系统，实现了预算内外“资金申拨”一体化。认真做好规范公务员津补贴工作，及时上报了“削峰填谷”方案。

强化财政监督 全面开展“五五”财税普法教育，落实行政执法责任制，公布了《乐清市财政局行政执法依据目录》，清理废止了18件财政规范性文件，出台了行政规范性文件制定管理办法，清理规范了非行政许可审批项目。拟定初步方案，开展财政专项资金整合使用调研分析，进行了部分财政专项资金的专项检查和会计信息质量检查，对财政违法违规行为给予行政处罚并限时予以纠正。及时完成了行政事业单位国有资产清查和银行账户清理整顿工作，撤销银行账户235个。加强政府性债务管理，及时计提政府性债务偿还准备金，对债务预警体系指标进行了跟踪分析。加强土地出让金收支管理，严格按照中央规定使用土地出让金，足额计提国有土地收益资金和被征地农民养老保险基金。贯彻实施新企业会计准则，加强会计从业人员资格管理，推进了企业财务管理法制化建设。

国有资产管理 一是摸清企业“家底”。完成了全市68户国有企业产权登记证换证工作，组织开展国有企业调查摸底和经贸系统国有企业清产核资试点工作。二是加强日常监管。重点加强企业抵押担保、对外投资、资本变动等重大事项管理，对企业的对外投资和担保行为实行报告备案制度。三是规范国企改制。促进乐清市粮食收储公司、乐清市机械厂有限公司合并重组并顺利运行，促进乐清市通用机械制造公司进入改制方案制订程序。四是资产盘活增值。公开转让粮食系统和市食品公司闲置房产共25处，推进市市场开发中心和柳市商城30%国有股权转让进入实施阶段。五是做好企业服务。于9月份开展了企业房产土地证登记办理情况的专项调查，提出解决国有资产产权登记历史遗留问题的初步方案。六是支持重点工程建设。多渠道筹措资金，为市污水工程、供水工程和乐清湾港区等重点工程提供投资担保共计6.9亿元。

地方税务

概况 2007年，乐清市地税系统共组织各项收入24.32亿元，同比增长23.5%,其中：税收收入16.51亿元，同比增长22.43%，完成省地税局下达计划的109.8%；社保基金等各项规费收入7.82亿元，同比增长24.52%。2007年全市税收主要税源来自四个方面：一是营业税，入库45340万元，增收11578万元，同比增长34.29%。二是企业所得税，入库62030万元，增收7822万元，同比增长14.43%。三是个人所得税，入库26935万元，增收6611万元，同比增长32.53%。四是地方七税，入库30768万元，增收4860万元，增长18.76%。

2007年全市税收主要特点有：一是税收收入增收额创新高，2007年税收收入总额同口径比2006年增加3.02亿元，是1997年国地税分设时全年总收入的1.3倍。二是“三个三”工作措施取得积极成效。地方税收收入占税收总收入比重的45.13%，比2006年提高了1.68个百分点；非税收入占组织总收入比重32.12%，比2006年提高0.26个百分点。三是营业税和个人所得税迅速增长，分别增长34.29%、32.53%；营业税占地税税收收入的比重比2006年提高2.31个百分点。四是房地产税收拉动明显，增幅达50.35%，其中营业税增收6203万元，增长81.73%；企业所得税减收1537万元，下降56.18%。

实施“三个三”工作措施 一是认真贯彻全省地方财政收入8亿元会议精神，切实落实扶持第三产业发展的税费优惠政策，积极开展支持第三产业发展的政策研究。2007年第三产业税收入库59755万元，同比增长29.28%，增幅高于第二产业9.58个百分点，占税收总收入比重的36.20%，比2006年提高了1.76个百分点。二是加强地方小税种征收管理，城镇土地使用税征收范围扩大至“三资企业”，制定了自2008年开始实施的土地使用税土地等级和税款标准，加强了房地产交易税收一体化管理，开展了土地增值税结算试点工作。三是有针对性地开展地方税收稽查，重点对13户房地产企业进行了专项检查，查补各项税款1500万元，还对自营出口企业城建税和教育费附加进行了专项检查，查补税款1031万元。

加强税收法制建设 一是积极推进行政执法责任制，起草了《乐清市财政地税系统行政执法责任制实施方案》，对行政执法资格和执法依据进行了梳理，还印发了乐清市地税系统行政执法责任考核评议和执法过错责任追究两个“暂行办法”。二是认真组织开展税收执法检查，在全面自查的基础上，重点检查面超过30%，对检查中发现的问题及时落实了整改措施。三是做好重大税务案件审理，全年共审理大案要案7件，查补（罚）税费计968.97万元。四是开展税收规范性文件清理，共清理废止了70个规范性文件，确保执法依据合法。

大力开展税收宣传活动 全面完成“五五”普法教育规划年度任务，大力开展税收宣传月活动，加强了乐清财税网站“品牌”推荐宣传，“税收•和谐”广场灯谜活动获省局优秀项目奖。此外还开展了“少年税校”系列活动，举办了“地税杯”中小学生现场绘画比赛，并将优秀获奖作品制作成市政壁画；编演了以模拟审理偷税案为内容的课本剧《模拟法庭》。

征管改革步步深入 认真贯彻落实省局有关加强日常税源管理的“七个工作规范”，加强对基层税源间接控管岗位设置的调研，税源间接管理模式逐步完善。国、地税联合对21843户纳税人开展了纳税信用等级评定，其中推荐评定AAA级纳税户84户。为优化纳税服务，市地税部门还落实了“两个减负”规定，并在服务大厅设置了综合性多功能窗口，开辟了自助服务区，增设了“一米线”、“纳税服务评价器”，统一办税服务厅计算机屏幕保护用语，服务设施更加完备。

信息化建设不断推进 全面应用“一户通”电子缴税系统，全年通过“一户通”扣缴的税费13.90亿元，个人所得税全员管理软件应用户数已达3000户。同时根据省局ISO9000质量认证管理体系B版大纲要求，结合《税友2006》实际运行中出现的问题，对地税体系文件进行了全面的升级修订完善。

全面强化征收管理 一是抓好税收分析，准确把握税收经济形势，组织开展了新企业所得税法实施前数据测算等准备工作，从而增强了税收收入调控能力。二是狠抓欠税管理，税收新欠增长率仅为0.45%,陈欠压缩率达64.58%。三是抓好纳税评估，启用参数定税法对11户餐饮业纳税户进行纳税评估，查补税费24.62万元。四是抓好房地产税收一体化管理，二手房交易营业税、个人所得税分别入库1465万元、552万元。五是抓好年所得12万元以上的个人所得税自行纳税申报工作，共有2974人自行申报，补缴税款1086万元。六是加大以票管税力度，制订了《关于进一步明确发票管理若干问题的通知》,推广应用电脑版发票。

切实抓好各项规费征收 一是狠抓社保“五费”征收。2007年共征收五项社保基金5.17亿元，同比增长24.11%，“五费”的增长率为20%，征缴率达97%。二是狠抓养老、工伤保险扩面工作。养老和工伤参保人数分别达15.34万人和22.67万人，净增人数分别为1.90万人和12.81万人。三是狠抓社保费征管基础工作。强化催报制度，确保申报率达到95%以上；做好注销户、非正常户及时通报工作，以保证社保与地税征收数据的一致；还组织开展了对历史性欠费数据清理，共整理数据189户计欠费118万元，并采取媒体公告转为非常户或按规定注销。四是及时组织征收其他各项基金。共征收教育费附加和地方教育附加1.53亿元、水利资金9194万元、残疾人保障金1430万元、工会经费662万元。

认真落实创业创新税收优惠政策 一是落实好技术开发费加计扣除优惠政策，为12户企业落实技术开发费加计扣除2218.53万元。二是办理企业税前财产损失和弥补亏损等涉税事项，为17户企业审批2006年度财产损失1058万元，为76户企业办理税前弥补亏损2224万元。三是按照国家关于企业技术改造国产设备投资抵免企业所得税政策规定，为133户企业审批了国产设备抵免企业所得税，共抵免企业所得税8650.75万元。四是落实其他税收优惠政策，经审批，5户个体户享受了就业再就业优惠，1户企业予以房产税困难减免，1户企业予以水利资金困难减免。

扎实开展税务稽查 一是充分发挥以查促征、以查促管作用，全年共检查纳税户350户，立案65件，查处滞补罚款合计3184万元，入库3028万元，查补超过50万元以上大要案5件，税收案件八项指标均达到省局要求。二是扎实开展税收专项检查工作，对13户房地产企业开展重点检查，共查补各项税款1500万元；责成自营出口企业进行城建税和教育费附加的自查审核，累计查补税款631万元；开展对35户医药生产加工企业和13户其他企业（个人）的个人所得税专项检查，查补税款近50万元；同时与市国税部门联合对中国银行开展了检查，核实补税、费、罚款及滞纳金共计56.8万元。三是抓案件复审，加强税务稽查案件的办案指导和办案质量管理，制定了案件评审和分析会制度，办案工作机制进一步健全。2007年，市地税部门集中对2006年度251个案件进行复审，结合岗位目标考核制度和案件效率制度，对案件办理质量和效率予以考核打分，促进了办案质量的提高。

高度重视队伍建设 一是创建学习型机关。局党组狠抓思想政治教育，通过集中学习、支部学习和自学相结合的方式，先后开展了“纪念建党86周年”、学习胡锦涛总书记“6•25”重要讲话、学习十七大精神等思想政治教育活动。二是抓干部轮岗交流。局班子领导以身作则，深入基层，牵头参加了七个重大课题的蹲点调研，全年全局共完成31篇调研报告，有7篇文章在省级评比中获奖并在有关刊物上发表。《房地产经济与税收调研》还获得2007年全省经济税源调研报告优秀篇目。局党组还按照《干部选拔任用工作条例》，选拔任用了部分中层干部并进行轮岗交流。

二是多形式、多渠道开展教育培训。加强业务学习，组织全体干部开展行政执法更新知识培训，组织新录用公务员进行初任培训，结合岗位业务需要先后举办了《税友2006》应用、新企业会计准则、新闻协作和信息调研等培训班。坚持学历教育，2007年选录5名干部参加了上海财大2007级区域经济学研究生班学习。同时加大了法制教育力度，组织干部学习《五五财政普法读本》、《公务员依法行政读本》、《法治浙江干部读本》、《预防职务犯罪法规》，开展规避税收执法风险和渎职预防教育，干部法律素养得到提升。

三是廉政建设常抓不懈。2007年，局领导组织干部认真学习了中纪委关于严格禁止利用职务上的便利谋取不正当利益的若干规定，学习了乐清市关于加强干部作风监督的十八条规定、机关作风建设的“六条禁令”等廉政规定，做到警钟常鸣。全局强化制度建设，以制度管人，以制度促廉、保廉。2007年对32项内部管理制度进行了梳理、修订并汇编成册，使制度更加科学化、合理化、规范化，形成长效管理机制。同时在局机关内部行政事务管理中，坚持推行“阳光政务工程”，加强对“人、财、物”管理中重点环节的监督检查，采用内部审核、执法检查、离岗审计等多种形式开展考勤、考绩、考廉工作，进一步规范了机关的行政和执法行为。另外还强化了外部监督，局规定对“四项经费”、车修费、车燃费及接待费等通过会计核算中心财务软件，接受市纪委的监督。

四是精神文明建设深入推进。2007年，通过开展“作风建设年”暨创建满意基层站所活动，群众满意度继续提高，在社会评机关活动中，市地税局获得第一名，地税城关分局被评为省地税系统和温州市“群众满意基层站所”。在文明单位创建中，大荆分局跨入温州市文明单位行列，全局七个基层单位全部获得温州市级以上文明单位，其中省级文明单位3个，温州市级4个。市地税系统还十分重视财税文化建设，该局依托乐清财税网青年中心平台，以基层团支部“今日我做东”的形式组织开展了丰富多样的活动；组队参加了“农村合作银行杯•和谐乐清”群众性歌咏比赛，获得第二名；参加市工会知识竞赛获得团体第二名；还参加了温州市局“转变作风、跨越发展”主题演讲比赛和乐清市女职工“建功立业、共创和谐”主题演讲比赛等活动。

国 家 税 务

概况 2007年，市国税局坚持以科学发展观统领国税工作，围绕年初提出的主要工作目标，大力组织收入，强化税收征管，推进管理创新，规范税收执法，实施“四项工程”，扎实开展各项工作，税收收入稳定增长，征管质量巩固提高，队伍管理和作风建设等工作均取得新的进展，较好地完成了各项国税工作任务，为乐清经济社会发展作出了应有的贡献。

大力组织税收收入，促进税收与经济协调增长 全年共组织税收收入28.83亿元，同比增长27.01%。分税种看，增值税平稳增长，首次突破20亿元大关，共入库23.50亿元，同比增长19.96%；企业所得税、涉外企业所得税、车辆购置税增长迅猛，均提前完成年度计划，其中企业所得税、车辆购置税均突破2亿元，分别入库2.13亿元、2.23亿元，同比分别增长91.91%、88.71%。分单位看，全市五大管理片区税收增长均在20%以上，其中柳市片区税收收入8.44亿元，同比增长25.74%；城关片区税收收入5.60亿元，同比增长43.54%；北白象、虹桥、大荆片区税收收入分别为4.28亿元、3.77亿元、6191万元，同比分别增长21.42%、24.79%、22.46%；涉外企业税收收入首次突破1亿元，全年入库1.02亿元，同比增长24.73%。与此同时，全市国税系统认真执行各项税收政策，全面落实各项税收优惠政策，及时办理各项退税，全力支持乐清经济又好又快发展。全年共办理减免退税、汇算退税、先征后退和其他退税9520万元；办理出口退税5.60亿元，同比增长49.13%。

实行精细化科学化管理，征管质量日益提高 一是推进管理创新。实行管理创新目标管理，围绕制度创新、征管创新、服务创新等内容，把管理创新目标和要求分解落实到各个单位，发动全体国税干部职工积极参与，对优秀项目和实施管理创新工作突出的单位和个人，在评优评先方面加以激励和支持。全年各单位共上报管理创新项目12个，市局整理上报管理创新项目2个，其中应用计算机终端系统被省局评为2007年度全省国税系统管理创新优秀项目，管理创新工作被省局记集体三等功一次。

二是加强征管基础工作。加强征管质量考核管理，经考核全年征管质量各项指标为：税务登记率100%，准期申报率99.61%，入库率99.86%，欠税增减率37.86%，滞纳金加收率100%，处罚率59%。规范税务登记管理，完成国税、地税首次联合换证工作，共换发税务登记证20054个，换证率达100%，换证工作受到省局通报表扬。抓好个体户籍管理，个体工商户计算机核定定额系统于9月份成功上线运行，全市11041户个体工商业户的定额信息全部导入新系统。实行税源一体化管理，加强税源管理、税收分析、纳税评估和税务稽查等各环节之间的联动，建立税收管理员任务统筹协调机制，避免管理员重复下户评估检查，切实减轻了基层单位和纳税人的负担。强化预警管理机制，运用增值税一般纳税人监控管理系统，按月对各管理单位的一般纳税人零负申报率、连续三个月零负申报率、异常申报率和增值税税负率进行通报，按季对各单位的所得税零负申报进行通报，对异常申报的企业实施书面预警告知，将零负申报率和税负率列入工作目标考核，2007年全市增值税、所得税零负申报同比有不同程度下降。认真开展税收调研活动，落实了2007年税收科研调研课题，及时就出口退税率调整和企业所得税两法合并对乐清经济的影响进行了调研，为全市经济和税收决策提供了参考依据；并上报调研成果2篇，分别获得温州市局调研成果一等奖、三等奖。

三是认真落实出口退税内部管理制度。做到事前调查预测、事中严格审核、事后分析反馈，努力提高出口退税工作效率和质量。2007年全市出口企业认定户数910户，其中新认定出口企业189户，全年共受理申报应免抵退税额13.59亿元，审核通过应免抵退税额12.76亿元，办理免抵退税额8.24亿元，全面完成省局下达的免抵退税计划。

四是强化纳税评估。将纳税评估与专项检查、汇算清缴、零负异常申报管理相结合，强化管理预警机制，不断提高评估成效。重点抓好行业评估，以税负率、能耗、原材料、生产率等为监控指标，在小型断路器行业和电力金具行业建立了首个税源监控模型。同时认真开展各类专项评估和各税种评估，落实纳税评估工作规程，推行三级评估模式，采取分层次评估、交叉评估、联合评估等多种形式，规范纳税评估行为，提高了纳税评估的针对性和有效性。全年重点评估企业626户，评估补税1027万元。

规范执法和服务，优化税收法治环境 一是规范税收执法。强化税收征管和执法行为的计算机控管，严格按照CTAIS等信息系统规定的流程开展税收征管和执法。以执法监察子系统为平台，重点抓好对征收、管理、稽查、财务等环节的执法监察，全年通过执法监察子系统产生疑点228个，核查整改问题7个，及时纠正了各种不规范的行为。切实规范税务稽查行为，规范税案移送工作流程，促进了税务行政执法和刑事执法的有效衔接。二是整顿、规范税收秩序。狠抓涉税案件查处和行业税收整治，有效打击涉税违法行为。在全市开展了对涉外企业、库存异常企业、食品药品专项企业、服装企业、低税负企业、房地产企业、金融行业等的专项检查，全年累计查处各类涉税案件255件，立案128件，补税入库2161万元。针对船舶行业管理现状，及时掌握周边地区船舶税收管理情况，并与有关部门密切信息沟通，对船舶企业开展纳税辅导和政策引导，促进企业诚信纳税、规范发展，巩固了船舶行业税收专项整治成果。三是优化涉税服务。认真落实涉税全程服务制度，扎实开展“窗口服务之星”、“四好科室（站所）”创评工作，有力推进了机关、基层作风建设。全年通过全程服务系统共受理涉税事项12850件，准期办结12850件，准期办结率为100%。积极参与市政府组织的“阳光行动”，实行政务公开，畅通群众投诉、意见反馈受理渠道，及时解决各类涉税问题。开展国税、地税联合评定2005～2006年度纳税信用等级工作，评定上报AAA级纳税人84户、AA级纳税人65户、A级纳税人62户、B级纳税人11962户、C级纳税人236户、D级纳税人39户。

全面加强作风建设，深入实施“四项工程” 市国税部门坚持以人为本的治税理念，结合税务部门实际，深入实施国税党建、国税人才、国税文化、平安国税等“四项工程”建设，为建设一支政治过硬、业务熟练、作风优良、执法公正、服务规范的国税干部队伍做了大量工作，取得了成效。扎实推进文明创建工作，有计划、有目标、重落实，提高了全系统文明创建工作的整体水平。到2007年底，市国税局及所属四个分局和稽查局均实现了乐清市文明单位创建目标，全系统共创建国家级先进集体1个、省国税系统文明单位3个、温州市文明单位3个。加强党风廉政建设，强化行风建设，扎实开展“作风建设年”活动，积极创建“群众满意基层站所”，干部队伍在实际工作中得到锻炼、在教育活动和制度建设中得到提高，市国税系统已连续四年实现队伍平安目标。

工商行政管理

概况 2007年,乐清市工商行政管理局坚持用科学发展观统领全局，紧紧围绕“抓发展、求和谐、走前列”的总体思路，以服务地方经济又好又快发展为目标，深入开展“基层能力提升年”活动，充分发挥工商职能优势开拓创新，扎实工作，奋发有为，狠抓落实，取得了可喜的成绩。2007年，乐清市工商局荣获全国劳动力市场专项整治先进集体称号、省工商局和温州市工商局产品质量和食品安全专项整治先进集体称号；在温州市工商系统年度工作责任制考核中成绩优秀并获奖；全局还通过了乐清市文明行业单位复评。

做好工商注册登记工作 一年来，市工商局充分发挥工商注册登记职能作用，优化服务，准入效能明显提升。制定实施了《乐清市企业注册登记疑难问题集体讨论制度实施办法》，统一了登记标准。注册窗口实行联系点指导制度，帮助解决基层单位注册登记工作中的疑难问题和政策性导向问题；印制《照后服务指南》小卡片，实行照后延伸服务制度，方便群众办事；安装启用了S2000排队叫号系统，在工商注册窗口开辟绿色通道，提供优质服务。全年共办理各类企业开业登记2127家、变更登记2633家、注销登记822家，个体工商户新增5530户，登记新设立农民专业合作社 21 家，新增企业集团9家（总数达78家）、无区域企业 7家（总数达55家）、冠省名企业 57 家（总数达996家）。

加强流通领域食品安全检测 进一步完善“四位一体”食品安全检测体系，积极探索“食品检测社会联动”机制，积极发动群众、依靠群众共同打造安全的食品消费环境，一个覆盖全市的流通领域食品检测网络基本形成。经过一个阶段的努力，食品专项整治取得阶段性成果，县城的7家食品市场、超市中已有6家建立了进货索证索票制度，其他乡镇食杂店已建立食品进货台账制度的已达食杂店总数的95.32%。2007年，市工商局共抽检各类食品74784批次，其中不合格食品4195批次，合格率为94%；销毁不合格食品1879公斤，退市处理不合格食品2176公斤， 查处食品案件27起，移送司法机关食品案件5起。全年市工商局还组织抽检流通领域农资、铝型材、儿童用品、摩托车乘员头盔、奶粉、进口电器、夏令商品、手机、小家电等商品共134个批次，并对温州市局和乐清市局组织抽检的进口服装、调味品、头盔、保健品、卫生洁具、建筑材料等18类商品及时进行了监测后续处理工作。同时加大对违法行为的打击力度，今年通过抽检发现案源并立案8起。

大力推进“万村放心店工程”建设 充分发挥配送中心优势，积极向农村放心店配送商品，切实提高“放心店”食品配送率，确保“放心店”商品质量。截止2007年底，全市挂牌“放心店示范店”598家，完成省定任务数。598家放心店中已有301家实现商品配送，配送面达到50.3%。同时，市工商局开发了放心店信用监管软件，该软件模仿股市的管理模式，由信用积分（面向经营户）和质量指数（面向工商所）两部分组成，能够科学的衡量辖区放心店的综合指标，比较正确地反映出放心店的质量变化和发展趋势。全年还完成放心店户口自查建档470家，这为放心店信用监管奠定了基础。市工商局在创建放心店过程中还不断创新，2007年联合教育部门制定了《乐清市“校园放心店”工程实施方案》，创新培育“校园放心店”，对全市所有学校内的商店进行了改造规范，引导校园放心店进入配送网络，实行商品配送，切实保障了广大师生的食品消费安全。5月份，对清江工商所首批参加“消费投诉最低赔偿制度”试点的8家放心店进行授牌，通过试行放心店消费投诉最低赔偿办法，及时做好试点的动态管理和情况总结，放心店经营户的食品安全意识和行业自律意识明显提高；此项工作被温州市工商局列为2007年度创新（亮点）工作。

加大行政执法力度 2007年，市工商系统坚持“攻大奸、戒小过”理念，严守“办案十条基准线”，敢于亮剑，精于剑道，剑胆琴心，确保了市场环境的和谐有序。继续以查处商业贿赂等不正当竞争、商标侵权、注册资本“两虚一抽”、虚假网络广告、传销等违法行为为重点，狠抓大案要案的查处，取得了可喜成绩。全年共立案查处各类工商违法违章案件637件，万元以上大、要案348件，五万元以上大案39件，办结案件587件，移送公安机关案件14件14人，收缴罚没款总额1417万元。加大对网络广告宣传方面的监管力度，全年共查处网络违法广告案件37件，收缴罚没款83万元。同时还开展了英文网站虚假宣传专项整治工作并取得突破性进展，共查处英文网络虚假广告案件20起，收缴罚没款55万元。网络违法广告专项整治工作先后被省工商局以刊载《工作简报》、进行工作交流等形式加以推广。深入开展“无传销社区”创建活动，通过落实“六个一”工作措施，建立起五项机制，增强了群众的反传销意识，有力地打击了非法传销活动的猖狂气焰。市工商局特别注重和谐监管环境的构建，将行政指导、行政告诫等柔性监管手段融入工商行政管理工作中，4月份该局向乐清市电信局发送了《关于要求乐清市电信局规范互联网接入服务对象主体资格的行政指导函》。2007年，市工商部门共向企业发放责令改正通知书1209份、行政告诫通知书21份；全年发生行政复议2起，比上年减少4起，发生行政诉讼2起，比上年减少1起。

实施“品牌乐清”战略 2007年，品牌建设硕果累累，华仪集团的“华仪HEAG”商标被认定为驰名商标，另有13件商标被司法认定为驰名商标，新增温州知名商标8件。截止年底，全市已有注册商标11699件，其中驰名商标25件，省著名商标36件，温州市知名商标40件。2007年商标注册申请量1376件，持续保持13.3%的增长速度。浙江华潮电器有限公司“华潮Huachao”被司法认定为驰名商标，虹桥镇实现了驰名商标零的突破。柳市镇摘得浙江省首批“品牌强镇”荣誉称号，成为温州市积极实施“品牌战略”进程中绽放出来的一枝奇葩。市工商局积极实施“品牌乐清”战略，开辟了驰名、著名商标维权绿色通道，建立了知名品牌打假维权协作网，重点开展了对商标违法大要案的查处，全年共查处商标违法案件295件，其中大要案167件，涉外商标案件65件，移送商标违法案件4件4人。同时重视从“创牌投入”向“品牌产出”的转变，帮助企业提升商标品牌价值，促进商标品牌的无形资产实现有形化，率先开展商标无形资产评估工作，全市已有9件商标通过评估。另外，市工商局发挥工商职能作用，针对中国工艺美术大师王笃纯和其弟中国民间文化杰出传承人王笃芳的名衔以及其所处行业领域被抢注事件，建立了非物质文化遗产保护项目及其传承人档案库，建立了专员专门联络制度，成立维权特别小组，积极探索非物质文化遗产项目及相关资源的商标权保护。

开创兴农服务新局面 2007年，市工商局坚持围绕中心、服务大局，充分发挥基层工商所贴近农村、贴近农民的优势，加强维护农民合法权益，开展了保护农业生产安全活动和红盾护农——春苗、雷雨行动等专项行动，严厉打击了坑农害农行为。一是成立了放心农资配送中心，对全市121家农资经营店实施配送。二是工商系统9个基层单位所属辖区成立了合同指导咨询服务站，积极指导订单农业实施品牌经营，努力提升农业订单合同的附加值。帮助农村发展企业32家，发展农村经纪人267户，签订农业订单合同1711份，订单总额1.38亿元。其中清江所的山区合同指导站，协助乐清市雁湖早茶厂和部分茶农签订茶叶订单九份，订购茶叶5250市斤，合同金额达18余万元。这是品牌农业和订单农业的第一次亲密合作，它为企业和茶农的双赢展示了宽阔前景。三是建立重点涉农企业和专业合作社商标联系帮扶制度，对创牌重点企业实行“保姆式”全程服务，引导帮助涉农企业及专业合作社注册农产品商标，争创省市著名商标。截止2007年底，全市已有注册的涉农商标488件，其中省著名商标1件、温州知名商标5件、乐清名牌商标3件。乐清的“智仁早”茶、“梅溪”温郁金、“龙泰”枫斗等农产品生机勃勃赢得国内、国际市场。

创新民企信用建设 一是研发、推广了“乐清企业信用预警网”。市工商部门紧密围绕基层信用管理工程、企业信用指导工程、行业信用监管工程和企业信用预警工程等“四大工程”，在总结历年的实践经验的基础上，对企业信用信息变“重采集”为“重应用”，以“信用预警”取代传统信用等级，创新性地开展企业信用预警工作，得到了省工商局、温州市工商局和乐清市人民政府领导的肯定。11月7日，市工商部门以乐清市政府名义召开现场会，向社会推广“乐清企业信用预警网”，第二天该网日访问量就突破一万次大关，社会反响强烈；尔后《人民日报》、新华社全国通稿、《经济日报》、新浪网等20多家全国知名报纸、电视台和网站纷纷作了报道。国家工商总局政务网也对“乐清企业信用预警网”以经验交流形式予以肯定。二是成立了浙江省第一个县级有正式编制的企业信用信息中心。同时，投入65万元购买了应用服务器、数据库服务器、隔离网关系统，通过开发数据采集中间件，实现了硬件系统和软件系统的双提效，政府企业信用建设成效显著提升。三是积极培植诚信民营企业。通过建立和完善信用积累、信用评价、信用激励和信用披露机制，引导企业不断提高、历练、规范赋予民企自身的品质、诚信、文化、创新和责任的内涵，从而不断提升民营企业的诚信度。全年市工商部门共培植诚信民营企业304家，其中获国家级守合同重信用企业3家、浙江省AAA级13家、温州市AA级38家、乐清市A级118家，由乐清市民营企业协会评定为乐清市诚信民营企业50家。

质量技术监督

全市质量技术监督工作会议　　市质量技术监督局提供

概况　2007年乐清市质监部门在省质监局、温州市质监局和乐清市委、市政府的正确领导下，努力找准质监工作在构建社会主义和谐社会的结合点和着力点，紧紧围绕年初提出的“六个二”的总体目标和要求，坚持“优服务、严监管、强素质、上水平、争一流”的方针，全面履行质监职能，深入实施品牌战略和标准化战略，促进乐清产业升级，突出“以人为本”，加强民生计量监管，强化公共服务，服务地方经济，各项工作都取得了新的进展，切实维护了广大消费者的切身利益，促进了社会经济快速持续健康发展。同时还经受住了央视“6•16”曝光事件带来的冲击，扎实推进产品质量和食品安全专项整治工作，监管模式不断创新，开创了质监工作发展的新局面。

2007年，市质监部门继续深入推进“品牌培育质量提升工程”和“质量兴市”、“品牌立市”工作，全市共获得国家免检产品5个（其中新增1个），获得浙江名牌产品12个（其中新增8个），新增温州名牌产品32个。全市累计共获得国家质量管理奖2名、中国名牌产品12个、国家免检产品32个，浙江省名牌产品33个，温州名牌产品102个，乐清名牌产品91个，名牌数量继续位居全国各县市前列。

2007年省级定期监督抽查了乐清市8大行业1289家企业的84种（类）的1302批次产品，其中合格1140批次，批次合格率为87.6%，同比上升0.9个百分点。

市质监部门先后开展了一系列专项整治和打假活动，其中有摩托车头盔产品质量专项整治、6大行业产品质量专项整治、产品质量和食品安全专项整治以及“打假保节日”、“打假保农业”、“打假保安全”、“打假保建设”、“打假保旅游”、“打假保健康”等系列专项打假行动。全年共出动执法人员6418人次，立案查处案件951起，查扣违法产品涉案货值1588.19万元，上缴罚没款925.75万元，没收并销毁假冒伪劣产品货值883.34万元。同时产品质量和食品安全整治各项目标任务如期完成，并顺利通过省政府的考核验收。市质监部门还加强了对特种设备的监管，实现了全年特种设备安全运行无事故。

市摩托车头盔行业专项整治工作会议　　市质量技术监督局提供

“品牌培育质量提升工程”深入实施　为了进一步完善“品牌培育质量提升工程”相关配套措施，市质监局起草了《关于实施低压电器行业品牌培育质量提升工程若干意见》报市政府发文，制订并落实了《低压电器行业企业ABCD分类管理实施细则》。同时加强了企业质量档案建设，建立了防爆电器、电线电缆、头盔等重点产品的质量信息库，档案信息比较齐全，名牌战略的基础、制度保障等进一步得到强化。市质监局还积极探索品牌培育、认定、保护和激励机制，认真落实《乐清市品牌建设“十一五”工作规划》，引导鼓励企业争创品牌，以促进全社会形成重视质量与品牌的浓厚氛围。

产品质量和食品安全专项整治成效明显　2007年，市质监部门按照整治工作的预定方案和部署，争取地方政府支持，落实专项整治经费102万元。市质监局部门高度重视产品质量和食品安全整治工作，一面广泛开展宣传，一面采取有力措施，对企业进行调查摸底、建档入库、ABCD分类，组织开展高强度高频次的巡查、检查、抽查、审查和打击整治，严格、强化市场准入、市场退出机制等，收到了明显的效果，各项目

2007年1季度行业协会会长例会　　市质量技术监督局提供

标任务如期完成。2007年，全市食品生产加工企业需认证企业82家，列入小作坊监管目录15家，全部企业已经建立档案，食品生产许可证取证率已达100%，小作坊登记建档率、目录监管率和质量安全承诺书签订率均达100%。小作坊转化情况良好，已有2家小作坊取得了QS证书。对豆制品企业，市质监部门在总结前几年饮用水、含乳饮料的“股份合作、联小作大、整合资源”的整治经验基础上，鼓励豆制品企业作强作大，规范发展，乐清市白玉豆制品有限公司成为乐清市首家（温州市第二家）通过QS认证豆制品企业。至2007年底，全市列入国务院整治要求和国家质检总局挂牌的10类重点产品生产企业共计636家，全部企业都已建立纸质档案和电子档案，并将建档数据统一导入中国质量监督业务平台。对工业产品生产许可证和3C认证企业的生产条件符合性规定已100%进行现场督查，并100%签订产品质量承诺书。对全市123家撤证、注销证书的企业进行了拉网式检查，重点产品立案查处206起，移送司法机关案件3起。加大对产品质量监督抽查力度，增加抽查频次，重点产品监督抽查覆盖率达100%。“6•16”央视曝光事件以后，在市头盔整治领导小组的领导下，上下联动，迅速行动，措施有力，方法得当，头盔行业制售劣质头盔违法行为已得到控制：22家企业通过质监、环保等5部门的验收恢复了生产；17家企业已通过质监、安监等部门验收等待环保部门的考核后恢复生产；另外39家企业启动了吊销、撤销和注销许可证程序，其中13家企业建议吊销、撤销许可证，8家企业建议注销许可证，17家企业实行关停并转。

标准化战略获得累累硕果　鼓励企业参与高端竞争，发挥低压电器、防爆电器、食品、仪器仪表等4个标准化专业技术委员会的作用，为企业提供标准制订、咨询和技术审定等服务工作。2007年，市质监部门编制了低压电器、防爆电器、水产品产业技术标准化体系，并在乐清质量网上进行推广；牵头组织漏电行业协会有关企业，起草了电子组件板的联盟标准，此标准也是浙江省第一个低压电器联盟标准。乐清市政府出台了《新工业50条》等扶持政策，对参与国家、行业标准起草制订的企业予以巨资奖励。到年底，全市已有30余家企业参与或主导88项国家、行业标准的制订，全市累计登记、备案的企业有效标准计有4585个，600多个产品采用国际标准，1600多个产品执行国家标准和行业标准，全市实现了从“无标”到“有标”，从“用标”到“制标”的蜕变。

公共服务有效强化　加强计量监督，社会公用计量标准证书有效率达100%，其主要标准器及配套设备的周检率达100%。全年发放制造计量器具生产许可证28张、计量标准证书53张（其中新建企业5家），处罚计量器具考核证书过期企业5家。开展民生计量的监督检查，对镇以上22家卫生单位的557台计量器具、加油站的316支加油机枪、865台出租车计价器进行了强制检定，对全市8家液化气充装站进行了计量专项检查，还对17家珠宝店和12家药品店的零售商品计量一一作了监督检查；检测交警部门雷达测速系统6套、公路速度监测系统7套、酒精含量探测器6台；为推进能源计量，对雁荡山啤酒厂能源计量工作进行重点考查，节能效率明显。此外，市质监局还加强合格评定监管工作和质量管理体系认证工作，建立了动态产品认证（强制）和体系认证数据库，并积极应对技术性贸易壁垒，发布WTO-TBT通报10期。

产品质量长效监管机制初步构建　一是构建互动联动机制。在产品质量和食品安全整治中创新制度建设，探索并尝试“政府牵头、部门联合、乡镇参与、依靠协会、质监主打、企业自觉”的工作机制，有效改变了克服质监部门单打独斗、孤军奋战、手段有限、形不成合力的局面。二是构建市场退出机制。从严把市场准入关、规范市场秩序和实施市场退出机制三个关键环节入手，狠抓长效监管机制落实，行业无序竞争逐步改善，产品质量显著提高，价格止跌回升，低压电器行业产品价格普遍上调5～10个百分点。三是探索稽查体制改革，率先在温州质监系统尝试监管“关口前移、重心下移”，并在原稽查大队的基础上，设立了柳市、乐成、虹桥3个稽查中队。稽查中队履行局派出机构的职能，以稽查执法开路，履行相关食品质量安全监管巡查、特种设备安全监察巡查等职能，取得了初步成效。四是构建协会自律机制。组建行业协会，发挥协会作用，探索打假方式，实施部门与协会联手打假，并建立了产品质量应对体系。通过努力，同行共同议价，行业进行自律，出现了企业和谐发展良好局面。

技术支撑能力不断提升 随着技术机构的科研、检测业务能力的提升，市质监部门的检测范围不断拓展，项目不断增多。市质检院可开展的产品质量检验项目已达到17项，获得国家实验室认可的校准项目已达到72个、检验检测项目达到10个。随着省级检测中心的整顿提高，省检验中心检验项目基本覆盖乐清低压电器产品检验。2007年，市政府研究同意投资5600万元创建乐清市工业电器检验中心（一期工程），并向国家质监总局申报国家中心。温州市电工仪器仪表检测中心的筹建任务已全部完成，开始接受相关检验任务。乐清市食品检测中心硬件设施的建设全部完成，仪器设备基本到位，有关筹备工作按计划完成，正处于实验室资质认证阶段，预计2008年底可正式对外开展业务。2007年，市质监技术机构部门撰写了多篇论文在国家、省有关刊物上发表；省级科技立项1项；业务收入1851.95万元，同比增长21.3%，完成了预定目标。市质检院被评为乐清市十大文明示范窗口。

信息化建设有效推动 2007年，市局机关新购置了多台笔记本电脑、服务器、路由器等信息化、自动化办公设备，基本实现了机关办事人员人手一台计算机，局机关全面运行了自动化办公系统。同时还购置了高端路由器和服务器，接入了全省质监系统的城域网，加快了质量技术监督政务信息化进程。推进电子政务建设，市质监部门建立了政务公开网站和乐清质量网，所有行政审批项目均上网公开，增加了行政审批事项的透明度，提高了工作效率。

自身队伍建设不断加强 一是加强党的建设。认真贯彻落实《基层党支部建设目标管理制度》，加强支部自身建设，完成了9个支部的改选任务。各支部深入农村了解基层党建情况，积极开展“结对共建”活动，第六支部书记林华安还被评为乐清市2006年度“十佳”支部书记。二是大力弘扬质监精神。以“六型机关”创建为载体，大力创建学习型党组织和学习型机关，深入开展“争先创优”活动，推进了质监文化建设。市质监系统干部、职工的学习思考和动脑动笔氛围浓厚,全年共撰写编发调查研究文章12篇，在《质监简报》上编发信息稿计228篇，在各类新闻媒体上报道各类信息、专稿86篇,信息化工作考核名列温州地区县级局首位。市质监局还通过了2007年度市文明机关复评考核验收和“六型机关”验收。三是加强廉政建设。不断创新各种载体，开展了公益大讲堂活动、“阳光行动”等，切实把“作风建设年”活动不断引向深入。认真落实党风廉政“一票否决制”，严格责任追究。2007年，全系统无严重违法违纪现象发生，没有发现干部职工利用职权和职务之便谋取私利。规范收费行为，提高办事效能，深入开展为企业减负自查工作，巩固商业贿赂专项治理成果，部门与行业树立了良好形象。行政服务中心质监窗口被评为2007年度市行政审批服务工作先进单位，朱旭飞、叶晓青同志荣获“先进个人”称号。

开展“质监进社区，服务连万家”活动 市质量技术监督局提供

国土资源管理

概况 2007年，乐清市国土资源局广大干部职工团结奋斗、任劳任怨，按照“保护资源、保障发展、维护权益、服务社会”的总要求，创新国土资源工作新思路，增强服务发展新能力，优化发展新环境，谋划国土工作管理新格局，全市国土资源管理工作再上新台阶。2007年市国土资源局先后荣获了全省土地执法百日行动先进单位、温州市国土资源系统工作目标考核良好单位、乐清市信访工作先进单位、乐清市旧村改造与环境整治工作先进集体、乐清市档案工作先进集体、乐清市电网建设攻坚先进单位等多项称号。

落实耕地保护责任制，完善耕地保护长效管理机制 市政府与各乡镇签订了2007年耕地保护责任书，确保耕地保有量42.6万亩、基本农田保有量38.3万亩。全力推进土地整理及标准农田建设，全年投入资金1.175亿元，完成土地整理48个项目67946亩，新增耕地4435亩；投资80.4万元，垦造耕地5个项目增加耕地536亩。在虹桥进行了19500亩基本农田示范区试点建设，建设方案已申报并得到上级批准。

节约集约用地，保障经济发展能力 完成了《乐清市土地利用总体规划大纲（2006—2020年）》编制工作；完成了7个乡镇的土地利用总体规划局部修编，已批准5个乡镇的规划修编，批准调整土地面积1312亩。全年向上级争取用地计划3489亩，完成了27个批次354个项目3118亩农用地转为建设用地的报批任务，完成了

10个北京签约项目827.981亩建设用地、4个省重点项目400.87亩建设用地、16个招商引资项目591.237亩建设用地的报批任务；完成预审项目82个，计划用地4068亩；完成供地277个项目计6269.7亩，其中工业用地供地96个项目计2445.4亩，基础设施建设供地68个项目计1980.7亩，其他供地项目113个计1843.6亩，总供地率达83.45%，位居温州全市第一。努力探索节约集约用地方式，通过增加容积率，成功为105宗存量建设用地增加建筑面积20.87万平方米，补收土地出让金3398万元，节约用地面积313亩。

规范土地市场，合理配置土地资源 坚持经营性用地公开出让，全年公开出让经营性用地21宗252.762亩，成交款22.68亿元。加快工业用地公开出让工作，全年成功出让工业用地52宗366.5亩，成交款1.45亿元。进一步规范协议出让、转让、公开出让建设用地行为，完成协议出让67宗2364亩，收取土地协议出让价款7.34亿元，补办出让44宗204.5亩，补收出让金0.51亿元。

依法行政，加大国土资源依法管理宣传力度 强化依法行政制度建设，进一步明确了土地使用权注销、收回、指界及房地产依法登记的责任。全年受理行政应诉15件、行政复议10件，胜诉率、维持率较2006年有大幅提高。深入开展“6•25”土地日和“五五普法”宣传，投入宣传经费45万元，张贴宣传标语500张，发放宣传资料5000份，发放宣传伞3000把，悬挂横幅100条，召开座谈会70次，对31个乡镇近4100名镇村干部就目前国土资源管理法律法规政策进行了宣讲。

优化民生保障服务，维护群众合法权益 在部署“社会评机关”整改工作中，组织开展了“下基层、听意见、送服务”现场办公活动，举办了“现场投诉、现场咨询、现场办公”大型广场活动，共征求、答复、落实市人大代表、市政协委员及有关部门、乡镇、村居干部等各类意见565条。深化征地制度改革，全年完成了25个批次计3105亩的征地任务，支付征地总费用2.43亿元，安置农业人员8917人，其中纳入基本生活保障安置人数3946人，还配合办理了20个乡镇300个村的37479名被征地农民的社会养老保障的核对、审核工作。全力做好信访工作，全年受理群众信访937件，信访办结率达97.3%；受理市长专线电话806件，反馈率为99.4%。加大对避险移民、住房困难户的帮扶力度，2007年落实农民建房指标耕地100亩，安排52.7亩用地指标用于岭底乡东田村等8处地质灾害（隐患）点307的户避险移民建房，完成历史遗留个人非法占地建房补办手续498件计建筑面积25424平方米。2007年，国土资源局帮扶结对8个村，走访慰问困难群众44人；联系扶贫结对4个乡镇，结对扶助近100人，支助扶贫资金45万元。

严格执法监察，开展违法用地专项整治 8月份开始，在全市范围内开展了为期两个月的违法用地、违法建设专项整治活动，先后组织开展了卫星遥感执法检查、查处土地违法违规案件专项行动、土地执法百日行动，组织专项拆违238处，拆违面积达25.5万平方米。全年违法用地立案772件，涉案土地1537.4亩，结案770件计1247.6亩，收回土地1006亩；全年拆违面积共计45.8万平方米。另外，全年组织夜巡查58次计450人次。

强化地质灾害防治和矿产资源开发秩序长效机制 2007年，市国土资源局制订了《乐清市2007年度地质灾害防治方案》和《乐清市突发性地质灾害应急预案操作手册》，对31个乡镇的130个行政村和6所中小学的3180人进行了地质灾害防治知识培训。2007年在抗击四次台风中，市国土资源局共发出地质灾害预警预报短信3000次，组织地质灾害险情巡查96组次计300人次，累计检查地质灾害点600点次，转移群众18000人次，成功避让1次，避免了5人伤亡。同时还加强了地质灾害治理，全年投入地质灾害防治经费2452.98万元，对27个地质灾害隐患点进行了勘查、设计、治理；完成了小流域泥石流地质灾害调查与评价工作，并通过省厅专家评审。继续整顿、规范矿产资源开发秩序，2007年市国土资源局编制完成了第二轮《乐清市矿产资源规划》；对全市矿山企业安全生产组织了8次检查，查处无证开采25起、矿山非法建房15起，责令限期整改1家；批准设立采矿权19个，批准面积1761亩；完成废弃矿治理13处共计面积59240平方米；采矿权有偿取得工作进一步规范，全年挂牌出让采矿权7宗，协议出让1宗，收取矿产出让金总额766万元。

发挥信息数字化作用，提升业务基础支撑保障能力 加快推进商品房分割登记工作进度，全年完成了7个小区共413宗的商品房分割登记；同时办结各类土地使用权登记12457宗。2007年还完成个人交易、抵押登记、转让及补出让等土地评估1875件计面积498万平方米，评估地价总额43.86亿元。开展了第二次土地调查工作，核查图斑16532个，校对注记987处，校正村注记28个。加快了农村集体农用地所有权登记，全年完成了141个村的集体农用地登记。全年勘测土地1798宗计面积43万平方米，为政府项目无偿提供测绘价值150万元。

抓作风建设，树文明廉洁行风 深入学习十七大精神，全年组织大讨论20次。深入开展“作风建设年”活动，112人参加了春节期间深入农村调查研究活动，11人参加驻村调研，解决问题6个。开展事业单位差额聘用和加强干部能力建设活动，积极创建“四好科室（站所）”、“群众满意基层站所”、“文明基层所”，不断探索预防腐败工作机制，党风廉政建设逐步深化。

《价格法》宣传、咨询活动　　市发展和改革局提供

物价管理

强化与民生关系密切的商品价格收费管理　2007年，市物价管理部门调整了乐成、虹桥片区的自来水价格，并对全市供水价格成本实行监审。重新公布了全省937种药品最高零售价格和2945个规格的降价药品价格，督促各医疗机构认真贯彻执行，切实减轻患者的负担。积极探索经济适用住房和廉租房的价格管理形式，开展了对万岙农场康居工程销售价格的审核工作。组织召开了制定乐成16路公交车和雁荡山公交车票价听证会，出台了乐成16路公交车的收费标准。认真做好2006年度收费验审工作，规范和调整了市建设、土地、公安等16个单位的行政事业性收费项目和收费标准，停止执行部分收费项目。2007年对白蚁防治行业收费进行了专项验审，调查了近三年来乐清市白蚁防治的总收入和总支出情况，提出了全市白蚁防治收费工作存在的主要问题，并向上级部门提出了规范白蚁防治行业收费管理建议。

密切监测、分析市场重要商品及其服务价格　2007年，市物价管理部门制订了《乐清市市场价格异常上涨事件应急预案操作手册》，进一步完善价格监测预警机制，坚持每月两次对8大类54个品种的重要商品及其服务价格进行监测和分析。尤其是下半年以来，针对成品油、液化气、猪肉、食用油等价格持续较快上涨的状况，及时启动了价格预警实施预案，密切关注市场物价动态，加强市场物价监测分析，第一时间向市领导反馈信息，报告价格上涨原因，并提出应对建议，得到了市领导的重视和肯定。

依法严查各类价格违法行为　2007年先后对教育收费、涉农价格收费、医疗药品价格等开展了专项监督检查，依法严格查处各类价格违法行为，进一步规范了市场价格秩序。在春节、“五一”、“十一”期间，对副食品市场、各大超市、旅游行业的明码标价情况组织进行了检查，还针对主要农产品生产、运输、销售过程中的各种收费情况进行了专项检查，切实维护了社会稳定。全年共立案查处各类价格违法案件18件，查出违价金额403.02万元，其中退还消费者115.61万元，没收违法所得102.56万元，罚款6.3万元，上缴财政108.67万元。

做实做好价格服务扩面提效工作　深入开展“价格服务进万家”和“物价局长下访”等活动，把价格法律法规送到基层、送给群众，面对面听取基层群众对价格工作的意见和建议。扎实做好涉案物品的价格认证工作，为司法工作提供可靠证据，全年共受理各类涉案物品价格认证鉴证1154件。认真做好“12358”价格举报投诉咨询工作，全年共受理群众投诉96件，办结96件，办结率100%，做到了事事有回音，件件有答复。

审计工作

概况　2007年，在市委市府的正确领导下，乐清市审计局完成审计项目52个，查出各类违纪违规金额3849万元，管理不规范金额9814万元，其中应交财政金额375万元，应归还原渠道资金224万元。审计中发现损害人民群众利益268万元，审计后挽回（避免）损失180万元。全年向检察院移送案件1件，涉案人员1人；审计核减基建工程造价839万元。全年编发《审计情况反映》23期31篇，编发《审计要情专报》5期；提交的各类信息得到市委、市府和上级审计机关批示或被采用的22篇，促成市政府出台有关措施、文件及办法6项。

财政审计　市审计局全年完成本级财政预算执行审计项目12个，审计查出违纪违规金额1903万元，管理不规范金额2120万元，发现侵害人民群众利益268万元，应上交财政金额184万元。在本级财政预算执行审计过程中，市审计局重点关注全部政府性资金的收支规模和结构，摸清收入来源和总量底数，着重审查预算内资金、纳入财政专户的预算外资金、非税收入、政府各项基金及政府负债，从总体上把握全市全部政府性资金的收支情况。同时，市审计局以支出审计为主要审计思路，重点关注全部政府性资金流向，针对财政转移支付资金、社会保障资金、农村建设资金、教育资金、国有土地出让金、交通资金、环保资金、河道整治资金等重点资金进行了审计调查；以绩效审计作为主要审计目标，加强对政府重点建设项目、重大财政专项资金的绩效审计，注重从体制、机制上分析和揭露全部政府性资金的收、支、管、用各个环节中存在的问题，从而推进了公共行政管理体制及公共财政体制的建立和完善。通过审计，促成市政府出台了6项有关措施、文件及办法。2007年，市人大常委会也多次以审计报告内容为依据，对分管副市长工作进行评价监督，进一步促进了审计整改工作的落实。

经济责任审计 市审计局全年完成经济责任审计项目26个，审计领导干部27人（乡镇领导干部12人、市府直属机关事业单位领导干部15人），查出各类违纪违规金额1167万元，管理不规范金额4933万元。市审计局还在清江镇开展了乡镇党政领导干部经济责任捆绑审计试点工作，紧紧围绕绩效审计这个核心，做到了四个结合：即实现了全部政府性资金审计、审计评价体系、审计过程、责任认定与绩效审计相结合。这一做法得到了上级审计机关的高度评价，并在浙江省审计厅2007年乡镇审计经验总结交流会上作了典型发言。全年市审计部门提供经济责任审计信息7篇，经济责任审计要情1篇，被市长批示2篇，被上级采用2篇；促成市委及清江镇政府出台有关措施、文件及办法4项；完成了温州市委组织部、温州市审计局下达的领导干部经济责任审计课题调研论文2篇。

投资绩效审计 市审计局全年共完成固定资产投资审计项目4个，审计总金额1.20亿元，核减工程款839万元。同时针对审计中发现的在项目建设过程中普遍存在项目预算超概算、项目管理费用超标等问题向市政府作了专门汇报，引起了市政府的高度重视，进而催生市政府出台了《乐清市政府投资项目管理实施细则》。

审计信息化建设 5月份审计管理系统（OA系统）全面开通运行，实现了审计系统内部的电子化管理，提高了审计管理效率。在审计实施过程中，全面运用现场审计实施系统（AO系统）进行计算机现场审计，审计工作效率大幅提升。全年共完成计算机审计项目36个，占完成审计项目数的70%。市审计局还不断探索新技术、新方法，投入力量自行开发了“计算现金差额”小程序，利用现金收支和余额情况的原始电子数据，迅速处理现金收支结余和对账单的余额，并可立即取得每日账面现金和实际库存的差额，从而可以直观评价现金的管理情况。利用该软件，市审计局在对某事业单位审计时，查出一出纳涉嫌挪用公款，程序计算结果已经作为案件线索移送检察院。

统计工作

概况 2007年，市统计局深入基层调研，狠抓了统计工作基层基础规范化建设；加大了执法力度，提高了执法水平；进一步增强统计服务意识，统计信息化建设不断推进；圆满完成了市第二次农业普查工作，认真开展了5‰人口变动抽样调查、工业企业技术创新调查、重点行业企业人才状况监测调查工作。2007年，市统计局被评为欠发达乡镇统计监测工作省级先进集体、第二次农业普查工作省级先进集体。

统计基层基础规范化建设 在全市范围内开展了统计基层基础规范化建设活动，落实乡镇统计机构和人员编制，强化基层统计建设，计划用三年时间使基层统计工作走上规范化轨道。2007年，全市已验收11个乡镇、30个企业及35个村居。

推进统计信息化建设 进一步抓好统计信息化建设，做好网络安全工作，积极开展网上软件开发与应用，开通企业报表自动群发催报系统，完成了局内文件、数据交换系统和乡镇统计办公室网上办公系统，基本上实现了无纸办公。建立了专用VPN网，实现了全局各科室、乡镇、重点单位和温州市统计局进行内网的互联互通。

统计执法 2007年统计执法力度进一步加大，全面实施了统计稽查制度。全年共稽查了76个单位，查处违法案件29起，罚款7.9万元。

农业普查 完成了农业普查报表的审核、普查表的编码和数据录入工作，做好数据评估，确保普查数据的质量，并充分利用普查数据资源做好普查资料的开发应用，评选表彰了先进集体和个人，圆满地完成了全市第二次农业普查工作。

食品药品监督管理

概况 2007年，市食品药品监管局申报创建浙江省农村药品“两网”建设示范市。市委、市政府对此高度重视，召开了全市创建省农村药品“两网”建设示范市动员会议，并把食品药品安全工作，列入2007年“为民办实事十大工程”之一。市食品药品监管局以此为契机，坚持“科学监管”，深化“规范药房、放心药店、诚信体系”三项建设，推进实施“规范依法审批程序、规范行政执法程序、规范日常监管行为、规范内部管理行为”四项执法规范，深入开展了“规范化药房”、“放心药店”创建和专项整治等一系列工作，促进了“机关队伍素质、廉洁拒腐能力、依法行政水平、文明服务质量、办事执政效能”五项提高，较好地完成了各项工作任务。

规范市场监管工作 一是健全农村药品监督网络。聘任了村级食品药品监管信息员942名，使村级监督网络覆盖率达到100%；聘任村卫生室片区信息员42名，聘用隐蔽的药情专用信息员10名；在药械生产、经营、使用重点单位配任了药械安全信息员37名，构建了覆盖全市涉药械行业的监督网络。二是健全农村药品供应网络。建立购销合同副本档案，对外来的药品购销人员实行实名登记；成立了乐清市药业协会营销分会，规范采购渠道，完善登记管理；组织乐清市康盛堂大药房医药连锁有限公司在龙西、仙溪等乡镇的无医疗机构或无药品经营企业的行政村“万村放心店”中设置乙类非处方药店（柜）6家，全市农村逐步形成了“合法、清晰、稳定”的药品供应网络。三是扎实推进药品安全诚信体系建设。建立了《药品零售企业人员登记册》和电子信用档案，建立实施信用信息披露制度，信用管理长效机制初步形成。

有序开展专项整治活动 市食品药品监管部门建立了专门的药情监管隐蔽队伍，并与公安机关协调机制，联手严厉打击了无证经营药品、非法回收药品以及用食品、保健食品、保健用品冒充药品和医疗器械等违法违规行为，全年共查处违法药械案件102起，作出处罚94起，收缴罚没款93万多元；其中刘俊立涉赚无证经营药品案、陈兆富涉赚无证经营药品案及蔡明连涉赚无证生产药品案等3个案件移交公安机关处理，3名当事人批准刑拘，有效整顿、规范了药械经营秩序。全力推进全市药品安全专项整治工作，全年共出动2527人次，检查医疗机构628家、药店248家，检查面达100%，立案24起，涉及货值3.1万元，收缴罚没款25.76万元，取缔无证、无照企业14家；查处违法广告3起，全部移送工商部门处理，销毁不规范保健品宣传单300份、不规范广告牌匾5个，药械安全提高到一个新水平。加大药品抽检力度，依法对178批药品进行了抽样检验，已检不合格药品9批。全年还受理投诉举报56件，全部在规定时间内调查处理并回复投诉举报人，无上访、再投诉和再举报现象发生，有效净化了市场，确保了广大群众用药安全。

加强食品安全综合监管 3月，市人民政府出台了《关于加强食品安全综合监管工作的意见》（乐政发〔2007〕29号）。根据文件精神，市食品安委办对各项措施进行了分解细化，制订8个配套性文件：即《乐清市2007年食品安全工作要点》、《乐清市2007年食品安全专项整治工作方案》、《乐清市食品安全工作责任制实施方案》、《2007年乐清市食品安全重点工作及责任分解落实方案》、《乐清市食品安全暗察暗访工作意见》、《乐清市食品安全联合执法实施办法》、《关于加强食品安全信息管理工作的通知》和《乐清市食品安全信息工作考核办法》。这标志着政府对食品安全负总责的意识进一步强化，市食品安全综合监管体系日趋完善，全市食品安全综合监管工作进入了更加成熟的发展阶段。市政府还与各乡镇人民政府和食品安全各主要监管部门签订了《乐清市2007年食品安全工作目标管理责任书》，各乡镇政府也分别与所辖村（居）签订了责任书，一层抓一层，层层抓落实责任。为构建更加完善的食品安全信息体系，规范食品安全综合信息发布工作，市食品药品监管部门召开了2006年度食品安全新闻发布会，让食品安全监管工作更公开、公正。针对在个别乡镇发现疑似以陈化粮等不合格原料制售粉干、米面的问题，对粉干、米面的生产加工行为开展了执法检查；同时出台了《乐清市食品重点行业和区域专项治理工作方案》，着手对大荆镇饮用水等六个食品行业和区域进行安全治理，从源头上消除食品安全隐患。根据省食安办《关于印发<全省开展“三网”建设情况暗察暗访工作方案>的通知》（浙食安委办[2007]56号）精神，全市还开展了食品安全“三网”建设暗查暗访工作。

扎实推进食品安全示范县（市）创建工作 为推进全市食品安全示范县（市）创建工作，制定了《创建新农村食品安全村试点工作方案》，提出了各项工作措施，并确定10个村为食品药品安全试点村，各试点村成立了领导机构，明确了工作职责；同时还出台了《乐清市食品安全示范市建设工作实施方案》，确定5个乡镇为示范试点乡镇，增强示范试点工作的辐射面和影响力。

妥善处理应急事件 3月27日与3月28日，虹桥镇和蒲歧镇先后发生疑似食物中毒事件，引起了市食品安全委员会的高度重视。在妥善处理该中毒事件后，为有效防控此类事件的再次发生，市食品安全委员会下发通知，组织开展了全市饮食摊点和农村食品安全专项整治，明确了各有关职能部门的整治任务。按照部署，市卫生局对全市餐饮业进行了一次全面检查，落实卫生管理制度；市教育局加大了学校食品安全宣传力度，加强了对全市学校食堂的规范管理和整顿；市工商局突出重点地区、重点市场和主要食品，对农村食品市场进行全面整治检查；各乡镇政府组织人员对各学校周边的无证流动饮食摊贩进行治理整顿，净化了校园周边环境。同时，市食品药品监管局进一步完善了举报投诉制度，制作食品药品投诉电话小卡片发放到食品药品信息员和广大人民群众手中，努力实现投诉渠道畅通、信息来源广泛、应急反应迅速。

努力提高干部队伍素质 一是加强党风廉政建设，制定了《2007年党风廉政建设的组织领导和责任分工》及《2007年党风廉政建设和反腐败工作安排》，努力构筑拒腐防线。二是加强理论与专业知识学习，制定了《关于2007年局党组中心组和机关干部理论学习的意见》，严格遵守“周五”学习制度，每次学习不仅明确参加对象及学习形式，而且确定主持人、中心发言者、导读人员，真正做到认真学习，讲求实效。三是扎实开展“作风建设年”活动，以“学习、效率、服务、廉政”四项内容为主线，通过“两种方式三个层面”全面开展调研工作，并开展了“作风建设年”专题学习月活动。四是深入学习贯彻十七大精神，出台了《关于开展认真学习贯彻十七大精神活动的通知》，于10月19日～12月28日期间，组织局机关人员进行集中学习，采用导读、中心发言、自由讨论等多种形式，加深机关人员对十七大精神内涵的领会和理解。

加大食品药品安全监管宣传力度 为进一步扩大食品药品监管系统在人民群众中的影响面，提高食品药品安全知识的知晓率，3月15日，市食品药品监管局以假劣药品展览为主要形式开展了宣传咨询活动，展出假劣药品标本50余种，发放宣传小册子3000余册，现场接受群众咨询800余人次。4月30日，出台了《2007年乐清市食品安全宣传教育工作要点》，围绕"五进"要求确定了宣传重点。5月份，将国务院办公厅《关于进一步加强药品安全监管工作的通知》、《国家食品药品安全"十一五"规划》及胡锦涛同志《以对人民群众高度负责的精神，做好农业标准化和食品安全工作》的重要讲话分发给市四套班子成员及政府各主要部门负责人，食品药品安全监管工作得到了各级领导的高度重视。6月份，启动了食品药品安全知识"进千家社区、入万户家庭"宣传活动，通过晨沐广场电视大屏幕循环播放食品药品安全知识，通过"农民信箱"向农民群众发布科学种养殖常识和科学饮食知识，通过与8890市民服务中心合作进村入户开展食品安全宣传，从而大大拓宽了社会宣传面。市食品药品监管局还在6月2日举办了全市"阳光投诉"活动，现场发放宣传资料1000余份，受理举报投诉1起，并当日给予解决；7月18日至24日，组织大学生社会实践队进行了食品安全宣传，向广大人民群众普及食品安全知识；9月，开展了食品安全宣传周活动，先后在乐清中学、乐成七小等学校举办了中小学生食品安全知识讲座和有奖征文比赛，3000余名学生参与活动，营造了良好的校园食品安全氛围。

优化服务，树立食品、药品监管新形象 一是以创建树形象。以"作风建设年"活动和"四好科室"、"六型机关"创建活动为载体，把创建要求渗透到食品药品监管工作中，把文明意识融入到优质监管服务中，为群众提供真情服务。2007年，市食品药品监管局四个科室全部获得四好科室荣誉称号，其中稽查科、综合办分别被评为二星级、一星级四好科室。二是以服务树形象。正确处理监管与服务的关系，强化服务经济意识，把监管工作作为服务乐清经济发展的出发点和立足点，通过走访、座谈、调研，帮助企业解决实际困难和问题，帮扶企业规范经营。三是以规范树形象。规范依法审批程序，规范行政执法程序，规范日常监管行为，规范内部管理行为，推进民主、科学、依法决策。在规范审批方面，实行受理、验收、审批三分离，简化审批程序，办理时限缩短了50%。修订了局机关内务管理制度，并汇编成册。推行案审分离机制，完善《药品监督行政处罚工作规范》，在执法过程中，做到重证据、重程序、重教育，处罚得当，行政诉讼保持零上诉记录。

安全生产监督管理

概况 2007年，在市委、市政府的正确领导和上级有关部门的指导下，乐清市以贯彻"安全生产执法年"活动为主线，深入开展了安全生产隐患排查治理专项行动，强化安全生产各项工作措施，从安全意识、安全责任、安全措施、安全基础等方面加大工作力度，安全生产工作取得了明显成效。按同口径统计，全年共发生各类事故1006起，同比下降3.18%；死亡150人，同比下降5.06%；受伤1131人，同比下降2.25%；直接经济损失705.11万元，同比下降0.8%，实现了连续三年全市各类生产安全事故"三个零增长"的工作目标，安全生产总体形势保持基本稳定。

坚持守土有责，责任落实到位 在年初召开的全市安全生产工作会议上，市政府与各乡镇、有关部门签订了安全生产目标管理考核责任书。各乡镇、各部门按照市政府的要求也分别与辖区、行业内的企事业单位签订了责任书，做到"纵向到底，横向到边"。为进一步将安全责任落实到村居，做到及早发现安全隐患，及早落实整改防范，虹桥镇率先实行分类经费补助，柳市镇切实加大安全投入，这些都为强化基层安全监管、全面落实安全责任做出了有力探索。

开展安全生产执法年活动 全面实施安全生产行政执法委托，将部分安全生产行政处罚权委托乡镇安监机构实施，并在乐成、柳市、虹桥、北白象等镇取得了显著成效，真正实现保障安全生产关口前移、重心下移。建立安全生产违法行为曝光制度，在《乐清日报》开辟了"安全生产"专栏，重点宣传安全生产有关法律、法规，曝光典型违法案例，为全社会提供安全资讯。开展了"安全生产执法周"活动，依法严厉打击安全生产违法违规行为。进一步强化安全执法工作，市安监局立案处理安全生产违法案件189起，行政处罚入库累计达169万元，同比分别增长4倍、增长2倍；市消防大队立案查处122家，行政处罚累计达124万元；市交巡警大队立涉嫌交通肇事罪案件108起，行政拘留无证驾驶、醉酒驾驶共1028人。此外，交通、国土资源、规划建设、技术监督等部门也根据行业特点和线上的部署要求，相继开展了安全生产执法行动，有力地打击了安全生产违法行为。

重点行业和领域进行隐患排查治理 根据国务院、省政府和温州市政府关于隐患排查治理专项行动的工作部署，乐清市深入开展了道路交通、消防火灾、农村道路、中小企业、旅游安全、水上交通、休闲渔船和渔运船、建筑施工、燃气行业、特种设备等十类专项整治工作，共排出事故隐患842处，发放整改指令书235份。此外，结合我市实际，相继开展了矿山安全、冲压剪切设备安全、危化"2007行动"、船舶安全、头盔行业及质量(食品)安全专项整治、农村道路交通安全整治、临水临崖高落差危险路段整治、渡口渡船专项整治、全市铸造行业安全生产专项整治、桥梁安全检查、学生接送车专项整治、道路交通"苦战四十天，坚决压事故，确保零增长"等活动。通过各类专项整治，强化了安全生产工作力度，消除了一大批潜藏的安全隐患，对保持我市安全生产形势的总体稳定起到了重要作用。

同时对全市重大安全隐患实施了挂牌整治。2007年全市列入省级挂牌督办隐患2处，其中道路交通事故黑点1处、重大火灾隐患单位1处；温州市级挂牌督办隐患8处，其中道路交通事故黑点5处、火灾隐患单位1处、工矿企业单位2处，至年底均已整改完毕，并撤消挂牌。

安全生产标准化工作取得新突破 2007年，乐清市把开展"标准化"工作作为夯实安全生产基础的重要举措，在2006年"铁网三号行动"的基础上对A类企业开展了复评，并确认全市首批108家标准化管理A类企业，在媒体上予以公布。同时，我市新黎明防爆电器有限公司率先通过了国家二级安全质量标准化机械制造企业的考评，成为温州首家；随之，合兴集团也通过了该项考评，成为温州市又一家通过国家级安全质量标准化考评的单位。为进一步强化"安全发展"的理念，明确安全生产标准化的重要地位，市政府在2007年出台的《关于促进工业经济又好又快发展的若干意见》中明确提出：对通过国家级、省级安全生产标准化管理验收的企业分别予以20万元、5万元的重奖，引导广大企业积极参与标准化管理活动。这一做法得到了省、温州市的充分肯定。

安全生产教育培训和宣传工作有新进展 2007年是乐清市实施全员培训工程的第三年，通过强化组织、落实责任、深入发动、灵活培训等各项措施，加大了安全培训力度，全年共举办企业负责人、安全管理人员、特种作业人员培训班32期，接受培训考核7150人次，受企业委托培训从业人员120365人次，较好地完成了全年的培训任务，提高了企业从业人员的安全操作技能和管理水平，为遏制和减少生产安全事故的发生起到了重要作用。

为提高全市人民的安全生产意识，市有关部门、乡镇深入开展了全国第六个"安全生产宣传月"活动。"宣传月"活动内容生动丰富，形式多样，除电视播放、广播车巡回宣传、悬挂气球横幅、刊出专栏、组织开展安全生产知识竞赛等外，6月10日还举办了安全生产宣传咨询日活动，在重要集镇设立咨询点，发放宣传资料近80000份。根据市安委会统一部署，黄华镇人民政府联合黄华边防派出所、乐清湾海事处等部门举行了现场消防演习；正泰、德力西等企业结合企业自身实际，以多种形式开展宣传，提高了员工的安全意识。

海关管理

概况 2007年，温州海关驻乐清办事处以邓小平理论和"三个代表"重要思想为指导，认真贯彻两级关长会议精神，坚持实践科学治关理念，扎实推进和谐海关建设和准军事化海关纪律部队建设，全面提高把关服务能力，团结奋进、锐意进取、开拓创新，各项事业蓬勃发展。全年共监管七里港进出境货物99万吨，同比增长38%；监管集装箱9.6万个标箱，同比增长38%；备案加工贸易合同282份，金额1.2亿美元，分别比上年增长58%和173%；审核进出口报关单5833份，征收关税和进口环节税2.56亿元，分别比上年增长91%和107%。

创新监管模式，优化通关环境 一是充分发挥H986机检快速验放优势，提高查验效能，加快口岸验放，全年共通过H986机检集装箱453票计1116个标箱。二是在提高通关效率的同时确保货物进出口"通得快、管得住"，全年查获各类违规货物27票，案值194万美元，同比分别增长35%和137%。三是积极主动与温州海关其他驻外机构加强联系，寻找最佳协调配合方法，密切关警合作、协勤武警配合，加强实际监管，积极做好温州关区"多点申报，口岸验放"监管工作，确保口岸进出货物的畅通。四是推行了"24小时和节假日预约通关"、进口货物"担保验放"等系列便捷通关措施。五是积极融入"长三角"区域通关改革进程，探索"属地报关、口岸放行"监管模式，努力培育新的业务增长点。6月份，正式开通了"乐清——宁波"陆路转关运输业务，截止12月底，共安排人员加班50余人次，监管转关出口货物198票计395个标箱，货值837万美元，为辖区对外贸易注入了新动力。

支持辖区加工贸易的发展壮大和转型升级 一是结合辖区实际，将发展船舶加工贸易等临港产业纳入工作重点，支持企业开展加工贸易，促进乐清、永嘉两地加工贸易转型升级，辖区船舶加工贸易在2006年实现"零的突破"的基础上逐渐做大、做强，船舶加工贸易的企业数从2006年的1家增加到了8家，共计备案加工贸易合同16份，金额4854万美元，占辖区加工贸易备案金额的40%。二是在支持加工贸易的同时加强调研和风险分析，做好加工贸易核销工作，促进加工贸易健康有序发展，全年核销加工贸易合同201份，核销率为100%。三是推出"大企业联络员制度"，重点支持辖区加工贸易诚信大企业的发展，注重建立与诚信企业之间的新型合作关系，深化服务内涵，为企业提供"量体裁衣"式的个性化服务，确保企业便捷运作，海关有效监管。四是充分认识联网工作代表着加工贸易监管改革的方向，认真做好联网监管工作。根据年度联网监管工作目标，向企业广泛宣讲联网监管的重要意义和实际效果，积极督促已联网企业及时准确录入进、出库数据，从而提高了联网监管的应用化水平和对加工贸易监管的效能。全年海关乐清办事处成功办理联网监管企业5家。

采取有效措施，确保税收征管质量 将税收“价格水平指数”纳入全年税收工作重点，深入辖区开展税源税基调研，做好税收情况分析，全面把握税收特点，在稳定原有税源的基础上，寻找新的税源增长点，确保税收增长，做到应收尽收。根据乐清口岸的特点，做好本口岸常见商品价格资料信息收集工作，对进口单项商品数量较大的诚信企业实行跟踪服务，在给予通关便利的同时及时掌握市场动态信息，并着手建立商品价格资料库。指定专人负责“6+3”内控系统，定期对本辖区进口商品进行监控分析，通过核实、核查等方式排除现场进口商品价格风险，遏制价格低瞒报。一年来共审价12起，审价补税合计人民币43.33万元。2007年前三季度一般贸易价格水平稳定在0.99左右，税收质量名列前茅。积极推广税款“网上支付”，8月份，成功办理了温州海关首票报关企业代理税款网上支付业务，“网上支付”比例稳步上升，特别是第四季度，税款“网上支付”占80%以上。

做好海关统计和企业管理工作 继续加强海关业务和进出口贸易统计分析，撰写有地方产业特点的统计分析文章，有效发挥统计监督的预警作用，及时发现进出境监管过程中的问题和偏差，为上级各部门决策提供有力参考。一年来，共向乐清地方政府、部门上报《领导参阅》7期，受到乐清市委、市政府领导的肯定。2007年，海关乐清办事处在充分调研的基础上，提出了“集装箱数据统计分析软件”及设计软件开发方案，并与温州海关技术部门进行共同开发；该软件对温州港口引进外贸航线、促进外贸货物回流起到十分重要的作用，受到温州市领导和温州港航局等部门的高度重视与密切关注，各项工作进展顺利。另外，海关乐清办事处通过座谈会、业务培训等方法，加强对报关员、企业人员的管理，企业守法意识进一步增强，通关环境得到进一步净化。积极做好企业备案登记和企业分类管理评定工作，截止第四季度，辖区获得AA类、A类企业12家。做好企业出口业务数据查询出证工作，为辖区企业创建温州市级、省级和国家级品牌提供便利服务，全年共办理辖区企业出口数据查询出证130余次。

加强法制建设，规范行政执法行为 首先是加强了对关员的法制教育，采取集中学习、个人自学、举办培训班、座谈交流和研讨执法疑难问题等多种形式，重点学习了两级关长会议精神和《海关法》等内容，要求关员深刻理解“依法行政”的内涵，牢固树立“依法行政”理念，进一步增强法治意识。其次是对外积极开展法律法规宣传活动，开展了“4•26世界知识产权日”、纪念《海关法》颁布实施20周年等活动，与市外经贸局一起组织进行了外贸知识培训，召集企业代表进行座谈，了解企业在进出口经营过程中遇到的困难和对海关执法的意见建议，收集汇总企业对海关政策法规的需求，在业务现场设立法律咨询岗开展海关业务法律咨询，平时还利用赴企业调研、核查等时机送法上门，尽力优化海关执法环境，受到企业的好评。同时，海关乐清办事处建立健全了各项行政执法程序，实行关务公开、政务公开，规范行政执法行为，各项工作走向规范化、制度化，有效地防范了执法风险。另外还建立了周三下午主任接待日制度，制作了“青年文明号服务卡”、“现场业务联系卡”，海关执法透明度不断提高。

在“作风建设年”中树立了海关文明服务新形象 遵照胡锦涛总书记提出的“八个方面的良好作风”要求，深入开展“作风建设年”活动，全年先后开展了“阳光行动”、“六型机关”创建活动、“群众满意岗建设”活动、“行风自查自纠”活动等，努力提高关员的服务意识、业务工作水平和现场处置能力，较好地树立了海关文明服务的新形象。围绕地方经济发展，大兴调查研究之风，积极参与“千名科长服务基层”活动，全年先后走访地方党政部门、重点企业、行业协会等30余次，深入了解辖区外贸发展现状，创新服务方式，主动加强联系，适时制定和落实有关工作措施，为促进地方开放型经济发展作出努力。进一步开展七里港“四加一”文明和谐口岸共建活动，互帮互学，加强合作，密切配合，全力做好口岸协调管理，深入推进大通关建设。为了应对7月1日开始实施的新出口退税政策，海关乐清办事处于6月份安排人员利用双休日时间加班，为紧急出口企业办理通关手续，保证出口货物及时通关，尽力减少地方出口企业损失。海关乐清办事处的文明服务得到了社会各界的肯定，连续3年被评为乐清市开放型经济工作优质服务单位；在2007年度乐清市满意不满意单位评议活动中，被评为人民满意窗口单位；报关厅被评为“温州市市级青年文明号”，还获得“杭州关区青年文明号文明服务百日竞赛”二等奖。全年收到企业感谢锦旗6面、感谢信2封。

反腐倡廉工作深入开展 处科两级领导签订了《党风廉政建设责任书》，自觉认真地履行“一岗双责”，争做遵纪守法的模范、廉洁自律的排头兵。海关乐清办事处坚持开展“廉洁自律、警钟长鸣”警示教育活动，学习《海关人员六项禁令》、《海关廉政一百条》等海关廉政规定，观看警示教育片《赌之害》，结合彭兴光等违法违纪案例，开展廉政专题大讨论和廉政风险分析，举办预防职位犯罪讲座，并邀请鹿城区检察院人员对预防海关职务犯罪进行有针对性的讲解。通过一系列正反面学习教育活动，提高了关员的廉洁自律的自觉性，增强了关员的拒腐防变能力。同时，海关乐清办事处还进一步优化外部廉政环境，坚持走访地方党政部门和企业，坚持向社会宣传海关廉政规定，坚持征求社会各界意见和建议，以促进海关乐清办事处各项工作步步跃上新台阶。

城乡建设

规划建设

市区新区一角 倪德西摄

加快规划编制进度，确保新农村建设有序推进 规划是龙头，规划建设局首要的职责是抓好规划编制。2007年，市规划建设局重点抓乐清市域总体规划编制，该规划于7月13日通过初审，12月27日至28日在杭州通过市域总体规划与土地利用总体规划衔接的专题报告会审，并按要求公示了15天，现已经市人大十四届第八次常委会审议通过，按程序上报省政府批准。同时还编制完成了雁荡镇近期建设规划、几个重要地段的详细规划、“十一五”住房建设规划，组织会审通过了乐清市城乡电力设施规划。此外，开展了新农村建设试点工作，在全市选定21个新农村建设试点村和9个市领导蹲点村，局班子成员、局机关中层干部多次下村指导，并全部完成了这些村的新农村规划编制任务。

强化规划审批机制，确保规划建设依法许可 为维护规划建设的严肃性和权威性，市规划建设局在委托授权的同时，严格依法办事。一年来，共收取配套设施费1.61亿元；审查发放规划建设工程选址意见书209份，核定规划设计条件书199份；审查发放村镇规划选址意见书651个，用地面积5.01万平方米；审查发放建设用地规划许可证1706个，用地面积210.54万平方米（其中公建项目83个，用地面积198.47万平方米；私建项目1623个，用地面积12.07万平方米）。审批发放建设工程规划许可证3285个，建筑面积195.2万平方米（其中公建项目129个，建筑面积114.10万平方米；私建项目3156个，建筑面积81.08万平方米）。

加大“两法”宣传活动，确保规划监察执法到位 认真做好《城市规划法》、《建筑法》的宣传工作，深入贯彻落实规划建设法律法规和有关方针政策。4月1日至4月30日，市规划建设局开展了为期一个月的“宣传月”活动，以“严肃规划执法，和谐城乡建设”和“阳光规划与城乡建设”为主题，以“社会主义新农村建设”为载体，以所、分局为单位在全市各地开展“两法”宣传咨询活动。据统计，这次活动共发放《城市规划法》、《建筑法》、《测绘法》等宣传资料5290份，展示规划建设成果图片124幅，悬挂宣传横幅218条，张贴宣传标语440张，制作永久性宣传标语33处。为了更好地宣传“两法”，还加大了对违法违章建筑的拆除力度，5月15日至16日，在市政府牵头下，市规划建设局组织对柳市镇后西垟村柳青北路4幢27间高层违法建筑进行了历时两天的统一拆除，社会反响很大，取得了较好的效果。8～9月份，按照市委、市政府的统一部署，全面开展了违法用地、违法建设专项整治工作，尤其对柳市方斗岩村、北白象后西村等周边违法建筑的拆除，引起了较大的社会反响，起到一定的震慑作用。据统计，2007年全市违法建设立案1819件，拆除违法建设1604处，建筑面积39.7万平方米；违法建设处罚813件，处罚面积31.2万平方米，处罚金额4043.7万元；办理追加案件492件，建筑面积17.6万平方米；补办手续287件，建筑面积18.5万平方米。

规范建筑行业管理，确保人民生命财产安全 建筑市场秩序的不规范，是造成安全事故的重要原因。市规划建设局从抓规范市场入手，强化了建筑市场的监管措施。一是建立外地施工企业准入制。严格审查外来企业资质、安全生产条件和项目部各岗位证书的真实性。近年来，共有53家外来企业相继被清出乐清建筑市场。二是积极引导发展壮大本地建筑企业。出台了《乐清市建筑业发展若干政策》，有力推进了乐清建筑企业的规范发展。截至2007年底，有4家三级企业晋升为二级，1家二级企业晋升为一级。三是加强招投标监管。对在建筑市场中信誉好的企业，在招投标资格预审时用加分形式给予奖励；在评标监管时，及时做好把关工作，中标后实行跟踪监管，及时发现和查处项目部管理人员不到位、挂靠、违法分包和转包行为。2007年还公示了苍南县龙港市政有限公司等33家企业和闵洪道等两名项目经理的不良行为。四是加大工程质量安全生产管理。每季开展一次质量安全生产大检查，对检查中发现的问题及时通报、限时纠正，确保了工程质量和安全生产。同时积极开展了“创优夺杯”活动，全年创乐清市级文明标化工地28个、温州文明标化工地6个、省标化工地4个，创“瓯江杯”建筑工程3个、“雁荡杯”建筑工程6个。2007年全市建筑行业没有发生重大安全事故。另外，把好墙材设计、应用关，积极开展了墙改试点工作，完成了北白象镇西才村村委会综合楼联建墙改试点工程。确定了“市人民医院综合楼”与“宁康喜之阁住宅楼”作为建筑节能试点工程，总建筑面积6万多平方米。据统计，2007年全市在建建筑工程95万平方米，竣工55.3万平方米，使用新型墙体材料49.8万平方米，新型墙材使用率达90%。

树立为民服务意识，确保各项工作有序开展 市规划建设局干部职工树立大局意识、争先意识和服务意识，把服务基层、服务乡镇、服务企业、服务农村作为自觉行动，局班子领导带头，与各科室、单位负责人一起多次到有关乡镇和重点企业现场办公，帮助乡镇和企业解决在发展过程中与规划建设工作相关的实际问题。同时，全局各项工作扎实有序推进。一是测绘管理工作跃上新台阶。加强了对测绘市场的监管，及时向有关部门、单位提供地形图和控制点成果，搞好测绘项目实施前的备案工作和测绘单位地图编制的备案管理工作，认真完成了本区域的地图现势性审查工作，建立了地理信息系统，全面启动GPS基础控制网改造工程，还加密了控制点布设密度，为精化乐清市似大地水准面做好了数据准备。二是农房普查工作进展顺利。根据浙江省建设厅、浙江省国土资源厅等五厅局《关于进一步做好沿海地区农村住房防灾能力普查工作的通知》（建村发〔2007〕107号）精神和温州市人民政府专题会议纪要要求，按时完成磐石镇、七里港镇、翁垟镇、黄华镇、蒲岐镇、清江镇等六个乡镇农村住房防灾能力普查任务。三是高度重视信访工作。局信访室工作认真，协调有方，信访工作取得了较好的成绩。据统计，全年共受理群众来访27件，已结案27件；受理市长专线信访428件，已全部回复；向局来电举报110件，已办妥97件，正在调查处理13件；市信访局转办信访112件，已全部办妥；市人大转办信访1件，已办妥；上级转办信访25件，已全部办妥。办理人大议案、政协提案22件，办结率为100%。

加强党风廉政建设，确保各项活动取得实效 大力加强党性党风党纪教育，坚持日常教育、示范教育和警示教育相结合，引导干部自觉在改革和建设中进行党性锻炼、加强思想政治修养，牢固树立正确的人生观、权力观和利益观。狠抓党风廉政建设责任制的落实，进一步调整充实了责任制考核内容，使党风廉政建设责任制更具规范性、可操作性和实效性。年初与下属单位签订了《党风廉政建设和反腐败斗争目标责任书》，制订了岗位目标考核办法，严格追究制度，做到从源头上治理腐败，把党风廉政建设责任制真正落到实处。同时，切实加强对党员干部的监督和管理，认真履行党风廉政“一票否决制”，规范党员干部从政行为，并结合局实际，出台了加强基层单位权利监管，落实责任追究制的实施意见，坚决纠正行业不正之风，坚决实施领导干部廉洁自律的各项规定，完善考勤、用车、公务接待制度，对全系统的制度建设和执行情况进行定期和不定期检查，对存在的违纪行为进行认真查处。2007年共诫勉谈话15人次，通报批评2人，效能告诫处理5人，党内警告处分1人，辞退1人，立案2件，纪委效能监察回复36件。市规划建设局党委还把“作风建设年”活动作为重要政治任务来抓，专题研究部署，召开动员大会，下发有关文件，把“作风建设年”活动与“阳光行动”活动、创建“群众满意基层站所（办事窗口）”活动、“科学发展创新业、为民办事树风范”主题实践活动、纪检监督检查活动、“六型机关”创建活动、实现“第三次跨越”思想大讨论、局领导蹲点调研等工作有机结合起来，并于6月份派出5个检查组，对机关科室和下属单位进行监督检查，有效推进了“作风建设年”活动全面落实。2007年，市规划建设局实施了中层干部竞争上岗，按照“公开、公平、公正”的原则，通过考试、考核等程序，择优录用了10名人员充实到中层副职岗位，这一举措大大激励了在全局干部职工的积极向上精神。同时，局党委严格执法，对违法违纪干部决不手软，2007年对5名干部作出了不同程度的处理，以反面典型教育了全局干部职工。

城市中心区建设

概况 乐清市中心区开发建设管理委员会于2000年9月成立，具体负责乐清城市中心区的开发和建设。中心区开发建设的范围为东至东运河、南至胜利塘、西至西运河、北至双雁路，总规划面积18.2平方公里，分中心片区和滨海片区两个片区。中心区本着“高起点规划、高强度投入、高质量建设、高水平管理”的总体方针和“拉开框架、向南推进、成片开发、完善功能”的建设思路，努力建设一个“以市级行政办公、文化娱乐、商业贸易、文化体育、休闲度假、生活居住为主要功能的二十一世纪具有高度活力与恒久魅力的生态型滨海城市中心区”。2007年，中心区荣获开放型经济工作“优质服务单位”、“信访维稳工作成绩突出单位”称号，中心区市民活动中心建设工程、晨曦路建设工程荣获“乐清市重点建设责任制考核三等奖”。

编制一个颇具特色的中心区规划 中心区三面环山，一面临水。因此，市中心区开发建设管理委员会在编制中心区规划中充分挖掘中心区特色，注重“显山、露水、见城、滨海”，力求中心区形象特色从山、河相依的内陆城市向山、河、海相融的滨海城市转变，山水滨海浑然一体，人与自然和谐相融，凸显滨海城市特色和现代风格。根据规划要求，中心片区以市级行政中心、文化中心、金融商贸中心、较高密度的现代化生态住宅区为主要功能，风格是活泼自然而不失庄重严谨，繁华与宁静兼容并蓄；滨海片区以市级体育中心、旅游服务、休闲度假及中、底密度的现代化生态住宅区为主要功能，风格是清新、自由、活泼。

一座新城拔地而起 中心区建设从蓝图转入实质性建设以后，一大批重点建设项目正在有序推进。以老城区为依托，以市级行政中心迁建为契机，城市中心快速从老城区向东南新区转移。在市委、市政府的领导下和乐成镇党委、政府的通力合作下，建设者们努力破解一道道难题，按照争创一流、阔步前进的要求，中心区的各项工作全面推进。2007年，中心区建设完成投资48亿元，建成和正在建设的项目有34个。旭阳路、二环路、三环路、四环路和晨曦路等十一条市政道路，构建成新区道路框架，总长度19公里，总投资7.16亿元；旭阳路将中心区与经济开发区和老城区联为一体，并与清远路延伸工程、丹霞路延伸工程、三环路、四环路，形成一个硕大的“扇”形结构的“三纵三横”辐射型城市区内道路框架。市民活动中心、中心公园、卫生大楼、妇幼保健院、图书发行大楼等一批与群众生活关系密切的公益性项目正在建设中，总建筑面积9.9万平方米，概算投资4.11亿。以行政管理中心建设为龙头，一批已建成或正在建设的公共办公设施项目使中心区建设初具形象，如市公安指挥中心、市法院、市检察院、市国税大楼、市技术监督大楼、市报业大楼等，总建筑面积达16万平方米，概算投资约7亿元。康居工程、商住工程和上海花园、五星级宾馆等11项工程正在有序地建设中，总建筑面积7.5万平方米，估算总投资29.8亿元。

环河景观建设 根据乐清市河道纵横、水网密布的特点，环河景观建设突出了城市的亲和力和可驻留性，形成一条环绕行政中心长6.1公里的环状绿色水系。该环状水系集水上游览、沿河绿化、商业文化为一体，穿越城市的商贸中心、文化中心、行政中心以及中央公园，每一区域都独具特色，形成以行政中心为核心、富有特色的城市滨河游览带。它连贯起环绕行政中心的市区周边地带，并最大限度地把防洪、建筑、道路与环保、文化、商业、旅游等结合起来，形成丰富多彩的沿河游览景观，充分展现乐清市充满生机活力、舒适优美的城市形象。同时将瓯越文化融入现代景观设计中，环河景观将是一幅“城在园林中，船在河流上，人在绿色里”的水乡画卷。

中心区工程建设如火如荼 按照“多业主、快速度、高质量”的建设思路，中心区各项工程建设正在有序地推进。市行政管理中心是现代、节能、环保型的智能建筑，主楼建筑面积51821平方米，投资约3.8亿元，附楼包括会议中心、行政服务中心、档案馆和后勤服务中心，整个行政管理中心是一个建筑群体，建成后将成为乐清市的标志性建筑，至2007年底室内外装修基本完成，场地景观绿化工程进场施工。市民活动中心建设工程是中心区文化中心的重要组成部分，它由青少年活动中心、职工活动中心、妇女儿童活动中心、老年活动中心四部分组成，占地面积74.2亩，总投资约1.7亿元，室外装饰基本完成，室内装饰完成75%。市中心公园建设工程是中心区的第一大绿地工程，总面积17公顷，总投资9000万元；市中心公园由三环路、银溪路、四环路、金溪路四条道路围合而成，北面为商贸中心，东、南、西三面为商业和住宅用地，公园突出了“以水为轴、以绿为体、以人为本”的设计理念，充分体现了生态化和现代感，是城市休闲游憩的综合性城市公园；中心公园西区工程已完成95%，南区工程进入基础施工。另外，妇幼保健院已全面封顶；公共卫生大楼已进入全面室内装修阶段和绿化阶段；公安指挥中心总平进场施工；国税大楼已完成主楼装修；报业办公大楼将于2008年1月投入使用；质监办公大楼已进入验收阶段；人才大厦已填土，已进入扩初会审的准备阶段；康居工程一期基础工程（经济使用房）已建到二楼，计划于2008年7月封顶；图书发行大楼于年底结顶；人民医院综合大楼已开工建设；体育中心工程已进入发展可行性研究与单体建筑设计阶段，争取在2008年开工建设；商业步行街工程已进入具体招商协商阶段；双雁公园、东山公园的规划设计已通过会审。在中心区道路建设方面，市区三环路建设工程是中心区的龙头工程和形象工程之一，全长3.62公里，宽60米，双向六车道，总投资1.6亿元，已全线贯通，全线贯穿市行政中心、文化中心、商贸中心、中心公园、市人民医院、新世纪花园等，它的顺利建成，带动了周边一大批项目工程的开发建设。晨曦路工程是中心区南北连接的重要道路，晨曦路与旭阳路共同构成了中心区公共活动中心轴；晨曦路北起双雁路，南至滨江路，全长4.2公里，总投资约1亿元，已完成路基桥梁等工程建设任务，预计2008年12月份双雁至四环路路段、东银路至滨江路路段主体工程完成；该工程的顺利建设，进一步带动了中心城区向南推进，有利于中心区进一步拉开道路框架，加快了中心区的开发和建设。银溪路工程全长4.083公里，道路红线宽度24米，总投资估算1亿元，共分三个标段相继组织实施，至2007年底，一期工程东银路中路、东路已完成900米路基垫层，二期工程（双雁路至四环路）已完成招投标；银溪路建成后将是乐清市又一条气势宏伟的城市景观大道，全线贯穿双雁公园、市人民法院、国际公寓、市中心公园、五星级宾馆、中驰湖滨和上海花园等重大建设项目。另外，滨江路已完成50%的路基施工，银溪路（双雁路至四环路路段）于年底完成工程招投标任务并开工建设。在中心区内，市人民医院、电力大楼、电信大楼、外国语学校、机关幼儿园、新世纪花园和上海花园等工程项目都已交付使用。

同时，市中心区开发建设管理委员会充分发挥中心区的招商引资主战场作用，不断创新思路，稳步推进招商引资工作；2007年，招商引资项目五星级酒店、维多利亚花园已全面开工建设，维多利亚幼儿园项目已完成设计勘探正准备打桩。

加强领导，改变作风　2007年，中心区的建设进入了一个新的发展阶段，建设任务更加艰巨。市中心区管委会围绕全市中心工作，加强队伍建设，开展了以创建学习型、服务型、效率型、节约型、廉洁型、和谐型机关为主要内容的学习活动，以学促干，以虚带实，增强服务意识，提高建设水平。特别是行政管理中心工程建设指挥部的同志，为了确保工程顺利竣工，他们攻坚破难，抓质量、保安全、促工期、创一流，尽职尽责，争分夺秒，昼夜坚守在施工第一线。在工程施工进入冲刺阶段时，施工强度大，指挥部的同志加强领导，改变作风，忘我工作，互相配合，优化施工方案，尽量减少各工序的相互干扰，为推进乐清城市化建设作出了自己的贡献。

市政园林建设

概况　2007年，乐清市市政园林局以邓小平理论和“三个代表”重要思想为指导，认真学习贯彻党的十七大精神，落实科学发展观，紧紧围绕“抓发展、求和谐、走前列”的总体思路，加快市政园林建设步伐，创新管理模式，加强党的建设，促进市政园林事业又好又快发展，市政园林局被评为温州市市政园林系统争先创优先进单位。

市政基础设施建设　加强建制镇的基础设施建设，2007年指导21个建制镇建成市政道路10.2公里，计面积60.3万平方米、桥梁4座、路灯110盏，完成公共绿化3.9万平方米，埋设排污管道14公里，总投资2.31亿元。市区环城东路延伸工程已通过可行性研究报告并制定了拆迁补偿安置办法。2007年，市政园林部门对市区环城东路、环城西路、云浦桥等6条（座）道路、桥梁进行了沥青修补，对双雁路、登云路等6条道路的人行道进行了改造，完成了鸣阳路排水管道改造工程，开工建设宁康路人行道改造工程，基本完成了西新路延伸段工程的政策处理工作。另外，还对市区280余套污水、雨水窨井和集水井进行了更换或补缺，疏通排水管道近8公里，修补破损道路100余处，调整侧面石600多米，有效维护了市政设施的公共性和完整性。

排污设施建设　2007年，市政园林部门完成了27.74公里的污水总干管埋设任务，完成了4座污水输水泵站和厂区建设任务，市污水处理一期工程于2007年底举行了投产运行仪式。加快污水收集管网工程建设步伐，市区三环路、二环路、丹霞路、丹青路污水管道安装工程已完成，乐5#、柳3#、柳3#进水段工程已开工建设。

环卫设施建设　开工建设大荆蒲湾垃圾卫生填埋场工程、乐成蛎灰窑垃圾卫生填埋场工程，启动虹桥垃圾无害化处理工程前期工作。全市新建1座垃圾中转站，改建2座垃圾中转站；新建13座三类以上公厕，改建公厕12座。

供水设施建设　建成了大荆雁荡供水工程，开工建设柳市净水厂改造工程，启动了南清芙水厂改造工程前期工作，协助有关部门做好楠溪江引供水工程。加快各项在建供水工程技改进度，完成供水主干管工程和村网改造工程29个。推进城乡供水一体化，加强农村改水工作，新建农村水厂5座，改扩建农村水厂18座，镇安乡中心水厂已完成招投标。截止2007年底，全市累计建设农村水厂233座（包括现城市部分），全市安全卫生水受益人数达115.34万人，覆盖率达到97.82%，继续保持全省及全国先进水平。

城市绿化建设　围绕国家园林城市创建活动，加快城市绿化建设。2007年完成了晨沐广场二期改造工程，开工建设东塔公园扩建工程、西山公园续建工程，灯芯桥北侧两岸绿化改造工程已完成招投标。同时协助中心区管委会做好中心公园、市民广场、东山公园、马车河滨河绿地等新区的绿化建设。

管道燃气建设　2007年，有8个小区的瓶组间燃气工程通过竣工验收，7个小区的瓶组间已通气，新增通气用户900户。完成了双雁路、清远路6公里市政燃气管网埋设任务，中心气化站的前期征地工作已启动，乐清市天然气工程可行性研究报告顺利通过评审。

市政工程行业管理　至2007年底，全市共有市政工程施工企业7家，其中三级总承包5家、三级专业承包2家。市政园林部门加强市政工程质量安全管理，全年依法审查、办理了7个市政工程的安全监督、施工许可证、质量监督等手续，组织了4次质量、安全大检查和160余次巡查，全市没有出现不合格工程和重大伤亡事故。同时还对南门桥、云浦桥、东浦桥等12座乐成镇规划建成区范围内的桥梁进行了检测评估，这为今后的维修养护提供了详细的现状数据。

园林行业管理 至2007年底，全市共有园林绿化施工企业6家，其中二级2家、四级4家。市市政园林部门加强对公园广场游乐设施的管理，确保游乐设施安全，努力为市民提供娱乐休闲的好场所，2007年市东塔公园被评为国家AA级景点和温州市三星级公园。继续开展绿地认养活动，在全市范围内开展了第二批乐清市园林式单位（居住小区）评选活动和创建园林城市摄影比赛，做好市区主要街道、广场公园的鲜花摆放和绿地养护工作，全年共更换草花50万余盆，补植乔木460株。

燃气管理 认真做好《浙江省燃气管理条例》的宣传普及工作，严格实施《条例》，依法履行安全监管职责，切实加强燃气行业管理，增强管理者、从业人员及用户的安全意识，确保燃气市场安全有序。全年组织燃气安全大检查4次，共出动检查人员568人次，发放停止违章通知书9份、限期整改通知书 22份、复查整改通知书8份。10月1日起，正式实施瓶装燃气经营许可制度。

供水管理 全年全市完成供水量7883万吨，同比增长2.55%；售水总量4752万吨，同比增长6.05%；出厂水水质四大指标综合合格率为99.54%。积极做好柳白片区夏季抗旱救灾工作，通过停水、限水、买水、翻水等供水应急措施，最大限度满足群众基本用水要求，确保群众正常生活用水。自5月1日起，对乐成、虹桥片区7个乡镇的水价进行了调整。加大“一户一表”改造力度，扩大直收到户覆盖面，全年为5590户用水户办理了用水立户手续；加强巡视、查漏和抢修工作，全年对200多公里大小管道进行了巡视，抢修DN100以上管道近350次；开展供水稽查，2007年处理违章用水72起、违章案件85件，补收水费54.18万元。同时加强了对农村水厂的行业管理和业务指导，每月组织水质常规检测，完成了15个乡镇的65个村级水厂的水质检测；为防止介水传染病的传播流行，市农村改水办公室还开展了“夏季供水消毒剂送百村”活动，15个乡镇的130座农村水厂受益。市农村改水办公室被评为年度省级爱国卫生工作先进单位。

市容环卫管理 结合乐清市省级卫生城市复查、优秀旅游城市创建和园林城市创建等活动，深入推进治脏、治乱、治差环境综合整治工作，通过开展清除卫生死角、清理城市“牛皮癣”、规范广告设置、整治流动摊贩和占道经营、强化建筑垃圾管理等专项整治活动，稳步实现城市的净化、亮化、美化、有序化目标。2007年，市市政园林部门纠正各类违章8400多起，立案查处案件56件、一般程序案件107件。加大城市道路保洁力度，垃圾日产日清，清运率达100%；对市区垃圾桶进行了更换补缺，共添置果壳箱200只、垃圾桶800余只。

测　　绘

概况 2007年，乐清市测绘队以邓小平理论和“三个代表”重要思想为指导，认真学习贯彻党的十七大精神，开拓创新，扎实工作，为乐清经济建设与社会发展提供了卓有成效的测绘服务。全年先后完成了雁荡镇建成区南片、乐成镇三眼陡门片（基础测绘）、山老区联线公路改造、引水工程、污水处理工程等项目的测量，测绘面积共计32平方公里；承担了上海花园、晨沐花园、长虹大厦、南方工艺有限公司等84个项目的竣工测量；与省测绘局第一测绘院合作完成了市三等水准点的埋设工作；还完成了工业园区二期工程、市图书发行大楼、市妇幼保健园等114个项目的红线放样，提前完成了年初预定的各项计划任务。

继续推进基础地理信息系统的发展 地理信息中心成立于2004年5月，至2007年底已投入资金100万元，配备了服务器和计算机终端等设备，从业人员从最初的2人增加到6人，还从东南大学引进了专业人才，专门负责地理信息系统入库，进行数据处理，使测绘队地理信息系统技术水平上了一个新台阶，并优先对市重点项目进行入库，还建立了专题GIS。2007年，市测绘队基础地理信息系统完成了临港工业区、盐盆工业区及虹桥、七里港、磐石、黄华、南岳等十余个乡镇的地形入库，共计入库网页2376幅；同时以基础地理信息系统为平台建立了农村住房防灾管理信息系统，全年共计输入蒲岐、清江、七里港等镇的防灾普查数据7万份，并进行处理后建立了相应的数据库，充分发挥了GIS平台下的住房人口信息查询、洪水地质灾害预测和模拟、住房人员的防灾管理、灾情历史库等的各种功能。

克难完成市重点项目测绘工作 为贯彻落实市委和局领导有关指示精神，市测绘队全队职工进一步统一思想，振奋精神，扎实苦干，出色完成了市重点工程项目的测绘工作。如蒲岐、清江、南塘等镇的农防普查测量，事前对人员进行了培训，并做好仪器、技术准备，派出了两组队伍进行测量，确保了农防普查的顺利开展；市测绘队发扬连续作战作风，连续两个月周末加班，完成了市污水处理工程、山老区联线公路改造等项目的测量、放样任务。同时市测绘全体干部职工积极参加新农村建设，为珠上、珠下、晚斜阳、四板桥、溪东、溪西等村及时提供了外内业一体化测图一条龙服务。

旧城改造

概况 乐清市旧城改造指挥部于2003年6月成立。旧城改造规划范围：西至化工厂和体育馆，南至宁康路和登云路，东至环城东路和乐清市二中，北至蜈蚣桥，规划总用地为239公顷。

市委书记黄正强、副市长李银巧等领导到拆除现场视察工作　市旧城改造指挥部提供

旧城改造取得实质性突破 2007年2月1日领取了旧城改造东门片（一期）A地块房屋拆迁许可证（拆许字[2007]第01号）。通过深入细致工作，与A地块114户被拆迁户签订了拆迁补偿协议，拆迁用地面积1.3万平方米，建筑面积1.72万平方米，至12月底已全部拆除完毕。12月26日开始地质勘探工作，为设计施工图提供依据。该地块拟建四幢高层安置房，计划三年内实现回迁安置。同时，在总结A地块成功经验的基础上，运用"捆绑式"拆迁模式，通过三个多月的工作，B地块141户被拆迁户也将进入签约程序。

乐清市旧城改造西门安置房工程建筑初步设计鸟瞰图　市旧城改造指挥部提供

乐清市东门片旧城改造（一期）工程A地块修建性详细规划鸟瞰图　市旧城改造指挥部提供

旧城改造东门片（一期）工程A地块拆除现场　市旧城改造指挥部提供

金银溪城市防洪及综合整治工程进展顺利 完成灯芯桥北侧防洪堤建设，并对施工河道进行了清理和清淤。北门新桥因年久未整修于2006年11月发生桥墩垮塌成为危桥，并被列为金银溪城市防洪及综合整治工程重建的12座桥梁之一。对此，市旧城改造指挥部严格按规定程序着手北门新桥重建工作，认真做好北门新桥重建需拆迁的5户被拆迁户的思想工作和资产评估工作，并顺利予以拆除，拆除建筑面积485平方米。2007年11月中旬北门新桥重建工程中标队伍进场施工，工期为155天。

西门安置房工程前期工作进展顺利 西门安置房工程在办理了可研报告批复后，市规划局组织相关单位对该项目的初步设计方案进行了审查；设计单位根据市规划局提出的修改意见进一步进行设计优化。

旧村改造

概况　2007年，市旧村改造指挥部坚持舆论引导、示范引路、以点带面、点线结合，切实加大村庄环境整治力度，“旧村改建与环境整治工程”建设取得了较好的成绩，各项工作在省、温州市前列。全年全市启动环境整治村133个（累计731个），其中新增了乐成镇山根等8个省级“全面小康建设示范村”（累计29个村）、柳市镇上园等13个温州市级“全面小康建设示范村”（累计37个村）、乐成镇黄良等22个乐清市级“全面小康建设示范村”（累计79个村），新增温州市级“村庄整治合格村”116个（累计330个村）、乐清市级“村庄整治合格村”140个（累计406个村），完成温州市级乡镇村庄连片整治2个、乐清市级乡镇村庄连片整治4个。2007年，乐清市再次获“浙江省县级村庄整治建设工作优胜奖”，被评为温州市“千百工程”先进县市；市旧村改造指挥部被评为省“千万工程”先进单位；指挥部谢炳献指挥、虹桥镇副镇长周万炯被评为省“千万工程”先进个人。

加强调研指导，抓好宣传工作　建立、健全定期调研、督查制度，市旧村改造指挥部人员深入基层调研、指导，全年累计下乡解决问题30余次，累计下村调研、检查、指导工作910余人次，还及时邀请市领导及有关部门领导到村现场办公，帮助解决实际问题。同时注重宣传工作，充分运用广播、电视、报纸、工作简报等宣传手段，通过设置村内宣传栏（牌）、组织图片巡回展等各种形式，大力宣传“旧村改建与环境整治工程”的意义，宣传村庄整治建设中的成功经验，使村庄整治建设成为村民群众的自觉行动，从而进一步推动了村庄整治建设的深入开展。2007年，市旧村改造指挥部还重视学习培训，先后组织乡镇分管领导、村镇办主任和村干部参加了业务培训学习，并多次组织人员外出考察，学习外地经验，改进自身工作。

拓宽集资渠道，保障资金落实到位　针对公共财政有限、建设投入需求较大的矛盾，以政府投入为引导，以农民和集体投入为主体，广泛发动全社会力量，积极拓宽资金筹集渠道。一是积极争取公共财政投入，确保公共财政向农村倾斜，2007年市财政投入“旧村改建与环境整治工程”专项资金1850万元。二是建立健全市场化投入机制，广开资金来源，吸纳更多的社会资金投入村庄整治建设，全年乡镇财政投入村庄整治建设资金1603.9万元，村级自筹资金、社会资金投入村庄整治建设1.766亿元。三是采取多种形式，发动各方力量筹集资金，允许村集体在旧村改造过程中通过节约或盘活老村庄内土地资源等形式筹集资金；鼓励和引导各村的企业家、在外商人、能人志士出钱出力；开展“服务到家乡、建设新农村”等活动，动员机关干部为家乡建设筹集资金，从而有效解决了村庄建设资金不足的问题。

以规划为先导，抓好村庄规划编制　坚持“一次规划、分步实施”原则，强调规划龙头地位，市规划建设管理部门和设计单位集中时间、集中精力抓好全市村庄规划编制工作。在全市村庄规划编制过程中，做到认真规划、合理布局、严格把关，注重村庄规划与土地利用总体规划、与城市和城镇总体规划的衔接，按照“改造城中村、拆除空心村、迁并自然村、建设中心村”的要求，分新建型、改造型、规划控制型三种基本类型因地制宜地进行规划编制，突出了规划的整体性、配套性和操作性，力求做到人与自然环境和谐共融。2007年新完成了31个村庄的规划编制。

典型示范引路，村庄整治与村庄建设同步推进　充分发挥典型示范村的带动作用，从点到线，从线到面，有重点、分层次地推进示范村、合格村创建工作。对照创建标准，年初确定一批村作为创建师范村、合格村培育对象，加强工作指导，进行重点培育，年末从中择选优秀的村向上申报省市级示范村、合格村。随着村庄整治建设的不断深入，旧村改造建设内涵不断丰富、外延日益拓展，一些乡镇从单个村庄整治建设逐步扩大到连片整乡的整治建设，出现了片乡相连、整体推进的可喜景象。2007年全市启动实施村庄连片整治的乡镇有天成乡、七里港镇、象阳镇等9个乡镇，其中天成乡、七里港镇率先基本完成连片整治建设任务，并通过温州市考核验收；南岳、南塘、七里港、磐石等4个镇通过了乐清市级连片整治考核验收。2007年，还启动了第一批37个村的农村新社区建设。农村新社区建设把扩大农村公共服务、完善社区管理作为村庄整治建设的必要延伸和新农村建设的重要内容，全面提高了农村社会文明程度，全年有5个村通过了乐清市级验收。积极筹备“清洁乡村行动”，启动了农村垃圾集中运输处理、污水集中处理等各项工程，2007年全市2个乡镇着手试点工作，至年底已有40个村的垃圾采用集中运输处理、污水进行集中处理。另外，南塘、蒲岐等镇还进行了“赤膊屋”整治，整治面积达60780平方米。

探索创新机制，开展星级村评选活动　积极探索“村企结对”、“村村结对”、“文明单位与村结对”等村庄挣扎建设新机制，充分发挥企业和单位在人才智力、知识创新以及经济信息等方面的优势，帮助结对村开展村庄整治建设。同时根据新情况市政府出台了《乐清市旧村改造管理试行办法》，还起草了《乐清市旧村改造办事程序（草案）》，重视加强对村庄整治建设的动态管理和长效管理，全市旧村改造工作逐步走向标准化、规范化。开展了“旧村改建与环境整治星级村”评选活动，充分调动了各乡镇、村开展村庄整治建设的积极性。2007年全市新增四星级村3个（累计13个）、三星级村25个（累计38个）、二星级村58个（累计

109个）、一星级村63个（累计96个）。另外，还通过多种方式盘活土地存量，2007年全市落实42亩计划用地指标用于旧村改造。

强化整体联建，合力推进村庄整治建设 各职能部门认真履行各自职责，主动配合村扎整治项目实施。同时，积极整合农村各类建设项目，主动把村庄整治建设同“先锋工程”、“文明百村行动”、“万里清水河道工程”、“农村联网公路”、“五动富民计划”以及文化、卫生、体育、科普、生态等有关创建活动有机结合起来，做到力量整合、资金统筹、考核同步、工作衔接、协同配合，促进了村庄整治建设工作全面深入开展。

廖凯敏局长陪同市领导视察重点工程（城市中心大道）建设情况　市发展和改革局提供

重点工程建设

2007年，全市安排重点工程项目37项（其中续建项目25项，新开工项目12项），总投资108.94亿元，年度计划投资19亿元，计划建成项目9个，另外还安排了35个前期重大项目。全年重点工程建设完成投资额19.17亿元，完成年度计划的100.88%，同比增长12.95%。到年末，市行政管理中心建设工程、市民活动中心建设工程、市公共卫生大楼建设工程、市公安指挥中心建设工程、市污水处理一期工程、市区三环路建设工程、110KV西岸输变电工程等7个项目已建成或基本建成；同时开工建设了乐清湾港区围（海）涂工程、市区银溪路建设工程、乐成公立寄宿学校建设工程、钟前水库除险加固工程、柳市项目水厂改造工程、楠溪江引供水工程（乐清项目）、虹桥流域东排工程、市区垃圾卫生填埋处理工程等8个项目。全市在建的重点工程项目中，有20个工程项目超额完成了年度投资计划。

乐清市2007年重点工程进度表

投资单位：万元

序号	项目名称	建设规模	本年度进度要求	总投资	投资完成情况					形象进度部位
					开工累计	%	07年计划	07年完成	%	
1	市标准海塘建设工程	标准海塘总长79.1km，其中：50年一遇9.64km，20年一遇26.97km，10年一遇42.39km。	完成17km标准海塘，开工建设10km。	28200	14993	53.17	3500	3603	102.94	累计完成土方49.52万方、石方88.46万方、砼11.33万方。已建成标准海塘5.535km，其中盛家塘标准海塘加固工程1.0km、小横床标准海塘加固工程383m、湖雾镇乐清—温岭海塘加固工程906m、雁荡镇西门岛标准海塘加固工程2.0km、大荆镇大横浦499.5m、磐石镇芝湾海保滩工程746.5m。
2	市胜利塘北片围垦工程	围垦面积10081亩，海塘长4.87km，水闸7座，总孔长105m，50年一遇设计。	水闸、堤塘施工。	27872	15382	55.19	4000	4577	114.43	场内外施工道路已全部完成；Ⅰ标段完成碎石垫层1228m、3t土工布1228m、排水板1228m、8t编织布1228m、一级加载1363m、二级加载1394.5m；Ⅱ标段完成碎石垫层2350m、3号土工布2350m、排水板2350m、编织布2124m、一级加载2259m、二级加载1430m；白龙港闸进行土方开挖，完成部分翼墙底板浇筑。

续表一

序号	项目名称	建设规模	本年度进度要求	总投资	投资完成情况 开工累计	%	07年计划	07年完成	%	形象进度部位
3	乐海围垦工程	围垦面积9143亩，主海塘长7.0km，水闸5座，总孔长35m，50年一遇设计。	5座水闸下部，堤塘4km，高程3.5m以下土方等施工。	37400	13424	35.89	5000	5147	114.43	3t/m有纺土工布完成合同量的67.15%，8t/m有纺土工布完成67.19%，80cm碎石垫层完成69.40%，塑料排水板完成55.24%，抛石完成52.27%，抢险道路下石渣回填（2.35高程以下）完成54.76%，300g/m^{2}无纺土工布完成8.90%，抛石体内侧石渣回填完成7.25%，闭气土方完成11.29%。
4	市城市防洪中运河整治工程	银溪口至白沙河口长1700m×宽45m，白沙河口至悬浦河口长600m×宽50m，悬浦河口至公利闸长2141m×宽60m，公利闸至胜利闸长1915m×宽60m，桥梁2座(宽7m×长80m)，水闸一座。	整治河道1.9km。	12786	2000	15.64	2000	1000	50.00	工程预付款，政策处理。
5	虹桥流域东排工程	河道整治11.06km，桥梁3座，隧洞一条，长1557m。	排洪隧道开挖。	12961	1588	12.25	1000	1588	158.80	12月26日，隧道开工，施工场地三通一平、临时工棚、施工道路建设已完成，征地工作已开展。
6	乐清湾港区围(海)涂工程	围涂4317亩。	围(海)涂工程砂被充填，塑料排水板施打，软体排铺设，通长砂袋铺筑外侧临时石坑抛设，外侧抛石镇脚，完成围区合拢等。	85344	28100	32.93	20000	28100	140.50	砂被和塑料排水板全部完成；累计完成通长袋123.6m^3，占总量95%；累计完成软体排35.8m^3，占总量93%；累计完成堤心砂及袋装沙59m^3，占总量26%；完成抛石13.6m^3，占总量17%；累计完成扭王块预制8700块，占总量13%。
7	市钟前水库除险加固工程	大坝溢洪道加固，坝长208m，总库容2134万m^3。	开工建设。	5850	1016	17.37	800	1016	127.00	溢洪道开挖2.5万方。
8	市山老区联线公路改建工程	山区三级公路，长74.5km，宽7.5m。	完成白石至岭底段长37.8km，双峰段开工建设。	27000	16845	62.39	1000	1642	164.20	SLQ-1段，隧道衬砌、桥梁都已完成，路面及附属工程都已进入扫尾阶段；SLQ-2段，隧道衬砌、路基、路面基本完成，已进入扫尾阶段；SLQ-3段，路基基本完成；SLQ-4段，路基、路面工程基本完成，已进入扫尾阶段；城北乡里章——四都乡佐溪SLQ-5段、四都乡佐溪——四都乡陈坦SLQ-6段，路面正在施工中；淡溪镇龙川——岭底乡屿山SLQ-11段，路基正在施工中。
9	104国道湖雾至清江段改建及虹桥段改线工程	湖雾至清江段28.6km×30.5m，二级公路标准。虹桥段8km×32m，一级公路加宽标准。	基本完成湖雾至清江段拓宽工程路基建设。	70200	26909	38.33	6000	8116	135.27	湖雾至清江段完成总工程量的64%，其中路基、路面、桥梁、隧道分别完成工程量的62%、11%、91%、72%。
10	沙门岛跨海大桥及接线工程	桥长500m，接线长5.5km，二级技术标准。	大桥建成，接线路基施工。	4600	2950	64.13	1000	1025	102.50	K1+100—K1+978段路基工程完成85%，桥梁基础完成钻孔灌注桩36根、排架15排、空心板75片、35米T梁28片、54米T梁15片。
11	柳翁公路改建工程	二级公路加宽。(20m×7.9km)	象阳、翁垟段主车道建成。(柳市段已建成)	9171	4690	51.14	5171	1380	26.69	翁垟段进入扫尾工程，人行道、非机动车道路面铺装；象阳段改线工程4#桥东头已打搅拌桩，已打好灌注混凝土桥桩，8月停工后一直未施工。象阳段拓宽工程，6号桥钻孔灌注桩。

续表二

序号	项目名称	建设规模	本年度进度要求	总投资	投资完成情况					形象进度部位
					开工累计	%	07年计划	07年完成	%	
12	西岸、蒲岐110kv输变电工程	本期2个各1×50MVA。	建成。	6240	4186	67.08	4840	2786	57.56	西岸输变电所电气安装，线路基础施工。蒲岐输变电线路完工，变电所准备进场。
13	220kv象北输变电工程	本期1×180MVA。	开工建设。	9951			600			土地农转用报批。
14	220kv乐成输变电工程	本期1×180MVA。	开工建设。	9951			600			土地农转用报批。
15	百花、虹南、双峰110kv输变电工程	本期3个各1×50MVA。	开工建设。	9360			300			百花征地基本完成，上报审批；虹南正在预审；双峰选址已定。
16	乐清市经济开发区产业化项目	总建筑面积300万㎡，其中：厂房、仓贮270万㎡。	区内基础设施及配套建设,二期企业厂房施工建设。	300000	284670	94.89	60000	68020	113.37	进区企业一期基本完成；二期进场施工，基础设施建设；创业服务中心在建设中。
17	市行政管理中心建设项目	总建筑面积95582㎡，其中：主楼49928㎡，会议中心13153㎡，行政服务中心16124㎡，档案馆8258㎡、后勤服务中心8120㎡。	建成。	36500	33270	91.15	14220	10990	77.29	室内外装饰工程施工。
18	市民活动中心建设工程	总建筑面积33400㎡，地下室11000㎡。	建成。	15000	16500	110.00	3905	5405	138.41	室内装饰工程施工，钢结构网架施工，室外工程正准备招标。
19	市公安指挥中心建设工程	总建筑面积22159㎡，地下室2840㎡。	建成。	9980	10000	100.20	2300	2320	100.87	大楼已建成完工，总平在施工中。（二次装修扫尾工作）
20	市公共卫生大楼建设工程	总建筑面积10040㎡。	建成。	3500	3582	102.34	414	496	119.81	附属工程施工，高低压配电等。
21	雁荡山旅游学校迁扩建工程	40个班级,总建筑面积41371㎡，400m田径场一个。	教学楼、学生宿舍、食堂、实训楼建成,行政楼主体建设。	5425	4341	80.02	2500	2036	81.44	一期工程全部结顶，实训中心、三号宿舍内墙完工，地面水磨快完工，门窗完工。学生宿舍、实训楼外墙粉刷。
22	市妇幼保健院迁扩建工程	300张床位，总建筑面积31890㎡。	土建主体工程完成。	8163	5119	62.34	2200	1570	71.36	主体结构已全部结顶；砌体工程约完成85%；后浇带已基本完成水泥现浇；门窗开始安装；消防、弱电智能、水电预埋、安装。
23	市人民医院综合大楼建设工程	总建筑面积33100㎡。	基础及主体工程施工。	8960	4570	51.00	4500	4070	90.44	地下室工程已完成，一层结构工程已开始。
24	市职业中等学校迁扩建工程	校舍总面积88430㎡。	完成三通一平,教学楼、学生宿舍开工建设。	17792						土地供地报批阶段。
25	乐成公立寄宿学校建设工程	校舍总面积44854㎡。	完成三通一平,教学楼建成。	7768	4002	51.52	4000	4002	100.05	各主要建筑物基础部分已经完成，现进行主体部分施工。
26	市城市中心大道建设工程	城市主干道：长14.7km×宽60m，长3.19km×30m。	乐成至柳市段路基完成,路面进入施工阶段。	79000	41639	52.71	6500	6891	106.02	乐成段，路基工程基本完工，准备交工验收；象阳Ⅰ段，路基回填已全部完成，桥梁工程只剩下桥头搭板和栏杆；象阳Ⅱ段，9号桥水泥搅拌桩已全部完成，桥桩完成12根，梁板预制进入施工；象阳Ⅲ段，路基工程进入收尾阶段，准备交工验收；柳市段全力实施12、13号桥，12号桥已架通，现施工桥面铺装，13号桥基本完成。

续表三

序号	项目名称	建设规模	本年度进度要求	投资完成情况						形象进度部位
				总投资	开工累计	%	07年计划	07年完成	%	
27	市污水处理建设工程一期	一期8万T/日，建设污水处理厂1座及相配套的泵站、污水总干管线。	4万T/日污水处理厂建成投产使用。	32880	26690	81.17	8000	8190	102.38	全线27.74km的污水总干管、4座污水输送泵站、一期4万T/日污水处理厂已建成。
28	市区二环路建设工程	道路长3.43km×宽40m，桥梁6座。	全面完成二环路Ⅰ标绿化、路灯、交通标志标识等配套工程，并通过竣工验收，实现全线贯通；完成二环路沿线后所、白沙两村拆迁户的房屋丈量、调查、登记和建档工作，拆迁工作进入实质性阶段。	6287	5010	79.69	350	1010	288.57	完成水深段拆迁工程。
29	市三环路建设工程	道路长3.62km×宽60m，桥梁5座。	建成。	15978（待调整）	15218	95.24	2400	1640	68.33	Ⅰ标段、Ⅱ标段除1号桥外全部竣工；Ⅲ标段部分刚完成政策处理，路段正在进行路面沥青施工和绿化施工。
30	市区晨曦路建设工程	道路长4.18km×宽42m。	双雁路至四环路段建成，其余路基建设。	10000	6516	65.16	2500	2550	102.00	Ⅰ标段，全线路基填筑完成，排水、排污完成，一号桥上部结构现浇完成，二号桥预压完成，进行钢筋装配； Ⅱ标段，全线排水、排污完成，路基填筑完成，五号桥下部结构完成施工，梁板完成预制，各综合管线进入施工准备。
31	市区中心公园建设工程	总占地17.82公顷（水体7.16公顷）。建设广场、绿地、雕塑、喷泉等配套设施。	西区建成，东区、南区开工建设。	9800	5505	56.17	2000	1200	60.00	西区建设基本完成，桥梁施工正在进行。
32	市康居工程	经济适用房总建筑面积40万㎡。	完成万岙农场康居工程建设,中心区康居工程开工建设。	55200	13244	23.99	6000	5476	91.27	万岙工程进行附属工程建设；中心区Ⅰ期正在施工，Ⅱ期办理扩初批复，Ⅲ期土地农转用手续已审批； 柳市Ⅰ期办理土地征收及补偿安置； 柳市Ⅱ期、虹桥康居、乐成经适房、大荆康居办理土地农转用审批手续。
33	市城市防洪及综合整治工程	河道整治5305m，景观带50m×10610m，新建桥梁7座，加固桥梁7座等。	部分河道拓宽,防洪堤建设。	54200	1130	2.08	500	850	170.00	完成金银溪清淤80000m³； 完成灯芯桥北侧河道拓宽； 乐成北门新桥，涉及5处房产已签订协议，已拆除4处，已进场施工。
34	市区垃圾卫生填埋处理工程	进场道路1200m，场内道路及卸车站400m,污水调蓄池9000㎡,防渗堤1100m,监测井5孔,水平防渗工程5万㎡,管理房等800㎡,氧化塘9000㎡,污水外排管500m。	开工建设。	5000	200	4.00	2000	200	10.00	基坑开挖，库底基础处理。

续表三

序号	项目名称	建设规模	本年度进度要求	总投资	投资完成情况					形象进度部位
					开工累计	%	07年计划	07年完成	%	
35	楠溪江引供水工程(乐清项目)	20万T/日水厂及配套管道，引水隧洞长5.3km。	完成三通一平。	46600	2425	5.20	2400	2425	101.04	①乐清水厂工程目前进入施工图设计阶段，土地农转用有关手续省国土厅已于12月7日受理。②引水隧道于10月27日开工。
36	市区银溪路建设工程	道路总长4083m，宽18~30m，桥梁6座。	部分路段路基建设。	10000	2000	20.00	2000	2000	100.00	东银路至旭阳路段完成路基填筑670m。
37	柳市项目水厂改造工程	建沉淀池一座，增加自动化系统，进水管道及配套设施建设。	完成主体结构工程。	4500	350	7.78	3500	350	10.00	滤池土方开挖完成，管廊桩基施工完成，滤池成孔（人工桩）完成，管廊、泵房、配电房基础完成，DN1000管开始安装。
	合计			1089375	618064	56.74	190000	191671	100.88	

革命老区开发建设

概况 为加强革命老区的开发建设，2006年7月25日，乐清市革命老区开发建设促进会正式成立。一年多来，在市委、市政府的领导和关心下，市老促会全体同志边学习，边工作，立足老区，深入调研，大力宣传，及时请示汇报，争取市委、市政府支持，积极为老区人民排忧解难，取得了良好成绩。

建议实施永（嘉）乐（清）黄（岩）联网公路工程 市老促会通过多次深入调研后向市政府提出了实施永乐黄联网公路工程的建议。2006年9月，乐清市常务副市长章纪泉牵头，召集相关的10多个部门、单位进行了实地勘察座谈，并确定由市发改局和市交通局组织勘察设计。2007年9月，市政府召开了永乐黄联网公路工程预可项目报告审查会议，并报省老促会、省交通厅审批。

善始善终完成康庄工程建设任务 2007年9月11日至10月15日，市老促会对岭底、雁湖、四都、淡溪、白石、城北、福溪、智仁等8个乡镇的康庄工程建设状况进行了调研。全市康庄工程建设从2003年9月开始，至2006年底主体工程结束，工程共立项188个计396公里，总投资2.02亿元，遍及27个乡镇的321个村，105个项目工程已验收合格，还有83项工程尚未验收。为善始善终完成康庄工程建设，市老促会向市委、市政府提出了三点建议并得到重视采纳，2007年市政府、市交通局又拨款700万元，解决了康庄工程的部分资金缺口问题。

组织实施北冏历史文化名村保护规划设计方案 市老促会对仙溪镇北冏村古村落进行调研后，提出了古村落保护规划建议。北冏村建村已有两千多年历史，现保存完整的宋、明、清建筑的古民居1017间，占地面积约4.60万平方米，较为醒目的有上、下、后三退和原双冏区公所等6所大宅院，又有已批准列保的“钦旌孝节坊”、“贞节坊”，还有牌楼群、进士旗杆，村内有亭阁、书院、祠堂、古城、磨坊等古建筑物60余处。2006年12月，被温州市人民政府列入温州市第一批市级历史文化街区、村镇名单，2007年11月16日，乐清市规划建设局召开了北冏历史文化名村保护规划设计方案会审会议，方案顺利通过。

立足老区，开展多方面的调研 为更好促进革命老区的开发建设，2007年市老促会开展了多方面社会实地调研，掌握第一手资料，努力当好市委、市政府参谋。如开展对全市13个欠发达乡镇的“三帮一”扶贫和老区新农村建设、对农业开发基地、对永（嘉）乐（清）黄（岩）温（岭）4个县（市、区）周边乡镇的护林与森林防火联防工作和对福溪水电站等12个专题调研，其中有5个专题调研和建议被市领导采纳。

房产管理

全市住房保障体系进一步健全和完善 一是制定住房保障配套政策措施。根据国务院、省有关文件精神，起草《关于解决乐清市城镇居民低收入家庭住房困难的实施意见》，并上报市府审批发文；进一步完善了全市新型社会救助体系，会同市民政、财政、规划建设部门，制定了《乐清市2007年至2010年农村困难群众住房救助工作实施计划》，建立农村困难群众住房救助制度，全年救助50户，每户发放救助资金2万元。二是认真做好住房补贴发放有关工作。努力解决退休干部货币化分配遗留问题，做好新退休人员的住房补贴审查、标准测算等工作，全年387位离退休人员的住房补贴上报财政得到兑现，兑现金额为1176万元；做好有关单位干部职工的一次性补贴测算、审核等工作，全年共办理一次性补贴227人，补贴金额606万元；继续推进现有公房改革，出售公房4套，建筑面积为263.99平方米，回收售房款11.95万元。三是加快实施廉租住房制度。根据省委、省府“应保尽保”的要求，发放廉租补贴73户26.4万元。同时，在中心区启动了廉租住房建设工程，建筑面积为7000平方米左右（套型以每套面积50平方米为主）。

房地产基础性管理工作不断强化 规范房产权证遗失登记程序，扩大房产登记公证范围，进一步推进房地产交易和产权登记的规范化管理。认真贯彻建设部《房屋权属登记信息查询暂行办法》，保护房屋权利人及相关当事人的合法权益。完善房产抵押管理工作，全年办理房产抵押21881宗，共计房产面积772万平方米，贷款金额达206亿元。加强房地产市场整顿和管理，按照法定程序和许可条件，严格把好商品房预售许可关，起草并由市府发出了《乐清市商品房网上销售管理办法》，启动了商品房网上销售系统，严格预售合同登记备案制度，有效打击了炒房行为，规范了房地产市场秩序。加强城市房屋拆迁管理，积极主动做好绕城高速、七里港区二期码头建设、甬台温铁路、旧城改造等工程项目的房屋拆迁工作的指导、管理和服务。积极配合政府做好旧城改造服务工作，乐成东门片一期旧城改造工程的拆迁户、拆迁单位已发放拆迁许可证，共计208户、10个单位，拆迁面积为2.89万平方米。继续推进物业管理，对物业管理用房配置情况和物业维修专项资金收缴情况强化了监管，全年累计收取物业维修专项资金6100多万元，全市12个物业管理企业通过了资质年检。

房屋安全管理工作常抓不懈 坚持公房安全巡查制度，每月至少巡查一次。加强公房消防安全管理，及时更新灭火器等消防器材。积极做好房屋安全鉴定工作，2007年完成房屋安全鉴定2276户，鉴定面积42.36万平方米。派员协助市府及有关部门对学校、宗教场所、台风受灾房屋进行了鉴定，还对甬台温铁路白石段隧道工程和104国道改建工程等重点建设项目的周边受影响房屋进行鉴定，为重点建设项目政策处理提供了科学依据。建立危房动态监控网络，对全市2万多户D级危房建立了微机档案，台风期进行全面回访，动员做好排险解危工作。加强房屋装修管理，在物业管理企业支持配合下，全市房屋装修申报备案667户、处罚139户；同时重视做好白蚁防治工作。2007年市房产管理局还积极配合有关乡镇、部门开展了出租房住户消防安全专项整治工作，对全市41916户居住出租房住户进行了备案，备案率达99.9%。2007年，市房管局房屋安全管理工作获得了温州市房管局嘉奖。

认真开展“作风建设年”活动 一是强化学习教育，提高队伍素质。坚持党组理论中心组学习制度，健全干部职工政治理论学习教育制度，深入开展创建学习型机关活动，全局形成了领导带头学习、干部职工自觉学习的良好氛围。全局开展了以率先实现“第三次跨越”为主题的解放思想大讨论，对照九种意识，开展了“九思”行动。为掀起十七大精神学习热潮，市房管局先后邀请市机关党工委书记陈建春上学习十七大精神辅导课，邀请市纪委副书记、监察局局长赵顺鹏上廉政党课。同时，对行政执法人员组织进行了更新知识培训和考试。二是改进工作作风，优化服务质量。以“作风建设年”活动为抓手，8月份开展了“优质服务月”活动。在广泛开展宣传、深入征求意见、认真梳理问题的基础上，全局开展了为民办实事、办好事活动；同时推行“四个标准化”建设，努力优化窗口服务。三是狠抓党风廉政建设，树立“阳光房管”形象。开展廉政“五个一”教育，对中层正职干部进行了集体廉政谈话，增强了中层干部廉洁自律意识；把《干部作风监督十八条规定》、《六条禁令》、《四个一律》等党风廉政建设有关规定制作成小卡片，分发给全体干部职工，人手一卡，使干部时刻紧绷廉洁自律这根弦，做到警钟长鸣、自警自省，牢筑拒腐防变思想道德防线；加强监督，一面局纪检监察室对各科室、所、各服务窗口坚持每月不少于两次的查访巡视，发现问题及时整改，一面加强外部监督，通过蹲点调研、阳光投诉、发放问卷调查函、“走进矛盾、破解难题”专项行动、征求行风督查员意见、信访接待日等形式，广泛征求社会各界意见，虚心接受监督。2007年，市房管局荣获“温州市房管房改全面先进单位”称号，社会评机关名次向前移了10位。

地 名 管 理

做好标准地名命名更名管理工作 2007年，乐清市地名办积极配合第二代身份证的换证工作，通知督促需命名的街、路、巷及居民点的负责单位造表上报，并及时审批向社会公布。全年对乐成镇、柳市镇、北白象镇、乐成经济开发区等十四个乡镇及区域的112条标准道路、25个片区名、3个高层建筑进行了命名。

着手地名规划编制 以乐清市人民政府编制的《乐清市城市总体规划2005-2025》为蓝本，认真做好地名规划工作。2007年，市地名办对全市现有的交通路网名称进行了前瞻性的命名规划，此项工作争取在2008年12月之前完成。

更换村庄、道路标志牌，发放住户门牌证 2007下半年，乐清市地名办对乐成镇道路标志牌和104国道沿线的村标志牌开始进行更换。上述地名标志因设置时间久远而陈旧残缺，存在安全隐患，且严重影响市容市貌。乐成镇的换标工作进展顺利，原道路标牌全部被新款式的街路牌标志所替代；104国道沿线的村牌标志更换也分步有序进行。2007年市地名办还在12个乡镇发放住户门牌证8万个。

完成乐清市电子地图制作 市地名办委托省第一测绘院制作乐清市1：5万行政区划电子地图和乐清市1：1万城区电子地图已全部完成，并已链接乐清地名网站，网站地址为http://yqdm.com.cn/。

环境保护

综述

2007年，乐清市大气环境质量基本稳定，各项指标均符合国家环境空气质量二级标准，主要污染物是可吸入颗粒物，但酸雨污染依然严重，市区酸雨率达88.7%，属重酸雨区；全市地表水质量与上一年基本持平，平原河网水质未能满足功能区要求，乐清湾海水水质富营养化水平与上年相比略有加重，各饮用水源地均满足功能区要求；城市生活噪声、建筑噪声污染相对突出。

生态市建设

2007年，乐清市生态市建设工作通过市、镇、村三级力量介入，取得阶段性成果，并通过了省环保局"初级阶段生态市"验收，完成编制《乐清市生态环境功能区规划》，出台了生态补偿机制。结合省级环保模范城创建活动，有效推动"大环保"工作向纵深发展，《乐清市环保模范城市创建规划》通过省环保局组织的专家评审，"蓝天、绿水、碧海、青山、安静"五大创模工程继续推进。生态村镇建设取得重大进展，2007年全市新增1个全国环境优美乡镇、4个省级生态乡镇、3个温州市级生态乡镇、29个温州市级生态村，城北乡秦垟南村等3个村申报国家级生态村，成功推出了乡村"生态一日游"线路，这充分展示了全市五年来的生态建设成果。

乐清生态市建设领导小组（扩大）会议　　市环保局提供

环境管理执法服务

七大污染整治扎实有效　2007年，市环保局按照"分类指导、分步实施、突出重点、全面推进"的原则，继续深化"811环境污染行动"，在巩固环境严管区整治成果的基础上，强化长效管理机制，开展七大行业污染整治，严厉打击各种环境违法行为。一是巩固电镀行业污染整治成果。加强电镀行业监管力度，进一步深化全市电镀行业的污染整治，制定了《乐清市电镀行业深化整治工作方案》。全力"打非"，结合"绿色风暴"等系列专项行动，出动执法人员2603人次，对65家死灰复燃的"小电镀"企业进行打击取缔，遏制非法电镀污染反弹。强化"监管"，落实有证电镀长效管理机制，现有48家电镀企业污染处理设施的监控入网率达100%，全年查处违法排污的有证企业29家，确保了有证电镀企业三项指标的达标率达90%，同时还结合社会公开承诺制度和直排企业向社会公开曝光制度，通过媒体营造了良好的舆论监督氛围。推动"入园"，全力推进电镀园区建设，占地18亩的乐清市东方化工有限公司电镀基地一期工程的标准厂房建设已经竣工并投入试生产（10万升），二期工程已于2007年6月动工，预计2008年上半年可投入使用。二是巩固钻头业污染整治成果。出台了《乐清市芙蓉钻头业深化整治工作方案》，制订了"分别蓄水，集中处理"的整治总体方案，实行废水集中处理。乐清市芙蓉污水处理有限公司已编写了环境影响报告

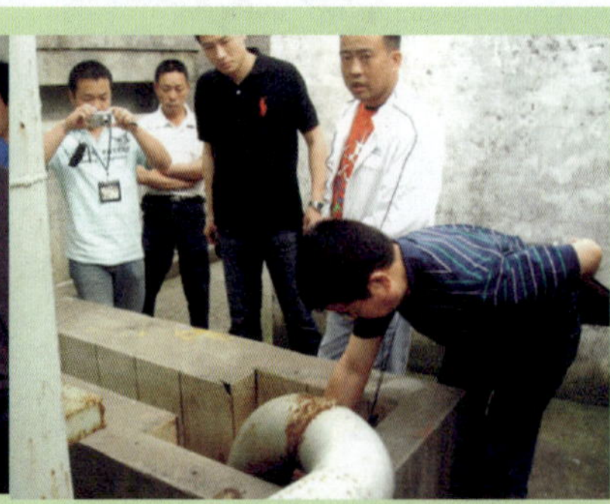

"红五月"行动

"绿色风暴六号"行动

日常环境监管

书并落实土地指标9亩，预计2008年上半年可确保破土动工。三是推进大荆镇铸造业整治。制订了《乐清市铸造行业专项整治工作方案》，出台了《乐清市铸造企业分布点基本情况及整治对策》，按照“关、停、并、转、迁”的整治原则。抽调市环保、规划、国土、工商、公安等10个相关部门的30名工作人员组成工作组，进驻大荆镇实行现场办公，实行24小时值班，并发布了《关于开展铸造行业专项整治工作的通告》，向113家铸造企业发出就地整治、限期整治通知书，向53家厂房用地的土地性质尚属于农保或厂址座落于环境敏感区内的铸造企业发出停产通知书，另外还对责令停产的企业采取了断电、断水措施，并强制性拆除违法建筑物，切实解决了大荆片区的铸造行业环境污染问题，从本质上提升了该行业的整体水平，周边群众拍手称好。四是推进饮食业污染整治。通过对全市饮食业厨房布局、环保设施、能源使用、污染处置等方面的综合整治，基本实现饮食业“三废”达标排放，较好解决了城镇居民受饮食业污染的困扰。五是开展慎海头盔行业污染整治。制定了《关于摩托车头盔行业环保专项整治工作方案》，整治头盔企业25家。六是推进线路板业污染整治。制定了《乐清市线路板行业污染整治工作方案》，调查线路板企业20家，立案查处了9家未批先建的线路板企业、3家违反“三同时”的线路板企业，审批线路板企业1家。七是开展白石橡胶行业污染整治行动。组织实施《白石镇橡胶行业环境污染整治方案》，重点对乐清市浙南橡胶有限公司进行了整改。七大行业污染整治的推进，有效地改善了区域的环境质量，环保工作得到了广大群众的大力拥护。

重点工程实施污染减排 2007年，市环保局按照市政府下发的《乐清市“十一五”主要污染源排放总量削减目标责任书》要求，根据全市的环境容量，确定了全年污染源排放的削减量、削减目标，制定了《乐清市2007年度主要污染物减排计划》、《乐清市主要污染物减排“十一五”计划（初稿）》和《乐清市主要污染物减排应急预案》，认真落实、严格实施重点工程减排措施。在污水COD削减方面，全线27.74公里的污水总干管、4座污水输水泵站和4万吨/日的污水处理厂已建成，并于12月28日投产，要求有关部门要确保日处理污水量达到2.4万吨，同时加强对城市污水处理厂的监管，在城市污水处理厂的进水出水口安装了COD和氨氮在线自动监测装置。在二氧化硫治理减排方面，雁荡山金狮啤酒厂和乐斯化学有限公司的两台10吨锅炉完成了脱硫设施改造，大荆铸造业污染整治也取得了显著成效，2007年全市二氧化硫排放总量比上年下降4.08%。截止2007年底，全市已建立了143家污染源动态信息管理系统，确定全市50家企业为乐清市级重点监控污染源企业，初步完成了“三量”台账建档工作。

环境执法规范有力 全面推行环保执法规范化，加大执法力度，增强执法能力，提高执法效率，确保环境行政执法工作的合法、规范、文明、高效。2007年，市环保局共办理环境案件564件，已作出处罚决定书的541件，向法院申请强制执行案件有428件，行政拘留36人，收缴罚没款1074.9万元，征收排污费1109.4万元。全面开展“整治违法排污企业，保障群众健康”、“红五月”、“绿箭”行动、“绿色风暴”等环保专项行动，共出动人员5941人次，检查企业2878家，对环境违法企业、环境违法行为形成了一定的威慑力，有效保障了城乡居民的环境权益。全面落实信访工作责任制，共受理投诉案件2457件，所有投诉件均根据轻重缓急按办理要求在最快时间内处理，办结率为100%，按“三见面”要求办理的报结率也为100%。同时圆满完成了市人大、市政协22件提议案的答复办理，办结率为100%，满意率达100%。

提升环境管理服务质量 树立环境保护优化经济增长的理念，坚持严格把关与热情服务相结合，大步推进审批制度改革，不断提高技术服务水平，积极做好“工业企业周”服务工作，促进全市工业经济的可持续发展。全年，市环保局审批建设项目环境评估374个，验收“三同时”项目76个，预验收“三同时”项目119个，否决项目23个；发放排污许可证108个，征收排污费1107.5万元；完成项目环境评估376个，对4家重点污染企业实行限期治理；完成委托监测526份，出具监测报告601份；刊出《环境空气质量周报》47期。2007年，全市投入环境保护资金约7.69亿元，比上年增加9.4%，其中投入城市环境基础设施建设4.75亿元、工业污染防治1.50亿元、建设项目“三同时”环保建设0.13亿元。2007年，全市完成了16家企业的清洁生产申报工作，3家企业上报省环保局进行强制清洁生产审核，创建2家国家环境友好企业。市环保局还进一步加强和规范了ISO 14000系列标准咨询认证工作，全年通过认证企业41家。同时全面开展污染源普查工作，制定了普查方案，录用了24名专职普查员，开展了试点普查工作。

邀请中央电视台星光大道栏目组举办纪念第36个“六·五”世界环境日大型综艺晚会　　市环保局提供

环保宣传

2007年，市环保局开展了立体式的环保宣传教育。一是请市领导上电视宣讲环保。6月4日，市长潘孝政发表电视讲话，纪念第36个世界环境日。是日，副市长王家华出席“保护环境，爱我家园”大型综艺晚会，并发表重要讲话。二是送文艺演出下乡颂扬环保。6月13日～7月14日，围绕2007年世界环境日中国主题“污染减排与环境友好型社会”，与市委宣传部联合在全市31个乡镇开展了“保护生态环境，建设绿色乐清”环保宣传文艺下乡活动，让环保宣传从城镇向农村延伸。在演出的同时，局领导进行现场办公，开展“阳光投诉”咨询服务，切实解决当地群众反映强烈的突出环境问题。三是通过新闻媒体报道环保。“六•五”期间，在《乐清日报》《绿园》专栏刊登了纪念第36个世界环境日专版；制作了5个环保专题片和环保公益广告片在乐清电视台播出，还播出环保相关新闻20余条；向移动用户发送环保短信20万条。四是请人大代表、政协委员视察环保。6月8日，邀请市部分人大代表、政协委员开展为期一天的“环保活动日”活动，市人大代表和政协委员们考察了全市生态建设，还在座谈中对全市生态建设提出了许多宝贵意见。五是开展校园创“绿”活动促进环保。继续开展“绿色学校”、“绿色幼儿园”、“绿色社区”创建活动。截止2007年底，全市有国家级“绿色学校”1所、省级“绿色学校”3所、温州市级“绿色学校”16所、乐清市级“绿色学校”37所，有“绿色社区”11家、“绿色小区”7家。市环保局还分别与市教育局、市文明办联合，在全市各社区、学校开展了纪念第36个世界环境日宣传活动，积极发动社会各界人士参与到保护环境中来。分别在市政府门口、晨沐广场、31个乡镇等主要街道设置了环保宣传橱窗和环保宣传大型广告牌、灯箱，悬挂了环保宣传标语，举办了第三届环保电影周、乐清市“民生与生态”数码摄影大赛、“我爱家乡”征文比赛、首届“环保杯”硬笔书法大赛暨环保书法作品巡回展，营造了浓厚的环保宣传氛围。

水环境

概况　2007年度市域绝大部分地表水水体水质与上一年度持平，东北部山溪性河流水质尚可，基本符合Ⅲ类功能要求，平原河网地表水污染特征属有机污染型，重金属污染因子历年有加重趋势。水域污染的分布是以城镇为主体向外扩散，上游和水库的水质较好，各水系经城镇的中下游河段受污染严重，水质较差，部分河段水质严重恶化。

水库及饮用水源　为进一步加强饮用水源保护工作，编制了《乐清市饮用水源保护规划》，印发了《乐清市饮用水保护区管理规定》，对饮用水源保护界碑和告示牌进行了标准化设置。市环境监测站对全市4个饮用水源监测点进行隔月监测，监测表

水质采样监测　　　　市环保局提供

明，水库水质普遍优良，淡溪水库、钟前水库、白石水库、十八丘水库为Ⅱ类水质，都能满足功能要求；13个饮用水源保护区水源水质皆能满足功能要求。

平原河网地表水　市环境监测站对全市5个平原河网地面水监测点（其中蒲岐加测平行样）进行隔月监测，监测结果表明，全市五大集镇河段水体依然为有机污染型，重金属污染不容忽视，主要污染指标为生化需氧量、非离子氨、化学耗氧量等，水体溶解氧普遍偏低，水质全年平均值超过地表水Ⅴ类标准限值。平原河网地表水水质与上年相比变化不大，未能满足功能区要求。方江屿水库满足Ⅲ类功能要求。

乐清湾海水　市环保部门以GB3097-1997《海水水质标准》为评价标准，选取化学耗氧量、Hg、Cu、Pb、石油类、无机氮、活性磷酸盐、溶解氧八个项目（只有七个项目，还缺一个）为评价项目，采取超标分类评价法，对2007年乐清湾海水水质进行了评价，评价结果如下：

2007年乐清湾水质状况评价表

（括号内为浓度，单位为mg/1）

年度	平水期		丰水期		全年	
	水质类别	定类项目	水质类别	定类项目	水质类别	定类项目
2006	超四	无机氮(0.994)	超四	无机氮(0.767)	超四	无机(0.880)
2007	超四	无机氮(1.150)	超四	无机氮(0.837)	超四	无机氮(0.994)

由表可见，2007年度乐清湾平水期、丰水期水质均为超四类海水，定类项目为无机氮；年均值为超四类海水，定类项目为无机氮，不符合功能要求；无机氮年均值高于2006年。总的来说乐清湾以氮、磷污染为主。

年份	危险废物产生量（吨）	氰化物（千克）	六价铬（千克）	氨氮（吨）	铅（千克）
2006年	1544.12	280	0.30	0.10	0.00
2007年	2422.49	370	0.28	5.98	0.52

工业废水和主要污染物排放情况　2007年全市工业废水排放量为361.94万吨（市污水处理站不在统计范围内），其中达标排放量为341.84万吨，工业废水排放达标率为94.45%；全市工业化学需氧量排放量为152.69吨；其他工业废水主要污染物排放量如下：

大气环境

酸雨　2007年，全市酸雨污染仍较严重，酸雨率为88.7%，比上年略有下降，PH年均值为4.52（酸雨指PH值＜5.6），PH最低值为3.44。以煤烟型为主的大气污染导致酸雨是全市的一个主要环境问题，温州发电有限公司和温州特鲁莱发电有限公司排放的SO_2占全市SO_2排放量的绝大部分。

2007年与2006年酸雨对比表

年份	总降雨量	Ph样本数	年均值	酸雨率%
2006	1690.4mm	78	4.58	96.2
2007	1630.76mm	53	4.52	88.7

环境空气质量　2007年市环境监测站对市区环境空气质量进行了全自动大气常规监测，并在温州市电视台及《乐清日报》及时公布了空气质量预报。监测项目为NO_2、SO_2、PM_{10}，全年监测结果：NO_2、SO_2、PM_{10}的年平均值分别为0.023mg/m^3、0.009mg/m^3、0.075mg/m^3，达到《环境空气质量标准》（GB5095-1996）二级标准，符合功能区要求；环境空气污染指数为59，空气环境质量良好；雁荡山风景区空气的PM10指标尚达不到功能区的一级标准要求。2007年，市区大气中NO_2、SO_2、PM_{10}的变化趋势见下表：

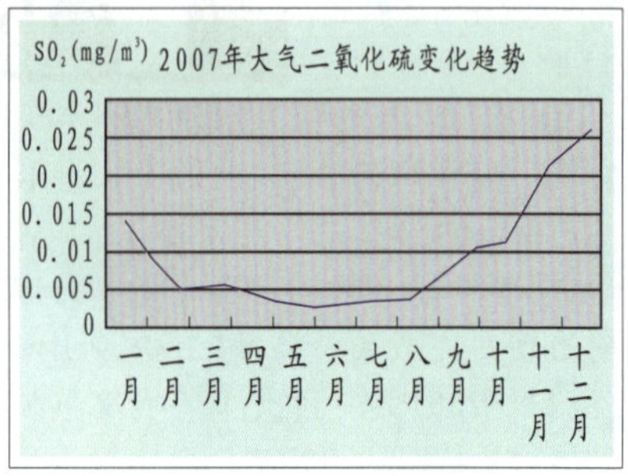

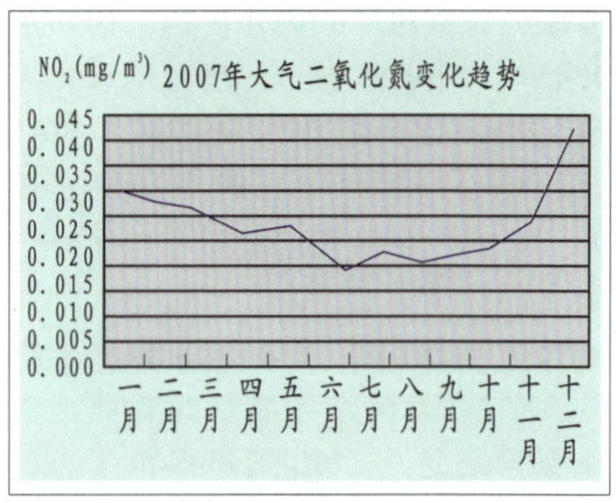

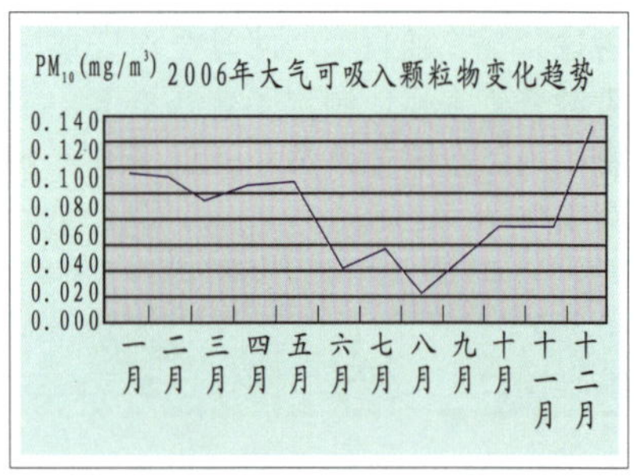

工业废气及其主要污染物　2007年全市工业废气排放总量为388.2亿标立方米，SO_2排放量为26592.99吨，烟尘排放量为1788.69吨，全年工业粉尘排放量为28.7吨。由于2007年二氧化硫减排措施得力，温州发电有限公司二期工程

脱硫设施上马，全市铸造行业整治工作全面实施，因此全年二氧化硫及工业粉尘排放量大幅下降。全年投入废气治理设施运行费用9863.3万元，全市废气治理设施处理能力已达579.96万标立方米/小时。

2007年与2006年工业废气排放量对比表

项目	2006年	2007年	增减率%
烟尘	1478.12吨	1788.69吨	21.0
二氧化硫	39842.16吨	26592.99吨	-33.3
工业粉尘	316吨	28.7吨	-90.9

城市声环境

市区噪声总体水平和2006年基本持平　城市噪声污染依然严重。生活噪声影响范围依然最广，比上一年有所增加，施工噪声对城市声环境干扰强度最大。城市区域环境噪声平均等效声约为55.0dB，交通噪声平均等效声约为67.7dB。

严肃查处噪声扰民问题　在中、高考期间，市环保局联合公安、城管、教育等部门分别对各个考点实行重点监管，防止和减少环境噪声扰民，竭力为考生营造安静、舒适的学习环境。同时严肃查处殡葬高音喇叭及娱乐行业噪声等各种噪声扰民问题。

固体废物处理

工业固体废物　2007年，全市工业固体废物产生量为99.39万吨，比上年度增加2.80%；工业固体废物综合利用量为99.11万吨，综合利用率为99.71%；工业固体废物处置量为0.28万吨，其中危险废物委托处置量为2241.6吨。

城市生活垃圾　2007年全市生活垃圾产生量约43.8万吨，其中市区每天产生生活垃圾约260吨。

气　　象

概况　2007年，乐清市气候特点：气温偏高，年较差20.7℃；降水偏多，但分布不均，梅汛期降水明显偏少而台汛期出现较大降雨过程；灾害频繁，出现了低温冻害（倒春寒、秋寒）、强对流天气、暴雨、台风。

气候特点　2007年全市气温异常偏高，降水日数偏少，但降水集中，年降水量偏多。全年平均气温19.7℃，比历年（1971-2000）平均气温17.9℃偏高1.8℃，创下了有气象记录以来的最高值。年较差（20.7℃）与常年相当，其中3月30日最高气温为27.7℃，为历年同期最高。年降水量1798.1mm，比常年降水量1579.0 mm偏多219.1mm；年降水日数143天，比常年降水日数175.4天偏少32.4天。8、9、10三个月的降水量已超过常年值七成多，其中8月份降水量553.2mm，比常年同期降水量251.3mm偏多一倍余。全年日照时数1757.8小时，比常年1713.9小时偏多43.9小时。全年无霜期330天。

气象灾害　低温冻害。2007年，出现了倒春寒、秋寒。3月4日，受北方强冷空气南下影响，全市气温明显下降，48小时日平均气温降幅达10.6℃，日最低气温4.2℃达到寒潮标准。3月17～20日全市出现了倒春寒天气，10月20～22日出现秋寒天气（浙江标准），低温冻害严重影响了水稻和其它经济作物的生长。

强对流天气。受低空切变线天气系统影响，6月25日和7月22日乐清市出现了短时强雷暴、强降水、冰雹、大风强对流天气过程。两次过程的强雷暴均有人员伤亡，6月25日的强雷暴使磐石镇7名民工在山坡一凉亭避雨时被雷击中，造成5人死亡，1人受伤。7月22日石帆等三个乡镇还下了短暂的冰雹，大棚作物损失较大。

热带气旋（台风）。2007年，乐清先后受到3个台风影响，分别为9号“圣帕”、13号“韦帕”、16号“罗莎”，其中“罗莎”是历史上登陆浙江时间最晚的一个台风。“圣帕”超强台风强度强，中心气压一度达到910百帕，中心风力17级（65米/秒）；范围大，7级风圈半径曾经达到380公里，10级风圈半径180公里；影响我市时间持续较长，17日开始受其外围影响，21日其残留云系还在我市造成了暴雨。“韦帕”超强台风移动路径稳定,发展迅速；强度强范围大；降水集中。中心气压最低为925百帕，中心风力最大为16级（55米/秒），登陆时中心气压仍有950百帕，中心风力14级（45米/秒），7级风圈半径曾经达到420公里，10级风圈半径180公里。硃头最大过程雨量达到530.8毫米；全市26个乡镇受灾，受灾人口27.16万人，倒塌房屋560间；停产工矿企业842个，公路中断31条，损坏堤防51处，损坏护岸26处。全市直接经济损失0.8284亿元。超强台风“罗莎”是建国以来登陆温州最晚的一个台风，给我市造成了严重影响，电力、交通、水利等基础设施损失严重。全市共31个乡镇受灾，受灾人口24.42万，倒塌480间；作物受灾面积19.07千公顷，成灾面积11.55千公顷，绝收面积9.36千公顷，水产养殖损失6.12千公顷；停产工矿企业721个，公路中断18条，毁坏路基20.06千米；损坏堤防28处，损坏灌溉设施68处。全市直接经济损失2.39亿元。

干旱。由于2007年降水主要集中在台汛期，5、6、7月份气温持续偏高，降水不足，三个月的降水总量还不到常年同期的一半，因此到7月下旬，全市供水紧张，河流干涸，旱情丰常严重，连饮用水都有困难。

气候影响综合评价　气候与早、晚稻生长。据统计，2007年早稻全生育期间（4月1日～7月31日），总日照时数649.3小时，总雨量425.2mm，降水日数54天。早稻全生育期间气温略偏高，日照正常，雨量偏少，属年景较好的年份。原因是育秧分蘖期只出现轻微的倒春寒天气，秧苗能得以健壮生长，分蘖率提高；抽穗扬花期天气较好，7月上旬出现连续高温天气，高温逼熟，使早稻的空秕率增加，影响产量；成熟时没有象往年一样受热带风暴影响。因此，2007年早稻收成较好，全市11.5万亩早稻平均亩产达412公斤，亩产量比上年增产44公斤。晚稻生长期间气温偏高、雨量偏多、日照偏少，在育秧、分蘖、孕穗期间受“圣帕”、“韦帕”、“罗莎”等台风影响，秧苗遭受过72小时以上的水中浸淹；10月底到11月上旬收割期的连续阴雨天气，不利于晚稻的灌浆及收晒入库。因此，晚稻减产明显，全市21.8万亩晚稻平均亩产为373公斤。

气候与林业。全年全市育林面积2260公顷，成活率为88%。高温干旱天气常给山林带来高火险，全年全市发生森林火灾12次，过火面积212.02公顷，烧毁有用林180.24公顷，损失林木2245.5立方。

气候与养殖。乐清市滩涂水域面积广阔，养殖资源丰富。据统计，2007年全市养殖面积围塘2042.99公顷、滩涂5673.33公顷、浅海862.73公顷。养殖泥蚶1165.67公顷，产量18850吨；缢蛏1856.67公顷，产量21242吨；牡蛎673.13公顷，产量13830吨；对虾1492.99公顷，产量3118吨；紫菜20公顷，产量30吨。2007年受到几次强台风的冲击，养殖业损失相当惨重。

气象服务　全市气象部门强化服务意识，把为党政领导决策服务、为有关部门指挥生产服务、为重大活动服务放在首位，全力以赴，密切注视天气演变情况，尽心尽责、积极主动地搞好气象服务工作。

台汛期对3个热带气旋的移动路径、影响程度、影响时间作出了准确预报，做到主动、及时、高质量的服务，取得了防台抗台预报服务的全面胜利。以24小时预报为评定标准，“圣帕”登陆点预报莲江～东山（闽中南），实况在福建惠安登陆；过程雨量预报200～300毫米，局部350毫米以上，实况188～423毫米；沿海风力预报11～12级，实况出现11级。“韦帕”登陆点预报苍南到乐清湾，实况在苍南登陆；过程雨量预报150～250毫米，局部300毫米以上，实况200～524毫米；沿海风力预报12级以上，实况出现11级。“罗莎”登陆点预报苍南到温州，实况在苍南登陆；过程雨量预报150～200毫米，局部250毫米以上，实况154～300毫米；沿海风力预报12级以上，实况出现12级。在抗御台风过程中，乐清市气象台及时准确地为乐清市委、市政府及防汛防旱指挥部提供台风路径、雨量、风力等预测报告，准确预测水库、河道的时段降雨量，为防汛决策、夺取抗台工作胜利作出了贡献，发挥了职能部门的重要作用。

全年向市政府、防汛指挥部等领导及有关部门发出台风预报128期、天气公报73期、预警信号39期、紧急异常预警10期、森林火险天气等级预报 4期、重大节假日天气3期。对春运、梅雨、重大节假日、夏收夏种和秋收秋种、森林火险等级预报等重要气象保障服务，局领导都亲临第一线，收到了较好的服务效果。同时，及时作好极端气候事件服务。如3月4～6日，受强冷空气影响，出现寒潮天气，48小时日平均气温降幅达10.6℃，日最低气温3月6日为4.2℃，寒潮过程对茶叶和蔬菜影响最大，但由于气象预报准确、及时，农民损失较小。

气象业务现代化建设　气象科技大楼2007年1月1日投入使用，台站面貌显著改善。视频会商业务系统建成，结束了温州地区各县市几十年来电话会商的历史。全市自动站布点16处，实现了多种气象要素的自动采集、处理、存贮和传输，提高了气象数据的精确度和上传的及时性。

基础业务质量保持稳定，全年测报错情率0.09%，一人获得地区优秀测报员称号，一人获得省级优秀测报员称号，一人获得省级优秀预报员荣誉称号。《圣帕台风引发浙南强龙卷》荣获长三角气象科技论坛优秀论文奖。

2007年市区各月降水量与历年同期平均降水量比较表（单位：毫米）

月份	1	2	3	4	5	6	7	8	9	10	11	12	年合计
2007年	41.8	58.3	91.6	149.6	65.9	146.7	63	553.2	316.9	248.9	9.8	52.4	1798.1
历年	51.7	72.7	129.3	144.8	184.1	226.3	158.9	251.3	173.3	82.6	62.1	42	1579.1
距平	-9.9	-14.4	-37.7	4.8	-118.2	-79.6	-95.9	301.9	143.6	166.3	-52.3	10.4	219

2007年市区各月平均气温与历年同期气温比较表（单位：摄氏度）

月份	1	2	3	4	5	6	7	8	9	10	11	12	年平均
2007年	9.4	11.8	13.7	16.3	22.6	25.9	30.1	28.5	26.4	22.3	16.5	13.1	19.7
历年	7.7	8.2	11.1	16	20.6	24.4	27.7	27.9	24.8	20.3	15.5	10	17.9
距平	1.7	3.6	2.6	0.3	2	1.5	2.4	0.6	1.6	2	1	3.1	1.8

社会生活事务

劳动就业与职工工资

开展专项整治，切实保障劳动者权益　2007年，市劳动保障部门相继开展了“春雨”、“春雷”、“春苗”、“和馨行动”、摩托车头盔业劳动保障专项整治、整治非法用工打击违法犯罪、劳动保障书面审查等一系列较大规模的劳动执法及劳动用工专项检查整治活动，切实维护了职工的合法权益。全年共受理投诉案件1230起，结案1191起，涉及劳动者3641人，结案率达到96.8%，为务工者追回工资326万元，查处童工24人，清退押金16.1万元。

认真办理案件，劳动争议仲裁程序愈加规范　坚持重源头、重基层、重调解、重执行的方针，规范办案程序，加大办案力度，努力提高办案质量。全年共立案处理劳动争议仲裁案件406起，涉及经济标的780.5万元，已结案404起，结案率为99.6%。

重视基础工作，深化劳动合同管理　加强《劳动合同法》宣传培训和劳动合同管理基础工作，全年共签订劳动合同23.67万份，合同签订率达92.6%。强化企业工资的宏观管理，对全市部分企业的工资情况开展调查，并发布了2007年度166个职位的劳动力工资高、中、低指导价位；继续做好国有企业的工效挂钩工作；在大荆铸造行业率先推行工资集体协商制度，114家会员企业的7600多员工实现了“同工同酬”。

整合培训资源，加强农村劳动力转移培训　以市就业训练中心为主导培训基地，利用社会各种培训资源，在全市开展了多种形式的农村劳动力就业技能培训。据统计，2007年全市共有6510人接受了农村劳动力转移就业培训，其中4010人转移就业，转移就业率达61.6%。

严格鉴定考核，注重技能提升培训　严格执行国家职业资格证书核发与管理规定，全年全市有8517人次参加了职业技能鉴定考核，发放职业资格证书7240个。对外来务工人员比较集中的服务行业开展了拉网式的技能提升培训和高技能人才培训，全年培训人员分别为3358人次和820人次。2007年先后开展了全市第三届中等职业学校专业技能竞赛、乐清市首届技能运动会等活动，为广大技能人才的成长搭建了良好平台。

采取多种措施，落实就业再就业工作　全年新增就业岗位8152个，下岗失业人员实现再就业658人，其中就业困难人员实现就业203人，城镇登记失业率为3.02%。建立市外来机动车驾驶员管理中心，市劳动保障部门会同市公安部门出台了《乐清市外来机动车驾驶人聘用备案登记管理办法（试行）》。开展“零就业家庭”和“农村低保家庭”调查工作，通过落实小额担保贷款、岗位补贴、开发各种公益性就业岗位等手段对这些家庭实施再就业援助，全年共发放小额担保贷款20万元、公益性岗位补贴资金14.58万元、下岗失业特困职工生活补助费45.7万元。全年还举办了12期失业人员再就业指导培训班，318名失业职工参加了培训学习。

社会保险

养老保险　2007年，市社保部门出台实施了《乐清市完善企业职工基本养老保险制度实施办法》，稳妥改革养老金计发办法，实现了新旧政策平稳过渡。全市以非公有制企业为重点，加大了老保险扩面力度，截止2007年底全市参加城镇企业职工养老保险人数达153414人，比上年净增19035人，完成温州下达任务数8800人的216.3%。全市有12302名企业离退休人员享受养老待遇，全年基本养老保险基金各项收入达3.60亿元，支出为1.90亿元，年结余1.70亿元，历年累计结余7.03亿元，支付能力达44.3个月。机关事业单位养老保险着重抓好查漏补缺工作，截止2007年底，全市参保的机关事业单位人员达28179人，全年收缴养老保险基金1.14亿元，支出1.17亿元，年结余-337万元，历年累计结余1.07亿元；5591名离退休人员的养老保险金全部实行社会化发放。被征地农民基本养老保障工作获得历史性突破，截止12月底，全市共有37948人参加被征地农民养老保障，比上年净增34673人，增长率达到1059%，完成目标任务数2.6万人的146%，其中有18188名被征地农民已享受基本养老保障待遇。企业退休人员社会化管理服务面实现全覆盖，截止12月底，全市31个乡镇的企业退休人员已全部纳入社区（居委会）管理服务，企业退休人员社区管理服务率达到100%。

医疗保险 出台了《乐清市灵活就业人员基本医疗保险暂行办法》和《乐清市城镇居民医疗保险暂行办法》，将灵活就业人员和老年居民、丧失劳动能力的残疾人、低保对象纳入基本医疗保险范围，这标志着乐清市“三位一体”的医疗保障体系已初步形成。加强对全市定点医疗机构基本医疗保险服务的管理考核，增设了北白象、芙蓉、白石等三家卫生院为定点医疗机构。按照“以点带面”的工作思路，狠抓非公企业医保扩面工作，正泰等几家深具影响力的民营企业率先实现了全员参保。截止12月底，全市参加基本医疗保险人数为64700人，比上年净增20332人，完成温州下达任务数1.7万人的119.6%。全年医疗保险各项基金收入1.48亿元，支出8023万元，年结余6805万元，历年累计结余2.00亿元。

工伤保险 深入贯彻《乐清市关于事业单位、民间非营利组织工作人员工伤有关问题的通知》，在全市全民事业单位、民间非营利组织实现了工伤保险全覆盖。出台实施了《关于全面推进工伤保险的通知》，畅通了农民工优先办理工伤保险业务的渠道。截止12月底，全市参加工伤保险人数为226655人，比上年净增128127人，完成温州下达任务数12万人的106.8%。全年工伤保险基金收入1113万元，支出247万元，年结余866万元，历年累计结余2292万元。指导用人单位切实预防工伤事故，扎实做好工伤认定工作，全年共受理工伤认定申请863起，核定工伤保险待遇285起计金额247万元。

生育保险 认真实施《乐清市职工生育保险暂行办法》，职工生育保险扩面工作继续与医疗保险协同推进。截止12月底，全市参加生育保险的人数为30204人，比上年净增15001人。全年生育保险基金收入302万元，支出99万元，年结余203万元，历年累计结余393万元。

失业保险 率先在温州各县（市）（除温州市区外）中建立起失业保险待遇支付信息系统，非公企业的失业保险扩面工作和国有、集体改制企业职工的失业保险金发放工作进一步落到实处。截止12月底，全市参加失业保险人数达74305人，比上年净增19356人，完成温州市下达任务数1.45万人的133.54%。全年失业保险基金收入2656万元，给符合失业保险金发放条件的1881人发放失业保险金及医疗补助金等共计797.26万元，年结余1710万元，历年累计结余6931万元。

民政工作

概况 2007年全市民政各项工作均取得了突出成绩，主要是实行了全市婚姻集中登记，建成了市殡仪馆二期工程，推行了市区丧事集中办理，开展了农村新社区试点工作等。乐清市荣获了浙江省民政工作先进县（市）称号和温州市殡葬改革工作一等奖，市民政局获市“人民满意单位”荣誉称号。

低保工作上了新台阶 完成了低保标准调整工作，农村居民低保标准从每人每月140元调整为170元，城镇居民低保标准从每人每月230元调整为270元。做好低保对象动态物价补贴工作，根据副食品价格上涨的实际情况，全年共三次发放动态物价补贴，其中农村低保对象每人全年补贴180元，城镇低保对象每人全年补贴300元。2007年全市共有低保对象7322户12913人，占总人口的1.11%，其中城镇居民低保对象230户435人，农村低保对象7092户12478人，年发放低保金1558.77万元，发放动态物价补贴232.07万元。

全面推进避灾工程建设 通过整合现有资源，共建成避灾场所132个，总建筑面积达18.5万平方米，可容纳6.4万人，进一步提高了全市的抗灾能力。

做好灾害救助工作 2007年全市先后遭受第9号、第13号和第16号台风的严重影响，市民政局遵照《乐清市重特大自然灾害救助应急预案（试行）》要求，全力投入抗灾救灾工作，及时有效地完成了计灾、报灾、核灾和救灾工作，积极组织灾民进行生产自救，共安排救灾款410万元，发放春夏荒救济款12万元、冬令救济棉被2000条、救济粮7.49万斤、救济食用油268箱，帮助66户无自救能力的重灾户重建家园，帮助12130户灾民解决了基本生活困难。

巩固农村五保和城镇“三无”对象集中供养成果 全市现有农村五保对象611名、城镇“三无”对象22名，五保集中供养和城镇“三无”对象集中供养率分别达到93%和100%。全年市财政补助五保供养经费211.478万元，同时落实了省政府对集中供养对象人均补助300元的医疗救助政策，缓解了集中供养对象医疗难的问题。进一步加强敬老院基础设施建设，加大扶持力度，抓实敬老院管理，改善敬老院生活条件，提高了五保供养水平。

切实做好医疗救助工作 修订了《乐清市社会医疗救助暂行办法》，扩大了医疗救助对象范围，降低了救助门槛，提高了救助标准。城乡低保对象、农村五保对象和城镇“三无”人员的住院药费从2000元起步救助改为零起步救助；低保对象的药费救助比例可达50%，农村五保对象和城镇“三无”人员的药费救助比例可达70%。在原有救助对象的基础上，将农村“三老”人员和其他困难对象列入了救助范围；将恶性肿瘤、精神病、白血病、器官移植的后续治疗、尿毒症等特殊病种的门诊药费列入了救助范围。2007年，全市共支出医疗救助资金486.18万元，救助926人次。

拥军优属工作深入开展 开展纪念建军80周年系列活动，召开了纪念建军80周年党政军座谈会，举办了纪念建军80周年军民联欢晚会，举行了纪念建军80周年篮球赛。大力开展“双拥”宣传月活动，7月初到8月中旬，市民政局在新闻媒体上开辟了“双拥”专栏，在主要街道、道路设立了“双拥”宣传标牌，发放了优抚对象抚恤补助“明白卡”，积极宣传“双拥”优抚政策法规。开展拥军慰问活动,由市领导带队走访慰问驻乐部队，并送去10万元的慰问金和慰问品。各地各单位也纷纷组织干部群众，以不同方式慰问人民子弟兵，向驻乐官兵致以节日问候。雁荡山烈士陵园充分发挥了爱国主义基地的作用，全年接待参观祭奠人员6.3万人次。

市民政局工作人员为伤残军人送残疾车　　市民政局提供

退伍安置工作如期完成 2007年全市共接收2006年冬季退伍兵486人，其中应安置退役士兵108人，包括转业士官8人、城镇退役士兵67人、高原兵33人。市民政部门妥善安置了重点安置对象，拿出14个事业指标，采取分类组织文化考试和结合在部队的政治表现，择优予以安置。除重点安置对象外，其他安置对象全部推行货币安置，实行自谋职业，自谋职业率达到100%。

做好优抚对象的服务管理工作 全年共发放重点优抚对象优抚金1499.4万元，解决重点优抚对象医疗补助50多万元，解决850人次临时性生活困难补助36万元，解决19户重点优抚对象住房困难补助10万元；落实了36名带病回乡精神病人评残后的在乡残疾军人待遇。落实了部分参战退役人员政策，9月份开始市民政局还对全市部分参战退役人员及参加核试验人员进行核查认定，共确定符合条件的参战退役人员840人，并落实了“两参”人员有关生活补助政策。

在村委会换届选举试点工作中，市民政局积极培育形式多样的选举文化　　市民政局提供

开展第八届村委会换届选举试点工作 10月中旬至12月底，市民政局选择经济欠发达、流动人口较多的城北乡和经济较发达的七里港镇两个乡镇作为村委会换届选举试点乡镇，试点的内容主要是村级组织换届选举环境氛围的营造、关键环节的把握、村民代表的推选、违反法律法规和党员干部违反纪律行为的处置等，试点工作还高度重视解决社会闲杂人员对选举的干涉，委托投票和验票工作的做法；村委会“自荐海选”的方法、程序和步骤，试点工作为全市下一步村委会换届选举的全面铺开积累了经验。

完善以社区服务为重点的社区管理机制 完成了乐成镇和柳市镇的社区居委会换届选举工作。坚持“政府主导、社区主办、民间力量参与”的方针，制定加快社区服务业发展的规划和政策，进一步健全社区服务领域，逐步实现社区服务市场化、产业化和社会化。开展了“健康生活进万家——社区和协会手拉手”活动，共有35个协会与乐成镇11个社区结对，每个协会每年要进社区开展活动两次以上，全年各协会与社区共同开展了80多场主题鲜明、内容丰富、形式多样的活动。

积极开展农村新社区建设试点工作 在虹桥镇东街、界屿、仙垟赵、溪西等4个行政村开展了农村社区建设试点工作，各村根据自身特色，以村民需求为目标，以便民服务为突破口，在社区卫生、农村文化、社会帮扶等方面拓展工作，丰富了农村社区建设的内容，4个试点村的社区建设工作取得初步成效。12月，温州市在乐清召开了农村社区建设推广会。

进一步完善村务公开和民主管理工作 制定出台了《乐清市关于进一步健全完善村务公开和民主管理制度的意见》及有关制度，强调规范村务公开，完善民主管理、民主决策和民主监督措施，实现村务工作规范化、制度化。2007年，全市有713个行政村达到村务公开民主管理规范化建设的要求，占村委会总数的78.35%，全面完成了省和温州市下达的年度工作指标。

加强社会组织工作的培育与管理 坚持与相关部门紧密配合，齐抓共管，全年共新批准成立社团7家、民办非企业单位17家。做好行业协会与行政机关脱钩工作，完成了19家行业协会与行政机关的脱钩工作。开展了行业协会评估考核试点工作。

大力发展福利彩票事业 8月22日，乐清市首个"中福在线"即开型福利彩票销售大厅——清远路销售厅正式开业。"中福在线"以其娱乐性、趣味性和互动性吸引了众多彩民，大大提高了全市福利彩票公益金的筹集能力。全年全市共募集福利彩票公益金678.4万元。

加强对流浪乞讨人员的救助管理 全年共救助流浪乞讨人员218人次（其中未成年人29人），为受助人员提供通讯联系175人次，购买车票资助返乡201人次，提供医疗救治18人次，护送返乡14人次。开展上街"冬送温暖、夏送清凉"活动，一年来共上街救助286人次，发放宣传资料1000份，有效地保障了流浪乞讨人员的基本生活权益。

抓好福利企业的管理服务工作 2007年全市53家福利企业完成工业总产值40亿元，销售收入38亿元，实现利润5822万元。全市福利企业共为社会提供了5056个就业岗位，其中安置残疾职工2181人，残疾职工占生产工人的比例为43%。抓好福利企业安全生产工作，全面启用"福利企业资质管理信息系统"，残疾职工的安置比例、工资发放、社会保险缴纳、用工情况等方面基本实现了信息化管理。通过网络数据管理和福利企业资格认定，福利企业的管理服务工作得到全面加强。

实行全市婚姻集中登记 从4月20日起，市民政局对以乡镇分散登记的婚姻登记体制进行改革，成立了市婚姻登记中心，实行全市结婚集中登记。到12月31日，市婚姻登记中心共办理结婚登记7313对、离婚登记714对、补办登记1178对，出具2882份无婚姻登记记录证明，结婚登记合格率为100%。依法办理收养登记60件。

开展青山白化专项治理活动 重点对柳黄公路沿线视线范围内的私坟和高速、104国道沿线的回潮私坟进行了专项整治。全年治理"三沿五区"私坟4475座，治理率达94%，高速公路、104国道沿线实现了无坟化，治理率达100%。

加快生态墓地建设步伐 加大了生态葬法的推广力度，在以乡镇为单位建设生态墓地的同时，鼓励以村（居）或以相邻几个村（居）为单位联合进行生态墓地建设。按照"绿色殡葬"的要求，强化对生态墓地监管力度，引导生态葬法和生态墓地的规范化建设，严格建设标准，确保建设质量和绿化效果。2007年全市已审批生态墓地44座，其中已建成可投入使用的墓地15座，在建生态墓地24座，生态墓地覆盖率达到85.3%。

市殡仪馆新馆投入使用 2月14日，市殡仪馆二期工程建成投入使用，使殡仪馆成为集悼念、火化、殡仪服务等于一体的园林式综合性殡仪服务设施基地。全年火化遗体5738具，火化率继续保持100%。同时推行市区丧事集中办理，从12月1日起将市区范围内的丧事活动统一集中到市殡仪馆办理，在殡仪馆完成遗体守灵、悼念告别等办丧事项。至12月31日，共集中办理丧事56例。

仙溪镇避灾中心　　市民政局提供

虹桥镇避灾中心　　市民政局提供

人口和计划生育

概况 2007年是乐清市人口和计划生育工作力度最大、影响最广、效果最好的一年，不仅顺利完成了温州市年度人口计生目标管理任务，并获得了温州市2007年度人口计生工作进步奖。市人口计生局荣获温州市2007年度人口计生工作先进集体荣誉称号。

加强计生领导力度 2007年，市委、市政府始终坚持将人口计生工作摆在突出位置，多次召开人口计生工作会议，专题进行部署，相继开展了人口计生综合整治大行动等6次集中行动，始终保持了人口计生工作的强攻猛进态势。市委、市政府主要领导和分管领导先后13次深入村居一线暗访、督查计生工作，及时解决计生工作难题。进一步强化工作机制，完善了计生工作季度例会制度、乡镇领导干部蹲点和计生局班子成员联乡挂片制度，计生工作领导力度得到切实加强。

大力突破计生难点 在社会抚养费征收上，全年完成了9起高额征收案例，最高征收金额达101万元，在全市范围内产生了巨大的震慑力和影响力。组织人员先后多次到外地调查取证，核实违法生育对象实际收入，查处了多起规避高额异地缴纳社会抚养费案件。全市当年（2006年10月～2007年9月）含补报违法生育人数2461例，应兑现社会抚养费金额8430.57万元，已征收1453例，已兑现金额4610.98万元；征收率为75.64%，兑现率为70.26%；当年人均兑现金额4.01万元，同比增加1.48万元。在流动人口计生管理上，首次实行公安、计生合署办公；建立了流动人口协管员队伍，专门负责流动人口管理服务，并按500：1的比例共招聘专兼职流动人口协管员832人，将相关职责落实到人；落实了1300万元流动人口管理经费，实现了“有机构、有人员、有经费”的管理模式。2007年，全市流动人口登记率、出租房登记率、“人户一致率”、流动人口孕环检率等指标，与往年相比均有较大幅度上升。在公职人员违法生育查处上，专门开展了机关、企事业单位干部职工计划生育专项整治活动，出台了有奖举报制度，成立了纪委、人口计生部门联合专案组，加大调查取证力度，全年共查处干部职工违法生育案件14起。在出生人口性别比综合治理上，一方面，加强再生育过程管理，2007年对符合法定条件再生育对象共16879人进行了定期随访服务；另一方面，加强部门配合，不定期对医疗卫生市场进行联合突击检查，规范医疗服务行为，同时出台了“两非”案件有奖举报制度，对举报“两非”重要案件，经查证属实，最高予以2万元重奖。

切实做好计生优质服务 一是加强市计生指导站建设。为进一步满足群众对计生技术服务的需求，启动了市计生指导站拆扩建工程，该工程预计总投资400～500万元，2007年下拨计生事业经费300万元投入工程建设，改善硬件、软件设施，推进市计生指导站标准化建设。二是加大对农村二女户的政策倾斜，将符合政策的农村二女户对象纳入奖励扶助范围，与农村独子户享受同样标准的奖励扶助金。三是推进“生殖健康”工程，全市各乡镇共为12937名育龄妇女免费开展了生殖健康体检，市计生指导站为正泰集团5169名员工进行了生殖健康体检，实现了经济效应和社会效应的双赢。

强化计生责任追究 在基础信息“集中消化”活动中，市人口计生部门专门组织人员对计生工作开展了重点暗访督查，查到漏报，实行“一票否决”。在对乐成镇的暗访督查中，有7名干部因工作不力造成计生基础信息漏报受到不同程度的处理；黄华镇一驻村干部在本镇组织的督查中，因基础信息掌握不到位受到待岗三个月的处理。2007年还建立了孕环检考核备案制度，各乡镇所有孕环检记录资料由市人口计生局保存备案，作为违法生育的追究依据；建立了驻村干部计生责任追溯制，对在任期内所驻村出现违法生育的驻村干部，今后不管调动到哪里，一律实行责任追溯。同时加强了孕环检考核工作，每次孕环检结束之后，市人口计生部门对各乡镇孕环检情况开展专项检查，并对落后乡镇、村居进行通报批评。

深化计生宣传教育 坚持把学习中央《决定》作为宣传教育的重要内容，通过借助宣传媒体、人口学校开课、宣传品进村入户等形式，广泛宣传中央《决定》的重大意义和深远影响，大大提高了中央《决定》的知晓率。利用广播、电视、报纸、手机短信等形式开展面对面宣传教育，组织开展了送“福”、送服务、迎“7•11”、“人口杯”独生子女独唱比赛、古筝独奏大奖赛等一系列宣传教育服务活动，营造计生浓厚氛围。2007年还创建了柳市镇、马道头村两大生育文化园区，占地总面积达2.66万平方米，总投资达500万元；两园区形成了独具特色的生育文化景观带。

夯实计生基层基础 首先是加强计生队伍建设。2007年继续从村计生服务员队伍中招考了2名乡镇计生专管员，进一步调动了村计生服务员的工作积极性。全市先后举办了多次人口计生业务培训班，培训形式不断创新。其次是加强基础信息管理。严格执行重点指标，健全每月“蓝、绿、红”预警机制，做到常抓不懈、真抓实干；完善公安、民政、人口计生等部门信息交换机制，落实重点环节信息互通制度，每月底召开信息汇审会议，加强对温州市内跨乡镇信息的交换，防止源头数据出现遗漏现象。同时，按照上级部门的统一部署，扎实开展了计生基础信息“集中消化”活动，全市共上报出生补报4889人，为全市人口计生工作朝务实、真实方向发展打下良好基础。再次是扎实推进计生利益导向机制建设。认真落实奖励扶助制度、计生公益金制度等一系列计生优生优惠政策，同时加大对农村二女户计生政策的倾斜度，把符合政策的农村二女户纳入奖励扶助范围，预计2008年将向首批符合条件的70名农村二女户发放约4.2万元的奖励扶助金。2007年全市共有1140人享受奖励扶助政策，受奖励资金达209.15万元；有81人享受计生公益金，金额为15.7万元；有960名独生子女户的考生享受了中考降分，其中76人因享受中考降分而被录取。

民族宗教事务

召开全市统战（宗教）工作会议 3月7日市委统战部（市民族宗教事务局）召开了全市统战（宗教）工作会议，市领导郑建海、朱赛月、胡晓翔、张亨根等出席会议。市委常委、统战部部长朱赛月作了统战（宗教）工作报告，回顾总结了2006年全市统战（宗教）工作情况，全面部署了2007年工作任务。市委副书记郑建海作了重要讲话，并要求全市广大领导干部进一步提高统战、宗教工作重要性的认识，切实做好统战、宗教工作，努力为构建社会主义和谐社会，发展社会主义民主政治服务。

召开宗教界十七大精神学习会 11月19～20日，市民族宗教事务局召开宗教界十七大精神学习会。四大教常务理事和重点寺观教堂负责人近百名宗教界人士参加了此次会议。市委常委统战部部长朱赛月、市委宣传部副部长周朝青、市司法局原副局长王汝杰到会并先后作了讲话。

做好宗教活动场所换证工作 根据省民族宗教委员会和温州市民族宗教事务局的统一部署，2007年乐清市要完成全市已登记的宗教活动场所换证工作。此次换证工作量大、要求高，市领导高度重视，市民宗局制订了具体、科学的工作计划，并积极做好宣传培训工作。全体工作人员认真负责，严格按照上级有关要求一一抓落实。

开展宗教活动场所安全大检查 为迎接党的十七大的召开，构建和谐稳定的宗教活动秩序，确保宗教活动场所安全和信教群众的生命、财产安全，8月上旬至9月下旬，市政府督查室、市民宗局、市卫生局、市房管局、市消防大队等单位组成的市督查组，分三个小组对全市14个乡镇、24处宗教活动场所进行安全管理督查和抽查。这次安全大检查主要针对宗教活动场所的消防安全、房屋结构安全、用电安全、治安管理、食品安全和防暑抗灾等六个方面，通过检查发现了隐患，堵塞了漏洞，杜绝了事故发生。

开展全市宗教工作干部业务培训 9月17日，全市宗教工作干部业务培训会议在新世纪大酒店五楼会议室召开，全市各乡镇分管宗教的领导和统战干事参加了学习培训会，市委常委、统战部部长朱赛月到会讲话。培训会邀请了省民族宗教委员会楼剑涛副处长作宗教知识讲座。

陪同温州市领导做好清真食品服务调研工作 为深入贯彻落实省市民族工作会议精神，进一步做好全市清真食品服务工作，8月2日上午，温州市人大常委会副主任王小同一行就清真食品服务情况来乐清进行调研。在乐清市人大常委会副主任王建华、副市长胡晓翔、市民族宗教事务局局长王建琴等有关领导陪同下，调研组一行详细了解了乐清市清真食品服务情况及目前存在的一些问题，听取了有关人员的意见和建议。

道教协会举行捐资助学仪式 12月5日上午，市道教协会捐资助学仪式在市府五楼会议室举行。出席这次捐资助学仪式的有大荆镇政府、市民族宗教事务局、市教育局的有关领导和市道教协会常务理事，有捐资助学的宫观代表和大荆中心小学代表等。市委常委统战部部长朱赛月、市人大副主任张亨根、副市长胡晓翔、副市长方青、市政协副主席林培根出席了这次捐资助学仪式；市道教协会会长李尧方代表各宫观向大荆中心小学捐资200万元。此次活动是乐清市宗教界人士积极响应党中央号召，贯彻十七大精神，发扬“济世利人，关爱社会”的优良传统，团结信教群众为经济社会发展作贡献的又一慈善义举。

老龄工作

概况 2007年，乐清市60周岁以上老年人有140936人，占全市人口的11.92%，比上年增加了0.14个百分点；据年末统计，百岁以上老年人有31人。市老龄委认真贯彻执行“党政主导、社会参与、全民关怀”的老龄工作指导方针，围绕“老有所养、老有所学、老有所教、老有所为、老有所医、老有所乐”的工作目标，齐抓共管，推动老龄事业不断向前发展。2007年，乐成镇乐湖等10个社区创建老龄工作规范化社区被省老龄办验收通过，北白象大星村等16个老年活动中心（室）被评为温州市三星级老年活动中心（室），乐成镇南门村等26个老年活动室被评为乐清市二星级老年活动室。

开展尊老敬老助老活动 老人节期间，温州市老龄办主任徐伟中、副主任郑华和乐清市委副书记、市老龄委主任郑建海、副市长、老龄委副主任胡成剑分别带领乐清市民政局、市老龄办相关人员对新增的16位百岁老人和100名特困老人进行慰问，给他们送去了5.5万元的慰问金及党和政府的关怀；市老龄委和团市委、市卫生局一起组织医疗卫生志愿者为全市敬老院的老年人进行义诊，与老人们一起度过了一个祥和温暖的节日。2007年，市民政局拨款25.92万元，先后慰问了各乡镇敬老院的老人们和困难户；市民政局（老龄工作委员会办公室）还筹集了50万元的资金，为大荆、仙溪、城北等21个乡镇的61个村的老年活动室添置了活动器材和办公用品；各乡镇党委、政府纷纷开展对高龄老人的定期慰问活动，共拨慰问款115.9万元；村双委、村老年协会也积极筹集资金，发放养老补贴资金共计1363.68万元；社会各界集资350.2万元，用于发展老龄事业。

维护老年人合法权益 充分发挥市老年人法律援助站、乡镇司法所、老年协会的作用，切实维护老年人的合法权益。2007年，全市没有发生涉老案件，非正常死亡为零；老年人信访总数为55件，其中来信34件（赡养12件、其他22件）均已回复，来访21人次，也都已妥善解决。

举办老年人协会会长培训班 为了更好地发挥老年人协会自我管理、自我服务、自我教育的作用，根据省老龄办的文件要求，市老龄办于6月在市委党校举办了农村老年人协会会长培训班。参加这次培训学习的农村老年人协会会长共有460人（次），培训班系统学习了《构建和谐社会和新农村建设》、《农村老龄工作的现状和发展方向》、《农村老年人协会规范化建设》、《涉老法律法规常识》、《社会团体登记管理常识》等课程。

组织开展老年人学习和文体活动 据统计，2007年全市有各类老年学校235所，在册学员3.2万人，市老龄办以老年学校为阵地，组织老年人认真学习了党的十七大精神以及相关知识；全市各乡镇有老年文艺团体39个，共有队员1469人，各文艺团体都开展了形式多样、内容生动的文艺活动。为迎接奥运会的召开，市老龄办举办了乐清市老年人迎奥运健身走展示活动。老人节期间，市老龄办和市体育局、市老年体协、市门球协会联合举办了"雁荡山啤酒杯"老年人门球锦标赛，比赛激发了老年人参加健身活动的积极性，有力地推动了全市老年人体育工作的开展。市老龄办还和文化广电新闻出版局、文化馆一起举行了"雁荡山啤酒杯"老年人文艺汇演，各乡镇的老年人文艺团队积极参演，向全社会展示了老年人老有所乐的风采。

做好老年人的养老保险工作 市社保局继续扩大养老保险覆盖面，至2007年末，全市享受养老保险待遇的退休人员有17893人，月人均养老金1258元，同比分别增长6.4%、10.9%；享受医疗保险的退休人员有10460人，同比增长7.53%。市民政部门还将贫困老人纳入低保对象，做到应保尽保。继续做好农村"五保"对象集中供养，2007年全市集中供养率为93%；城镇"三无"人员的集中供养率达100%。

关心下一代工作

加强关心下一代工作的宣传力度 2007年，市关心下一代工作委员会重视媒体宣传工作，加强对关心下一代工作的宣传力度，全年在乐清电视台、乐清人民广播电台播放有关新闻报道15次，在《乐清日报》刊登新闻、信息22篇。通过《乐清老人》刊物刊登了中央有关领导讲话精神和温州市关工委主任在"五老护苗"志愿队骨干培训班上的讲话内容，并将2000多份《乐清老人》发放到全市各关工委组织及乡（镇）、村（居）老年协会。

拓展《中国火炬》杂志征订工作 《中国火炬》是指导基层开展关心下一代工作的重要载体，前几年每年的征订量才几十份，2007年市关工委工作人员多次走访企事业单位及乡镇村居，开展征订宣传，并落实专人负责征订工作，巩固老订户，发展新订户，扩大覆盖面，减少空白点，征订工作得到有效拓展，全市共征订《中国火炬》400余份，是市关工委成立以来征订数量最多的一年。市关工委被中关工委《中国火炬》杂志社评为全国关工系统宣传工作先进集体。

建设关工委门户网站 聘请专职人员负责关工委门户网站的维护，把2004年以来的工作简报全文输入网站，把热心下一代工作者的"五老"典型在网站中进行宣传颂扬，网站还播放了市关工委组织撰写的《"黑网吧"为何屡禁不止》、《关注未成年人思想道德建设》等调研文章。为了扩大网站影响，《晨曦网》与乐清主要网站进行了互相链接，《晨曦网》的累计点击率已超过20000人次。市关工委还与乐清小记者中心联合设立举办了青少年媒介教育暨思想道德建设网站《乐清小记者在线》，点击率高达23万人次。近300名中小学生发表了3000多篇反映成长故事的习作，《乐清小记者在线》点击率高达23万人次。

组织"千场报告会" 结合纪念建党86周年、建军80周年、"七七"事变70周年和庆祝香港回归10周年等重大节庆日和事件纪念日，根据不同年龄段青少年的特点和实际，市关工委采取各种形式，在青少年中深入开展以社会主义荣辱观为主要内容的社会公德、职业道德、家庭美德教育和以"知荣辱、讲正气、促和谐"为主题的体验教育文艺宣传和社会实践活动，组织举办主题教育"千场报告会"。2007年共举办各类讲座180次，受教育人数达10万多人次。6月19日，市关工委特邀国内著名亲子关系专家、中国国际家庭教育形象大使董进宇博士，在乐清剧院举行了家庭教育报告会。清明节前夕，市关工委推出以"踏先烈足迹、寻革命精神、扬社会主义荣辱观"为主题的革命传统教育。"五老护苗"志愿队队长、离休干部仇梅珍等同志先后到南岳镇中学、市职业中专等学校，作了题为"牢记革命历史、珍惜幸福生活"的革命传统教育报告。

完善关工委组织网络建设 2007年，全市有五个非公企业党委建立关工委。市关工委组织老同志对村级成立关心下一代工作委会开展前期调研工作，并确定大荆镇荆东村、虹桥镇东街村为试点村先后成立了村关心下一代工作委员会。

开展"寻访身边的共和国功臣"活动 市关工委开展了"寻访身边的共和国功臣"活动，广大青少年通过寻访身边的共和国功臣，受到了革命传统的教育、高尚情操的熏陶和纯洁心灵的净化。市关工委推荐的"寻访身边的共和国功臣"活动征文荣获省三等奖。

开展法制教育 在世界禁毒日，市关工委组织"苍松艺术团"、全市百名小记者前往市戒毒所，与戒毒学员面对面零距离接触，小记者的采访文章，引起了广大同龄人的共鸣。为了加强对失足青少年的帮教，市关工委9名"五老"成员被市人民法院少年庭邀请担任庭前青少年社会调研员。

征集留守儿童代理家长 开展留守儿童代理家长征集工作，并成立了留守儿童教育指导中心。"六一"儿童节前后，市关工委联合市妇联、市文明办、市教育局、团市委和媒体单位发出倡议，向全社会公开征集"代理家长"，开展"代理家长"与留守儿童结对关爱行动，帮助留守儿童解决亲情缺失、家教缺乏、监护不力等实际问题。首批"代理家长"征集了100名社会热心人士参与。

联合开展社区"矫正"试点 市关工委与市司法局、市公安局联合，对全市社会"矫正"工作的基本情况进行专题调查，制定工作方案和实施计划，选聘有一定法律政策水平、文化素质较高并有专业知识的知名人士、离退休干部、村（居）委会成员成立社会志愿者队伍，并对志愿者加以培训，提高业务素质，以社会力量教育和改造社区矫正对象。8月份，正式启动社区"矫正"试点工作，现已确定矫正对象433人。

继续助学关爱活动 市关工委"六一"儿童节前后慰问了市梅溪职业技术学校等职业学校和南塘镇二幼等幼儿园，分别送去价值2000多元的书籍及光盘；与有关企事业单位、社会团体联合，开展了"捐一本书，献一份爱"爱心活动，第一站到福溪乡，将价值3万多元的400多本书、20套体育器材、60米塑胶跑道捐赠给乡学校；与乐清小记者中心联合开展了三期小记者培训指导活动，1000多名学生受教育，小记者们累计进行采风活动180余次，采访过150多个单位和场所。

残疾人工作

概况 2007年，乐清市残疾人工作以开展"作风建设年"、"基层残疾人组织规范化建设年"活动为核心，扎实工作，取得了可喜成绩。顺利完成了乡镇残联、市残联换届工作。市残联被省残联评为"2007年度浙江省残疾人工作先进单位"。

残疾人扶贫工作 全年市残联投入资金204.4万元，为118户残疾人家庭改造了房屋；投入资金32.5万元，为全市9277名农村残疾人办理了免费参加新型农村合作医疗手续；将无固定收入、无劳动能力、生活不能自理的532名重度残疾人，纳入家庭安养，给予每人每月100元的护理费补助；对部分家庭贫困，并因高额医疗费致使生活更加窘迫的残疾人，予以重病医疗费补助；还向有爱心的市民收集旧家具30套，并根据残疾人家庭的不同需求，分别送到残疾人家中。春节期间和"全国助残日"前，市残联拨出42万元专款，对全市1000多名残疾人进行了慰问。2007年，市残联还出台了《关于贫困残疾人个体户参加基本养老保险给予适当补助的通知》，《通知》规定给予全市依法参加基本养老保险的贫困残疾人个体户每人每月100元的补助金。

残疾人康复工作 开展第十一次残疾人普查义诊活动，共义诊3286人次。在这次普查义诊活动中，确诊白内障患者213人，在12月初全部实施了复明手术；对适合安装假肢的20位截肢者，在12月初全部完成了假肢安装；另外现场办理残疾人证312个，赠送轮椅车94辆、助听器104副。9月开始，11名聋儿在市聋儿语训班得到免费语言训练。2007年，市人民政府办公室批转下发了《乐清市残疾人辅助器具配发实施方法》，全市五类残疾人基本上可以免费得到辅助器具，这有力促进了全市"人人享有康复服务"目标的实现。市残联根据文件精神，全年投入资金31万元，向9个社区（农村）赠送康复器械，为有需求的残疾人家庭免费安装了沐浴椅、扶手等一系列无障碍设施和康复器具。

残疾人就业工作 2007年，市残联对全市已就业而未办理《残疾人就业证》的残疾人进行了登记办理，对已办理《残疾人就业证》的残疾人进行了验审，为新就业的125名残疾职工办理了《残疾人就业证》，对400多家企业已安置的1060名残疾职工进行了验审；对未按比例安置残疾人的用人单位予以征收残疾人就业保障金，全年征收入库1600多万元。市残联为有一定规模的36户残疾人种养殖户、个体工商户提供了125万元的小额贷款；对41户残疾人种养殖户、个体工商户给予了15.5万元的资金补助。为宣传贯彻《残疾人就业条例》，市残联还组织调研小组，对全市残疾人用工企业开展了残疾人劳动就业情况调研。

残疾人教育、培训工作 市残联向2006年考上大中专院校的22名残疾学生和12名贫困残疾人子女颁发了每人3500元至5000元不等的奖励金。帮助清江镇、镇安乡的两名残疾女生顺利返校复学，并在学校的教室、卫生间和走廊等活动场所免费安装了无障碍设施。举办已就业残疾人培训班，200多名分散安置在全市各用人单位的残疾人参加了培训。

残疾人宣传、文体、维权工作 与市广播电视台、乐清日报社等媒体单位联合，开展经常性的有关残疾人的宣传。"全国助残日"前，与司法局联合在《乐清日报》举办了“《残疾人就业条例》知识竞赛”，并在答题卡中向全市人民广泛征求做好残疾人工作的意见、建议。全年编发工作简报12期，并通过乐清市残联等网站宣传全市残疾人工作；有45篇新闻报道被市级以上残联网站、残联刊物及有关党报录用。选送文艺节目参加第四届浙江省特殊学校学生文艺汇演，其中打击乐《课间节拍》获二等奖、创作奖，课本剧《丑小鸭》获鼓励奖、辅导奖。智力残疾学生朱建平经层层选拔，以判断力较强优势入选了国家特奥男子足球队，当上守门员，参加了10月在上海举行的2007年世界特殊奥运会，他所在的中国队在这届特奥会上获季军。11月中旬，市残联还迎来了省残联专家来乐筛选残疾人运动员，全市登记在册的10～20岁听力、视力、肢体残疾人622名，参加筛选的有340名，其中52人被选中。2007年市残联还成功调解了一起涉及残疾人利益的重大经济纠纷案件。

残联组织队伍建设　顺利完成了乡镇残联和市残联换届选举工作。10月前，全市31个乡镇残联顺利完成了换届选举工作。11月7日至8日，乐清市残疾人联合会第五次代表大会在乐清市新世纪大酒店胜利召开，260多名各类代表参加了会议，乐清市委书记黄正强、温州市残联理事长林联初和乐清市委副书记郑建海、市人大副主任周素芬、副市长胡成剑、市政协副主席林培根等领导出席了会议。经大会选举，产生了乐清市残联第五届主席团成员、出席温州市残联第五次代表大会代表、残疾人四个专门协会主席和副主席。在随后举行的第五届主席团第一次全体会议上，一致通过胡成剑为乐清市残联第五届主席团主席，蔡贞桂、朱小敏、张其贵、陈旭洋为乐清市残联第五届主席团副主席，聘请市委副书记郑建海、市人大副主任王建华、市政协副主席林培根为乐清市残联第五届主席团名誉主席，推举蔡贞桂为乐清市残联第五届执行理事会理事长。2007年6月28日，市残联组织全市60多名乡镇残联干部及市残联全体人员在雁荡举办了为期两天的培训会，邀请了市直机关党工委书记和省残联组织人事部部长及温州市残联信息软件操作专业人员前来授课，内容包括作风建设教育和业务培训。

慈善事业

概况　由于市委、市政府的重视，全市慈善工作有效开展，市民慈善意识进一步增强。2007年，全市共收到108个单位和社会各界人士的捐赠款147.28万元，并在《乐清日报》和乐清《慈善简报》上进行了公布。

做好慈善救助工作　全年共给2010人（户）发放救助资金261.89万元。其中2007年春节特困户救助慰问给300户特困户发放救助慰问金15万元，户均500元（市慈善总会发放10万元救助慰问虹桥、清江片区11个乡镇的200户特困户，一开集团定向捐款5万元救助慰问福溪等8个乡镇的100户特困户）；春节前夕，人民电器集团捐款2.79万元，与市慈善总会一起在全市29所乡镇的敬老院和市社会福利院为750位集中供养者置办了93桌慈善年夜饭；九九重阳节会同市老龄办对全市部分60周岁以上的特困老人进行了走访救助慰问，给白石等11个二类乡镇的50位特困老人发放救助慰问金2.5万元，人均500元；为106人慈善助医58.5万元，人均5519元；给80户特困户慈善救助18.9万元，户均2363元；支持四都乡陈坦村“民生关爱基金”5万元，用于当地特困户的救助；给357名贫困学生（大学生282名，高中生5名，初中生20名，小学生50名）慈善助学105.1万元；乐清市慈善总会雁湖乡应大教育基金发放 21.05万元，用于雁湖乡的教育事业，扶持贫困生就学、奖励优秀师生和添置教育设施；乐清市慈善总会柳市国税分局助学基金 发放9万元，用于智仁等地的助学工作；农村特困户危房改造通过户数指标到乡镇、逐户调查核实、确定名单和补助金额后进行公示等程序，给乐成、柳市等10个乡镇的19户特困户发放危房改造补助资金23.6万元，户均12421元。2007年还协助温州市慈善总会、配合杭州市萧山区慈善总会道远分会做好有关救助工作和救治白血病患者工作。

召开一届二次理事会　6月27日下午，乐清市慈善总会、民营企业扶贫济困总会一届二次理事（扩大）会议召开。市委副书记郑建海、副市长胡成剑应邀参加会议并作了重要讲话。会议审议通过了《关于调整市慈善总会副会长兼秘书长和部分理事的决议》、《关于调整市民营企业扶贫济困总会个别高级顾问、名誉会长、顾问、秘书长的决议》、乐清市慈善总会工作报告和乐清市民营企业扶贫济困总会工作报告。

设立助学基金　2007年，市慈善总会设立了乐清市慈善总会柳市国税分局助学基金，金额为22.22万元。该基金重点用于资助贫困学生完成学业，为国家培养有用人才，造福社会。

筹建乐清市慈善总会乡镇分会　根据乐清市民政局乐民社〔2007〕103号文件《关于同意乐清市慈善总会在乡镇建立分会的批复》精神，积极开展筹建乡镇慈善分会工作。首批筹建的慈善分会有乐成、柳市、北白象、虹桥、翁垟、雁湖、雁荡、大荆等8个乡镇。

开展慈善工作宣传活动　2007年，市慈善总会抓住机会，多种形式地开展了慈善宣传活动。如抓住“慈善一日捐”活动、慈善助学资金发放仪式、捐赠中出现的好人好事等时机和内容，及时通过电视台和报社等媒体进行广泛宣传；通过下乡调研和利用群众上门求助机会，向群众宣传慈善宗旨；根据不同时期的不同工作重点编印了《慈善简报》8份，从各个不同侧面宣传慈善工作，增强了市民的慈善意识。

科　学

综　述

2007年，乐清市自然科学技术工作以科学发展观为指导，贯彻落实全国科技大会、全省科技工作会议、乐清市党代会、乐清市人代会的精神，进一步营造自主创新的良好政策、舆论氛围，积极推进科技创新，努力促进区域科技进步，科技事业有了新的发展。全市通过了省级党政领导科技进步目标责任制考核和全国科技进步示范市中期验收，并顺利通过了省级科技强市复查。同时，成功创建了省级科技孵化器，乐清市成为全国科技进步考核先进县（市）、全省知识产权工作先进县（市）、浙江省社会主义新农村科技示范县（市）。据中国城市发展研究会测评，乐清市创新能力居全国县（市）级第9位。

科学技术

召开了全市经济（科技）工作大会　3月21日，市经济（科技）工作会议隆重召开，1000多人参加会议。会上黄正强书记、潘孝政市长作了重要报告。会议充分肯定了科技工作取得的成绩，表彰了2006年度市科技进步奖获得者和市第四届作出突出贡献的科技人员，明确提出了2007年科技工作要在加快公共创新平台工程建设、加快科技创新主体工程建设、加快智力支持工程建设上下功夫，推进全市科技进步，再上新台阶。

落实科技扶持政策，加强科技创新宣传　2007年，市科学技术局在认真调研、反复征求部门和企业意见的基础上，与市财政、国税、地税、统计等部门联合出台了《乐清市落实企业技术开发费税前抵扣实施办法》，并对企业自行开发申报的一批项目进行评审立项，促进了科技扶持政策的落实。同时，市科学技术局加强科技创新宣传力度，编印了《关于增强自主创新能力，建设创新型城市的若干意见》、《科技“十一五”规划纲要》和相关政策共计2000份，并在一些主要会议上和科技下乡时发放宣传；设立了科技宣传大型路牌广告，在《乐清日报》开设了“科技视线”专栏。

加强科技孵化创业中心的运作管理　2007年，全市筛选入驻科技孵化创业中心的企业24家，累计入驻科技孵化创业中心企业达40家。入孵企业共申报各类专利43项，申报列入省级新产品计划8个、省级重点科技计划项目1个、温州市重点项目1个。2007年有2家企业完成孵化毕业，有26家企业的孵化产品已研发成功，并形成小批量或批量生产，产品已进入国内外市场，2007年产值达9100多万元。不断增强孵化中心的服务功能，建立了科技孵化中心网站，创办了科技孵化器简报，举办了企业创业培训班、技术交流会，组织入孵企业负责人参观正泰集团公司和春风控股集团有限公司等企业。安排了115万元科技孵化种子资金对10个前景好的项目进行扶持，帮助企业取得科技贴息贷款，促进企业加速成长。市科技孵化创业中心自开园以来，备受各级领导关注，省科技厅厅长蒋泰维和温州市委书记王建满、副书记赵一德、宣传部长曹国旗、副市长徐育斐、副市长陈宏锋、科技局局长王北铰及乐清市领导黄正强、潘孝政等亲临孵化器考察指导工作，并对孵化器的运行工作给予了充分肯定。市科技孵化创业中心已被省科技厅认定为省级专业性科技企业孵化器。

继续加强科技合作交流　乐清市市长潘孝政率团赴内蒙古巴林左旗考察科技工作，推进“东西科技互动共进”。在清华大学的支持下，国家863项目——“基于电器行业信息化ASP平台开发与应用”，经过3年多的努力，通过了国家科技部组织的验收；协同浙江大学开展了乐清电气研究平台建设可行性研究；江苏科技大学派员到乐清就船舶基地进行调研，对乐清船舶行业的发展提出了许多宝贵的意见；温州大学组织有关专家就加强合作达成初步意向。组织举办了多期推介会，邀请浙江大学教授举办了“创新设计、引领潮流”——CAD/CAM/CAE/PDM技术应用研讨会，邀请河北工大电气研究所专家教授举办了低压电器科研成果推介会。同时，积极建设电器产业共性服务平台，经市政府批准投资160万元启动建设乐清市河北工业大学低压电器可靠性实验室，为提高电器产品质量提供了可靠的技术支撑。另外，国家企业信息化应用支撑软件工程技术研究中心乐清基地、中科院上海技术转移中心乐清办事处也开展了许多技术服务基础工作。

认真做好专利开发保护工作 2007年，全市专利授权数达1352件，同比增长49%；其中发明专利46件，实用新型专利764件，分别比上年同期增长45%和61%，获得国外专利15件，授权专利数量和质量都有显著提高。获得浙江省自主知识产权转化资金项目1项，培育认定省专利示范企业3家、温州市级专利示范企业6家、乐清市专利示范企业8家。企业的知识产权维权意识显著增强，通领集团敢于叫板世界强企并获得维权胜利。通领集团与美国莱伏顿公司专利纠纷案入选“2006年度中国保护知识产权十件大事”，成为中国企业知识产权保护由被动维权转入主动维权的典型案例。正泰状告施耐德侵犯专利权并提出索赔3.3亿元，成为温州市首起本土企业状告跨国企业专利侵权的案件。

科技扶贫取得较好社会效益 根据市委、市政府《关于加快欠发达乡镇奔小康步伐的若干意见》的要求，市科学技术局面向11个欠发达乡镇，以科技项目的形式投入120.5万元用于科技扶贫，组织实施科技开发项目95项。同时引进了油桃、番茄等新品种，开发了温郁金、铁皮石斛等特色农产品，推广了葡萄大棚栽培等一批先进技术。

开展科技为“三农”服务活动 5月份，市科技局与市委宣传部、市科协联合举办了科技活动周活动，到柳市、城北、黄华等乡镇开展科普宣传，共发放科普宣传资料3万余册。11月份，在虹桥镇开展了温州专家咨询服务团送科技下乡活动，进行了高校和科研院所成果展示，开展了现场技术咨询，组织医疗专家下乡送医送药并为当地群众义诊，组织有关部门单位免费赠送农资、种子、药品及相关资料等。还组织温州市农科院、浙江省亚热带作物研究所、温州大学、温州医学院等单位的60多位专家召开了与企业的技术对接座谈会，促进了全市企业与高校院所的合作和交流。2007年，全市经评审认定的科普示范村14个、科技示范基地30个。另外科技特派员工作有序开展，选派了市本级第二批科技特派员22名入驻乡镇开展工作，并对科技特派员进行了培训和指导，组织实施特派员科技项目17项。

高度重视防震减灾工作 加强防震减灾知识的宣传，制订了“乐清市地震应急预案操作手册”，完善了乐清遥测地震台的运行管理。

科技计划与科技成果

科技计划 全年实施了一批科技计划项目，其中市本级工业项目有浙江天乐塑胶公司等单位的“套筒式塑料大口径补偿器”等60项，农业项目有乐清市兴龙水产有限公司等单位的“淡水鳗鱼海水高位池健康养殖技术研究”等112项，扶贫项目有乐清市兴峰石斛研究所等单位的“铁皮石斛种植技术开发”等95项，科技特派员科技项目有龙西乡政府等单位的“亚特立本金银花新品种引进及绿色种植与种苗基地建设”等8项，软科学、社会发展项目有乐清市统计局等单位的“乐清科技进步统计监测研究”等53项。同时组织实施了一批国家和省级科技研究项目，全年承担国家火炬计划13项、星火计划27项；列入省重大科技专项5项、省科技型中小企业创新基金项目1项、省高新技术产业化项目1项，国内大专院校科技合作项目2项，温州重大、重点科技项目3项；申报认定省级新产品86项，省高新技术产品9项。

科技成果 2007年，乐清市各类科技研究计划通过实施取得了一批成果。“HPMV-DN中、高压固态电机软起动柜”获得省科技进步奖，“多功能电器-控制与保护开关电器KBO-125”等14个项目获得温州市级科技进步奖。市科学技术局组织了市本级科技进步奖的评审，并经市政府批准，2007年全市共27个项目获市科技进步奖，其中五龙控股有限公司等单位承担的“1米电脑提花机（PCL）”等3个项目获一等奖，乐清兴发水产育苗场等单位承担的“彩虹明樱人工育苗技术开发”等7个项目获二等奖，浙江君权自动化设备总厂等单位承担的“JQ-1全自动端子压着机”等17个项目获三等奖。

高新技术产业和智能电器基地

高新技术产业 2007年，全市共拥有国家级高新技术企业8家（新增3家）、省级高新技术企业48家（新增15家）、温州市级高新技术企业13家，省科技型中小企业54家（新增4家）；正泰集团研发中心被认定为国家企业技术中心，浙江君权自动化设备总厂技术中心被认定为省级高新技术研发中心。全年高新技术产业增加值达134.02亿元，高新技术产业增加值占工业增加值的比重达到66.08%，居全省前茅。

国家火炬计划乐清智能电器产业基地和省级高新技术特色产业基地 两“基地”以河北工业大学为依托，在柳市举办了两期低压电器培训班，就低压电器基础知识、低压电器可靠性试验方法等进行了6天的正规培训，130多人踊跃参加，促进了电器企业技术骨干的理论水平的提高。以中网英泰信息技术有限公司为主体成功创建了“乐清低压电器省级区域科技创新服务中心”，为电器产业基地建立了一个市场化运作、直接有效的技术信息服务平台。据“基地”内40家成员企业统计，全年产品销售收入223.1亿元，同比增长18%，其中高新技术产品销售收入为129亿元。全年研究与开发经费支出6.3亿元，开发新产品191个。

社会科学

2月份开始，市社科联为搞好

《乐清文献丛书》整理出版工作，对《乐清文献丛书》的框架进行了设计，聘请16名对地方人文有研究的专家，对文献进行了整理编纂。

3月7日下午，在市社科联会议室，召开了“民生、温暖、和谐”专题座谈会，就镇安乡南平村发生二死一伤惨案进行了讨论，参加会议的有市人大主任赵乐强、市委常委宣传部长陈胜峰、市委党校、团市委、市人民法院、乐清日报社、市文明办、市民政局、四都乡政府、民企扶贫团总会、芙蓉镇中学等领导。

3月10日，聘请中国社会学会会长、中国人民大学副校长、博士生导师郑杭生和北京大学中文教授、博士生导师钱志熙为乐清市社科联高级学术顾问。

4月11日，到翁垟镇后西门村开展了以“率先实现‘第三次跨越’，促进农村文化发展”为主题的蹲点调研。

5月18日上午，在蒲岐镇召开了民间信仰研讨会。会议由市委宣传部副部长、市社科联主席项宏志主持，民间文艺家协会专家参加研讨，温州市民间文化研究专家潘一钢到会指导。研讨会就当前乐清市民间多样化的信仰形式及其产生的社会背景和文化渊源展开了研讨，并收到了15篇论文。

5月18日下午，浙江省社科联党委书记陈永昊到市社科联检查指导工作，对乐清市社科工作所取得的进展与成绩予以充分肯定，并与黄正强书记就社科工作交换了意见，高度评价了乐清市委、市政府对社科工作的重视。

6～8月份期间，市社科联组织人员赴温州市图书馆搜集有关乐清的文献资料，大部分是缮本、孤本、手抄本，非常珍贵，为出版《乐清文献丛书》提供了宝贵资料。同时对收藏于各地图书馆或散藏于民间的文献也展开了搜集。通过努力，共搜集到乐清文献资料350余册。

6月28日，浙江省诗词楹联学会的30多位诗词楹联家莅温采风，在乐清市社科联项宏志主席陪同下，他们参观了正泰集团等民营企业。

7月9日，市委副书记郑建海、市委常委宣传部部长陈胜峰、市社科联主席项宏志参加了温州市文化工程进展情况汇报会。郑建海副书记汇报了乐清文化研究工程进展情况，受到温州市委主要领导和与会同志的充分肯定。

7月15日，乐清市社会科学界联合会首届工会委员会批准成立，王晓同志任主席兼女工委员，黄乐峰同志任组织委员兼同届工会经费审查委员，李文杰同志任文体、宣教、财务委员。

7月24日，在市社科联会议室召开了《乐清文献丛书》编纂工作会议，参加人员有乐清文化界专家、学者。会议对已搜集的350册古籍进行了分类，并对编纂工作作出具体部署。会议由社科联主席项宏志主持，方青副市长参加会议并讲话。

8月7日，在《乐清日报》、乐清之窗网页分别刊登了征集乐清文献启事，向社会征集文献资料。8月14日在《温州日报》第三版也刊登了征集乐清文献启事。

9月12～15日，市社科联、市图书馆和市文物馆联合主办展出了乐清文献，展出的文献有家谱37种、乐清方志和山志14种56册、个人诗文集89种。此次展览展示了乐清丰富的历史文化资源，同时也宣传了市文献丛书整理编纂工作的重要性和必要性。

9月13日，市社科联与温州市委宣传部、温州市社会科学联合会、乐清市委宣传部在晨沐广场联合举行了社科普及周开幕式暨大型广场活动。开幕式由乐清市副市长方青主持，市委副书记郑建海作重要讲话，温州市社科联副主席洪振宁、蒋省三和乐清市人大副主任张亨根、乐清市政协副主席徐扬等出席了开幕式。参加此次社科普及周开幕式的还有组委会成员、各有关部门负责人、社会科学界人士及市民共2万人。开幕式场面盛大，内容丰富多彩，开展了以“关注民生、惠及百姓”为主题的大型文艺演出、乐清人文知识有奖问答、温州市社科图片展览、禁毒图片展览、“五五”普法图片展览等五大活动，让广大市民着实饱餐了一顿科普文化盛宴，产生了积极而又强烈的社会反响。

9月21日下午，乐清市贫困山区民生问题研讨会在市社科联召开，市委宣传部、市委农办、市山老区扶贫办等有关部门领导和山老区代表、理论界人士参加了研讨会。研讨会由市委宣传部副部长、市社科联主席项宏志主持。

9月28日，市社科联举办了“打造绿色乐清”演讲比赛，39位参赛人员用热情洋溢、生动鲜活的语言，向大家表达了打造绿色乐清、构建和谐乐清的真切呼唤和美好心愿。

9～10月份，市社科联举办了“热爱家乡”征文比赛，共收到各种题材原创作品230余件，作者有机关干部、企事业单位干部职工、学校师生、乡村农民等，他们结合生态市创建以来生态环境方面发生的变化，表达了热爱家乡之情、保护生态之决心。获奖名单10月10日揭晓，获奖作品在《乐清日报》上予以连载。

10月12日，邀请温州市社科联副主席谢浩来乐清作“民营企业转型提升专题讲座”。谢副主席理论联系实际，阐述了温州民营企业的成长之路、制度沿革、转型提升。乐清经济开发区120多位民企老总和中层干部聆听讲座，收益匪浅，并希望市社科联今后多开设此类讲座。

10月份，在《乐清日报》上刊登了乐清人文知识竞赛题60多道，收到答卷三千多份，参赛的有机关干部、村民、教师和学生。在市公证人员的监督下，从正确答案中抽出了十几名幸运参赛者。比赛让更多市民了解了历史人文知识，激发了“爱我乐清”的情感，收到了良好的社会宣传效果。

10月中旬，为了激励广大社科工作者多出成果、出好成果，将优秀成果推出去，根据省社科联、温州市社科联的要求，市社科联选送了9篇优秀课题成果参加评奖。

11月份，市社科联和市生态办联合举办了“绿色乐清、生态家园”数码摄影比赛，摄影爱好者用艺术的眼睛记录了“民生与生态”，真实反映了乐清市近几年的生态建设成就、秀丽的自然景色、人与自然和谐相处的人文景观、保护环境的典型人物与环保工程等，同时也揭露了污染环境、破坏生态的违法行为带来的严重恶果。

11月24日，市社科联和乐清市人民法院在雁荡山山庄共同承办了浙江省婚姻法学研究会07年会。会议就当前婚姻法学问题、婚姻家庭的新现象及案例进行了介绍和研讨，来自全省法学界和社会工作者30多人参加了会议。

11月30日，在以“关注民生，惠及百姓”为主题的浙江省’2007社会科学普及周活动中，乐清市社会科学界联合会荣获浙江省’2007社会科学普及周活动优秀奖。

浙社联发[2007]34号文件公布，乐清市社科联荣获2007年度省社科联系统先进集体。

举办民营企业转型提升专题讲座　　市社科联提供

教　　育

综　述

2007年，乐清市教育系统以党的十七大和胡锦涛总书记关于教育工作的重要讲话精神为指导，以办人民满意的教育为目标，切实转变工作作风，着力提升工作水平，全市教育事业进一步发展。

但是，面对新的形势，乐清教育工作也面临新的挑战：一是教育投入与发展的矛盾依然突出，特别是农村学校、集镇非建城区学校的投入力度仍需进一步加大；二是各类教育结构尚需均衡协调，特别是学前教育、职业教育的发展步伐要进一步加快；三是教师队伍整体素质有待提高，特别是名师、名校长队伍建设仍需进一步加强；四是学校的内涵建设力度还需加大，教育教学质量有待进一步提高。

综合工作

教育强镇（乡）建设　2007年，创建省级教育强镇（乡）1个、温州市级教育强镇（乡）2个，省、温州市级教育强镇（乡）累计总数达26个。

示范学校建设　全年创建省级示范小学1所、示范初中3所，创建温州市级示范小学1所、示范初中2所，创建省一级民办高中1所，创建温州市级先进制造业技能型人才培养培训专业基地3个。

教育经费投入　2007年，市财政预算内教育经费投入6.87亿元，教育费附加1.59亿元。财政性教育经费占国民生产总值的1.9%。

“作风建设年”活动　2007年，市教育局开展了“科学发展创大业、为民办事树风范”主题实践活动及蹲点调研活动。局领导班子全体成员深入基层搞调研，并组织带领15位中层干部（包括后备干部）分别与乐成二中等15所学校一对一结对，到结对学校开展听课、评课、座谈等调研活动。市教育系统坚持开展“阳光行动”，深化政务公开，对考试招生、教师流动、师范类毕业生就业、非师范类毕业生招考、教师资格认定等群众关注的热点问题，做到“阳光操作”，不仅在政务公开栏、教育网站上公布相关政策、办事程序及结果，还在《乐清日报》等新闻媒体上公布有关信息，自觉接受群众监督。同时，市教育部门以“作风建设年”活动为契机，加大教育行政执法力度，抽调相关人员参加教育行政执法知识培训，加强了对办班、收费等群众关注的热点、难点问题的整治，全年共查处学校违规收费87.75万元，全部予以清退，两名校长受到行政警告处分。

学校民主政治建设　加强校务公开工作，组织校务公开工作优秀单位领导到杭州市余杭区等地参观考察，学习取经，全市校务公开工作的实效性明显提高。以新修订的《浙江省中小学教职工（代表）大会工作规程》的颁布实施为契机，不断完善学校教代会制度，进一步推行以无记名投票表决方式履行教代会审议通过权，进一步健全教代会民主测评校级领导干部制度和校务公开工作向教代会报告制度，不断扩大基层民主参与面。

学前教育

概况　2007年全市共有幼儿园294所，比上年增加6所；在园幼儿39683人，3～5周岁幼儿入园率为97.1%，比上年提高0.38个百分点。

建立幼儿园结对帮扶制度　加强城镇幼儿园与农村薄弱幼儿园的结对帮扶工作，全市33所省市示范、一级幼儿园分别与33所农村薄弱幼儿园结成帮扶对子，着重在幼儿园管理、师资培训、教育教学等方面进行帮扶，帮助农村薄弱幼儿园提高保教质量和办园水平。

开展园本教研活动　5月，在市机关幼儿园、虹桥镇春华幼儿园、柳市镇艺佳幼儿园、乐成镇第一幼儿园开展了幼儿园园本教研展示活动，全市近500位园长和教师参加。与会园长、教师观摩了各幼儿园组织的教学活动和区角活动，听取了各幼儿园关于园本教研的经验介绍及执教老师对活动的介绍和反思，还进行了互动评课。园本教研活动促进了幼儿园保教质量的提升。

开展幼儿园卫生安全教育周系列活动　11月，在全市开展了“幼儿

乐清市中小学第47届田径运动会开幕式　　市教育局提供

园卫生安全教育周”活动。各幼儿园运用校园网、广播室、健康教育课、园报园刊、橱窗、墙报、发放告家长书、张贴宣传标语、悬挂横幅等多种形式，集中进行了幼儿园卫生安全知识宣传教育活动。同时，各幼儿园还通过在国旗下讲话、主题班会、家长学校、专题报告、知识讲座、亲子活动、观看录像、书画展、防护演练、自救演练等活动，进一步提高幼儿预防各种侵害和自我保护的能力。市教育部门还组织开展了幼儿教师卫生安全知识竞赛活动，14所幼儿园获得了“2007年度幼儿园卫生安全宣传周活动”优秀组织奖。

义务教育

概况　2007年全市共有小学159所，比上年减少7所，在校生89742人，6～11周岁初等教育阶段学龄儿童入学率、在校生巩固率、升初中比例均达100%；共有初级中学64所（不包括翁垟二中、体校、雁荡中学、文星中学、温州教师教育院附校、市外国语学校、英华学校等7所设有高中班的学校），在校生56606人，12～14周岁初级中等教育阶段适龄儿童入学率为99.2%，在校生巩固率达99.98%；“三残”适龄儿童入学率达100%；外来务工人员子女入学率达100%。

集镇区域内教育逐步均衡发展　开展乐成、虹桥、柳市、北白象等四大集镇基础教育发展均衡情况调研，通过集镇教育基本情况统计、学校个案调查和撰写调研报告等方式，全面了解、掌握四大集镇区域范围内教育发展情况，并根据调研情况，加大了四大集镇非建城区学校的建设发展力度。

妥善解决弱势群体受教育问题　以公办学校为主，多渠道解决外来务工人员子女入学问题。2007年，外来务工人员子女在乐清市小学就读的36560人、初中就读的5994人。市教育部门还坚持“随班就读为主”的既定方针，加大资助力度，对“三残”适龄儿童实行免费教育，确保“三残”儿童、少年不因家庭困难而失学。深入实施助学扩面工程和爱心营养餐工程，全年发放扶贫助学经费574.27万元，资助贫困学生14964人次；发放爱心营养餐工程资金147.96万元，资助贫困学生13662人次。启动了初中毕业学业考试后20%学生质量监测工作，积极寻求化解就学相对困难学生的最佳途径。开展留守儿童关爱活动，建立全市留守儿童信息库，并在广大教师中招募代理家长志愿者，开展代理家长与“留守儿童”结对关爱行动；同时，建立了留守儿童心理咨询室，要求相关学校至少配备一名专（兼）职心理教师，定期对留守儿童进行心理知识讲座，为留守儿童排忧解难，促进留守儿童健康成长。

深入开展基础教育课程改革实验　组织实施小学新课程学习质量专题调研，在虹桥镇一小等学校采集了1048个样本，并采用问卷的形式，在36所不同类型学校中进行分层随机抽样调查，及时了解课改背景下的课堂教学情况，剖析教学中存在的主要问题，全市基础教育课程改革不断深化。

稳步推进“小班化”教育 3月，分别对乐成四小、柳市一小、智仁寄宿小学进行“小班化教育”调研，在柳市一小召开了“小班化教育”研讨会，还组织开展了“小班化教育”实验成果展示、经验交流、课例研究、论文交流等活动，全市“小班化教育”实验工作扎实推进、稳步提升。2007年，经市政府批准，乐成镇四小等13所学校成为乐清市第二批“小班化教育”试点学校。

开展四项教学规范达标活动 为进一步规范学校办学行为，市教育局出台了《乐清市义务教育阶段学校教学常规管理若干规定（试行）》，开展“备课”、“上课”、“作业布置与批改”、“质量测评”等四项教学规范达标活动，成立了专家工作小组和学科课题研究小组，聘请了9个学科54位教研员、教坛新秀、名师组成讲师团承担有关培训工作，还确定6个学区7所农村小学为“教学规范达标”活动样本校，并指定学科教研员担任联系人进行具体指导。2007年，全市37所初中和所有小学均参加了“教学规范达标”活动，活动参与面达80%。

普通高中教育

概况 2007年，全市有初中毕业学生14251人，高中段招生13825人（包括外地职技校在乐清招生），初中毕业生升入高中阶段比例为97.01%，比上年提高了1.26个百分点；初中毕业生升入普通高中的比例为51.89%。全市21所普通高中共有在校生24446人，普通高中校均规模1164人。

调整普高学校布局 2007年，暂停了虹南中学的普高招生；在乐成公立寄宿学校创办了高中部，主要面向该校初中部招生。

全面进行普通高中新课程实验 全年全市已有1.6万余名普通高中学生进入新课程实验。乐清中学充分发挥省“样本校”的示范辐射作用，先后组织了研究性学习课程学生成果展示活动和新课程课堂教学名家点评活动。在新课程实验中，乐清中学与白象中学的研究性学习、市二中和虹桥中学的校本课程开发、柳市中学的社会实践教育、市三中的学生心理健康教育等原有优势得到进一步的发挥和拓展；大荆中学的数学和英语学科的分层次学生选修实验、虹中分校的劳动技术教育、翁垟二中的学生成长档案建设等新的亮点逐步得到显现。

乐清市2007学年中小学生艺术节　　市教育局提供

成立“乐清市高考工作领导小组” 成立了“乐清市高三学科教学指导小组”，各学科教学指导小组不仅对高考工作和学科复习工作进行全面指导，而且严格地加强了高考过程管理。

职业教育和成人教育

概况 2007年，全市有中等职业学校15所，在校生14207人，校均规模947人。全市青壮年非盲率为99.2％。全年各类成人短期培训班共培训人员23万人次。

加大预备劳动力培训力度 全面开展初中毕业生就业前职业技能培训，全年共招收就业前培训初中毕业生643人，涉及专业有黄杨木雕、电子电工、宾馆服务、服装工艺、机械制造等。充分利用社会力量办学的优质资源，通过民办成人教育机构，加大对高中后和初中后毕业生的业余培训力度，全年共招生1987人，其中高中后的毕业生536人，初中后的毕业生1451人。

调整职教专业设置 结合乐清区域经济发展特点和产业结构特征，确定了一批职教新专业：大荆镇实验中学增设服装工艺、印刷与包装技术专业，虹桥职业学校增设数控技术应用、机械设计技术专业，总工会职业学校增设环保工程专业，正大综合高中增设电子应用技术、影视表演与艺术教育专业，市体校增设通讯工程专业，梅溪职业学校增设机电一体化、建筑专业，雁荡山旅游学校增设烹饪、电子商务和涉外礼仪专业。

“订单式”教育又有新进展 在校企合作的基础上，相关职业学校与行会（协会）、企业进行了更深层次的合作。大荆镇实验中学与乐清市服装协会签定了《合作办学协议书》；虹桥职业学校与市电子工业协会合作办学，创办了“电子协会班”。

实施职高学生奖学助学及营养餐计划　该计划从2007年秋季起全面实施，全市15所职业学校的1134位贫困学生拿到了财政部门发放的免费教育券和营养餐券，749位学生拿到了财政部门发放的每人1000元奖学金。

做好成人教育工作　加强成教队伍建设，根据各学区和乡镇的意见，市教育行政部门重新聘任了31位乡镇成人教育干事。深入实施“一村一名大学生”工程，全年共招生110人。

民办教育

2007年，全市有义务教育阶段民办学校7所，在校生9733人，占全市义务教育阶段在校生总人数的6.65%；全市有高中段民办学校18所，在校生17966人，占高中在校生总人数的46.48%。

市教育部门进一步加强对民办教育的管理，不断规范民办教育办学行为。暑假期间，市教育部门与市工商等部门联合，对民办文化教育短期培训机构进行了全面检查。市教育部门注重民办学校办学水平及教育教学质量的提升，通过不断努力，2007年虹中分校顺利通过省一级民办高中的评估验收，精益中学被评为2007年度乐清市普高高考成绩显著学校。同时加大对民办学校的经费补助力度，积极支持民办职高强化专业建设，正大综合高中成为温州市级电子电工信息技术技能型人才培养培训示范基地。切实维护民办学校教师合法权益，以《劳动合同法》的颁布实施为契机，进一步规范了民办学校劳动用工行为，加强了民办学校的师资队伍建设。

招生考试

高考招生　2007年高考，全市7304名文理科考生上线，5932名考生被普通高校录取，普通高校上线率为65.3%。高职招生上线148人，录取人数141人，高职上线录取率95.3%。

成人高校招生　2007年成人高考上线人数1048人，其中高中起点升本科70人，高中起点升专科978人，上线率达75%（专升本在温州报名考试，不包括其中）。

高等教育自学考试　2007年全市高教自考报考总人数3692人，报考总课次8148次，170名考生获得本、专科自学考试毕业文凭。

师资队伍建设

概况　2007年，全市有小学专任教师4754人，学历合格率达98.80%，比上年提高0.02个百分点，专科及以上学历比例68.73 %，比上年提高1.28个百分点；有初中专任教师3430人，学历合格率达97.96%，比上年提高0.05个百分点，本科及以上学历比例58.73 %，比上年提高0.7个百分点；有普通高中专任教师1356人，学历合格率达93.71%，比上年提高0.07个百分点；有职业高中专任教师 794人，学历合格率为80.40%，比上年提高2.82个百分点。

加强校长队伍建设　市教育部门组织成立了专门考核小组，通过听述职报告、民主测评、师生座谈等多种方式，对全市各中小学正副校长和校级后备干部的德、能、勤、绩、廉进行了全面考核评价，并在此基础上对全市中小学校长进行了重聘调整，新提拔聘任校长（含主持工作的副校长）18名、副校长29名，因年龄原因从正副校长岗位上退下来的9人，其中改任副校级协理员的2人。

优化农村师资结构　继续严格控制农村薄弱学校和缺编学校教师向外流动，积极引导高校毕业生到农村学校就业。2007年共有265名师范类毕业生到农村缺编学校任教，其中45人到欠发达乡镇学校任教；面向社会考试录用非师范类毕业生63人，全部落实到农村缺编学校。

实施农村中小学教师素质提升工程　按时完成该工程4门课程的全员培训任务，培训教师2.26万余人次。

提高农村教师待遇　遵照市政府出台的《关于实施义务教育经费保障机制改革的通知》精神，建立了农村学校教师生活补助金制度：市财政将每年增加投入700万元，用于农村学校（乐成镇建城区范围以外的中小学）教师每人每月100元、13个欠发达乡镇（片）学校教师每人每月200元的生活补助。

学生工作

概况　坚持“以人为本”的教育理念，重视学校安全工作，加强学生德育，积极组织开展了中小学生体育节、现场绘画比赛、市首届少儿节目主持人电视大赛等丰富多彩的活动，促进了青少年学生的全面、和谐发展。

加强学校内部安全管理　向部分学校派驻保安人员，创办校园放心店，加大学校食堂整改力度，学校食堂持证率明显提高。

开展校园周边环境整治　全面排摸学校及周边环境安全隐患，组织市校园及周边环境整治工作领导小组成员单位50余人，对全市学校及周边环境情况进行了督查，对发现的问题予以及时整改。

全面创建“平安校园”　对全市中小学“平安校园”创建工作进行了检查，并在检查的基础上评出市三

小学生体育节跳绳比赛　　市教育局提供

中等54所学校为“平安校园”创建优秀单位，乐清中学等118所学校为“平安校园”创建合格单位，“平安校园”达标率为93.5%。

实施校（园）方责任保险　认真贯彻省教育厅、中国保监会、监管局《关于积极推进校（园）方责任保险工作的通知》精神，把校（园）方责任保险工作列入重要议事日程，并将校（园）方责任保险费纳入财政预算，对四大集镇建城区学校、农村学校、13个欠发达乡镇学校的保险费分别以50%、70%、100%的标准予以补助，全年共补助资金52.51万元。

加强学校德育工作　开展弘扬和培育民族精神宣传月活动，将形势教育、感恩教育、慈善（社会实践）教育、国家版图意识教育、社会主义荣辱观教育融进课堂、融进书本。同时坚持以素质教育为中心，加强生产实践教育基地建设，至2007年底，全市有可接纳学生参加劳动实践的教育基地66个，面积计510亩。

办学条件

全年完成校建项目15个，新建校舍5.77万平方米，排除中小学危房6400平方米，改造破旧房1.68万平方米。大荆一小、湖雾中心校、虹桥一小等校建成了新校舍。积极创建义务教育标准化学校，2007年全市通过省标准化学校达标验收的中小学共30所，Ⅰ、Ⅱ类标准化学校数居温州市首位。推进新农村新校园建设，全年改建农村中小学操场11个、围墙14堵、厕所31个、卫生保健室100个。

教育园区建设

市成教中心和职业中专建设工程是现阶段市教育园区的重点建设项目。市成教中心规划用地236亩，设计总建筑面积6.25万平方米，概算总投资7300万元，已完成工程可研报告批复和初步设计；市职业中专规划用地222亩，设计总建筑面积8.84万平方米，概算总投资1.78亿元，此项目于2006年3月被列为省重点建设项目。2007年市教育园区已完成市职业中专迁扩建工程项目用地报批工作，并进入供地阶段，力争早日开工建设。初步确定了半沙、岭根两自然村的拆迁安置用地选址，并进入有关搬迁政策的协商确定阶段。

教育信息化

概况　全年教育装备总投入达2986.3万元，配置多媒体小平台586套、全智能广播系统13套、电脑1652台。全市累计有教室多媒体191套、多媒体小平台1968套、智能广播93套、电脑15356台，学生人数与计算机台数比为11.18：1。

启动乐清市教育城域网建设工程　该工程计划投资300万元，工程的可行性方案已通过专家论证。

探索“校际联盟”教学新模式　利用温州中小学辅导网资源，组织市实验小学等10所学校的36位优秀教师参与网上辅导。这种“校际联盟”的新模式不仅让广大学生共享“名师”的优质教学资源，而且培养了学生的自主学习能力。

教育教学研究

概况　以课题研究、教师培养、质量评价、学生竞赛等为抓手，开展了各种教育科研活动，以教科研活动促进了教育教学质量的提高。

狠抓课题结题工作　全年完成省级课题结题3项、温州市级课题结题30项。在30项研究成果中，共获奖18项（上年共获奖13项），课题结题率有所上升。

深化考试招生制度改革　进一步规范初中招生行为，初中招生工作一律在小学毕业考试以后进行，不以笔试的方式选拔小学毕业生。加大普通高中招生自主权，乐清中学、市二中、虹桥中学、白象中学、大荆中学等5所学校自主招收适量的艺术、体育特长生；乐清中学自主招生90人，招收保送生163人，招收保送生（自主招生）所占比例从原来定向招生政策的15%左右提高到了20%。保送生制度的实施和进一步完善，对淡化学校及学生之间的过度竞争、减轻中小学生过重的课业负担、全面实施素质教育等方面起到了积极的导向作用。

开展“教师素质年”活动　组织学校开展校际联片教研和骨干教师送教下乡等活动。积极探索网络教研方式，利用“QQ群”平台，采用教师与教师、教研员与教师的互动对话方式，要求教师参与博客中讨论发表意见，帮助农村薄弱学校教师转变教学理念，提升素质。一些学校还建立了网上教研互动平台。

乐清市各乡镇初中小学分布情况一览表

学校	乡镇 （市属、民办）	初中	中心校级小学	村完小	教学点
大荆学区	大荆镇	大荆镇一中	大荆镇中心小学		
			大荆镇一小	大荆镇联谊小学	
		大荆镇四中		大荆镇下山头小学	
		大荆镇实验中学	大荆镇二小		
		大荆镇雁东九年一贯制学校	大荆镇四小		
	仙溪镇		仙溪镇一小		
		仙溪镇中学	仙溪镇二小	仙溪镇卓屿小学	
			仙溪镇三小		
	湖雾镇	湖雾镇中学	湖雾镇中心小学		
	镇安乡	镇安乡九年一贯制学校			
	智仁乡	智仁乡中学	智仁乡中心小校		
			智仁乡寄宿小学		
	双峰乡	双峰乡中学	双峰乡一小	双峰乡合口小学	
			双峰乡二小		
	福溪乡	福溪乡九年一贯制学校			
	龙西乡	龙西乡九年一贯制学校			
	雁荡镇	雁荡镇一中	雁荡镇一小	雁荡镇樟树下小学	
		雁荡镇二中	雁荡镇二小	雁荡镇朴头小学	
		雁荡中学	雁荡镇三小		
		（初中部）	雁荡镇四小		白沙小学
			雁荡镇五小		
			雁荡镇六小		
小计		14所	18所	6所	1个
清江学区	清江镇	清江镇中学		清江镇五小	
		清北中学	清江镇一小	清江镇六小	
			清江镇二小	清江镇三小	
	南塘镇	南塘镇中学	南塘镇中心小学		
	芙蓉镇	芙蓉镇中学	芙蓉镇一小	芙蓉镇良园小学	
			芙蓉镇二小	芙蓉镇筋竹小学	
	雁湖乡	雁湖乡九年一贯制学校	雁湖乡希望小学		
	岭底乡	岭底乡中学	岭底乡中心小学	岭底乡湖上垟小学	

续表一

学校	乡镇（市属、民办）	初中	中心校级小学	村完小	教学点
	民办	雁荡武术学校			
小计		7所	7所	6所	
虹桥学区	虹桥镇	虹桥镇一中	虹桥镇一小	虹桥镇仙垟陈小学	
		虹桥镇二中		虹桥镇河深桥小学	
		虹桥镇实验中学		虹桥镇单板桥小学	
		虹桥镇六中		虹桥镇钱家垟小学	
		虹桥镇七中	虹桥镇二小	虹桥镇连桥小学	
				虹桥镇下仙垟小学	
			虹桥镇三小		
			虹桥镇五小	虹桥镇龙泽小学	
				虹桥镇大乌石小学	
				虹桥镇小乌石小学	
			虹桥镇六小		
			虹桥镇七小	虹桥镇溪东小学	
				虹桥镇溪西小学	
			虹桥镇八小		
			虹桥镇九小		
	蒲岐镇	蒲岐镇中学	蒲岐镇一小	蒲岐镇娄岙小学	
			蒲岐镇二小		
			蒲岐镇三小		
	南岳镇	南岳镇中学	南岳镇一小	南岳镇大崧小学	
				南岳镇后塘小学	
			南岳镇二小		
	天成乡	天成乡中学	天成乡中心小学	天成乡万泽小学	
				天成乡巨渡小学	
				天成乡二小	
	石帆镇	石帆镇一中	石帆镇一小		
		石帆镇二中	石帆镇二小	石帆镇龙门小学	
				石帆镇霞雪小学	
				石帆镇河淇小学	
			石帆镇三小		
	四都乡	四都乡中学	四都乡中心小学		

续表二

学校	乡镇（市属、民办）	初中	中心校级小学	村完小	教学点
虹桥学区	淡溪镇	淡溪镇中学	淡溪镇中心小学	淡溪镇二小	
				淡溪镇龙川小学	
				淡溪镇三小	
				淡溪镇长青小学	
				淡溪镇五小	
	民办	朝阳学校	虹桥民工子弟学校		
		文星中学（设有高中班）	东方少艺校		
合计		14所	21所	25所	
乐成学区	乐成镇	乐成镇一中	乐成镇一小		
		乐成镇二中	乐成镇二小	乐成镇潘湖小学	
		乐成镇三中	乐成镇三小	乐成镇土墩塘小学	
		乐成镇四中		乐成镇云海小学	
		乐成镇五中		乐成镇云岭小学	
		乐成镇六中		乐成镇新下塘小学	
		乐成镇实验中学	乐成镇四小	乐成镇东山南小学	
		乐成镇公立寄宿学校		乐成镇南草垟小学	
				乐成镇坝头小学	
				乐成镇五一小学	
			乐成镇五小	乐成镇石马小学	
				乐成镇桥头小学	
				乐成镇前山小学	
				乐成镇龙凤桥小学	
			乐成镇六小	乐成镇盐盆二小	
			乐成镇七小		
			乐成镇八小		
			乐成镇阳光学校		
	白石镇	白石镇中学	白石镇中心小学	白石镇二小	
				白石镇三小	
				白石镇凤凰小学	
				白石镇坭岙小学	
		中雁九年一贯制学校		白石镇赤水垟小学	

续表三

学校	乡镇（市属、民办）	初中	中心校级小学	村完小	教学点
乐成学区	城北乡	城北乡中学	城北乡中心小学		
	市属	市体校（设有高中班）	市实验小学		
		市特殊教育学校			
	民办	育英学校	新蕾民工子弟学校		
		温州教师教育院附校（设有高中班）			
		市外国语学校（设有高中班）			
小计		16所	13所	19所	

学校	乡镇（市属、民办）	初中	中心校级小学	村完小	教学点
柳市学区	柳市镇	柳市镇一中	柳市镇一小		
		柳市镇二中	柳市镇二小		
		柳市镇三中	柳市镇三小		
		柳市镇实验中学	柳市镇四小	柳市镇陈薛尚小学	
				柳市镇新桥小学	
			柳市镇五小	柳市镇蝉河堡小学	
			柳市镇六小		
			柳市镇七小		
			柳市镇八小	柳市镇店后小学	
				柳市镇沙岙小学	
	象阳镇	象阳镇一中	象阳镇一小		
		象阳镇二中	象阳镇二小		
			象阳镇三小		
	翁垟镇	翁垟镇一中	翁垟镇一小		
		翁垟镇二中	翁垟镇二小		
		（初中部）	翁垟镇三小		
		翁垟镇三中	翁垟镇四小		
			翁垟镇五小		
	黄华镇	黄华镇一中			
		黄华镇二中	黄华镇中心小学		
	七里港镇		七里港镇一小		
		七里港镇中学	七里港镇二小		
			七里港镇三小		
	民办	英华学校（设有高中班）			
		春晖学校			
小计		14所	20所	5所	

续表四

学校	乡镇（市属、民办）	初　　中	中心校级小学	村　完　小	教学点
白象学区	北白象镇	北白象镇中学	北白象镇一小		
		北白象镇三山中学	北白象镇二小		
		北白象镇万家中学	北白象镇三小		
			北白象镇四小		
		北白象镇茗屿中学	北白象镇三山中心小学	北白象镇水潭小学	
		茗西九年一贯制学校		北白象镇山东小学	
				北白象镇三重炉小学	
				北白象镇山前小学	
				北白象镇小港小学	
				北白象镇莲池小学	
				北白象镇后西岑小学	
			北白象镇万家中心小学		
			北白象镇茗屿中心小学	北白象镇白鹭屿小学	
				北白象镇高岙小学	
			北白象镇茗西中心小学	北白象镇乐东小学	
	磐石镇	磐石镇中学	磐石镇中心小学		
小计		6所	9所	10所	

2007年获得温州市级以上荣誉称号的优秀教师名单

姓　名	工　作　单　位	授　予　称　号
蔡宗乃	乐清中学	全国优秀教师
黄小林	市实验小学	省第九届“春蚕奖”
俞仙国	智仁乡寄宿小学	省第九届“春蚕奖”
蔡赛微	清江镇一小	省第九届“春蚕奖”
周银炜	虹桥镇实验中学	省第九届“春蚕奖”
赵顺高	石帆镇第一中学	省第九届“春蚕奖”
张松华	乐成镇第四小学	省第九届“春蚕奖”
陈素	北白象镇三山小学	省第九届“春蚕奖”
叶宝华	市教育局教研室	浙江省优秀教育工作者
徐建荣	乐清中学	浙江省优秀教师
阮红霞	雁荡镇第一小学	浙江省优秀教师

续表一

姓　名	工　作　单　位	授　予　称　号
胡爱迪	虹桥镇第三小学	浙江省优秀教师
吴坚强	乐成镇第三小学	浙江省优秀教师
黄文华	白象中学	浙江省中小学师德楷模
张一平	乐清中学	温州市园丁奖
韩剑微	雁荡中学	温州市园丁奖
仇红霞	大荆镇第四中学	温州市园丁奖
李松青	仙溪镇第一小学	温州市园丁奖
王素珍	南塘镇中心小学	温州市园丁奖
连乐人	虹桥镇第二中学	温州市园丁奖
蒋慧洁	乐成镇第八小学	温州市园丁奖
郑晓锋	柳市镇第六小学	温州市园丁奖
李成峰	磐石镇中学	温州市园丁奖
金礼贵	大荆中学	温州市优秀教育工作者
金权明	虹桥中学	温州市优秀教育工作者
沈文东	白象中学	温州市优秀教育工作者
李　科	市特殊教育学校	温州市优秀教育工作者
王玉宇	市机关幼儿园	温州市优秀教育工作者
卢华君	镇安乡九年一贯制学校	温州市优秀教育工作者
刘海生	虹桥镇第一中学	温州市优秀教育工作者
方玲琴	乐成镇阳光学校	温州市优秀教育工作者
叶希江	柳市镇第五小学	温州市优秀教育工作者
刘栩生	柳市镇第八小学	温州市优秀教育工作者
郑仕林	翁垟镇第二小学	温州市优秀教育工作者
曹美华	市三中	温州市优秀班主任
徐晓丹	虹桥职业技术学校	温州市优秀班主任
吴纪良	湖雾镇中学	温州市优秀班主任
林美琴	芙蓉镇第一小学	温州市优秀班主任
谷丹红	天成乡中心小学	温州市优秀班主任
张菊芝	乐成镇第一小学	温州市优秀班主任

续表二

姓　名	工　作　单　位	授　予　称　号
蒋旭旦	白石镇中心小学	温州市优秀班主任
何芃芃	柳市镇实验中学	温州市优秀班主任
黄晓鸥	柳市镇第三小学	温州市优秀班主任
陈琴琴	翁垟镇第三小学	温州市优秀班主任
王盈盈	北白象镇第三小学	温州市优秀班主任
余　鹏	乐清中学	温州市优秀教师
方承利	市二中	温州市优秀教师
曹国林	芙蓉中学	温州市优秀教师
张建春	柳市中学	温州市优秀教师
梁　丽	市职业中专	温州市优秀教师
陈朝霞	柳市职业技术学校	温州市优秀教师
张晓丽	市体校	温州市优秀教师
王　余	市中心幼儿园	温州市优秀教师
章飞春	大荆镇实验中学	温州市优秀教师
徐志夫	雁荡镇第一中学	温州市优秀教师
徐桂芽	双峰乡第一小学	温州市优秀教师
金永乐	蒲岐镇中学	温州市优秀教师
张克洁	虹桥镇第六小学	温州市优秀教师
金寿友	淡溪镇小学	温州市优秀教师
吴　丹	乐成镇第一小学	温州市优秀教师
叶小琴	乐成镇第七小学	温州市优秀教师
卢珠芬	城北乡小学	温州市优秀教师
李统捷	翁垟镇第一中学	温州市优秀教师
叶雏雏	柳市镇第四小学	温州市优秀教师
吴丽杨	象阳镇第一小学	温州市优秀教师
林胜伍	北白象镇中学	温州市优秀教师
林钢超	磐石镇中心小学	温州市优秀教师
林海鹤	兴乐中学	温州市优秀教师

2007年乐清市高考文科前十名

序号	姓名	毕业学校	高考分数	录取学校	专业
1	王威	乐清中学	586	福州大学	经济学类
2	郑琼倍	乐清中学	585	浙江工业大学	国际经济与贸易
3	冯林炜	市二中	585	浙江财经学院	财政学（含财经新闻与文秘方向）
4	许方豪	乐清中学	582	浙江工业大学	行政管理
5	卢冰玲	市二中	581	浙江工业大学	对外汉语
6	赵斌颖	乐清中学	581	首都师范大学	英语
7	包冰倩	乐清中学	581	浙江工业大学	国际经济与贸易
8	林岳垟	乐清中学	577	浙江警察学院	公安大类
9	叶知路	乐清中学	575	西南交通大学	汉语言文学
10	陈奇新	乐清中学	573	浙江工商大学	英语

2007年乐清市高考理科前十名

序号	姓名	毕业学校	高考分数	录取学校	专业
1	梁诗鸣	乐清中学	698	北京大学	电子信息科学类
2	王硕	乐清中学	668	上海交通大学	交大密西根联合学院（中外合作）
3	翁浩雷	乐清中学	665	中国科学技术大学	数学类
4	赵福	乐清中学	663	浙江大学	工科实验班
5	何冰莹	市二中	663	上海交通大学	日语
6	谢鹏伟	乐清中学	662	上海交通大学	物理学类
7	陈高远	乐清中学	662	浙江大学	工科实验班
8	陈凯	乐清中学	662	复旦大学	药学
9	王灵浦	乐清中学	661	浙江大学	土木工程
10	梁浩特	乐清中学	656	浙江大学	医学实验班类

大荆镇第一中学

乐清市大荆镇第一中学创建于1981年，原名为“印山中学”，座落于雁荡山石门潭畔，1990年夏学校整体搬迁至环境幽雅的新学校。现学校占地面积约40亩，建筑面积1、5万平方米，绿化面积达6千平方米，拥有教学综合楼、劳技楼、图书室、微机房、语音室、多媒体教室、温州示范实验室、校园广播系统、学生餐厅、学生公寓、田径场等设施。

荆一中现有教学班级34个，在校生1589名；有教职工112人，其中温州市级教坛新秀和教坛中坚各3人，乐清市级教坛新秀6人，温州市骨干教师2人，乐清市骨干教师5人。学校坚持走“科研兴校”的道路，涌现了一大批科研型教师。教师技能比赛屡屡获奖，论文撰写蔚然成风，语文教研组曾评为温州市先进教研组。

荆一中以“务实、创新、勤奋、进取”为校训，弘扬“宽容大气、严谨笃学”的校风，秉承“以人为本”的办学理念，提高以“创新能力”为核心的学生素质，营造“自主创新”的校园文化氛围，培育“合作共享”的现代意识，修养“宽容大气”的良好心态，形成了农村初中鲜明独特的教育教学模式。荆一中的园丁门决心将学生培育成为承继传统民族文化精髓的知识人，具备公民意识的现代人，学习科学、勇于创新、放眼世界的未来人。

大荆镇第一中学校长仇文荣

荆一中是乐清市东片龙头初中学校之一，是大荆片区输送重点高中学生的主要基地。学校在中考中屡创佳绩，上乐中分数线的考生数节节攀升，普高上线率逐年提高，2007年达53.3%,名列同类学校前茅，得到社会的公认和领导的赞许。学校第二课堂精彩纷呈，成立了合唱队、田径队、篮球队、绿色志愿者协会、青年志愿者协会、文学社、学科竞赛队等兴趣小组，举行体育节、艺术节等深受学生喜爱的活动，积极参加上级各项学科竞赛和第二课堂比赛，大大丰富了学生的课余生活。

近几年来，荆一中先后被评为“乐清市先进学校”、“乐清市文明学校”、“乐清市三星级初中”、“乐清市重点初级中学”、“乐清市体育传统项目学校”、“乐清市校本教研学校”、“乐清市教科研先进集体”、“乐清市德育先进集体”、“温州市绿色学校”。

着眼未来，志存高远，荆一中为创建“温州市示范学校”而努力奋斗！

虹桥镇第一中学

原中央教科所副所长滕纯为虹一中题词

教育部国家督学和中央电教馆领导来虹一中视察

刘海生校长

大型学术报告厅

标本室一角

电脑教室

办学理念：和谐发展　健康成长

办学目标：精致和谐　特色示范的省级名校

校　　训：学明荣耻　日新其知

校　　风：求真　求知　求实　求索

教　　风：尚德　奉献　务实　创新

学　　风：尚美　勤学　善思　进取

获得荣誉：浙江省示范初中

浙江省义务教育Ⅰ类标准化学校

浙江省2007年度课外阅读先进集体

温州市文明学校

温州市中小学第七轮日常行为规范达标学校

温州市毒品预防教育五星学校

温州市2007年度教育信息化工作先进单位

温州市2007年度中小学教育装备工作先进集体

温州市雏鹰红旗大队

乐清市文明单位

乐清市先进单位

全国青少年爱国主义读书教育活动组织特等奖

虹桥镇一中创建于1982年秋，学校占地面积113亩，建筑面积25400多平方米，绿化面积19700多平方米。学校建有行政办公楼（求是楼）、教学楼（求真楼、求知楼、求实楼）、科技实验楼（求索楼）和食堂（求俭厅）。学校拥有标准400米环形塑胶跑道和8个标准篮球场等体育设施；拥有图书室、实验室、阅览室等教学辅助设施；实验设备器材按省I类标准配备；美术室、音乐室、劳技室等各类专用教室设施达到示范初中配备标准。校园建筑雄伟气派、教学设施一流、环境优雅舒适。学校重视现代化教育技术设施建设，2005年至2007年先后投入600多万元，配备了三百多台电脑，装配了5套多媒体设备和1套大型学术报告厅设备，班班安装了小媒体设备，配齐了各类专用教室设备，先后建成了校园广播系统、校园网络系统、校园通讯系统和校园闭路电视系统，我校的现代教育技术装备已达到全省一流水平。

虹桥镇一中现有教学班52个，学生2686人，教职工167人。学校教风正、教科研氛围浓，打造了一支吃苦耐劳、无私奉献、业务精湛的学习型、研究型教师队伍。教师中取得本科学历128人、中高级职称81人，有市级以上骨干教师、学科带头人24人，有温州市教坛新秀和中坚教师4人，乐清市教坛新秀和中坚师教19人，获得温州市级以上荣誉称号的达23人次。学校教学研究成果丰硕，近几年来，承担省、温州市级重点课题六项，其中获省级奖一项。教师在省市级报刊上发表论文46篇，获乐清市级论文奖128篇，市级以上优质课获奖28人次。

学校坚持“和谐发展、健康成长”的办学理念，办优质示范初中，兴人民满意教育，因材施教，注重学生全面发展，积极开发学生潜能，努力培养学生良好习惯、进取精神和终身学习能力。学生品行端正，学习风气浓厚，每年都有大批学生在各类艺术比赛、学科竞赛中获奖。近年来，学生入学率为100%，巩固率为99.9%，毕业率为100%，升学率达98.9%，会考合格率、平均分、优秀率居全市前列；2003～2007年学生考取温州中学和乐清中学的人数分别为30人、38人、41人、61人、40人，连续五年列乐清市公办学校前茅。

虹桥镇一中建校二十多年，学校实现了跨越式发展。学校先后获温州市首届“育英杯”全市中学生朗诵电视大赛组织奖、温州市《禁毒法》知识竞赛优秀组织奖、全国校报校刊评比一等奖、全国青少年爱国主义读书教育活动组织特等奖，先后被评为乐清市《中学生行为规范》达标学校、乐清市文明单位、乐清市先进单位、温州市雏鹰红旗大队、乐清市教科研先进单位、乐清市业余体育训练先进集体。2006年学校被评为省I类标准化学校。2007年学校被评为浙江省示范初中。

虹桥镇一中声誉日隆，与时俱进。虹一中人将以更新的理念、更快的节奏、更实的作风，为实现省级特色名校的目标而努力奋斗！

文艺演出

校运动会

兴趣小组

特色教学

学生军训

虹桥镇第一小学

春风桃李越百年

略记

和谐发展人为本

虹桥镇第一小学座落于乐清市虹桥镇东垟路158号，地处虹桥镇繁华地段。学校创办于1905年，百年历程使学校积淀了丰厚的文化底蕴，形成了优良的办学传统，打造了鲜明的办学特色。现学校占地面积40000m²，建筑面积20000m²，有45个教学班，在校学生2473人，教职工115人，是一所校舍新、功能全、设施先进的现代化学校。学校坚持“尊重差异，发展个性”的办学理念，以“一切为了孩子的美好未来”为核心价值观，努力“让每一个学生都拥有成长的快乐，让每一位教师都享受职业的幸福”，在队伍建设、教育教学、特色发展等方面都取得了良好的成绩。

团结 诚实
勤奋 创新

队伍建设显成效

学校强化教师队伍建设，做实做优“青蓝工程”、“自主提升素质工程”。教师中获省地级以上荣誉15人，有省教学能手1人、温州市首届骨干教师2人、温州市和乐清市名师培养对象各1人、乐清市教坛新秀14人。近年来，有近200篇教育教学论文在市级以上获奖，《拉动式小队创新模式的实践与研究》获全国少先队课题一等奖，一支师德高、教艺精、爱学习、善合作、能创新、乐奉献的教师团队正在形成。

教育教学创特色

学校坚持依法办学，强化课程管理和特色创建。坚持树人为本，面向全体学生，促进全面发展。重视教育教学研究，追求“轻负担，高质量”，在艺术教育、科技教育、中华经典文化教育等方面都进行了认真的研究和实践，取得了显著的成绩，获得了良好的社会声誉。

办学成绩受肯定

近几年来，学校先后被评为乐清市文明单位、乐清市三星级学校、乐清市中华经典文化诵读实验基地、温州市示范家长学校、温州市未成年人思想建设工作先进集体、温州市德育工作先进集体、浙江省2006年度课外阅读先进集体、教育部人文社科基地重点实验课题《中华经典诗文诵读》实验学校。学校少先队被评为省少先队雏鹰红旗大队。

筚路蓝缕，在浙南美丽的雁荡山麓、乐清湾畔，虹桥镇第一小学，正为创建一所现代化的名校而努力奋斗！

小飞鸽图书站

电脑机房

学校游泳池

学校夜景

校园一角

大荆镇中心小学

大荆镇中心小学张言信校长

大荆镇中心小学领导班子

简介

大荆镇中心小学创办于1902年，从印山蒙学堂的5位教师2个班级22名学生起步，历经了一百多年的沧桑变迁。学校几易其名，教师代代接烽、励志改革、开拓向前，培养出了一大批诸如工程院院士钟群鹏、驻乌克兰大使周小沛、《经济日报》总编室主任张小国等优秀人才。大荆镇中心小学百年风雨、筚路创业、一路高歌积攒了深厚的文化底蕴，培育了勤奋好学的优良校风，这是大荆镇中心小学的宝贵财富，它时刻激励着后人积极进取、奋发攀登。

2007年3月大荆镇中心小学经过七年多的艰苦努力，终于实现了学校搬迁的梦想。新校园占地45.7亩，校园内250米环形塑胶跑道、全市一流的室内操场（即将落成）、多媒体教室、实验室、仪器室、音乐室、舞蹈室、美术室、图书室、阅览室、卫生室等等一应俱全。41个班级全部配上小媒体，全校2400多学生生活学习在现代化教育设施齐全的美丽校园之中。

大荆镇中心小学现有96位专任教师，其中年轻教师占80%，市级教坛新秀5名，是一支素质高、业务精、事业心强的精干队伍。广大教师工作认真，乐于奉献，学校教学质量稳中有升，名入全市先进行列榜。

近年来，学校立足改革，不断开拓创新，朝着打造一流学校目标迈进。2004年大荆镇中心小学被评为乐清市爱国主义教育读书活动基地，2007年11月被命名为乐清市“三星级”学校，2006～2007年连续被评为乐清市“平安校园”优秀单位。如果把曾经的“温州市文明学校”、“乐清市十佳学校”等荣誉比作一片片绿叶，那今天的荣誉是一朵朵绚丽的鲜花，丰硕的果实收获在望。

秉承传统，展望未来，大荆镇中心小学把荣誉、成绩当作新起点。全校教职员工恪守“严谨、博学、砺志、求真”校训，坚持以德立校、依法治校、科研兴校、特色活校、质量强校的办学思想，以培养全面发展、健康成长的新一代为学校工作的根本宗旨，以人为本，构建和谐校园、和谐教育，突出教学这一中心地位，强化教育科研，努力提高教育教学质量，紧扣《小学生日常行为规范》，加强学生日常行为规范的养成教育，从“小”点落实教育，培养学生的自理、自立、自强、自主能力。大荆镇中心小学在“夯实基础、全面发展”中求创新，励精图治，勇往直前，再创百年辉煌！

雁荡镇第一小学

以质量求发展　以特色创品牌

雁荡镇第一小学创建于1926年，经历了八十多年的风雨洗礼，是一所老学校、名学校。学校占地面积21348平方米，建筑面积4276平方米，绿化面积2716平方米，三幢教学楼错落有致，24个教室里均安装了小媒体。学校拥有多媒体教室、实验室、仪器室、音乐室、劳技室、图书室、阅览室、计算机房等，设备均按省I级标准配置。走进校园，绿树成荫，鲜花飘香，芳草如茵，生机勃勃，让人心旷神怡。

学校现有专任教师57人，其中大专以上学历42人，小学高级职称30人；有温州市骨干教师2人，乐清市教坛新秀2人。教师们“严谨、务实、敬业、创新”，近年来，1人在省农村素质提升工程课堂教学技能比赛获奖，10人在乐清市优质课比赛中获奖，90多人次在市级各种论文案例评比中获奖。

雁荡一小揽雁山之俊美，临东海之澎湃，集山水之灵秀，育济世之人才。在“以质量求发展，以特色创品牌”的理念指导下，学校形成了“规范化、高质量、有特色”的办学格局。学校全面实施素质教育，学生的素养得到全面培养、提升：在乐清市第44、45、46、47届中小学生运动会中分别获得团体第十、第五、第六、第六名的好成绩，在市合唱比赛中获二等奖，在市文艺汇演、学科竞赛及讲故事、声乐、剪纸、征文、演讲等比赛中都名列前茅。近三年来，学生参加育英、公立、朝阳等学校的初中招生考试，有118名学生被免费录取。

雁荡镇一小推出校本课程——写字教学，开设了写字课，邀请校外名师上课指导；教师与学生一起听课、练习。两年来，25名老师参加全国“环保杯”硬笔书法赛获团体优胜奖，23名老师参加乐清市首届“生态杯” 硬笔书法赛获团体优胜奖,参赛老师均获奖；学生参加市教育部门组织的二、四年级组写字比赛，共有17个班级分获一、二、三等奖；学生个人参加温州市书法现场赛荣获二、三等奖。同时，还推出了“亮丽十星”创新性评价机制，评选金星、银星、铜星及进步之星，取代了传统的三好学生评选标准，改变了以往教师为唯一评价主体的评价模式，建立起了学生自评、生生互评、师生互评的主体式评价模式。

由于成绩突出，雁荡镇一小先后被评为乐清市三星级学校、乐清市文明单位、乐清中小学日常行为规范达标学校、乐清市工会工作先进集体、乐清市平安校园、温州市学校施行《国家体育锻炼标准推行办法》先进单位。

“路漫漫其修远兮”，“一切为了学生、为了一切学生、为了学生的一切”，雁荡镇一小的园丁们依然孜孜不倦而上下求索。

文　化

综　述

2007年，乐清市文化工作以邓小平理论和“三个代表”重要思想为指导，全面落实科学发展观，以开展“作风建设年”活动为契机，以创建文化大市为目标，着力于繁荣人民群众的文化生活，着力于营造良好的社会文化环境，着力于构建和谐乐清，文化事业蓬勃发展，文化市场繁荣有序。

艺术生产

文艺创作硕果累累　戏曲《杨贵妃后传》、舞蹈《乐清湾渔火》等获温州市第四届精神文明建设“五个一工程”入选作品奖，声乐《醉秋》获浙江省第九届精神文明建设“五个一工程”入选作品奖；乐清合唱团在浙江省第八届广场文化艺术节暨第五届嘉兴南湖合唱节上获金奖；第四届新温州人演唱比赛，乐清市获金奖1名、银奖2名。编纂完成了《乐清市民族民间艺术资源汇集本》、《乐清细纹刻纸》、《陈璋家族文献集》等书，出版发行了《杨贵妃后传》、《双玉蝉》、《唐僧出世》等越剧光盘。

林邦栋、陈余华被认定为首批国家级非遗传承人　6月9日，文化部公布了第一批国家级非物质文化遗产项目代表性传承人共226名，乐清细纹刻纸代表人物林邦栋和陈余华名列其中。

6月9日，中共中央政治局常委、国务院总理温家宝参观北京世纪坛细纹刻纸现场表演时与乐清细纹刻纸艺术大师林邦栋亲切交谈　市文化广电新闻出版局提供

越剧《杨贵妃后传》获省第十届戏剧节“剧目奖”　浙江省第十届戏剧节于12月11日在杭州举行，来自全省33个专业剧团的38台剧目参赛。市越剧团的大型历史剧《杨贵妃后传》获“剧目奖”。

朱琴燕参加电视大赛获银奖　10月，由中国音乐家协会和浙江省文学艺术界联合会主办、中国电信冠名的迎奥运2007“中国电信杯”首届中国音乐金钟奖全国流行音乐大赛暨第二届“长三角”青年歌手电视大赛在杭州举行，乐清市朱琴燕喜获民族组银奖。

社会文化活动

群众文艺活动异彩纷呈　全年组织举办文艺演出45场，其中包括“军旗飘扬”军民联欢晚会、“虹桥杯”全市青年歌手演唱大赛、“迎中秋•庆国庆”大型文艺演出、雁荡山“啤酒杯”老年文艺汇演、“人口杯”“三独”大奖赛等大型文艺演出活动。同时联合举办了温州市首届农民艺术节闭幕式大型文艺演出；承办了淡溪镇首届杨梅节开幕式文艺演出和四都乡陈坦村、翁垟镇后西门村等综合性文艺演出；组织文艺骨干赴乐成戒毒所、驻乐部队慰问演出；开展了丰富多彩的送文化下乡活动，为山老区乡村、特色文化村、民营企业送去文艺演出10场，还送去电影、戏剧和图书等。

乐清首饰龙被中国艺术研究院收藏　9月28日，乐清市国家级工艺美术大师林邦栋及其儿子林顺奎制作的

非物质文化遗产浙江乐清《首饰龙》收藏仪式　　市文化广电新闻出版局提供

乐清首饰龙参加中国非物质文化遗产保护成果展，并被中国艺术研究院永久收藏。

乐清龙档亮相联合国教科文组织总部　国家文化部主办的中国非物质文化遗产艺术节于4月16日至20日在法国巴黎联合国教科文组织总部举行。全国共有60多件非物质文化遗产代表作参展，黄德清、黄北父子制作的已被中国艺术研究院永久收藏的乐清龙档是其中重量级代表作。

乐清细纹刻纸参加中国非物质文化遗产专题展　林邦栋的《鱼跃龙门》等10幅细纹刻纸作品、余忠惠的《一帆风顺》等3件细纹刻纸精品、陈余华的《九狮图》等5件细纹刻纸作品及卢发良、金钱妹合作的《清趣图》、《观音》亮相中国非物质文化遗产专题展。林邦栋先生巧夺天工的作品得到了前来观看的温家宝总理的高度赞赏。

“三科杯”浙江省第三届非物质文化遗产保护论坛在乐举行　6月28日至30日，由省文化厅主办、乐清市文化广电新闻出版局承办的“三科杯”浙江省第三届非物质文化遗产保护论坛在乐举行。来自全省各地的60多名文化精英就非物质文化遗产传承人保护方式与途径、非物质文化遗产传承基地建设模式等问题积极建言献策，共同探讨，互相交流。

公布首批乐清市非物质文化遗产保护名录　3月31日，乐清市公布首批非物质文化遗产保护名录，共6大类17个项目：即乐清民歌——《对鸟》、慎江号子、芙蓉板凳龙、水涨大贫跳、乐清莲花和乐清道情、乐清对口白、乐清黄杨木雕、乐清细纹刻纸、乐清龙档、乐清竹壳雕、乐清首饰龙、象阳金漆圆木、镇安马灯、蒲岐抬阁、南岳高跷、翁垟渔灯、蒲岐老鼠嫁囡。

文化设施建设

2007年，乐清市农村基层文化设施建设再创佳绩：仙溪镇、智仁乡成功创建“浙江省东海文化明珠”和“温州市金海岸文化明珠”乡镇，象阳镇后横村等5个村建成文化信息资源共享工程基层分中心，石帆镇朴湖二村荣膺浙江省文化示范村称号，乐成镇石马南村等5个村被命名为温州市第二批文化示范村（社区）；大荆镇、象阳镇被评为乐清市文化工作先进乡镇，南塘镇文化站被评为乐清市标准文化站，仙溪镇果木场村（戏曲）等5个村被评为乐清市文化特色村，智仁乡大台门村等40个村（社区）被评为乐清市级“文化大院”；虹桥镇、乐成镇文化站被评为五星级文化站，柳市镇、北白象镇、白石镇文化站被评为四星级文化站，淡溪镇、芙蓉镇、清江镇、天成乡文化站被评为三星级文化站。

文化产业

娱乐场所从舞厅逐渐向KTV发展，功能设施齐全，场所包厢数量、面积大大增加，现全市有大型KTV娱乐场所54家，居温州各县（市）之首。电子游戏室顺利完成从简陋的经营场所向大型电玩游乐场所转换。互联网经营场所发展迅速，累计总数已达106家，网络文化市场正逐步走上健康繁荣的发展道路。网络市场文化产业结构迅速形成，2007年产值为1.5亿元左右，印刷业得到健康长足发展，截止2007年底，全市出版印刷企业3家、包装装潢印刷企业163家，其它印刷品单位155家，复印打字店170家，年产值15亿元左右。传统工艺美术业生机勃发，乐清黄杨木雕、乐清细纹刻纸年产值达4亿元，成为全市经济发展新亮点。

文物保护

文物维修工程有新进展　省级文物保护单位大乌石雷公殿（古戏台）和乐清市级文物保护单位朱质庵墓维修工程先后顺利竣工。大乌石雷公殿（古戏台）维修工程总投资近百万元，是乐清市有史以来投资最大的文物维修工程。朱质庵墓于6月9日动工维修，11月6日顺利竣工，维修经费以群众集资为主，政府补助为辅。虹桥镇政府对此次工程给予大力支持，文保单位所在地瑶岙村还成立了维修小组，配合工作开展。另外，市级文保单位法华寺的维修工程也于9月16日开工。

"三科杯"第三届浙江省非物质文化遗产保护论坛在乐举行　　市文化广电新闻出版局提供

第二个全国"文化遗产日"宣传活动内容丰富　第二个全国"文化遗产日"期间，市文化广电新闻出版局主办了以"保护文化遗产、构建和谐社会"为主题的系列宣传活动：与市教育局联合举办了首届"乐清市文化遗产保护"征文活动，分设小学生组、中学生组、成人组，获奖作品结集出版；在市剧院和两处全国重点文物保护单位所在地——南阁村、高岙村举办了文化遗产知识竞答活动和图片展览；印制文物保护法律法规宣传小册子3000份，分发到各文保单位所在地的村民手中，并在文物较为集中的蒲岐镇、北白象高岙村、仙溪镇北阁村、虹桥镇大乌石村、磐石镇重石村等地为群众放映电影20场，利用字幕宣传文物保护知识；5月12～18日，在市文物馆举办了"中国古代四大发明展"，10多件实物和70多张图文并茂的图片详细诠释了四大发明的发现和发明的过程，全市各中小学校纷纷组织学生参观，此次展览共接待观众28054人次。在这次"文化遗产日"宣传活动中，市文物馆成绩突出，获得了国家文物局颁发的2007年"文化遗产日"组织奖，获此奖的单位全国仅40家，浙江省仅一家。

发掘清理三座明代古墓　12月底，在南岳镇上岙村的南阳排涝隧道施工现场新发现了三穴明代古墓，并在其中的一穴古墓里出土了一只青釉香炉、一只青瓷高足碗和一对福寿瓶等文物，这对研究明代当地民间的丧葬习俗有着重要的历史价值。

第三次全国文物普查工作全面展开　10月14日，市文化部门召开了全市第三次全国文物普查动员会议，全面部署了普查工作。这次文物普查从2007年10月开始到2010年12月结束，历时四年。为做好此项工作，市文化部门对全市31个乡镇的分管文化领导、文物普查联络员和业余文保员150余人分批进行了业务培训。12月17日，市文物普查队进驻黄华镇开始进行文物普查试点工作。

公共图书馆

概况　2007年，市图书馆新购图书、光盘6296种共计19303册（片），图书总藏量达23.18万册（片）；征集各类地方文献265种计355册；接待读者16.76万人次；图书（光盘）外借21.61万册次；办理借阅证5737个；下乡辅导220人次；基层送书8700册（片）；举办中小学生素质教育培训班3期共计27个班次；举办文化业务讲座12场次；编发《南大读书报》4期。

承办温州市公共图书馆地方文献工作会议　3月7日，温州市公共图书馆地方文献工作会议暨《陈璋家族文献集》首发式在乐举行。会议对温州地区公共图书馆地方文献工作作了阶段性的总结和规划，并对今后地方文献共享和利用等方面进行了充分讨论，形成了较一致的指导意见。

开展"世界读书日"宣传活动　4月23日是第十二届世界读书日，市图书馆推出三项活动：一是优惠办证活动。4月22日和23日，读者办证免工本费和年度服务费，两天共办出读者证75个。二是印发了1万份《乐清市图书馆读者服务指南》，详细介绍了市图书馆的各项功能，以及开放时间、咨询电话等，为读者提供了方便。三是选送一个家庭参加温州市文化广电新闻出版局主办的"我爱我家"读书知识竞赛，并荣获三等奖。

举办服务宣传周活动　5月28日至6月3日，市图书馆以"延伸服务、深化服务、提高社会效益"为中心，举办了服务宣传周系列活动：一是免费举办了为期2天的图书资料专业管理员业务培训活动，由温州市图书馆专家主讲，近50名基层图书室人员参加了培训。二是在民丰社区、丹霞社区、西城社区和万桥二村等7个社区（村）举办了"百年恩来"图片巡回展览活动。三是为读者免费办理读者证，并在民丰社区、丹霞社区、西城社区等5个社区现场办证，一周共办出读者证近100个。四是为增设流动图书馆开展下乡调研活动。五是开展送书活动，送书到有关企业和村级图书馆。

开展"学生暑期系列读书活动"　7月22日至8月19日，全市开展了以"树魂立志、爱我中华"为主题的系列爱国主义教育活动，市图书馆为中小学生精心挑选制作的推荐书目牌子，并积极发动学生参加“书香伴我度暑假”—— “读名著”写读后感活动。8月12日上午，举行了“全市小学生迎奥运知识竞赛”。

“乐清文献展览”在市文物馆展出 9月12日至15日，乐清文献展在市文物馆展出，内容包括：37种家谱、14种乐清地方志和山志、89种乐清先贤个人著作。

成立“乐清市法律文献中心” 12月4日，“乐清市法律文献中心”正式揭牌成立，这是乐清市第一个为社会提供广泛法律服务的文献信息中心。“中心”的主要任务是为全市的法制建设、大众普法提供全面的服务保障，为机关和普通市民提供法律文献和法律咨询服务，还将与政府机关、行业组织合作举办各种大型普法教育活动。

资源共享工程建设稳步推进 10月1～31日，市图书馆推出数字资源服务，免费向市民发放了400多个数字资源阅览卡。市图书馆的数字资源主要借助温州市图书馆的数字资源服务平台，拥有8000多种期刊、50万种电子图书及海量视频、讲座资源。市图书馆的有效持证者，无需另外办证即可享用这一浩瀚的数字资源，随意浏览电子期刊、图书、论文等。此外，市图书馆作为全国文化信息共享工程县级分中心，加强了对基层点的建设和指导，对虹桥镇东街村、翁垟镇地盐村、黄华镇岐头一村等多个基层点进行了业务技术辅导，推广使用温州图书馆数字资源，以丰富基层点的文化信息。2007年全市新增基层点5个，累计共有基层点22个。

增设第三批流动图书点 10月31日至11月1日，全市增设了第三批共7个流动图书点，全市“流动图书馆”流通点已增至20个。市图书馆免费为“流动图书馆”流通点提供图书、音像制品并定期更新，受到基层读者的欢迎。

电 影 放 映

全面实施农村数字电影放映“2131”工程，成立了数字电影放映公司，组建数字电影放映队16支，购置放映机16台，并出台了《乐清市“2131”工程农村数字电影放映实施方案》，对放映工作提出了明确要求，确定了具体办法，要求在做好与16毫米胶片电影放映结合文章的同时，每支放映队每个晚上放映两场数字电影，适当加快数字电影放映进度。全年共放映数字电影3004场、胶片电影1205场，顺利完成了温州市下达的放映任务。

文化市场管理

查处盗版行为 2007年，市文化市场管理部门共出动1385人次，检查文化市场经营单位1815家，收缴非法音像制品26953盒（张）、非法出版物16652本，查处违法、违规单位105 家，立案举报33起。

开展“扫黄打非”行动 深入开展“扫黄打非”工作，坚决查处政治性非法出版物及“法轮功”等邪教组织宣传品，打击盗版教辅、教材读物，严厉查处淫秽色情出版物。

开展秋季文化市场大整治专项行动 在专项行动期间，共出动检查人员78人次，联合执法2次，检查经营单位86家，查处违规经营单位8个（处），取缔无证经营场所11个，销毁具有赌博功能的游戏机41台，查缴非法音像制品3753张、书刊2565册，办理行政处罚案件8件。

加强校园周边环境整治 对校园周边的盗版音像制品、盗版书刊、不良书刊、游戏机，网吧开展了专项整治，为青少年身心健康成长创造一个良好的学习环境。同时加强与公安、工商等职能部门协作，突出重点，齐抓共管，严格检查，校园周边环境得到进一步净化。

文 学 艺 术

文学 乐清市作家在《上海文学》、《大家》、《美文》、《十月》、《文学界》、《诗歌月刊》、《星星》等国内纯文学刊物上发表了一批中短篇小说、诗歌、散文。青年作家吕不获第八届十月文学奖最佳中篇小说奖。东君中篇小说获《上海文学》优秀中篇小说奖，吕不的中篇小说《如厕记》被改编拍摄成电影《马桶上的甜蜜生活》。

书法 乐清市书法家协会会员多次参加国家、省级书法展览比赛，成绩喜人。由中国书法家协会承办的“纪念老子诞辰2578周年全国书法展”中，乐清市有4人的作品入展。由中国书法家协会主办的“全国首届老年书法展”中，1人作品入展，3人作品入选。由浙江省书法家协会主办的“省第四届中青年书法展”中，乐清市获一银一铜并有 10人作品入展，3人作品入选。由浙江省书法家协会主办的“浙江省第十二届‘温泉杯’书法大赛”中，乐清市获一金一铜，另有7人作品入展。由湖南长沙市文联、长沙市书法家协会举办的“《在延安文艺座谈会上的讲话》发表65周年毛泽东诗词渠岸国书画大赛”中，有2人作品获金奖。《书法导报》刊登了两名乐清市书法家协会会员的书法作品。2007年，全市还有1人在杭州举办的浙江省青年书法二十家评选活动中入选，6人的书法作品获浙江省纪委第二届反腐倡廉书画摄影作品展优秀奖。

9月，市书法家协会承办了“迎国庆职工书法展”，共展出42件书法作品，并分别评选出了一、二、三等奖及优秀奖。市书法家协会雁荡分会在雁荡山博物馆举办了“庆元旦会员作品展”，共展出56件书法作品。

美术 剪纸（细纹刻纸）方面：剪纸《君子动口不动手》获“中

国第三届艺术节剪纸博览会”金奖。细纹刻纸《北京奥运》获“2007‘百花杯’中国工艺美术精品展”金奖，细纹刻纸《清趣图》获“2007中国剪纸精品博览会”金奖，细纹刻纸《孔子》获“第二届海峡工艺博览会”银奖。国画方面：有4位画家的5幅国画作品入展入选“人文浙江——美术解读浙江重点美术作品展”及其出版的作品集（2007年浙江省重点工程），2位画家作品入选“浙江省第四届青年美展”及其作品集，4位画家作品入选“浙江省迎十七大书画展”，4位画家作品入选“浙江省第七届花鸟画展”；1人国画作品获“浙江省第二届反腐倡廉书画展”三等奖，另有2人的国画作品获优秀奖。油画方面：油画作品《废墟》入选中韩油画展，作品《水之源》参加“全国风景•风情优化展”；作品《跨过——远村》在省文化厅主办的“浙江省群星油画作品评选”中获金奖；《船厂•港口之二》获中国美术家协会主办的“第二届风景风情全国油画展”入围奖；《星球之上》获中国美术家协会主办的“中国——东盟艺术品（油画年）创作大赛”入围奖；《武义村景》获省文化厅主办的“浙江省水彩、水粉小画种美术作品展”铜奖；《港口•船厂》获“浙江省群文美术、书法、摄影优秀作品展”铜奖。另有漆画作品《寄语》入选“第二届全国漆画作品展”。在温州/宁波小幅精品晋京展中，乐清市有30幅作品入选，其中油画16幅，国画10幅，漆画4幅，占温州地区入选作品总数的1/5。10月，市美术家协会还与市委统战部联合举办了“迎十七大书画展”。

民间文艺　乐清市民间文艺成就骄人。中国民间文艺杰出传承人王笃芳的木雕《大唐马球竞技》、中国工艺美术大师林邦栋的细纹刻纸《西部开发新路》获得第八届中国民间文艺“山花奖”，此奖项是中国文联最高奖，每两年评一次，代表国内最高水平、本行业最高水平，第八届中国民间文艺“山花奖”浙江省共3人获奖，乐清市占了2名。《济公系列》、《达娃》获中国根艺美术学会主办的“第十一届中国根艺美术展览”金奖（“刘开渠根艺奖”最高奖）。在“中国（东阳）木雕创作设计大赛”中，乐清市有3人获金奖、1人获银奖、5人获铜奖。在中国工艺美术协会等主办的“第八届（杭州）中国工艺美术大师精品展”中，乐清市有2人获金奖、3人获银奖、4人获铜奖。在中国工艺美术学会等主办的“第二届中国（莆田）海峡工艺品博览会”上，乐清市3人获金奖、6人获银奖、7人获铜奖。另外，还有1人获“第九届（上海）中国工艺美术大师精品展”金奖，6人获“中国收藏家最喜爱的木雕艺术大师精品展”金奖。在中国工艺美术学会主办的“一品徽韵——首届全国文化纪念品博览会”上，乐清市工艺美术家也取得了一金两银的好成绩。同时，在由中国艺术研究院举办的“中国非物质文化遗产保护展”上，中国民间文化杰出传承人——王笃芳的木雕精品《大唐盛事》、林顺奎的大型细纹刻纸《水浒一百零八将》和林邦栋、林顺奎父子花300多天时间制作的大型首饰龙特邀亮相展出。中国工艺美术大师高公博的木雕《敦煌飞天》被中国国家博物馆收藏，林邦栋、林顺奎父子制作的大型首饰龙被中国艺术研究院收藏。2007年，王笃纯、林邦栋、虞定良等3人获第五届中国工艺美术大师荣誉称号。中国非物质文化遗产传承人林邦栋、陈余华，在京受到国家主要领导人的接见。

2007年，市民间文艺家协会还组织会员进行了民俗信仰调查研讨和湖雾羊角洞采风活动，协助市社科联在蒲岐镇举行了一次规模较大的研讨会。

音乐舞蹈　市音舞协会会员朱琴燕参加“中国金钟奖流行音乐演唱大赛暨中国‘电信杯’全国第二届长三角青年歌手电视大赛”获银奖，参加由中共浙江省委宣传部、省文化厅主办的“浙江省第十二届群星奖新作演唱大赛”获金奖，参加由浙江省文化厅、广电集团、省文联等主办的“十三届全国青年歌手电视大赛浙江赛区选拔赛”获铜奖。歌曲《醉秋》获浙江省第九届精神文明建设“五个一工程”入选作品奖。余茗湖演唱歌曲《醉秋》获浙江省音乐新作演唱大赛“群星奖”。市音乐舞蹈家协会会员还积极配合市委宣传部、市文广局等单位开展了多次文艺表演活动，受到群众广泛好评。

摄影　市摄影家协会与有关单位联合举办了多次摄影比赛。4月，与市风景旅游管理局联合举办了“乐清市第二届旅游风光摄影大赛”；8月，与市委宣传部、市社科联、市环保局、市生态办联合举办了“乐清市‘民生与生态’数码摄影大赛”；9月份，与市总工会联合举办了“乐清市职工书法摄影比赛”，评选出50幅优秀摄影作品于“十一”期间在市府橱窗展出。在“第二十二届中国摄影艺术国展”上，乐清市有1人获金奖、2人获优秀奖，这是温州摄影界有史以来第一个在国展上获得的金奖；在“第十六届奥地利国际超级摄影大赛”上，乐清市摄影家也取得了一金两铜的好成绩。

戏剧曲艺　全年完成送戏下乡演出238场，极大地丰富了农村观众的业余文化生活，受到了各地观众的热烈欢迎和普遍好评。《杨贵妃后传》在荣获“首届中国越剧艺术节”银奖和“温州市第十届戏剧节”优秀演出奖两项大奖后，又获温州市第四届精神文明建设“五个一工程”入选作品奖。一会员参加省戏剧节获“优秀表演奖”。越剧《双玉蝉》、《五女拜寿》两本大戏亮相“第五届江浙沪经典越剧大展演”。完成了《杨贵妃后传》、《双玉蝉》、《唐僧出世》等三本剧的拍摄并制成光碟出版发行。市曲艺工作者协会配合市文明办等单位积极参与“健康生活进万家”活动，在西门社区举办了曲艺大汇唱活动，受到了群众好评。

影视　市影视工作者协会配合

市文明办等单位积极参与“健康生活进万家”活动，先后在民丰、乐怡社区放映电影5场，电影观众达6000余人次；以市民大课堂为载体在民丰社区举办了电视摄像机使用基础知识讲座。与团市委、旅游局等单位合作，先后开展了“青春对对碰”活动，通过旅游、晚会等形式为各单位单身男女青年创造了相处机会。配合乐清市创建旅游优秀城市，拍摄制作了乐清风光旅游专题片。会员积极参与农村电影“2131“工程（即在21世纪初实现每村每月放映1场电影），帮助16支放映队安装调试数字放映机技术设备；全年，16支放映队在全市900余个行政村放映电影4200多场，观众达70万人次。电视节目创作方面，专题片《新农村建设领头人》、《无限生长的番茄》、《乐清灰天鹅》、《画像追踪》、《失踪之谜》等先后在中央电视台及省电视台播出。

2007年乐清学者出版的著作(部分)

序号	书名	编著者	出版社	备注
1	燕子归来	陈赛尧	内蒙古人民出版社	《虹桥文学丛书》
2	路途	南孔球	内蒙古人民出版社	《虹桥文学丛书》
3	老五间	赵顺平	内蒙古人民出版社	《虹桥文学丛书》
4	女人三十	林玲仙	内蒙古人民出版社	《虹桥文学丛书》
5	陌上花开	夏成君	内蒙古人民出版社	《虹桥文学丛书》
6	悬崖的藤	柳恩理	内蒙古人民出版社	《虹桥文学丛书》
7	小鹏游学记	陈　英	内蒙古人民出版社	《虹桥文学丛书》
8	历代诗人咏乐清	赵乐强 王纪芳 阮伯林（编著）	中国文史出版社	
9	西乡旧事	主编： 赵乐强 作者：郑晓泉、 陈尚云（摄影）	中国民族摄影艺术出版社	
10	读来读去	张志杰	中国戏剧出版社	
11	小楼一夜听春雨	张祥听	宁夏人民出版社	

卫　生

综　述

2007年，乐清市卫生局围绕着“卫生强市”建设目标，进一步实施“农民健康工程”，完善公共卫生体系建设，深入开展“卫生城市”创建，继续推进“医院管理年”活动，促进了全市卫生事业的科学发展，各项卫生工作取得了新的成绩，有力地保障了全市人民的身体健康。

公共卫生

加强了对人禽流感、霍乱、艾滋病、麻疹、结核病等重大传染病的防控工作，全市传染病总发病稳中有降。儿童免疫规划信息化管理全面实施，31个乡镇防保站建立了0～3岁儿童免疫信息数据库。圆满完成了全市31个乡镇30030名食品、公共场所从业人员和2582名各类职业危害因素接触者的体检工作。强化孕产妇系统管理工作，孕产妇系统管理率达85.86%；严控孕产妇死亡，本地户口孕产妇死亡人数为0。加强儿保门诊建设，提高儿童系统管理质量，3岁以下儿童系统管理率达91.31%。全面推进新生儿疾病筛查工作，全市新生儿疾病筛查12160人，疾病筛查率为96.4%。市卫生局利用6个卫生监督分所强化卫生执法力度，采取联合行动或突击检查，对全市基层卫生工作实行全面监督，严厉打击黑诊所、外来诊所以及性病游医等非法行医行为。同时加强对民营医疗机构依法执业的专项整治，8月至9月份，共检查民营医疗机构20家次，限期整改11家，立案3家；开展了医疗废物、传染病防治执法工作，并对生物安全、放射卫生医疗广告进行了监督检查。为维护人民群众卫生合法权益，市卫生局还先后开展了“放心过大年”、“金箭系列专项整治活动”、打击“两非”行动、餐饮业食品安全专项整治行动等卫生执法专项检查，并以加强企业职业病危害项目申报和推广企业职业卫生台帐为切入点，开展了职业卫生监督检查工作。2007年，市卫生局共出动卫生监督员7340人次，监督检查8736户次；受理各类申请19071件，办结18963件；受理卫生许可申请2423份，现场审查893户次，发放卫生许可证1911户；受理投诉举报案件213件，全部予以办结，执行罚没款117万元。

新型农村合作医疗制度

2007年乐清市新型农村合作医疗筹资每人70元，其中市财政对城北、四都、岭底等几个山老区乡及白石镇中雁片、淡溪镇硐垟片农民每人年补助45元，其他乡镇农民每人年补助35元。全市参加农村合作医疗的农民共计82.4万人，占全市农业人口的86.2%，共筹集资金5769.24万元，其中农民个人筹集资金2741.73万元，市财政补助2368.16万元，省及中央财政补助659.33万元。截止12月底，全市共报补医药费共计21816人,发放医药费补偿金4986.35万元。为巩固新型农村合作医疗成果，进一步提高参合农民健康体检工作水平，全市共安排专项资金400万元，为全市31家乡镇卫生院购置了145套“新六件”，实现了乡镇卫生院医疗设备从“老三件”到“新六件”的更新。2007年全市46.35万名农民进行了健康体检，并逐一建立了农民健康档案，深受广大农民欢迎。

农村公共卫生服务

为切实加强对农村公共卫生服务项目工作的领导，市政府成立了乐清市农村公共卫生工作委员会。市卫生局根据市政府《关于加强农村公共卫生工作的实施意见》的精神和具体要求，出台了《关于进一步强化村卫生室农村公共卫生服务功能的若干规定》和《关于印发乐清市农村公共卫生服务项目工作奖惩制度（试行）的通知》等相关配套文件。至2007年底，全市共设立了22个社区卫生服务中心、14个服务站，聘任了817名责任医生和921名联络员。市政府与31个乡镇签订了《农村公共卫生工作目标管理责任书》，各社区卫生服务中心与责任医生签订了《责任医生岗位目标责任书》，责任医生积极向农民免费提供“六位一体”基本公共卫生服务，为全市75.96%的农民家庭建立了健康档案，并做到对各自责任区内的重点人群进行随访，对重点疾病实行分类管理，全市分类管理的重点病人达59685人。市卫生局还定期组织人员对社区卫生服务中心进行督查考核，并将考核结果与农村公共卫生

"卫生·健康·和谐乐清"电视大奖赛　　市卫生局提供

服务专项资金的下拨直接挂钩。全年全市下拨农村公共卫生服务专项资金991万元。积极推行双向转诊制度，全市社区卫生服务中心分三个片区与市级综合性医院签订《社区卫生服务业务指导和双向转诊协议》，社区卫生服务责任医生可以免费或优先到市级医院进修，市级医疗单位分片对社区卫生服务中心转来的患者开通"绿色通道"，优先提供科室选择、检查预约、住院安排等服务，并将适宜社区诊疗的患者及其就诊资料及时转回社区，由社区负责做好康复保健工作,逐步形成"小病在社区、大病到医院、康复回社区"的分级医疗和双向转诊新格局。11月，仙溪镇社区卫生服务中心顺利通过了创省规范化社区卫生服务中心的评审工作。开展全民卫生健康知识教育，全年市卫生局累计发放健康读本34余万册，健康小处方41万张；组织市健康教育讲师团经常到乡镇开展健康教育讲座，全市共讲座98次，受益者达6860人次；还举办了以"农民健康工程"为核心内容的"卫生•健康•和谐乐清"电视大奖赛。

通过多方面的努力，全市农村公共卫生服务项目工作进一步得到落实，公共卫生服务综合达标率达84.05%。

医疗救治与质量管理

2007年，医院管理工作以加强医疗质量管理为重点，狠抓制度建设，把各项医疗制度落到实处。同时，以处理医疗纠纷"四个不放过"为准则，规范各种规章制度、技术操作规程，强化医疗护理的标准化管理，深入开展了安全医疗教育。由于措施得力到位，全市医疗机构的医疗质量有所提高，医疗安全隐患有所减少，医疗差错、事故有所下降，规范化、科学化的医院长效管理机制正在逐步形成，医生职业道德建设工作体系得到进一步巩固；以方便病人就医、减少就医环节为主要内容的服务环境体系得到持续改善，医院的管理水平得到提升。市人民医院积极开展创建温州医学院附属医院活动，并取得成功，该院的医疗环境、医疗质量以及职工精神面貌得到了温州医学院评估组的肯定。坚定不移地贯彻"中西医并重"的卫生工作方针，充分发挥基层医疗机构的中医药作用，市卫生局多次组织乡镇卫生院、村卫生室的中医药人员进行了业务培训。

医疗卫生基础设施建设

市公共卫生中心大楼完成投资3500多万元，预计2008年投入使用；市人民医院综合大楼二期工程开工建设，已完成投资2920万元；市妇幼保健院整体迁建工程顺利进展，主体工程结顶，全年完成投资5000多万元；市二医建设工程报批工作基本完成，市三医迁扩建工程前期工作正在进行中；南塘社区卫生服务中心迁扩建工程已结顶，预计2008年投入使用；象阳卫生院改建工程已完成并投入使用。

医教科研

加强对医务人员的继续教育工作，并对山老区卫技人员进修及业务深造给予政策倾斜。2007年，市卫生系统组织安排中级职称以上的临床医务人员外出参加继续教育学习和学术活动700余人次，其中临床一线医务工作者530余人次、护理人员120余人次、其他专业50余人次；组织安排在职卫技人员参加继续医学教育310人次，其中中级职称以上的I类学分教育达到85%、Ⅱ类学分教育达90%。鼓励医务人员参加学历教育，全年医疗卫生系统有280余名医务人员参加了二次学历教育，先后选送了127名医务人员到上海、杭州等地进修，市级医疗机构接受进修生80余名。市卫生系统还开展了有关学科岗位证书培训及"三基"训练，全年参加省、温州市级各类学科岗位培训人员达130余人次。

卫生扶贫

全市各级医疗卫生机构开展了形式多样、内容丰富的医疗卫生下乡扶贫工作。市人民医院、市二医、市三医、市妇幼保健院、市中医院、市医学会、市中医学会等单位共开展各种义诊活动27次，参加义诊活动的医务人员计1712人次，义诊群众达38901人次，赠送药品总价值达13.6万元。市人民医院、市二医和市三医开展了对基层医疗机构医务人员业务培训，并赠送各种医疗设备37台件，价值约8万余元。市中医院开展传统医学进农村、进社区专项活动，为山老区白内障患者进行义诊，免费为23位白内障患者做了手术，使他们重见光明。市妇保院开展以"关爱妇女，关爱儿童"为主题的专项义诊活动，为613名妇女、479名儿童做了免费体检，同时举办了专项科普宣传讲座。

农村爱国卫生运动

2007年，乐清市爱国卫生工作在市委、市政府的领导下，通过各部门通力合作，顺利通过省级卫生城市复查，再次被确认命名为“浙江省卫生城市”，为创建“国家卫生城市”奠定了坚实基础。积极开展卫生村创建活动，成功创建了2个“浙江省卫生村”、12个“温州市卫生村”和17个“乐清市卫生示范村”。组建乐清市健康教育讲师团，积极开展“健康教育进社区”、“创卫知识进社区”教育活动，向居民开展健康教育宣传98场次，广泛宣传健康知识和健康生活；同时举办了“创卫知识电视大奖赛”，向广大群众发放各种宣传资料2万多份。除“四害”工作进一步深化，市级财政共投入除四害经费40余万元。大力推进农村改水、改厕工作，全市自来水普及率达97.42%，超出全省平均水平；市财政下拨改厕专项补助经费90万元，全市新增卫生厕所2.48万个（户），卫生厕所普及率达83.10%。

红十字会

2007年，市红十字会大力弘扬“人道、博爱、奉献”的红十字精神，协助市政府为发展社会救助事业、保持社会稳定、促进社会和谐做了大量工作。本着“人道主义”精神，市红十字会组织“E心E意爱心志愿社”人员，利用“5•8”世界红十字日，在市区首次开展了造血干细胞的宣传报名活动，共有168人自愿报名参加干细胞抽样采集，并当场签署捐赠协议、颁发荣誉证书。开展“博爱送万家”活动，为山老区贫困户送去扶贫救济款物共计16.1万元。推进“三帮一”扶贫活动，组织人员到台风袭击受灾严重的智仁乡调研，并给该乡送去2万元受灾救助款。

无偿献血工作

大力推进采供血机构建设，实现温州市中心血站乐清市采供血点与市献血办合署办公。加大无偿献血宣传力度，动员社会各界参加无偿献血，继续推出“无偿献血，爱心保险”。2007年，全市无偿献血达8651人次，共计1956.63升；1次献血200ml以上比例达23.82%，成份输血率达79.31%；与前几年相比，多次参加献血和1次献血200ml以上人员有了大幅上升。乐清市连续4年实现临床用血100%来自无偿献血。

乡镇医疗卫生机构一览表

序号	乡镇	卫生院数	服务站	村卫生室	个体诊所
1	乐成	1	9	50	13
2	柳市	1	2	77	13
3	虹桥	1	0	53	7
4	北白象	1	0	74	4
5	城北	1	0	0	0
6	翁垟	1	0	31	1
7	象阳	1	0	26	2
8	黄华	1	0	19	1
9	七里港	1	0	14	1
10	磐石	1	0	7	0
11	白石	1	0	9	0
12	蒲岐	1	0	14	1
13	南岳	1	0	10	1
14	石帆	1	0	20	0
15	淡溪	1	0	12	0
16	天成	1	0	11	0
17	四都	1	0	5	0
18	芙蓉	2	0	9	1
19	清江	1	0	17	0
20	南塘	1	2	6	0
21	雁湖	1	0	2	0
22	岭底	1	0	2	0
23	雁荡	2	1	14	0
24	大荆	2	0	19	2
25	湖雾	1	0	8	0
26	仙溪	1	0	5	0
27	双峰	1	0	5	0
28	龙西	1	0	2	0
29	镇安	1	0	3	0
30	智仁	1	0	5	0
31	福溪	1	0	0	0
合　计		34	14	529	47

体 育

综 述

2007年，乐清市深入贯彻落实《体育法》、《全民健身计划纲要》和《关于进一步加强改进新时期体育工作的意见》等法律、法规，积极开展全民健身活动，努力选拔和培养体育竞技人才，加大体育改革和发展步伐，促进了体育事业的全面发展。乐清市体育事业发展局荣获温州市群众体育先进单位称号。

竞技体育

2007年全市业余训练遵循“选好苗子，从小培养，打好基础，系统训练，积极提高”的工作方针，以备战参赛温州市第十四届市运会为主要工作任务，调整体育传统校、训练点布局，增加在训项目，充实教练员队伍，加强训练，积极参赛。全年共设训练项目12个，新增加皮划艇、女足2个项目。2007年先后举行了全市田径、散手、拳击、武术选拔赛，并组队参加了温州市散手、拳击、武术、棋类、游泳、田径、足球、篮球、柔道、跆拳道、皮划艇、举重、摔跤等15个大项比赛，共计获金牌50枚、银牌70枚、铜牌55枚，其中男子足球荣获团体冠军，游泳和田径比赛均获温州市团体第二名。组队参加了省第八届县级田径运动会，共获奖牌8枚。乐清籍12名选手参加全国城市运动会决赛，共获奖牌5枚。5月，“全民健身与奥运同行”2007年全国龙舟精英赛在江苏常州市举行，乐成镇石马龙舟队夺得亚军；8月，在杭州市举行的2007年浙江省传统体育项目学校游泳比赛上，市实验小学代表队获总团体第一名，并在个人项目上夺得11个冠军；乐清市少体校输送的运动员张晓周在4月举行的全国拳击锦标赛上荣获48公斤级亚军，在11月举行的全国拳击冠军赛上荣获48公斤级冠军。另外，9月在重庆举行的全国游泳锦标赛上，乐清籍运动员施浩然荣获男子4×100米自由泳接力冠军，乐清籍运动员郑芸芸荣获女子4×200米自由泳接力冠军；10月在江苏扬州市举行的全国跆拳道冠军赛上，乐清籍运动员董凤鸣荣获女子63公斤级冠军；10月初乐清籍运动员朱建平参加在上海市举行的2007年世界特殊奥运会，他所在的中国队（他为守门员）获得季军。2007年，市体育事业发展局还承办了温州市青少年男子足球赛和篮球赛。为了激励运动员刻苦训练，争创佳绩，5月27日市体育事业发展局举行了首届鲜爽啤酒体育基金颁奖仪式，对21名乐清籍优秀运动员进行了奖励。

“华通杯”机关干部羽毛球比赛　　市体育事业发展局提供

群众体育

开展全民健身活动，增强人民体质，是体育工作的中心任务。2007年全市共举办各类赛事和活动136次。春节期间举办了第21届“雁荡杯”象棋邀请赛；“五一”举办了职工运动会；“六一”儿童节举办了“棋苗杯”幼儿国际象棋比赛；“七一”举办了“华通杯”机关干部羽毛球赛；“八一”建军节举办了驻乐部队篮球赛；“九九”重阳节举办了“鲜爽啤酒杯”门球赛；“十一”举办了“鲜爽啤酒杯”民间乒乓球争霸赛，奥运冠军吕林莅临指导，吸引了全市234名乒乓球爱好者参与，群体活动形成“月月有大赛、天天有活动”的良好局面。2007年乐清市还承办了全国象棋甲级联赛、全省“金龙控股杯”保龄球赛，并组队参加了长三角体育圈全民健身大联动、全民健身片区展示活动、体育强市和体育强镇比赛等。2007年，柳市、虹桥、翁垟、天成等4个乡镇和市电信局、人民医院、移动公司等7个企事业单位及马道头、珠上等6个村举办了运动会。大力开展创强创特活动，翁垟镇、天成乡顺利通过省级体育强镇（乡）验收。全年创建市体育特色村10个，全市累计已创市体育特色村达80个。七里港镇马道头村被确定为国家级社会体育科研项目基地。2007年市体育事业发展局还举办了三期社会体育指导员培训班，培训社会体育指导员153名；组织11个体育单项协会参加“健康生活进万家”活动，科学指导社区、居民开展健康锻炼，帮助社区举办各类培训、组织各类比赛表演活动30多次；为翁垟镇、天成乡的500多名干部群众进行了国民体质监测，现场为他们开出运动处方，指导他们进行科学锻炼。2007年派员参加了省、温州市老年体协举办的健身球操、太极柔力球和地掷球教练员、裁判员培训班学习；举办了乐清市中老年太极柔力球培训班，参加培训人数达160多人；组队参加了温州市老年门球赛、地掷球赛、气排球赛，市男子气排球队荣获温州市老年气排球比赛第一名；全市14名老年运动员代表温州市参加浙江省第五届老年运动会的气排球、太极拳、钓鱼、象棋等项目比赛，为温州市争了光，乐清市老年体协荣获“浙江省老年人体育工作先进集体”称号。

体育产业

全市现有各类经营性体育场所370家，其中游泳场（水上项目）16家，健身健美俱乐部12家，武术院7家，轮滑9家，棋牌室20家，共计从业人员500余人。全市现有54个电脑体育彩票销售点，全年销售额为7698万元，名列温州市前茅。

体育基础设施建设

2007年全市新建全民健身苑（点）99个、篮球场30个、门球场3个、地掷球场2片，全市各个乡镇村级体育场地设施率都达到了45%以上。按规划要求，调整了市国民体质监测中心选址，追加了投资预算，基本完成工程建设前期工作。投资40万元对市体育中心田径场草坪进行了翻修，投资15万元对市游泳馆游泳池底部进行了安装塑料垫层的垫高处理，消除了安全隐患。到2007年底止，全市31个乡镇都建成了灯光篮球场，有室外健身场所的村567个，占行政村总数的62%，还建成了一批体育场地精品工程。

开展全民健身跑活动　　　　市体育事业发展局提供

大众传媒

乐清日报社

概况　2007年，《乐清日报》的宣传报道和经营创收都上了新台阶。新闻精品不断涌现，全年被省级以上媒体采用的稿件达70篇（其中《浙江日报》采用34篇），获省级以上奖的稿件13篇；新闻报道连连出彩，曾先后3次获得《浙江日报》、省新闻出版局阅评组的书面专题好评。在2007年度浙江日报报业集团县（市）报新闻奖评比中，《乐清日报》有5篇作品获奖，《“南平事件”报道和民主、温暖、和谐主题讨论》（连续报道）获一等奖，两篇作品获二等奖，两篇作品获三等奖。在浙江省县市区域报好新闻评选中，《通领科技扳倒美国巨头》、《第一艘1000吨“救命水”昨运抵我市》被评为一等奖，有2篇作品获二等奖，3篇作品获三等奖。在温州市新闻奖评选中，有1件作品获一等奖，1件作品获三等奖。全年经营总收入达2496万元，同比增长13%；利润达612万元，同比增长11%。投资3800多万元、建筑面积13115平方米的报业大楼已经落成。同时较有成效地开展了作风建设年活动。

围绕一个“中心”开展宣传　紧紧围绕市委、市政府的中心工作，服务大局抓策划，扣住主题组稿件，开辟了“解放思想，转变作风，率先实现第三次跨越”、“看看乐清新变化”、“科学发展创和谐，喜迎党的十七大”、“民生·温暖·和谐”、“党旗飘飘”等十多个栏目，共刊发了3000多篇新闻稿，其中《阳光学校水漫金山》、《为留守儿童征集“代理家长”》、《十二个水泵嗡嗡响，噪音困扰一年多》、《这是帮忙还是帮倒忙》等30多篇报道促进了问题的解决，收到了较好的效果。

尝试七种“做法”拓展新闻业务　一是设点联系基层，挖掘鲜活题材。在全市基层设立了5个联系点，全体记者实行分片联系，分配基本任务，明确基本要求，辅以奖罚措施，要求将新闻触角延伸到每个角落，从基层采录鲜活题材，从而为报纸增加了一大批“三贴近”稿件。二是举行新闻研讨，提高业务能力。全年分别以《更新办报理念》、《改进会议报道》等为题，先后开展了12次新闻业务研讨会，会上既有个人中心发言，又有大家畅所欲言，对观点新颖的发言还在《乐清日报通讯》上予以刊登。三是进行捆绑结对，开展帮带学习。将全体采编人员分为11组，开展了以提升业务能力为主要目的的“一帮一”、“一带两”业务结对学习活动。四是采前选题，激发多向思维。采编人员每天上午参加采前会交流采访线索，并运用多向思维，梳理优选题材，找准最佳角度，努力提高新闻报道质量。五是打造互动平台，发掘新闻来源。依托新闻110热线电话、QQ热线、民情工作室BBS等载体，与广大读者进行互动，在互动中掌握线索，发现新闻。六是设立新闻奖项，开展报道竞赛。先后进行了“头条新闻竞赛”和“改进会议报道竞赛”两次活动，这为配合报纸转型、提高采编业务水平作了有益的尝试。七是围绕热点问题，抓好事件新闻。针对广大读者共同关注的社会热点和焦点问题，用讲“民生故事”、“英雄故事”、“南平故事”、“雷击故事”、“乡村故事”、“抗台故事”等形式，突出新闻价值，抓好事件报道，增强新闻的吸引力和感染力。

经营创收实现两“增”、一“突破”　两“增”即：一是广告实收款增至1836万元，创历史最高纪录。这主要是年初新锐力公司与乐清日报社进行广告经营合作，推行了专业经营与工作室制度，规范了广告业务日报制和收欠费月结制，按经营类别细分了广告市场，加大了策划的力度，从而有效促进了广告经营效益的提高。二是印务利润收入达148万元，同比增长6%。这主要是印务公司强化了服务，加大了创收力度，拓展了对外印刷业务。一“突破”指的是多元经营有了零的突破。主要是报业大楼尚未竣工就通过竞标预收了一笔169万元的租金，且租金每年按10%的幅度递增。

创建“六型机关”　乐清日报社紧紧围绕思想作风、工作作风、文风、学风、领导作风、生活作风等“六风”建设内容，分别通过动员大会、问卷调查、个人剖析、对照检查、撰写心得、民主测评、蹲点调研、破解难题等渠道和形式，开展了“作风建设年”活动，努力创建“六型机关”，取得了一定的成效。

广播电视台

概况 2007年，乐清市广播电视台以邓小平理论、“三个代表”重要思想为指导，深入贯彻落实科学发展观，把握正确舆论导向，确保安全播出，加快事业产业发展，各项工作在巩固中发展、在规范中提高、在创新中进步，保持了良好的发展态势。2007年，乐清市广播电视台荣获浙江省安全播出平安单位奖、浙江省新闻协作一等奖、被评为温州市广播电视安全播出工作先进单位、温州市广播电视通联工作先进单位、乐清市防范和处理邪教工作先进集体。

市广播电视台“作风建设年”活动再动员暨年度工作会议　　市广播电视台提供

广电宣传发挥了正确舆论导向作用 2007年，乐清市广播电视台启用了新台标，制作播出新的电视栏目片头、频道形象宣传片，还招聘了两名《乐清新闻》主播，相继推出了《解放思想、转变作风、率先实现第三次跨越》、《建设社会主义新农村》、《迎接党代会、为发展献计》、《党旗下》、《十七大精神在乐清》等专栏，突出了“两会”、社会主义新农村建设、“作风建设年”活动、建设法治乐清、庆祝建党86周年和党的十七大等方面的宣传报道。广播《乐广新闻》全年共播出报道330余档2300余条，各类专题660档；电视《乐清新闻》播出报道323档2470余条，《民生快递》栏目播出260档1300余条，播出专题230期。

“两会”期间，广播、电视对“两会”进行了现场直播，《乐清新闻》开辟了三个小栏目，《乐广新闻》开设了专栏，报道了“两会”盛况和过去5年全市社会各项事业所取得的辉煌成就。加大社会主义新农村建设的宣传力度，电视《乐清新闻》增设了“建设社会主义新农村”版块，开设了《走近新农村》栏目，拍摄了《外来物种入侵乐清蕃茄》等三个专题片并在中央台7套《聚集三农》栏目中播出，完成了专题片《乐清市新农村建设纪实》；广播对农宣传栏目《农业窗口》、《金色土地》报道了全市社会主义新农村建设取得的成果及涌现出的一批先进典型，对“三农”的报道得到了市委领导的充分肯定。开设了《解放思想，转变作风，率先实现“第三次跨越”》专栏，及时报道了“作风建设年”活动中一些生动的社会实践和取得的成效，《乐广新闻》播出市委、市府领导下基层蹲点调研新闻32条、作风建设新闻59条、专题节目5档。全力做好党的十七大宣传报道工作，出台了迎接十七大的宣传计划和安全播出实施方案，制订了10多个宣传报道方案，电视宣传开设了《创新创业之歌》、《十七大精神在乐清》等栏目，播出《建设枢纽大港 再造一个乐清》等40余篇宣传乐清经济与社会建设成就的报道，播出《小五金闯出大市场》等20余篇构思精巧、以点带面的主题报道，其中大部分播出稿被省台、温州市台所录用；9月10日至10月30日期间，广播《乐广新闻》播出宣传十七大的报道35条、专题7档。抗台期间，乐清广播电视台周密安排、反应快速，及时、多角度地报道了台风的最新动向，使乐清新闻成为全市广大干部群众抗台救灾的信息平台。据统计，电视《乐清新闻》共播出抗台报道74篇、抗台特别新闻14档，其中在浙江卫视播出18篇、中央2套播出2篇；《乐广新闻》滚动播出台风动态信息36条，这是历年来乐清广播电视台宣传效果最好的抗台报道。另外，《乐清新闻》还以较大篇幅对全市法治建设、创卫生城市、创旅游城市、创文明城市等阶段性中心工作进行了全方位的宣传报道。

2007年，《民生快递》栏目在关注民生、反映民意等方面有了进一步突破，特别是在农民工生活、学校收费、保护消费者权益、保障人民生命财产安全等方面作了大量的宣传报道。《义务消防车何时能摆脱“黑车”身份》、《盖竹吃水难系列报道》等，以翔实的新闻事实、及时的后续跟踪报道反映了民生问题，述说了百姓呼声，赢得了广大观众的一致好评；关注弱势群体，对患白血病的小金国进行了连续报道，获得了社会各界的关注和援助；新闻报道《小露丹的心愿——愿天下无车祸》引起了各级媒体的关注。《生活现在时》栏目在为群众分忧解难的基础上，做足地域特色，凸现地域文化内涵，提升了广电宣传的影响力。广播节目中心推出直播节目《与你同行》，该节目以服务百姓、疏导乐清交通、积极引导听众遵守交通法规为宗旨，大力宣传文明行车与交通法律法规，促进人们提高文明行车的交通意识；节目开播以来，广大驾驶员朋友和交警积极参与，真情互动，取得了良好的社会效益。

加强与中央、省、温州市广播电视媒体的联系与合作 为进一步扩大对外宣传的影响，乐清市广播电视台主动策划、组织了重大新闻宣传题材的采访、制作和发送。2007年，温州市级广播电视媒体录用乐清市广播电视台电视新闻367件、专题6件，录用广播作品74件；浙江省级广电媒体录用乐清电视新闻266件（其中浙江卫视录用191件）、专题8件，录用广播作品73件；中央电视台1—4套新闻节目录用乐清新闻报道36件（80次），其中《新闻联播》节目录用7条，央视7套录用专题4条。乐清广播电视台在浙江卫视新闻协作全省县级台站排名中，从上年的第17名跃升至第2名，并荣获浙江省新闻协作一等奖。市广播电视台还邀请了温州电视台新闻部主任、大型活动部主任等给乐清广播电视台新闻工作者讲课，交流创作经验；邀请浙江卫视专业灯光师来乐清作灯光调试技巧讲座。

开展“新闻为民服务”活动 乐清广播电视台联合市残联、市中医院开展了“新闻进农村”活动，到革命老区四都乡为村民义诊，接受群众新闻来访，实地解决群众的困难和各类疑难问题；联合市工商局开展“新闻进社区”活动，到市区中心菜市场为市民提供食品安全检测服务，现场受理群众的新闻热线投诉。这两起“新闻为民服务”活动在社会上都引起了较大的反响，树立了乐清广播电视台的良好形象。

成功举办电视大赛 上半年，乐清广播电视台成功举办了“少儿主持人电视大赛”，从策划方案到节目播出，历时近3个月，最终圆满完成了这次大赛，获得了社会各界的好评。下半年，举办了乐清市民歌民谣电视大赛，将本土的传统文化与当前新农村建设紧密结合，形式新颖，深受群众欢迎。这两个活动的成功举办，进一步扩大了乐清广播电视台的社会影响力。

确保广播电视安全播出 乐清广播电视台严格执行“三位一体”机房值班制度、零报告制度，进一步完善了安全播出应急预案，建立了安全播出综合防范机制，坚持设备周检、月检及重要播出前的大检查，使设备始终处在最佳运行状态，确保了广播电视节目的安全播出。为保证广播电视网络运行畅通和节目信号的畅通，乐清广播电视台对省网、市网杆路进行了重新编号，加强了维护，开展了打击盗窃破坏广播电视设施违法犯罪专项斗争，并协助公安部门处理破坏广播电视设施案件20起，接受处理市长专线电话50余起。9月27日，乐清广播电视台还协同市有关部门进行了广播电视安全播出大演练。演练从上午8：35开始至9：50结束，涉及台中心机房、盐盆山无线发射机房和大荆等5个乡镇广电站，共有108人参加了演练。通过这次演练，进一步提高了市广播电视台安全播出的应急处理能力，为安全播出提供了可靠保障。在党的“十七大”召开前，乐清广播电视台对全市系统内及系统外的卫星天线进行了转星调整，完成系统内卫星转星49只、系统外卫星转星381只，确保了党的“十七大”等重要播出时期的安全、优质播出。2007年，乐清广播电视台荣获年度浙江省广播电视安全播出平安单位奖。

事业建设扎实推进 2007年，乐清广播电视台投资200多万元，历时3个多月，完成了建筑面积1291平方米的蒲岐广播电视站办公楼工程；投资650万元，于12月25日开工兴建台附属用房工程，该工程占地面积6亩多，建筑面积为3896.5平方米。全市有864个行政村实现了有线电视光缆联网，联网村占全市行政村总数的95%。乐成、柳市、虹桥、北白象、雁荡等镇率先实施双向网改造工程，共改造双向网用户23726户；完成了银河花园等35个小区和3个村的双向网改造，共改造用户10790户，这为开通互动数字电视打下良好基础。全市新增有线电视用户8955户，整改用户9266户，现有电视用户数达23万户；全市新增光节点257个，架设光缆197杆公里，熔接光缆4186芯，完成地埋管道9.1孔公里，截止年末，全市光缆总干线达2000多杆公里。另外，还更改了乐清至清江以东片区各站的模拟信号传输方式，提高了该片区的电视信号质量；完成了网络中心机房至乐清经济开发区各企业的光缆主干线架设，为45家企业安装了1600多个终端用户；对土墩塘村等

成功举办“少儿主持人电视大赛” 市广播电视台提供

台领导检查“村村通”工程　　市广播电视台提供

3个村进行了网络升级改造，共整改用户终端1800多个；完成了上海花园等8个小区光缆联网工程。

全年，市广播电视台还安装、更换交换机6台，进一步提高了数据业务的安全性和可靠性；更换了虹桥等广电站的UPS电源，为湖雾等广电站机房增设了一套3KAV的UPS电源，保证了数据业务的正常运行；完成了乐清农村合作银行11个数据点的联网，安装了4个交警监控点，新增数据点63个，数据点累计达202个。

“村村通”工程建设卓有成效　2007年是实施新一轮广播电视“村村通”工程的关键一年。市政府、市委宣传部高度重视，于7月份确定了实施目标，明确了年内必须完成7个行政村、17个自然村的“村村通”任务。经过5个多月的实施，圆满完成了城北乡、岭底乡、智仁乡等7个行政村及17个自然村的光缆联网工作。

启动互动数字电视项目工程　7月30日，市政府召开了实施互动数字电视项目工程专题会议，同意乐清广播电视台实施互动数字电视项目工程。8月29日，互动数字电视项目顺利通过国家广电总局广播科学研究院专家组主持的技术论证。12月9日，乐清广播电视台下属全资公司乐清市乐鼎数字网络有限公司与宽广视界（北京）科技有限公司共同注资的合作公司——乐清市宽广数字传媒有限公司正式宣告成立，预计2008年1月可正式开通互动数字电视，并实施对外商业试放号。互动数字电视实现了由传统模拟信号向数字信号转变，由单一被动收视向双向互动数字转变，由单一的广电视频业务向时移、回看、点播宽带等多功能业务转变；实现了三网融合，抢占了有利商机，这标志着乐清广电事业又跨上了一个新台阶，并将对构筑新网络、打造新广电、创造新生活具有十分重要的意义。

广播转播台

概况　浙江省乐清广播转播台始建于1973年，属全额拨款事业单位。位于乐清市乐成镇旭阳小区，是乐清市唯一以无线中波广播覆盖全市及周边地区的广播转播台，主要承担完整转播中央人民广播电台第一套节目和浙江人民广播电台第一套节目的任务。2001年，根据省委宣传部、省编委、省财政厅、省广电局《关于我省调整中波转播台隶属关系具体实施办法的通知》精神，乐清广播转播台划转浙江省中波发射管理中心管理，更名为浙江省乐清广播转播台,是省属全额拨款事业单位（正科级）。人员编制定编为14人,现有正式在编干部职工17人，离休1人，退休5人。2007年，乐清广播转播台以邓小平理论和“三个代表”重要思想为指导，深入贯彻落实科学发展观，按照构建社会主义和谐社会的要求，围绕省广电集团新一轮发展目标和省中波发射管理中心第二个五年技术发展规划，坚持“一个中心”，突出“两个重点”，抓好“三项建设”，全台职工团结奋战、开拓创新，较好地完成了2007年的各项工作任务。

树立大局观念，确保播出安全　安全播出是转播台工作的第一要务。为了确保播出安全，乐清广播转播台组织干部职工认真学习，强化全体干部职工的政治意识、责任意识、大局意识，做到警钟长鸣，牢固树立安全播出为第一要务的思想观念，自觉做好安全播出工作。每逢重大节日和重要播出期，台领导靠前指挥，安排分管技术的领导值班；工程技术人员对发射及接收设备进行全面检查维护，使设备处于完好状态；机房值班人员坚守岗位，落实各项安全措施，保证优质安全转播。

加强设备检修，出色完成节目转播　技术人员按照维护条例“预防为主、防治结合、计划检修”的要求，制订了设备检修维护的周检、月检、季检、年检计划，对发现的问题及时处理，一般故障不过夜，重大故障集中力量突击抢修，使机器设备常年处于完好状态。全年乐清广播转播台安全播出无人为事故和重大技术事故，台内停播率为0秒/百小时，发射机各项技术质量指标均达到甲级，“满时间、满功率、满调制”地做好了中央一套和省一套广播节目的转播工作。

启动抗台预案，做好防治抗台工作　2007年，“圣帕”、“韦帕”等台风频繁登陆乐清市及周边沿海地区，严重影响乐清广播转播台的安全播出，抗台、防台形势非常严峻。乐清广播转播台根据上级领导的抗台、防台部署，台领导立即启动抗台预案，检查落实各项防台措施，组织全台干部职工日夜坚守值班岗位，在防台抗台中，台领导注意保持与上级领导、气象部门、电力供应和兄弟台站的联系，密切注视台风动向，确保全台人员、财产的安全，确保中央台、省台广播节目和台风气象信息的准确、及时、完整、安全播出。同时，还遵照市委、市府的指示，及时派出骨干人员，赶赴联乡单位的雁湖乡协助抗台救灾。

严格财务管理，合理使用经费 在财务工作中，乐清广播转播台严格执行各项财政、财务规章制度，严守财经纪律，加强规范管理。对各项开支实行预算管理、认真分析、合理调节开支、发现问题及时纠正解决；对各项津补贴进行疏理，做到发放有序、有文可依，坚决制止不合理、不规范的开支。同时严格禁止私设小金库、账外账、坐收坐支等违规违法行为。全台没有发生违反财经纪律的人与事。

加强学习培训，提高队伍素质 坚持每月学习例会制度，组织全台干部职工认真学习贯彻党的十七大精神，学习政治理论、法纪知识和道德规范，以提高干部职工的政治素质和思想道德修养。同时加大职工业务技术培训力度，组织机务人员参加温州地区广播转播台业务培训学习，派技术人员参加省中波发射管理中心组织的全省广播转播台技术能手竞赛。每当新设备投入使用，要求技术人员向机务员讲解设备的功能和操作方法，提高他们的业务素质和专业技术水平，为安全播出提供了有力的技术保障。

逸　闻

蒲岐镇发现濒危两栖动物—中国瘰螈 12月份，蒲岐镇北门新村村民姚如福在蒲江东路双屿河中发现一种两栖动物，该动物长13.4厘米，宽1厘米，全身褐黑色，头部扁平，皮肤粗糙，体背与体侧布满瘰粒，背中央有一条棕色的脊棱，肚皮上有橘黄色斑点，身上长有四指五趾。村民们都从未见过该动物，更不知道它的生活习性及如何喂养。后来根据该动物的体貌特征，在网上搜索相关资料进行对照，初步认为是珍稀动物——小鲵。温州市绿眼睛环境文化中心得知此事后，派专家对该动物进行了鉴定，并查证了《中国两栖动物图鉴》，认定该动物为我国濒危的两栖动物——中国瘰螈指名亚种。据了解，中国瘰螈指名亚种大多分布于浙江、安徽、福建、湖南、广东、广西等地，栖息于山溪缓流中，时而到水面呼吸空气，白天隐藏在水底石洞或腐叶下，傍晚则留散或集群于溪流边，以螺蛳、叩头虫等小型动物为食，耐饥力强，室内饲养可投蚯蚓、蛙肉等喂之。

蜘蛛也会写英文 7月6日，南岳镇一市民在其车厢内发现，一只黄绿相间的花蜘蛛正在忙碌地织网，而织出来的网上却出现有几个大小不一的如英文字母的“J”、“M”、“W”字样。此现象吸引了众多市民观看，有人风趣地说：现在学英语很热门，连蜘蛛也不甘示弱，学起英语来了。

狗妈妈61小时生了10只崽 狗妈妈的正常分娩时间在1小时至36小时之间，可市区建设西路的一头金毛狗“丽莎”却用了61小时，“慢悠悠”地产下10只狗崽。11月3日16时，“丽莎”不停地抓窝、喘息，狗主人张先生意识到，“丽莎”马上就要生产了。很快，两只狗宝宝便出生了，奇怪的是，才生了两只小崽的“丽莎”居然停止了生产。张先生摸了摸“丽莎”的肚子，能感觉到明显的胎动。张先生焦急地等待了两天，11月5日13时，“丽莎”终于开始继续生产，又有两只狗宝宝出生了。此后“丽莎”又停止了生产，开始蹦蹦跳跳起来，但肚子还是很大。6日1时至5时，“丽莎”终于生完了剩余的6只狗宝宝。

两只母鸭七条腿 象阳镇四板桥村老陈家养了两只母鸭，人们看了都十分稀奇：一只鸭子长了4条腿，在两条正常腿的前面，还长有两条弯曲的鸭腿，两条弯曲的腿不会活动；另一只鸭子长有3条腿，在肛门下多长了1条腿，此腿比正常腿稍长些，也不会活动。

一只牛蛙7条腿 众所周知，牛蛙只有4条腿。11月12日上午10时，《乐清日报》记者在柳市中学附近看见了一只7条腿的牛蛙。这只牛蛙是周先生从柳市中心菜市场买过来的。牛蛙的后腿下面又长了3条腿，移动速度非常慢，围观的路人怎么逗它，它也不跳动，只是在地上慢慢地爬行。

“懂人言、通人性”的鸭子“巧巧” 芙蓉镇菜场路林女士家养了一只街坊闻名的聪明鸭子“巧巧”。别看“巧巧”一身傲气，它还真有“骄傲”的资本。主人一声令下，它就能出色的完成点头、下蹲、翻身等一个比一个难度高的动作，临了还“嘎嘎”两声汇报“表演结束”。平日，“巧巧”像“保镖”一样紧随主人的身后,寸步不离。主人上菜场买菜，它跟着；主人到超市购物，它也一起逛；要是主人走得快了一点,它就拍翅飞奔！它还另有“绝活”，能陪主人的孩子玩捉迷藏游戏！要是小主人生气了，想找它出气，它还会跑到主人那里寻求庇护。林女士家开着副食品店。这只鸭子还能帮她看店，要是有陌生人进店，它会嘎嘎叫个不停，甚至上前用嘴叼住人家的裤脚不放。

人们议论说：这只鸭子真有点“懂人言、通人性”。

古树干中出竹笋 雁湖乡周山村有株竹笋竟从一棵古树的树心中长出来，竹笋健壮挺拔，嫩芽翠绿，构成了一幅生动的笋木相依图。据当地一位96岁的老人说,这棵树名叫苦槠,有几百年的树龄。每年4月,这棵苦槠开出满树黄绿色的花,香气扑鼻,10月初果实成熟。过去村民生活困难,常捡苦槠子做成苦豆腐来度饥荒。因此,村民对这棵树有深厚的感情,树也一直受到村民的保护。如今,古树老了,树干上有许多空洞，想不到顽皮的竹笋竟从空洞中钻了出来。

乡　　镇

乐成镇

全国千强镇

概况　乐成镇位于浙东南沿海、雁荡山麓，东濒富饶的乐清湾，北依括苍山脉，104国道和甬台温高速公路穿境而过，是乐清市的政治、经济、文化和交通中心。全镇总面积101.15平方公里，其中耕地面积3.3万亩，常住人口约16万人，外来人口近8万人，下辖68个行政村和11个社区。该镇先后跻身于全国经济千强乡镇、全国体育活动先进镇、浙江省经济百强乡镇、浙江省文明镇、浙江省东海文化明珠乡镇、浙江省教育强镇、浙江省体育强镇、温州市综合实力三十强镇、温州市工业卫星镇等行列。

2007年，乐成镇实现工农业总产值124.97亿元，同比增长33.57%；财政收入7.1亿元，同比增长8%；农民人均纯收入12596元，增长5%；完成全社会固定资产投资4.6亿元，工业性投入4.58亿元，经济社会继续呈现强劲发展态势，综合经济实力列全国千强镇第186位。

乐成夜色　　范道敏摄

农业产业化水平不断提高　2007年，全镇农业总产值2.28亿元，农民所得总额12.17亿元。粮食播种面积2.46万亩；新建测土配方施肥示范基地1个、早稻机插示范方2个、早晚稻高产示范方1个。优势特色产业进一步壮大，新建中药材（郁金香）基地1个、高山蔬菜基地2个、东魁杨梅基地1个、其他水果基地2个，种植大棚瓜果蔬菜8000亩，种植郁金香、瓯柑等经济作物500亩；新增淡水养殖1500亩，围塘养殖面积合约2000亩，外涂养殖约10000亩。农业科技覆盖面不断扩大，品牌建设卓有成效，金

旭阳穿陌　　郑郁都摄

马种植、白玉豆制品、顺金肥牛、牛头山畜牧、三新农场等农业品牌确立了市场地位。农机化生产快速发展，全镇农机总动力达1.99万千瓦，被温州市列为农机化示范镇。全面落实支农惠农政策，圆满完成种粮农民农资综合直补工作，全年向农户发放存折1461个；超额完成山林延包任务，发证工作已完成95%；扎实开展政策性农业保险工作，在2007年台风中受灾的94户农民共获得了122万元的赔偿。森林防火、动物防疫、防汛抗旱工作扎实有力，取得了防抗“圣帕”、“韦帕”、“罗莎”等台风的胜利。全年累计投入农村、农业基础设施建设资金1188.4万元，农田水利建设和河道疏浚工作扎实开展，绿化山区机耕路25公里，完成造林面积1464亩。

工业生产车间　　乐成镇提供

工业经济实现新突破　全年完成工业性投入4.58亿元，同比增长23.78%；工业总产值首次突破百亿大关，达到122.69亿元，同比增长35.48%。开放型经济稳步增长，全年外贸出口1.16亿美元，同比增长46.1%，合同利用外资4383.45万美元，实际利用外资738.43万美元；头盔、电子仪器、机械等180多种产品出口欧美80多个国家和地区。自主创新步伐加快，镇政府累计投入科技资金833万元，11个企业的14个项目实施技改立项；宝龙集团在德国成功上市，华仪、巨邦、凯尔达、龙飞、中杰等企业商标被命名为中国驰名商标。节能降耗工作取得新进展，乐斯药业公司走出了一条“合同节电”与“技改节能”相结合的新路子，长宏钢铁制品有限公司投资418万元上马除尘系统优化工程，每年可节电385万度。扎实开展污染源普查，全面启动慎海头盔行业专项整治行动，集中解决了区域面源污染问题。

社会各项事业协调发展　基础教育力度加大，全年累计投入教育补助资金507万元，镇五中、镇五小迁扩建工程正在有序进行；公立寄宿学校迁扩建工程已完成基础施工，行政图书楼、学生宿舍已进入建筑施工阶段。人口和计划生育工作稳步推进，四项节育手术和社会抚养费征收取得新进展；新聘流动人口专(兼)职协管员121人，镇、村（社区）计生管理网络进一步健全。高度重视公共卫生事业，全面推进新型农村合作医疗制度，参合农民8.43万人，参合率达88%，并免费为2.3万名参合农民体检；爱国卫生运动广泛开展，“除四害”工作成效显著，山根村和乐湖社区被命名为乐清市卫生示范村（社区），南门村和西门村被命名为温州市卫生村。社会保障体系进一步健全，逐步扩大最低生活保障覆盖面，全镇有低保户566户计1249人，集中供养五保户24人，基本实现应保尽保；全面推广政策性农村住房保险，全力抓好被征地农民生活保障工作，完成企业养老保险4230人、工伤保险17815人，有3042名企业退休人员纳入社会化管理。移风易俗工作扎实开展，“青山白化”治理取得阶段性成果，“三沿五区”私坟治理率为90%；市区全面推行丧事集中办

晨沐广场　　金锐秀摄

首届农民文化艺术节文艺晚会　　乐成镇提供

理，集中办理率达100%。

新农村建设成效显著　旧村改造和环境整治累计投入资金7000多万元，建成省级村庄整治合格村1个、温州市整治合格村12个、乐清市整治验收合格村16个、温州市级生态村6个、乐清市级生态村6个，其中山根村被省委、省政府命名为“全面小康建设示范村”。农村劳动力素质培训深入开展，全年举办各类科技培训班14期，参加培训农民达1.2万人次。

精神文明创建活动广泛深入开展　全面推进“六城联创”工作，积极开展并顺利通过了省级卫生城市复查验收，在成功创建中国优秀旅游城市过程中发挥了中心镇的重要作用。全面开展“文化大院”、“文明社区”、“绿色社区”、“科普示范社区”创建活动，全年镇财政支出20万元，为15个村、11个社区添置了8000册科普图书，丹霞社区和西城社区被评为温州市先进文化示范社区，民丰社区被评为温州市绿色社区，乐湖社区被命名为市科普示范社区。群众文体活动蓬勃开展，全年举办各类文化活动40余次，成功承办了温州市首届农民文化节颁奖晚会，石马南村和云岭村顺利通过市体育特色村的评估。2007年，乐成镇被评为市文化工作先进集体。

社会治安综合治理工作全面加强　以“五五”普法为契机，积极加强法制宣传教育，深入开展“平安千村”和“平安千企”创建活动，“平安千村”创建率达100%。进一步深化专项斗争，开展了社会治安“清风”行动，严厉打击“六合彩”赌博、民间非法金融和法轮功等违法行为。狠抓禁毒工作，认真开展07禁毒行动，切实做好美沙酮治疗和尿检帮教工作。安全生产和消防工作警钟长鸣，全镇各类安全事故、伤亡人数、经济损失等都保持了零增长。信访工作态势平稳，信访总量比上年下降18%；镇司法所和各级调解委员会化解各类矛盾纠纷成功率达98.8%。镇巡防队联合乐成派出所共破获刑事案件994起，移送起诉433人，查处治安行政案件669起，打击处理2037人，切实维护了社会稳定和谐。乐成镇被评为浙江省社会治安综合治理工作先进集体，民丰社区被评为温州市平安创建先进集体。

重点工程建设稳步推进　全年完成全社会固定资产投资4.6亿元。市头盔摩配产业化项目进入实质性建设阶段。二环路工程一标段已试通车，二标段路基实现了与旭阳路的贯通。水深村整体搬迁一期拆迁工作已全部完成，拆迁面积1.7万平方米，现已启动一期工程建设；中心区遗留征地工作取得较大进展。电网建设进展迅速，排污管网乐成片一期建设已基本完成，蛎灰窑垃圾填埋场工程已进场施工，甬台温铁路乐成段和中心大道等建设项目正按计划顺利实施。同时，镇政府全力支持和配合市中心区、教育园区、经济开发区的重点工程建设。

镇生育文化公园　　乐成镇提供

柳市镇

全国千强镇

概况 柳市镇是“中国电器之都”，是中国断路器产业基地、“中国防爆电器产业基地”，是全国城乡一体化发展试验区、全国小城镇建设示范镇、中国百强名镇、中国小康建设十佳镇、中国最具投资潜力镇、中国最具发展优势镇、中国小康建设明星单位。2007年全镇工农业总产值达352.69亿元，财政收入达13.17亿元，全镇农民人均纯收入达18368元。柳市镇综合实力列全国千强镇第21位。

柳市镇政府办公大楼　　柳市镇提供

综合实力显著提升 农业经济稳步发展，全年完成早晚稻播种面积2.36万亩，荣获乐清市粮食生产先进乡镇称号。营林力度继续加大，全年完成造林面积777亩，完成山林延包登记1.58万亩。农经和村账镇代理工作进一步巩固和完善，全镇村级集体资产总计达9.15亿元。农业现代化进程加快，柳市镇获得温州市现代农业机械化先进集体称号。工业经济实现新突破，全年全镇创工业总产值352.02亿元，43家企业产值超过了亿元，规模以上企业年产值达299.21亿元，占全镇工业总产值的85%。全镇新增固定资产投资5.95亿元，其中技改投入1.13亿元。全镇开放性经济快速发展，全年实际利用外资5682万元，工业出口产值39.3亿元，德力西集团和施耐德公司成功合作。品牌建设再上新台阶，全年新增中国驰名商标12个、国家免检产品8个、浙江省名牌产品6个、温州市名牌产品23个，柳市镇被授予浙江省品牌强镇称号。积极推进现代企业制度改革，两家企业被列入温州市第一批拟上市企业名单。“节能减排”取得新成效，万元工业总产值用电量下降14.9%。第三产业有了新发展，有色金属、服装等专业市场健康发展，餐饮、金融、信息咨询、中介服务等服务性行业发展较快，技术、劳动力等要素市场初步形成。全年全镇市场商品成交额达36.24亿元，金融系统存款余额90.73亿元，贷款余额105.15亿元。

新旧城镇建设大力推进 2007年，完成了城区38.3平方公里的控制性详细规划和3.7平方公里的旧城改造控制性规划修编，完成了柳北变电所、西岸变电所建设、3号泵站进水段、柳青锦园三级管网和上来桥截污工程建设，完成了2号泵站和长途汽车站的征地政策处理工作，垃圾焚烧发电厂的前期工作基本完成，城镇保洁和苏吕垃圾堆放场已完成续签工作，柳江北路与老104国道线交叉口、环城东路吕岙段拓宽、柳翁东路二期、柳江北路吕庄段工程半幅路

美丽柳市　　柳市镇提供

柳市镇第二届全民运动会暨首届民营企业职工运动会　柳市镇提供

面、溪桥路一期工程拆迁等重点道路工程顺利竣工，溪桥路二期的新凤桥、环城北路垟心桥等工程已开工建设。大力开展新农村建设，全年完成24个村的13.26公里的河道驳坎和疏浚任务，垟心村旧村改造拆迁工程已启动，有18个村被评为温州市、乐清市环境整治合格村，有2个村被评为省、温州市全面小康建设示范村。

强化法治赢得社会稳定　深入开展“法治柳市”、“平安千村工程”、“平安千企工程”和“安全生产行政执法年”宣传活动，全年全镇没有发生重特大安全生产事故。全方位加强城市管理工作，安装和改造多处交通信号灯和电子警察；并与交警加强协作，对全镇各主要路口进行通行管理。加大对各类社会不稳定因素的防控力度，全镇命案、“两抢”、盗窃案件发案数平稳下降。加大对“六合彩”和赌博案件打击力度，开展禁毒专项斗争，柳市镇被评为温州市禁毒先进集体。扎实做好人民调解工作，调处成功率达97.42%，镇政府被评为浙江省人民调解工作先进集体。扎实开展处置民间非法金融活动，有效遏制了非法金融活动对社会稳定的危害。健全和完善各类应急救助预案，进一步提高了应急救助和应急能力。高度重视宗教和反邪教工作，积极引导宗教与社会主义社会相适应。

文教卫体等各项社会事业扎实推进　重视教育基础设施建设，八小工程建设正式竣工，四小迁建工程已完成基建总工程量的25%，六小和实验中学综合楼基建前期工作基本完成，五小基建正在积极筹备中。健全镇食品药品监督网络，做好计划免疫工作，进一步巩固了省级卫生城镇成果；新型农村合作医疗保险参合率达93.15%，全年医疗补助金额达464万元。成功举办了柳市镇第二届全民运动会暨首届民营企业职工运动会。深入实施“文明百村行动”，认真做好文明单位、文明社区的创建和复评工作。加强人口与计划生育工作，建成了柳市镇生育文化园区，全年社会抚养费征收达1700万元，其中单例高额征收101万元在全市产生了积极影响，镇政府被评为温州市计生工作先进集体。各项社会保障、保险制度进一步落实，人民武装、统计、档案工作也都取得了新成绩，社会各项事业全面进步。

政府自身建设全面加强　严格按照“党委决策、人大监督、政府实施”的原则，依法组织开展全镇各项重大工作，人大议案回复办结率达100%。坚持和完善民主集中制，不断增强领导班子的战斗力和凝聚力。制定完善了一系列制度，全镇干部的工作作风和工作效率有了明显提高。开展“转作风、抓落实、构和谐、促发展”和“阳光行动”等活动，解决了一批群众反映强烈的热点、难点问题；同时，创建长虹、上园等党风廉政示范村活动，廉政文化“六进”工作进一步推进。加大镇招投标中心、便民服务中心和村账镇代理中心的规范化建设，进一步规范了政务、村务、企务公开。认真做好对重点工程的监督管理，工程建设廉政责任制全面落实。

柳市镇锦绣上园广场文艺晚会　柳市镇提供

虹桥镇

全国千强镇

概况　虹桥镇是乐清市东部的经济和文化重镇，是中国电子元器件生产基地之一，是省中心镇、科普示范镇、文明城镇、教育强镇、体育强镇。该镇东邻乐清湾深水良港，南接甬台温高速公路，西连绅坊火车站，北临雁荡山国家级风景区。全镇面积57平方公里，辖6个办事处、59个行政村、8个居民区，总人口10.14万。2007年，实现工农业总产值90.17亿元，同比增长19.65%；财政总收入5.66亿元，同比增长38.4%；城镇居民人均可支配收入2.27万元，同比增长9.66%；农村居民人均纯收入1.24万元，同比增长6.90%。2007年，虹桥镇国民经济综合实力列全国千强镇第170位，列浙江省百强镇第27位。

虹桥文化广场成市民健身好地方　　虹桥镇提供

以工促农，三产和谐发展　2007年，虹桥镇农业总产值8364万元。镇政府有效落实各项支农惠农政策，全年支出各项农业建设和补助资金2000多万元，建立了4708户粮食直补网络，举办了9期农民素质教育培训班。整治了西干河，完成了两期土地整理任务，整理有效耕地1.4万亩。攻坚克难，工业经济主导地位更加凸显，全年完成工业总产值89.33亿元，同比增长21.14%；工业性投入4.27亿元，同比增长41%；外贸出口交货值达11.68亿元，同比增长74%。组建了浙江乐清工业园区管理委员会，成立了管委会办公室；投资1000万元新建了溪西工业园区标准厂房8500平方米；完成了浙江乐清工业园区内合兴集团和大丰公司的334亩用地的填方任务；信岙山坡地园区249亩和龙泽20亩用地上报省政府办理农转用手续。科技自主创新能力增强，新增国家级和省级新产品项目各一项，合兴集团荣获国家级企业实验室称号，浙江华潮电器有限公司的“华潮”品牌获得了中国驰名商标荣誉称号。第三产业更加繁荣，全年市场交易额达35亿元，乡镇连锁超市增至45家，名品步行街被列为乐清市旅游创优单位。

突出重点，新农村建设扎实推进　2007年，虹桥镇被列为首批温州市社会主义新农村建设示范试点镇。镇政府编制了《虹桥镇社会主义新农村建设规划》，投入建设资金1.3亿元，启动建设30个重点项目，完成了桥北等12个村的改水建设工程，完成了4个村的农村新社区试点工作。2007年，全镇成功创建全面小康示范村省级2个、温州市级1个、乐清市级6个，创建村庄整治合格村温州市级13个、乐清市级7个，9个村达到了晋

虹桥镇一角　　虹桥镇提供

工业生产车间一角　　　　　　　　　　　　　　虹桥镇提供

星标准。

狠抓基础设施建设，城镇面貌日益改观　2007年，虹南大道实现全线通车，环城西路和飞虹北路上仙垟段路面建设顺利竣工，完成了环城北路、虹桥东路与吕东路接线工程路面建设，完成了埭下至虹南大道、上河塔至桥北、瑶北至连桥、104国道至龙坦、上滕至连桥五条康庄大道的水泥路面浇注，完成了铁路沿线6个村46户72间房屋的拆迁任务，完成了蒲岐——洋湾110kv电力线路的安装铺设工程和500kv温东线虹桥段铁塔政策处理工作。虹河西路一村段和米市路拓宽工程政策处理进展顺利，虹桥流域东排工程开工建设。同时积极开展生态镇建设，强化城市管理，开展了非法电镀集中整治和电瓶三轮车非法营运专项整治行动；实行主街道16小时路面清扫，着手建设垃圾场污水净化池，溪西、界屿的生活污水处理第一期工程通过验收。

齐抓共管，创建“平安虹桥”成效显著　在全镇范围内启动安装网络视频监控系统，刑事案件和治安案件得到有效遏制，全年刑事发案1401起。禁毒工作进一步深化，破获贩毒案件119起，抓获贩毒嫌疑人200名，缴获毒品908.9克，动员56名吸毒对象自愿参加美沙酮治疗。开展了“清风行动”专项斗争，对“六合彩”进行严厉打击，行拘了51人，刑拘了8人，逮捕了2人。同时继续落实了反邪教工作“棋盘式”防控捆绑责任制，还成立了外来人口管理委员会。做好信访工作，人民调解工作效果明显，全年成功调解各类纠纷248起。重视安全生产工作，对出租房、“三合一”企业进行了安全隐患大排查、大整治，镇政府获得了2007年度乐清市安全生产先进单位称号。

统筹发展，社会事业齐头并进　完成了小学校网调整工作，虹桥镇一小成功举行了百年校庆典礼并顺利搬迁至新校舍，完成了实验中学宿舍楼、教学辅助楼建设和镇三小的塑胶操场建设，第十二小学基建工作进展顺利。镇一中和实验中学通过了“省示范性初中”评估验收。完成了国家级“新农村建设科技示范试点镇”的申报工作，成功创建了“温州市科普示范镇”和“省科普示范镇”；2007年全镇创建科普示范村1个、科普村2个、特色科普学校1所、示范基地3个。举办了虹桥镇第二届全民运动会，新建健身苑（所）6处，东街、蒋宅两村顺利通过了“乐清市体育特色村”验收。文化工作得到加强，筹资200多万元修复了大乌石古戏台和朱质庵墓等两处省级保护文物，收编出版了《虹桥作家丛书》，《虹桥文学》被评为全省乡镇文化刊物一等奖，镇文化站被评为全国服务农民服务基层文化建设先进基层文化站。积极推进农村合作医疗保险制度，参合率达90%以上，并建立了镇卫生体检中心，为2.2万参合农民进行了免费体检。严格控制人口数量，全年出生人口1082人，出生率为10.87‰，同时完成了婚姻登记档案整理和移交。加大对社会弱势群体的排查和帮扶力度，进一步做好政策性农村住房保险工作和临时敬老院的后续建设与管理工作，加强殡葬改革，开展“青山白化”治理，生态墓地的选址、报批和建设管理工作正按计划有序进行。

虹桥镇第二届全民运动会　　　　　　　　　　　　虹桥镇提供

北白象镇

全国千强镇

概况 北白象镇与“中国电器之都”柳市镇相邻，综合经济实力列全国千强镇第299位、浙江百强镇第30位。2007年，全镇实现工农业总产值162亿元，同比增长25.1%；税收总额8.26亿元，同比增长22.73%；财政收入1.35亿元，同比增长17.39%；外贸出口供货值2.49亿美元；农民人均纯收入1.31万元，同比增长8.26%。

经济实力增强 2007年，北白象镇工业总产值达160.83亿元，居乐清市第2位。全镇规模以上企业255家，其中新增产值超亿元企业6家，产值超5000万元企业7家；前十强企业总产值达88亿元，占全镇总产值的54.72%。全镇拥有省级高新技术企业3家、温州市级高新技术企业4家，正泰集团被列入国家火炬计划。新增浙江省名牌产品3个、温州市名牌产品9个，万控集团、指月集团获得了中国驰名商标。重点商贸市场得到规范、提升，餐饮、广告、物流等产业稳步发展。2007年，引进外资439万美元，利用内资2.95亿元，完成固定资产投资7.15亿元，其中工业性投入5.36亿元、技改投入1.5亿元。此外，完成了市政府招拍挂项目万茗村、高中村43亩土地的征用及农转用报批工作。4家企业供地项目立项，建成塘下村标准厂房15000平方米，解决了部分企业用地难的问题，大桥工业园区供水扩容、道路、排污等工程相继开工建设。

镇党委书记潘云夫　　北白象镇提供

镇长刘寅豹　　北白象镇提供

扎实推进“三农”工作 农业基础设施建设力度加大，全年投入1000多万元，完成土地整理4320亩、河道清淤7450米、河道护岸2710米；投入460多万元，新建灌溉渠道11820米、排水沟6293米，确保了农业生产稳定发展。农业产业结构进行了调整，特色农业发展迅速，全镇有规模畜牧场27个，全年种植茶叶、蔬菜等各类经济作物1万多亩。农业科技不断进步，优良品种进一步推广，粮食生产稳中有升，年总产量达2万多吨，获得了乐清市粮食生产先进单位荣誉称号。举办农村劳动力素质培训6期，参加人数达469人。由于科学应对台风和防汛抗旱，灾情得到有效控制。全面落实政策性农业保险、山林延包、森林消防和动植物防疫等工作，镇政府获得温州市延长山林承包期工作先进单位和乐清市政策性农业保险工作先进集体称号。随着新农村建设“千村整治、百村示范”工程扎实推进，旧村改建与环境整治全面展开，许多村相继被列入市旧村改建村、市环境整治村、温州市“环境整治合格村”、温州市“千村整治、百村示范”工程示范试点村。同时，

农村新貌　　北白象镇提供

大桥工业园区一角　　北白象镇提供

“两沿”整治和“五口”改造工作也取得显著成绩，获得了乐清市先进奖。

有效征办工程项目用地　完成了甬台温铁路北白象段、温州绕城高速北线北白象段、楠溪江引水工程、220KV茗山变电所工程、七里港二期工程、市排污总管北白象段工程等建设项目的征地、政策处理工作；完成了乐清市重点攻坚项目110KV象柳线和500KV线路22个塔基的政策处理工作；象南东路、自强桥危桥改建工程正在建设中，沙洪公路坂塘岭段改造工程已完成招投标，下庠大桥已完工，象西路、象西大桥、磐石至七里港连线公路等工程正在处理相关政策。土地开发利用成效明显，成功出让前西漳商住区二期、东巉商住区一期等地块；与鹤浃村达成了土地开发出让协议；东巉商住区二期25亩开发地块已完成征用，正在办理公开出让有关手续；东垟田村拆迁安置用地，已上报市政府办理有关手续。

大力发展社会各项事业　积极推进学校布局调整，不断完善教育基础设施建设。大港小学成功并入了镇二小，并完成了镇二小扩建工程的前期工作；完成了茗西九年一贯制学校教学楼建设工程；茗屿中心小学、茗西中心小学、白鹭屿小学等学校的综合楼工程正在建设之中，镇一小综合楼及镇第五小学工程正在筹建。打造文化强镇，举办了群众文化节，开展了文化特色村创建活动，车岙西乡革命老区旧址暨日军侵略遗址被命名为乐清市第五批爱国主义教育基地，成功创建“文化大院”2个、“双百结对”17对、“文明百村”24个，提升了广大群众的文明素养，提高了城乡文明程度。高度重视科普工作，2007年全镇创建乐清市科普村18个、温州市科普示范村1个，获得了乐清市科普工作先进集体称号；北白象镇成功创建了乐清市科普示范镇、温州市科普示范镇和浙江省科普示范镇。加强农村体育运动设施建设，全镇体育运动场地总量和总面积居乐清市首位。建立和完善计划生育利益导向机制，加强计生队伍建设，加大计生责任追究力度，深入开展人口和计划生育各项活动，切实抓好人口和计划生育工作。关注社会保障工作，被征地农民基本生活保障工作得到落实，社会保险扩面任务圆满完成；农村住房保险及养老、医疗、失业、工伤保险全面推开，全镇新增低保对象45户计75人。加大公共卫生投入，健全医疗救助制度，全面推进新型农村合作医疗保险工作，参加新型农村合作医疗的农民达7.3万人，参合率达95.5%，获得了乐清市新型农村合作医疗先进集体称号。做好食品和公共场所的卫生监管工作，多次组织开展食品药品安全整治活动，全年没有发生食品药品安全事故。移风易俗和青山白化治理工作深入开展，丧事管理进一步加强，丧葬陋习得到有效遏制。

积极创建“平安白象”　进一步加大社会治安“打、防、控”力度，深入推进“平安千村工程”、“平安千企工程”，组织打黑除恶、打击“两抢一盗”、社会治安“清风”等专项行动，社会治安日趋稳定，刑事犯罪得到有效遏止。深化禁毒人民战争，连续三年实现了实有吸毒人员负增长的目标，获得了温州市禁毒工作先进集体称号。继续推行村居调解、信访、治保“三位一体”工作机制，健全人民调解制度，妥善处理来信来访问题，化解社会矛盾的能力进一步提高。全面开展安全生产隐患排查整治，加强流动人口管理，集中整治民间非法金融活动，严厉打击“法轮功”等邪教组织和非法宗教活动，做好民间划龙舟安全管理工作，确保了社会政治稳定。

加强政府自身建设　扎实开展“作风建设年”活动，加强机关效能建设，坚持政务公开，实施《机关工作规则》和目标责任考核制度，做到重大事项集体决策、社会公示，狠抓廉洁自律各项规定的落实，广大干部服务意识、责任意识、忧患意识、效能意识进一步提高。认真实施“五五”普法，推进依法行政，努力建设“法治白象”。自觉接受人大及其主席团的监督，人大代表的意见和建议得到及时办理。

上级领导到前西岙村参观　　北白象镇提供

北白象镇“建达杯”乒乓球赛　　北白象镇提供

大荆镇

全国千强镇

概况 大荆镇是乐清市五大集镇之一，是世界地质公园、国家5A级风景旅游区雁荡山的东大门，地处市境东北部，距乐清市区37公里。全镇地势西北高，东南低，东南部为海积小平原，余皆山区。全镇总面积59.08平方公里，下辖54个行政村和4个居委会，常住人口6.8万人，外来人口0.55万人。2007年全镇实现生产总产值20.59亿元，同比增长35.64%，其中农业总产值1.2亿元，同比增长3.45%；工业总产值14.27亿元，同比增长39.03%；第三产业总产值5.12亿元，同比增长10.82%，农民人均纯收入6103元。2007年，大荆镇综合经济实力列全国千强镇第668位，镇政府还被乐清市委、市政府评为乐清市人口和计划生育工作先进集体等12个专项工作先进单位。

大荆城镇风光　　大荆镇提供

农业经济稳步推进 2007年，大荆镇以科技兴农为目标，推动特色基地的创建，逐步形成了各具特色的农业经济带；同时处理各类违法用地700多平方米，平整土地近8000亩。镇政府充分利用海涂资源，引进和培育名优产品，大力发展水产养殖业，水产品质量有所提高，全年实现渔业总产值3810万元。2007年，镇政府计划投资4000多万元的标准海塘建设前期工作已完成，建设完成拦水坝3条、翻水站5座、防洪堤3处，修复了冯村水库，增强了农业防灾、抗灾能力。

石门潭碧波盈盈　　大荆镇提供

迎客僧恭迎天下客　　大荆镇提供

工业经济跨越发展 镇政府大力调整产业结构，实施扶优、扶强、扶新政策，培育和发展新的经济增长点，全镇工业经济呈现前所未有的强劲发展态势，全年工业总产值达14.27亿元，同比增长39.03%，规模企业从上年的28家快速发展到45家。积极配合市政府开展了铸造行业整治行动，在逐步实施“关、停、并、转、迁”方案的同时，规划建立两个铸造业工业园区，为铸造业的改造和提升打下了坚实的基础。

第三产业蓬勃兴起 服务业快速发展，成功出让商品房用地8亩；居民收入和消费水平同步增长，专业市场繁荣发展，小商品市场、菜市场成交额逐年上升；金融、保险、中介、信息等服务业健康发展，餐饮、休闲、娱乐等服务行业日益繁荣。

城乡面貌日新月异 2007年全镇累计投入重点工程建设资金1000多万元，完成了26条康庄工程道路建设，完成了龙滩大桥等4座大桥的水毁重建工程，大荆雁荡供水工程顺利竣工，大荆镇政府办公楼辅助用房开工建设，环城北路至溪坦段硬路肩工程基本完成。同时完成了甬台温铁路和104国道改建工程政策处理工作、大荆至双峰道路拓宽工程前期工作、雁荡旅游环线立项工作、大荆蒲湾垃圾无害化填埋场建设前期工作，荆水公路非机动车道工程进入招投标阶段，荆镇路拓宽工程已完成图纸设计，大荆客运中心开工建设。全镇24个村列入旧村改造计划，全年投入旧村改建资金300多万元、环境整治资金800多万元，创建省小康示范村

1个、省新农村建设村1个、温州合格村1个、乐清市小康示范村1个、乐清市环境整治合格村3个，列入乐清市环境整治村9个。大力开展集镇综合整治,组建了集镇交通秩序管理中队，取缔了夜排档在主要街道上占道经营，落实了荆南路、荆北路、荆镇路、石门路、溪滨路和环城西路的全日制保洁清扫，集镇秩序有条不紊，城乡面貌改换一新。

社会事业全面进步　2007年大荆镇共投入教育经费3437万元，实现了大荆中心小学整体搬迁，成立了大荆镇雁东九年一贯制学校，迎来了大荆第四小学百年华诞，并顺利通过了浙江省教育强镇评审。全年共发放各种救济款和抚恤金114万元，发放现役士兵优待金45万元，建成残疾人安居工程3户，为4户残疾人个体养殖户争取补助资金1.6万元，为三官庙等7个老协申请了6.9万元福利设施建设补助资金，为13户农房保险受灾户办理赔偿金11.46万元。全年安排10名白内障患者免费做了摘除手术，农村“五保”及城镇“三无”人员集中供养率达100%。全面落实新型农村合作医疗制度，农民参合率达82.4%，全年结报农民住院医药费1406人次计240余万元，并对参合农民进行了健康体检，体检率达75%；同时还积极开展了爱国卫生运动和无偿献血工作。大力开展体育健身活动，27个村安装了全民健身器；荆东村、冯村体育广场正在筹建中，并申报乐清市级体育特色村。另外，进一步加强了企业退休人员社会化管理服务；青山白化治理工作继续开展，丧事活动中的不文明现象得到有效控制。2007年，大荆国税分局、大荆地税分局积极创建温州市级文明单位，荆东村争创温州市级文明村，6家单位参加了文明单位复评。

翁　垟　镇

全国千强镇

概况　翁垟镇地处乐清东南沿海，东濒乐清湾，陆域面积26.32平方公里、浅海滩涂20平方公里，辖38个行政村和1个居委会，人口5.8万人。2007年，全镇实现生产总值40.72亿元，同比增长32.94%；财政总收入9133万元，同比增长5.04%；农民人均纯收入1.03万元，同比增长10.16%，再次跻身全国千强镇行列。

农业基础地位日臻巩固　2007年全镇实现农业总产值2.59亿元，同比增长17.73%。粮食播种面积和经济作物播种面积分别达25947亩和8458亩，分别获乐清市粮食生产先进奖和农业综合先进奖。水产养殖和育苗业发展势头良好，全年实现水产业产值1.84亿元。农业基础设施建设逐步完善，开展了土地整理和标准农田建设，疏浚和整治河道4232米，除险加固堤塘1000米，修理水闸7座,五十年一遇标准海塘建设工程前期工作基本完成。开展打击违法围垦海涂行为，有效遏制了非法围海现象。加强动物疫病防控防治，完成了农业政策性保险、农村住房保险、农业普查扫尾工作和山林使用权延包工作。

工业综合实力稳步提升　2007年全镇工业总产值35.62亿元，同比增长24.11%。以电子元器件、电线电缆、防爆电器为主导的工业经济不断做大做强。全镇现有规模以上企业74家，新增7家，其中产值超亿元企业2家，产值超5000万元企业3家。品牌创建和企业创新初见成效,新增省级著名商标1枚；有国家火炬计划项目2个、星火计划项目1个，国家级新产品开发项目5个，省级新产品开发项目10个。企业发展环境进一步优化，解决了5家企业历史遗留的工业用地问题，标准厂房一期工程顺利进场填方，乐清经济开发区二期工程推进取得新突破。

镇村环境面貌优化美化　启动全镇道路网规划修编工作，完成了柳翁公路拓宽主体工程和镇西街路面翻新工程，完成了大门大桥建设的前期政策处理和滨海大道前期论证工作，城镇交通走向网络化。加快水电基础建设，启动应急引水工程，完成了村级水网改造和电气化创建，完成了110千伏变电所选址前期工作。生态建设整体推进，确定了镇污水处理工程设计方案和新垃圾填埋场的选址，成功创建了2个温州市级生态村、13个乐清市级生态村，翁垟镇荣获温州市级生态镇称号。加强城镇管理，对城镇卫生、春节前后交通秩序、违法用地和违章建设等进行了集中整治，城镇面貌逐步改观。

社会事业和谐发展　深入贯彻教育强镇战略，启动镇一中校园改建、镇三中危房改造、镇五小食堂建设等工程，镇一中和二中的学区划分问题得到妥善解决。重视文化建设，依托老幼文康中心（南怀瑾乐园）、二六支部旧址等文化基地，广泛开展各类文化活动。加强公共卫生服务和爱国卫生工作，有效防止重大疫病发生传播。新型农村合作医疗覆盖面进一步扩大，全镇农民参合率达82.13%。深入开展全民健身运动，加快全民健身苑（点）、篮球场、村级休闲健身公园建设步伐，创建了两个市级体育特色村，成功举办了镇第二届全民运动会，2007年翁垟镇荣获省体育强镇称号。

七　里　港　镇

概况　七里港镇位于市境南端，瓯江口北岸，东与黄华镇毗邻，南与龙湾区相望，西与北白象镇接壤，北与柳市镇相连，面积7.8平方公里，辖18个行政村、1个捕捞队，总人口2.5万。2007年全镇实现生产总值36.74亿元，同比增长37%;财政总收入1.02亿元，同比增长12.75%;农民人均纯收入9704元，比上年增长9.5%。镇经济实力跨入温州市三十强行列。

农业经济稳步发展　2007年，全镇粮食播种面积9700亩，总产量达

5240吨；完成标准农田建设1627亩，建立600亩示范坊一个，投资6万元造林300亩；全镇有经营10亩以上的种粮大户92户，其中经营100亩以上的5户。开展政策性农村住房保险工作，全镇所有农户（共5788户）住房投保。另外，还进一步完善了村账镇代理制度。

工业经济快速增长 全年全镇工业总产值达34.14亿元，比上年增长41.07%，其中35家规模以上企业总产值28.15亿元，比上年增长53.1%。特别是5家造船企业发展迅速，产值达14.49亿元，与上年相比翻了一番；其中东方造船集团工业销售产值突破10亿元大关，使七里港镇成为继全市四大集镇后的第一个拥有10亿元产值企业的中等发达乡镇。

村镇建设与整治力度不断加大 2007年，全镇城镇基础设施和重点工程建设大力推进，深入实施旧村改造与环境整治，完成了镇北街东段拓建工程，育英路拓宽工程建设基本完成，慎江陡门桥工程正在建设中，七里港大道绿化、亮化工程建设已全面启动。全镇创省级全面建设小康示范村2个、温州市村庄整治合格村15个。全镇村庄连片整治率达83.3%，顺利通过了乐清市、温州市乡镇连片村庄整治考核验收。

积极创建教育、文化、体育强镇和星级文明镇 优先发展教育事业，投资200多万元的镇三小综合楼建设已顺利竣工，镇二小操场建设已完成，镇中学附属楼建设工程已启动。社会保障水平不断提高，养老、失业、医疗、工伤等社会保障制度和社会福利、社会救济、优抚安置体系进一步完善。2007年，七里港镇顺利通过省体育强镇、温州市“金海岸”文化工程验收和温州市星级文明镇复评；12个村入选“市文明百村行动”村，其中马道头村获得一等奖；17个单位被评为乐清市文明单位，被评为乐清市“十佳文明家庭”和“十佳平安家庭”各1个；被评为乐清市文化特色村3个、体育特色村4个、科普示范村4个，被评为温州市文化示范村1个、省科普示范村1个。马道头村的“慎江号子”参加浙江省原生态歌唱擂台赛获金奖，参加乐清民歌民谣大奖赛获一等奖。

镇党委书记余春双　七里港镇提供

镇长林乐海　七里港镇提供

党建工作扎实推进 镇党委认真开展“三个代表”重要思想、党的十六届六中全会和十七大精神、科学发展观的学习教育，继续开展以“八荣八耻”为主要内容的社会主义“荣辱观”的学习，将“作风建设年”活动落到实处，有力促进了“五好”党委创建工作和机关作风建设。同时，建立了农村基层党风廉政建设“十项制度”，并在全市首推基层廉政宣传例会，切实加强了党政干部的自身建设。另外，加强了村级党建工作，曹田后村、马道头村先后被评为乐清市“十大先锋工程”创建村，项浦埭村、七东村先后通过了“先锋工程”创建验收。

七里港码头　七里港镇提供

黄　华　镇

乐清南部临港经济强镇
温州三十强镇

概况　黄华镇位于瓯江口北岸，东濒乐清湾，南与灵昆岛隔江相望，西与七里港镇毗邻，西北与柳市镇相依，北与象阳镇接壤，东北与翁垟镇相连，全镇总面积21.3平方公里，辖27个行政村，1个居委会，总人口3.65万人。2007年，全镇工农业总产值30.5亿元，首次突破30亿元大关，财政收入3037万元，农民人均年收入10312元，成功跨入温州市乡镇综合实力三十强之列，名列第28位，居乐清第五位。黄华镇还是浙江省教育强镇、体育强镇、生态镇和温州市二星级文明镇。

黄华镇船舶制造基地　　黄华镇提供

谋“发展”强镇　黄华镇坚持以科学发展观统揽全局，坚定不移走发展强镇之路。2007年黄华镇凭借船舶业制造基地优势，努力打造、大力发展临港经济，形成了以船舶制造业为主导和以电器、煤机产品、汽车配件为辅的产业体系。全镇拥有两家船舶制造集团公司，有13家船舶企业通过了CCS中国船级化认证，全年船舶业总产值达10亿元。黄华镇拥有上岩后、岐头两个工业功能区，上规模工业企业44家。全年全镇工业总产值突破30亿元。加大农业投入力度，农业基础地位得到巩固，完成了50年一遇标准海塘工程及管理房等配套设施建设，完成了岐头主河道疏浚工程。优先发展效益农业，兼顾提升第三产业比重，炮台山公园和黄华山等旅游景点设施逐步完善，建成景点农家乐1处，“品鲻鱼、观海潮、看造船”为特色的旅游经济初步形成。

村居新貌　　黄华镇提供

生态黄华　　黄华镇提供

抓建设美镇　紧紧围绕建设社会主义新农村这一主题，加快推进全面小康建设步伐。2007年，全镇创省级全面小康示范村2个、温州市全面小康建设示范村1个、乐清市级示范村1个，3个村被评为温州市村庄整治合格村，4个村被评为乐清市级合格村，6个村获乐清市级生态村称号，黄华镇被评为省级生态镇、温州市“千百工程”先进乡镇。重点工程得到快速推进，上岩前村住宅小区建设工程进入挂牌出让阶段，黄华堡村局部改造工程进入拆迁协议签订阶段，沿江路段改造已全部完成，集镇城镇化建设初具规模，集镇面貌不断完善。

讲文明兴镇　2007年，黄华镇共有14个乐清市“文明百村行动”村、1个温州市文明村、2个乐清市文明村、2个温州市级文明单位、19个乐清市级文明单位。全镇大力实施“科教兴镇”战略，全年镇财政投入教育资金1321万元，完成了总投资500万元的黄华实验学校扩建工程，并于7月顺利投入使用；黄华镇一中也通过市三星级初中考核验收。积极组团参加了市“和谐乐清”大合唱，并获三等奖；圆满完成了乐清市“全国第三次文物普查”试点工作；全民健身事业蓬勃发展，新建篮球场3个、门球场1个、健身苑5个，建成500平方米的农村健身公园1处。新型农村合作医疗制度进一步健全，全镇参保人数28003人，参保率达94.9%，全年累计医疗报销430人次，报销医疗费用金额150多万元，农民“看病难”问题有所缓解。计划生育工作机制逐步改善，计生工作水平和人口素质进一步提高，2007年黄华镇荣获“乐清市人口和计划生育工作创新奖”。

严法治稳镇 “双千工程”深入开展，10个村参加创星级平安村评选活动，6家规模企业完成平安千企创建工作。深入开展社会治安“清风行动”，“六合彩”赌博、“两抢一盗”得到有效遏止，风清气正的社会风气正逐步在全镇形成。开展“两查两保”专项整治活动，排摸掌握安全隐患，落实整改措施，全镇人民生命财产安全得到有力保障。积极开展禁毒专项斗争，落实尿检和帮教政策，实现全镇全年吸毒人员负增长目标。全镇27个村建立了信访、治保、调解“三位一体”综合治理工作机制，村级巡防队伍不断壮大，流动人口管理服务水平不断提高，为“平安黄华”建设奠定了坚实基础。

重党建固镇 深入开展机关干部事业心、责任心教育活动，努力创建服务型、学习型政府。以“作风建设年”活动为载体，结合党委理论中心组学习和支部学习会制度，切实加强各级班子和干部队伍的思想、组织、作风建设。各党支部深入开展了“先锋工程”创建活动，岐头一、沪屿前、南山前、前京4个村荣获乐清市“先锋工程”合格村称号。进一步完善27个村党员干部远程教育学习网络建设，健全学习制度，丰富学习内容，开展经常学习。建立健全无职党员先锋岗制度和关爱党员制度，加强党员发展、教育和管理，规范对流动党员的教育管理机制，较好地发挥了党员的先锋模范作用。2007年，黄华镇被评为温州市党建先进单位。

勤劳智慧的黄华人民永不满足已取得的成绩。镇党委、政府承载着黄华近4万人民的希望寄托，决心以中国特色社会主义理论为指导，深入贯彻党的十七大精神，带领黄华人民同心同德、艰苦奋斗、开拓创新，为打造现代化临港经济强镇而继续努力奋斗！

磐石镇

概况 磐石镇位于市境西南端，瓯江口北岸，与温州市龙湾区、七都岛隔江相望。全镇面积19.2平方公里，辖15个行政村、1个居委会，总人口1.66万人。2007年全镇工农业总产值达11.2亿元，比上年增长19.15%；农民人均收入达10367元，比上年增长7.98%；财政总收入1353.6万元。

农业经济稳步发展 2007年全镇实现农业总产值3172万元，比上年增长12%。农业结构进一步调整，农业产业化水平不断提高，全镇拥有10亩以上种粮大户132户、经济作物专业户30户、畜牧养殖大户18户。农田水利基础设施得到了加强，完成了磐东、西干河的疏竣任务，投资480万元完成了两片共288公顷的土地整理工作，投资200多万元的芝湾海塘保滩工程已通过验收。加强森林防火和山体护林，完成了4800亩山林延包工作。高度重视动植物防疫工作，全镇养殖的15万羽（只）禽类免疫率达90%以上。

工业经济总量持续增长 全年实现工业总产值10.88亿元，比上年增长15%。工业性投资2.01亿元，完成年度任务的170%。进一步加快服装特色产业功能区的建设力度，26家入园企业已进场施工。船舶业得到进一步发展。开放型经济顺利发展，全年合同利用外资300万美元，实际利用外资100万美元，分别比上年增长60%和10%。重视自主创新，全年投入技改资金4000万元，进一步提高了企业科技综合实力和市场竞争力。安全生产责任制层层落实，认真开展了安全生产执法年活动，签订安全生产责任书105份，出动了6次对112家企业及个体家庭作坊进行了安监生产大检查，发放整改通知书45份，全镇企业没有发生重大安全责任事故。认真开展食品安全和食品加工业普查整治活动，全年共出动4次，对4家食品企业进行了督查。

集镇基础设施建设加快 镇政府把加快城市化建设进程放在突出位置，建立了重点工程建设指挥部，各项工程进展顺利。象石公路磐石段拓宽工程已完成立项设计、征地等前期工作，并已报省审批土地手续；东片连村道路建设已完成有关准备工作；投资269万元的西门至陡门、芝湾段康庄工程已顺利通过验收；完成了温东线500KV高压线7只塔基的政策处理工作。认真实施“千村整治、百村示范”工程，全镇有10个村被评为乐清市环境整治示范村，其中有9个村被评为温州市环境整治示范村，8个村完成了农村电气化改建工作。重视生态镇创建和工业环保工作，磐石镇已成功创建温州市生态镇，并上报创建省级生态镇。

社会各项事业在统筹中全面发展 文明创建长抓不懈，继续深入开展“文明百村”行动，群众文明意识不断增强，集镇文明程度得到提升，磐西村获市级科普示范村称号。教育事业优先发展，加大财政教育经费的投入力度，教学条件逐渐改善，素质教育全面推进。计生工作常抓不懈，全年两次孕环检率达到99.2%以上，在实现巩固“孕前管理”的基础上，推进优质服务，调整计生目标考核责任制，利益导向机制进一步完善。公共卫生事业健康发展，全镇有13375名农民参加新型农村合作医疗保险，参合率达91.5%。继续做好失地农民的养老保险工作，进一步完善最低生活保障制度，完成了344户失地农民的养老保险工作，全镇现有低保对象86人、五保户20人，集中供养率达90%以上。殡葬改革与青山白化治理工作深入开展，全年遗体火化率达100%。

象　阳　镇

概况　象阳镇位于乐清市区西南11公里处，北接乐成镇，西邻柳市镇，全镇总面积14.75 平方公里，辖35个行政村，1个居委会，总人口3.6万人，在建的乐清市城市中心大道贯穿全镇。象阳镇素有工艺美术之乡称谓，2000年被评为“中国民间艺术之乡”。2007年，全镇实现社会总产值30.54亿元，比上年增长32.2%；工业总产值29.7亿元，同比增长32%；财政总收入1.33亿元；农民人均纯收入10133元，同比增长5%。

实施经济腾飞计划，全镇经济又好又快发展　农业经济稳步发展。加大支农惠农力度，粮食综合生产能力不断提高，良种覆盖率达100%；加强农业基础设施建设，重点抓好荷堡水库工程建设和柳南、象东河道综合治理工程建设；加快农业结构调整，积极开展土地适度规模经营，农业示范园区和特色农业基地进一步发展。工业经济增长喜人。工业经济结构逐步优化调整，全年共投入1.3亿元用于技术改造升级，投入技改资金比上年增长25%；工业经济竞争力进一步加强，2007年全镇规模以上企业新增17家，产值超亿元企业新增1家，新成立集团2家；工业经济发展后劲进一步积蓄，32家企业进驻象阳产业功能区施工；工业经济要素制约进一步解决，继续做好象东变电所后期完善工作，较好地完成了8个塔基建设的政策处理工作；工业经济安全保障进一步强化，开展全员安全培训，重点行业和领域的安全监管进一步加强。第三产业经济发展势头良好。木材市场生意红火，以力天•金溪、鼎盛为主的房地产业发展势头迅猛，乡村超市及专业市场等第三产业都有了一定的发展，象阳经济的发展构架逐步趋优。

新农村印象　　象阳镇提供

象阳镇生育文化公园　　象阳镇提供

推进城镇崛起计划，重点工程建设进度全面加快　认真实施城镇总体规划，启动了全镇道路网规划修编工作。乐清市城市中心大道象阳段建设有序推进，共完成工程量4000多万元；二标段拆迁安置的政策处理工作较好完成，一标段和三标段工程进展顺利。柳翁公路改扩建工程建设全线推进，完成了桥前至高四改线段工程的政策处理工作，高四至彭桥段的拓宽改造工程已开工建设，彭桥至大谟段拓宽工程已着手做前期准备工作。象阳镇中心广场综合开发项目已立项，各项筹备工作全面铺开。

启动生态优化计划，优化象阳人居环境　启动了温州市级生态镇创建工作，加快汤东等4个村的生态村建设，大谟等12个村开展了环境示范村创建工作，13个村获温州市级“村庄整治合格村”称号，16个村获乐清市级“环境整治合格村”称号。加大河道整治疏竣工作力度，对前横等10个村进行了河道驳坎、绿化、清障工作，全年整治疏竣河道15公里。重视农业农村污染源治理工作，加大了对非法电镀的整治力度；全力进行农村环境卫生整治，沿城市中心大道铺设了一级排污管6.11公里。积极开展城镇环境卫生“百日整治”和“三清一拆除”大行动，有效地改变了集镇“脏、乱、差”现象。

乐清市中心大道象阳段景观　　象阳镇提供

落实文化升级计划，保护象阳非物质文化遗产　开展非物质文化遗产普查工作，全面掌握全镇非物质文化遗产的基本情况。继续加大对非物质文化遗产的保护力度，继细纹刻纸、黄杨木雕被列入第一批全国非物质文化遗产代表名录之后，石雕、圆木被列入省非物质文化遗产名录。深入开展文化示范村创建活动，寺前、后横两村分别获得了省、温州市级文化示范村称号。积极繁荣象阳民间工艺文化，举行了象阳镇细纹刻纸现场操作赛。广泛开展全民健身运动，举办了首届象阳镇“江南杯”篮球邀请赛，上池头、高后、垾后等村的体育特色村创建工作深入开展。扎实开展群众性精神文明创建活动，认真实施“文明百村”行动，2007年新增了大谟、后横、晚斜阳3个“文明百村”行动创建村，获奖村共达14个，8个文明单位创建成果保持良好。

唱响社会和谐计划，全民共建“和谐象阳” 教育基础设施不断完善，改造了镇一小的危房，完成了镇二小校门改造和校园环境整治，开工建设镇三小的食堂宿舍楼。公共卫生工作逐步深入，建立了镇社区卫生服务中心，城镇居民医疗保险工作全面开展，新型农村合作医疗工作进一步推进，农民参合率达92.1%，并组织进行了农民免费健康体检，镇公共卫生工作考核获得全市第一名。科技和体育事业同步发展，大谟村和后横村分别通过了市体育特色村和科普示范村创建验收。社会保障工作有序开展，22个村的被征地农民的养老保障工作基本完成，政策性农村住房保险工作100%完成；企业退休人员社会化管理工作被评为市级先进，工伤保险工作有序推进；社救、优抚、残疾人、“三老”等工作有条不紊开展，全年发放低保、定保和困难补助经费115万元。全年人口与计划生育各项目标任务较好完成，社会抚养费征收、流动人口管理、基础信息排摸等工作有了新突破。移风易俗工作不断加强，“青山白化”专项整治成效得以巩固。圆满完成征兵任务，民兵预备役队伍建设进一步加强，镇党委被评为乐清市党管武装工作先进单位。

同时，“平安象阳”建设扎实推进。精心组织社会治安“清风行动”，严厉打击“六合彩”、民间非法金融等违法犯罪活动，全力维护社会治安稳定。深化禁毒斗争，实现实有吸毒人员负增长目标。推行村居调解、信访、治保三位一体工作机制，预防化解社会矛盾的能力进一步提高。认真实施“五五”普法，镇司法所被评为浙江省示范司法所。严格落实安全生产责任制，全面推进“安全生产执法年”活动，深入开展重点行业安全隐患排查治理和安全生产全员培训等工作，加大对“三合一”、“多合一”企业的整治力度，全年全镇未出现重特大安全生产事故，镇政府被评为市级安全生产工作先进单位。

加强党的自身建设，全面提高基层组织的执政能力 加强基层组织建设，深入开展“三级联创”。积极开展结对共建活动，增强结对党组织凝聚力，为新农村建设推波助澜。严把党员“进口”关，全年共发展党员43名，四板桥村和镇居委会两个党支部被确定为发展党员工作示范观摩点。加强党员管理，成立了镇社会工作委员会和流动党员服务中心。健全党员帮贫扶困机制，建立了象阳镇党员关爱基金会，筹资13.25万元，开展“送温暖、解难题、办实事”专访慰问活动，关爱基金的帮扶覆盖面达100%。以非公企业党建联合共建为途径，深入开展非公企业党建工作，新建4个企业党支部，江南矿业、中煤公司开展了“活力和谐企业”创建活动，江南矿业还获得乐清市“十佳活力和谐企业”称号。远程教育工作全面铺开，全镇35个农村党支部设立了远程教育点，荷盛、四板桥等村被列为市远程教育示范点。

白 石 镇

概况 白石镇位于市境西部，总面积47.9平方公里，下辖25个行政村和1个居委会，共有8055户人家，总人口28778人。2007年，全镇实现工农业总产值12.24亿元，财政总收入1997.15万元，农民人均可支配收入6347元，同比增长4.32%。

综合实力不断增强 2007年，白石镇支农惠农政策全面落实，种粮农民农资综合直补、山林延包、政策性农业保险工作圆满完成，农田水利建设和河道驳坎、防洪堤建设进一步加强，新建“三面光”渠道1.1万米。全镇全年粮食播种面积达6900亩，建立沃土工程基地4个、测土配方施肥示范基地7个、早晚稻高产示范方2个，完成土地整理2200亩。优势特色产业进一步壮大，新建茶叶、蔬菜等基地4个，种植大棚瓜果蔬菜50亩、板蓝根和姜黄等药材经济作物700亩、冬绿肥1000亩。完成山塘水库除险加固工程6项，钟前水库除险加固工程政策处理工作进展顺利。工业企业上规模、上台阶，2007年全镇工业总产值首次突破10亿元大关，达到11.75亿元。工业性投入资金持续增加，技术改造和新产品开发步伐加快，全年完成工业性投入4700多万元，投入工业技改资金1700万元。扎实开展污染源普查，全面启动电镀行业专项整治行动，集中解决了突出的区域面源污染现状。中雁风景区AAAA旅游区（点）评审工作和国家级风景名胜区综合整治工作顺利通过验收，“农家乐”休闲旅游发展态势良好，景区内有“农家乐”10家，从业人员100多人。

重点工程建设势态看好 甬台温铁路建设进展顺利，乐清火车站及配套设施建设全面启动。500KV温东线电网攻坚工程强势推进，按时完成了白石镇域内塔基建设任务。大猫垟工业区道路网工程顺利竣工，困扰工业区多年的工程遗留问题得到妥善解决。康庄工程进展良好，共计12.8公里的景白——钟前等6条康庄工程公路顺利竣工，总投资为865万元。

扎实办好密切关系民生的各项社会事业 完成民俗民间艺术资源普查，《夹缬申遗》和“三月初十会市”入选乐清市第二批“非物质文化遗产”代表作名录。坚持面向基层、面向群众，以丰富多彩的文化活动为载体开展精神文明建设，成功举办了禁毒、环保等各类文艺汇演活动6次。高度重视教育基础设施建设，增添教育硬件设施，投入资金70多万元购买电脑、投影机等设备，建立了多媒体小教室，改善了学校的办学条件；全年累计投入资金100多万元，相继完成了白石中学操场、中雁九年一贯制学校宿舍综合楼建设工程；同时采取有效措施落实帮扶资金，救助贫困学生106名，巩固了中小学无辍学成果。大力开展农村劳动力素质培训教育，全年举办各类科技培训班20多期，参加培训学习群众达1.8万人次。全面推进新型农村合作医疗制度，全镇参合农民达18892人，参合率达74.22%，并为1.2万名农民进行了免费体检。社会保障体系不断健全，最低生活保障覆盖面进一步扩大，全镇有低保户254户计300余人，集中供养五保户38人，基本实现了应保尽保。殡葬改革推进顺利，“青山白化”治理成效显著，整治“三沿五区”私坟159座。慈善工作得到加强，成立了乐清慈善总会白石分会，首期接受社会慈善事业捐款71万元。国防动员、民兵预备役等人民武装工作进一步加强，双拥共建活动成效明显，2007年白石镇荣获乐清市党管武装工作先进集体称号。

高举“平安”创建大旗，维护社会稳定和谐　深入开展“平安千村”、“平安千企”创建活动，实施村（社区）信访、调解、治保“三位一体”工作机制，不断加大对各类社会不稳定因素的防控力度，精心组织了社会治安“清风”、“两查两保”等专项行动，并在全镇布建监控视频前端6个，配备流动人口专兼职协管员26名，社会综治工作进一步加强。全年全镇破获刑侦管辖案件77起；破获贩毒案件12起，缴获海洛因57.75克，收戒吸毒人员52名。“清风行动”期间，全镇行政拘留35人，刑事拘留2人，逮捕2人。加强安全生产管理工作，开展了隐患大排查活动，全年共组织各类大小安全生产检查123批次，全年无重特大安全生产事故发生。积极维护劳动和谐关系，2007年签订劳动合同约3600份，调解劳动纠纷8起。严肃查处民间非法金融活动，成功化解一起涉案金额高达500多万元的非法金融案，有效遏制了非法金融活动，维护了社会的稳定和谐。

城　北　乡

概况　城北乡位于乐清市北部，属山区，平均海拔高度500米，森林覆盖率达73%，是全国环境优美乡。2007年，全乡实现工农业总产值3.73亿元，同比增长11.34%（其中工业总产值完成3.49亿元，同比增长11.86%；农业总产值实现2440万元，同比增长6.09%）；农民人均纯收入4376元，同比增长26.21%。

综合实力稳步发展　2007年，城北乡新增经济水果林150亩、畜牧基地 4个，新建水库1座、三面光渠道3363米、防洪堤1470米，完成了3068亩土地整理任务和16个村的山林延包工作。异地工业经济快速发展，有各类企业45家，产值超500万元企业8家，其中产值超千万元企业4家、超亿元1家。发展旅游经济，加大灵山景区开发力度，完成了灵山顶游步道建设，新增农家乐6家；黄檀硐村被评为首批中国景观村落。

生态建设步伐加快　新农村建设扎实推进，村级生态创建进一步深化，林山村、龙台头村生活污水处理池相继建成，全乡生活污水处理池总数增至4个；农村垃圾实行集中收集，新建了秦垟南、里章生活垃圾中转站，对垃圾进行无害化处理；绿化、净化环境，在公路沿线、山峰垟火烧迹地植树5万棵。同时加大生态资源保护力度，积极协调环保、土地等部门，对非法工业污染源进行整治打击，拆除了仰根非法冶炼点和山峰垟、垊垟等地的工业污染源，确保城北乡范围内无工业污染；加强水源涵养和生态公益林建设，高度重视森林防火工作，切实保护好生态资源。2007年，龙台头村获“温州市生态村”称号，秦垟南村作为全市唯一申报村正在创建国家级生态村；新增温州市级环境整治合格村1个、乐清市级环境整治合格村4个，6个村创建“市文明百村”，其中秦垟南村获样板示范村称号；城北乡荣获全国环境优美乡称号。

基础设施建设克难推进　乡康庄工程建设基本完成，13个村共建成通村公路30多公里；山老区联线城北乡境内段工程建设完成；章山——仰根、山峰垟——赤水垟、秦垟南——白水漈等3条公路上报交通局要求立项，列入“农村联网工程”。水利设施不断完善，启动了“农民饮用水”工程，基本解决了黄坦坑水库政策处理遗留问题。通讯设施建设取得新突破，移动通讯网络设施覆盖面实现“村村通”，宽带网络“村村通”工程基本完成；闭路电视建设任务提前一年完成；电网建设进展顺利。

以人为本，民生事业果实丰硕　社会保障能力稳步增强，全年发放各类救济补助款、救灾款达73万元，全乡156户农户纳入了农村低保，敬老院集中供养作用充分发挥，五动富民计划活动积极开展，取得较好成效。教育科技事业不断进步，投入资金314万元，进一步完善了中小学配套设施，完成了城北小学防洪堤建设和城北中学操场建设；同时积极扶持科技项目，加强了科技培训。医疗保障体系日趋完善，重新启动了乡卫生院坐诊制度；开展禽流感等重大传染病预防工作，健全了重大疫情预防机制；新型农村合作医疗参合覆盖率达到农业人口的80%，切实保障了人民群众的生命健康。计划生育工作力度加大，“大宣传、大排查、人落实”工作取得阶段性成果，形成了上下齐心抓计生工作的良好氛围。殡葬改革逐步深化，青山白化治理工作落到实处、取得成效。妇女儿童、残疾人、老龄等工作得到加强，人民武装、档案、工会、青年、民族宗教等工作都取得了新成绩。积极开展文化特色村、科普特色村、卫生特色村创建活动，全乡新建村级健身场所3个。

依法治理赢得社会稳定和谐　积极开展“平安千村”和“平安家庭”创建工作，秦垟南、里章、龙台头3个村被评为平安千村星级村。开展“清风行动”，严厉打击各类违法犯罪活动，坚决取缔“六合彩”赌博窝点。抓好禁毒工作，吸毒人员尿检率达84%。加大反邪教工作力度，净化了社会风气。加大安全生产工作力度，安全生产管理水平不断提高。扎实开展产品质量和食品安全专项整治，保障了人民群众饮食用药安全。高度重视信访工作，大力推广村居调解、信访、治保“三位一体”工作机制，妥善化解各类矛盾，维护了社会大局的稳定和谐。

树立良好政府形象 自觉接受人大监督，代表提案、建议办理质量明显提高。全面开展“五五”普法活动,民主法制进程加快。深化政务事务公开，简化办事程序，行政运行效率大大提高。深入开展作风建设年活动，打好反腐败斗争，较好地树立了镇干部勤政、廉政、优政的良好形象。

天 成 乡

概况 天成乡为乐清市中部沿海平原乡，南距市区8公里，西离虹桥镇7公里，东至甬台温高速公路蒲岐入口2公里，西邻104国道2公里，交通十分便捷。全乡区域面积9.1平方公里，辖13个行政村，总人口2.06万人。2007年全乡实现工业生产总值6.84亿元，外贸出口交货值达2.92亿元，其中自营出口达1500万美元，乡本级财政收入1682万元，农民人均纯收入7253元。天成乡历史文化沉淀深厚，始建于北宋元佑二年（1087年）的文物古桥万桥被列为省级重点文物保护单位。温州市现代化程度最高的中型排洪水闸虹卫水闸、乐清市历史上围垦面积最大的工程胜利塘北片围垦主体工程均在该乡区域内。

农业经济向规模化、科技化发展 天成乡为历史上的“吨粮乡”，拥有耕地8102亩。天成乡自1999年被列为浙江省土地整理试点单位以来，共整理面积7968亩，净增有效耕地595亩，全部形成“田成方、路成网、林成行、渠相连”的现代化标准农田。全乡建立了土地使用权流转机制，推进土地适度规模，有经营20亩以上的专业大户76户。全乡有生猪存栏大户15户，年出栏达1.8万头，其中乐清市乐都农业开发有限公司年出栏近万头，是全市最大的猪场之一，是温州市生猪基地示范场、省级生猪活体储备库；有禽类专业饲养大户21户，饲养量达5.8万只（羽），巨峰特种动物饲养场的灰天鹅还外销杭、沪、甬一带；有奶牛专业户3户，存栏160头。天成乡有海涂面积4600亩、养殖面积2600亩，重点养殖泥蚶、蛏子等水产品。万泽片鱼鲞加工业年加工量超过5000吨，产值达4500万元，是乐清湾较大规模的鱼鲞加工产业带；乐清市佐佩食品开发有限公司为市农业龙头企业之一，该公司加工的醉泥螺、螃蟹、黄鱼鲞等咸质水产品，在国内享有较高声誉。全面实施农民素质工程，开展农民技术证书、绿色证书和电脑技术培训，充分发挥“农民信箱”作用，及时为农户提供先进的农技和交易信息。

产业功能区带来了工业经济的新发展 至2007年底，天成乡有工业企业122家，其中年产值500万元以上的规模企业35家， 年产值1000万元以上的企业20家，年产值5000万元以上的企业1家。全乡已初步形成以圣诞节日礼品为支柱，电子元器件、化工、汽摩配、环保机械为新增长点的工业体系。企业科技创新进一步加强，自主创新能力不断增强，2007年荣获省级新产品一项。天成工业产业功能区已基本完成地下管网和路面工程，有28家企业完成了标准厂房建设，入驻企业已达51家，初步产生了产业集聚效应。

生态村、示范村建设卓有成效 2007年，天成乡紧紧围绕城镇化和社会主义新农村建设总目标，深入实施“千村整治、百村示范”工程，大力推进全乡联片环境综合整治，完成了万桥一等村的生活污水处理设施建设，进一步落实卫生“四有”制度，做到定时定点清运垃圾，乡村面貌明显得到改善，万桥一、万桥二、万泽后等村被评为温州市生态村，天成乡被评为省级生态乡。积极开展旧村改造，完成了万桥二、巨光等村河道驳坎工程建设，建成了巨光村、凤凰翼村等一批村级文化健身休闲公园，万桥二村被评为温州市“全面小康建设示范村”。

科教文体各项事业齐头并进 教育工作取得可喜成绩，天成乡被评为浙江省第七批教育强镇，天成中学被评为乐清市学校实验教育先进集体。群众性体育活动蓬勃开展，全乡13个村中有11个村建有体育活动场地，成功举办了乡首届全民运动会，2007年，天成乡荣获“浙江省体育强乡”称号。加强农村文化建设，建立了万桥二村、马良村文化大院，组织开展了日常文艺演出、送春联下乡等系列活动，丰富了广大群众的文化生活。另外，还进行了乡电子信息馆科技共享工程建设，并着手创建万桥二村科普村。

蒲 岐 镇

概况 蒲岐镇位于市境东部，东南濒临乐清湾，是一个历史古镇、民俗文化镇和海鲜名镇，镇内的历史遗迹、民间演艺和特色鲨鱼宴名闻遐迩。全镇总面积13平方公里，海岸线长达7.5公里，辖16个行政村和1个居委会，总人口3.5万人。2007年，全镇农村经济总收入8.63亿元，同比增长10.9%；财政总收入5404万元，同比增长80.13%；农民人均纯收入8310元，同比增长22.64%。

综合实力不断增强 2007年，全镇实现工业总产值10.8亿元，同比增长18%。新增规模以上企业7家，累计为25家，其中产值超亿元企业3家。外贸自营出口额达1.86亿元，同比增长21.3%。科都电气有限公司与法国朔高美集团成功联姻，迈出了镇企业“民外合璧”的第一步。农业经济稳步发展，全年实现农业总产值1400万元，同比增长5%；引进4个新的水稻优良品种，娄川、娄浦的600亩蚕豆示范基地建设被评为温州市三等奖。发挥特色水产养殖优势，全年水产品加工达9710吨。完成了第二次农业普查扫尾工作，普查工作获浙江省二等奖。第三产业不断拓展，休闲渔业特色旅游是新亮点，现已拥有旅游定点购物企业7家、农家乐酒店5家。房地产业发展势头良好，占地39亩的香格里拉海景园商住楼即将开工建设。

重点工程建设克难推进　大力支持省市重点工程建设，已完成110KV输变电工程的线路塔基政策处理和500KV输电工程的建塔任务。乐清湾港区征地进展顺利，与4个相关村签订了滩涂围塘收回协议，共收回国有滩涂和围塘2582亩。停工三年多的镇安塘工程经多方努力于8月底全面复工。海鲜城以9738万元成功出让。完成了东干河治理二期工程的前期规划和手续报批等工作。

四城河与古城门　　蒲岐镇提供

蒲岐抬阁　　蒲岐镇提供

金色海湾　　蒲岐镇提供

新农村建设全面开展　完成了蒲华路延伸、广场路等工程建设，妥善解决了四城街拆迁等历史遗留问题。完成了10个村和蒲江东路的水网改造，7个村通过了新农村电气化村验收，蒲岐镇成为首批电气化乡镇。完成了15个村及高速互通口景观的规划编制，北门街村农村新社区建设项目通过会审。下侯宅村成功申报温州市全面小康示范村，6个村通过了温州市和乐清市级村庄整治合格村的验收，全镇80%以上村达到了村庄整治建设合格村标准。成功创建了温州市级生态村2个、乐清市级生态村2个，申报省级生态村1个。

文教卫体和计生工作齐头并进　全年共投入教育经费1351万元，其中200多万元用于镇一小校舍危房改造。学校办学条件与教学质量正在逐步提升，全年蒲中有12名学生考入乐清中学。公共卫生投入不断增加，镇卫生院经过多方努力，重新开张服务。新型农村合作医疗覆盖面进一步扩大，参保农民29764人，参保率达85%。完成民间艺术普查工作，7个项目被列入市民间艺术保护工程。新建3个市级体育特色村、5个健身苑，全镇90%以上村建有体育活动场所、配备体育器材。10个村被列入“文明百村行动”行列，5家单位被列入文明单位。全年落实四项手术324例，增幅为83%，确保计生符合率达标，计生工作获得乐清市进步奖。

综合治理工作成效明显　以“双千工程”创建为契机，推进和谐蒲岐建设，全年投入禁毒经费50万元，破获贩毒案件10起，每季度的尿检率稳定在90%以上。在以打击“六合彩”为主的清风大行动中，行政拘留10人，刑事拘留3人。镇司法所被评为省级示范基层司法所。开展学校周边环境安全大整治，全年共组织有关部门和部分人大代表对公共场所食品卫生情况进行突击检查4次，依法取缔无证无照违法生产经营单位两家。

南岳镇

概况 南岳镇位于乐清市境中部，东濒乐清湾，拥有13公里海岸线，与玉环县隔海相望，南连蒲岐镇，西邻虹桥镇，北接南塘镇。全镇区域面积20.57平方公里，辖18个行政村，总人口2.5万人。2007年，全镇实现农村总收入3.65亿元，同比增长15.51%；实现地方财政收入(不包括非线性收入)171万元，同比增长18.92%；农民人均纯收入4949元，同比增长12.84%。2007年，南岳镇被评为禁毒工作、社会治安管理工作、人民调解工作、武装工作、村庄环境连片整治工作、农业工作、被征地农民基本养老保障工作、产品质量和食品安全专项整治工作、水利工作、电网建设攻坚工作、旅游工作、共青团工作、统战工作先进集体和开放型经济工作优质服务单位，还获得殡改工作三等奖。

农业基础扎实稳固 2007年南岳镇实现农业总产值5744万元。加强农业生产灾害风险保障体系建设，推行政策性农业保险，建立了千亩农田统防统治基地，打造了500亩蚕豆及500亩大麦冬种生产示范基地。加快农业产业化进程，扶持现代农业示范基地建设，5个水果药材基地通过市农业局验收；推广马铃薯稻草覆盖栽培技术500亩，推广种植慈溪大白蚕2000亩、大麦花三零500亩。加大农业基础设施建设，标准海塘、前塘小崧水库除险加固工程通过竣工验收并投入使用;大崧水库除险加固工程和杏渔渔港码头扩建工程完成前期准备工作；上庄水库、洋步桥节制闸工程基本完工;杏湾6个村的河道清淤及驳坎工程开工建设。

工业蓝图初显雏形 全年全镇实现工业总产值1.13亿元，工业性投入4280万元；招商引资500万元，引进外资300万元。临港经济建设已进入实质性阶段，乐清湾港区南区围（海）涂工程龙口已合龙；浙能乐清电厂已累计投入建设资金46亿元，中欧船业已投入建设资金4165万元。集电力、港口、船舶、石化等于一体的新型工业体系已现雏形。

三产活力逐步凸现 全年实现三产总值1.91亿元。将旅游业作为三产龙头，坚持高强度投入、高热度促销，努力打造乐清滨海旅游精品线路，修缮了法华寺部分破危建筑，解决了多年未解决的停车场用地问题；修建了渔港码头护栏，并加种千株桃花突出桃花特色；大力扶持观光、垂钓、海鲜特色餐饮一条龙服务的农家乐旅游项目，全镇共有农家乐8家。

城镇建设统筹推进 编制完成了建成区总体规划初稿，并进入会审阶段。南岳货运（滚装）战备码头历史遗留问题得到妥善处理，平盘山隧道改造工程顺利施工、进度过半。镇建成区有关村的自来水管网改造已全面完成并投入使用，中北片自来水管网也正在全线安装。实现了镇内公交车贯通。省、乐清市级各重点项目政策处理进展顺利，500KV温东线塔基、乐清湾港区南区围海南岳片、临港大道后塘段石矿等工程政策处理工作全面完成，虹桥流域东排工程及沙港头陡闸拆扩建工程政策处理工作有序推进。大力开展环境整治，被评为乐清市村庄连片推进环境整治合格乡镇，17个村成为乐清市级环境整治合格村或星级村，11个村成为温州市级环境整治合格村。完成了温州市级及省级生态镇创建工作任务，上庄、洋步桥、上岙3个村成为温州市生态村；建成镇生活垃圾填埋场1个，购置垃圾清运车1辆，配置垃圾桶200只。

社会事业协调发展 加大教育投入，镇一小食堂工程即将竣工验收；南岳中学学生宿舍建设资金到位即将破土动工；镇二小围墙、校内240米河道驳坎、3座桥梁及周边道路建设均完工。加强公共卫生工作，农村合作医疗参合率达87%；后塘村被

南岳海上运输掠影　　南岳镇提供

命名为市卫生示范村。加强科普宣传活动，杏一、后塘村被命名为市科普村，上庄村被命名为市科普示范村，东升农场、兴利畜牧场获市科技示范基地称号，后塘“早熟蜜柑、瓯柑优质丰产栽培技术”及杏一“特色水稻高效增产工程”等6个项目被列为市2007年科技计划项目。加强先进文化建设，上庄、上岙、后塘3个村通过市文化大院建设验收。健全社会保障机制，实施失地农民养老保险，参保率达100%；全面实施政策性农村住房保险，参保率达100%；加强企业退休人员的社会化管理服务，重视做好工伤保险工作；全镇享受低保待遇共109户，农村“五保户”和城镇“三无”人员集中供养率达86%；关爱留守儿童，承办了全市代理家长与留守儿童结对现场会；实施“五动富民”计划，为被帮扶单位筹集资金15万元。狠抓计生工作，2007年全镇出生率为9.79‰，计生符合率为74.8%。移风易俗工作深入开展，全年拆除私坟53座，完成火烧迹地绿化造林318亩。

农村社会和谐稳定　大力推进社会综合治理，深入开展“五·五”普法工作，18个村和5个企业参与了“平安千村”、“平安千企”创建活动，在镇村主要地域或重点门户安装了卫星监控系统“千里眼”7个。在开展系列“清风”行动中，行拘10人，刑拘2人，逮捕1人。完善暂住人口管理工作，聘任了4名外地人口协管员从事外来人员专职管理，2007年底全镇共有登记在册的外来流动人口7000多人，已发证的5637人，出租房安全责任书签订率达98%。禁毒工作开创新局面，全年平均尿检率达86.5%，帮教率达97%，帮助脱毒29例，排查调整了11例涉毒嫌疑人员，收戒68例，6人参与美沙酮维持治疗，经年终考核，名列市先进榜第四位。深入贯彻落实安全生产责任制，辖区内没有发生重特大生产安全事故。重视信访工作，全年无进温、进杭、进京访，并高质量按时报结上级交办信访件13件。

石帆镇

概况　石帆镇位于市境中部，东接天成乡，南连乐成镇，西与四都乡接壤，北与虹桥、淡溪两镇为邻，104国道线南北纵贯全境，距离甬台温高速公路蒲岐出口仅3公里，境内更有在建的甬台温铁路绅坊火车站，交通便利。全镇面积31.95平方公里，耕地1.59万亩，辖29个行政村，总人口3.42万。2007年，全镇实现工农业总产值11.13亿元，同比增长37.4%；镇财政总收入2023万元；农民人均纯收入6012元。

农业基础地位增强　2007年，实现农业总产值3300万元，同比增长3.5%。认真贯彻执行有关扶农支农政策，投入支农资金20万元；农业种植面积扩大，粮食作物种植面积达2.15万亩，获市冬种生产二等奖和粮食生产综合先进三等奖。新成立5个专业合作社和1个蔬菜种植有限公司。全镇完成1100亩标准农田整理进行了河道清障、清污及非法占河清理，完成霞雪村和朴湖二村的河道驳坎2.8千米。添置新型农机具5台，并开展了农机安全村建设，青屿村被评为温州市“农机安全村”。开展种养大户农业保险，保险额达5万元，农户获赔付达30多万元。对1560户种植户进行注册，通过“一卡通”完成了粮食直补款发放工作。2007年镇财政多次拨出专项资金，加强动物防疫工作，动物免疫密度达到100%；强化森林防火工作，更新消防配套设备，定期组织消防人员进行集中训练，提高了火灾扑救能力。另外，以前林村“农业观光园区”为龙头景点，牛头山烽火台等旅游项目的前期开发工作正有序推进。

工业经济快速发展　2007年全镇实现工业总产值10.8亿元，同比增长42 %；外贸出口交货值达6722万元，同比增长44.8%；年产值在500万元以上规模企业达46家，规模企业总产值达9.2亿元，占全镇工业总产值的80%以上。工业性投入大幅度增加，全年共投入资金1.1亿元。实施品牌兴业战略，高科技含量、高附加值的产品不断涌现，企业自主创新能力不断增强，51家企业通过了ISO等质量体系认证。大力启动经济产业功能园区建设，西片山坡地经济产业功能区一期工程进展顺利，已完成108亩土地农转用报批手续，陈岙、霞雪工业园区企业办理了审批手续；全市13家省重点项目企业有5家落户石帆，其中4家已完成审批手续，1家正在上报省审批。积极开展安全员培训工作，1708名企事业员工通过了安全生产知识培训考核，安全生产工作得到巩固和提高，全年全镇无特、重大安全生产事故发生。

加快新农村建设步伐　生态镇建设方案初步确定，全镇加大旧村改造与环境整治工作力度，启动了绅坊等15个村的旧村改造工作，其中东朴湖村和朴湖三村被评为乐清市环境整治合格村，前林、下官塘、后屿等村分别被评为乐清市星级村、卫生示范村和文化大院。群众体育文化设施建设步子加快，新增体育活动场地2处，青屿、上贾岙、后屿等村添置了一批体育器材。完成了总长度为17千米的“康庄工程”建设，投资近200万元的西洙桥工程顺利通过验收。大力支持甬台温铁路工程建设，工程涉及的地面附着物赔偿、房屋拆迁、车站大道征地、绅坊火车站打桩等任务已较好完成；104国道改线工程石帆段两个村的征地工作已圆满落实；温东变500KV、蒲岐变110KV输电工程的征地赔偿工作顺利告捷，农村电气化建设稳步推进，被温州市评为新农村电气化建设A类乡镇。积极推进殡葬改革，开展青山白化治理，全年治理私坟47座，治理率达94%，绿化坟墓175座，投入8万多元建造生态公墓2处。

社会各项事业全面推进　2007年，投入教育资金180多万元，改造了镇一中、二中、一小、二小的危旧围墙、食堂，拆迁了河淇小学校内的民居，给一中配备了多媒体教育设施，改建了霞雪小学和镇二小的操场跑道，全镇教学硬件设施得到改善。进一步规范幼儿教育，取缔了无牌无证接送车，幼儿园的“散、乱、小”现象明显好转。联合工商部门开展食品安全大检查，健全食品安全监督网络，村级食品安全监督员队伍更加稳固。扎实开展“爱国卫生”运动，积极做好传染病预防工作；规范医疗行业，打击非法行医，聘任20多名责任医生组建了社区卫生服务中心和社区健康教育学校；农村新型医疗合作工作出色，全镇农民参保率达81.2%，发放医疗保险金146万多元，大大改善了农民有病无钱医的现状；投入20多万元组建了镇卫生院体检中心，给参保农民免费体检，完成农民体检8000多人。继续开展被征地农民养老保险工作，全镇共有285人参保，参保率达49.7%；政策性农村住房保险工作进展顺利。健全村级计生组织网络建设，深化计生村民自治，加强孕前管理、过程管理，提高管理服务水平，化解出生婴儿性别比失常、社会抚养费征收难、流动人口计生管理不到位三大难题，以计生“综合整治、集中消化”大行动为载体，严格控制违法生育，计生工作的整体水平有了提高，计生符合率为73.54%，社会抚养费征收率为91.03%，兑现率为70.24%，人口自然增长率为7.47‰。老人工作又上新台阶，朴湖二村被评为“四星级”老协，东朴湖村、朴湖一村、朴湖三村被评为“二星级”老协，镇老协被乐清市老龄委、老协评为先进集体。

创建“法治石帆”、“平安石帆”　深入开展“五五”普法教育，认真贯彻实施《行政许可法》，建立各项综治规章制度，强化治安防控网络体系，健全镇综治中心和各村综治、调解、信访“三位一体”工作站，以“平安石帆”为主题，开展“双千工程”创建活动，坚持防范为重，狠狠打击各类违法犯罪活动，社会治安状况明显好转，发案率明显下降。认真做好流动人口管理工作，建立暂住人口分层管理体系。坚持“四铁”方针，加强禁毒工作，狠抓尿检和帮教措施的落实，全年平均尿检率达91%，帮教率达97.5%，收戒吸毒人员91人。认真做好人民内部矛盾排查、调处工作，积极开展“清风行动”，全力配合公安部门打击“六合彩”赌博等违法犯罪活动，社会风气日趋好转。

建设廉洁高效镇机关　以“作风建设年”活动为载体，以建设“开拓、务实、廉洁、高效”的政府为目标，加强政府自身管理，开展“六型机关”建设，深化“效能革命”，下移工作重心，增强干部服务意识，镇机关作风进一步好转，办事效力明显提升。同时加强机关干部队伍管理，严格执行机关各项规章制度，严肃工作纪律，狠抓廉政建设和反腐败斗争，深化政务公开，规范机关公车和财务管理，增加工作透明度，自觉接受人大主席团监督和广大群众的监督，机关清廉之风得到弘扬。全镇坚持实行村务公开和民主管理，进一步促进了基层民主政治建设。

淡溪镇

概况　淡溪镇位于市境中部，东接虹桥镇，南邻石帆镇和四都乡，西与永嘉县相连，北界岭底乡，总面积44.2平方公里，辖28个行政村，人口2.6万人。2007年，全镇农村经济总收入达10.36亿元，同比增长28.86%；农民年人均纯收入6003元，同比增长7.20%；财政收入2663.5万元。

综合经济实力稳步增长　工业经济有新突破，全年实现工业总产值8.70亿元，同比增长26.45%；自营出口922万美元，同比增长77.31%；实际到位内资3940万元，同比增长35.3%。精实电子有限公司成功创建乐清市名牌商标“CNJS”，其3个系列电子连接器产品正在创建市名牌产品。山地经济建设区取得进展，基本完成了土地平整，其中10家企业已打好围墙。农业生产稳步推进，全年共发放粮油直补资金9.92万元，实现农业总产值6569万元，同比增长19.09%；全镇粮食种植面积6351亩，粮食总产量1720.8吨；新发展特色水果基地210亩，通过省级无公害产品认定885亩。加快各种先进农业实用技术的推广、应用，建设冷藏库1座，推广新型肥料试验1500亩、标准农田培肥技术7000亩、“中浙优1号”等水稻新品种6000亩。农业基础设施建设不断加强，完成了1663亩的土地整理工程，新增耕地129.19亩；共投入334万元资金，建设了2处拦水坝、1076米防洪堤、4400米引水渠、2250米排洪沟等水利设施。加强林业资源的涵养和保护，全年共造林210亩。农业普查和山林延包工作按期完成，分别荣获省级先进和温州市级先进。发展服务业，依托山区生态资源优势，加快“农家乐”休闲旅游发展步伐，推动了农家餐饮等服务业的发展，新建两家“农家乐”特色餐饮店。

镇村新貌逐步凸现　以创建“全国环境优美镇”为城镇建设目标，竭力把淡溪建设成为“虹桥后花园”。通过克难攻坚、严格规范、稳步推进实施，淡溪新貌日益凸现，并顺利通过了省级生态镇的复核考评。加大基础设施建设力度，完成了龙川桥改建工程，完成了全长2.3公里、总投资800多万元的淡硐公路建设，完成了总概算为1304万元的淡溪水库下游河道整治三期工程有关政策处理等前期工作。积极配合国家重点工程建设，甬台温铁路工程政策处理基本到位，完成了29户5508平方米房屋的拆迁工作，妥善处理了各种矛盾和问题，为铁路建设创造了和谐的施工环境，确保铁路工程建设顺利进行。加强城镇管理力度，完成了镇中心垃圾场附属设施建设，并配置了垃圾车，聘请了清扫人员；各村也正在陆续建设垃圾中转场所，垃圾处理“户收、村集、镇运”机制正在逐步完善。旧村改建和环境整治工作取得较大进展，全镇列入旧村改建与环境整治的23个村中，建成温州市合格村12个、乐清市合格村3个。

各项民生事业强势推进　“科教兴镇”工作扎实推进，全年投入科技资金2700万元，综合科技实力有所增强，镇政府被评为乐清市科普基层示范单位。加强教育基础设施建设，镇中学综合教学楼工程已竣工并投入使用；中心小学迁建工程政策处理已经到位，土地调换工作基本完成，并完成了一期工程10亩征地和用地的报批手续，下埠宅段学校围墙基础已开始施工建设。农村文化体育活动广泛活跃开展，潭头、孙家垟等村建起了文化大院、文体公园等文体活动阵地，潭头村还通过了温州市级文化大院验收，建立了温州市文化信息共享工程分中心；全镇组织开展了太极拳、篮球、健身舞等群众性文体活动，成功举办了乐清市首届杨梅文化节，群众文体生活日益丰富，潭头村还参加了省农民“种文化”百村赛，荣获“群芳奖”（乐清市唯一获此奖的村）；积极落实文化遗产保护政策，采取有效措施，切实保护好宋朝的“桂岩”、清代的古民居和古城墙等文化遗迹及筷子笼、田歌、猜龙等非物质文化遗产。潭头村被评为温州市级文化示范村，寺西村被评为乐清市级体育特色村。重视医疗卫生事业的发展，公共卫生社区服务体系逐步完善，配备了责任医生和社区公共卫生联络员，扎实开展社区医疗服务；新型农村合作医疗参合率达94.5%，并开展了参合农民首次健康体检工作，体检率达63%；为改变镇卫生院长期瘫痪的状况，实行了防保站与卫生院合署办公，整修了房子，添置了X光、B超等医疗设备，努力解决群众就医难问题；同时超额完成了市下达的献血任务，全镇被评为市无偿献血工作先进集体。计划生育工作坚持继续做好基础工作，基础信息掌握率有所提高，女性初婚和人口出生掌握率分别达90.48%和96%，均超过市里规定的任务要求，统计误差率为0；2007年全镇计划生育率达78.12%，社会抚养费征收率和兑现率分别为90.74%和70.01%。移风易俗工作成效显著，采取了疏导、打击相结合的措施，一方面积极建设公益性生态墓地，现有6座公益性墓地绿化覆盖率达95%；另一方面，加大青山白化治理力度，治理率达95%。淡溪镇武装工作和征兵工作也都被评为市先进单位。

社会保障体系不断完善　坚持把完善社会保障和健全社会救助作为工作重点，努力促进社会和谐和公平。全镇共有最低生活保障对象185户，新增23户，做到应保尽保，全年筹措3.5万元扶贫资金，共帮扶167户低保户和五保户。全镇被征地农民养老保险投保379人，企业职工参加养老、医疗、失业、工伤等保险1502人，都超额完成市下达任务。成立了非公企业基金会，对30多名企业退休人员进行社会化服务，跟踪服务覆盖面达100%。深入实施“五动富民计划”；进一步完善政府救助和社会互助相结合的帮困机制；成立了外来务工人员劳动保障中心，加强了劳动者的权益保护，并开展了为农民工讨薪行动。开展农民素质培训，500多人参加了培训学习，其中125人实现了劳动力转移。移民安置后期工作进展顺利，水库移民后期扶持款420万元全部按时发放到人；投资300多万元完成了移民村道路、净水塔、自来水安装等14个基础设施项目建设，并争取到上级财政拨款92.64万元。移民安置工作被评为温州市级先进。

强化综合治理赢得和谐稳定大局　坚持把平安建设放在第一位，不断探索维护社会和谐稳定长效机制，进一步完善“调解、治保、信访”三位一体的工作机制和信息预警网络体系，全年共排查矛盾纠纷25起，全部得到调解，其中处理群体性事件1起。健全综治防控体系,投入10余万元在重点地段安装了视频监控，并整合了村巡防队力量，开展联防联控，提高了社会治安防控能力。坚持“严打”整治方针，“清风”行动成效明显，全年组织10次集中大行动，出动425人次，抓获“六合彩”参赌人员13人（行拘10人，刑拘3人）、聚众赌博10人。坚持禁毒“四铁”工作方针，开展禁毒综合治理，实行打防并举，落实各项措施，全年脱戒23人，新增15人，实现实有吸毒人员负增长。认真开展安全生产工作，加大了安全生产宣传、隐患普查和整改工作力度，集中力量狠抓了出租房的综合整治，全年无重大安全事故发生。重视外来人口管理工作，建立了外来人口管理服务站，聘任了12名专职外来人口管理员，对外来人员严格进行登记建档并做好换证验证工作，外来人口管理工作逐步走向日常化、规范化、制度化。2007年，淡溪镇被评为温州市社会治安综合治理先进单位。

坚持不懈抓好基层党建工作　进一步健全“三会一课”、班子成员参加党日活动等制度，充分发挥远程教育平台的作用，多层次、多形式地组织党员干部深入学习贯彻“三个代表”重要思想和党的十六届六中全会、十七大精神。加大党员干部队伍培训、管理力度，着力提高党员干部队伍素质。顺利完成了镇机关机构改革、人事调整，狠抓“作风建设年”活动，认真开展镇领导“蹲点联村”和“走进矛盾、破解难题”活动，广大干部的服务意识、宗旨观念和大局意识得到增强，一批事关发展和社会稳定的问题得到较好解决。坚持高标准、严要求发展新党员，全年共发展党员29名。加强基层党建工作的督查和指导，全面落实基层党建工作职责，坚持每季召开一次各支部党建工作例会制度、党委研究部署党建工作制度和年中考核制度。做好非公企业党组织组建与示范点建设，全年全镇6家规模以上企业组建了党组织，创建党建示范点2家。严格落实党风廉政建设责任制，从源头上加大治理腐败力度，不断完善惩治和预防腐败体系，突出抓好农村基层党风廉政建设。

四都乡

概况 四都乡地处乐清市域中西部，四面环山，中间是较大的峡谷平原，境内山脉蜿蜒环绕，梅溪、杨溪两大溪流贯穿乡境平原；全乡山场面积4.76万亩，森林覆盖率达70.5%，居乐清市首位。境内保持着“天常蓝、地常绿、水常清、人常乐”的田园风光，是温州市首个“全国环境优美乡”，也是南宋开科状元、政治家、诗人王十朋的故乡。全乡面积41.4平方公里，总人口1.5万人，下辖15个行政村。四都乡坚持“农业强乡、生态立乡、旅游活乡、文化蕴乡”战略，围绕全面建设小康社会总目标，解放思想，抢抓机遇，2007年全乡实现工农业总产值2.08亿元，其中工业总产值1.9亿元、农业总产值近1800万元，财政收入193.4万元，农民人均收入4325元，同比增长13.07%。

优化结构，农业基础地位得到巩固 坚持“农业强乡”战略，围绕农业增效、农民增收的目标，注重农业产业结构调整，发展高效生态农业和无公害绿色农业，农业产业化水平不断提升，农业效益进一步提高。利用丰富的山场资源，在保护生态的前提下，鼓励农民进行农业综合开发，发展高效生态农业和无公害绿色农业，推广温郁金中药材、稻田养鱼、高山蔬菜水果、莳药等特色产业。通过各种惠农政策，降低农业风险。率先开展订单农业，减少农民的种植风险，提高农民收益；大力推广政策性农业保险，2007年全乡共有土鸡13.5万只、蛋鸭1.7万只、生猪1420头参保，上缴保险费5.47万元，因灾因病获赔保险金24.76万元，有效减轻了农民损失，保障了农民利益，乡政府被评为“乐清市政策性农业保险先进单位”。开展农业测土配方试验，合理使用化肥农药，指导农民开展农业废弃物综合利用。同时还以樟岙生态畜牧小区为试点，推广发展农业循环经济。

科学发展，全国环境优美乡内涵得到丰富 四都乡以实施《四都生态示范区建设规划》为主线，以农村环境整治和发展高效生态农业为着力点，积极发展循环经济，取得了明显的成效。该乡在取得浙江省生态示范乡和全国环境优美乡称号的同时，通过了省ISO14001环境管理体系的认证，2007年又顺利通过了复审工作，成为全市环境保护的典范。生活污水处理建设有新突破，建成了梅溪、樟岙、杨川、双尖凤、陈坦、垟岙等村的生活污水集中处理设施。坚持工业园区外设原则，严格控制污染企业入乡，确保四都优美环境不被破坏。浙江四都农业综合开发场的土鸡和果树混合养殖、樟岙畜牧小区的沼气入户工程等都实现了资源的循环利用，循环经济初现规模。依托南宋状元王十朋故里和全国环境优美乡的金名片，做好“旅游活乡”文章，大力发展王十朋古迹旅游、红色旅游、生态休闲旅游，引导“农家乐”健康有序发展，全年共接待游客3万余人次，经济效益明显。

抓住机遇，社会主义新农村建设有效推进 加快基础设施建设，全年投入资金50万元建成杨岭一期公路安全防护和排水设施，并对全乡水毁的康庄工程进行了修复，确保行车安全。按照“全面规划、分期实施”的溪流整治总体部署，在完成四都溪杨川段治理一期工程后，二期杨川段防洪堤、樟岙段防洪堤即将竣工；陈坦村的改溪造田工程竣工并通过验收；杨川—丁岙段防洪堤整治工程已通过会审；柏岩水库除险加固工程施工进展顺利，已完成工程量的68%；樟大岙水库工程已完成可行性研究。加强旧村改建与环境整治工作，全乡共有12个村列入旧村改建和环境整治，其中被评为省级和温州市级全面小康建设示范村2个、温州市环境整治合格村11个、乐清市全面小康建设示范村7个、乐清市环境整治合格村12个。

统筹兼顾，社会各项事业协调发展 四都乡是国家重点工程——500KV乐清变电站建设所在地。该乡为支持国家电力建设，针对征地复杂困难的情况，通过耐心细致的工作，发扬克难攻坚、同心协力的精神，完成了该工程的前期征地工作，确保了国家重点工程建设的顺利开展，并被评为2007年度“乐清市重点项目考核先进单位”。积极开展“平安四都”、“平安千企”、“平安千村”创建活动，严厉打击各类刑事犯罪，开展禁毒专项斗争，坚决打击地下“六合彩”赌博活动，确保了社会治安情况稳定；全面落实安全生产责任制，深入开展“两保两查”专项行动，全面掌握安全生产隐患信息，及时抓好整改，平安创建工作取得良好成绩，乡政府被评为“乐清市综合治理先进集体”。精神文明建设逐步深化，全市首创的陈坦村“母亲学堂”引起新华社、《人民网》、《人民日报》、《浙江日报》、《钱江晚报》等国家级、省级主流媒体的关注；群众性文化体育活动蓬勃发展，樟岙村获得“卫生示范特色村”称号，玛瑙村获得“文化特色村”称号，陈坦、垟岙村成功创建“文化大院”，陈坦村还在“文明百村行动”中获得样板示范村称号。基础教育明显加强，全年乡财政投入教育经费170万元，大力改善办学条件，建成了乡中心小学、乡中学的新校舍和操场，增设多媒体、小媒体、校校通等先进教学设施，进一步普及九年制义务教育，完成了校网撤并，教学质量逐步提高。民政工作成效显著，乡政府投入40多万元建设乡敬老院附属配套工程，使四都乡敬老院在硬件设施和服务功能上成为全市一流的敬老院。全面推行新型农村合作医疗制度，2007年度全乡共有10541人参加新型农村合作医疗，参合率达80%；全年299人报销医疗费用，共计发放金额67万多元，另外发放医疗补助费15万多元，有效防止了因病致贫、因病返贫的现象。社会保障体系不断完善，全乡的五保户、特困户和受灾群众都能得到及时济困救助。认真落实最低生活保障制度，积极推进“三帮一”共富工程，继续实施“一户一册一干部”帮扶措施，全社会扶贫良好氛围逐步形成，乡政府获得了全市唯一的“浙江省民政工作先进乡镇”称号。

南塘镇

概况　南塘镇地处雁荡山南麓的乐清湾畔，依江临海，区域发展优势得天独厚。全镇总面积15.0平方公里，人口2.33万人，辖18个行政村，海岸线长11公里，为浙江省船舶工业规划布局的重点区域之一。2007年全镇实现生产总值为10.68亿元，比上年增长19.33%；财政总收入2629万元，比上年增长11%；农民人均纯收入达7575元，比上年增长16.54%。

经济运行持续良好　现代农业步伐加快，全镇实现农林牧渔业总产值1.41亿元，其中农业2703万元、畜牧业2290万元、渔业4500万元、农林牧渔服务业3868万元。粮食生产保持稳定，全年播种面积达5500亩。香瓜、葡萄、育苗等特色产业产值比重不断提高，农业龙头企业健康发展，农民专业合作社不断壮大，农业政策性保险顺利开展。农业基础设施建设力度加大，投资660万元完成了南浦河等河道整治工程，投资150多万元完成了北片土地整理及田埂路面硬化工程。工业经济健康快速发展，全镇完成工业总产值8.52亿元，比上年增长31.08%。全社会固定资产投资完成额为8542万元，增速为416%；工业性投入达6838万元，完成任务数的171%。外贸出口发展迅速，全镇拥有自营出口企业6家，全年出口总额达2.15亿元。积极破解工业建设用地难题，三江边坡地工业用地已进入报批阶段。服务业发展势头良好，产值达5214万，比上年增长25.6%。移动、联通营业厅相继落户，带动了镇通讯服务业的发展。连锁超市进镇，“百村放心店工程”建设效果明显，2007年新增超市门店 2家。另外，海上休闲渔业、“渔家乐”发展较好。积极参与港区开发建设，经过多方努力，南塘镇纳入了乐清湾港区一期启动开发区工程范围，这将有力推进南塘镇的船舶制造业基地建设，带来临港产业的大发展。

村镇建设日臻完善　南塘镇作为乐清市村庄连片整治的6个重点乡镇之一，2007年有6个村被评为温州市级“村庄整治合格村”，有9个村被评为乐清市“村庄整治合格村”；镇政府投入943.8万元，新建休闲公园2个、健身场所5处、公厕21座；南塘镇荣获温州市旧村改造先进集体。城镇基础设施建设日趋完善，完成了南浦至山马康庄公路、亨东至南浦村公路、南浦至永光村公路及环城北路改造等工程；完成了亨东公路拓宽工程的施工设计及前期政策处理工作。加快新农村电气化进程，解决农村安全用电问题，有8个村线路整改通过验收，南塘镇被评为新农村电气化B类乡镇。生态镇建设步伐加快，投入专项经费178万元，完成了杨洲、珠南等村污水处理工程，南塘镇被评为温州市级生态镇。

社会事业抓细抓实　2007年，全镇投入教育经费526万元，用于南塘中心小学的“食宿工程”建设和中小学教学设备添置，南塘中学通过温州市示范学校评估验收；投入300万元完成了南塘卫生院扩建工程，建立了南塘镇社区卫生服务中心。同时将社会保障工作列入镇政府重要议事日程，实施了农村住房保险；新型农村合作医疗稳步推进，全镇新型农村合作医疗参合人数达17635人，农民参合率达81.4%，全年共筹集合作医疗资金54.63万元，共报销246人次，累计发放医药费补偿金116.5万元，还为参合农民免费健康体检12148人次。全镇文化基础设施进一步完善，南塘村、鲤鱼山村建成文化大院，镇文化站通过市级标准文化站验收。“双百结对、共建文明”和“文明百村行动”等精神文明创建活动不断深入。全镇人口和计划生育工作保持低生育水平，同时还增强了社会抚养费征收力度，全镇应征收社会抚养费37例，已征收34例，征收率为91.89%，兑现率为70.69%；强化了流动人口计生管理，对外来育龄妇女的服务率达90%；计生利益导向机制和优质服务机制更加完善。另外，党管武装工作也卓有成效，圆满完成了9名征兵任务，完成了民兵征组工作，开展了“三个现地”演练。

综合治理卓有成效　深入开展“五五”普法教育和“平安千村”、“平安千企”活动。坚决贯彻“四铁”方针，深化禁毒斗争，全年共破贩毒案7起，收戒吸毒人员26名，保持实有吸毒成瘾人员负增长，有力扭转了禁毒工作落后局面。开展严打整治斗争，狠狠打击“六合彩”、“两抢一盗”等违法犯罪活动，全年破刑事案件27起，办结治安案件50起，共打击处理各类违法犯罪嫌疑人87名，其中“六合彩”违法赌博14名。开展安全生产专项整治和“两查两保”活动，对“三合一”企业和出租房的消防安全进行了重点检查整治。2007年，南塘镇荣获“社会治安综合治理工作先进集体”称号。

党建工作紧抓不懈　深入学习贯彻党的十七大精神，开展“作风建设年”和解放思想大讨论活动，班子领导下村蹲点调研，干部思想作风进一步转变。切实加强党风廉政建设，严格落实党风廉政建设责任制，完善惩治和预防腐败体系，严肃查处违法违纪案件，还重点抓了农村基层党风廉政建设。加强农村实用人才队伍建设，126名优秀后备干部入选人才库；村级党组织换届工作圆满完成，一批年富力强的人才进入村党支部委员会。大力推进非公有制企业党建工作，新建非公企业党支部3个。做好党员发展和党内关怀工作，102名入党申请人列为入党积极分子，全年发展新党员33名；全年先后两次组织慰问了老弱病贫党员160多人次，“1+1”暖人心工程深入开展。

芙蓉镇

概况　芙蓉镇位于乐清市中部偏北，总面积42.0平方公里，下辖19个行政村和1个居委会，总人口2.6万人，有“中国钻头之乡”之称，2002年获“中华全国钻头（建工）产业基地”称号。镇内贸易兴隆，每逢农历二、七为集市。境内风景秀丽，景点有筋竹涧、万缘桥、雁荡十八古刹之一——本觉寺遗址等。瓷土矿、西瓜、芙蓉芋头、芙蓉麦饼、无核蜜桔等誉满瓯江南北。2007年，全镇实现工农业总产值12.97亿元，比去年增长47.67%；工业总产值12.7亿元，比上年增长48.19%，稳居清江片区之首；外贸出口交货值达6.38亿元，比上年增长41.78%；农民人均纯收入为6333元，比上年增长6%。

经济总量快速增长，产业发展实力凸现　农业和农村经济结构不断优化，加快发展效益农业和生态农业，加强农业品牌创建，康盛蜜柚、小芙早茶等品牌知名度进一步提升；积极做好农业政策性保险，有效减少台风等自然灾害给农业发展带来的损失；山林延包工作顺利完成。工业经济发展强劲，积极拓宽企业用地渠道，帮助企业解决一批用地政策性问题，兰屿浦村工业用地规划逐步落实，工业区遗留的4家企业工业用地挂牌出让工作得到有力支持，竭力为中小企业发展提供用地保障；优化工业产业结构，全镇以钻头产业为核心，硬质合金、电锤、汽动钉枪和木工铣刀等配套五金工具产业共同发展的集群化格局模式的优势进一步发挥；深化品牌战略，“方大王”等一批驰名、著名商标影响力日益扩大，企业的品牌创建意识明显提高；全镇对外贸易出口继续保持高速增长。第三产业发展加快，重视旅游开发工作，支持房地产、通讯、物流、餐饮等服务行业发展，集镇商业贸易持续繁荣，区域中心城镇地位进一步巩固。

和谐新农村　　芙蓉镇提供

遍野油菜花儿香　　芙蓉镇提供

城乡建设持续推进，一体化发展格局日趋明朗　城镇建设力度加大，局部调整城镇总体规划，并被乐清市域总体规划确定为全市中北片两个重点镇之一。芙蓉“国际花园”房地产工程破土动工，黄金溪商住小区开发项目征地和用地报批工作顺利完成，东岙、西岙、石碧等村的一批“康庄工程”项目相继完工通车。社会主义新农村建设步伐加快，引进环卫保洁市场化运作机制，大力开展旧

芙蓉镇工业园区　　芙蓉镇提供

秀美芙蓉池　芙蓉镇提供

幽雅筋竹洞　芙蓉镇提供

村改造和农村环境整治，19个村全面启动旧村改造工作，良园村获得温州市级全面小康示范村称号，前垟、石碧等9个村先后获温州市和乐清市级环境整治合格村称号，兰屿浦村获得乐清市级二星村，包宅、前横等多个村被评为乐清市级一星村，芙蓉镇获得乐清市级旧村改造先进集体称号。创建生态镇，全面启动芙蓉工业区污水集中处理工程，良园、兰屿浦、海口、石碧、前横等5村建成了生活污水处理池等设施，芙蓉垃圾中转站的选址和建设工作正在积极进行中，良园、兰屿浦两村荣获温州市级生态村称号，芙蓉镇顺利通过温州市级生态镇考核验收。2007年，芙蓉镇还获得温州市级“新农村电气化城镇”称号。

芙蓉镇“天翔杯”女子广场健身操比赛　芙蓉镇提供

文卫体业齐头并进，民生活力有效增强　加大文化建设力度，在下街、前垟等村开展了“文化大院”与“文化特色村”创建工作，建立了前横村乐清市农村流动图书室，下街村获市级文化特色村称号，芙蓉“板凳龙”被列入乐清市第一批非物质文化遗产名录。积极发展医疗卫生公共事业，进一步推进新型农村合作医疗工作，参加合作医疗人数达14829人。农村体育设施建设不断完善，广场健身操等一批全民健身活动活跃开展，并成功举办了芙蓉镇“天翔杯”女子广场健身操比赛。农村政策性住房保险工作进一步落实。

综合治理、文明创建两手抓，和谐发展保证平安　以“平安千村”、“平安千企”工程为载体，全面推进“平安芙蓉”建设。落实各项社会治安综合治理措施，完成了工业区和主要道路、街口的监控网络一期工程建设。全力做好安全生产工作，加大对安全生产人员的业务培训，严格落实企事业单位、村（居）安全生产责任制。精神文明建设稳步推进，深入开展文明创建、“六型机关”创建活动，采取有效措施抓好“作风建设年”各项建设工作，继续开展“文明单位”、“文明市民”、“文明家庭”等评选活动，全镇的文明风气日益浓厚、不断提升。

清　江　镇

概况　清江镇总面积34.31平方公里，辖29个行政村和1个居委会，总人口3.6万人。2007年全镇实现生产总值11.65亿元，同比增长30%；财政税收收入3753万元，同比增长20%；农村居民人均纯收入5870元。成功创建了温州市生态镇和浙江省平安农机示范镇。

经济建设实现新跨越　着眼农业新经济增长点，进一步优化农业产业结构，发展特色高效农业，全镇初步形成了水产、畜牧、蔬菜、水果等四大农业主导产业。鼓励创建农业龙头企业，扶持种植、养殖专业户，促进农业生产规模化，至2007年底，全镇有粮食种植大户33户，各类农业生产基地15个。水利基础设施建设进一步加强，逐步完善村级水库、山塘、陡闸等工程建设，完成了5处海塘建设工程，排涝抗旱能力有所提高。做好了4000亩土地整理工作，提高了土地利用率。全镇冬种面积达8000亩，获得了乐清市冬种生产一等奖。做好动植物防疫工作，实现免疫率100%。加强农机林业等工作，成功创建了省农机平安示范镇。打好“中国牡蛎之乡”这张国字号金名片，水产养殖面积达到2.3万亩，清江牡蛎被评为浙江省无公害产品。

2007年，镇工业总产值突破10亿元，同比增长30%；工业性投入7787万元，自营出口2.21亿元，全镇初步形成了以104国道为主线，以产业功能区为中心的工业发展格局。按照“打基础、调结构、建基地、促发展”的工业经济发展思路，产业功能区的建设进入后期工程阶段，区域经济板块优势逐步凸现。立足“质量兴镇、品牌兴业”战略，全年投资8300万元，开展企业技改和产品创新，培育了亿元企业3家、规模企业14家，全镇初步形成了以钻头、机械加工、电子元件、化工、汽摩配、服装等多个增长点的综合工业体系。

全镇交通、通讯、邮电、旅游、

商贸等第三产业稳步发展，同时把旅游业作为新的经济增长点来培育，努力发展“农家乐”休闲游，积极配合上级有关部门做好芙蓉池的开发工作；另外还大力开展了农村连锁超市和村庄放心店建设。

新农村建设取得新成效　积极实施康庄工程，继续做好村级道路网络建设；进一步推进旧村改造和环境整治工作，村容村貌大为改观，珠上村成功创建了省级旧村改造和环境整治合格村。以生态镇建设为载体，完成了《清江镇生态建设实施方案》（2004—2020）的编制工作，努力建设环境友好型城镇；2007年全镇有5个村建成了污水处理系统，2个村成功创建了温州市级生态村，12个村创建了乐清市级生态村，群众生活环境逐步改善。

各项社会事业获得新进展　全面推进新型农村合作医疗和农村住房政策性保险工作，全镇农村合作医疗参合率82%，农村政策性住房保险参保率达92%；全镇295户低保户共395人做到应保尽保，同时实现了五保户集中供养；被征地农民养老保险工作进一步落实，企业退休人员社会化管理服务工作切实加强。计生工作围绕“依法管理、村民自治、优质服务、政策推进、综合治理”的工作思路，注重宣传，狠抓措施落实，完善利益导向机制和优质服务机制，严格执行“一票否决”制度，人口和计划生育管理工作得到了有力推进。进一步整合教学资源，优化校网结构，全年投入教育经费1424万元，清江四小成功并入清江二小，清江五小搬迁前期工作准备就绪。加强文化市场管理，1个村被列入温州市文化示范村、3个村成功创建乐清市文化大院、13个村拥有了自己的健身苑、篮球场，1个村成功创建市科普示范村。

平安清江建设迈出新步伐　加大“五五”普法宣传力度，在重点人群中开展了《物权法》、新修改的《省计划生育条例》、《劳动法》等与人们生产生活密切相关的法律法规的宣传教育工作；全镇29个行政村做到村务公开及民主管理规范化。高度重视社会稳定，不断强化平安建设，加强镇综治中心建设，健全各项工作制度，实现平安千村覆盖率100%。有力开展了“扫黑枪、除黑恶、反两抢、禁毒赌”行动、社会治安“清风”行动和打击“六合彩”行动等专项整治活动，消除社会不稳定因素，确保了社会稳定和乡风文明。制定和落实清江镇突发公共事件总体应急预案和各专项应急预案，镇公共应急能力和风险防范能力得到有效提高。从宣传教育和控制打击入手狠抓禁毒工作，全年发行《清江禁毒专刊》4期3000份，尿检率达91.32%。认真做好群众来信来访和人民调解工作，认真调处回复信访件40件，积极疏导和化解了各类矛盾纠纷，积极构建平安清江、和谐清江。

雁湖乡

概况　雁湖乡位于乐清市境中西部，世界地质公园、国家级风景名胜旅游区雁荡山的八大景区之一——雁湖景区就在该乡境内。全乡总面积47.38平方公里，辖21个行政区，人口1.77万人，70%的劳动力外出务工经商。全乡森林覆盖率达76%以上，居乐清市第二位。2007年实现国内生产总值9013万元，同比增长9%；农业总产值1591万元，同比增长7%；工业总产值4500万元，同比增长12.5%；第三产业总收入95万元；农民人均年纯收入3311元，同比增长9%。

经济稳步增长，综合实力进一步壮大　一年来，雁湖乡党委、政府始终坚持以发展为第一要务，紧紧围绕农业增产、农民增收、农村稳定的总目标，积极实施“科技兴农”战略和“品牌优化”战略，不断加快农业产业结构调整步伐，继续加大对农业的扶持力度，做大做强特色优势产业，农业综合经济实力进一步增强。2007年共发展经济水果林40亩、茶叶70亩、药材50亩，建立规模农业基地3个；新增畜禽养殖场4个，增加畜禽存栏数7301头。同时，周山“雁湖早茗”基地、吕家田梅花鹿基地、长山头大棚枇杷基地等一批优势项目的品牌效益进一步显现，农业产业结构调整初见成效，全乡效益农业规模逐步扩大。

工业经济稳步发展。钻头等家庭加工企业数量增多，规模进一步扩大。紧紧依托雁荡山旅游品牌效应，加大了对“雁湖景区”周边旅游资源

省生态办领导视察雁湖乡污水处理池项目工程　　雁湖乡提供

雁湖新农村一瞥　　雁湖乡提供

的开发和利用，有力推动了生态旅游、人文旅游、特色“农家休闲乐”等第三产业的快速发展。

基础设施建设步伐加快，新农村建设呈现新风貌　雁湖地处山老区，基础设施相对薄弱。一年来，乡党委、政府以创建省级生态乡为目标，以村庄环境整治和康庄工程建设为契机，以“文明百村行动”为载体，大力实施农村环境“五整治一提高”工程，狠抓了各项基础设施建设，农村面貌焕然一新。全年完成建设黄金溪标准防洪堤1417米、拦水坝121.7米、水渠850米，总投资395万元，并在黄金溪两岸植树1000多株，竭力打造“黄金溪”休憩区；南山、小舟山、大山背等8个村的康庄工程全部竣工，总投资达982万元；通讯电力设施建设不断加快，丹灶里等3个村的新农村电气化改造工程已经完成；宽带网络“村村通”工程全面铺开，移动通讯网络设施覆盖面达100%；建成了白岩等6个村的生活污水处理池，完成了平原13个村的生活垃圾收集、清运和处理工程，农村公共设施建设有新改观。2007年，雁湖乡顺利通过了省级生态乡的考核验收，尚古山村被评为“温州市全面小康建设示范村”，黄岙等5个村被评为温州市环境整治合格村，南山等7个村被评为乐清市环境整治合格村。

雁湖乡吕家田梅花鹿基地　　雁湖乡提供

社会各项事业协调发展，精神文明建设取得新成效　重视保障体系建设，以开展“五动富民计划”为契机，结合“三帮一”和“一户一策一干部”活动，继续实施扶贫攻坚战略和欠发达村奔小康工程，深入开展“1+1”暖人心活动，进一步完善了社会最低生活保障制度。2007年，共发放各类补助救济、救灾款55万元；投入1万元修缮了乡敬老院，敬老院的集中供养率达92%；完成了农村政策性住房保险3600户，理赔保险金4.5万元。

坚持优先发展教育，不断加大对科技教育事业的支持力度。全年投入211.8万元完成了九年一贯制学校和希望小学的多媒体教室、希望小学操场等基础设施建设，学校基础设施日趋完善，教学质量稳步提高。2007年，九年一贯制学校被评为“浙江省义务教育标准化二类学校”、“温州市寄宿制示范学校”。

高度重视农村公共卫生事业建设，进一步改善医疗卫生设施条件，投资14万元为乡卫生院添置了B超、心电图等设备。合作医疗参保率达84.7%，上交医疗保险金34.3万元，完成农民健康体检5000余人次。健全了动植物重大疫情预防机制，动物防疫密度达100%，效果监测（抗体）达78%。

民主法制建设不断加强，社会稳定和谐有序　一年来，雁湖乡大力推进社会治安综合治理工作，深入开展“平安千村工程”和“平安雁湖”建设，切实维护了雁湖的稳定、和谐、有序。结合“五五”普法活动，深入开展了法制教育和禁毒宣传教育，做到宣传教育到村入户进学校，努力提高群众的法律法制意识。坚持“四铁”方针，深化“打黑枪、除黑恶、反两抢、禁赌毒”活动，严厉打击各类违法犯罪行为。2007年共投入禁毒经费7万元，吸毒人员尿检率达90%、帮教率达95%，脱毒17人；开展“清风行动”6次，出动人员105人次，刑拘了3人，有效地控制了“六合彩”赌博等违法犯罪活动。

雁荡镇

中共雁荡镇第五次代表大会第三次会议隆重召开　　雁荡镇提供

概况　雁荡镇座落于世界地质公园、国家5A级风景名胜区雁荡山的中心地带，四面群山环绕，风景秀丽。全镇总面积74.5平方公里，辖32个行政村、1个居委会，总人口5.34万人。2007年，雁荡镇在市委、市政府的正确领导下，认真落实科学发展观，高扬发展主旋律，紧紧依靠全镇人民，开拓创新，克难攻坚，狠抓落实，推动了经济社会又好又快发展，为雁荡镇率先实现第三次跨越奠定了坚实的基础。全年全镇实现农村经济总收入10.27亿元，同比增长11.2%；财政收入1814万元，同比增长5.96%；人均收入达5662元，同比增长5%；完成社会固定资产投资3.4亿元。

打造实力雁荡　农业经济稳步发展，全年实现农业总产值4968万元，同比增长8.5%；完成粮食种植面积1.21万亩，绿化山林2000余亩；建成标准海塘7.54公里，竣工标准海塘6个标段，新建水闸5座，改造围塘160亩。引进农业新品种、新品系10多个，建成标准农田1500亩，农业标准化应用面积达60%，认证的无公害农产品、绿色食品、有机食品达15%。全镇农产品获省级品牌1个、温州市级品牌1个，4家茶叶产业企业获省级金奖。2007年雁荡镇被评为省级动物防疫示范镇。全年工业总产值达2.42亿元，比上年增长1280万元，规模以上工业总产值7809万元，工业性投入1210万元。以旅游业为龙头的服务业有序增长，呈快速发展态势，与之相关的餐饮业、文化娱乐业等齐头并进，全镇旅游经济总收入达11.5亿元，同比增长12.65%。

展现魅力雁荡　以全面建设小康社会为目标，进一步推进社会主义新农村建设，全年新增温州市级“全面小康示范村”1个、温州市环境整治合格村4个、乐清市全面小康建设示范村2个。2007年完成了雁荡镇2007～2012年的近期建设规划编制和跳头、上阮、石件头等村的村庄规划编制；甬台温铁路建设工程和104国道拓宽工程顺利施工，并做好了火车站配套工程建设的前期工作；沙门岛跨海大桥主体已顺利合龙，部

沙门岛跨海大桥　　雁荡镇提供

雁荡镇纪念中国共产党成立86周年暨先进表彰大会　　雁荡镇提供

分接线工程和相关配套设施建设进展顺利；雁荡大荆引水管道安装前期工程已完工；高速公路出口绿化工程已竣工验收；中心区开发已完成所有报批手续和项目详细规划的编制；海上乐园已开工奠基；雁荡山旅游专科学校建设工程已完成总工程量的80%。同时，新增村内水泥路面6523平方米，人民路的修复工程已竣工，雁溪桥的修建基本完工，投资3000多万元的白沙标准海塘建设工程已完成工程量的20%，完成康庄工程道路建设4.5公里。创建生态镇、村、校，建成污水处理站1个、处理池6个，建成垃圾中转站2个、垃圾无害化处理场1个、中心停车场1个。2007年雁荡镇顺利通过了全国环境优美镇的验收，2个村被评为温州市级生态村，13个村被评为乐清市生态村，镇四小被评为绿色学校。

构建和谐雁荡　计生工作依法管理机制逐步建立，出台了奖惩办法，加大了对社会抚养费的征收力度，在社会抚养费高额征收上有所突破，计生工作上了一个新台阶。加大了校网调整力度，教育质量普遍提高，科技知识全面普及，卫生事业发展步伐明显加快，群众性文体活动蔚然成风。全年累计发放各类优抚、助困、低保等物价补贴445万元，完成了镇被征地农民的基本养老保险工作，完成了镇企业退休人员社会化管理服务工作任务。全镇参加新型农村合作医疗保险人员29113人，全年上缴合作医疗基金102万元，补偿报销医疗经费达211万元。以“作风建设年”为契机，深入开展机关效能革命，不断完善全程办事代理制度。加强“五五”普法教育，全面实施政务公开、村务公开、村民自治，基层民主政治建设取得重大进展；完善重大工程项目全程公示管理等保廉体系，源头防腐工作进一步推进，党风廉政建设责任制进一步落实。保护妇女、儿童、外来务工人员、弱势群体合法权益，老龄、老干部、残联、宗教、统计、档案等工作也都取得了可喜的成绩。

雁荡镇团委直选中心投票站　　雁荡镇提供

白溪街村新一届村委会诞生　　雁荡镇提供

创建平安雁荡　深入开展“平安双千工程”创建活动，精心组织社会治安“清风”等专项行动，无毒社区创建面积达100%；成立了乐清市社会治安综合治理协会雁荡分会，规范化司法所创建已达到省级标准，镇综治办荣立温州市司法系统集体三等功。健全人民调解制度，推行村(居)调解、信访、治保“三位一体”工作机制，做到信访工作“五个有”，严格实施信访工作目标考核办法，实现了信访问题、集体访量、越级上访量“三下降”。全面开展重点行业和重点领域的隐患排查治理，完善流动人口服务管理机制，严厉打击“法轮功”等邪教组织和非法宗教活动，确保了社会政治稳定。

岭底乡

概况 岭底乡位于市境中部，属山区，全乡总面积63.8平方公里，辖19个行政村、63个自然村，总人口1.74万人，60%的劳动力外出务工经商。岭底乡是乐清市红色革命教育基地，有乐清“井冈山”之称，永乐人民抗日自卫游击总队纪念馆就建在该乡。岭底乡四周群山环绕，生态资源丰富，境内有五步蛇、穿山甲、红豆杉等珍惜动植物，主要特产有枇杷、杨梅、红柿、地瓜干、茶叶等，还拥有石门、十里峡谷、龙潭瀑、剑岩、东岗庵等多处自然、人文景观。2007年，全乡实现国民生产总值3.1亿元，同比增长4.03%，其中工业总产值2.3亿元、农业总产值8000万元；农民人均年收入5300元，同比增长22.74%。

经济持续健康发展，农民收入明显提高 大力发展效益农业、特色农业和无公害农业，全年新增特色基地3个，新增各类水果种植面积500亩，改造更新树龄老化枇杷园1000亩，全乡水果及茶叶种植总面积达1.2万亩，水果年产量800吨，产值达320万元，农民人均增收160元。畜牧养殖业稳步发展，全年全乡牲畜存栏数为6000头，年出栏量达5800头，实现年产值780万元，农户人均收入390元。旅游业有序推进，“农家乐”异军突起，农民增收渠道不断拓宽，全年旅游业收入达80万元。

新农村建设成效显著，生产生活条件逐步改善 累计总投资1800万元的“康庄工程”全面完工，建设道路总里程38.5公里，涉及8个村1万多人口，基本实现了村村通目标。农田水利基础设施建设取得新成果，顺利完成了市政府下达的1250亩标准农田建设任务，新增有效耕地面积28亩；累计建成三面光渠道近2万米、拦水坝2条。泽基、南充两村地质灾害整治工程前期准备工作包括政策处理全面完成，并顺利开工；移民工作有新突破，120余户避险移民户的迁移前期准备工作已完成，其中40户移民安置房已动工兴建，珠璋、南山庵、泽基三村下山移民问题得到妥善解决，三村移民安置房一期工程（用地面积12亩）即将开工。旧村改造、环境整治成效显著，仰后、张庄、上岙等村环境整治成果进一步巩固，湖上垟、泽基、夏林头、东田、屿山等村改造整治步伐明显加快，村容村貌不断改善。全年全乡累计拆除、填埋各类“路边坑”、“露天坑”及卫生死角、废弃三基520处，建成公厕4座，设置体育健康器材6处，完成绿化1.2万平方米。全乡19个村中，16个村被列入市环境整治计划，其中仰后、张庄等9个村被评为乐清市环境整治星级村。生态乡创建深入开展，仰后、张庄、夏林头、湖上垟等四村建成了生活污水处理工程，南充、屿山两村污水处理工程于年底开工建设；仰后、夏林头两村通过了温州市生态村创建验收，岭底乡顺利通过了温州市生态乡创建验收。

平安建设全面推进，社会和谐有序 深入推进“平安岭底”、“平安千村”建设，全乡9个行政村被列入B类村创建，并顺利通过市政法委考核验收；10个村有序开展巡防工作，积极创建综合治理合格村。禁毒工作常抓不懈，全年共排摸吸毒嫌疑对象29名，尿检率达86%，落实“美砂酮”对象4名。高度重视安全生产，深入开展“两查两保”工作，全力做好森林防火、交通安全、地质灾害防治、动植物防疫等工作，特别是在几次强台风侵袭乐清期间，安全转移群众2400人（次），全年全乡无安全生产事故，无出现重大动植物疫情。

关心弱势群体，深化民生工程建设 全乡参加新型农村合作医疗保险1.6万人，参合率达83%，全年农民报销医疗费用50万元，并为1万余名参合农民开展了免费健康体检。弱势群体低保覆盖面不断拓宽，全乡213户计400名贫困农户被列入低保名单，实现了应保尽保。960余人受惠于“一户一册一干部”结对活动，帮扶金额达1.7万元。

通过省“教育强乡”评估验收，精神文明建设同步前进 继续加大教育投入和校网调整力度，全年投入教育资金160万元，有效改善了乡中心小学、中学的硬件设施，泽基村小顺利并入乡中心小学，岭底乡跨进了省“教育强乡”行列。2007年，岭底乡投资1000余万元，完成了泽基纪念馆主体工程建设。结合农民素质工程，大力开展适农技术培训，全年举办各类培训班12次，培训人员达600余人，有效地提高了广大农民的科学文化素质。人口计生工作保持攻坚态势，进一步完善了计划生育目标考核责任制，强化驻村干部责任，开展生孕信息大排查，加强孕前管理工作，提高跟踪随访水平，全年排摸生孕对象208名，年平均孕环检率为95.5%，计生符合率达75%。全乡19个行政村中，有11个村列入“文明百村行动”，其中获一等奖2个村、二等奖2个村、三等奖3个村、鼓励奖3个村。

湖雾镇

概况 湖雾镇位于市境东北端，东面与温岭市接壤，西南临乐清湾，西邻大荆镇。辖区内交通便利，104国道、甬台温高速公路和省道湖江公路纵横交错。镇内有著名的雁荡山八大景区之一的羊角洞风景区。全镇总面积29平方公里，辖17个行政村、1个居委会，人口2万人。2007年全镇工农业总产值3.59亿元，同比增长16.9%，其中工业产值为3.22亿元，同比增长17.1%；农民人均年纯收入达4250元，同比增长6.3%。

夯实农业基础地位，优化农业产业结构 2007年全镇种植粮食1823亩、经济作物462亩、其它作物1678亩。全年整合投资179万元，完成了里湖、硐岭头两村1100亩的土地整理，启动了台头、海头两村海塘加固工程，启动了保证农业生产用水问题的流水岩水库保安工程。加强农作物后期管理，利用“农民信箱”等载体，宣传推销高山蔬菜、小球葡萄、跃进塘柑橘等农产品。加强动植物疫病防控，对所有畜禽进行免费强制免疫。抓好食草型畜牧业的发展，支持集约化生产基地建设，大力扶植滩涂和海洋养殖。强化林业工作，全年退耕还林、植树造林1500亩，组织200人次参加了森林防火工作培训。深入开展农村劳动力素质培训工程，全年培训农民322人次。

扶优做强，推进工业、第三产业发展　湖雾镇工业经济以出口工艺品、金属制品为主，在扶优做强方针指导下，全镇加大投入，年度完成社会固定资产投入1000万元。同时努力改善工业发展环境，协调启动了35千伏变电所项目；加强安全生产检查，鼓励企业进行技术和管理创新。积极发展第三产业，“连锁店”、“农家乐”蓬勃发展，配合雁荡山风景旅游管理局做好羊角洞景区发展文章和开发冬瓜岩景区的详细规划。2007年旅游业收入87.5万，同比增长9.2%。

稳扎稳打，搞好基础设施建设　改善镇、村基础环境，新农村建设步伐加快。积极配合推进104国道湖雾—清江段拓建工程建设，完成了康庄工程扫尾工作，湖山公路已竣工并投入使用，赤砂村康庄工程已通过质量鉴定，新中路拆建和台头、中街、新东三村环村路修建工作已完成图纸设计。投资360万元的自来水总管网改造工程已接近尾声，台头、海头标准海塘建设正处于施工阶段，35千伏湖雾变电所工程已在施工中。深入实施“五动富民计划”，对欠发达地区加大了扶贫攻坚力度。充分发挥城建监察环卫所工作职能，重点抓好集镇“脏乱差”工作。积极开展“千村整治、百村示范”工程建设，14个行政村申报旧村改造，9个行政村列入环境整治计划。

以人为本，有序发展社会各项事业　大力发展科技、教育、文化、卫生、体育等各项社会事业，切实做好民政、计划生育等密切关系民生的各项工作。增加科技资金投入，2007年申报科技项目3个，对外林、小球等村创建科技特色村和隔溪、海头、三界桥、小球等村创建文化大院加大了支持力度。中心小学迁扩建工程基本完成，中学的食宿工程正在建设中，成功创建了省级教育强镇。加强基层公共卫生体系建设，建立了残疾人康复中心，深入开展农村合作医疗卫生工作，责任医生入户建档率达80%，农民参加新型农村合作医疗保险率达80%。全年发放各项社会事务经费70.8万元，切实解决了弱势群体的实际困难。加强人口与计划生育工作力度，全面落实计划生育目标管理责任制，全镇计划生育率达87.21%，完成了42例社会抚养费征收对象的社会抚养费征收。继续深入开展以爱国主义和社会道德教育为重点的群众性文明创建活动，大力推进“文明百村”行动，强化青山白化治理，农村社会主义精神文明建设和移风易俗工作都取得新成效。

建立“五位一体”办公机制，努力构建和谐湖雾　建立综治、信访、司法、公安、调解“五位一体”的办公机制，强化社会治安综合治理工作，努力构建法治湖雾、平安湖雾、和谐湖雾。落实“五五”普法规划，深入开展“平安千村”、“平安千企”创建活动，并成立了“治安”巡逻队，开展夜间巡逻。认真开展“清风行动”，全力打击“六合彩”违法行为。坚决扫除“黄、赌、毒”等社会丑恶现象，深入开展禁毒专项斗争，2007年吸毒人员帮教率达95%、尿检率达82.7%。强化安全生产责任制，开展了食品、药品、餐饮卫生等安全联合整治。认真贯彻《信访条例》，做好信访工作。进一步加强人民武装建设，深入开展国防教育和“拥军优属”活动，加强民兵预备役建设。深化宗教事务管理工作，对宗教活动场所建立了日常检查管理制度，积极开展反邪教工作。

强化机关作风建设，树为民办事风范　不断强化政府自身建设，严格依法行政，坚持科学民主决策，深化政务公开，自觉接受各方面监督。以“作风建设年”活动为契机，紧紧围绕“第三次跨越”发展主题，开展了“四好科室”、“六型机关”创建活动，举行了解放思想大讨论，组织了“阳光行动”和“科学发展创新业、为民办事树风范”等主题活动，从而深化了机关干部的思想道德建设，提高了机关干部的廉洁自律能力，机关干部进一步树立了科学发展观和正确的政绩观。

仙溪镇

概况　仙溪镇位于市境东北部，雁荡山北麓，东与双峰、大荆、雁荡等毗连，南与龙西乡为邻，西与永嘉县交界，北与福溪乡相依，总面积72.3平方公里，山场面积8万余亩，辖31个行政村，总人口26600多人。境内山青水秀，旅游资源丰富，自然景观与人文景观交相辉映，是旅游休闲的好去处。2007年全镇工农业总产值6.44亿元，农民人均收入4397元，同比增长15.17%。

科技兴农，引导特色农业走产业化之路　2007年，仙溪镇党委、政府实施“科技兴农”战略，注重农业高科技投入，推广技术型、特色型农业，建立了485亩山老区新型特色种植基地。积极调整农业产业结构，引导花卉、苗木、盆景、水果生产走产业化之路，全镇共有各类花圃200多家，种植花卉、苗木等3500余亩，年销售各种花木1000多万株、苗木3000万株、盆景3000盆；种植各类水果6000多亩，年产量1000吨以上，一个以特色农业为主体的经济发展格局已逐步形成。2007年，仙溪镇被评为“浙江省农业特色优势产业强镇（花卉苗木）”。同时，大力扶持域外农业的发展，利用乐清市“五动富民”计划小额贷款的优惠政策，为农户提供坚实的资金支持，域外农业不断做大做强，共吸纳从业人员3000多人，分别分布在海南、云南、四川等地，实现产值8000多万元，已成为镇农业亮点。

依托旅游优势，推出新型特色旅游 仙溪镇南有国家级文物保护单位“南閤明牌楼群”，北有雁荡山八大景区之一的“仙桥景区”，中有“北閤古民居”，境内山青水秀，民风淳朴，自然景观与人文景观交相辉映，是旅游、度假、休闲的好去处。2007年，镇政府依托旅游资源优势，大力发展以“观田园风光、品民俗风情、吃乡村土菜”为主要内容的“农家乐”、“仙溪漂流”等新型特色旅游，惊险刺激的漂流、地道的农家饭菜、秀美的田园风光吸引了大量游客，极大地促进了全镇的经济发展和当地群众的就业。

改造传统产业，发展引进环保型工业 深入实施“走出去”战略，拓展铜材加工业生存空间；进一步加大有色金属冶炼整治力度，缓解环境要素制约。同时，加大招商引资力度，大力发展来料加工和替代工业，逐步实现产业升级。2007年引进浙江申华电子科技有限公司和浙江泰堡有限公司，在下北閤村设立生产车间，土地使用面积12亩，年产值1.5亿元。这些项目的引进，为仙溪镇继续开展环保型、科技型企业引进工作开了一个好头。

加强基础设施建设，积极创建生态镇 重点工程进展顺利，大岭头、卓屿、鸡冠垄3条通村公路通过了验收，小坑桥和马鸣瑞、大岭头桥梁工程正在建设中，仙福公路的规划勘测工作已完成，农村联网公路建设项目已申报，卓龙线改造工程的政策处理工作已启动。全年新建防洪堤1860米、三面光渠道2200米、拦水坝40米，总造价达243.8万元。启动了标准农田建设（甸岭片区）和土地整理（花坦片区）两个工程的建设，总投资284万元，并顺利通过验收。创建生态镇，整治旧农村，展开了小冶炼治理工作，启动了17个村的环境整治，上北閤村和下北閤村获乐清市级环境整治合格村称号，规划建设上北閤、甸岭下2个村的污水处理工程。

以人为本，发展社会各项事业 积极创建温州市教育强镇，不仅成立了领导小组，制定了实施意见，明确了工作职责，而且高度重视基础教育，加大教育投入力度，全年投入校建资金1000多万元，其中500万元用于仙溪中学宿舍楼和标准化操场建设，200多万元用于各中小学校的教学仪器、设备、器材和现代化教学装备的采购；同时还全面落实了“家庭经济困难学生资助工程”和“爱心营养餐工程”，255名学生得到了资助，并逐步形成了立体式扶贫助学体系。11月份，仙溪镇顺利通过了温州市教育强镇验收。注重文化创建，为丰富村民文化生活开展了多种文艺活动：正月初八在上北閤村和下北閤村举行了民间舞龙活动，6月25日举行了“环保宣传文艺演出”，7月20日在上北閤村举办了本地剧种戏迷纳凉文艺晚会，8月26日在果木场村举办了“迎中秋、庆国庆”文艺演出，农历九月初九举办了“九九重阳节”文艺演出。下北閤村和高塘村成功创建了文化大院，果木场村则成为文化特色村，镇文化站荣获“温州市金海岸文化明珠”称号，并积极申报“浙江省东海文化明珠”。重视计划生育工作，年初与各个村、居签订了计划生育责任书，明确了责任，加强了考核力度。强化综合治理工作，认真做好“平安千村”创建工作，打造“平安仙溪”。全镇9个B类村居全部参与平安星级村创建工作，创建率达100%，其中7个申报二星级村居创建，2个申报一星级村居创建，其余22个C类村居创建平安合格村居，社会治安安定有序。另外，科普、武装、统战等方面工作也都取得了良好成绩，镇政府分别获得了“2007年度乐清市科普示范先进集体”、“乐清市人民武装工作先进集体”、“乐清市统战工作先进集体”称号。

双峰乡

概况 双峰乡位于市境北部，面积48平方公里，耕地面积6658亩，辖19个行政村，人口2.34万人。2007年，全乡实现财政总收入175.7万元，同比增长116%；农民人均纯收入4451元，同比增长35.37%。在市2007年度乡镇工作目标责任制考核中，双峰乡获得三等奖。

抓发展，富民攻坚成绩明显 乡党委、政府按照“强化优势产业，改造传统产业，培育新兴产业”的经济发展思路，以“139富民攻坚计划”为抓手，以落实民生工程为重点，大力加快产业发展，深入实施“五动富民”计划，顺利完成脱贫任务。农业经济稳步发展，全年完成粮食及经济作物播种面积5857亩，总产量达3067.5吨；发展农业科技项目19个，开发特色种植基地280亩，建成规范化专业合作社1个，开工建设了2个万头畜牧养殖场。加强农业基础设施建设，投入1400万元完成了岩溪流域治理一期工程和湖口、长垟、水碓舟等村的防洪堤工程，新建防洪堤7.06公里、拦水坝8条；投入549万元完成了8个村的共2900亩土地整理工程。工业经济稳定增长，改善投资环境，开展了铸造业专项整治；加大企业技改力度，提高了企业可持续发展能力；全年工业总产值达到1.48亿元，同比增长27.5%，外贸出口额达3013万元，同比增长66.7%。2007年还引进来料加工企业2家，解决就业33人。第三产业势头良好，引导石斛经营户进一步规范生产和销售，提升石斛枫斗产业层次；大力发展石斛人工种植，石斛人工种植面积达300亩。全年石斛枫斗产业产值达到1.8亿元，同比增长20%。发展连锁超市和便民放心店3家。认真开展“企业结对促发展，能人扶持帮脱贫”活动，全乡31个单位参与了结对帮扶活动，落实帮扶资金54.2万元；“一户一册一干部”帮扶面和村企结对面进一步扩大，全乡结对帮扶户达286户。开展“农村劳动力素质工程”，全年举办各类培训班10期，培训人员900多人次。

抓建设，乡村面貌逐步改观 积极配合，启动了山老区联线双峰段工程和农村联网公路建设，协助供电部门做好110KV变电所建设的前期工作。启动温州市生态乡创建工作，全面开展旧村改造和环境整治，2007年全乡新建村内道路2公里、公园1座、卫生公厕5座，拆除露天坑200多个；新增列入环境整治计划村6个（累计15个村），创建温州市村庄环境整治合格村1个（累计4个村），创建市级环境整治星级村3个。

抓民生，社会事业全面发展 精神文明建设传喜讯，后岙村村民黄冬花获得“全国孝亲敬老模范”称号，下阁口、水堆舟、湖口等3个村获“市文明百村”称号。文教卫体协调发展，投资160万元的中学宿舍楼主体工程已结顶，乡二小200米环形跑道及操场工程已竣工，投资120万元的乡一小食宿工程已开工建设，乡一小通过省一类标准化学校验收。2007年全乡创建文化大院1个，新建文化中心1个，创建科普特色村1个，新建健身苑3个，安装体育健身器材30多件。全乡新型农村合作医疗保险农民参合率达83.5%，参合农民体检率达65%。成立了乡社区卫生服务中心，建立公共卫生健康档案2480户，创建市级卫生示范村1个。强化人口与计划生育目标管理责任制，开展了人口与计划生育工作“大宣传、大排查、大落实”活动和“计生综合大整治”行动，全乡计划生育符合率达81.45%。全面推行最低生活保障制度，落实“五保”对象集中供养，全年发放低保金58.7万元、救灾救济款15万元、优抚款22.7元。落实政策性农村住房保险6165户，完成被征地农民养老保险133人，全面启动企业职工养老保险及工伤保险工作，企业退休人员社会化管理服务工作和积极性。有序推进移民工作，完成12户高山移民和5户地质灾害点避灾移民安置工作。

抓和谐，社会政治安定有序 认真开展“双千工程”创建活动，全面开展“清风行动”，坚持禁毒“四铁”方针，全力做好治保、调解和信访工作。成立了双峰乡综治协会，在全乡主要地段安装了网络视频监控系统，人防、物防、技防三结合的防控体系进一步完善。以“安全生产执法年”活动为契机，狠抓安全生产，开展“两查两保”和重点行业、领域行业专项整治，有效杜绝了安全生产事故，同时创建新农村食品与药品安全试点村1个。人民武装工作取得佳绩，2007年双峰乡被评为乐清市党管武装工作先进单位。

抓重点，党的建设不断加强 以“作风建设年”活动为契机，以创建“六型机关”为抓手，强化党风廉政建设责任制，严格执行领导干部廉洁自律各项规定，狠抓了惩治和预防腐败体系建设；全乡开展了解放思想大讨论活动和“树新形象，创新业绩”主题实践活动，乡领导还开展了联系“七个一”和“走进矛盾、破解难题”专项行动，乡机关掀起了学习“三个代表”重要思想、十七大精神和党章的新高潮。切实做好村级换届选举前的调研准备工作，设立党员服务中心积极探索新形势下流动党员管理新模式，实施党员人才工程，推进基层党组织结对活动，严格党员发展工作，远程教育工作全面铺开，上陈管村被列入市远程教育示范点，农村基层党组织建设进一步加强。同时，还新成立了两个非公企业党支部，进一步规范了非公企业党建工作。

镇安乡

概况 镇安乡位于市境北端，东北面与温岭市接壤，东南面连大荆镇，西北面与双峰乡、智仁乡相依，总面积22.8平方公里，辖12个行政村，总人口1.47万人。2007年全乡实现工农业总产值7959.8万元，同比增长9.96%；财政总收入419.9万元，同比增长14.98%；农民年人均纯收入达4314元，同比增长18.26%；全社会固定资产投资 207万元，同比增长43.75%。在全市欠发达乡镇中，率先实现了脱贫目标。

抓好农业主导产业 2007年，全乡完成粮食及经济作物播种面积6420亩，总产量达8057.5吨，实现农业产值4197.1万元。大力推广高产优质新品种，全年种植杂交水稻高产稳产新品种扬两优6号、中浙优1号1100多亩；种植马铃薯东农33新品种300余亩，亩产比上年提高10%以上，效益比去年提高了30%以上。进一步加强特色经济作物基地和中药材基地建设，积极推广黄姜、花生、甘蔗、吊瓜等经济型作物及三叶青、温郁金、白木香等药材的种植，种植总面积达1100余亩，农民增加收入 300万元。另外，还成立了溪头村的荸荠专业合作社，入户农户200多户，带动农户1000多户。发展养殖业，盘黄村经农业局批准新建了两处规模养殖场，庆丰村逐渐成为畜禽养殖专业村，畜牧业的发展有效缓解了山区人多地少的矛盾。延长山林承包期工作于10月底顺利完成，此次延包涉及1668户农户，计山林面积达2.02万亩，发证1742本，保护了承包经营者的合法权益，让农民吃下了“定心丸”。

完善基础配套设施建设 2007年，镇安乡继续实施“发展经济，基础先行”的决策，发扬“自力更生、艰苦创业”的精神，狠抓各项基础设施建设。一是抓道路交通工程建设，全年完成了坎头至庆丰、坎头至陈家山、北吕岙至南平的康庄工程8.82公里，总投资410万元。二是抓土地整理工程建设，投入750多万元，对涉及11个村4500亩土地进行整理，整理区内有效耕地面积从3101.22亩增加到3563.16亩，净增了461.94亩土地，整理工程已顺利通过温州市级验收。三是抓教育设施工程建设，全年投入学校基础设施建设160余万元，完成了镇安乡九年一贯制学校学生食堂工程和教学楼二期工程建设。四是抓农田水利设施工程建设，全年先后投入350余万元，完成了1000米溪头防洪堤建设工程与石坦、下垟、坎头、北吕岙、翁村、盘黄等村的标准农田灌溉水利工程；筹措资金320万元，开工建设乡中心水厂。

医疗卫生、低保工作到位 农村新型合作医疗保险工作开展顺利，按时足额完成了自筹资金任务，全乡参合人数达1.23万人，参合率达85.26%。截止12月底，参合农民全年通过新型合作医疗保险共报销医疗费用46万余元，获得大病医疗救助24.20万元，3102名在家农民参加了体检。2007年，乡政府还加大了卫生设施投入力度，投入25万元，购置了B超、心电图、血球仪、生化仪、X光机等医疗器械设备，从而改善了乡卫生院医疗条件，提高了医疗救治水平。关心社会弱势群众，积极拓展低保覆盖面，全乡共有低保对象181户计310名，全年发放低保金47.91万元。

依法治乡稳步推进 落实安全生产责任制，下发安全生产捆绑责任制文件，与全乡12个村、1所学校、16个宗教场所签订了安全生产责任书，对村级安全生产协管员开展了安全生产知识培训，全乡形成了横向到边、纵向到底的安全生产工作格局。积极开展“三合一”厂房和出租房的消防安全专项整治，组织进行安全生产地毯式检查。加大人防、物防、技防力度，加强村级巡防队伍建设与硬件设施建设，在主要村口设立了3个电子探头和2个治安岗亭。坚决贯彻禁毒“四铁”方针，积极开展禁毒专项斗争，扎实做好禁毒尿检帮教工作，尿检帮教率逐步提高。同时，严厉打击了“六合彩”赌博等违法活动。完善村调解、信访、治保“三位一体”工作机制，做到小事不出村、大事不出乡，有力地维护了全乡的政治安定和社会稳定。

智 仁 乡

概况 智仁乡位于乐清市最北端，北面与温岭、黄岩接壤，属革命山老区。该乡茶叶“智仁早”全国闻名。全乡总面积40平方公里，辖21个行政村、105个自然村，人口1.98万人。2007年全乡实现国民生产总值10646万元，同比增长23%,其中农业总产值2493万元，工业总产值2208万元，农民人均收入4308元，同比增长19%。

竹林　　智仁乡提供

攻坚克难，脱贫致富工作完成“达标上线”任务 2007年，乡政府采取有效措施有序开展脱贫致富工作，农民年人均收入超过了全国平均水平。农业经济稳步发展，形成了以早茶和竹笋等特色农业产品为主、养殖业和域外农业为辅的山区综合农业产业格局。工业竞争力逐步提升，工艺品、织布、节日灯等来料加工工业有很大发展，全乡有各类加工企业30余家，安置闲余劳动力3000余人。该乡还依托自然优势和本地特产鲜笋、茶叶、土酒、蔬菜等，大力开发山区休闲旅游，以总投资300万元的太湖山山庄为龙头，带动“农家乐”经济的全面发展，初步形成了集自然风光、人文风光，农业观光为一体的旅游格局；2007年接待游客2.8万人次，创收达320万元，第三产业已成为智仁乡经济发展新的助推器。

投入巨资，基础设施建设强势推进 一是道路交通建设快马加鞭。

茶园　　智仁乡提供

太湖山山庄　　智仁乡提供

投资1030万元的智平、智黄两条乡交通主干道和石井坑村的通村公路已基本完工，因台风受损的13条通村公路已基本修复通车，全乡行政村等级公路道路硬化率和通达率均达到了81%。二是水利及标准农田建设全面推进。总投资300多万元的西象防洪堤和大井头村防洪堤已开工建设；总投入106万元的利条、石井坑、石施坑等村的防洪堤已完工；投入350万元的象周、西滩、大井头、小坑岙、寺前、马家山、昌门等7个村的2200亩农田已进行了标准化建设。三是人居环境不断改善。大力开展“千村整治、百村示范”、“文明百村”工程，狠抓旧村改造和环境整治工作，加快完善村庄规划，着力改变农村“脏、乱、差”现象。2007年新增昌门、银坑、利条等5个乐清市“千村整治、百村示范”合格村，大井头村被评为温州市全面小康示范村，昌门村、银坑村被评为温州市“千村整治、百村示范”合格村；昌门、利条等村跨入了“文明百村行动”行列，乡政府经济发展和村镇建设办公室被评为乐清市“旧村改建与环境整治”先进集体。全乡积极开展生态乡创建活动，全年新建污水处理池4个，并顺利通过了温州市级生态乡验收。

齐头并进，社会各项事业协调发展　2007年，乡政府十分重视农村文化设施建设，深化科普示范、文化、卫生、体育等特色村创建，完成了大台门、利条、赵家辽等村的文化大院建设，小坑岙、大台门、赵家辽、利条、西滩等5个村被评为乐清市科普村，大井头村被评为科技示范村，乡政府被评为乐清市科普乡，还顺利通过了温州市金海岸文化乡镇验收。深入实施“科教兴乡”战略，强化“一中二小”办学模式，深化九年制义务教学改革，规范幼儿园办学标准，2007年，投入资金232万元建成了中心小学教师宿舍楼和寄宿小学学生餐厅，总投资170万元的中学学生宿舍楼工程已开工建设。全面加强卫生事业，深化卫生医疗体制改革，全面开展新型农村合作医疗制度，农民参合率达92%，全年报结农民住院经费488人次，报销金额57万元，完成参保农民体检7600余人；积极开展爱国卫生运动，各种传染病得到有效预防控制。体育事业快速起步，村级体育组织网络进一步健全，完成了赵家辽、下岙、大井头、银坑等4个村的体育健身苑建设。人口与计划生育各项目标任务顺利完成，全乡计划生育率为75.4%，综合节育率达88.2%。社会保障体系进一步健全，全乡有最低生活保障189人，农村五保对象集中供养率达100%；优扶救助机制完善，全年发放各类救济款71.3万余元；农村政策性住房保险工作参保率达100%；养老、失业、工伤等保险覆盖面逐步扩大，企业退休人员加强了社会化管理服务。另外，全乡的老龄工作、工青妇工作和残疾人事业稳步发展，圆满完成了乡共青团换届工作，积极开展了各类评选活动和“春蕾结对”、“留守儿童”结对等活动，举办农村劳动力素质培训17期，受训人员达2000余人次。

综治清风，创建“平安智仁”　社会治安综合治理活动不断深入。以创建“平安智仁”为目标，以“平安千村工程”为抓手，层层落实综治目标责任制，深入开展禁毒专项斗争，全力创建无毒社区。乡政府联合派出所精心组织“清风行动”，及时打击了“六合彩”、“山头赌博”等违法犯罪活动。深入开展农村反邪教警示教育，加大了对邪教组织和非法宗教势力活动的打击、教育力度。积极开展民情系列活动和“化纠风、解难题、办实事”活动，高度重视调解、信访工作，切实排解群众关心的热点难点问题，维护了社会稳定。

龙西乡

概况 龙西乡位于雁荡山北麓、乐清市东北部，是一个较贫困的革命山老区乡。全乡总面积41平方公里，耕地面积3200亩，山场面积4.69万亩，森林覆盖率达85%；总人口1.33万人，农村劳动力7000余人。全乡辖14个行政村，其中平原村10个、山头村4个,山头村的海拔高度均在500米以上。2007年全乡生产总值为7065万元，同比增长12.86%；财政总收入988.2万元，同比增长11.2%；农民人均纯收入4211元，同比增长19.22%。

优化产业结构，切实提高农民收入 突出农业基础地位，走发展特色农业、效益农业路子，重点发展花卉苗木、茶叶、药材三大传统产业，全年新增茶叶基地180亩、水果基地420亩；茶叶、金银花、吊兰、粉干、药材等加工业保持稳定发展，年产值达3500万元，占全乡总产值的50%，同时还解决了全乡近60%妇女的就业问题。实施农业“走出去”战略方针，全乡在外从事花卉苗木经营的人员有500多人，创办苗圃近百个计6000多亩，年产值达6000余万元，开拓了一条异地农业致富、带动本乡山区经济发展的新路子。为拓宽农民增收渠道，乡政府还积极引导扶持农民从第一产业向二、三产业转移，大力发展第三产业，2007年全乡农民人均收入4200多元，超过全国平均水平，“达标上线”的目标任务顺利完成。

加快标准农田建设步伐，山林延包圆满完成 2007年龙西乡完成了1300亩的土地整理任务，建设标准农田近千亩；全面翻新或修建了农田配套设施，修建硬化田间路面1.5公里，建造水渠9公里。山林延包工作圆满完成，今后50年的林业“三定”进一步稳定，并将近3000本山林权证按时发放到林农手中。

整合资源，全力推进新农村建设 深入开展“双百工程”和“千村示范、百村整治”活动，切实加强中心村规划建设，加大对中心村基础设施建设的投入，中心村的集聚、辐射功能进一步提升。全年新建公厕8座，新增硬化路面2.5公里，建成体育活动场所5处、文化公园5个，完成了上山至林家山自然村的通村公路工程建设，完成绿化面积1250平方米。全面启动了14个行政村的环境整治和旧村改造工作，显胜门和上山两个村被评为乐清市小康示范村，庄屋等6个村通过了温州市级合格村考核验收，仙人坦等7个村通过了乐清市级合格村考核验收。同时进一步推进农村广电设施建设，加快了农网改造和信息工程建设，顺利完成了庄屋村的自来水工程建设，解决了山老区人民的卫生饮水问题。

统筹兼顾，教育、卫生、计生工作全面推进 2007年，乡政府把龙西乡九年一贯制学校和乡中心幼儿园作为重点扶持单位，完善教育硬件设施，引进优秀人才，优化师资力量，全乡教育整体水平有了新的提高，并于11月底顺利通过了温州市级“教育强乡”验收。完善新型农村合作医疗制度，全乡参合率达87.6%；进一步扩大了医疗报销范围，提高了药费报销标准，不断改善医疗卫生条件，农村卫生保健工作稳实推进。加强农村计生政策和法规宣传，引导群众树立正确的计生观念，全乡计划生育率为76%，综合节育率达87%，稳定了人口低生育水平，出生人口性别比有所下降。

真抓实干，加强党风廉政、机关作风建设 切实加强党风廉政建设，提高党员干部的拒腐防变能力，对多名党员干部因违反计划生育等问题进行了立案查处，给予4人留党察看处分，还纠正了多起党内违法乱纪行为。紧紧围绕“第三次跨越”发展主题，以“作风建设年”活动为契机，抓好机关干部思想政治建设，开展了以“科学发展创新业，为民办事树风范”为主题的实践活动，为35名困难党员群众送去了慰问金，对广大党员干部群众反映的热点难点问题进行了梳理，共梳理出8大方面18项具体问题，并及时一一予以落实解决。认真做好农村党员远程教育工作，开展远程教育“学用推进年”活动，全乡各个领域加强党员人才工程建设，74名优秀人才纳入后备人才库，全年全乡共发展党员24名。11月底，顺利完成了乡团委换届选举工作。积极开展村级“结对共建”活动，共有8个村支部与柳市镇的经济强村“结对共建”。

福溪乡

概况 福溪乡地处乐清市西北端，平均海拔高度350米，总面积26.87平方公里，耕地面积2258亩，辖12个行政村、56个自然村，总人口6256人，其中外出务工人员3600余人。2007年，全乡农村经济总收入6999万元，同比增长29.11%；农民人均纯收入4460元。

科学发展，经济实力实现新跨越 2007年，福溪乡政府继续实施农业“走出去”战略，加大对域外农业的扶持力度，通过向上级部门讨政策、要优惠，为外出农户争取了500万元贴息贷款，并组建了福溪乡西瓜专业合作社，建立了风险基金，农业抗风险能力进一步增强。全乡有2600人在全国十几个省市种植大棚西瓜，种植面积达4万多亩，整个域外农业总产值达2亿多元。积极发展特色高效农业，充分利用本地丰富的山地资源，投资120万元开发了中草药、水果、稻田养鱼等八个特色示范基地共700多亩，高余东魁杨梅等一批优势特产品牌的效益开始显现，农业产业结构调整初见成效。生态观光产业有效开发，依托“雁荡山”旅游品牌优势，积极打造大众化的生态农家旅游；2007年全乡的游客量已超过2万人次，新建农家乐两家，农家乐以“胖头鱼、土猪、本地时蔬”绿色农家菜肴为品牌特色菜，还积极开发番薯面、莳药、土鸡等旅游商品，深受游客青睐。大力推进土地整理与标准农田建设，完成了岭里等村550多亩的标准农田建设和御营等村380多亩的土地整理工程，新增耕地70多亩，为实现农业的可持续发展奠定了基础。

乡村统筹，新农村建设凸现新风貌　以创建全国环境优美乡为目标，以村庄环境整治和康庄工程建设为契机，大力推进"一二三四五"工程建设，农村面貌焕然一新。投入30多万元建成了一个乡垃圾中转站，启动了高余等两个村的旧村改造，投入60多万元建成了梅川、岩塔头等三个村的生活污水处理工程，投入30万元点亮了甸岭岗脚等剩余5个村的路灯。同时，启动了高余等8个村的村庄整治工作，完成了直接关系着湖岙等4个村2500人的饮用水的改水工程，全乡安全饮用水普及率达70%。2007年福溪乡荣获省级生态乡荣誉称号，并且顺利通过了全国环境优美乡的考核；全乡5个村被命名为乐清市生态村，2个村被命名为温州市生态村，四亩垄村被命名为乐清市全面小康示范村，梅川等5个村进入乐清市"文明百村"行列。

协调发展，社会各项事业取得新成效　科技工作稳步推进，创建成乐清市级科普乡，创建成市级科普村2个，创建成市级科技示范基地（户）2个，完成市级科技发展项目9个。教育事业良好发展，学校班子进行了换届调整，帮助学校完成了基建遗留的电缆安全隐患整改工作。文化工作有声有色，御营、四亩垄等村开展了"文化大院"创建工作，丰富了村民的业余文化生活。卫生工作快步前进，配备了乡卫生院"五大件"，新型农村合作医疗制度全面实施，全乡农民参合率达96.7%，进一步缓解了农民因病致贫、返贫现象。重视体育事业发展，在甸岭岗脚、岩塔头、梅川等3个村建成了农民健身苑。关注民生工程，以开展"五动富民计划"为契机,结合"三帮一"和"一户一册一干部"活动，深入实施扶贫攻坚战略，社会保障工作进一步完善，全乡244户的606名特困人员得到了最低生活保障。强化社会事务管理，大力推进殡葬改革，积极开展青山白化治理工作，治理率达100%。双拥工作稳步推进，春节、八一建军节开展了拥军优属活动，增强了群众爱军意识。老龄、救灾等民政工作也有新起色。

构建和谐，"平安福溪"建设迈上新台阶　扎实推进"平安千村工程"建设，精心组织社会治安"清风"行动，加强禁毒宣传，全面开展无毒村创建活动，尿检和帮教工作一一予以落实。深入开展"五五"普法教育，积极化解各种矛盾纠纷，调解非正常死亡案件1起。以"安全生产执法年"为抓手，全面做好安全生产各项工作，全年全乡未发生重大安全事故。重视信访工作，信访案件办结率达100%。劳动和社会保障工作稳步开展，企业退休人员社会化管理服务工作落实到户到人。加强应急管理，各类突发事件应急预案进一步完善。抓好统战（宗教）工作，对辖区宗教场所组织进行安全检查，切实维护了社会稳定。进一步加强人民武装工作，扎实做好民兵预备役建设，顺利完成了民兵整组和军训任务，为部队输送了4名新兵，2007年，福溪乡被评为乐清市武装工作先进单位。

强本固基，政府自身建设有了新提高　顺利实施农村综合改革和人事制度改革，乡机关精简了机构和人员编制，提高了办事效率和服务水平。以"作风建设年"活动为重点，通过"四好科室"创建、"六型机关"创建等主题活动，进一步落实了党风廉政建设责任制和村干部"十项制度"，深化了机关干部的思想道德建设，提高了机关干部的廉洁自律能力。2007年，福溪乡还配齐配强了乡工会、共青团、妇联负责人，落实了老干部、老龄人员的政治待遇和经济待遇，完善了政府电子政务系统，全面实施村帐乡代理工作，村务公开制度进一步完善。

福溪水库　　福溪乡提供

魅力新农村

前西岑村

前西岑村地处乐清市北白象镇，全村总面积1.67平方公里，现有居民400多户近2000人。前西岑村先后获得了浙江省全面建设小康示范村、温州市十佳环境整治工作先进村、乐清市“文明百村行动”样板示范村等光荣称号。

前西岑村得天独厚，村内河道纵横交错，河网面积10万平方米，有孤屿和半岛10座，与村居、绿树、农田相映成趣。走进村庄，见民居亮丽、村道流畅，沿途造型独特的生态公园、别墅式的生态厕所、蜿蜒的绿化带更是怡情养眼，好似步入景观名园。

前西岑村村貌　　下载自《镜头里的美》

自2002年加入创建卫生村行列后，前西岑村拆除了违章建筑2000多平方米，拆除露天坑、路边坑400多眼，新建、改建道路5885平方米，新建生态公厕4座，新增绿化面积5公顷，还投入专项资金建成了老年门球场、篮球场、图书室等文体设施。近年，又相继投入80万元对全村的水网进行改造，投入500多万元盖起了村办公大楼，投入15万元建起了一个污水处理池，还给每户村民买来了消防设备。特别值得一提的是使人赞叹不已的生态厕所，形若城里人休息的小亭，内有瓷砖铺设，外有花门装饰，周围种满花草树木，门窗纱窗洁净如新，冲水、盥洗、通风设施一应齐备，整洁的内墙上错落有致地挂着静物水彩画，洗手盆平台上的盆装白玉兰发出了幽幽清香。前西岑人经过多年的努力，创造了优美的村居环境，而今常会有人前来参观，村民感到颇为自豪。

前西岑村还是乐清市首个“新农村建设巾帼示范村”，村里不少男人在外经商，妇女们不仅家务拿手，而且积极参与村里的民主管理和基层组织建设。在村支部书记施彩花的身上，就有着农村妇女特有的质朴和新女性的干练。著名的“巧媳妇”陈秀艳，如果到她家里坐坐，尝尝她用番薯制作的美味小零食，欣赏她照着书上流行款式编织的毛衣，就知道她手艺确实不错。陈秀艳的丈夫儿子们常在外面务工赚钱，她在家里照顾80岁的公公，让家里人没有后顾之忧。多才多艺的陈秀艳在村里还身兼“健身队队长”、“太极拳教练”等职务。

2007年，前西岑村从温州市城市规划设计研究院拿到了村庄规划编制图。规划图遵循“高起点规划，分步骤实施”的方针，突出环境规划和空间设计，从开发观光农业、营造人与自然和谐相处的环境入手，对村中心河网内的孤屿和半岛进行梳理，建设一座中心公园，让村内河道与岛屿相呼应。不久，村民们可以在太阳岛的金色沙滩上沐浴阳光，可以到百鸟岛上追寻莺声燕语，也可以观看长虹卧波、河塘月色等景色，一个美丽的江南水乡将在前西岑村凸现出来。

蟾东村

蟾东村地处柳市镇与北白象镇之间，南靠景观大道，东临电器城大道，高速公路穿村而过，地理位置优越，全村常住人口1500多人，外来人口1900余人。蟾东村是柳市镇一个经济强村，曾获得浙江省民主法制示范村五星级村居、乐清市平安千村五星级村、乐清市文明百村行动一等奖等荣誉。

走进蟾东村，迂回的蟾河水缓缓地流淌着，几个小岛像绿珠一样撒落在水面上，“蟾河八景”显得分外夺目耀眼。蟾东村旧村改造从2002年开始，清淤河道，驳坎河岸，沿河安装一色青石栏杆，还建设了几座拱桥和九曲桥以及恢弘的蟾河水上公园。现在站在高处看去，那拱桥连着小岛，小岛内连着九曲桥，九曲桥连着水上公园，构成了一幅美丽的风景画。

近年来，蟾东村经济发展迅速，村内的股份合作企业发展到20多家，家庭工业100多户，家庭拥有汽车的数量大幅度上升，村民的胸襟和眼界更为开阔高远，因而村民对村居环境自然而然有了更高要求。蟾东村加大了美化村容村貌资金投入力度：新建了1300平方米的蟾东村综合菜市场，改变了以往露天菜市场脏乱差的落后面貌；将全村的总长1500米大路小巷全部改成水泥路；建造了占地面积560平方米的村办公大楼，一层以店面出租，二、三层楼除办公用房外还设有图书室、法律学习室、老年协会活动室；建成1000平方米的健乐园，内设篮球场、健身器械，外部还有绿化园地；投资3000万元建设蟾东村公寓式社会主义新农村（一期工程）——蟾东大厦；路旁河边栽植比较名贵的树木，每隔五米植有一棵香樟树；同时还提倡村民绿化家居庭院。

蟾东村历史悠久，人才辈出，具有深厚的文化底蕴。清代著名学者施元孚著有《雁荡山志》、《白石山志》等，至今影响深远；现代中科院院士、博士生导师施立明，是我国动物细胞遗传学奠基人之一。

为提高农村文明程度、农民素质和生活质量，蟾东村开展了以“知荣辱，树新风”为主题的乡风评议活动，引导村民树立文明新风尚，并评选出10户“文明家庭”、5名“好婆婆”、5名“好媳妇”、5名“好邻居”。值得一提的是蟾东村有大量的外来务工人员，他们作为新乐清人与蟾东村居民互帮共济、共创财富，参与地方的物质、文明建设，为和谐社会作出了贡献。

为保障村民的生命和财产安全，蟾东全村安装了监控设施，架置探头，设置监控室，成立了巡防队伍。监控室24小时工作，电视屏幕上村里交通要道一览无遗。同时还购置了消防车、消防泵，成立了义务消防队。

如今，蟾河两岸绿树成荫，杨柳垂堤，相映生辉，十分宁静秀丽。在蟾东村水上公园与河边开阔的场地上，每天早晨当东方朝霞吐露的时候，就有许多村民在练习太极拳和跆拳道；傍晚当余辉未尽、星光初现的时候，就有许多村民在演练舞蹈和团体操，处处笑声欢语，显示了省五星级村居的一片欢乐祥和景象。

岐头一村

岐头一村地处瓯江口岸黄华镇，常住人口1870多人，外来人口300多人。岐头一村先后荣获浙江省文化特色村、浙江省科普示范村、浙江省全面小康示范村、温州市科普示范村、温州市“千百工程”村庄整治合格村、温州市村庄整治示范村、温州市文化示范村、乐清市农村先锋党支部等光荣称号。

岐头一村是一个富有、整洁、文明的现代化新农村。村内高楼林立，道路四通八达，村双委办公楼和村文体休闲场所焕然一新。

为了保障村居安全、村民生活稳定，岐头一村购置了消防泵、灭火器和巡逻车，建造了治安岗亭，坚持每夜巡逻，坚持每月召开一次治安通报会，积极开展消防、平安宣传，坚决打击赌、毒行为。村里还把外来人员按省份分成组，关心外来人员的工作、生活，让外来人员在第二故乡积极参与工作，为村里的发展作出贡献。

岐头一村非常重视文化体育事业建设，村健身活动场原是一块“风水宝地”，但为了让村民有一个良好的健身环境，2007年，村双委不惜把这块“宝地”建成健身活动场所，并配备了健身器材，还建起了近3000平方米的灯光篮球场，成立了篮球队、羽毛球队、鼓乐队等。为了进一步满足村民的需求，岐头一村还拆除了村庄另一头的蛎灰窑，改建成健身公园，并把村办公楼的第四、第五层作为乒乓球室、台球室和健身房。

为了提高村民的科教意识，岐头一村投入资金300多万元，创建了面积为750平方米的文化大院。文化大院集村民学校、农函大、远程教育播放室于一体，开展各项文化知识学习、培训、讲座等活动。村民学校配有多媒体投影仪、音响、电脑、DVD等播放工具，村民们通过远程教育学习文化，学习科普、法制等方面的知识，还可通过网站观看文化艺术节目。在科普阅览室内，不仅有各种科普宣传读本，还订购了相关报刊，以开阔村民视野。在岐头一村公园里有一条70余米长的宣传长廊，廊内每个宣传栏版面设计优美、图文并茂、内容定期更新，及时地向村民传递最新信息。

2006年8月开始，岐头一村采用集中培训和分散联系相结合的方法，组织90多位村民分3个班次学习电脑的基本操作、文字输入、word的使用、电子表格、上网浏览以及信息发布等知识，每个班次学习时间为一个月。这些学员中，年龄最大的为66岁。

岐头一村之所以能成为赫赫有名的省文化特色村，首先靠的是党支部的坚强领导。村里24位党员每人负责联系几户村民，及时把党和政府的决策传达给村民，同时也把村民的呼声反映给党组织。其次是近几年来，在科学发展观的引领下，岐头一村经济蓬勃发展，村里拥有一个30亩水稻种植基地、两个西瓜种植园基地、一个农业科技专利产品基地，还有5户科技专业示范户，这些科技示范基地和科技专业示范户不仅是推广科普工作的重要阵地，有效地促进了村民科普知识的提高，而且大大增加了村民的经济收入，充分展示了科学技术的巨大创造力。

四板桥村

四板桥村位于象阳镇东南，面积约0.5平方公里，常住人口870多人，外来人口500多人。四板桥村先后获浙江省全面小康建设示范村、浙江省旧村改造与环境整治先进集体、温州市“千百工程”全面小康建设示范村、温州市旧村改造与环境整治先进集体、温州市“先锋工程”示范村、乐清市旧村改造与环境整治先进村等荣誉称号。

一条清澈的小河绕村而过，村口有桥，旁边有棵800多年树龄的榕树，桥面原是由四条石板铺设而成，因而得名为“四板桥”村。这是一个充满爱心、有着浓厚民间艺术气息的村庄。

从1995年开始，四板桥村相继建造了10处垃圾坞，设立了垃圾中转站，拆除了全村所有露天坑、路头坑，建造了生态卫生公厕；对村农网进行了改造，建设了占地面积4000多平方米的村综合大楼；加固修复了供给全村村民饮用水的村水库。同时还进行了拓宽村路、修复桥梁、绿化美化环境等项目建设，实现了水更清、路更宽、灯更亮、景更美，创造了一个环境优美、整洁卫生、交通便利、繁荣亮丽、充满勃勃生机的新农村。

而今四板桥村只要哪位村民因病住院，村双委都会派代表到医院看望；每年春节，村干部上门为全村60岁以上老人送红包。近两年来，每年为全村村民投保新型农村合作医疗费，使村民有病能及早得到治疗，减轻了村民医疗费的负担。四板桥村所有村干部都没有工资，义务为村里的建设服务。村支书胡建中与村主任周方来自从当上村干部以后，都为村里的公益事业花了不少于10万元钱。

2005年，四板桥村开办了家长学校，邀请温州大学教授、温州家庭教育协会理事周奇来村作了关于父母如何与孩子共同成长的演讲，使家长们认识到孩子应该在尝试错误与挫折的过程中慢慢成长、得到磨练，家长需要培养孩子的自立能力，教育孩子还要有艺术和技巧。家长学校成立后，每月底上课一次，大部分家长都积极参加听有关专家讲授卫生、计生、体育、法律、家庭教育等方面的知识。2006年5月，四板桥村家长学校被温州市妇联、温州市教育局授予温州市家庭教育示范基地。现在，“重实效，以德立家；学法律，以法护家；用电脑，以信息富家；读好书，以文化兴家”已成为村民的共识，村民素质大大提高。

四板桥村历史悠久的石雕很出名，民间艺人善于“因材施艺、因色取俏”，创造出美仑美奂的工艺佳品。石雕，就是“滑石”雕刻，通过裁切、打坯、粗雕、精镂、磨光、上蜡、打光等工序，使石料变为精美的工艺品。石雕作品的题材有田园风情、山林野趣、文史人物、幻景等，千姿百态，妙趣横生。二十世纪80年代，四板桥村石雕业进入鼎盛时期，全村有200多人从事石雕工作，大型精雕石刻《千手观音》、《奔马》、《龙舟屏风》等都是当时出的精品，产品远销美国、日本、法国、意大利等国家及台湾等地区。如今四板桥村石雕博物馆里陈设着20多件“重量级”石雕作品，特别是《群鱼献寿》、《十八罗汉》等作品更是价值不菲。

四板桥村村貌　　下载自《镜头里的美》

溪西村

溪西村地处乐清市虹桥镇，北依风景宜人的白龙山，全村现有常住人口2090多人、外来人口10000多人。溪西村先后被评为浙江省全面小康建设示范村、浙江省科普示范村、温州市农业现代化示范村、乐清市文化特色村，并获得乐清市“文明百村行动”一等奖。

长期以来，溪西村通往虹桥镇的一条4公里长的路凹凸不平，雨天泥泞不堪，交通不便，成了制约溪西村经济发展的瓶颈。1987年，连千寿被选为村委会主任，他提出“要想富，先修路”。1988年村里开始筹建溪西至虹桥道路，但这涉及两个乡镇13个村庄的耕地调换，工作难度可想而知。连千寿等村干部多方奔走，终于做通各村思想工作，投资200多万元，建成了8米宽水泥路，方便了村庄与外界的联系。同时，时任自来水厂厂长的连千寿，争取到第一批世界银行改善中国农村饮用水问题的专项贷款，这使溪东、溪西两村全线通水，解决了吃水老大难问题。

社会发展的浪潮提供了溪西村一个迈步前进的机会。1993年，乐清市公安局决定开办汽车培训学校。连千寿听到消息后，迅速与村委协商以极低的价格把原溪西小学及其周围16亩

西溪村村貌　　　　下载自《镜头里的美》

土地以专用地的形式供给公安局。村里要发展，除了依靠自身艰苦奋斗外，还需要借助外力，汽校帮助村里引进了人气和活力。

1997年，在国家明令禁止占用耕地搞工业园区建设的大背景下，乐清市委、市政府决定利用非耕地建设工业区，以培养新的经济增长点。村主任连千寿获悉，抓住难得机遇，统一村双委思想，挨家挨户做通207对墓主的迁移坟墓思想工作，终于与市政府达成协议，使工业园区顺利落户溪西村。1998年，溪西工业园一期工程开工建设，有合兴集团有限公司、浙江松成电子有限公司、钻宝电子有限公司等9家企业进驻溪西工业园区，年产值10亿多元；同时也进来了4000多名外来员工，还带动了村里闲置劳动力就业。人口集聚，带来了餐饮、房租等三产的发展，这又增加了村民的收入。对此，溪西村双委并不感到满足，于是决定进一步扩大工业园规模，又划出195亩山坡地用于溪西工业园区二期工程建设。随之，32家企业入驻溪西工业园区，外来人口增至10000多人，企业年总产值超过30亿元，占虹桥镇工业产值的三分之一。

溪西村利用二期工业园区的补偿费建立了村经济合作社，建成了20000多平方米的十幢标准厂房，每年村集体可获厂房租金350万元，这为溪西村的经济持续发展增加了动力和活力。溪西村以工带农，大大促进了第三产业的发展，村民得到了实惠，受益匪浅。

溪西村发生了一系列的变化：原来到虹桥集镇需要45分钟，现在只要5分钟；原先是个以农为生的农村，现在成了有32家企业进驻的工业园区，外来务工人员一增再增；村民年人均收入从几百元增至8000多元；村集体资产从原先的3000元增至3000多万元……现在，走近溪西村，一幅全新的小镇风光展现在眼前。宽阔整洁的道路，鳞次栉比的楼房，古色古香的休闲凉亭，规模庞大的工业园，波光粼粼的湖水，美丽如画的溪西公园，还有超市、理发店、菜市场、快餐店、储蓄所布满了溪西村周围，村容村貌发生了巨大的变化。正如乐清市委副书记郑建海在溪西村蹲点调研时说的，溪西村率先在三个方面实现了跨越，即“由农村向社区跨越、由农民向市民跨越、由一产向三产跨越”。

秦垟南村

秦垟南村位于乐清市城北乡，东距乐清市区16公里，西与国家级风景区中雁荡山接壤，又是灵山摇晃岩景区所在地，全村面积约5.3平方公里，有农户470多户计1700多人。秦垟南村先后荣获温州市生态村、温州市环境整治先进村、温州市全面小康示范村、乐清市科普示范村、乐清市旧村改建和环境整治先进村等荣誉称号。

近年来，秦垟南村加快了建设新农村的步伐，把随意搭建的猪栏拆了，把露天坑铲了、填了，建起了7个新公厕；投资230万元把村里的一条臭水沟改建成为千米水渠，并在水渠两边栽种了花草树木，安装了路灯，美化了环境；同时建成了生态生活污水处理工程，铺设了连接全村住户的4000多米长的排污管道，把污水集中到村口漂亮的公园底下处理，经砂石过滤处理后注入千米长渠，日处理污水可达30吨。

2007年，通往秦垟南村7.2公里的康庄工程顺利通过了验收，从而结束了秦垟南村走泥砂石路，雨天一身泥、晴天一身灰的历史。村民们还相继添置了50多辆自备车，走出大山变得方便了，致富的门路也多了，2007年村民人均收入提升到近7000多元。

秦垟南村的快速发展离不开村党支部书记张茂生。张茂生在2002年上任的第一天，就代表村双委作出了承诺：在任期间，一心一意搞好村建设，情愿自己掏钱，也不让村集体亏一分。2006年，村里大刀阔斧搞新农村建设，总投资近600万元，建成了村民休憩长廊、生态卫生公厕、消防器材仓库、生态污水处理池、村口公园、三面光渠道等，完成了5000多平方米的绿化工程，完成了通电线路改造、村内道路硬化、溪流整治等基础设施建设。在各项工程竣工结账时，由于上级各部门补助资金一时尚未到位，张茂生等几位村干部便又自己掏钱予以垫付。

市政府也十分重视、关心秦垟南村的建设，潘孝政市长亲自到秦垟南村蹲点调研，还进行了蹲点回访。在市府及有关部门的重视支持下，秦垟南村建了垃圾集中处理场，配置了垃圾清运车；建了自来水池，让村民吃上卫生水；对山老区教育问题进行了“会诊”；完成了村庄整体设计方案。全国生态村建设正在申报中……

秦垟南人在生活渐渐富裕的同时，开始追求自己的生活品质。村双委定期聘请专业人员给村民作讲座，增加村民的科普知识；定期组织村民进行培训学习，努力把村民培养成有文化、懂技术、会经营的新型农民，每天清晨，在村办公楼前的广场上，总有几十位村民伴随着悠扬的音乐翩翩起舞，深深陶醉其中，成了山乡村落中一道亮丽的风景。秦垟南村着手建设生态住宅，做到为健康美化村居环境；村里还安装了太阳能照明路灯，既环保又节电，是全市农村第一家采用这种环保灯。

秦垟南村深处城北乡大山里，远离都市的繁华与喧嚣，但这里绿水青山，空气清新，环境优美，令人心旷神怡。这里是都市的后花园。

陈坦村

四都乡陈坦村是个古老的村庄，总面积5.5平方公里，有耕地面积650亩，常住人口1560多人。陈坦村先后荣获浙江省小康示范村、浙江省村务公开民主管理示范村、温州市环境整治示范村、温州市文明示范村、乐清市新农村建设示范村、乐清市体育特色村等称号。

原乐清市机关党工委书记张岩川退二线时，好多企业负责人纷纷上门动员，高薪聘请他到企业工作。但在陈坦村众多村民的要求下，热爱家乡的张岩川，毅然接过了该村党支部书记一职。上任后，张岩川首先做了三件事，即选好人、排好阵、开好头。接着张岩川带领村双委和村民着手旧村改造，开始了该村空前的全面村庄整治：实现了全村道路全线畅通，整改了厕所，安装了路灯，兴建了体育活动设施。然后陈坦村以文明村建设和村庄整治为载体，出台了2005年至2007年重点建设项目计划方案。引进了总面积200余亩的花木和药材种植项目，并解决了部分村民的就业问题；占地57亩的生态别墅区项目也已进入实施阶段。陈坦村进入了一个黄金发展时期。

为了用好每一分集体资金，陈坦村严格集体资金管理，实行由村委会主任一支笔审批制度，同时严格限制个人审批资金数额。村财务监督小组成员认真履行职责，及时、公正审查村财务开支，坚持每月审查，每月公布，做到村务公开，自觉接受村民监督。

2007年，乐清市委书记黄正强蹲点调研时在陈坦村催生了全市首家村级民生关爱基金。此前，陈坦村已先后建立了教育发展基金、农业发展基金、党员关爱基金和老年人活动福利基金。这些基金主要用于鼓励村民开发农业生产；资助贫困学生，奖励优秀学生；支助丧失劳动能力的困难群众以及因病致贫、因灾穷困或突发重大事故致贫的困难群众；关爱年老和贫病党员，关爱老年村民。各项基金以村集体经济为基础，并接受能人志士和村民的捐助，总共筹得资金180余万元。现在陈坦村凡村民子女考上公立高中、大学的，给予1000元至3000元奖励；考上大学经济有困难的家庭，可申请无息贷款，每年贷款额为3000元至7000元；村里农民每种1亩农田可得到100元贴农金；农村合作医疗费每人每年补助15元。每逢重阳节，村里都组织老人到风景区观光旅游；每年村里还要给做80、90大寿的老人送贺礼。现在村里90岁以上的老寿星有5位，最年长的已99岁，都有福利基金补助。五项基金有力促进了全村的经济发展，解决了村民不少后顾之忧，改善了村民的生活质量。

陈坦村在抓经济建设的同时也狠抓精神文明建设。针对村实际情况，张岩川自编党员先进性教育学习资料，与党员、群众共同学习。陈坦村还在文化大院里创办了母亲学校，开学第二天，就有46名妇女报名学习，现在每次上课教室里座无虚席。授课每隔一晚一次，每次两个小时。村民们说，上了“母亲学堂”感觉受益匪浅，不仅能听懂普通话、看懂电视里的字幕，而且出门在外也不怕找不到地方了。每学期结束时母亲学校会对学员们进行检测，村教育基金会对每学会一个生字的学员奖励一元钱，最多的奖励了650元。

一位实干的领头人，一个和谐的团队，一套严明的制度，一群积极向上的村民，一个高楼林立、道路整洁、环境优美的村庄，这就是独具魅力的陈坦村。

张庄村

张庄村位于革命老区岭底乡，全村现有1400余人，有耕地280亩、山场8000余亩。张庄村先后获得浙江省全面建设小康示范村、温州市社会主义新农村建设示范试点村、温州市“千村整治百村示范”示范村、温州市级农家乐休闲旅游特色村、乐清市文明百村行动样板村等荣誉称号。

张庄村有三分之二的村民在北京经商。全村42名党员中，有14名在北京。为了配合、协助村双委开展新农村建设，在京经商的党员成立了张庄村建设新农村驻京领导小组，给家乡建设出谋划策，带头捐资100多万元作为家乡建设启动资金。这一举动得到了其他外出经商村民的积极响应，相继为家乡建设捐助了500多万元资金。村党支部书记周序腾说：村里要投资，北京就出资，村里的新农村建设全靠外出经商村民的支持。

村双委根据规划，将资金进行统筹安排，160多万元用于村路改造，130多万元建成一个垂钓、灌溉两用的休闲钓鱼塘，还将全村的路头坑和牛栏基铲除、填平并绿化；村子里进行了改水工程，建了水库，通了水管，家家吃上了自来水，还将厕所改成了抽水马桶。不到3年时间，张庄村从一个破破烂烂的小山村变成了小花园一样的社会主义新农村。

张庄巨变深获驻京村民的厚爱，接着驻京村民又投资300多万元兴建村文化广场。该项目启动后，周雷、周海平、周贤昆等人不断往返于北京和张庄村，一边继续筹集资金，一边监管项目工程质量和进度。2007年，周海平从北京到张庄村竟来回了23趟。张庄村在京经商的村民捐巨资用于家乡新农村建设的举动，深深地感动了在家的村民。在家村民激情满怀，有的无偿捐出宅基地，有的积极参加义务劳动积极为建文化广场、拓宽村路作出贡献。自从开展新农村建设以来，全村已有数十户村民给村委会无偿捐了地。至2007年11月底，张庄村占地面积800多平方米的文化广场驳岩砌堤工程竣工，共用去驳石27000多立方米，填方平整场地用泥石方80000多立方米。广场上将按规划兴建篮球场、农家乐、停车场等。

为改造村里的居住环境，张庄村还作出以植树造林为主的美化家园规划。村里的主要道路和通向邻村公路的两旁陆续栽上花、种上草；山坡上建造了1000多亩的高山蔬菜与水果基地，那500多亩的水果基地四季果香飘溢，十分迷人；另外，还向有关部门正在申报省级森林公园。张庄村双委还借着村庄紧靠国家AAAAA级名胜风景区——雁荡山这得天独厚的优势，决心大作乡村生态旅游文章，将张庄村建设成为一个美丽的旅游村。2006年4月，村双委到江苏、杭州一带的农家乐参观，回来后就在家门口也办起了农家乐，并在当年接待游客7000多人。与此同时，又凭借革命老区推出了红色旅游线路：泽基革命纪念馆——张庄——森林公园生态二日游，并通过村网站传播信息，展示风采，张庄村将很快成为一个农家乐休闲旅游和红色旅游的度假胜地。

走进处在雁荡山脉崇山峻岭之中、海拔400米的张庄村，扑入你的眼帘的是幢幢欧式别墅错落有致地掩映在绿树之中，整洁的水泥路傍着小溪蜿蜒伸向大山深处，还不时传来山鸡朴楞楞腾飞欢鸣的声音，哪能分得出这里是乡村还是城里的别墅群区！

响岭头村

响岭头村地处世界地质公园、国家级名胜风景区雁荡山的中心地段，面积约5平方公里，有8个自然村，9个村民小组，共582户，1230多人。响岭头村先后获得浙江省全面小康建设示范村、温州市千百工程全面小康建设示范村、乐清市平安千村工程四星村居、乐清市村庄整治合格村、乐清市旧村改建与环境整治先进村等荣誉称号。

随着旅游业的发展，响岭头村民意识到，发展壮大集体经济，优势在于旅游业，希望在于旅游业。2003年，响岭头村双委决定以开发朝天门为重点，投资1000余万元，对景区道路、桥梁、停车场、观景点、楼阁等进行修整重建，并成功入股雁荡山风景旅游管理局；2005年开始朝天门景区对外收游客门票，每年为响岭头村带来了高达150万元的经济效益，村集体年收入从原有的100多万元增加到280多万元。

2006年，村双委邀请了北大规划设计专家对“碧玉山庄”进行重新设计并已通过论证和审批，工程即将开工。多年来，响岭头村不仅出租宾馆、店面，还把雁荡宾馆边的老菜市场重新设计，建成了大型综合旅游超市，一楼销售旅游产品，二、三楼为休闲中心及办公楼，一片繁荣景象。

在发展集体经济的同时，响岭头村大力扶持和引导个体经济，让村民搭乘旅游这辆快车，集体致富。村民李春玉在雁荡山旅行社对面不到10米处办起了有50多间客房的“家庭旅馆”，旅馆装修考究：厚厚的玻璃大门、古朴的灯饰、整洁规范的客房，生意十分红火。李国全一口地道乡音，是一个纯朴的农民。可现在他却是多家旅游宾馆、饭店和旅行社及旅游产品企业的董事长。据统计，现在响岭头村有个体旅馆62家、餐饮店37家、商摊店65家，全村从事个体摄影、导游、住宿、餐饮等旅游服务业人员400余人，全村人均年收入达9500元以上，超出了全市农村人均年收入水平。

在大力发展旅游经济的同时，村精神文明建设也轰轰烈烈地展开。村文化活动中心是村民们最活跃的地方，村党支部、团组织老年协会、妇代会、幼儿园等组织积极发动党员、青年、妇女、老人、幼儿开展各项文体娱乐活动，每周一、三、五晚上进行排练，逢节日进行文艺演出。村里还经常开展象棋赛、健身操等活动。

为了让村居民宅能更好地与旅游景区融为一体，最近响岭头村再次投入巨资，按照江南民居雅致淳朴、古色古香的建筑风格对所有村居民宅的建筑立面进行了改造，使其风貌与山光水色相融相洽，为国家AAAAA级景区——雁荡山锦上添花，进一步促进旅游业的发展与腾飞。

荆东村

荆东村位于乐清市大荆镇中心区域，全村常住人口1560余人，外来人口310余人。荆东村先后获得了温州市“千百工程”村庄整治合格村、温州市现代远程教育示范村、乐清市“平安千村”工程三星村居、乐清市文明村、乐清市体育特色村等荣誉称号。

近年来，荆东村按照“生产发展、生活富裕、乡风文明、村容整洁、管理民主”的目标要求建设社会主义新农村，投入数百万元资金，改造了1200米长的通村主道，实现了路面硬化。村里设置了垃圾坞，配备了两名保洁员专门打扫公厕和道路，同时还设立了村双委、共青团、妇联、老协的卫生包干区，使村居环境明显改善。特别是综合治理了110余米长的臭水溪，疏溪砌石，拓宽加高，安放排污总管，实行清浊分流，并在沿溪两岸种植花草树木，还安装了40余只多功能路灯，面貌一新。正如退休教师翁启辉所描绘的那样：绿杨垂柳随风飘，鸟语花香蜂蝶闹。

在荆东村办公室里，挂着一幅手绘的村（居）民住宅示意图，上面标有全村所有房屋的位置，分门别类插上不同颜色的小旗，标明住房出租户、外来购房户、世居非农户等。党支部书记冯春芽说，这幅地图给我们带来便利。记得“云娜”台风登陆前，村双委要转移危险地带住户，可偌大的村如何着手呢？就是依据这幅地图很快便把40多个外来人员安全地转移到村办公楼。此外，村办公室外的墙壁上还挂着众多制度，如党员干部考核制度非常吸引人，每年年终，村民代表都要给村里的22名党员打分，分别就民情接待日值班制度、财务制度、计划生育责任等12个方面给党员一一评分。如果有党员未达到该层次的及格分，这名党员就得在民主生活会上作出合理解释，并就今后工作作出承诺。这种做法在全市党建工作中是一个创举，实施一年多来，得到了广大村民的好评。

荆东村还开展了“多彩乡风，文明风行”长期特色活动。成立了健身工作领导小组，组建了篮球队、两支门球队（男女各一支）和越剧文化宣传队，做到天天有活动，周周有高潮，月月有主题。村文体活动中心的灯光球场更吸引人，使得不少原先沉迷网吧的学生也来参加活动。门球队多次参加市、镇两级比赛，成绩优异。妇女群众的健身操、健美操也有序开展。2007年村里还开展了“十星”文明户、“五好”文明户评选活动。

与此同时，村里还利用远程教育网，开展因人而异分类学习，引导农民学习科技知识和农业实用知识，提高村民的科学技术水平。例如：种菜农户张朝杰学习后改进了栽培方法，经济效益翻了一番。妇女们通过学习计划生育、文化卫生及家庭美德等方面的知识，进一步懂得了计划生育的法律法规和邻里团结、敬老爱幼等在现实生活中的作用和意义。通过各种培训与教育，一些留恋牌桌、无所事事的村民开始对学习活动产生了兴趣。

荆东村蕴蓄着文化教育优势，处处涌现着无限的活力，无愧于乐清市文明村的称号。

前　林　村

前林村位于石帆镇的东部，距离乐清市区10公里，全村共有332户人家，1360多人，村民主要从事交通运输业、加工业。前林村先后获得浙江省全面小康建设示范村、温州市十佳环境整治工作先进村、乐清市文明百村等荣誉称号。

走进前林村，跨过“大林桥”，见村庄布局整齐：三纵三横的水泥主干道四通八达；新建楼房排列齐整，高度均为5层，统一淡雅色调；有大林五景之称的“玉池浸月”、“西岩鹿迹”、“竹屿晨烟”、“芳岭横岚”、“大林春雨”五个古诗碑醒目地立在草木芳菲的花园中。

前林村村貌　　前林村提供

前林村的城市化民居，大部分是在旧村改造中置换旧房建造而成的。如村民卢思度，原有老房基130平方米，老房子阴暗潮湿，建新房又苦于没钱；2005年村集体购买了卢思度家的旧房子和宅基地，按照“以旧换新、少补多还“的原则，换给他家一块新房基并补助7万元，这些钱帮助卢思度建了一套170平方米的新房，对此卢思度心里不知有多高兴。置换村民旧房也不是一件简单的事，村里专门建立了5个由村民代表组成的旧房评估小组，各小组成员对拆迁旧房进行评估和测算，然后汇总取测评平均值作为拆迁房的购买价，并向村民公示购买价，若村民对购买价格有疑问，都可以申请复核。这种置换方法在前林村运作了6年，帮助全村290户村民告别旧房盖起了新房。村里还严格规定，村民盖新房时要遵守已编制确定的村庄建设规划，必须为村里美化环境留出空间。

在前林村，为村子建设操心的人不只是几个村干部。从2002年起，经村双委动员，近百名村民组成考察团，年年自己开车到周边新农村学习经验，看外面的世界。特别是参观宁波奉化后，滕头村大力开发生态观光农业每年仅门票收入就高达300多万元的典型事例使村民们深受启发，思想受到很大冲击。大家分析，无论是现有的农田水利资源还是交通及人员等状况，前林村和滕头村都很相近似；村民们一致认同要借鉴滕头村经验，集中零散土地，开发生态农业和观光农业。

前林村在科学发展观的引领下，积极推进社会主义新农村建设。村里无论是干部或村民，思想境界趋向前瞻，思维方式开始超越，非常赞同前林村的科学发展规划。如今，前林村正在村北的600多亩土地上建设现代化生态农业观光园区，园区分设无公害蔬菜生产区、保健蔬菜鲜花生产区、高档盆花观赏苗木区、养殖区、蔬菜花卉加工区、休闲娱乐观光区等。等到观光农业开发起来后，前林村还将沿着村里的西干河开发农家乐，为村民创造更多的致富机会。

自2002年至2007年，前林村旧村改造置换旧房建造新房和开发现代化生态农业观光园区两个大动作，引起了全社会的高度关注，中央、省、市级领导的考察都对前林村给予了肯定与赞扬，给前林村全体村民带来了很大的鼓舞和鞭策。

2007·感动乐清

石进才

“希望”让温暖常驻人心

有这样一个家庭，以“希望”的名义，一家三代人14年无偿资助了88名素不相识的贫困学生，奉献爱心240多次，累积捐助金额31万多元。这就是2007年被评为第六届全国五好文明家庭的乐成镇石进才老人一家。石进才年逾七十，老伴施仁芬多年来一直默默支持丈夫的善举，虽然生活清苦了一点，但很充实。在石进才的带动下，儿子和女儿也分别资助了5名贫困小学生。通过石进才家牵线搭桥，还筹集了扶贫助学资金296万多元，帮助结对贫困学生415名，并在两所学校设立了“希望”奖学基金，奖励优秀学生与老师103人（次）。石进才老人还为泰顺、乐清的山区学校送电视机，为永嘉革命老功臣修房子，向灾区人民捐钱捐物……“希望”让温暖常驻人心。

姚仁全

勇斗窃贼，壮烈牺牲

姚仁全，安徽省颍上县关屯乡孔洋村人，出生于1974年1月。2007年4月15日凌晨，居民报警有窃贼，柳市镇马仁桥村联防队两队员骑摩托车赶往事发地点，替班的姚仁全随后快步直追。到事发地点发现有两大卷铜丝，当他们向可疑人盘问时，突遭歹徒举刀挥棍袭击，两位队员当即受伤，姚仁全奋不顾身，徒手猛扑过去与歹徒搏斗，身中3刀。夜色中，姚仁全一手捂着血流如注的伤口，一手指向歹徒逃逸之处，喊一声“追”后倒下，壮烈牺牲。

这是一个令大地为之动容的时刻，这是一个令所有善良的人们内心悲痛的时刻，一个勇士就这样倒下了，永远地倒下了。

如果歹徒的刀尖能稍稍偏离一些，或许我们还能再次看见勇士的笑脸。或许他就不会离开！

为此，温州市社会治安综合治理委员会、温州市见义勇为基金管理委员会特授予姚仁全“温州市见义勇为勇士”称号。姚仁全事迹引起了温州和颍上两地广大民众的广泛关注。

钟德君

大爱无言

张联喜摄

新疆姑娘顾娟远嫁乐清，2007年，其爱女陈梦雪肾衰竭急需移植，丈夫又身患癌症，家中一贫如洗。顾娟无奈向母亲（钟德君）求援。经上海复旦大学附属中山医院检验，专家确诊陈梦雪患的是肾衰竭，建议做肾移植手术。钟德君和顾娟母女俩的肾都符合移植条件，两人争着要献出自己的肾。钟德君说："女儿是家里的顶梁柱，没有了她，这个家就垮了，她不能倒下，这件事就让我这个当娘的来担当吧！"钟德君向医生询问，像她这种年纪移植的肾会不会影响外孙女的身体康复。专家深深佩服钟德君的勇气，认真告诉她，60岁以下健康人员供的肾都可以用。无影灯下，医生在钟德君的身上打开三个洞，小心翼翼地取出右肾，并将这个带着体温的活体肾移植进其外孙女的体内。

顾娟为妈妈献肾一再啜泣，而母亲却说："我是当娘的，我不帮谁来帮，当父母的都是这样的……"

钟德君被评为2007年"乐清爱心使者"。

金清峰

勇斗歹徒，血洒长街

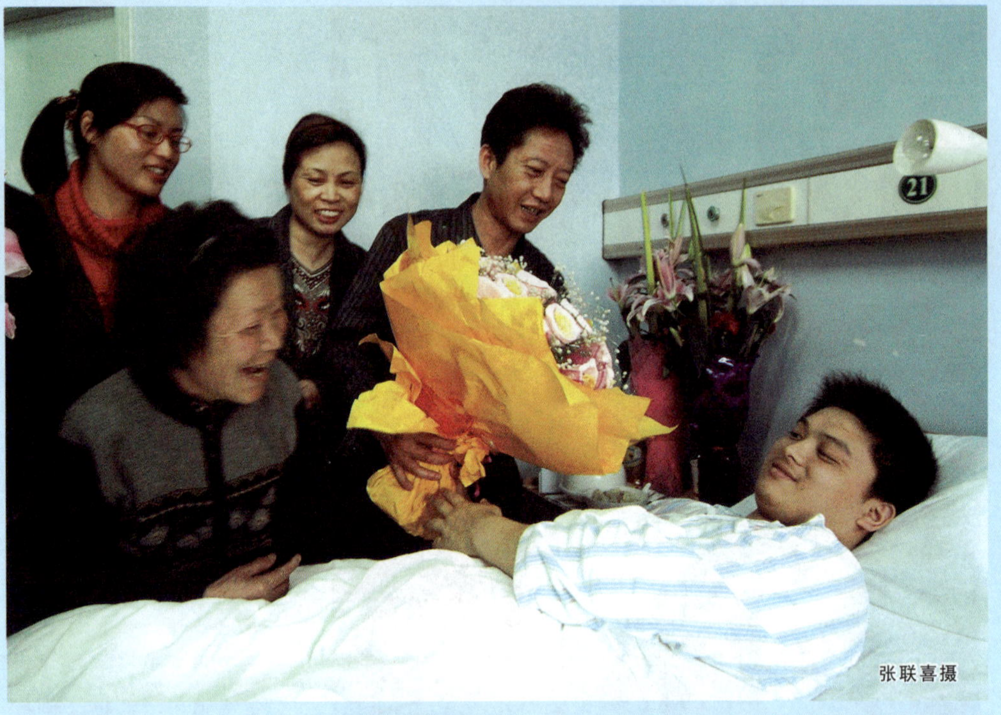

张联喜摄

2006年3月28日晚9时，正在岗亭值勤的乐成镇民丰社区巡逻队员金清峰突然看到一位妇女跑过来求助：“快！那边有几个人吵得好凶。”金清峰一边吩咐同事报警，一边赶往现场，只见4名喝得醉醺醺的男子正在砸一辆出租车的玻璃窗。金清峰上前喝道：“你们干什么？”4名歹徒看到有人干预，当即向金清峰扑来，金清峰没有退却，而是奋力反击。在那一瞬间，他让所有人感动：勇斗歹徒身中13刀，血洒长街……经医院抢救，金清峰幸免于难。2007年1月，金清峰被评为乐清市“十大平民英雄”之一。

金清峰是乐成镇人，是年年仅23岁，是一名平凡的社区保安巡逻员。他虽没有做过轰轰烈烈的大事，但如果社会上每位青年都能这样敬业，敢于挺身而出，捍卫法理，震慑邪恶，那我们的社会不就更安定、更和谐了吗？

陈夏友

见义勇为，12年擒拿窃贼500余

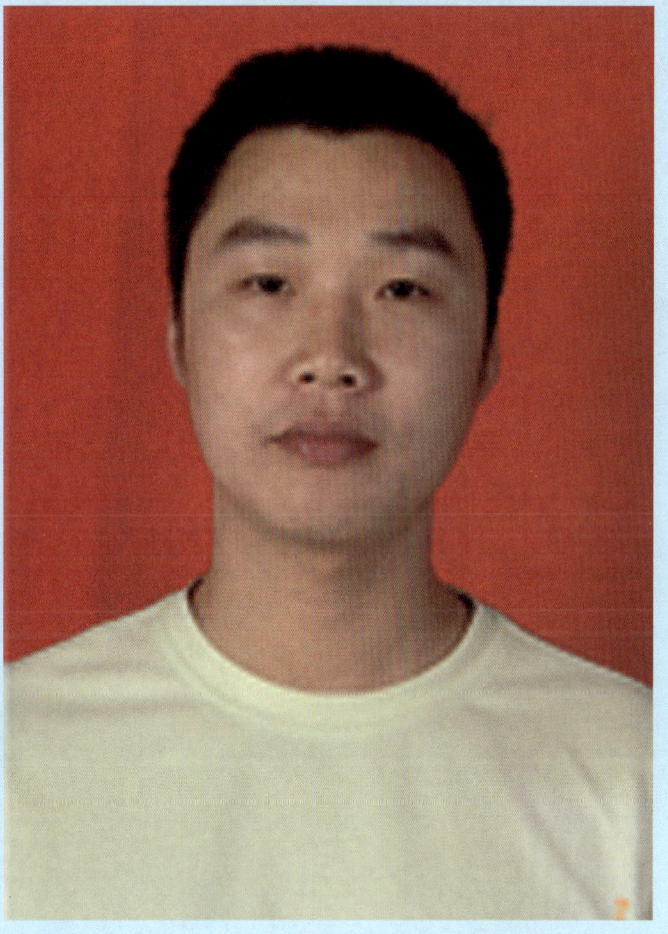

2007年，乐清市见义勇为基金管理委员会收到北京市丰台区民政局发来的一份《见义勇为人员确认通知书》，这是对岭底乡南充村青年陈夏友在京见义勇为行为的确认。

陈夏友在北京经商12年期间，擒拿窃贼500余人。例如：2005年10月13日早晨6时许，30多岁的陈夏友来到北京市丰台区大红门服装商城，看到三男一女直奔商城三层一家顾客较多的摊位。陈夏友觉得这四人形迹可疑，就暗暗留意。这四人中，一名男子先进了摊位，一名女子随后跟服务员搭讪，一名男子迅速走到摊位边拉起一辆装满货物的小推车迅速离去。陈夏友一边远远跟着，一边寻找保安，直到窃贼快接近出口，还没看到保安。陈夏友急了，向前靠近了一点，被其中一人发现。眼看窃贼要出商城了，他上前从后面一把将窃贼的脖子抱住。凶狠的窃贼从腰间抽出一把10厘米左右长的刀，对着陈夏友的胳膊、大腿连刺五刀，血流一地，但他还是死死地抱住那个窃贼不放。

见义勇为、可敬可佩，陈夏友算得上是民间反扒窃一杰，为京城浙江村的乐清人增添了光彩。

杨 苏

照料瘫痪小叔子30余年

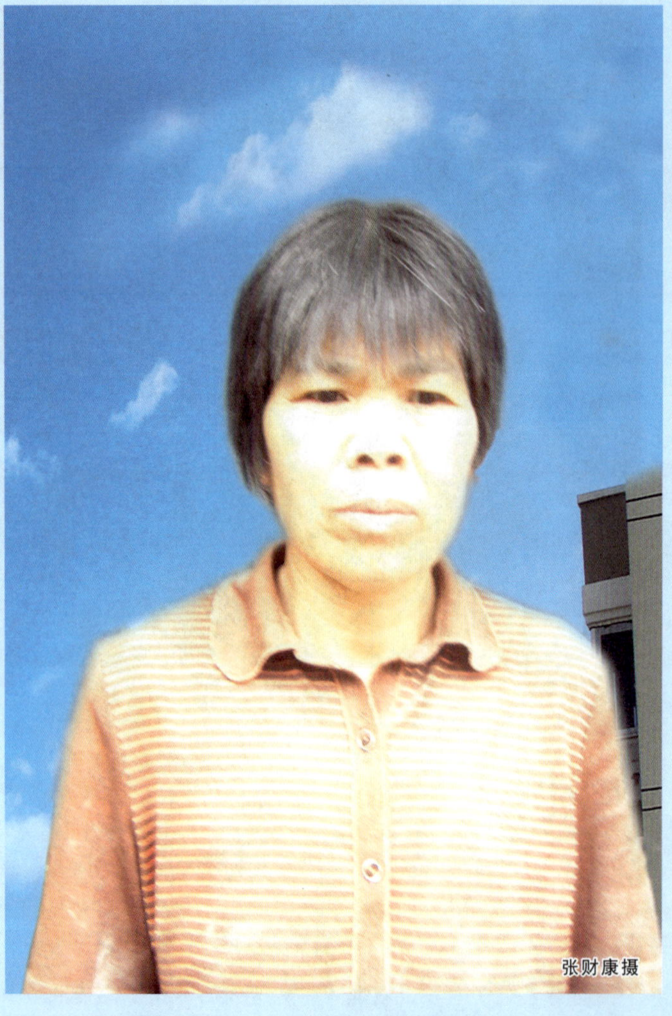
张财康摄

家住大荆镇闹水坑村双溪口自然村的杨苏是个朴实、善良的山村劳动妇女，17岁那年，因家境贫困嫁入王家。到王家后，除了干农活外，还有一个因患小儿麻痹症瘫痪在床的小叔子需要照顾。两年后，过度操劳的婆婆过世了，杨苏不负婆婆临终重托，执着履行自己承诺："只要我有饭吃，就决不让小叔子饿肚子！"俗话说祸不单行，不幸公公又突然中风，瘫痪在床。杨苏义无返顾，同时挑起了照顾两个卧床男人的重任。加之丈夫因病身体衰弱，只能干些轻活，杨苏又只得将重活都揽在自己身上，还希望凭着自己的努力还清那几千元债务。公公每每看到儿媳的辛苦，心里非常难过。杨苏安慰公公说："你是我的爸爸，他是我的小叔子，照顾你们是我的责任。"50岁的小叔子王庆国常常激动地说："大嫂是天底下最好的人，这么多年多亏她一直照顾着。她就是我的娘。"

叶定献

能让孩子们读书就什么都值了

2007年8月，在温州火车站，一位老人与两个哈尔滨女孩子依依惜别，不知道的人可能会以为他们是祖孙。

这位老人名叫叶定献，翁垟镇地盐村人，是年72岁。叶定献一辈子务农，现在子女们都已成家立业了，可他却有自己的想法。从1999年开始，他每天总是骑着电瓶车去柳市帮五金店配送货物，把赚到的辛苦钱全部资助贫困学生。他先后资助了17位学生，他（她）们分别上了初中、高中和大学。每到寒暑假，这些孩子们常常来看看老人。两个哈尔滨姑娘说自己没见过海，叶定献老人就带着她们去洞头玩。中午吃饭从不超过5元钱的老人，对孩子们却很大方，带她们在海边玩了一圈，尽兴而归。

叶定献老人自豪地说："虽然有人笑我傻，可我看到孩子们能上学读书，就什么都值了。"叶定献荣获"2007乐清爱心使者"称号。

余燕云

倾其所有助村建设致富路

文绍乐摄

乐成镇林场村有6个自然村，村民居住分散，到乐成镇买些日用品来回得两三个小时，生活十分不便。村党支部书记余燕云很清楚，山上还有一千多亩山园和上万亩山场，山路建好了，不但交通方便，且能拉动第三产业发展，这是实实在在的致富路。

2006年，山路动工的那天，村民们高兴得犹如过节。余燕云自从投身建路工程后，晴天骑着摩托车上山，下雨天独自步行上山，家里的一切事务均由妻子一人打理。农历年底，建路所需要的费用和工人工资村里拿不出来，余燕云把家里的所有积蓄28.5万元都捐出来，可是还是不够，他又向朋友借了10多万元捐赠给村里。村民们感叹："没有余燕云，这条山路是没人能建的；他家并不富裕，个人捐出这么多钱筑路，真是难得。"林场村山上资源丰富，这条道路建成，在山下务工的村民可回到山上共同开发建设社会主义新山村了。

现在主干路基已完成。余燕云站在山路上眺望远方，描绘起了美妙蓝图，那连绵的山园和山场都很快会"活"起来，多好多美啊！

戚露丹

——呼唤交通安全的小使者

罗庚摄

“小心开车，要遵守交通法规，因为生命是最可贵的。”这稚嫩沙哑的声音，这闻者心酸的话语，沉重地回荡在2007年乐清市的各个春运服务站。一个12岁的小学生，在她的父母先后遭遇车祸去世后，她在作文《致广大司机的一封信》里写下心愿，希望通过自己家的悲惨遭遇换来大家的警醒。这封信被录成音频文件播放，小露丹的心愿打动了不少司机和乘客。

附：小露丹致广大司机的一封信

我叫戚露丹，今年12岁，是乐清市雁荡镇二小五（二）班的学生，家住雁荡镇陡门头村。

学期快结束了，也快过年了。每当看到我的同学、我的邻居孩子和爸爸妈妈一起大手拉着小手，上街买新衣服、买学习用品、买好玩的玩具回来那高兴的样子，我流泪了，我为什么不可以像其他同龄人一样享受到父母的关爱呢?

我记得3岁时，妈妈上街卖自己家里种的蔬菜，在路上，妈妈乘坐的汽车发生了碰撞，不幸得很，妈妈在这次车祸中永远地离开了我，我们全家人心如刀割。妈妈再也不会回家了，我将永远得不到妈妈的爱了，也永远看不到妈妈那亲我以后的笑容了……

在没有妈妈的日子里，我渐渐长大了。贫苦的我家自从失去了妈妈以后，条件更加不如以前了，爸爸必须要去外地打工挣钱供我读书。我6岁时，爸爸去贵州打工挣钱了，而我却万万没想到，爸爸这一走就永远也回不了家了。听说在一次到工地的路上，爸爸被那里的汽车轧死了。要是我知道爸爸为了挣钱供我读书而去打工的话，我决不会同意；要是时间可以倒流的话，我要多亲亲爸爸，好让他知道，我是多么地需要他。可是，爸爸已经死去了，不会回家了，我是多么地恨，恨车祸的无情，恨车祸带走了我的快乐、我的幸福……

现在的我，和爷爷、奶奶一起生活，相依为命。现在我有两个心愿，想对老师说，想对爷爷奶奶说，想对叔叔阿姨说，想对司机说，想对所有的人说，第一个心愿就是假如爸爸妈妈能够复活，能够回家，那我就要告诉他们，你们的女儿从一年级读书开始直到现在，都是三好学生；第二个心愿就是我希望通过我们家一次又一次的悲惨遭遇，来换取大家的警觉：小心开车，要遵守交通安全，因为生命是最可贵的。

赵成付 赵良辉父子

父子的哥，服务无疆界

赵良福摄

赵成付、赵良辉父子俩是安徽省亳州市涡阳县人，是乐清市交通劳动服务公司的两名普通的哥，在乐清开出租车已整整6年。

2001年老赵带着全家来到乐清打工。凭着自己20多年的驾驶经验，他开起了出租车，儿子赵良辉也随父亲成为一名的哥。开车6年来，老赵父子从没违反过交通规则，他们心牢记一句话："车别开太快，注意安全。"

人们常说"时间就是金钱"。但这些年来，老赵父子却"浪费"了很多时间，错过了很多生意。有一次，老赵看到路边一辆汽车自燃，车主惊慌失措，老赵见了急忙停车，不顾自身安危，拎起自己车里的灭火器就冲上前去灭火，化解了汽车自燃爆炸灾难。围观的群众赞扬他，被烧车主感谢他，老赵却对自己赔上时间、赔上崭新灭火器的行为不以为然，只是说："这是我应该做的。"

在父亲的影响下，赵良辉每遇到老人或腿脚不方便的乘客，他总下车扶一扶。有人对他们说，费那心干啥，把人送到就得了。赵良辉却笑着说："乘客不方便，扶他下车，搀他过马路，心窝里舒坦。"

2006年8月，赵成付载一名乘客到柳市后，在车调头往回走时，发现车后座上有一只高档手机，乘客把手机落在车上了。老赵想把车开进村里找失主，但村路太窄，车子进不去。这时正好一位村民路过，老赵便让他进村找那名乘客。等了20多分钟，手机失主来了，物归原主。在失主的连连"谢谢"声中，老赵踩响了小车油门，向失主挥挥手又上路了。

2006年夏天，赵良辉路过一个工地，看到几名工人抬着一个满身是血的工友在拦车，神情焦急，他们已拦了好几辆车就是没人停。赵良辉主动停车，让他们赶快上车，几名工人感激万分。到医院后，赵良辉让几个工人赶紧上急诊室。赵良辉又作了一次义务服务。

乐清市交通劳动服务公司还收到好多受过老赵父子帮忙的乘客写来的感谢信：2007年11月1日，赵良辉拾到一个价值2000多元的手机，主动送还失主，婉谢酬金；2007年10月中旬，赵良辉将遗失在车中的2条中华香烟送还乘客。……

爱心的堆积，使老赵父子俩连续4年被评为公司先进驾驶员，2007年获得了"温州市十大影响力家庭"、"乐清市爱心使者"称号。有位热心的乘客还送赵家父子两句话：志愿服务无疆界，小小天地大作为。

林 丽

真心奉献到永远

徐文轶摄

一位好姑娘为了一份“爱心”却为一位非亲非故的截瘫男子服侍终生，你信吗？

1990年1月，虹桥镇邬家桥村的村小校长（民办教师）在帮助邻居安装电灯线时不慎跌下，成了下半身瘫痪的残疾人。瘫痪后的林贤昆失去了工作，未婚妻也与他退了婚约，生活只能靠老父亲料理。当年年仅21岁的林丽在一工厂打工，租住在林贤昆的前屋，见林贤昆瘫痪十分同情，一有空就过去帮贤昆洗洗衣服，做做饭菜。邬家桥村一位干部见林丽姑娘心好勤快，就将自己的亲戚倪孟顺介绍给她，不久两人就结了婚。

两年前，林贤昆父亲因操劳过度去世了。照料林贤昆生活成了难题。按理说林丽有了自己的家庭和事业，是难以再去照料贤昆的生活了。可林丽却比以前更加投入，并放弃工作，每天收拾好自家的家务后，就到贤昆家帮助打理家务，替贤昆翻身擦背、更换“尿不湿”。2005年下半年，林丽还与丈夫商量决定，让儿子拜贤昆做干儿子，两家合一家，一锅儿做饭一桌儿吃。林丽每天上午八点到贤昆家替他穿衣换裤，抱他到轮椅上，然后做好早餐，叫老公、儿子一起吃；中午晚上做好饭菜等待办企业的丈夫下班回来和贤昆一起用餐，晚上在贤昆家，要忙到九点多钟才能和丈夫儿子一起回自家。因长年坐卧，贤昆的屁股上长了个大褥疮，林丽一天几次细心用药擦洗、外敷；贤昆身体不舒服，林丽就叫上个亲戚朋友送他到医院看病。林丽已与丈夫商定，要服侍贤昆一辈子。

林丽丈夫倪孟顺十分支持妻子的“爱心”行动，因为他深知林丽把助人济困当作自己的责任，看成是自己的快乐。倪孟顺说：“林丽早在十二三岁时曾在大荆镇与一位大她8岁的患有小儿麻痹症的小飞姑娘结为好朋友。林丽经常抽空去帮小飞干些家务活，直到现在林丽还常与我一起过去看望小飞。我觉得林丽确实是一位真心实意、无私奉献的好心人。”

林丽待贤昆如亲兄弟。她的爱心行动也深深地感动着周围的村民，得到了村民们的高度赞扬。2007年，林丽被评为“乐清市爱心使者”。

名　录

省、温州市党代表

省党代表

黄正强　郑建海　连志英（女）
胡成云

温州市党代表

李永鑫　连正德　连新良　吴云峰
余春双（女）　谷燎原　邹跃新
张亨利　张德玉　陈建春　陈胜峰
林仕明　郑建海　孟建新　赵一德
胡成剑　胡松权　南晓燕（女）
夏雨祥　徐祥钦　黄正强　黄勤乐
章显岳　廖凯峰　潘云夫　潘孝政

全国、省、温州市人大代表

全国人大代表

南存辉

省人大代表（按姓氏笔划排序）

叶仁洁（2007.11—）
叶君奋（女）
杜洪灵（—2007.11）
陈日曙（2007.11—）
陈道荣
郑元飞
胡成中
赵乐强（2007.11—）
高公博（—2007.11）
黄正强（—2007.11）
潘孝政（2007.11—）

温州市人大代表（按姓氏笔划排序）

方妙华（2007.02—）
木晓东（2007.02—）
毛贞德
王　琦（2007.02—）
王立福（2007.02—）
王存法（—2007.02）
王迅行（—2007.02）
王拓宇（2007.02—）
王荣迈（2007.02—）
王桂芬（女，—2007.02）
叶仁洁（—2007.02）
叶文杰（2007.02—）
叶长一（女，2007.02—）
叶乐安（2007.02—）
叶存辉（2007.02—）
叶建新
刘　庚（2007.02—）
刘逢燕
刘翔璋（2007.02—）
刘碎孟
吕　品（—2007.02）
吕雪清（女，—2007.02）
朱旭荣（2007.02—）
朱琼艳（女）
许大凤（—2007.02）
许道飞（2007.02—）
张乐燕（女，—2007.02）
张立斌（—2007.02）
张连明（2007.02—）
张国谦（—2007.02）
李尧方（2007.02—）
李建余（2007.02—）
李银巧（—2007.02）
杨晓东（2007.02—）
陈　芳（女，2007.02—2007.08）
陈　倩（女，2007.02—）
陈　静（女，2007.02—）
陈千奎（—2007.02）
陈仁听（2007.02—）
陈乐芬（女，—2007.02）
陈成剑（—2007.02）
陈宝才（—2007.02）
陈育富（2007.02—）
陈品旺（2007.02—）
陈玲凤（女）
陈通考（2007.02—）
陈维国
陈福梯
周必华（2007.02—）
林　丹（女，2007.02—）
林仕明（—2007.02）
林贤友（—2007.02）
林爱萍（女，—2007.02）
郑小琴（女，2007.02—）
郑元豹
金友静
金良福
金树桂（—2007.02）
俞书彬
南　远（—2007.02）
施彩花（女，—2007.02）
胡成剑（—2007.02）
胡旭苍
胡金娒（—2007.02）
赵乐强（2007.02—）
赵丽芳（女，—2007.02）
赵章汉（—2007.02）
倪孟宣
倪荣平（—2007.02）
夏雨祥（—2007.02）
徐青平（2007.02—）
徐秋艳（女，2007.02—）
徐莉莉（女，—2007.02）
高泉智（2007.02—）
章利平（—2007.02）
章显岳（—2007.02）

黄　靖（2007.02—）
黄广通（—2007.02）
黄正生（—2007.02）
黄正强
黄曙峰（2007.02—）
程天青（2007.02—）
虞金顺（—2007.02）
廖凯敏
蔡　燕（女，—2007.02）
蔡昌洪
滕　胜
潘孝政
潘笃华
瞿维妙

全国、温州市政协委员

全国政协委员（按姓氏笔划排序）
胡成中
高天乐

温州市政协委员（按姓氏笔划排序）
干方明　干彩娟　万年青　万昌豹
包秀松　朱赛月　吴云峰　陈呈新
陈盈默　林乐珍　郑　剑　郑少荣
倪建辉　黄美芬　章纪泉　释了我
谢用富

中国民主建国会中央常委

高天乐

获国家级荣誉称号单位

全国模范职工之家
乐清市供电局

全国厂务公开民主管理工作先进单位
德力西集团

中国人力资源管理大奖十佳企业
德力西集团

财富中国十大创新型企业
兴乐集团

第14批国家级企业技术中心
正泰集团股份有限公司技术中心

全国敬老模范村
虹桥镇东街村

全国巾帼文明岗
乐清市供电局调度室
正泰电器股份公司销售中心商务处

全国妇联系统先进集体称号
北白象镇前西岑村妇代会

获国家级荣誉称号个人

全国优秀人民警察
林宣成

全国优秀工会工作者
谷燎原

全国安全生产先进工作者
傅利铭

全国信访系统先进工作者
林剑敏

第二次全国残疾人抽样调查先进个人
南克平

第六届全国优秀创业企业家
南存辉
胡成中

首届中国十大企业思想家
郑元豹

中国经济十大新闻人物
南存辉

中国人力资源管理大奖十佳人物
胡成中

中国工业经济十大风云人物
郑元豹

财富中国十大最具责任感人物
虞一杰

中国慈善人物
南存辉

第五届中国工艺美术大师
王笃纯　虞定良　林邦栋

中国民间文化杰出传承人
王笃芳　陈余华

第六届全国文明家庭
石进才家庭

全国“平安家庭”示范户
林柳花家庭

获国家级荣誉奖项单位

全国社区服务优秀项目奖
乐清市8890市民服务中心

第三届全国校园才艺选拔赛少儿组一等奖
乐清市蕾丝舞蹈艺术中心选送的舞蹈《茶壶嘟嘟》、《敦煌乐鼓》、《鱼儿》、《京韵》

第三届全国校园才艺选拔赛初中组一等奖
乐清市蕾丝舞蹈艺术中心选送的舞蹈《花腰红》

获国家级荣誉奖项个人

中华慈善事业突出贡献奖
南存辉　胡成中

中国剪纸艺术大赛“金剪刀”奖
金钱妹的乐清细纹刻纸《西游记》

中国剪纸艺术大赛金奖
周明心的漫画剪纸《刀下留人》

“山花奖”中的民间工艺美术奖
王笃芳的黄杨木雕《大唐马球竞技》
林邦栋的细纹刻纸《西部开发新路》

“刘开渠根艺奖”金奖
郑方杨、鲍松平合作的黄杨根雕《济公系列》
郑亦平的黄杨根雕《达娃》

文明单位

全国文明单位(2个)
正泰集团有限公司
德力西集团有限公司

省级文明单位(19个)
乐清市供电局
浙江省乐清市育英寄宿学校
温州发电有限责任公司
乐清市邮政局
中国农业银行乐清市支行
乐清市长途汽车运输总公司
中国电信股份有限公司乐清分公司
乐清市档案局
乐清市白象建筑工程公司
乐清市地税局城关分局
乐清市雁荡山山庄有限公司
浙江省乐清中学
天正集团有限公司
中国移动通信集团浙江有限公司乐清分公司
乐清市地税局虹桥分局
中国工商银行乐清市支行
中国建设银行股份有限公司乐清支行
乐清市地税局北白象分局
中华人民共和国温州乐清湾海事处

温州市级文明单位
新命名单位（13个）
浙江浙能乐清发电有限责任公司
温州出入境检验检疫局乐清办事处
浙江乐清农村合作银行
乐清市虹桥职业技术学校
温州商业银行乐清支行
中国人民银行乐清市支行
乐清市国家税务局大荆税务分局
乐清市地税局大荆分局
浙江乐清农村合作银行柳市支行
合兴集团有限公司
浙江乐清农村合作银行虹桥支行
温州罗格朗电器有限公司
乐清市看守所

复评合格单位（65个）
温州金洋集装箱码头有限公司
乐清市住房资金管理中心
温州市教师教育院附属学校
浙江温州甬台温高速公路有限公司清江服务区
华通机电集团有限公司
中国银行股份有限公司乐清市支行
浙江乐清农村合作银行乐成支行
浙江温州甬台温高速公路有限公司乐清管理处
乐清市供电局柳市供电所
乐清市地税局稽查局
浙江省乐清市国家税务局
浙江省烟草公司乐清市公司
浙江乐清农村合作银行营业部
乐清市柳市镇实验中学
兴乐集团有限公司
乐清市乐成镇第三小学
浙江乐清农村合作银行诚信支行
乐清市乐成镇第二幼儿园
乐清市虹桥镇妇联幼儿园
乐清市工商局清江工商所
温州市港航管理局乐清分局
人民电器集团有限公司
乐清市国税局柳市税务分局
华仪电器集团有限公司
乐清市气象局
乐清市柳市中学
乐清市地税局柳市分局
乐清市交警大队北白象中队
乐清市柳市镇第三幼儿园
乐清市工商局虹桥分局
中信实业银行乐清市支行
乐清市地税局沿江分局
浙江乐清市育才中学
乐清市规划建设局清江管理所
中国电信股份有限公司乐清分公司柳市支局
乐清市北白象镇三山中心小学
乐清市柳市镇第一中学
乐清市工商局乐成工商所
乐清市虹桥镇第三小学
中国农业银行温州乐清柳市支行
乐清市邮政局白象邮政支局
乐清市正大综合高级中学
乐清市邮政局柳市邮政支局
乐清市虹桥镇春华幼儿园
乐清市工商局北白象工商所
乐清市虹桥第二幼儿园
乐清市图书馆
乐清柳市外国语学校
浙江乐清农村合作银行雁荡支行
中国农业银行温州乐清市虹桥支行
中国电信股份有限公司乐清分公司北白象支局
乐清市国税局虹桥税务分局
温州银雁饭店有限公司
乐清市柳市镇沙岙小学
乐清市工商局大荆工商所
中国联通有限公司乐清分公司
中国农业银行温州乐清北白象支行
浙江乐清市新华书店有限公司
长江电气股份有限公司
浙江黄华电气有限公司
乐斯化学有限公司
中国电信股份有限公司乐清分公司城东支局
浙江雁荡山旅行社
浙江中威机电有限公司
温州虹丰粮油集团公司

乐清市级文明单位
复评合格单位（195个）
浙江乐清农村合作银行
中国人民银行乐清市支行
乐清市人民检察院
浙江天乐塑胶公司
中国石油化工股份有限公司浙江温州乐清石油分公司
浙江乐泰律师事务所
浙江省温州商校乐清分校
乐清市乐成镇第六中学
乐清市乐成镇第一中学
浙江跃华电讯有限公司（原温州耀华电讯有限公司）
乐清市乐成镇第二小学

乐清市乐成镇第五小学
中国人民财产保险股份有限公司
　　乐清支公司
乐清市乐成镇第七小学
乐清市乐成镇第四小学
乐清市乐成镇第三中学
宝龙电子集团有限公司
乐清市文化市场行政执法大队
乐清市个体劳动者协会
乐清市供电局乐成供电所
乐清日报社
中国建设银行股份有限公司
　　乐清乐成支行
乐清市乐成镇第一幼儿园
乐清市文化馆
乐清市国家税务局稽查局
城关电信支局
经济开发区电信支局（原城南电信支局）
乐清市农村改水办公室
乐清市实验小学
乐清剧院
浙江乐清农村合作银行柳市支行
乐清市人民法院柳市人民法庭
乐清市联轴器厂
　（原乐清市煤矿机械厂）
乐清市柳市镇第三小学
天力管件有限公司
乐清市柳市镇第一小学
精益电器集团有限公司
乐清市工商行政管理局柳市分局
柳市春晓幼儿园
长城电器集团有限公司
乐清市公安局柳市分局
乐清市规划建设局柳市管理所
新华电器集团有限公司
乐清市房产管理局柳市房管所
民扬集团有限公司
乐清市交通警察大队柳市中队
乐清市柳市镇第六小学
中国建设银行股份有限公司
　　乐清柳市支行
乐清市春晖寄宿学校
乐清市柳市镇店后小学
乐清市柳市职业技术学校
乐清市柳市镇第七小学
浙江乐清农村合作银行虹桥支行
合兴集团有限公司
东铁集团有限公司
乐清市虹桥镇第一小学
乐清市虹桥镇第六小学
乐清市虹桥镇小乌石小学
中国工商银行乐清虹桥支行
乐清市虹桥镇第六中学
乐清市虹桥镇实验中学
乐清市公安局虹桥派出所
虹桥电信支局
乐清市虹桥镇第九小学
乐清市虹桥镇第二小学
乐清市虹桥镇第七小学
虹桥邮政支局
乐清市第二人民医院
乐清市虹桥镇第二中学
乐清市虹桥镇第五小学
乐清市房产管理局虹桥房管所
春风控股集团有限公司
国威科技有限公司
　（浙江辉煌汽车电器有限公司）
浙江佳利电气股份有限公司
乐清市白象中学
乐清市北白象镇妇联幼儿园
浙江申乐电气有限公司
乐清市北白象镇第二小学
新亚电子有限公司
乐清市北白象镇万家中心小学
乐清市北白象镇中心小学
乐清市北白象镇第四中心小学
　（原乐清市北白象镇瑨头小学）
乐清市公安局北白象派出所
环宇集团有限公司
乐清市北白象镇前岸幼儿园
万家电器集团有限公司
北白象镇中心幼儿园
乐清市北白象镇中学
乐清市房产管理局北白象房管所
中国建设银行股份有限公司乐清北白象支行
温州华侨职业中等专业学校乐清分校
乐清市国家税务局大荆税务分局
中国农业银行乐清市支行大荆分理处
乐清市大荆镇第四中心小学
大荆电信支局
乐清市公安局大荆派出所
乐清市雁荡镇第三小学
乐清市雁荡镇第一小学
乐清市雁荡镇海岛寄宿小学
　（原乐清市雁荡镇第四小学）
乐清市公安局雁荡山分局
雁荡电信支局
中国农业银行乐清市支行雁荡山分理处
乐清市工商行政管理局雁荡山工商所
乐清市清江镇中心幼儿园
乐清市清江镇中学
乐清市清江镇清北中学
清江电信支局
乐清市清江镇第二中心小学
乐清市邮政局清江分局
乐清市公安局清江边防派出所
乐清市房产管理局清江房管所
乐清农村合作银行大荆支行仙溪分理处
乐清市龙西乡九年一贯制学校
乐清市芙蓉中学
浙江方大工具有限公司
乐清市芙蓉镇第一中心小学
中国农业银行乐清市支行芙蓉分理处
乐清市雁湖乡希望小学
乐清市岭底乡中心小学
乐清市白石镇第三小学
乐清市白石镇中心幼儿园
浙江华东橡胶有限公司
乐清市白石镇中心小学
乐清市水电总站钟前水电站
中国农业银行乐清市支行蒲岐分理处
浙江乐清农村合作银行蒲岐支行
蒲岐电信支局
乐清市南岳中学
乐清市淡溪镇中心春阳幼儿园
浙江吉福装饰材料有限公司
乐清市城北中学
浙江乐清农村合作银行翁垟支行
乐清市翁垟镇第一中学
浙江欧阳机电有限公司
金山环保集团有限公司
乐清市公安局翁垟派出所
翁垟电信支局
乐清市翁垟镇第三中学
乐清市工商行政管理局经济开发区
　　工商所（原乐清市工商行政
　　管理局翁垟工商所）
乐清市翁垟镇第一小学
乐清市翁垟供销合作社
浙江浦大电缆有限公司
胜武实业有限公司
中国农业银行乐清市支行翁垟分理处
乐清市翁垟镇花蕾幼儿园
乐清市黄华镇长林学校
乐清市黄华镇中学
乐清市工商局七里港工商所
乐清市水泵厂

浙江中昌汽车零部件有限公司
乐清市黄华镇第二中学
乐清市黄华镇中心幼儿园
黄华电信支局
中国农业银行乐清市支行黄华分理处
乐清市七里港经济发展事务所
常安集团有限公司
七里港镇中心幼儿园
乐清市七里港高级中学
浙江兴隆液压有限公司
乐清市七里港镇中心小学
乐清市公安局七里港派出所
乐清市七里港镇第二小学
乐清市七里港镇第三小学
温州市七里规划管理分局
乐清市国土资源局七里港管理所
乐清市磐石镇中学
华威电器集团有限公司
中国·欧丽亚制衣有限公司
中国建设银行股份有限公司温州磐石支行
乐清市象阳镇第二小学
乐清市公安局象阳派出所
乐清农村合作银行柳市支行象阳分理处
乐清市乐成镇实验中学
凯尔达电焊机有限公司
乐清市乐成镇第四中学
乐清市埃姆依电器有限公司
乐清市越剧团
南艺礼品有限公司
中信银行股份有限公司温州柳市支行
柳市镇第二幼儿园
乐清市供水集团柳市分公司（原乐清市柳市项目水厂）
乐清市环境保护局柳市环境管理所
乐清市虹桥职业技术学校
乐清市虹桥文星中学
浙江省乐清市虹南中学
乐清市环境保护局虹桥环境管理所
乐清市国土资源局虹桥镇分局
乐清市虹桥镇第七中学
乐清市环境保护局北白象环境管理所
乐清市环境保护局大荆环境管理所
乐清市雁荡镇蓝天幼儿园
乐清市雁荡镇第五小学
乐清市雁荡镇农业技术服务站
浙江乐清农村合作银行清江支行
中国农业银行乐清支行清江分理处
乐清市翁垟镇第二中学
乐清市翁垟镇第二小学
乐清市公安局南塘派出所
乐清市蒲岐镇第三小学
浙江乐清农村合作银行芙蓉支行
乐清市公安局芙蓉派出所
芙蓉邮政支局

乐清市文明机关

新命名单位（3个）
市工商业联合会
市委党史研究室
市政协机关

复评合格单位（12个）
乐清市科学技术局
乐清市科学技术协会
乐清市市级机关事务管理局
乐清市人民检察院
乐清市水利局
乐清市直属机关工作委员会
乐清市卫生局
乐清市质量技术监督局
乐清市旧村改造指挥部
乐清市交通局
乐清市旧城改造指挥部
乐清市创建全国文明城市领导小组办公室

乐清市文明行业

新命名行业（1个）
浙江乐清农村合作银行

复评合格行业（12个）
乐清市财政地税局
乐清市工商行政管理局
乐清市邮政局
乐清市供电局
浙江省电信有限公司乐清市分公司
中国工商银行股份有限公司乐清支行
中国农业银行乐清市支行
乐清市房产管理局
浙江省乐清市国家税务局
中国建设银行股份有限公司乐清支行
中国银行股份有限公司乐清市支行
乐清市环境保护局

文明镇

省级文明镇
虹桥镇
乐成镇
柳市镇

温州市星级文明镇
柳市镇（四星级）
乐成镇（三星级）
虹桥镇（三星级）
北白象镇（三星级）
黄华镇（二星级）
雁荡镇（一星级）
七里港镇（一星级）
磐石镇（一星级）
清江镇（一星级）
大荆镇（一星级）

乐清市级文明镇
翁垟镇
象阳镇
白石镇

文明村

温州市十佳示范文明村
北白象镇前西岑村

温州市级文明村
福溪乡四亩垄村
雁荡镇响岭头村
磐石镇重石村
磐石镇油车村
象阳镇高前村
北白象镇万南村
淡溪镇黄塘村
北白象镇前西岑村
柳市镇蟾东村
黄华镇金棚头村
翁垟镇后西门村
柳市镇长道坦村
大荆镇荆东村
龙西乡显胜门村
四都乡陈坦村

乐清市级文明村

白石镇：凤凰村、合湖村
城北乡：秦垟南村
柳市镇：张瞿村
北白象镇：东斜村、琯头村、山下村
翁垟镇：地盐村
象阳镇：四板桥村、垅后村
七里港镇：曹田后村
黄华镇：三宅村、华山村
磐石镇：磐南村
虹桥镇：南村
蒲岐镇：东外村
南岳镇：大嵩上岙村、上庄村、杏湾一村
淡溪镇：西山村、孙家垟村、潭头村、桥底村、桥外村
清江镇：江沿村、珠上村
南塘镇：杨洲村、鲤鱼山村
芙蓉镇：良园村、兰屿浦村
雁湖乡：尚古山村、西塍村
大荆镇：肖包周村
湖雾镇：隔溪村
仙溪镇：福新村
镇安乡：石坦村
龙西乡：仙人坦村
岭底乡：张庄村

文明社区、小区

温州市星级文明社区

乐成镇民丰社区（三星级）
乐成镇丹霞社区（二星级）
乐成镇东城社区（一星级）
乐成镇北城社区（一星级）
乐成镇乐湖社区（一星级）
乐成镇西城社区（一星级）

乐清市级文明社区

新命名社区（5个）
乐成镇乐湖社区
乐成镇东城社区
乐成镇南城社区
乐成镇沐箫社区
乐成镇北城社区

复评合格社区（5个）
乐成镇民丰社区
乐成镇乐怡社区
乐成镇西城社区
乐成镇云浦社区
乐成镇丹霞社区

乐清市级文明小区

新命名小区（2个）
乐成镇乐湖小区
乐成镇新世纪花园小区

复评合格小区（10个）
乐成镇双雁小区
乐成镇双雁花苑
乐成镇乐怡小区
乐成镇东浦一区
乐成镇东浦二区
乐成镇浦东小区
乐成镇东城小区
柳市镇华联大厦
柳市镇翔金花园
北白象镇育才小区

乐清市文明服务示范点

新命名单位（10个）

乐清市供水集团有限公司便民服务中心
乐清市公路路政管理大队二中队
乐清市公路路政管理大队一中队
乐清市广播电视台乐成广播电视站
乐清市广播电视台虹桥广播电视中心站
温州银行股份有限公司虹桥支行
乐清市供水集团有限公司南清芙分公司
乐清市供电局蒲岐供电所
温州市港航管理局乐清分局南岳港航管理所
乐清市南岳邮电所

复评合格单位（30个）

乐清市长途运输总公司乐清客运站
乐清市公安局禁毒大队
中国银行股份有限公司乐清市支行乐成分理处
中国银行股份有限公司乐清市支行清远分理处
乐清市公安局强制戒毒所
中国移动通信集团浙江有限公司乐清柳市区域经营部
中国银行股份有限公司温州乐清柳市支行
乐清市公路路政管理大队三中队
中国银行股份有限公司温州乐清虹桥支行
中国移动通信集团浙江有限公司乐清虹桥区域经营部
中国移动通信集团浙江有限公司乐清北白象区域经营部
乐清市国土资源局大荆管理所
乐清市公安局交通警察大队雁荡中队
乐清市规划建设局雁荡管理所
浙江温州甬台温高速公路有限公司雁荡收费所
乐清市国土资源局蒲岐镇管理所
浙江温州甬台温高速公路有限公司蒲岐收费所
温州市食品药品监督管理局审批受理窗口乐清分窗口
浙江温州甬台温高速公路有限公司乐清收费所
中国银行股份有限公司乐清市支行宁康分理处
乐清市公安局消防大队
中国银行股份有限公司乐清市支行长兴分理处
中国银行股份有限公司乐清市支行新丰分理处
中国银行股份有限公司乐清市支行北白象分理处
乐清市清江镇卫生院
浙江温州甬台温高速公路有限公司乐清隧道管理所
乐清市电视台蒲岐广播电视中心站
温州市港航管理局乐清分局七里港航管理所
乐清市房产管理局翁垟房管所
乐清市智仁乡卫生院

温州市级文明风景旅游区

雁荡山国家森林公园
中雁荡山西漈景区
中雁荡山玉甑景区
雁荡山灵岩景区
雁荡山灵峰景区

温州市百佳文明农户

朱忠存　张存龙　胡碎雪　陈法宝

余恭宣　高元梯　施彩花

省级全面小康建设示范村

乐成镇：吴岙、山根村
白石镇：凤凰村
柳市镇：长虹、上园村
北白象镇：前西岑、东斜、樟湾村
象阳镇：四板桥村
七里港镇：曹田后、西埭村
黄华镇：金棚头、华山村
虹桥镇：溪西、埭下、界屿村
蒲岐镇：东门外村
石帆镇：前林村
淡溪镇：黄塘村
四都乡：石角龙、陈坦村
雁荡镇：响岭头、白溪街村
清江镇：珠上村
岭底乡：仰后、张庄村
雁湖乡：尚古山村
大荆镇：肖包周、荆东村

乐清市首届“十佳平安家庭”

林柳花家庭　清江镇西沿村
曾彩霞家庭　乐成镇建虹路85-87号
张宝芬家庭　七里港镇马道头村
陈美青家庭　双峰乡上阁口村
林　余家庭　北白象镇白鹭屿村
瞿维通家庭　虹桥镇虹南路84号
李忠良家庭　翁垟镇北山前村
张碎强家庭　柳市镇张瞿村
贾金英家庭　天成乡西潭村
薛香媚家庭　淡溪镇硐垟村

乐清市“十佳文明家庭”

林微云家庭　象阳镇垊后村
金春芬家庭　虹桥镇南阳北村
胡碎雪家庭　柳市镇上园村柳青综合楼302室
黄岳池家庭　北白象镇四房村
童益春家庭　乐成镇西金路25弄7号
余恭宣家庭　雁湖乡西塍村
叶值森家庭　福溪乡四亩垄村
郑道义家庭　七里港镇七西村
林万青家庭　大荆镇新邮路1弄5号
朱忠存家庭　磐石镇西街北巷22号

乐清市首届“十佳绿色家庭”

叶雪兰家庭　四都乡陈坦村
赵远龙家庭　清江镇渡头村新兴路2号
何存济家庭　磐石镇东门村103号
余立仁家庭　芙蓉镇上街村
潘灵德家庭　柳市镇颐乐山庄34幢301室
王笃芳家庭　乐成镇晨沐路291号
叶定献家庭　翁垟镇地盐村古坝路5号
陈福银家庭　黄华镇华山村
陈　兰家庭　大荆镇西二村西二巷1幢1弄1号
周熙恩家庭　北白象镇小方村

第三届乐清市“十佳”青年

王　琦　叶庞星　叶启春　杨旭忠
范长河　赵　路　俞国平　黄永坤
虞文品　霍文明

2007乐清爱心使者

干香菊
王小玲
叶定献
林　丽
赵成付、赵良辉父子
钟德君
郑春开
戚露丹
特教学校语训班教师（集体）
乐清义工在线（集体）

乐清市第一批非物质文化遗产代表作

民间美术
乐清黄杨木雕
乐清细纹刻纸
乐清龙档
乐清竹壳雕

民间音乐
乐清山歌——《对鸟》
慎江号子

民间舞蹈
芙蓉板凳龙
水涨大贫跳

曲艺
乐清莲花、乐清道情
乐清对口白

传统手工技艺
乐清首饰龙
象阳金漆圆木
镇安马灯

民俗
蒲岐抬阁
南岳高跷
翁垟渔灯
蒲岐老鼠嫁囡

百岁寿星

姓名	性别	出生年月	住址
朱榴	女	1903-11	黄华镇长林东村
谢公治	男	1904-06	清江镇方江屿村
章修乌	男	1905-02	仙溪镇上街村
陈庆水	男	1905-07	柳市镇刘宅村
恭云祖母	女	1905-10	柳市镇吕岙村
蔡显进	男	1905-10	大荆镇叠石村
石郑氏	女	1905-11	象阳镇路头石村
夏银彩	女	1905-11	南塘镇南塘村
詹世增	男	1905-11	雁荡镇上占村
何岳媚	女	1906-02	象阳镇坭前村
杨宗贵	男	1906-02	智仁乡小坑岙村
吴朱氏	女	1906-05	虹桥镇南村
金月凤	女	1906-08	南岳镇前塘村
王兴棉	男	1906-08	清江镇富岩头村
陈金氏	女	1906-10	翁垟镇河头村
周翠凤	女	1906-12	乐成镇下塘村
郑小花	女	1907-01	雁荡镇岙里村
金积定母	女	1907-01	北白象镇金炉村
胡毕氏	女	1907-03	镇安乡石坦山村
刘岩贤	男	1907-04	北白象镇峒桥村
郑焕标	男	1907-05	翁垟镇东方村
吴碎迪	女	1907-06	虹桥镇东垟村
蔡小女	女	1907-07	雁荡镇岙里村
倪桂林	男	1907-07	翁垟镇河头村
张成旺	男	1907-07	北白象镇琯头村
朱观定	男	1907-08	黄华镇岐头四村
毕香	女	1907-08	大荆镇叠石村
刘卢氏	女	1907-09	石帆镇竹屿村
鲍香花	女	1907-10	大荆镇仙垟谢村
叶钗妹	女	1907-11	北白象镇峒桥村
陈张氏	女	1907-11	清江镇渡头村

乐清市社会团体名录

社会团体名称	负责人	办 址	业务主管	性质	批准日期
乐清市农村金融学会	詹云国	乐成镇宁康路1号	科协	学术	93.4
乐清市税务学会	叶 潘	市财政局	宣传部	学术	93.12
乐清市渔民协会	李振南	市水产局	科协	联合	91.9
乐清市个体劳动者协会	王建伟	乐成镇建虹路104号	工商局	联合	91.12
乐清市口才协会	郑斯奇	市创建办	团市委	专业	97.8
市基督教三自爱国运动委员会	元春根	乐成镇北大街187号	民宗局	联合	92.2
乐清市职工技术协会	周庆镐	乐成镇建设东路158号	总工会	专业	93.12
乐清市外商投资企业协会	杨爱琴	市外经贸局	外经贸局	行业	94.1
乐清市计划生育协会	周素芬	市计生委	计生委	专业	92.3
乐清市机械模具协会	卢瓯武	虹桥镇新凯路235号	科协	行业	94.7
乐清市建筑业协会	何小曙	乐成镇宁康东路98号	规划建设局	行业	94.7
乐清市电工仪表行业协会	吴道建	柳市镇龙珠巷9号三楼	质监局	行业	95.4
乐清市建筑材料协会	王小克	乐成镇建虹路112号	规划建设局	行业	95.8
乐清市小型断路器行业协会	刘逢燕	柳市上金垟精达集团有限公司	质监局	行业	95.8
乐清市电能表行业协会	黄岳池	柳市外商投资区洋湾	质监局	行业	95.11
乐清市黄埔军校同学会	蒋炳昌	市统战部内	统战局	联合	91.12
乐清市互感器行业协会	黄建荣	柳市长乐路1号	质监局	行业	95.12
乐清市电源协会	胡万良	柳市鸿宝大厦	质监局	行业	96.2
乐清市防爆电器行业协会	薛正根	华厦防爆电器有限公司	质监局	行业	96.4
乐清市体育总会	林建伟	市体育局内	体育局	专业	94.4
乐清市革命老区开发建设促进会	周必华	乐成镇人民路46号	老区办	联合	06.5
乐清市社会福利企业协会	周宏恭	市民政工业公司内	民政局	联合	2000.3
乐清市漏电断路器行业协会	郑建荣	柳市上园铜场二楼	质监局	行业	97.5
乐清市电气行业协会	胡成中	柳市德力西大厦	经贸局	行业	97.10
乐清市服装协会	葛洪华	市轻工业总公司	经贸局	行业	98.8
乐清市整流器行业协会	李治斌	柳市有色金属市场二楼	质监局	行业	99.2
乐清市表面工程协会	叶正平	乐成乐昌商厦1号楼505室	科协	行业	99.4
乐清市秘书学会	吴云峰	市委办秘书科	市委办	学术	99.6
乐清市继电器行业协会	程安林	柳市镇柳青路3号（柳市建行五楼）	技监局	行业	99.6
乐清市专利者协会	陈汉乐	市科委	科协	联合	99.12
乐清市残疾人专用车协会	黄华松	乐成宁康东路368号	残联	行业	95.10
乐清市二轻虹桥厂长、书记协会	庄如升	虹桥虹溪路28号	二轻局	联合	93.8
乐清市电力工程学会	孙 雄	乐成南大街185号	科协	学术	91.12
乐清市珠算协会	付 军	市人民银行	科协	学术	95.3
乐清市政工师协会	夏建明	乐成宁康西路23号（车站四楼）	宣传部	学术	92.8
乐清市工艺美术行业协会	叶定林	市工艺美术公司内（南大街84号）	二轻局	行业	99.11

续表一

社会团体名称	负责人	办　址	业务主管	性质	批准日期
乐清市包装印刷行业协会	南胜攀	市轻工业总公司内	经贸局	行业	99.11
乐清市基督教协会	陈金海	乐成北大街187号	民宗局	联合	92.2
乐清市护理学会	李健兵	市人民医院护理部内	科协	学术	95.5
乐清市水力发电工程学会	赵万华	市鸣阳路180号	科协	学术	93.7
乐清市太极拳协会	谢贤柱	乐成西门净曲巷25号	体育局	专业	93.8
乐清市地理学会	南孔津	市教委教研室	科协	学术	91.11
乐清市畜牧兽医学会	方妙华	乐成镇南大街308号	科协	学术	91.10
乐清市道教协会	李尧方	乐成镇长乐路72号	民宗局	联合	92.2
乐清市老年协会	金天林	乐成银溪南路晚香楼	老龄委	联合	91.10
乐清市天主教爱国会	陈声度	乐成鸣阳路2幢150号	民宗局	联合	99.11
乐清市林学会	罗柳富	市林业局	科协	学术	91.10
乐清市老教育工作者协会	陈明辉	市教委内	教育局	联合	94.4
乐清市木兰拳协会	陈小英	乐成净曲巷25号	体育局	专业	94.4
乐清日报之友联谊会	杨　坚	乐成宁康东路167-178号	乐清日报社	联合	95.9
乐清市供销员协会	黄忠平	柳市镇大桥路26号	经贸局	行业	96.9
乐清市经济师协会	赵典虞	市科协内	科协	学术	92.1
乐清市新四军历史研究会	周双峰	乐成镇人民路23号	宣传部	专业	91.7
乐清市曲艺工作者协会	陈圣善	柳市镇长宁路29号	文联	专业	91.12
乐清市农学会	赵宣楼	市农业局内	科协	学术	91.9
乐清市机动车驾驶员协会	杨相岳	市交巡警大队大楼103室	交警队	行业	95.1
乐清市水产学会	李琮文	市水产局内	科协	学术	91.12
乐清市数学学会	吕雪清	市教研室内	科协	学术	91.7
乐清市医学会	龚学跃	市红十字会内	科协	学术	91.9
乐清市中医学会	林加森	市卫生局内	科协	学术	92.10
乐清市农村供水协会	丁顺友	市改水办内	科协	学术	95.5
乐清市书法家协会	倪朔野	云浦路文昌阁	文联	专业	91.11
乐清市足球协会	郑晓峰	市体育局内	体育局	专业	92.3
乐清市门球协会	卢秀花	市体育馆中心门球场	体育局	专业	95.7
乐清市柳川诗社	赵顺龙	柳市镇后市街21弄1号	文联	专业	95.10
乐清市作家协会	刘瑞坤	市文化馆内	文联	专业	91.10
乐清市诗词学会	黄友韬	市文联内	文联	专业	91.8
乐清市音乐舞蹈家协会	钱　青	市文联内（文化馆）	文联	专业	91.10

续表二

社会团体名称	负责人	办　址	业务主管	性质	批准日期
乐清市城镇环境卫生协会	林福喜	乐成镇建设中路9号	市政园林局	专业	98.1
乐清市美发美容协会	倪相达	市商业局内	商业局	行业	98.5
乐清市摄影家协会	刘松鸣	市文联内	文联	专业	91.12
乐清市水利学会	仇近雄	市水利局内	科协	学术	91.7
乐清市武术协会	杨相微	市体育局内大荆上花坦	体育局	专业	97.12
乐清市女企业家协会	蔡　燕	市妇联	妇联	联合	96.2
乐清市会计学会	徐　扬	乐成建设中路科技巷2号	科协	学术	91.12
乐清市农村能源学会	朱阿通	乐成居仁巷45弄3号	科协	学术	91.9
乐清市南北拳协会	郑松武	柳市精达集团	体育局	专业	98.9
乐清市农村经济学会	胡光明	市农办内	科协	学术	91.7
乐清市美术家协会	倪兆丰	市文化馆	文联	专业	91.12
乐清市集邮协会	杨琦伟	市邮政局内	邮政局	专业	91.7
乐清市民营企业协会	王建伟	乐成云浦路14号	工商局	联合	94.10
乐清市社会科学研究会	余协献	市宣传部内	宣传部	学术	91.11
乐清市虹桥书画协会	朱志杰	虹桥镇文化路12号	文联	专业	93.8
乐清市乐成镇体育总会	徐耀野	乐成镇文教卫体办	体育局	专业	97.10
乐清市七里港尊师重教促进会	朱文隆	七里港镇政府教办	教育局	联合	97.2
乐清市非公有制企业党建研究会	郑建海	市委组织部内	组织部	行业	97.9
乐清市虹桥摄影协会	吴雪明	虹桥镇小路161号	文联	专业	93.8
乐清市信鸽协会	杨建义	乐成西马巷11号101室	体育局	专业	92.2
乐清市水果产业协会	金联宇	市农业局内	科协	行业	98.10
乐清市花卉盆景协会	周双峰	市林业局内	科协	学术	91.9
乐清市农业机械化学会	陈庆堂	市农机总站内	科协	学术	91.12
乐清市民间文物收藏协会	林宏安	市文物馆	文化局	专业	95.3
乐清市物理学会	吕　品	市教委教科所	科协	学术	91.10
乐清市教育学会	朱　毅	市教委内	教育局	专业	94.3
乐清市政协雁荡诗书画院	周必华	市政协	政协	专业	92.5
乐清市柳市音乐联谊会	叶晓风	乐成镇深港花园(实验中学边)29幢104室	文联	联合	96.1
乐清市柳川书画学会	包秀杰	柳市镇育英北路43号	文联	专业	95.12
乐清市养猪业协会	黄小宝	市畜牧兽医站	科协	行业	97.11

续表三

社会团体名称	负责人	办　址	业务主管	性质	批准日期
乐清市篮球协会	赵谓英	市体育局	体育局	专业	92.2
乐清市戏剧工作者协会	张腊娇	市文联	文联	专业	91.12
乐清市轻纺商会	王美松	市二轻局三楼	工商联	专业	2000.3
乐清市农业机械驾驶员协会	陈连华	市农机总站	农办	行业	2000.3
乐清市虹桥镇老年协会	赵通友	虹桥镇育红路43号	老龄委	联合	93.8
乐清市计算机协会	黄贤敏	乐成民丰路100号	科协	学术	95.3
乐清市柳市镇广告协会	胡立阁	柳市龙井路285-289号	经贸局	行业	97.5
乐清市留学生眷属联谊会	张一平	乐成镇建设中路31号	侨办	联合	98.2
乐清市园艺学会	方海涛	市农业局内	科协	学术	91.7
乐清市专业技术人才联谊会	陈保荣	市委组织部干部三科	组织部	联合	97.11
乐清市工会俱乐部协会	赵秀芬	市工人文化宫	总工会	联合	96.10
乐清市青少年科技辅导员协会	王松英	市教委学生科	科协	学术	91.12
乐清市钓鱼协会	叶永忠	乐成镇政府内	体育局	专业	92.2
乐清市生物学会	章　浩	市师范学校科学馆	科协	学术	91.7
乐清市佛教协会	释了戒	乐成镇白鹤寺	民宗局	联合	92.2
乐清市经济技术信息协会	陈玉才	市经济协作办	科协	学术	92.5
乐清市对外文化交流协会	赵乐强	市委宣传部内	宣传部	专业	2000.5
乐清市头盔行业协会	卢霖洲	乐成镇慎海南路80号	经贸局	行业	2000.8
乐清市人民对外友好协会	叶品波	市侨办内	侨办	联合	2000.7
乐清市市场协会	郑祥羽	市工商局内	工商局	联合	2000.11
乐清市统计学会	何爱珠	市统计局内	科协	学术	2000.11
乐清市机械工程学会	王锡敖	虹桥动力公司内	科协	行业	2001.1
乐清市燃气协会	郑达成	乐成双雁路362号4楼	市政园林局	行业	2001.4
乐清市保龄球协会	何旭光	市蓝天保龄球馆内	体育局	专业	2001.7
乐清市民间文艺家协会	高公博	乐成镇文昌阁内	文联	联合	2001.7
乐清市五金工具行业协会	陈星题	芙蓉镇政府内	经贸局	行业	2001.7
乐清市影视工作者协会	胡光辉	市广电局内	文联	联合	2001.9

续表四

社会团体名称	负责人	办　址	业务主管	性质	批准日期
乐清市清江镇牡砺养殖协会	林卫真	清江镇政府内	海洋与渔业局	行业	2001.9
乐清市交通运输协会	王友闻	市交通局内	交通局	行业	2001.9
乐清市游泳协会	李宏尧	市体育局内	体育局	专业	2001.7
乐清市人力三轮车协会	郑宝钱	乐成镇乐湖路18号	公安局	行业	2002.10
乐清市绿色志愿者协会	陈利义	乐成镇清远路(乐昌商厦1幢505室)	环保局	联合	2002.5
乐清市心理卫生协会	罗新坚	市人民医院内	卫生局	学术	2002.7
乐清市企业改革发展研究会	施中旦	长江电气集团五楼	科协	学术	2002.7
乐清市象棋协会	黄道忠	乐成镇建设西路238弄7号202室	体育局	专业	2002.8
乐清市民营企业扶贫济困总会	南存辉	市民政局社救科内	民政局	专业	2003.1
乐清市健身健美协会	赵永益	乐成镇环城东路253号	体育局	专业	2003.1
乐清市船舶工业行业协会	胡志兴	黄华镇兴华中路46号	经贸局	行业	2003.1
乐清市机动车维修行业协会	郑元亮	市长运公司修造公司内	交通局	行业	2003.1
乐清市档案学会	吴金汉	市档案局内	档案局	学术	2003.2
乐清市茶叶产业协会	林建乐	市农林局特产站内	农林局	行业	2003.5
乐清市硬笔书法协会	梁　秀	市计生指导站内	文化局	专业	2003.5
乐清市环境保护产业协会	金如桂	市环保局内	环保局	行业	2003.7
乐清市跆拳道协会	连正辉	乐成镇建设东路127号	体育局	专业	2003.8
乐清粮食行业协会	陈定华	市粮食局内	粮食局	行业	2003.8
乐清市花卉苗木产业协会	王　磊	市林业局内	林业局	行业	2003.8
乐清市基层法律服务工作者协会	夏功良	市司法局内	司法局	行业	2003.10
乐清市水产流通与加工协会	洪阿才	市海洋与渔业局内	海洋与渔业局	行业	2003.10
乐清市电子工业协会	周　诚	乐清市恒泰电子有限公司	经贸局	行业	2003.11
乐清市社会治安综合治理协会	瞿纪福	市政法委内	政法委	联合	2003.11
乐清市质量协会	王守根	市质监局内	质监局	专业	2003.11
乐清市煤机行业协会	李福洪	七里港镇兴隆液压公司内	经贸局	行业	2003.12
乐清市文史资料研究会	王邦透	市政协内	市政协	学术	2004.4
乐清市南塘镇工业经济发展联合会	徐金平	南塘镇企管所内	经贸局	联合	2004.6.30
乐清市奶业协会	付昌友	市畜牧兽医站内	农林局	行业	2004.7.23
乐清市禽业协会	林尚志	市畜牧兽医站内	农林局	行业	2004.8.31

续表五

社会团体名称	负责人	办　址	业务主管	性质	批准日期
乐清市药业协会	钱志隆	市药监局内	药监局	行业	2004.9.14
乐清市泥蚶协会	陈供林	乐成镇清远路258弄	渔业局	行业	2004.10.11
乐清市蔬菜协会	谢丙苍	市农林局内	农林局	行业	2004.11.15
乐清市石斛枫斗协会	金良云	市农林局内	农林局	行业	2004.12.17
乐清市老年人体育协会	林建伟	市体育局内	体育局	专业	2004.12.20
乐清市慈善总会	胡金海	市民政局	民政局	联合	2005.1.31
乐清市少先队工作学会	张贤孟	市团委内	共青团	学术	2005.4.18
乐清市北京商会	卢华飞	市工商联	工商联	联合	2005.8.11
乐清市电力金具电缆附件行业协会	郑晓超	市春华教育集团内	质监局	行业	2005.8.31
乐清市饮料工业行业协会	潘笃华	乐成镇县前路1号203室	质监局	行业	2005.9.27
乐清市长跑协会	王世球	乐成镇建设西路59号	体育局	专业	2006.1.4
乐清市兰花协会	胡公银	虹桥镇杏明路59号	市政园林局	专业	2006.2.21
乐清市侨商协会	吴方忠	市侨办内	侨办	联合	2006.3.5
乐清市虹桥商会	赖国贵	虹桥镇镇小路167号	工商联	联合	2006.2.8
乐清市网吧行业协会	倪　洁	乐成镇人民路46号	文化局	行业	2006.4.25
乐清市无党派人士联谊会	林培根	市委统战部内	统战部	联合	2006.4.6
浙江省乐清市四川商会	李先锋	四川成都市中新街49号锦大厦10楼A座	工商联	联合	2006.4.6
乐清市互联网协会	唐和平	市电信局内	电信局	行业	2006.5.11
乐清市气动行业协会	屠永东	柳市镇长乐路1号(质检院4楼)	质监局	行业	2006.4.16
乐清市隔离开关行业协会	黄文半	乐清市工泰集团刀开关公司内(中心工业区)	质监局	行业	2006.7.28
乐清市前卫体育协会	陈建中	市公安局内	公安局	专业	2006.9.28
乐清市羽毛球协会	周胜球		体育局	专业	2006.11.10
乐清市工商行政管理学会	郑祥羽	市工商局内	工商局	学术	2006
乐清市农产品经纪人协会	赵顺招	市供销总社内	供销总社	行业	2006.10.30
乐清市老科技工作者协会	卢思维	市科技巷1号	科协	学术	2006.12
乐清市铸造行业协会	陈立新	大荆镇三官庙村楼	质监局	行业	2006.9.4
乐清市围棋协会	孙建德	市体育馆	体育局	专业	2007.01
乐清市输配电行业协会	屠昌忠	柳市镇环城东路27号	质监局	行业	2007.2.12
乐清市古筝研究会	蔡　放	乐成镇望河路51号	文化局	专业	2007.03
乐清市医院感染管理学会	谢多希	市人民医院内	科协	学术	2007.04
乐清市电线电缆行业协会	虞文品	柳市镇后街工业区昌盛路17号	质监局	行业	2007.04